1. 本书是教育部人文社会科学重点研究基地华中师范大学中国农村研究院 2016 年基地重大项目"作为政策和理论依据的深度中国农村调查与研究"（16JJD810004）的成果之一。

2. 本书是华中师范大学中国农村研究院"2015 版中国农村调查"的成果之一。

国家出版基金项目

NATIONAL PUBLICATION FOUNDATION

天津市重点出版扶持项目

中国农村调查

（总第30卷·家户类第2卷·中等家户第1卷）

徐勇 邓大才 主编

天津出版传媒集团

天津人民出版社

图书在版编目(CIP)数据

中国农村调查.总第30卷,家户类.第2卷,中等家户.第1卷 / 徐勇,邓大才主编. -- 天津:天津人民出版社,2020.11

ISBN 978-7-201-16535-6

Ⅰ.①中… Ⅱ.①徐…②邓… Ⅲ.①农村调查-研究报告-中国 Ⅳ.①F32

中国版本图书馆 CIP 数据核字(2020)第 197967 号

中国农村调查(总第 30 卷·家户类第 2 卷·中等家户第 1 卷)

ZHONGGUO NONGCUN DIAOCHA

出　　版	天津人民出版社
出 版 人	刘　庆
地　　址	天津市和平区西康路 35 号康岳大厦
邮政编码	300051
邮购电话	(022)23332469
电子信箱	reader@tjrmcbs.com

策划编辑	王　琤
责任编辑	林　雨
特约编辑	安　洁
装帧设计	汤　磊

印　　刷	北京虎彩文化传播有限公司
经　　销	新华书店
开　　本	787 毫米×1092 毫米　1/16
印　　张	44.75
插　　页	6
字　　数	1000 千字
版次印次	2020 年 11 月第 1 版　2020 年 11 月第 1 次印刷
定　　价	750.00 元

总　序

　　2015年是华中师范大学中国农村研究院历史上的关键一年。在这一年,本院不仅成为完全独立建制的研究机构,更重要的是进一步明确了目标,特别是进行了学术整合,构建了一个全新的调查研究计划。这一计划的内容包括多个方面,其中,中国农村调查是基础性工程。从2015年开始出版的《中国农村调查》便是其主要成果。

　　学术研究是一个代际接力、不断提升的过程。农村调查是本院的立院之本、兴院之基。本院的农村调查经历了三个阶段。

　　第一阶段主要是基于项目调查基础上的个案调查(1985—2005年)。

　　20世纪70年代末80年代初开启的中国改革开放,起始于农村改革。延续二十多年的人民公社体制废除后,农村的生产功能由家庭所承担,社会管理功能则成为一个新的问题。这一问题引起我院学者的关注。1928年出生的张厚安先生是中国政治学恢复以后较早从事政治学研究的学者之一,他与当时其他政治学学者不同,他比较早地关注农村政治问题,并承担了农村基层政权方面的国家研究课题。与此同时,本校其他学者也承担了有关农村政治研究的课题。1988年,这些学者建立起以张厚安先生为主任的农村基层政权研究中心,由此形成了一个自由结合的学术共同体。

　　作为一个学术共同体,农村基层政权研究中心有其独特的研究宗旨和方法。在学术共同体建立之初,张厚安先生就提出了"三个面向,理论务农"的宗旨。"三个面向"是指面向社会、面向基层、面向农村,"理论务农"是指立足于农村改革实践、服务于农村改革实践。这一宗旨对于政治学学者是一个全新的使命。政治学研究政治价值、政治制度与政治行为。传统政治学更多研究的是国家制度和国家统治,以文本为主要研究素材。"三个面向"的宗旨,必然要求方法的改变,这就是进行实地调查。自学术共同体形成开始,实地调查便成为我们的主要研究方法。

　　自20世纪80年代中期始,以张厚安先生为领头人的学者就开始进行农村调查。最初是走向农村,进行全国性的广泛调查,主要是面上了解。1995年,在原农村基层政权研究中心的基础上,成立了农村问题研究中心,由张厚安先生担任主任,由1955年出生的中年学者徐勇教授担任常务副主任。新中心的研究重点仍然是基层政权与村民自治,但领域有所扩大,并将研究方法凝练为"实际、实证、实验",更加强调"实"。这种务实的方法引起了学术界的关注,并注入国际学术界的一些研究理念和方法。我们的农村调查由面上的了解走向个案调查。当时,年届七旬的张厚安先生带领队伍参与村庄个案调查,其代表作是《中国农村村级治理——22个村的调查与比较》。这一项目在全国东、中、西三个地区选择了6个重点村和18个对照村进行个案调查,参与调查人员数十人,并形成了一个由全国相关人员参与的学术调查研究团队。

　　第二阶段主要是基于机构调查基础上的全面调查(2005—2015年)。

　　1999年,教育部为推动人文社会科学研究,启动了教育部人文社会科学研究重点基地建设。当年,华中师范大学农村问题研究中心更名为"华中师范大学中国农村问题研究中心",由徐勇教授担任主任。2000年,中心成为首批教育部人文社会科学重点研究基地。在基地成立之前，以张厚安教授为首的研究人员是一个没有体制性资源保障、纯因个人兴趣而结合的学术共同体，有人坚持下来，也有人离开。成为教育部研究基地以后，中心仍然坚持调查这一基本方法，并试图体制化。其主要进展是在全国选择了二十多家机构作为调研基地，为全国性调查提供相应的保障，并建立相互合作关系。

作为教育部重点基地，中心是一个有一定资源保障的学术共同体，有固定的编制人员，也有固定的项目经费，条件大为改善，但也产生了新的问题。这就是农村调查根据个人承担的研究项目而开展。这不仅会导致研究人员过分关注项目资源分配，更重要的是易造成调查研究的"碎片化"和"片断化"，难以形成整体性和持续性的调查。同时，研究人员也会因为理念和风格的不同而产生分歧，造成体制性的学术共同体动荡。为了改变调查研究项目体制引起的"碎片化"倾向，2005年，徐勇教授重新规划了基地的发展，提出"百村观察计划"，计划在全国选择一百多个村进行为期10年、20年、30年甚至更长时间的调查和跟踪观察。目标是像建立气象观测点一样，能够及时有效地长期观测农村的基本状况及变化走向。这一计划得到时任华中师范大学社会科学研究处处长石挺先生的鼎力支持。2006年，计划得以试行，主要由刘金海副教授具体负责。最初的试点调查村只有6个，后有所扩展。2008年，在试点基础上，由邓大才教授主持，全面落实计划，调查团队通过严格的抽样，确定了二百多个村和三千多个农户的调查样本。

"百村观察"是一项大规模和持续性的调查工程，需要更多人的参与。同时它又是一项公共性的基础工程，人们对其认识有所不同。因为它要求改变项目体制造成的调查"碎片化"和研究"个体化"的工作模式，为此，学术共同体再次出现了有人退出、有人坚持、有人加入的变化。

2009年正式启动的"百村观察计划"，取得了超出预想的成绩：一是从2009年开始，我们每年都要对样本村和户进行调查，调查内容和形式逐步完善，并形成相对稳定的调查体系。除了暑假定点调查以外，还扩展到寒假专题调查。每年参与调查的人员达五百人左右，并出版《中国农村调查》等系列著作。二是因为调查的规模大，可以进行充分的分析，并在此基础上形成调查报告，提供给决策部门，由此也形成了"顶天立地"的理念。"顶天"就是为决策部门服务，"立地"就是立足于实地调查。这一收获，使中心得以在教育部第二次基地评估中成为优秀基地，并于2010年更名为华中师范大学中国农村研究院，由徐勇教授担任院长，邓大才教授担任执行院长。三是形成了一支专门的调查队伍并体制化。起初的调查者有相当一部分是没有受过严格专业训练的志愿者。为了提高调查质量，自2012年起，研究院将原来分别归于导师名下指导的研究生进行整合，举办"重点基地班"。基地班以提高学生的调查研究能力为导向，实行开放式教学、阶梯性培养、自主性管理，形成社会大生产培养模式，改变了过往一个老师带三五个学生的小作坊培养方式。至此，农村调查完全由受到专门调查和学术训练的人员承担，走向了专业化道路。四是资料数据库得以建立并大大扩展。过往的调查因为是项目式调查，所以资料难以统一保管和使用。2006年，我们启动了中国农村数据库建设。随着"百村观察计划"的正式实施，大量数据需要录入，并收集到许多第一手资料，资料数据库得以迅速扩展。

第三阶段主要是基于历史使命基础上的深度调查（2015年至今）。

农村调查的深入和相应工作的扩展，势必与以行政方式组织科研的现行大学体制发生碰撞。但是已经有一个良好开端的调查不可停止。适逢中国的智库建设时机，2015年，华中师范大学中国农村研究院成为完全独立建制的研究机构,由1970年出生的邓大才教授担任行政负责人。

中国农村研究院独立建制,并不是简单地成为一个独立的研究机构,而是克服体制障碍,进一步改变学术"碎片化"倾向,加强整合,提升调查和研究水平,目标是在高等学校中建设适应国家需要的智库。实现这一目标有五大支撑点:一是大学术,以政治学为主,多学科参与,协同研究;二是大服务,继续坚持"顶天立地"的宗旨,全面提高服务决策的能力,争取成为有影响力的决策咨询机构;三是大调查,在原有"百村观察计划"的基础上构建内容更加丰富的农村调查体系,争取成为世界农村调查重镇;四是大数据,收集和扩充农村资料和数据,争取拥有最丰富的农村资料数据库;五是大平台,将全校、全省、全国,乃至全球的农村研究学者吸引并参与到农村研究院的工作中来,争取成为世界性的调查研究平台。这显然是一个完全不同于以往的宏大计划,也标志着中国农村研究院的全新起步。

独立建制后的中国农村研究院仍然将农村调查作为自己的基础性工作,且成为体制性保障的工作。除了"百村观察计划"的持续推进以外,我们重新设计了2015版的农村调查体系。这一体系包括"一主三辅":"一主"即以长期延续并重新设计的"中国农村调查"为主体;"三辅"包括"满铁农村调查"翻译、"俄国农村调查"翻译和团队到海外农村进行实地调查的"海外农村调查",目的是完善农村调查体系,并为中国农村调查研究提供借鉴。

现代化是一个由传统农业社会向现代工业社会转变的过程,这一转变是从农村开始的。农村和农民成为现代化的起点,并规划着现代化的路径。19世纪后期,处于历史大转变时期的俄国,数千人参与对俄国农村调查,持续时间长达四十多年。20世纪上半叶,日本在对华扩张中,以南满洲铁道株式会社为依托开展对中国农村的大规模调查,持续时间长达四十多年,形成著名的"满铁调查"。进入21世纪,中国作为一个世界农业文明最为发达的大国,正在以超出想象的速度向现代工业文明迈进。中国需要也应有能够超越前人的大规模农村调查。"2015版的中国农村调查"正是基于这一历史背景设计的。

"2015版的中国农村调查"超越了以往的项目或者机构调查体制,而具有更为宏大的历史使命:一是政策目的。智库理所当然要出思想,但"思想"除了源自思考以外,更要源自于可供分析的实地调查。过往的调查虽然也是实地调查,但难以对调查进行系统化的分析,并根据调查提出有预见性的结论。在这方面,19世纪的俄国农村调查有其长处。"2015版的中国农村调查"将重视实地调查的可分析性和可预测性,以此提高决策服务的成效。二是学术目的。调查主要在于知道"是什么"或者"发生了什么",是事实的描述。但是这些事实为什么发生?其中存在什么关联?这是过往调查关注比较少的,以至于大量的调查难以进行深度的学术开发,学术研究主要依靠的还是规范方法,实地调查难以为学术研究提供必要的基础,由此会大大制约调查的影响力。"2015版的中国农村调查"特别重视实地调查的深度学术开发性,调查中包含着学术目的,并可以通过调查提炼学术思想,使其作为一种有实地调查支撑的学术思想也可以间接影响决策。为此,"2015版的中国农村调查"在设计时,除了关注"是什么"以外,也特别重视"为什么",试图对中国农村社会的底色及其变迁进行类似于生物学"基因测序"的调查。三是历史传承目的。在现代化进程中,传统农村正在迅速消逝。"留得住乡愁"需要对"乡愁"予以记录和保存。20世纪以来,中国农村发生了太多的变化,中国农民经历了太多的起伏,农民的历史构成了国家历史不可或缺的部分。"2015版的中国农村调查"因此特别关注历史的传承。

基于以上三个目的，"2015版的中国农村调查"由四个部分构成：

其一，口述调查。主要是通过当事人的口述，记录20世纪上半期以来农村的变化及其对当事人命运的影响。其主体是农民个人。在历史上，他们是微不足道的，尽管是历史的创造者，但没有哪部历史记载他们的状况与命运。进入20世纪以后，这些微不足道的人物成为"政治人物"，尽管还是"小人物"，但他们是大历史的折射。通过他们自己的讲述，我们可以更加充分地了解历史的真实和细节，也可以更好地"以史为鉴"。口述史调查关注的是大历史下的个人行为。

其二，家户调查。主要是以家户为单位的调查，了解中国农村家户制度的基本特性及其变迁。中国在历史上创造了世界上最为灿烂的农业文明，必然有其基本组织制度为支撑。但长期以来，人们只知道世界上有成型的农村庄园制、部落制和村社制，而没有多少人了解研究中国自己的农村基本组织制度。20世纪以来受革命和现代化思维的影响，人们对传统一味否定，更忽视对中国农村传统制度的科学研究，以至于我们在否定自己传统的同时引进和借鉴的体制并不一定更为高明，使得中国农村变迁还得在一定程度上向传统回归。实际上，中国有自己特有的农村基本组织制度，这就是延续上千年的家户制度。家户调查关注的是家户制度的原型及其变迁，目的是了解和寻求影响中国农业社会变迁的基因和特性。

其三，村庄调查。主要是以村庄为单位的调查，了解不同类型的村庄形态及其变迁实态。农村社会是由一个个村庄构成的。与海洋文明、游牧文明相比，农业文明的社会联系更为丰富，"关系"在中国农村社会形成及其演变中居于重要地位。中国在某种意义上说是一个"关系国家"，但是作为一个历史悠久、人口众多、地域辽阔、文明多样的大国，关系格局在不同的地方有不同的表现，由此形成不同类型的村庄。国家政策要"因地制宜"，必须了解各个"地"的属性和差异。村庄调查以"关系"为核心，注重分区域的类型调查，通过不同区域的村庄形态和变迁的调查，了解和回答在国家"无为而治"的传统条件下，一个超大的农业社会是如何通过自我治理实现持续运转的；了解和回答在国家深度介入的现代条件下，农业社会是如何反应和变化的。

其四，专题调查。主要是以特定的专题为单位的调查，了解选定的专题领域的状况及其变化。如果说前三类调查是基本调查的话，专题调查则是专门性调查，针对某一个专题领域，从不同角度进行广泛深入的调查，以期获得对某一个专门领域的全面认识和把握。

"2015版的中国农村调查"是一项世纪性的大型工程，它是原有基础的延续，也是当下正在从事、未来需要长期接续的事业。这一事业已有数千人参与，特别是有若干人在其中发挥了关键性作用，当下和未来将有更多的人参与。历史将会记录下他们的功绩，他们的名字将与我们的事业同辉！

2016年6月，教育部公布了对人文社会科学重点研究基地的评审结果，我院排名全国第一，并再获优秀。这既是对过往的高度肯定，也是对进一步发展的有力鞭策。为此，本院再次明确自己的目标，这就是建设全球顶级农村调查机构、顶级农村资料数据机构，并在此基础上，形成自己的学术领域和学术风格，而达到这一目标，需要一代又一代人攻坚克难、不懈努力！

徐　勇

2015年7月15日初序

2016年7月15日补记

凡 例

作为教育部人文社会科学重点研究基地，华中师范大学中国农村研究院历来重视农村调查与研究，《中国农村调查·家户类》是基地新版"中国农村调查"项目的重要成果，在付梓之际，特作以下说明：

1. 根据徐勇教授提出的"中国家户制度学说"，家户制度是中国的本源型传统和基础性制度，并在此基础上形成独特的中国农村发展道路。本项目旨在通过传统时期的家户调查揭示和挖掘这一本源型传统和基础性制度。

2. 在家户对象的选取上，本项目以 1949 年以前的完整家户为调查对象，并根据人口规模进行分类。其中，7 口人及以下为小家户，8 至 13 口人为中等家户，14 口人及以上为大家户。本项目所调查的家户，分布在全国绝大多数的省份，具有广泛的代表性。每一位调查员在调查之前均受过严格的学术培训，每个家户的调查时间在 15 天以上。

3. 每一篇家户调查报告分为"家户的由来与特性、经济、社会、文化、治理"五章，重点围绕家户的"特性、特色、关系与层次"开展调查和写作。同时，在每篇报告的后面附有调查员的调研小记、日记等，供读者了解整个调查的进展与历程。

4. 在报告写作中，"市县名、乡镇名、村庄名、家户名、人物名、部门单位"等均为实名。报告中出现的照片、人名、数据等信息，均得到了访谈对象或数据提供者口头或书面授权。另外，写作中引用的档案材料、政府部门提供的资料、历史材料等均标注出处。

5. 本项调查主要通过老人口述获取信息、数据，因而报告中的数据可能不甚精准，其中土地面积、粮食计量单位也实难统一，仅供参考，请各位读者、学者在引用、使用的过程中酌情处理。

6. 在考察家户变迁时，调查有时会涉及土地改革、"文化大革命"等内容，但是调查者均怀揣学术研究之心，从家户的变迁与发展的历史视角去调查和写作，力求客观、真实地反映中国家户形态。

7. 在出版方面，项目组组建了审稿与编辑小组，严格审查、校审每一篇家户调查报告，并从中遴选出优秀的报告，集结成卷出版。

8. 《中国农村调查·家户类》的重点在于传统形态的调查，是一项抢救历史的学术工程。由于时间仓促，其中不免有错漏，也希望海内外学术界、读书界提出批评、建议，帮助我们提高这套丛书的质量。

《中国农村调查》编辑组

目　录

20

第一篇

合家共计：农工并行的自主经营之路

——鲁中肖家庄王氏家户调查

报告撰写：郭皎皎[*]

受访对象：王克杰

---

* 郭皎皎（1993— ），女，山东淄博人，华中师范大学中国农村研究院 2016 级硕士研究生。

导　语

　　山东省淄博市淄川区罗村镇肖家庄的王氏始祖王贵在明洪武初年因"迁发之令"从河北省枣强县迁至淄川大弯桥,之后王氏一族因为人口扩张、土地扩张和财产扩张,开始向周围村庄移居,其中王氏第十一世的三兄弟王士栋、王士标、王士桢从大弯桥共同迁到肖家庄并自此正式定居下来,到1949年已经约三百年。

　　王家在1949年以前是一个有十二口人、三代同堂的家庭,第一代是大家长王维机及其妻子李月英,两人总共育有四子两女,第三代有一个小孙女。1949年以前,四兄弟中除了老四王克杰之外,其他均已成家,十二口人一直同锅同灶。王家在生产消费、结婚、丧葬、教育、娱乐等方面均是由家长王维机执掌,在王维机的管理下,王家不算多么富裕,但是一切都井然有序地向前发展着,没有大起大落。灾害年共同御灾,战乱时互相扶持,全家共享经营成果。其家庭运行模式是北方典型的农村自给自足的小户家庭形态,既具有普遍模式的共性,又有独立的特质。

　　首先是土地来源——买、典结合。王维机带领王家在1949年以前分三次共购进约三亩土地,分别是1941年购进王克和的八分地,1945年买了王维生的一亩地,1946年买了王克瑞的一亩四分五地,1940年典来王家振的四亩地,一年后又还给人家。总之,1949年以前王家总共有九亩地,在肖家庄只能算是小户水平。

　　其次是生产方面——种地为主,打工为辅。王家十二口人中总共有十个劳动力,王维机掌管地里一切农活及自己的小本生意,即打锅饼和出豆腐,三个儿子王克熙、王克照、王克英分别在煤矿、部队、工厂工作,妻子李月英带领女儿、儿媳妇管理、操持家庭内部事务,全家人配合有序。

　　再次是婚配方面——可自由恋爱。王维机是村中少有的在婚姻、生子方面较为开明的家长,虽然家里的孩子多是包办婚姻,但老三王克英是通过自由恋爱与妻子结合的。两人同在一家工厂工作,互生情愫后告知王维机,王维机便让其自行寻找媒人、约见双方父母、商定婚期。

　　复次是教育方面——男上女不上。王氏家族从祖先开始就是一个文化氛围比较浓厚的家族,进士、举人、监生、增生不胜枚举,而王维机在教育方面的思想较为守旧,认为女孩子不用上学,"女子无才便是德""嫁出去的女儿,泼出去的水",因此只有王家的男人们念过私塾、上过学校。

　　最后是社会事务方面——积极参与。王维机作为王家一家之长,本身念过十年私塾,村庄召开会议时,多数家庭的家长因为不识字觉得参加无用,时常缺席或者中途溜走,而王维机每次都会积极参加,甚至帮助村里核对文件等,他在村庄的名声一直都很不错。

　　王家在王维机的带领下有序地发展着,全家人团结一致对外,也由此保证了王家得以世代延续。

第一章 家户的由来与特性

　　王家于明洪武初年(1368年)自河北省枣强县迁至山东省淄博市淄川区的大弯桥,其中三支在康熙年间(1661—1722年)又从大弯桥辗转到肖家庄并正式定居于此地。1949年以前王家是三代同堂,第一代是王维机及妻子,第二代是王克熙、王克照、王克英、王克杰、王凤美、王凤英,除王克杰外皆已成家,第三代为王克熙长女。王家以中青年为主,劳力自足,家中只有十二口人,是小户自主经营,土地维持在九亩地,以种地收粮为主要生活来源,同时兼业打工,刚好能维持全家人生活,多数时候没有盈余也没有欠缺,王家老宅面积庞大,可供三支同时生活。

一、家户迁徙与定居

(一)祖籍河北,淄川定居

　　相关史料力证,现肖家庄王氏一族皆是先从河北省枣强县迁至淄川大弯桥,后经大弯桥定居肖家庄。据淄川弯桥《王氏世谱》记载:"我王氏之先,出自冀州枣强。明兴洪武初年,会有迁发之令,始祖讳贵,自枣强迁淄,占籍于丰泉乡杨家庄,即今大弯桥(在淄博市淄川区罗村镇)。"另外根据《淄川区志》:"大弯桥,淄城东北10公里,罗村以西。"元末明初,山东地区的人口数量与山西地区不相上下,而土地面积却比山西大多了,由于元末战乱及灾荒,再加上朱元璋北伐,"靖难之役"的两次战争中山东军民抵抗燕军最为顽强,山东参政铁弦数败燕军于山东境内,民众也多自发抵抗燕军,南军李景隆在德州、济南地区与燕军反复展开拉锯作战,燕王胜后,对这些地区的民众进行了残酷的屠杀,造成山东地区"白骨露于野,千里无鸡鸣"。所以山东地区是移民的重点地区,迁往山东的移民在洪武年间、永乐年间较多。

　　另根据枣强移民史料记载,枣强县明初归北直隶省真定府辖治,发生在中国历史上的"明初大移民",除了山西洪洞县外,另一重要的移民地则在现在的河北省枣强县。明初洪武年间,枣强与山西洪洞均设有移民机构,其中枣强籍居民多迁往山东西北部及西部与略东一带,其中以淄博、滨州、东营、德州、潍坊最多。民间对于山东移民较多有一个比较流行的说法,据说当时山东有一种传染病——瘟疫,导致人口急剧减少,朱洪武登基坐殿之后,便把山西、河北等地的人迁发至山东。

　　明清时期(1368—1911年),山东淄博的两支王氏异军突起。一支为新城王氏,可谓科甲连第,诗家辈出,名臣满门,其中神韵诗风的王渔洋,被视为诗界"开国宗臣",成为绝世风流润太平的骚坛宗主,誉满大江南北。一支为弯桥王氏,亦是人才辈出,可谓是群星灿烂,荣耀门庭。它们争荣于明清两代,交相辉映,为世人所瞩目。两支相距60里地,辈分与年代极为相近,都称王贵为始祖。弯桥王氏从六世祖王崇义明嘉靖十七年(1538年)中进士开始,家世逐渐崛起，发展成为淄川县的望族，随后也像淄川的其他官宦家族一样，在城中建起了自己的宅第。移徙至淄川县城的王氏家族，一方面由于人口的繁衍，城中房屋已显拥挤；另一方面由于土地、财产的扩张，大约从明万历年间(1573—1620年)开始，王崇义第三子(王日兄)一支的后人逐渐移居县城以东的各个村庄，其中就包括迁至肖家庄的王氏一族。

（二）上下五百年，二十二世永流传

康熙年间，王氏第十一世的王士栋、王士标、王士桢三人从大弯桥来到肖家。肖家庄是明朝万历年间建立的，王氏从枣强县迁入大弯桥之后，人口繁衍越来越多，大弯桥容不下这么多人，然后就将部分人分配到肖家庄，原来是姓肖的人家在这里住，姓肖的人走了之后，王氏三兄弟才来到这里，虽然本庄只有姓王的，但是却一直没有改名字。王维机一家属于王士标这一支，王士标于康熙四年(1665年)去世，其墓碑现在位于黄家庄庄头，他是叔辈三兄弟中的老二，老大王士桢的墓在东刘村，老三王士栋的墓就在肖家庄的庄口。据传言，王氏第十世还来过一人，叫王启泰，当时他在肖家庄住着，是个县官，王启泰的墓在邹家庄的庄口，但是之后他又回到大弯桥，至于回去的原因至今不详，目前他们那一支都在大弯桥。

王家现在已经是第二十二世，而一直在肖家庄生活的王氏族人也已经有十二代，王维机是第十八世，从始祖王贵开始一直到王维机的儿子王克杰这一代，王氏已经上下传承了五百多年，王克杰现在都已经有自己的重孙。王氏在肖家庄人口最多的时候就是四世同堂，王氏从第十三世到第二十二世的辈分分别是"作、思、培、永、肇、维、克、世、家、长"。整个肖家庄自十一世来到此处定居之后，一直到清朝都是王姓族人的地盘，他们互相都是具有血缘关系的亲人，无论在生产还是生活方面都是兢兢业业、勤劳苦干，清朝末年的时候，从外地迁来几户张姓人家，定居在此的王姓人家并没有欺生，反而表现出自己的友好、大度，一直到现在肖家庄住着的都是王姓和张姓，其中王姓占绝大多数。

（三）由盛转淡，由合到分

王氏祖先与淄博众多家族一样，也是明洪武年间由河北枣强迁徙来的，迁来的这位王氏始祖名叫王贵，与新城王家的首迁始祖重名。当这位王贵传至第四代时，相传每三户人家就要输送一个当兵的去"勤王"，杨家庄那两户人家都没有男孩，只有王贵儿孙满堂，王贵的重孙王珍就去当了兵，被派驻南京当守门的军士，这样王家就成了有点社会地位的人家。定居弯桥的王家从明嘉靖年间的第六世开始，到清光绪年间的第十八世为止，历经三百五十多年，先后有七人考中进士，一人被赠为尚书，七人担任过朝廷要职，至于举人和贡生、廪生等，以及担任过巡按、知府、知州、知县及以下官员的人就更多了，包括被封赠的在内，估计有一百四十多人。清初著名文学家蒲松龄就曾在王家教过书并成为王家的密友，还得到过王家子弟的生活资助。王氏一族以前也是创造了无数辉煌的家族，直到王氏开始分散开来生产经营，原来的盛世不再，转为小家庭经营，定居肖家庄的王氏族人一直过着平淡如水的生活。

王氏最早来到肖家庄的时候，原先的肖姓一族都已经迁居别处，当时各地族人都在扩充自己的地盘，王氏以大弯桥为中心向四周村庄扩散，王士标、王士栋和王士桢三支结伴来到肖家庄并定居于此，来到此处时没有跟任何人打过招呼。肖家庄靠着一座小山，山前是一大片空地，之前有过肖姓一族在此居住，他们开始的时候三家共用一盘石碾、一口水井，日后随着势力和人口的扩充，又逐步向周围开垦土地，土地都是祖先一点点开垦出来的。王家过去没有发生过什么重大变故，家里基本上就是从事农业，除此之外，王维机的爷爷王作元过去当过教师,三大爷①家的哥哥进学,十二岁就考上秀才,考完秀才之后在湖南工作,四十岁就病故了。

王维机的爷爷那一代家里有四十亩地,这是王家土地最多的时候。王家以耕种土地为生,还喂着牛羊,当时一个栏里就喂着四五十只羊。王家的老宅盖着高大的门楼,还有宽敞的院落,整个肖家庄都是这样的庭院构造,排列整整齐齐,放眼望去很是壮观,后来大家庭逐渐分成无数的小家庭,原来大家庭的财产被瓜分,致使后来的家庭越分越小,不再重见当日的繁盛,小家庭各自拥有十二亩土地,之后因为各种原因也有卖出土地的,但是日子总体来说过得也算安稳,直到1964年王家再次分家。

二、家户基本情况

(一)普通家庭,自营生计

1949年以前王家总共有十二口人,三代同堂,第一代是王维机及其妻子李月英,王维机只有两个姐姐,两个姐姐二十岁左右的时候就出嫁了,因此日后家里就只剩下他自己;第二代有四个儿子和两个女儿,除却老四王克杰,其余的三个儿子均已成家,包括老大王克熙和妻子闫秀英,老二王克照和妻子刘春兰,老三王克英和妻子耿庆珍,大女儿王凤美和二女儿王凤英都是在二十岁左右出嫁,直到1949年的时候,二人在王家的时间要多于在婆家的时间,因此多数时候是与王家同锅同灶;第三代只有王克熙的大女儿一个人。其中王维机的大儿媳妇闫秀英是罗村镇鲁家村的,二儿媳妇刘春兰是寨里镇夏禹河村的,三儿媳妇耿庆珍是淄川县城里的,大女儿王凤美嫁到了寨里镇的大张村,二女儿王凤英嫁去大弯桥之后,又随夫去了浙江杭州,王家的子女全是与本地人结合,鲜有异地通婚的情况。

1949年以前,王家祖辈在分家之后只能算是一个小户家庭,王维机的父亲王承先和其大爷、三大爷分家的时候各分到十二亩土地,后来因为王承先生病卖掉了其中一部分,等到日子缓和之后又买进一部分土地,1947年之后王家总共有九亩土地。除了王维机的小儿子王克杰和大孙女不能干活之外,其他人都可以去地里帮忙,因此王家的劳动力是足够用的,不用请长工、短工,家务事都是王维机的妻子和儿媳妇们做,倒也能操持过来,王家没有收养、抱养或者过继的情况。

表1-1　1949年以前王家家庭基本情况数据表

家庭基本情况	数据
家庭人口数	12
劳动力数	10
男性劳动力	4
家庭代际数	3
家内夫妻数	4
老人数量	0
儿童数量	2
其他非亲属成员数	0

---

① 三大爷:即三伯。

(二)中青年为主,教育供男不供女

王家上下三代总共是十二口人,家里最大的是王维机的妻子李月英,1949 年的时候是 57 岁,家里最小的是王维机的大孙女,1949 的时候只有两岁。1949 年以前农村有这样一种说法,即家里若是有好几个孩子的情况,通常都是"大掌柜、二觅汉、三掌柜不动弹",比如王维机的大爷读过书,父亲王承先就没读书,三大爷读过书,其父亲就一直在家里掌管着这些牲畜,管理着家里的一切,其他人读完书就在外边教书或者干些别的事业。而到了王维机这一辈的时候,家里只有他一个儿子,所以王承先无论怎么样都得把他送去上学,王维机从小读的就是私塾,前前后后加起来总共读了十年左右,学习的内容还是"之乎者也",到了王维机的儿子们这一辈就开始学习白话文,由于上学的时候只学文化课,不学数学,因此王家的孩子平时学习打算盘的时候都是在自家门房那里练习,除王克杰因年龄小未曾学习外,其他的儿子都在那里学过,除此之外还学习四书五经之类的知识。

在王家子孙的教育情况方面:大儿子王克熙开始时读的私塾,总共读了四年,1949 年以后又去中央燃料部的煤炭学院进修,最后算是大学毕业;二儿子王克照 1949 年以前在高小念书,1944 年去参军,退休的时候享受的是县级待遇;三儿子王克英开始时也只读了小学,之后又在自己的工作单位进修过三年;小儿子王克杰是完小毕业[1]他原先有机会继续进修,但是后期家里只剩下他自己掌管各方面的生活,家人都不同意他出去,因此直接参加了工作。王家的女性在 1949 年以前都不能上学读书,老一辈的思想是"嫁出去的女儿,泼出去的水",无论怎么着最后都是别人家的人,而且讲究"女子无才便是德",女性只要学会女红就是一个好媳妇、好妻子、好母亲,即使对于"相对开明"的王家家长王维机来说,也避免不了这种落后的思想。

表 1-2   1949 年以前的家庭成员情况表

序号	家庭身份	姓名	性别	出生年份	年龄	婚姻状况	教育情况	健康状况
1	家长	王维机	男	1895	55	已婚	10	中
2	妻子	李月英	女	1892	57	已婚	0	中
3	长子	王克熙	男	1916	33	已婚	9	良
4	长媳	闫秀英	女	—		已婚	0	良
5	次子	王克照	男	1920	29	已婚	4	良
6	次媳	刘春兰	女	1930	19	已婚	0	优
7	三子	王克英	男	1930	19	已婚	7	优
8	三媳	耿庆珍	女	1933	16	已婚	0	优
9	长女	王凤美	女	1912	37	已婚	0	良
10	次女	王凤英	女	1924	25	已婚	0	良
11	受访者	王克杰	男	1935	14	未婚	5	优
12	长孙女	—	女	1947	2	未婚	0	优

---

① 完小毕业:完全小学毕业。

王维机(父亲)

李月英(母亲)

| 王凤美 | 王凤英 | 王克熙 | 王克照 | 王克英 | 王克杰 |

闫秀英　　刘春英　　耿庆趁

（妻）　　（妻）　　（妻）

长女

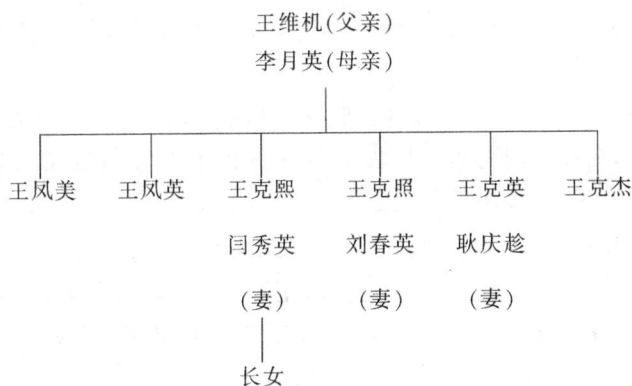

图 1-1　1949 年以前王家家庭成员结构图

(三)家宅庞大,街道环绕

王家的老宅子处在村庄的边缘地带,位于整个村庄的东南角,东边是平整的土地,西边是王维机的爷爷王作元的大哥王作弼家,在此之前王作弼的宅子是王士标住着,北边是王作元的三弟王作朋,都是本家的,村南和村东都是平地,四周均以大街为界与邻居、土地相邻,房屋类型差不多都是四合院类型。王家老宅一共是两口①北屋,两口北屋又各含三间屋子,东边大院里的北屋是老宅子的主屋,此处三间屋子是王维机的爷爷王作元住着,这口北屋的前边是大高台,一层一层的台阶延伸上去很有气势,西边院落里的三间北屋是王维机的三大爷一家住着,三大爷的房屋前边是一个单独的院子,王作元所在的北屋两旁分别是两间东屋、两间西屋,西屋住着王维机的大爷,东屋是王维机的父亲。王作元和三个儿子分家之后,大家还是住在同一个老宅子里,但是不再同锅同灶。

1949 年以前在房屋分配方面,基本上就是老人都住在北屋,其他的孩子们住在偏房,王维机父亲那一辈分家之后,王维机的大爷分到他们原来住的西屋,再加上北屋和北屋前边的空地,西边那一块包括屋前的院子,还是王维机三大爷的,而整个老宅子南边的大院子、大门楼、门房以及两间东屋就划给了王维机的父亲。王维机以及他的孩子小的时候都是跟着家长住在东屋两间屋子里,王维机的儿子们到了结婚年龄的时候,其父亲王承先已经去世,王维机在老宅子南边的院子建了三间西屋,在老宅子的两间东屋旁边又盖了一间屋子。这之后的住房分配情况是:王维机夫妻两个和小儿子王克杰住在西屋里边,这些都是 1949 年上半年的阴历三月份建造的,是新中国成立之前建的房子,之后 1953 年又在南院建了三间东屋,王维机的三儿子和三儿媳妇一家住在东屋,这是南院房子的住宿情况。老宅子原来的两间东屋由二儿子和二儿媳妇住着,后盖的一间是大儿子家的孩子在里边住着,大儿子和大儿媳妇住在修建后的门房里边。

相较其他住户来说,王家的住宅去地里比较方便,宅子东边就是地,要是想去村庄内部相对来说也还可以,因为老宅子的北边有一个小门,王家人出去的时候多数是走北门,出去就是街坊四邻,聊天、借东西、找人等都很方便,南边的正门走得很少,但是老一辈分家之后,王维机这一支就开始走南边的正门,若是穿过二大爷家走北门就不太方便了。宅

---

① "两口"意即为"两间"。

子的周围都是大街,地势比较平坦,当时排水都是往大街上淌,排水沟多数就是在房屋旁边开一个洞。

在王维机的爷爷王作元决定分家之前,所有人都在一块吃饭,厨房就在王作元的房间旁边,分家之后,各自都在自己的院落里单独开出了一个厨房,粮食这类公共的东西都是放在老人的屋子里。过去主屋大部分都是坐北朝南,当然也有例外,比如王维机的父亲分家时分到的屋子都是东屋和南院,对他们来说,主屋就是父母亲住的西屋,家里比较珍贵的东西也都放在主屋,具体的还是要根据老人住的地方决定,老人在哪个房间住,哪里就是主屋,其他的屋子就都是偏房,王家老宅的周围没有其他设施,就算有也都是在村中部的位置。

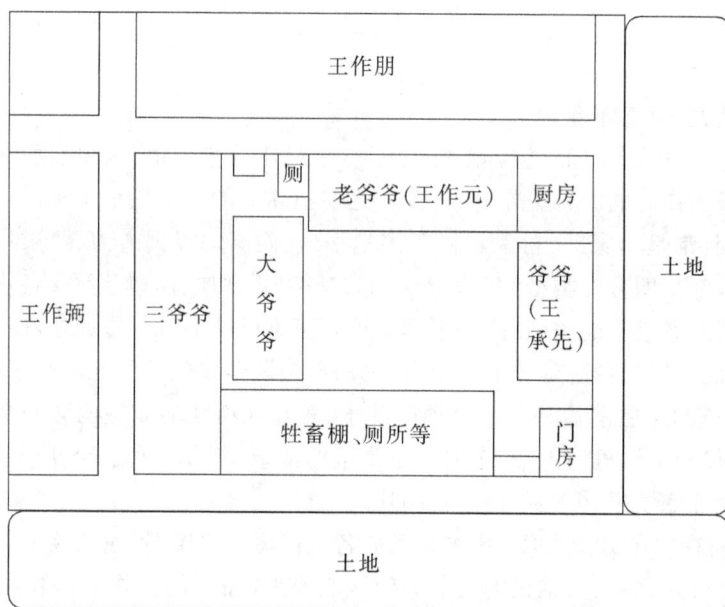

图 1-2　1949 年以前王家住宅的空间结构图

(四)种地为主,打工为辅

1.土地、牲口情况

肖家庄的土地都在村庄附近,王维机的父亲辈是弟兄三个,父亲在家里排行老二,王维机的父亲跟爷爷分家之前家里一共有四十亩地,分家的时候爷爷自己留下四亩养老地,剩下的三十六亩地就由三个儿子平均分了,每家分到了十二亩地。20世纪初期的时候肖家庄这边总体上就是人少地多,只有几户人家,因此每家拥有的土地数量相较周围的村庄来说算是多的。分家之后,王维机的父亲因为年纪大生过几次病,家里也没有别的收入,王维机就决定将土地卖出去一些给父亲治病,王家前前后后总共卖了六亩半的土地,不过后来家里又陆续买进了一些地,1947年之前王家大约有七亩半土地,土地改革的时候又分到一亩半,此时王家的土地数量达到九亩,直到1949年,王家一直维持着这些土地。

王维机的爷爷没分家的时候,家里的牲畜很多,一个牲口栏里就有四五十只羊,大家分开生活之后,各自的小家庭能饲养的牲口数量便有所下降,王维机这个小家喂着一头毛驴,一年能喂养两档肥猪①，每档总共养两只，如此计算下来一年就是四只肥猪。王家喂养的肥猪都很大，一个肥猪能有二百斤左右，一年养四只，就是八百斤，1949年以前一斤猪肉能卖四五毛钱，王家没有自己杀猪、卖猪肉，而是等到把肥猪养大之后，让专门杀猪的人来家里直接拉走。除此之外王家还喂着十三只羊，无论是农忙的时候种地，还是驮庄稼、攒粪肥，王家的牲口都是足够的。

而王家的房屋情况具体来说是三间西屋，东屋一共六间，还有一个门房、一个门楼。王维机的儿子们没结婚的时候，家里还未添置新房，房屋数量不算多，因此大家就都住在一块。等到孩子们到了适婚年龄的时候，王维机早已经做好打算，在王家老宅子的南院盖起了新房，除去小儿子一直在家帮衬着自己干活儿，其他的儿子都是出去工作，平时在家的时间也不多，家里的房子就差不多够用了。

2.外出打工情况

王家既没有把地租出去，也没有租过别人的地，只是买卖过少量的土地。庄稼人都是以种地为生，但是家里劳动力充足的时候或者仅靠土地维持不了生活的时候，家里就会派出一个人或者两个人出去找活干。王家除了王维机的小儿子王克杰和大孙女不能干活儿之外，别人都已经能下地干活儿了，这么多人全部留在家里种地也没用，光靠打来的粮食也不够维持全家人生活，因此王克熙、王克照和王克英三个儿子提出要出去干活儿的时候，王维机立马就答应了，认为无论挣多挣少都能补贴家用。但是王维机告诉三个儿子，三个人只能轮流出去干活儿，必须留下一个壮劳力帮着自己种地，因为王克杰年龄还小，尚不能帮助王维机下地干活儿。等到王克杰长大了，就由他帮着王维机操持家中的大小事情，其余的儿子们就都去外边干活儿了。

其中王维机的二儿子王克照1944年参军之前一直在镇上的煤矿工作；老大王克熙最初是到昆仑给人家当先生，一开始是王克熙的姥姥和舅舅在昆仑开粮行，也就是在那里卖粮食，他们就把王克熙叫过去，安排他做个粮行先生。但是1941年昆仑发生了水灾，粮行被冲垮了，之后王克熙的舅舅就带着家眷和家产到博兴去了，直到1949年才回来。粮行垮掉之后，王克熙就回到镇上的煤矿干工了。1949年以前出去干活儿挣钱都很少，在1940年前后，王克熙和王克照去煤矿干活儿，每人一天只挣一斤多粮食，这种情况还得是干一个大班，也就是必须干足一天一宿。1948年之前，王克英一直跟着王维机在家里种地，1948年王克英去了淄川的鲁新商场，这一年淄川刚刚解放，王克英就是作为一个普通的职工在那里工作，之后鲁新商场又搬到了济南，王克英也跟着一起调过去了。王维机作为一个实打实的老农民，和妻子李月英一辈子都在家里种地，也没有出过远门。王家出去干活儿的时候都是男人们去，女人们基本上还是留在家里，不过每逢秋收、麦收的时候，王维机的儿媳妇们也都会帮着一起种地。

3.粮食收成情况

王家没有大型农具，有的就是一些平常老百姓都有的锄、镰、锨、镢、犁杖，除此之外，家里还有一个木轮小推车，农忙的时候都是用这个推粮食，木轮车推起来比较费力，除此之外其他的农具就没有了。肖家庄这边都是低矮的丘陵、旱地，土地都是一小块一小块的，没有平

---

① 两档肥猪：指一年总共能饲养两轮的肥猪，养大一轮肥猪大约需要半年的时间。

原地区那种大片的土地,也用不着耕牛、水牛这些大型牲口,大型农具也不需要,基本上都是人工种地,种不过来的时候两三家就联合起来一起种。1949年以前肖家庄这边就是种玉米、小麦、谷子、大豆还有高粱,粮食的产量都很低,种一亩地的小麦一年下来才产九十斤,王家一年大约能种六亩半的小麦,基本上是除了山地都种上小麦;一亩玉米地能收一百斤左右,玉米种得不多,这九亩地最多也就能种四亩地,其他的就是种高粱、大豆、谷子,种谷子一亩地能打七十多斤,大豆也是在七十斤左右,王家自己种的高粱打的算是比较多的,一亩地能打一百五十斤,一般都会种上三亩地的高粱,王家打来的粮食只能刚刚够全家人吃,一年下来基本上没有剩余,而且还得为下一年预留出一些粮食,所以也没有出去卖粮食。

4.缴税、经济情况

王家在正常的年份,打来的粮食刚刚能维持一年的生活,要是遇上干旱、虫灾这些自然灾害,地里直接打不来粮食或者这一年家里的粮食不够吃,王家就得去粮行买粮食,这笔花销相对要多一点。除了买粮食花得多一些之外,像平时的油、盐、酱、醋这些支出就比较少了,其他的食物消费也不多,多数都是自己做、自己产。1949年以前,集市上的肉才一毛钱一斤,后来也才涨到五毛钱一斤,王维机作为实实在在的农村人过生活,不需要每天都吃肉,只有逢年过节、婚丧嫁娶、生儿育女等重要日子时才去集市上买点肉供全家人吃。

农民种地都得缴税,至于交多少就是看自己种了多少地,一亩地是多少银两,土地都有分等级,不同的地纳的税不一样多,具体来说,肖家庄这边把不同的地叫作"一级地、二级地、以及山地",王家的山地很少,也就是三亩山地,其他的都是一级地和二级地。1949年以前很多人都缴不上税,用老百姓的话说,"几乎天天都要交税,今天缴这个税、明天缴那个税,要是拿不出来,就得赶紧跑,若是被逮住,不光挨打,还得坐牢",缴税的时候都是交粮食。

1949年以前在农村需要花钱的地方很少,但是一年下来王家基本上也没有盈余,人口多,劳力多,还得出去买粮食,除去儿子们出去干活儿,王家还得倚仗着王维机在家里做点小生意,就是"打锅饼",多少挣点钱,日后又去"出豆腐"。要是王家人想买东西,但是家里没钱了,也需要出去跟别人借,整个肖家庄都很穷,基本上没有大富大贵的人家,王家借钱的时候就只能去亲戚家借点,过不了多长时间就还给人家了,借东西的时候都是家里的老人根据当时的情况去借,基本上都是家长说了算,小孩子从来不管这个事。

表1-3 1949年以前王家家计状况表

土地占有与经营情况	土地自有面积	9亩	租入土地面积	0亩
	土地耕作面积	9亩	租出土地面积	0亩
生产资料情况	大型农具	犁杖、木轮车		
	牲畜情况	1头驴、13只羊、4只肥猪		
雇工情况	雇工类型	长工	短工	其他
	雇工人数	0	0	0

收入	农作物收入					其他收入	
	农作物名称	耕作面积	产量	单价	收入金额(折算)	收入来源	收入金额
	麦子	6.5亩	90斤/亩	--		煤矿	约1斤/天
	玉米	4亩	100斤/亩	--		打锅饼、出豆腐	--

	高粱	3.5亩	150斤/亩	——		养蚕	——
	谷子	1亩	70斤/亩	——		收入共计	
	大豆	1亩	70斤/亩	——		不详	
支出	食物消费	衣服鞋帽		燃料	肥料	租金	
	不详	不详		自给自足		0	
	赋税	雇工支出		医疗	其他(教育)	支出共计	
	几斗粮食	0		不详	40斤粮/人/年	不详	
结余情况	结余 0 元			资金借贷	借入金额	几十块钱(当年接着还清)	
					借出金额	0	

(五)文人家庭,渐趋淡薄

王家没有人担任过保长、甲长、会首之类的职务,但是王维机的爷爷那一辈在村里还算是比较有声望的。王家祖上隔一代出一个秀才,第十三世有一个,第十一世的时候是王士桢,根据《王氏家谱》记载,"王士标公天性刚直,少孤竭力奉母,延师课弟弟,亦苦志读书,弱冠掇科,可谓难兄难弟矣",说的是王士标的母亲不让王士标读书,而是让他供应自己的兄弟王士桢好好读书,据推测这是王士标的后娘。当时王士桢和蒲松龄是同一天进考场考试,最后王士桢考上了,蒲松龄却名落孙山,但是他们两个的关系很好,王士桢的后人现在在曹家,王士标的后人就是王维机这一支。王维机大爷家有一个哥哥在十二岁的时候进学,三十多岁去湖南参加了护国军,而王维机的爷爷在当时还是一个"乡饮",就是在周围非常有名望的一个人,当过教师,每年多少还能拿点俸禄,周围的人有事都来找他。

从王维机的父亲这一辈开始,王家致力于务农种地,总体上没有再继续维持其爷爷辈时期的地位,王家的经济地位在肖家村也只能算是一般水平,但是王维机因为读了大约十年的私塾,懂得要比一般人多一点儿,因此庄里乡亲有事都会来请教他,比如给孩子起名字、需要中人写文书等。文化人一直都非常受尊重,家里要是出个读书人也是一件光宗耀祖的事情,王维机平时走在路上,别人都会亲切地称呼他,也都比较尊重他。而在王家内部也是王维机当家,大大小小的事情都是他掌管,孩子们出去工作挣的钱都得拿回家并且交给他保管,外人要是来家里有什么事情也都是先找王维机,他在王家的威信比较高。

(六)家户基本特点与特性

1.当家情况:一人独当

1949年以前王家是三代同堂,王维机是大家长,家里的生产经营活动和财政大权都掌握在他的手中,包括购买牲畜、农具、生活资料等都是王维机去集市上跟人家交易。他会提前为孩子预留结婚财产,包括彩礼和嫁妆、建造新房,家庭成员外出打工或者有事需要外出的时候也都得跟他请示一下,其他人(包括妻子李月英)都不能擅自做主,儿子挣的钱得上交给王维机,不能留私房钱,这在过去是不被允许的,既然全家人都在一口锅里吃饭,那就什么事都得摊开了说、放在明面上管,要是都藏着掖着就败坏了王家的规矩了。至于王家内部的事务多数是由王维机的妻子李月英来操持,包括洗衣服、做衣服、做饭,每天安排哪个人来做都

11

是李月英说了算,王维机不会插手这些事情,儿媳妇刚嫁过来的时候,李月英还得贴心问候一下,尽早帮助儿媳妇熟悉婆家的情况,甚至儿媳妇生孩子之后还得提醒她应该如何管理孩子的事情。"男主外、女主内",涉及王家吃、喝、拉、撒的这些事情王维机基本上放手让李月英管理,但是家长只有一个,那就是王维机。王家一直到1960年都是王维机当家,他去世之后,李月英就成了家长,但是因为她年纪大了,所以家里具体的事务都是交给大儿子王克熙和小儿子王克杰去做。

2.家户规模:十二口之家

肖家庄在1949年以前有两家算是大户人家,村西头有一家,村东头有一家,村东头那一家的土地最多,有一百八十亩地,按人口来算的话,当时有八个孙子,大儿子家有五个儿子,二儿子家有三个儿子,小儿子一生都没有孩子,再加上大儿媳妇、二儿媳妇,家里边一共是十五口人。二儿子在1949年去世了,但是他媳妇一直在婆婆家里边待着,没有走,其实她要是去别的家庭也可以,但是生活可能会没有着落,所以就一直在婆家守寡。他们家总共喂着三群羊,一群羊一般有五六十只左右,有六头大牛,大牛负责耕地,还有三条骡子,骡子对于农民来说非常有用,能干活儿、能驮庄稼、能拉磨。村西头的那一家是六十亩地,家里边是三头牛、一群羊,这一家的家长有六个儿子、六个儿媳妇,家里有四个孙子,再加上父亲母亲,一共是十八口人。这是1949年以前肖家庄最富裕的两家,尤其是村东头那家一百八十亩地的,人口少,但是土地多,自己干不过来,就需要找短工、长工帮忙干活儿,所以土山峪、黄庄那边就有很多人去他家放羊、做短工、做月工,给他们家当觅汉,也就是长工。这一家虽然没有当官的,但是他们家之前干过煤井,这个人四十岁的时候因为干煤井发家致富,到1937年卢沟桥事变的时候,他的煤井打不出水来,就垮掉了,到最后房子都没保住,而且还赔钱,此时正好是日本军队进中原,政府没有管事的,都把他家的正门贴上封条了,他们家只能走偏门,所有人都知道他们一家已经没有东西了,这个时候就算是没落了。

中户人家的土地一般在二十亩左右,生活以及其他方面基本上能保证自给自足,打来的粮食够一家人吃一年的,不用出去买粮食,但也没有多余的粮食出去卖,经济上也不需要出去借钱,家里多少掌握着点小生意,中户家庭的人口基本上维持在十人左右,总体上来说生活是平稳安定的。而在肖家庄,小户人家最多能有十来亩地,更多的家庭连十亩地都不够,人口也就是四五口人,家里的土地不多,打的粮食不够全家人维持生活,因此小户人家主要就是出去给别人干活儿,秋收、麦收的时候出去给人家做短工,这一类型的家庭谈不上什么社会地位,只是天天为了吃食而奔波。

王家在肖家庄属于小户人家。十二口人只有九亩地,平均每人还不到一亩地,算是比较少的,在人口上算是中户水平,肖家庄没有二十口人以上的家庭,虽然那两户在当地算是大户人家,但是到了高清地区根本算不上大户人家。因为各种原因,一个普通家庭达到十来口人的时候就分家了,以大家庭为单位进行生产生活比较困难,所以家里的长辈在孩子们都结婚之后直接把他们分出去,让他们独自经营。

3.村庄住户:新老共存

王家迁到肖家庄已有近三百年的时间,王家刚来到肖家庄的时候就只有王氏三兄弟,他们各成一支,不断繁衍,现在已经是第二十二世子孙。王家是正统的肖家庄老住户,正是他们不断地开地、种地、建屋、生子,肖家庄的规模才越来越大,清朝末年(大约在19世纪80年代)的时候从外地又迁来几家姓张的人家,也是从这个时候起,肖家庄开始陆陆续续搬来一些异姓的家庭,但是本庄的人从不欺生。张姓人家刚搬来的时候,周围的邻居还会带着礼物前去问候一下,熟悉之后都非常团结,无论谁家有困难都会互相帮忙。1949 年以前搬来的家庭都可以算是肖家庄的老住户,而 1949 年以后再迁来本庄的家庭就都算是新户了。

第二章 家户经济制度

　　1949年以前王家通过买地、典地将自家土地增加到九亩，为满足儿子结婚成家的需要，王维机在老宅子的南院新建了两间屋子，又在原东屋旁边新建了一间屋子，加上门房总共是十间屋子。1949年之前王家一直住在老宅里，王家的土地和房屋皆为自己所有，外界没有随意侵占的现象。在生产、生活资料方面，王家没有大农具，但是小农具齐全，自家有一只小黑驴，足够用来种地，王家地里主要种的是玉米、小麦、高粱、大豆、谷子，其中小麦、谷子、大豆产量维持在70斤/亩，玉米产量稍高，有100斤/亩，高粱亩产最多，能打150斤/亩。王维机在食物等方面都有详细的计划，足够全家人吃一年，在家庭分配、消费、交换、借贷方面，全是家长王维机做主，其他家庭成员可以提出自己的意见，但是不能背着王维机私自作出决定，王维机既要管理家庭所有的生产经营，也需要出面应对外界的人际交往。

一、家户产权

（一）家户土地产权

1.九亩土地，好地过半

　　王家在20世纪40年代的时候总共有九亩土地，之前因为各种买卖土地的情况，家中的土地数量一直飘忽不定，时多时少，但是一直没有超过王维机从其父亲王承先那里继承过来的十二亩地的数量。肖家庄是丘陵地区，虽然没有高山，但是低矮的小山丘不少。王氏三兄弟刚来肖家庄定居的时候，将房屋建在山前的平地上，房屋和小山丘之间留下一片土地，用来种植庄稼，随着大家庭不断分解，原来的大土地也被分成更小块的土地，后来这些平地不够用，家家户户都开始在山坡上开荒地，山坡上的土地面积就更加小了，一块叠一块，大小不一。以王家为例，王家在庄西头有三亩地，老宅附近那一块是三亩半，这些都是好地，剩下的两亩半都是山地，其中在山腰上有一块地是一亩，山底那一块是一亩半，这块地挨着村庄，九亩土地总共分成了四块，碍于肖家庄面积不大，又紧靠着山，因此大家种地的时候也还算方便，不需要走很长时间。

　　肖家庄这边的土地全是旱田，土质有好有坏，好地的土质要疏松一点，山地的土质就比较贫瘠，所以家里的老人种庄稼的时候都得根据自家土质来决定，比如种小麦的时候必须得是好地，山地即使种上也打不出粮食，高粱可以种在山地里。农村人种地全部是靠天吃饭，基本上都不会用水源灌溉，而且水资源本身也很稀缺，水井里有水的时候都得先由着村里的人喝，若是碰到干旱的年代，村民也会引河流里的水灌溉，肖家庄唯一的一条河，从三伏天就开始淌水，一直持续到阴历十月一，一年中有半年的时间都在淌水。王家的土地在1949年以前没有被统一收回再重新分配，1947年土地改革运动的时候只是统计一下自家的土地情况，土地多的献出来,土地少的会再分配一点儿,除此之外其他的土地一直是由王家人自己耕种。

2.家户土地,来源多样

(1)祖辈继承。王维机的父亲王承先在分家的时候总共分到了十二亩土地,十二亩土地中既有好地,又有孬地,大小也都不一样,他的爷爷王作元在分地的时候都是尽量让每一家的土地集中在一个范围内,若是东一块地、西一块地地胡乱分布,种起来也比较麻烦。王承先就握着这十二亩地生活了几年,之后因为他生病,家里拿不出别的钱,就陆陆续续地卖出了不少地,卖出去的地有好地也有差地。虽然买卖土地的情况屡见不鲜,但是农民即使再穷也不能把全部的地都卖出去,没有了地的农民就好比树没有了根,在经过卖地的经历之后,王家从祖辈那里继承下来的土地最终还剩下五亩半。

(2)买进土地。王家在1949年以前,前前后后总共购置土地三次,正好遇上灾害年或者种不过来想要卖地的家庭,王家长辈就趁机买进了一些,根据购买土地的文书所示,第一次是中华民国三十年(1941年)的时候,向侄子王克和买了八分地,这八分地全部是差地,王维机很会过日子,1941年正是生活最困难的时候,恰巧知道王克和要卖地就去买了过来;第二次是1945年的时候,王维机买了自己的一个叔辈兄弟王维生的一亩地,这一亩地全部是山地;第三次是1946年的时候买了另一个侄子王克瑞的一亩四分五的地,这些地也全部是山地。买卖土地的时候都必须写文书,还要找中人,以王家购入王克和的土地文书为例,文书内容为"立卖契人王克和因无洋使用,遂将庄西自己有南北下地一段,官分八分整,其地东至南截王家振,北截王氏茔,南至暖下王维儒,西至胞侄王世发,北至卖主茔田,五至分明,各有边界,繁中说妥,情愿卖于王维机永远为业,言明价市面通用洋七十三元整,具洋当日同中交足,粮槽随地,割过封讷,恐后无凭,立卖契为证",这一笔土地买卖的中人是王克泗、王克江,代字人是王念恭。

(3)典地。除了继承土地、买进土地,王家还典过别人的土地。在1940年前后,王家家长王维机典了王家振的四亩地,但是一年之后王家振就赎回去了,典地的原因是当时王家振暂时有点经济困难,但是他又不想直接卖地,所以就通过典地缓解暂时的困难,自己有足够的经济能力之后再赎回来。而王家当时也正好赶上手里还有点"闲钱",想着典点地回来还能多打四亩地的粮食。因此双方就找好中人,定好典哪块地、多少钱或者粮食,提前约定好典多长时间,期限一到就得拿钱重新把地赎回来,这些内容都需要在典地文书上体现出来,立据为证,如果王家振到期不能赎回去,王维机就可以再补贴一点粮食或者钱直接将地买过来。不过王家振最后如期把地收回去了,王维机只种了一年。

(4)分地。王家除了买进的这些地,还有从老一辈的手中继承下来的土地,以及典过的土地,王维机自己也开过山地,但是不多,基本上可以忽略不计。除此之外,王家在1947年土地改革运动的时候还分了一块八分地,外加一块半亩地,这一共是一亩三分地,当时王家分到的是大小不一的土地,但是分到的都是好地。除此之外,王家的土地再无其他来源。

3.土地归家户所有

(1)土地家户所有。王家在分家之前,土地归全家人所有,人人都有份,虽然家长王维机对土地具有支配权,但是不意味着土地归他一人所有。各家的家庭成员都对自己的土地拥有所有权,外人无法共享、共耕这家的土地。王家土地的支配权是属于王维机的,他能自己决定土地的买卖,别人没有权利,都是由他说了算,但是买卖土地的时候王维机会跟自己的妻子和孩子们说一说，也算是通知一声。对外宣称土地的时候，王维机以及其他家庭成员都是说"我们家的土地"，没有说"我的地"的情况。

大户人家基本上都有养老地，一般的小户人家很少有，养老地就是老人年龄大了，没有生活来源，就给老人割出二亩地或者十亩地用来养老，具体的养老地数量要根据家庭情况决定，家里地多的就多给他一点儿，地少的就少给他一点儿，老人没能力耕种的时候，由儿子们轮流耕种或者一起耕种，收获的粮食都是归老人所有。另外，大儿子家的长子还有一块长孙地，长孙地就是一家的爷爷给儿子分家的时候，大儿子家的大儿子享受长孙地，这个也是根据家庭情况分到一亩地或者是二亩地。分地的时候，先把养老地和长孙地留出来，剩下的土地才能再平均分给各个兄弟，比如十亩地拿出二亩地留作养老，一亩算作长孙地，剩下的七亩地各家平分。"有长子才有长孙，没有长子哪来的长孙"，给予长孙地的原因就是长子年龄最大，从小付出的代价和承担的责任要比其他兄弟多，为了弥补当时的付出，家里老人就会让出一块长孙地。王家在王维机的爷爷王作元那一辈的时候有养老地，当时家里一共有四十亩地、三个儿子，因此王作元给自己留下了四亩养老地，剩下的三十六亩地正好让三个儿子平分，这四亩地后来是由三个儿子一起种，收获的粮食直接收到王作元的屋子里。

(2)拥有土地所有权的家户成员范围。土地人人都有份，其中养老地归老人支配，长孙地归长孙支配，但是其他家庭成员可以帮忙代种，比如老人没有耕作能力以及长孙年龄尚小不能耕作的时候，而其余的土地都是归全部王家人所有，王家人是指王维机及妻子、所有的儿子、儿媳妇、孙子。只要不分家，出去干活儿的人或者因为其他原因常年在外的男人，家里的土地仍然还是有他的份，男性则不管年龄大小，从出生的那一刻起就享有家庭土地的所有权，未出嫁以及嫁出去的姑娘都没有本家土地的所有权，但是嫁过来的媳妇有土地的所有权，因为姑娘最终是别人家的人，是"外人"，而媳妇嫁过来之后是自己家的人，是"家人"。分家之后的土地就归小家庭所有，大家庭就管不着了，土地归小家庭的人所有。王家在分家之前没有把土地分配到个人的情况，都是在一起种地，打下粮食在一起吃，怎么种地、在哪里种地、今年种什么粮食也都是家长王维机说了算，播种的时候一家人都去种，秋收的时候再一起收粮食。

(3)对土地家户所有的态度与认知。土地还是应该归全家人所有，毕竟种地的时候不是自己一个人去种，家里所有的人只要有时间、有能力都会去种，土地是所有人辛苦耕耘的，因此理应归全家人所有。但是王维机在土地产权上的权力相比较其他家庭成员会稍微大一点，比如土地买卖、土地租赁、典地等都是由王维机做主，不过其他家庭成员在遇到这些情况时也可以发表自己的意见，但是没有权利私自变更自家土地的所有权。若是涉及具体的一个人种地好还是全家人一起种地好的问题，还是要分不同的家庭状况，有些家庭的家业，一个人就可以执掌，家长能把家里的土地都管理得井井有条，这种家庭一般不会分家，种地的时候都在一起种；如果家长管理不好，家庭内部矛盾不断，你说你的地不好，他说他的地不好，讨论不到一块去，这种家庭早早地就会提出分家，各人种各人的地，留出养老地和长孙地，剩余的就让家里几个孩子平分，但只分给男性不分给女性。总之，对于分开种地还是一起种地，不同的家庭有不同的选择，如果家庭和睦，在一起种地力量大，如果家庭矛盾不断，那就分开种，自己种多少吃多少，谁也不会干涉。

4.土地四至分明，"封嘴"为界

(1)"封嘴"为界。王家的土地和别人家的土地之间都有边界，一开始的时候，两块地之间会种上桑树,后来又有了"界石",当地又叫"封嘴",就是在一大块土地中,左边是一家的,右边是另一家的,中间留出一条界线,在界线的两头分别埋上一块大石头,这就是那个"界石",谁家的就是谁家的,界线都比较清晰,谁也不会越过界线去种人家的土地。不过地邻之间也有发生矛盾的,过去的文书上都清清楚楚地写着东西取直、南北取直、东邻谁的地、西邻谁的地,即四至清楚,但是过去两家的土地之间都会种上一排桑树,那个桑墩非常奇怪,比如肖家庄就有一户家庭,他想让自家这边的桑墩小一点儿,然后就能占空小一点儿,也就能多种点庄稼,谁知道这个桑墩越砍长得就越旺,本来想让自己这边的桑墩变小,桑墩长着长着却变得越来越大了。这都是心术不正的人,本来是想占人家的便宜,日后还要抱怨说自己的地被隔壁的土地给占了,他就和地邻打官司,打官司的时候地邻拿出证据,说"分地之前都是量好的,东西取直、南北取直,我们可以再重新量一遍",心术不正的这一家人最后也说不出话来了。为了减少这些地邻矛盾,后来两块地之间不再种桑树,而是直接埋上一块大石头,叫"界石"。

(2)自我认同。自家的土地只有自家人可以耕作使用,外人没有权利随便占用本家的土地,自家土地的继承权也只能是自家人享有,外人无权继承,上门女婿、抱养来的孩子以及过继来的孩子都可以拥有与本家成员相同的继承权利。相反的,王家人也无权享受、继承别人家的土地,这都是双方自动形成的土地所有权意识,每家每户的成员都对自己本家的土地有一种强烈的心里认同感,别人无法侵入,"我家的土地我怎么着都行,即使荒了也是我的事,但是要是你没经过我的同意就去耕种,那就是不对的"。要是遇到擅自占用自家土地的情况,本家人就会找上门跟对方理论,严重的时候会上升到打官司的地步。王家不管男女老少,懂事之后都清楚地知道自家土地有哪些、分布在哪里,别人家的土地在哪里,以及地邻是谁,家里的老人在耕作的时候都会给他们讲清楚,大家都是一个村的人并且土地也不多,没有不知道自家土地在哪的人。自家土地的经营权肯定是归自家人所有,种什么、怎么种都是王维机说了算,根据自家土质情况,哪块地该种小麦、哪块地该种高粱、哪块地能种玉米都是王维机提前做好打算,自家的事情也不用跟别人商量,别人也无权干涉,土地的所有收益归整个王家所有,若是分家之后,大家庭一般都不会干涉小家庭的所有土地经营活动,全凭小家庭的家长自己做主,如果是兄弟去世,只剩下兄弟媳妇和侄子,但是侄子又尚小,父母或者其他兄弟可以帮忙耕种,但是土地的产出归仍归母子所有。

5.家长支配家户土地

(1)家长是土地的实际支配者。在王家的土地买卖、典当过程中,王维机一直是实际的支配者,之前因为王承先生病,家里所剩土地不多,随着人口增多已无法供应全家人吃饭,因此王维机决定买地,总共分三次买进了三亩来地,买地的时候都是王维机出去联系中人和卖主;典地的时候亦是如此,整个过程都是由他出面解决。王维机绝大多数时间是在地里干活儿,或者"打锅饼""出豆腐"后在肖家庄及周围村庄卖,一般情况都不会出去,即使出去也不会走太远,当天就能回家,所以王家不存在家长不在家的情况,只要不出去做小生意基本上就待在家里。王家这边基本上都是男性在世的时候由男性当家,若是男性去世了,其妻子或者大儿子才能当选下一任家长。王家的当家情况是王维机去世之后,妻子李月英接手管理王家事务,但是李月英因为各种原因没有能力管理后,她就委托给大儿子执掌,李月英仅仅做出最后的决定即可。

17

（2）土地买卖，家长做主。土地的买卖都是双方家长说了算，买人家的土地只能跟对方家庭的家长商议、谈价，在未经过对方家长同意的情况下就跟对方其他家庭成员买进土地是不被允许的，若是买方碰到这种情况，多数也不会继续进行交易，他本身也知道其他成员做不了主，只能等对方家长前来沟通。家庭里边买卖土地的时候，都会有一个中人，这些人就是村庄里边能说会道的人，或者是比较有威望的人，买地的时候只要家长去找中人，中人就会给介绍卖主，也不用请示其他人。肖家庄出现过"只有一家卖主、但是同时有好几家买主"的情形，这种时候要优先考虑卖主自家的兄弟们，卖给外人之前先跟自家兄弟打声招呼，如果自家兄弟要买，就把地卖给他，要是自家兄弟不要，卖主就可以出文书把土地卖给其他人；若是卖主没有事先通知自家兄弟就把土地卖给外人，自家兄弟可以直接找这个买主重新把地买回来，而且是以跟买主同样的价格买回来，这种情况就是"倒文书"。

（3）家长决定典地事宜。王家典地的对象是同村的王家振，村里有什么消息立即就会传开，王家振那一段时间想要把地典出去，因为家里边正好有孩子要结婚，事关孩子的结婚费用，手头一时周转不开，就想拿出一部分土地典掉，等到手头宽裕了再赎回来。他将这一消息告之村庄从事这方面事情的中人，中人一合计，就把王家振要典地的事情直接告诉了王维机，王维机跟妻子商量了一下，认为家里的情况允许典地，于是王维机在知晓具体是典哪块地、自己觉得很满意、价格也合适的情况下，最终跟王家振签订了典地的文书。典地的时候只需要典地双方以及中人知道就行，不需要请示别人。典当的顺序跟买卖土地的情况一样，都得先顾着自家兄弟，然后才能考虑其他人。

6.成员积极参与土地活动

王家的其他成员对土地同样拥有所有权，土地不单单属于家长王维机一个人，也有其他人的一份，但是在土地买卖、典当的活动中，其他成员并不能直接对土地起支配作用，王维机掌握着土地的支配权，若是出现多人共同支配土地的情况，容易发生纠纷和矛盾，不利于家庭中的土地经营生产，但是其他成员可以跟家长提出自己的意见。王家在买卖、典当土地的时候，家长王维机都会召集全家人一起商量，这种时候家庭成员都可以提出意见。比如典地的时候，就是王维机在吃饭的时候跟妻子还有儿子们商量，说王家振家想要典地，今天去看了看他家的地，觉得还可以，就把它典过来种一年，这样家里人也能多吃点粮食，李月英和儿子们都没有反对意见，家里其他人更没有意见，就都点头答应了，等到王维机全部处理好了之后，他们就扛着锄头直接下地干活了，典来的四亩地在那一年种了小麦和玉米，收成情况和自己家的地差不多，那一年家里的粮食比较充裕。

7.外界认可，一致对外

肖家庄的人口、土地规模只能算小庄水平，1949 年以前有五百亩土地、五百口人，谁家有多少地、地分布在哪里，其他村民都心中有数，所以他们都会承认王家对自家土地的所有权、耕作权以及收益权，同样，王家人也会尊重其他村民对自家土地的所有权、耕作权和收益权。同村之间侵占土地的现象也会发生，但是不多，无非就是有些心术不正的人想占小便宜，比如两块地之间都会有分界，他们就想多往分界线这边占一点，最后反而会坑了自己。其他村民要是想要买卖、租佃、置换自家的土地都需要提前跟本家的家长商量一下，家长要是不想买卖、租赁土地，对方也不能强制购买。

除了几户张姓人家外，肖家庄都是王姓一族，族人之间都会互相保护，不会恶意侵犯，而且有族规在此,族间也不会允许自己的族人肆意侵占其他族的土地,要是有外族人前来侵占本族土地,族人也会团结起来一起对抗外族人,一方有难、八方支援。如果是族人之间想要进行土地买卖、置换或者租用,也需要事先经过土地主人的同意,除此之外,村庄以及当地政府若需要进行上述土地交易,同样得按照正规程序来办事,不得私自占用或者强迫别人让出土地。

(二)家户房屋产权

1.家户房屋,三代共居

王家老宅的占地面积比较大,占地约八分,在村里边算是比较庞大的家宅,宅子里边住着本家四户,正门方向的大门楼位于老宅的东南角,从此门去地里比较方便,穿过大门楼,进去的右手边是一间门房,然后往左拐进老宅的大院,王维机的爷爷和奶奶住在三间北屋,大爷一家住在三间西屋,父亲在两间东屋,南院是牲畜棚和厕所,北屋旁边有一间厨房,从西屋旁边走到后边是一个独立的院落,这个院子里又有三间北屋,三大爷一家住在这里,院子里有厕所,两间北屋之间开了一个小门,王家人大多数时候都是从这里进出。

因为王家老宅比较庞大,王家也没有其他的住宅,因此王维机的父亲辈的三兄弟分家之后,仍然住在同一个院落里,西边单独的院落归三大爷,大爷分到东院的三间北屋和三间西屋,外加北屋前边的小院子,父亲王承先分到了东院两间屋子和建有牲畜棚的整个南院,外加门房和大门楼。王承先在的时候没有建新房,旧房正好能满足一家人的住房需求,等到王承先去世之后,王维机的大儿子王克熙、二儿子王克照也都到了适婚年龄,王维机就在东屋旁边又建了一间屋子,然后将南院的牲畜棚整理出来,又建了一间东屋和一间西屋,一间屋子是五米宽、十米长,分家后王维机家的这些房屋的建筑面积大约有180平方米。王家的老宅子在村里边算是比较好的,有大门楼。关于窗户的朝向、房子的布局结构,肖家庄这边的房子普遍是坐北朝南,结构都是四合院形式的,老一辈人的习惯就是建造东屋、西屋、南屋和北屋,北屋是坐北朝南,南屋是坐南朝北,前边有窗户,然后在后墙上再安一个小窗户,一般的家庭就是镶门、镶窗户,屋子的"山墙"用砖垒上去,门口用砖镶起来,中间填上土坯。

王家在房屋住宅的安排方面,尤其是老人跟哪个孩子一起住的问题上,一般来说是老人跟谁处得还算和谐就跟谁住,有时候老人跟其他孩子有点别扭,就不愿意和这些孩子在一起住。至于老人住在哪一间屋子,有北屋的时候住北屋,没有北屋的时候就住在西屋,要是不跟孩子住一起就自己住,要是跟孩子住一起就选一个好相处的,其他人住在哪间屋子都行,全看家长的安排。王维机跟妻子李月英住在南院的西屋里,三儿子王克英一家住在东屋,二儿子王克照一家住在老宅子的东屋,东屋旁边新建的一间屋子是大儿子王克熙家的孩子住着,王克熙跟媳妇则住在门房那一间屋子,南院的东屋和西屋之间又有一个嵌套的院子,王维机的儿子们分家之前,他们兄弟几个以及老婆、孩子都在王维机和李月英住的西屋里吃饭。开始的时候,小儿子王克杰是自己住在东屋,后来王维机和妻子身体不太好,王克杰就搬到西屋跟他们一起住,西屋总共有三间房间,王克杰住南边的一间,王维机夫妇住北边的一间,在中间那一间屋子里吃饭。肖家庄这边的习俗就是"父母在哪里住,一家人就在哪间屋子吃饭",平时招待客人也是在长辈的屋子里。之后二儿子王克照于1944年出去当兵,二儿媳妇也跟着出去随军,1948年以后三儿子王克英和三儿媳妇耿庆珍都在济南工作。

2.子孙承继房屋为主

王家的老宅子是王家的祖屋，是王士标的孙子建造的，之后一代一代的延续，王士标的孙子是王氏第十三世，王维机的孙女已经是第二十世，照此来算的话，王家祖屋已经居住了八代人，其间虽然经过不同程度的修缮，但是没有在祖屋上"大动手脚"的情况，后人一直保存着祖屋原来的样式。有些家庭的人口比较多，自家的祖屋住不开，就需要另外买房子，但是不能随意出卖或者购置房子，必须先找自家人买，如果自家人不买，然后才能再去找外人买，要是发生不跟自家人打招呼就直接卖给外人的情况，那自家人可以"倒文书"，即多少钱卖给外人，自家人就用多少钱直接再买回来，买卖宅子的时候都是要讲理的，得先看自己家人有没有要的，买卖宅子的情况总体上跟土地买卖一样。

3.房屋归家户所有

（1）房屋为家户所有。房屋过去归全家人所有，全家人都有份，但怎么分配、怎么安排是由家里的老人说了算。王家的儿子们都有自己的一间房子，尤其是结婚之后，各人的房间都是自己专属的，这个时候即使没分家，王维机和李月英也不会过来住，他们本身都有自己的房子，不会随便去别的地方住，除非是年龄大了生活不方便，就由儿子们接过来轮流照看。兄弟们之间一般也不会随便使用，每个人都有自己的小房间。小孩子们的房间是开放的，大人可以随便进。王维机的父亲王承先跟兄弟刚分家的时候，王承先和大哥一家是在同一个院子里，每天低头不见抬头见，那个时候两家一直共用北屋旁边的厨房以及南院的厕所，两位老人都去世之后，这些房屋就不再共用了，厨房还是归王维机的大爷家用，王维机自己在南院单独建了一间厨房，自此王维机这边的家庭成员就开始在自己的院子里做饭、吃饭，谁也不随便打扰谁。共用房屋的时候都是跟自家人共用，不会跟宅子外边的人共用。

（2）家户房屋，人人有份。王家人对自家老宅子都有份，包括王维机和妻子、儿子和儿媳妇们、孙子孙女们，女儿虽然没有房屋的所有权，但是有房屋的使用权，在出嫁之前，她可以一直在王家住着，嫁出去的女儿就成了婆家的人，即使她回娘家，一般也不会在娘家住，尤其是娘家兄弟们都结婚之后，再回娘家的时候她就成了客人。王维机的二儿子王克照在1944年之后差不多都在部队上，三儿子王克英和妻子耿庆珍一年中也有大半时间都在鲁新商场工作，虽然他们不经常在家，但是家里的房屋他们仍然有份，即使他们不在家别人也不能随便进去。嫁进来的媳妇和入赘过来的女婿都是一样的，都拥有本家房屋的所有权。王家在分家之后，每个人就只对自己小家庭住的房屋有所有权，自己的房屋自己保护，别人不能侵占。

（3）强烈的家户房屋认同感。房屋应该归全家人所有，王家每个人的家庭意识都比较强烈，大家同吃同住，跟外人提起的时候都是说"我们家怎么着"，若是有外人恶意侵占自家房屋的时候，全家人都有权起来反抗。若是过早地将房屋所有权分配到每个个人，容易造成家庭成员的分裂，他们就会付出很少的时间或者基本不顾大家，而是将全部精力投入到小家庭上，这样不利于家庭团结。房屋所有权归全家人所有，人人都知道自己是家里的一分子，在外做事的时候首先会顾及家庭利益，然后才是个人利益。若是将房子划分给每个个人，家庭成员很容易为了自己的一己之利跟别人起内讧，不利于家庭团结。

4.房屋边界清晰，大街为界

王家老宅子跟四邻之间以大街为界，西边隔着大街与王维机的大爷爷王作弼家相邻，北边隔着大街与三爷爷王作朋家为邻，东边隔着大街是平整的土地，南边是大街，前边是一块空地,因此王家是被大街四周环绕。王家老宅周围都是道路等公共设施,随意扩建房屋是不可以的,肖家庄的宅子基本上都是这样的房屋结构,其他村民也不可以随意扩建自己的房屋。王家的房屋都是归王家使用,外人不经过同意就随意使用王家的房屋,容易造成双方矛盾,遇到这种情况时双方会找族间有声望的长辈过来进行调解,虽然"公说公有理,婆说婆有理",但是最后谁也占不到便宜,严重的时候甚至可能会牵扯到官司。王家的房屋也只有自家人才能继承,同样的,王家人也没有权力随意使用、继承他人的房屋。

王家人对自己的房屋都有强烈的认同感,有时候家庭成员对房屋的认同比对土地的认同还要强烈,绝对不会容忍别人侵占自己的房屋。不光是王家人跟外人的房屋界线都清楚明了,自家内部的房屋也有一定的界线,比如王维机的儿子结婚之后,虽然没分家,但是各自都有了属于自己的私人空间,家里其他人就不能随便进出,李月英可以进儿媳妇们的房间,但是王维机就不能再进去了,王维机有事情需要找儿子的时候就在门外喊一声,然后把他叫到自己的房间说,其他人也是这样,有事情大家坐在院子里说或者在长辈的屋子里说,不会跑到哪个儿子的房间讨论。

房屋买卖、拆迁、修建都是由家长王维机说了算,只要不占别人家的地基,人家就不会干涉,要不人家不愿意。盖房子的时候得跟周边的人说一声,关于滴水檐的建造,只要在自己家的范围之内,想怎么建就怎么建。王氏在肖家庄也有大家长,主要是由辈分大、年龄大、有能力的人担任,王氏里边的事情都是他说了算,要是辈分最大的没有能力,他可以找自己的兄弟或者是侄子来主事,肖家庄王氏一族就是王维机的大爷王守先说了算,一般在村庄发生大事的情况下他才会出面,像建房子这种事不用他出面,但是买卖宅子的时候需要跟他请示一下,他过目之后,出好文书便可进行买卖。

5.家长支配房屋

王家在房屋买卖、典当、出租、建造活动中,都是家长说了算。王维机的爷爷在世的时候由他做主,分家之后是父亲王承先说了算,王承先在世的时候没有发生上述活动,后来王维机成为王家家长,为了给儿子们准备新房,就在老宅子里建了七间屋子,1949 年建了三间西屋,另外在东屋旁边建了一间,1953 年的时候又在南院建了东屋三间,因为都是在自家院落里建房,不涉及侵占别人地盘的情况,王维机找好匠人,请他们喝完开工酒之后,就正式投入建房过程,需要什么建筑材料都是王维机去买,其他人没法管,也管不了。对于专属小家庭所有的房屋,小家庭自己管理,但是需要修缮、买卖的时候还是得请示家长,如果家里有结婚、孩子出生或者去世的,家长会对房屋重新进行安排,新人一般都得住新房,哪怕日后会搬到别的房间(这种情况是家里房屋少,新房只能供大家轮流住)。

1949 年以前,一般情况下北屋是主屋,但是平时也得分"东次宅"和"西次宅",王维机一家住的是西次宅,所以是以西屋为主,爷爷王作元在世的时候,以北屋为主,当家人就在北屋住着,也就是北屋是主宅。后来爷爷分家之后,西屋便成了王维机家的主宅。祖屋一般情况下也可以买卖,比如遇到生活困难的时候,有时候就需要卖,谁住在里边谁就有权卖,但是多数情况下后代没有卖祖屋的,这种行为在外人看来就是对祖先的大不敬,"祖屋在,香火就在;祖屋不在,香火也就断了",祖屋也算是维系一个家族生存发展的重要见证。其他的宅子可以随便买卖,不管是本村还是外村,本村之间因为彼此熟悉,买卖房屋的时候过程都比较简单、顺利,若是外村人来肖家庄买宅子,需要先找个中人,一切解决之后就相当于定居于此了。肖家庄没有典当房屋的情况，不过典当宅子的程序跟典当土地是一样的，如果约定日期已到，但是房子主人没钱赎回，那另外再写一张文书，写清楚房屋由谁归到谁家，这就相当于把宅子直接卖给买方了。

6.成员配合家长

在房屋买卖、典当、修建的过程中，家庭其他成员对此没有支配权，家长王维机管理着家庭大大小小的事情，王维机在平时的小事情上不用跟其他人商量，但是在房屋买卖、修建这些大事情上都会跟家人商量一下。商量的具体内容就是哪间屋子年岁比较长了，该修一修，或者家里房子不够用了，要在什么地方建，以及建多少，而建房子的具体事项就不用细说，其他人也不懂这些，女性只知道家里边的家务事，儿子们又太小，只有王维机能具体操持，其他人也没有什么意见。如果当家人是女性，就需要找一个懂行的人帮忙建房子，儿子要是懂，也可以委派儿子去做。

7.彼此认可，互相帮忙

不同家户之间都会承认彼此对自家房屋的所有权、买卖权和修建权，一般情况下都不会随意侵占，但是总归会存在别有用心的人，比如过去以一墙之隔的两家人，关系好的两家就一起把墙垒起来，关系不好的谁也不想吃亏，就那样耗着。别人若是想要买进或者置换自己的房屋，需要跟本家的家长商量，家长不同意，别人也不会强占。肖家庄基本上都是王氏族人，彼此间的关系都很不错，自家的房屋自己有权决定如何管理，彼此间都不会干涉，王家建房子的时候邻居还会过来帮忙。当地政府对王家人的房屋所有权、买卖权等都是承认的。自己的房屋都有房契，立据为证，别人要是侵犯自己的权益可以用房契作证明。

(三)生产资料产权

1.生产资料，家户自足

王维机的爷爷王作元在世的时候，王家有犁耙这类大农具，后来土地少了，用不着这些大农具了，只有基本的锄、镰、锨、镢，这种小农具就是家家户户各自都有的，除此之外，王家还有盛放粮食的筐子和一个木轮推车。这些农具都是王家自己花钱置办的，1949年以前农村也有市场，这些东西不需要每年重置，只需要隔几年重新置办一次就行，花费不算多。大农具就是长辈用完之后，若是还可以用就由晚辈接着用，若是没法使用就自己重新置办，小农具都是小家庭里边各自备着，无所谓共用不共用，家里只一个木轮推车，这个都是大家一起用，筐子有很多个，有用来装粮食的，有用来装粪的，集市上都有自己做的出售的，王维机买的时候直接买三四个就背回来了。

王家牲口最多的时候有一头驴、十三只羊、四只肥猪，肥猪每年养两档，一档养两只，养大之后就直接卖掉，家里边的大牲口，比如羊、驴等，都是王维机去淄川的西关大集去买，罗村集、寨里集这种小集市没有卖的。牲口都是自家共用，谁要种地谁就牵着牲口去干活儿。王家的这头驴平时都是王维机负责喂养，先给它铡草，然后掺和上点粮食，搅拌一下就可以喂给它，牲口就是吃这个。村里有些家庭会养些羊群，或者是几只，或者十几只，抑或是几十只，这些羊群都有专门的人赶出去放。王家只有十三只羊，单独派一个人出去放羊不太划算，所以就让别人放，每天早上放羊的人在村里走一圈，羊群就都跟着出去了，下午放羊回来，各家的羊自动就回自家的羊圈。家里的肥猪一般都是女性来喂，王维机会做豆腐，平时剩下来的豆腐渣再稍微掺点粮食就可以拿去喂猪。

王家自家喂着这些牲畜,地里的肥料一般就不缺了,农村攒粪的时候不光是只用粪,还会掺点土,有条件的用塑料布把它罩起来,让它自行发酵一段时间,等到秋季收了庄稼就可以把它撒进地里了,有了肥料庄稼就能长得好。而没有牲口的家庭攒不了粪肥,地里的庄稼就会明显长得比较小、比较少,所以1949年以前农村会有不少买粪肥的情况。王家自有的牲口、农具都够用,种地的时候都是邻居之间合作着种地,王维机家种地的时候会去找叔叔家的哥哥、弟弟一起种地,有什么事都是他们商量着来。

2.生产资料,家户所有

(1)生产资料归家户所有。无论是家里的农具还是牲口,都归全家人所有,王家大部分时间是王维机和王克杰在家里种地,其他儿子都在外边打工,王维机和王克杰可以共用家里的木轮车、筐子等,两个人都有锄、镰、锨、镢之类的小农具,因为王维机和王克杰住在一间屋子里,所以每天从地里回来之后,农具都放在一起,院子的角落里有一个专门盛放杂物的敞篷,第二天起来再去拿自己的就行。其他的儿子们也有他们自己的农具,农忙的时候都会回家帮忙种地,他们不跟王维机住在一个院子里,也不用每天特意把农具跟王维机用的农具放在一块,直接拿回自己的屋子就行。但是全家人都可以用这些农具,因为未分家之前,这些农具都是拿全家人的钱去买的,王维机只是负责买,因此家里的农具或者牲口都归全家人共有,而不是单纯地属于某一个人。

(2)"自家人"拥有生产资料所有权。只要是能下地干活儿的王家人,家里的农具、牲口就都有他的份,王维机和王克杰他们兄弟四个经常使用家里的农具和牲口,因此他们拥有这些生产资料的所有权。家里的女性相比较来说很少拿起农具干农活,即使去地里帮忙,也是干些比较轻快的活,比如往筐子里装粮食、撒粪肥、剜苗等,但是她们也对家里的各类生产资料有所有权。小孩子与这些农具、牲口并没有直接的关系,所以他们只是名义上对这些生产资料有所有权。嫁出去的女儿或者未出嫁的女儿对这些生产资料都没有所有权,女儿以后是要嫁人的,就算是"外人"了,但是她们拥有这些生产资料的使用权,女儿们对婆家的生产资料是有所有权的。王家的那头驴只有王维机能治得了它,平时驮庄稼、驮粪的时候都是王维机牵着,别人都不敢靠近,牲口都比较认人,尤其是驴的脾气格外特殊,需要喂养的人与它长时间的磨合。要是喂牲口的人年纪大了或者去世没法照料它,其他家庭成员就直接把它卖了,因为留着也没有人治得了。

(3)生产资料家户所有,"界线有别"。生产资料的所有权应该归属全家人,而不是单独的某一个人,家里的各项生产资料都是用全家共有的财产购买的,所以买来的生产资料理应是全家人的,对于生产资料的分配,谁种地谁就可以使用,家长王维机买回来之后直接就给种地的人,不下地的人就不用分配。家长在生产资料的权力上相较其他人来说稍微大一点,比如王维机会直接安排家里的某个人负责喂养哪些牲口,他自己负责喂驴,女性们就负责喂猪,羊群由村里的人专门放养,被安排到的人都会听从安排。生产资料还是归全家所有比较好,分家之前全家人都是一起种地,牲口、木轮车、大型农具都是全家人一起用,这样才能把地种好,若是每天因为你用了我的驴、我用了你的牛而争吵,地也种不好,也不利于家庭团结。王家的每一个人对自家的生产资料都有强烈的认同感,自家的农具、牲口,想怎么用就怎么用,若是借用别人家的生产资料的时候,心里清楚地明白这些不是自家的东西,所以得给人好好地用,要是用坏了就得赔偿给人家,而且用完了就得还回去,不能占为己有,也就是说王家人对家户之间的生产资料界线都非常清晰。

3.生产资料购置,家长负责

虽然全家人都拥有生产资料的所有权,但是在生产资料的购买、维修以及借用的活动中,家长王维机具有实际的支配权,需要购买农具、牲口的时候大多数是王维机出去买,王克杰他们兄弟四个有时候也会陪着王维机一起去,去帮忙提东西,顺便学习一下王维机是如何购置的、都需要购置什么东西以及集市上的购置价钱等。如果王维机没有时间,就会委托邻居去买,因为在生产资料这方面还是大人比较懂一点,邻居也比自己的儿子们有经验。平时王维机不在家的时候,家里若是需要借点生产工具,比如装粪的篮筐坏了,先去邻居家借一个,之后再还给他,其他人可以出去借,女人也可以出去借,有些时候女人跟女人借东西比较容易,不过李月英一般也就是出去借点做针线活需要的物件,王家的农具、牲口之类的生产资料基本上还是王维机出去借,在这些事情上,男人尤其是家长都比较有代表权,也比较有威信,对方一看是家长来借,可能立马就会借出去。而平时在村里的名声如何,这个时候便直接体现出来了,名声好的出去跟人家借,立马就能借出来,名声差点的,即使家长去借人家也不一定愿意往外借。

在买卖生产资料的过程中,王家人一定要货比三家、认真挑选,比如王维机去买驴的时候,想要选择一头好驴,首先要看它的蹄子,要是磨损得厉害,那就说明这头驴已经用了很久了,其次要看它的体格高大与否,要是买来驮庄稼的话得选择公驴,公驴的前躯比较宽大,干活的时候也就格外有劲儿。购买生产资料尤其是购买牲口不是简单的事情,王维机平时都不太放心让自己的儿子们去买,所以每次都是亲力亲为,如果遇上赶集的日子但是王维机正好有事去不了,那就只能等下次集市再去,王维机在这方面还是非常具有发言权的。

4.其他成员做"甩手掌柜"

王家除了家长之外的其他人在生产资料的购买、维修和借用中都没有支配权,当时王家有一头驴,主要是农忙的时候用来驮粪、驮庄稼,这头驴体格比较高大,干起活来非常利索,因此王维机平时就更加卖力地喂它,没事的时候也会去牲口棚看看,想让它帮忙多干点。除了农忙的时候,其余时间基本没有活干,有时候邻居出去走亲戚的时候,提着大包、小包的不方便,就想来家里借用一下这头驴,王维机在家的时候他们直接找他借,用完之后多少会给点钱或者小礼物,但是王维机不在家的时候,李月英和王克杰他们兄弟四个都不能随便把驴借出去,哪怕这个人之前总是来借也不行,直接告诉对方,等家长王维机回家之后再来借,遇到这种情况,对方也不会觉得有什么欠妥的地方,大家不约而同地都认为这是再正常不过的反应,就等着下次王维机在家的时候再登门借用。在购买生产资料时,家里人一般也不能给王维机提出什么意见,李月英平时不管这事,她也不懂,孩子们更不懂这个,因此就是王维机怎么安排,其他人照做就行,认真地当起了"甩手掌柜"。

5.外界承认,少有摩擦

生产资料都是归各家所有,王家人每天种完地直接拿着农具就回家了,别人也管不着,种地用的小型农具各家各户都有,一般的家庭都不稀罕,但是谁家要是养个牲口,别人看了也会眼红。对农民来说,牲口的粪便就是土地最好的肥料,没有牲口的家庭攒不了肥料,他们就去跟着人家的牲口后边捡粪,这种人做得太明显,很多时候两家还会因为这个发生口角,这时候只要找个人来调解一下就可以,捡粪的答应以后不捡了,然后大家就都知道牲口是人家的,那么牲口留下的粪便也是人家的。比如肖家庄有两户人家,有一家种完地之后牵着自家的驴往家里走,无法避免地就会在路上留下粪便,本来这种情况下,牵驴的人也不会管太多,直接就牵着回去了,但是有一天他又牵着这头驴回家,毛驴留下粪便,过往的一个人看到后就紧跟在毛驴的后边,它拉一点儿这个人就捡一点儿,人有一种特性,就是受不得激,牵驴的人就说,"我家的毛驴留下的粪便,你为什么来捡",捡粪的人就回答,"这路又不是你开的,我在路上走,看着有粪便,我就捡起来了,你管得着吗,反正你又不要",牵驴的人顿时就火气上来了,两个人吵了半天,最后还是由村里管事的人出面调解,让两个人各退一步,以后若是牵驴的人想要自己的粪便,那就自己拿着一个"家伙"①随时随地捡起来,若是自己没有捡,让别人捡去了,那也就是人家的了,只不过捡粪的人不能这样紧跟在人家的毛驴后边,如此这件事才算相安无事地解决了。王家的邻居有时候需要用毛驴驮点东西,跟家长王维机商量好之后就牵着去用了,没有那种不经过本家同意就随便拿着用的,村庄、政府借用本家生产资料的时候亦是如此,需要经过本家家长的同意之后才能拿去使用,这也是对家户生产资料所有的一种认可,外人不得随意侵占。

(四)生活资料产权

1.家户基础物资必备

王家在肖家庄庄外有一个闲园子,就是打粮食、晒粮食的场地,大约占了半亩多地,王家的老宅子就在村边,所以农忙的时候晒粮食、收粮食都比较方便。王维机和儿子们把粮食直接从地里运到晒场,1949年以前玉米脱皮、脱粒都需要人工来做,因此每逢秋收的时候,王家不管男女老少,每天都坐在晒场上剥玉米。要是天气好、阳光足,脱皮后晒上一周就可脱粒,要是碰上阴雨天气就需要更长的时间,脱粒之后再晒半个月的时间就可以把玉米收回家了。一大家子人围坐在一块,有说有笑的,做起来也没有那么费时间、费力气,很快就忙完秋了。肖家庄过去一共有两口井,村南头有一口井,村西头还有一口井,南头这一口井是清朝同治四年(1865年)打的,刚开始打井是因为当时东刘庄有水,而肖家庄没有水,肖家庄的村民去东刘庄打水,人家不愿意,所以肖家庄的人就开始自己打井。本来肖家庄的一个闲园子里就有一口旧井,把它提出来之后才打的南头这口井,打西头这口井的时间相对来说晚一点,大约是在清朝末年,有了这两口井,肖家庄的村民暂时解决了饮用水的问题,也不用费劲地跑到大老远之外去打水,王维机的孩子们那一代依旧还是用着这两口井。

肖家庄每家都有一盘磨,几家共用一盘碾,这些碾大多数是过去老祖宗刚来肖家庄的时候置办的,最初的时候从大弯桥到肖家庄的一共是三户人家,他们弟兄三个共用着一盘碾,清朝同治年间的时候全村有三盘碾,到1949年前后就增加到六盘碾了。除此之外,每家还有一盘磨,1949年以前农村人吃煎饼吃得比较多,几乎每天都要摊煎饼,每天都要用磨,光去别人家里边用也不好,所以但凡是家里的孩子要结婚,长辈们都会给他买上一盘磨,就跟盖新房子一样都是必需的,自己用起来也方便,也不用看别人的眼色。家家户户都不缺油、盐、酱、醋这些基本的生活用品,用完之后就去集市上买,这些都比较方便,根据王家的消费情况,大约每三个月需要去集市上购置一次。每逢这一天大清早,王维机早早地就挎着篮子、与邻居结伴前往集市,农村人都讲究"赶早不赶晚,晚了就只能拿人家挑剩下的",置办这些基

---

① 家伙:在本文指代盛放物品的容器,比如筐子、篮子等。

25

本的生活用品,王维机都会去固定的小贩那里,因为熟悉,用起来也放心。其次王维机也会置办桌椅板凳这些家具,肖家庄有专门的木匠,这些东西不用经常更换,基本上一用就是几十年,冬天王家人在屋内的桌子、椅子上吃饭,夏天的时候在院子里有专门的石桌、石凳,石桌、石凳用的年岁更长,不容易损坏。

2.生活资料购置为主

王家隔段时间买一次油、盐、酱、醋这些基本的生活用品,逢集的时候去买,当地是五天一个集,包括寨里集、罗村集,是在肖家庄附近的集市,大集的话就是西关集,是在淄川县城里边,买牲口之类的一般就去西关集。王家在分家之前这些日常的生活用品都是共用的。家里边的桌椅板凳都是找木匠制作的,村里都会有一两个手艺人,桌椅板凳找木匠、修房建房找工匠。王家的生活资料基本上是小家庭里边有什么,大家庭里边就有什么,小家庭也没有什么特有的东西。只要是没分家,这些生活用品就都在一块使用,不过小家庭屋子里的东西通常都是他们自己用着,别人也不会随便来拿着用,比如孩子结婚之后,长辈会给购置单独的桌椅板凳、床铺被褥、脸盆、笤帚等。王维机在儿子们结婚的时候给他们购置的是新家具,但是自己和妻子用的桌椅板凳都是从父亲王承先那里继承下来的,王承先去世之后,这些东西自然而然地就归王维机所有了。分家之后所有的东西就都是各人做各人的,谁家要是有缺的东西就自己去集市上买,或者找专门的人帮忙制作。而分家之前,平时若需要什么东西仍然是家长王维机出去买,因为家里边的钱都掌握在他的手里,每天开销多少、开销在什么地方、今年的预算够不够等,王维机都会做好记录,每一笔账都清清楚楚的,而其他家庭成员不当家,平时也没有要花钱的地方,买东西的时候基本上也用不到他们。

3.生活资料,家户所有

(1)生活资料为家户所有。王家自有的生活资料都由全家人共有,平时用到的桌椅板凳、油盐酱醋、锅碗瓢盆都是每个人的日常必需品,无论是大人小孩、男女老少都可以拿来用。1949年以前的农村家庭没有那么多讲究,对王家来说,在王维机掌家的初期,儿子们还未结婚,全家就只有一个盆,既能洗脸又能洗脚,而且是全家人都用这一个。后来儿子们都结婚了,王维机就给每个儿子都购置了一个洗脸盆,凡是在这个屋子里住的,都可以共用一个洗脸盆、洗脚盆以及毛巾,虽然这些比较私人化的物品都归各自的小屋使用,但是在所有权上依旧是归全家人所有,而王家之外的人对这些生活用品是没有所有权的。除此之外,王家的粮食打来之后也都是一家人一起吃。王维机出去购置这些东西的时候都是根据所有家庭成员的需要进行,尤其是四个儿子结婚之后都有自己独立的房间,房间里边的床、桌、椅、盆等生活用品都需要重新购置,并且都是归各自的小家庭使用,而实际上这些生活资料是由王维机以大家庭的名义购置进来,然后分配给各自的小家庭,对于小家庭自用的生活物品,王维机以及儿子们的其他兄弟姐妹都不能擅自挪用,若是需要用得提前打好招呼,但是最后的所有权是王家所有。

(2)出嫁女没有生活资料所有权。王家生活资料的所有权是全家人有份,包括外出打工的男性、未成年的儿童、未出嫁的女儿、嫁进来的媳妇以及上门女婿,嫁出去的女儿就不再享有对王家生活资料的所有权,但是回娘家的时候可以拥有使用权。而王维机的儿子们分家之后,老二的家人对老大家的生活资料就没有所有权,只能在本家家长同意的情况下使用。未分家之前,小家庭的生活资料在当事人同意的情况下也可以使用,但是别人对此没有支配权,比如王家的大儿子王克熙和小儿子王克杰,两个人是兄弟四个里边在家时间最长的,因此两个人的关系也比较亲,王克熙结婚之后,王维机给他的屋子里单独置办了一些桌子、椅子、床褥等等,这些生活用品王克熙可以随便使用,但别人都不会随便去拿来用。若是当家里来客人的时候,大家庭里的椅子、桌子不够用,王维机就需要借用小家庭里边的桌椅板凳,此时他就会委派王克杰去王克熙的屋里说一下,虽然两人关系比较近,但是借用东西的时候还是得跟王克熙问一下,王克熙都会爽快地答应,大家用完之后再还给王克熙就行。

(3)大家庭所有,小家庭支配。王家生活资料的所有权应该归全家人所有,王家在1949年以前是一个统一的整体,同锅同灶、同居共财,若是将生活资料的所有权分配到每个小家庭甚至是单独的每个人,不利于大家庭的团结以及家庭成员之间的联系和互动,并且容易造成隔阂。但是部分生活资料的使用权可以分配给小家庭,比如小家庭每天都需要用到的桌、椅、盆等,家长均给他们配置一些,且要保证每个小家庭都差不多,用起来方便,也不会造成兄弟姐妹间的埋怨,而粮食、油盐酱醋等还是放到一起大家共用,因为王家在分家之前一直是同锅同食,平时是由李月英和儿媳妇们一起做饭。王维机每天都要对每项生活资料的支出做好细致的分配,这样做有利于家庭和睦,由此相比较来说,王维机在生活资料的产权上比其他人会更有权力,比如家庭生活资料的购置权、分配权、决定权等。

4.家长做主

王家在购买、借用生活资料时均是由家长王维机做主,中华民国三十二年(1943年)肖家庄遇上旱灾,很长一段时间不下雨,地里也打不出粮食,即使用上粪肥也无济于事,致使这一年家里的粮食根本不够吃,王维机就决定拿着家里的小麦去集市上换粗粮吃。小麦是细粮,在1949年以前是很珍贵的粮食,只有家里的"一级地"才能种小麦,平时要不是家里来客人,大家都舍不得吃,而且来者是客,请客的时候还得先顾着客人吃。还有就是家里的儿媳妇生产后坐月子的时候,王维机还会拿着粗粮去集市上换细粮,产妇在月子期间必须要注意营养,王维机会吩咐其他儿媳妇或者自己的妻子给坐月子的人熬点粥。

1949年以前,一斤细粮去集市上能换两斤粗粮回来,比如王家人本来只能吃一斤粮食,但是换了粗粮之后,就能多吃一斤,1943年整整一年王家都是这么走过来的,王维机每天算账的时候,也要比平时更加谨慎,本着"能省就省"的原则,一家人都是"牙缝里讨生活"。但是相对肖家庄大部分家庭来说,王家在干旱年的时候算是比较好的,他们既没有饿到出去逃荒,也没有让全家人吃不上饭,无论是换购粗粮还是去粮行购置粮食都是王维机说了算,别人都会听从安排。除此之外,家里的油、盐、酱、醋都需要不定时地购置,若是需要添补的时候,负责做饭的人会提前跟王维机说一声,逢集的时候王维机就拿着布袋去买了,小家庭需要什么东西,王维机也会顺便一起买回来,每逢去集市的时候他也会买菜,买回来什么菜大家就吃什么菜,全凭他做主。家里的桌椅板凳要是坏掉、需要维修的时候,王维机自己能修的就自己修,要是修不了的由他出面找人来修,所有生活资料购置、维修的费用都是从家里的存钱中支出。王维机不在家的时间不会超过一天,王家其他人需要什么生活资料都得等王维机回家后告诉他,王维机觉得可以购买的东西就会去买回来,他认为不需要的东西就会直接拒绝。

5.成员提意见

在家庭生活资料的购买、维修、借用等活动中,王家是王维机做主,但是其他人可以提出自己的意见,比如某个小家庭的笤帚不能用了,小家庭的男人去跟王维机说一声,王维机就会答应给他买回来，王维机不可能每天都去儿子们的屋子里看大家缺了什么或者什么东西该换了，自己的小家需要添置东西的时候，自己就得主动跟王维机提出来，都是一家人，不存在开不了口的情况。1945年到1949年，王家基本上是王维机的妻子李月英和大儿媳妇闫秀英做饭，对于做饭需要的油盐酱醋她们俩最清楚，每逢需要重新购置的时候，闫秀英都会告知李月英或者自己直接告诉王维机家里需要置办这些调料，王维机知道后就会前去购买。

需要借用生活资料的情况，是王家在红白喜事的时候宴请宾客，但是家里的锅碗瓢盆、桌椅板凳都不够用，就需要去邻居家借用一下，通常都是王维机去借，王维机要是忙不过来，他会派老大王克熙去邻居家"跑腿儿"，到了邻居家说"我爹让我来借个什么东西"，一般家里要是有这种大场面邻居都会知道，因此都会欣然答应。但是平时要是想借东西，都得提前告知王维机，不能在他毫不知情的情况下就把某样东西借来，要是没按时还上，对方找上门来，王维机还不知道发生了什么事情，日后要是再想借东西就困难了，因此家里的其他人都不能擅自做主去借东西，否则也不利于王家的家庭和睦以及邻里之间的关系维系。

6.外界认可，彼此界线清楚

外界的其他人对王家的所有生活资料都认可，家户内部的所产所用都是由自己说了算，街坊邻里之间借用桌椅板凳、锅碗瓢盆这类小物件都是很平常的事情，尤其是家里需要办酒席的时候，基本的生活资料是每家必备的物品，即使去集市上购买，也花不了多少钱，家家户户基本上还是可以满足的，所以也没有互相侵占的情况，谁家的东西就是谁家的，这个没有争议，彼此之间都互相认可。王家在1949年以前一直跟王维机的大爷一家住在老宅子里，两家人的东西都在屋外放着，但是都没有随便乱拿的，借用之前都会跟彼此的家长打声招呼。王维机的大儿子王克熙结婚的时候，他去大爷家借用他们的桌子和椅子，但是当时家长不在家，只有他的儿子在家，他儿子想着大家都在一个院子里生活，又是这种场合要用，就直接拿去用就好了，但是王维机没有这么做，他觉得虽然两家是亲戚，但是该遵循的礼数还是要遵循的，该有的界线还是要清楚，尤其自己是当家人，更明白其中的道理，既然大爷家做主的人是自己的大堂哥，那就等他回来再来借，于是等到晚上大堂哥回家之后王维机才又去跟他借的。

二、家户经营

(一)生产资料
1.劳力自足，均匀搭配

王家在1949年以前有大大小小共十二口人，家里的劳动力很充足，除却王克杰和王克熙的大女儿，其余人都能去地里干活儿或者外出打工，女性一般是在家里操持家务，但只要是地里边的活干不过来，她们都会去帮着干，王维机的妻子李月英是小脚女人，没法干活儿，儿媳妇们虽然开始的时候也缠足，但是日后她们都放开了，之后走路就不碍事，所以可以进地干活儿。家里的女人不干农活的时候也没有说三道四的，大家都是一家人，况且只要她们有时间都会主动去帮忙。小孩子到了十来岁也会跟着去干活儿，重活干不了，轻活还是可以的。王克杰还在上学的时候，早上五点钟就背着粪筐围着村庄拾粪，然后六点钟去上学，为了让学生在农忙的时候帮着家里干活儿，学校都给学生放麦假、秋假、寒假，直到1949年以后才开始只放暑假和寒假。

王家总共只有九亩土地，全家人在家一起种地肯定是种的过来，但是打来的粮食就不够全家人吃，王维机吃饭的时候跟家里人一起讨论这个事情，说："我们家的地也不多，你们兄弟四个不用都耗在家里种地，只要轮流有个人陪着我在家种就可以，其他人想出去干的就出去，挣多挣少都没问题。"除了王克杰之外的三个儿子王克熙、王克照、王克英都去煤矿干过活儿，日后老二王克照去参军、老三王克英去了鲁新商场工作。王克熙没出去干活儿之前，都是去寨里做短工，早上很早就拿着农具去上市，需要短工的人家会派个管家来雇人，根据一天需要多少人、需要什么条件的人，管家看着符合条件的就直接点名把人领走了，做短工的竞争相当激烈，要是没有被人家看上，那就意味着这一天都没有活干，只能原路返回，也就少了一天的工钱和粮食。做短工的时候，雇主家会管一顿早饭和中饭，晚上不管饭，但是会给四个煎饼带回家，另外还有工钱，工钱是按照市场上的人工价的高低来算，1949年以前平均算下来就是两三块钱，有时候才一块钱，人工市场上的东西贵了，工钱就多，人工市场上的东西便宜，那工钱也会少。老二王克照去安徽当兵是义务兵，没有工资，老三王克英开始是在淄川的鲁新商场工作，后来跟着工厂搬到了济南，一个月是二十四块钱，王克英留下下个月的生活费之后，剩下的都得交给王维机。

2.土地不足，买地、典地相结合

王家在王承先刚分家的时候有十二亩土地，这个时期家中人口也不算多，一家人的土地、劳力都是自给自足，生活过得还算充实。后来家里卖出去不少地，只剩下四五亩地，当时老大、老二还有王家的两个姑娘都已经出生，一年下来打的粮食有时候不够吃，尤其日本军队、国民党军队还随时来收税，此时已经是王维机当家长，跟家人沟通之后，前后买了三次地，还典过一次地。中华民国三十年(1941年)买了王克和的八分好地，1945年买了王维生一亩山地，1946年接着买了王克瑞一亩四分五的山地，1940年左右典了王家振的四亩地。根据土地买卖的文书记录，买王克和的八分地的时候花了七十三块钱。买地的时候，王维机先找了村里的一个中人，中人给介绍的卖主，两家人决定好买卖之后，还需要另找一个证明人和代字人，中人不能作证明人，文书写完之后，在场的人都在上边签字(由代字人代写)、按手印，王维机一份、卖主一份，留做凭证，之后大家坐在一起喝酒，直接在饭桌上将钱结清，购进土地就算完成了。

卖出土地的时候有先后顺序，卖之前先询问自家兄弟需不需要购买，若是兄弟买的话就给兄弟写文书，若是兄弟不买地就可以卖给别人，但是若没有经过询问兄弟这一个过程直接将土地卖给别人，兄弟知道后可以直接将地从对方那里再重新买回来，俗称"倒文书"，前后买地的价格都是一样的。买地的时候都是在本村买，最好还是跟地邻买，因为土地集中在一起方便耕种，要是四处分散就不太好种，既浪费时间也浪费人力。王维机买地的时候都是用家里的钱，王家的成员没有私房钱，如果王维机不在家，其他人是不允许私自进行土地买卖的，王维机也不会把买地这种大事委托给妻子或者儿子代理，都是亲力亲为。

3.牲口自有，农用、"驮脚"两用

王家在1948年以前一直喂着一头驴，之后死掉了，王维机接着又重新购来一头小驴，王家秋收的时候都是靠这头驴驮庄稼，农闲的时候还能出去给人家驮东西赚钱，当地的话叫

"驮脚"，在这段时期内，肖家庄附近有烧石灰窑的，王维机就负责牵着驴把石灰往五零一或者张店那边送，按照驮的重量来计算报酬。牲口这种生物不好喂养，得专门有人喂它，王家的这头驴一直以来都是家长王维机负责喂养，每天给它铡草、拌粮食、顺毛。此外王家还有十三只羊，当时村里边有一个专门放羊的人，小户人家的羊群都不多，十来只或者二十几只，自己去放羊的话不划算，最起码也得五十几只，所以都会有专门的一个人同时给几户人家放羊，早上早早地赶着去山坡，下午回村里的时候，该是谁家的羊再原封不动地回去，放羊人的工钱就按照一只羊放一年总共是多少钱来算。王家的猪是由家里边的女人喂养，猪吃的是高粱以及出豆腐剩下的渣，多数时候就是养肥了卖掉，只在少数逢年过节的时候杀一头猪留给自己吃，卖猪的钱都是家长王维机管着。

王家只借过别人一次牛，那一年家里的驴正好死了，一只牲口都没有，王维机就出去"租"人家的牛，那次连人带牛一起租了一天，出租牛的人家已经种完自己的地，趁着不忙的时候就出去给人家种，租牛的报酬一般都是粮食。1949 年以前肖家庄有牛的家庭不多，村里总共有两个大户人家，都姓王，其中一户家里有六头牛、一百八十亩土地，他们是靠做井发家的；另一户家里有三头牛、六十亩土地，就是靠种地发家；其余的家庭最多有一头牛，并且这种家庭也只是占少数。王维机家跟第一个大户是同一支的，在第十三世的时候两家是亲兄弟，租牛的那一年王维机就是去这一户"租"的，把牛租来之后，本家不用提供饲料，都是出租牛的人家自己负责，本家最后只需要付给报酬就行。王家的地不多，因此只租了一天，最后给了两三斤粮食。

4.农具购买，不够去借

王家的农具包括锄、镰、锨、镢、筐子、木轮车、石磨，家里没有木匠人、铁匠人，农具全部都是家长王维机去集市上购买。锄、镰、锨、镢这几种农具不需要每次都置办新的，多数时候能用五六年，有时候用着用着锄头掉下来了，王维机自己就可以修理，安上仍可以继续使用。篮筐比较容易坏，庄稼和粪都是重量级的东西，用两年一般就需要换新的，王维机直接去集市上找编织篮筐的人多给做几个。木轮车不是胶皮车，时间一长会发出嘎吱嘎吱的声音，买一个木轮车还是比较贵的，因此王维机平时就告诉家人一定要好好爱惜着使用，坏了找人来修修，家里的木轮车一直用到 1949 年以后。石磨是最耐用的，王家的家长跟孩子们一直住在一起，吃饭也在一起，因此家里就只买了一盘石磨，王家几乎每天都要吃煎饼，石磨用的也是最多的，家里的毛驴平时就用来拉磨，摊出来煎饼全家人一起吃。在别的家庭，儿子结婚之后就跟长辈分开来住，家长都得重新给他们买一盘新磨，让他们在自己家推磨、摊煎饼。

锄、镰、锨、镢、篮筐这些小农具是每家每户都有的，也是一般家庭种地的时候用得最多的，这些农具家里都会配置齐全，而木轮车、犁杖、耧这些大农具就不是家家都有的，全看家庭的经济条件，要是家里日子过得去，家长就会出去购置下来，若是家里条件不允许，就只能用锄、镰、锨、镢，有些家庭就去借一下别人家的，用完之后再还回去。几乎每家都有一盘石磨，而石碾是几户人家共用，1949 年前后，肖家庄一共有六盘碾，要用的时候村民就都轮流着用。一般人家借农具的时候都是去跟平时关系比较好的人家借，也有去大户人家借的，但是要是跟大户人家没有什么交情，他们一般还不愿意往外借，村里边的富户人家恨不得穷人家都穷光了，要是找他们借人、借东西，能不能借是一码事，就算是借也不是白借，得付报酬。

30

（二）生产过程

1.农业种植,分工劳作

(1)种植讲究"行情"。王家祖祖辈辈一直以农业耕作为主业,农闲的时候也干过很多其他的活儿,包括打锅饼、出豆腐、干煤矿、做工厂职工、养蚕,家里没有闲人,家长王维机会根据每人的具体情况作出安排。当地一年能种两季庄稼,一季小麦、一季玉米,山地一般种着五谷杂粮,比如大豆、高粱、谷子,小麦大约在每年的十月前后种上,在第二年的端午节前后收小麦,紧接着六月初就种玉米,国庆前开始收玉米,收完小麦不能直接种上玉米,当地都会等着一场大雨之后才种,必须得让土地"喝水喝个透彻",否则即使种上也长不出玉米苗。高粱、谷子一般就是春天种上,大约就是在谷雨前后,收获的时候就到了秋天。王家一季能种六亩多的小麦、四亩玉米,谷子和大豆种得少,也就是一亩地,高粱还稍微多一点儿,能种三亩多,农业种植方面的安排都是家长王维机负责,家长都懂得农业生产经营,比如小麦只能种在好地里,山地是不行的,什么季节该种哪种庄稼都得清楚,王家的种植安排全由王维机说了算,不需要请示也不需要告知外人。

(2)种植安排有分工,没有"闲人"。农业生产基本上包括犁地、耙地、锄草、种庄稼、收庄稼、晒场等工序。王家没有大农具,犁地的时候全靠人工翻地,一般到了这个时候四个儿子都在家里。农村人干活儿都讲究"赶早不赶晚",正午的时候是太阳最毒的时候,一家人早上天不亮就拿着锄具去地里,然后一直干到十点多钟再回家,顺便吃饭,农忙的时候王家一天只吃两顿饭,十一点钟吃一次,在家睡个午觉,等到下午三点钟接着又去地里,等到天黑才回家,再吃顿晚饭。耙地的时候也是大家一起干,犁完地之后就是耙地,等着下场大雨之后就开始种玉米或者麦子。种的时候需要用到耩子,前边一个人拉耩子,后边一个人扶耩子,还有一个人往里边倒种子,需要三个人一起完成,扶耩子非常需要经验,王家通常都是家长王维机来做,王克熙、王克照、王克英在前边轮流拉,王克杰最小,只负责倒种子,过去种地也得会算计,地里边得用粪,这个耧下多少粪、用多少种子,都得细细地算计一下,有一些家庭不会算计,就会跟别人合作着种,别人有会算计的就帮着种完了。玉米差不多长到膝盖的位置时需要给它松松土,顺便锄锄草,这个活不需要太多人,家长王维机和王克杰就能做,有时候家里不忙的时候,家里的女人们也会去地里帮忙拔草,收庄稼的时候还是全家人能干的都一起干,地也不多,两三天就能收完。王家收完庄稼之后都是用驴驮回家或者力气大的人用木轮车推回家,直接推到庄头的晒场,天气好的话晒一周就差不多,王维机随时过去翻一下,方便晒得均匀一点。农民自己种地的时候都很积极,都想着能多种一点就多种,打来的粮食也多,因此到了农忙的时候也不用王维机催促,早上直接拿着农具就跟着去地里干活了,小孩子更听话,他们什么也不知道,但是就喜欢跟着大人去地里撒欢,大忙帮不上,能帮着拔拔草。

(3)内外协作,事半功倍。有足够劳动力的家庭不会把家庭成员全部束缚在土地耕种上,家长会自主安排一些人出去找活干,内外结合、互相补贴。王家的男人除了种地就是出去干活,或者是去大户人家做短工、做月工,女人没有出去干活儿的情况,有时候本村的大户人家需要雇人摊煎饼,家里边的女人会去干一点儿,再者就是去自家的地里帮忙,其余的时间就是在家操持家务,小孩子多少能干点活的也会帮忙捯饬捯饬。男人管着家庭外部的所有事务,女人只需要管理好家庭内部的事务就行。

2.家畜饲养,专人负责

(1)养猪。1949年以前王家一年能养四只肥猪,上半年两只,下半年两只。家里的猪一直是由妻子李月英和三个儿媳妇轮流喂,一天得喂三顿,猪和人不一样,人即使少吃一顿也没事,但是猪要是少吃一顿就会一直嗷嗷地叫,尤其是一到饭点它们就开始叫,这个时候就说明应该喂了。猪的伙食还是不错的,家长王维机做豆腐攒下来的豆腐渣,全部倒给猪吃,而中华民国三十二年(1943年)时这些豆腐渣却救了王家一大家子人的命。王家养的这些猪都是大肥猪,基本上是用来卖的,肥猪养大的时候,外村的屠夫直接就来家里拉走了,卖的钱由家长王维机拿着,有时候春节的时候王维机会留下一头肥猪,自己找人来家里把它杀了,自己家留下一些过年的时候吃,剩下的王维机和王克杰用木轮车推着,在本村或者隔壁村就能卖掉,卖的钱仍然由王维机掌管。王家老大王克熙结婚的时候正好赶上家里的肥猪养大了,王维机直接杀了一只用来招待亲戚,其他兄弟三个结婚都没赶上这种好时候。养猪的另一个用途就是攒肥料,土地本来就旱,要是没有肥料的话庄稼更长不出来,因此粪肥非常珍贵,家长王维机每隔五天就会去猪圈里打扫猪粪,在猪圈旁边刨一个坑,往里倒一点猪粪,再往里倒一点土,接着再倒一点猪粪,然后再倒一点土,将土和猪粪混合在一起,用塑料布盖上,一段时间后就能当肥料了。

(2)养驴。王家种地全凭那头小黑驴,王维机跟它接触的最多,毛驴不同于一般的牲畜,它们的脾气特别大,牵着驴在路上走着,要是控制不住,它撒起泼来,很容易误伤周围的人。南韩村就出过这种事,那一家的毛驴平时还算是温顺的,但是某次牵着它回家的时候,它突然就发起疯来,主人也拉不住它,更不敢靠近它,它用后蹄子踢东西,将一个没来得及躲闪的人踢了一下,那人在床上躺了很长一段时间,所以毛驴这种牲口必须得跟它投脾气的人来喂养。王维机每天给家里的黑驴铡草吃,这只小黑驴除了农忙的时候驮粪、驮庄稼,农闲的时候就出去搞运输,夏禹河村、佛村有很多烧石灰窑的地方,他们需要人力、畜力将石灰送到张店等地,王维机一年中大约有一个月的时间去干这个,从夏禹河到张店来回得整整一天,早上出去晚上才能回家。

3.种植为主,兼顾副业

(1)养蚕。王维机的妻子李月英在麦季的时候会在家里养蚕,算是一个家庭小副业。当时王克杰刚刚七八岁,大张村有一个庙顶,每天早上那个地方卖桑的人很多,以防扑空什么也买不到,王维机早上很早就过去等着,买回桑叶之后得先把桑叶洗干净并且晾干,否则小蚕吃了会拉肚子,李月英养蚕的时候用的是家里筛粮食的那种小筛子,下边给它们铺上点东西,就可以开始喂养了。桑叶必须保证每天喂养的时候都是新鲜的,才开始的时候需要把桑叶剪成一小块、一小块的给它们吃,幼蚕长大一点之后可以把桑叶剪得再大一点,后期就可以直接把整个桑叶扔进去让它们吃,这个时候就是快要做茧了,养好了之后,周村有一个丝绸厂,他们会定期派人来收。从开始养到最后卖出去,时间不会很长,但是养蚕非常讲究温度、环境,所以一年也只能养一茬,都是在春季的时候养育蚕。

(2)打工。王家老二王克照参军之前是在煤矿上给日本人干活儿,有时候干十二小时,有时候干二十四小时,他出去参军的原因是,在煤矿上他是专门负责给游击队倒腾炮药的,日本人为此打了他好几回,但是没查出确切的证据,日本人却咬定王克照给共产党偷着拿炮药,王克照一气之下在1944年就直接走了、不干了,但是出去的时候要和家长王维机说一声,家长一般没有不同意的。老大王克熙开始是在昆仑舅舅家开的粮行里当先生，粮行被洪水冲走后他回到肖家，在附近的煤矿上开始干活儿，然后还出去给人家做过短工，老大做的工作是最多的。老三王克英一直比较平稳，刚开始在煤矿上干，后来去到淄川城里的鲁新商场工作，在那里认识了妻子耿庆珍，日后两人一起跟着工厂去了济南，然后就一直在那里干。出去干工的时候都是男人出去，女人不跟着，老二王克照当兵之后，老二媳妇刘春兰也跟着随军去了，老大王克熙在煤矿上干的时候，媳妇闫秀英一直在家里。

（3）手艺。王维机是自己学的打锅饼、出豆腐，但是他这些本领谁也没传，当时儿子们都在外边干活儿，没有时间学习打锅饼，毕竟还是干活儿挣钱多，王维机每天四点多就得起床做豆腐，每天就只能做一座豆腐，豆腐都有豆腐渣和豆浆，豆腐渣就直接让家里的女人喂猪，豆浆则自家人留下一点当面汤喝，剩下的一起卖掉，这都是手工做出来的豆浆，味道非常好，在肖家庄也比较出名，当时是一毛钱一大碗，每天王维机推着木轮车就去村里来回转悠，王克杰没事的话也跟在后边玩。肖家庄过去只有三四个木匠，在这种家庭，大人做的时候孩子都会在旁边跟着做，没有"只传长子的情况"，孩子们都在一起学，就是看谁的脑筋好使、学得快。过去还有一种学医的情况，当地的习惯是"传给儿媳妇，不传姑娘"，因为姑娘长大就要嫁到别人家，那就把手艺也带到别人家了，长辈是不允许这种情况发生的，而儿媳妇是过来自己家的，她是自家人，所以会传给儿媳妇，蒲家庄有一家专门制作治疗妇科病的丸子，他们家就只传给儿媳妇，不传自己的姑娘。

（三）生产结果

1.农业收成"看老天爷"

当地的农业都是一年收获两季，王家种着小麦、玉米、高粱、谷子和大豆，小麦一年能种六亩多，一亩打九十斤左右，玉米种了四亩，亩产比小麦高一点，是一百斤左右，高粱的产量是最多的，亩产能达到一百五十斤，谷子和大豆的亩产量只有七十斤，农民过去种地全是"靠天吃饭"，要是全年一直干旱，收成就不行。王家的粮食收成情况都是一年一个样，收成好了这一年就有盈余，收成不好的时候还得出去买一些。1949年以前收成最不好的时候是中华民国三十二年（1943年），那一年吃不上、穿不上，老百姓只能吃菜蛋、吃棒槌骨头，那年很多庄稼都是颗粒不收，所以许多人都出去逃荒，李月英的娘家二姐姐就在那一年带着全家逃荒去高清待了三年，他们在高青给人家种地、干活儿、挣饭吃，她家的女儿还小，就把她留在王家，其他人等到条件好了才回来。1943年王家一家没有出去逃荒，主要得益于王维机会做豆腐，攒下来的豆腐渣虽然不是好东西，但是起码是粮食，一家人全凭吃豆腐渣才熬过这段时间。

不管地里的粮食打得多还是打得少，收成都是归于王家全家人共有，但是由家长王维机统一管理和支配，王维机对收获的粮食每次都会做个计划，必须保证得让家人吃饱，吃饱了才有力气干活儿，还得特别关照家里的病人、小孩、孕妇。王家一直以来的情况基本上就是饿不着，但是也不会有太多盈余，就是刚刚够吃的程度。王家除却小孩子不懂事之外，所有的人都非常关心家里当年的收成情况，种地的时候都得算计好，比如种子深了或者浅了都不行，施肥在什么时候施，垄与垄之间需要多宽，算计好了粮食收成就正常，算计不好就比正常情况打得少。

2.家畜饲养，干活劳作两不误

按照正常年份来说，王家牲畜最多的时候养着一头黑驴、十三只羊、四只肥猪，家里还有十来只鸡，羊、猪和鸡的数量每年均不一样，有的年景不好就养两只肥猪，年景好了就多养几只，这些牲畜也得吃粮食，家里的粮食要是还不够人吃，那就少养几只，要是粮食还有点富余就多养几只。养的羊和猪都是为了卖钱，养鸡是为了下蛋，家里每逢有人生病、坐月子、来客人的时候，家长王维机都会让妻子拿出鸡蛋招待客人，或者给生病的人和坐月子的人做点蛋羹补补营养，养驴就是为了驮庄稼，这些基本上都能满足王家的需要，具体的购置情况都是王维机根据王家当年的收入、支出情况作出的决定，卖猪和卖羊的收益由王维机掌管，家里边需要添置什么东西都会从这里边支出，也算是帮了不小的忙。

3.副业收益可补贴家用

王家的各种小副业基本上都能满足自家的开支需要，大多数情况不用出去跟别人借钱。儿子们在煤矿上干的时候都是给粮食，一天一斤多，最多的时候就是两斤粮食，然后每天管早饭和中饭，晚饭给个煎饼自己带回家给家里人吃。老三王克英在鲁新商场干的时候一个月是二十四块钱，他在家长王维机的同意下可以留下一部分作为下个月的生活费，剩余的钱就都得交给王维机来保管。王家其他的副业收入基本上都是给粮食，但是都不多。老大王克熙出去给大户人家做过短工，一天管两顿饭，根据劳务市场上的用工价格都是一天一结。王家在分家之前通过所有渠道赚的钱都是归全家人所有，大家有能力的就都出去找活干，相互之间也不会攀比或者埋怨，挣多了全家人都吃得多，挣少了全家人都吃得少，王维机从孩子们很小的时候就教育他们好好读书、好好闯，兄弟们也都是为了整个王家，妻子在家管家，男人就在外边闯生活。

三、家户分配

（一）家户内部自主分配

王家仅仅以家户为单位分配，宗族和村庄未进行过相关分配的活动。家庭内部的分配都是家长王维机负责，包括吃饭、穿衣、读书、结婚还有生子等情况，每天全家人吃多少粮食、吃什么菜、什么时候能吃次肉，王维机都会提前跟妻子李月英嘱咐好，分家之前大家都是同锅同灶，吃食方面都是一样的，如遇到特殊情况，比如家里有病人、孕妇、婴儿等，王维机会吩咐儿媳妇做饭的时候单独给他们做，吃多吃少就是根据自己的饭量。在穿衣方面，王家都是王维机去集市上买回来棉花，一般是春节的时候会添置新衣服，将棉花统一交给妻子，让妻子给全家人做，有了儿媳妇之后就可以交给儿媳妇做。除此之外，哪个儿子到了该上学的年龄或者到了结婚的年龄，王维机都会提前做好准备，这些方面的分配会根据每年不同的情况进行。王家四个儿子结婚时候的彩礼都不一样多，老四结婚的时候条件是最好的，除了家长王维机拿出的东西，几个哥哥也补贴给他一些。家长如何分配都是他自己做决定，有些情况会跟家人商量，但是只要是家长做出的决定，其他家庭成员都不会反驳，家长具有完全的分配权，多数情况下就是老人给自己什么东西，自己就要什么，王家人觉得分配都挺公平的。肖家庄没有多余的东西给大家分配，但是某些地方的大户人家逢年过节或者大贱年的时候会拿出一部分粮食施舍给这些吃不上饭的人吃，就是"施汤施饭"，然后再多多少少给点粮食让他们拿回家，这是真正的大户人家。一般的大户人家在这种时候还会恶意提高粮食价格，更别提施舍汤饭。

(二)家户成员统一分配,具体有别

王家在分家之前全部是在大家庭范围内进行分配,小家庭没有独立的生产经营活动,也没有单独的经济收入,没法进行分配,即便是家庭内部分配的时候也仅限于在同一口锅里吃饭的人,不论老少都能参加分配,而实际的分配内容会根据对象的不同而不同,比如孕妇、病人和其他人的吃食分配就不一样。王维机会格外关照家里生病的人或者需要坐月子的儿媳妇,每当这个时候,他都得提前嘱咐一下李月英,家里要是有细粮就给他们做点粥、下点面条吃,或者蒸个鸡蛋,要是没有细粮的时候,王维机隔天就会拿着家里的粗粮去集市上换细粮回来,其他的成年人身体棒,吃得差一些也没问题。在王家还有一个不成文的旧传统,就是男孩可以上学、女孩不可以上学,男孩到了上学的年纪就去上学,女儿就在家里跟着李月英学习纺线、针线活等,这些全是王维机做主分配。除去同锅同灶的人,亲戚、邻居和朋友等都没有权利参与分配,已经分家的叔伯辈和出嫁的女儿也失去了分配权,分配的时候就是分配吃食、衣服、结婚时需要的彩礼等实物,这些都是家长王维机提前购置下的,一般情况下不会直接分配现金。

(三)分配类型多种多样

1.农业收入赋税为先,自用为主

王家的农业收成就是收获的各种庄稼,粮食收获之后都得交税,地多的家庭会觉得纳税的税额不算多,地少的家庭肯定觉得税额很多,对于王家来说,家里种着九亩地,收成的粮食足够交税,还在承受范围之内。一年缴两次税,麦季一次,秋季一次,每次粮食收成下来立即就得上交,村庄负责人会领着人上门要粮食,只找家长要粮食,家长不在家的情况下告知其家庭成员只能下次再来。税收非常苛刻,老百姓都说"苛捐杂税猪牛毛",无论什么东西都得纳税,尤其是国民党时期对农民很不客气,一点都不可怜穷人。纳税的时候不会先让农民留够自己吃的再上缴,必须先把税款缴足才行,如果缴不上,那就只能把人抓起来,等到什么时候缴上才放人。灾荒年的时候,各个政府都没有减免税收,他们还是按照正常水平进行收缴。纳税都是以整个家户为单位,具体的缴纳金额以本家的地亩数为基础,而不是按照人头收税,虽然缴纳赋税的事情都是王维机负责解决,别人没法做主,但是事关全家人的大事,王维机交不上,全家人都得受罪,所以全家人都得努力挣钱、挣粮食。除去纳税的粮食,剩下的粮食都由王家自家食用,"民以食为天",首先得保证自家的温饱,粮食自用在王家的农业收入分配中占了大部分的比例。

2.家庭副业收入,家长统一保管分配

王家的主业就是种地,但是光靠种地没法满足一大家子人的日常生活需要,因此家里边还会做点其他的小副业以补贴家用。王维机在农闲的时候会早起打锅饼、出豆腐,到集市上卖掉,虽然挣的钱不多,但是作用很大,尤其是1943年大贱年的时候,肖家庄很多吃不上饭的人都逃荒去了,而王家就靠着王维机打锅饼、出豆腐,豆腐过滤下来的豆腐渣还能继续吃,比其他人吃糠咽菜、啃树皮好多了,全家人就靠这些东西熬过了大贱年那段异常艰难的时期。此外妻子李月英在家养蚕,每年最多只能养一茬,当时都有专门收蚕的人来家里收。自家做的这点小副业不用给外人交钱。三儿子王克英长期在外边工作,需要租房子,也得吃饭,他每个月的收入在提前报备王维机同意的情况下都会拿出一部分留给自己,剩下的就统一交给王维机管理,多数时候是交一半、留一半。王家不允许有人偷偷留下私房钱,无论钱多钱

少,都得交给王维机统一掌管,像王克英这种情况,留多留少也得听从王维机的安排,王维机对王克英每月住房的租金、吃饭情况都心中有数,每月预留的收入基本上都差不多。

王维机手中握着家里这些副业收入,即使自己打锅饼、出豆腐挣的钱也得归到里边统一管理,他也不能自己留出私房钱。肖家庄有一家的家长,平时喜欢喝酒,所以但凡手里有两个钱他都会背着妻子和孩子偷偷地拿出一点,趁他们不注意的时候就拿去喝酒了,如此越来越肆无忌惮,以至于后来儿子结婚的时候都没有足够的彩礼钱,还是儿子自己挣钱盖房子、娶媳妇。王维机是个老实本分的农家人,他没有这些花花肠子,家里只要进账,他就会小心地收起来,他有两个盒子,一个盒子里装着王家平时的花销需要的钱以及账本,另一个盒子里装着儿子、女儿结婚时候的彩礼、嫁妆和账本。王维机对这些财务有绝对的分配权,他作为一家之主的时候,一直都是自己掌管,未曾假手他人,连妻子李月英都不曾接触过。王家的孩子们在王维机的熏陶下,也都很守本分,每次发工资都会主动地上交,家庭关系比较和睦。

(四)家户分配,家长主导

1.家长是家户分配的实际支配者

在王家的衣物、食物、零花钱、缴纳赋税的分配活动中,家长王维机是实际的支配者,分配时一般都是进行平均分配,没有偏心的情况,只有家长在家的时候才会把全家人召集到一块,在全家人在场的情况下统一分配,有意见的就当场提出来,不过都是一大家子人一起生活,包括穿衣、吃饭,每个人拿到的东西都是一样的,也没有什么意见。临时需要分配的物件、食物可以不用全家人在场,有需要随时跟王维机商量,王维机就会相应地做出答复。王维机不在家的时候,儿子们会跟李月英报备一下,比如自己的小家庭里缺少什么东西,孩子需要添置些物件,但是李月英听完之后不能自己做决定,需要等到王维机回家之后告知他,由王维机拿主意。总之谁是家长谁就有分配权、决定权。

2.分配衣物时内外当家共商量

王家分配衣物的时候一般是王维机说了算,但因为涉及家庭内部的事务,王维机都会跟妻子商量一下,到了该添衣服的时候,王维机自己就会做出安排,也不用其他家庭成员开口要,这种事情不用跟外人请示,况且他们也管不着。1949年以前,王家人穿的衣服都是亲手做的,每逢需要添置新衣服、新被子、新床褥之前,王维机会去集市上买来棉花,家里的女人就负责给做,儿子没娶媳妇之前,王家是李月英统一给做,做好了之后每人都给一身衣服,要是儿子结婚之后,王维机就委托给李月英,让其把棉花平均分配给所有的儿媳妇,儿子的衣服以后就都由儿媳妇给做。当时的妇女基本上都会纺织,王家的女儿刚刚懂事的时候,李月英就开始手把手地教她们纺织,把线纺好后,还得交给村里专门织布的人,由她们代为织布。

分配衣物的时候,除了过节的时候家里每个人都会添新衣服,日常生活中就得分情况,大人一般都不会太讲究衣服的新旧,只要还能穿,就凑合着继续穿,而对于家里的小孩子,一方面是他们个头小,用不了多少棉花,另一方面家里的长辈也图个喜庆,所以隔几个月就会给小孩子添置新衣服,大人的衣服直到确实该需要换的时候,本人前去跟王维机或者李月英说一声,王维机同意之后就分给他一点棉花,然后自己领回去做就行。李月英还能做衣服的时候,王维机的衣服都是她给做,后来李月英因为年龄大了做不了了,就由儿媳妇给两个老人做衣服,王家关于衣物的事情一般是王维机和李月英共同商量。

3.家长支配家户食物的分配

王家分家之前一直都是同锅同食,多数情况下一家人吃的东西都一样,要是家里边有病人,王维机就会安排儿媳妇多做点好东西给病人吃,没有生病的人就凑合着吃点粗粮。孩子小的时候,家长也会让做饭的人单独做一份,等到孩子长到七八岁的时候,就可以上桌跟大人吃一样的饭菜。吃饭方面的事情都是自家的事情,外人无权说三道四。只要是在同一个锅里吃饭的人都是享有食物分配的人,吃饭的时候上菜有先后顺序,儿媳妇把饭做好后,先把第一盘菜端到家长王维机的跟前,盛饭的时候也先给王维机盛,接下来就是妻子李月英,王维机开口说能吃饭了,然后大家才能开始动筷子,家里其他人就不用在意这些顺序,谁挨得近就先端给谁,吃多吃少没有严格的规定,保证吃饱就行。王家的粮食收成下来之后,王维机先拿出各种各样需要缴纳的税粮,剩下的都会放在一间仓库里统一保管,分家之前粮食都是统一使用,这些不会分配到下边的小家庭中。食物和粮食的分配都是家长说了算,别人无权干涉,所有人都得等王维机做决定。

4.家长自主分配零花钱

王维机掌管着王家的财政大权,因此家里所有的金钱支出都是由王维机说了算。王维机的大儿子、二儿子和三儿子长大之后都有了自己的收入,但是他们不敢私自留下,全部都得交给王维机保管,王维机有时候会拿一点零花钱给他们花,让他们做自己的事情,在外边工作难免会遇到用钱的地方,这个不用平均分配,完全看自己上交的钱数。其实对于一般家庭来说,尤其是在1949年以前,家庭成员基本上都没有零花钱,因为大家都是一起生活,需要什么东西王维机都会买回来,比如油盐酱醋、做衣服的棉花、蔬菜、肉等,平时基本上没有需要用到钱的地方。农村人都说"隔代亲",王家在1949年以前只有王克熙家有个女儿出生,王维机疼爱自己的孙女,有时候会给孩子一点点钱,让孩子自己买块糖吃。儿子、儿媳妇平时要是相中什么东西,儿媳妇会先跟李月英说一声,李月英若是愿意就由她跟王维机说一声,李月英要是不愿意那就不能再找王维机了,儿子有事情的话一般都会直接找王维机,若是王维机觉得他们要的东西还算合理,也会给点。不过王维机给零花钱的时候很少,几乎就是没有,因为平时没有需要买东西的地方,过节的时候他会给小孩子一点压岁钱,保佑孩子这一年健康成长。

(五)家户成员协助家长完成分配工作

王家无论是在衣物、食物、零花钱还是缴纳赋税的分配中,都是家长王维机说了算,尤其是涉及家中外部事物的时候都是他自己说了算,如去集市购置衣物、食物,但是缴纳赋税的时候他会跟老大王克熙说一下,因为王克熙日后是要管理家庭的,是下一任家长,有些分配之道他必须得懂,如面对一大家子人,如何分配、分配什么、给谁分配、分配多少、平均分配还是视情况而定、别人是否有意见,都得慢慢琢磨。但是王克熙也仅仅是观看王维机的分配过程而已,王维机当家的时候,王克熙是没有分配权的,不过可以提出一些自己的意见,配合王维机做好王家的分配工作。在涉及家庭内部事务的时候,比如给全家人做衣服,王维机不愿意管这些,通常只负责把棉花买回来,嘱咐一下给谁做一件,剩下的都会委托给妻子李月英管理,包括织布、制衣、分配等过程,妻子和儿媳妇先纺线,纺完线之后请村里会织布的匠人帮忙完成,然后剩下的工作,如添棉花、缝制她们自己都可以完成。其他家庭成员在家庭分配中没有分配权力,他们只要等着分配即可,有需要提意见的时候大可提出来,比如明天想吃什么或者衣服破到不能再补了，王维机要是觉得可以也会答应，大家有商有量地顺利完成当前的分配工作。

(六)收支平衡,分配有序

家里分配的时候都会考虑到全家人的需要,而且还得综合考虑家庭总的收支情况,不能盲目地分配,即"全家需要,收支平衡",分配的时候没有偏心的情况,只不过是会多照顾一下家里的病人或者老人,这其实也不叫偏心,其他家庭成员也不会有意见,大家都是一家人,得互相照顾才行。从家庭整体来看,分配的时候是"赋税为先,自家消费为后",必须缴交足纳税的粮食,剩余的才能留下自己吃,因此很多家庭缴完赋税之后就没得吃了。在家庭内部分派自家产品的时候,分配的次序是"统筹分配,食物为先","民以食为天",比起衣服,老百姓最关注的就是吃食方面的事情,吃饱了才有力气干活儿,才有动力生活下去,如果吃食都不能保证,谁也没有心思去置办衣服。王家除了老人和病人会受到特殊照顾之外,小孩、孕妇也属于享受特殊照顾的对象,小孩子在五六岁之前都有专门的"菜谱",等到六岁之后才能跟大人吃一样的食物,孕妇在孕期吃的都是细粮、鸡蛋,等到满月之后就跟长辈吃一样的粗粮。家长无论在吃食方面还是穿衣方面跟其他家庭成员都是一样的,在这方面家长没有任何特权,遇到年景不好甚至粮食不够吃的时候,家长会安排先让老人、病人和小孩子吃,中年人最后再吃。

(七)家长统筹分配,视情况调整

王家每年在田地赋税、食物、衣物、零花钱等方面的分配都不一样,这个得根据每一年具体的粮食收成情况以及额外的工作收入情况而定,要是这一年年景比较好,全家人分得的东西也会多一点儿,要是收成不好,全家人都得节衣缩食,抓紧裤腰带讨生活。王维机作为一家之长都会提前做好计划、安排,粮食不够的话还得提前去集市上买点储存起来,或者用细粮换粗粮吃,日子比较难过的时候,像衣物、零花钱这些东西就基本上不分配了。在王家实际的分配过程中,食物方面的分配占了绝大多数,俗话说得好,"人是铁、饭是钢,一顿不吃饿得慌",王家的食物分配能够占到全部分配的百分之七十五左右。王家的分配物都是自给自足的,包括自己种地收获的粮食,以及儿子们出去打工挣回来的钱,借来的东西不会拿出来一起分配,同时分配的时候也只针对同锅同食的人,外人没权参与分配。另外,家长在任何方面的经验都优于其他家庭成员,因此王家在进行各类分配时都是王维机主持的,其他家庭成员一般没有反抗或者提出异议的。

四、家户消费

(一)家户总体消费自给自足

整体上看,在1949年以前还未分家的时候,王家总共有十二口人,种着九亩地,完全在家种地的只有王克杰,王维机和大儿子王克熙有时间也会到煤矿上找活干,老二王克照在日本人投降之前也在煤矿上干,后来参军,老三多数时间在鲁新商场工作,收获的这些粮食再加上挣来的工资,一家人的生活过得比较平稳,没有大收入但是也没有大支出,王家每年基本上就是收支平衡,各方面的收入刚好满足全家人一年的消费支出,收获的粮食精打细算着吃,刚刚够吃一年的。肖家庄1949年以前整体的水平属于一般的情况,王家在村里的经济水平也算是一般化的水平,平时花钱的地方就是生产、生活资料的购买,比如农具、牲畜、棉花以及油盐酱醋,其他地方基本上没有花销,粮食都是自己耕种的,基本上没有外购,外购的特殊情况就是家里边儿媳妇生孩子的时候,王维机用粗粮去给她换点细粮回来吃,平时自家种点儿小白菜,其他的蔬菜得由王维机去集市上买,肉类也得去买,鸡蛋都是自己家养的鸡下的。王维机是非常会过日子的一个人,在他的安排下,王家的各方面收入都能维持家庭消费,即使某一年因为天灾需要节衣缩食地生活,也能把全家人都照顾周到。

(二)消费类型多种多样

1.粮食、食物消费

王家在 1949 年以前,每年的粮食、食物消费在家庭总消费中都占据绝大份额,大约有百分之七十五左右。作为地道的老农民,王家的粮食基本上都是靠自己种地得来的,按照正常年份来看,粮食基本能够保证自给自足,不需要外购,但若是遇上灾荒年代就要另当别论。1943 年整个山东省都大旱,天不下雨、地里不长庄稼,农民吃糠咽菜、四处逃荒,这也是王家最困难的一年。这一年粮行的粮食都被"抢光",王维机平时会过日子,每一年都会提前预留出一部分供明年消费的粮食,等到这一年年初的时候家里还能靠去年的存粮生活,王维机就告知家里其他人,大家必须"扎进裤腰带生活,不能浪费一点粮食"。

以前即使年景一般的时候,王维机每逢过节还会去集市上买点肉回来,大人和小孩都乐乐呵呵的,但这一年不仅没有多余的钱买肉,连蔬菜基本上都见不到,1943 年的时候王克杰还小,不太懂事,有时候就嚷嚷着要吃菜、吃肉,王维机就严厉地教育他,"现在是特殊时期,不能随便'撒泼',大人怎么说小孩就得怎么做",教育了几次之后孩子也就不再吵闹了。平时的时候,王维机自己做豆腐剩下的豆腐渣也不喂牲口了,而是分给家里的人吃,山羡庄那边的人没有这些东西,他们都是吃树皮、吃树根、吃菜蛋,王维机经常拿这个作对比,让孩子明白自己算是比较幸运的了,家里的人也听从王维机的话,没有吵着、闹着要出去逃荒,最困难的时候全家人都"拴在一根绳子上",一起节衣缩食,平安地度过了 1943 年。

2.衣物消费

1949 年以前,王家的衣物都不用外购,只要买回来棉花,家里的女人都能做,衣物在家庭消费中所占的比例不大,1949 年以前的农村人过生活,衣物就是御寒保暖,只要还能穿就能将就。王家虽然不是大户人家,但是王维机从来没有在衣物方面亏待过任何一个人,该换新的时候就让家里的女人给做,需要缝补的时候也及时缝补,孩子们小的时候,逢年过节的时候都会给他们做新衣服,等到孩子们长大了,虽然不至于每逢节日都有新衣服,但是过年的时候都有新衣服。王维机这样安排也是为了图个喜庆。王家从来不会跟外人借衣服穿,自家的足够用,但是家里的成员之间会互相穿,尤其是小孩子,比如老大王克熙小时候穿的衣服会留着给下边的弟弟们穿,大姐的衣服也留着给妹妹穿,对小孩子来说,穿"旧衣服"反而会比较好,在农村也是很正常的现象。

王维机的儿媳妇进门前,家里的衣服都是妻子李月英做,儿媳妇进门之后就由李月英和儿媳妇共同来做,其中大儿媳妇做得最多,因为她在家待的时间最长;二儿媳妇快解放的时候就跟着老二在部队上,做随军家属;三儿媳妇比较能干,跟老三一直在鲁新商场里干活儿,所以家里的衣物都是李月英和大儿媳妇一起做,正是因为这个原因,老二、老三的媳妇都非常感谢老大媳妇,平时跟她也特别亲近。要是遇上年景不好的时候,王维机也会相应地缩减家人的衣物,之前可能是一年一换新,但是现在可能就得两年一换甚至三年一换,此时其他人都没有意见，毕竟先解决吃食问题最重要。

3.住房消费

王家在1949年以前都是住在老宅子里边，孩子们结婚之前，王维机让两个女儿住一间，儿子们住在一间，自己和妻子单独住一间，大体也能住得过来，但是等到孩子们到了适婚年龄的时候，王维机就开始考虑盖新房子，要不儿媳妇嫁过来之后没地方住，委屈了她们也不行。所以在1947年阴历三月盖了房子，这也是肖家庄在1947年淄川解放之后盖的第一所房子，是在老宅子的南院里建的，一共有六间房，又重新翻盖了一下原来的东屋，还在旁边又接上一间，门房也改造成了住房。四个儿子结婚的时候，他给每个人都准备了一间新房，儿媳妇嫁过来之后都很满意，没有因为房子跟丈夫闹矛盾的情况，至于分配哪一间房子，都是王维机说了算，彼此能相处好的就安排住得近一点，不喜欢吵闹的就单独安排一间，屋子的大小基本上都是一样的，只不过就是位置不一样，王家的人都挺随和的，家长让你住在哪里就住在哪里。

王家的房屋也只是刚刚能满足家人的需要，一间多余的房子都没有，也就导致出嫁的女儿回娘家的时候，都不能留下暂住一晚，因为家里实在腾不出房间让她们住，因此每次回娘家后，只能留下来吃个午饭就匆匆地走了。分家的时候，王承先只分到东屋和南院，能盖房子的地方都已经盖上，别人的地盘又不能随意侵占，王家除此老宅也没有别的宅子。

4.医疗消费

1949年以前，一个人若是生了重病，基本上就只能等死，那时候的医疗条件很差，出去很远都看不到一个小诊所，即使有个小医院，但是就当时的医疗水平来说，重病也就意味着不治之症，不光治不好，一般的家庭也拿不出那么多的钱来治病，因此家里要是有个得重病的人，其他人去包点中药给他喝，或者找"明白老人"探讨点老方子，能挽救一天就好一天。普通老百姓要是有个头疼脑热的熬一熬就算过去了，老人都有很多老办法，比如熬点姜水或者给他们做点细粮吃，补充点营养，比如孩子们要是感冒、发烧，李月英就会跟邻居家的老人讨点方法来，好生地照顾着就可以了，要是稍微严重的时候，肖家庄的人一般都会去寨里镇一个老中医那里看病，他在当地比较有声望，水平也比较高，就连周边镇的人都前去看病，看病的效果自然也是不错的。

王家只有王维机的父亲王承先得过一次大病，当时王维机的母亲已经去世，家里能做主的只剩下王维机，王承先觉得自己年纪大了没必要再浪费钱，但是王维机不愿意，他跟王承先商量之后，决定拿出一部分土地卖掉，当时家里的人口不多，王维机只有两个闺女和两个儿子出生，而妻子是小脚女人也没法种地，所以即使家里养着那么多地也种不过来，他就说服王承先先卖掉一些，等到日后家景恢复过来，他会再把地买回来，王承先也就听从了他的意见，但是最后也留下了五亩半的土地，王维机自己种正好，小孩子吃得不多，打来的粮食也能维持温饱，卖地的钱就拿来给王承先治病。王家的年轻人们对医疗方面的消费不是特别看重，他们总觉得离自己还很远，但是长辈就不一样，王维机觉得虽然人都有生老病死，但是有能力救治的时候一定要竭尽全力，所以他每年都会从家庭收入中扣出一小部分作为家里的医疗支出，以备不时之需。

5.人情消费

人情消费在任何年代都是非常必要的一项支出，走亲戚、随礼、请吃饭都是一种人情交往,农村人都说"有来有往,关系才能好",两家人要是不走动了,那么关系也会变得越来越远,亲戚、朋友、邻居之间的交往靠的就是不时地走动。但是"有交往就会有消费",考虑到家庭经济状况,在1949年以前,肖家庄这边的人走动的时候都不会拿特别贵重的东西,基本上就是吃食方面的,既不会让对方觉得压力大,自己的压力也不会太大。

王家每逢过节走亲戚的时候,不能两手空着就去,但是一般也不会直接给钱,就是带上点小礼品,因为都是普通老百姓,家里也没有什么昂贵的东西,最普遍的就是提着馒头去。农村人在1949年以前吃煎饼吃得多,但煎饼是粗粮,提着煎饼去,面子上也过不去,馒头稍微好点,所以也成了大家走亲戚的普遍选择,要是对方的家里有小孩子,也可以带点小孩子的吃食、玩物等,既不会让对方觉得自己抠门,自己心里又能舒坦,这样才是好的。家里要是有刚出生的小孩子"穿裤""送祝米"的日子,也会有人情交往,来的亲戚一般都是女方的娘家人,孩子的姥姥会亲手给外孙做裤子,见到孩子的时候就给他穿上,另外会提着馒头、鸡蛋,要是条件稍微好一点的家庭,看外孙、外甥的时候就是提着面条、鸡蛋和点心。平时女儿回娘家的时候,也是提着馒头就去了,不过都是自家人,没有外人之间那么多礼数,娘家人也不会在意这些。

除去走亲戚时的人情交往,邻居或者平时有走动的人举行红白喜事的时候自家也要随礼,等到自家也有红白喜事的时候,对方也会过来随礼,单看结果的话,这些你来我往的随礼其实是多余的,但是要是看过程的话,这些又都是必须的,大家都住在一个村子里,低头不见抬头见,人家办红白喜事的时候自己没有去帮忙,或者没有随礼,日后相见也不好说话,有了这份礼品在,还能牵住两家的情义。随礼的多少主要还是看自家的经济条件,随的多,人家回的也多,但是如果每次都不随礼,那么本家跟对方的情义也仅限于点头之交,人情交往就是这么现实。

王维机不是一个热衷于走动的人,但是该有的人情交往他都会有,该有的礼数也必须有,谁家都会有个突发状况,走动的多了,家里要是有个困难人家也会过来帮忙,王家的孩子们结婚的时候,村里多半的人都过来帮忙,对方有事情的时候,王维机也会过去帮帮忙,自己要是没有时间,也会派王克熙过去看一下,总之人情交往不能断。

6.红白喜事消费

庄里乡亲婚丧嫁娶的活动都需要人情支出,关系特别好的还得多给,红白喜事消费就是结婚时候的支出和丧葬时候的支出。结婚的时候需要支出的地方非常多,除宴请客人时办酒席的花费外,司仪、陪客、租用的轿子和人力、婚礼上用的鞭炮等都是一笔不小的开支。此外,正式结婚之前,订婚时请中人吃饭,男方下的聘礼,给儿子准备新房、新衣,王家都是王维机操持着这一切。王维机做事比较有计划,从很早的时候就开始给四个儿子预留结婚财产,不至于到了儿子结婚的年龄还拿不出像样的东西。王维机的四堂哥只顾自己吃吃喝喝,平时也不正干,儿子大了也不知道给他准备彩礼,也没有找中人给儿子介绍对象,还是村里的一个说媒的亲戚主动找上门来说亲的,虽然跟女方定好了结婚的日子,但是二儿子结婚的时候连房子都没有,是二儿子将家里的大棚改造之后才结的婚,这种情况不光是家里人有怨言,外人知道了也会说三道四,自家人听到了也不舒服。家里长辈去世时候的丧葬费用是由孩子们共同承担的,一般是由儿子负责,出嫁的女儿不用出,她们只需要回来哭丧就行,儿子们要是还小,就由族间长辈帮忙张罗,费用从去世的老人留下的财产里支出,这个都会做好账,外人也不至于说闲话。

无论是红事还是白事,都是家庭消费中必不可少的一个环节,即使家里没钱,也得让孩子娶媳妇、嫁丈夫,有人去世也得安排下葬,借钱也好、卖地卖房也罢,该办的事情都得办完,只不过在仪式的繁简方面有所差别。王家在红白喜事方面都是王维机一手操办,他将家里的总收入聚在一起,从中拿出一部分作为红白喜事方面的支出,这一块支出不多,从孩子懂事之后开始,每年拿出一小部分就行。其他人对这些不熟悉,平时也不怎么过问,王维机一般也不会主动跟他们说,到了该办事的时候,他会直接办事。

7.教育消费

王家的儿子都上过学、读过书,但是孩子读书方面的消费比较少,1949年以前,交学费的时候不是交钱,而是直接交粮食,一个学生一年交四十斤小米,哪个老师教自己,粮食就给哪个老师,小孩子报名的时候都得提着粮食去,要不人家不愿意教。笔墨纸砚都需要自己买,小学生阶段用不了多少,上了高小之后这方面的花销开始增加。王家在孩子教育方面的支出一般都能负担。而肖家庄有些家庭生活不下去的时候,就会让孩子辍学,要是家里孩子多,就让读书好的孩子继续念书,学习不好的就只能先辍学,回家帮着种地、间苗、拾粪,这个时候就不分长子还是次子;要是家里负担非常重,供应不起任何一个孩子上学,他们就只能都辍学,1949年以前,肖家庄的文盲还是比较多的,甚至连自己的名字都不会写。王维机家里只有他一个儿子,所以王承先无论如何都要让他念书,他一辈子都会识文写字,也深知文化人的地位是比较高的,还能光宗耀祖,所以到了自己的孩子这一辈,他即使砸锅卖铁,也得让孩子念书。

(三)家户消费,家庭负担为主

家庭消费时都是以家户为单位的,包括粮食消费、食物消费、衣物消费、人情消费、红白喜事消费、教育消费、医疗消费。对于王家来说,这些消费支出都是由家长王维机代表整个王家对外消费,但是这并不仅仅是王维机一个人的消费支出,他所付出的金钱或者东西都是从家庭整体出发,家里缺什么购什么。王维机的孩子们自己也会出去挣钱,但是他们挣的钱也不是归他一个人用,是必须全部上交给王维机的,分家之前大家都是同锅同灶,挣回来的钱也是大家一起用,没有你挣得多、他挣得少的问题,大家各有分工,挣得多就吃得多,挣得少就吃得少,大家都是从家户整体出发考虑,因此消费的时候也是以家庭为单位消费,买回来的东西都是大家一起吃、一起用。

宗族或者村庄不会平白无故地代为支出,但是遇到特殊情况,比如王氏族间有一家的经济情况特别困难,而家里的孩子读书特别好,对这个家庭来说,他们根本无法承担一个孩子的教育费用。文化人在农村是特别受尊重的人,孩子读书好对于王氏来说也是光宗耀祖的喜事,既然有这么一个人才,族间的人就想办法一起资助孩子上学,族间有威望的人让家庭条件好的多出一点儿,家庭状况一般的就少拿一点儿,大家量力而行、自愿出钱,这个孩子最后成功考上大学,学成归来之后也会相应地回报庄里乡亲,感谢帮助过他的人。

(四)家长总体主导家户消费

在家庭的粮食消费活动、食物消费活动、衣物消费活动、住房消费活动、人情消费、红白喜事活动、教育消费、医疗消费活动中,王家基本上都是由王维机安排,家中的财政大权掌握在他手中,因此各项费用的支出都是他直接负责。王维机从小跟着父亲管理家中事情,看多了也就有了自己的经验，他在多数事情上的做法都让家里的人心悦诚服，以至于在别的家庭经常出现的"儿子反对老子"的场景，在王家几乎不曾出现过。但是有些事情，比如食物消费、衣物消费，王维机会跟李月英一起商量，这些家务事还是女人做起来方便，李月英平时负责王家大大小小、老老少少的穿衣、吃饭，每个人具体是什么情况她都一清二楚，因此要是有需要消费的方面，她都会直接告诉王维机，但是所有的事情最终做决定的只有王维机。若是王维机某天不在家，李月英有事可以和大儿子王克熙商量，但是仍然不能做决定，等王维机回来之后将商量的结果告知他，他想要怎么做自己再拿主意。

日常生活中的消费王维机自己拿主意即可，也不需要告知街坊四邻或者族间的人，家户内部的事情，关上门来自己解决，别人无权干预，本家也不能插手别家内部的事情。若是到了儿子们结婚这等大事的时候，王维机会前去请教族间的长辈，比如还有什么特别需要注意的地方，具体的细节有哪些，什么地方还未考虑到，去请有威望的长辈前来坐镇，结婚、丧葬都是大场面，王维机自己一个人应付不了，请教长辈都是王维机亲自去，一般不会委派自己的孩子。

（五）成员积极参与家户消费

王家在各种食物、衣物、粮食等消费过程中，家长王维机具有决定权，其他家庭成员没有做决定的权利，但是可以跟王维机提出建议，妻子李月英提的意见最多，主要是涉及吃饭、衣物等家务事方面，有时候某个孩子需要添置衣物，但是王维机没有及时反应过来，妻子就会主动告诉他，大贱年需要全家人节衣缩食的时候，她会跟王维机一起想办法，什么地方可以适当地缩减，哪些地方需要注意保暖、营养，都得做好打算。王维机不在家的时候，妻子有事会找大儿子王克熙商量，但仍然是等着王维机回家做决定。

在实际消费中，要是年景不好的时候，王家消费都会有先后顺序，优先照顾老人、小孩、病人，成年人忍一忍或者少吃点。在教育方面，王家允许男孩上学读书，女孩不可以，女孩只能在家跟着李月英学习女红、照顾弟弟，要是年景不好，家里供应不起所有的儿子上学，就只能先让喜欢读书、读书好、头脑聪明的儿子念书，具体的安排由王维机说了算，其他人只能听从安排。而在正常年份，王家就不太注重这么多的顺序、规矩，全家人一起吃饭、吃同样的饭，只要到了上学的年龄就安排上学。只要王维机做出的决定是合理的，其他人都会听从并且认真做好。

五、家户借贷

（一）借贷单位："大家庭借贷"

王家在分家之前都是以大家庭为单位统一借钱，基本上不存在为了个人利益出去借钱的情况，小家庭也不能私下里借钱，都是有钱一起挣，有钱一起花。同一个村内的邻居、长辈对对方是否分家都一清二楚，若是对方家的孩子们过来借钱，都会提前问一下是家长让借的，还是自己借的，如果是家长让借的，一般是可以借出去的，但如果是个人来借，一般就不会借出去，一方面是考虑到对方的还款能力，另一方面，农村人想得也比较多，既然是个人来借，会不会拿去做些"不正经的事情"，要是没有坏处那还好，要是因此让对方犯下过错，对方反倒会赖上自己；如果对方是以小家庭的名义来借，那就得想到是不是跟家长闹矛盾了，这是人家的家务事，别人不能插手，否则随随便便就会"惹一身骚"，所以基本上也是婉拒对方。

分家之后是以小家庭为单位出去借钱，要是大家庭还有统一支出的需要，比如老人去世，小家庭加起来钱还不够用，就由小家庭组织起来一起借钱。借钱、还钱都是家户内部的事情，不用请示四邻、家族或者其他人，仅仅是借贷双方知道就行。

王维机在大儿子王克熙和二儿子王克照结婚的时候曾出去借过钱，王维机平时虽然也会给孩子们预留一些彩礼钱，但也不是完全足够，借钱的时候都是借亲戚家的，时间不长就还给人家了，所以生活要是精打细算，勉勉强强还能过日子，要是想要"先吃了算了"，也没有计划，那日子也过不长久，老百姓得"算了吃"才行，比如一个孩子结婚之前先算一算需要花多少钱，家里有的话才能给他娶媳妇，要是全凭借钱结婚的话，以后还得就更多。虽然王维机平时也喝酒，但是每个月最多喝三四次，他知道家里不算富裕，会过日子，就让全家人都省吃俭用。但是他的四堂哥就不行，天天喝酒，做上几小碟的下酒菜，每天都能喝四两，他们家的二儿子和九儿子的工资每个月都是一百多块钱，这在1949年以前的肖家庄算是非常高了，但是最后这个四堂哥却连一间房子都没有给他们盖起来，二儿子结婚的时候是自己把家里原来的牲畜棚重新翻整用作新房，在外人看来有点唏嘘。而王家虽然只有王维机和王克熙在煤矿上干活儿，最后却给孩子们盖了两间屋子，并且能保证每人都有一间。

（二）借贷主体："家长说了算"

王家的财政大权掌握在王维机的手里，家里需不需要借钱他自己心里清楚，儿子结婚之后，但是还没分家的时候，谁也不能背着家长私自出去借钱，只能是家里的长辈出去借钱，要是被家长知道后，家长需要训斥一顿，否则其他人以后还是会这样做，要让他们知道分家之前，个人的所有行动都代表着整个家庭。其次，要是家长出面借钱，相对来说也比较容易一些，大家都是庄里乡亲的，对方还钱的可能性大不大心中都有个数，一般情况下都愿意借，街坊邻居之间借钱都是小钱，而要是其他家庭成员出来借钱的时候，对方还会考虑到底是家长委托这个人出来借，还是这个人以自己的名义借钱，要是家长委托的倒也还可以，要是以个人名义的话，那就得考虑能不能还上。

王家借钱的次数不多，比较清楚的两次是王克熙和王克照结婚的时候，家中钱财不足，便向居住在同一宅子里的大爷家借用，这个时候对方已经是大堂哥当家，平辈之间借钱的时候好说话，他跟堂哥说明了情况之后，堂哥爽快地答应了，去自己的屋里拿了现钱出来，而且侄子结婚的时候他还过来帮忙，一天都在"跑前跑后"地忙碌着。王维机跟他堂哥都是很好说话的人，借钱的人爽快，还钱的人更爽快，儿子结完婚之后的第四个月，王维机就把钱还给堂哥了。"有借有还，再借不难"，借了钱能及时还上，下次再借的时候人家也放心再借，要是拖拖拉拉一直不还，下次也别指望人家再借给自己。王家借钱的时候都是王维机亲自出去借的，都是找自家亲戚。1949年以前要是借钱比较多，就得找本村或者当地的大户人家，一般的家庭拿不出太多的钱，借钱的时候不光需要家长出面，被借的家庭也需要家长做主，要是对方的家长不在家，不管是家里的女性还是长子都不能自主决定将钱借出去，都得等到家长回家拿主意。

（三）家长为主要责任人，成员共分担

以大家庭为借贷主体的时候，家长需要承担最主要的借贷责任，因为借钱的时候多数是由家长出面，而且出借的人家要求还钱时也会先找家长，家长才是拿钱主事的人，但是其他家庭成员也有还贷的责任，家长借钱是为整个家庭考虑，并不是只为了自己，因此其他人有还钱能力的话也需要一起还,王维机在儿子结婚的时候借钱是因为家庭开支一时周转不开,借来一段时间之后,王家用王维机、老大王克熙和老二王克照工作加起来的钱,很快就把欠款还上了。自己的大家庭借来的钱,只能由自己还,家族里的其他人没有代为还钱的义务或者责任,分家之后的小家庭借贷,那就是小家庭具有还贷责任,大家庭一般就不管了。如果是大家庭借贷,对于还贷责任没有非常明确的分担,大家都是一样的,都是为了自己的大家庭,也没有必要分得那么细。家长不在家的时候,没有经过家长的同意,别人不能随便出去借钱。

(四)打借条:"亲兄弟也得明算账"

借钱的时候都是跟关系比较好的亲戚、邻居、朋友借,关系不好的人家也不会借出来,而关系好的人之间也不用抵押东西,互相都知根知底,但是得给人家打"借条",农村人都说"亲兄弟之间也得明算账",凡事跟钱扯上关系之后,都有点"变质的味道",所以打借条也是为了彼此求个心安,以防出现借钱不还的现象,借条是借贷双方打官司时最有利的证明。借条的内容就是"×××于××年×月×日向×××借钱×××元",如果双方有其他条件一同写上去,比如双方商定多长时间归还,最后落款的时候是写去借钱的人的名字,借钱的人在自己的名字上盖上手印。写借条的时候是要单独请一个人来写,比如村里有文化、会写字的人来写,这个人在另一方面也充当了证明人的角色。

不过在肖家庄这边,一般情况下不用找证明人,借贷双方有会写字的,自己就可以写借条,但是有些情况下金额比较大,对方可能考虑到还钱的难度比较大,他就会找一个人作证明,这个证明人必须跟双方都有关系,能够熟悉借贷双方的具体情况,并且自愿当这个证明人,而且本身这个证明人在村庄的信誉也比较高,要是找个无赖当证明人,借出钱的人也不愿意。如果不能按时还钱的话,就由证明人去借款人的家里催款,就说"你赶紧还上,我当初给你当这个证明人,你还不上我就得惹麻烦,所以赶紧还了"。借款人、还款人和证明人都需要在借条上盖手印,这样才能保证借条有效。关系不错的人之间借钱的时候没有利息,所借钱财也不多,但是借高利贷的时候会有利息。

(五)"欠什么都行就是不能欠人情"

还贷的时候都是自己主动上门去还,要是对方来家里那就说明是来催款的,小数量的借款过段时间就直接给人家送家里去,顺便拿着点心或者酒水过去道谢,这样一来一往,下次再去借的时候人家也愿意再借出来。还钱没有固定的日子,不管是收粮食之后还是发工资之后,只要凑齐了就赶紧给人家送过去,老人们都说,"欠什么都行就是不能欠人情",借钱也是跟人家的一种人情交易,所以王维机但凡是日子过得去就不去跟人家借钱。如果平时借的是粮食,肯定是粮食打下来就得还给人家,如果借小麦,还小麦或者是玉米都行,市场上都有统一的换算标准,要是不主动还,人家在你家打完粮食之后也会直接找到家里要,这种情况以后再借就比较困难,而且面子上也过不去,所以还是主动还的情况多。王家借的钱都是小数额的,没有还不上的情况。

欠钱就是父债子还,一些人借钱之后不办正事,只知道自己吃喝玩乐,最后自己也没有能力偿还,出借的人就会找家里其他人来还。若是家长突然去世,之前的借款还未还清,妻子和儿子也有义务继续承担还债责任,大家庭的借债都是大家一起分担,如果这个时候已经分家,父亲欠的债也得是儿子们共同分担,如果是兄弟欠债,其他兄弟没有代为还债的义务,但是有一起还债的情义,帮兄弟一起还完之后,自家兄弟之间再另行打算。

六、家户交换

（一）交换行为以家户为单位

王家去集市上交易的时候由王维机统一安排，分家之前一直是以大家庭单位进行交易，虽然有三个儿子都结婚并且有了自己的小家庭，但是他们仍然不能脱离大家庭而擅自活动，否则会给王维机的管理造成混乱，况且交换是需要金钱和粮食的，家里的财政大权都握在王维机的手中，儿子们也没钱出去自主交易。一般来说需要交换的地方无非就是油盐酱醋、蔬菜和肉、生产工具和牲畜，其他地方没有需要交易的，花费都很少，要是能自产的话就更不需要到集市上进行交易。邻居之间有时候会互相交换，自己家有的人家没有，人家有的自己家没有，这种情况下就不需要去集市上购买，只需要双方交换一下就行了，交换的东西都是差不多价值的，比如你给我点盐，我给你点醋，邻居间关系好了，这些简单的物物交换都是最平常不过的事情。

（二）家长支配交换行为

王维机在家里所有的交换活动中都是实际的支配者，王维机要是不在家或者没时间，会委托去集市的邻居帮忙捎点东西回来，儿子们都还小，王维机想要买的东西也不放心让小孩去，等到王克熙大一点的时候，有时候会跟着王维机一起去集市上买东西。买什么东西都是王维机说了算，每次交易完回家或者有其他花销的地方，他都会记账，每一笔什么时候花的、花了多少钱，都有详细的记录，过段时间王维机就会比对着账簿核算一下家庭的支出情况以及预算情况。交易的费用都是一家人共同挣出来的，包括地里打的粮食和打工人的工资收入，家里有需要特殊照顾的人的时候，王维机会拿着粗粮去集市上跟人家换细粮。要是经过王维机的委托，儿子可以代为购买，要是没有经过他的同意，家庭成员都不能擅自进行交易活动。

（三）交换对象多种多样

1.集市

家里边需要购置物品的时候都是去集市上，肖家庄附近有寨里集、罗村集、西关集，西关集是城里边的大集，寨里集和罗村集都是五天一个集，肖家庄离罗村集最近，所以王家需要置办油盐酱醋等生活资料时都去赶罗村集，日用品在集市上都可以买到，包括菜和肉，若是需要购置生产工具或者大牲畜的时候，王维机就需要到西关集去买，一般的小集市上没有这些。王家一般都是王维机去集市上跟他们打交道，要是只需要买一般的东西就去罗村集，寨里集去的次数不多，买大件物品的时候就到西关集，罗村镇的村民基本上都去赶罗村集，包括肖家、罗村、陈家、瓦村、东刘、牟家、小吊桥、河东、南北韩、上下黄以及前宅等村庄。

赶集的那一天，王维机早上四五点钟起床，先到地里边干一会儿，等到七点钟左右回家，接着就去集市上了，都是赶早集，赶集的时候都是走着去的，因为集都在邻近的村庄，平时买的东西也不多，要是逢年过节的时候，需要置办的东西也多，有毛驴的家庭会牵着自家的毛驴一起赶集，王维机有时候也会牵着家里的小驴去驮东西。附近的人一来二去地对集市都已经熟悉了，因此需要买什么东西直接奔着那个地方就去了，去得早的人到十点钟左右就能回家。家里边其他人想要买东西的话，跟王维机说一声，王维机一般会代买回来，其他人也没有擅自去集市上的，自己也没钱，所以都会跟王维机打一声招呼。

2.粮行

离肖家庄最近的粮行在张店,平时要是步行,来回需要三个小时。王家正常年份的时候粮食基本上自给自足,但是特殊年份或者家中有需要特殊照顾的人时,跟粮行打交道是必不可少的。比如1943年山东省大旱,地里打不出粮食,王家还留存一点去年预留出的小麦,但是这种年代吃小麦是一件"奢侈"的事情,不过拿着小麦到粮行就能换两倍的玉米,王维机跟李月英商量之后,就拿着全部的小麦去粮行换成了玉米。家里有头小黑驴,驮粮食的时候都是用它,有时候也会用家里的木轮推车。

王克熙去煤矿干活儿之前一直在昆仑的粮行里工作,这家粮行是舅舅开的,他在里边做账房先生,每天接触的都是来来往往买卖粮食、交换粮食的人,因此他对一般的粮行交易行为多少还有点了解。每逢周末回家之后,他都会跟王维机聊聊粮行发生的事情,比如现在粮行的物价到了哪种程度,粮行又有什么新情况,王维机每次也会说说自己的想法,尤其是在家里近期跟粮行打交道的情况下。

3."劳务市场"

1949年以前罗村镇也有"人市",在这边都叫"劳务市场",农民农闲的时候没有活干,或者自家的活儿忙完之后,家中的男劳力一般就会去劳务市场找活干。去劳务市场招人、雇工的都是当地或者隔壁区的大户人家,大户家庭一年四季都忙,他们缺人手的时候就会让家里的管家去劳务市场"挑人",挑人的意思就是,并不是只要能干活的人都行,管家会从所有的人中挑选出身强力壮的、干活踏实稳重的、看着行为正派的,管家"阅人无数",时间长了就能辨别出能干活儿、会干活儿、肯干活儿的人,想要干活儿的人都一哄而上,供管家选择。不光是找活干的人之间有竞争,招人的之间也有竞争,去得早的把能干活的人都挑走了,来得晚的就只能选剩下的,有些人直接不要就走了。被选上的人则直接跟着管家走了。

王克熙也夫劳务市场上找过活干,这种工作一般叫"短工",王克熙早上天不亮就得去劳务市场蹲守,他身体还算健壮,论起干活儿,他跟王克杰在四个儿子里边是最能下苦力的,干什么都行。做短工的工钱都是雇人的家庭根据劳务市场上的价格统一支付,一般都是每天一斤或两斤的粮食,然后管早饭和午饭,晚饭直接让工人带回家。王克熙做短工都事先经过王维机的同意,农忙的时候全家人都在家里种地、收粮食,经过王维机的同意之后,农闲的时候自己就出去找活干。

(四)交易过程强调原则
1.货比三家

村民们买东西的时候都会货比三家,问一下第一家的价格,再去问问别人家的价格,最后跑到最便宜的那一家,再跟人家砍砍价,不过也不是光看价格,还得看看谁家的东西好一点,若是光顾着贪便宜却买回了烂东西,那也不值当,谁去买东西谁就负责砍价。砍价一般来说是"女人的天性",很少有男性能做到站在小摊面前跟人家砍价的,基本上对方说多少钱就给多少钱,尤其是王维机,因为受过多年教育,骨子里有一种傲气,不愿意跟人家嚷嚷着砍价,但是王维机会货比三家,哪一家的东西用着好,日后会经常光顾,久而久之就形成了一种习惯。女性虽然会砍价,相比起来也更喜欢货比三家,但是1949年以前女性基本上足不出户,因此集市上一眼望去差不多都是男人,不管是买东西的小贩,还是买东西的顾客,女性就是在家管理家务,男性负责在外边进行各种交易活动,负责"抛头露面"。王家除去王维机,其他人基本上不会自主或者单独去集市交易。

2."生人比熟人好谈价"

王维机平时进行买卖活动的时候，尤其是买东西的时候，不习惯买熟人的东西，觉得跟熟人不好意思砍价，但是原价买回家又觉得亏得慌，所以尽量都会避开熟人。虽然本村也有熟人在罗村集卖东西，比如自己做的鞋垫、自家养鸡下的蛋，但是相对来说罗村人在集市上卖东西的多，他就去找那种固定摊贩或者店铺，本村的人都是流动性的，偶尔过去卖一次东西，若是实在避不开了才会过去买一点。王维机算是"半个手艺人"，他不仅会打锅饼，还会出豆腐，农闲的时候，他自己也会推着小车，每隔十天左右去集市上卖，罗村有一家开着店铺，王维机跟他的关系也还不错，这家人知道王维机卖东西的时候，主动让他在自家店铺的旁边摆个小摊。这家店铺主人喜欢吃王维机打的锅饼，每逢王维机去集市上卖的时候都会掏钱买一点，王维机觉得自己占了人家的位置，还要人家的钱说不过去，就不要钱，但是对方也是固执的人，说"你要是不要钱，我就不要你的锅饼，也不让你在这里摆摊了"，王维机拗不过他，但是要的钱比别人少一些。

3.少量购买不赊账

王家虽然算不上大富大贵，但是基本上能满足自家的生活，无论是粮食还是钱财，他们基本上不会靠外借，王维机更没有在集市上赊过账，本来就不需要买很多东西，家里还算是负担得起。集市上不少的固定商铺允许赊账，赊账的对象一般都是熟人，对对方比较信任，而集市上的流动商贩一般不太愿意赊账，宁愿不做这单生意，他们基本上不是本地人，今天在这个集市，明天可能就辗转到别的集市，赊账的话基本上就是有去无回。而那些固定商贩毕竟也都是小本生意，赊账的次数多了也不行，客人买的少的，基本上一手交钱一手交货，不许赊账，若是大量购买的时候，商贩允许通融一下，放宽期限，五天后的集再来付钱，赊账的时候商贩都会记账，以防时间长了忘记，肖家庄生活水平一般，赶集的时候都是置办日常生活用品，没有大批量购买的东西，因此他们都是银货两清，当天购置当天结算，一般不会赊账。

第三章 家户社会制度

王家十二口人中共有六对夫妻,家中没有光棍、离婚、守寡、娶小老婆等现象。农村的男女双方结婚讲究门当户对、父母包办,王家老三王克英算是一个"特例",因工作原因自由恋爱,但是结婚仍然需要经过家长的同意。在聘礼、嫁妆方面,王家第二代结婚的情况都不一样,但总体差不多,具体是要根据当年的家庭经济状况来决定,王维机都会提前给孩子预留一些结婚财产。在生育方面,王维机并未强求儿媳妇一定要生儿子,只要家里有人在,王家的香火就不会断,王家第三代一共有二十个人,是近五代以来人口最多的时候。在赡养老人方面,王家的两个长辈均是由所有孩子共同侍奉,吃饭、洗衣、生病都照顾得无微不至,孩子们的孝行在肖家庄都得到了赞美。王家内部的夫妻关系、父子关系、婆媳关系、兄弟关系以及妯娌关系都非常融洽,彼此都做好各自分内的事情,王维机既有"掌柜"应有的威严,也能细心地观察到每位家庭成员的需求,其他成员也尊重他,王家在彼此的体谅下维持正常运转。

一、家户婚配

(一)家户婚姻情况

1.成员结婚有规定:同姓不可

1949年以前,王家除了老四王克杰,其余的儿子、女儿都已经结婚,一共有六对已婚的,分别是:第一代家长王维机,妻子李月英;第二代长子王克熙,妻子闫秀英;第二代次子王克照,妻子刘春兰;第二代三儿子王克英,妻子耿庆珍;此外大姐王凤美、二姐王凤英也出嫁了,王家还剩下王克杰未婚,长孙女还是小孩子。王家一直以来都没有光棍,也没有离婚的情况。在农村不允许同姓结婚,拿王家来说,双方都是姓王的并且都是一个族间的,这种就绝不能,比如大弯桥的王姓和肖家庄的王姓就不能在一起结婚,必须出五服才能结婚;同姓即使出五服还有一种特殊情况,两个人要是不同辈也不能结婚,比如世字辈和家字辈在一起生活,在称呼上不太方便,所以考虑到种种原因,当地基本上没有同姓结婚的。若是男女双方执意同姓结婚,不管是男方还是女方,两方的家人都会把他们踢出族谱,相当于本家以后直接没有这两个人。

王家三个儿媳妇都不跟自家同姓,老大媳妇闫秀英是鲁家村人,老二媳妇刘春兰是夏禹河村人,老三媳妇耿庆珍是淄川城里人。过去结婚都有媒人介绍,弟兄四个的媒人都不一样,老大家的媒人叫安世鹏,是罗村镇大王庄村人,安氏和闫秀英的奶奶是姊妹,加之大王庄村有一个肖家庄的人,这样一沟通就把闫秀英介绍给老大王克熙了;老二家的媒人是肖家庄的王世方;老三王克英和媳妇耿庆珍两个人原先都在淄川鲁新商场工作,时间长了就互相认识了,两个人渐渐地互生情愫,但是过去结婚必须得有个介绍人才行,当时王克英在淄川工作的时候住在一个姓侯的老头家里,这个老头又认识耿庆珍,所以就让他当这个媒人,侯老头把他俩的事跟双方家长一传达,双方的老人看着男的俊、女的靓,就直接同意他们结婚了。

2.成员结婚有条件:门当户对

过去结婚都讲究门当户对,双方家庭条件差距不大,大户人家跟大户人家结合,小户人家就找差不多条件的结婚。1949年以前王家人结婚的对象多数就是在本地,最远的就是城里人,很少家庭找外地的人,一般都得知根知底才能结婚,王家儿子们找的媳妇都是跟自己家庭差不多水平的人家,一直以来也没发生什么矛盾,生活得都很安稳、平淡。王家跟亲家平时来往走动得比较多,逢年过节都会互相看望一下。过去子女多的家庭跟子女少的家庭结婚也没有什么区别,如果是条件好点的家庭,结婚的时候就多置办点东西,条件不好的家庭就少置办一点东西,家里的孩子结婚几乎是同等水平,没有厚此薄彼的情况。三世同堂的家庭的成员结婚就是普通的结婚,到了四世同堂和五世同堂的时候,结婚场面就会更加隆重,四世同堂的时候是重孙,五世同堂的时候是玄孙,有玄孙的情况很少,即使四世同堂的时候,重孙也很小,达到结婚年龄的时候,老爷爷多数就已经去世,所以但凡老爷爷能看到重孙结婚的这种家庭,结婚场面都很隆重,除了用两沉轿子之外,还有旗锣伞扇,安排吹手喇叭,就跟朝廷结婚一样,"半朝銮驾",就像皇帝出巡的时候都会打着大扇子。大户人家孩子结婚的时候,有的用一沉轿子,有的用两沉轿子,还有的用大车去把她拉来,当时这种大车前边有个人推着,后边有个人拉着,是一种木轱辘轮。

(二)婚前准备

1.婚姻安排:家长做主

王家的儿子到了适婚年龄的时候,家里边的长辈就需要去找媒人,让媒人给儿子说亲,找媒人的任务主要是妻子李月英负责,其他相关事宜也是由李月英跟媒人商量。过去的媒人大多数是女人,有些话女人和女人能说到一块去,男人和女人有时候就说不了那么详细。虽然介绍人是女人,但是日后主家请客的时候,介绍人署名那一块仍然要写介绍人的丈夫而非介绍人本人,过去女人不能当家,所以人家请客这种场面以及需要署名的地方都是由男人出面,请客吃饭的时候有时候夫妻二人都可以去,要是只去一个人的话肯定是丈夫前去赴宴。

1949年以前有专门去女方家迎亲的人,带头的是叫"行人"或者"行人头"。肖家庄每家有结婚的时候都会找上一个为主的,比如迎亲的有十个人,那就有一个领头的,迎亲事宜都由他管着。老三王克英和老三媳妇耿庆珍结婚的时候,因为耿庆珍是在城里边住,王家家长就雇了一辆车把她迎进来了,当时王家的"行人"就是老大王克熙,开始是王克英回家跟家长王维机说自己要结婚,把两个人的认识情况和交往情况都交代了一番,王维机跟妻子商量之后,让王克英在那边找个媒人,然后双方家长见个面,因此才找了姓侯的老头做媒人,王家还得单独把媒人请来家里喝场酒,在席间就把结婚的日子定下来,然后媒人再去通知女方的家人。三世同堂的家庭,分家之前要是结婚都是爷爷说了算,如果家里边还有一个对结婚比较懂的人,或者家里的老人因为年纪大了身体不好,就会委派给此人,由此人全权负责,有大家长就由大家长(爷爷辈)管事,没有大家长就由父亲管事。王维机结婚的时候是由老爷爷王纯碬主持的,王克杰弟兄四个结婚的时候全是父亲王维机做主。

2.婚配标准:双方满意

(1)年龄标准

王家对儿媳妇的长相、年龄、脾气性格都没有什么强制性的要求,只要身体健康、能干活就行,儿子和儿媳妇们的年龄都差不多大,其他方面孩子没有什么意见,都是王维机和妻子李月英说了算。大户人家里边一般都是儿子小、儿媳妇大。肖家庄有一家大户人家,家里的儿子才十三岁,找的儿媳妇是十八岁,这个儿子叫王克宏,因为年龄小不懂事,就算结婚之后晚上还要在爷爷屋里睡觉,两个人整天吵架,日后这个女人跳井去世了,王克宏又重新找了一个媳妇。

(2)健康标准

王家对儿媳妇的唯一要求就是对方身体比较好、能干活儿。过去说亲的时候,男女双方父母可以互相看一下,但是大户人家和小户人家的规定不太一样,大户人家白天就可以见面,查探双方条件,小户人家大部分都是晚上相亲。肖家庄有一家的情况是,女人摊煎饼的手艺非常好,别的手艺也不错,人长得也不错,就是走不了路,她摊煎饼之前必须先给她推好磨,准备好煎饼糊,然后她才能摊煎饼。这一家通过媒人找了个女婿,媒人领着男方来女方家里的时候,这个女人正在摊煎饼,媒人看着这家闺女嫁不出去,便有意识地说了一句,"你看她'摊'的挺好吧?"其实媒人的意思是"她虽然是瘫的,但是人还是挺好的吧?"但是媒人没有细说,男方家里的人就回答说"挺好的",这样两家就把这门亲事说定了,结果结婚的时候才发现女人不能走路,但是这个时期定亲之后就不能再退了,也不能给女方写休书。写休书的情况一般都是双方家庭条件差不多,若是一方有身体残疾或者其他自然造成的原因,另一方都不允许写休书,要是碰到这种情况,另一方也只能认命,而且定亲之后,女方姑娘要是突然生病去世,即使还没结婚,也得抬到男方家里边出殡。

(3)生育标准

王家对于儿媳妇生男生女没有特别的要求,他们不存在这种重男轻女的思想,男孩、女孩都是自己的孩子。就王家来说,老大家有三个男孩、两个女孩,老二家两个男孩、三个女孩,老三家有一个男孩、四个女孩,老四结婚之后一共有四个男孩、一个女孩,这一辈总共是二十个孙子、孙女。但是也有特别看重生男生女的家庭,肖家庄有一家因为媳妇生不出儿子,只生了一个闺女,就把媳妇休了,之后再也没找到媳妇。大户人家对男孩格外重视,但是过去还是多妻制,如果大老婆生不出儿子,那就可以再找一个小老婆生儿子。

(4)嫁女标准

王家对女婿的要求就是对方家里得有地,保证女儿嫁过去有粮食吃,男方能干活儿且不懒散,男人在外能主事,不能全靠女人当家。王家两个女儿结婚的时候是介绍人来到家里,跟家长王维机说明了一下对方的情况,王维机和妻子李月英去男方家里看了看,觉得两家的条件都差不多,就没有别的说法了,男方定好日子之后就直接结婚了。另外,大部分父母都更愿意找家里孩子多的家庭,因为孩子多可以互相照顾一下,孩子少了或者只有一个孩子,女儿嫁过去负担会很重。

3.婚姻目的:传宗接代

结婚就是互相帮助,一起搞生产,农村都讲求"成家立业",成家之后双方就是真正的一家人了,不结婚的时候对方没法管,结婚之后就有权管着了,在生产、生活等方面就得精打细算了。1949年以前的婚姻观念是结婚是为了整个家庭，为了传宗接代，基本上没有单纯为自己的爱情考虑的，基本上都是家长包办婚姻，不过家长给孩子找对象也是从让孩子安稳过日子的想法出发。孩子少的家庭肯定更希望通过婚姻传宗接代，三世同堂和四世同堂的家庭对待婚姻也是一样的，过去就是人口越多，家庭就会越兴旺，各方面发展都很会顺利，也就是"人财两旺"。

4.自由恋爱:实属少见

1949年以前，自由恋爱的情况很少，有时候孩子在外边读书，可能跟自己的同学恋爱、想结婚，这种就得回来跟家里的长辈说一声，然后家里边再托付一个媒人前去说亲，这种算是解放以前"最大胆"的了。王家的老三就是自己相中的媳妇，然后找的媒人说亲，王克熙、王克照和王克杰都是家长王维机和妻子李月英帮忙给找的媳妇。王家在恋爱、结婚方面并不会严格限制孩子，但是也不能超出两个长辈的承受范围，事先也需要得到王维机和妻子的认可。因为老三的媳妇耿庆珍本人及其家庭都很好，所以家里的长辈都很支持，自己找个合适的对象，老人也省心，只不过是过去的旧社会已经形成了这样一种规律，"儿女婚姻全由父母做主"，像大户人家子女的婚姻，多数情况下是两家的老人事先"通气"，两家人平时来往比较频繁，家里的孩子要是到了适婚年龄，两家老人在饭桌上把这事一说就算定下了，之后找个媒人走走过场就可以。

5.聘礼或嫁妆:随家而定

(1)定亲

过去定亲的聘礼很简单，普通老百姓之间就是给点钱，仅够女方自己去买两三套衣服，女方的回礼就是针线，有的还有北方端午节时候在门梁上插的艾草。定亲的时候有定亲书，过去的时候叫"柬"，女方的"柬"给男方，男方的"柬"给女方，"柬"上的内容很简单，只有几句话，写着男女双方的生辰八字，家里父母还健在的，在"柬"的最后写上父亲的名字，没有父母的情况，要是还有爷爷的话肯定是写爷爷的名字，爷爷也没有的话就写大哥的名字，上边只能写一个人的名字，也就是写当家人的名字。定亲的时候由介绍人将双方的"柬"一交换，这样就代表双方的结婚日期定下来了，然后由男方单独请介绍人吃饭。过去结婚日期得找专门的人去查，肖家庄没有懂这个的，王家的孩子结婚的时候是去罗村找的一个姓王的人给算日子。定下结婚日期后，男方给女方写一个"年命帖"，仍然是由介绍人去送，同时还得给女方带上点小礼物，女方接着给出答复。当地的定亲习俗都是一样的。

(2)聘礼

王家四兄弟结婚时给自己媳妇家下的聘礼有多有少，具体情况都是根据其结婚那一年家里的经济条件来决定，若是今年家庭收入情况好一点，聘礼就多一点儿，若是家庭收成不好，聘礼就只能少一点儿。聘礼有时候给钱，有的家庭要求给粮食，结婚之前就会定好给多少粮食，其中麦子最珍贵，同村的王世业结婚的时候是给对方两袋麦子，约合二百斤麦子，王克申结婚的时候给了三袋麦子。王家兄弟结婚的时候都是给的现金，这些钱大约能做三身衣服。即使他们兄弟之间聘礼不一样，兄弟之间也不会有什么意见，由于之前都是由家长王维机管家，所以兄弟们结婚的时候都不知道家里具体情况是怎么样的，父亲说给多少就给多少，也不敢有什么意见。

（3）嫁妆

王家两个姐姐结婚时候的嫁妆就是椅子、柜子之类的家具，家里边另外再给她们做上点新衣裳，两个姐姐的嫁妆差不多都是一样的，但是大户人家跟小户人家在嫁妆方面不一样，大户人家的聘礼下得多，嫁妆也会要得多。比如邹家庄有一个财主姓高，他是种地发家的，有地有粮食，他家的闺女找的丈夫是大弯桥的，跟王家还算是同一支的，这一家是做井发家的，女方陪送的东西各方面都很齐全，但是男方全没看到眼里去，这些东西送到婆婆家之后，直接扔到敞篷里边去了，直到新媳妇回娘家的时候，娘家这边的人才知道男方根本没用她们的东西，全部都是自己重新买的。这一家姓王的大家长叫王怀齐，现在大弯桥还给他建起了王家大院，1949年以前淄川这边的煤矿提升技术就是王怀齐引进的，所以女方家的东西人家根本看不上，过去都说媳妇带过去的嫁妆越多，夫家就会越重视，嫁妆越少，夫家就会有点轻视。

（4）交往

过去定亲之后男女双方的长辈还不能走动，直到结婚之后才开始有来往，年轻男女之间更不能见面，要是双方都是大户人家，双方老人可能之前就认识，两个老人有时候会聚在一起吃吃饭、喝喝酒，但是两个年轻人仍然不能随便凑在一起。王家两个长辈跟亲家在孩子定亲之前都不认识，直到四个儿子定亲时需要送柬子的情况下才认识的，到了结婚之后才开始走动，年轻人们都是在领结婚证的时候才见面，在这之前家里的长辈提前去见过双方的孩子，双方都满意了才定下的日子。

（三）婚配过程

1.家长是主导

农村结婚的时候家里人都会来帮忙，但是其中必须有一个为主的人，负责安排结婚典礼、座席等，王家四个儿子结婚的时候是由家长王维机来安排结婚的相关事宜，发放出去的婚帖都是署王维机的名字，过去书面署名的时候女人不能代表，此外结婚时还有很多注意事项，比如结婚的时候需要红砖铺地、宴请宾客需要安排多少席、客人的席位具体要怎么安排、迎亲队伍谁来带头等等，王维机都需要做出谨慎的安排，不过当时他旁边一直有个长辈在不断地提醒他，也是防止在这种大场合出现错误。举办婚礼的过程中，前边需要有一个领亲的人，父母在世的时候都是由男家长来做这个"领亲人"，领亲的必须是男性长辈，要是家里边没有男掌柜，可以找叔叔、伯伯领亲。王克熙的弟弟们结婚的时候，作为哥哥的他不能领亲，两个新人就跟在王维机后边向到来的客人一一敬酒、道谢。

2.成员来帮忙

办婚礼的时候，家长占支配地位，别人都是起到帮忙的作用。家长会将结婚的每个步骤都安排给相应的人负责，有人在迎亲前就得提前找好去迎亲的人，包括抬轿子的人、"迎客"，有的人专门负责安排客人的座位，即有"约客"的，包括多少人一席、哪些人坐在一席，这种涉及做主的事情都是家长提前安排好，然后分工负责做就行。对于三世同堂的家庭，爷爷一般就是家庭里的大家长，结婚事宜都是爷爷决定，父亲母亲就负责招待客人，一起给客人劝酒或者找客人说说话，如果父亲是当家人，爷爷奶奶还在世的情况，爷爷奶奶就等着新人来拜高堂，然后等着"吃席"就行，这种时候爷爷奶奶就不用过多操心了。

(四)婚配原则

1.家庭成员结婚有次序

王家四个儿子结婚的时候都是老大先结婚,然后是老二,按照顺序来,若是不按照长幼顺序,外人就会说三道四,比如"他这人要是好的话,不早就找上媳妇了吗",意思就是弟弟们都结婚了,但是老大还没结婚,那就说明老大这人肯定哪方面有问题,介绍人来家里说媒的时候也是先给老大介绍。若是有特殊情况,比如老大一直在外边工作,根本没有时间,就会先给下边的兄弟找媳妇,或者是老大实在找不上的时候,也会选择先给老二找,剩下的兄弟仍然按照顺序找媳妇,因为如果兄弟几个年龄都很大了,就更加不好找了。王家的兄弟四个及父亲叔叔辈的都是按照兄长优先结婚的原则,家里的姑娘也得按照顺序找婆家,哥哥们找上媳妇之后,再给女儿找婆家。孩子多的家庭,更加注重兄弟间的结婚顺序,否则下边的弟弟们都结婚了,只有大哥找不上,外人更容易说三道四。

2.成员结婚花费无等级

王家家长王维机一直给孩子们预留一些结婚财产,从很早就开始给孩子准备聘礼、嫁妆,提前找木匠做新桌子、新柜子,让妻子李月英提前做好新衣服,从家里的积蓄中预留出一部分用作结婚开销,很多家庭都是因为孩子到了适婚年龄却拿不出积蓄给他们娶媳妇、找婆家,而耽误了孩子找对象。结婚时的花销涉及请客吃饭、下聘礼和嫁妆、雇人干活、租车等方面。分家的时候若是有个孩子还未结婚,分东西的时候也不会多分,家里即使只有一亩地,也是兄弟几个平分,只不过会给长孙准备好长孙地,这算是在平分之外的一种特殊情况。大户、中户、小户在结婚的花费上会有所不同,小户人家可能只需请客吃饭,需要花销的地方不多,大户人家因为到场的亲戚、客人多,酒水方面的花销更多,结婚的时候租洋车或者租轿子、租人力也需要支付报酬,因此花销的范围要多于中户人家和小户人家。

(五)其他婚配形式

1.纳妾

王家没有纳妾的现象。过去大户人家更倾向于纳妾,大鸾桥的王怀齐就有两个老婆,最后又跟家里的丫鬟生了个儿子,丫鬟的儿子可以进王家族谱,但是这个丫鬟直到最后还是丫鬟,王怀齐也没有娶她、给她名分。找小老婆的家庭,一方面家里本身有点地,家庭条件还算是中上游,另一方面就是大夫人不能生孩子或者不能生儿子,这种家庭的男人就会再找个小老婆给他生儿子,还有一些过去的军阀也会找小老婆,其他一般家庭很少会这样。纳小老婆的时候,一般就是看着人家姑娘长得挺水灵,一下子就相中了,富人家的闺女一般没有去给人家当小老婆的,当小老婆的都是普通家庭的未出嫁的黄花闺女。1949年以前,大户人家纳妾是很平常的事情,别人也不敢说什么,人家有这个能力、有这个权力,家里的男人想找小老婆,女人也不敢说什么,若是因为生不出儿子找小老婆,大老婆及家中长辈自动地就会提出来。民间流传着这样的说法,"一妻、二妾、三娇娥",第一个夫人是妻,第二个夫人是妾,第三个是娇娥,但是第三个不会结婚,就跟"金屋藏娇"似的。过去西河有一个翟山虎,他就是"一妻、二妾、三娇娥,阎王爷爷还得让着他活",他父亲是尚书,他儿子是翰林,即"头顶尚书,脚踢翰林",这个人过去在西河横行霸道,当时方圆十里都没有水井,石磨也都在他家里,外人想要用还得支付报酬,冬天的时候他故意把水泼到过道里,小脚女人们从那里走的话就会摔倒,他还在旁边哈哈大笑。

2.童养媳

过去的童养媳都是为生活所迫。家里吃不上饭,要是有个十来岁的小姑娘,就把她送给别人当童养媳,吃住都在对方家里,到了适婚年龄,就跟对方家的儿子结婚。如果家里没有儿子,只有闺女,就不会把闺女送出去,可能还会招个上门女婿。一般来说,送孩子当童养媳的家庭就是家里贫穷,加上孩子又比较多,这种家庭有时候会把适龄的闺女送去给人家当童养媳;孩子少的家庭就不会这样,人口少,平时怎么着也能吃上饭。送孩子当童养媳,长大结婚的时候都不用找媒人。肖家庄的王克秀,用三个窝窝头就把最小的闺女送出去了,男方家是桓台地区的,即便这样,王克秀剩下的四个儿女仍然是吃完上顿没下顿。1949年之后这个闺女重新回来找到自己的父母,两家开始有来往,王克秀的闺女也不会怨恨自己的父母,当时要是不把她送出去,她很有可能都活不下去,而且换来的三个窝窝头还能让家里的孩子多吃一天,王克秀在此之前还送出去一个闺女,一共送出去两个。娶童养媳、把闺女送出去都是自己家里的事情,不用请示别人。娶童养媳的时候不用写文书,而且结婚的时候也没有什么结婚典礼,就是去登个记,也不用摆酒席,自从她来到男方这边开始,就已经是男方家里的人了。也有一些童养媳长大之后就自己走了,不愿意留在男方这边了。

能给儿子找童养媳的家庭,多数就是家里粮食够吃,要是自己还不够吃,也没法出去领童养媳,童养媳过来之后,还能早点帮着家里干活儿。有的男方家庭对待童养媳就比较严格,南黄村有一谭姓家庭,奶奶是从山沟里买过来的童养媳,五六岁的时候就待在谭家,但是谭家长辈对她有很多规定:过年的时候不能跟谭家人一起吃年夜饭,而且还会被关到猪圈里跟猪睡一晚,大冬天也不给她被子,她就盖着茅草睡觉,第二天谭家人进去看,整个人都冻得发抖、发紫,要是再晚一会儿会被直接冻死;平时这个奶奶都不能上桌吃饭,谭家人给她个小板凳自己去一边吃,还要帮着家里干活儿,喂猪、做饭。直到这个奶奶结婚生子、公公婆婆去世之后日子才稍微好点。

3.改嫁

王家没有改嫁的情况。但肖家庄有一个媳妇叫赵文兰,她丈夫早早地去世了,她便改嫁到北黄村,改嫁的丈夫身体不太好,她就一直在旁边照顾他。普通家庭的农村女人改嫁后再找到一个条件比较好的男人和家庭不太容易,有的是一直没娶媳妇,有的是年龄大了需要人照顾,还有的情况是妻子去世,再重新找一个,这种情况在肖家庄称为"续弦"。改嫁的时候不用写契约,也不用办结婚典礼,只要两个人去领个结婚证即可。比起一般人家,大户人家的媳妇改嫁的比较少,多数都会在丈夫去世之后选择继续留在婆婆家抚养孩子,一个原因就是舍不得孩子,孩子要是女儿,公公婆婆可能会允许儿媳妇带走,要是儿子的话婆家是肯定不会愿意的;另一个原因就是儿媳妇感觉自己离开婆家之后,以自己当前的条件也不会再找到一个好主,所以直接留下来,过去的寡妇要是能把孩子抚养成人,守寡"守清"了,政府除了给一笔抚慰金,还会给她们颁发一块"节孝匾",并挂在大门前,这也是相当荣耀的事情。夏禹河村有一个女人,刚嫁到婆家不久丈夫就去世了,因为双方也没有孩子,婆家劝过她让她重新找个好人家,但是这个女人拒绝了,说要给丈夫守寡,一守就是一辈子,镇上的人在路边给她竖了一块高大的石碑,同时还刻上字,她也因此一直被人称赞。

4.入赘

男方家里要是什么人都没有,包括父母长辈及兄弟姐妹,也就是平时所说的孤儿,这种情况下男人会入赘到女方家里,女方家里边如果没有儿子,又没法从亲戚家过继到儿子,也会招一个上门女婿,女儿继续留在娘家掌家,但如果是能过继到儿子,一般家庭还是不会招上门女婿,毕竟上门女婿跟自家没有血缘关系,而绝大多数男人也不愿意入赘,在外人看来,入赘的女婿差不多都是没有能力的,在女方家里也没有实权,各方面都会受束缚。过继的儿子必须是同族里边的,继子过来本家之后,日后由本家给他找媳妇,而且过去宁愿把儿子过继到兄弟家当儿子,也不愿意让儿子去给人家当上门女婿,男方去女方家生活,过日子都受女方家约束,都由女方说了算,等于是"赗受"①女方家的东西,所以上门女婿的日子很不好过。女方娘家的长辈去世之后,要是男女双方结婚后的日子过得好,女婿有可能会当家,要是日子过得不好,那就只能由女方当家,大多数情况下还是女方当家,女婿无论多么能干都是没有血缘关系的"外人"。整体来看,过继的情况要比入赘的情况多,王家每家都有儿子,没有过继、招上门女婿的情况。

某一家招上门女婿的时候不会特别规定对方必须是本村的,但是肯定都会找自己知根知底的,要是不了解对方的情况,也会遇到很多骗子,所以招上门女婿的时候也会有一个介绍人,双方都满意了就可以结合到一起。但凡家里同族的长辈还在,长辈就会把侄子过继过去,替他找媳妇,女儿找个夫家嫁出去,也不会给她找上门女婿,叔叔家的男人没有了,也会过继过去跟着婶婶生活,然后承受婶婶家的一切物业。过去入赘的时候,要是双方都没有父母,就由他们两个人商量,要是父母还健在,就由男方跟女方父母商量。入赘时要是找介绍人的话,就像普通订婚一样写柬子,要是没有介绍人,两个人就直接结婚,也不用写柬子,举行婚礼的过程跟平时的婚礼一样,有时候因为双方条件都不好,也就不举行婚礼了,两个人搬到一块住就行。大户人家招上门女婿的情况很少,他们这种家庭里边都有儿子,自己的孩子享受自家的一切业务,招上门女婿就等于招了个外人进来,尤其是大户人家心思格外多,宁愿把女儿嫁出去也不会招上门女婿。

(六)婚配终止

1.休妻

过去夫妻之间要是有儿子的话一般就不会写休书,但凡是到了休妻的地步,一般是因为两个人没有孩子,整天吵架,家里每天鸡犬不宁,日子也过不到一块去。肖家庄写休书的时候是有专人替写,因为写休书是一件非常不好的事情,老一辈之间流传下来的说法是,"写休书的时候,在家里写休书,这个家以后就会不好,或者要是在地里写的话,这块地三年之内就不长草了"。所以写休书都是趁着晚上偷偷地在人家墓地的石碑上写,绝对不能在自己家里写,同时得专门找个会写休书的人,1949年以前的农村本来文化人就少,肖家庄本身就只有几个人能识文写字,但又不是所有的文化人都愿意帮着写休书,肖家庄这个负责给人家写休书的人平时也是不务正业,家里边更是家徒四壁,他不像别人有那么多顾忌,只要请他写休书的时候支付给他一定的报酬就行。写休书的时候只有三个人在场,即夫妻双方和写休书的人,写完之后,一手交休书,一手交钱,然后三个人就各自走各自的路了,媳妇也不回来了,男人给女人写休书之前,都是事先经过家长同意的,家长同意才能写休书,家长不同意的话就必须继续在一起生活。大户人家休妻的现象要多于一般家庭,只要是大户人家的男方看不上

---

① 赗受:承受。

这个女的了,那就直接写一封休书让女人离开,大户人家的休书一般都是自己写,他们觉得自己有钱有势、有房有地,谁也动弹不了自己,所以不会担心老一辈的说法。而小户家庭的人,本来家里的东西就不多,也不敢拿家里那丁点的土地做"实验",俗话说得好,"宁可信其有,不可信其无",所以反倒是小户人家找专人替写,大户人家则直接由本家人写。

2.守寡

王家没有守寡的现象,某一家的丈夫去世之后,妻子没有另外改嫁,而是一直在婆家守寡,有孩子的就把孩子拉扯长大,没有孩子的家庭,公公、婆婆会从同族里边过继一个儿子给儿媳妇,由儿媳妇抚养长大。如果儿媳妇选择留在婆婆家守寡,公公、婆婆不会欺负儿媳妇,反而会对她比以前更好,因为儿媳妇不仅没有改嫁,还一直抚养孩子以及侍奉公婆,公公、婆婆平时也会帮衬着点儿。守寡的女人平时仍然会回娘家,亲戚之间平时该怎么走动,日后仍然是怎么走动。公公婆婆家分家的时候,也会给守寡的媳妇分一份,比如肖家庄有一家,家里是弟兄三个,老二去世,但是仍然把全部东西分成三份,守寡的老二媳妇同样会分到一份家产,平时的生活待遇跟其他的妯娌们都一样,公公婆婆也没有偏向哪一家,手心手背都是肉。

丧夫的妇女可以改嫁,前提是得到公公婆婆的同意,若公婆是通情达理的人,也不忍心一个女人就这样守寡一辈子。所以在肖家庄,儿子去世之后,婆婆都会问一下儿媳妇是选择离开婆家还是继续留在这里,若是儿媳妇想要改嫁,公婆也会答应,平时相处好的家庭在儿媳妇走的时候可能还会给她点东西带走,要是一般的家庭那就直接让儿媳妇走了,如果儿媳妇选择继续留在婆家,那公公、婆婆念在去世儿子以及孙子的面子上,只要有本家一口饭吃,就绝不会饿着儿媳妇和孙子,一旦儿媳妇选择守寡,日后也不会有离开的心思了。小户人家里边,丈夫去世之后,妇女要是感觉在婆家生活不下去,受生活所迫就直接离开了,过去地里的农活全是男人们做,一个女人也种不了那么多地,所以直接就走了。大户人家就不同了,家庭条件比较好,即使是守寡,也只需要抚养孩子,地里的农活一般不用自己操心,离开婆家反而不容易找到条件这么好的家庭。

二、家户生育

(一)生育基本情况

王家爷爷王承先这一辈一共是三男两女,家长王维机这一辈是一男两女,王克杰这一辈是四男两女,王家的生育情况在肖家庄算是一般化的水平,王维机这一辈以及儿子王克杰这一辈的孩子中都没有出现夭折、丢弃、买卖以及溺婴的情况。过去大户人家的生育数量比小户人家要多,他们不愁吃、不愁穿,能够轻松地养活孩子,小户人家因为生存、生计问题,孩子生下来没多久就夭折的情况很多,所以生多生少还是看当时的家庭条件。买卖孩子的现象一般发生在小户人家,他们要是吃不上饭了,就把某个孩子送给别人,其实也就是卖孩子,因为对方会给一定的报酬,大户人家不存在生存问题,也不会牵扯到买卖孩子的现象。如果是四世同堂的家庭,那就说明这个家庭的人口繁衍比较旺盛,在当地算是一个大家庭。

(二)生育目的与态度

1.生育目的:延续香火

1949年以前,老百姓家里边生孩子的目的就是为了传宗接代,老祖宗传下来的话是"家里有人才有财",没有人,干什么事都不行,而且家里孩子越多越好,不管是儿子还是闺女,生儿育女对于一个家庭来说就是"延续香火"，没有孩子的家庭必定会过继一个孩子，也有偶尔捡到孩子的时候，但是捡到一个孩子跟过继一个孩子不一样，捡到的孩子不能上本家的族谱，因为他跟本家没有血缘关系，要是当初把自己的孩子送出去，日后上族谱的时候会再把孩子的名字争回来，对方不愿意也不行，这个孩子本身流着这家的血液，所以理应回来上族谱，但是孩子是回原先的家还是继续留在收养的家庭里，由孩子长大成人后自己决定。王家家长王维机对于自己的儿媳妇生男生女没有严格的要求，不会像其他家庭那样非得要求她们生儿子，他的思想是比较开明的，无论男女都是王家的子孙，都是一样受疼爱，王家第三代总共是二十个孙子、孙女，这一代比较繁盛，老大王克熙家生了三男两女，老二王克照生了两男三女，老三王克英生了一男四女，老四王克杰则生了四男一女。肖家庄王氏续谱的时候，有一家是弟兄两个，族谱上有老二的名字，但是没有老大的名字，老大其实就是捡来的一个孩子，因此肖家庄王氏修族谱的时候，都有这样一个规定，以前送出去的孩子全部把名字争回来，捡来的或者抱养别族的孩子就不允许上族谱。1949年之前两家因为争名字而打官司的事情没有，遇到这种情况，通常会请双方的老人坐在一起商量，多数情况下都能同意，而孩子在哪边生活就全看孩子自己的决定。

2.早婚早育：自立门户

王家老大王克熙结婚的时候是二十多岁，其大女儿出生的时候是1947年；老二王克照也是二十岁左右结的婚，他家的大儿子是1957年出生；老三王克英结婚的时候不到二十岁，最大的孩子是1953年生人；老四王克杰是1957年结婚，最大的孩子是1958年出生。王家弟兄四个都不算是早婚早育，老大王克熙结婚初期因为身体原因没有立即要孩子，过了几年才生的大闺女；王克照是因为常年在外当兵，所以生育时间比较晚；王克杰是兄弟之间要孩子最快的一个，二十二岁就结婚，二十三岁有了第一个孩子，他是弟兄四个里边唯一一个一直没有出去过的人，一直在家里务农，家里边直接就给介绍对象，然后接着就结婚了。1949年以前，农村人早婚早育的现象非常多，十四五岁的小孩就结婚了，结婚之后就一直生孩子，这种情况多数都是贫穷家庭的家长在女儿很小的时候就把她嫁出去，男方一般都比自己女儿年龄大，他们觉得与其在家里整天愁吃愁穿，还不如去吃的上饭的家庭生活，家里剩下的人也能多出一口粮食。

3.多生多育：互相帮扶

在农村，孩子生多生少都根据家庭经济条件决定，但是当时的人也不懂节育，所以要是怀上了就只能生下来，肖家庄孩子最多的一家生育了六个男孩、六个女孩，家庭条件在村里只是属于一般化的水平，本来一家人粮食还能够吃，一下子生了这么多之后每天只能吃一顿、饿一顿，所以这一家的儿子结婚都很晚，而女儿们很早就出嫁了。多数家庭的思想就是家里边人口多，遇到事情的时候也好处理，人口少，没有互相帮扶的力量，有些事情也难以解决，所以王家嫁女儿的时候要求男方必要的一个条件就是他们兄弟姐妹多。要是家里儿子多的农户，在村里相对来说也会受别人尊重，但是受别人尊重最关键的一点还是本身的人品不错，与人相处友善，否则生再多的儿子也没有用。大户人家会更想多生多育，因为他们家大业大，孩子少了掌管不过来，孩子多了可以分开掌管不同的事务，家庭才能延续下去。

4.重男轻女，思想守旧

一是生儿生女。对于王家而言，生儿生女都没有关系，重要的是孩子之间能互相帮持，但是有些家庭只要儿媳妇或者妻子生了女孩就会特别烦,他们只想要儿子,觉得没有儿子就意味着本家的香火断了,以后就没有本家这一支了,即使"百年之后"也愧对列祖列宗。过去的大户人家愿意多生,而且想要多生儿子,只有儿子才能管理家业,女儿都是要成为别人家的人的。

二是未婚生子。如果家里有未婚生子的人,外人容易在背后说三道四,不光是对当事人,对于双方的家庭都是非常羞耻的事情,要是正式结婚生子的话就没有这些胡言乱语。就如前文提到过的,邹家村那对男女在订婚之后就已经在一起,但是别人都不知道,结婚之后婆家发现她早已怀有身孕,除了怀疑她不正经,就算知道孩子是自己的孙子,因为他们还没结婚,属于未婚先孕,这在过去也是不被允许的,因此最后这个女人才落得个跳井自杀的下场。

三是早婚早育。早婚早育既牵扯到个人精力,而且过去的孩子早当家,早婚早育就意味着双方早早地就要承担起一个家庭的重担,不仅需要操持新家的财务,还要拿出一部分给家里的老人,负担比较重,早婚早育还是有缺陷的。

(三)生育过程

过去是否生孩子、生多少不是某一个人决定的,就是顺其自然。在王家,妇女怀孕之后不用干重活,就做一些轻松点的家务事,这个不用跟家长申请,怀孕了自己就知道该怎么办。1949年以前生孩子都是在家里生,每村都有一个接生婆,肖家庄这边叫"守生婆",妇女感觉到快生的时候,家里的长辈就去把守生婆接到家里来,这些事情一般是母亲去办,男人不碰这个。生育费用主要花在孕妇及孩子的饮食、守生婆的报酬上,有的家庭还会在孩子的喜酒等仪式上有花销,这个都是根据自身的家庭情况由家长决定。王家四兄弟的孩子出生的时候,他们跟王维机还没有分家,因此生育费用都是由家长王维机支付的,分家之后再生育的孩子,那就是由各自的小家庭支付。

王家儿媳妇生完孩子的第二天,妻子李月英会提着挂面或者点心给守生婆送去,等到孩子快满月的时候,再支付给守生婆接生孩子的费用,因为过去还有好多刚生下来就夭折的情况,若是孩子夭折,本家就不需要支付给守生婆相关报酬,而等到孩子快满月的时候,孩子的各项情况就基本上稳定住了,就应该前去答谢守生婆。过去妇女坐月子是一个月的时间,坐月子期间都吃小米饭,有时候吃个鸡蛋,别的东西不敢乱吃,担心没有奶水,孩子没有饭吃,月子期间妇女也不用下地干活,刚开始坐月子的时候,婆婆会给做饭、照顾一下,十来天之后,身体要是恢复得不错,妇女就能自己做饭、吃饭了。等到孩子快满月的时候,妇女会抱着孩子到娘家住一个礼拜左右,在当地叫"住满月",从娘家回来之后,妇女就能吃别的东西了,并且重新开始做家务。

(四)生育仪式

王家的孩子们出生的时候都没有举办过仪式,即使是生儿子也没有仪式,大户人家在孩子出生时比较注重仪式,仪式也比较隆重,亲戚客人来得也多,基本上全村的人都会前来祝贺,大摆酒席、有人祝词、长辈送礼物,场面跟结婚的时候差不多,小户人家就没有这么多的讲究,等到孩子满月之后去镇上做个登记即可。亲戚来给孩子"送祝米",给孩子"穿裤",这是每家孩子出生之后都必须有的两个活动,孩子出生十来天之后先"送祝米","穿裤"的时候是孩子满一百天,这两天娘家人必须都得来,来的时候拿着大米、小米、鸡蛋、挂面,这些人不用通知就会来,本村的人或者邻居家的人,想来的就来,不想来的就算了,有时候为了不给别人添麻烦,有些家庭就直接不告诉别人自己的孩子什么时间"送祝米""穿裤"。过去客人带着礼来,本家也得给人家回礼,一般就是回鸡蛋,还得把鸡蛋染红。"送祝米"是娘家人来看望女儿,给女儿送吃的,"穿裤"是由孩子的姥姥亲自给孩子做个小裤,寓意孩子平安健康长大,就是给孩子送个好兆头。无论是"送祝米"还是"穿裤",分家之前需要的花销都是由本家的家长负责,分家之后就需要各自的小家庭担负,过去基本上没有份子钱,客人都是带着点粮食来,像大米、挂面这些就收在一块全家人一起吃,小米、鸡蛋这些比较有营养的专门给孕妇吃。

（五）孩子起名

王维机去世之前,王家第三代的名字都是由他起的。起名字时也有学问,一般是请当地有学问的人起名字,肖家庄这边起名字都是按字意来起,哪个字好就起什么名字。王克杰兄弟四个的名字按照字意来说的话,就是"为人要活善";"德智体美",一个人首先得有德性才能继续干别的,家里的女孩子也是这样来起,给女孩起的名字差不多都是"松、竹、梅、兰",起名字的时候还得按照辈分来,王家第三代就是"克"辈。除此之外,王家兄弟既有奶名,也有在外边念书、工作的名字,另外每个人都还有自己的"字","字"也是王维机给取的,比如王克杰字汉三,"汉时三杰",在家里边叫王汉三,在外边的时候就叫王克杰;老二字兴垣,大名叫王克照;老三字振勇,大名叫王克英;老大叫王克熙。起名字的时候不分大户、小户,都是按照字意起名字,王维机算是一个比较有学问的人,一直对名字都比较有研究,本村以及邻村的大户人家都来找他起名字。

三、家户分家与继承

（一）分家

1.分家缘由：顺其自然

王家分家是在1964年,家长王维机是1960年去世,家里的老人只剩下其妻子李月英,因此李月英接任王维机成了王家的新家长,但是由于她年纪比较大了,有些事没办法亲力亲为,李月英就告诉常年在家的小儿子王克杰,家里要是有什么事跟老大王克熙商量就行。她自己的身体不好,老四王克杰就一直在家照顾她,她去世的时候是86岁。王维机去世之后,老大王克熙还是在洪山煤矿打工,一般是一个星期回家一趟,老二王克照在外当兵,老三王克英在济南干活儿,四兄弟中王克杰在家的时间最多,老大就告诉王克杰,家里的事情自己掌握就行,有什么大事情自己拿不定主意就两个人一起商量,自此家里主事的通常都是王克杰。提出分家是王家老大王克熙回家之后,考虑到兄弟们已经都有自己的孩子了,有的也开始到了上学的年纪,经济上分开管理比较适合,便告诉其他兄弟,"大家现在虽然还住在一个院子里边,但是分开吃就行,在家时间多的就多照顾着点老母亲,其他兄弟也帮扶着点,平时多给老母亲一点养老费就行",其他兄弟都同意之后,1964年王家正式分家。分家都是各家庭内部的事情,外人没有权力介入,农村分家的情况很正常,老百姓对分家都没有异议,都希望自己管理各自的小家庭,但是要是有一家遇到困难,还是会凑在一起商量。

不同的家庭分家的时间都不一样,王家从老爷爷辈到爷爷辈再到父亲辈都很平和,没有你争我夺的现象,都是礼让三分,但是有的家庭又争又抢,更厉害的还去打官司。1949年以前很早就分家的家庭,一个原因是家里人口太多,大家长管理不过来,另一个原因就是家庭矛盾比较大,兄弟之间闹得很凶,长辈就直接提出分家。1949年以后分家的家庭是因为孩子都有工作并且结婚生子，有了自己的家庭需要照顾，差不多就自动地分家了。肖家庄有一家是三个兄弟，因为彼此之间矛盾挺大，1949年之前就分家了，分家的时候家里的盘、碗、锅也都一起分，比如家里一共有四个碗，但是只有弟兄三个，一人一个分完之后，剩下的那个谁也要不了，直接当场就摔碎了。这一家的家庭条件在肖家庄算是不错的，兄弟三个有在外边做买卖的、有在家里当瓦工的，他们是在1934年左右分的家，分家之后就各干各的老本行。总体来说，小户人家分家的时候没有这么多矛盾，只要给老人留出养老地就行，反倒越是大户人家，分家的时候越激烈，因为家里边东西多，家里人看着都眼红，就怕自己分得比别人少。人口较多的大家庭在觉得不容易管理整个家庭的时候就会提出分家，尤其是家里的长辈经验丰富，只要一看出有问题，立即就会分家。相反，人口少的小家庭不但分家晚，而且还更团结，只有团结起来才能经营好这个家庭。

2.分家资格：情况多样

(1)儿子均分。只有家庭内部成员才有资格分得家产，姑娘只要出嫁就没有资格享受娘家的家产，俗话说"嫁出去的闺女，泼出去的水"，姑娘嫁出去之后是随着丈夫在婆家享受婆家的家产。王家兄弟四个分家的时候都已经结婚成家，即使放眼整个肖家庄，基本上也是家里的孩子都结婚之后才会提出分家。王家分家的时候家长会提前通知在外干活儿的人回来，怎么个分法大家坐在一起商量，哪些东西可以平分，给家里的长辈留下哪些东西，分家后老人要怎么赡养等，分家之前都必须讨论出一个结果，以免以后又出现矛盾。每个儿子都能分到同样的家产，虽然老二和老三因为工作原因不经常在家，但是都会按时给家里的长辈寄钱回来，所以分家的时候也不能少一分。

(2)丧父儿子同等分家。丧父的儿子在分家的时候也会得到相同的家产，跟伯伯、叔叔具有同等资格，如果孩子太小，可以先由母亲掌管家产，等到孩子长大之后再由孩子自己管理，如果母亲没有能力掌管，家里的长辈还得找一个比较公道、有能力管理的至亲族人替他管理，一般是先从自己家里选，等孩子成年之后再交还给他。这种家庭分家的时候，家长会请来丧父孩子的姥爷或者舅舅到场，与该户族人一起见证分家。

(3)继子、义子同等分家。过继来的儿子跟亲生儿子一样，他吃住都在继父家里，一家之所以有继子是因为继父自己没有儿子，不过，继子就是过继过来继承家业、延续香火的，跟亲生儿子具有同样的分家资格和分得家产的资格，继子在亲生父母家里就失去了分家资格。农村有义子和干儿子之分，义子是从别处捡来的，从小把他抚养成人，一直以来都是跟本家一起生活，同锅同灶、同衣同穿、同财同用，因此分家的时候义子具有分家资格，家里的土地、房屋他都有权利获得，而且是跟本家兄弟平均分，但是义子来本家之后没有权利上族谱，他始终是没有血缘关系的人；干儿子就是"认干亲家"，干儿子有自己的家庭，他在自己家有分家资格，本家分家的时候干儿子便没有分家资格。

(4)妾之子同等分家。1949年以前的时候，有的家庭既有大老婆又有小老婆，但是小老婆的权力基本上都不如大老婆权力大，比如某些家产、物业，家里要是没有男人或者男人外出的情况下，大老婆有时候就能说了算，小老婆就没有说话的权力，但是小老婆生的儿子仍然具有分家的资格，前文提到过的大弯桥的王怀齐，他家妾生的儿子跟大老婆生的儿子就是一起分家的。

(5)改嫁女之子分家看情况。如果是儿媳妇改嫁带来的儿子，分家的时候得分具体情况，如果儿媳妇能够安心在本家相夫教子、操持家务，分家的时候家长允许她分得同样的家产，如果不能安守妇道，"身在曹营心在汉"，或者带来的儿子长大之后就被前夫家要回去，那她改嫁带来的儿子就不具有分家资格。

3.分家见证人：至亲族人

分家时候在场的人有女方娘家那边的至亲族人，比如女方的父亲或者是女方的兄弟，还有男方本家这边有权威的族间亲人，再就是村里边负责的人，即村长或庄长，家长把这些人都请来，分家事宜都是由家长安排。1949年以前，分家的时候都需要写"分书"，也叫"分单"，自家要是有人能写就自己写，自家要是没有能写的就得请一个人代写，这种情况叫"代字"，请的代字人一般都是同族有文化、威望高的长辈，署名的时候，分得家产的孩子都得署名，除此之外就是见证人和代字人的名字，这些全部由代字人代写，"分书"上边全部署男人的名字，内容就是关于哪个孩子分到什么东西，比如分到几亩地、分到几间房子，"分书"写完之后，由分家后的小家庭各自保管，分得家产的孩子人手一份。有见证人在场，日后要是哪个人不认账的时候，见证人就会站出来证明，如果见证人去世，但是当时的"分书"上边都有署名，比如至亲的人署的是姥爷或者舅舅的名字，白纸黑字在那里摆着，有什么事情也都得按照这张"分书"来解决。在分家见证人的选择上，不同类型的家庭一般来说没有特别大的差异，只要是本家没有什么大的疑难问题，就不会去请乡长这些外人到场，绝大多数只要请来同族长辈和村庄负责人即可，若是分家的时候出现纠纷、矛盾，村里解决不了就得去找上一级，即乡政府。

4.分家结果：外界认可

既然决定要分家，同族长辈愿意到场见证，那就说明家族本身就认可这件事，之后若是再有大大小小的事情，就开始由小家庭里边的家长各自代表参加，家谱在续修的时候也会做出相应调整，分家之前的同锅同灶顺其自然地就变为小家庭吃饭，外出参加仪式也开始以分家后的家庭为单位。村庄对本家分家的认可表现在征兵时或者纳税时都以分家后的家庭为单位进行征收，各个小家庭均成为一个独立的经济单位，分家之后的户籍需要立即进行变更，由原来的大家长领着几个新家长前往乡政府办理。

（二）继承

1.继承资格有顺序：儿子、侄子、女儿

继承家产的时候，入赘到别家的儿子就是女方那边的人，享受女方那边的家产，因此没有本家这边的继承资格。还有一种情况是家里父亲去世，母亲带着儿子改嫁，等到儿子成家立业的时候，又回到本家认祖归宗，这种情况下就需要通过乡政府将户口迁回本家，这样，儿子就在本家重新具有继承资格。抱养给别家的儿子在新家具有继承资格，在原先的家庭便没有继承资格。王家既没有抱养过别人的孩子，也没有把自己的孩子抱养给别人，因此王维机的孩子继承家业的时候都是四个儿子进行平分，对于王家来说，王克熙四兄弟都是有继承权的。

肖家庄已经出嫁的女儿回到娘家继承家产的情况有两种，一种是娘家那边没有人了，不管是亲兄弟还是叔叔伯伯家的堂兄弟都没有了，另一种是娘家父母是由出嫁的女儿侍奉到老，那么这两种情况下出嫁的女儿便可以享有继承权。若是老人的侄子愿意照顾叔叔、伯伯，真心愿意给叔叔、伯伯养老送终，那么侄子就拥有叔叔、伯伯家的家产继承资格，此时出嫁的女儿就不得继承。只要具有继承资格,那么继承权都是平等的,没有厚此薄彼的情况,若是出现不公平的情况,容易引起继承人之间的内讧,最终导致家庭矛盾,因此分家、继承的时候都是平等的。但是继承权的分配都是有顺序的,若是本家有儿子,那么女儿、侄子就没有继承权;若是没有儿子,侄子愿意给老人养老送终,那么侄子具有继承资格,女儿没有;若是既没有儿子,又没有侄子或者侄子不愿意养老送终,那么女儿就具有继承权。

2.继承条件有原则

在肖家庄,一般情况下只要是儿子就具有继承资格,但是也有特例,比如在 1949 年之前,河东乡一个老太太有四个女儿,但是没有一个女儿愿意照顾她,自己在家生活没有着落,老太太的小叔子王淮成就把她接过去照顾,小叔子吃什么,老太太就吃什么,就这样一起生活了一段时间,日后老太太去世之后,四个女儿在老母亲出殡的时候赶过来,一边哭喊一边闹她们的叔叔,叔叔说,"你们四个先别急着哭,你们的老母亲是怎么过来我家的,不就是因为你们四个在她生病的时候没有人给她看大夫,吃饭的时候没有人给她做饭,这不我才把她接来跟我一起生活,现在母亲去世了,你们跑过来兴师问罪,你们觉得有道理吗?你们哭不要紧,但是不要胡说八道",老太太的四个女儿也没法继续说下去,老人就这样安安稳稳地出殡下葬了,最后老太太的那点家产还是由王淮成继承的。谁具有继承资格都是当家人说了算,这些事在生前就会安排好,然后跟同族长辈打声招呼,比如下葬之后埋土、上坟由谁来,都是提前定好的,这个人最后也就是具有继承资格的人。具有继承资格的家庭成员一般自己家就能决定,若是遇到没有儿女给老人养老送终的情况,族人之间会聚在一起商量继承事宜。

3.继承的内容

家庭成员继承的家产包括房屋以及房屋里边的全部东西、土地,要是家里边有点小生意,继承人也可以继承,但是得是懂得经营生意的人,长辈若是在当地具有一定的地位身份,那是长辈自己的,继承人没有权利继承这些。王家在分家的时候是把家里的全部家产均分成四份,李月英作为王家唯一的老人,她还是住在家长王维机在世时的房子内,那间屋子里的东西都是她的,然后其他房间、现金、首饰、农具、家具、厨具、衣服等都进行平分,王家兄弟平时相处得都很和睦,分配房屋的时候基本上都是自己的小家庭之前住的房子,家里的农具都给了王克杰,因为平时他在家付出得最多,其他可平分的东西就都放到一起分一分,分配家产的时候是在李月英的房间里进行的。

四、家户过继与抱养

(一)过继

1.过继原因:延续香火

王家没有过继的现象,但是肖家庄有。而且过继也有很多种情况,一种就是家里边没有儿子,便把侄子过继过来,还有一种是自己的儿子能力不够或者常年生病,支撑不起一个家庭,需要过继一个帮忙操持家庭。过继的时候需要征求出继家庭的意见,某些出继的孩子不愿意过去,突然到另外一个家生活也不习惯,出继家庭的家长也会尊重孩子意愿,所以过继的时候一般是趁着孩子不懂事的时候。过继时除了自己亲兄弟的孩子可以过继之外,堂兄弟之间也可以,只要相互之间有血缘关系就行,遇到亲兄弟家里只有两个儿子的情况,这种家长一般不太愿意把孩子过继出去,那就再去找别的堂兄弟,扩大到同族之间也可以。肖家庄有一户王姓人家,很多年一直没有孩子,就打算从亲戚家过继一个孩子过来,这一家的儿媳妇起初确实是无法生育,在过继最后这个孩子之前已经过继过好几次,但是孩子中途都夭折了。无法生育的儿媳妇在婆婆家的待遇会很差,恶婆婆会直接说儿媳妇是"不会下蛋的母鸡",日常生活中还要遭受冷眼相待,同时外人也会对她指指点点,这一家的婆婆就跟她说,"就算我再给你一个孩子,你也养活不了",这个儿媳妇自己也算是有点志气,日后过继过来这一个孩子之后,不仅顺利把过继来的孩子养大,自己还又生了五个儿子,后来公公婆婆和丈夫对她的态度才变好,儿媳妇也觉得这个继子就是她的福星,平时不仅不会区别对待继子和儿子,还会格外注意继子的生活,孩子们长大之后结婚、分家时也都是同等对待继子和儿子。

2.过继次序:长子不出嗣

过继的时候有先后顺序,亲兄弟不行找叔辈兄弟,叔辈兄弟不行就找堂叔兄弟,堂叔兄弟要是再不行,往外再找几代的也可以,但是最终得保证是一个族间的。若是家里边有好几个儿子,出继的时候有一个不成文的规定,大儿子绝对不能出继,即"长子不出嗣",长子要担负本家的掌家重任,但是剩下的儿子哪一个都可以出继,不会考虑长幼顺序,一般是过继的家庭相中哪一个就过继哪一个,过继家庭大多数情况会选择年纪小一点的,懂事的孩子不容易过继,有一些过继到别家之后自己又跑回到原先的家庭。过继双方的家庭因为都是族间的人,因此对彼此的家庭情况都比较了解,这种情况只要找来族间长辈,双方家庭坐到一块一起说一说,办完手续,所有事情结束之后再一起喝点酒那就算过继成功了,族间的长辈在过继的时候其实是起到一个中人、见证人的作用。

3.家长支配出继过程

过继是由双方的家长决定的,要是在出继者懂事的情况下过继,出继家庭会询问出继者本人的意见,出继者不同意的话也没法过继,日后还会自己跑回来;若是出继者还不懂事,那就直接由家长说了算。过继时需要跟族间的长辈请示一下,得让族间的长辈了解一下情况,然后由这位长辈将两家聚到一块商议,族间长辈对于过继的事情一般都是同意的,一方面长辈知道双方家庭的具体情况,明白他们过继是由于迫不得已,另一方面即使孩子过继之后,仍然是同族的人,族间长辈也得让入继家庭后继有人,替他们延续香火,因此过继不会私底下偷偷进行,都是公开进行。

过继的时候需要"立玄",1949年以前肖家庄有一户有五个儿子,小儿子出生之后过继给别人了,过继的时候写了一个手续,内容就是说明了把小儿子过继过去之后的待遇情况,比如小儿子到了成家立业的时候全部由入继家庭负责,入继家庭拿出单独的一套房子给过继过来的儿子,日后入继的家庭要是再生儿子,分家的时候要保证过继的儿子分得的土地比自己的儿子多分一份,即家里有十亩地,别的儿子分到一亩,这个过继的儿子就分到二亩,最后的署名是过继双方的家长,这个手续分别是过继者本人有一份,入继家庭有一份,出继家庭有一份。这一次入继就是完全过继,即使入继家庭日后又有了自己的儿子,但是仍然有责任让继子成家立业,这是契约中明确提出的。出继时,入继家庭多多少少会给出继家庭一点东西,农村多数就是给点粮食,出继家庭孩子比较多,本身抚养孩子的压力比较大,把小儿子过继出去也相当于把儿子送出去。

4.外界对过继的认可:修改族谱

过继之后,在续修族谱的时候得进行重新修改,对于入继家庭,需要在相应的地方续上过继儿子的姓名,并且在后边备注"该子过继于谁",对于出继家庭,仍然需要在出继的儿子后边注明"该子过继给谁",表明这个孩子已经过继出去。除此之外,户籍上也要做出相应的变更,过继者本人要载入入继家庭的户口簿,证明过继者以后就是入继家庭的一分子,族间或者村庄需要征收劳力的时候,过继的孩子充当的是入继家庭的一员。过继是很普遍的一种现象,即使是过继的儿子,无论是在入继家庭还是族间,抑或是本村,都没有遭遇差别对待的情况,也不会被人瞧不起。

(二)抱养

抱养孩子的家庭多数是因为家里没有男孩,家里边有儿子的家庭不会出去抱养,或者是因为儿媳妇无法生育,家里没有延续香火、养老送终的后代。抱养的情况跟过继不一样,抱养一般是从外边抱养,且抱养的都是没有血缘关系的孩子,要是从本村抱养孩子那就是过继,过继来的孩子是要上本家家谱的,而从外边抱养的孩子没有权利上家谱,但是有权利继承本家的家产,只不过相当于这一家的血缘就此断了。王家续谱有一个规定,养子和招婿不能上族谱。若是抱养不到儿子,也有抱养女儿的情况,抱养的女儿若是能给养父母养老送终,那养女便可以继承养父母这边的家产,若是抱养的女儿长大后出嫁,那就跟亲生闺女一样无权继承家产。抱养过来的孩子同样会给娶媳妇、找婆家。

把孩子抱养给别人的家庭就是因为家庭条件不好,家里孩子多,抚养不过来,双方家庭之前可能就认识,两家长辈坐在一起商量一下,"你多了、我没有",抱养的家庭给对方一点粮食,就把孩子抱到自己家了;更多的情况是不认识的人直接把孩子放到别人家门口,孩子只用一个包袱包着,里边塞着孩子的生辰八字。独子家庭不会把孩子抱养给别人。抱养的孩子年龄不一定,不过绝大多数是刚刚满月的孩子。若是抱养的时候双方家庭是认识的,这种情况就不需要写字据,也不需要中人介绍。抱养都是由家长决定的,抱养的孩子都很小,因此不需要征求孩子的意见,抱养的时候也不需要请示族间的长辈,家里边绝不会选择把长子抱养出去,因为长子需要继承本家的家业。

大户人家一般没有抱养的情况,这种家庭人口繁盛,孩子也多,不需要出去抱养,外人把孩子放在别人家门口的情况,也是选择小户人家,提前打探到这一家孩子少或者没有孩子,日后孩子若是跟着这一家也会受到一些重视,要是放到大户人家门口,他们本身自己的孩子也多,可能不会顾及抱养的孩子,抱养过来的孩子因为没有血缘关系,所以名字不会上家谱,但是同样具有继承家产的资格,平时在家里边或者村里边都没有低人一等的说法,他们被抱养过来之后户口早已经变更,已经落户到本家,养子日后的生活、结婚、盖房子都是由本家来承担。

五、家户赡养

(一)家户承担赡养事务

赡养老人是家户内部的事务,一般情况下家户外边的人没权干涉,但是要是某个家庭遇到自家的孩子都不愿意赡养老人的情况,其兄弟之间或者族间的人就会出面解决。肖家庄有一户人家,跟王家不是同一支的,这个家庭人口非常单薄,只剩下父亲和一个儿子,儿子因为身体原因不能自理，父亲年事已高，两个人谁也照顾不了谁，族间的长辈将他们本支的人聚到一起商量该怎么办，最后商定的结果是同支的人轮流照顾，一家一天，每天过去给他们做做饭、打扫一下家里，该添置衣服的时候给他们做一身。这家的父亲去世的时候是七十多，父亲去世没几天，儿子也去世了，村民之间就有这样一种说法，"这父亲没了之后，不放心自己的儿子单独在世上，就把他也带走了，父子俩去那边过日子了"，两人的丧葬事宜也是族间的人一起解决的。

大多数家庭的老人还是由自己的孩子赡养，所有的赡养事务都在家庭内部解决，承担赡养责任的家庭成员的顺序应该是儿子、侄子、女儿。对王家来说，王家四兄弟都具有赡养父母的责任，嫁出去的两个姐姐就不需要承担赡养责任，女儿未出嫁的时候本身没有任何收入，而且家里要是有兄弟，也不需要未出嫁的女儿赡养父母。若是家庭成员不承担赡养老人的责任，就没有权利继承老人去世之后的家产，外人对他们的评价也不好，"身体发肤受之父母"，父母辛辛苦苦把孩子拉扯大，孩子理应侍奉父母到老。对于不赡养父母的人，最严重的会被族间长辈踢出族谱。

（二）家庭成员共同赡养

王家家长王维机这一辈只有他自己一个儿子，两个姐姐到了结婚年龄之后都已出嫁，赡养父母的责任自然而然地就归王维机自己承担，尤其是父亲王承先年龄大了之后，老人的吃住穿衣方面都是由王维机和其妻子负责，包括端屎端尿、擦洗身体，妻子主要是负责做饭、每天定时去公公房里给他端屎端尿，擦洗身体的任务就交给王维机。老人的身体扛不住病，平时只要父亲有个头疼脑热发烧的情况，王维机就立马带着父亲去找大夫，保证方方面面都得照顾到。到了王维机儿子这一辈人就多了，他们一共是弟兄四个，父母年纪大了之后，四个兄弟可以共同赡养老人，压力也会小一点，但是家里的老大、老二、老三一年有大半时间都在外边干工，老二和老三基本上半年至一年才能回家一趟，虽然老大平时也会回家，但是一般也是一周一次，因此长期在家务农的小儿子王克杰就得多承担一些照顾父母的责任，老大王克熙要是回家的话也会帮忙分担一下。虽然不能贴身照顾父母，但是远在外边的儿子们都会定期寄钱回家，用于父母平时的食物消费、医疗消费等，也算是解决了王克杰在钱方面的顾虑，平时都是由王克杰给父母安排吃食、穿衣等，一切生活起居也是他负责，王家大姐那时候已经去世，二姐有时候会回娘家看望一下，有时候也会给娘家父母留下点钱。

赡养老人的时候，若是家里边没有儿子，但是有过继过来的儿子，那就由过继的儿子赡养，若是没有过继，女儿愿意赡养的话那就由女儿赡养，若是既没有儿女，又没有过继的孩子，那就只能靠近亲来赡养，比如老人的亲兄弟或者叔辈兄弟，再有就是族间的人一起照顾着，族间只要还有血脉，村里的负责人们一般不会承担赡养责任。

（三）赡养形式：养老地

肖家庄在 1949 年以前分家的家庭都流行分出一块养老地，养老地的大小要根据每个家庭的具体情况来定，家长决定好自己的养老地的大小、远近，一般都是选择离家近的、够自己用的就行，剩余的土地就由儿子们全部平分，家长拿到养老地之后，自己要是能种就自己种，收获的粮食都是自己吃，要是老人因为年龄大了或者身体原因无法耕种，孩子们会轮流帮忙种着，但是收获的粮食仍然是全部交给老人。大户人家的养老地肯定预留的多，不过家庭条件好的一般也不在乎养老地和长孙地，而条件一般的就会格外重视养老地和长孙地，老人都会早早地预留出来，因为得保证自己的晚年生活有保障。但是有的家庭就没有养老地，因为家庭太贫困，家里只有二三亩土地，就全给孩子留下，孩子打来的粮食到时候得分给老人一些用来养老。王家在第十六世王纯碱在世的时候，家中有四十亩地，分家的时候他留下了四亩养老地，剩下的三十六亩由三个儿子均分，第十七世王承先在世的时候，家中只有两个女儿和王维机一个儿子，女儿嫁出去之后就不能分娘家的土地，因此王承先和王维机一直都没有分家，王承先年纪大了之后，家里的地由王维机种着，打来的粮食都是放在一起吃。王家的老人都是孩子一起赡养的，王维机年纪大了之后，王家就是老大王克熙来安排赡养事宜，等到王维机去世之后，还是由王克熙来安排丧葬事宜，赡养老人的事情是自家内部的事情，不需要跟村里请示。

（四）治病送终：有钱出钱、有力出力

王家老人生病之后都是孩子一起凑钱治病，王承先生病的时候是王维机在身边寸步不离地照顾，家中只有他一个儿子，妻子在一边协助，所有的花销都由他支出，王承先在世的时候，罗村镇以及周围的镇都没有医院，还得跑到寨里镇去看中医，后来罗村镇也来了一个老中医，这些都是王维机自己做主安排的。到了赡养王维机夫妇的时候，王克熙、王克照和王克英在外打工、当兵多少能挣一些，父母生病的时候基本上就是他们三个出钱，老四王克杰代替他们在家照顾老人，因而没有时间出去工作挣钱，三个哥哥也不用他出钱，他们家就是"有钱出钱、有力出力"，彼此都多担待一些。王维机夫妇没有大病，偶尔会头疼、发烧，生病的时候或者年纪大了，家长都没法做主，老大王克熙作为家中长子就得担起责任，安排谁去中药铺给父母拿药，老人的赡养该怎么安排，王克熙都得做出决定，平时的日常照顾就是儿子、儿媳妇一起，王家大儿媳妇一直在家，她一直负责给公公婆婆做饭、洗衣服，其他的事情则由王克杰负责。1949年以前的医疗水平非常有限，肖家庄方圆四十里之内都没有医院，只有镇上有一个老中医，1937年的时候淄博矿务局鲁大公司下边有一个医院，别的地方就没有了，即使有医院，普通家庭要是有人生大病了也没钱治疗，只能在家耗着。

老人去世之后的丧葬费由儿子们均摊，老人的丧葬事宜也是由兄弟们一起商量决定，出嫁的女儿在老人生病的时候回来看看，在老人去世之后回来哭殡，但是她们不需要承担丧葬费。对于家长去世后的丧葬安排，族间的长辈都是找本家的长子谈，长子忙前忙后找人来做，其他兄弟们就负责招待客人、守灵，直到把老人下葬。

（五）外界认可：孝不能等

村庄本来面积就不大，谁孝顺、谁不孝顺相互之间都有个数，家里长辈从小就教育自己的孩子"百善孝为先"，老人在世的时候要赡养老人，去世之后还得给老人下葬、祭拜，农村人都说什么样的父母就能教出什么样的儿子，王家在村里的名声还是不错的，王维机独自赡养父母到老，儿子们又共同侍奉他到老，家庭很团结。如果有的儿子不愿意承担赡养责任，村里边的人也会瞧不起他，其他兄弟倒是也不会多说话，因为如果站出来说话，那说话的人就得多掏钱，农村老百姓的思想就是这样，自家的人都没有站出来说话的，那外人更不会出头说话，就是在背后指指点点。不过1949年以前这种情况很少，家里兄弟们都比较团结，而且老大还得照顾着小兄弟，团结起兄弟一起侍奉老人，老话说得好，"孝不能等"。

六、家户内部交往

(一)父子关系

王维机认为自己对孩子的责任是要教育好孩子，孩子到了读书的年纪，就送孩子去读书，孩子读书的时候还总是担心孩子会出问题，等到孩子真正长大成人之后再给儿子娶媳妇。对于农村人来说，孩子懂事之后，父母就得教孩子干农活，家里有手艺的还得传给孩子手艺，老人去世之后，家业都是归儿子的。王维机经常教育儿子们，"不能无恶不作"，"要好好闯任务"，他不会经常打骂孩子，但是经常会调教儿子干活，都说"农村的孩子早当家"，小孩子早早地就得跟着长辈下地干活，即使干不了重活，轻活也得干。1949年以前很少有父亲什么也不为孩子做的，即使家徒四壁，也得给儿子找个媳妇，给姑娘找个婆家出嫁，被逐出家门的情况很少，要是孩子做出违反人伦的事情，男女双方的家人就都不要他们了。在过去思想的影响下，没有儿子教育老子的情况，即使父亲有什么做得不对或者说得不对的地方，也轮不到孩子教育父亲。

要想成为一个好父亲，最起码得做到给儿子娶上媳妇，让他们居有定所，给女儿找上个婆家，而不是在家里当"老姑娘"，一般的家庭女儿出嫁的时候陪送的东西少一点，家庭情况好一点的陪送的东西多一点，这样闺女在婆家也不至于受欺负，儿子则必须得给他准备一间房屋。而要想做一个父母和别人口中的"好儿子"，首先得孝顺，自古以来家庭里边就是"以顺为孝"，孩子得听父母的话，不要总是反驳自己的父母，父母让做的事情都能尽心完成，不走歪门邪道，该成家的时候成家，该立业的时候立业，父母不用总是为自己操心，到了年龄之后主动地承担起该尽的责任和义务，这就是好孩子。

王家四个兄弟跟父亲的关系都比较融洽，整个家庭氛围都是比较好的。父子之间一般不会开玩笑，王家也不例外，晚辈在长辈面前必须得老老实实的，儿子们平时跟王维机喝点酒、说说话那都是常事，女儿就得安分守己，老老实实跟着母亲做女红。王维机平时对于四个兄弟来说具有一定的威严，他作为一家之长要是没有威严是不行的，要不孩子都不听话，整个家庭也都乱套了，所以老人都说"嘴不能碎了"，人不能整天嘟嘟囔囔。虽然王维机不会每时每刻教训孩子，孩子也应该明白什么话该说，什么话不该说，孩子们平时要是遇上不顺心的事情也会跟父母商量，有些事情跟王维机商量，有些事情就需要跟李月英商量，谁能理解这件事就跟谁说，家里边的大事一般是找王维机，家庭内部的事情就是跟李月英说。

王维机跟孩子们之间没有发生过冲突，即使发生点小口角，互相"扯吧"几句话就算过去了，有时候王维机说的话孩子不愿意听，不懂事的孩子就跟他顶几句嘴，说说也就算过去了，懂事的孩子直接不跟王维机呛，马上就走了，大家都是一家人，没有天大的仇恨，小吵小闹都是正常的。即使放眼整个肖家庄，也没发生过较大的矛盾纠纷，肖家庄人有一个优点就是不欺生，外人迁到本村之后，街坊邻居都会去看望一次。

(二)婆媳关系

在婆媳关系方面，儿媳妇是从外边来的，所以婆婆说话的时候都得有个分寸，该说的可以说，不该说的就不能说，这样婆媳之间的关系才能好。王家的婆媳关系都非常融洽，婆媳平时一起做家务，儿媳妇从坐月子开始一直到孩子满月的时候都是由李月英照顾着，否则儿媳妇身体落下病根，以后再生育就有困难。一般来说，儿媳妇嫁到婆婆家之后，婆婆会指导儿媳妇如何做家务,如何管理小孩,夏天天热、冬天天冷的时候该怎么照顾孩子,婆婆都会考虑到,然后也得指导儿媳妇明白这些,尤其是儿媳妇刚嫁过来的时候,婆婆也得经常过去问问,比如适不适应婆家的生活习惯,身体有没有什么问题。

1949年以前,婆婆打骂儿媳妇的情况很少,肖家庄隔壁村有一家的儿媳妇是童养媳,本身那个婆婆脾气性格就不好,经常指使儿媳妇干这干那的,儿媳妇动作稍微慢了一点,婆婆就开始打骂,但是多数情况下婆媳关系都是比较融洽的,婆婆也知道儿媳妇是给她照顾儿子、孙子的,所以得善待。要是儿媳妇没有做出格的事情,婆婆也不会把儿媳妇赶出家门,平时婆婆说的话儿媳妇都得听,儿媳妇在婆婆面前远不如在娘家母亲面前,在婆婆这边毕竟是外人,因此说话做事免不了会受约束,即使婆婆有时候说话难听点,儿媳妇听听也就过去了,也不会出声顶撞婆婆,顶撞婆婆在过去也是不被允许的。

一个好婆婆的标准就是无论在家庭内部事务的管理上,还是在家里小孩的管理上,在儿媳妇面前都能起到一个表率作用,并且在儿媳妇的孕期内经常关心儿媳妇,包括吃饭穿衣等生活的各个方面,考虑得都非常周到,这就是好婆婆。一个好儿媳妇的标准就是百依百顺,对丈夫是这样,对公婆也是这样。大户人家的婆媳关系和小户人家也有所不同,大户人家有大户人家的管理方法,小户人家有小户人家的方法,各家有各家的具体情况。王家的儿媳妇对婆婆都非常好,不能用怕婆婆来形容她们的关系,应该说儿媳妇对婆婆比较尊敬,平时她们也没有发生什么口角,就平平淡淡地过来了。

(三)夫妻关系

儿子、儿媳妇结婚之后,父母基本上就放手不管了,所以夫妻之间最后处成什么样,全凭夫妻之间的相互磨合,妻子生病,丈夫就得照顾。王家的儿子们没有打骂妻子的,一家人都是老实巴交①的性格,夫妻双方平时的相处都是相敬如宾,生活过得也算安稳,但是王克熙他们说的话,妻子必须得听,过去家里边都是丈夫说了算,妻子一般都不敢说话,即使丈夫做错事或者说错话,妻子也不敢说什么,但是有的家庭是夫妻双方一起商量决定,家里有什么事情都是双方一起解决。

好夫妻的标准就是不经常打架、不经常吵架,家庭和睦,要是整天吵来吵去,两口子最终也过不到一块去。妻子要是有什么大事情,比如自己理解不了或者自己解决不了的,就会跟丈夫说一说,由丈夫出面解决,女人之间的事情不会跟丈夫说,儿媳妇一般都是找婆婆,即"女人家的事情男人不管",家长王维机也说,"你们女人家的这些事情我不管"。

(四)兄弟关系

对于大儿子王克熙来说,下边三个弟弟要是不会干活,就得由他负责教他们干,等到王克英和王克杰到了读书的年纪,王克熙也已经成人了,平时在家的时候,王克熙都会把他们叫到一起,教他们读书写字,等到兄弟四个都出去工作的时候,王克熙也会像王维机教育他一样,去教育弟弟们要认真做工作,不要想些乱七八糟的,更不要做违法的事情。王家四个儿子的关系一直以来都很好,没有互相打骂的情况,也没有出现内讧的时候,不像有的家庭,家里长辈去世之后,家里的兄长自作主张把弟弟卖掉。王家兄弟和睦相处,为的就是给王家光耀门楣,王家的祖宗们有一句老话,就是"好女不穿嫁时衣,好男不吃分时饭",意思是男人不

---

① 老实巴交:形容一个人的性格忠厚老实。

要只等着分家时候分到的那一点东西,平时就得好好干,女人也不能一直指望着出嫁的时候娘家陪送的嫁妆,或者跟婆婆家要的彩礼,她们也要勤勤劳劳地好好地干,一家人努力闯出个样子来,这样挣来的钱也拿得稳。王克熙和王克照很早就出去工作了,但是只要他们平时有时间都会赶回来看望自己的兄弟,要是碰到比较"稀罕"的物件,都会买来拿给家里的弟弟们,也是督促着弟弟们好好读书、好好干活,王克熙从来都没有打骂过弟弟们,说话都和和气气的。

王家在分家之前,就王家四兄弟对于整个家庭的付出来说,小儿子王克杰算是功劳最大的一个,老大王克熙在外边煤矿上工作的时间要多于在家的时间,老二王克照虽然起初也在煤矿上干,但是1944年的时候就当兵入伍了,老三王克英在工厂干,后来工厂搬到济南,他也跟随着过去,只有王克杰作为最小的弟弟一直留守在王家,王维机夫妻两个身体还算健壮的时候,王克杰也就是给他们打打下手,等到两人年纪大了,王克杰不仅要照顾年迈的他们,还得管理整个家庭,包括地里的农活,还有家里所有人的吃穿用等方面的消费,尽管如此,王克杰没有丝毫的怨言,但是王克熙作为哥哥,心里多多少少会感到抱歉,因此每到发工资的日子,都会拿出一部分寄回家贴补家用,或者给王克杰买点吃食。

(五)妯娌关系

王家算是一个大家族,虽然王维机那一辈只有他一个儿子和两个姐姐,大姐很早就去世了,也不存在妯娌关系。但是到了王维机孩子们这一辈的时候,一共是兄弟四个,因此就是妯娌四个,王克熙的媳妇是最早进门的,每到弟媳妇进门的时候,她都会先把整个家庭情况跟她说一下,王家多数都是大儿媳妇负责告知弟媳妇们这些事情。女人最关心的就是家庭内部事务,包括平时要怎么做饭、做什么饭,王维机的三儿媳妇刚过门的时候不怎么会做饭,所以在她嫁过来之后,李月英要是有时间,就会手把手地教她,李月英要是没时间的话,就由嫂子们教她做饭。除此之外,每个村都有自己的风俗习惯,弟媳妇刚来的时候,嫂子们也都得把肖家庄的风俗习惯一五一十地告诉她,这样就不用担心平时犯什么忌讳。王家四个妯娌之间的关系都比较融洽,平时不怎么吵架,干活的时候也都是一起干,后来二儿媳妇跟着老二进了部队,当随军家属,三儿媳妇和老三一起在济南鲁新商场工作,只有大儿媳妇跟李月英在家里。女人不忙家务的时候,有点什么小事情她们也会坐在一起聊一聊,妯娌关系相处好了,这个家庭的相处氛围就能成功一半,妯娌关系无论在什么时候都是最不好说的关系。

(六)姐弟关系

王维机有两个女儿,大女儿是王凤美,二女儿是王凤英,儿子们跟女儿们之间的关系都非常不错,大女儿是嫁到了大弯桥,离肖家庄不远,即使出嫁之后,也时常回家看望王维机夫妻和四个弟弟,后来她们一家搬到了浙江杭州,平时也会写信联系。二女儿的脾气不好,还未出嫁的时候,只要弟弟们不好好干活,或者有什么地方做得不好,她立马就会批评他们,脾气比较火暴,但是结婚之后她的脾气收敛了不少。二女儿的女红做得非常好,过去的农村人都是穿长衫,比如,结婚的时候女方这边需要有两个"送客",送客也需要穿新衣服,二女儿也给本村的姐妹当过送客,新衣服都是她自己准备,若是姐妹们是第二天结婚,她前一天晚上就能完完整整地做好一件长衫,手工非常精细,就是王维机的妻子李月英都要夸赞她。二女儿命薄,二十七岁就生病去世了。

七、家户外部交往

老百姓都说"远亲不如近邻",同在一个村庄,最绕不开的就是邻里关系,邻里之间的关系处好了,但凡本家有个事情需要帮忙,邻居也能过来。邻里之间必须得互相尊让,若是彼此之间是"你刚我强"的相处模式,那邻里之间很难走到一块去。王家跟邻居家的关系都很不错,一直以来肖家庄绝大多数的家庭都是王姓,不只是邻里之间,同村范围内都是有血缘关系的人,因此相处起来要更加融洽一点,邻居家有小孩,王家的人要是看到家里有点小孩子稀罕的物件,都会给他们送去,同样的,王家要是有什么困难,邻居听说之后都会主动前来帮忙。比如平时家里有点什么小活,自己干不过来,邻居就来帮一下,再往大了点说,王家儿子们结婚的时候要盖房子,老二和老三大部分时间都在外边,家里光靠老大和老四也不行,这个时候邻里百舍的壮劳力就会过来帮忙一起干,他们也不要工钱,但是王维机会请他们吃顿饭、喝点酒,雇的匠人不仅要请吃饭,还要付工钱。王家有白事的时候,邻居家知道之后也来家里问长问短的,过来安慰一下王家的人,要是五服以内的族人得一起哭丧。这就是1949年以前的邻里关系,很单纯。

亲戚之间也有它的相处之道,农村人遇到大事的时候一般都会先找亲戚帮忙,但是遇到一般的小事或者急事还是会先找邻居,有时候事情都已经过去好久,亲戚竟然还不知道,这种现象经常发生,所以老话才说"远亲不如近邻,近邻不如对门"。在王家跟邻居之间的日常交往中,主要是王维机跟他们来往得多,李月英基本上很少出门,平时生活中或者农业生产中需要借个什么东西,一般是王维机出面找邻居家的长辈借,小孩子平时就是跟邻居家的同龄人一起玩耍,长大之后,虽然不再整天出去瞎跑,但是到了农忙的时候还会约着一起去地里干活,忙不过来的时候互相帮着种地。

第四章　家户文化制度

王氏族人差不多每隔一世都会有人才问世,包括举人、进士、增生等,"文化人"比较多,王维机上过十年私塾,儿子们也都去上过学,上学时间最短的是小学毕业,上学时间最长的是大学毕业,王家不允许女儿们上学,女儿只能在家帮着母亲做家务、学针线、学纺线。而另一方面,王家平和、和睦的家庭氛围使得孩子们的性格都比较沉稳,他们基本上不会与他人发生矛盾,但是也不允许外人欺负家里人,大家都是"有难同当、有福同享",王家人在做任何事情的时候都是将家庭利益摆在最前边。王家这一支的人每年有两次集体祭拜祖先的活动,一次是清明节前"寒食"这一天,另一次是农历的十月初一。他们不信宗教,但是家里供奉着财神爷、灶王爷、山神爷爷、黑石炭爷爷等家神,为王家求平安、保生活、促生产。王家人平时串门聊天的时候都是去亲戚家里,出门前需要跟王维机说一声,其余时间基本上就是家里的婆媳之间、妯娌之间聊聊天,娱乐活动比较单一。

一、家户教育

(一)家户教育:男孩可以念书

王维机的四个儿子都去念过书。王克熙前前后后加起来念了九年。王克照从八岁开始上学,在邹家庄念了四年小学,之后就是在部队上进修。王克英就是在本村念的,也是念到小学四年级,后来又上济南的国民三厂进修了三年,出来就相当于技术员。王克杰在1944年的时候只念到一年级,中途因为打仗就休学在家待着,1949年以后,从1950年又开始在邹家念二年级,只上了一个月就成了三年级,一直到四年级,最后"完小毕业"的时候应该是两年毕业,但是王克杰一年半的时候就毕业了,这一年正好赶上改革,原先的寒假毕业改成暑假毕业,所以提前了半年,前前后后加起来念了四年半,这段时间是在罗村的淄川县第十五小学上学。

王维机的母亲没有念过书,父亲王承先虽然上过学,但是文化水平也比较低,他上过私塾,父亲那一辈是弟兄三个,大爷读书很多,三大爷读书也很多,只有王维机的父亲读书很少,因为父亲被爷爷王作元留在家帮忙种地、干活儿,家里儿子多的时候,关于读书和种地的多少都有说法,即"大掌柜、二觅汉,三掌柜不动弹,四掌柜想好事,五掌柜发脾汗",意思就是老大学成归来之后是在家当掌柜,管着家里的一切,老二在家干农业,老三出去读书,老四比较懒,整天光知道想好事,老五就是光生病,平时也不想干活儿,一般都是夏天发病。王维机的大女儿没有念书,二女儿上了几天就没再上学,本身王维机就是不想让姑娘出去念书,家里边的儿子比较多,他就让两个女儿在家照顾小孩。

家里边儿子多的时候,要是家庭可以负担,就可以都去念书,要是家庭条件不好,那就只能有人辍学,能继续念书的一般就是聪明伶俐、爱读书的孩子,女儿不管家庭怎么样都不能念书，即使大户人家的女儿也不能去念书，大多数人的思想观念就是姑娘念再多书都没用，最后还是别人家的人。在1949年以前的农村，读书好的人对于家庭来说是一件光宗耀祖的好事，不仅不能藏着掖着，就怕别人不知道，而且不光是家里人开心，全族人都感到骄傲，必须庆祝一番。王维机送儿子们去读书，一方面就是希望能光耀门楣，另一方面是让他们学点东西，不至于连自己的名字都不会写。

（二）私塾教育

王维机的大儿子上过私塾，儿子们到了该念书的时候都要去念，王克熙大约读了四年私塾，当时是跟着东刘庄一个叫王世东的老师读书。王克熙开始读书的时候已经八岁了，这个时候还没有学校，只有私塾，私塾学的是文言文，全是"之乎者也"，学了一段时间之后，又去学习了白话文，这个是在学校念的，断断续续地学习了一两年，这个时期就没有私塾时期的"之乎者也"，毕业后参加工作期间又到中央燃料部的煤炭学院念了三年大学。王家的孩子上学的时候，已经是王维机当家，王承先已经去世，而别的家里若是爷爷当家，孩子上私塾就得经过爷爷的同意，即使父母也得听爷爷的意见。

王克熙上私塾的学费是一年给老师四十斤小米，这些学费由王维机提供，但是分家之前这些费用都算在公共费用里边，除了学费就是笔墨纸砚，这些东西花不了多少钱。除了交学费之外，隔段时间家长还得请老师吃顿饭，目的就是让老师教育自己的孩子好好学习，在私塾的时候一天得学习十几个小时，每天都在背书，要是背不出来的时候就得被老师打手板。有一个小孩念书的时候，他的家长请他老师回家吃饭，他有一次上课的时候没背过课文，老师打了他一下，那小孩就说，"我爹都让你去我家吃饭喝酒，你还打我"，老师就说，"你爹让我回家吃饭喝酒就是让我好好管你，你要是不听话我就得惩罚你"。

王克熙去东刘念私塾的时候，开始的几次是李月英送他去的，以后就是跟村里其他小朋友一起去，家里都很忙，长辈都没有时间去送他。一个老师最多教二十个学生，1949年以前读书的孩子也很少，一般家庭的孩子懂事之后就去地里干活了，大户人家的孩子读书的时候都是把老师直接请到家里边，老师只教自己家的孩子，一般都是当家人去请人，不过即使有专门的先生教书，家里的姑娘也不能念书，只有儿子能念。过年的时候，孩子在自己拜完年之后，若是自己的老师就住在附近，孩子们就组织起来一起去给老师拜年，过年的时候王克熙跟他的同学都会去给他们的私塾老师拜年，小孩子前去拜年的时候不用带礼，就是过去打个招呼。

（三）学校教育

王家除了大儿子念的是私塾外，其他三个儿子都是在学校上的学，肖家庄就有学校，隔壁的邹家庄也有学校，还有罗村的淄川县有个第十五小学。男孩子都可以去学校读书，只要到了上学的年纪家长就都把他们送去，女孩子就不能上学，只能在家帮着母亲照顾弟弟或者做家务事。小儿子在1949年前念的那一年，虽然是在学校上的，但是老师还是会让他学三字经，这个时期念书全靠背，老师也不会给那么小的孩子讲很多大道理，就算讲了孩子也不懂，而学习白话文的时候老师就开始讲解了。在学校上学也需要交学费，都是王维机从家里的小金库里支出，分家之前的钱财都是属于全家人共有的，不存在由某一个人提供或者全家承担的意思，而是全家人都有权利使用这部分钱，只不过王维机是管钱的人，所有支出都必须经过王维机的同意。一般的家庭里，家长若是想让孩子上学，但是孩子不想去，家长都是硬逼着去，若孩子实在不是上学的料，家长也不会太强求，就领着孩子下地干活儿。

（四）家庭教育从小抓起

小孩子从出生起，接受的最早的教育就是家长的教育，王家的长辈教育孩子最多的就是做人方面的原则，比如平时要有礼貌，走在路上或者平时见了长辈要问好，嘴里不要净说一些乱七八糟的事情，不论儿子还是女儿，家长都会教给他们这些内容，其他方面的内容，男孩一般是父亲来教，女儿一般就是母亲来教。李月英教女儿的时候主要在针线活、做饭等方面，王家的两个女儿比较特别，二女儿虽然脾气火爆但是比较聪明，针线活比较拿手，基本上是李月英一教就会，不管是做衣服还是简单的缝缝补补，做得都比较精细，大女儿虽然性子比较沉稳，但是在做针线活方面确实比较粗糙，不过对做饭比较在行，两个女儿也算是互补。王维机在教育儿子的时候，完全就是另一种情况，男孩小的时候必须管得严一点，长大后才不至于做出出格的事情，但是王维机管教儿子是跟别的家庭不一样，动不动就打骂，而是从自己平时的行动来告诉儿子应该怎么做，比如王维机跟邻居相处从来不会"红脸"[1]，卖锅饼、卖豆腐的时候从来不给人家缺斤少两，邻居、朋友有什么事情都会主动过去帮忙，主要就是教育儿子应该有担当，不能不务正业，尤其是家里的长子或者未来的家长，要学会好好维持家庭的和睦关系，不能让外人看笑话，"传家别无法，非耕即读"，这是王家教育孩子的家规。

王家对于赌博还有四句话要说，"贝者是人不是人，只为今贝是祸根，有朝一日分贝了，到头成为贝戎人"，里边暗含着四个字，即"赌、贪、贫、贼"，说的是当时的一个员外，其儿子读书不少，就是不务正业，员外苦口婆心的规劝儿子，儿子还是不听，最后在儿子的书桌上刻上这四句话，员外给儿子解释，"若是你赌博，时间长了就会变得更加贪婪，久而久之，再富的家庭也会变得一贫如洗，到最后就只能去偷，如此反复，再正常的人也变得不像个人"，儿子最后虽然没有跟随父亲的脚步在仕途上有所发展，但是转战商场并且做出了一份大事业，王家从来没有过赌博的先例，但经常拿过去的一些典故来激励、教育孩子。

（五）家户教育促进人格形成

父母亲或者其他家人的思维方式和性格对孩子的影响非常大，父母的行为直接影响着孩子日后的想法，要是父母平时不管是做事还是做人都和和气气的，教育出来的孩子也会是个讲礼貌的人，整个家庭的相处模式和氛围都能影响到孩子。王维机和李月英两个人都是比较沉稳的人，孩子们基本上就没有见过他们吵架、红过脸，王维机作为一家之长，无论是大事还是小事他都能计划的很好，从不让家里人担心，李月英作为一个传统的女人，也不像一般的妇女整天聒噪不止，她除了跟女儿、儿媳妇做饭、做衣服、洗衣服等，平时的时候就在家做做鞋垫、缝缝补补，要不就照看孩子，王维机也省下不少心思。王维机的孩子们长期生活在这种安逸的环境中，久而久之，也养成了平稳的性格，他们不像同龄人那样毛毛躁躁，而是做事稳练，平时相处得也特别融洽，谁有困难都会互相帮扶一下，女儿们结婚之后还时常回娘家看望弟弟们，弟弟和弟媳妇还会做好饭，好好地招待姐姐，所以老人才说"跟着什么样的人就会成为什么样的人"，家教好的孩子就比其他孩子看着大气。对于当地的风俗习惯，父母不到一定的时候不会特别教育，说太多孩子反而听不懂，但是孩子平时看着父母举行或者参加的仪式活动也能多多少少明白一些，等到孩子懂事后，父母就会一点点的跟他们讲。

---

[1] 红脸：意为生气、吵架。

（六）家户教授劳动技能

女孩小的时候就开始跟着母亲学些针线活,李月英教过女儿们纺线,但是没有教过她们织布。在1949年以前的时候,肖家庄的女人们都是自己纺线,无论白天还是晚上,只要有时间就去纺线,但是不能织布,所以只能攒到一定的数量,然后请专门织布的匠人来家里帮忙织。有的家庭因为条件不好就没有教女儿这些东西,但是女儿要是能嫁到一个好婆家,自己学东西也比较快,婆婆也会教她,要是过去婆家也学不好,婆婆也不会给她好脸色,这样婆媳关系就弄得很僵,姑娘在婆家的日子也不会太好过。在老一辈人的眼中,女人不会手工活或者家务活,找婆家都很难,男方找媳妇的第一个条件就是会做家务、会针线活。王维机的二女儿嫁到婆家之后,婆婆非常喜欢她,不光是因为她的针线活做得漂亮,关键是她比较聪明,婆婆教什么都能立马学会,所以婆婆也很放心把一些事情交给她做,两个人相处得也比较好,"不是母女,但是胜似母女"。

男孩到了十几岁就开始跟着家里的长辈去地里干活儿,干农活的时候长辈会随时说一说,时间长了儿子就懂得如何耕种,长辈们的农耕知识也是一代一代流传下来的,都是先人总结的经验。作为家里的男孩子,农业劳动生产是必须要学习的一项技能,都说土地是农民的命根子,如果不会搞农业生产,祖祖辈辈留下来的土地就会荒芜,学会种地也算是谋生的一种手段。王维机在种地方面比较有经验,他从小跟着父亲,两个人每天一大早就去地里干活,到了锄地的时候去锄地,到了剜苗的时候去剜苗。刚开始的时候,王维机认不出谷子和杂草,所以很多时候都把谷子剜出来,但是把草留下了;玉米长到膝盖的位置时需要去锄草,这么高的玉米还比较脆弱,一个不小心就会锄掉,王维机也干过不少这种事情,但是时间长了就有经验了。等到王维机结婚生子之后,他又把这些内容教给了自己的儿子。

二、家户意识

（一）自家人意识

自家人不光是自己这一个家庭中的人,不在一起生活但是非常知心的亲戚也是"自家人"。过去西安流行打墙盖屋,把土和好之后架上板子就开始打墙,有一家的父亲和儿子正在打墙盖屋,墙已经三四米高,同村一个五岁的小孩在附近玩,然后把他砸死了,父亲当场就跟儿子说,"你谁也别告诉,只能咱们爷俩知道",然后这个父亲就直接把这个小孩填到土里,一起打到墙里,孩子的家人找了很多年都没找到,直到之后的某一年,打墙这一家的父亲和母亲吵架,母亲说父亲,"你一点人常①都没有,还把人家的孩子打到土里去",正好被路过的人听到了,那一家的家人把这一家告了,把墙拆了之后,只剩下孩子的骨头在里边。这一家的儿子并没有告诉别人,但是这个男人告诉了他老伴,最后是他老伴无意中说出来的,所以从此以后在西安这个地方,"女人就是外人"。

而在王家,只要是一个族间的,都算是自家人,邻居若不是同一个族间的人,就只是一个外人。对于出嫁的姨姨,都流行这样的说法,"嫁出去的女儿,泼出去的水",她们出嫁后就不能算是自家人了,就是别人家的人了。过去在农村,若是孩子的父母去世,姑姑可以把他抚养成人,姨就不能把他抚养起来,因为姑姑和侄子有血缘关系,要是舅舅在世,舅舅可以抚养,

---

① 本地方言,意为人情。

要是舅舅不在,舅妈就不能抚养,除了看血缘关系,还是要看平时两家的关系亲疏,关系特别近的那都是自家人,关系稍微有点远的就是外人,就像姑表兄弟之间走动起来要比姨表兄弟之间的走动实在得多。一些没有血缘关系的,比如过继来的孩子或者是上门女婿、收养的孩子,他们都是在一起生活,也都算是自家人。男人娶回来的小老婆,要是心术正的话,大家都会把她当自家人,但是有些小老婆还有很多歪心思,这种即使住在同一个屋檐下大家也不愿意把她当自家人。

自家人都是实实在在的关系,有什么事情可以互相帮忙、互相倾诉,说话都能说到一块去,但是对外人就不能掏心掏肺,有些人跟自己有血缘关系,但是做事情跟自己差别很大,相处起来不是那么容易,自动地就会把他划到"外人"里边,甚至这些所谓的"亲人"有时候还不如邻居,碰上好的邻居,家里有事时会过来搭把手,邻居有困难了,自己也过去帮帮忙。对于自家人和外人的相处,总是有个先后顺序。

(二)家户一体意识

不管分家之前还是分家之后,王家兄弟四个中有一个在生产生活上有困难,其他兄弟都会帮忙,儿媳妇们相处得也都很好,没有别人家的钩心斗角、争吵不断。在自己家受了委屈怎么都好说,无论最终怎么吵都还是一家人,但要是家里有人被外人欺负了,要是自家人的错,那要领着自家兄弟跟人家道歉,要是别人的错,那就要上门讨个说法。家里要是某个兄弟的身体不好,分家的时候老人也会嘱咐一番,平时多过去帮帮忙,帮着种种地,给孩子做点饭,大家有钱的出钱,有力的出力。发家致富是王家每个人的奋斗目标,有目标才有动力,想要发家致富就需要全家人一起干,全家人都富才叫富,光一个人富那就不叫发家致富。过去的治安非常不好,要是某一个人自己发财,很容易就被土匪、小偷盯上,要是全家人都团结起来,谁也不敢来家里。家里边有人取得很大的成就,比如读书成才,家庭富裕的人拿出一部分资金救济贫困的家庭,这都是光耀门楣的事情。王维机的一个侄子小的时候在河边玩耍,腿部受伤,他们家生活比较困难,族里其他人就凑钱给他看大夫,日后他母亲去世之后,这个侄子还没有结婚,于是族间的人又共同凑钱给他找上媳妇,做这些事情不光自己脸上有光,外人也会连连称赞这个大家族或者某个家庭。家庭要是和睦了,平时做什么事情都顺畅,在外的人缘也会比较好,要是你这个家庭整天矛盾不断,外人见了之后都离你远远的,都不想跟你说话,所以人的德性必须得好。

(三)家户至上意识

没有家就没有个人,根据当时的经济条件以及生活条件,家庭的整体利益要比自己的个人利益重要得多,无论是对外交往还是生产、生活经营,都是以家户为单位进行,家庭总是走在个人之前,这个时期的人在发生某种事情时首先想到的都是自己的家庭,做什么事情之前都得考虑到自家的"面子",考虑所做的事会不会有损自家的"颜面"。王家人在做一件事情之前都得想到自己做完之后会不会给自己的家庭带来什么影响,人都非常要面子,要是某一个人做得不好,外人不光会说这一个人,还会说这个家庭,甚至要是有孩子做了错事,严重的会被逐出家谱,从此就不再是这个家庭的人了。但是一个家庭想要维持生活和生产,也得需要全家人一起努力才行。

王家的家庭成员们做事情都要事先经过家长的同意,家长一定程度上也代表了家庭的形象,王克杰小学毕业后想继续念书,但是因为上边三个哥哥都在外边工作,若是他再出去就没人照顾家里了,最终王克杰放弃了学业而继续留守在家中。条件好的家庭的孩子想念书就会继续念书,条件不好的家庭里的孩子看到自家的状况,自己就主动不念书了,而是跟着长辈出去干活儿。孩子们在外地工作,但是家里的长辈需要赡养,孩子就得先回家尽孝,在结婚、生子等问题上,家庭成员都得听从家长的安排,家长都是从家庭整体考虑的,所有人都得以大局为先。

(四)家户积德意识

家里边的长辈,尤其是老人,对于行善积德、造福子孙这些观念非常认可,他们在平时的生活中也会教育子女要做好事,哪怕是特别小的事情,比如路上捡到钱不能自己拿去花掉,要和大人一起找到失主;做生意的时候不能给人家缺斤少两,老百姓做的都是长久买卖,必须诚信交易。在农村,有些闲事可以管,有些闲事就不能管,要是在路上碰到吵架的是熟人,要先听听对方有没有理,对方不在理的就不能帮,要不自己还会"惹一身腥"。善有善报,一个人行好事和行坏事是不一样的,行好事的人无论什么时候内心都是坦然的,就好像没有事情,要是行坏事,这心里就一直吊着。

王家的长辈也会去庙宇里祈福,给自己的家人求平安,这都是各人的心愿。老人行好事的话,子孙就会兴旺,老人不行好事,子孙就会淡薄或者遇到一些不好的事情。当某一家的孩子夭折的时候,外人就会认为这一家的老人没有积德,现在祸害到孩子头上了。有一些大户人家在过节的时候会拿出一部分存粮施汤施饭,吃不上饭的人拿着碗排队去吃,他们就是想着能够造福后代。家里的儿媳妇们生孩子的时候坐车去泰安,从红门开始一直爬到泰山山顶,连续去三年,也是为了给孩子祈福。

三、家户习俗

(一)节庆习俗概况

1.春节

春节是从大年初一开始算,春节前家家都要为迎接新年做好准备,腊月二十四就开始大扫除,腊月二十之前就得开始置办年货,过去年货置办得比较少,王家也就置办几斤肉,然后买点菜。无论家里的大人、小孩,春节的时候都要穿新衣服,寓意新年新气象。腊月二十九的时候,家家户户开始贴春联,庆祝新的一年即将来临,王维机每到过年的时候都会领着儿子们在大门口贴春联。过春节都是以家庭为单位进行,大年三十的晚上全家人都要坐在一起吃年夜饭。1949年以前,虽然生活不是很富裕,但是王维机是个看重一家子团圆的人,三个在外打工的儿子每到过年的时候都必须赶回来吃年夜饭、过春节。这个时期家里就只有王克杰一个孩子,王维机的孙女还小、不懂事,虽然不算热闹,但是大人喜欢坐在一起唠唠家常,比如王克熙弟兄三个都会跟王维机说一说最近的工作情况,儿子们平时大多是报喜不报忧,也不想让王维机老两口在家操心,王维机也不多说,就让他们在外边照顾好自己。李月英平时跟大儿媳妇在一块的时间比较多,因此好不容易趁着过年的时候二儿媳妇和三儿媳妇都回家了,几个女人们就单独在一间屋子里说点女人之间的事情,过春节的时候大家基本上都会把手中的活放下,只是在一起嗑嗑瓜子、聊聊天。除夕这天晚上大家睡得都比较晚,孩子们睡得早,大人们基本上晚上十二点睡、早上三点多就起床了,包点饺子、放鞭炮,给孩子们做好饭,把新衣服摆放在床头。

等到第二天初一的时候就需要出去拜年,拜年的时候得按照辈分大小,家里的孩子起床之后先给自己家的长辈拜个年,然后再去给族间辈分大的老人拜年,王维机不会出去,一般都是老大王克熙领着弟弟妹妹们出去拜年,从辈分最大的开始,然后再是辈分稍微小点的,肖家庄差不多都是姓王的人,只不过是分成了三支,同支里边的长辈都得过去走一趟,而其他支只要去辈分最大的那里以及平时走动的多的家庭。村里负责人的辈分要比王家长辈小,同时又是族间的晚辈,拜年的时候还得上门给王家长辈拜年,而王克熙作为晚辈就得领着弟弟妹妹前去给他拜年。邻居之间都会互相拜拜年,低头不见抬头见,即使不是同一个族间的人,平时跟邻居的关系处得好,家里的长辈会让晚辈去给他们家的长辈拜个年。

农历都有大小月之分,大月有三十日,小月有二十九日,赶上大月的时候是腊月三十去祭祖,赶上小月的时候就是腊月二十九去祭祖,王家在没分家之前就是一大家子人都去祭祖。1949年以前,春节前也需要祭祖,这个时候不去祖坟地里,而是到了那一天直接在家门口"请至亲",摆上供品,祭拜完之后再把他们送出去,并且在门口放一根棍子,这叫"拦门棍",就是告诉他们不要再回来了,直到正月初五的时候再把这个木棍拿走。"请至亲"的时候家里男女老少都可以拜,摆供品用的桌子都是方桌。

春节的时候各家各户都要走亲戚,去的都是知心亲戚家。在王家,小孩子大年初二先走姥姥家,刚结婚的小夫妻大年初二走丈人家,等到初二早上,王克熙、王克照和王克英三兄弟各自带上点小礼物就领着媳妇去各自的丈人家里了,基本上都是当天去、当天回,春节期间一般都不会在别人家留宿,去吃过午饭,下午就得赶回家。儿子、儿媳妇走了之后,家里就剩下王维机和妻子,还有王克杰,但是他们这一天也不会闲着,因为两个女儿也得回娘家来,她们跟自己的丈夫也是响午十点多就来了,在这里吃一顿午饭,跟王维机夫妻两个说说话,接着就走了。其他的一些老亲戚都是在正月初五以后或者是初十以后才开始走,一般就是去喝喝酒、聊聊天,互相说一说上一年的情况,这些人大部分都是老人。走亲戚的时候王维机一般不去,但走老亲戚的时候都是他去。走亲戚都是互相的,人家来到王家,王家还要再"回走亲戚",都是有来有往的,有些亲戚一年才能见上一面,若不是因为春节这次机会,平时很少有机会沟通、交流,每年都走一走,联系也不至于中断,走亲戚的时候不管带的东西如何,走的都是一份情义,意义都不一样。

2.端午节

端午节是为了纪念屈原,汨罗江一带的人包上粽子之后都把粽子投到汨罗江里,是为了喂饱江里的鱼鳖虾蟹,然后不要吃屈原的尸体,而在肖家庄这边的说法是,"五月端午吃粽子,一百天不害脚冷"。到了端午节这一天,家家户户都要在门框上和窗户上插上艾草,小孩子要佩戴香荷包,还要在小孩子的耳后抹上雄黄,是为了防止出意外,这样蝎子之类的东西就不会爬到他们的耳朵里。艾草,一方面是从爱情方面来讲,另一方面若是艾草和桃枝在一块,那些不三不四的人就不会来了。这些东西都是初四的时候准备好,初五早上不见红日的时候就得插上。王维机初四下午会到附近的山上弄一些艾草回来,然后放到水里,李月英则在之前就把小孩子的香荷包做好,等到初五一大早,王维机起床将艾草插到各个门框、窗框上,李月英就把香荷包给孩子。

3.红白喜事

娶媳妇、嫁女儿的时候,每个地方都有自己的风俗,肖家庄没有哭嫁的习俗。老年人的葬礼是出三天的殡,第二天晚上一大帮子人都得去庄头上"送浆水",去那里给去世的人拜一拜,葬礼上都雇来"吹手",老年人去世的时候会哭灵,不管有没有别人前来吊唁都得哭,出殡的前一天都会有个"殡行",就当是送行,分大拜"二十四拜"、三跪九叩,一般的就是磕四个头、作三个揖,二十四拜比较麻烦,多数人都记不住,拜的时候根据与逝者的关系亲疏,关系近的人去世,拜的仪式会比较庄重,关系一般的就是最简单的"磕四个头、作三个揖"。王维机的爷爷王作元是当时的"乡饮",在当地也是个比较有威望的人,王维机记得爷爷去世时的仪式算是比较隆重的,葬礼是由王维机的父亲他们兄弟三个一起操办的,前来吊唁的人很多,本村的人几乎都来拜一拜,还有一些爷爷生前结交的朋友,甚至是镇政府还派了人来吊唁,有不少人行了大拜"二十四拜"。

在农村,十六岁以下的孩子死亡叫"少亡",埋葬的时候只能葬在墓地的边角上,不能进地里头,若是能给孩子找个姻亲,也就是"阴亲",等到孩子父亲寿终正寝的时候,就能把他埋在父亲的坟边,找"阴亲"也是想着让孩子在另一个世界也能成家、儿女双全。1949年以前,农村关于这个有很多说法,比较普遍的一个说法,若是孩子年纪轻轻就去世,家里也没给找"阴亲",这孩子在另一个世界的日子会过得不好,而且还得受罪。而给早逝的孩子"找个伴",在世的老人也能得到安慰,要不老人会一直寻思"我那孩子都还没成家就死了",找个"阴亲"老人就能放心了。王维机一家没有少年早亡的情况。

在红喜事方面,各地也有各地的说法。在王家,除了必要的规矩之外,对于喜事也没有过多的讲究,比如新媳妇结婚后的第二天就得干活儿,而且必须得最先起床,公公婆婆还不能起床,新媳妇起床后去公公婆婆的房间给他们请安,首先要拿着一个新笤帚去给他们的屋子扫扫地,扫完地之后他们也差不多起床了,然后就再跟他们问声好,接着就直接去厨房里做饭。王维机的儿媳妇们只需要跟他们夫妻两个请安问好,一大早去给他们收拾收拾屋子,其余的也没有过多的安排,儿媳妇之间不用请安,同辈之间也不需要,比如老二家媳妇不用去大嫂的屋子里请安,小姑子、小叔子那边也不需要请安。结婚后的第三天叫"归宁",新媳妇结婚之后,一直以来都是"三日回门",不过即使回娘家也不会在那里留下,当天就得回来,回来之后继续干活儿。

(二)家户习俗单元

过年过节的时候都是以家庭为单位,王家人都是住在一块过,逢年过节的时候,他们吃的要比平时多,也比平时好点,李月英领着三个儿媳妇一起进厨房做饭,男人们就坐在桌子前聊天,互相聊聊自己的近况,孩子们就在一边玩玩闹闹,等到饭点李月英喊一声,大家就都凑在一起开始吃饭,在王家,无论是大人还是小孩都一起上桌吃饭,场面非常热闹。王家出嫁的女儿不能回娘家过年,只能在婆家过,这都是一直以来的传统习俗,要是出嫁的女儿回娘家过年,外人就会认为婆婆家没有人了,要不就会让人以为女儿被婆家赶出来了,所以这些都是比较忌讳的事情,这一天出嫁的女儿即使在婆家闹出什么事情都得在婆家待着。要是关系近的亲戚在自己家过年是可以的,比如他遇到什么困难,没有地方可去,就可以把他留在家里。过年的时候是最团圆的时候,这一天所有的孩子都会回家吃团圆饭,要是平时过节,孩子们不一定会回来。这个时候,老小王克杰见到哥哥们都特别高兴,拉着他们问长问短。王克杰是帮王维机干活儿最多的人,上边三个哥哥也很心疼这个老小,所以回家的时候都会给他带点东西,四个兄弟相处得非常和谐。要是已经分家的家庭,但是一大家子人仍然住在同一个老宅子里边，每逢过年过节的时候仍然是在一起吃饭、喝酒，要是住得远了就不会在一起了，自己有属于自己的家庭，而要是哪个兄弟还没成家的时候，家里有老人就跟着老人一起过节，家里没老人的时候，其他兄弟也会叫他过去一起过节，反正不会留他一个人过年过节。

（三）节庆仪式及家长的支配地位

王家每逢过节需要的祭祖都是家长王维机来安排，比如到了每年腊月二十九或者腊月三十的时候，王维机就到大门外边，面朝王家的祖坟的方向，把祖宗们都请来家里边，院子里都已经准备好牌位、供品，这一次是烧四炷香，平时是烧三炷香，烧完之后，全家人再磕四个头，平时进庙宇拜的时候是磕三个头，因为家里边请回来的是鬼，而在庙宇里边的是神，神和鬼是不一样的，所以这些规则也不一样，像曲阜和泰山那边的庙宇里边，是朝廷封的，因此雕刻的龙都是五爪龙，而平时的庙宇里边都是四爪龙，级别不一样。

在过节需要祭拜的时候，王家都是王维机说了算，需要什么供品，他都会提前去集市上采购回来，然后跟李月英一起商量，什么时候开始做、什么时刻开始摆盘，这些东西每年都是一样的，也不用特意嘱咐，"请至亲"这种事情也都是王维机亲自来，其实就是家里边的当家人来办，以前是王维机的父亲，父亲去世之后，那自然而然地就落到王维机的身上了。刚开始的时候，小孩子对这些东西还比较好奇，有时候会凑上前去看一看，但是都会被王维机教育一番，时间长了，他们也不过去调皮捣蛋了。王克熙懂事之后，王维机做这些事情的时候都会让他在一边看着，不会强求其他儿子，但是小儿子王克杰每次也会跟来看看。李月英摆好供品之后，王维机去门外放鞭炮，等烧完香之后，把钱粮纸再烧掉，然后全家人在烧钱粮纸的地方磕头。拜祭完之后，这些贡品就接着吃了。

四、家户信仰

（一）家神信仰及祭祀

王家信奉的家神有财神，即赵公元帅，这是最主要的，其他的家神还有山神爷爷、黑石炭爷爷，因为当地煤炭比较多，所以比别的地方多了个供奉的黑石炭爷爷，拜黑石炭爷爷的时候就在家里搬一块煤炭，摆上供品，烧上香，就放在家里的炭窝边上就行。因为供奉了家神，过去家里洗好碗之后，碗口不能朝下放，必须朝上，然后用一块布罩上就行，否则家里要是有在煤矿上工作的人就容易被困在矿底。还有一个比较全的关于"黑石炭爷爷"的传说是，他出身于大户人家，自幼读私塾，十来岁的时候逃学跑到大街上，被做炭井生意的人骗到井上，衣服被扒光后扔到井下刮水、拉炭，每天都有专门的人看管着，吃不饱，只能喝矿井中渗出来的炭水，时间长了咳出来的痰也是黑的，为了逃命，他就咬破手指，用自己的血将他的庄名、姓名写在大炭块上，趁看管的人不注意，将炭块放到拖筐中，井上的人就把筐子拉上去了，如此反复求救。老天不负有心人，幸好遇到好心人看到后告知他家人并立马报了官府，得救的"黑石炭爷爷"从此发奋读书，几年后进京赶考中了进士，之后在盛产煤炭的淄邑地区当官，严惩不法矿业主，使得淄邑煤炭业得以发展，他也成为矿业主的财神爷、下井人的保护神。老百姓为了纪念其功德，祈盼永久受其保护，供奉其灵位，后盖庙宇，视为神灵，该庙原址在大北山前坡铁石洞处，后来迁于天台山顶东面向阳坡上，该庙是淄川地区炭神庙最早的庙宇。

除此之外，家里还有灶王爷爷，他管着家庭生活，过去都是在厨房的右门后边；在主屋正对门口的方向，挂着赵公元帅的画像，然后放一个牌位，上边写着"增福财神"，赵公元帅是管家庭经济的;还有一个山神爷爷,他是在山坡管理小孩,保佑小孩不会在山坡、水边、岩石边上摔着,不会被豺狼虎豹伤着,拜的时候在大门口、面朝山的方向拜一拜。拜神的时候家里边的男人都会出去拜,女人们忙着在厨房里准备饭食、供品,未出嫁的女儿和小孩子都可以跟着拜,而烧纸、上香、放鞭炮这些事情都是老人来做,供品一般最少需要准备三碗,鸡、鱼、豆腐是必须摆上的三样供品,鱼的寓意是年年有余,豆腐的谐音是"福",鸡的谐音是"吉利",儿媳妇做完菜之后直接摆在供奉的桌子上。

供奉家神其实就是古人一辈辈流传下来的,寻求的就是一个心理安慰,觉得做了这些事情就可以平安吉利,在每个月的初一、十五都会拜一拜灶王爷爷、财神爷爷,黑石炭爷爷和山神爷爷的话,只需要在过年的时候拜一拜就行,拜家神都是一家一户各拜各的,主持拜神仪式的时候就是王维机来办。

(二)祖先信仰及祭祀

王维机的孩子们,除了王克杰,其他人对于王家祖先是谁、从哪里来的以及怎么来的都不清楚,因为前边的儿子们在外边的时间要比在家的时间长,虽然王维机时常会提起来说一说,但是他们一工作起来,时间长了自然而然地就忘了,王克杰每天都在家,跟王维机聊得最多,因此对这个知道的最详细。祖先对于王家来说那就是老祖宗,没有这些祖先那就没有王家现在的这些后代,王家现在的家规家训都是祖先一辈一辈总结各自经验、经过不断完善流传下来的,家里的土地、房产也都是一代一代的传下来的,祖先对后代来说有着很深的启示意义和保佑意义,知道自己祖先的事情,心里也会比较有安全感,相当于知道自己根起何处。

祖先是必须要祭拜的,王家人每次祭拜都会在祖先的牌位前把王家的近况跟祖先说一说,比如王家谁娶媳妇了或者家里又添丁了,哪个孩子读书比较好,都跟祖先说一下,最后还要祈求祖先能够保护王家长久不衰,保佑家里人平平安安。祭拜之前先把牌位摆好,再把祖先请过来,然后再摆放供品,接着上香,牌位上的内容写着"王门三代宗亲之位",其实是包括王维机的老爷爷、爷爷还有父亲,但是不是写上具体某一个人的名字,而是用三代宗亲替代。

祖坟有"花葬"和"排葬"两种安葬的方式,花葬就是夫妻都在同一个坟里边,大夫人在男人的左边,二夫人在男人的右边;排葬就是从左边开始,依次是男人、大夫人、二夫人。花葬一般不会用,如果祖先下葬的时候是花葬,后代不管是自家的女儿还是嫁过来的儿媳妇都容易出些不正经的事情,所以大部分家庭都是排葬,王克杰的老爷爷是两个夫人,他们安葬的时候用的就是排葬。王维机的老爷爷、爷爷、大爷、三大爷还有自己父亲的坟都在一块地里,他们三代的坟都是"跨半穴",老爷爷的坟在最中间,左边差不多低半个墓穴的位置是爷爷,大爷、父亲和三大爷在老爷爷的右边,位置相较爷爷的坟来说还要再低半个墓穴的位置,大爷的坟在中间,父亲的坟在大爷的左边,三大爷的坟在大爷的右边,他们三个的坟是在同一水平线上。另外,王维机、四堂哥还有一个二堂哥在一块墓地,其他人又在另一块墓地里,祖坟地差不多占地一亩多。每逢寒食那一天都得去坟上添添土。

王家家谱到现在为止已经修过十二次,1949年以后修过两次,前十版都是1949年以前的,第一次续谱是康熙二十一年(1682年),第二次是康熙三十五年(1696年),中华民国六年(1917年)是第十次续谱。当时哪个人有文化、能看懂家谱就由这个人保管着家谱,肖家庄一共是三支,每一支各有一个人保管,家谱就是一个家庭的象征,家谱容不得别人诋毁、亵渎,即使自家人也不行。1949年以前只有男人能上家谱,女人不能上家谱,上门女婿以及抱养的孩子都不能上家谱,违背家规、族规的人还会被踢出家谱,修谱的时候是全族有声望、有文化的人一起修。

(三)庙宇信仰及祭祀

肖家庄有一个关帝庙,在村庄的最北边还有一个土地庙,出殡的时候会到土地庙走一圈,祈雨的时候会去关帝庙拜一拜关老爷,去庙里拜神的有男人、也有女人,去拜神的时候,会有和尚、道士领着念经、念佛,还有吹笛子、吹号子的,这些人都是从外边雇来的,场面很大。包括泉子、道口、演礼、肖家、东刘、前宅、邢家、大王村在内的这些村庄去庙会拜神的时候都是一起行动的,这些村庄都有庙宇,大家就一起在所有村子的庙宇里都转一圈,王家的老人拜神的时候都会跟着去,尤其是祈雨的时候,和尚、道士在前边领着,嘴里念着经,村民们就全都在后边跟着。王家大都是王维机和妻子李月英去庙会拜神,其他人对这些东西都不太感兴趣,拜神的时候都是一大村子的人一起去,再小一点的拜神活动就是本村人一起,或者几家的人组织起来一起去,基本上不会单独行动。

五、家户娱乐

(一)结交朋友

家庭成员交朋友的时候都是同学之间交个朋友,同学平时上学、放学都在一块。家长不会干涉孩子跟别人交朋友,尤其是家里的女儿要是跟别人交朋友,家长一般都不会过问,但是男孩交朋友的时候可以随口问一问,家长虽然不会太干涉,但是当时的条件也使得孩子们只能跟附近的孩子一起玩耍,彼此都是庄里乡亲,家长也不用太过担心。女人很少出门,平时聊得最多的就是自己的妯娌或者娘家的姐妹。儿子结交的都是自己的同学,交朋友都是交相互之间谈得来的,能玩到一起的,跟自己性格比较像的,要不就容易吵架、打架,不能跟着"不老实"的孩子玩耍。王克杰读书的时候有几个朋友,但是多数朋友都是日后工作时结交下的,那些大部分都是外村的。家里的妇女不能随便和外边的男性交往,农村各种礼俗规定特别严格,不管是出嫁前还是出嫁后,女人都得守好自己的本分,妻子结交朋友的时候必须得让丈夫知道,当家人结交什么朋友其他人管不着,家长的朋友要是来家里住一晚会跟家里人都说一声,提前打好招呼,然后做饭的时候多做一份。交朋友没有什么特殊的仪式,处得来的自然而然地就老是在一块玩、聊天,朋友称呼自己的父母都是按照辈分来,或者叫叔叔,或者叫大爷。自己家要是有红白喜事,朋友要是得到消息都会来家里走一趟,礼尚往来,朋友家里要是有红白喜事,自己也会去他家里看看。

(二)打牌

村里边平时打牌熬时间的情况一般是在农闲或者过冬的时候,只要是随便玩一玩都没事,多数是睡过午觉之后,哪个地方有阴凉就在什么地方打,边上还有不少人看热闹,到了饭点的时候,家里的女人就会出来催,他们就回家了。王维机基本上不参与打牌,他觉得打牌比较伤脑筋,要是一把牌出错了,还会连带同伙。打牌的一般都是中年以上的当家人,他们没事的时候会凑在一起玩几把,其他成员很少有打牌的,都是在念书或者工作,女人不能出来打牌,王维机没事的时候都会去地里边转一转,即使什么也不干也会待在家里。打牌时要是涉及钱,就不是单纯的打牌了,那就是赌博。1949年以前也有赌博的,赌博容易上瘾,这次输了相信自己下一次一定会赢,就这么一来一去,家里的财产就容易败光,夫妻俩也会整天打架,家里要是还有长辈的话会训斥一顿赌博的人,听话的就不再赌了,不听话的就还是一直赌下去,直到把家败光。赌博的人要是出去借钱,基本上没有人愿意借给他,都知道赌博的人就是个无底洞,这次借了,下次他还会来借,所以一开始就不愿意借,如果非常严重长辈会把他逐出家族,王家没有打牌、赌博的情况。

(三)串门聊天

王家的男人和女人都能出门聊天,大部分都是邻居之间聊,男人和男人聊,女人和女人聊,串门聊天的时候都是白天出去,聊完之后就接着回家了,不会留在人家家里边吃饭,跟人家聊天的时候得思量着说,不能说一些不三不四的话或者不吉利的话,见到人家的长辈得先打招呼,说话得甜一点,要是老是噘着嘴,让人家误会你不高兴,人家看了以后就不来家里玩了。过去结婚前妇女的头发都是披散开的,结婚之后都把它绾起来了,不管是出门还是在家里都得盘头发,这是最基本的规矩,结婚的时候也不能穿白衣服,过去农村结婚都是红衣服、红纱罩。比起男人,女人出门的次数非常少,一般就是在家里和自己的妯娌们说说笑笑。王维机的大儿媳妇在家时间最多,二儿媳妇和三儿媳妇回家的时候,她都会拉着她们一起聊聊天,女人之间的话题无非就是孩子、丈夫、生活,男人之间的话题要多一点,比如地里的农活、工作情况,孩子的教育、结婚等都是日常会谈到的话题。

(四)逛庙会

过去黉山和莲花庵都有庙会,黉山的庙会是在农历的三月十八和九月初九,莲花庵的庙会是在阴历四月初八,但不是只有这一天的时间,提前三天就会有人去。王克杰的长辈们都会和邻居或者其他知心的亲戚一起去,小孩子有想去的,在经过家长的同意下,也会跟着一起去。赶庙会的时候,既有唱戏的也有卖小东西的,小孩子跟着去的时候会让家长给他买点吃的或者玩的,大人一般就是为了去上上香、拜拜神,然后坐在一起看看戏。

第五章　家户治理制度

王维机具有支配家中所有事务的权力,包括财产管理权、制衣分配权、劳动分配权、婚丧嫁娶权、对外交往权,需要作决定的事务都是家长说了算,其他成员也可以提出自己的建议。王维机将管理精力主要放在生产、生活等经营方面,像王家人吃饭、做衣服、洗衣服、与儿媳妇有关的事务等家庭内部事务一般都交给李月英管理,但若是有什么事情也会嘱咐她或者跟她商量。农村的家长一般就是家里的长子,但若是长子的能力不如其他儿子,上一任家长也会选择有能力的人。王氏有"王氏家训",王家也有自己的家规,即"非耕即读",王维机特别重视儿子的教育问题,因此只要家里能够支付得了学费,就会让他们全部上学。无论是召开村庄会议还是纳税、征兵、摊派劳逸,王维机总是带领全家人积极参与,王家在王维机的治理下循序渐进地发展,跟街坊四邻、村庄之间相处得都很和善。

一、家长当家

(一)家长的选择:能力强者优先

王维机的父亲去世之后,王维机自动就成为当家人,因为他那一辈只有他自己和两个姐姐,没有别的兄弟,两个姐姐,一个二十岁的时候出嫁,一个二十七岁的时候去世,一般有儿子的家庭不会让女儿留下当家长。而到了王维机的孩子这一辈,选家长的时候就不再是长子自动成为家长,而要看个人能力,谁的能力适合管理家庭内外大大小小的事情,谁能真正为整个家庭办实事,谁在公共场合能够出头露面不怯场,谁办事比较公道,谁就会被选为下一任家长,在肖家庄这是普遍的选家长的首要标准,即看一个人的治家能力,不过过去大部分家庭的家长都是由家里比较有威望的人来当,有威望的人的能力也不会差到哪里去。王维机在世的时候一直是他当家,他很少有不在家的时候,即便有事需要出门,当天就能赶回来,而他出去的这一段时间,家里边也不会发生什么大事,鸡毛蒜皮的家庭小事,妻子李月英就能吩咐几个儿子去做,但是涉及经济方面的事务必须等王维机回来后决定,李月英跟儿子都不能擅自做主。

1949年以前,如何称呼一个家庭,主要就是看那一家是谁在当家,比如王维机的父亲王承先当家的时候,同村人称呼他们家为"王承先家",这代表着外人对这一家的当家人的尊重,而王承先去世之后,王维机成了新的当家人,外人再称呼他们家的时候就成了"王维机家",一句称呼就让别人明白这一家是谁在当家了。这个时期没有以家中女性的名字代表整个家庭的,儿子当家之后,也只能是以儿子的名义称呼,王维机去世之后是大儿子王克熙当家,但是王克熙还在外边干着活,他不在家的时候,王维机的小儿子王克杰当过一段时间的代理家长,这个时候外人称呼李月英就只能是"王克杰他娘"。要是外人跟王家的家长见了面,那么外人就得按照辈分称呼王维机,该叫叔的时候叫叔,该叫大爷的时候就叫大爷。而在家庭内部,孩子们称呼王维机的时候就是直接叫父亲,称呼李月英的时候直接叫母亲,李月英称呼王维机为"孩他爹"。

肖家庄这边基本上没有女性当家的情况,只要家里有男人,女人就什么事都不管了,若是家里有男人却是一个女人当家,外人见了也会说三道四,谁都知道这一家的男人没有用,全靠一个女人养家,传出去对这一家的名声不好,家里的人在同村人面前也抬不起头。但是也有特殊情况,比如家里的男家长去世,孩子们年龄都尚小,这一家的女人就可以暂时掌管家庭大大小小的事情,这种情况下,同村人不仅不会说三道四,看着他们母子生活艰难还会伸手帮一把。

家庭成员对待家长一直都很尊重,家长在家庭内部是最有权威的一个人,家庭成员都很信任他,尤其是一家人一起吃饭的时候,从座席次序以及座位的位置就可以看出,家长是最先落座的一个人,坐在最尊贵的上位,只有家长先动筷子之后,其他家庭成员才能开始吃饭,家长要是不离席,其他家庭成员也不能提前离开座位。外人见了别人家的家长都会礼貌地问声好,打声招呼,当上家长之后,家里边也不用特意摆放什么东西以证明他的身份,都是乡里乡亲的,谁是家长大家心里都清楚。

(二)家长的权力:大事全管

1.权力来源:能力足够、成员认可

家长之所以能成为家长,并不是天赋的,也不是按照老祖宗的传统,即"长子为先",而是首先得有掌家的能力,其次新上任的家长必须经过其他家庭成员的同意,而且一旦成为家长,那么也意味着日后家长的所有权力都是被家庭成员所认可的,如此他就有了作为家长的权力。王维机的家长权力是父亲王承先直接赋予的,因为当时王家只有他一个儿子,这是自然而然发生的。王维机去世之后,王家"名义上"的大家长是王维机的妻子,李月英名义上的家长身份来自于王维机临终前的一句话,"让你们的母亲当家,但是具体的事情可以由你们去做,怎么都得有个长辈管事情",而王克熙就是事实上的大家长,他平时跟随王维机做的事情比较多,付出的劳动也比别人多,也是因为王维机的指定,所以他自然而然地就成了家长,对此王家其他人都是支持的,也没有提出反对意见的。

家长管理的就是整个家庭方方面面的事务,家长不会跟其他家庭成员商量小事情,自己就能决定,若是遇到大事情需要作出决策的时候,比如土地买卖、修建房子、婚丧嫁娶等,家长会跟其他家庭成员商量一下,但是最后作决定的仍然是家长。在王家,除了洗衣做饭等家庭内部事务由李月英管理之外,别的事情全是由王维机决定,大事情他只需要告知一下李月英和孩子们就行,王维机管理的就是王家大大小小所有的人。

2.财产管理权

王家平时的家庭收入主要是靠王维机打锅饼、出豆腐,除此之外,王克熙在煤矿工作,回家后要先把挣的钱全部交给王维机才能回到自己的屋子,王克英在鲁新商场工作,因为吃住都在外边,每月发工资之后也都得事先跟王维机通报一声,王维机同意之后方可留出自己要用的,剩下的全部拿出来补贴家用。王家的人没有自己藏私房钱的,钱财方面全部由家长王维机看管,任何支出也都是由他决定,但是家里的这些财产是属于全家人共有的。

家里的地契、分家单、现金等重物全是王维机掌管,他的房间有一个专门盛放的小柜子,

这个柜子平时都是上锁的,在炕下边放着,钥匙由王维机随身携带,家里的孩子们都不知道这些东西放在哪里,李月英虽然知道,但是她也不敢随意乱动,也没有钥匙。除此之外,不重要的衣物都是李月英管着,只要不涉及经济交易,王维机便不理这些事情。钱财只能由一个人管着,两个人同时管理容易出现矛盾,一般都是家长直接管着,王家也是如此。而大户人家会有一个专门管钱的账房先生,整个家庭的开支都从这里算,大户人家有专门"跑外"的,也叫"外走甩掌柜",现在叫"购销员",普通家庭就不考虑这些。

王维机平日里很少给孩子零花钱,就算给也不是平均给的,而是按照四个儿子具体的收入情况来决定,绝大多数情况都不会给孩子零花钱。分家之前王家人穿衣吃饭都是在同一个锅里,平时个人没有需要用钱的地方,需要用钱的时候王维机自动地就会拿出来,除了基本的生产生活资料需要开支之外,王维机会把剩余的钱预留出来盖房子、给儿子娶媳妇。儿媳妇进门之后带过来的嫁妆还是归儿媳妇所有,由儿媳妇和她丈夫一起支配,当家人不会随意支配,分家的时候这些嫁妆也不会同其他家产放到一起分配,仍然归儿媳妇自己所有。

王家在 20 世纪 40 年代有过四次土地买卖以及典地的情况,当时王承先已经去世,而王维机的孩子们都还小,他找来族间的长辈们一起商量着把地买了,等到四个儿子长大之后,王家没有再继续买卖过土地。而要是家里的儿子已经足够懂事,这家的家长会跟自己的儿子商量、决定,再找个中人,这样就能把地买进来。王家一家人吃的粮食都囤在一个大瓮里,每次吃多少拿多少,平时家庭成员不准拿出去随便卖掉,每年打来粮食,还得提前算计一下够不够吃一年的,不够吃的话就得早点出去买点囤起来,粮食打下来不久,价格还不算是很高,越到最后买的人越多,卖粮食的人就会趁机抬高粮食价格,所以王维机一早就得做好打算。

3.制衣分配权

分家之前,不值钱的衣物都是由李月英管着,若是需要换新的,王维机就会拿出钱让李月英全权负责,比如到了夏天该换薄衣服了,王维机就让妻子拿着钱去给兄弟四个买,冬天该穿厚衣服了,王维机就拿着钱到集市上买棉花,回来后让李月英做。等到后来兄弟四个都娶了媳妇,他们穿的衣服基本上都是各自的媳妇给做。绝大多数都是在每逢过节等重大日子,家长王维机才会拿出一部分钱,给孩子买点布或者买点棉花做衣裳,这个时候是王维机统一分配的。尤其是孩子结婚之后,每个小家庭都分给他们一部分,让他们自己做。只要不是过节,衣服从来都是凑合着穿,也不用置办新衣裳,农村人生活都比较节省,要不是实在不能穿了不会重新做衣服,平常缝缝补补还能穿,若是平时确实需要重新做,儿媳妇去跟婆婆说一声,然后自己拿点棉花回去做,不过节的时候就是"各取所用"。四个儿媳妇嫁到王家之后,家里长辈的衣服都是由她们一起做,也不用李月英特意安排,儿媳妇主动会找活干,自己的丈夫和孩子的衣服就由自己做。

4.劳动分配权

1949 年以前,家里最小的就是王克杰这一辈,这个时候王克杰已经 14 岁,农村人早当家,十几岁的孩子已经跟着家里的长辈出去干活儿,重活干不了那就干轻快一点的,反正家里没有闲人。在王家,每个人都有自己的工作定位,王克熙一年的时间大多数都在煤矿渡过,王克照在外当兵,二儿媳妇随军,三儿子王克英和三儿媳妇在鲁新商场工作,因此多数时间王家剩下的人就是王维机、李月英、大儿媳妇和王克杰,王维机一边和王克杰负责地里的农活,一边还要打锅饼、出豆腐,挣点"外快",李月英和大儿媳妇则在家洗衣做饭。农忙的时候,在外工作的男人们都会回家收粮食、种地，忙不过来的时候，家里的女人也会去地里帮忙。六十岁以上的老人中，还算健朗的会去地里帮忙，体弱多病的就不去，还是根据自己的身体健康状况决定。王家的小孩子在十几岁时就去地里帮忙刻谷苗、拔草，等到十六七岁就算是家里的一个劳动力了。

5.婚丧嫁娶管理权

无论是王承先当家还是王维机当家，涉及家里添人口、减人口的事情一般都是家长说了算，儿子到了年龄就得给他找媳妇，女儿到了年龄就得给她找婆家，只要当家人同意，别人也没有反对意见，就可以准备结婚事宜。王承先要是当家，就由他给孩子准备结婚事宜，王维机跟妻子只能提一些参考意见，但是没有决定权。1949年以前，只要双方定了亲，女方就是男方家的人了，即使女方中途出意外去世，也得葬到男方家里边。在别的家庭，要是爷爷当家，孙子结婚的证书上仍然是写爷爷的名字。王家四个兄弟结婚的时候王承先已经去世，所以他们的结婚事宜都是由王维机决定，家里边要是有人想要结婚，必须得经过家长的同意，若是家长不同意，那么孩子也不能离婚，普通老百姓一般没有离婚的，一过就是一辈子，即使家长对儿媳妇不太满意，他也会找儿子谈一谈，让两个人好好过日子，只要小两口过得舒服，家长再有意见也不会让他们离婚。

王家一年有两次大型的祭祀活动，春季是在"寒食"这一天，也就是清明节的前一天，秋季是阴历十月初一。其他的祭祀活动就是在家里老人的忌日去祖坟上上坟，上坟的时候女人不能去，只能男人去。女人上坟的情况只有一种，就是嫁到男方家后的第二天，需要去"拜访"男方家的列祖列宗，以前有一种说法，"姑娘要是去上坟，等于这一家没有后人了"，所以规定女人不能去。

6.对外交往权

家户在对外关系交往中由家长全权代表，尤其是村庄开会、投票等事情，全部由家长出面代表，女人不能出面代表。王家家庭外部的事情都是王维机说了算，王维机的三儿子和三儿媳妇一起出去工作事先都经过王维机的同意，当时的情况是家里人口多，全部在家种地没有其他的收入，一家人吃不饱、也穿不暖，必须得有个外出务工挣钱的，所以王克英跟王维机说了之后，王维机欣然答应了，王克英和妻子挣的工资，在征得王维机的同意之后，可以留下一部分作为己用，剩余的需要寄回家给王维机掌管。

7.家长权力有约束

农村在选择家长之前是经过深思熟虑的，同意某一个人当家长意味着他有掌家的能力，多数家庭没有中途换家长的情况，被选为家长，那就代表他做任何事情之前都必须考虑到整个家庭，不能因为自己的私利置家庭于不顾，王家基本上不需要跟别人借钱，只在孩子们结婚钱不够用的时候，王维机跟邻居借了一点，但是过后就还上了，没有欠债不还的情况。王维机很少被家人否定，他一直以来都是兢兢业业、劳心劳力地为整个王家奔波，但是有一次王维机的做法还是引起其他孩子的不满，尤其是这件事在外人看来是再正常不过的事情。那时候老大王克熙已经长大懂事了，但是三儿子和小儿子还小，王维机有什么事情，多数情况下都会带着王克熙一起出去，比如去集市购置东西，他想让大儿子多学习一下，但是两个小儿子不知道具体的情况，就以为王维机带着老大出去买零食了，由于年少无知，他们便质问王维机为什么只带王克熙、不带他们，为此还跟王维机生了好几天的气。王维机开始也只是当小孩子闹脾气,过几天就会好的,但之后的连续好几天他们都不跟王维机好好说话,也不跟着他去地里干活儿,他才意识到可能得说一下情况,小儿子们了解之后才又没事了,也算是王家的一个小插曲。但是绝大多数时间王家人都规规矩矩,不管是家长还是小孩,都没有大毛病。

8.家长权力的代理

王维机年龄大了之后,身体、精神方面都大不如前,家庭外边的很多事情他都不方便出面,他就指定王克熙出面解决,比如庄稼的耕种、收割、护理以及牲畜、农具、日常的生活用品的购买。但是王家的金钱还是由王维机掌管,王家需要什么,王克熙及时报备给王维机,王维机就拿出钱让他去置办。所以王维机虽然是家长,但是让王克熙当代理家长,具体的当家任务让儿子做,王维机退下来之后,每到农忙的时候都是王克熙带着弟弟们去地里干活儿,家里的家务事全是儿媳妇们负责,其中大儿媳妇说话的权力要大于其他儿媳妇的权力。

若是一个家庭里的孩子全是女儿,其中的某个女儿比较有能力,在其家长去世之后,这个女儿可以继承家长的一切,留在家中管理方方面面的事务。若是女儿们暂时还没有能力管理,家长去世之后就需要从同族间有权威的长辈中找一个代为管理本家的一切,一般优先选择本族间的人当代理人,等到合适的时机再转交给有能力担任新家长的人,若是本家没有一个可以担当大家长的人,族间长辈便给她们主持会议,把家庭财产平均分一分,这个家就算散了。肖家庄基本上没有这种情况,若是没有女儿的家庭,家长提前就会过继或者抱养一个儿子,不会允许这种家庭四分五裂的情形出现。作为代理当家人,这一家大大小小的事情就都应该处理,包括村里集会、投票。

(三)家长的责任

作为一家之长,所有家庭成员的衣食住行都必须完全考虑到。

在穿衣方面,虽然王家都是由李月英给大家做衣服穿,但是到了该添衣服的季节或者需要换新的日子,王维机都会提前跟李月英商量,农村人的生活虽然过得糙,但是也不能让孩子冻着、热着。孩子结婚之后,棉花的分配也不能偏袒某一个小家庭,必须公平分配才能维系住王家的和谐。

在吃食方面,王家必须先保证小孩吃饱,然后让壮劳力吃饱,女人相比较起来吃得就少一点,但都是同锅吃饭,吃的东西都是一样的,这个没有区别对待。王家在 1940 年左右总共有九亩地,小麦亩产为九十斤,玉米能打一百斤,再加上高粱、谷子、大豆,王维机做好计划每天吃多少粮食,不够的话就得去买粮食,起码得保证王家一大家子人的温饱问题;

在住宿方面,王承先分家的时候分到了老宅子的两间东屋、一间门房以及南大院,王承先去世之后,王维机在东屋旁边又加了一间,在南院盖起了东屋和西屋,他的大儿子和二儿子结婚早,就给他们分配了单独的屋子,小儿子在 1949 年以前还未结婚,就跟王维机和李月英一起住在西屋,结婚之后就分出来了。

家长表面看着很有威望,但是管理好一个家庭不是那么容易的事情,王家的老人都说"兴家犹如针挑土,败家好似浪淘沙"。家长平时做事都起到表率性的作用,家长对待自己的父母孝顺,后代才能孝顺自己,家长还需要时常呵护关心自己的妻子、孩子,并将家庭管理得井井有条。家里的小孩要是跟别人吵架、打架,都得由家长出面解决,该道歉的时候去道歉,该赔情的时候去赔情。王维机是一个比较有文化的人,做事情都有自己独特的见解,他的一言一行对于日后儿子们的治家理财都有很好的示范作用。王家自始至终只有王维机一个家

88

长,虽然平时说王维机管外、李月英管内,但是最终拿主意的还是王维机,这个不能逾矩,要不家庭就乱套了。大户人家的话分内当家和外当家,内当家在家里管理所有资金的进出,外当家在外边负责进货、出货。

(四)家长的更替

当家人生病或者因其他身体原因无法照料家庭的时候,会暂时安排人来代理自己当家,一般让妻子拿主意,具体的当家任务由长子去做,等到当家人的身体允许的时候,他还是这一家的大家长。如果当家人在分家之前去世,处理完后事之后就会由代理家长提出分家。王维机去世之后,家里的事务都由李月英掌管着,但是因为李月英的年龄也大了,所以她让王克杰弟兄四个商量着管理,因为王克照和王克英在外边的时间多,王克熙和王克杰就在家负责,王克熙在家的时候由他出面解决,王克熙不在家的时候由王克杰负责处理,但是遇到需要做决定的大事时,王克杰仍然需要询问王克熙的意见。

农村有一个不成文的习惯,若是家中两个老人都去世,家庭原先有一定的生意,兄弟几个可以一起经营下去,若是没有任何的生意或经营,孩子们自动地就分家了。在一个大家庭里,如果去世的大家长还有兄弟,新一任的家长就在其兄弟和儿子之间选择,除了看年龄和社会阅历之外,关键还得看一个人的能力,要是叔叔的治家能力还不如侄子,那么就只能由侄子担任下一任家长。如果当家人有妻有妾,且两个人都生了儿子,不管谁的儿子年龄大,能力强的担任家长,一般情况下都是大老婆的儿子担任家长,如果大老婆没有儿子,小老婆有儿子,那么就是小老婆的儿子担任家长,这就跟古代皇帝选择太子一样,谁有能力谁就能当选。如果家里有多个女儿,能力强的一个就被留在家里,招一个上门女婿,由女儿当家长。

家里更换当家人之后,原先家长的所有权力都会随之移交,包括金钱管理、代表家庭参与村庄开会、投票等等,藏有金钱的小金库钥匙、家里的地契、房契也需要转交给新一任家长。若是更换家长之后,原家长还在世,邻居还是以原家长的名字称呼这个家庭,等到原家长去世,邻居才会改口,以现任家长的名字称呼,这也是对这一家老人的尊重。1949年以前,妻子不能直接称呼丈夫的名字,在家双方都会称呼彼此为"某某他娘、某某他爹",家里的男人在外称呼自己的妻子为"拙荆",这是书面用的称呼,算是比较低调的一种叫法,因为女人的地位低下,所以一般不会把妻子的称谓叫的太高调,比较口语的叫法就是"内人"。在农村,某一家有人去世之后,亲戚或者邻居去给人家"束头钱",叫"束发之敬",这种情况都是女人去给,但是最后的落款是"×××之拙荆",比如李月英去给人家"束头钱",最后的落款就是"王维机之拙荆",这样别人就知道是王维机的妻子来"束头"了。"束头钱"的寓意是家里有人去世,没有时间束头洗脸,给他们这些束头钱,雇个人给她们束头,这是农村的丧葬习俗。

家里更换家长之后,不用特意出去告知街坊四邻,若是有人来家里找一家之主办事,其他家庭成员会直接告诉他家长不在家,这样一传十、十传百,同村的人就都知道了。若是老人还在世,但是家长已经更换为其他人,家里的土地仍然还是在老人的名下,分家之后就归到各自小家庭的名下了,儿子要是买卖土地的时候还是需要跟父亲商量。

二、家长不当家

(一)家长不当家:妻子当家

有家长在世但是不当家的家庭。如果家里的男家长因为身体或者性格等原因能力不够,那么孩子长大成人之前都是由妻子代为管理家庭。虽然事实是如此，但是书面文件需要署名的时候仍然是写丈夫的名字，而不是写女性家长的名字，而且真正需要代表家庭参与村庄会议的时候也是由丈夫出面，特殊情况丈夫可能会带着妻子一起去，平时邻居家的红白喜事需要帮忙的时候还是男人出面，女人可以出面借钱，但是最后的借款人写的是丈夫的名字。这是丈夫是家长但是不当家的情况。家长在世但是不当家且让长子当家的情况在肖家庄没有过，正常的情况就是男家长让妻子当家，即男人是家长、妻子是当家人，妻子当家的时候，其他的家庭成员同样得承认其作为当家人的权力。

（二）家长不当家：长子、小儿子共同当家

王维机去世之后，李月英成为家长，但当时李月英也已经 68 岁，很多事情力不从心，所以就让王克熙当家，而王克熙又长时间在外边煤矿干活儿，一周才回来一次，因此王克熙和李月英商量好之后决定让最小的弟弟王克杰当家。王克杰在王维机去世前都没有出过远门，一直跟着王维机操持家里边和地里边的事务，如种地、耕地、收割等农活，他对农村的婚丧嫁娶事宜也都略知一二，盖房子怎么盖、用多少材料也都懂，脑袋瓜子从小就非常好使，而且人比较老实、沉稳，因此逐渐地就承担起了王家代理当家人的重任，王克熙回家后两个人一起主事，王克熙不在家的时候就由王克杰自己主事，老二和老三平时都得听王克杰和王克熙的话，每逢他们休假回家，无论王克杰和王克熙安排什么活，他们都得干。这个时候就是这样，要对家里边的事情、社会上的事情都能说出个一二来，比如农村的婚丧嫁娶、客来客往，要是家里还有点小事业，经济上与各个方面都有联系，里里外外都懂，然后才会选择那人作为当家人。

王克杰作为代理当家人的时候，大事都得跟李月英和王克熙说一声，比如出去买卖东西，跟人家谈好买一头牛要花多少钱，这个价格得符合市场上的统一价格，然后回家之后跟李月英通报一声，李月英年龄大有经验，要是觉得可以买，就让王克杰拿着钱去市场上买回来。还有一些牵扯到外场上的事情，当时王克杰自己决定不了，回家跟李月英说完之后再去给人家回复，像是买点油盐酱醋茶之类的小东西就不用跟李月英或者王克熙汇报了。家里边的财产由李月英管着，需要支出得提前跟她通报一声，虽然王克杰是代理当家人，但是不能私自乱花钱，花钱必须得有计划。需要借钱的时候王克杰会跟王克熙一起商量，都是老实巴交的农村人，也不用事事都跟李月英汇报，虽然是为王家借钱，但是打借条的时候落款是前去借钱的人，等到别人要账的时候，借款的人去还，但是从家庭收入里拿钱还给人家。

三、家户决策

王家家外的事情都是由王维机说了算，家庭内部的事情，特别是家务事，包括儿媳妇、女儿、孙子孙女的一切事宜都是由李月英管着，一般来说，家庭成员都同意家长做出的决定，本身家长阅历就比其他人丰富，他更能理解这事情，也有能力办好这件事情，因此别人多数时候都没有反驳的理由。王维机想要盖房子的时候，回家跟已经懂事的王克熙说一声，盖几间屋子、要怎么盖，吃饭的时候顺便都说给他人听一听，其实他心里都已经有底了，通知一下大家就正式开始干了。家里的大事必须由家长提前计划好，比如盖房子，这是花钱最多的地方，用多少料、请多少匠人，还有婚丧嫁娶、买卖土地、租佃土地、买卖牲口等方面，平时的油盐酱醋等生活资料不一定非得由家长做主，李月英也可以做主。

四、家户保护

(一)社会庇护

家里人在生产生活中与其他人发生矛盾,由家里的老人出面解决,一般就是男家长出面,若是孙子跟人家闹矛盾,爷爷在家的情况下由爷爷出面,爷爷不在家的时候由孩子父亲出面。家里人遇到困难都会找家人帮忙,也是家里出事之后最先找的人,要是自己的孩子犯了错误,家长必须得领着孩子上门跟人家道歉,趁此机会教育孩子,若是家长连小事都不在意,等到孩子铸成大错就为时已晚了。对于王家来说,王维机的孩子们都是比较老实的孩子,小的时候也没有那么淘气,基本上没有跟别的小孩吵架、打架的情况。要是儿子犯了错都是王维机领着孩子上门道歉,若是姑娘之间闹矛盾,就由李月英领着登门道歉。自己的孩子只能由自己的长辈教育,别人也没有乱掺和的,况且都是小孩子之间闹脾气玩一玩,整天都在一起难保会有点小矛盾,大人也不用太计较,孩子在家犯点小错,家长一般不体罚,言语上教育一番就行,要是在学校里不好好学习,老师会用一块槐木板打学生的左手,右手还得继续写字。

"家丑不可外扬"就是说家里有点小矛盾,不能拿到外边去说,传出去对本人、对整个家庭的名声都不好,自己的事情自己在家解决就行,尤其是婆媳之间闹矛盾,更不能拿出去跟别人说,说了之后矛盾会更大,老话形容婆媳关系,"会做媳妇两头瞒,不会做媳妇两头传",儿媳妇在婆婆家有什么矛盾不能告诉娘家,一告诉娘家就上升为两家人的矛盾了,因此只要自己家知道就行。小叔在结婚以前跟自己的嫂子关系很好,因为嫂子家有孩子,小叔还没有孩子,小叔买来东西都会给自己的侄子,所以这段时间小叔跟嫂子的关系是最好的。等到小叔结婚之后,两人的关系就不好了,因为小叔自己也有了孩子,就得先顾着自己的孩子,原先买来一块钱的东西都是给侄子,现在买来之后分给他一半算是不错的,有时候直接不给,所以嫂子就不服气了,说,"你看那小叔子,以前还给侄子买点东西,现在一点都不给了",这个时候二人的关系就不好了。而小姑子和嫂子的关系正好相反,小姑子出嫁之前全部向着自己的母亲,母亲跟嫂子闹矛盾之后都会帮着母亲争理,跟嫂子的关系是对立的,要是看到嫂子做了不对的事情,立马跑去告诉母亲,这样二人就有矛盾了,等到小姑子出嫁之后,自己有了孩子,小姑子就能体会到当初嫂子当儿媳妇的不容易,小姑子回娘家的时候,都是嫂子给孩子买东西,所以这个时候,两个人的关系是最好的。1949年以前,家户内部的这些关系有时候很难理清楚。

(二)情感支持

家庭成员在外边受了委屈,有时候会跟家里边说一说,有时候也不会说,这个还是得分事情,如果不是很大的委屈,一般不跟家里说,说了也不起作用,最后还是得自己去处理,在外边受委屈跑回家跟父母说,父母不方便出去,反倒是还得挂念着,还不如自己直接想办法解决,自食其力,长大之后兄弟姐妹之间也很少说,即使是同龄人,也是变相地增加别人的负担,同时也降低自己的威信,让别人觉得自己没有能力,所以说"三思而行",说话之前必须考虑到对方能不能接受。王克照和王克英刚离开家的时候时常会想家,一年之后就不会太想家了,到了节假日或者王维机、李月英生病的时候回家看望一下就行,家里边要是有什么事情也尽量不跟他们说,省得他们挂念。所以王家的孩子长大之后的相处之道不是只要受委屈就跑回家诉说那种,反而都是为着彼此着想,"只报喜不报忧"。出嫁的女儿要是在婆婆家受了委屈也没见过她跑回娘家,所以才说"会做媳妇两头瞒",王维机对于姐弟六个的教育都是比较独立的,他也不指望孩子们能有多大的成就,自己能混出个日子就行。王克熙在煤矿上当井长,王克照升到连长之后转业在交通局工作,王克英在鲁新商场从车间主任升到车间书记,王克杰则在镇上工作。

(三)防备天灾

1.旱灾

肖家庄在中华民国三十二年(1943年)的时候旱灾非常严重,粮食产量很低,有的庄稼甚至颗粒无收,这个时候老百姓都没有东西吃,很多人出去要饭逃荒,王家这个家庭不算好但也不算不好,因为这一年王维机既打锅饼又出豆腐,平时做豆腐剩下来的豆腐渣都去喂猪,到了1943年人都吃不上饭了,根本没有多余的粮食去喂猪,王家人就把这些豆腐渣再掺进去一点粮食,蒸渣窝窝头吃,虽然是吃豆腐渣,但是总比吃树皮、树根、吃糠咽菜有营养。王维机的堂哥家有一个侄子,比王克杰还小一岁,那个孩子吃菜蛋,肚子胀得很大,之后身体老是生病。除此之外,家里的老人还得去别的地方换粮食吃,肖家庄这边赶上了大贱年,但是不意味着全省的灾情都这么严重,高青那边的平原区受灾程度比较低,因此很多人逃荒都逃到那边去,这次大贱年持续了两年多。

2.蝗灾

肖家庄还发生过一次比较厉害的蝗灾,蝗虫多到足以把月亮全部遮住,肖家庄整个漆黑一片,没有一丝光亮,村里的人晚上拿着大麻袋去高粱地里逮蝗虫,一晚上就能逮满满一麻袋,蝗虫来的时候成群结队的,从很远就能听到声音。只要它们落在高粱地或者玉米地,立马就能把叶子全部吃光,有时候棒子都能啃完,王克杰十一岁的时候到小顶山,过去叫户部岭,蝗虫的幼虫大多数都在那里,家里的老人用鞋子串上一根木棍,类似于现在的苍蝇拍,不管是大人、小孩,全部都拿着家伙去那边打那些幼虫,这些蝗虫最初是从黄河北过来的,鱼子就能出蝗虫,天气干旱也会出蝗虫。肖家庄的蝗灾大约持续了半个多月。不管是在旱灾还是蝗灾年代,农村人很少有结余粮食,都是一年一净。

3.灾害防御

灾害年的时候,家里有了粮食首先得保证病人、老人和小孩吃,要是粮食不够的话,中年人就只能吃糠咽菜,这都由王维机决定。过去只要发生灾害,农民就开始求神拜佛,其实一点用都没有,最可靠的方法还是直接去打蝗虫,不把幼虫打死,很快就会变成蝗灾,王克杰出去打过两次蝗虫的幼虫,都是当地政府组织起来的,但是要是想让政府救济点粮食,根本没有人管,那个时候正值日本人和国民党在此,他们不会管老百姓的死活,还有当时的大户人家,穷人去他们家想要讨点粮食,大户人家都害怕,但凡穷人能够维持下去就不会去找他们。"井里无水私下里逃",投亲戚、靠朋友,而且还是得知心亲戚和知心朋友。

王家在灾害年间的日子并没有那么困难,所以没有卖土地。在王承先那一代,由于他生病,家里卖了三亩地,卖的都是好地,原先王承先分家时分到了十二亩地。灾害年的时候王家以及其他家庭都是用细粮换粗粮吃,用小麦换高粱,一斤麦子能换二斤高粱,那样的话家里人就能多吃一斤粮食,而且还得早点做打算,晚了连高粱都没有了,这样一算,王家一家人也刚刚够吃。

李月英的娘家二姐一家在大贱年的时候出去逃荒，家里实在生活不下去了，一路逃荒，最后在高清待了二三年，那一年高清那边的土地一马平川，大户人家也多，二姐一家就在那边的大户人家干活，男的干农活，女的给人家做饭，那边的人吃窝窝头，肖家庄这边摊煎饼，所以二姐过去之后给他们摊煎饼，他们还觉得是一种新鲜事物，比较愿意吃。二姐走的时候只把小女儿留在了王家，因为孩子年龄还小，二姐他们还不知道逃荒的地方是什么情况，觉得还是把她留在妹妹家安全，所以只有李月英的二姐和他的儿子、儿媳妇出去了。他们出去之后，家里的地没有人种，房子没有人住，就都荒了。大贱年的时候都是各人管各人的，想要活命就自己出去找活路，不用跟谁打招呼。

（四）防备盗匪

廖坞在1949年以前有一个"北大凯"，谁家有钱、有地，他们那一伙人就来家里把主事的绑了去，然后等着这一家的家人送钱，送完钱之后就会把人放了，要是不送钱就直接把人撕票。1930年麦季的时候，"北大凯"一伙人也来到肖家庄的那户大户人家，但是没逮住他，当时这一家喂着很多牛，晚上的时候用灯一照，他的眼睛放光，家养的这些牛都欺生，那一户人家主事的人偷偷藏到牛群里去，因此"北大凯"那伙人最后也没有找到。

"北大凯"这伙人开始是想着杀富济贫，后来就变成土匪了，有一次他们来到杨华坡附近，淄川县大队派人也来到杨华坡，对着"北大凯"开炮，但是他们的炮火力不够，第一炮打偏了，第二炮刚打出来就响了，第三炮又打偏了，最后反而是"北大凯"的人把这些官兵打跑了。他们只要知道哪个村有大户人家，他们就会去抢，一般家庭也没有值钱的东西，他们也不会去。

（五）防备战乱

1938年腊月二十九的时候，河东乡发生过战乱，是因为当时河东乡一些人拿着自制的枪打过日本军队，枪上有河东乡的钢印，日本军队把枪劫去之后看到了，所以反过来打了河东乡。接着1939年正月初八的时候，日本军队又打了簧山，还有一次打过杨寨。1945年的时候日本军队打过一次邹家，邹家是肖家庄的邻村，那个时候日本军队已经投降，被打的是工人支队，打人的是日本留下的残余部队，此时邹家、肖家庄这边还没有共产党，仍是国民政府，当时国民政府就想把这些人留在这边发展再生产，但是这些人在第二天拂晓时刻进攻了邹家庄，肖家庄也受牵连，日本残余部队拉着马车来肖家庄抢东西，王家也没躲过去，那一天王维机正好做了豆腐，日本军队看着家里没有什么值钱的东西，就只抢了豆腐走了。第二天八九点钟的时候，解放军的大部队已经到了大弯桥，他们分三路进军，从公路分一路，山这边分一路，山那边再分一路，最后把这些日本残余势力打跑了。

打仗的时候，这些人进到老百姓的屋子乱翻，他们还是很精明的，肖家庄都是四合院类型的院子，北屋算是上房，他们一来就先到上房抢东西，知道上房有好东西，偏房他们都不去。肖家庄有一条地道，清朝时期就已经有了，然后全村的人在1947年又把它用炸药打通，但是最后没用到，因为1948年淄川就解放了，那一条地道很深，比王家的房子还高，从肖家庄一直通到河滩，洞口离河滩还有十几米高，需要攀着绳子下去。小儿子王克杰小的时候经常从地道里过去玩。

王家在1947年冬天备战的时候到了常丘的山里头，那时候国民党军队进攻山东，起初是王克熙先逃走躲起来的，大约是在1947年6月，当时他在村里当先生，之前给不同的人都做过事，所以国民党来了之后也不会放过他们，尤其当时国家已没有粮食，就开始"生产自救",去东道平购进一些水果,然后到庙子那边卖掉,自己再买粮食吃。王家剩下的人逃出去是因为老二王克照在外边当兵,国民党军队来到肖家庄到处找他,王家人就都逃到山里去了,包括王维机、李月英、大儿媳妇、二儿媳妇和王克杰,一家人下午五点钟从家里出发,晚上九点才到达常丘。当时不光王家自己一家逃出去,但凡家里有当兵的都会出去躲避起来,这段时间他们没有房子住,就找当地人的房子住,当地的老百姓都比较和善,就那样暂居在那里,王家在那边住了一个多月,到1948年二月初二淄川城解放后才不用再躲躲藏藏。

1949年以前的时候,老百姓的思想不团结,都是各人管各人的,没有政治头脑,要是全村的人都团结起来,国民党也打不进来,直到土地改革运动的时候才知道团结起来"斗地主"。从开始战乱的时候,村里边就没有人负责打更了,也没有巡逻的人,只有1945年日本人刚投降的时候又恢复打更,等到1946年、1947年国民党卷土重来的时候,村里便不再打更了,这个时候村民晚上都不敢出来活动。

五、家规家法

(一)成文家规及主要内容

1.王氏家训

王家的家训即为王氏家训,即"书香门第,翰墨溢庭。耕读继世,宿儒家风。文思安邦,武志疆平。秉政廉洁,寒玉洁松。奉公守法,身直影正。德行坚贞,品节鲜明。践诺守信,谨言慎行。贻谋忠厚,积德余庆。浩然大度,淳实宏通。三纲笃守,五常传承。克勤小物,志坚业竟。俭以养德,奢乃致穷。昏定晨省,兄友弟恭。睦党友里,谦和互敬。先贤懿德,瓜瓞绵永。兴旺开来,振吾家声"。家规家训是王氏族间比较有权威、有声望的长辈商量制定的,家规家训都记录在家谱上,不是随便张贴在一个地方。并不是每个人都知道家规家训,王维机的孩子中,除去王克杰,其他人都不太了解,因为家谱不能随便拿出来让人看,每次看以前,都得先洗手、漱口,然后作揖,才能由家长拿出来看一看。王维机虽然平时也会给大家伙提一提,但是那么多内容一般都记不住,这些家训对王氏族人可以起到一个规范作用,时刻教育他们怎么做人。

2.王家家规

王维机经常对孩子们提到的一句话就是"晴耕雨读",老话也是这么说,"传家别无法,非耕即读",意思就是晴天的时候出去种地,阴天下雨就得在家里读书,总之每天都不能闲着,没活干的时候在家看书总好过一直想着出去玩。除了种地就是读书,这就是当时的两条出路,所以王家兄弟四个都去念过书,虽然成就不是那么突出,但是在各自的岗位上都有一定的地位。王维机对待他们兄弟四个是该严厉的时候就不能嘻嘻哈哈,他们也很少出去跟其他小朋友玩,没事的时候老大就拉着弟弟们在家里读书,相反的,王维机对于两个女儿就没有这样的要求,两个女儿都没有上过学,王维机只让她们跟着李月英好好学纺织、做女红。王克熙家的孩子出生之后,教育问题也是王维机管着,从小教育他们要多读书、讲礼貌,小孩都不敢随便顶撞长辈,王维机也总是跟他们说,玩耍可以,但是不能玩疯了,多读书还是有用的,因此他的孩子们在谈吐方面都比较有水平,在思想方面也比较开明。

(二)默认家规及主要内容

1.做饭及吃饭的规矩

王家在分家之前都是一家人在一块吃饭,家里的女人一起做饭,这样也能节省时间,谁要是有事情就由剩下的人先做着,1949 年以前, 王家主要是李月英和三个儿媳妇做饭, 后来, 二儿媳妇也跟着老二去部队上了, 三儿媳妇和老三在鲁新商场工作, 家里剩下大儿媳妇和李月英一起做饭。王家平时都是由王维机去买菜, 因此王维机买什么菜就做什么饭吃, 生活都比较简单, 王维机买完菜回家也会记账, 算一算家庭开支。

王家冬天吃饭的时候一家人都围在屋里的八仙桌上吃饭, 夏天的时候在房屋门口的小矮桌上吃饭, 王维机比较开明, 无论大人、小孩都在一张桌子上吃饭, 但是在八仙桌上吃饭的时候都有规定的座位, 在小矮桌上吃饭的时候四周都能坐人, 不过也是老人坐北朝南, 坐在上席, 儿子、儿媳妇就坐在剩下的座位上。吃饭的时候大人会教育孩子"食不言、酒不语", 吃饭的时候不能说话, 吃完饭怎么说都行, 喝酒之前可以畅谈, 但是开始喝酒的时候也不能再说话了, 各人喝各人的, 教导孩子"粒粒皆辛苦", 不能剩饭, 吃多少盛多少, 王家所有人都是吃一样的饭菜, 要是生病的人可以单独开个小灶, 四五岁以下的小孩也需要单独做饭吃, 七八岁以上的小孩就可以跟大人吃一样的饭菜, 家里要是蒸了馒头、做了好饭, 都得先给老大王克熙和老二王克照吃, 因为他们两个那时候已经开始工作了, 李月英就跟王克英和王克杰两个人说,"先让你们大哥二哥吃, 他们吃饱了好给我们挣钱花, 你们两个小孩等长大了再吃好的", 李月英还时常跟他们说,"长大之后可别忘了两个哥哥, 你们可都是两个哥哥挣饭把你们养起来的"。

1949 年以前肖家庄这边平时都是吃煎饼, 因为细粮很少, 所以只有客人来的时候才会包饺子、吃面条, 家里其他人就只能吃煎饼、窝窝头。农忙的时候吃饭, 做的蔬菜会比平时多一点, 饭比平时稍微好一点, 农闲的时候只吃两顿饭, 即早饭和晚饭, 早饭是八点至九点, 晚饭是下午四点至五点。在王家, 下地干活儿的人和不下地干活的人没有差别, 但是要是在吃饭比较困难的家庭, 下地干活儿的人要比不下地干活儿的人吃得好。农忙的时候, 儿媳妇都得去地里给男人们送饭, 工作量大的时候给他们适当加餐, 刷碗都是儿媳妇们刷, 男人们吃完饭就接着走了。吃饭的时候, 都是嫂子们做好饭一起盛上来, 先给长辈盛饭, 再给男人盛饭, 然后再是小孩, 儿媳妇最后给自己盛饭, 老人先动筷子之后其他家庭成员才能开始动筷子, 要是客人来了之后, 客人先动筷子, 主人才能动筷子。

2.座位的规矩

王家有一张八仙桌, 配的是两把圆头椅, 椅子只能由家里辈分最高的人坐, 王维机的父亲和母亲在世的话就是他们坐, 他们去世后就由王维机和李月英坐, 要是王承先去世而母亲还在世的话, 王维机的母亲就要坐到最上席的位置, 那个位置就相当于家长的位置, 别人不能随便乱坐。座位都有讲究, 拿王家的八仙桌来说, 桌子摆在直冲门口的位置, 桌子一侧靠墙, 以面朝门口为准, 左侧座位是上席, 右侧是第二顺序, 剩下的一侧放一张大长凳, 若是坐不过来, 辈分小的人就站着吃, 一桌能围十几个人, 平时自家人一起吃饭的时候, 就是王维机坐在左侧, 李月英坐在右侧, 儿子、儿媳妇坐在长凳上, 儿子靠近父亲一侧, 儿媳妇则靠在母亲一侧, 小孩子要是没地方坐的话就站着吃饭。

家里要是来了客人, 小孩不能上桌吃饭, 要是来的是跟王维机平辈的人, 只有王维机能陪着吃饭, 其他人都不能陪, 李月英也不行, 要是女方家里的亲戚来做客, 那就是李月英陪着吃饭, 比如儿媳妇的母亲来家里做客, 也只能招待儿媳妇的娘家人, 儿媳妇还不能上桌一起吃饭, 只能在另一个地方吃饭。农村有一个习俗, 五月初五的时候娘家人来看闺女, 这一天男方的父母需要一起陪着吃饭，客人来家里做客，王维机和妻子就不能坐在上席了，上席由客人坐着，他们坐在下手位置，比如女方的父母都来了，男亲家坐在主位的左边，女亲家坐在右边，王维机夫妻两个就坐在长凳上，需要劝酒的时候老大王克熙进屋跟他们喝个酒，坐在靠近上席的一侧，喝完之后接着就离开了，绝对不能"奉陪到底"。因为这个时候的家庭条件不允许，饭菜都不多，吃饭用的都是小碟子，几筷子就能夹没，必须先让客人吃饱。王维机的女儿回娘家的时候，就是和平时一个样，同样是一家人围在一起吃饭，若是女儿的公公和婆婆来家里做客，那就必须得好好招待。

家里来的客人若是晚辈，王维机和李月英也会礼貌的请他坐上席，但是一般情况下晚辈都不会坐，而是坐在右侧或者前边的长凳上。上菜的时候都是从上席的位置开始。当来的客人都是本家亲戚的时候，若都是同辈的人就按照年龄排座位，若是不同辈分就按照辈分排座位；要是来的客人中既有王维机母亲的娘家、妻子的娘家、女儿的婆家，最终还是得按照来的客人的辈分决定。当客人是街坊邻居的时候，按照"乡亲"来称呼，若是同族人，直接按照辈分安排座位，若是外姓嫁到本村的，就按照男方这边的辈分安排，当财主、村长、乡绅一起来做客的时候，是按照身份地位安排座位。王家人结婚办喜酒的时候，既有村长，又有自家亲戚、李月英娘家亲戚，还有邻居，这种时候就得综合各方面因素一起考虑，包括来人的级别、年龄、辈分。

3.请示的规矩

一是生产活动请示。土地的经营管理全是由家长说了算，要是家中还有做生意的，那就得分开管理，如果家里的老人年纪大了，不能再直接参与农业生产经营活动，就会让孩子具体管事，像全年的农业生产及种植计划，包括种植、犁地、播种、除草看护、收割、打场等环节，不用事事都跟老人请示，但是大事得跟老人请示、商量一下，因为老人的经验比较多。王家多数时间就剩下王克杰和王维机在家，两个男劳力都是合伙一块干，种地、耕地、收割等也是一起干，没有特别详细的分工，王维机买回来的生产工具也是两个人一起用，他们每天从地里干活儿回来会把生产工具放在同一个地方，第二天过来拿着继续使用。家里的牲畜都是王维机喂养，骡子、牛这些牲畜认人，必须得同一个人喂养，要是中途换了别人喂他们，很有可能会受到牲畜的攻击，这个不敢轮流喂养，所以农村很多时候都是长辈去世，他生前一直喂养的牲畜就直接卖了，因为别人驾驭不了。

二是家庭生活请示。王家每餐吃什么饭不用请示，王维机买什么菜回来，儿媳妇做什么菜就行，若是家里有人生病，他会特意嘱咐做饭的人单独给他做一份，王维机作为家长，事事都得注意到。做衣服、换衣服的时候也用不着晚辈去请示王维机，他到了一定的时间会主动告诉李月英或者儿媳妇该给丈夫、小孩做衣服、换衣服了。王家就是王维机安排好以后，由李月英具体处理这些事情，丈夫和孩子的衣服一般都是妻子来做，王维机夫妻两个的衣服原先是由李月英做，李月英要是年纪大了不能做，儿媳妇就会帮忙做。生活必需品都是由王维机负责购买，他掌握着王家的财政大权，一切支出都是由他说了算，或者是四个儿子跟着王维机到集市上买，或者是他自己一个人去，多数情况都是王维机亲力亲为，很少假手他人。家中小孩要是到了上学的年纪，王维机作为最大的长辈自动地就会安排他们上学读书。

三是外界交往中的请示。王家到庙宇烧香的都是老人，年轻人没有主动请示去烧香的，村里有什么庙会，李月英就会拉着儿媳妇一起出去，出去之前会跟王维机说一声，要是需要走亲戚，王维机提前就会安排好哪个儿子去，给他准备好需要带的东西，儿子走之前也需要跟王维机说一声。王维机在世的时候，四个儿子方方面面都是听他的指示，他让做什么就做什么，当儿子需要外出工作的时候会跟他请示一下，只有他同意了才能出去，他不同意，儿子就只能在家里种地。王维机算是一个开明的人，他没有把儿子都限制在土地上，反而支持他们走出去。

需要请示的时候都是口头说一下就行，大家都是一家人，没有必要搞得那么麻烦，晚辈跟长辈请示之后，长辈同意了即可出去，若是长辈不同意则不能出去，也不能擅自违抗家长的命令，要是家里有购田置业、盖房子、婚丧嫁娶等需要花大钱的地方，王维机都会在吃饭之前召开一个短暂的家庭会议，共同商量一下下一步的打算。若是家中的老当家人去世，晚辈遇到事情会跟老母亲请示一下，若是需要做决定的事情，老母亲懂的东西就可以直接作决定，若是其他事情就直接由新当家人做主。王家分家之后，李月英的年龄也大了，很多事情她都糊涂了，所以王家兄弟要是有什么事情都是兄弟之间互相商量一下，也不用跟李月英请示，但是得让她知道这件事情。

4.请客的规矩

一是生产活动中的请客类型。在1949年以前，王家前前后后总共买了四块地，每次买地的时候都有中人，那时候需要请人家喝酒，包括卖主、买主、中人，要是牵扯到地邻的时候，地邻也需要参加，这一过程叫"圆契"，在他们的见证下，王家在饭桌上直接把钱给卖主，双方交易完之后就开始喝酒，喝完酒这笔交易就算真正结束了。盖房子的时候，到了上梁封顶的步骤就需要请工人喝"上梁酒"，喝上梁酒都是中午进行，匠人头和普通工都得请客喝酒，私下里还要再给匠人头一笔额外的费用，数目不多，仅仅是表达心意，或者是五十，或者是一百，过去的老话都说，"上梁、上梁，杀猪宰羊"，所以必须得喝酒，这个程序不能缺。除了"喝上梁酒"，还要喝开工酒、完工酒，请客喝酒的时候都是王维机出面，开工的前一天单独请匠人头喝酒，匠人头"放出盘"，第二天正式开工的时候再请全部的人吃一顿饭。

二是生活中的请客类型。王家儿子定亲的时候需要请媒人吃饭，在饭桌上顺便把结婚日期定下来，把婚书写了。结婚的时候、老人祝寿的时候就需要宴请双方的亲戚以及街坊四邻，孩子满月的时候场面就小得多，大多数是请女方的娘家人过来给孩子"穿裤""送祝米"，遇到白事的时候同村的人、亲戚都会来帮忙，农村人只有结婚的时候需要下帖子，大户人家有时候在孩子周岁、老人九十大寿、百岁生日的时候也会下帖子。

三是宴请的规矩。宴请活动时虽然会来很多客人，但是也会有关系的亲疏远近，有比较近一点的关系，也有比较淡薄一点的。安排座位的时候，年龄大的坐在一席，年龄小的坐在一席，饭菜基本上都一样，上菜的时候当地都有讲究，六寸的碟子上六个菜，八寸的碟子上八个菜，总共是十四道菜。有红白喜事等大型宴请活动的时候，王家会专门请一个厨师到家里，都是在自家进行，屋里和院子里都有席位，要是家里地方不够的话就会借用一下邻居家的院子，家里的碟子等厨具要是不够用，也会出去借邻居的，由王维机或者派王克熙出面借用。

四是陪客的规矩。宴请时都是家长负责安排客人，而且像这种宴请活动还需要陪客，不同的来客需要不同的陪客，最好是跟客人认识的或者能跟他们聊得来的，能说会道，还得是会喝酒的。陪客一般是找本村的，因为陪客需要喝酒，要是同村的话，喝多了直接送回去就行，要是远了不方便，也担心人家出事。当时只有主桌上有两个陪客，别的桌子上没有，开席后，主人家的儿子需要去别的桌劝酒。女客很少，做客的都是家里的男人，因此都是男主人陪男客吃饭，客人来了之后，家里的女人还不能一起上桌吃饭，必须去别的院子单独吃饭。举行宴请活动的时候都有主持人，主持人在说完开场词之后说"开席"，那就正式开席，主持人也是自家的人，大约是剩下三道菜还没上的时候开席，只有主桌的人散席才能散席，别的桌的客人不能提前离开，过去做客都有做客的规矩。

5.房屋及进出居室的规矩

在王家原先的老宅子里，王作元住的是主屋，坐北朝南，王承先分到的屋子是东屋和南院，东屋是坐东朝西，后来王维机在南院里又盖了东屋和西屋，他和王克杰住在西屋，坐西朝东，宅子的正大门朝南，还有一个"寨门"朝北，王家大部分人都是从寨门走，因为从寨门出去就是肖家庄村内的大街，出入都比较方便。过去，老人住的主屋就是堂屋，厢房就是指东屋和西屋，耳房就是客人来的时候住的，大户人家还会有一个厅堂，大约是坐南朝北，客人来了先不去主屋，而是在厅堂招待，王家当时没有耳房和厅堂，所以王家有客人的时候，先在门房做个登记，要是找老人的话就直接带到老人的屋子，若是找其他人，也得先去跟老人打声招呼。

王维机的前三个儿子在1949年以前都已经结婚，因此王维机都单独给他们准备了一间屋子，王克杰没结婚之前都是跟王维机住在同一屋，长子和其余儿子的房子没有分别，大部分的老人都愿意跟小儿子在一个屋檐下住，因为上边的儿子都已经成家，各方面的条件都不太适合和老人住在一起。北屋作为主屋的宅子是巽门宅，《易经》中"乾、坤、震、巽、坎、离、艮、兑，乾是西北门，坤是西南门，震是东门，巽是东南门，坎是北门，离是正南门，艮东北门兑是西门"。王承先分家的时候除了分到了两间东屋、两间门房、大门外，还有南院，南院里边有两个敞篷，开始是王维机和王承先及其妻子，还有两个姐姐住在两间东屋里，之后王维机就在南院里盖了东屋和西屋，东屋和西屋之间又有一个小院子。王维机住的西屋门前有一张小石桌，院子周围种了几棵树，房屋周围种树的时候有一个原则，即"前不栽桑，后不栽柳，门前不栽呱嗒手"。"呱嗒手"在过去叫作"被杨树"，是一种杨树，院子里也不能种这个，因为刮风的时候这种树总是刷刷的响，这种树只能在坟地里的一个角落种。另外，桑的谐音即为"丧"，老百姓认为这个不吉利。而要是房子后边或者房子北边种柳树，家里的女人就会不守规矩，并且容易出一些毛病。王家的大门楼坐落在东南方向，这个是请的风水大师算出来的，每一家的门楼朝向都不一样。

农村人的作息时间就是早起晚睡，早上五点钟起床，晚上一般八点至九点睡觉，一般都是老人先起床。农闲和农忙时候的起床时间不一样，农忙时候的起床时间更早，三点半就得起床去收庄稼，晚上回家都已经天黑，九点以后才能睡觉。王家兄弟结婚之前王维机早就已经把新房准备好了，他都会提前给儿女预留一部分财产，包括房子、嫁妆、彩礼等。新房入住及建房都有一定的说法，"建满平收黑，除危定执黄；成开皆可用，闭破不吉祥；黑中平不爱，黄中危不强；建宜出行收嫁娶，定宜冠带满修仓；破除疗病执宜捕，危本安床开丈量；成开所作成开吉，平乃做事总平常"，除日、定日等都是好日子，必须避开黑道日，要是避不开黑道日的话，就在那一天选个吉时入住。

儿子、儿媳妇结婚之后可以随便进公公婆婆的门，婆婆也可以进儿子、儿媳妇的门，但是公公在儿子结婚之后就不能进他们的门了。小叔和小姑子结婚之前可以进哥哥、嫂子的屋子玩耍,结了婚之后就得避嫌,不能随便乱进。哥哥嫂子作为长辈可以进小叔子和小姑子的门。过去特别注重礼教,平时要注意自己的言行,要不被别人知道了会被笑话,不仅本人被笑话不懂事,对整个家庭的名声也不好。

6.制衣洗衣的规矩

王家大大小小的衣服都是女人负责洗。丈夫和孩子的衣服由自己的妻子洗。家里的老人要是还能动弹,王维机的衣服就由李月英洗,要是两个老人的年纪大了,洗不了了,那就由儿媳妇们一起洗。还未结婚的小叔子的衣服有时候嫂子给洗,多数时候还是由李月英一起洗。未出嫁的姑娘的衣服一般就是她自己洗。家里男性的贴身衣物都是自己的妻子洗,但是如果家里没有女长辈了,那男家长的贴身衣物还是得儿媳妇给洗。肖家庄有一条小河,尤其夏天涨水的时候,一年的时间有半年都在淌水,从入伏一直淌到阴历的十月初一,所以妇女们就直接端着盆子去河边洗。冬天河里不流水的话,就从井里打水,然后在自己家里洗。洗衣服的时候,把摊煎饼烧出来的灰用水过滤之后用来洗衣服。这个时候都有单独的盆子洗衣服,衣服晒干之后儿媳妇统一收起来,然后给他们拿到各自的屋子里。要是不小心把衣服洗破了,没人会骂洗衣服的人,破了再补一补就行。

(三)族训家规的制定

王氏的家规家训是在康熙二十年(1682年)第一次续谱的时候就制定出来的,日后经过不断的深加工,最后形成了现在的"王氏家训"。王家的家规家训当时是王氏祖先王桔制定的,他那时在朝廷做官,家在大弯桥。王氏家训制定出来,王氏族人就必须都得遵守。过去的人分"上九流、下九流",要是某一家被划到"下九流",这一家的儿子就娶不上媳妇、闺女出不了嫁,相当于这个家族直接不要他们了,族谱上也没有他们的名字,所以王氏家训制定的初衷也是教导王氏族人好好做人,不能走歪门邪道。就像过去的牌坊,大多数人是走正中间的大门,"下九流"的人就只能走两边的小门,过去被划到"下九流"的人包括剃头的、修脚的、狗腿、衙役,这些人都不能走正门,当时"下九流"的人想要考学、进学都不行。过去也没有人愿意跟宰杀大牲畜的屠夫成亲,俗话说是"屠家",听起来寓意不太好,姑娘找婆家的时候都不愿意找这类人,但是"屠夫"不算在"下九流"之内。

(四)严格执行族训家规

并不是每一个人都知道王氏家训,因为条件有限,肖家庄全村只有三本家谱,所以看到家训的人更是少之又少,除非有什么重大的事情才能允许家训拿出来。但是王家有一些默认的家规,比如吃饭规矩、座位规矩、请客规矩等,还有就是教育他们兄弟四个好好读书,王维机平时都会教育他们应该怎么做,要是有人违反了王家家规,他都会严厉批评一下,提醒他怎么做才是正确的,若是触犯了王氏家训且屡教不改,那么整个族间的人都不要他了,直接从族谱上除名。家里的老人以及族间的长辈必须得以身作则,不能触犯家规家训,要是长辈都不遵守,晚辈也会认为自己没有必要遵守,长辈要是触犯家规家训要面临跟晚辈同等的处罚,家庭成员犯错由家长进行处罚,家长犯错就得由族间有威望的长辈出面处罚。

(五)家庭禁忌

一是生产禁忌。农业生产方面都是按照二十四节气种地,当时农村流传着一些顺口溜,"人生天地间,庄农最为先,要记日用账,先念九九篇""八成麦黄十成收,十成收割满地丢""八口之家农为主,万顷耕地粪当家""爱苗惜籽,终究饿死;爱惜五谷,儿孙多福",农民种地必须根据节气来种,本来这个阶段该种玉米,却种上了小麦,本来该种小麦但是种了玉米,那么什么也收不着,庄稼熟到什么程度应该收割也要知道,农民都是世世代代以农为生的,他们最熟悉的就是田间技术,有不懂的,便去询问村里的"明白人"。

二是生活禁忌。新媳妇过门的时候,碰到大树,得在上边贴一张红纸,若是碰到庙宇,得用一块红布遮住庙宇的门,然后抬新娘的轿子才能从庙宇前边过去,本来庙宇有教育人、祈福的作用,比如夏禹河村有一个"三家老爷殿",三位老爷就是刘备、关羽、张飞,他们都是对社会有贡献的,老百姓得向他们学习,这些人都是大人物,所以结婚的时候必须得先遮起来,不能让结婚的事情跟它相冲。要是再碰到"石碾",也得贴一张红纸或者遮一块红布才能过去,"石碾"和"石磨"跟青龙白虎有关,古时候人们把青龙和白虎作为一种图腾,后来演变成石碾和石磨,石碾在白虎位,石磨在青龙位,因此农村还有一个讲究,就是家里的石碾和石磨不能朝向大门,必须放在一个空闲的角落里。

除此之外,新媳妇进门的前三年里,在跟外人讲话的时候必须得规规矩矩,不能一开始就和人家开玩笑、讲笑话。中华民国年间邹家庄有一个姑娘找的婆家是寨里村的成家,结婚时间不长就"出怀"了,婆家就认为她不正经,其实是男方在结婚之前就去找她,婆家人就把她撵回娘家了,娘家父亲拿着马鞭打她,给她三个选择,一是跳井,二是上吊,三是用刀自杀,最终逼得这个姑娘跳井死了,当时的社会惩罚非常严重,她丈夫也不敢站出来说,直到1949年以后才澄清。所以说过去做任何事都必须得规规矩矩的。当地新媳妇过门之后的第一年是在大年初二回娘家。

六、奖励惩罚

(一)对家庭成员的奖励

一般来说,爷爷在世的时候,要是孙子念书念得好,爷爷都会给点奖励,一般是奖励孙子一件新衣服,都说"隔代亲",爷爷对孙子是真的疼爱,爷爷奖励孩子之后,父亲就不会再奖励了。丈夫去世之后,妻子若是一直留在婆家守寡并且把孩子都抚养成人,当地政府会给她发一块"节孝匾",在道路旁边为她竖一块"节孝碑",象征着冰清玉洁,算是对寡妇的一种鼓励和奖励。家中的年轻人一直侍奉家中老人到老是作为孩子分内的事情,自家人不会奖励他,但是街坊邻居知道他的孝行之后会夸赞他,尤其是在农村,一传十十传百,全村人就都知道他的孝顺了,村民平时教育孩子的时候便会以他为例子。罗村镇陈家村有一个陈思豪,老家在邹家庄,他在清朝末年、民国初年搬到陈家村,是因为之前他在陈家村种过地,他母亲在床上躺了三十多年,但是母亲身上从没长过褥疮,每天吃饭的时候都是陈思豪喂饭,从不让别人插手,三十年如一日,儿媳妇就负责给她洗衣服、洗澡,日后区政府、镇政府给他颁发了"孝子匾",这些事迹在家谱上都有记载。

(二)对家庭成员的惩罚

家庭成员要是犯错都是由家长批评教育,一般都是嘴上教育一下,王克杰记忆中没有被父亲打过。家里的儿媳妇们要是做错事,都是自己的丈夫说几句话,公公婆婆不能说话,要是碰到比较娇气的儿媳妇,说不得骂不得,说了会影响婆媳关系,最多就是婆婆跟儿子说一下儿媳妇哪里有做得不对的地方,由丈夫亲口跟妻子说,丈夫的话妻子都得听。1949年以前王维机的大儿媳妇在家的时间最长,家里边的家务事大多都是她做,她的脾气是比较温和的那种,做事也比较稳当,生活中稍微犯点小错,李月英睁一只眼闭一只眼就过去了。李月英很多时候都跟王维机说,家里还是多亏了大儿媳妇。两家的小孩子吵架有矛盾了,若是非常严重,家长就得领着孩子上门道歉,还得给人家治疗或者买点东西看望一下,要是两个小孩子都有错,得先批评教育自己的孩子,人家的孩子你说不得。

七、家族公共事务

(一)祭祖

肖家庄所有的王姓族人在寒食和阴历十月初一都会祭祖,祭祖的时候只能男人去,小男孩和小女孩可以跟着去,但是等到小姑娘懂事之后就不能再去了,尤其是结婚之后,女人出嫁之后都是由女方的孩子代替她给外公、外婆上坟。祭祖的时候都有祖坟地,大约是十来亩地,当时谁种着这块祖坟地,等到寒食和十月初一这两次祭祖的时候,祭祖的费用就由这一家支出,花销不算多,就是购买"钱粮""香"以及祭祖后全族人一起吃顿饭需要开支。上坟的时候都抬着"大食盒",祭祖的食物也是由种地的人做,把食盒抬到坟前,再把祭祖用的食物一一摆在每座坟前,烧香、跪拜、磕头,完事之后族人直接就在祖坟地一起吃顿饭、喝点酒。

(二)续谱

王氏续谱的时候,每个村派两三个资历比较深的人前去参加,只能是男人上族谱,女人不能上族谱,上门女婿跟本族间的人没有血缘关系,更加不能上谱。对于每一个家族来说,续谱都是一件非常光荣的事情。1949年以前王家续谱的时候是在王氏的祖坟所在地大鸾桥,肖家庄的王氏长辈到了之后,大鸾桥的人都会用好酒好菜热情地招待,王作元去过两次,王维机的老爷爷去过一次,所有人聚齐之后,得经过很长时间的讨论才能决定怎么续修族谱。

(三)资助

考学、进学对于家庭、家族来说都是一件光宗耀祖的事情,文人在当时是非常受欢迎的,要是族间出现一个会读书的人,但是自己家供应不起,族间的人都会一起资助孩子上学,族人非常重视爱读书、会读书的孩子。明朝关庄有一个兵部尚书邱为正,因为家庭贫困上不起学,族人一直供应他念书,但是前两次参加考试他都落榜了,第三次考的时候没有族人愿意管了,都不愿意再凑钱资助他,只有村庄北头有一家继续给他凑钱让他去考试,他最后考上并成了兵部尚书,学成归来需要祭祖的时候,他就只给自家的老人以及村庄北头资助他的那一家上坟,其他人都不管。过去家族里边出一个秀才或者进士都不容易,回家的时候都要与族间的人一起去祖坟上祭祖,请族间的人喝场酒,族间的人都会带着小礼品前来祝贺。

八、村庄公共事务

(一)参与主体

1.村庄会议

肖家庄举行村庄会议的时候,王家都是王维机前去参加,如果王维机正好不在家,每一家又必须得派个代表,那就由王克熙代表王家去参加,等王维机回家之后,他再原封不动地告诉王维机开会内容。开会的时候女人不能参加,女人什么也不懂。王维机因为有点文化,因此每逢开会的时候他都会在会议上提出一点意见,村里边的人也会询问一下他的看法,开会的时候,全村人聚在一块空地上,村庄负责人就站在一个高台上,参加会议的男人们或者是站着,或者是随便坐在一块石头上,三五个人聚在一块,开会的时间不会太长,开完会都还要赶回地里边拾掇庄稼,开会的内容无非就是缴税等。但凡是家里边种着地就都得缴税,肖家庄没有不缴税的,要是租别人的地,就由土地的主人负责缴纳。肖家庄除了几户外姓之外,其余全是王氏族人,开会的时候只要是为了全村的人好,大家伙都乐意说一说自己的想法。王维机开完会回家会跟李月英说一下开会内容。

2.打井淘井

农民喝水必须得自己打水井,清朝之前肖家庄的村南头就打过一次,后来在村西头又打过一次,打井需要壮劳力,村庄负责人就从每家招人,每一家不一定只出一个劳力,招人的数量是按照家里的地亩数来计算的,要是家里的土地多,那就得多摊派人参与打井,要是地亩数少,那就安排一个即可,村庄负责人找到家长的时候,家长一般就安排长子过去,家庭成员都得听从安排和指挥。

3.集体活动

春节的时候肖家庄会集体组织演"五音戏",过去叫"周姑戏",从正月十五开始,一直持续四五天,喜剧演员到村演出之前的一天,会提前给村庄下一个帖子,告知什么时候到,然后村里的人一个人知道了,全村的人就都传开了。王家要是有空的话都会去看一看,看戏的时候不分男女,都可以去看,去之前跟王维机说一声,孩子们就一起去了。

(二)筹资

肖家庄建设公共设施的时候都需要资金,这个也需要每家每户按照家里的土地多少摊派,大户人家的土地多,在村庄筹资的时候就得多承担一点,要是碰到比较自私自利的大户,他们不愿意拿钱出来修建,这样的人平时在村里的名声也不是很好,就跟恶霸一样。肖家庄的两户人家跟村民相处得都还不错,村里需要筹资的时候他们都会积极出钱,该派劳力的时候也积极提供。家里交给村庄的筹资花费,王维机都会跟家里人说一说,具体的花销都花在了哪里,必要的时候都应该说清楚,如果某些家庭交不出钱,即使借也得交上,因为村庄筹资的总数在那里摆着,要是这一家交不上,那也不能让别的家庭多交,也不能派人去做事,最后只能去借。这些事情都是由家长负责,女人或者其他成员不能在家长不在家的情况下擅自做决定,等到家长回来之后自己拿主意。

(三)筹劳

村里需要筹集劳动力的时候,每家都得有代表,具体的代表人数根据每家的土地数量计算,摊派劳力的时候王家只出一个,开始的时候是王维机自己去,要是他忙的时候会派大儿子去,其他人要不是妇女,要不就是小孩,这些体力活他们都干不了。日本人、国民党在这里的时候都跟村庄要过男劳力,他们不跟老百姓讲交情,不管是什么家庭都必须出一个男劳力,家里没有男人的家庭,雇一个也得代表参加。当时日本人从肖家庄一直到张店修了一条很长的壕,他们就从每个村抓人干活,不去的或者派不出的家庭他们就打,那么长一段距离不到半年就建好了。

九、国家事务

（一）纳税

1949年以前纳税是以家户为单位，肖家庄都是交田税，具体按照家户中的土地面积计算，一亩地需要缴多少税都有具体的标准，一年交两季，麦季一次，秋季一次，每次打下粮食来就得往上缴税，纳税都是交粮食。每逢上边要税的时候，要是容易收税的话，村庄负责人上门收税就可以，要是老百姓不配合的话，村庄负责人就带着官兵上门挨家挨户的要，要是收不上来，挨打受罚都是常事，收税都是找每家的家长，若是某一家没有人，官兵就把村庄负责人带走了。每逢缴税的时候，王维机都是按时缴，家里的九亩地收成下来都能缴上，王维机也是不想节外生枝。缴税的时候都是村庄负责人上门要，老百姓都很穷，如果不是逼急了一般都不想上缴，拖一天是一天，想着拖到年底就最好了，实在缴不上的都逃出去了，要是家长不在的时候，就下次再来。缴不上的村里的人也没法通融，他们也是给别人做事，要是老百姓交不上，受牵连的是他们，他们不会用自己的粮食替村里的乡亲先行垫上，要是一家、两家的都这样，村庄负责人就更收不上粮食了。缴税都是自家的事情，都是各人管各人的，要是被抓去，什么时候缴上就什么时候放出来，家庭实属困难的时候，稍微允许延长一点时间，但是没有免交的情况，无论想什么办法都得交上。

（二）征兵

1.军队征兵

国民党在肖家庄征兵的时候，一个村征多少兵有个具体数，村庄负责人派下去，如果征兵人数多，基本上每家都需要派出一个，如果征兵人数不算很多，那就按照家里的地亩数，达到多少亩，就必须派出一个儿子应征当兵，另外儿子多的家庭必须派出一个，若是有自愿应征的更好，若是分配到某一家只有一个儿子或者没有儿子的情况，就得花钱雇一个人代替自家出去当兵，一年给他多少粮食，家里被指定去当兵的儿子要是不愿意去，家长只能花钱雇一个人去。雇的人都是比较贫困的家庭，家里没有多少土地，人口又多，与其在家吃一顿、饿一顿的，还不如应征当兵，起码能吃饱，因此如果有人雇他们，他们一般都很乐意。肖家庄民国以后只派出一个兵，之后在莱芜战役中让国民党打垮之后就回家了，接着又当了解放军南下打仗去了，这一个人就是被别人买去的，他家里边只有他兄弟自己，他走之后，家里的土地都是靠剩下的女人们种着，他主要是在家生活没有着落，种那么点地不够吃，也不够穿，就直接出去了。当兵之后他的饭起码能保证，还能发军饷，家里的粮食就剩下给女人们吃，因为他出去当兵，父亲母亲去世的时候都没在家，父亲是1947年被肖家庄驻扎的国民党军队打死的，最后只剩下妹妹、妻子和两个孩子。

征兵没有条件，不管年龄、身体情况，这个时候没有人愿意去当兵，老话都说"好铁不捻钉，好人不当兵"，当兵的都是家里穷得没法或者不想在家种地的人。国民党军队征兵的时候，家里剩下的人没有照顾，当了解放军之后，家里的老婆孩子都是由村里负责，家里的土地由村里的人给她们种着。当兵的时候，收到军队给家里送来的粮食，爹娘都能哭好几天，平时儿子没有音信，也不知道儿子是生是死。解放军南下之前有过"动归动参"，动员之前当兵的人回去继续当兵，动员新人积极参加，当时也有当逃兵的，军队上的人会去他家找他，动员他回去，若是愿意回去也不会惩罚，那个时候愿意当兵的人本来就很少，所以只要他能回去就当作什么事情也没发生。要是知道上边提前下来征兵,有的家庭就提前逃出去了,等到风头过去再回来。

1941年的时候,游击队过来肖家庄,他们的人看到村里的小孩子在路上玩,有时候会掰一块锅饼给小孩子,这就是他们收上来的军粮,来到村里之后,他们找土地最多的人家,让他们给游击队收集锅饼,当场没有付钱,但是都给这些大户人家打下欠条,等到1949年以后政府将钱还给了他们。国民党和日本人在的时候收集的粮食就不是收集军粮,是直接进老百姓家里搜刮民财。因此解放军来的时候都非常受欢迎。

2.抓壮丁

抓壮丁都是因为国民党时期缺人,那就得从老百姓这里抓壮丁,到一个村里,只要是十八岁以上的,被他们看到之后,换上军装直接就被拉走了。肖家庄没有被抓过壮丁,只有虞家有一个儿子当时被抓去当壮丁,直到现在都杳无音信。

3.自愿当兵

国民党时期肖家庄只派出去一个兵,他在招解放军的时候就自愿出去参军了,都是被生活所迫,之前在煤矿上干活的时候很难挣出来吃的,还不如出去参军,当解放军的时候没有军饷,但是每个月政府都会或多或少给一点粮食。王克照开始是在煤矿上给日本人干活,他在里边偷偷地给共产党拿日本人的炮药,最后被发现了,日本人把他的衣服都脱光了,虽然没查到证据,但是被那种大粗杆子打了三下,从那之后他就直接参军了。开始参军的时候是供给制,也没有军饷,平时政府会补贴一点粮食,王维机带着小儿子王克杰去看过王克照一次,乡政府给了六十斤谷子。

(三)选举

肖家庄选村长、村副、保甲长的时候以地亩的多少为依据,有个说法是"十亩在前,八亩在后",就是说家里有十亩地就能当上村长、保甲长,家里只有八亩的就当不上,因为家里边地多的就说明这个人比较有能力,能把土地管理得井井有条说明这个人的管理能力不错,土地少的家庭,本来自身还吃不饱、穿不暖,更不用说管理整个村庄。肖家庄有一百八十亩地的大户人家就在肖家庄当村长。

调查小记

当拿到中国农村家户制度调查报告的提纲时,厚厚的 108 页着实让人"眼前一亮",细数一下,自己从 2016 年寒假第一次做口述史调研一直到现在,撰写的四篇调查报告已经超过百万字。而一篇家户制度调查报告和一篇家户专题报告的撰写字数至少要二十万字,沉重的任务让自己觉得压力很大,"身在曹营心在汉",虽然我的人还在学校,但是心已经飞回家里找老人去了。

本次家户制度调查的难度比起以往的土改口述史、合作化口述史和集体化口述史都要大,但是也是一次特别锻炼人的机会。根据提纲的介绍,受访者必须要清晰地了解本家的祖先是否有迁徙过程、因为什么原因从哪迁来的,还有本家的人口繁衍情况,除此之外,还需要了解家户内部的经济制度、社会制度、文化制度和治理制度。由于之前两次调研都是在家里做的,周围的老人已经被我搜罗干净,这一次又不是短短的两个小时就能解决的,我提前已经预感到自己的调研之路不会很顺利。

离校的时候已经是 7 月中旬,回家之前先去了这次暑假的百村调研点将问卷全部做完,回到家的时候已是 7 月 20 日。一回到家就开始让我父亲帮忙打听附近有没有合适的老人给我当家户调研对象。我开始还抱着幻想,我在 2016 年寒假的时候找过南黄村的一个老人,他年纪正合适,记忆力也还算不错,于是一大早赶在他出去遛弯之前去他家找他,对他试调查了一下,发现他不符合我的调查要求。因为所找家户必须保证在 1949 年以前同锅同灶的人口超过八口人,而他家算上继父跟继父家的孩子才只有五六口人,这个对象就这么直接被放弃掉了。他不合适,这个村其他人就更不合适了。8 月 3 日的时候,我想起 2017 年寒假在罗村镇肖家村采访过一个人,当时访谈的时候,他讲的内容非常翔实,唯一的缺点就是老人的身体不太好,去年刚得了脑血栓,虽然记忆力不如从前,但是比其他人说得要清楚,又抱着试一试的心态去了,去的时候是我爸带我去的。

因为我之前去过一次,这一次也就直接找上门了,但是很可惜,去的时候只有老人的妻子在家,为了不再白跑一趟,我直接问了一下老人现在的身体状况,是否能够接受访谈,他的妻子非常干脆地说,"可以的",去年做过手术之后就恢复得差不多了,现在不仅能看书写字,还时常出去遛弯,我去的那一天正好又出去玩了,他妻子还专门出去找了一圈,但是都没有找到。既然得到这个好消息,我就跟他妻子说,"麻烦跟大爷说一声,明天我再来找他",他妻子也答应了。

8 月 4 日,早上早早地起来吃过饭,我没再让我爸带着我去,只是借了我妈的电动车过来,自己骑着小电动车、背着"沉甸甸"的提纲、拿着手机就去了。我到的时候王大爷刚刚吃完饭,我跟他说明了一下我的来意,大爷表示记得上次我去问过他的事情,我再问他身体真的可以吗，他说"没问题"，然后我接着问了问他家在 1949 年以前的人口情况、土地情况，王大爷说，"十二口人、九亩地"，听完我的心顿时放松了许多，王家虽然不是大户人家，但是能够把小户人家的生产、生活经营特点体现出来也是不错的。其实我们这边很难找到大户人家，因为地形原因，家家户户都没有大片的土地，只有零星的几块。于是我跟王克杰大爷的访谈之旅就这样开启了。

调研过程中还有一个小插曲，我就碰到了一个自己的"同行"，她是长春师范大学正在念大一的学生，暑假报了我们学院的口述史调查，那一天是她爸爸陪她一起来的，也是来找王大爷做调查，内容涉及土改、集体化、改革开放等，因为我正在访谈，她就说改天再来。看到她的样子就像看到我第一次开始调查的模样，当时也是老爸陪着我做了每一个调查，也算是跟着一起了解了他们也不知道的土改之前的事情，是一段非常珍贵的回忆。

庞大的调查任务结束之后，就是更加艰巨的家户报告写作任务，从正式开始写到完成报告的初稿，我大约用了一个月的时间，字数在十一万左右。虽然此次调查耗费的时间长，但是当我拿到厚厚的一沓报告的时候，心里还是颇有成就感的。如此之后又经过三次大改，直到 12 月下旬，我的家户报告终于通过，也算是暑假家户调查的一个完美收官。

最后，十分感谢中国农村研究院给予本人家户调查的机会和经费支持，同时也非常感谢王克杰老人对我在调研过程中给予的帮助、关心和支持，感谢王大爷在百忙之中抽出时间陪我"唠嗑"，让我了解了一段非常珍贵的家户历史，愿王大爷的身体能一直健健康康的！

第二篇

内聚外引：少子贫户的生存策略
——桂中何村何氏家户调查

报告撰写：潘雪芝 *
受访对象：何子文

* 潘雪芝(1993—　)，女，广西南宁人，华中师范大学中国农村研究院 2016 级硕士研究生。

导　语

广西南宁市永淳县①灵竹乡何村地处桂中丘陵地区,全村耕地面积将近 3000 亩,村内住着何、潘、廖、黄、莫五个姓氏的人家。何氏是何村自然村的第一大姓,也最早迁移到当地。何氏祖先于明朝从玉林市一路西行来到现在的何村,并繁衍生息,后来分了四房,只有二房和三房一直延续至今,且二房在 1949 年已绵延至房内的第十代。

何克廷家是何氏二房下的一个普通家户,1949 年以前,何家三代同堂,祖辈何王氏于 1937 年后守寡,此外,家中还有何克廷夫妇及其两儿四女和一个长媳。十口之家独立耕种二十余亩的祖传土地,通过耕种土地实现自给。何家代代务农,终年靠务农维生,辅以短时的打工和兼业。何家之所以得以绵延和存续,主要源于何家的两个重要特点。一方面,"外引",即向外援引物资上的不定期缺口:何家自家的土地质量不佳,土地数量仅勉强够种,每年的收成都不足以维持家庭一整年的生产生活,逢四至五月便会缺粮,何家需要向财主家借粮救急。何克廷为人老实,从来不拖欠粮食,何家因自家粮食收成问题需在"借"与"还"中补给家户生产生活,也因此成了向财主家借粮的诚信熟客。除了维持基本生活需要向外借粮外,何家在办红白喜事时,也因即时的粮食储备稍显不足,而不得不向亲戚告贷,从而保证家庭的婚丧嫁娶的进行。另一方面,"内聚",即生产资料上的充分利用和自给自足,更重要的是何家分工明确相对简单的治理关系等将整个家庭凝聚一起:何家内部成员关系十分融洽,是典型的单代独传当家的家户,家里主要由何克廷说了算,比其他的多子家庭少了"兄弟辈"间的权益分割与摩擦。何家总体上由何克廷掌管家庭对外的大小事务,包括生产劳作及以家户代表的身份参与家族、村庄和国家的事务,而家内的家务管理和安排主要由其妻何檀氏代劳,夫妻双方是整个家户生存延续的"主心骨",其他家庭成员都听从他们的安排,加之夫妻俩随和勤劳,家中很少有矛盾冲突,因而何家能彼此聚牢,日子虽不富足,甚至有缺粮的挑战,但一直以来几乎没有什么大的起伏波折。何家这一少子贫农家户通过"外引"和"内聚",保障着每一位家庭成员的教育娱乐、成家立业、生老病死,在此基础上维持整个家庭的经济、社会、文化和治理的机制运转和功能发挥,使何家得以绵延。

---

① 现为横县。1952 年永淳县被撤,其所属峦城、六景、灵竹、平朗、石塘、良圻等区划归横县管辖,属南宁专区。

第一章　家户的由来与特性

何氏祖先在明朝时自然迁徙至永淳县灵竹乡,是第一个在何村落户的人家。何氏祖先在此落地生根,并开始创村,其繁衍至第三代开始分房分支。何克廷家是何氏二房的后代,位属何村何氏的第十二代、何氏二房的第九代。1949年以前,何家是当地一个靠务农维生的普通人家,其家户境况处于当地中等偏下水平,具体表现在:在人口数量和结构上,何家一共有十口人,三代同堂,包括何王氏、何克廷夫妇及其六个儿女和刚过门的长媳,其中何王氏已步入耄耋之年,家里最小的儿子检才六岁,老幼皆存。在房屋情况上,何家的房子为全村遭遇"铲匪"风波后,由爷爷辈何峻蓝卖地集资,最终修建起的一座九间土砖房和当地其他贫穷农家一样。在经济和社会地位上,何家世代为农,祖祖辈辈以种田为生,未出现过官绅成员,也没有经商经历,土地数量够自家耕种,在村里没有特殊影响力。

一、家户迁徙与定居

(一)祖居玉林,迁入永淳

明朝时,何氏祖上开始从玉林市迁移过来,先经过横州,后逐渐西进,成为第一个来到永淳县灵竹乡何村落户的姓氏,并开始创村。何氏祖先迁来此地并没有太多外在动机和缘由,没有战乱、灾荒和贫穷的无奈,完全出于自然迁移,发现此地并未有人居住后,便决定在此地定居,繁衍后代。由于何氏是第一个落户此地的,在初到此地时不需要经过谁的同意,他们便开始创村。接着潘氏、廖氏相继落户何村,而莫氏和黄氏迁到此地的时间还不长,至于他们是否需要获得何氏的同意才能定居下来则无从考究。何氏每隔四到六年就会新编一份家谱族谱,简要记录自开村以来的世系繁衍情况。关于何氏甚至何村的历史事件,并没有相关的记录,只靠祖祖辈辈口口相传至今,只有耄耋一辈才知晓个大概。何氏最初定居何村时,还没有其他姓氏的人到来,他们可以自行地选择住址,何氏第一代所住的地方是何村的中心位置。随着后代繁衍,何氏开始向西北方向和南方扩展,每个房族的住房均为集中修建,四周均筑好围墙,族内仅设有一个公共的大门,供同族的人出入,与族外人往来;何村的田地则分布在村子的西南面各片。接着,后来的潘氏、廖氏分别定居到村庄中心的正北方向和东北方向。到1949年前夕,通过征税、摊派费用等事宜,何子文了解到何村人口已达700人以上。

(二)分房分支,绵延十三代

何村何氏祖先名叫何道隆,其妻韦氏,后生下两个儿子何明学和何朝忠,正式落脚何村。到了第三代,何氏一共育有四个男丁,何明学和何朝忠分别育有两个儿子,也是从这一代开始,何氏分了四个房支,分别为"云朝头房""喜香二房""学广三房"和"喜远四房"。其中,1949

年以前,头房已经绝后,其他三房得以绵存。何克廷是何氏二房的后代之一,位列何氏二房的第十代,整个何村何氏的第十三代。目前,何氏二房已经传到了第十三代,即整个何氏的第十六代。自第三代分房后,随着时间推移,何氏二房和三房开始各自繁衍生息,犹如两个不同的宗亲。本报告以何氏二房的传续为主要的考察背景。目前,何氏人口已有一千多人,二房和三房分别有五百人左右。

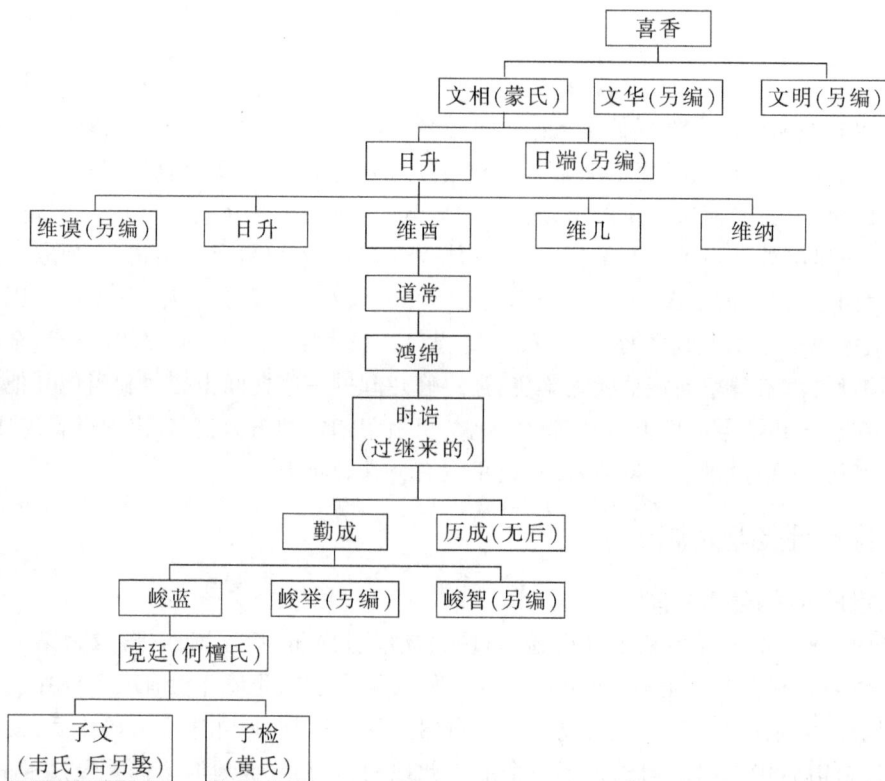

图 2-1　何家世系繁衍图(以上只列何氏二房中与何克廷一家有关部分)

(三)"劫"后重生,开枝散叶

20 世纪 20 年代,何氏遭受过一次官府"洗劫"的灾难,整个何村人都在这次灾难中深受其害。民国年间,当地小偷和劫匪猖獗,而匪头就在何村。小偷和劫匪们到处偷东西、抢东西,甚至横县、桂县那边的小偷也喜欢往这里集中,偷了东西便拿来和匪头会合,在何村"筑巢"分赃。这些劫匪们把别人的牛赶回来,晚上闯进别人家偷别人家的家财、抢别人家姑娘等,官府管不着,群众劝不住,这种抢夺、偷盗者遭到别村村民的怨恨,经一再警告无效后,周边的村民就将这一窝匪告到了永淳县公署。接着,永淳县公署便派人下村来铲除匪窝,因此何村成了这次铲匪的重灾区。何村民众遭受牵连,整个村子全部被民团收光、抢光、烧光,什么也没留下,房子也全被烧得惨不忍睹。一夜之间,家家户户都被"洗劫一空",吃的、住的都没有了,这是何氏乃至何村人史上遭受的最大的灾难。

1949 年以前,何氏田地足,但是苦于没有水利,整个生产发展没有大起大伏,总体上还算过得去。俗话说,"树大分枝,子大分家",特别是在南方,孩子多了,分家是理所应当的事,何氏的二房和三房下都繁衍出越来越多的小家户。1949年之前,何家由何克廷当家,何家没有出过大人物或者流传有好手艺,祖上都是以种田为生,家里土地最多的时候有三十多亩,但祖父、爷爷及何克廷一辈均卖掉了一部分土地,最后留下来的只有二十亩左右。何克廷是何家这一辈的独子,除他之外还有一个女孩,到何克廷这一辈时家里只剩下二十多亩土地。何克廷家祖上历代都是农民,没有经商或者做官的经历,且家境贫寒,经济水平处于村里中低等水平,一直到何子文成人后,家中才出了一位在村里比较有威望的人,也就是何子文本人。何子文于1950年担任何村第一任农会主任,于1952年被派往横州接受教师资格培训,后来当了二三十年的人民教师,谦卑有礼,受人尊重,颇有学识。

何氏长久以来一直是以二房、三房为宗亲单元传承下来,在村里也都是以何氏二房或者三房自称,二房和三房分别是一个家族单元。何氏二房后代也支系繁多,以何克廷家所属的这一支系为主要研究对象,这一支系顺下来的第六代独子何鸿绵无后,通过过继何时诰[1]才得以继续繁衍下来,此后几代没有再中断过。第八代有两兄弟,分别是何勤成和何历成,何历成后来无后,仅靠何勤成这一支延续下来,养育了第九代的三兄弟,即何峻蓝、何峻举和何峻智。何峻蓝是何克廷的父亲,其仅育有何克廷一子,其孙辈为何子文和何子检。何氏二房繁衍到何子文一辈已经是第十三代。1949年前夕,二房总人口有一百多人,共二十来户。

二、家户基本情况

(一)三代十口之家

何克廷一家祖孙三代同堂,1949年以前还没有分家。简要情况见表2-1。1949年以前,何克廷家一共有十口人,何峻蓝1937年过世后,父辈何克廷当家。家中成员大致有祖辈何王氏,当家夫妇何克廷与何檀氏,子辈从大到小分别是大女儿何秀芳、长子何子文和其第一任妻子韦氏、二女儿何秀梅、三女儿何秀英、五女儿何秀凤[2],以及小儿子何子检。此外,还有一个四女儿抱养给亲戚家。

表2-1　1949年何家家户基本情况表

家庭基本情况	数据
家庭人口数	10
劳动力数	7
男性劳动力	2
家庭代际数	3
家内夫妻数量(1938年始有一守寡)	3
老人数量	1
儿童数量	3
其他非亲属成员数	0

---

[1] 但没有过继的相关记载和或记忆,具体是过继谁家的无从考究。
[2] 女孩的名字都是出嫁到夫家才起的。

(二)青年居多且"上有老,下有小"

1937 年以前,何峻蓝夫妇、何克廷夫妇及其四个子女自成一家,由何峻蓝当家,当时何子文还不到十岁。1937 年何峻蓝过世,后何克廷成为祖孙三代之家的一家之主,上有 78 岁老母,下有六个子女,最小的儿子何子检才 6 岁。长子何子文于 1947 年结婚,长媳韦氏正式到婆家居住,但由于何克廷一家经济比较窘迫,且何子文觉得两人不合适,于是在 1949 年前后将韦氏卖到别家当媳妇。家中的老人何王氏身体状况每况愈下,干不了重活儿,只能干轻活儿,做些家务。何氏一家有七个主要劳动力,包括何克廷夫妇、何子文夫妇、大女儿何秀芳、二女儿何秀梅和三女儿何秀英,五女儿何秀凤负责照看弟弟何子检。何克廷带着全家老小以种田为生,但是收成不佳,家境贫苦,加上人口较多,只能算是村里中等偏下的门户,每年都要向别人借粮食以维持全家一两个月的生活。由于条件不允许,加上传统社会重男轻女,何克廷家中女眷都是文盲,女儿们都没有读书的机会。1949 年,何氏三个较大的女儿都已经定亲了,唯有 16 岁的五女儿何秀凤还未对八字、合年庚。不过,定了亲的三姐妹还没有到夫家居住,按理还是何克廷家的人,吃住都还在何克廷家,且都是何克廷家的主要劳动力,平时跟着父母何克廷和何檀氏下地劳作。长子何子文是众多孩子中的唯一一个男青年,和弟弟何子检相差 15 岁。此前,何子文在家中都比较受父母疼爱,也是家中唯一接受过教育的。何子文一直读到高小毕业,但无奈家境贫寒,家里无法继续供何子文读初中,何子文在 1944 年回家跟着父母干活,成为家里的主要劳动力之一。

表 2-2　1949 年何家家庭成员情况表

序号	姓名	家庭身份	性别	年龄	婚姻状况	宗教信仰	健康状况	受教育情况
1	何克廷	家长	男	56	已婚	无	良	2
2	何王氏	母亲	女	78	丧偶	无	差	0
3	何檀氏	妻子	女	55	已婚	无	良	0
4	何秀芳	大女	女	22	离过婚,还未改嫁	无	良	0
5	何子文	长子	男	21	1938 年定亲,1947 年结婚,1949 年卖妻	无	良	6
6	韦氏	长媳	女	20	1947 年嫁入何家,1949 年被卖去别处	无	良	0
7	何秀梅	二女	女	18	已定亲,未结婚,还在娘家住	无	良	0
8	何秀英	三女	女	17	已定亲,未结婚,还在娘家住	无	良	0
9	何秀凤	五女	女	12	未婚	无	良	0
10	何子检	小儿	男	6	未婚	无	良	0

(三)"两排半式"房屋聚族①而建

1949 年以前,村民们都住得很集中。同房族的房屋均聚在一处,房族聚居区只设一个大门,同房族的人都只能从这一个公共的大门出入,各个房子之间隔着相邻两家的屋檐荫蔽出的距离,何氏二房的各家各户也不例外。

当地瓦房的总体布局大同小异。何克廷家虽是三代同堂,但是家庭经济条件较差,其房

---

① 这里的"族"指的是何家所在的何氏二房房族。

屋就是两排半式的土砖砌成的瓦盖房,一共有九间房。房子的后排布局为:中间是一个厅房,供敬祖拜神或者接待到访的客人;厅房两边分别是两个小厢房,呈对称结构。左右四个厢房都是复式的,挨着厅房的小厢房叫"主屋",通常是已婚夫妻居住,最两边的两个小厢房叫"二屋",一般都会尽可能腾出完整一间用于储放粮食、农具等物品。厅房的正前方是一个小院子,是整个房子最低的地方,方便排水。小院子旁边设两个厨房,即两个小厢房正前方通着厨房,且小厢房与对应边的厨房和院子间只有一个门出入,院子左右的房间也呈对称结构。最后,院子正对出来就是一个小走廊,走廊两侧分别设两个小厢房,与小走廊相通。这两个小厢房则是给大女儿何秀芳、二女儿何秀梅等四姐妹住的。

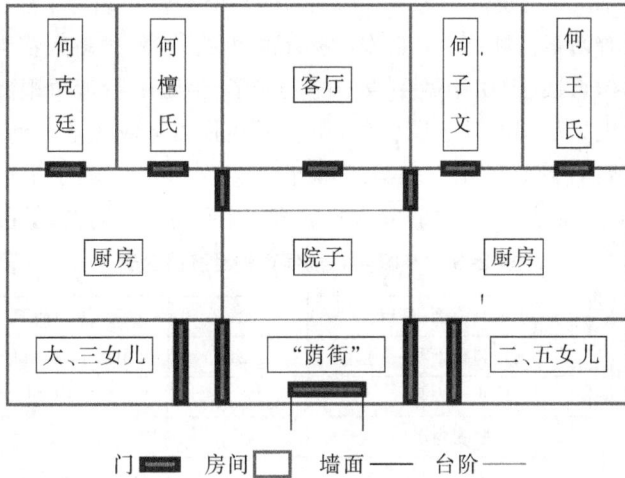

图 2-2　1949 年何家房屋布局

一般来说,后排的厅房和厢房在高度上是有讲究的。从厅房到两边厢房的高度逐渐降低,从厅房过来的第一个小厢房,即"主屋",比厅房低 2 尺,"二屋"房顶比"主屋"再低 1~2 尺,从而构成中间高两边稍低的房顶形状,以利于雨天排水,也寓意着厅房是"主",厢房的地位次于厅房。此外,前排和后排的高度同样也有讲究,前排要比后排低,厨房是整个房子最低的,高度只有最后一排的二分之一。再则,从小院子到门前的小沟之间通有暗沟,用于生活用水的排放。

对于中等经济水平的家庭,其房屋的构造则是在双排的基础上再往前加完整一排。具体而言,在院子的正前方还有一个头厅,用来接待客人,头厅两旁分别是另外两个小厢房,从头厅向两边逐渐降低 1~2 尺。此外,按照当地的习惯,这一排要比正厅的那一排低 20 厘米。而富裕家庭的房屋还可能再继续往前加一排,构造依旧为头厅以及两边各两个小厢房,依旧比后一排低 20 厘米。不同的是,这些富裕人家还在整个大房子的外围建有一列或者左右两边各一列包廊,分家后一般留作老人居住的地方。包廊和主房之间隔着一米左右的小巷,从厨房的外墙处开出一个门连通主房和包廊。

何克廷家比较贫苦,其房子的内部构造简单,外面的分布情况也并不特殊,前后左右相互紧邻,没有多余的空地。全村只有潘济闭、潘济校和何克嵩这三个大财主家有包廊。其中潘济闭家属于官僚地主,靠当官发财,他们家的房子是全村唯一一个全部用青砖砌成的大房子。何氏家境贫寒,家中没有专门的卫生间,平时把尿桶放在床头,自家的旱厕、牛栏、猪栏则盖在离家几十米开外的空地上。何克廷家一共有六个小孩,四个女孩分别两两住在前面"半排"(完整一排是有四个小厢房的)的两个小厢房中,何克廷夫妇则住左厢房的"主屋",上隔层一般存放着那些重要的干粮,而何子文夫妇住在左厢房的"二屋";何王氏住右厢房"主屋",而右厢房的"二屋"通常拿来存放农用物品等。一大家子住在两排半式的房子中显得比较拥挤,但这十口之家倒也其乐融融。

(四)生产生活资料自给

何克廷家祖上占有较多的土地,但何峻蓝一代迫于生计卖掉了很多,到何克廷当家的时候只剩下 21 亩土地。其中,共有 8 亩水田,13 亩旱地。何克廷家的土地全部由自家种植,没有外租,也没有租进别人的土地。全家一共 7 个劳力,全部以种地为生。其中,何克廷还做起了牛贩,农闲时就东奔西走去贩牛。牛是农村必不可少的牲畜,很多人都瞅准了这个商机,做起了牛贩,在农闲时挣点钱,但由于做牛贩子的人多了,牛贩一行竞争很激烈,能挣到的钱也比较少,很多牛贩子也只是闲时才运营,平日里主要还是以务农为业。何克廷家的农具比较齐全,犁、耙、锄头、剪刀、簸箕等基本农具基本齐全,另外还有一辆小牛车。家里还养有牛、猪、鸡等,但由于粮食产量较低,要供养的人口较多,因而牲畜的饲养数量很少。

表 2-3 1949 年以前何家的经济情况表

土地占有与经营情况	土地自有面积(亩)	21	租入土地面积(亩)	0
	土地耕作面积(亩)	21	租出土地面积(亩)	0
生产资料情况	大型农具	犁 1 把、耙 1 把、牛车 1 辆		
	牲畜情况	牛 1 头、鸡 10 只、猪 1 头		
雇工情况	雇工类型	长工	短工	其他
	雇工人数	0	0	0

收入	农作物收入					其他收入	
	农作物名称	耕作面积(亩)	产量(斤)	单价[1](元/50 千克)	收入金额(折算为元)	收入来源	收入金额(元)
	稻谷	8	600	6.4	38.40	猪	50
	红薯	3	300	2.2	6.60	小牛贩	20
	玉米	6	1000	7.2	72	收入共计(元)	
	木薯	1	200	2	4		
	花生	2	100	6.8	6.80	约合 3200 斤粮	
	黄豆	1	50	9.2	4.60		

支出	食粮消费	衣服鞋帽	燃料	肥料	租金
	1800 斤粮	600 斤粮	0	0	0
	赋税	雇工支出	医疗	其他	支出共计
	约 150 斤	0	100 斤粮	不确定	约合 3400 斤粮

结余情况	结余约-200 斤粮	资金借贷	借入	200 斤粮
			借出	0

---

① 参考横县县志,http://lib.gxdqw.com/view-c22-12html。

何克廷家每年的收入、支出都比较简单,总体上都是自给自足,很少向外销售或者购买。并且,何克廷家每年的实际收入很少,甚至有借贷的情况,每年的三四月都是存粮稀缺的时候,这个时候都要向地主家借上 1~2 担粮食才足够支撑全家的基本生活。在基本的生活消费上,除了需要购买必要的盐、洋纱①、梭等外,总体上几乎没有其他的消费支出。一般情况下,3~4 担稻谷可以换得 10 斤纱,1 斤洋纱可以制得 2 条布,也就能制一套衣服,何克廷家一年在衣服鞋帽上的消费大约有 5~6 担稻谷。此外,何克廷家每年要缴纳 2 担稻谷的公粮,一般都要挑到灵竹收粮站或者潘村的收粮代收点,除此之外没有其他的税务要承担。何克廷家是传统社会典型的自给自足的普通家户,甚至还略显捉襟见肘。

(五)世代为农的普通家户

何克廷家祖孙三代都是农民,没有当官的,也没有做生意的,尚没有德高望重之辈,人口数量一般,因祖辈劳动力弱、父辈单传而没有分家。何家只是当地的一个普通家户,家庭经济水平处于中等偏下,和四邻、亲友正常来往,没有当过甲长或者其他的会首一类的职务,没有特殊的政治地位。1949 年以前,潘济任是村里的村长,何克嵩任副村长,而何克廷家二房还设有两个甲长,即何克稳、何克发,全部由村民选举而出,何家与村干部也没有私下的来往,关系一般。

(六)父辈当家的贫苦农户

1937 年以前,何峻蓝当家,妻子何王氏协助,对外交涉和对内管理主要是何峻蓝负责,而家内的家务活和针线活主要是何王氏来作决策。1937 年何峻蓝去世后,由其子何克廷当家。何克廷家有三代人,何克廷是家长,掌握着家户内外各种大事情的最终权力,其妻何檀氏从旁协助,遇事会与其母何王氏告知商量。家户内外各种事情的主导权主要还是家长何克廷掌握,没有明确的内当家和外当家之分。

当地没有大户、中户和小户等家户等级的划分,只有有钱人家、中等人家和贫穷人家的区分,直到土地改革运动的时候才有地主、富农、中农和贫雇农的明确说法。有钱人家是土地多、放债、钱财多的人家,而中等人家则是自家土地也比较多,生活上靠自家能完全过得去的人家。何克廷家是当地的贫穷人家之一,土地改革运动的时候被划为贫农。当地家户一般都只有五六口人,何克廷家人口比较多,人口数在当地是算中上水平的,但是自家土地大多是劣地,土质较差,当地天气干旱,加上村庄没有水利,何克廷家每年的粮食都不够吃,过完年后总要向财主家借 1~2 担稻谷,才能勉强维持到粮食收获时期。总的来说,何克廷家在当地处于中等偏下水平。

明朝时,何克廷家的祖先何道隆一路从玉林到横州,再北上定居到现在的何村,何克廷家是第一个迁到当地的家族,是地地道道的老户。而潘家和廖家虽然比何克廷家晚到些,但是距今也有相当一段历史,也算是村里的老户。莫家和黄家是人口最少的,加起来总共几十个人,这两家是最晚迁来的,距今只有几十到一百年的时间。

---

① 洋纱:制衣的原材料。

第二章　家户经济制度

　　1949 年以前,何家的整体经济状况处于当地的中下等水平,家户资产水平一般,在家户生产、分配、交换、消费上主要表现为自产自"消",辅以向外借贷维生。首先,在土地产权及经营上,何家的土地先后经过三次卖出,土地数量有减无增,最终剩下祖传的 8 亩水田和 13 亩旱地,勉强够自家耕种,并为全家所有。其次,在房屋情况上,何家的房屋是当地最普通的土砖瓦房,共有九间房加一个小院,供全家十口人居住。再则,何家在进行生产经营的过程中,土地、劳动力、农具、耕牛等全部自给;在分配问题上,何家的食物消费很大程度上自给自足,除了留作家庭应急的公共支出外,何家很少有多余的积蓄进行家户内分配。最后,家户借贷是何家一个相对重要的经济来源,何家每年都要通过外借一部分粮食补给家庭的粮食消费,家里举办红白喜事资金不足时,也需要通过外借补足。总的来说,何家的资产及收入相对微薄,在家庭经济运转上以自给为主。

一、家户产权

(一)家户土地产权

1.多为"望天田"

　　1949 年以前,何家曾经有 22.5 封[①]水田,20 亩旱地。历史上,何家的土地只有减少的情况,没有增加的情况。何峻蓝当家的时候,由于家庭生计所迫,不得已卖掉了一部分田地,到何克廷当家时还有二十多亩,但何克廷当家之时也因家计需要卖掉了两三亩,最后何家总共仅剩 12 封水田和 13 亩旱地。何家的所有田地中,有将近一半的土地土质一般,有一半土地土质较差,还有少部分的沙土地。其中,何家的水田很少有靠近水源的,全靠下雨灌溉。1949 年以前,村里唯一一条小河是从深山流出来的,最先流经镇龙,镇龙人修了个水坝蓄水,后流经和睦村和潘村,他们也修了个储水的水坝,最后才流到当地。雨季涨水的时候,才会有水流到当地,否则只有上游的两个水坝有水,当地的水坝便是干旱的,因此当地的人们称之为"旱坝"。村里的旱坝只有在雨季才能很好地蓄水,干旱时,这里的水都是见底的,根本不足以提供当地人灌溉所需的用水。何家的水田有 4 封左右是靠近水坝的,但水田地势比较高,且基于"水坝大多时候都没有水,只有雨季的时候会涨水"的现实,远离水坝的田亩很难通过这个水坝得以灌溉。何村的水利相当匮乏,包括何家在内,村里大多数普通家户的田亩灌溉都是"看天下雨",因此,这些土地也被叫作"望天田"。

---

　　① 封:水田的面积单位,1.5 封=1 亩。

2.仅种祖传地,有过卖出

何家的土地全来自祖传,由父辈传给子辈,一代代继承下来。中华民国以来,何家的土地有过几次卖出,但没有买进的情况,也没有受人赠予所得的情况,田地数量有减无增。在剩下的水田、旱地中,旱地变化不大,主要是水田减少了;另外,仍有三分之二是一般的土地,剩下的三分之一则是土质很差的田地。何家仅耕种了自家祖传下来的土地,没有进行外租或者租进。虽然当时房族内还有很多空地可供开荒,但是何家因自家的人工、工具、粪肥等生产资料只够经营祖传下来的这部分地,便不再开垦荒地。爷爷辈何峻蓝还在世时,何克廷的孩子们都还小,家里总体上比较缺乏劳动力,主要靠何峻蓝夫妇和何克廷夫妇共四个主要劳力耕种近三十亩土地,终日劳作,勉强忙得过来。后来,家里的孩子们逐渐成为完整劳力,何家的劳动力逐渐充足起来。但在何峻蓝和何克廷两代人,何家已因家计需要卖出了近十亩土地,此时家里的劳动力完全能够支撑剩下的二十余亩田地,即使在农忙时节,何家的未婚女儿也可以抽出时间给财主家帮一两天的工。尽管劳动力较充足,但因自家工地基本够种,加之无法保证粗粮的支付,何家也没有再租种别家的地。

3.土地家有,男丁为继

何家认为祖传且未卖出的土地属于全家所有,不属于某个个人,是整个家户的公共财产。政府给每个有水田的家户都发了一本土地证,而旱地没有官方的土地证明。在何家,水田土地证上签的是户主何克廷的名字,表示该土地为何克廷代表的家户所有,非何克廷个人所有。在祖辈何峻蓝、何峻智和何峻举三兄弟分家的时候,平均每个小家户分得二十八亩地,家里已经出嫁的女儿不能参与分家,最后各方分到的土地为各小家户所有,养老地例外。何家曾经也留了几盖[1]水田给太爷爷辈的老人当作养老地,这部分土地则归老人所有。当家里的老人过世后,三兄弟就自行商量轮流耕种这部分养老地,来年清明时,由前一年耕种的一方负责祭拜老人时所需的花销。到了何克廷一辈,何克廷是家里的唯一一个儿子,何克廷娶妻生子后没有和家里的老人分家。何峻蓝在世时,家里的土地都一起种、一起收,何克廷当家后也是如此。何克廷当家时,给家里的老人何王氏也留有一块水田当养老地,每年老人先种完了养老地,转而会再去帮何克廷他们一起耕种其他的地。在这期间,养老地的产权及收成归家里老人所有,家长何克廷也没有随意支配这一封养老田的权力,但实际上何王氏没有和儿子何克廷分家。除此之外,何家的土地归全家所有,主要由家长何克廷说了算。1940年后,何王氏的身体大不如前,无法再进行耕种,何克廷便接手了何王氏的养老地,此时何家不再有属于某个个人的田地,土地全部归何家所有。

何家在土地的继承上只传男不传女。在当地各家各户,但逢分家的时候,只有家里的男丁才有分配和继承权,即便是未出嫁的女儿也没有参与分配的权利。土地分配遵循诸子均分的原则,家中有几个儿子,就将自家的土地平均分成几份,好坏参半,公平分配。若家中老人只有一个儿子,则该户全部土地均传给这一个儿子。当家里的男丁去世,儿子尚小,去世男丁的妻室也可以暂时主管家中土地所有权。何家爷爷辈何峻蓝除了育有何克廷外,还有一个女儿,但何峻蓝去世后,何家的土地全部由何克廷继承,嫁出去的女儿没有继承何家土地的权

---

[1] 盖:1949年以前当地的一种水田的面积单位,10盖=1封=0.67亩。

利,也不能干涉何家的土地所有权。

4.认同和传承家户所有

何家认为土地应该属于全家所有,家人都应该享受土地的使用权利。何家认为"一家人不说两家话",土地就应该为全家人所有。但是,在土地所有权上,何家家长仍拥有最大的权力,这是因为一家之长比其他家庭成员更有能力、更有威信,无论是对土地进行租佃、买卖、抵押或者平时具体的生产经营,家长都是最终的决策人。长子何子文直言,以家庭的名义集体耕种是极好的,毕竟全家人一起耕种、一起分享劳动所得,自老祖宗以来都是这么做的,包括何家在内的当地家户一直以来也都认同全家所有。如此,在何家,自家的土地也都称为"咱家的",意味着每个人都有义务和权利,土地是家庭所有,不是具体个人的。何家人认为,如果单分到个人,一方面不利于团结,显得生分,一家人就不像一家人了,就不"和气"了;另一方面,不利于生产,单个人无法应对农业生产中的各种问题。即使在分家的时候,土地也是分到各个小户,在土地证上签户主的名字,但土地不是户主个人所有,其他时候不会平白无故地分土地,更不会分到某个人单独耕种。尽管何克廷是家里的独子,父亲何峻蓝过世后,所有的土地都转到何克廷的名下,但何克廷也只是作为家户代表在土地证上签字,不是他私人拥有土地,而是他代表何家行使相关权利。另外,对子孙辈何子文和何子检两兄弟分家后分到的土地,虽然各小家户的土地证上登记的是两兄弟的名字,但在家庭成员和外人看来,这也并不代表该土地为两兄弟私人所有。

5.田地"界"明

自家的地与别家的地之间都是有边界的,而水田的边界是最明了的,因为每块水田的四面都要筑有边界才能蓄水。旱地的边界就不一定都是有形的,当地的旱地比邻村的多得多,且何氏的旱地是全村最多的,每家每户都会给自家的地块标好界。但旱地的地界不像水田,旱地不需要蓄水,很多时候还要考虑排水。因此,农户们在给旱地标界时,边界不一定是有形的,特别是高度相当的地块,人们往往以一条相对宽一些的"垄"作为旱地之间的边界,或者在边界地段的地头或中间半埋一块石头,石头所在的那一条直线就是边界。何家的土地边界情况亦是如此。

首先,在有形的边界问题上,何家土地的四面都有边界。何家的水田边界是田埂,在春耕之时,家长何克廷在犁田之前,都要带上锄头或者铲子,先把自家的田埂"补"一遍,若是田埂塌得厉害,还得打桩固牢。而旱地也有相应的标记,但旱地之间边界的标记比较多变、复杂,何家的旱地地界上,有些是以半埋下一块石头作为标记,有些则是隔出相对宽的"垄",又或者是直接垒起一条实实在在的地埂,界限都比较清晰。

其次,家户内部的地,家户外部的成员也都认可。而家户内部的地只有家户内的男丁才能继承,包括过继、抱养或者买来的男丁,都是该家户土地的继承人。何家的土地完全由自家耕种,只有家里人才能耕作,亲戚、朋友或者房族都不能未经允许耕作使用,"家家户户都有自己的地,你耕你家的,我种我家的,即使我俩是分家的兄弟,你也不能随意种我家的"。在继承问题上,何家的土地只有自家男丁才能继承,何克廷继承何峻蓝的,何子文和何子检则继承何克廷的,女儿都没有继承土地的权利。但如果某家的家长去世早,家中儿子还未成年,则由过世者的妻室继承,等儿子成年后再交给儿子负责;如若家中没有儿子,当家中女儿全部出嫁,且这个守寡的妻子也去世或者改嫁了,按照当地惯例,则该家的土地全权由叔伯或侄子接手继承。

再次,除了年幼的小孩外,各家的家户成员对自家的土地都很熟悉。1949年以前,除了年幼的何子检,何家人都清楚自家的土地都有哪些、有多少、在哪里,平时和别人聊到家里的土地也都是说"我家的地",家里人之间聊到家里的土地时也都说"咱家的地"。毕竟何家的家庭成员常年都到田地里干活,对哪块是自家的土地、边界在哪里也是熟悉的,包括对邻近自家地的是哪家的地也都很了解,"成天在田地里干活,不了解都没道理咧"。

最后,各家人管各家地。何家的土地没有租佃、抵押等情况,种是自家种,收也是自家收。但是,在家庭内部的具体经营上,种什么、怎么种,主要是家长何克廷和其妻子何檀氏说了算,不需要同房族、邻居、亲戚商量,他们也不会干涉别家的生产经营,向来都是各家管各家的。例如每年的九十月份是收割的季节,何家人都会全家一起去收割,收回来的粮食也是全家一起享用。何克廷每年都会将收回来的粮食分一部分给母亲何王氏,因为老人有时候是自己吃,何克廷及其儿女、儿媳们则全部都是一起吃,不用分配。土地怎么经营、收益怎么分配属于家庭内部的事情,别家人或者分家后的父母、兄弟均不会干涉。如果分家后,农忙忙不过来,分家后的父母、兄弟会过来无偿帮忙,平常日子一般都是各顾各家的。例如祖辈的何峻蓝、何峻举和何峻智三兄弟在分家后,三兄弟之间也都不能随意干涉兄弟家的土地经营,比如不能决定兄弟家的地种什么、怎么种,或者随意享用兄弟家的粮食。在此基础上,分家的三兄弟之间的土地交流往来也仅停留在相互合作帮忙的层面上。

6.家长做主土地处置:卖地救急

进行土地买卖、租佃、置换和典当是家庭大事,任何与家庭土地产权有关的事务都要以家长为实际的支配者,其他家庭成员可以提意见,但是不能做主。何家家长何克廷在处置土地产权上具有决定性的权威和作用。

(1)土地买卖问题

与一般意义上的买卖不同,当地所说的买卖一般有两种,一种是"卖割",一种是"卖当"。"卖割"就是永久转让土地所有权,并且做好土地转户的登记,也就是通常所说的土地买卖。而"卖当"是后面所提到的典当。何家曾经卖过土地。其中,爷爷辈何峻蓝当家的时候卖过,后来何克廷当家时也卖过。卖地换回的是粮食,具体一亩地换多少粮食,由于粮价变动大,也就没有固定标准。何家在卖土地的过程中,包括最初的提议、后来的着手和最后的拍板都是当家人在把控。若当家人不在,也要等到当家人回来再决定,其他的家庭成员在土地买卖问题上不能做主。20世纪30年代,遭遇"铲匪"风波后,何家的房子急需重建,何峻蓝做主卖掉了几亩家里的田地,换回钱粮以重新盖房。1937年,何峻蓝过世,但由于"劫"村风波刚过不久,建新房时也花了不少钱,何家经济不乐观,何克廷同妻子商量卖掉了一封田,才攒够给老人何峻蓝办丧事的钱粮开销。1940年前后,何家因为连续三年粮食歉收,也连续几年都借财主家的粮食维持生活,但是每年还掉借来的粮食后,又不够吃,生活艰难,何克廷决定再卖掉家里的一块地。家里的事情还轮不到儿女们管,归根到底还是几个大人说了算。何克廷和母亲何王氏、妻子何檀氏商量,几个大人都同意后,何克廷就去问房族的叔侄兄弟有没有要买的,但同房的人都没有要买的,大家也没有能帮忙解决困难的办法,最后何克廷便去找了房外的买家。

可见,进行买卖土地的时候,真正的当家人有最大的话语权,一般情况下会先和家人商量,再去找同族兄弟,优先找族内的买家,只有当同族人没有愿意买时,才能找外面的买家。

值得一提的是,买卖土地除了要请示同房族的兄弟,还需要到村公所中登记调整、到乡政府盖印章、摁手印等。在当地,如果因为某种原因,某一家户的当家人是女性,要买卖土地的话同样要提前告知本家辈分最高的男性长辈,得到应允后才能做主买卖。如果是兄弟当家,或者代理当家,兄弟和代理当家的不能跳过当事人而擅自做主,而应该要协同当事人做主。比如说,一个守寡的妇女带着小孩过日子,因生活困窘需卖地求存,这时候她必须先和房族代表或者本家长辈打交道,先问同族的人有没有人愿意买的,或者看能不能找到代替卖地的方法解决问题的,如果没有,而且房族人也理解和同意其卖地,这个妇女才能做主并着手卖地,包括找中人、委托中人找买家、买卖双方协商、摁手印等,如果该妇女对这些事宜并不熟悉,则由其叔侄来协同其完成相应的程序。

(2)土地租佃问题

何家没有任何土地租佃的经历。当地的农户如果需要租佃土地进行耕种,一般都是租自己族内的"蒸偿田",因为村里每个房族或家族都有自己的"蒸偿田",租佃的租金又比较公平公正。但也有少部分农户是租财主家的,而当地的财主家如果放租的话,也会向外村人放租,不局限于本村。何氏二房的"蒸偿田"全都租给了本村人,优先租给房族内的人家。进行土地租佃的时候,租户的家长要主动找到放租人家的家长。如果是租房族"蒸偿田"的找房族代表,双方口头上商量好租期、租金、交租时间等事宜,达成一致意见即可,没有正式的书面证明,因为主佃之间一般是同族的人。如果是租财主家的地,也是双方家长口头协议,外村人除外。村内的廖春好家只有一封水田和两亩旱地,土地非常少,于是廖春好找族内代表商议,租种了一部分廖家的"蒸偿田";因为要连年续租,每年年底廖春好都要提前和家族代表说一声,"明年我还种咱那些田",因为是同族人,而且是惯佃户,因此廖春好只要一句话就能续租了。

何家没有土地置换的经历。当地发生的一些土地置换的情况,主要是出于建新房需要,比如说甲户要在A地建新房,但是A地是乙户的,这时甲户家长就会去找乙户家长协商,用自家的地换乙户的A地,其他成员不能做主。

(3)土地典当问题

何家没有土地典当的经历。"卖当"是暂时转让土地所有权,也就是典当,其中双方要写文契,出典方可以将土地赎回来。比如说,甲方将自家的一封田"当"给乙方,当金是200斤稻谷,双方当家的要在场,要写好文契,文契上要写明土地的基本情况以及双方的权利和义务,等到甲方粮食充足了,甲方可以再以200斤稻谷向乙方赎回这一封田。"卖割"比"卖当"贵,比如说"卖当"的当金是150斤稻谷,那么"卖割"要给买方的就是3担稻谷(约合300斤)。只有家长才能做主是否"卖当"。

其实,无论是进行土地租佃、置换还是典当,家长都是最有权力"说话"的人,包括安排、决定等都是由家长做主,其他家庭成员的决定不能产生效力。但土地是全家所有的,不是家长个人的,家长也不能特立独行,要和家里能管事的人(成年人)商量过,在土地处置这类重大家庭问题上,听听家里人的意见也是非常必要的,否则容易招致家人的唾弃和兄弟的疏离。何家在卖地的时候,家长何克廷要征得妻子何檀氏和母亲何王氏的同意,而家里的孩子未管事,何克廷也就不会专门和他们商量。得到家里人一致同意后,家长还要告知房族兄弟、邻居,房族兄弟和邻居没有权力干涉,但是一定要知道整件事,以便他们及时认清土地的权属问题,以免产生不必要的误会。如果是进行土地买卖、置换,还需要到村公所找干部登记。无论是谁当家,当家人在土地的所有权上都是说话分量最重的人。

7.土地无侵

何家的土地没有出现过被外人侵占的情况, 只是偶尔遇到过一些细小无意的侵犯。比如,地邻人家犁地的时候可能牛走得太快,把地界推倒了一小块,这时,对方人家会自觉地把弄坏的地方垒好;又或者临近边界的一两棵玉米苗被别家在耕地中的牛吃了,对方有时也会和何克廷或者何檀氏交代一声,这种无意、轻微的侵犯不会导致何家与别家产生矛盾,只是家里的妇女可能会觉得被踩的玉米苗儿可惜,私底下念叨几句,倒也不至于上升到矛盾冲突的地步。另外,何家也从来没有侵占过别家的土地。"在何氏二房,如果谁家的土地被侵犯了,二房的叔伯兄弟肯定会第一个站出来维护,因为房内人家也是房族的一部分,房内人家的地也同样是房族土地的一部分,谁要是敢来侵犯,房族人会让他吃不了兜着走哩。"1949 年以前,何村各农户之间没有发生过未经土地主人允许,有意占据别家土地的情况。侵占他人土地是犯法的,首先会被族人唾弃,再者官府也不容许,如果谁随意侵占他人土地,势必会受到严重的惩罚。

有一种情况例外,何家所在的何氏二房中,有一种情况的土地"侵占"是被允许的。何氏二房全房的旱地是固定的,但是房内各家户的旱地却是灵活可变的。房内如果哪家人勤快,地耕得多,他就可以多耕房内的地,"能者多劳"。同时,如果谁家的旱地连续三年抛荒,那么第四年如果有人去开了这家抛荒的地,房族内就承认这块地是"开荒户"的地,"开荒户"不算是侵占别家土地,"你不种了,就不能白白浪费,若是连续三年都不种,就是向族内人摆明了说你愿意放弃这块地了,若是别家去种了,那就成了别家的地,我们二房认这个理儿"。

8.情法同护家有土地

一是村庄认可。1949 年以前的何村一共只有五六百人,村民之间经常"抬头不见低头见",终日"鸡犬相闻",都比较熟悉。在这个"熟人社会"里,何家自由支配自家的土地是受村里人认可的,各家各户之间也不会随意侵占,否则就是犯法的,村里的保甲长会加以干涉和制止,比如会亲自上门问罚,或者报官处理等。

二是房族之"情"和官府之"法"同护。同房族的人对何家拥有自家的土地是承认的,何家的地由何家自行支配,所得的收成也是何家自己的,房族不会干涉,也无权干涉。无论是村里的一般村民,还是村里的保甲长,甚至同房族内的兄弟,都不能随意卖掉、外租何家的土地或者将何家的土地置换出去,同样,何家也没有权利对其他家户的土地这么做。各家各户的土地所有权的实际权力都掌握在家长手中,当土地所有权将发生变化时,必须让家长知道并同意。如果何家的土地被外人侵占,一方面会寻求同房族亲戚的帮助,另一方面可以向村公所甚至官府举报。这时候,官府会着手查办,村里的保甲长和同房族的人不仅会替被侵占家户抱不平,还会主动出面提供保护,因为对于保甲长而言,这是义务所在,而对于亲戚来说,这是情义所使。何家人直言,虽然不能排除当地有些官府人员办事不力,但如果群众反映强烈,他们还是会照章执法的。比如,有一年,何村当地与那交村因为一片山地的权属不明确,我说是我的,他说是他的,争执不下,后来就打了起来,还打死了人,何家人没有亲身参与其中,但也对此番争执比较上心,认为那交村的说辞根本"不在理"。这场纠纷的影响很大,官府也不能袖手旁观,便纷纷出面调解了。后来乡里管事儿的没法调解,只得报到县公署解决。

值得一提的是,村公所或者官府对于土地纠纷事件总的来说都会秉公执法,但如果村公所或官府是因为公事要占村民的地,比如说挖河道等一类的公务,官府就不一定会跟村民讲理。比如,1949年以前,乡里组织挖一条从六厢村到何村的河道,挖到哪儿,石灰就撒到哪儿,要是占了农户的地也不会先和农户商量,而是直接撒上石灰画线、动工。但要真占了哪家的地,村公所和官府会做备案,事后再在被占地农户的纳税单上减去一定的份额,也就是当地所说的"减粮",不再有其他的赔偿。当时,何家靠近渠道的地头也被占用了些去,保甲长事前没有上门给个说法,而是事后在何家的土地簿上登记,根据占用的土地量做出相应的减粮调整。何家对此没有异议,也不敢有异议,何家人认为被占用地的也不只是自己一家,而且这是公事,还给减了相应的公粮,倒也能理解。

(二)家户房屋产权

1.三代同住自建房屋

1935年前,因为盗匪藏身当地,何村被县官府集中"清缴",村里各家各户被洗劫一空,村民们的房屋也被大面积烧毁。何家的房子在那一场大火中也被烧得什么都不剩,一片狼藉,从山里避难回来的何家人只得想尽办法重新修建住所。在家长何峻蓝的带领下,何家人自己动手打泥砖、找木材、搬木头、挑砖瓦,重新修建起了一座两排半式的土砖瓦房。1937年何峻蓝去世,何克廷继承了这个房子。这座房子的宅基地约为三分地,主房屋面积占两分地。何家的房子构造很简单、朴实,在当地算是中等偏下水平,整个房子只有一间客厅、四个厢房以及左右两边各两个厨房,外加一个小院子和前半排的两个小的下厢房。

当地房子后两排的布局都是类似的,即后排的中间是客厅,紧挨着客厅的是左右四个小厢房,左右厢房正对出来是左右两个厨房,相当于客厅左右分别形成两个套间,客厅对出来的则是一个小院子。有钱人家会再往前修建一排,布局和后排是差不多的,中间是头厅,两边依然是分别由两个小厢房形成的套间。当地更有钱的人家还会再继续往前修一排布局一样的,即小院子出来还有两排,其中两个头厅、八个小厢房,在大房子的左侧或者右侧再修建一竖排的包廊,从大房子的左厨房或者右厨房通一个门过去,当地官户人家潘济闭家的房屋即是如此。

何家的房屋布局则是当地比较简单的样式,房子不大,在离主房屋几十米的地方有一块空地,在上面建了一个猪栏和一个牛栏,与主屋相互隔开。总体上,何家的主房面积加上猪栏等总共有三分地。何克廷当家后的何家是三代同住,何王氏、何克廷夫妇以及夫妇俩的众多儿女们住在一起,住房面积虽不大,但何家三代人都住得自在,一家人也就图个安稳的落脚地方。

2.入住讲究辈分

按照当地的入住习惯,已婚夫妻都要住在上(后排)厢房,而未婚孩子只能住在"二屋"或者下(前排)厢房,也叫"闲房"。如果是三排及以上的房子,其上厢房的主屋是已婚夫妻居住,上(最后排)厢房的"二屋"一般是储放粮食或者其他的物品,而下(前排)厢房则也是留给子女辈居住。若是两个已婚夫妻住同一座房子,则左边厢房是年长夫妻的,右边是年轻夫妻的。在何家,1937年前,何峻蓝夫妇与何克廷夫妇分住客厅的左右厢房;何峻蓝去世后,左右两个"主屋"分别是何檀氏和何子文夫妻住,左边"二屋"为何王氏住房,右边"二屋"为何克廷后来搬进去住的。下厢房给未嫁女孩们居住。家长何克廷按照惯例做好入住安排,家人之间也从来不会因为住房安排问题发生争执。再者,何家的左"二屋"用来放置粮食、农具等家庭公共财产物品。左厨房是何克廷夫妇及子女日常煮饭做菜、吃饭、烧水的地方,右厨房由老人支配,这是在何克廷成家后不久"另"①出来的,除了固定节日以及家里临时加菜时全家人一起吃外,大多时候老人都在这边的厨房自己烧水做饭,后来她身体情况欠佳,才又渐渐地由何克廷夫妇给她送饭,她不再自己做。总的来说,何家人在住房的分配上遵循当地的习惯,主要依照辈分顺序进行安排和入住。

3.住房依山而建

何家的房子是朝西的,这与当地的地理特征和信仰习惯有关。何村的地理特点是平地在西面,山地在东面,房屋建筑要根据地形依山而建。当地房子的朝向的讲究中,第一条就是要背面靠山,正面朝向平野,顺着山的朝向而建,寓意"顺风顺水"。因此何村的房子几乎都是朝西的,何家的房子也不例外。何家的房子开设的窗户很少,一共仅有六个窗户,窗框和窗架都是用木头制成的。其中,左"二屋"的窗户朝南,右"二屋"的窗户朝北,左右两个厨房分别朝向小院开一个窗户,即左厨房的窗朝北,右厨房的窗朝南;此外,前两个小厢房的窗户则和大门的朝向相同,都是朝西。总而言之,这些窗户的朝向主要是就着房子的朝向而设的,没有特别的寓意和讲究。何家的房子属于土砖瓦房样式,墙面都是土砖砌成的,而房顶则是用木头搭成横梁,后用瓦片盖起来的,总体上这也是当地一般人家的房屋水准。何家修建房子的原料相当一部分是属于自供自给的,譬如何家建房子用的土砖就是自家"打"的,即几个叔伯兄弟家庭之间互相合作,先用泥土"打"好形状,然后烧制,而横梁和瓦片是购买的。何家在房屋布局和建造上体现了当地住房特色,呈现了当地农户的住房讲究,突出了何家家户的一体性。

4.房屋家有

(1)房屋为家户所有

何家的房屋没有专门的房屋证,但何家人始终认为房子是全家人所有的,家长对自家房屋产权拥有实际的权力。关于房屋的继承,在何家,完全是靠传统的"父传子,子传孙"习惯流传下来并一直延续下去,没有让亲戚继承的惯例,除非老人没有后代,或者后代全部是女儿,否则正常情况下只有直系后代才能继承。值得一提的是,顶嗣②、抱养儿也是有权利继承房屋所有权的。何家的房屋历来都是"父传子""子传孙",没有出现过购买或者租进的经历。何家的房屋是爷爷辈何峻蓝带领家人修建而成的,何峻蓝去世后自然而然地传到何克廷一代。何家的房屋由何家一家人居住,从来不曾出租或者转让过。一方面,农村和城市的房屋不同,农村的房屋所有权不能随便转让,农村的敬祖氛围比城市浓厚许多,卖房子相当于是背叛祖先,农民世世代代都要将自家房屋沿袭下去,不能随便迁进迁出,自然也不能随意买卖房屋。另一方面,即使有官兵路过或者因事借宿,他们大都选择住在有钱人家,不会往贫苦人家挤。故而,何家的房屋为何家人全家所有,向来只由何家人自己居住和支配。

(2)拥有所有权的家户成员范围

只要是何家的成员,都有份享用这个房子,当然还包括外出打工的、没有嫁出去的女儿、未成年的儿童及嫁进来的媳妇等家庭成员。也就是说,除了何克廷和何子文,何家的四个未

---

① 当地的一种惯例,儿子结婚生子后与父母分开吃,但不一定分家。
② 顶嗣:过继来的孩子。

正式出嫁的女儿、未成年的何子检和嫁进来的何王氏、何檀氏、何韦氏(后来何子文改娶何周氏)都算是何家的家庭成员,都有权享用何家的房子。对于分家后房子的所有权问题,虽是一家人,但是已经分家的,会相应地把房子的一部分分给分家的各方,但是不同家户的人之间是不能享有对方家的房子的,分家了意味着也分房子住了。对于那些有钱的大财主人家,他们请的长工、丫鬟等也一整年都住他们的房子里,但是长工、丫鬟等是没有份享有财主家房子的所有权的。

何家的两个厨房分别属于何克廷这一小家和老人何王氏,两个厨房都建有灶台,何克廷和母亲何王氏"另"后,分别由两小家日常使用和支配。何峻蓝去世后没几年,何王氏身体还硬朗,平时也喜欢在她自己那边屋的厨房吃,叫她过来她就不肯,只有逢年过节或者何克廷偶尔钓条鱼回来时,何克廷夫妇会喊她过来和孙子们一起吃。在使用权上,除了厨房和各人所住的房间是具体到各人或者小家庭私有外,小院子、客厅等都是一大家子共用的,但在所有权的归属上,何家的房屋是属于何家这个家户所有的。在何家,家长何克廷不会随意占用父母那边屋的厨房或者房间,但是如果需要用,比如遇到红白喜事等,家长何克廷也可以使用母亲何王氏那边的房间。据此,何家人认为,大家都是一家人,对家里各个房间一般不会有非常苛刻的区分,家里需要使用哪个房间,家长都是可以做主的,但是家长也不会有事没事就去占用老人那边屋的房间。

(3)"家有"已成共识

何家认为,他们祖孙三代居住的那个房子就是属于他们自己的,其中,家长是现在房子的主要实际权力掌握者,家里其他男丁则是未来这个房子的主要实际权力持有者,女性没有继承资格。通常,家长在土地、房子等重大的事项上都是最主要的权力持有者,比其他的家庭成员拥有更大的支配权力。何家觉得,房屋归全家人所有相对于私人拥有更好,因为房子的事是很要紧的事,关系全家人的居住问题,而且如果是某个人私有,他哪天把房子拿去抵押或者拿去做什么坏事了,那全家人就会因此居无定所,所以全家有份不仅仅是习惯使然,也是有它内在的道理的——使房子不会随便被某一个人拿了去,避免家人流离失所。

(4)分家后各管各屋

何子文对分家后的房屋产权有很清晰的认识,包括他和何子检分家后,兄弟两对对方的房子也是深表认同的。在何家祖辈那代,何峻蓝等三兄弟都已结婚生子,而且小孩也逐渐长大,这时候家里的老人就开始分家了,房子也平均分给这三个儿子。某天,何峻蓝的儿子何克廷也可以成家了,他就另找一块地给儿子建新房,之后就在新房住了。那么之前何家太爷爷分给何峻蓝的那几间房也就没人住了,其他两兄弟还在住原来分给的屋子。这时,何峻举等两兄弟不能趁着何峻蓝一家搬出了太爷爷分的房间,就将这几间房占为己有,这几间空房的所有权还是属于何峻蓝的。总而言之,分家后的各小家户虽是一家人,分家了就没有权利占用另一家的房子,通俗来讲就是"各住各的"了。

5.房屋间以"雨檐"为界

何氏二房各家户的房屋均聚族而建,在二房房屋的外围建有围墙,但是二房内各个家户房屋之间通常挨得比较近,不会专门砌起隔墙进行隔离。两个平行房子之间有一条一米多宽的小巷,类似于北方的小胡同,将两个房子隔开,但两家之间的确切界限是房屋"雨檐"的边缘位置。

具体而言，首先，何家的房子与邻居的房子之间没有一个很明显的边界，房子之间隔得窄，当地习惯以"雨檐"为界，即这栋房子的左右房檐滴下来的水到哪里，这个房子的左右界限就到哪里。同时，房后也是以房屋后屋檐水滴落到的地方为界。而房子前侧则通常会有一条相对较宽的过道，谁家门前的过道就是谁家的。何家房屋正门前的过道为何家所有。

其次，何家的房屋都是何家自家成员使用，外人不能不经同意就使用。何家的房屋由何家的男丁继承，家里的女性都没有继承权，外人更不可能享有。何家的房子历代只传男，而且传给的都是自家的亲生儿子，没有过继或者抱养来的。当然当地也有例外，比如，如果甲乙两兄弟分家了，但是甲没有儿子，那么日后乙家的儿孙可以继承甲家的房子。

再次，何家的家庭成员都认为自家的房屋，自己也有份，在和别人谈及时，一般都会说"我们家"，而不是"某某某（某个家庭成员名）"家。家里若是有人来串门，串门的人都先在门口喊一声，或者一边进门一边喊，如果没有人应，来访的人就得回去，不能随便待在别人家里。与此同时，对于别家的房子，何家人也都分得清，不会指着别家说是自己家，当地也没有发生过自家房子被侵占的经历。而且，要是自家的房子被别人侵占了，家里人肯定容忍不了，一定会据理力争，甚至报到官府以讨公道等，在保证不伤及性命的前提下，通过各种方式把房子要回来，甚至有的人家把房子看得比命还重。何家人对此也深表理解。

最后，何家房屋主要是由何克廷夫妇共同管理，包括拆除、修缮、重建等都是由当家的夫妻俩共商共议、共同决定的。其中，何克廷是实际权力持有者，何檀氏则可以提意见、协助决策等，而何王氏年事已高，也不再多管这些事。何子文夫妇也还年轻，还轮不到他们顾家，所以他们也管不了房子的事。另外，除非何家当家人找房族亲戚帮忙看看、提提意见，否则房族亲戚不会主动干涉何家房子的管理，毕竟这些都是各家各户的私事。

6.家长统筹房屋权属

何家没有发生过房屋的买卖、典当或者出租，只有修缮或建造一说。在修缮或者建造房屋的过程中，何家的当家人何克廷是实际的支配者，在房屋构造规划、选日子、买材料、请工匠等一系列事务中，主要都由何克廷负责，同时他也和妻子何檀氏充分商量、磨合意见，但不用请示四邻、房族亲戚、保甲长等。在当地，如果丈夫实在无能或者已经过世，儿子又还小，家里是妇女当家，其建房子的时候，该妇女也是可以做主的，而且房族兄弟也会来帮忙。如果是代理当家，代理当家也是可以履行真正当家者的职责的。

此外，当地虽没有买卖房屋的情况，但也不乏买卖宅基地的个案，这种买卖通常只发生在有亲缘关系的家户之间。比如潘家的潘天英和潘天好两兄弟，很小就失去了父母，两兄弟被过继到伯父家，当时伯父也有自己的儿子们要养，所以对天英和天好照顾得不是很细致，这两兄弟大多数时候是自己照顾自己，伯父只给他们供应粮食和其他的食物。两兄弟长大后，要成家时，其伯父就说要帮他们做主建房子。于是通过亲戚朋友的帮助，加上两兄弟也勤快，便由其伯父做主，从廖家人手里买了块宅基地并建起了新房，最后两兄弟得以顺利成了家。这块宅基地交易的完成不用提前请示保甲长，主要是由交易双方自主决定，最后再去村公所登记就可以。

总之，建新房的时候，主要是家长做主，征求家庭成员同意，此间可寻求房族亲友的意见。何家在那场大火后，要急着盖新房，是由当时当家的何峻蓝统筹，包括房屋建造的总体规划、买材料、与木匠交接等大事的接触与决策，其间还和兄弟何峻举、何峻智互相商议，听取本家兄弟的意见,建造的时候几兄弟间还互相帮忙,比如帮忙挑挑砖、搬搬横梁等,其他的家庭成员就负责按家长的规划来做具体的事。

7.其他家庭成员齐参与

何家修建房屋的时候,家长做主,掌握实际支配的权力,同时其他家庭成员提出意见或者表示一致同意,经过家庭内部协商后再开始动工。建新房是家里的喜事,何家的老小对修建房屋都很支持,修建房屋的时候都积极参与其中,比如挑砖的挑砖,煮饭的煮饭,跑腿的跑腿。总之,一家子都乐此不疲的。正因为全家都同意、都出力,何家才觉得可能把房子顺利地修建完成。如果家长一意孤行,从来不过问家里的其他成员,或者没有征得家人同意就草草动工,家里其他成员便不会去帮忙,那么只有家长一个人瞎转悠肯定不能顺利完成修建。可想而知,家里其他成员在房屋修建等的房屋所有权变化中发挥的作用是辅助性的,但同样是不可或缺的。

如果是女性当家,在修建房屋的时候,通常会寻求本家亲友的帮助。因为在为数不多的女性当家的家庭里,丈夫十分无能,不顾家或者已经去世,而且家里儿子还小。因此,这样的家户在修建房屋的时候,往往只有当家女性一个主力,其关系较近的亲戚便会无偿援助,或者帮忙出主意、帮忙干些体力活儿等,何氏二房的何好嫂是个寡妇,女儿出嫁后,家里的猪栏坏了,她主动找到本家的二叔子,而她二叔子也会专门抽空帮忙修好。

8.房屋受护而无侵

1949年以前,当地官府没有对农户的房屋进行登记发证,农户的房屋缺乏相应的法律保护。但是在血缘关系和熟人关系为大的"乡土社会",村民、房族和村庄等主体都在一定程度上对家户的房屋提供保护。自长子何子文记事起,何家没有发生过房屋被侵占的情况。

首先,何村村子不大,全村几个家族也都住得很集中,村民都比较熟悉哪个房子是谁家的、谁家的房子在哪里、谁家房子长什么样,村民平日里要是看到陌生人在某一家户门前徘徊,就会询问对方是谁,要找谁,帮房屋的主人留个心眼,以免遇到要进行不法侵犯的人。自"铲匪风波"后,当地没发生过侵占别家房屋的情况,即使是富裕人家也不能随便侵占穷苦人家的房屋,因为每家每户都有房族兄弟撑腰,而且当地的人们住得集中,常常低头不见抬头见,不存在心存怨恨到侵占别人的房子的情况。

其次,房族对房内各家户的房子提供保护。房族内,谁家房子要是被侵占了,第一个出面提供保护的便是房族亲戚。房族的力量对何家的房屋所有权提供了最有力而有效的保护。何子文强调,何家的房屋没有被侵占过,有房族这个后盾在,没有人敢随便就来侵占,谁要是敢侵占,房族兄弟肯定第一个会出来严厉制止,重则甚至还可能使用暴力,将侵占的人殴打一顿。

再次,村里的保甲长更不能随意侵占村民的房屋。如果村里的公共事务需要占用村民的房子,村干部也不会强行将村民的房屋进行买卖、租用或者置换。村民的房屋是村民最重要的财产之一,村干部对村民的重大财产也会提供保护,如果因公需要置换村民房屋,村干部肯定要先和该户家长协商,将伤害降到最小。

此外,永淳县公署没有颁发相应的房屋证,政府是不将农村房屋纳入官方管理的,要是村民的房屋倒塌了,或是闲置着,也不会对其进行补助或者帮其承包出租。农户的房屋几乎是由农户自己管理,政府不会干涉。但是,如果农户的房屋被不法分子破坏或者侵占了,农户一般会主动找官府报案,那么官府也会提供相应的保护。但何子文认为,中华民国时期的政府大多办事不力，报官多是"费力不讨好"的事，人们有什么困难，最先找也最常找的还是自己的房族亲戚，而不是官府人员。倘若官府要占用农户的房屋，要先和该户家长商量好了，双方达成一致了才能用。中华民国时期，官府向农户征收"和尚粮"①，官府把当地收上来的"和尚粮"先集中到潘济闭家存放，也就是官府租了潘济闭家的几间房用作"和尚粮"的仓库。因此，政府征用农户的房子，首先要取得户主的同意，不能随意使用。

（三）生产资料产权

1.农具与牲口情况

1949年以前，何家虽然没有类似于水车一类的特殊大型农具，但是基本农具还是比较齐全的，包括诸如犁、耙、锄头等的耕作农具，以镰刀、斧子、石碾为代表的收割脱粒工具，再如木叉、把子等的晾晒粮工具，以及筐、簸箕和一辆比较简陋的牛车。此外，何家还有一头可用于耕种的牛。何家的犁、耙和牛车都是叫村里的木匠做的，锄头的头、镰刀的刀刃等都是上街买的，锄头把子和镰刀把子则是自己先找好木头，叫木匠帮做的。每个村都有几个会木工手艺的人，请木匠帮忙时，材料要给备好，木匠只负责出人工，过后只要给木匠付人工费即可。中华民国期间，何家在购置农具时，有一段时间拿钱换，过后有一段时间又变成给粮食，但是钱币容易贬值，1949年前的大多数年份都是用粮食进行日常交易。何家的农具用的时间也比较长，不经常坏，一把锄头可以用好几年，锄头松了，或者是簸箕漏洞了，家里大人们可以自己动手补一补，还可以坚持好长一段时间。能自己动手修的，何克廷绝不会再花钱另请木匠。

2.生产资料为家户所有

（1）生产资料家户所有

何家的农具都是为家户所有的，家里干活的人都能用，要用锄头的就扛锄头去，要用镰刀的就带镰刀去，大人就拿大的，小孩就带把小的，农具都为全家共同使用，不属于某个家庭成员私有。此外，1949年以前，何家的农具都是自家使用，没有和别人共用的经历，包括牛也是自家养自家用，不用和别人搭伙使用。

（2）自家农具自家人用

何家认为家里生产工具不是个人私有的，"自家农具自家人用"，出工时需要用什么就带什么去，不用征得谁的同意。在何家，家里的小孩主要还是听大人的，年幼的小孩还不用出工，也用不到农具，但等到他们有足够的力气干活了，也是有权使用这些农具的。女儿出嫁后，只有她回娘家帮忙干活能拿家里的农具，她在夫家常住后，就是"外人"了，在夫家干活就用夫家的，不能随意回娘家拿农具。总的来说，家户的农具为何家全家人所有，没有私人农具的说法。另外，分家时，家户的农具也是要均分给不同的小家户的。何克廷没有亲兄弟，他是家里的独子，因此何峻蓝留下的农具全部由他继承；1949年后，孙辈何子文和何子检分家，家里的犁、耙、牛车等比较大型的农具数量少，因此分家后的两兄弟有一段时间还是合伙共用这些较大型农具，另外的小农具则均分给这两兄弟。而有钱人家会给分家的几个儿子都各

---

① 和尚粮：民国时期，各地教士、和尚比较盛行，政府成立了相应的基金会来扶持他们。每个村要出一定的粮食或者金钱存入这个基金会中，比如说A户拿出3封田交到基金会，基金会将这3封田外租给乙户耕种，收割的时候，乙户将这三封田的收成交给基金会；又或者，丙户有钱，他可以直接给基金会交一笔钱，而不用再交粮食。政府将征收来的粮食和钱存入基金会，用来扶持传教教士和寺庙和尚。

购置一套农具,比如叫木匠给做个新的犁、耙,上街买个新的锄头等。何子文和何子检分家时,何家还比较穷,没有钱置办新的,只能分旧有的农具,分家后除了犁、耙等大农具是两个小家庭共有外,其他的小农具则归各方所有,一方不能再随意享用另一方的农具。几年之后两家才各自置办了其他的农具。何家认为家里的农具是全家人所有的,因为一贯以来都如此,一家人不会分那么清楚,向来都是"家里人出工需要用到什么就拿什么",收工时再带回来即可。

3.家长为实际支配者

何家农具的管理主要还是由何克廷负责,即平时要是农具缺了或者坏了,主要靠他找木匠定做或者维修。要是家长何克廷不在,其妻何檀氏可以代替做主处理,比如说买把锄头、镰刀或者其他家里缺少的基本农具,不用等到何克廷在场才能决定。但要是家里的犁或者耙一类的较大型农具坏了,还是必须交由何克廷回来处理。如果是女性当家的家户,当家的女性完全可以自己做主购置需要的农具。而如果是代理当家的家户,在农具的支配和管理上,代理当家可以代替家长行使相应的权力和承担相应的责任。另外,何家内部购买生产资料的时候,不用请示四邻或者何家二房的亲戚,四邻、亲友也不会对此加以干涉,因为这是何家内部的小事、私事。何家购置自家农具所发生的全部费用,比如要交多少粮食,完全由何家内部承担,家庭外的人不会主动提供任何帮助。

一家之长对家庭农具具有实际的支配权,不仅体现在购置和修理方面,还体现在对外交换和使用中。如果谁家需要借用别家的农具,借方的家长要问过出借方的家长,比如说A户要借B户的牛车来拉粮食,那么前一天晚上A户当家人就必须先问过B户当家人,"明早我借你家牛车拉些粮食,看行不咧?"得到B户当家人同意后才行。关于合伙使用生产资料的问题,当地也有两兄弟家搭伙购买了个榨甘蔗、榨油的大型工具,这两户人家合作把这个工具买回来后,他们找了个空地,合作搭建了个小房间,专门经营榨甘蔗或者榨油的活儿。此后,农户砍回来的甘蔗或者收回来的花生都可以拿到那里叫他们帮榨。家里的花生收回来后,何克廷也喜欢到那里榨花生油。这个搭伙使用大型工具的情况类似于合伙做生意,主要是合伙家户的当家人共同管理经营,不用请示其他人。

4.其他成员听安排

何家其他有劳动能力的家庭成员都能使用家里的各种生产资料,年幼的小孩除外。但其他家庭成员对生产资料所有权的支配作用只是部分的、辅助性的。以农具为例,若是何家家里的农具坏了,如果是锄头、镰刀等一类的小农具,何檀氏可以做主拿去修或者重新买,但是犁、耙、牛车这种较大型的农具缺了或者坏了,只有家长才能负责购买或者送去维修;或者需要借用别人家的农具时,如果借的是小农具,家里其他家庭成员可以直接借,大农具只能由家长何克廷或者何檀氏出面借,借给别人也是同样的道理。最后,说到生产资料的保护和侵占问题,何家的生产资料没有被侵占或者偷盗过的情况,家里的农具不会随意摆放在门外,但凡不用的,都会放在门内,收工后何克廷不忘叮嘱其他成员记得带好工具,以免忘了。傍晚收工后,何克廷也会时不时清点家里的农具,看看是否都齐全。因此,何家人对自家的东西都比较上心,勤于检查,以防丢失。

5.自家工具自保管

生产资料产权是家户所有的,日常使用也都是在家户内部进行,由家户自行保管好。对于各家户的生产资料,外界都承认,不会随意侵占、强行购买或者使用,如果某家的生产资料被偷或者被抢,被偷家户的房族亲戚会第一个出面抱不平,想办法将被偷的东西拿回来,其他村民也会抱不平,或者出来劝慰,如果比较严重,村干部和官府也会提供必要的保护。对家户生产资料最认可且提供最大保护的要数房族亲戚。在何家,有什么问题也都会最先找房族亲戚帮忙;他们认为报官多是无用功,"费力不讨好",除非实在没办法了,何家人才会想着找官府报案。

(四)生活资料产权

1.粮、盐、油、洋纱的来源和使用

何家的绝大部分粮食为自家劳作所得,何家有自有土地,不用向外租佃或者买进,仅耕种自家土地就基本上能满足自家十口人的生产生活需求。但由于灌溉困难,何家的粮食产量也因此受到影响,何家每年的四五月份会出现粮食不够吃的情况,于是只能向财主家借粮以补充粮食供应,粮食收割后再给财主家还粮,如此往复,何家几乎每年都要向外借一到两个月的粮食量。

何家日常使用的盐,或者是从集市上买回来的,或者是在村里的杂货店买的。家里的盐要是快用完了,又刚好到了街日,家长的妻子何檀氏就趁着赶集,从家里带上大米,到集市上换盐回来。买盐的时候,除了可以用大米换,也可以用鸡蛋换,前者居多。盐是生活必备品,但也不便宜,何家在用盐上也比较节省。要是炒菜时盐放多了些,家里人不会嫌太咸,而是嫌浪费,等到第二餐时,会把粥煮得稀一些,以配炒咸了的菜吃。

何家人吃的油都是自给的。何家每年都会养猪,卖猪时何克廷都会跟猪贩说要留猪油,所以家里卖猪得的钱一般都已经扣了猪油占的份额。养猪得的猪油够自家用上大半年,加上自家种的花生也都用来碾成花生油,以供家需,如此,基本上够何家一年的用油量了。村里有几个人家合作开了个碾花生油的坊子,村里人很多都会去那里碾花生油。何家照明用的火油则是需要购买的,一瓶火油可以用挺长一段时间,若是没有了,何克廷夫妇也得拿大米换些回来。

何家人穿的衣服都是自家女眷们做的。每年的粮食收获季节也是家里置办洋纱的时节,何克廷和何檀氏夫妻先商量好今年能买多少洋纱,大概能给每个人做多少衣服,然后再由何檀氏挑上粮食到集市上购置洋纱。买回洋纱后,何檀氏带着女儿们开始纺纱织布,织成布后,由何克廷夫妻按情况分配到个人,最后再由女眷们裁制成衣服。一般情况下,何家每人每年也就能做上一套衣服。

2.用水较困难

何村有一口自然水井,就在村里的龙母山山坡下。这口水井的水是自然渗透出来的,无须人工采挖,这口井在每年的三四月份就会渗出水来,全村的人都到这口井边打水喝。每天早上天刚刚亮,年轻的姑娘们三两成群,各自挑上桶,高高兴兴地去龙母山下打水。何村的水源极少,很难通过打井取水,除非挖到一定的深度,包括何家在内,一般人家都没有私人水井。算起来,村里人取水的地方主要是龙母山下的这口井、波白山(音)深山里以及离村口几百米开外的花桥下。天气干旱的时候,每家每户都派些年轻人前往波白山深山处去找水。何

家的几个姑娘每天早晨醒来的第一件事就是去挑水,春夏季节还能在村子的水井里打,一到了秋冬干旱时节,就得到深山里找水。

3.生活用品基本够用

何家是当地的贫户之一,家里没有像样的桌子,吃饭的时候,自己搭成一个简便的"饭桌",即下面放一个洗脸盆,上面放一个竹匾,搭成一个即时的"饭桌",家里人一起吃饭时就拿着小圆板凳围着"饭桌"吃饭。但是家里其他基本生活用品,诸如菜刀、剪子、锅碗瓢盆、木叉、耙子、木桶等还是比较齐全的。何家的这些生活资料都是通过购买获得的,主要由何克廷夫妇来置办,坏了就由何克廷动手修,修修补补"又三年"。由于条件的限制,何家很少购置新的生活用品。

4.晒场不固定

1949 年以前,何家没有自己的固定晒场,晒稻谷时不是去"蹭"别人家的晒场,就是要自己清出一块临时的"土晒场"来。有钱的财主家才会有固定晒场,一般的穷苦人家都是建不起的,他们要么蹭有钱人家的,要么自家在空地上清出一个"土晒场"来。每年的九十月份,稻谷收回来后,几个穷苦人家都没有固定的晒场,就一起商量着轮流用一个地方,你家晒好了轮他家,他家晒好了轮我家。在何村,有晒场的都是财主家,何氏三房的大财主何克嵩和他兄弟何克定、何克静三人合伙建了个晒场,晒场较大,没有固定晒场的穷苦农户每年都会来挤出一块地方来晒自家的稻谷。实在挤不到地方的人家就在空地上清出一个"土晒场"来,到了九十月份,当地就进入干旱季节了,也能在"土晒场"上将就着先碾碾稻谷,但比较难晒干,等到别人晒好了,晒场空出来了,再拿到别人的晒场上晒。何家也是众多普通贫户中的一个,没有建自己的固定晒场,每年水稻收割后,要是正碰上别人家的大晒场有空出来的地方,就去和别人家挤一挤,这是最好不过的了。但要是别人都占满了,就找一个合适的空地,将地平整好,铺上垫的东西,把稻谷和土层隔离开,脱粒和晾晒都在这个"土晒场"上完成。

5.当家夫妇管事儿

何家家内的事情主要是内当家何檀氏负责,家长何克廷很少干涉家中杂事,只有当内当家拿不定主意,或者事关重大时,才会由家长拍板。比如说家里的木桶坏了,急需购置,何檀氏就得趁赶集的时候拿去修或者买个新的回来;而如果是家里儿子娶媳妇,要给儿媳下聘礼,相关物品的购置和准备就得由当家夫妇共同负责。日常生活中,多由内当家的管家事,但如果正好当家的去赶集,当家的同样可以直接置办些需要的东西回来,不用等到内当家的有空。如果别人来借用,要先征得当家夫妻同意,但这些生活资料是全家人共有的,家里人可以自由使用。

6.产权受保护

何家不是有钱人家,家里没有什么值钱的或者阔气的家用物品,何家人平时也都留些心眼儿,向来没有被侵占过。何村当地的小偷小摸相比其他村的少些,但要是哪家的板凳、锅瓢等生活资料被偷了,人们也不会选择报案,主要靠房族邻里互相照看,或者帮忙找找,但实在找不回来了,他们也只能劝慰该家户日后多警惕。但如果哪家被偷了猪或被人"牵"①走了牛,被偷的家户就会报案,先报到村公所,村公所解决不了再报到乡管事儿的那里,他们也会出

---

① 这里指未经牛主同意而私自牵走的意思。

面提供保护,帮忙追查偷盗者。特别是偷牛事件,属于农村的重大偷盗案件,村民的意见会很大,村公所的人或者官府就会花比较大力气帮忙抓到偷牛者,否则被偷家户的族人兄弟必定会帮忙出头,容易造成流血事件。

二、家户经营

(一)生产资料

1.劳动力完全自给

1949年前夕,何家有何克廷、何檀氏、何王氏、何子文、韦氏、大女儿何秀芳、二女儿何秀梅七个主要劳动力。其中,男劳力两个,女劳力五个。韦氏在1947年正式进门后才算是何家的一个劳动力,此前虽已定亲,也只在农忙的那几天才会过来帮忙。大女儿何秀芳、二女儿何秀梅和三女儿何秀英在1949年以前已经定亲,但是都还没过门,农忙时她们会挑几天去未婚夫家帮忙,平日里还是在何家居住、干活,也还算是何家的正式劳动力。20世纪40年代期间,何王氏虽然不能经常干重活了,但是只要是她能干的活,她都还去做,因此何王氏也是家里的劳动力之一。何家的老人活到老干到老,除非真的干不动农活了,他们才舍得待在家里做些家内的轻活儿。当地的女性历来都要外出参加劳动,不像北方典型的"男主外女主内",这里的男女都要下田耕作。何家的女性劳动力每天除了忙着田地里的活儿,还要利用饭后的时间纺纱织布,而家里的小孩子到了六七岁就要去帮家里放牛了。作为家里唯一能上学的,长子何子文在上学期间,没课的时候还要帮家里放放牛,或者捡捡柴。

总的来说,一直以来,何家的劳动力都是自给自足,没有雇工的经历。爷爷辈的何峻蓝还在世时,何家的劳动力相对少,只有何峻蓝夫妇和何克廷夫妇四个主要劳动力,几个大人在农忙时候会有点吃紧,但基本上自家人也能忙得过来。何峻蓝去世后,何家的孙辈们相继长大,家里的劳动力日益充足起来,春耕时,何克廷负责犁地、犁田,何子文也会跟在后面学一学,何王氏及何檀氏带着女儿们插秧、播种、埋土等,年小一些的小孩就在地头玩泥巴、抓蟋蟀。如果有谁能干活却偷懒不去的,就会被家里的大人说,重则罚他暂时不许吃饭,轻则将他训斥一番。

2.偶尔给财主家帮工

何家劳动力充足,但是家庭经济条件不好,何克廷就让三女儿何秀英去给财主家放牛,以减轻家庭的生计负担。何秀英在财主家当了两年长工,只有过年的时候才回家里住,平时住在财主家,由财主家管吃管住,整年下来何秀英只得了一顶帽子、一套衣服和一双鞋子作为报酬,没有额外的钱粮收入。家里其他几个女儿也会时不时地抽空给财主家帮工,比如插半天秧或者除两天草,遇到好的财主给的待遇就好点;帮半天工的包早餐,并能挣得一碗生籼米,帮一天的能包早中餐,外加一碗多生籼米;早餐都是喝粥,中餐偶尔能吃点干饭。何家几个待嫁的姑娘将打工挣来的大米换了针线,想着出嫁前能给自己多缝几件新衣。

1949年以前,财主请穷苦人家帮忙时,很少能给予帮工与其劳动量相对等的报酬,穷苦人家帮忙干一天活,财主家给一碗糯米或者生籼米,有些财主只给餐吃的,不再给其他的报酬。财主请工都是面向"外人",他们认为"外人"更方便谈工资,给少了也不怕被亲人说闲话,正所谓"兔子不吃窝边草",财主家也不会想着从自家亲人身上谋私利。当地财主只有请短工和长工两种请工方式。

短工:村里有这么一类人,经常去给财主家打短工,因此和财主家熟络起来,以后财主家要找短工,就直接找到这个人,跟他讲明要找多少人来帮他做一两天或者半天工,叫他帮找人,这个"熟人"就开始在村里散布消息,或者先问过自己的亲友,想去打工的人跟"熟人"说一声,"熟人"告诉他要去哪里做工,第二天按时去即可。长此以往,这个"熟人"就成了村里招短工的中人。

长工:财主找长工也是先找"老熟人",当地村的潘济校大财主家就有几个惯熟①的长工,要找长工的先找这几个人。长工的工资有年底一次性付给的,也有每半年付给一次的,由长工和财主事前商量决定。在当地,财主家给整劳力的长工的工资是 12 担稻谷/年,长工整年都要在财主家吃住,帮财主干活,按照财主的作息习惯生活,主管财主家各种耕种劳作事宜,类似于财主家的"一员"。

财主家在请工、雇工的时候,不用请示四邻、家族或者保甲长等;同样,何家在打工一事上,除了要征得家长的同意外,不受家庭外的人干涉。何家的人通过中人得知财主招工,前一天知道消息,也获得家长准许了,于是及时和中人说能去,第二天就可以去给财主帮工了。1949 年以前,一方面财主请工是财主家的私人事务,另一方面当地的官府和财主也存在或多或少的关系,因此在包括何家在内的普通人家看来,官府不会为了穷苦人家而去管制财主请工、雇工。

3.土地完全自有自耕

1949 年以前,何家一共有 21 亩田地,其中水田 12 封,旱地 13亩,劣地居多。何家的这些田地足够一家子耕种,既不用租别人家的,也不外租给别人。

关于田地租佃,何子文了解到当地有两种田地租佃,一种是租佃"蒸偿田",一种是租佃财主田。何氏二房内会有一部分"蒸偿田",即没有后代继承的田地,房族内会把这些田地外租,优先考虑二房内的人,再则租给房族外的人家。租种"蒸偿田"的人家每年都要交租粮给房族,房族将这部分租粮留作第二年清明扫墓的花销,以及房族集体的其他公共开销。相反,出于"不方便",财主家给佃户租田,很少考虑与自己有亲缘关系的人家,族外甚至村外的人家成了他的主要租佃对象。田地租佃的收租一般有两种形式。一种是固定租,即"丰不加,旱不减",丰年不加租,欠年不减租,比如最初定的租金是每封田 50 斤稻谷/年,那么接下来不管你是高产还是欠收,租金都是每封田 50 斤稻谷/年。另一种是活租,即"丰年加租,欠年减租"。当地大部分土地租佃使用前一种,即收固定租。

廖家廖春好就是常年租种廖家的"蒸偿田",每年收成后要给族内付租粮。再有,潘家潘天壮家田地不够种,他家的地和何氏的地挨得近,潘家的"蒸偿田"都租出去了,他家就租种了何氏二房的"蒸偿田"。潘天壮在租种何氏二房的地时,首先由家长潘天壮找何氏二房房族代表商量,二房内正好还有没租出去的田地,商量好租期及租粮问题后,潘天壮得以租种何氏二房五亩"蒸偿田",每年的收成季,潘天壮就给何氏二房挑来租粮。何家所在的何氏二房内有一个集体粮仓,专门存放"蒸偿田"所得的租粮,全部用于房内的公共开支。此外,何氏二房的"蒸偿田"租佃主要由房族代表负责,由其管理族内"蒸偿田"的租佃问题,其他人不会干预。财主家的田地出租也无须请示四邻、房族或者保甲长,完全是自由租佃,也没有立契,仅靠个人信用维持,或者靠熟人关系维系,且行政人员只负责催粮,不会干涉他们的任何租佃活动。

---

① 惯熟:当地俗语,指经常往来的意思。

4.牲口基本自养自给

1949年以前,何家和其他的普通农户一样,家里只有一头牛。何家的日常耕作只需要一头牲口就够了,几乎不需再借他人的,也不和别人伙养。当地的农户几乎每家都养牛,牛是必需的生产资料,尽管可能由于喂养条件限制而胖瘦不一,穷苦农户也会节衣缩食想尽办法养一头。如果谁家没有牛,就必须得找别人借,或者和其他兄弟伙养。借牛算是家户之间重要的交往活动,借的一方要注意时间和方式,不能随随便便就把别人的牛拉去用,借牛的必须事先和对方当家的说一声,一定要得到当家的点头才奏效。何家只在刚换新牛时,才出现过一两次借牛的情况。比如,何家刚换回一头"年小"[1]的牛,这头牛还不太具备耕作的能力,这时何家家长何克廷就会先借用本家叔伯家的,在借用的前一天晚上要先和叔伯说一声,如果叔伯家的牛第二天刚好空[2]着,就很容易借到,否则就得去找另一家。用牛之前,何克廷会拿些糟糠或者红薯叶喂好牛,用完之后也要先把牛喂饱了再还回去,但不用交钱或者交粮。另外,廖家的廖春足家里没有牛,他家村里最穷的一户人家,家里只有几分田地,常年靠给财主打工生活。农忙时,自家养不起牛,他要趁邻居家或者他叔伯兄弟家的牛"空"了,借别家的牛耕地。借牛活动一般发生在熟人关系中,关系越亲的越容易借,农村讲究的就是亲近关系。

5.农具全部自备自用

何家的大小农具相对齐全,包括牛车、犁、耙三个较大型的农具,以及叉、锄、镰、刀等小农具。何家家境不算好,家里置办的牛车也相对小型、简陋,后来出现破损,修修补补之后也能拉些东西。何家的大小农具绝大部分是请木匠做的,锄头、镰刀一类需要用到铁块的农具则是直接买的,何家老小也没什么手艺,要是家里农具坏了,他们也只会修补一些小毛病,大毛病还是得找木匠帮忙。总体上看,何家的农具基本能满足何家日常耕作所用。如果谁家不够用的,他们也会跟叔伯兄弟或者邻居借一借,如果是借用大农具,必须先征得当家人同意,如果是借把锄头,当家人不在,可以直接和其他家庭成员交代一声。用完之后一般由借的人及时归还,如果实在走不开,可以交代家里其他人帮忙还回去,并嘱咐其记得和对方家的人说一声。如果是穷苦人家的两兄弟刚分家,大农具比较缺乏,这两兄弟也会搭伙使用这些大农具,等到有能力买新的了,再各用各的。在搭套使用的时候,两兄弟先商量好,明天你先去犁地,犁就先给你拿去,我就先做其他不需要用到犁的活儿。1949年前,这种情况在多子家庭比较常见。例如潘天壮三兄弟分家后,老二潘天壮和弟弟刚分家时,兄弟俩也曾搭伙使用了父辈留下的一套犁和耙,等到两家逐渐地有了一定积蓄,才分开置办和使用。

(二)生产过程

1.农业耕作

(1)家户劳动力情况

1949年以前,何家的田地都种上了粮食作物。其中,水田里种水稻,土质好一点的旱地种玉米、花生和大豆,贫瘠的旱地上则种些小米、木薯和红薯,又或者玉米和其他作物间种。何家的副业主要是养猪,但由于家庭经济不宽裕,每年只养得起一头,年景好一点的能养两头;另外,家里还会养上十来只鸡。何家近十口人,对于这些家里家外的农活分工也比较明

---

[1] 当地俚语,形容年纪轻,一般形容人的青少年时期。
[2] 当地一种惯用语,指暂时不用、闲置。

确,家里的男性劳动力负责较耗体力的活儿,比如犁地、耙田、拉车;女性劳动力在外大多负责拿锄头、插秧、收割等比较精细的活儿,回到家还要纺纱织布;年幼的小孩玩泥巴,年纪大的男孩去读书,大一点的女孩子去找水、取水、带弟弟妹妹和帮家里放牛;上了年纪的老人就帮忙打理房前屋后,在自家的空地上种点南瓜、青菜,农忙的时候在家帮着晒粮食,农闲时还会去离家较近的田里拔草。

何家的这些生产分工并没有进行太刻意的安排,主要是受当地的一些分工习惯所影响,家户之间相互效仿,并不断地影响下一代。具体而言,家里要先干什么活儿,主要还是由家长何克廷和妻子何檀氏安排,家里的其他成员没想那么多,当家的说什么是什么,但是如果小孩子闹脾气,不愿意出工的就会被当家的骂,再不济还会被当家的惩罚,比如打手掌。何家的男孩都比较懂道理,女孩也听话,基本没有不服从安排的,父母叫干什么就干什么去。到了地里,年纪小的干活儿累了,就到边上玩泥巴,这时,何家夫妇并不会对其进行过多的训斥,但要是年纪较大的经常偷懒,情况就不一样了。

(2)家户农业种植过程

1949年以前,何村四周无水源,水利又很不发达,每年只能种一季水稻。因此每年十月份后,天气开始干旱,进入休田期。何家的12封水田中,有3~4封是旱田,下雨就有水,不下雨的话根本没水灌溉,这部分田通常会种上小米,其他的水田均种上水稻。每年的谷雨时节,春雨降临,田里开始积起了水,和当地的其他农户一样,何家的男劳力开始去犁田、耙田,女劳力开始平整秧苗田、撒种。在犁地这一环节,从长子何子文记事起,主要是何克廷来做,等到何子文长到十八九岁的时候,何克廷开始逐渐教他犁田,此后经常是父子俩一块儿去。到了立夏前后,秧苗长大了,要将其移植到大田中,男劳力负责在秧田里拔秧苗,然后挑到大田边上,何檀氏则带着女儿们将挑来的秧苗插到大田上。何家每年平均要花十天左右的时间插秧,插完秧一个星期左右,家里的男女劳力都得去除草、施点农家肥。再之后,主要进行田间管理。一直到寒露、霜降时节,稻谷熟了,女的割稻、捆稻,男的推车,将收割的稻子拉回晒场碾压脱粒。家里的老人负责看稻谷、晒稻谷。晒好的稻谷入仓后,这一年的水稻种植也就告一段落了。

何家的旱地每年都会种两季,第一季开始于春分时节,最先种的是玉米。淅淅沥沥的春雨后,何家人开始耙地、挖地、播种、撒肥、埋肥,何家人在土质相对好些的旱地上种上了玉米,大概有八九亩。等到玉米长到一尺多高,要给玉米除草、堆土,这时候就在玉米边上间种花生、大豆。剩下的几亩土质差些的旱地也相继种上木薯和红薯。之后开始进行除草、堆土等田间管理。到了农历五六月,开始收玉米、砍玉米秆,玉米地里的花生、大豆开始进入生长旺盛期。农历七八月份的时候,地里的花生、大豆和木薯都可以收了,收上来之后开始翻地,全部种上红薯,也就是当地俗话说的"种秋"。但如果是实行间种的,这些土地就不需要再进行秋种了。十一月末十二月初是挖冬红薯的季节,收上来红薯后还要将土地翻一遍,之后再过年。这样就完成了一年的耕作。何克廷和何檀氏是何家整个生产安排的主要负责人,种什么、种多少、怎么种等都是由他俩拿捏和安排,其他的家庭成员做不了主,只能听从当家夫妻安排。

2.饲养牲畜

(1)养牛

平日里都是何檀氏负责煮猪食、喂猪,但喂牛就不一定了,那边何檀氏忙着喂猪,这边喂牛的事就得何克廷来做,孩子们长大了,何克廷也会叫孩子们去喂。何家的牛棚和猪栏是建在一处的,和主屋隔着十几米远。何家的牛主要是用来耕作的,除了犁地、耙地,还可以拉车运货,以及拉石碾脱谷,等等。每年的农忙时节是用牛用得最频繁的时候,各种特别费力的活儿都要用到牛。农闲时,何家平常劳作,比如驮红薯叶等,也需用牛拉车。平日里,用牛把车拉到目的地后,何克廷就把牛拴在一旁的草地上吃草,这才让牛清闲下来。在当地,如果家里的牛生病了,能治的就治,有些精明的人家直接找兽医来看,但有些人家却说牛是被鬼上身了才病倒的,请来道公道婆,认为只要把鬼赶跑了,牛的病就好了。但是要是真好不了了,牛老死了或者病死了,很多人会选择清理好后拿来吃,还有些按正常价格的一半卖掉;只有碰到有人传言说"这牛吃不了",人们才会拿去埋了。

(2)养猪

何檀氏平时干活儿回来,没来得及休息就得提着早上煮好的猪食,或者捎上一把红薯叶去喂猪。何家养猪一般是养来卖的,一年也就能卖一次。1949年以前,村里每年都会来个流动猪贩,村里人卖猪也主要是卖给这些猪贩,由当家人(当家人是男是女都一样)去卖,卖得的钱也是当家人管,要留猪油的,就得扣掉猪油钱,不要猪油的才能得到全猪的钱,一般的农户都会选择跟猪贩说要留猪油,即猪贩买去宰杀后,会通知家长把猪油取回来。

(3)养鸡

何家每年都会养上近十只鸡,每天早晚各喂一次,之后就放养在屋前屋后,让它们自由觅食。家里老人闲不住,喂鸡的活儿经常由她做,老人要是实在不方便,便会叫唤几声"二妹"或者"三妹",让在家的孙辈们出来喂。秋收过后,何家和其他人家一样,喜欢把家鸡放养到田里,让它们自己觅食,到了傍晚收回来,何檀氏要喂猪,何克廷就叫上家里小孩一起去把鸡找回来。在何家,养鸡一是为了下蛋,二是为了过年过节的时候自家宰来拜祖,留自家吃。在何家,通常也只有在过年、过节的时候才能吃上肉。

3.兼做小牛贩

1949年以前,何克廷曾当过一段时间的小牛贩。一到农闲季,他就去古辣①找大牛贩赊牛,然后把牛牵到校椅周边的村庄贩卖,其中可以补差价互换,也可以直接卖掉。对于贩牛,以补差价互换的形式交易的居多,小牛贩把牛牵到村里,村里的农户若是看上了,就会将家里的牛牵出来和牛贩商议,农户以稍微差的牛换牛贩这头比较好的牛,一旦成交,农户还要补个差价给小牛贩,双方开始交换,如此以往,一直换到没有人再愿意换为止。小牛贩最终将别人不愿意换了的牛牵回古辣的大牛贩处,同时还要给大牛贩补差价②。当地的农村几乎家家户户都要养牛,所以那个时候的流动牛贩也多,何克廷只是众多兼业牛贩的人中的一个,何克廷只有在家里活儿不太多,且妻儿能够忙得过来的时候,才会外出"兼职"做小牛贩。但由于家里没有成年男性,妻子何檀氏在处理家庭的对外事务上不太在行,因而何克廷每次兼业的时间也不会太长。所以何克廷从做牛贩子上获得的收入比较少,相当于农闲的时候去赚点"杂用钱"。家长何克廷兼做小牛贩的收入也只是为了补给家用,例如购买肥皂、火油和盐等的小开支。另外,何家没有手工业或者其他的手艺,以种地维生,农业外的收入少之又少。

---

① 地名,隶属广西宾阳县,距离何村近两百千米。
② 即换回来的牛与牵出去的牛之间的差价。

最后,何家人外出的最远距离就是乡镇集市,且外出的次数也比较少。从何子文记事起,何家外出最多的是他父亲何克廷,主要是因为外出做小牛贩需要。何家其他家庭成员都很少外出,何子文这一辈的几个正值青年的孩子,在圩日的时候,偶尔会去"灵竹圩"或者"青桐圩"①走走,母亲何檀氏上街买必要的东西,很少带年幼的弟弟妹妹去,其他时候何家人都很少外出。家里无论谁外出,都要和在家的家人交代一声,特别是子辈外出要征得父母的同意,让家里人知道,但不用请示家外人。

(三)生产结果

1.农业收成稍不足

何家一年只种一季水稻,平均下来,一年一封田产七八十斤,也就是亩产一百一十到一百二十斤,总共年产八百斤左右。1949年以前,由于没有化肥、没有水利,旱灾年间,"一根稻穗只结出七八粒谷子",收成欠佳。旱地一年种一季玉米,间种花生、大豆和红薯;或者全部先种玉米,秋种全部种红薯。玉米一年的产量大概一千斤,红薯三百到四百斤,花生一百斤左右,大豆几十到一百斤,另外还有木薯或者小米,每年的产量变动还是比较大的,丰年增产,旱年减产。总之,农民主要还是看天吃饭,对此,他们也总结出了一些规律:"立夏不下雨,犁头高挂起""有钱难买五月旱,六月连雨吃饱饭"。1949年以前,何家的收成有三分之二的时间收成是正常的,偶发的旱灾还会导致收成极度不佳。

何家人都很关心收成,特别是家庭主力何克廷和妻子何檀氏,他们长年累月地努力干活,都是为了能够有个好收成,因此他们也担心天气干旱收成不好,家里孩子懂事后会受到父母的影响,也会担心今年的粮食够不够吃。何家每年的粮食收成总是撑不到第二年的秋收时节。一般在年后两三个月,家里基本就没有大米了。每年最困难的是四五月份,那个时候就得向财主家借粮食,到了六七月份,玉米、瓜苗都开始有收成了,家庭生活才逐渐地好起来。算起来,何家每年都要向财主家借一百到两百斤粮食,秋收的时候还回去,这样年复一年,循环往复,一直到1949年以后进行土地改革运动,才正式结束了向财主家借粮的情况。除非家里急需用钱,何家才会卖掉一些家里的粮食换急用钱。

2.家畜饲养补收益

何家每年都会养猪、养鸡,养猪主要是为了挣点家庭积蓄,养鸡纯粹是为了过节拜祖、自家食用。何家养猪也没有固定的数目,有一段时间养有一头母猪,后来产了猪崽,那时候就会多养一两头,大多数时候都只养一头。何家养猪的最终目的还是卖掉挣钱,卖猪得的钱算是家里很重要的一份副业收入来源,但是收入也不算高,因为猪的个头养的不算太大,卖一头猪的收入大概在几十元不等,一年只能卖出一头。何家养鸡所用的鸡崽都是自家母鸡孵出的,一年大概能养十只鸡左右。由于家里粮食不多,家里的鸡长得较慢,一年大概能养两批,先保证家里过节食用,剩下的才会考虑卖掉换点灯油钱,或者家里母鸡下的蛋不舍得吃,留着换必需品。要是哪年粮食产得多,杂粮也多了,这时候才会考虑多养猪或多养鸡,以多换回些积蓄,从而更好地补充家用。何家的情况几乎都是只能一年养一头猪,再养上十只鸡,勉强能补充家庭杂用,多养的情况微乎其微。

3.兼业收成一小许

除了日常的家庭农活,何家到农闲时节还会偶尔通过兼业挣点零用钱。家长何克廷出门

---

① 地名,距离灵竹街区约十五千米,距离何村约十千米。

兼职小牛贩,到各个村里找人"换牛"①挣点差价。但是,何克廷平时做小牛贩也是兼职性的,而且竞争也比较大,虽然兼做小牛贩也是何家的一份副业,但所挣的钱也就仅当补给家用。这些零用钱一般由妻子何檀氏保管,留作买盐、火油、肥皂等必需品。此外,何克廷让三女儿何秀英给财主家当长工,常年给财主家放牛,吃住在财主家,年底时才回来,虽然不能给家里挣回钱粮,但是一方面她能挣回她自己穿的衣服,另一方面也能减轻家庭一人份的食用支出;农忙时,当家里的农活儿基本忙得差不多了,何克廷也会准许家里其他女儿去给财主家帮工挣些针线钱。凡此种种,虽然收益微薄,但何家人通过家庭外的兼业在一定程度上缓解了家庭吃紧的状态。

三、家户分配

(一)家长是主要的分配主体

和大多数的普通家户一样,何家家长在家庭分配上具有最大的话语权,家长在分配中是实际权力掌握者。在何家,家里但凡有什么需要分配的东西,都是当家的两夫妻做主安排,老人和孩子一般都没有什么意见,有意见也可以提,但是最后意见能不能被采纳,决定权也在家长。

1949 年以前,何家日常的生产生活主要依靠自家,各种分配和使用都是以家户为基本单位。各家户每年收回来的粮食只是在家户内部进行分配使用,房族只管理房内集体资产,不会干涉家户日常的生产生活分配。按照当地的习惯,虽是一家人,但是已单独吃住的父母是不参与本家户的分配的。何家在何克廷一辈是单代独传,老人何王氏虽有自己的厨房,也经常和何克廷及妻儿分开吃,但其户口仍归于何克廷一家。况且,每到家庭内部的重要日子,或者大小节日,甚至日常改善伙食时,比如何克廷某天钓了鱼回来、买了点肉回来,都会叫何王氏过来一起吃。而何子文、何子检一辈尚且年轻,所以 1949 年以前何家是一直没有分家的,总体上全家老小还是一起吃住,有什么也一起分。也就是说,何家上下都主要听家长何克廷的,由何克廷负责全家的家户分配。

何家不是有钱的大户人家,平常也没有什么东西分,因此也没有分配讲究,收回来的粮食大家一起吃,只是衣服、鞋帽之类的会分一分。比如衣服的分配,先给谁做,做多少,需要花多少粮食买洋纱等,这些都是由当家的何克廷把控、妻子何檀氏提意见而最终落实的。再比如,平日里吃什么、用什么、买什么也是这夫妻俩商量决定……何家所有的大小事几乎都是夫妻俩张罗。具体来看,丈夫何克廷是主要的决策者,妻子何檀氏则是意见提出者,双方有一方不同意,事情就不能展开下去,夫妻二人撑起了这个家。要是两个主要当家人都不在,其他家庭成员便不能随意做主,要等当家的回来再作决定,讲究当家为大。其他家庭成员有什么需要可以提出来,当家的权衡之后,能满足的会尽量满足。比如说,大女儿何秀芳和何檀氏说家里没有洋纱了,需要买点回来,何檀氏也觉得有必要,如果家里还有点积蓄的话,就可以直接去买,但若没有钱了,就得卖米或者用其他粮食换钱,再去买洋纱,这时,母女俩把问题反映给何克廷,等何克廷点头了才能从家里挑粮食去换洋纱。所以说,最终的决定权还是在内外当家人手里,但其他家庭成员可以提意见或者想法。

---

① 报告中提到的"换牛"均指的是用好的牛与稍差的牛进行交换,牛稍差的一方以差价补齐。

(二)"同一口锅吃饭"的人都是分配的对象

家户分配的对象是本家户的成员,仅限于一口锅内吃饭的人,分家后的叔伯兄弟家成员也无法参与本家户的分配,同房族的亲戚、朋友还有四邻以及儿媳妇的娘家人同样没有参与分配的权利,"因为他们和我们不是同一家人,每个家庭内部的分配当然仅限于该家庭内的人"。具体来讲,不在同一口锅吃饭的人,关系再好也不能参与同一个家户的分配。在同一个家户内,为这个家庭付出了或者还未能付出劳动的家庭成员们都可以享有分配权,包括家里的老人、妇女、小孩、还未分家的家里人。家户分配物的来源是家庭的农业、手工业、副业等方面的收入。何家的老人何王氏、何克廷夫妇及其儿子、儿媳以及未出嫁的女儿,都可以参与家庭的分配。

(三)家户整体收入分配类型

何家是比较穷的人家,家户分配的类型也相对较少,仅有的几种分配主要都是何克廷夫妇一手管理。比如说衣服是有分配的,买回来洋纱和梭子,家里的女眷纺好了纱、织好了布,当家的就按照需要给家里的成员分配布料,分好之后再交给女眷们做,谁的布做出来的衣服就是谁的。一般情况下,年景好的时候每人每年能分得两套衣服,年景差些的时候平均每人也就只有一套甚至一件衣服。

1.家户农业收入分配

何家没有租种别家的地,粮食收成归自家所有,不用缴租粮。关于当地财主收租的方式,前面已经讲过,这里不再赘述。另外,佃户在粮食收割后要先给财主交租,缴完租才能留自家食用,一年交一次。其中缴租的过程主要有两种,一种是财主派人过来收,另一种是由佃户自己挑过去。如果佃户缴不上租,一是叫他来帮忙干活,二是还是租给他种,但是租粮会逐年累加,实在缴不上就得以工抵租。

何家不做生意,因此也不用缴纳各种商业税,基本上每年只要缴公粮即可。一年下来,大概需要交一百斤的公粮。每年交粮时,何家都要将公粮挑到灵竹收粮站,由何克廷夫妇去缴。每家每户每年都要纳公粮,有时候还要缴和尚粮。公粮是根据水田亩数决定纳多少粮食,而不会根据天气好坏来决定。在何子文懂事后,家里的田地基本稳定下来了,每年纳的粮食都是一样的,没有变动,既不会因为灾荒年景就减免,也不会因为丰收年景而增加。如果谁家欠了公粮,先是保甲长来催,再不交的,乡里管事儿的就派差役来抓人,家长首当其冲,家长不在就抓家里的长子,等家里人交足了粮,才会将人放回来。

除了缴公粮,家里卖牛时,何家还要缴交易税。如果家里的牛要换了,要卖掉老的,换头年轻的,卖掉老牛得的钱就要扣除相应的交易税,整个过程由家长何克廷完成。再就是,并不是每一项交易都需要交纳交易税。比如,何家每年都会在玉米地里间种些大豆,目的是为了卖掉挣点零钱,大豆收回来了,老人何王氏不下地干活儿了,就在家剥豆壳儿,剥完之后,由何克廷拿到集市上卖,所得的钱全部归家户所有,这时不需要纳税。

2.家户手工业收入分配

一方面,何家没有专门的手工业,只有女眷们做的纺纱织布、做衣服、做鞋子一类的手工,但因为家里条件只能够买自家人衣服的原材料,所以家里女性做出来的衣服、鞋子都是给自家人穿的,没有多余拿来卖的,也就没有这方面的收入。总之,何家人世代以来都是比较普通的种田人家,家人都没有类似于木匠、铁匠等一类的手工业技巧,因此何家也没有相关的收入,不像潘家的潘天开,练得一手好木工,平时还能靠做木工挣钱。

3.家户副业收入分配

何家世代务农,主要从事的副业就只有养猪和兼职做小牛贩。一般情况下,何家每年都会养猪,但因为收成不太稳定,一年只能养上一头猪,而一头猪有九十到一百斤,按照当时不稳定的物价,一头猪折合成现金有三十到五十元。另外,1949年以前,何克廷还兼做小牛贩贩牛,但是做这一行的人多,挣得很少,只当做补给家用的。总的来说,何家土地、钱财等都不多,另外家中的男丁少,且也只会耕田劳作,是典型的少子贫户,又没有专门的手艺,因此没有什么人和什么机会能多搞副业,收入来源较单一,仅有的养猪和做小牛贩的收入也都归何克廷夫妇保管。只有当卖猪的收入比较可观时,何克廷夫妇会给孩子们分上一点零花钱,让他们随意支配;其他时候,孩子们急需什么东西时,都要直接跟何檀氏讲,由何檀氏代为置办,何檀氏很少分配到家庭内部的具体个人。

(四)家长是分配的实际支配者

1.家户私房钱分配

村里大多数家户都是贫穷人家,能天天吃饱饭就已经算好的了,更加谈不上家户内分配私房钱了。何家是贫农人家,家庭收入基本只够维持基本生活所需,即使偶有少许的私房钱,也大都是通过自己劳作攒得,而不是由家里分配所得。何家即是如此。比如说家里待出嫁的姑娘经常去给别人家帮工,挣点买针线的钱;又或者家里的男青年农忙的时候去校椅镇那边帮工,或者是找其他时间去打体力工,做个八至十天,或者去当搬运工,赚点私房钱,或者秋收过后,上山砍柴回来卖,或者烧窑制石灰,卖石灰,也可以挣点钱。何子文就曾经和青年同伴到深山里找柴回来卖,挣点儿零食钱,但他去的次数不多。

何家仅有的微薄收入都是内当家的保管的,几乎不分配到个人;家里的老人何王氏此前也没有什么积蓄,她自己的劳动所得都用来维持日常吃用;而何子文的妻子韦氏的娘家也是个穷苦人家,也没有带来什么私房钱;其他的几个女孩中,三女儿何秀英去给财主家做过长工,但是得到的是衣服和毛巾,更没有私房钱存着;另外,其他几个待嫁的年轻姑娘给财主家当短工,挣得的一点小钱会当作私房钱存着,留作缝制新衣的针线钱。只有当家里卖了猪或者卖了大豆,收入相对比较可观时,当天晚上吃过晚饭,家长才会给每人分上一点钱,由各人自己支配,但这种情况是少数。总的来说,何家人偶有的私房钱几乎都是通过自己挣得的,家户的收入很少被当作私房钱来分配;在为数不多的私房钱分配中,也完全由当家的何克廷夫妇做主。

此外,在何家,1949年以后,长子何子文因公调派,得以参加县师范学校培训,后来成了教师,且当时何子检还小,何子文夫妇还没有从何克廷家分出来,何子文当上教师后挣得的工资绝大部分都交给母亲何檀氏保管,用作家庭的公共支出。但何子文也因此留有一小部分当作私房钱,以备不时之需。

而对于当地少数的有钱人家,在大家户里还有几个小家庭时,才会有所谓的私房钱分配,比如家里卖了猪或者卖了粮食,又或者从商挣了钱回来,家里有积蓄了,大家户定期就会给小家庭的成员分些私房钱,又或者有钱人家的孩子过年都会有压岁钱收。

2.家户衣物分配

添新衣服的时候,先从街上买了洋纱回来,由何檀氏和女儿们纺好,织成布,染好色,由何檀氏给大人和孩子们每人分一些，最后每人每年只能添上一套衣服。对于家里的六个孩子，一般先给大的添上，因为大的干活儿多，而且要是实在没有布料了，小的可以穿大的穿过的旧衣服。每到收成季节，有东西卖了，才能攒出钱来买洋纱，这时候才会有新衣服添。家里女孩准备出嫁时，何克廷夫妇也会去卖点粮食，换回洋纱给她多做件衣服。何家在制衣分配上都是全家一起的，即使后来长子何子文成婚了，但还没有分出去，这时也是由家长何克廷统筹，再由何檀氏具体执行的。比如，家里具体什么时候卖粮食换洋纱、买多少合适等统筹事宜都是何克廷夫妇一起商量的，而买纱、纺纱、织布、制衣等则由何檀氏做主。在纺纱织布的过程中，由何檀氏具体分配任务，带着家里的女眷们一起完成，长媳也要听何檀氏的安排。分布料时，由家长何克廷同妻子商量着怎么分，大的就多分点，小的就少分点，家里人也不会有意见。直到后来分家，何子文夫妇才独自安排自己家人的衣服制作和分配，何檀氏也就不再加以干涉了。

3.家户食物分配

1949 年以前，物资匮乏，绝大部分村民日常所吃的食物也都是自家种的，饭菜、水果等也都是自家种的，种什么吃什么，而且对于大部分的贫农人家来说，一日三餐都能饱腹已是奢望。

何家每年收获粮食后，最先要做的就是先把四月份借财主家的粮食还了，还清之后剩下的才是完全归自家支配的。何家的绝大部分粮食是用来吃的，只有小部分是用来交易的。何家日常多是喝粥、吃红薯饭、喝红薯汤、吃青菜萝卜等，小吃也是把家里的玉米炒脆了，抓上一两把就是小孩子能吃到的零食了。未分家前，何家的这些主粮、杂粮都是全家一起吃，不分配到个人，因为大家都还是在同一口锅吃饭的人，日常吃饭吃什么，也主要是何克廷或者何檀氏安排。一直到后来家里老人身体欠佳，老人家也不再耕种养老用，需要靠儿子分给粮食的时候，何家才有了粮食分配一说。每次收回粮食，何克廷按照老人家一个人的生活用量，适时分给何王氏一些已经磨好的大米，分一些刚挖回来的红薯等，老人便将它们放她那边的厨房囤着，留着自己日常煮饭用；除了过年过节时老人何王氏会过来一起吃外，平时要是家里抓了些泥鳅或者钓了条鱼回来，何克廷也都会叫她过来一起吃，或者直接吩咐孩子们给她分点过去。

要是家里备有水果，何檀氏会将其放在厨房的吊篮里，也不用具体分配给个人，小孩子够不着，想吃的时候跟大人说即可，其他人则不用请示家长或内当家的。比如，在何子文还小的时候，父母或者叔伯赶集回来，会偶尔给家里小孩买点食物回来分。谁买回来的就由谁来分，不能争抢，谁抢谁就会被说，甚至没有份。所以，家里的小孩们都很听话，虽然有时候也会因为分到的不满意，但也不会跟叔叔伯伯哭闹，而是默默地走开了。

总的来说，何家这个少子贫户家庭的食物安排总体上是大家共享，很少分到具体个人，因为一方面食物少，只有主粮食、杂粮，另一方面，如果粮食在一个不大的家户分到个人会很见外。

4.家户零花钱分配

何家会偶尔给家里的小孩分点零花钱，但通常情况下，孩子们急需某样必需品时，大多数时候是由何檀氏直接买回来给他们，很少直接给钱。等到孩子们长大了，家里要是卖了大豆或者刚卖了猪，若是获得一份相对可观的收入，家长也会分给孩子们一点零花钱，先给活儿干得多的,小的可能就没有份了。在其他的一些贫户中,还曾有调皮小孩趁父母不在,偷了家里的粮食拿去卖,想挣点自己支配的零花钱。比如,一户潘姓人家的小孩就曾经趁着父母出去做工,偷偷从自家米缸里拿了些大米,藏到自己棉服的两个口袋里,偷偷地拿到街上去卖,两个大衣口袋装了 12 斤大米,卖了点钱,回来之后还和同龄的何子文及其他同伴吹嘘了一番。再者,在有些富农人家,若当家的疼爱孩子,也会主动给孩子们分些零花钱。比如何克归家算是有点钱的,而且家里人口也少,他母亲心善,还跟孩子们说:"你们需要钱,和我说就好,不要用偷的,你偷粮食去卖,被别人坑了都不知道,本来卖 0.04 银元/市斤,但你卖给别人0.03 银元/市斤,这样你就亏了。你直接和我说,我拿去卖,卖回来的钱再分给你们。"何克归家分配零花钱的时候,优先给何克归,因为他是家里唯一的儿子,然后再分给他的姐姐妹妹。但何子文直言,这么疼爱孩子的母亲算是少数。何家何克廷夫妇倒是不会这么宠爱孩子们,孩子们渐渐大了,想要买点自己的东西,也只有当家里有收入的时候才考虑分一点,但这孩子们也都理解;若是家里分了零花钱,女孩们舍不得花,喜欢存着,而何子文则会用来买作业本。而对于老人何王氏,何克廷不会直接给零用钱,急需什么,都直接帮她置办好,老人也没有意见。

(五)其他成员是实际分配的参与者

何家物资相对匮乏,在家户分配方面略显简单,但是,在仅有的一些必要分配方面,家长也非常慎重,其他的家庭成员主要听从内外当家的安排,不能忤逆内外当家的决定,特别是家长的决定,其他家庭成员始终以参与者的身份参与分配,可以适当地提意见。

在衣物分配方面,家里的大女儿明年就出嫁了,年底分布料时,她就可以适当地跟家长或者母亲何檀氏说一声,希望能多分一件新衣当嫁妆,何克廷夫妇也会听取女儿的意见,让她裁新衣裳,除了新衣裳,何檀氏还会特意拿出家里囤的棉花,给大女儿做一床新被子当嫁妆。在何家,只有待出嫁的女儿才有这个权利,其他的家庭成员只能认同家长的分配。而在食物分配过程中,因为何王氏时不时都会在自己那边的厨房吃,所以每年何家收了粮食回来后,何克廷都会分一些过去,家里的孩子不参与分配,也不能做主。何家的食物除了大米,也只有玉米、红薯干、木薯干和自家种的番石榴,很少有其他小吃。何家的孩子也只能家里有什么吃什么,想吃玉米也可以自己拿来炒炒吃,但红薯干这些主要还是由何檀氏保管,或者吊起来,小孩子不能随便拿得到,想吃的话就和母亲何檀氏说一声。何家家里积蓄少,很少有零花钱分配,只有家里刚卖了大豆或者卖了猪,家里的小孩要上街玩,父母有时候也会偶尔给他些零花钱,其他家庭成员不能擅自决定,有意见也不能乱闹,父母给多少就是多少。

此外,何家每年还要分出一部分稻谷缴公粮用。缴税和缴租都是家长做主,其他家庭成员不能擅自决定。如果是女性当家,当家的女性也可以做主。潘天逢家就是潘天逢的妻子当的家,潘天逢整天不问家事,懦弱无能,家庭的担子就得妻子扛起来了,家里的大小事也都是妻子做主决定。在纳粮缴税上,也都是妻子负责,不用请示四邻或者家族,虽然丈夫无能,家里孩子还小,但她也可以做主,该交多少、怎么缴,她自己从家里挑了公粮到灵竹收粮站交。但如果实在需要帮助,家族的叔伯兄弟也会第一个伸出援助之手。如果欠交了,甲长找的负责人也是她,因为丈夫潘天逢没有威信、唯唯诺诺的,她是家里当家的,她比丈夫能干,找她就更可信。

(六)家长分配统筹

何家在衣物、食物、零花钱的分配活动中,除了家长何克廷和妻子何檀氏之外,其他人基本上没有什么决定权,不能对家长所分配的结果提意见,也不能擅自决定分配内容和方式,家庭成员在分配中是听从家长的决定的,当然何檀氏也不能擅自做主,相比其他家庭成员,她可以适当提点意见,即在何克廷把握不准的时候,会问问她的意见,但大部分情况下都是何克廷来定夺,何檀氏帮忙执行。

何家家庭内部的分配主要是根据需要进行,就拿添新衣服来说,家里要是有个女儿今年要出嫁或者去送嫁,何檀氏就会多给她些布料,让她多做件新衣服;又比如家里卖猪得的钱,大部分被留作家用,毕竟整个家庭的开销比个人更大,偶尔会拿出一小部分给孩子们分点零用钱,大人比小孩要分得多一点,因为大人需要花销的地方也更多。此外,只有保证够家庭总体开支后,才会给家庭成员分配零用钱;也只有在足够维持家庭基本生活后,才会将多余的食物分给家人当零食吃。

(七)家户分配结果

何家的收成不多,在何家的实际分配中,三成用于纳粮赋税,四成用于衣物分配,每年都要添新衣服,食物分配占到二三成,最后是零花钱分配,当年收成多的就有的分,收成不好的就没的分。何家的家庭分配勉强够自给自足,但是粮食还是会欠些,需要向财主家借粮。

何家内部的分配主要是衣物这一块,家长负责将织出来的布料分到每个家庭成员手里,大人的布料多一些,小孩的就相应少一些,但都会保证大人和小孩最后做成的件数是基本一样的,其他家庭成员不能反对家长的分配,家长也会尽可能保证公平。如果是在有钱人家,家里的储粮或者钱财比较多的,家长会不定时地给家庭成员分配一些零花钱或者私房钱,其他家庭成员对家长的分配也不能提出反对意见,分得多少是多少。总的来说,收成好的年份就多分,收成一般或者不好的就少分,主要由家长根据收成情况来定。何家是贫农人家,家庭内部很少有分配。

四、家户消费

(一)总体自给自足

1949年以前,社会动乱,集市上流通的商品种类和数量均较少,"一块肥皂也要两斤大米"。何家一年的开支主要用于购买生活用品,包括肥皂、火油(火油灯)、茶油、盐、醋等,这些日用品开支换算成粮食有一两百斤。其他的包括蔬菜、水果、猪油等都是自给自足,没有外购,烟草自家种,酒也自家酿。何克廷烟瘾不大,只是偶尔抽上一支,家里其他人都不抽烟。何家自己种有烟草,种回来后再自己晾晒,只有烟纸需要购买。何家一年的粮食收入不怎么够吃,基本上每年的三四月份都要向财主家借一担或者两担粮食,才基本够全家一年的生产生活所需,有粮食收成了就还。如果刚好三四月份有猪卖,还有可能挨过这缺粮的一两个月,否则就还是得去借粮。另外,何家还种有红薯、玉米、木薯一类的杂粮,家里稻谷收成少,经常得掺着杂粮一块煮。何家几乎没有单纯煮白米饭的情况,要么煮粥,要么煮红薯饭,红薯占绝大多数。家里人的衣服都是自家做的,在外买回洋纱,回来后再由妇女和未婚嫁的女儿们织成布匹,染上颜色,最后再裁成衣服,从来没有买过现成的衣服。总体上,何家一家人总是想办法自给自足、省吃俭用,其消费水平处于村里的中下等水平。

(二)粮食需少许外借

何家每年的粮食消费要占到全家收成的 60% 左右,其中自家土地生产的约占 80%,外借的占 20%。其中,大米、玉米、红薯干、木薯干等主要杂粮都是自家产的。每年,何家自家产的大米都不够自家消费,总有少部分要外借或者外购,"今年借了,等到还了今年的粮,还要还利息,意味着明年又不够吃了"。在当地,财主家粮食产量多,每年都有放债的,何家外借的粮食的 10% 几乎都是向财主家借,一年大概要借一两担,每年的十月份就要还回去,还要付利息。家里人很少能吃上干饭,大多数时候都是喝粥,甚至还要把玉米、木薯干和红薯干当主食吃。每年家里都要向财主家外借粮食,一个重要的原因是村里没有水利、家里没有肥料,何家的田都是"望天田",何家每年的大米产量都比较低,看天吃饭。此外,今年年初刚借了粮,当年收粮后又得立即把本息一起还上,导致下一年自家的粮食又不足以支撑一整年,下一年注定又得借。

(三)食物基本自给

何家的蔬菜、瓜果都是自家种的,自给自足。一般在农历的三四月份,各种蔬菜都逐渐可以吃了,青菜、瓜、豆、苦瓜、葱蒜等,这时候家里米缸却逐渐见底了,何家人就多吃蔬菜补充。何家一年四季所吃的蔬菜全部都是自家种,也基本够自家吃。家里的食用油也基本是自给自足,其中,何家种了两亩花生,每年产一百多到两百斤的花生,这些花生榨出来的油基本够全家省吃俭用半年多,还有家里每年卖一次猪,每次卖猪都留有猪油块,煎出来的油也足够吃几个月,至此,何家全年几乎不用外购食用油。但是在食肉这一方面,何家全家很难吃上一回荤菜,平常生活中是没有肉吃的,只有到过节拜祖,需要供品的时候,才杀鸡祭拜,然后才能吃上肉。鸡蛋也是自己家的母鸡下的,家里都会养上一两只母鸡,下的鸡蛋除了要留孵小鸡用的,其他的要留到有重要事情的时候才拿来煮,比如家里办喜事、产妇"坐主屋"[1]等;一个鸡蛋能煮一碗汤,汤里面飘着几片姜片,家里有产妇"坐主屋"时,最离不开鸡蛋,这个时候才有比较多的机会吃到鸡蛋,家里其他成员几乎只能吃青菜、萝卜、豆角等自家种的蔬菜瓜果。由此,何家每年不忘在自己的菜地上多种些蔬菜,菜园子也都是何檀氏和何王氏婆媳俩在打理。

(四)衣物买纱自制

何家人的衣服都是自家女性做的,但衣服的原料——洋纱要外购。外购洋纱是何家每年一项重要的对外消费,每捆洋纱有 10 斤,每年大概要买三捆左右,也就是 30 斤,折算为 60 斤大米。洋纱买回来后,还要纺纱、织布、染布,最后才能做衣服。收成好的年景,全家每人能做一套甚至两套衣服;收成不好的年景,一年下来可能平均每人最多只有一件,这时候,家里的新衣服不够穿的,几个孩子中,优先给年龄大的添,小的穿大的穿过的,烂了就缝缝补补。鞋子也是这样,年景好的时候有新鞋穿,年景不好的时候就穿旧鞋,穿补丁的鞋等。添置衣服时,何克廷夫妇负责洋纱的采购以及布匹的分配,日常的纺制则是由何檀氏带着女儿、儿媳一起做的。

(五)住房完全自住

何家的房子包括厢房、厨房、客厅、院子一共八个隔间,其中有四间厢房、一间客厅、两间厨房、一个院子。家里一共有九到十口人,全部都住在厢房。粮食放在左侧"二屋"的上隔层,

---

[1] 当地的一种俚语,"坐月子"的意思。

下面住着家长何克廷;何檀氏住左的"主屋",老人何王氏住右侧的"二屋",长子婚后住右侧的"主屋";家里的女儿们全都住在下厢房,分左右两小间;而家里的农具几乎都放在下厢房对着的"荫街"①上。所以,何家的每间房都有安排,没有空出来的,基本够后来十口人挤,也没有出租或者借出的情况。

(六)看病能省则省

1949年以前,何家每年在看病上的花费比较少。家里人生病了,就吃点地里或者山上找的草药,如果病得比较严重,才会步行至十千米左右的乡里看病买药,但一年下来需要花钱看病的次数不多,大概也就两到三次,占家庭总体对外消费的一成左右。看病钱不够时,就得卖粮食换钱,或者先借亲友的。但是因为上街看病的次数比较少,几乎不用借钱来看病买药,而且平时要是感冒了,或者有其他的小病,都是自己挖些野生草药回来熬点喝,这些草药通常是山上找的,或者去地里干活儿找的;有时候干活儿时肚子不舒服,从地里随手拔起一两根凉性的草药嚼一嚼,当药吃,很少专门花钱买药。

(七)人情因"情"而异

1949年以前,一般人家都省着办红白喜事,因此何家参加红白喜事的次数很少,一年下来也就两三次,有时候一年也不参加一次。送籼米是最基本的人情消费,如果是参加至亲亲戚的红白喜事,每次给的人情费是20斤籼米;如果是参加一般亲戚的红白喜事,则给的人情费大概是10斤籼米。具体而言如果是吃出嫁酒的话,至亲的亲戚除了要给20斤籼米外,还要和其他亲戚合送一张毯子和一两匹布,而如果是一般亲戚,这些外加的礼物可送可不送;如果是吃娶亲酒,至亲亲戚的除了送籼米,还要和其他亲戚再合送一个挂钟之类的贺礼,而一般的亲戚则可送可不送。算起来,何家一年下来的人情消费折算为籼米大概有一百来斤。总体而言,人情消费压力一般。如果哪一年要参加的红白喜事比较多,粮食比较捉襟见肘,这时就得借亲友的,比如说借十几至二十斤。人情费不能不送,当地人们常说"宁可欠债,不可欠人情",不论家里多穷,被请到了都要给人情费。

(八)红白喜事不太"排场"

1949年以前,自何子文记事起,何家一共办过两次喜事和一次丧事。其中,喜事分别是大女儿何秀芳出嫁和长子何子文娶妻,丧事则是为老人何峻蓝去世所办。何峻蓝于1937年过世,何家因为刚从前不久的大火烧房中度过,家里盖房子的花费也是卖田得来的,何家的家庭经济很不乐观。给何峻蓝办丧事时,何克廷只请了两个道公来念念道,给逝者超度,其他的活儿由房族亲戚来帮忙打理,再请亲友过来办完"路数"。最后,何家通过卖地筹得一定的钱粮,相对从简地办完了丧事的相关"路数"。20世纪40年代初,大女儿何秀芳出嫁,家里请了房族亲友和娘家至亲过来吃酒,一共摆了十桌,也比较简单。到了长子何子文娶亲时,何家宰了自家的猪,花销的粮食一部分是自家囤的,一部分是基金会中竞标得回的,总共摆了十几二十桌。

(九)供男孩读书压力一般

1949年以前,虽然学生少,但是学费还挺高,一人一年一担稻谷。何家只有何子文读书,读到高小的时候,因为成绩优秀,有两个学期得以免费。所以,大致来看,何家在教育上的花费是五担稻谷,大概四百斤。小儿子何子检在20世纪60年代才读的书,学费也差不多少是

---

① 当地俚语,指的是屋檐遮出的地方。

一年一担稻谷,一共读了四年,也就是四担稻谷,三百来斤。何家两个男孩都是在村里读的初小,在村里读初小的时候,回家吃饭;大儿子何子文读到高小时,要去到十千米开外的灵竹中心小学就读。在灵竹读高小[①]的时候,何子文要自己从家里带米去,中午的时候回学校附近的熟人家煮着吃,没有熟人的得回家吃。一年下来,除了一担稻谷的学费外,还有几十斤稻谷的书费和笔墨费。1949年以前,何家只有何子文一个小孩读书,虽然是贫农,但送一个小孩读几年书还是能送得起的,加上何子文成绩好,帮家里减免了一点粮食负担,所以能读到高小毕业。

(十)消费以家户为主

何家在粮食、食物、衣物、住房、人情、红白喜事、教育和医疗等各方面的消费均由何家自家承担,房族和村庄不会干涉家户日常生活中的消费。这些消费的主要决策人是家长何克廷,妻子何檀氏协助,其他家庭成员听从两个内外当家的安排。何家人很多时候是没有私房钱或者零用钱的,家里其他成员可以用自己仅有的零用钱进行个人消费,但何家的绝大部分消费都是家长同意基础上的家庭公共消费,个人消费微乎其微。

家里的红白喜事消费也是以家户为单位支出的,家庭内的钱粮积蓄不够就由家长出面筹措。祖辈何峻蓝的丧事和大女儿何秀芳的婚事的消费都是何家靠积蓄和外借等筹措的,而长子的婚事消费一方面来自家庭的钱粮积蓄,另一方面还有一个比较特殊的途径——从基金会竞标获得。1949年以前,在整个灵竹乡范围内成立了一个关于红白喜事的互助基金会,会址在古逢村。基金会每一个或两个月都开一次会,所有的会员都要参加,每次都要带上10斤米,何家也加入了这个基金组织。每次开的会主要是竞标会,即竞标会员带来的粮食,如果家里有红白喜事要办,他就会参加竞标,如果中标了,与会人所带去的粮食就都是他的了,如果有一百个人与会,那就有1000斤粮食可以带回家,很大程度上减轻了办红白喜事的负担。但何克廷在给长子何子文的婚事竞标粮食,是和准备办喜事的别家合作竞标,后来竞标成功了,五六家一起分竞标来的粮食。但这个基金会在1949年以后就解散了,有人赚了,也有人赔了。

五、家户借贷

(一)家户借贷总体概况

首先,何家实行借贷的一个重要原因是为了举办红白喜事。对于家境较差的农户家庭而言,一旦遇上办红白喜事,往往苦于没有足够的存粮和积蓄,这时候就得外借补充。比如说要嫁女儿了,过几天就到日子了,就得到处去借。正如何家嫁大女儿何秀芳的时候,请了十桌左右的酒席,酒宴设置也简单,一桌也就两个菜、一个汤,一个全素菜和一个荤素搭配,即青菜在下面、猪肉盖在上面,但是因为当时日子比较接近了,恰巧那年粮食又没能收,家里没多少积蓄,何克廷只得跟房族亲戚东凑西借,后面收了人情费后,再还给他们。再比如,何峻蓝过世的时候,何家要给他办丧事,但是那场全村的大劫刚过不久,家里没什么积蓄,何克廷不得已卖掉了一块田才攒够出丧费,家里存粮也不多,还向叔伯家借了一百斤左右粮食。此后,何家其他的红白喜事没有要借钱粮的了。何子文娶媳妇的时候,宰了自家养的猪,再加上家里的一点积蓄和基金会竞标来的一些粮食,不用再向别家借钱或者借粮。

---

① 高小的课本包括语文、算术、历史、常识、自然这五本。

其次,春耕期间是家里粮食最短缺的时候,这时也有借贷的情况。何家每年的四五月份都要跟财主家借一到两担粮食。何家每年都是在这两个月就没有粮食吃了,新一季的水稻刚种下,又没有足够的积蓄购买,只能想办法外借。1949 年以前,对于只种一季稻的当地人,贫农人家很容易出现粮食不够吃的情况,何家即是如此,因此就得去存粮多的财主家借些,到了秋收时节再连本带息还回去。

(二)借贷主体

借粮的时候,由家长何克廷出面,其他成员不能做主,其他家庭成员别人是不承认的,因为借贷关系到信用的问题,其他家庭成员出面出借方不敢借,家长代表着整个家户,能支配家中大小事、大小物,信用度更高、更有保障。如果是家里丈夫实在当不了家,由其妻子当家,那借贷的时候就由这个当家的妻子出面。总之,谁当家就得谁出面。

(三)借贷过程

不同的借贷方式有不同的借贷过程。当地的借贷有两种,一种是短期借贷:一年以内,一旦有收成了就可以还,主要是向关系较好的亲戚借,额度比较小,不用任何抵押或者请中人,只用口头的交易就行。另一种是长期借贷:一般在两年以上,额度比较大,需要向财主家借的,就需要以田地做抵押,同时还要找担保人,并立书面借契、摁手印,到村公所盖章。何家借粮是短期借贷,即当年的四五月借,当年秋收就还回去。借粮时,由家长先和出借方,即财主提前说一声,因为是老熟客,口头上招呼即可,对方也会比较信任老熟客,很快答应下来,第二天家长何克廷就叫上家里的一两个人一起去挑粮回来,财主家会在他的账上记下谁于哪一天借了多少粮食,整个借粮过程就这样完成了。

(四)还贷情况

还贷的时候,家长必须出面,送到对方家里。还贷时间,一般是讲好的,比如达成约定"有收成了就还"。"借钱还钱,借粮还粮",当地一般不会承认"以粮代钱"或者"以钱代粮"的还贷方式。平常的短期借贷一般都是还得上的,即使未能按说好的时间还完,"熟人好商量",可以适当拖一拖。还不上的情况主要出现在借款额度比较高,得向有钱人家借的情况。如果真的不能及时还上,可以给财主家做长工,一个月工抵一担稻谷,以做够足够的工(一般是长工)来补欠下的钱或者粮食;又或者财主会收走抵押的田地,要收回田地就得还够欠下的债务。如果借贷人不能及时还贷,要为他承担责任的,先是担保人、公证人、代笔人,再到已分家的兄弟。何家每年的借粮基本上都是跟财主何克嵩家借,并于当年收成的时候,由家长何克廷和妻子何檀氏负责把粮食挑到财主何克嵩家,借一担有时候要还一担半,借两担还三担,何家不敢随意拖延,能还上的就赶紧还上,暂时还不上的,何克廷会亲自和何克嵩说明情况,何克廷是老熟客了,何克嵩也了解何克廷的信用,也会允许拖一段时间。何克廷和妻子把粮食挑过去之后,和何克嵩说一声,由何克嵩在账上划掉何克廷当年借的那笔粮食,整个还粮过程就完成了。何家办红白喜事时和亲戚借的粮食也是在收成时还的,直接由何克廷挑到亲戚家,口头上说一声就行,亲戚之间的借贷没有太多讲究,靠的是信任和关系。

六、家户交换

(一)家户交换主体:当家夫妇

何王氏还能下田干活时,其自己打理养老地,收上来的粮食也由她自由支配,比如可以进行买卖交换。后来老人家不能干活儿了，本属于老人支配的养老地也需要何克廷夫妇这一大家子打理，这时老人何王氏不能做主这部分粮食的买卖交换，而由何克廷全权做主，其妻何檀氏也可以参与决策。

何家在进行买卖交换时，由当家夫妇去安排和决定，其他家庭成员不能擅自决定，不能不经同意就做主卖掉家里的粮食等。比如说家里没积蓄了，要卖掉一些粮食，挣点钱，去买做衣服用的洋纱，或者购置家里其他的必需品，这个时候，必须是家长何克廷和妻子何檀氏商量要卖什么、卖多少、去哪儿卖、能卖什么价钱等，然后再进行交易。而到四月份是每年最困难的时候，比如说有的人家可能会先借别家几十斤红薯，等到收割粮食后，再给人家还回几十斤稻谷，这种情况也曾经在何家发生过。但家里的小家庭不可以进行私自的经济交换，更没有家庭内的个人经济交换。

（二）家户交换客体

1.粮食行

当地的人们赶的圩是"灵竹圩"。没到圩日，灵竹街上就有好几处粮食行，有大米行、红薯干行、玉米行、木薯干行、大豆行等。当家里缺少一些基本的生活资料时，何克廷夫妇逢街日的时候挑上一些粮食，到粮食行那边卖，换些必需品回来。另外，也经常有流动粮贩到村里来收购，一般是在七月份刚收回玉米或者九十月份收回粮食的时候，流动粮贩总会接踵而至，一路吆喝着走过村子里的小巷。何家是村里的普通贫户，每年产的粮食不算多，够吃够用都不错了，因此很少进行直接的粮食买卖、靠卖粮食挣钱，都是等到家里缺东西了，不得已才拿粮食到集市上进行交换或者买卖的，很少直接卖给来访的流动粮贩。家户经济交换是家户内部的事，不用请示四邻、家族或者行政部门和人员。

2.流动商贩

过去，各种流动商贩很流行，包括猪贩、牛贩、流动木匠等。何家旦逢要换头牛了，或者要卖猪了，又或者是想换个新的耙了，经常选择以流动商贩作为交换对象和客体。"牛贩""猪贩"和卖豆腐的商贩，过村时都会吆喝。看到猪贩子来了，家里的猪刚好也能卖了，当家的夫妻俩就会商议将其卖掉，家长就负责和猪贩打交道，讨价还价。家里的牛已经耕作不力了，需要换一头年轻一些的，当牛贩过村时，家长就会上前和牛贩交涉，和他换一头年轻的，但是要补些差价。何克廷在农闲时也会兼牛贩，家里要换牛时，通常是他自己将自家的牛拉到古辣的大牛贩处换，也是要进行差价补给，但比直接和到村的牛贩交易会更便宜。

村里的穷户、富户都会与流动商贩交换。潘济校、何克嵩是当地的大财主，他们家里粮食多，也养了好几头猪，像他这种有钱人家就会经常发生经济交换。每养大一批猪或者收成一批粮食，他们就可以进行比较大的经济交换，卖猪、卖粮食得到的钱，他们就用来购买更多的土地，或者购买建新房的材料，又或者存起相当一部分粮食留到第二年放高利贷。这些财主卖粮食或者卖牲口，通常由当家人把商贩叫到家里来收购，他们家里的其他家庭成员不能擅自做主，必须听当家人的。

3.市场管理部门

"灵竹圩"中心有个市场管理部门，里面安排有一个公证人执勤，购物的人们可以到他那里过秤，以防被人坑骗，避免缺斤少两的情况，保障市场交易的公正。不过，叫他帮过一次秤要给他两毛钱。何克廷上街去买洋纱，就曾经请该公证人帮过过秤。但值得一提的是，过秤时不一定非得由当家人出面,家里任一成员代为前去都是可以的。

(三)交换过程

1.货比三家

何家在进行经济交换时,当家的也经常要货比三家,或者是多从亲朋好友那里打听市场形势,"现在卖玉米是什么价位,卖大米又是什么价位,在哪儿卖价格比较高一点""哪个商贩实诚一些"等,在一个熟人社会里面,消息的流通还是比较快的。比如说卖大豆,刚好是自己的熟人来买,如果是至亲关系,则会便宜一点卖出,但如果是一般关系,也会原价卖出。因为那个年代粮食宝贵,卖家不容易,大家都理解。

2.过秤

做买卖都会过秤或者过斗,主要是过卖方的秤,当地也叫短钩,买方不会背着一把短钩在身边。何家去卖大米或者卖大豆,主要是当家的来经营,包括直接找买家或者摆摊叫卖、过称、收钱等一系列的买卖过程。如果家长不在,家长的妻子懂得做买卖的也可以做主,否则就得交给有这个能力的家长来全权负责。

3.赊账

1949年以前,社会动荡不安,变幻莫测,各家商贩做生意也比较小心翼翼,很多商贩不允许赊账,除非买卖双方关系很好,对对方的为人也很放心。一般农户都不会赊账,也赊不起账,主要是有偿还保障的大财主家才有可能赊账做买卖,比如哪天一位大财主家要买下数目较多的货物,但没带够钱粮,就会先叫店老板记好账,并讲好哪天来还账,达成一致意见后,改天及时还账即可。小户人家也偶有赊小账的情况,比如赊一斤肉,贩主对来赊账的人比较放心,也会答应先赊给他。赊小本账一般仅通过口头形式,不用白纸黑字画押,下个圩日再来付钱即可。关于赊账,只有有偿还能力的人出面,店老板才会承认,一般是当家人才有这个能力和权力。如果家里其他家庭成员未经家长同意单独赊账,家长不认的,家长可以不帮他还,由赊账的人自己负责。

第三章　家户社会制度

何家在婚配、生育等方面略有磕绊,但总体上家庭和谐。婚配方面,何家的家庭成员中,半数已成婚,近半数已定亲,其中有一人成婚后又离婚,一人守寡,没有打光棍的情况。此外,长子何子文出于个人和家庭经济原因于1949年底"卖妻"。在寻求亲家时,何家注重命理相合、对方勤劳持家,不主张高攀,由家长何克廷作为第一拍板人,妻子何檀氏加以协助,对儿女的婚姻实行包办,要经过找媒人介绍、互换红帖、接亲等"路数";此外,何家不严格讲究长幼顺序,有"跨门"①的情况,家庭彩礼的置办相对简单,倾向重男轻女。在生育方面,何家较重男轻女,在孩子的抚养上"能养就养"。在分家问题上,家庭物资少,由家里辈分最高的人做主和见证,实行诸子平均分配,没有分家单和分家宴。家户赡养上,何家老人养老一般遵循前期靠养老地、后期靠儿孙的家庭养老方式。

一、家户婚配

(一)家户婚配情况

1.未婚居多而已婚波折

何家不是大家大户,但其婚姻情况却也相对复杂。自大女儿何秀芳出生后,一直到1949年前夕,何家始终是三代同堂。王氏在来何家之前,曾有过一段婚约,但前夫因病早逝,而后王氏改嫁给何峻蓝。1937年,爷爷辈何峻蓝去世,何王氏再次守寡,家里只有何克廷夫妇一对夫妻。1947年长子何子文结婚,其妻韦氏开始来何家居住,何家此时有两对夫妻。此期间,大女儿何秀芳结过一次婚,离婚后直到改嫁前一直长住在何家。到1948年为止,何家六个孩中,有一个结了婚,三个合了八字未正式结婚,五女儿何秀凤和何子检都还小,还没到说亲的年龄。1949年底,因家庭生计所迫,加上何子文对妻子韦氏不满意,两人性格不合,夫妻俩离婚,何家将韦氏卖给了桂县的一个人家。1950年,大女儿何秀芳又嫁到潘村。1951年初,何子文和六房村的周氏结成相伴到老的夫妻,同年,三女儿何秀英也在年底正式出嫁到韦村。1952年底,二女儿何秀梅嫁到了邓村,家里只剩两个最小的弟弟妹妹还没有迎娶或出嫁。何家人的嫁娶对象都在同一个县内,最远的是跨乡合姻的何子文,而其他家庭成员的婚配对象都是同乡。

2.婚配讲究"谨遵"当地习惯

依照当地习惯,何家人的婚姻都是由媒人说合的。媒人合好八字,父母也同意,子女们也都遵从"父母之命,媒妁之言"。何子文十岁那年,何克廷夫妇先找到附近的媒人,叫媒人帮忙

---

① 当地的一种婚姻礼俗,即家中兄弟姐妹,年龄小的女孩比兄长或姐姐先结婚时,女孩出嫁那天要从别家的门走出来。

留意谁家有合适的姑娘，媒人就会根据自己的人脉，找到相对合适的人家，上门找女方家的家长谈。找到双方都同意的之后，何檀氏就找算命先生对八字、合年庚，对合了，就定下婚约，何克廷和媒人带了聘礼送给女方，作为定亲小礼。何子文还小，父母说什么是什么，也没有反对的权力，十岁的何子文便完成了定亲。

在当地，不允许同姓结婚，但同村人结婚是被认可的。比如，廖春佳的妹妹就嫁给了同村的姓何的人家，而何子柏的妹妹嫁给了同村的廖春镰等。何村村民的通婚范围几乎都在邻近的乡或村，而何家的婚配对象也均在灵竹乡一带。何村姓潘的人家通常不会和潘村的人家通婚，因为双方都姓潘，同姓通婚在当地是不允许的。此外，在通婚的过程中，通常都会讲究门当户对，财主家的男丁娶另一财主家的姑娘，穷人家的女儿也只能嫁给穷人家的儿子。本村的何建顺在中华民国时期当过灵竹乡的乡长，他娶的也是青桐乡乡长家的女儿；潘天权是财主潘济闲的儿子，他的妻子是石塘乡的一个大财主家的女儿；而何家何子文的两任妻子都是普通贫户家的女儿。自古以来，婚姻讲究的是门当户对，通常情况下，富裕人家的儿子不愿娶穷苦人家的女儿，穷苦人家的儿子娶不起富裕人家的女儿，只能有钱的和有钱的联姻，贫穷的和贫穷的通婚。

家户的人口规模对婚姻的影响不大，有钱人家的儿女再多，一样讲究门当户对，婚礼能办得体面隆重；而贫穷人家即使儿女很少，也没有太多的资本筹办好的酒席或者和多富裕的人家通婚。概而言之，家户的经济状况是影响婚姻的最大因素。穷苦人家的儿子到了适婚年龄，家里因为没有娶媳妇的积蓄，甚至要卖牛积攒娶亲聘礼和相关费用，等办完酒席之后，再重新挣钱买牛。

(二)婚前准备情况

1.父母做主并找媒人牵线

何家的长子何子文十岁定了婚约，前后全由父母何克廷夫妇与媒人商量做主。最初，何克廷夫妇商量着要给十岁的儿子何子文找一个合适的媳妇，于是先找媒人介绍，经过双方父母同意，再由男方父母找算命先生对八字、合年庚，命理相合后，双方父母都认同对方，这段婚姻也就成了。定亲的双方都还小，尚不知事，父母也不会过问他们是否同意，所有的事宜都是父母代劳。于是，何子文20岁时和父母安排的女方正式结婚。给长子何子文定下这一门亲，何克廷夫妇也问过家里的老人何王氏的意见，但最主要还是由当家的夫妇权衡并做主，老人只能说说看法、提提意见。1949年底，何子文和第一任妻子韦氏离婚，将韦氏卖给了别家。1951年，何子文二十三岁，已经懂得了人情世故，父母帮他找好媒人，请人对八字、合年庚后，由他自己来选择娶不娶，不再完全由父母做主，最后按照命理与自己的意愿娶了六房村的周氏。总之，传统的农村婚姻遵循父母包办，从提出想法、找媒人、选定亲对象到正式结婚，全部都是父母商量、决定和安排，不一定要请示四邻、房族和保甲长或者征得他们的同意，但也会偶尔参考有经验的邻居、房内亲友的意见和建议。

2.择"勤"且重门户相当

何家在娶媳妇时，何克廷父母和大多数的农村父母一样，提出的最基本条件是年龄相当、命理相合、家庭合适、身体无残缺，同时还要知道女方是否勤劳、是否会做家务、能否下田干活、是否缺鼻子少眼等，只要身体没有缺陷、精神无异常，对长相没有太多的要求。嫁女儿时，何家首要的要求同样是年龄相当、命理相合、家庭合适、身体无残缺，还要能当家、能干活,会努力了解男方的父母品行好不好、男方能不能干活、能不能当家、品行有没有问题等。无论是婆媳妇还是嫁女儿,都要讲究门当户对,本地还要求男方的聘礼和女方的嫁妆要基本相当。总之,命理相合是何家对儿媳或者女婿的基本要求,此外主要是身体无残缺、精神无异常、能下地干活。

3.传宗接代为主要目的

何家认为结婚最重要的目的是成家、传宗接代。长子何子文认为,结婚首先是为了家庭延续,也是为了个人人生能够完整。而大户人家之间通婚,最主要也是为了传宗接代,如果第一个老婆没有生孩子,他们就会选择娶第二个老婆,也就是娶小老婆,但是穷人家没有养两个老婆的资本,他们要么就这样过一辈子,要么只能卖掉老婆重新娶一个。像潘济校大财主就娶了两个老婆,第一个老婆没有生孩子,就再娶了二老婆,才有了个女儿。无论是大户人家还是小户人家,在父母包办婚姻的社会传统下,都认为婚姻的首要目的是传宗接代,特别是家里的老人,他们认为只要能干活、能生孩子,婚姻双方的个人感受和意愿都是次要的。如果是少子女的家庭,他们娶媳妇的目的一般不只是传宗接代,还有一个目的是增加劳动力,这与多子女家庭的最主要目的是延续后代有所区别。何家娶媳妇儿除了为了必要的传宗接代,还为了以后孩子能有个伴支撑后半生的劳动生存。

4.不认同自由恋爱

1949年以前,当地不倡导自由恋爱,也很少有自由恋爱然后结婚的,虽然国家政府没有相关的明文律令,但当地的风俗习惯历来如此,何家认为自由恋爱是很"没脸"的事,易遭人非议。1949年以前,人们怕孩子找不到老婆,孩子几岁时,父母就给儿子找媳妇了,有的直接就正式过门,叫"合鸡对新妇",有的可能只是先定亲,等孩子成人了再办结婚酒,正式过门,何子文娶韦氏的经过就是如此。即使长成青年后再找媳妇的,也没有自由恋爱的。比如长子何子文"卖"了韦氏,改娶周氏时,正值青年,也是经过媒人介绍,请算命的对了八字,两人八字合上了,何子文和周氏就去见上几面,两个人觉得合适,双方父母也同意,就定下来了。如果已经自由恋爱互相中意了,也必须重新找算命的严格对八字、合年庚,命理合了,双方父母也同意了才能结婚,但这种情况在何村是没有的。村里只有两种情况,要么在孩子小的时候父母完全包办,要么孩子长大了,由媒人介绍,父母部分做主,孩子可以见上几面后再决定,没有通过男女双方自由认识、交往和相互深入了解后结婚的,必须按传统"路数"来。此外,相比贫穷家户,当地有钱人家更加注重遵从风俗习惯,他们对婚姻的态度更加严格,不会轻易允许家里的子孙反主流去自由恋爱,更加不允许女孩随随便便去和别的男人谈恋爱,他们觉得这是不守规矩,很丢家族的面子。

5.聘礼与嫁妆的搭配情况

当地的聘礼一般有"六礼""四礼"和"二礼"三种,当然,有钱人家的聘礼也会下得更重些。"六礼"即6000元铜钱、60斤肉、60斤米、60斤酒、3张被单、3张棉被、1张蚊帐、若干衣服和鞋子;"四礼"为4000元铜钱、40斤肉、40斤米、40斤酒、2张被单、2张棉被、1张蚊帐、若干衣服和鞋子;"二礼"即2000元铜钱、20斤肉、20斤米、20斤酒、1张被单、1张棉被、几件衣服和鞋子。男方下的聘礼和女方后来的嫁妆是讲究平衡的,聘礼下得多,搭的嫁妆也多,相反,聘礼下得少,嫁妆也会少些。

何子文娶韦氏的时候下的聘礼是"六礼",没有蚊帐,衣服以布料代替,但因个人及家庭原因于1949年底终止了这段婚姻。后来,何子文于1951年娶周氏,这是他第二次结婚,下的聘礼也相对从简了,分别是10斤洋纱、40斤米、40斤肉和40斤酒,也没有摆酒席,就请至亲的亲友吃餐饭,例行完事。

大女儿何秀芳1949年前出嫁时,那时候还能摆酒宴请亲朋,总共摆了十桌酒席,男方给的聘礼是"四礼",对应着对方的礼数,何家也给大女儿准备了中规中矩的嫁妆。何家的女儿出嫁的时候,大都是1949年以后的事情了,酒席办得比儿子都简单,甚至都没有摆酒席,也是请了至亲的亲朋吃一餐。在何家,儿女们没有因为聘礼或者嫁妆不等同而闹意见的,大家都听从父母的安排。

按照当地的情况,大户、中户、小户在聘礼的多少和讲究程度上是有比较大的区别的,大户人家有钱,他们下的聘礼就更齐全、更隆重,中户次之,小户则比前两者都少。多子女家庭和少子女家庭也是根据经济情况而定,和人口规模没有太大的关系,但若在同等经济条件下,少子女的家庭比多子女的聘礼相对多些。

(三)婚配具体过程

当地的婚嫁过程大都是先定亲,也就是找媒人介绍,找算命先生算合适之后,双方父母同意了,写"龙凤帖",男女各收藏对方的帖,算是婚约,男方请媒人带数量不定的钱、物送给女方,作为定亲小礼,在那之后,如果家里有足够的积蓄办酒席的就当年择吉日办酒席,正式过门,如果家里没钱的,就等挣够钱了再正式迎娶。倘若小的时候定了亲,长大后不想要了,那可以将定亲时候的婚约退回,也就是悔婚,一般发生在孩子长大后,或者孩子还小的时候双方父母不想要这段姻缘了。

1.家长支配整个婚姻过程

父母做主寻亲,媒人按需介绍。长子何子文的第一段婚姻是在他十岁时定下的,完全由何克廷夫妇包办。何子文第二段婚姻的媒人是专人媒婆,是隔壁六厢村的人,何克廷夫妇请她帮忙介绍合适的女孩,继而找到周氏,两人八字对"合",便叫何子文去和女方见面,两人见了几次面,双方觉得合适了,何克廷便做主让二人正式完婚。

娶媳妇或者嫁女儿的时候,各种礼数都是由何克廷夫妇去筹备。从安排媒人,到后来双方定下来后的婚前筹备,包括请酒、摆酒、招待、回礼等。请酒时,当地习惯于口头请,借圩日各家各户来赶集的便利,在街头碰见了一般的亲友,就即时口头传达,"某某日子我家,某某娶媳妇儿,到时要来",简单的一句就是请酒时的惯用语了,没有正式的请帖,同房族的就走去家里告知一声即可。再就是回结婚者母亲的娘家,则要备些菜、酒和糖果回去请,也没有请帖之说,全部口头传达。到了摆酒那天,房族亲戚都会来帮忙,这些也都是结婚者的父母来通知的。家长不在的话,就得母亲去;兄弟当家的就兄弟来安排,再或者就是代理当家做主。

大户人家的家长不是结婚者的父母,而是爷爷辈当家,这时候主要由爷爷辈来负责统筹规划和安排结婚的各个环节,请谁,请多少,怎么请,但具体的实施会安排给家里的其他成员去做。中小户人家很多都已经和爷爷辈"另"了,爷爷辈很少干涉叔伯辈的事情,爷爷辈不当家了,叔伯辈自己当家,所以不同的婚姻环节都由结婚者的父母来统筹和做主。

2.其他家庭成员听从安排

在举办婚礼的过程中,何家的父辈何克廷夫妇是主力,老人何王氏和孙辈们则听从安排,有什么问题要先问过夫妇俩的意见,不能擅自做主。如当家夫妇给适龄儿女谋对象时,家里其他人不会插手;比如请客,除何克廷夫妇以外,家里其他成员私自去请都不合规矩,也无效;再如,办婚礼时要迎客,这时谁该干什么,如端茶送水,要按家长何克廷的安排来做,不能随意做主,等等。如果谁家只有女性当家,往往是因为丈夫无能或者已经过世,而且儿子还小或者没有儿子,在婚礼过程中房族内的叔伯兄弟会主动分担和提意见,或者叔伯兄弟当家的,则由其来帮忙统筹整个婚礼过程。

(四)婚配原则

1.妹妹"跨门"

当地允许兄弟姐妹之间,年纪比较小的比年纪比较大的先结婚,比如说哥哥没娶亲,妹妹先嫁人,但是妹妹在出嫁的那天要到邻居家"发嫁"①,不能在自己家发,当地也叫"跨"。何子文一辈一共六个兄弟姐妹,其中,几个姐妹中就有不按年龄顺序出嫁的情况,而两个兄弟之间因为年龄差距较大,年长的何子文比何子检要先结婚。何家二妹和三妹年龄相差不大,在二妹未正式出嫁之前,由于三妹婆家定的日子比较早,所以就先把三妹嫁出去了。三妹出嫁那天,何家安排三妹到邻居家发嫁,即新郎来迎亲之前,三妹都一直在邻居家等候,等到新郎这边接亲的人都到了,接亲的人就到邻居家迎接三妹出来,而不是像正常的到女方父母家接。三妹先于姐姐出嫁,也就不能从亲生父母家的门出来,而只能从别家的门"跨"出来,也是应了当地的礼俗,寓意是为了避免出嫁后会出现一些不必要的"麻烦",当地也叫"避冲"。无论富裕或者贫穷,多子女还是少子女,这种礼数都是一样的,允许不按照年龄顺序进行结婚,但是必须遵循一定的礼数。

2.长子结婚花费最多

办一场婚礼所需的花费主要有媒人费、聘礼费、酒席上的酒菜费。何子文娶韦氏时,下的聘礼是6000元铜钱和大概900斤米,摆酒席的花费大概是60斤大米、60斤猪肉、40斤青菜、40斤酒,其中猪肉是杀了自家的猪得来的。这些花费主要都是由何克廷夫妇来负担,粮食方面还得和财主家或者本家亲戚凑些。如果某家户分家时还有儿子未结婚,未结婚的儿子就先和父母一起生活,还不能分出去,父母会适当多留点家财给未结婚的儿子。不同的儿子结婚时的花费尽量一样,但是主要还是由社会形势和家庭不同时期的经济条件决定,就像何家的两个儿子,长子何子文结过两次婚,第一次是1949年以前,第二次是1951年,两次的花费有很大的出入,这是因为1949年以后法律要求从简。而小儿子何子检结婚时正值三年困难时期,何子检的婚礼花费肯定是比何子文第一次结婚要少很多的。

何子文的第一次婚礼虽算不上大排场,但都按婚俗走完了,也是何家近二十年来花费最大的一次。何子文与韦氏结婚当天,新郎由一男青年做陪郎,另有六至十个青年抬礼物去女方家,带去的酒、肉、钱虽没有太多,但都成双数,肉成方、酒成埕,又从女方家抬嫁妆回男方家。何家人没钱坐轿、骑马,接亲全部靠步行。韦氏离家前,邀请一些妇女喝出嫁酒,唱"哭嫁歌"拜别家人,并由几个陪姨送到何家,陪姨在何家吃一顿饭后便回来。晚上,同何姓的男青年前来贺酒,来了两三桌。

大户人家的聘礼、接新娘的排场、酒席规模都要大很多,大户人家的聘礼很齐全,结婚时新郎穿长衫,坐轿或骑车去迎亲,随后备有大红轿、彩旗,带去钱、酒、肉、鸡、饼,每样都是双

---

① 新娘从娘家出发,由新郎接到婆家。

数,用大红纸包好;新娘戴凤冠、穿红衣,着红裙和自制的白布底鞋。但是穷苦人家接亲全靠一双腿,新郎走着去,接回来的时候也是走着回来;新娘的嫁妆也不太齐全,也就是衣服、被子和一个木箱。因此,家庭经济条件是影响婚礼花费的一个主要因素,子女人口数、家庭代际数的影响不大,这里不赘述。

(五)其他婚配形式

1.纳妾

中华民国时期,当地只有有钱的财主家会娶妾,穷苦人家没有纳妾的情况。中小户人家只可能"卖妻"另娶,贫户们经常自我调侃:"一个都难养,哪还养得起第二个?"有钱人家往往因为大老婆不能生育或者生不出儿子就会纳妾。也就是说,纳妾一是要有钱,二是正妻不能生育或者生不出男孩。在当地,纳妾不用请示四邻、房族或者保甲长,全部由家户内部自行商量和决定。纳妾是否给对方粮食要看情况,如果女方家条件比较好,还愿意给男方做妾,那么男方就得给对方一定的聘礼表明意思,而且女方若是头回出嫁的,需举办婚礼,而如果女方家很一般,甚至很穷苦,那么女方就算是头回出嫁的,由于双方经济水平较为悬殊,女方家也不敢提太多要求,这种情况的一般不会举办酒席,双方分别请自己最亲的亲人吃个饭,简单地办完"路数"即可,潘济校纳妾即是如此。

何家没有纳妾的情况。本村只有大财主潘济校纳了妾,潘济校是当家的,他自己做主娶小老婆,不用请示其他人,大老婆因为没有孩子也没敢提意见。潘济校的正妻不能生育,纳的妾也是一般人家的女儿,所以也没有大范围地请酒,后来也只给潘济校家生了一个女儿。潘济校的两个老婆之间没有待遇和地位差距特别大的情况,村里人称他小老婆为"二校嫂"。"二校嫂"在家里及其亲戚眼里并不"卑贱",主要因为,一方面,"二校嫂"在协助家里请工、管工等相关事宜中处事有条理,潘济校因此对她比较信任;另一方面其女也是潘济校的唯一后代,潘济校对这个唯一的女儿也很疼爱。当然,这种情况也只是少数,绝大多数妾的地位还是比正妻低很多的。

2.童养媳

童养媳,当地称"抱养幼媳",就是由婆家养育女婴、幼女,开始当家里的一个女儿来养,孩子十三四岁后,如果觉得合适的就让她和儿子正式结婚,如果父母和儿子觉得不满意,可以把她嫁给别家。之所以养童养媳,一方面是因为家境十分贫寒,生活水平低下,又或者虽然家里有钱,但是儿子有某种或多种不足,怕儿子长大后娶不起媳妇儿;另一方面女方家家境也困难,女儿多,在这种情况下,在儿女还很小的时候,男方父母就去女方家抱养女婴或者幼女,待到女孩十四五岁时就让她和儿子正式结婚。抱养童养媳的,一般都是家庭非常困难的人家,普通人家和有钱人家一般会养。另外,养童养媳不用写文书,双方口头谈妥,男方家就可以直接去女家抱养了,男方父母只要给二十斤左右大米表示意思即可;此外,也不用请示邻居或者亲戚,更加不用走行政程序或者请示保甲长。何家虽然在十岁的时候就给何子文定亲了,但不是立即把女方要过来,而是等到十九岁的时候才正式结婚。同时,何家也没有把自家的女儿送去给别人家当童养媳,都是等孩子长大后才把她们正式嫁过去。

3.改嫁

改嫁在当地没有特殊的叫法,就叫"改嫁"或者"再嫁"。"改嫁"没有年龄限制,也遵从个人自由。何家祖孙三代中,有两个两嫁的女性,一个是何王氏,一个是大女儿何秀芳。何王氏的前夫是茶园村的,因为茶园村的前夫因病早逝,何王氏带着儿子守了好几年寡,儿子成家后,她结识了何峻蓝,何峻蓝当时也是一个人,之后她经常到何峻蓝家走动,两人相互了解后便成家了。何王氏改嫁给何峻蓝时已年近五十。何家的大女儿何秀芳十五岁嫁到谭宽村,没过两年,因为不合适,双方主动离婚了,由于错不在大女儿,何克廷接了她回何家住。何克廷夫妇心疼自己的孩子,没有因为她离了婚而歧视她,一家人还是像往常一样生活。一直到1950年,大女儿何秀芳才改嫁潘村,当时她23岁。只有双方在同等的话语权下和离时,女方的娘家才会允许女方再回娘家居住,然后再改嫁,如果女方是被男方主动"卖"给别家而造成的改嫁的,女方的娘家是没有权利干涉的。此外,如果女方是因为丧夫而改嫁的,娘家的父母不会再做主,改嫁前也不能回娘家住。

大女儿何秀芳和前夫离婚的时候是男女双方想要离婚,双方的父母也尊重他们的选择。后来,何檀氏找到媒人介绍,两人见过几次面之后,大女儿何秀芳才和潘村的现任丈夫谈上了,双方命理也相合,在双方父母同意的基础上,大女儿何秀芳于1950年正式改嫁到潘村。大女儿何秀芳改嫁时,花费、程序都比较简单,1949年以后一切从简,但也要有一些简要的花费以成礼数,大女儿何秀芳的嫁妆搭了棉被、洋纱和几件新衣服等,换算成粮食大约也有三四百斤。改嫁的花费主要还是由何家出,由何克廷夫妇安排和决定,他们也会和家里几个成年了的孩子商量,但不用请示邻居或者保甲长。但如果是寡妇改嫁,女方就不需要再花费什么,没有聘礼或者新嫁妆,女方的父母也不会管,"发嫁"也是从前夫家去,不再回娘家发。改嫁不用写契约,通常情况下也不会请酒,而是尽量从简。

最后说到入赘这种婚配形式,何家没有入赘的情况。当地没有入赘的习惯和传统,如果某一户人家没有儿子,会以过继或者抱养的方式实现家户延续,如果实在没有过继或者其他办法,那就作罢,老人去世后由最亲的叔伯兄弟继承他的家产,不会想到招上门女婿,当地一直以来都没有人这么做。

(六)婚配终止

1."卖妻"①

在何村,由于夫妻双方不和、"过不下去"了,或者妻子不能生育,又或者妻子懒散无能等各种原因,丈夫会选择将该妻子"卖掉",当地人们管这种情况叫"卖妻"。"卖妻"是当地很普遍的婚姻终止方式。丈夫对媳妇儿不满意的,男方掌握主动权,将妻子卖给要"买"妻的一家,女方的个人意愿不会被纳入考量,"买卖"双方当事人由识字的一方撰写相关的买卖契约,双方当事人都不识字的,可以从卖方的亲戚中找一个信得过的、识字的人代笔,最后买卖双方当事人及代笔人都要在契约上签字并摁手印。一旦相关手续完成,女方不能有任何意见,当天就得收拾东西到新夫家,没有分财产一说,也没有赔偿费,只可以带走她自己的嫁妆。

在何家,何子文娶了韦氏不够两年,双方由于性格不合,加上韦氏手脚慢些,何克廷夫妇对这个儿媳妇儿不是很满意,当何子文提出离婚时,何克廷夫妇也没有制止。于是何子文在结婚后的第二年就决定将韦氏"卖"给桂县的一户人家,那户人家的当事人来看了人,觉得能接受,于是何子文就与他写好了相关的买卖契约,由何子文执笔,最后双方签字、摁手印,对

---

① 类似于通俗意义上的休妻,但这里的"卖妻"与一般意义的休妻又有些区别,"卖妻"是男方以主动权终止婚姻关系后,将前妻当作交易对象"卖"给别家,而休妻只是以终止婚姻关系为止。

方付给了何子文家钱粮作为交换物，当天对方就把韦氏接走了，带走了韦氏嫁过来时的嫁妆，包括几件衣服、一个木箱和一床被子。其间，"买卖"双方的家长都要在场，作为见证人，也要在相关契约上摁手印。何克廷夫妇对何子文"卖妻"保持默认态度，他们觉得何子文大了，这么做也有他的道理，加上夫妻俩对这个儿媳妇的慢手脚感到不太满意。

2."弃妻"

除了"卖妻"，当地还有一种相似的婚姻终止方式，叫"弃妻"。"弃妻"比较少见，何家所在的何氏二房只有一个个例。何伟明也是何氏二房的，1949 年以前，父母早逝，他外出当兵，家里剩下妻儿两人，后来转业到海南海口，之后在那里定居，也没再回家，还另娶了一个当地的妻子。何伟明没有叫人带了口信说不回来了，完全没有消息，家里的妻儿一开始完全不知情，多年后才得知被何伟明"弃"了，娘儿俩守住家里的房地，相依为命。当地人们，特别是何氏二房的亲友们都为着娘儿俩抱不平，但是也不能将何伟明怎么样，因为他已经不回来了，自动离房了。这种情况没有任何的程序、形式，就是男方放弃女方，家里的房子、土地都不要了，一走了之，和另外的女性成家，当地就通俗地叫"弃妻"。

3.守寡

1937 年，爷爷辈何峻蓝去世，何王氏守寡，当时何王氏 68 岁。何王氏曾经也是因守寡改嫁过来的，她在前夫那边已经有了一个儿子，改嫁给何峻蓝时已年近五十，与何峻蓝成家约二十年后又因为何峻蓝先过世而守寡。何王氏守寡后由继子何克廷照顾，何克廷一直把她当亲生母亲对待，何王氏和何克廷及其妻儿都相处得很好，对自己作为儿子的分内事也非常尽心尽责。何村当地妇女守寡的现象也不少，何氏三房有一个叫"四婶"的妇女，三十几岁就守寡了，丈夫因犯事被抓去县公署教养所，不久后就病死了，当时四婶还没有孩子，但她后来也一直没有改嫁。后来，逢被问及为何不改嫁时，她经常和别人说，她在这里房子也有得住、田地有得种，和房族亲友相处也融洽，她自己也恪守妇道，亲友也都信任她，即使老了之后，也还有兄弟家的亲人愿意照顾她，她认为自己一个人过也挺好。

寡妇在夫家。丧夫后的妇女未改嫁前无论是否有孩子，都可以留在夫家，因为"守寡的妇女（未改嫁前）也还是夫家人"。何子文了解到，如果分家，有孩子的寡妇和其他的妯娌之间是完全平等的，不会因为没有了丈夫而受到欺压；对于没有孩子的寡妇，如何氏三房的四婶，也会分给她一定的田地家财，由于只有她一个人，家里长辈分给她的田地会比其叔嫂少些，最后她也自己另外"立一个户"①。虽然没有丈夫子女，但如果守寡妇女品行好，依然可以和亲友家人融洽相处。村里这种情况也不少见，除了何氏三房的四婶，廖氏也有个不愿意改嫁的寡妇，她为人守节，品行比较好，在这边也有地种，有房住，和儿子、房族的亲戚朋友相处得也好，她没有改嫁的意愿，也一直守寡，而不选择改嫁。如果无后的寡妇去世了，不能埋到祖坟，有孩子的可以埋到荒山头去，没有孩子的，按照习俗，本家亲戚直接扛到花桥桥下的竹丛中，就着棺材放在那里。丧夫的妇女不能再回娘家住，因为当地的风俗向来如此，认为女儿嫁出去了，即使丧夫了也还是别人家的，不是因为经娘家同意而离婚的，就没有理由回娘家常住了。对于寡妇改嫁，夫家的父母不会管，娘家也不会再管，完全由寡妇自己做主，但不再有发嫁、搭嫁妆或者摆酒席等礼数要行。

---

① 指的是在村公所的户口册上单列一户。

二、家户生育

(一)生育基本情况

1.男少女多

爷爷辈何峻蓝只育有一男一女,何克廷是他这一辈的独子;何克廷成家后,相继生育了两男五女,但由于何家相继生了多个女儿,相比女儿更想生儿子,加之迫于家庭经济情况不容乐观,最后,自家养大的有两男四女,四女儿出生不久就送给了远房亲戚养。长子何子文一直到20世纪50年代才开始生育,而后相继生育了两男一女;小儿子何子检尚且年幼,土地改革运动前后一段时间尚未婚育。

何家的儿女数量在村里算中等水平,没有夭折、买卖和溺婴的情况,除了送了一个女儿给别人养,剩下的两男四女都由自家抚养长大。何家认为,自己的孩子,能养的就一定会养,但是生多了,家里又养不起,也不能白白让她饿死,还不如送个能养活她的人家,把四女儿送人也是很无奈的事。此后,何家没有再买卖或者抱养过儿女。但相比何家,其他更加贫困的家户,卖女儿的情况并不罕见,比如干旱年间,粮食歉收,普通贫户都想尽办法筹够维持生活的粮食,潘济玉家连续生了多个女儿,后来他果断选择卖了两个;再如,为了生计,何克发家也卖了一个刚两岁多的女儿。好在何家的旱地较多,有一定的杂粮储备,何克廷夫妇也能干,困难的时候,何家也勉强养得起家里的六个孩子,也就比平时吃得差些,粥喝得稀些,或者上山挖野菜去,不用将女儿进行买卖或者再送人,何克廷带着一家子挺过来了。

2.倾向生男

和绝大多数的传统农户一样,何家认为生育的首要目的就是为了家户后继有人,为了传宗接代,为了家庭圆满。

首先,在何家看来,如果一个家户没有孩子,贫苦的家户就会选择离婚另娶,富裕家户则选择纳妾生子,或者有些人家选择抱养或者过继。对于何家来讲,没有孩子的家庭是不完整的,也是一件丢脸的事。何家也视子孙满堂为家之大幸,加上因为过去没有节育措施,何克廷夫妇相继生育了七个孩子。

其次,何家人一向认为多子多福,能多生几个孩子是好事,特别是生男孩,因为他们始终认为男孩才是延续家庭香火的人,家里后继有人了,才不会被人轻易看不起,家门才有希望;而女孩长大了要嫁人,嫁了人就是别人家的人了,加之当地没有入赘的习惯,女孩不能作为接续的候选人,只有男孩会能将这个家延续下去。所以当头五胎是四个女儿和仅有的一个儿子后,何家选择了将四女儿送人,之后又相继生了两胎,最后一胎是个儿子,两个儿子相差十五岁,但夫妻两个都为小儿子的出生高兴,杀了鸡,叫上亲叔伯一起吃了一餐。

最后,在子女生育上,当地各个家户绝大部分都倾向于生"男孩",如果生的几个都是女孩,一般都会选择继续生,生到男孩为止。一旦一个家户生不出儿子,又没有弥补的办法,不仅家户不能延续,还会被别人潜意识里瞧不起;女儿都出嫁后,老人就不能像其他的家户那样有子孙们赡养,女儿无法经常在身边,老人更多地要依靠自己;当夫妻双方渐渐老去,家里的房屋和田地就得靠叔伯兄弟家来接手和继承,若老人过世了,还得靠继承他家财产的人给他办丧事、扫墓等。因此,为把家户延续下去何家在生育态度上倾向生男孩。

3.极力反对未婚生育

何家没有未婚生育的情况,家里对女孩的管束比较严,在思想上给她们灌输好女孩不和外面的男生一起玩的说法,在行动上不允许她们在别家过夜等。对于未婚生育,包括何家人在内的当地农户都极力抵制,认为未婚生育就是男不守道、女不守节的结果,是一件很不光彩的事情,极易引来外人非议,对双方家门都会造成不良影响。如果哪个女儿家和别家的男人未婚生育了,这个女孩就会被家里长辈赶出家门,不能再回家里住,也不允许从家里"发嫁",父母也不会再干涉她的事情;而男方也不能直接住在父母家,而要另建一个房子住,结婚当天就得到新房子去。

何家的几个儿女虽然都是在小的时候就被父母定了亲,但至少也到了十六七岁才正式结婚,其中大女儿何秀芳十六岁结婚,何子文十九岁,二女儿何秀梅、三女儿何秀英也都到了十八九岁才正式结婚,两个小的也差不多到这个年纪,基本没有早婚的情况。长子何子文二十三岁另娶,二十七八岁才生育,其他的兄弟姐妹也是成年之后才生育的,没有早育的情况。至于爷爷辈和叔伯辈,他们两代人盛行早婚,但都倡导成年后才正式"圆房",何家也不例外。早育在当地极其罕见,对于早婚家户,儿子儿媳还未成年时,父母不允许其同房。

4.比较赞同多子多福

何家的生育数量在村里算中等,当然这也不是他们能决定的,怀孕了就生下来,生下来了能养的就养着,养不了的就送人养。1949年以前,民间生育自由,没有节育政策和措施,当地的农户大都倾向多生多育,多的有十几个,少的也有两三个,一般都有五到八个,"多子多福"是民间对生育态度的写照。

何家人认为孩子不一定越多越好,要根据不同的家庭情况而定,特别是经济情况。何子文强调,对于一般农户来讲,如果孩子太多,可能导致家庭在相当一段时间内捉襟见肘,而富裕家庭的生活情况不会因为孩子太多而有太大的变化。何家一共育有七个孩子,但由于家庭经济条件的限制,养不了那么多人口,把四女儿给远房亲戚抱养了。在何家,年纪较大一些的孩子可以照顾年纪较小的,更大一点的则可以逐渐成为家里的一个劳动力,在很大程度上帮何克廷夫妇减轻一定的农活负担,所以何家在养六个孩子的问题上没有太大的阻碍,总体比较顺利。

何家也不反对多生多育,在家庭承受范围内,可以多生几个孩子,特别是男孩,一方面孩子们长大后可以作为家里的劳动力,另一方面今后老人的养老也更有保障。但从另一角度而言,贫户人家本来土地就少,如果儿子多,到分家时反而多少让家长有些发愁。在多儿子的小户人家,一旦分家,人均土地会非常少,比如叔伯辈有四个儿子,兄弟辈也有四个,本来叔伯辈每个儿子只分得两亩水田,到了兄弟辈就分得更少,一人才几分田,因而穷人家的后代就会越来越穷。何家在何克廷一辈只有他一个独子,何峻蓝的土地由他继承,而何克廷只有何子文和何子检两个儿子,两个儿子年龄差距也很大,何子检年幼使何家曾一度比较缺乏强壮劳力,但何克廷不用担心以后两儿子分家了地不够种等问题。

(二)生育过程

1.孕妇无休息

何家的夫妻在生育问题上没有想那么多, 如果怀孕了就生下来,虽然家里情况不算宽裕,但是能养着的就一定养着。何家的妇女自开始怀孕到生产之前,特别是刚开始几个月,每天都要像往常一样下地干活儿,临近生产的时候,可以适当地不干那么重的活儿,但是依然还是要每天出工。妇女怀孕期间,平时也没有受到太多的特殊照顾,就是平时干活的时候,家里人需要多留意她一点;回到家后,家里的家务也一样要做,但是婆婆会适当地多做一些。何檀氏怀孕的时候,和平时一样白天下地干活儿,晚上回来和婆婆何王氏一起织布做衣制鞋;临近生产时,喂猪、喂牛这些要挑重物的活儿就适当由何克廷或者何王氏承担。到了何子文的妻子一辈,何周氏怀孕后,也一样要每天该干活的干活,从来没有在家闲着的,一是当地没有孕妇在家养胎的惯例,另一方面一旦闲下来,地里的农活儿就忙不完。何子文要外出教书,婆婆何檀氏负责照看其孕妻,比如说多看着她一些、多做一些家务等。在生产当天,何子文妻子何周氏还在干活,回到家,刚放下镰刀,惊觉疼痛难忍,不出一个时辰就生下了大儿子。当地的劳动习惯向来都是女的当男的用,女劳动力干的活儿一点不比男劳动力少,孕妇一样还要下地干活。

2.接生条件简单

1949年以前,当地还没有专门的接生婆,何家在何檀氏这一辈几乎都是由婆婆何王氏帮忙接生的,有时候恰逢何王氏尚未下工,何克廷就找邻居的大妈帮忙。接生的时候,准备一盆药水,等生出来之后,用这些药洗一洗,没有正规的消毒药品和程序,整个接生过程没有太多花销,全部由何家内部自己解决,药草也是自家找或者借的,一般在生产之前就要在家里先备着。因此,接生条件的简单也让难产而死的产妇并不罕见。难产而死,也叫"湿身死",按照惯例,"湿身死"的妇女不允许帮办丧礼,而是直接叫三四个亲友帮扛到村外的荒地上掩埋,并在坟头插上一把伞。1949年以后,当地开始有专门的接生婆,何周氏生产时是叫接生婆来帮忙接生的,何子文在外教书,何克廷和何檀氏就全权负责儿媳在生产期间的相关事宜,包括请接生婆、打下手等,过后要给接生婆付十元左右的接生费,这其中就包括了接生过程中的药水费和人工费,相关费用由家长何克廷出。

3.产妇"坐主屋"

无论是婆婆辈的何檀氏,还是后来的长媳何周氏,何家的产妇在生完孩子后都要坐月子,在当地叫"坐主屋"。何家的产妇在"坐主屋"时,产后连续二十一天不能走出"主屋",不能靠近炉灶、不能洗衣服、不能洗澡等,由婆婆负责给她煮鸡蛋姜汤、帮她洗衣服和倒水等。产妇不能出"主屋"的原因是当地的风俗认为产妇身上秽气重,没到一定的时间就出来会"弄脏"其他地方或者"碰脏"其他东西。在何家,产妇"坐主屋"期间的饮食主要是喝粥、喝鸡蛋姜汤,如果产妇母乳不够,婆婆还要给婴儿也煮一点甜米浆作为补给。何家的婆婆在照顾产妇期间都是最忙的,平时要上工,接近饭点了就得下工,回来给儿媳妇煮粥,家里没鸡蛋了要去买或者借,拿回来给儿媳煮姜蛋汤等。

(三)生育仪式

1.当地生育仪式

(1)"三朝酒"。婴儿出生的第三日,小孩的外婆、舅母、姨母等人会送少量鸡蛋、鸡、米及一两套婴儿衣服或布,小孩的父亲即设宴招待,称"三朝酒",一般不隆重。1949年以前,在有钱人家,在吃"三朝酒"之际,如果小孩是男孩,还会用猪头给男孩起名字,穷人家就没有这种待遇。

(2)满月。1949年以前,小孩出生满月,外奶(外婆)、舅母、姨母、姑婆、姐妹都来庆贺,并送去糯米饭、糯米水圆、红鸡蛋、小孩的衣物、米、鸡蛋、鸡等，一般用红鸡蛋煮姜酒汤、糯米水圆招待客人。生男称为"弄璋之喜"，生女则称"弄瓦之喜"。此习至今仍然如此。部分壮族地区，当晚去做"外奶"的，还要与男家同族人对歌，又称"唱外奶歌"。

（3）对岁。小孩出生满周岁时，小孩的外婆同两三人给小孩送去衣物、鞋等，庆贺孩子已能穿鞋行走。小孩的父亲设酒招待。

2.长子长女吃"三朝酒"

当地小孩出生后的仪式主要有"三朝酒""满月酒"和"对岁"三种，越有钱的人家，办的仪式越全。在一般的家户，第一个孩子出生后都会办"三朝酒"，如果第一个是儿子，还会办"满月酒"，如果是女儿，只办"三朝酒"；如果第一个不是儿子，后面出生的第一个儿子也会办"三朝酒"，其他的一般不会再办任何仪式。

何家何克廷给大女儿何秀芳和长子何子文办过"三朝酒"，其他的孩子出生时都没办仪式。办仪式的花费由家长何克廷承担，所收的份子钱由何檀氏保管。仪式过后，要给外婆方亲友来庆贺的人回礼，来的时候带的礼物越多，回礼就越重。比如说来的时候带了几只鸡，回礼时就应该回个大一点的糯米团、大一点的扣肉块等，让客人回去做水圆吃。何家给何子文办"三朝酒"时，外婆方来庆贺的人带了礼物来，何克廷也都回了相应的礼，让外婆方的亲友回去拜祖先。

3.学堂老师起名

何家不是有钱人家，办不起"安名酒"，孩子们的名字都不是家里人起的。何家的女孩一直到出嫁前都没有名字，男孩子也都是去上学了，需要每个人都有一个学名，老师才帮他们起名字。除非是非常有钱的人家的女孩子才有名字，普通人家和穷苦人家的女孩子都是没有的。女孩只有嫁人了，到了夫家要上户口，夫家才会将就着给她起上一个名字。何家的女孩们出嫁前的称呼都是父母按照排辈叫，排第几就叫几，比如排第二，就叫"二妹"，排第三，就叫"三妹"。何家的女孩们嫁人之后，各自的夫家帮忙起了名，二妹叫何秀梅，三妹则被取名为何秀英。

学堂老师给何家的男孩子起名时，学名中间的字要按照何家辈分起，名字的最后一个字则完全由老师自由发挥。何氏二房内同一个辈分中间的字都是一样的，比如1949年前的何家三代，分别是"峻"字辈、"克"字辈和"子"字辈。老师得知何家的男孩已经排到"子"字辈，然后问过家长何克廷的意见，得知小儿子命中缺木，最后长子被他的老师取名为何子文，而小儿子则被起名为带有"木"字旁的何子检。对于这些学名，何克廷夫妇觉得只要名字里面的字词没有不好的寓意就行，不在乎有没有深刻的寓意。在家里，何克廷等何家人还是喊男孩们的排辈，男孩们的排辈要同叔伯兄弟家的一起排，排到第二，叫"老二"。只有在学校时，老师、同学才会叫其学名。此外，何家的妇女也由于要登户口，由登记的人分别给她们起了名字，何王氏被起名为王桂凤，何檀氏则名为檀秀婷，而韦氏叫韦玉梅。

不同类型的人口规模和家庭在起名上会有所区别：在给孩子起名的时候，有钱人家往往在"三朝酒"上以猪头为祭，请本村有文化、有威望的人帮忙起名字，穷人家只能等孩子上学了，让老师帮起。有些中等农户，其当家的读的书比贫户的多些，于是在给儿子取名的时候也有比较讲究的，比如1949年以后，何永发给他的几个儿子起的名字分别是何谢建、何谢设、何谢社、何谢会、何谢主、何谢义，意思是"建设社会主义"，潘天雄则给儿子们取名为潘子孙、潘子悟和潘子空,寓意为"孙悟空"。

三、家户分家与继承

(一)分家

1.分家的缘由

按照惯例,"子大"就要"分家",儿子结婚生子了就分家,独生子除外,但独生子到了一定阶段,比如说孩子长大了也会和父母分开吃住。有的人家还未等到生子就分家主要是因为妯娌不和,有嫌隙,一起过不下去,就得分开了。何家分家的原因是儿子已经结婚生子,且其小孩也大了,一旦家里的长辈提出分家的意见,就要正式分家。

1949 年前后,何家历来分家的习惯并无二致。何家在何克廷一辈是单代独传,没有分家的经历。1949 年以后,长子何子文和妻儿先从家里分出来了,何子检与母亲何檀氏同吃住。这次分家是母亲何檀氏提出的,"你孩子也大了,接下来就分开吃了吧",何檀氏这么一提,何子文和何子检便正式开始分家,何家分家时没有什么仪式。分家时,能分的东西非常少,不外乎锅碗瓢盆、板凳、木桶、锄头、镰刀、簸箕等生产和生活资料,以及房屋等固定资产。分家后的两兄弟各住一边,以客厅为界,左侧房间为长子何子文一家所有,右侧则为何檀氏与小儿何子检所有,此后两家日常分开吃饭,就这样完成了分家。何子文在别村教书,家里妻儿自己住,分出来两年后,何子文家从里头的旧屋搬到外头刚建好的新屋,新屋也比较简单,但这个新屋也是何子文用教书挣来的钱建的,父辈没有什么积蓄分给他。分家是当地的惯例,儿子结婚生子后,就得和兄弟分开,一旦到了分家的时间,有人提出来了,没有人会不同意或者闹意见。家庭外部成员不会影响家庭分家,分家算是家庭内部的私事,只有家庭内部成员才会对此有影响。家庭分家后,要到村公所变更户籍,保甲长也会及时了解,做好登记,但不会影响家庭内的分家过程。

2.分家的资格

何家在分家时,何檀氏、长子何子文及其妻儿、小儿何子检都是分家时的参与者,家中外嫁的女儿们都没有参与的资格,也不能加以干涉。在何家分家的过程中,只有原先同一口锅吃饭的男丁及其妻儿有分家的资格。一般来说,家庭内部的以及因过继或者抱养而来的男丁都有资格参与分家产,包括家里成年或者未成年的儿子、过继来的儿子、妾生的儿子、改嫁带来的儿子,但干儿子没有继承的资格;同时,丧夫无子的妇女或者丧父的孙子都有参与分配的资格。分家以儿子为主,未成年的儿子、未出嫁的女儿不与父母分家,会先和父母一起吃住。何家分家后,何子检与母亲分到一家,一同吃住;若是家中还有待出嫁的女儿,分家后其也是和父母一起住,何家的一个邻居家即是如此。同时,该邻居会给未出嫁的小女儿预留出一些置办嫁妆用的棉花和洋纱。在有钱人家,父母还会预留一些钱财给女儿,甚至还留有嫁妆田。在分家的资格上,当地各家户普遍相同,当地没有特别大的家户,所以乃至当地最有钱的何建顺,其分家资格规定和普通农户也没有多大区别。

3.做主

和当地众多的普通家户一样,由于家庭资产不多,何家在分家上向来从简,没有请过外来的见证人,仅由家里辈分最高的人代为见证并做主。

一般而言,分家是由大家长策划并执行的,但在何子文和何子检分家时,主要由辈分最高的何檀氏提出,分家过程也主要由她来执行。何子文两兄弟分家时,大家长何克廷刚离世几年。那几年,长子何子文虽为名义上的户主,但经常外出教书,家里由母亲何檀氏做主,分家也是她提出的,她和两个儿子以及大儿媳商量过后,就开始着手分家。长子何子文不在家,大儿媳和小儿子都听从老人何檀氏的安排。分家时,其他家庭成员不能做主,必须有何檀氏在场并做主,因为大儿子不在,何檀氏就掌握着家里最大的话语权,加之何檀氏身子还利索,辈分高也有能力,因而她做主是得到其他家庭成员的认可的,那么分家这类重要的事情当然也是得她在场和安排。何家这次分家很简单,主要是分房、家具、农具等家内的财产,所以何檀氏没有请示邻居或者亲戚,何家一家人就能较快地分好。分家后,何檀氏也会和房族的亲友们知会一声,主要以告知房族代表为主,让房族代表口口相传到其他族内人。若房内某一家户在分家过程中遇到问题,首先其亲叔伯兄弟会去帮忙提意见,但不会强制要求分家者该怎么做,如果需要帮助,邻居或者房族至亲的亲友也会帮忙。比如说,何氏二房内,就有三兄弟分家时意见不一,老大和老三认为甲方案好,老二却认为乙方案更好,最后都没统一意见,闹得有点激烈,房长就去帮忙提意见、做权衡,最终老二才妥协,三兄弟按照甲方案来分。

4.契约

何家的分家属于普通少子贫户的分家,由于可分的东西少,兄弟也比较少,加上分家的两兄弟关系十分融洽,于是相关的程序便一切从简,没有写相关的契约说明。但大财主家分家时,因为家财相对多,还会写分家单,这个分家单是家长写的,最后也是家长保管的。普通人家和穷苦人家没有专门的分家单,家产少,分家财时只要口头分配,然后拿走即可。1949年以前,何家爷爷辈的何峻蓝三兄弟分家时,还要分配田地,在分配的过程中,由家长带着儿子们到田间地头具体指划,"这边是老大的,中间是老二的,那边是老三的",讲清楚、看明白,然后回去之后,到村公所变更户籍的同时,还要登记土地分配情况,哪家有多少田,分别是哪里哪几块,完成相应手续后,发给他们新的土地证①,纳粮的时候就按照这个新的证上的田亩算,其他的中小户人家也是如此。何家一直以来都是普通贫苦人家,家财很少,没有写契约或者分家单。当地的人家全部都是中小农户,没有大家户,所以分家比较简便、随意,均没有书面的说明。

5.外界认可分家

何家分家后,都是以小家的身份进行对外的交往,比如说参加亲友的红白喜事、参加房族内的公共祭祀以及村里的一些公共事务,都是通知到各个小家,由小家家长代表各自的小家前去参与。从一般意义上来讲,"树大分权、子大分家"是当地的传统,分家传统自古流传,所以大家都认为结婚生子了分家是应该的,也都互相承认,在各家各户内部就能完成,不用请示家庭外的人。几个兄弟之间全部分家后,就会到村公所登记变更户籍,从而村干部也都知道谁家分家了,纳粮也要分开记录。如果谁家欠了公粮,甲长会直接找新家的家长,不会再找分家以前的家长或者分开了的兄弟;如果分家后,谁家的重要东西被偷了,去报案,政府也会帮助分家后的这一家,以家为单位办案,以"××家的"为称呼,而不是称呼具体某人的姓名,"××家"是分家后的家。因此,变更户籍,并及时更新户籍、以新户籍办事,都说明政府对分家的认可。

---

① 在1949年以前,当地只有水田有土地证。

(二)继承

1.继承资格:儿子才能继承

首先,何家有继承家产资格的成员都是家庭内部的成员,其中,何家的两个儿子都是家里的主要继承人,其余四个女儿都没有继承的资格。在何家,家中的男丁才具有继承家产的资格,女儿们都相继出嫁后,不再干涉娘家的任何的继承问题。如果某个家户没有儿子,其过继儿、抱养儿也是有继承资格的,有钱人家纳妾的,其妾生儿同样也能继承该家户的财产。而如果某一家户完全没有男丁后代,在老人无后,叔伯兄弟家的男丁可以继承该老人的财产,继承的那个人要负责老人的丧葬办理。

其次,何克廷过世后,何家只有两个男丁,两个儿子特别和睦,大哥对弟弟也照顾有加,兄弟俩平等继承何家的房屋、土地等相关财产,从来没有为此有过任何争执。何家的情况正应了当地的“诸子平等”的继承习惯。在多子的家庭中,长幼兄弟之间也有平等的继承权,妻生儿和妾生儿的继承权也一样,同样地,亲生儿和过继儿、抱养儿或者继子也一律平等享有继承权。

最后,何家两个男丁在继承上没有先后顺序,同时具有继承资格,女儿、侄子均无继承权。如果某个家户没有儿子,则其继承资格优先给侄子,如若没有侄子,再由房内关系较亲的人继承,又或者由关系较好的邻居来继承。

2.继承内容:家庭所有财产

何家的土地、房屋以及家中所有公共财产都可以继承。何峻蓝去世后,由何克廷全部继承何家的所有公共财产,其中土地二十多亩和何家人所住的房屋是主要的继承物,此外还有家中的大小农具、家具也都是何克廷可以沿用和继承的。此外,何克廷获得对老人生前的一些私人财产、物品的支配权。到了何子文一辈,何家的土地、房屋及其他的公共财物再由何家何子文和何子检两个儿子均等继承,不会因为何子文比何子检先结婚生子十几年而区别对待。何家两个儿子在继承何家公共财产时,由家里长辈均等分配。比如在分配房子的继承时,把左边的房子留给长子一家住,右边的则为小儿子的,客厅、院子由两兄弟共用;再如,在长辈的主持下,对锅、碗、瓢、盆等家内用具,以及锄头、镰刀、扁担、木叉一类的农用物品进行协商分配,长媳拿了一口锅,然后弟弟拿一个盆……何克廷生前保管下来一些私人财物数量很少,经过家中两个男丁协商,何子文将其全部留给了弟弟和母亲。总之,何家的儿子对何家的所有公共的和老人私人的财产都是可以继承的,并执行了均等继承与协商不均等继承。何家只是一个平凡得不能更平凡的务农贫户,其继承仅仅围绕家庭的所有的生产生活财产展开,再没有其他,但其他的家户还存在一些隐性财产的继承:对于做生意的人家,孩子还可以继承其所做的生意;对于手艺人家,孩子还可以继承手艺;对于当官人家,就不一定能继承官位,但是继承者的起点和机会肯定比其他人更高。

3.传统赋权,不再调处

继承权上一方面来自传统的默认,另一方面来自于家长的意志。在何家,继承权的确定完全来自于血缘关系,也就是传统的默认,从何克廷出生的那一刻起,父亲何峻蓝就默认了他的继承权,相应地,儿子何子文和何子检从出生的第一天起就被传统的“男丁为继”赋予了可以从何克廷手中继承何家相关财产的权利。何家三代男丁都没有被赶出家门和外出不回来的情况,因此何家历代都没有出现继承权调处的情况,全部为依“男丁为继”的自然继承。

继承权和继承关系首先是默认的，但其他村的一些大财主家同样存在源于家长意志的指定继承，家长有指定继承人的，才会按照家长指定的继承人进行继承权的确定。①

继承问题也有可能引发纠纷，具体的纠纷主要是土地和房产纠纷，还有因此而动手打架的。比如何氏二房有一起纠纷就是因为继承问题导致的，当家人去世后，何三(化名)和兄弟何四(化名)争一块比较近水坝的水田，两人都想要这一地块，双方互不退让，一个说，"我要的田比你少"，另一个又辩解，"但是我要的地也比你少了"，最后还动手打了起来，直至房内亲友到场劝解，给他们分析利弊，白纸黑字地给他们提意见、定规矩，这起纠纷才平息下来。

四、家户过继与抱养

(一)过继

1.过继的原因和目的

过继，在当地也叫"顶嗣"，是指自己没有儿子，收养同宗之子为后嗣，是一种比较常见的现象。过继是为了延续香火，不至于断后。如果某一家户没有儿子，就可能会想到要过继，过继对象的第一选择是关系较近的兄弟家的儿子，因为过继也看重血缘关系的远近，但过继的范围并不绝对局限于亲兄弟之间，堂兄弟之间也可以过继，前提是亲兄弟不愿意或者不能过继。一般情况下，出继方有两种情况：一是愿意出继的家庭有两个及以上儿子，且对方和自己的关系非常好，最起码双方没有过节，对方才会愿意出继；二是出继方父母都已经去世，孩子孤苦无依，只能过继到叔伯家，这也是愿意出继的一种可能。由于自家生的后代中都有男丁，何家在何峻蓝、何克廷和何子文三代内都没有过继的经历，又因男丁数量均在两个及以内，也没有被过继给别家的情况。

2.过继的次序

本村家户如果需要过继，首先要问亲兄弟，亲兄弟不愿意的，再问堂兄弟，最后才到同族的其他兄弟。但当地也有自己有亲侄子，却过继别人家儿子的情况。何家的邻居何伟(化名)是一个光棍，无妻无儿，想从亲戚家过继一个儿子，他有一个亲兄弟，但亲兄弟家只有一个儿子，其他四个都是女儿。于是，何伟就询问堂兄弟家的意见，堂兄弟家一共有四个儿子，而且生活条件较差，便答应了何伟的请求，把老三出继给了他。何伟请来房内亲戚和保甲长作见证，拟写了一份过继契约，契约上写明老三从此由何伟抚养，老三长大后可以继承何伟的所有家产，同时要承担起赡养何伟的义务等等事项。最后何伟、出继的堂兄弟、房族代表和保甲长签字并摁手印，何伟因而成功过继了堂兄弟家的老三。关于出继，如果有几个儿子的话，家长一般不会过继长子，按理会从长子以外未成年的儿子中选择一个出继。

3.家长在过继中的支配地位

何家虽没有过继的经历，但何子文对过继相关事宜都有一个比较清晰的认知，并且亲眼见过。过继时，在出继方，由家长和出继者的父母商量决定是否出继、出继谁，同时要和房长、保甲长打报告，他们不会干涉，但是必须知情。采取哪种过继形式也是由家长和出继者父母共同决定的，决定之后要告知房长和保甲长，房长和保甲长不会干涉具体采取哪种形式，但

---

① 这种情况是受访者据其看过的一些影视著作所作的一个判断，但他没有在当地找到过相关的例证加以佐证。

也必须知情。在当地,出继时,入继家庭会给出继方十几斤到几十斤不等的粮食和肉,这主要看孩子的年龄,并由入继家庭、见证人和出继家庭决定。过继要写过继单,要请房族代表和保甲长来做见证人、中人,过继双方家庭的家长来请,中人代笔,过继单上要声明过继双方家庭的意愿、权利和义务,过继后儿子的权利和义务等,最后落款处要求过继双方家长、见证人摁手印。过继不是必须的,以出继方的意愿为基础,若家里只有一个儿子,不出继给无子的兄弟肯定是可以的,倘若家里有几个儿子,但是完全没有过继给别人的意愿,而且自己也可以养得起的,这时候,同样可以不出继。与此同时,过继是一件大事,双方家长必须在场,其他家庭成员没有点头同意过继的权力。如果有一方家长不同意,那么过继就成为不可能,如果家长同意,其他家庭成员可以发表不同意的意见和看法,家长必须综合考虑到其他家庭成员的想法后再做最后的决定,如果反对意见较大,那么家长也不能特立独行。

4.对同族"过继儿"一视同仁

何家的邻居何伟过继来堂兄弟的老三,何子文对过继后老三的受认可情况也有一定程度的了解。首先,过继时,房族代表都在场并在过继单上摁了手印,这是房族对过继的认可的一种"官方"表现,也表明房内的人都承认以后这个儿子不再是出继家庭的,而是入继家庭的成员,并且在族谱上做好变更登记。如果过继孩子在过继前后都是本族人,房族内对过继儿的认可度很高。其次,有些过继儿会遭到入继家庭的族内亲友抵制,比如三房的何思欢曾经入继来一个族外的儿子,被三房的人明里暗里地诋毁,结果这个过继儿住不下去了,主动提出要回原来的家,最终回了继,这种情况一般发生在非亲兄弟之间的过继。如果是亲兄弟之间的过继,外人都是比较认可的。再次,保甲长也是过继的见证人,在过继单上摁手印后,要在户籍册上变更相关家庭的户籍登记,保甲长对过继的干涉并不多,但凡是因公事交涉的,都一律平等对待。最后,政府也对村公所作出的户籍变更登记持认可态度,并按照新的户籍执行管理,如果继父母不把家产留给过继儿继承而被过继儿告到官府的,官府会以过继儿与亲生儿享有同等继承权而作出相应的判决,在官府看来,过继儿与亲生儿的地位是一样的,会给过继儿提供应有的合理判决。

(二)回继

回继,是被出继者自己对在入继家庭的生活不满意,出继家庭也认可被出继者的决定,于是被出继者回到亲生父母家生活。当地,也曾出现过孩子过继给别人了,但是出继者住不下去,又回亲生父母家的情况。何子永有一弟弟何子连无儿无女,何子连在学校教书,何子永估摸着他应该有点钱,能养活自己的儿子,于是答应将二儿子过继给他,但谁知何子连为人十分小气,吃穿都非常吝啬,老二吃不饱、穿不暖,住不下去了,又自己跑回了生父何子永家,这就是何氏二房一个鲜活的"回继"的例子。再有,何氏三房的何思欢没有儿子,于是从二房入继了一个男孩回去,但三房的亲友知道了很不高兴,男孩经常被三房的人诋毁说他是贪图他们的田地,平日里不让自家的孩子和他玩,路上遇到他时也不给好脸色看,男孩自然待不下去了,就自己偷偷回了二房的亲生父母家,何思欢也深知其因,不愿难为他,于是与男孩父母达成一致意见,同意回继,男孩没再回去过,这个也属于回继。

(三)抱养

何家有过把自家孩子给人抱养的情况。1949年以前,何克廷夫妇已经先后生育了一男三女,何克廷夫妇想再要个儿子,不料第五个孩子还是个女儿,加之何家的经济情况不容乐观,这时听闻一个远房亲戚想要抱养个女儿,于是作为家长兼父亲的何克廷提出将刚出生没多久的四女儿给这个远房亲戚抱养,在这个过程中,家里的老人何王氏没有提什么意见,而何檀氏虽然不舍自己怀胎十月的孩子,但是出于与何克廷同样的考虑,也没有说什么。至此,何克廷叫来远房亲戚方的家长,即孩子的养父,简单交代几句,而该亲戚也带来了约二十斤大米表示感谢,何克廷正式把四女儿给他抱养了。整个过程不用办任何正规的"路数",仅是双方简单的口头交涉,也不用请示何家家庭外的其他人。事后,邻里、房族也会相继知晓,但因为给别人抱养女孩是比较常见的现象,何家的做法以及抱养女孩也不会受到任何非议。何家的四女儿被抱养后,何家也没有再过问她的生活。

(四)代养

当地有一种类似抱养的养育形式,叫"代养"。比如兄弟或者堂兄弟不幸过早离世,留下他未成年的孩子没人抚养,按照血缘关系远近,由关系最近的家户代替他将小孩抚养长大,直到这个孩子能自力更生为止。在这期间,兄弟家的田地均由代养的家户耕种,房子也主要是由代养家户的家长支配,等到孩子长大了,能自己养活自己了,代养家户就将田地和房子还给这个孩子,意味着代养家户对这个孩子的抚养义务结束。比如,村里的潘天开和潘天润两兄弟自小失去双亲,两兄弟还没有养活自己的能力,于是,亲叔叔潘济定就担负起了抚养他们成人的责任。在这期间,年幼的两兄弟先到叔叔家吃住,家里的田地由叔叔耕种。等到两兄弟十六七岁了,可以照顾自己了,潘济定便让他们回自己家的房子住,平日里,兄弟俩和叔叔家一起下地干活,开始逐渐地与叔叔家分开吃;待到他们结了婚,潘济定将原属于两兄弟的土地归还给他们打理,代养关系也就由此正式结束了。"代养"的时间不长,一般是到孩子能自己养活自己截止。代养的程序比较随意,不用写契约,也不用和保甲长打报告,也不用事前征得房族代表的同意,相反,如果谁家没有履行代养义务,房族亲戚反而会加以干涉,劝说其履行相应责任。"代养"实质上是至亲之间的义务帮忙,是出于亲情上的道义。

(五)买卖孩子

1.买卖女孩

当地很少发生买卖孩子的情况,自何子文记事后,村里几乎没有发生过买或者卖男孩的情况,倒有几个卖女孩的个例。在农户们看来,男孩比较宝贵,大部分人家不会拿儿子进行经济交易,而女孩地位低微,家境十分贫寒的家庭会有卖女孩的情况发生。卖女孩的家庭都是经济条件很差、家里女孩数量较多、很难养活一大家子的人家。为了度过困难时期,将地位卑微的女孩卖给需要的家庭,一方面可以换取家庭救急的钱粮,另一方面则可以让别人承担起养活这个女孩的责任。何子文直言,买卖双方通常是以前互不相识或者不熟悉的人家,因为在他们看来,不熟的人家更"方便"交易。买女孩的家庭大多是买来给自家儿子当媳妇儿的,小部分无儿无女的家庭是买来当自家孩子养的。

何村当地有两户贫苦农户,即潘济玉家、何克发家,就曾经卖过自家女孩。潘济玉家一共有五个女孩、三个儿子,但家里的田地稀缺,只有一亩三分水田,四五亩旱地,家境贫寒,那几年,家里实在没吃的,家里有十口人要养活,生活难以为继。当打听到平南县有人要买女孩时,潘济玉将家里的小女孩卖给了那户人家,换回几十斤粮食和一些铜钱。再有,何克发一家也有四个女儿、三个儿子,上有七十五岁双亲,还有一个身体孱弱的妻子,家里田亩稀少,仅有三亩水田、三亩旱地,还都是土质比较差的土地。何克发经常给财主家做长工,但生活也难有起色,在三女儿五岁时,何克发将她卖给了校椅的一户人家当女儿养,那户人家没有女儿,有一个独子,家里条件一般,想着买个女儿养着,如果适合当儿媳妇就留下,不适合就权当养个女儿。卖女儿的情况在贫苦多女家庭是比较常见的现象,在这期间,主要是由家长统筹,其他的家庭成员有发表意见的权利,但往往都因现实所迫而选择默认。

买卖双方一般是不同村的,因为大多数家庭买女孩是给自家的儿子当儿媳的,买卖的过程没有特定的顺序可言,双方谈妥了即可,也不用走行政程序或者和家庭外的成员商量。买卖达成后,女孩也就是买方家的人了,卖方不能再对其生产生活进行干涉。如果买方是将女孩当儿媳养的,还要把其编入家庭户口。

2.买卖男孩

买卖男孩比较罕见,更没有在何家发生过。在当地,若某一家户要买卖男孩,由家长和全家人商量是否要买卖、买卖的形式等,家长和孩子的父母是最重要的决策人,他们也会问过孩子的意见,但是孩子的意见是次要的。买卖孩子一定要家长在场,同时孩子的父母也一定要参与决策,如果孩子的父母不同意,家长也不能擅自卖孩子。在进行买卖的过程中,则一定要请双方的家族代表见证。写买卖契约时,卖方可以找保甲长代笔,但如果见证人有一定文化,就直接由见证人写,写明买卖双方的意愿以及权利和义务、买卖对象的权利和义务,最后买卖双方、见证人、代笔人签字并摁手印;契约要至少写两份,买卖双方各保存一份,成交后再和村干部说明并且做好户籍变更登记。

1949 年以前,隔壁和睦村曾经有一户人家卖了一个男孩。这是和睦村黎氏的一户人家,该户人家本一共有五个儿子和两个女儿,家里有五亩水田、五亩旱地,20 世纪 40 年代发生了一次较大范围的旱灾,很多贫苦人家的水稻颗粒无收,"一眼望去都是枯黄的稻草",黎氏的这户人家也不例外。当家中存粮逐渐耗尽,黎氏就怕养不活这么多孩子,不久前曾听闻东圩的一个亲友无后,想要买一男孩,经全家同意,黎氏将其中的老四卖给了亲友,从此老四就入了东圩亲友家的户口,同时也入了他们的族谱。在这个过程中,双方请来了各自的家族代表作见证人和代笔人,白纸黑字写明了买卖契约,双方和见证人都摁上手印,最后买方要给卖方相应的物质补偿,当时东圩的亲友人家就给了黎氏四十斤粮食和二十斤猪肉。老四是个老实懂事的孩子,到东圩后很快融入了那边的生产生活,那边的家族亲戚也逐渐地认可和接受了老四。

3.买来的男孩难获认同

何家认为不到万不得已,农户是不会考虑卖掉自己的孩子的。何家基本能养活家里的六个孩子,历来也没有发生过买卖孩子的情况。大多数情况下,买来的男孩很难为家户外的人完全接受。首先,大多数情况下,家族对买卖来的孩子是不太认同的,特别是买来的男孩,因为男孩有继承权,他们认为买来的男孩是族外人,对"族外人"继承族内的土地、房子,并编入族谱总会有些抵制。相反,买来的女孩则不会遭到太大的抵制,因为女孩不入族谱,而且女孩可以当家族内的媳妇儿。其次,买来的孩子也能入村庄的户籍册,但是村里人对买来的孩子多少会议论和区别对待,会以"村外人"的眼光看待他们,特别是对买来的男孩,认为他是"村外人",小孩子也不愿意和他玩,但时间久了,还是会慢慢好起来。再则,官府对农村的管理只停留在赋税纳粮上,也会关心买卖小孩造成的税收或者户籍变更,其他的都一视同仁。和睦村黎氏那户人家卖出的儿子算是例外,因为买家正好也是认识的亲友,加上儿子很懂事,黎氏的老四在养父母家没有受到家族的排斥,和养父家的亲戚相处得很好,其真诚、老实的性格得到了养父家族的认可。

五、家户赡养

(一)以家户为赡养单位

1949年以前,赡养老人仅是家庭内部的责任,房族、保甲长或者官府都不会干涉。当地一贯认为"谁家的老人谁来养"。自1937年何峻蓝过世后,何王氏的身体也越来越差,上了年纪的何王氏不能再下地干活儿,只能做些诸如喂鸡、打理菜园、剥玉米一类的轻活儿,总体上由何克廷夫妇及其儿女们照顾。每年收了粮食,何克廷夫妇负责给何王氏分去一部分粮食,留着她自己煮;要是何王氏自己煮的话,何克廷还会叫孩子们给她送些菜过去;若是家里有什么活动,或者逢年过节,何克廷就叫她过来同桌吃饭。何王氏生病下不了床时,儿媳何檀氏每天下工后还得照顾老人起居,几个未出嫁的姑娘们也要去搭把手,给她们的奶奶洗衣、送饭、挑水等。总之,在何家的养老问题上,家里的中年人、年轻人、妇女都要尽赡养义务,主力是老人的儿女、儿媳。按照惯例,儿女是赡养老人的主体。在当地,外嫁了的女儿逢农历八月十五、九月九都要给娘家的老人送慰问品,若是老人生大病或者过世了,女儿们也会回来,但老人日常的生活一般都由儿子、儿媳照顾。概而言之,赡养老人是家户内部的责任,由家户独立完成,外人不会干涉。

(二)以"同时赡养"为赡养形式

在当地各家户,如果只有一个儿子,老人的赡养则全权由该子及其配偶负责。如果有多个儿子,主要流行两种赡养形式:一种是轮流抚养,即多个儿子轮流负责老人的吃住供给;另一种是多个儿子共同出钱、出力给老人建个固定居所,几个儿子商量好每个月由谁给多少斤粮食、多少钱,群策群力赡养老人。如果家中无子,则由女儿承担赡养的责任,同时叔伯兄弟也会提供必要的照顾。如果无儿无女,则由耕种他家田地的人承担赡养责任。

在何克廷这一辈,何克廷是独子,何家的老人也全部由何克廷及其妻儿赡养。何王氏还能出工时,还能耕种养老地挣点口粮,但后来年纪大了,身体不好了,不能出工了,老人的儿子儿媳、孙辈们便负责照顾其衣食等各方面的生活。年老的何王氏卧病在床时,何克廷负责给她找药,若实在找不到,家里积蓄不足时,还向亲戚凑足钱粮给她看病,等日后家里卖了猪或收了粮再还上;何檀氏帮洗衣服,孙辈们负责日常送饭菜、挑水等,老人的赡养和照顾完全由何克廷一家共同负责。

到了何子文一辈,何家有何子文和何子检两个男丁,何克廷夫妇的养老则由这两兄弟同时负责。何子文和何子检两兄弟给老人盖了两间房让其独自居住,何子文和何子检两个小家轮流送去粮食、帮忙搬柴火、添置油盐、挑水等,平日哪家拿回什么吃的也会给老人家送去一些,比如:菜地里瓜熟了,家长也会叮嘱媳妇儿给老人摘些送去;何子文从田里抓了几条泥鳅回来,也会亲自或者吩咐家人给老人送去一两条。如此看来,在何家这个少子家户,老人的赡养相对简单明确,都为同时赡养的形式。

(三)分配"养老地",补给"养老粮"

养老地是当地的一种养老形式,即分家后,老人提出预留1~2亩土地为其耕种,以此获得维持其生活的粮食,这部分土地即是当地所说的"养老地"。当老人去世后,由其儿子们自行商量是将这块地具体分到各小家户,还是轮流耕种。关于养老地的产生和处置,仅由老人和儿子们商量决定,家中女儿即使未出嫁也不能参与。何王氏还具备一定的劳动能力时,和当地大多数家户一样,老人日常和何克廷分开吃,何克廷也会响应老人的需求给她分出一亩多的养老地,留给她种些粮食养老。在此期间,这份养老地平时由何王氏自己打理;每年春耕前,何克廷都会先帮何王氏犁好地,收割时也会帮老人挑稻谷,此外,由何王氏独自负责这块地日常的田间管理,这块地的收成也全部归何王氏所有。而后,何王氏身体每况愈下,逐渐失去劳动能力,不能再依靠养老地养老,何克廷便重新接手了这份养老地,而何王氏的养老问题则由何克廷及其妻儿全权负责。

何家给老人的"养老粮"是补给式的,即当老人家米缸里没米了,儿子或儿媳便帮忙磨好大米给她送去,或者老人家的养老地上没有种红薯,儿子、儿媳平时要给她送些,由她自己支配……"缺了就补上,不是一次性给完就完事儿了。"何王氏还出工时,基本上能靠养老地收的粮食维持一年半载的日常需要。老人每年除了打理养老地(包括稻谷、红薯之类的都种一点,但数量不多),一有空就给儿子、儿媳搭把手,所以每年何克廷都不忘给老人送去一些红薯、玉米等杂粮,比如老人家没大米了,就给老人磨好大米送去,给老人补给粮食。老人不能上工后,何克廷和妻子在每年收完粮食后,都会专门给老人分出不定量的稻谷、红薯和玉米,等到老人吃得差不多了,再给老人添置,没有了就补给,采用一种"补给式"养老粮供应方式。

(四)治病与送终

家里老人生病了,首先由其老伴照料,如果老伴过世了,或者老伴也上年纪了,就由儿子及其妻儿负责照顾。何峻蓝过世得早,何王氏年老生病时,只能由何克廷及其妻儿全权照顾。何王氏生病卧床时,由何克廷负责带她去看病,每次病,何克廷都会陪同在身边,看病的费用也都是何克廷筹集。回到家后,何王氏还不能下地走路,何檀氏每天给老人烧热水、洗脸擦身,饭前给老人送去米粥。何王氏生病时的起居生活、看病吃药,全部由儿子、儿媳负责。后来,何克廷也逐渐上了年纪,生病的时候还有老伴何檀氏照顾,何子文在外教书,何檀氏和何子检共同负担起家里家外的事务,而长子何子文主要负责何克廷看病吃药的费用。不久后,何克廷过世,何檀氏守寡,后来何檀氏生病时都由儿子、儿媳们一起照顾,长子何子文是家里文化程度最高的,家里人都听从他安排具体的照顾事宜,包括带老人去看病,以及日常的洗衣送饭,而最后的费用则主要由两兄弟共同承担。总之,何家老人生病时,完全靠家庭成员自己照顾,嫁出去的女儿很少能回来,也不承担老人的治疗费用,因为嫁出去的女儿已经不再是这个家的家庭成员了。

按照习惯,老人去世了要办葬礼,由儿子们均摊葬礼的相关费用,而女儿只负责购买丧葬用的一个纸房,是当地葬礼所用的一种祭品。如果去世的老人无子,继承老人的土地和房子的亲友邻居负责老人葬礼的全部费用。何家何峻蓝去世时,家里没有什么积蓄,只得卖田、向亲戚邻里借些粮食补给,以办理何峻蓝的葬礼。葬礼上,几乎所有大小事都是由独子何克廷主持,其出嫁的姐姐也赶回来参加了葬礼。当天晚上,何克廷和姐姐、母亲何王氏、妻子何檀氏都要穿着白色的麻布上衣,戴一顶白色的帽子,按年龄大小的顺序跪在棺前哭丧。第二天出殡时,由儿子何克廷带头,与房族兄弟一起扛着老人的棺材前往荒地入土,老人的老伴、女儿、儿媳,还有至亲家庭的婶婶、姨娘跟在棺材后面哭丧。何克廷是老人唯一的儿子,整个葬礼全部由他主持,按照当地的葬礼习俗办完之后,相关的花费也全部是他出,其外嫁了的姐姐不负责葬礼的花销。过后，每年的清明，也都是何克廷及其子孙给老人扫墓。对于那些多子家户，若老人生前有养老地，老人去世后，儿子们可以将养老地均分到各户，清明给老人扫墓时，兄弟几个均分相应花销，又或者，儿子们每年轮流种植老人的养老地，轮到谁种，第二年清明就由谁负担扫墓的花销。

（五）家户赡养受认可

何家所在的何氏二房比较重视伦理道德，对房内家户的赡养情况也有一定的道德约束。如果某一家户的儿子不愿意赡养自家老人，房内叔伯、堂兄弟会来指责纠正他，告诉他如果他不赡养自家老人，以后就会孤立他，他有什么困难，同房人也不会出面帮他，以此来"威胁"他执行赡养义务。如若无效，本家的叔侄就得帮忙照顾老人，但是这个"不孝子"就得永远被族人孤立。何氏三房何克明的大女婿是隔壁韦村的，该女婿曾经因为拒绝赡养家里老父被家族亲戚批判，但他不服气，从此和家族亲戚闹掰。自那以后这个大女婿家中办红白喜事时，家族亲戚一律不参加，甚至不再把他当房内人看待，而他也只能请族外人来帮忙，还得另外给这些族外人一定的报酬。相应地，村里人也会议论和看不起这个不赡养老人的不孝儿，各种红白喜事上，不会再邀请他参加。再者，当兄弟间发生赡养纠纷时，由关系最近的本家出面协调，如若不行，再由房长或者房内代表出面调解，如果上升到民事案件，就得请村干部甚至官府来解决。总之，包括何家在内的当地人家对家户内部执行赡养责任是认可的，也是非常看重的。

六、家户内部交往

（一）父子关系

1.权利和义务

父亲对儿子要承担的责任是将儿子养大成人、供儿子读书、帮儿子娶媳妇儿，还要负责教会他必要的劳动技能和谋生之道。如果儿子没娶媳妇儿，即使儿子有一定年纪了，还是得继续和他一起吃住，不能分家。如果儿子一直娶不到媳妇儿，就一直不能分家，到老都要和他一起吃住。如果儿子结婚生子了，但是还没有分出去，父亲还负有照料孙辈的责任。何家三代之间的父子关系都很和谐。何峻蓝只有何克廷一个儿子，对他疼爱有加，何克廷年少时犯了错，父亲何峻蓝会严肃批评他，但绝对不会随意地打骂儿子。何克廷对儿子何子文和何子检的教育略为严厉，若孩子做错事，会被责骂、打手掌或者打屁股，但是绝不会无缘无故地随意役使他们。后来，何子文尽管结婚生子了，但他在别村教书，父亲悉心替他照看妻儿。中国传统社会父权为大，父亲对儿子既负有抚养责任，也有管教儿子、让儿子服从自己的权利，但是管教儿子也要有度，如果父亲对儿子太苛刻，房族人有出面制约父亲的权利，如果父亲要卖掉儿子，必须先征得家庭长辈和房族的同意。

在何家，儿子要服从父亲说的话，如果父亲说得不对，儿子也不能当面顶撞父亲，可以私下和爷爷奶奶或者母亲说，由比父亲年长的长辈去和父亲提意见。比如父亲让儿子单独去犁地，但是儿子技术又没学到家，担心会做不好，但此时儿子还是要服从父亲的安排，不能说"我还不会，我不去"之类的话顶撞父亲，否则就会遭到父亲的责骂。如果父亲做错事了，儿子也没有权利去批评父亲，而是由房族亲戚帮忙劝导，因为儿子是要服从父亲的，如果由儿子来批评父亲,父亲非但不会服从,而且还会骂儿子"没大没小"。

何子文认为,首先,好的父亲首先最重要的一点是能干活。干活才有吃的,才能养活全家人。其次不做坏事。一个只知道赌博、打架的父亲肯定不是一个好父亲。再次,好的父亲应该孝顺老人,关心孩子。好的父亲要懂得孝顺自己的父母,给孩子树立好的榜样,同样,好的父亲还要关心自己的孩子,让孩子感受到爱和信任,不能对孩子放任自流。最后,好的父亲要有道德感。孩子做错事时,比如偷了别人家的东西,即使没有被人发现,父亲也不能替孩子隐瞒,要让孩子知道偷东西是不对的,要给人家还回去,带孩子去给人家道歉。何子文认为,同样地,一个好的儿子,一要听父母长辈的话,二要勤干活,三要不参加打架斗殴、不赌博,四要和兄弟姐妹和谐相处。

2.日常交往

1949 年以前,何子文和父亲何克廷父子关系非常融洽,平时父亲还经常给儿子讲故事,两父子一边干活一边乐呵呵地"讲古"①"听古",还会一起开玩笑,一起聊孙悟空、武松,等等。何子文和弟弟何子检相差十几岁,因此在何子文还小的时候,家里只有他一个儿子,何克廷很疼爱他,他也很尊敬父亲,父子之间关系很好。每当何克廷犁好地,就把牛栓在旁边的草地上吃草,何克廷自己先回家,回来后给儿子讲故事,到时间了就叫儿子去把牛赶回来,总是喜欢调侃似的和儿子说:"好了先讲到这儿了,你先去赶牛,回来后我再给你讲另一个故事。"每当这个时候,邻居们就调侃何克廷道:"你每次都不用亲自去赶牛,再晚你儿子也会去帮你赶回来,你父子俩处得好啊。"

何子文从小就很尊敬自己的父亲,但是并不怕父亲,父亲很关心他,也不会随意打骂他,经常给他讲故事,和他一起开玩笑,他觉得父亲很好相处。何子文有什么事情也都会和父亲说,但绝不会当面顶撞父亲,父亲叫他去干活他就得去。何家的父子关系都比较好,一方面是因为何家的父亲都比较明理,另一方面是因为何家的儿子比较少,父亲对儿子更加疼爱。如果是在儿子比较多的家庭,父亲难免会对某个儿子比较偏心,对其他儿子比较冷淡,父子之间的等级关系就比较明显,日常的交往会比少子人家稍显生疏,父亲对儿子更加严厉。何克廷家有个邻居,家里有六个儿子、一个女儿,这个当家的邻居不太理会儿子们,一天到晚去放鸭子、下田干活,儿子们穿得破破烂烂,整天打打闹闹,小儿子的裤子松松垮垮的,一跑起来得一只手提着裤子,他也不关心,只负责养活他们,于是几个儿子只能在生活上相互照料,大的照顾小的,小的跟随大的,父子之间没有太多的日常交流。

总体来看,何家作为一个少子贫户,其父子关系或多或少也会受"父为子纲"的传统观念影响,但相比其他多子家户,何家的父子关系更加亲密,对比有钱家户,何家的父子关系则少了些等级威严,多了些交流。

3.冲突关系及调适

何家三代的父子之间父亲疼儿子、儿子又敬重父亲,几乎很少发生冲突。何子文直言,他和父亲从来没有过激烈的争吵,有的只是偶尔的口角之争,从来不会演化激烈,短时间内就

---

① 指的是讲故事,后面的"听古"则为听故事。

会和好,如若双方对某件事都比较拗,何檀氏就会主动劝上几句。

(二)婆媳关系

1.权利和义务

何家的媳妇刚进门时,对家里的活儿都还不太熟悉,这时婆婆会负责带她,让她对家里的大小事都有所了解,并熟悉哪块田地是自家的,哪块田地适合种什么,家里的猪圈、牛栏在哪里,喂猪、喂牛时喂多少合适……新媳妇跟着婆婆"熟络"家里家外的事情,有什么疑问,也都是问婆婆的意见。何家媳妇坐月子期间,二十一天不能出屋,婆婆要负责媳妇的日常吃、穿、用,包括按时给媳妇煮吃的送去,要给媳妇多找些鸡蛋回来补补,要帮媳妇洗衣服、收衣服;如果媳妇生病了,婆婆也要尽照料之责。在何家人看来,如果婆婆在媳妇坐月子期间不照料媳妇,外人就会议论,遭人嫌弃,家长会指责婆婆的不对。另外,婆婆还要负责照看孙辈,媳妇一出屋[①],就得开始去地里忙活,孩子给婆婆带。即是说,婆婆负责带孙子,媳妇负责外出干活。1949年以前,媳妇何檀氏坐完月子后,小孩子也都是婆婆何王氏帮带的,她自己则下田干活。再如,去喝喜酒时,孩子多由婆婆带,把孩子带去干活儿的,也是让婆婆在旁边照料。1949年以后,何子文的妻子与母亲何檀氏之间的权利和义务关系也是如此,没什么变化。

无论是在何家,还是在当地的其他家户,婆婆不能随意役使媳妇,也不能随意打骂媳妇,或者做主将媳妇赶出家门,但如果媳妇说错了话或者做错了事,婆婆有权利批评媳妇。婆婆的话,媳妇要听从,但是如果婆婆说得不对,媳妇可以提意见,但不能顶撞婆婆。如果婆婆做错了事情,媳妇不能反过来当面批评婆婆,可以私底下和丈夫说明,让丈夫来解决。一个好的婆婆最重要的一点是对媳妇好,具体表现在:对媳妇不打骂,不胡乱嫌弃媳妇,不刁难媳妇,愿意和媳妇聊天,和平相处。而一个好的媳妇,首先要孝敬老人,为老人着想;其次是会干活、勤干活;再次是要懂得相夫教子;最后要守节自爱,懂分寸。这些标准在当地大小户、多子女家庭中也都是一样的。

2.日常交往

婆婆何王氏和媳妇何檀氏两人相处很融洽,何王氏也就这么一个儿媳妇,出出进进都会和儿媳妇说说话、聊聊家常。孩子还小时,孩子交给婆婆照看,农忙时,全家人都得出工,要是家里有年幼的孩子,何檀氏从来都是自己背着孩子干活,而不会叫婆婆背着;累了就叫婆婆到边上边休息边带孩子,她自己继续忙。后来,老人身体抱恙,不能再出工,儿媳妇何檀氏也不忘照顾和孝敬婆婆。譬如每天从地里忙活儿回来,不忘给婆婆何王氏送去一些从地里新摘的菜;家里的果熟了,也不忘给婆婆摘点送过去;何王氏没米下锅了,就去给她磨些大米或者送些玉米杂粮过去;过年过节时,让孩子们叫奶奶过来吃饭。儿子何子文娶媳妇了,何檀氏和儿媳妇的关系也基本过得去,没有大吵大闹或者谁恨谁,在日常的生活中,两人也会为对方着想,儿媳妇会主动让婆婆,婆婆不会随意役使儿媳妇。

何家的媳妇儿不会害怕婆婆,而是一向敬重婆婆,因为婆婆也没有为难她们。家里的大事,媳妇儿也会和婆婆说,比如制衣、祭祖、生育等女性负责的事情,出门办事也要和婆婆知会一声。但如果小孩调皮,媳妇儿说他、骂他两句,就不用先征得婆婆同意了。一些生活上的琐事可以不和婆婆说。

---

① 坐完月子。

172

大户人家的婆媳关系比较复杂,但是小户人家的基本规矩,大户人家都有。当地的婆媳关系没有外地的复杂,婆婆和媳妇之间没有特别森严的等级关系,当地的婆媳关系是比较缓和的、平等的,媳妇也要和丈夫一起风吹日晒,没有时间和精力伺候婆婆,因此不存在婆媳之间的伺候和被伺候的关系,只有在婆婆老后,媳妇和婆婆之间存在赡养和被赡养的关系。

3.冲突关系及调适

何家的婆媳之间没有发生过大的冲突,即使有时候会生气,也会自然和好。因为即使有不高兴的时候,媳妇也只是生闷气,或者私底下和其他家人倾诉一下,不会正面顶撞婆婆,婆婆也没有不依不饶地生媳妇的气,最后两人还是会自然和解。如果哪家婆媳冲突比较大,外人不敢介入,只会在背后议论、说两句,不会当面劝止或者声援谁,家庭外的人管不了,也不会主动管。

(三)夫妻关系

1.权利和义务

何家的夫妻们都同吃同住、彼此为伴。具体而言,在生产上,妻子做不来的重活儿,由丈夫帮忙做,犁地、耙地由丈夫负责,制衣制鞋由妻子来做;在生活中,妻子生病了,丈夫要给妻子看病,承包家里家外的活儿,让妻子养病,丈夫要和妻子共同承担抚养孩子、赡养老人的责任,不能只丢给妻子一个人。何子检认为,一个好的丈夫,一要勤劳,二要持家,三要不赌博、不打架斗殴,四要关心家人。一个好的妻子,一要勤快能干,二要关心孩子、孝敬老人,三要能帮丈夫分担家庭重担。

2.日常交往

何克廷和妻子何檀氏与一般的农村夫妻一样,两个人天天一起干活,一起抚养孩子、赡养老人,何克廷能做主的事情自己做主,做不了主的都会和妻子商量,家里的大事几乎都是两个人一起扛,家里有困难两个人一起担,何檀氏帮助丈夫承担家庭内部的具体事情,而何克廷则主要解决家庭的对外事务。比如说丈夫代表家庭参加族内或者村内的各种事务,代表家庭进行生产、交换、分配和消费,妻子何檀氏除了下地干活,平时也负责煮猪食、喂猪、喂牛、打理家务、保管钱粮等,主管家内的事务。夫妻之间也经常聊家常、聊家庭外的事,遇事拿不准的互相斟酌意见等。

何子文和第一任妻子韦氏才相处了一年多,两个人那时都还年轻,才十八九岁,但是夫妻俩性格不合,韦氏寡言少语,不太喜欢和人说话,何子文算是个有文化的人,两人在一起没有话题聊,也很少一起聊天,夫妻俩各过各的。后来韦氏被"卖"给了别家,何子文娶了周氏,何子文和周氏相对合得来,但何子文要去外村当老师,很少在家,每次回家夫妻俩都会聊聊家常,分享近来发生的事情。周氏很勤劳能干,在家带孩子、持家,何子文是个人民教师,在外挣钱养家,双方都互相尊重。何子文在教书期间很少能顾家,一个星期在家两天;但逢何子文在家,夫妻经常会聊近来家里发生的事情。一般而言,在家庭大事上,丈夫负责拿主意,妻子周氏也听从丈夫的话,夫妻俩的关系相对过得去。

3.冲突关系及调适

何家的几对夫妻关系都不错,很少发生冲突,但"碗柜里的碗会相碰",夫妻之间也难免会吵嘴。何克廷和妻子何檀氏也因为生产生活上的一些小事吵过嘴,比如何克廷说要把家里的猪卖了,但是何檀氏觉得还可以再养大点再卖,两人可能就会因此吵嘴,又如农忙的时候,家里忙着收割水稻,妻子回来吃完饭就又直接下田了,丈夫吃完之后没有一起去,先在家睡了一觉,这时妻子就会念叨丈夫懒,两人就会吵起嘴来。两人吵嘴后,完全是在家庭内部解决,两人在家里吵过之后就好了,如果吵得比较久,家里长辈也会出来调解,外人不会介入。在何家,如果是男方有错在先,长辈也不会因为男方是自己儿子的缘故偏向男方,如果是女方的错,做长辈的也会根据实际情况指正两句,不会偏袒某一方。

(四)兄弟关系

1.权利和义务

"长兄如父",兄长对弟弟负有"第二个父亲"的责任。在生活上,弟弟犯错了,兄长要负责指正,弟弟生病了,兄长要照顾弟弟。如果父母不在了,作为兄长,就要担负起"父亲"的责任,弟弟年幼的,要把弟弟抚养成人,要教他必备的劳动技能,还要负责管教他,在弟弟长大后还要给他娶媳妇,有条件的还要帮他置家办业。

在何家,弟弟犯错了,兄长也有责任指正他,骂他几句,但不能随意动手打他,不能随意役使他,否则家长肯定不同意,家长会管制兄长,责骂兄长乱打骂弟弟。如果父母不在了,即使两兄弟之间发生再不高兴的事情,兄长也没有权力将弟弟逐出家门或者将弟弟卖掉。另外,兄长的话,弟弟理应服从,但是有些弟弟仗着有父亲在,不一定会听兄长的,如果兄长执意要弟弟按照自己的意愿办事,弟弟就会告诉父亲,以此制约兄长的权力。如果兄长做错了事,弟弟可以好言劝说兄长,不能太没大没小。如果父母都过世了,弟弟要绝对服从兄长,兄长叫他去干活他就得去,弟弟因为犯错被兄长责骂,不能顶撞兄长。因此,兄长要关心弟弟,这是每个家庭都一样的,但具体的家庭情况会影响兄弟之间的关系,比如孤儿家庭和健全家庭的兄弟关系就有些微妙区别。

好的兄长最重要的是要关心自己的弟弟妹妹,要孝敬父母,品行端正,不带着弟弟妹妹做坏事,弟弟妹妹犯错时也要及时制止。一个好的弟弟,要尊重兄长,不能随意顶撞兄长,但若兄长做错了,弟弟要及时指出来,不能包庇兄长的错误。

2.日常交往

何家的何子文和何子检两兄弟相差十多岁,何子文对何子检就像父亲对孩子一样照顾。何子检六岁被诊断出患有结石,但是父亲何克廷没有医治能力,好在何子文当教师有点工资,承担起了给弟弟何子检看病、治病的重担。何子检从六岁开始治疗,一直到十三岁才痊愈,七年的治疗费用全部由兄长何子文承担。七年间,何子检去了几趟横县县医院,但是没能治愈,最后到南宁市医院动了手术,来来回回也都是兄长接送。邻居们都调侃弟弟何子检道:"要是没有你兄长,你都活不到现在哩。"

何子文和何子检两兄弟因为年龄相差比较大,兄长何子文很照顾弟弟,弟弟也很敬重兄长,两兄弟相处融洽。弟弟何子检年幼时,大都是由何子文这个兄长来教导和照顾的,何子文经常会给弟弟讲故事,教他识字,何子检生来不太爱学习,但是不会因为不喜欢学习就和兄长何子文争吵。在弟弟何子检看来,他和兄长的关系就像儿子和父亲的关系那样,何子检不敢也不会反抗何子文。但当何子文做错事或者说错话时,弟弟何子检还是会悄悄和他说,"哥,你这样做是不对的",敢于指出来。何子文感到有点哭笑不得,他觉得弟弟年纪不大还会批评人了,但是冷静一想,他说得也有道理,也会觉得很高兴有这么一个弟弟。

3.冲突关系及调适

何子文和何子检相差整整十五岁,何子文对弟弟如兄如父,两个人几十年来都没有发生过冲突,兄长批评弟弟的时候,弟弟不敢顶撞他,但兄长做错了,弟弟反过来指出的时候,兄长却觉得弟弟比自己小这么多,不会去怪罪他,反而会认真考虑弟弟指出的问题。因此,何家这两兄弟都能够自我调适,避免冲突产生。

七、家户外部交往

(一)对外权利义务关系

何家作为普通的务农人家,在家户外部,平时打交道的多是邻居、朋友、亲戚,以及作为所在村的一员被动与邻村之间无形产生的一些相互交往关系。和其他的普通贫户一样,何家在和邻里、亲朋、邻村人之间的交往具体表现如下:

邻里之间是平时打交道最多的,好的邻里关系可以让家户的生产、生活更加顺利。一方面,邻里之间的责任和义务体现在日常的生活中。比如,家里某个必要的生活或者生产资料坏了,但是又比较急用,这时候就会先借邻居家的以解燃眉之急;又如,家里老人突然生病了,家里没人在,邻居家发现了,会先帮忙照顾老人;再如,家里有亲友临时造访,但家里没人时,邻居家看到了,也会帮忙先留客人歇脚。另一方面,邻里之间的责任和义务体现在红白喜事的相互帮忙中。如果家里有红白喜事,家长会首先请邻居帮忙,又或者要占用到邻居家待客,若邻居家有红白喜事的,也是如此,邻里之间相互帮忙。但邻里之间也并非什么忙都帮,比如说日常生活上的忙,不是必须帮的,能帮则帮,愿意帮则帮,又或者一些家庭内部的私事、私活儿,邻里也没有责任和义务去帮忙。

邻村之间的责任和义务主要体现在对对方土地保持尊重,不越界、不胡乱侵占对方的土地。每个村都有政府签字的地契为证据,且有明确的地界为据,或以水流为隔,或以山脊为界。村和村之间很少有来往,一村有困难的,邻村也不会施以援手,相反还可能在灾难中引发纠纷。比如,进入雨量少的季节,河流上方的村庄还会将水流截住为他们自己所用,导致下游的村庄无水可用,至此当地还发生过邻村之间的用水纠纷。何村是河流下游的村庄,和睦村在何村的上游。到了旱季,雨量少,用水紧张,和睦村的村民擅自截住了河道,为他们自己灌溉所用,下游的何村得知后,村里的潘天科就带着人去找和睦村的人讨说法,双方还因此发生过小范围的挑衅和追打。后经双方代表多次协商才得以解决。可见,当地地邻之间只有相互尊重的责任和义务,没有相互帮助的习惯,村庄交往"闭塞",村和村之间很少打交道。与外村人之间,不互相侵犯,即是对彼此的责任和义务。

亲戚之间主要是人情方面的责任和义务,比如说红白喜事之间的往来,包括白事来悼念、喜事来祝贺;而在至亲之间,还负有在对方有需要时第一时间去帮忙的责任和义务。比如分家后的两兄弟,农忙时,兄长家先忙完了,弟弟家的还没忙完,这时候兄长家会主动帮弟弟家的忙;又或者兄长家的粮食吃完了,但还未到收割季节,弟弟家还有些存粮够撑到那时候,这时兄长可以先上弟弟家无偿拿回粮食救急。一般的亲戚和至亲对一个家庭的影响是有比较大的不同的,其中,至亲之间的关系如同一家人,没大讲究,比较随意;但一般亲戚之间要保持一定的距离,且通常只维持红白喜事上的交往,也十分注重遵循礼尚往来的交往原则。

朋友之间需要承担的责任和义务取决于朋友之间的亲密程度、朋友的讲义气程度,如果只是一般的朋友,相互之间除了要彼此尊重,也不再有其他的责任和义务,如果是关系很好的朋友,朋友有难会去帮忙,朋友有喜也会去道贺。也就是说,朋友之间没有什么必须要帮的忙,不同的朋友会有不同的责任道义。

(二)对外日常交往

何家和邻居的关系基本过得去,日常生活中邻里之间也经常打交道,比如:村里开会回来时相互代为传达一些通知和消息;家里突发要紧事时,会最先寻求邻居的帮忙;在日常生活上,如果何家刚从菜地摘回的新鲜蔬菜多,回来也会给邻居送些过去;得空时,邻里之间还喜欢相互串门,聊聊家常;邻里之间的小孩相互玩得很好,通常彼此成为要好的玩伴。何家及其邻居都是普通人家,平时都"排辈"①互称,每从打开着的门前走过都会习惯性地喊上一声"煮饭了吗",邻里之间的关系十分融洽。当地农户聚族而居,因而何家的邻居都是同一房族的,何家与邻里之间的关系也是亲戚关系,这里不再赘述。另外,何家既没有租种别人的土地,也没有向外租佃自家的土地,何家在对外关系上不存在主佃关系。

(三)对外冲突及调适

何家没有与其他的人发生过较大的冲突,但也避免不了一些有意无意的小摩擦。比如有一次邻居家的小孩来何家玩,偷偷拿走了何家灶台上一个小油灯,何檀氏晚上回来烧饭找不到油灯了,跟何克廷反映,何克廷当时很气恼。这时邻居当家的刚好骂骂咧咧地拽着他家小孩来到何家,何克廷才知道油灯是邻家小孩偷藏角落里了,邻居当家的得知后带着他把油灯还了回来。邻居当家的让何克廷教训小孩,好让他悔过。于是何克廷适当地说了小孩几句,告诉他下次不许再偷东西,邻居当家的跟着训斥了他一番。何克廷看到好在油灯及时还回来了,而且大人也主动带着小孩来道歉,最终两家并没有上升到冲突的地步。在这一个小摩擦中,何家和邻居家出面协调的都是双方的家长。何家人认为,但凡在家户外的相互交往中,家长到场是对人对事最大的尊重,"被害方"才会感受到对方的诚意,问题也才能被更好地解决。在何家,若家长不在,家长的妻子可以代为出面交涉;而对于其他有激烈冲突的家户,若家长不在,通常由家里或本家说话相对有威信的男子代为出面干涉,家中女性不能代为交涉,非常有能力的除外。所以个人与个人之间的冲突,一般都会以家户为单位解决,如自家人被人欺负了,或者在外面犯了错事,家人是最直接的责任人,个人的冲突总是上升到家庭来调适,这既体现了家户的单元性,也凸显了家户的独立性。

---

① 当地俚语,指按照辈分称呼,如爷爷辈的称"某某公",叔伯辈的称"某某伯"或者"某某叔"等。

第四章　家户文化制度

本章主要介绍何家家户文化情况。一是在家户教育方面,何家为少子贫苦之家,只供男孩读书。和绝大多数的当地农户一样,何家对孩子的教育集中在劳动技能和人格塑造上,主要表现为男的教男孩耕地、犁田,女的教女孩插秧、纺织;与此同时,若孩子犯了错误,轻则主要由妻子何檀氏训教,重则由家长何克廷进行教育;此外,何家的大人们由于受自身条件限制,认为"凡事干活最重要",几乎不会对孩子们进行知识教育。二是在家户意识方面,何家人非常看重家庭和睦,一方面,何克廷对孩子的教育严慈相济,另一方面,即使家里再穷,家人和睦才能度过最艰难的日子。三是在家户娱乐方面,何家人常年为了生活赶忙,其娱乐方式相对单调,大人们喜欢串门聊天或者拾掇细碎活儿打发闲暇时间,男孩子好嬉戏玩耍,女孩们大都在织布做衣,而一年一度的逛城隍庙会则是何家重要的娱乐活动。总体而言,何家的文化生活相对平凡简单,于平凡中始终彰显和谐。

一、家户教育

(一)家户教育概况

1.只供男孩,平均水平为初小

旧社会里,普通人家的女孩子没有读书的机会,在有些穷苦人家,甚至连男孩子也不能读书。何家是一般的贫苦人家,和其他的普通农家一样,只送男孩上学,不送女孩读书。一方面是因为家里没钱,供不起这么多孩子,另一方面,看到能有出息的女孩子非常稀少,加之女孩大了要嫁到别家,认为女孩子读书根本没用。如果是有钱的人家,他们也会送女孩上学,只有家庭经济条件好的情况下,女孩子才有上学的机会。

1949年以前,大儿子何子文是全家受教育水平最高的成员,他完整地读完了四年初小和两年高小,而何克廷和爷爷辈的何峻蓝都只读过两三年书,小儿何子检尚还年幼。何子文从小就是一个品学兼优的学生,学习成绩好,在上高小期间,曾因成绩优异而获得一年的免费就学资格。高小毕业后,本来何子文还想继续读书,但是家里实在供不起了,家长何克廷只好叫他回家。历来,何家的男丁大都因为家里经济条件不好,没有足够的钱粮再继续供他们读书,而不得不过早回家干活儿。何克廷小的时候,也因为家里困难,十一二岁就回家帮家里放牛、拔草等,也成了家里半个劳力。一般而言,当地的男孩子到十六七岁才算作一个完整的劳动力。

2.家长做主,聪明者机会更多

在何家,当家的才有权力提出不让孩子继续上学,因为当家的掌管着第一手资源,掌握着家庭大小事的第一话语权。家里其他家庭成员可以提意见,但不能擅自做决定。何克廷的

177

两个儿子都有读书的机会,但只有读得好的才能多读几年。总的来说,家里孩子的教育问题主要由当家的决定。何子文学习成绩好,学东西快,一次就考上了高小,所以何克廷决定再供他多读两年,让他多学点知识;但是弟弟何子检不太爱学习,读完初小只得回家放牛了。何家送小孩读书的目的是希望孩子多识字,不至于被人忽悠,在生活中够用足矣。何家人认为自己家里没钱没权,也不敢指望孩子能给家庭带来荣耀。有钱人家有足够的资本供孩子上学,而他们更多的是希望孩子将来能当官,光宗耀祖。

(二)父辈念私塾

1936 年前,村里有私塾,还没有公立学校。爷爷辈何峻蓝、父辈何克廷都曾在私塾上学,另外孙辈何子文也上过一年私塾。何克廷上学时,全村只有一个私塾,整个私塾一共有两个先生、二三十个学生。何克廷七岁开始上学,每年的学费是一担米[①],学费全交给私塾先生,由何家当家的去交。一个学年下来,所有的花费大概有几种:学费、课本费、作业本费和笔墨费,其中作业本费和笔墨费是平时的支出,不算入学费。

私塾设在村中心的一座古庙内,庙内摆着几张简陋的木桌,平时就在庙里上课。何家离私塾不远,走路需要五到八分钟。平时家里大人忙着做工,何家的孩子自己上下学或者结伴而行。何克廷在私塾上学时,先生教什么就学什么,家里也没有钱请先生给他做课下辅导。何克廷在私塾学的主要是四书五经、三字文、弟子规和算术,背熟后还要默写,背不出来会被罚跪地板,默写错了还会被打手掌;每年学习的时间至少为八个月,没有休息日,不上课时先生就让学生自己背书、默写;何子文刚上学时,念了一年私塾,除了一些较简单的古文学习,已经逐渐接触现代白话文,第二年便已正式接受学校教育。

何克廷上私塾时,家长及其他家庭成员都对他的知识教育没有寄予太多的期望,也没有其他的课外辅导。过年的时候,家里人从来不会给私塾的先生送礼以请求先生多指导指导何克廷,基本上不留意他的学习情况。回到家,家里人也几乎不过问他的功课,父母终日忙于农活,为家庭活计操心。何克廷是当时家中唯一的男孩,要是何克廷放学回家要做作业,其父何峻蓝不会叫他干活儿,但是因为父亲是个"粗人"[②],所以也从来不指望他能学得多好。

(三)子辈上学堂

中华民国二十五年(1936 年)前后,当地官府要求"拆庙改校",将各村古庙改建成学堂,何村也响应政府要求,将村中的一座古庙整改成了教室,正式设置学堂。村里的学堂的学制设置为四年初小,即是一到四年级。何子文是村里第一批进入学堂教育的学生之一,从一年级开始读起,所学的内容不再是三字经、四书五经等古文知识,而是现代白话文,另外还有算术、体育、画画等课程。何家只有何子文一个孩子在读书,家里每年要给学堂交的学费还是一担米,由何克廷或者何檀氏逢九月开学挑到学堂给学堂老师。

何子文所掌握的知识都是从学堂上学到的,家里没有人能给他辅导功课,一方面何家人的文化水平都很低,家里绝大部分是没有受过教育的女性,另一方面,何家是贫苦人家,终日为能吃饱穿暖操劳,对孩子的知识教育不太上心,加之何克廷接受的是私塾教育,对于儿子的学堂功课,他也无从指导。但何子文头脑灵活,学东西快,学堂老师教的知识,他都能很好

---

① 100 斤左右。
② 粗人:当地俗语,指没文化或文化水平很低的人。

地掌握,并在初小毕业后,顺利考取了乡里的高小。何家人一边为他高兴,一边也为学费发愁。何克廷最终决定再送儿子读完高小,全家人也没有任何意见。念高小期间,何子文也是完全靠课堂听课和课下自学,家里只能勉强提供必要的物质支持,由于学习成绩优异,何子文还获得了一年的免费就学资格。何子文高小毕业后,由于家里无力支撑他继续深造,为数不多的田地要供应家里十口人的吃穿用,家里缺少青壮劳力,家长何克廷便让何子文回家,不再继续送他往上读,家里人也没有任何反对的意见。家里的男孩不读书后,就必须跟随家里人去干农活,帮着家里做事。何子文也自此成为家里的一个主要劳动力。

(四)教育的家户性

在传统农村,孩子的教育一方面来自学堂,另一方面来自家庭。学堂教孩子知识,而在大部分农户家里,孩子则会受到不同辈分、不同角色的家人除了知识以外的各种教育。家户也是教育孩子的一个重要而直接的单位。在何家,爷爷辈对孩子的教育主要表现在日常小事上,比如爷爷何峻蓝教孙子们下棋等一类的小游戏,何王氏则经常教孙女们择菜。父母辈对孩子的教育影响最大,比如儿子何子文到了十六七岁,何克廷便逐步教儿子犁地、耙地等一类的体力活儿,而母亲则负责教女儿们洗衣做饭、纺纱织布、做衣服做鞋子、拿锄头、拿镰刀、打水、挑水等;父母辈还会教孩子为人处世的道理和做法,传授一些传统的观念或礼俗,比如说儿子去偷别人家的果,父亲就会教训他,让他悔过、改正等,又如责令女儿不能随便出远门、告诫其去吃喜酒不能比大人还晚回。

概言之,何家不同辈分的人对孩子的教育影响不同。何克廷作为家长和父辈,是对孩子进行家户内教育的最主要人员。爷爷辈对孩子的教育比较少,主要在生活小事方面;而父母要负责教他们在生活上逐渐学会自我照顾,教他们必要的劳动技能,告诉他们哪些事能做、哪些事是错的。其他的亲戚、邻居等对孩子的教育影响极少,但他们的为人处世也会间接影响孩子的成长。另外,家里几个孩子之间也会相互影响,年龄大的要负责照顾小的,兄弟之间、姐妹之间容易相互模仿和比较,而何克廷也经常嘱咐他们年龄较大要多体谅年幼的,因此何子文和何秀芳对家里弟弟妹妹的成长影响也比较大。

(五)家教与人格形成

何家人接受过的知识教育总体较少,但是何家对孩子的日常教育还是比较民主的,对一些传统道德的教育约束也是比较完善的。在何家,何克廷和两个儿子的关系就很好,比如何克廷和何子文经常像朋友一样聊天、讲武松打虎的故事,受何克廷为人老实和善的影响,何子文等家中几个孩子也都逐渐地养成了较好的脾气。如果何子文在日常生活中做错了事,何克廷不会盲目地打骂他,但也不会置之不理,而是严词责骂他几句,让他长记性。比如叫何子文去帮姐姐打水,但他没去,何克廷就会严厉训他几句,让他改正。何克廷所选用的这种家庭教育方式,也让何子文后来学东西时比别人学得快,人品也得到大家认可。何檀氏则要求女儿们不仅要懂干活儿、更要勤干活儿,到了一定年龄,就让她们学习和适应“早上挑水,白天下地,晚上织布”的活儿,经常跟她们说“女孩子要勤快,以后去到别人家才不会遭嫌弃”一类的话。

何家这种严慈并济的教育方式对孩子的人格形成产生了较好的影响,但当地有些人家对孩子的教育偏向暴力,孩子一做错事,家长不是打,就是骂。比如潘天科有一个儿子,生性调皮,性格比较顽劣,时不时就去做坏事或者做错事,潘天科脾气也比较暴躁,认为只有打才能使孩子知悔改,经常以打骂的方式教育他,但是这个孩子的顽劣性格不减反增,潘天科把他绑到院子里,用扁担打,走过的人都能听到他的骂声和孩子的哭嗓声,孩子母亲也不敢上前制止。潘天科本身脾气较急,对孩子的教育过偏激,对孩子的教育反而取得反效果,父母亲的性格和思维方式对孩子的成长过程影响很大。

此外,何家孩子从小所学习的风俗习惯也是从家里习得的,包括过年过节要拜什么、吃什么、有什么讲究、有什么禁忌等,都是从家里长辈的做法中潜移默化、逐渐习得的。何家信奉"勤劳致富""家和万事兴"。对于何家人来讲,当遇到困难时,家里总是第一个提供帮助的,也是帮助最多的,这也让何家的孩子认识到:"人不能离开家庭,人要有家才完整。"

(六)家教与劳动技能

何家教育孩子的一个重要体现是劳动技能教育。"穷人的孩子早当家",在何家,孩子们很小就开始干活,男孩还能上几年学,而女孩从六七岁就要去放牛、割牛草等。何家对孩子的家庭教育主要还是围绕农业生产进行,而孩子们劳动技能的日渐成熟,一方面来自父母的劳动技能的教导,另一方面则是耳濡目染以及亲历大人安排的劳作任务。在何家,父亲主要负责教男孩,母亲和奶奶主要负责教女孩,这是由传统的习惯和男女自身的劳动技能要求所决定的。何家的男孩在十一二岁以前主要帮家里放牛,到了十三四岁,父母亲就开始教他拿锄头、拿镰刀了;一到十六七岁,父亲去犁地时开始把他叫去旁边,逐渐地教他把犁、把耙,然后开始练习犁地、耙地;等到儿子成年后,几乎可以不用父亲在旁边看着,自己就能完成了。犁地、耙地这种活儿都是男人来做的,家里到年纪的男孩不学的话,父亲会责骂他无能,别人也会说闲话、看笑话。家里的女孩在十三四岁以前也是要帮家里放牛、割牛草、带弟弟妹妹,母亲或者奶奶会教她们学扫地做饭,如果她们不做的话,会被父母骂懒,不听话的甚至还会被父母打;等到十四岁左右,脚能蹬到了①,母亲就开始教她们纺纱织布,然后教她们做衣服、做鞋子;平日里,白天先跟着父母下地干活儿,晚上或者下雨天就在家纺纱织布、做衣服鞋子。做家务、纺纱织布、做衣服,这些都是女孩必须要学的,不学会被人笑话,还会被母亲打骂。旧社会的女孩子都要学会纺纱织布,除了童养媳之外,都要在出嫁前就学会,如果哪个姑娘不会,到了婆家会被别人觉得无能,这时婆婆就得把她教会,这种情况很少发生。

二、家户意识

(一)自家人意识

会被何家人称为"咱家人"的一般有两种情况:一是平常所说的在一起居住、吃饭,具有很近血缘关系的人;二是家户红白喜事等活动中互相义务帮忙的人。何家人认为,爷爷奶奶、父母、妻儿、未出嫁女、未分家的直系兄弟及其配偶子女都是第一个层面的自家人,还在一起居住、一起吃饭,但出嫁女、叔伯、堂兄弟则要称之为"别人家"了。在当地,从家里年纪最大的往前追溯四至五代,那一辈的人属同一个家户的,这些人的后代之间就是"一大家子",即这是广义上的"自家人",其中的"某一小家户"办红白喜事时,"大家子"人都会不请自到,这便是"大家子"意识;但除了红白喜事时有较多的来往之外,"大家子"人在其他的生产、生活、消费、交换等方面不会深交,相互之间影响也很小。在何克廷一辈,何氏二房内就分有外家和内家两个"大家子",何克廷家属于内家。在何家人看来,自家人和外人最大的不同就是无论大

---

① 蹬到织布机的脚把子。

小福、大小难都能"有福同享,有难同当"。

何家日常说的"自家人"通常都是在一起居住、吃饭的亲人,而一般的亲戚不算日常说的"自家人",就连叔伯、姑姑姑父、舅舅舅妈、姨娘姨夫都不能算是日常说的"自家人"。家庭内部的日常事务只能这层面上的"自家人"做,家里大小事主要由当家人管理。何克廷是家里的一家之主,家里的生产生活基本都要听他安排,包括种植安排、田间管理和收割安排,以及家庭需要对外的所有事宜,而家庭内部事务由妻子何檀氏主要负责,家里的儿子儿媳、未出嫁的女儿们都要听从内外当家的安排,而其他人不能干预。即使是一个"大家子"内的人,当家户内部的人主动找他们时,他们才会介入。比如说家里父母闹矛盾,家里人调解不来,家里的老人就会主动寻求亲戚、邻居的帮助,这时他们才会介入进来。如果邻居家与别人家闹矛盾,何子文觉得也不能随便去管,因为这不是自家的事,不能想管就管,如果协调不好反而会越帮越忙。而对亲戚家,也要看是至亲还是一般亲戚。如果是至亲,比如谁生病比较严重了,或者矛盾闹得较大了,又或者出于特殊原因急需钱粮,何家人会看情况介入;但如果是一些鸡毛蒜皮的小事,就不会多此一举。如果是一般亲戚家里有事,除红白喜事外,何家人不会主动介入或者以私人的方式介入,除非是对方主动来寻求或者邀请。

何子文认为,在话语交流上,自家人就是无话不说的,但是对外人宜有所保留;在打交道的方式上,对自家人相对随意放松,但是对外人,要注意言行举止是否得当;在称呼上,对自家人按辈分俗称,对外人则用尊称;在借钱的时候,优先向自家借,自家人提供不了的,才会向其他人借。1949年以前自己的亲戚朋友也很穷,只有财主家才会有多余的钱借贷给别人,因此当自家人没有钱但非常急需时,就会向财主家借,而不太讲究先问亲戚朋友、再问外人的顺序。

(二)家户一体意识

1.家户的相互扶持

何家爷爷辈有三兄弟,何峻举、何峻蓝和何峻智三兄弟之间还未分家时,在生产生活上始终会互相帮助。即使后来三兄弟各自成家,兄弟及妯娌之间在生产生活上也会互相照顾。比如老大何峻举家的水稻先成熟了,老二何峻蓝、老三何峻智家的还有一段时间才能收割,这时老二、老三及其媳妇儿会先帮老大何峻举收割;如果老大何峻举和老二何峻蓝的都收完了,老三何峻智家的还在收割,老大和老二也会亲自或者叫家里妻儿去帮忙。要是家庭里任何成员在外被无故欺负了,而且受害程度比较大,何家人就会认为这是欺负他们家,而且家长会去找对方的施害者及其家长讨说法、讨公道。延至何克廷一辈,虽然没有亲兄弟,但是何克廷与父母妻儿之间也是相互扶持的。

一直到何子文和何子检两兄弟相继成家,何家内部依然传承祖父辈的相互照顾、扶持的作风。何子文兄弟刚分家时,由于何子检年纪还比较小,家里长辈便和小儿子何子检分到一家,以多尽几年照顾小儿子的责任,此间,长子何子文依然对何子检照顾有加,每年的春耕秋收也通常是两家之间互帮互助完成的。在日常生活中,如果分家后两兄弟之间某个人的条件不好,比如说弟弟何子检患病,何子文是第一个出来带他去医治的人;治疗结束后,何子文帮何子检承担了所有的治疗费用,并将他送回家休养;何子文经常要外出上课,就吩咐妻儿要多照顾他。再如,何子文家没粮食吃了,还有一个月才能收稻谷,何子文可以直接从何子检那儿挑些粮食回来,如果借得不多,甚至可以不用还,如果借得比较多,等到秋收

181

时再还回去即可。

2.家户的共同目标

1949年以前,何家人主要希望能吃饱穿暖,不用挨饿,不用为维持生活担忧,同时希望吃好点、穿好点、住好点,家人和睦,这是他们的共同目标,即不用挨饿受冻是他们每天都为之奋斗的,然后才是祈求家人的平安健康。逢年过节祈福或者拜神的时候,都要祈求保佑粮食收成好、家人平安,保佑发财、顺利。

何子文认为,"发家致富"就是从贫穷到富有,要想通过搞农业生产"发家致富",要有一定的土地资本、劳动资本和一定的市场机遇。1949年以前的穷苦农民几乎很少有翻身致富的,穷的依然穷,富的依然富。但是1949年以后,要想"发家致富"就必须通过全家人辛勤劳动,每个人都为家庭的发达致富而努力,如果一个家庭发达了,家庭里面的每个人都跟着沾光、享福。家庭富裕也一直是每个何家人的愿望。

在何子文看来,"光耀门楣"是家里有人当官出人头地了,使得别家对他们家另眼相看,夸他们家好,甚至还会夸他们祖先好、血脉好或者门面好,于是全家跟着沾光,得以光宗耀祖。何家的家长没有认真地给孩子灌输过"光耀门楣"的想法,供孩子读书只是希望他们能多识几个字,在日后的生活中基本够用,能基本解决吃、穿的需要就好。有钱人家基本能解决温饱问题,他们就会有更多的心思去考虑和灌输这种想法,希望孩子能做大官,给家门增光。

(三)家户至上意识

何子文坦言,个人和家庭是密不可分的连带关系。以读书为例,比如个人聪明,但是家庭条件差,个人读书读得再好,家里要是供不起或者不愿供,最后个人也读不成;或者家庭很有钱,但是个人天生愚钝,学无所成,考试通不过,"即使家有黄金,个人也读不下去";只有当个人有一定的头脑,家庭也供得起,最后个人才能往下读,而且读得有出息。以何克廷为代表的何家人认为,把个人放在家庭前面是"愚蠢"的。比如隔壁和睦村有一男子,从十三四岁开始考初中,但一直考不上,到四十五岁时,家里孩子都成人了,家里连下个月下锅的米都愁了,他还去参加考试,他就想通过读书有朝一日谋得一官半职,把个人的前途命运放在家庭前面。何家还是优先考虑家庭再考虑个人的,比如说何子文上学的时候,学得快,成绩也优秀,两年高小有一年免学费,高小毕业后他本还想读初中,而且对考初中非常有把握,但是父亲何克廷考虑到家中粮食收成不多,但要养活的人多,也就没有继续供何子文读书。此时,家庭在父亲何克廷的眼里是比个人更重要的。

绝大多数的家长或者普通成员都和何克廷一样,在家庭和个人面前,都会先想着家庭,或者在做其他事情的时候,也是先想到对家庭好不好,才会想到他们自己或者其他家庭成员个人,绝大部分的人还是秉持家户至上的意识。比如,上面到村里征兵,村里没有人愿意去当兵,因为去了就有很大可能回不来了,何克廷的一个堂兄弟抽签时被抽中,虽然他也十分不愿意,但没有一走了之,还一直安慰家里人说他一定会早点回来,因为他也知道如果逃跑的话,家里的人就会遭殃,家里的房子会被封掉,所以堂兄弟二话没说,遵从命令从了军,这也是家庭先于个人的意识使然。

当家庭利益与个人利益冲突的时候,何家的人还是会为了家庭的利益放弃自己的个人利益。一家人"富要一起富,穷要一起穷",有困难就一起扛。比如弟弟何子检生病住院的时候,父母年老了,也不方便照顾何子检,何子文主动跟学校请假去照顾生病的弟弟,虽然被扣了工资,但是何子文认为家人最重要。如果家庭成员首先想到的是自己的利益,比如如果何子文为了不被扣工资不去照顾生病的何子检,那么不仅父母会批评他,别人也会议论、鄙夷的。当家人是家庭的主心骨,会持家的人考虑事情也会先考虑整个家庭的利益,比如任劳任怨、早出晚归是为了家庭成员能有吃的,能吃饱穿暖,能维持全家生计。其他的家庭成员也都会听从当家的安排。

(四)家户积德意识

何家世代相信善有善报、恶有恶报。虽然何家人没有独特的手艺,也没有富裕的家庭条件,从而不能像民间医生那样给穷苦人家免费看病,也不能像有些良善的财主那样在困难时期给挨饿的人们派粥以积德行善造福子孙,但何家人从来没有越过底线,没有剥削过别人、没有欺压过别人、没有杀害过别人,没有干过得罪人的坏事。何家认为这是他们至今没有遭遇过大灾大难的一个原因。

其一,何家人很注重积德的思想信仰。每当过年过节,何家人都会去祭拜村里的庙神,祭拜家里的祖先,还会去其他村的大庙拜一拜,祈求好运、福运。在祭拜的过程中,何家人也非常注重细节,以让祖先"听到"家人的祈求,如烧香时,香头要向着里面,不能朝着门外,再如严厉告诫家里的小孩不能偷吃正在上供的食物,以及每一次祭拜都要严格地斟满三次酒及以上,才能烧纸,结束祭拜流程。

其二,何家也注重积德的善行实践。抗日战争胜利后,村里有人发起支持前线军队的募捐,大家纷纷响应,何家也捐了粮食,由于经济条件受限,虽然捐得不多,但是诚意满满。何家捐粮一方面是为了感谢艰苦抗战的军队,另一方面也为了积德。后来又有人发起支持修建村头的桥的募捐,很多人都捐出了粮食,何家也不例外,并根据家里的情况多少捐了些。何家认为这是做善事,为家庭的日后发展积德。对于胡乱欺压他人、剥削他人的人,何子文直言非常痛恨,他认为上天还是有眼的,无德的人做缺德的事总会有报应的。如果家里有这种无德之人,肯定会严厉处置,家里教不好的会交给民兵抓去管教。

三、家户习俗

(一)庆祝春节

1949年以前,农历十二月二十三日送"灶君上天"后,何家就开始忙于准备年货,比如做芝麻饼、做年糕,何家每年必做的就是粽子。农历十二月三十晚,杀鸡加菜聚餐,吃团圆饭。何克廷是独子,但每年这个时候也都会和堂兄弟几个小家聚一起吃团圆饭,轮流进行,比如今年在大哥家,明年就到二哥或者三哥家。凌晨,各家都回家放鞭炮迎新,何克廷也回到自己家燃放鞭炮,何檀氏忙着准备供品拜祭祖先,即在客厅以及其他各个房间都放上一点年货,等到正月十五再次烧香拜祭祖先后才能撤下来。正月初一,大家逢见面会以"恭喜新年好,今年好过旧年""恭喜发财"等语相祝贺,忌杀生,不扫地,不打人骂人,不准打烂东西,不准催债,家里男的还要忌猪油,俗称"吃斋";家里的孩子起床后的第一件事就是先给家长拜年,然后一一给其他长辈拜年,不用磕头或者行礼,只要道上一句吉利话就可以;结束后男孩子可以到邻居叔伯家继续串门拜年,何克廷等长辈会嘱咐他们不能跑太远,女孩子就留在家里帮母亲准备祭拜的事。从初二起,村里舞龙队登门拜年,有钱人家即燃放鞭炮欢迎,并以茶、饼款待舞龙队,包给他们数量不等的红包,何克廷家没有条件办这些,但家里的大人小孩都会去凑热闹、看热闹。这一天家里杀鸡祭祖,吃粽子。这一天也叫"担节",吃过早饭,何檀氏便带着一两个孩子,备些粽子、芝麻饼、肉等年货回去给娘家"拜年",何克廷很少一起回去;家里儿子结婚后的第一个春节,这一天新婚夫妇要回岳母家拜年,送去鸡、肉、酒、大粽、芝麻饼、年糕等年货,由何克廷夫妇负责准备相关东西,但他们不随同前往。从初四至初八,何家还和堂兄弟家互相串门拜访,互送年货和祝福。

(二)其他节日的庆贺

(1)清明节:清明节这天,何氏二房组织房内各家户前去祭拜祖公墓。当年的"清明头"[①]先组织一次祭拜前的家户代表会,每家每户都要出一个人前去参加,家长在的由家长去,家长不在的派长子去。会上,"清明头"会征求各家户代表的意见,做好规划和安排。祭拜当天,房内各家各户所有成员都要去参加,每家每户至少派两个成年劳动力带上锄头,去清理墓地,何家则由何克廷夫妇作为家户劳力代表。祭拜时,由房内德高望重的人主持,各家户的男丁都要行统一的跪拜礼,各家户的女性可以自由祭拜。在参加完房内的祭拜后,何家和几个亲叔伯家一起去祭拜自家的祖先。其间,由几个小家户的家长们商量好具体的行程、物资准备等,祭拜时男人们清理墓地,妇女们摆祭品,孩子们被叫来一起倒酒、行作揖祭拜礼,所有人都祈求保佑。祭拜自家祖先的活动一般要连续两到三天。回来后在谁家吃最后的晚饭也是有讲究的,这主要由几个叔伯兄弟商量,今年在堂哥家,明年就在何克廷家,依此顺序轮流。

(2)中元节:农历七月十四至十六日,俗称"鬼节"。在当地,其隆重程度仅次于春节。从十四日起,家里开始杀鸡、做糕、祭祀祖先;十五日和堂叔伯一起吃一顿午饭,也是按当家一辈的年龄顺序来选择聚的地方,饭后男人一般上山采野果,去游泳,妇女则串门聊天;十六日,家里的妇女开始焚烧纸钱、纸衣、纸鞋、冥布,并将纸灰包好,烧香送出大门外,以示给祖先送"财、物"。

(3)中秋节:这天,何家人不和叔伯堂兄弟家一起过,而是在自家过。过节前,何家已经备好月饼、柚子等一些果类,柚子是自家种的。晚上月亮升起时,家人将桌子抬出门外,把果、饼放置桌上,大人们烧好香,俗称"拜月",以示团聚之意,何家的男孩喜欢去看有钱人家的孩子烧"番塔"放"果灯",女孩就在家同姐妹们吃吃聊聊,晚上不能随便出门。何檀氏在中秋前后一般都给娘家送去月饼、米等,多少不限。

(三)红事习俗

1949年以前,何家娶媳妇要通过媒人介绍,后找算命先生对八字、合年庚,对"合"后,才写"龙凤帖",订了婚约,请媒人带上数量不定的钱、物送给女方,作为定亲小礼,然后择吉日举行婚礼。婚礼当天,新郎步行去迎接新娘,随后备一些礼物,如钱、肉、鸡、饼,每样都要双数,肉成方、酒成埕。新郎由一男青年做陪郎,另有六至十个青年抬礼物去女方家,从女方家抬回嫁妆。家长和新郎宴请亲戚朋友,摆二十桌左右。结婚酒前后算起来有三天:第一天是"开筵",只有邻居、叔伯兄弟及家人来干干活、做准备;第二天是"正酒日",邀请了的亲戚朋友都来了,吃中餐和晚餐,由何克廷夫妇、新郎分别来到桌前招待一声;第三天是

---

① 当地俗称,指的是何氏二房内统筹和组织房内集体扫墓的家户代表(一般是家长),由房内各家户家长轮流当值,一年一轮。

"散席",邻居和附近亲戚在这一天干干活、收拾场子,吃最后一餐,家长何克廷清点相关的礼钱。婚礼第二天,新媳妇不用去厨房做饭,当天也由邻居亲戚在帮忙干活,新郎新娘跟男方父母、亲友打过招呼后,新郎新娘一同回女方家,何子文还要带两个未嫁女随同回去,以接回新娘,俗称"回脚"。

何家嫁女儿时,新娘离家前,何克廷夫妇邀请二房内几个妇女喝出嫁酒,女儿给父母敬茶拜别家人,由数量不定的"陪嫁"①将女儿送到男方家。何家嫁女儿摆酒没有娶媳妇儿多,只摆了十桌左右,总体上也有三天,但相比娶媳妇显得没那么热闹。对比那些有钱人家,比如何建顺是灵竹乡乡长,有钱有势,他儿子娶亲时,摆了上百桌酒席,知者便去,还请人来唱戏,大办三天,是整个村里排场最大的。何家在红喜事虽没有大排场,但也都按照当地的礼俗实施,何克廷夫妇是整个过程的主要负责人,何克廷负责筹划、招待、厨房等,何檀氏则要负责聘礼、嫁妆等的布置、招待女客人等。

(四)白事习俗

在何峻蓝过世临死时,何克廷及其闻讯回来的姐姐就将何峻蓝抱到厅堂停放,给他擦身换衣。一待断气,何家男女老少便到大门号啕大哭,燃放鞭炮,向同族的人报丧。接着,由何克廷的堂兄弟立即通知到何家的内亲外戚,并请来了一个"道公"装棺、念经,何王氏、何克廷的姐姐、何克廷及其妻儿披麻戴孝守在灵柩两侧。棺材置于厅堂停放一天一夜不等,待所有亲戚、朋友备祭品、香烛来祭拜,道公站在神坛旁念道文,为亡灵超度。次日,由何克廷等至亲在棺前拉布引路,本家叔伯兄弟几个抬棺材去埋葬,何王氏、何檀氏等何家成员以及本家妇女紧跟在棺后,所有女性家庭成员要不停地号啕大哭,为死者送丧。棺后,何克廷带着家人及本家亲戚到舅爷家吃一顿午饭才回家,俗称"吃米"。回来要为死者戴孝三十至四十九天。戴孝期间,不能到别人家串门。在整个葬礼过程中,何克廷向本家亲戚凑了一些钱粮,后来还卖掉了一块水田,才勉强还上葬礼的借贷;何家只有何克廷一个独子,葬礼由何克廷主持,加之本家叔伯兄弟倾力帮忙,才得以走完相应的"路数"。

此外,当地还有一些特殊的白事习俗。未婚青年死去,叫"少年亡",男称"六郎鬼",女叫"姑婆鬼",由比死者年轻的人为其装棺。棺材不得放入厅堂,不得涂颜色,不请师公、道公,埋棺时要倒埋,有的让棺材露一截出地面,以后也不扫墓,因为他还没结婚,还没入祖,也就没有后辈祭拜。难产而死的妇女叫"死身湿",其墓修成长方形,不能修成圆形,在墓旁插一把雨伞,长形瓦罐两只。人死当年,禁嫁娶,不得建房,春节不得包粽子,三亲六戚要送来粽子及祭品来祭死者亡灵。

四、家户信仰

1949 年以前,何家的所有家庭成员都不信教,在整个何村也几乎没有信仰宗教的,普遍只信奉家神、庙神和祖先。何家一般敬奉的有门神、灶神和王母娘娘,以求保佑家庭的平安喜乐、丁财两旺。与此同时,祖先是非常重要的信仰对象。何家世世代代都敬仰祖先,在每个节日以及其他的重要日子都会对祖辈进行祭拜。除此之外,何家的家庭成员还在特定时间去庙宇里祭拜诸神,以求平安、顺遂。

---

① 当地俗称,指的是当新娘出嫁到新郎家时,新娘的娘家要出数量不等的女性陪同新娘,这些陪同的女性即是"陪嫁"。

（一）家神信仰及祭祀

1.信仰的家神多样

1949年以前，何家除了敬祖、拜庙神，还敬灶神、门神和王母娘娘。灶神是当地一个很重要的家神，民间传言其负责看管家畜和家禽。和当地其他家户一样，何家在自家炉灶旁立有一个专门供灶神的祭坛，平时拜灶神就在这个祭坛上插上烧着的香，以"召唤"灶神来"就餐"，并"听取"家里的诉求。逢年过节都要拜祖先、拜灶神，每年的农历十二月二十三是灶神节，家家户户"送灶神上天庭开会"，大年三十晚不用拜灶神，因为传言灶神这一天还在天庭开会，还没回来，一直到正月初一，灶神"从天庭回来了"才去祭拜他。祭拜时忌用鸡肉，民间传是因为鸡平时喜欢扒灶，灶神很厌恶鸡。大年初一，在大门上贴门神像，用以驱邪避鬼、卫家宅、保平安、助功利、降吉祥等。

另外，根据当地惯例，有未婚嫁的儿女的家庭都要立个供王母娘娘的祭坛。何家设的祭坛就放在何檀氏的床头底下，逢年过节也要祭拜他，祈求未婚儿女以后能喜结良缘。除了只有未婚子女才会祭拜王母娘娘外，对于其余的神，何家的所有家庭成员，无论男女老少都可以信奉和祭拜。过年要祭拜的神，比其他固定节日多得多，平时一般只祭拜祖先、灶神和月老，过年时还要祭拜庙神、门神和其他神。此外，以前几乎每家每户都养猪，要是家里卖猪或者杀猪，也要祭拜祖先和灶神，同样要上香、放些煮熟的猪肉、烧纸，卖猪、杀猪算是一件大事，这时要感怀祖先和灶神。

祭拜家神时，都要上香、放贡品、烧纸，主要由家长的妻子来负责，家中男性做也可以，没有限定。但在何家，主要由何檀氏或者家中媳妇儿布置，家中男性负责厨房事宜。等到家里人都拜得差不多了，家中妇辈开始烧纸，这时有钱人家会以放鞭炮结束，但鞭炮可放可不放，为了省钱，何家几乎不放鞭炮。

2.信奉目的

何家信奉灶神，主要是因为家里每年都会养鸡、鸭、猪、牛等家禽和家畜，祭拜灶神是为了求得家禽养育顺顺利利；而敬门神，则是为了辟邪、保出入平安；拜月老是为了求好姻缘；拜庙神则是为了求发财、求平安、求和美。家里的妇女手脚比较轻快，祭拜时需要做的都是一些需要细致和耐心的轻巧活儿，所以这些相关事宜一般都由妇女来做，而家里的男人则负责掌勺做菜等。在何家，每次家里拜家神，都是何檀氏负责张罗烧香、摆酒、烧冥币等，而何克廷则负责置办酒水、炒菜，孩子们要来倒酒、拜一拜，祈求一切顺遂。

（二）祖先信仰及祭祀

1.拜祖传承

在何家，只有年长的男性才会对祖先的由来和绵延情况有些了解，年轻的一辈几乎很少主动问起，基本上不太了解自家的祖先，只知道祭拜祖先是传统。每家每户都祭拜祖先，逢年过节或者家里有其他重要的事情时都会祭拜。何家有个供奉祖先的神龛，就放在厅堂后墙的中央，即一张木制矮台，上面放着插香罐，墙上贴着字符，但没有牌位。祖先信仰是当地人们一个重要的信仰方式，包括在何家，家中各种大小"路数"，都会通过烧香祭拜祖先祈求保佑。

何家所在的何氏二房有个公共祖坟，房内在每年清明都要组织比较隆重的祭拜活动，当天，何家由何克廷和何檀氏作为代表参加一些体力劳动，包括搬供品、除草等，尽可能将祖坟周边的杂草清理干净，并在坟头上插上银纸，之后男女老少都开始烧香倒酒祭拜，表示对二房祖先的敬仰，并祈求和美顺遂。而整个大何氏也有一个共同的祖坟，但该祖坟因历史缘故祭在灵山县，每次宗亲祭拜时，整个永淳县内姓何的人家都要派代表前去祭拜祖坟，以示何氏没有忘本，让千千万万的何家后代铭记自己的祖先，祈求一切顺利。何家没有本户的堂屋、家庙，而过年拜的庙神是为全村共同供奉的。

村里整个何氏合编有一本何氏宗亲族谱。族谱一般由何氏内名望比较高的人家保管，也就是二房和三房的房内代表各保留一本。历来男性都能上族谱，且都以全名记录，而嫁进来的女性也会"榜上有名"，记为"×氏"，没有全名。此外，女孩都不能入族谱，原因是女孩总有一天要外嫁他族。一般情况下，何氏族谱每四年新编一次，由辈分、名望较高的人主持，请来族内的文化人编录和更新。

2.拜祖求福

信奉祖先是一种对家庭祖上的尊重和感怀，是长久以来从不间断的信仰。祭拜祖先是何家最重要的信仰。每逢过年过节，或者家里办红白喜事，甚至当家里人要出远门时，凡此关系家里人和事的日子，都要祭拜祖先。何家祭拜祖先的方式主要是在客厅里摆上相应的供品，比如酒菜、香纸一类的祭拜用品，烧好香，放在里侧，避免烧着的那一头对着客厅门口，意为召祖先回来。祭拜时，由祭拜者先倒上酒，然后拱手鞠躬，一边拜，一边要说"求祖公、祖奶保佑粮食丰收、保佑全家健康、保佑男孩将来娶个好媳妇、保佑添丁发财……"等，根据当时具体的家庭情况来祈求相应的保佑。

3.全家参与

家长在拜祖时主要负责统筹。何家家长何克廷逢年过节会提醒家里人要拜祖，交代妻子何檀氏提前准备好拜祖用的香纸，嘱咐她代为具体操办相关的祭拜事宜。祭拜祖先的当天，主要就是准备些肉、烧香、上香、放供品、摆倒酒用的羹勺、烧冥币，没有特别复杂的仪式，都是一些轻巧活儿，这些主要由家长的妻子何檀氏来张罗。在这一过程中，长媳要给婆婆搭把手，当作为将来持家练练手。而当天何克廷和何子文主要负责杀鸡、炒菜，等到妇女们做好相关准备事宜后，何克廷便督促家里所有人过来倒酒祭拜，全家人一起祈求平安、健康。何家男女老少祭拜的顺序不讲究先后，谁都可以拜，谁先拜都可以。

（三）庙宇信仰及祭祀

1949 年以前，何村村内共供奉三个庙，一个是正山庙，一个是顺隆庙，还有一个是盯梢庙。正山庙就在村中心，离何氏也就步行八九分钟的距离。原来的正山庙庙堂被改建为村里的公共学堂，人们便把"正山公"①迁到庙堂的旁边，简单搭了个遮蔽物，平时祭拜时就在此插香祭拜。而顺隆庙建在村子东边的山头上，这个给"顺隆公"搭的庙堂相对简单，是用几块光滑的石头围叠起来的，盯梢庙也是如此。村子里的农户都没有家庙，村民们平时祭拜的也只有这三个公共的庙。

传言"正山公"是一名廉政爱民的好官，为了人民主动反抗腐败政府，后来死于奸佞小人之手，后人为此敬奉他，也因此，人们认为他主要是管读书、管功名的，但去祭拜他的人们往往不仅仅祈求功名，也可以祈求其他的保佑。而"顺隆公"则是一个更"大众化"的庙神，人们可以祈求各方面的保佑。再则，盯梢庙是管风、水的，人们通过祭拜他祈求来年风调雨顺。

---

① "正山公"：正山庙里供奉的神。

每年的大年三十和正月初二是家家户户拜庙神最盛的日子。在这些天,何家的妇女会带上家里的一两个小孩,以整个家户的名义,带着家里人的寄托,挑着供品,和亲友家的妇女结伴去拜,供品主要是整只用清水煮熟的鸡(或者一个方块猪肉)、果、饼干、一小袋籼米、一小壶酒水。无论男女老少都可以去祭拜,但是当家男的很少去,这主要是习惯使然。

五、家户娱乐

(一)结交朋友

结交朋友是何家人一个重要的娱乐方式,具体来看,何家人在交友上有两种主要的形式:一种是有讲究、有家户意义的交友,当地叫交"庚友",即为家里人承认的朋友,另一种则是邻里同龄人之间的日常来往。何家人交"庚友"主要是为了在一些重要事情上取得支持和帮忙,全家仅有作为单一男丁一辈的何克廷才结交了"庚友"。"庚友"的结交是跨村的,"庚友"相当于何家的一个重要的亲戚,而何家的男性,因为上学或者其他原因结交了互相聊得来的、非亲属同龄同伴,家里的女性几乎不结交非亲属玩伴。何家人结交的玩伴不算是家里的朋友,而仅仅是家庭成员个人的朋友,几个玩伴多是在家外聚集,坐在一起闲聊,小孩子则在旁边玩闹。

1.交"庚友"

1949年以前,依据当地的传统,何家说的"交朋友"更多的是为当家人做主的、为全家人承认的家里的"朋友",当地叫交"同辈",也叫交"庚友",即和原本不认识的外村同龄人交朋友。交"庚友"相当于是认了一个义兄或义弟,一个重要目的是为没有亲兄弟的儿子结交的义兄弟,希望在今后有什么事能有人伸出援手。"庚友"是通过父辈认识和结交的,男的才能交"庚友",要通过算命先生对八字,命理相合的才可以交。何家只有当家人何克廷交了"庚友",其他家庭成员,包括家里的两个儿子都没有交,家里的女性不能交"庚友",当地也没有这个传统。在何克廷尚还未持家时,何克廷的父亲何峻蓝通过亲戚关系给他结交了一个邓村的"庚友",因为何克廷是家里的独子,父亲何峻蓝觉得家里只有何克廷一个后代,担心何克廷持家后遇到什么重大困难时没有人给予扶持。"庚友"是家里的朋友,何克廷比"庚友"稍年长,所以他喊"庚友"为"弟",喊"庚友"的妻子为"弟媳"。平时何克廷的"庚友"来家里时,家里人要把他当家里重要的朋友接待,由何克廷主要接待;但逢家里有红白喜事,都要邀请"庚友";相应的,何克廷也可以偶尔去拜访"庚友",如果要在"庚友"家过夜,只要提前和家里人说一声即可,"庚友"家类似于儿子兄弟家,家里人也都理解和放心。但由于"庚友"是跨村的交友,因此日常生活中其实很少有来往,大都只在有红白喜事时才互相拜访走动。

2.结玩伴

除了比较正式的"交朋友",何家的各个家庭成员将日常互相来往的本村同龄人叫作"同伴"或者"玩伴",但是玩伴不算是家里的朋友,只能是家里个人的。何家当家人及其儿子们可以有同村非亲属关系的同性玩伴,特别是男孩,由于上学认识的同龄人也可以互相结为玩伴,左邻右舍的同龄人之间也都是玩伴,有什么事情都会想到约玩伴一起。何家当家人何克廷也会结交一些处事对劲的、聊天聊得来的同伴,如果是非血缘关系,日常的交往也只停留在得空的时候一起下棋、聊天上。何家的女孩们则在家庭内部各自为伴,或者是结交族内同龄的女孩为伴,不能随意结交玩伴。此外,何家的妇女和老人也有平时一起聊天、赶集的同性同龄人，但大多数时候都是本家的姑嫂，不会交非亲非故的玩伴。何子文认为，一般情况下，交玩伴也是看家庭条件的，家庭条件相当的同龄人更可能成为玩伴，穷人家的孩子找穷人家的孩子玩，而有钱人家的孩子则和有钱人家的孩子往来，不同家庭条件的人虽然也有可能在一起玩，但不会成为亲密的玩伴。何家孩子的玩伴也都是家境一般的人家的孩子。平时有什么好的或者坏的消息，同伴之间也会互相分享，如果同伴有难，在条件允许的情况下，而且关系非常好时，同伴才会介入，否则同伴也只是在一起玩耍、聊天、劳作的平行关系，很少有人情上的交叉，日常串门也不用讲究特定的规矩。

（二）串门聊天

农闲之季，吃过饭的午后，何家人时不时也到别人家串门聊天，男的比女的更喜欢外出串门。家里的女孩子即使去串门聊的也多半是绣花、做衣服一类的事情，又或者是哪里的柴多，约定个日子一起去捡柴等；而男孩子喜欢去同伴家串门，喜欢装上一兜刚炒好的玉米，或者装上一兜红薯干，和同伴一起分着吃，之后一起出去玩游戏，不会在家里待太久；大人们大都只在难得的空闲到邻居家随便走走看看、聊聊最近的一些家常琐事或者听来的一些消息。串门时，何家人不会留在别人家吃饭，何家人认为，别人留你吃饭是出于礼貌，如果没什么事就在别人家吃饭，会让人觉得这个人贪吃，是不太好的行为。串门时，还是要穿戴整齐一些，何家大妹喜欢去婶娘家聊天，大妹去婶娘家都会挑合适的时间去，比如婶娘中午都要睡一会儿午觉，那么这时她就不会突然去串门。如果家里人大都去串门了，至少要留一个人看家，何王氏不太喜欢串门，新媳妇韦氏也比较害羞，因此大多时候留在家的都是老奶奶和新来的媳妇儿。

邻居家、堂叔伯家也喜欢来何家串门，一般是找大人们随便聊聊或者商量些事情，聊完之后，何家人都会习惯性地留别人吃饭，"在我家吃晚饭（午饭）吧"，家里的大人也都会教育年幼的孩子这么做，这是最基本的礼貌。这些来串门的人虽是同村甚至同族的人，何家人也会把他们当作客人招待，比如家里刚摘了些水果回来，会拿些出来招待，等等。别人来家里串门时，大都在客厅里坐着闲聊，一般不会到厢房里，因为厢房是卧室或者杂物房，于客于主都不合适。若是在冬天，家里人也会在厨房里陪着来串门的人聊天，并在灶旁生火给他们取暖。天冷时，虽然家里平时都比较节俭，仅自己家人在时可以不生火，但是家里来人了，还是要给他们把火生起来，这是何家一个待客习惯。

（三）逛庙会

1949 年以前，每年的农历五月二十七是灵竹乡远近闻名的城隍庙会。城隍庙坐落邓村，每年庙会时节，几十里内的人都会来赶热闹，烧香拜神，祈求保佑，还有舞龙舞狮、舞麒麟，有跨村游行，有男女情歌对唱，以及各种商品买卖，十分热闹。庙会每年都会举行，一年举行一次，舞龙舞狮队总体上会游遍近百里内的村子。其中最受人们欢迎的当属情歌对唱，男女双方分别由四到五人组一队，代表不同的村庄，男女双方即兴对歌，当地也称"唱山歌"，直到一方接不下去为止。整个庙会持续四到五天，何家人也会趁此去凑一天半天的热闹。

从何村到邓村，步行大概需要一个小时。何家人向来比较喜欢逛庙会，当家的在临近庙会时就会督促家里人快点干完手头的庄稼活儿，争取当天下午可以去逛庙会。何家的妇辈们主要是为了去庙里烧香拜神，祈求家庭顺遂，给家里人还愿等；家里的男性则喜欢赶歌会、观看舞龙舞狮，或者随舞狮队游行等；家里未出嫁的姑娘们得到何克廷夫妇同意后，也可以去庙会赶热闹、逛逛集市,此外,何家夫妇也会嘱咐她们留一个在家带弟弟妹妹,叮嘱她们早点回家等;而老人何王氏不喜欢凑热闹,通常在家拾掇菜园子,或者到邻居家闲聊。总之,在何家,谁都可以去赶庙会,但无论是谁,去之前一定要跟家里人知会一声,以免家里人担心,小孩和未出嫁的女儿则要得到何克廷夫妇的同意才能前往。

(四)其他娱乐活动

何家日常的娱乐方式都比较简单,平时大多数时候都在忙庄稼活儿,农闲时候,家长何克廷要兼业做牛贩,妻子何檀氏负责田间地头的杂活儿,比如除草、捉虫,几乎不会白白在家闲着。何家的大人们认为玩就是懒,是不持重,"干活最要紧,不干活就没饭吃",家里的小孩如果玩得太"疯"还会被大人训斥。因此,何家其他的日常娱乐活动都非常朴实。譬如,吃过午饭,离下午出工有一小段时间,家长何克廷也喜欢到学堂旁的榕树下和邻里聊本村或者别村的事、聊乡里乡外的事,或者看村里老人们下棋,或者恰逢七日一度的圩日,妻子何檀氏、长媳何韦氏不时约上婶婶姨娘去赶集、置办家用,家里的老人闲不下来,日常的休闲方式就是拾掇菜园、择豆子等。在何家孩子年幼的时候,男孩喜欢和玩伴们斗蚱蜢、去田间地头抓老鼠、抓鸟、玩"打尺"[1]等,女孩子则在家跟着母亲做女红,或者不时约上玩伴上山捡柴,又或者几个姑娘家聚在一起闲聊,比如聊织布做衣、绣花制鞋……女孩子若要出门玩,一定要和家里长辈说一声,得到长辈的同意。

---

[1] 当地的一种儿童游戏,准备两个细竹条,一个放在地上,用另一个将其敲起并打飞。

第五章　家户治理制度

何家总体规模不大,主要表现在其人口结构相对简单,人口数量一般,谋生渠道单一,经济基础较为薄弱等相关方面,因而何家的家户治理比其他的多子多业的家庭更简单,也更明确。何家的家长世代传男,1937年爷爷辈何峻蓝去世后,何克廷作为独子,自然地成了新的家长。在何家,家长是主导家内外大小事务的主要成员,大到家里土地房屋的产权处置,小到衣食住行方面的协调和分配,均由家长主导。诚然,家长何克廷的权力并不是绝对的,其妻何檀氏也是家中重要的贡献者,平时主要由何克廷负责家户对外的生产交往事务,妻子何檀氏负责家内的相关事宜,没有代理当家的情况。在具体的家户决策中,何克廷是家中建房、婚亲嫁女、买卖土地等大事的第一决策人,但其妻何檀氏有协商和建议的有效权力,何克廷遇事都会和妻子商量,起码会告知她一声。概而言之,在整个何家的治理过程中,家长何克廷掌握家中大小事的第一手权力,而其妻何檀氏则辅助其当家决策,夫妻俩共同治家。

一、家长当家

(一)家长的确定

从何子文记事起,一直到1937年,何家的家长是何峻蓝;何峻蓝去世后,其独子何克廷成为新的家长。何家的家长,一是根据能力、威信来权衡,二是优先选择所属的辈分、资历高者,三是以男性为先。在当地,家长的第一人选是爷爷或者父亲,绝大多数的家庭都是男性当家长;如果家里没分家,但爷爷年老不管事或者过世了,就由父亲接手;而如果父亲有身心方面的残缺,比如是个哑巴,或是个傻瓜,又或者是个瘸子,而无力当家,且家中儿子尚小的,才会选择母亲当家长;如果爷爷辈、父辈都没有能力,有成年儿子的,再由成年的儿子当家,否则由叔伯兄弟代理当家。

何家的家长是其他家庭成员都认可的,是典型的父亲当家,这也是社会所普遍存在和公认的。家长,在当地也叫"家主"。在家里,家长负责家庭的各种生产生活安排,特别是家外的相关事务。在家内事务上,家长之妻是具体负责人。具体来看,在何家,何克廷夫妇是整个家庭内外管事的人,何克廷有最终的决定权:在家庭大事上,比如说修建房子、买卖耕牛、借贷粮食、婚亲嫁女等,何克廷都有主导权,但在其作决定之前要和何檀氏商量;在家庭内部事情上,包括家财保管,以及喂猪、喂鸡、喂牛、煮饭做菜、纺纱织布等,何克廷将主要的管事权交给了妻子,由妻子负责具体管家内事。何檀氏每天一下工回家,就得张罗着喂家畜,安排其他家庭成员煮饭做菜,给女孩子们布置针线活儿等,虽然家长也可以掌控家内的一些安排,但绝大多数时候都由她来具体负责。

何家老小对家长何克廷是十分信任和认可的,一是他是家里唯一正当年的男丁,二是他身强力壮、有责任心、有能力担起家庭的重担,家里主要都是听他的。何克廷还是一个性格比较随和的家长,喜欢给孩子们讲故事,虽然来来回回都是那几个,但他的孩子们很尊重他,要是有什么事也都是由他出头扛下,妻儿、老母都认为他当家好,都信任他。何峻蓝去世后,何家只能选何克廷当家。因为他是何峻蓝唯一的儿子,而且已经结婚生子,正当年,于情于理,他都是唯一的家长人选。

何家家门前没有挂门牌,村里的人家也没有挂门牌的习惯。何家的左邻右舍都是同房的,加之何村整体规模不大,村里人都相互熟知,所以当一个家里确定一家之长后,其他的村民也都会相继知晓,不用挂上门牌告诉别人这家人是谁当家。因为每家每户的情况是相似的,根据习惯可获知,即使有特殊情况,通过口耳相传也都会知道这个家谁是家长。

(二)家长的权力

1.祖赋父权

何家由何克廷当家,其当家的权力是祖先赋予的,即是"父传子"的传统认识的传承,也是为整个家庭成员认可其能力的结果。各家的家长管各家事,"一家不管两家事",亲兄弟分家了,当家兄弟之间就不能随意介入对方家的人和事。何家祖辈的何峻蓝、何峻举和何峻智三兄弟分家后各自当家,也不再相互干涉日常的生产生活安排。何峻蓝过世后,何克廷自然地成了何家的新家长,可以管到整个家庭事务的方方面面,包括家里面的人。只要还没有从家里分出去或者嫁出去,家长都有权力管到这个人,小到他的日常穿衣打扮,大到其婚姻大事。在何家,要是碰上家长何克廷拿不准的大事,会先和妻子商量,若是还决定不了,他还会找房族兄弟商量,或者找房族代表帮忙拿主意,比如对于建新房、娶亲嫁女等家庭大事,何克廷都会和妻子、长辈商量,因为夫妻双方对这个家都是有责任的,也都是有贡献的。何家没有开家庭会议的习惯,要是有事情需要告知家人或者全家商量的,何克廷就趁着吃饭时间大家都坐在一起时进行细说,或者出工时,一边干活一边和家里人商量,最后再由其拿准主意。在何家家庭内外大事上,家长总是具有最大的话语权,家长妻子有最大的意见发表权。

2.财产的管理权

(1)家长支配家庭收入

总的来说,何家能算作家庭收入的主要有:卖粮的钱、养猪挣的钱,以及何克廷夫妇于农闲时偶尔打工挣得的杂用钱。何家的家庭收入是为全家所有的,留作家庭消费所用,由何檀氏保管、家长何克廷支配。在何家,因为家中妇女比男性更细心,也更节俭,一般而言都是当家与管钱分开,这也是当地家户内部制衡家长权力的一种有效方式。家里的一些重要证件或者家用零钱都是内外当家的何克廷夫妻保管,一般放在"主屋"(何檀氏的卧室)的箱子里,箱子会上锁,"主屋"的钥匙由何檀氏保管。

(2)家长管家庭的公共收成

何家的粮食都是同种、同收、同吃的。何峻蓝刚去世不久的那段时间,起初,何王氏还能自己下地干活儿时,她靠种自己的养老地收得基本够自己平时的口粮,平时一般都自己煮,没过几年,老人身体状况不佳,不能再下地干活,于是何克廷接手了养老地。自1934年后,包括养老地在内的自家土地收成全部由何克廷做主保管,全家祖孙三代同种、同收、同住、同吃。家里的粮食由当家的何克廷和其妻子何檀氏看管,一般放在厢房的上隔层,钥匙放置处只有夫妻二人知道,每天该吃什么,也都是夫妻俩决定的,家里的其他家庭成员可以负责煮。

在何家,除了当家的,其他家庭成员不能卖粮食,私自卖粮食是非常严重的事情,要受到家长的惩罚:如果是小孩,会被打骂一顿,要将卖粮食得来的钱交还给当家的;如果是成年人,会被严加警告,同样要将钱或者其他交换来的物品交还给家长。

（3）家长不管个人钱物

1949年以前,何家世代靠务农维生,收入微薄,每年的农业收成勉强够维持全家人的基本生产生活需要。除了农业收成外,家长何克廷农闲时候会当小牛贩,挣得的一些家用零钱,回家后交由妻子何檀氏保管,用于家里购置油盐酱醋;何克廷还准许家里三个年龄较大的女儿偶尔去给财主家帮工,比如三女儿给财主家做了两年长工,帮财主放牛,做一年得一套衣服、一双鞋和一条毛巾,拿回来后不用交给家长,留着自己用;再如大女儿和二女儿则偶尔能给财主家做一到两天短工,帮财主插秧、除草,一人做一天得两碗粮食,拿回来后可以自己攒着,日后换点针线钱缝制嫁妆,家长不会把它归入家庭收入。家庭成员各自保管各自的衣物,分别放在各自的卧室里,家里箱子不多,女孩们共用一个箱子,男孩子们也共用一个。

（4）家长很少分零花钱

何家很少会给家里的小孩分零花钱,家里有的就不能去买,如果小孩子需要买什么东西,可以叫母亲帮买回来;比如今年粮食收成比较好,或者家里卖猪、卖大豆的收入比较可观,父亲何克廷就会叫母亲何檀氏给孩子分点零花钱,但次数很少。如果是小孩自己挣的零花钱,父母就没有权力管,比如说三女儿何秀英给财主家放牛挣的一点零用钱,她可以去买些自己想要的针线,不用经过父母同意。贫农人家一般都没有什么零花钱分配,"够全家吃用都不错了!"在经济条件好的富农和财主家,他们的家庭收入相对多,家长每有收入都会定期给家里的儿女们分些零花钱。

（5）家长管聘礼和嫁妆的搭配

娶媳妇下的聘礼以及嫁女儿搭的嫁妆,都是由何克廷夫妇来主持和决定的。家中长子何子文娶媳妇时,何克廷和妻子商量决定下"六礼";而长女出嫁时,夫妻俩根据男方下的聘礼决定搭配的嫁妆。对于何家的媳妇儿带来的箱子、布匹、衣服、被子等嫁妆,其所有权归儿媳妇所有,该怎么用、用在哪儿,由儿媳妇决定。分家时,儿媳妇带来的嫁妆是儿媳妇的个人财产,不作为分配的内容。当女方因病或者年老去世后,其嫁妆全部由其儿子继承,如果有多个儿子的,由几个儿子均分。此外,结婚时,男女双方都会摆酒席,各方亲友来喝喜酒的,会给人情钱,男方的酒席上,亲友给男方"赂钱"[1],女方的出嫁酒上,女方亲友也会给女方"赂钱"。最后,男方的"赂钱"归男方保管所有,女方的则由女方同嫁妆一起带过来,由女方保管所有,家长不能随意支配任何一方的"赂钱"。

（6）家长主管土地财产处置

在土地买卖租佃等重大事情上,家长会与家中成员商量,如果当家的是男性,也会与妻子商量,妻子只能提意见,最后拿主意的是家长本人;家中还有长辈的,家长要问过长辈的意见,长辈同意了才能进行买卖;如果是卖土地,虽不用征得房族人的同意才能卖,但家长必须要让房内代表知道,且需遵循"先房内,再房外"的原则,即先在房内找买主,房内没有人买,才能找房族外的人。1949年以前,何家曾发生过家庭生计危机,家长何克廷决定卖地,和妻

---

① 指的是亲友给结婚者的红包,一般情况下只有至亲会给。

子何檀氏说明想法后,夫妻俩都认为可以卖,于是何克廷决定卖掉一块水田,后来先问了房内亲戚,但没有人买,才找了别村的买主。签订契约时,当家人必须在场,同时还要有见证人,买卖双方的落款处一定要写户主的名字,并摁手印,不能写其他家庭成员的名字。同时,见证人、执笔人也要分别签字、摁手印,表明见证和承认何家卖地。在整个过程中,何克廷没有完全自己一个人擅自做主,而是先后和妻子、母亲何王氏说过,并告知房内代表,才完成了卖土地这一件家庭大事。

3.制衣分配权

在给家庭成员添衣物时,首先由家长决定家里每个人能添多少衣服,然后再由妻子具体去安排。何檀氏根据何克廷的要求,上街买回一定量的洋纱,和家中其他女眷们一起将洋纱纺好,然后织布、染布,之后妻子会按照家长的意思,将染好的布料分给家中成员,大人就多分一点,小孩就少分一些,最后,再安排家中十四五岁以上的女儿和儿媳妇开始做衣服。何家的衣服都是由何檀氏和几个女儿一起做的,包括失去劳动能力后的何王氏,她的衣服也是由儿媳和孙女们做①。何子文娶妻后,何檀氏也会安排儿媳韦氏一起给全家老小做衣服。在何家,年景好时,每个人差不多能添两件衣服;而一旦遇到干旱的坏年景,家里粮食收成大大减少,买纺纱的钱也非常吃紧,这时每人仅能分到一件衣服,或者年龄小没有份,要穿年龄大的穿过的旧衣服。

4.劳动分配权

(1)对男女的分工明确

何家在劳动生产的过程中也有一定的劳动分工,主要由家长何克廷负责统筹安排。特别是春种秋收的时候,男女的分工会比较明确。春耕时期,春分时节,家长何克廷就得去将玉米地翻一遍,长子何子文十六七岁后,就得开始跟着父亲耕地劳作;母亲何檀氏带着能干活了的女儿们跟着在后面锄地、播种和埋肥。谷雨过后,水田开始积水了,何克廷带着长子何子文犁田、耙田;何檀氏先把秧苗田做好,撒种。过十多天,何檀氏就带着女儿们将长大的秧苗移植到大田中,家中的两个男劳力负责挑担,女孩和妇女们负责插秧;何王氏还能干活时,也负责插秧,身体出现状况后,就在家打理家务;小女儿何秀凤负责带弟弟。等到春耕结束,要对田地里的作物进行田间管理,包括除草、除虫、埋肥等,依旧是由家长负责安排先干什么、谁干什么,这时一般没有明确的分工,家里男女一起干活,年纪小的负责放牛,何王氏和五女儿何秀凤在家做家务、带弟弟。秋收时,先收玉米、花生、大豆、红薯等杂粮,家长安排全家劳动力一起出动,男的主要负责挑、扛、拉车,女的主要负责摘收,成年的女子也要帮忙挑担。收割水稻时,女的收割、捆绑,男的挑担、拉车,将水稻拉回晒场,用石碾将稻粒碾出来,有时靠人力推,有时用牛拉,这些由家里男的做,女的负责打下手;水稻脱粒后,晒在晒场上,家长就嘱咐老人负责在家看守。在整个的劳作过程中,家长是统筹一切劳作安排的人,其他家庭成员要听从家长的安排,否则就要受到家长的责骂,如果产生了不好的影响,家长还会根据情况采取措施,对其进行严厉责骂,要求他尽力弥补过失,如果是小孩,会以体罚的形式惩罚他。

(2)给老少的劳动分配

在何家,家里的老人一样要日出而作,日落而息,直到身体不能承受农活儿为止。因此,

---

① 在这之前何王氏是和儿媳、孙女们一块做的,后来老眼昏花了,也就交给年轻人去做。

何王氏六十多岁了，她依然每天挑担、扛锄，还自己种了一亩多的养老地。直到后来身子出了毛病，老人就在家打理菜园子、打理家务、照看小孙子或者晒场上的粮食。家里的男孩大概六七岁开始上学，但凡不上学时就去帮家里放牛；等到能较好地掌控锄头、镰刀时，就得天天跟着父母下地干活；十六七岁时，家长何克廷开始逐渐地教他犁地、耙地的技巧。而女孩是没有上学的机会的，在七八岁时，也就是男孩子开始上学的年纪时，她们就在家照顾弟弟、妹妹，或者带着弟弟、妹妹跟着父母到田间地头玩，当耕牛空①了，就得帮着放牛；等到了十四五岁，白天跟着母亲去干活，晚上跟着母亲学织布做衣，这时她们开始算是家里的一个劳动力。

5.婚丧嫁娶管理权

1949 年以前，何克廷夫妇一共养育了六个子女，其中儿子何子文、大女儿何秀芳都已经结婚，二女儿何秀梅和三女儿何秀英也已经定亲。何家的小孩长到十一二岁时，就在父母和媒人的安排下定了亲，因为他们年纪还小，父母安排什么就是什么，等到长大了可以过门了，也只得遵从父母的安排，从而与定亲对象完婚。总的来说，1949 年以前，何家几个孩子的婚姻都是在父母的安排下完成的。在当地，如果是爷爷当家，当家人看中了某一门亲事，但是孩子的父母不同意的，孩子的父母可以提意见，当家人也要考虑孩子父母的意见，不能盲目决定，如果意见是合理的，当家的就要从大局出发，重新打算，而如果意见不合理，当家的可以按照自己的意愿行使做主的权力。

1949 年以前，当地通常不说"离婚"，以前的人们认为"离婚"是双方都有意愿分开的，是平等关系。但大多数的婚配终止都是男方提出的，当地人们通常说"卖妻"。具体而言，如果是男方不想要现在的妻子了，他可以"卖"给其他人家，而如果是女方不想待在这个家了，她可以提出"跳卖"，叫男方将她"卖"给另一个人，即是说，当地把"离婚"叫"卖""跳卖"。"卖妻"一般要先和当家人商量，但不一定得征得当家人的同意，也不用征得女方娘家人同意。按照惯例，女方不再是娘家人，因此女方娘家不会再管嫁出女的事。如果当家人不同意男方"卖妻"，但是男方觉得不满意，执意要"卖"的，他也可以"卖"，因为婚姻主要是婚配双方的事情，婚姻双方处不下去的，可以选择分开，而当家人是不能强行做主的。

何子文娶韦氏时，是父母完全包办的。何子文长大后，双方处得不合适，加上家庭生计遇到瓶颈，何子文提出"卖妻"。家长何克廷看他俩处不好，加之他对韦氏干活不"麻利儿"也表示过不太满意，当儿子提出"卖妻"时，他便也没有提任何意见，只是帮儿子找下家。最后，何家与买家双方谈妥条件后，何子文作为当事人和代笔人，代写了卖妻字据，买卖双方当事人、双方家长都要签字、摁手印，双方各保留一份，若没有家长的签字，字据是不成立的。但如果仅仅是家长对媳妇不满意，叫儿子将她"卖"给别人，儿子并不想"卖"的，家长也不能强行儿子"卖"，除非儿子年龄尚小，不懂婚姻之事。

6.对外交往权

在对外关系中，家长代表整个家庭，即在书面表达上，如果写到何家，会以家长何克廷的名字来表示，比如在公共场合为了避免物品丢失，经常在上面写上何克廷的名字；相应地，在口头表达上，当外人聊到何家时，都会说"克廷公家"，以此泛指何家。家长可以家庭的名义向外人进行借贷，如每年的四五月份，何家因粮食短缺，家长何克廷便以家庭的名义向财主家

---

① 停用。

195

借粮,和对方解释时也都自称"我家",如"我家好几口人都没粮食吃了,到你这儿来借点,秋收了还"。借粮时,何家也是根据全家的人口和消费情况而借,由家长何克廷去挑粮,妻子何檀氏也会跟着去帮忙。

在村庄开会、投票等事宜中,不一定都由家长去,家长可以派个代表去。但如果是一些家长必须到场的重大的会议,那么家长就得前去。在何家,长子何子文年纪尚轻,尚不理事,无论大小会,都是家长何克廷代表参加。纳粮是以家户为单位的,纳粮的主要责任人就是家长,无论是家里谁去交,最后在缴税纳粮单子上要签家长的名字。如果家里有人要去给财主家打工,要征得家长的同意,否则就不能去。比如说家里正缺劳动力,家长不同意家里人出去打工,那么家庭成员就不能偷偷去。家长在家庭对外交往上具有最大的权力。

7.家长权力的约束

（1）其他家庭成员可合理反抗

如果家长瞒着家人跟外界借债做坏事,比如赌博酗酒,而不用于家庭公共事务的,那么别人来追债的时候:如果债权方有充足的借据,上面的还款条款有说明家人也有还款责任的,家里其他家庭成员就得照章帮还;如果债权方没有充分的借据,家庭其他成员可以拒绝帮还,让债权者亲自找借贷的家长本人解决。此外,其他家庭成员可以找本家亲戚对该家长进行"教育",以此来警醒、约束家长的权力。村里面一个家长叫何克洪的人家,何克洪好赌,有一次私下和远房亲戚借了钱赌博,长期未还,于是对方上门追债,家里人很生气,何克洪的长子何子敬站出来说让他自己还,还找了亲大伯过来帮忙说理。当天,何子敬气不过,当着催债人的面狠狠"数落"了何克洪一番,大伯和邻居也都一致说何克洪的不是,何克洪也没敢还嘴。虽然最后还是卖了猪还上了债,但邻里亲友有什么重要的事情,转而都找长子何子敬,对何克洪已经失去了信任。

（2）受内当家约束

值得一提的是,在何家的具体治理关系当中,丈夫作为家长主导家事,而妻子则辅助丈夫持家,其他家庭成员听从夫妻俩的安排。当地的女性对家庭所作的贡献和男性是几乎相当的,因为女性不仅要织还要耕,不像北方的传统女性只负责家内事,家外活儿都由男方负责,因此当地女性的地位和北方女性相比略高,自主性更强。

（3）受代理当家约束

当家长不作为时,家里产生代理当家,家庭内外都会承认代理当家对家长权力的约束和代替。如果约定俗成的家长能力不强,家里人和外人都不会承认他是当家的,家庭成员会重新选一个较合适的人来代理当家。如果习惯默认的家长有某些方面的身体缺陷,就不能当家,此时若家里妻子能力较强,家中儿女尚未成年,而且外人也认可她的能力,就由妻子代理当家;若家中有成年儿子,而且有一定的能力,父亲不务正业,能力不强,那么无论家里其他成员,还是家外人,都会默认其儿子代理当家。潘天逢就是一个不理家事、能力不足的人,整天游手好闲,家内家外都是他妻子在代理。在对外事务上,族里或村里有什么事,别人都是叫他妻子代表去,儿子大了就让儿子代表去,要签字也是签他们儿子的名字,虽然名义上户主还是潘天逢,但是实际上家人和外人都不承认他这个户主的权力。在家内决策上,潘天逢要么不理,要么说的话没人愿意听从,因而总体上都是他妻子来操办、作决定。

（4）受房族约束

家长也不是完美的，但只要他做的事在情理之中，家里其他成员都会承认家长的权力。如果家长做了不被大家认可的事情，而且事情比较严重，家里其他成员就可能不听从于他，而选择认可家中成年了的长子或有能力的家长的妻子。此外，同族的叔伯兄弟也能制约家长的权力，家长做事必须要以不侵犯同族利益为前提，不能想做什么就做什么；但如果是家户内部的私事，家长的权力就不受同族人的制约，比如家长执意要卖掉家里的猪，妻子想留着给儿子娶亲时宰，这时即使妻子在理，同族的人也不能制约家长卖猪的权力。因此，在家庭私事上，家族人员和外部人员不能制约家长的决定。何家在卖地时，也要先征得何氏二房的同意，才能将土地卖给族外人。

（三）家长的责任

1.家长要做的事情

在何家，家长必须要承担起管理家庭大小事务的责任，包括土地、房屋等的所有权问题，家庭生产生活中的分工协作、家人的衣食住行，以及家庭成员的婚姻大事、家里小孩的教育等问题。家里要进行土地租佃、买卖或者典当，家长是第一负责人和统筹人；家里要建房子、修房子或者租房子，也是由家长安排；家里要开始春耕秋收时，家长布置第二天的劳动生产；家里如果没有粮食了，由家长出面借；家里人没有衣服穿了，要先征得家长同意才能添置衣物；如果自家小孩犯错误了，也是由当家人代表本家庭去给别人家认错，比如说两个小孩打架，是自家的小孩有错在先，由当家的管教自家小孩，如果事情较严重的，也是家长带着小孩给别人家孩子道歉。

2.好家长的标准

何家人认为，有能力、有威信、有信用、有责任心的家长才是好家长。好的家长首先要有较强的劳动能力，能支撑起家里的重要生产活动；其次要懂得持家顾家，能较好地管理家庭财产，不随意挥霍，节持有度；再次是要有较好的规划安排能力，对家里的劳力、物力等都能比较好地安排，保证家人有事做、土地能有效利用；最后要懂得协调家里的关系，教子有方，维护家庭和睦。

（四）家长的更替

1.更替的情况及人员

当家人出远门经常不在家时，一般会将家里的事务交由妻子或者成年后的长子代理，也会请本家的叔伯帮忙照看。当家人生病或者因身体原因无法照料家庭的，也是由妻子或者长子代为管理家庭事务。若是当家人去世了，家中长子有顾家的能力了，就让长子来管理家中的事务。何克廷去世后，两个儿子都还没分家，长子已经结婚生子，因而顺理成章成为新的家长，平时家内的事还是何檀氏在负责。当小儿子何子检也结婚后，长子何子文作为家长与内当家何檀氏一同持家，每遇到家中大事需要决策时，何子文都会尊重何檀氏的意见，再做出最后的决策。

2.按"父传子"自然更替

何家家长的更替顺序完全按照辈分和年龄来进行，先是祖辈的何峻蓝当家，何峻蓝去世后，接着是父辈的何克廷当家，而当何克廷也离世后，何家的家长更替为长子何子文，而在何子文和何子检分家后，兄弟俩各自为家。

在一个大家庭里,如果父辈的两兄弟都没有分家,老大是家长,但老大不幸去世,一般情况下由老二接替,但如果老二无能,老大的儿子已经成年,而且有能力,大家也认可,那么当家的就是老大的儿子。即是说,辈分是家长更替的直接考虑因素,但选谁当家长还有一个更重要的因素,即要看他是否有能力、有威信,是否真的能当家。

按照当地人的说法,如果家庭过去的当家人有妻有妾,当家人过世了,若妻妾都有儿子,优先选择妻子的儿子接替当家人;但如果正妻无后,则庶子便可以自然而然成为家长更替中的候选人。在何村,只有大财主潘济校娶妾,且潘济校的妻和妾都没有生下儿子,只有妾生的一个女儿,因此潘济校在女儿出嫁后将能给的都给了她,而其在清匪反霸中被批斗死后,也自然由其亲侄子接手了家里的房子和土地。

3.“新家长”全权接管

家里的当家人换了,新的当家人就要承担起全部的家庭责任,家里的钥匙、地契、房契等都交由新的当家人保管。在何家,何峻蓝过世后,除了土地、房屋等均传给“新家长”管理外,其他一些重要证件,如钥匙、土地证、地契等,都交由何克廷接手,交给新的内当家何檀氏保管。新的家长产生后,家庭外部成员对家户的称呼也会改变,邻里亲朋对何家的称呼也由“峻蓝公家”变成了“克廷公家”。户籍登记簿上的户主名字也换成新家长何克廷的名字,人们也开始承认何克廷代表何家参加各种对外公共事务的资格和权力。对于老家长还在世,但已经退下来,由“新家长”接管的人家,一般都会告知邻里、亲戚。比如在有些财主家,家里换了家长,“原家长”就会请同族的亲友过来吃一餐,告知四邻亲友,会跟四邻亲友讲清楚,以免日后有什么误会。

二、家长不当家:妻子当家

何家历来都是家长当家,没有家长不当家而交由其他家庭成员当家的情况。村里有户人家却是典型的家长不当家,由妻子全权当家。该户人家的家长是潘天逢,潘天逢是一个不理家事、整天到处瞎逛、游手好闲、懒散迟钝的人,村里人经常看到他背着手,拖着一双漏脚趾头的麻布鞋,穿梭在房前屋后,从村子的东头走到西头,再从西头走到南边,不务正业,很少下地干活儿。潘天逢的妻子潘韦氏自小被潘家抱去当童养媳,虽身子娇小,但手脚十分麻利,干起活儿来又快又“齐整”①,亲朋邻里都夸赞她活儿干得好,都说潘天逢有这么一个能干的媳妇儿也不知道是哪一世修来的福分。公公很早就过世了,家里只有七十岁的婆婆,丈夫又不务正业,家中一儿两女也都是她一把拉扯大的,家内外的大小活都主要由她一个人顶着,就连犁地、耕地这些男人的活儿也只能由潘韦氏来做,有时候本家叔伯也会帮忙,但大多数时候都是她自己做,整个潘家的担子几乎都落在她身上。在潘家,孩子们都还小,平日里婆婆和孩子们都听何韦氏的安排,潘天逢整天不务正业,家里有急事时,只有当潘韦氏“态度强硬”地叫上半天时,他才去搭把手。家里家外的人都视潘韦氏为当家的,比如亲友上门请酒,都直接找何韦氏洽谈;又或者要是组织开会,或者组织参加其他的公共事务,也是通知到潘韦氏,叫她代表他们家参加。村里人都知道潘天逢的为人,整天游游荡荡,因而大家都不信任他,所以也从来不找他。此外,家里孩子们也都只听从潘韦氏和奶奶的话,而潘天逢很少管他们,因

①齐整:干活质量高。

198

而他们对自己的父亲也少了其他孩子的那份敬重。总的来说,虽然名义上潘天逢还是潘家的家长,户口上登记的户主还是他,但是正因他的为人不正、不务正业、毫无威信,家内家外都承认是潘韦氏当家。后来,潘家的儿子逐渐长大成人,便逐渐接过当家的担子,在对外交往中开始由儿子作为其家户的代表,潘韦氏也总算能将担子卸一卸。潘天逢家就是典型的妻子当家的情况,在当地比较少见。

三、家户决策

(一)家户决策的过程

家里绝大部分事情主要由家长说了算,特别是家庭的生产和对外等重大事务,比如耕种、收割、土地所有权处置、子女教育与婚嫁等。家庭内部事务则主要由何檀氏负责,比如家务的安排处理、家财的保管,以及老人、子女的照顾等。长大后的长子在家庭决策中也逐渐有一定的作用,在家中也能帮父亲打理一些事情,他说的话,弟弟妹妹们要听从,即"长兄如父"。其他的家庭成员可以适当地提意见,包括家庭大事的决策上,妻子能和家长平等地商量,但是不能态度强硬地忤逆,而家长也不能一意孤行,要适当地听取家人的意见。如果家长坚持自己的错误决定,家人可以找来本家亲戚帮忙劝说,借助房族的约束力对家长的错误决策进行及时地修正。

如果家长不在家,家里一般事务的决策主要由内当家的或者代理当家代为决定。何克廷出远门时,比如说农闲时候到各村去贩牛,这时家里的老小都主要听何檀氏的安排,包括每天的劳作安排,以及回到家后的家务安排,又或者孩子调皮被批评了也不能随便顶撞母亲,以及家里有什么事需要找当家的,也是由何檀氏代为接待;一些不太重要的事情可以由何檀氏直接代为做主,比如邻居家来借把镰刀或者借条扁担,下午就能还回来,这时何檀氏可以同意邻居暂为借去;其他比较重要的事情不能做主的,何檀氏则会等何克廷回来决定。

(二)家户决策的事务

何家在建新房、送孩子读书、娶亲嫁女、买卖土地、买卖粮食、买卖家禽、劳动安排等这些大事上,家长何克廷掌握最主要的权力,但在给孩子娶亲、给家里添置纺纱等家中妇人相对熟悉的事务上,何克廷都会和妻子檀秀婷商量好再作决策。后来,长子何子文于二十岁出头再娶,何克廷夫妇也没有直接包办,而是先叫何子文去和周氏见个面,何子文没有意见了,夫妇俩才做主定下了亲。何家没有专门的家庭会议,何克廷会趁着吃饭的空档,等家里的长辈、内当家和长子长媳等聚坐一起时交代或者传达一些必要的家庭事宜,相对比较随意。对于建新房、土地买卖等关系重大的事务,家长何克廷自己能拿得准的,便不必和家人商量,因为何克廷觉得家里大都是老幼妇孺,他们也不清楚这里面的程序和注意事项,这时候他都会选择本家叔伯或其他的房族兄弟斟酌。但归根结底,何家需要决策的家庭事务主要还是由当家的夫妻来商量。

四、家户保护

(一)社会庇护

如果何家人在生产生活上和别人家发生一些矛盾,一般由家长何克廷代表出面。一方面,按照习惯,家长是第一责任人,对家里的人和事都负有责任;另一方面,何克廷也是家里最有能力的人,加上他为人老实真诚,别人也都愿意和他进行交涉。如果自家的孩子和别人家的孩子发生比较激烈的冲突,由家长先和对方家长打招呼,如果家长不在家的,由内当家代为出面,内当家解决不了的就要等家长回来。两家小孩打架了,家里人大都会站在自己家小孩一边,家长也不例外,但是也要根据客观情况,协调的过程中要先了解事情的来龙去脉,如果真是自家小孩做错了,家长会代为道歉,也会亲自教训自家孩子,对方家长可以口头教训小孩,家长在旁边也会暗示自家孩子认错,但不会让对方惩罚自家小孩。所以,家长保护孩子的前提是要明事理。有一次,何永增的儿子和何永茂的儿子闹矛盾,动手打了起来,双方家长出面了解情况,知道是永茂的儿子先打了人,家长何永茂就和对方说:"好了,我替儿子跟你们道歉,回去好好管教他,你儿子的伤我出钱医治,小孩子之间的事就不要闹大了吧。"双方矛盾得以调解。何永茂在化解矛盾的同时,管教了孩子,儿子也免于被他人过多指责,何永茂为他提供了保护。

俗话说"家丑不外扬",何家上下也都认为,家内、族内不好的东西都不应外传,觉得外传后不仅丢自家面子,也丢族人面子,甚至还可能让子孙生出来就背着一个臭名,面子和声望对一个家庭的现在与未来都很重要。何村当地曾经有一起因为"家丑不外扬"而导致事情发展比较曲折的事例。何家三房的何福记是一个单身汉,他的邻居是个寡妇,两个人被房内的人传言说发生了关系,房内的人都很觉得很丢三房的脸,房内比较有声望的何贵兴便代表三房"主持公道",为了惩罚何福记,何贵兴叫他把家里养的猪杀了给房内亲戚分肉,何福记因此记恨何贵兴。1951年清匪反霸,何福兴是贫农,成了积极分子,在工作队开的诉苦大会上,扬言何贵兴是恶霸,公报私仇,把他拉到大会上又打又踢,三房的人都知道他这是在报复,但没有人站出来替何贵兴说话,也不敢告诉工作队何福记的丑闻及其这样做的目的,大家都认为"家丑不可外扬",这种丑闻说出去很丢三房人的脸。因此何贵兴一度被错划为富农,直到工作队来复查时才得以纠正。

(二)情感支持

何家人的关系都比较融洽,所以在外面受委屈了,都会适当地和家里人诉说。以出嫁女为例,如果媳妇在婆婆家过得非常不开心,首先想到的也是娘家人,两口子实在难以过下去,或者吵架了,媳妇会回娘家跟母亲诉说心事,寻求娘家人的安慰,因为娘家是生养自己的地方,即使出嫁了,娘家还是外嫁女心中的一个避风港。何家的大女儿何秀芳在1949年以前结过一次婚,后来夫妻双方不合适,大女儿何秀芳也觉得在夫家委屈,何克廷得知后,就叫她跟丈夫离婚,离婚后回来娘家住。

(三)防备旱灾

1949年以前,何村是一个水利条件很差的村子,村子没有水路经过,不靠近任何水源,引水工程也很缺乏。一旦雨量少,就特别容易出现旱灾。特别是在20世纪40年代初,全村遭遇了一场比较严重的旱灾,何家也收成无几,甚至一封水田只能收回半小簸箕的稻谷,大概二十斤(正常情况下能产一两百斤),有些甚至颗粒无收,全部都是干枯的稻禾。何子文调侃说:"点一把火下去,可以很快烧完一大片。"家里没水用,村里的水井也渗不出水来,为了找水,女孩们步行十几至二十千米深入山里找寻,或者干脆到七八千米以外的小河沟找,看到牛蹄踩凹下去的地方能积点水,就一瓢一瓢地"抔",水很浑浊,照旧攒起来挑回家。地里的玉米、红薯很多是长不出个儿的,挖出来的红薯很多呈根状,于是何克廷还是组织家里人先统一挖回来，回到家后让妻子、女儿们挑拣出能吃的来。家里的粮食不够吃，何克廷带了个麻袋上山找野菜、挖草根。平时，青壮年的人们就少吃点，会尽量给老人和小孩多分一点。最后，何家实在没有存粮了，何克廷就靠平时的熟客关系也向财主家借了点粮食，告诉妻子只能煮稀粥。那段日子何家经常喝稀粥、吃野菜，何克廷还经常跟孩子开玩笑说吃野菜会让人变聪明，以逗趣的方式让孩子们少些埋怨，以熬过那段苦日子。这次旱灾持续了大半年，好在第二年开春下起了雨，何村的人们才重新看到了希望。当地的旱灾还在人们的承受范围之内，干旱期间，虽然雨量少，但是也会下点雨，人们不会选择逃荒。

（四）防备盗匪

20 世纪 30 年代初，何村村内有个匪首，周边村的土匪四处偷盗抢劫，之后会回到匪首家集合，然后分赃，由于何村是匪首所在的村，土匪们通常不敢在村内进行偷盗。土匪们经常在晚上进行作案，走在路上看到有好东西就开抢，有的还闯到农户家的猪圈把农户家的猪赶走，又或者闯到农户家的菜园抢摘蔬菜瓜果。所以，一到傍晚，这一带的家家户户都关紧自家猪圈、牛圈，固牢自家门窗，晚上不敢出门。有的小偷晚上在别人家的牛圈上钻个洞，从而牵走了别人家的牛，当地叫"掏牛窝"。村民们千方百计地把牛栏固牢，有的还在牛圈的周边种上长有刺的植物。为了防小偷，何家和很多人家一样，把粮食放在厢房的上隔层，而小偷很少能跑到上隔层，从而防范小偷偷粮食；另外，家长或者家里其他长辈还会设法将自家的菜地用栅栏围好，再放上有刺的植物，开个小门，用一捆柴挡住小门，以此设防。

不久，官府下令要铲除匪窝，于是整个何村都跟着遭殃。村里的人都躲到山上去，民兵下来后将全村各家各户的所有东西全部掠走，一点不剩，走之前还放火烧了整个村子。大火烧了整整一夜，全村变得一片狼藉，没有哪家哪户的房子是幸存的。何家的房子也全被烧了，东西全部被掠走了，何家当时的家长何峻蓝卖掉自家的一部分田地，换钱买回瓦片、横梁等材料，重新建房子、重新购置几样简陋的家具。何家和其他家户一样，都考虑到是该加强家户防御了，于是村内各房各族的人都想办法加强防御。何家所在的何氏二房就提议，二房的人家的房子都要集中修建，不要太分散，修好后房内统一组织各家户共同修建四面的围墙，即在整个二房的房屋圈的四周砌起围墙，然后在西面的围墙开一个公共的大门，供房内人的正常出入，其他东、南、北三面墙都不能开设任何一个门，聚族而居以应对今后可能发生的人祸加大防御。

此后，何家没被绑过票，也未遭遇过盗贼。相反，有钱人家相对较容易遭贼。廖姓有户人家，算得上是村里的中上等的富户，有天半夜，家里遭贼，盗贼撬坏了房屋门锁，进来拉走了两个姑娘，还翻箱倒柜，偷走了很多衣服。事后，其本家亲友帮忙捉贼，但盗匪已经远走，这户人家后来还报了案，但是官府无能，最终不了了之。对于防范盗贼，何家的经济条件处在村里的中下水平，没有能力救济他人或者拉关系寻求保护，只能自家管自家的，因而平时主要靠自家提高警惕，并依靠房族的力量加以防护。

五、家户规矩

何家属中小户人家，家中未立成文的规矩，整个何氏二房也未编制成文的族规，无论是在何家内部，还是在何氏二房内，均主要依靠非明文的传统习俗、习惯来维持家庭、家族的运转和延续。与此同时，何家也没有默认的固定的家规，也不讲究繁文缛节，除了一些长幼尊卑、尽抚养和赡养责任外,在生产生活及其细节运作上没有太多的规矩,这一带乃至整个永淳县都如此。

(一)房屋以及进出居室规矩

在何家,已婚夫妻要住在"主屋",分开住后,妻子依然住在"主屋",而丈夫就挪到邻近的"二屋"。家里的小孩和老人一般住在两边的"二屋"和下厢房。房子的方位也有讲究,由于地理原因,何村的东部环山,因此村内各房屋都朝西而建,当地风水讲究"房子要与山同向"。何家的房屋也遵循了当地的风水习惯,正门向西,背面靠山。此外,房子的背面不开设窗口,而仅在两侧的"二屋"各开一间,两侧厨房的窗口分别向里院而开。这主要是根据当地的房屋构建习惯而设。

(二)制衣洗衣规矩

何家的衣服都是由家里的妇女及未出嫁的女儿做的,姑娘家都要会纺织,纺织机都有一个脚踩的地方,待到姑娘家双脚可以踩到地方时就要开始学,由何檀氏手把手教会她们。女孩们学会之后,就跟着何檀氏给家里人做衣服。姑娘到了出嫁的年龄,还要给自己做衣服、做鞋子,准备嫁妆。平时家里女眷要给全家做衣服,包括老的、少的,男的、女的,包括她们自己身上穿的衣服都是她们做的。现成衣服比较罕见,而且价格高昂,普通人家也花不起这个钱,何家向来没有上街买现成衣服的习惯。

何家人的衣服都分开洗,当家的也是他自己洗,只有年幼小孩的衣服才由姐姐或者母亲帮忙洗。何家人洗衣服要去水塘边或者到村外的小河边。女孩子的衣服不能和父亲、兄弟的晾在一起,要分开晾晒,女的晾在了这条杆上,男孩的就得晾晒到另一条杆上。衣服要是晾在屋外的话,女孩子的内裤要用外穿的长裤套着晒,不能暴露在外面,要是被男的看到,就觉得是一件很"丑"①的事情。收衣服一般也是男女分开收,一般情况下,男的不宜帮女的收;要是家里人太忙,或者遇到突发事情,才会由家中任一女性统一收回来。

(三)做饭吃饭规矩

何家的人员结构相对简单,在平时做饭吃饭上需要遵从的规矩比较少。平日里,做饭的事情都是家里的女性来负责,男性几乎不做饭。平日里,何家能干活儿的人都要下地干活儿,如果当天耕作的地块离家不远,临近下工时,何檀氏就会安排一个女孩先回家做饭,一般都会叫干活比较慢的那个女孩儿先去;但如果地块离家较远,一般都是等全家人都收工后,回到家再由何檀氏来做,或者她安排女孩们做。由何克廷或者何檀氏安排每天吃什么,女孩们在做饭之前都会问他们的意见。

早餐一般都是喝粥,由何檀氏每天凌晨四五点起来熬好;若早上还剩有足够的粥,中午回来何檀氏也不用安排做饭了;要是不煮粥,何檀氏一般都会安排做红薯饭,用少量的米和大量的红薯蒸煮而成。长媳何韦氏进门后,家里做饭的事大都由她接手,她也要按照何檀氏的安排做,她不能决定吃什么。平时家里几乎不买菜,自家的菜园子里有各式各样的蔬菜,每个季节的特色蔬菜都有。家里未嫁的女孩们很少做菜,都是何檀氏做,后来是长媳何韦氏负责。家里的男性则很少做菜,何子文和何子检在家从来不用做菜。何家日常吃的菜都是蔬菜,没有肉,也吃不起肉,何克廷偶尔抓回的泥鳅或者钓回的小鱼便是家里最丰盛的菜了。

---

① 丢脸。

吃饭时,因为菜样少,何家人都喜欢围在灶台边吃,老人就坐在灶口边,或者她自己在她那边厨房吃,孩子们都喜欢捧着碗到处走,大人们就站着吃,夹菜时走到灶台边夹,没有固定的位置,比较随意。有时候,何家也会搭"饭桌"吃饭,即拿家里的水盆和竹匾搭成一个临时的"饭桌",这时坐在最靠近灶口的是媳妇,因为如果家里其他人有需要帮添饭,都是由媳妇负责。等到最后一个人吃完后,由大女儿和媳妇负责收拾碗筷、洗碗。总体来看,何家家户结构简单,其在做饭吃饭上的规矩不多,都是一些惯常,比如女性特别是媳妇负责做饭、洗碗等,但因为何家媳妇少,分工并不复杂。

(四)座位规矩

何家人平时吃饭时没有严格的座位规矩,一般都在厨房吃,有时直接把菜放灶台上,全家人捧着饭碗,坐着吃、站着吃的都有,夹菜时就站起来走到灶台边夹;有时会先拿一个水盆放在靠近灶台的地面上,然后再放上一个竹匾,就搭成了一张临时的"饭桌"。吃饭的时候,让家里的老人坐在"饭桌"的偏外侧,何檀氏在饭桌的里侧,即靠近灶的地方,或者直接坐在灶口旁,方便给家里老人或小孩随时添饭,或者往"饭桌"上添菜,家里的其他人可以选择蹲着、坐着或者站着,位置也不固定。当家里来客人时,何家就腾出一张方形木桌来,这张桌子平时就放置在客厅里,放祭拜祖先的贡品用。何克廷夫妇把桌子腾出来,擦干净,摆在客厅正中,用来招待客人吃饭。宴请客人吃饭是有座位讲究的。无论客人是本家的还是娘家来的亲戚,都是按照辈分、年龄和性别进行排座的。由辈分最高、年龄最大的男性坐在饭桌主位,挨着主位的左右两个位置分别坐着辈分、年龄排第二和第三的男性,依次逐渐地往外坐,等到成年男性都入座了,才陆续到年龄较大的女性和小孩子,媳妇儿是最后入座的,坐在最外面的位置,方便随时给吃饭的人添饭、去厨房添菜,以及一些不定期的走动需要。除了辈分最高的人固定做主位外,有时候宴请关系很近的客人时,其他人的位置可以不用那么讲究。

(五)请客规矩

家里要办酒席时,都需经过请客的程序。当家里已经择好吉日办酒席时,家里的内外当家就要开始进行请客了。以举办婚嫁酒席为例,何家儿子要娶亲,离娶亲的日子还有一个月左右,儿子的母亲何檀氏就备上数量不限的肉、酒、水果和喜糖,回娘家请酒,家长可以选择一起去或者不去。回到娘家后,先用何家带回去的礼品祭拜祖先,然后娘家的亲兄弟、姨娘等都来一起吃一餐午饭,期间,何檀氏会和娘家人说明办酒席的日子,请他们到时来,娘家的请酒就完成了。而本家的亲戚就没那么讲究,何克廷夫妇利用日常的茶余饭后的时间一家一户地上门告知日子,请他们到时来即可。再者,如果是一些其他比较亲的亲戚,通常由家长何克廷上门请客,同时带上喜糖、水果和肉,数量上比回娘家的少一些,也是在亲戚家拜拜祖先,吃一顿饭,席间将办酒日子告知他们,请他们到时要来。最后,何家夫妇会利用赶集的机会,在集市上看到了想要请的外村亲戚,就直接和对方说清时间,请他们到时要到,口头上交代就可以。在请客上,何家只有内外当家才具有相关的权力和资格,其他家庭成员都不能代表家里去请客。

(六)家庭禁忌

在家庭生产上,何家人有所禁忌。比如,但凡家里红白喜事等需要祭拜的活动是在农历二月办的,祭拜时不能放黄糯米,否则自家的秧苗容易遭蟋蟀;春耕第一天,不能选"子日",

否则稻田容易遭老鼠,宜选"寅日",可防老鼠、野猪侵袭;堵"塘墙"①时,宜选"闭日",这样水塘的鱼才不容易逃失;插秧时,经过的人不能乱打招呼,不能以"围好,不要让猪给拱了"或者类似的话与正在插秧的人打招呼,否则会非常遭人厌恶,因为这种招呼被认为是诅咒别人家的田"遭猪拱";刚买了新猪崽回来,要点一把小火放在猪圈里,把小猪崽从小火堆上举过,意思是消毒过了,以防猪瘟。

在家庭生活上,何家人和当地其他人家一样,也讲究一些通常的禁忌,分别有婚姻、生育以及日常生活方面的。

在婚姻方面,结婚双方的八字一定要对上,命理要相合。结婚日期要根据双方的命理选择,要挑个良辰吉日;接新娘时要根据新娘的命理定好时辰,如果新娘的命理是"罚三公",则忌白天接新娘,而要选择晚上再接,婆家要请道公在路上立三个稻草人,等接新娘的人到了,走到哪儿就砍掉哪儿的稻草人,一路上砍完三个稻草人之后,意思是将"罚三公"命理的新娘中不好的东西除掉了,以后就安全了。

媳妇进门后,先在夫家住三朝②,第三朝回娘家,晚上再回来,回来之后再在夫家住五朝,第五朝再回一次娘家,这一次回去可以住多天,最后再回夫家,就可以永久住下了。即俗称"三朝五朝",不能多也不能少。过门后第一个春节的大年初四,新婚夫妇要回岳父母家拜年,带去大粽、鸡、肉、酒、大米等年货,往后的春节,由媳妇带一到两个小孩于大年初二回去拜年,丈夫便很少一起回去了。

在生育方面,1949年以前没有接生婆,仅由婆婆陪同媳妇在主屋里面生产,外面不能有火光,也不能有很大的水声,生产之后,产妇连续二十一朝不能出屋,不能碰炉灶,不能进客厅,不能洗衣服,家里人煮好东西给她送去,衣服也是给婆婆帮洗,够二十一朝后才能正式出屋,出屋后也不能随意走,特别是生产后不够三十朝不能进客厅,不够四十一朝的不能从庙宇门前走过,建新房时不能让刚生产不久的产妇靠近,等等。讲究这种禁忌是认为产妇身上还有秽气,会弄"脏"东西。小孩子出生120天内不能剃头,第一次剃头的头发不能随意扔,要用纸包起来,丢到猪圈里,意思是防止以后给小孩在剪头发时会闹腾。

在日常生活中,到了晚上不宜扫地,因为晚上扫地即"扫财"的意思。大年初一全天不能扫地,若大年初一扫地也意同"扫财"。大年初一,有"道公"和有"仙婆"信仰的人不能吃猪油,不然就是"冒犯"其所信奉的"道公"和"仙婆"。另外,忌在平常吃住的房子内宰猫杀狗,不能在里面吃猫肉、狗肉,只能出旁边的小间吃,因为猫血、狗血都被认为都是秽气的东西,会弄"脏"房子。

六、奖励与惩罚

(一)对家庭成员的奖励

何家不是大家户,家境条件也不算好,奖励资金缺乏。只有对表现好的小孩才偶有奖励,对长大后的小孩及其他成年成员没有奖励。家里小孩听话,还主动帮家里人干活,帮邻居叔伯做好事,又或者上学的男孩子学习成绩优异的,家里长辈或者邻家叔伯就会趁赶集时给他

① 当地对"水塘的出口"的一种简称。
② 当地俚语,意为"三天"。

带点糖果或者饼干,分的时候比其他小孩多分一点给他,大人们就借这个机会还能教育小孩要听话。

再比如,在何家,全家人辛苦忙活了一天,完成了比平时更多的活儿,比平时更认真,家长会抽空去河里抓鱼回来,给辛苦劳动的家人们加点菜。若这一年经过全家人的辛苦劳作,年景也好,粮食收成较高,家长也会给家人多加菜、多添一件衣服。何克廷夫妻上年纪后,何家的两兄弟何子文和何子检一直很孝顺老人,也会得到四邻、房族人的称赞,对何子文来说这是自己应该做的,但他感受到别人对自己的认可,会更加好好地做自己该做的事情。

(二)对家庭成员的惩罚

1.惩罚主体:当家夫妇

在何家,家长是一个家庭中权力最大的,这是其他家庭成员所赋予和默认的,家长可以根据事情的轻重缓急,对家中做错事的人实施一定的惩罚,即使是比家长年长者,做错事,家长也可以对他进行批评指正。除了家长,家长的妻子也可以对犯错的孩子进行惩罚,兄长也可以管教弟弟、妹妹,婆婆可以管教媳妇。

家庭内部惩罚小孩时,如果是一般的惩罚,亲戚、外人不会介入,如果是惩罚得重了,别人都看不过去了,也会来劝一劝。潘家潘天科有一个很顽皮的儿子,生性顽劣,喜欢伙同其他的顽皮小孩去搞破坏,潘天科本身脾气就比较急躁,"恨铁不成钢",儿子一做错事,就鞭打他一顿。有一次,潘天科打得有些过了,儿子在院子里面号啕大哭,从门口经过的潘天雄看不下去了,便进去劝止潘天科,说"小孩子顽皮点也正常,打都打了,就适当停了吧",一番劝说后,潘天科才止住了这场打骂。何克廷家的两个儿子都比较听话,偶有顽皮时,何克廷就会骂他们几句,或者打他们手掌,对于这种正常的家庭惩罚,亲戚或者外人不会介入。

按照惯例,如果媳妇们在生活上犯错,就由婆婆来指正;而如果家里的小孩子做错事,比如偷了别人家的东西,或者打了别人,孩子的父母都可以对其进行惩罚,不一定非得是家长出面。如果小孩偷了别人钱,一般由家长出面解决,如果家长不在,家庭中的任何一个长辈都可以代替他还回去。如果自家的小孩把别人打伤了,也是由家长或者代理家长负责给对方赔偿医药费。

2.惩罚对象:家庭成员

家庭的惩罚只能针对家庭成员,不能针对家庭外的人,否则就会被认为"越界""侵犯"。外人做错事情,由做错事情的人的家长惩罚。何家的六个孩子在小的时候,相比母亲,更怕父亲,因为平时做错什么事情,大都是被父亲责骂,因此一旦做错事情就很怕被父亲惩罚。农村家庭对家庭成员的责罚形式不外乎责打、责骂、呵斥、警告,很少有逐出家门的。惩罚的形式由惩罚主体决定,在家庭内,惩罚主体是家长。何家的家长会根据事情的轻重缓急进行惩罚,而不会滥用惩罚权。

七、房族公共事务

(一)事务类型与参与主体

在何氏二房,平时若族内有公共事务需要商讨,先由房族代表走家串户去通知族内各家户的家长出来商讨。家长若是抽不开身,或者因事不在家的,可以由家里其他的成年男子代为参加,或者由本家叔伯代为传达会议内容。在何家,要是族内通知开会,都由何克廷代表何家参会,有时何克廷因为忙去不了,就会让本家叔伯或者邻居帮忙带话,回来之后自己上邻居家串门了解会议内容。

1949年以前,每年一度的清明节扫墓是何氏二房最重要的房内公共事务。何氏二房于清明举行的集体扫墓族祖墓,一开始先由"清明头"组织家长会议,家长不在的,由代理家长参加,但是一般情况下,家里只有女性的,习惯上会由本家叔伯代为参加。到实际扫墓的当天,每家每户都要参加,包括男女老少。此外,全县范围内的何姓每一年都会举办一个何氏宗亲会,县内姓何的人家都可以参加,举办地点是轮流的,比如今年在陆村,明年到古辣乡的村子,何村当地也举办过一次。宗亲会是自愿参加的,何氏人家中比较有名望的人每年都会参加,而普通人家也偶尔参与一两次;参加宗亲会的几乎都是男性,女性很少参加。

(二)集体扫墓的具体过程

何氏二房内有三十多亩"蒸偿田"(水田),每年都会将这部分"蒸偿田"出租,将得到的"租粮"留作第二年集体扫墓的开支,以及房内其他的公共支出,因此,每年清明集体扫墓的开支均不用再向农户众筹。每年集体扫墓之前,"清明头"组织开会,房内各家户的家长都要参加,会上一起讨论各种筹备工作,比如说现在房内一共有多少钱,这次扫墓要买多少肉、多少青菜、多少酒、多少爆竹,谁负责采购,谁负责厨房,谁负责带队等,全部的房内家长、代表都要仔细斟酌、计划好,过后就按照计划办事。若家长有急事抽不开身参会,或者家长身体出现状况去不了,可以派长子代表家长前去,有代理家长的由代理家长去。如果这个家庭没有男性,则由本家的叔伯代表参加,女性也可以去,但很少有女性参加。准备工作完毕后,扫墓的当天,全部二房的人,男女老少都前去拜祖墓,烧香、敬酒、叩拜。二房的男丁要跪在地上,敬三次酒,叩拜三次,女性负责烧香、烧纸钱。中午在墓地旁的空地上聚在一起吃一餐。何氏二房有一块公共的空地,秋收季节,房里没有固定晒场的贫苦农户可以在上面打理出"土晒场"来,用来晒谷子,先到的可以先选择"土晒场"的方位和大小。下午回来后,房内所有成年人都要参与晚餐的准备,男的负责掌厨、布置会场,女的负责洗菜、洗碗,老人和小孩各回各家带餐具、凳子,听到会场那边鞭炮响了,就可以去会场了。到会场上每十人围一桌,开始吃晚饭。但晚饭不是年年有。年景不好的时候,仅安排午餐,晚餐就由各家各户自行解决。

(三)参与宗亲会的过程

何氏宗亲会相当于交流会,每次开会大家一起吃一顿午饭,每个村都有一个组织者,会议开支由参加的人于会前"众筹"。1949年以后,何子文当上了小学教师,对宗亲会也越来越感兴趣。在何子文分家出来之前,何家的家长还是何克廷,何子文要想去参加宗亲会,一般都要问何克廷的意见,只有家长同意了,才能从家里带上与会规定要带的五斤大米前去参加。后来何家分家后,何子文成为自己的小家庭的家长,每当举行宗亲会时,要是正赶上放假,何子文都会去参加,不用再问长辈的意见。何子文认为这是增进何家人的感情、缅怀何家祖先的机会,作为一名人民教师,这是基本的情怀。

八、村庄公共事务

(一)参与活动事项

1.村务会议

当村里要组织改建村庄公共学校、村庄道路或者村庄公共庙宇,以及选举村庄保甲长时,村里便会组织召开村务会议。在开会前,由各甲长上门通知,要求没有特殊情况的,家长都要参加,若家长不在,要求家里派一个代表参加。如果会议重要,甲长就只找家长,家长不在时,他就多跑几趟,如果会议不太重要,才会让内当家代为转告,一般不会让老人和小孩代为传达。何家家长不在家时,家长的妻子不能代表参加,而委托邻居家当家人回来后代为传达会议内容和要求。一般情况下,若家中只有女性,只有能力很强、得到外人认可的女性才可能参加,其他的都是委托本家或邻居代为传达。会议一般都是村长和副村长两个人主持。在会上,家长可以以家庭的名义提意见,如果意见合理可行,与会人也都认可,则有可能被采纳,否则就只是表达想法而已。和绝大多数到会的村民一样,何家的家长每次去听会,会和坐在旁边的人讨论,但不会站起来发表看法。

2.修桥、修路、修庙

组织修桥、修路、修庙是村里的公共大事,在不开会的情况下,村长先将动工消息通知到各甲长,再由甲长传达至各家户的家长。如果家长不在,可以先通知到家里的内当家,或者有成年长子的,先通知到长子,再由其传达家长。家长得到消息后,可以安排具体由谁去,没有特殊情况的都由家长亲自去。村里修路、修桥按照田地亩数来分摊劳力,田地越多的人家要出的劳动力越多;而修庙是以家户为单位分摊劳力,同时按人头分摊砖块,一般每个人要打五到七块砖,何家有十口人,就要打五十到七十块砖。

修桥、修路等都是体力活儿,一般派男劳力参加。对一般家户而言,如果家里都是老幼妇孺,则由家长去;如果家中有多个男性青年,会采取轮流的方式,按长幼顺序参加。再者,在有钱人家,若是家里没有壮实的男性青年,可以雇人代替;在普通人家或者穷苦人家,实在没有合适的男劳力的,村里会根据实际情况允许他们家只出钱。由于何家成年男性劳动力很少,家中只有何克廷夫妇和十岁左右的子女们,所以当村里组织修庙时,何家一般都由何克廷夫妇代为参加,如果实在需要较多人手,才轮到何子文夫妻或者大女儿一起参加。但修桥、修路都是大体力活儿,要搬石头、撬石头、扛铁锤,几乎只有男性劳动力才能更好承担,不会安排女性去;何家则根据情况由何克廷代为参加,何子文年纪尚轻,何克廷不会派他参加这些大体力活儿。

3.开展集体活动

1949年以前,过年的时候,村里会有舞狮队来村拜年,一旦舞狮队要来了,村民们事前就先传开了,到时村民们也大都是随大流来看的,没有具体的上门通知。何家每年也都会从与邻里的谈话中听到消息,于是家里男女老少也喜欢趁着过年去看看热闹。男青年还会去参加舞狮,老少妇孺可以在旁边看,家里的小孩特别是女孩则只要跟父母说一声就可以前去凑热闹,其他家庭成员不一定要征得家长同意,想去都可以去。

4."村费"征收

村里在开展修路、修桥、修庙等村公共事务前,要向村民征收"村费"。村里设有一个财务小组,由两人分管,也是由他们负责向各家户上门收取村费。每次要收村费时,两个财务小组的人分两拨,分别负责村子的东西两片。他们首先要一家一户地串门,找到各家各户的家长,不能找家里其他成员,因为征费是村民们比较敏感的事情,必须要通过家长来收取,家里其他成员没有支配家庭钱财的权力。财务组的人亲自上门收费时,由家长或者内当家直接交给财务组,也不用通过家里其他人转交,以免发生不必要的麻烦。如果家里没有钱交费,当家人要自己想办法筹到钱，和村里面求情是没有用的，而且不能拖欠太久。如果家长出远门了，钱交由家里的某一个家庭成员保管，这个家庭成员可以直接将钱交给财务组，家长回来后和家长汇报一声即可。

5.集体"求雨"

干旱年间，村里还组织去求雨，由当时的村长潘济润组织，叫人找来"道公"和"仙婆"，一边召集村里人，由"甲长"通知到各家，告知他们傍晚收工后集合，要求参加的人每个人头捐出五分钱买贡品，去到村后头的香炉山上求雨。在求雨的过程中，除了"道公"和"仙婆"，所有人都要跪着，这时"道公"和"仙婆"一边将备好的一瓢水洒向空中，一边向空中大喊"下雨咯"，跪着的村民们连续拜三拜，随后由"道公"和"仙婆"念完一段经文，仪式结束，参加求雨的人吃一顿饭。"求雨"仪式多是妇女参加，男性偏少。何家也只有何檀氏参加了。

6.维护村庄治安

何村全村上下只有五六百人，村里各甲的甲长负责各自管辖区域的治安维护。1949年以前，当地匪患频仍，何村的农户也会经常遭小偷盗匪，平时主要靠农户自家与家族团结进行防护。村庄层面有些比较负责任的甲长会在每天晚饭后在甲里走一遍，若看到哪家房门没关好，或者鸡笼、猪圈等没有关好的，会提醒农户注意关好，看到哪家小孩夜里还在村里闲逛的，会把他带回家，嘱咐家长要看紧自家孩子。有些甲长不尽责的，农户们只能提高自我警惕或者邻里之间互相督促提醒，做好防范。村里农户要是遭小偷了，主要还是向邻里、亲友求助，保甲长闻讯也会前来了解情况。

（二）筹资

村里要筹资进行修桥、修路、挖河道时，由村公所的人负责制定筹资方案，大多数时候都是按照家户的田地亩数进行筹资，比如说3亩田地出1块钱，那么15亩田地就要出5块钱，土地越多的人，就要捐出更多的钱，村里的大户人家在这些村务筹款中总是要承担更多的捐款。筹资挖河道时要以家庭水田亩数为标准，水田在河道边的也要比其他的水田出得多。如果是组织修庙，一般也是以家为单位，按照家户内部的人头数进行分摊：一方面是分摊打砖的任务量，一个人分摊五到七块砖，何家有十口人，就要承担五十到七十块砖的任务量，另一方面是要分摊资金，一个人头五毛钱，何家要出五块钱。以何家为例，收钱时，财务组的人上门找家长，由家长捐钱；如果家长不在，可以找内当家代为传达，不能随便找家里其他人，在家长已经了解情况时，内当家的可以代替家长捐钱，如果家长不知情，财务组的就得多跑几趟，必须等家长回来才能捐钱。如果家里没有足够的钱交费，家长就得想办法筹到足够的钱，可以卖粮食或者直接和别人家借。如果实在没有钱也借不够钱的，可以由家长和村里坦白，并愿意多出劳力，村里会根据情况决定是否应允。

（三）筹劳

村里组织公共事务需要筹集劳力时，有时以家户为单位，按照家户土地亩数进行劳动力的分摊，有时则由每个家户出固定的人数即可。在筹集劳力的过程中，先由甲长通知到家长，家长再派家里身体状况较好的劳动力前去，其中修路、修桥时只能派男的去，挖河道或者修庙则不限男女。如果劳动力不够的，可以雇人或者多出钱。1949年以前，何家只有何克廷一个正当年的男劳力，每次村里要组织修建公共工程时，何克廷都要代表家庭参加。如果分摊到的劳力较多，且男女不限的，比如挖河道，除了家长何克廷、何檀氏、大女儿等家里能劳动的都要参加,否则就要多出钱。

在当地的多子家庭,家长会根据情况,轮流分派家里的青壮劳力代表家里参加,需要人手多的,他们就会占优势,不用担心要多出钱。何家有个邻居,家里有六个儿子,每当村里筹集劳力时,该家户便是采用几个青壮年儿子轮流参加的方式。而对于有钱人家,家里地多,分摊到的劳力也多,家里人手不够,他们就雇人代为参加,即使人手够了,他们也宁愿多出钱或者雇人。有些有钱人家的儿子参加修路,光杵着锄头在一旁站半天,但是人家人去了,捐的钱也比其他人多,管工的也只能睁一只眼闭一只眼。

（四）选举

何村的村长、副村长大都是村民自己选出来的。以潘济任和潘天合参选村长和副村长为例。潘济任是中等农户出身,但他是村里少有的文化人,说话做事都比较受人尊敬;潘天合也读过好几年书,而潘天合家是村里的富户之一,平时也会雇人做工以及放贷,但是他家并没有因此剥削过他人,都能及时给帮工结算工粮,也不放高利贷。当时上面共推荐了四个候选人参选正副村长,其中就有潘济任和潘天合,为此,村里专门组织了选举会。当选正副村长必须要具备一定的文化程度,要有一定的能力和威望,说话要有力量,为人要比较公正。而甲长是各甲推荐或者由当选的正副村长指定的。

会前,先由原甲长将选举的消息通知到各家户,要求每个家户的家长都按时参加选举会。如果家长不在,由家里长子代表参加,长子还小的,可以由妻子代为参加或者委托他人投票;而如果家里只有寡妇一人,没有儿女,她可以自己去参加,或者她不想去,也无法委托的,可以作罢。选举之前,家长不用问过其他家庭成员的意见,完全根据自己的判断来投票,与会的人们在投票期间也可以悄悄讨论,挨得近的几个人可以相互商量该投给谁。何家由何克廷代表家庭参加了,到场后,场上摆放着四个木罐子,分别写着四个候选人的名字,而到会的人每人手拿一颗玉米粒,想投谁的就往谁的罐子里面投放这颗玉米。何克廷和一同到的几个人一起商量该投谁。此时,会场上会有互相小声商量的声音,然后人们陆续开始排队投"票"。投完"票"后,当场唱"票",并宣布最终的结果,潘济任和潘天合以票数前两名分别当选村长和副村长。在几年后的一次征兵上,潘济任被抽中当兵,去了前线打仗,并于1947年战死于桂林。

九、国家事务

（一）纳税

据《横县县志》记载,1912年至1949年,横县赋税征收变动比较大,年年加征,层层加征。[1]传统的纳税都是以家户为单位的,各家户每年都要缴土地税,即缴纳公粮,而后各种苛捐杂税名目众多,计税标准也比较复杂。和当地绝大多数家户一样,何家只从事农业生产,主要缴土地税,纳税情况相对简单。每年缴纳公粮时,根据家户水田数量,按斗来称,即以一封水田要交多少斗粮食的标准计算。何家一共有12封水田,每年也要交好几斗公粮,一年交一次。如果家里卖猪,还要交猪头税,即以猪头为单位,每年的税务都不太稳定,一般是在卖猪的时候直接从所得的卖猪钱中扣掉相应的猪头税。此外,何家基本上没有其他的

---

① 横县县志,http://lib.gxdqw.com/view-c22-12.html。

税务要交。

　　具体的纳税过程以缴纳公粮为例。每年的十月份,何家都按时足额纳粮,从来不敢推迟甚至不交。每年秋收刚过,村里就开始"敲锣打鼓"地提醒村民们该缴纳公粮了。收粮的有时会到村里的学堂旁收,村民们从家里将粮食挑到学堂旁过称、登记即可;但有时,村里不代理收粮,村民们要自己挑到灵竹乡收公粮处交,或者到更远的石塘乡去交,具体的纳粮地点由甲长上门通知到家长,若家长经常不在家的,就让内当家或者成年长子代为转告。

　　每次交公粮时,何家多由何克廷亲自挑到指定的收粮处交,每次交粮后都要在登记处写上家长何克廷的名字;若何克廷没空,何克廷会安排何檀氏负责,何檀氏不会写字,何克廷便提前在袋子上写好"何克廷"三个字,让何檀氏指给登记的人看即可。何家基本不会安排家里的儿子交粮,一方面何克廷夫妇尚处壮年,可以自己亲自去,另一方面,家里儿子少,年纪轻,何克廷夫妇总是对儿子多有照顾。如果某一家户延迟交粮,收粮站的人就把名单送到村里,村长按照名单通知到甲长,再由甲长上门催粮,且会不断地上门催,给当家的一个期限,当家的必须在该期限前想尽办法交粮。要是还交不上,上面会下来抓人,家长首当其冲,若家长不在,家里的任一成年男子就成为抓捕对象。鉴于此,村里人都不敢随意迟交或者不交。

　　(二)征兵及摊派劳役

　　1.征兵:何家被免兵

　　(1)何家被免兵

　　1933年,中华民国政府颁布《中华民国兵役法》,两年后实行征兵制。兵役分国民、常备两种,18至45岁的男子,不服常备兵役者皆服国民兵役,平时按规定训练,战时应征。

　　在当地,为了应对征兵,村里每年组织一次抽签,18至25岁的非独子[①]的男青壮年都要参加抽签,如果当年共有50个符合条件的男青壮年,就做1到50号签,这五十个人分别抽签,村长将抽签情况记录在征兵册上。当年如果要征收5个,由甲长先通知到抽到1至5号签的男青年的家长,再由家长决定是抽到的儿子去,还是其他儿子代为参加,而保甲长不干涉,他们只要保证人数够即可。

　　何家的何克廷因为是独子,在征兵抽签时得以免兵。村庄不会向独子家庭征兵,这是为了让这个家庭有人传承血脉。1949年以前,何家的何峻蓝、何克廷及何子文三代都没有被国民党或者中国共产党征兵的情况,何峻蓝是没被抽到,何克廷则是因为是独子,而何子文是因为年龄不够。何子文对这种政策非常认同,认为独子是家庭的唯一希望,如果连独子也要被派兵,"那就没有仁义可言了"。

　　1949年以前,何氏二房的何子发多次立下战功,成为村里广为流传的佳话。何子发这辈有兄弟四人,他是四兄弟中唯一被抽中当兵的。在1944年的抽签征兵上,何子发被抽中,一开始先是甲长将抽签结果告知何子发的父亲何克立,而何克立也很无奈,趁吃饭时间和全家人说明了情况,何子发二话没说,不想家里人太担心,召集命令一到就自己收拾东西前往了。到了部队,何子发由于生性老实,肯埋头打仗,不逃跑、不躲避、有冲劲,后来接连获得三等功和二等功。

---

　　① 独子:家里同代内只有一个儿子。

（2）何家无"买兵""躲兵"与"逃兵"情况

1949 年以前，"当兵如同赌命"，当地一些有钱人家的儿子被抽中当兵时，他们利用自己的钱权，想尽办法让自家儿子免于当兵：一种情况是雇人代替他的儿子去当兵，也叫"买兵"，买一个兵大概要一千斤粮食，另一种情况是拿钱贿赂乡长，请求乡长给予缓役。当地大财主何克嵩，其大儿子于某一年被抽中当兵，何克嵩直接带上钱粮到乡长何建顺家，请求何建顺想想办法。何建顺是当时有名的大官僚，也是何村人，出于私情和利益，便帮何克嵩介绍了一户穷人家，建议他雇用那户穷苦人家的儿子代为参加。最终，何克嵩通过买兵让儿子免于当兵。

人人都怕被征兵，因为战争年代，随时都可能没命，被派兵的家庭不会得到任何来自村庄的优待和报酬，当兵完全是义务性的，"死了就死了，也不会给你什么补贴"。但普通人家没钱没势，只得认命。被派兵后，如果谁逃回来了，部队会将名单报给逃兵所在的县公署，再一层一层地往下通知到村保甲长，由甲长亲自上门要人，送回部队；如果哪个逃兵半路被抓，将会被拷打甚至枪毙。村里廖春来家的老三就曾经在当兵期间偷偷逃了回来，廖春来和家人都不敢张扬，也让他尽量少出门，后来部队里下通知要抓他回去时，他没敢反抗，害怕被枪毙，别人还没来抓，他就自己收拾东西回去了。

2.自愿参军：何家未曾有

何家人都没有自愿参军的经历。1949 年以前，共产党的军队还没有来到当地，来征兵的都是国民党的军队，村里没有人自愿参军，反而人人都怕被派兵。即使有人自愿参军了，也没有任何报酬，村庄也没有给予任何优待。若是家里劳动力不够了，村长也不会专门派人过来帮忙，只有叔伯兄弟、妯娌、公婆才会愿意帮忙照料。

3.摊派劳役：何家未幸免

（1）摊派概况：年年摊派

从当地的情况来看，劳役摊派由三个部分组成：一是政府征用劳动力，如修建公路、水利设施等，政府征用一般不给薪酬；二是社会征用劳动力，如军队征用力役，军队征用一般不给钱；三是村庄征用劳动力，主要是村庄的公路、设施的维修需要劳动力。村长从乡里接受分摊任务返回到村里，召开会首会议，根据土地账簿，决定力役的日均比率，依据土地的所有亩数进行分配。决定劳役摊派不会召开大会，也不会单独张榜公布，但是农民都比较服从安排，很少有怀疑的人。

1949 年以前，当地官府经常要从民间抽调成年男丁去给公家干活，比如修铁路、挖河渠等。期间，当地官府要修湘桂铁路、军队抽用挑夫等，村里时常要从各家户抽调劳力去干扛子弹、扛铁链、挑土、挖沟一类的苦力、体力活儿。修湘桂路段期间，官府会负责吃的。但如果是给军队做挑夫的，村民们得从自己家带粮食去，军队不给任何报酬，包括所用工具也是村民们从家里带去。

（2）摊派过程：何家未幸免

村里每年年初举行一次抽签，年龄在 18 至 50 岁、手脚无残疾的男劳动力都要参加抽签，选择劳役对身高、体格都没有相应的要求。比如当年村里一共有 100 个符合条件的，就做 1 到 100 号签，这 100 个人抽到几号就是几号签，村公所处备有"劳役摊派薄"，记录抽签号数和对应名字、参加摊派次数等，假如这一次上面摊给本村的指标是要 20 个军队挑夫，村公所就安排 1 到 20 号签的人前往；下一次也要抽 20 个，那么就轮到 21 到 40 号签的去，以此类推,每年都能重复好几轮。

何家的何峻蓝和何克廷都曾被派去当过劳役,何子文年龄不够,没被派去过。在何克廷当家期间,当轮到他参加劳役摊派时,甲长直接找到他,将具体的消息告知他,叫他到时一定要按时参加。如果家长不在家,甲长就多跑几次,实在没遇上家长在家的,就由内当家转达家长,不能随便找家里其他人。何克廷接到消息后,若去的时间比较长,他就会和家里人交代清楚相关事宜,将家里的大小事交由何檀氏暂为打理,交代她一些生产上的安排,告诉孩子们要听何檀氏的安排;如果只是去半天到一天,出发前和家里人说一声就走了,不用具体交代什么。

何家没有逃劳役的情况,而当地也几乎没有发生过这种情况。据何子文分析,主要有两个方面的原因。一方面劳役时间不会太长,比如说修湘桂铁路,大家一帮人去,一个月左右就可以回来了;当挑夫的,半天至一天就可以回来。另一方面,一旦逃回来的,相关部门或者负责人会第一时间通知到村里,让保甲长上门了解情况:若是逃回家的,责令他第二次补摊;如果是逃到外面的,那他家的其他男丁将会被抓捕,甚至他家的猪、牛等贵重家产也将被拿去当抵押品。

(3)其他摊派形式:以摊派砖头为例

除劳力摊派外,1949年以前当地还有不少苛捐杂税。苛捐杂税也是县款的重要来源,包括猪牛费、人头费、公事费等。一旦上面要组织公共工程或公共事务,就会将所需费用摊派到各个乡,乡一级再摊派到村,摊派单位可以是村、人头、户头、田亩数、猪牛数等。比如说,县里面要开河道或者村里要修水渠,一般会按田亩数来摊派,假如整个村要筹500元,村总田亩数为500亩,那么就按照每亩1元摊派,家里有几亩田就得交几元钱,由当家人去交。灵竹乡组织修建"灵竹中心校"时,乡里将建设用砖分摊到各村,再由村分摊到户和人。何村在这次建设事务中按每家每个人头七块砖的砖头量分摊,村民们以一人七块砖或者攒够每人七块砖头的费用进行交付,以户为单位交到乡里。何家那时一共有九口人,家长带着全家人去打砖,并如期将六十余块砖挑到乡里交齐。村里绝大多数农户都交了砖头,也有些有钱人家直接向乡里交付等额钱粮,不需自家动手做砖。

调查小记

华中师范大学中国农村研究院坚持践行"两个老师""两个课堂",走出了中农特色的实证政治科学研究之路。此间,徐勇教授和邓大才教授经常教导中农学子要秉持"调查与读书共进"的理念,不仅要通过读书与上课提高自身的学科素养、丰富自己的理论体系,而且还要深入第二个"课堂"——田野调查,寻找第二个"老师"——农民,通过问卷调查和访谈的形式向我们的第二个老师"取经",获取丰富的第一手调研资料,提升自己的调查实践能力,从而为启迪和探索更深入细致的农村研究奠定基础。

徐勇教授曾指出:"从历史上看,中国正是由于率先从古老的村社制脱颖而出,形成了以家户为基本单位的家户制,才为中国农业文明创造了微观基础。家户制才是中国特色的农村基本组织制度,也是理解中国农村社会形态的一把钥匙。只是对其的认识和研究还远远不及部落制、村社制和庄园制那么全面和深入。"正因如此,家户制度调查成为华中师范大学中国农村研究院的一项前沿性的研究,一项理论和现实意义重大的工程。2017年7月,在学院的号召和组织下,全院二百多名硕士研究生开始进行全面的家户调查。

2017年8月,在结束百村问卷调查后,我开始寻找较为合适的家户访谈对象。一开始,我所在的广西横县境内很难找到1949年以前三代不分家的理想家户,人们历来都遵循"子大分家"的传统习惯。理想家户难寻,我只好试图去寻找相对合适的对象。在母亲的帮助下,我找到了何村的一位名叫"何子文"的高龄老人作为我的家户调查对象。何子文老人当过两年农会主任,后来连续当了近三十年的小学老师,是村里难得的明白老人。虽然老人已年近九十,且听力已有所受损,需要借助助听器才能较好地交流,但是老人其他方面的身体状况良好,记忆、思维等都很清晰。在我初次拜访何子文老人时,老人是有点戒备的,但多次接触下来,老人也逐渐放下了戒备心,把他所知道的都详尽地告诉了我。最让我感动的是,最后一次访谈时,由于早上去找老人时正巧碰上老人要出门,他叮嘱我下午再过来,下午他回来后还专门委托邻居告诉我可以来访谈了。老人说因为担心我着急,所以回来后第一时间就托人去叫我。得知情况的我着实感动,这也让我深刻感受到:这是一次"心"的旅程,让一对比较陌生的、不太愿意多谈的人,最后互相不舍得结束。在收获感动的同时,我的调查能力也得到了锻炼。在访谈的过程中,虽然我之前有过做口述史的经验,但第一次接触家户调查,自己一开始也有点心慌,只能照着提纲,一题一题地往下问。后来发现效果似乎不太理想,于是试着看一次提纲,然后按照老人的陈述进行"顺延式"地提问,而不一定按照提纲的顺序,访谈才更加顺畅、更能发掘细节,从而有所收获。

访谈只是整个家户调查的开始,后期的整理和修改依然长路漫漫。从2017年8月下旬开始着手整理,到2017年12月份三稿的逐步成型,在此期间,我得到了徐勇和邓大才两位教授的引导,以及黄振华老师和其他三个审核小组成员耐心细致、任劳任怨的专业审核和指导,感激之情难以言表。路漫漫其修远兮,吾将上下而求索。每一次调查都是一笔难得的财富,都是一份弥足珍贵的记忆,都是一次全新的成长!也希望通过我的努力,能为学院的家户制度调查尽一份力,能将这一个平凡朴实的家户故事为更多的人了解。

第三篇

内嵌外引:主农兼商之户的自强与存续

——赣中斋楼村曹氏家户调查

报告撰写:欧阳倩[*]
受访对象:曹道芬

* 欧阳倩(1992—),女,江西吉安人,华中师范大学中国农村研究院 2016 级硕士研究生。

导　语

　　江西省吉安市青原区斋楼村位于长江中下游平原的吉泰盆地中心地带，斋楼村原行政隶属庐陵县，民国三年(1914年)改庐陵县为吉安县。曹家明朝迁居至斋楼村时，仍隶属庐陵县。斋楼村是一个多姓氏混合村，共有张、曹、李、稂、欧阳、彭六大姓氏家族，张姓为最大姓家族，曹氏家族迁居至当地后，家户繁衍加快，逐步成为斋楼村第二大姓家族。

　　曹家为曹氏家族中的一员，随祖辈迁居至斋楼村，尔后不断繁衍生息。1930年父亲曹惟翔去世，母亲胡奎俚接替父亲职责作为当家人，由曹家大哥曹道苞辅助暂管家户；尔后母亲胡奎俚作为内当家人，辅助外当家人曹道芬管理家庭内部事务，曹家经历了两次当家人的变更，但并没有造成内部管理的混乱局面。而作为家中"主心骨"的曹道芬掌管着家中大小事务，两次家庭内部的过继行为，更是促进了家庭内部的团结与融合。1949年前，曹家三代同堂、四小家庭、十口之家共同生活在占地230平方米的古宅之中。曹家以务农为生，家中劳动力充足，经营19亩耕地，其中自有土地4亩，租种土地15亩；另有男性成员外出经商，女性成员纺纱织布、饲养牲畜以弥补家中收入的亏空，进而置办农具、耕牛，确保农业生产正常运作。在分配和消费中，曹家的家庭收入除了缴纳租金和税款之外，主要用于维持一家人的吃穿用度。与此同时，曹家以家户为单元，对外，曹家人家户一体与家户至上意识强烈，明确区分自家人与外人，在自我保护的同时，不侵犯他人，与四邻友好相处，维护良好的外部形象；于内，以家户规矩为准则，曹家人互帮互助，协商共事，营造出和谐稳定的家庭内部关系，因此曹家做到了自立更生。在文化方面，曹家祖上曾出过秀才，文化底蕴深厚，在大家庭教育经费的支持下，适龄儿童均能接受教育。曹家虽为普通家庭，但遵纪守则，作为当家人的曹道芬代表家户积极参与家族、村庄公共事务，配合政府有序治理村庄，使整个家族能够团结和睦、绵延生息。

　　无论是家庭成员的变化，还是家庭面临外部环境的变化，都未改变曹家传统的家庭美德。在1949年以前，曹家母子、叔侄、兄弟、妯娌、夫妻、婆媳同心，共同致力于发家致富。随着1952年土地改革的兴起，叔婶的离世，三个小家庭在村庄的土地分配政策下开始了新的生活。

第一章　家户的由来与特性

　　曹氏家族的第五代祖先为改变家族的生存状况，于明朝时期携整个家族迁居落户斋楼村。迁徙之后，延续曹氏家族传统，曹氏家族修建曹氏宗祠，作为家族一体的象征；修筑曹氏族谱，逐辈记录男性家族成员。曹氏家族"子"字辈到"道"字辈，共繁衍了十九代，曹家作为其中一支，绵延已有九代。1949 年以前，曹家三代同堂，成员以青年为主，家中老三外当家；家中古宅占地 230 平方米，够自家人居住使用且有剩余空间。曹家祖上出过秀才，家庭文化底蕴深厚，为延续曹家受教育的传统，祖辈设立"学田"，保证晚辈有足够的条件接受应有的教育。由于家中特殊原因，两代之中存在过继现象，在母亲胡奎俚的主持下，曹家世代为农，经营几亩良田，呈现出在稳定中谋求发展的趋势。

一、家户的迁徙与定居

　　曹氏家族祖居之地，无天时、地利、人和优势，为谋求家族生存和更好地发展，迁居至物华且底蕴深厚的吉安。迁居之后，曹家与村中其他各姓氏家族迅速融合且渐渐被接纳，在村中稳定安居。曹家坚持家族传统，以宗祠和族谱记录世代源流，并在曹氏家族中展示出家户的独特之处。

（一）祖居吉水，迁至吉安

　　通过族谱记载得知，斋楼村曹氏家族祖居江西省吉水县邹坑，于明朝景泰年间，由曹氏第五代龙池公带领家族迁居至江西省吉安县斋楼村[1]，距今已有五百余年的历史。当时迁徙的主要原因有三：一是祖居地地处山区，地势起伏大，可用于维持家族生存的耕种土地较少，不利于农业生产，并且交通不畅，与外界隔绝；二是邹坑村附近有一"观山"水库，加之地势原因，遇雨季，常有水患灾害；三是邹坑村除曹氏家族外，还有其他姓氏的家族，曹氏家族成员少，势力小，激发了家族内部成员摆脱贫困，想要改变当时生活状况的意愿。

　　半因逃难、半因寻找更好的生活环境，曹氏家族选择吉安县斋楼村落户，主要原因有三：一是斋楼村距邹坑村约三十千米，为丘陵地区，地势较为平坦，人少地多，可用于农业生产的土地较多。二是斋楼村附近的"罗家山"也有曹姓家族，同姓缘由，便于落户。此外，斋楼村前拱青原山之巍峨延绵，青原山内的净居寺为佛教圣地，寺内每日诵经传教，文化底蕴较为浓厚；后拥赣江之水流播万里，白鹭洲上博学厚德。

　　斋楼村山清水秀、物华天宝、人杰地灵，吸引着曹氏祖先迁居至此。最初迁徙至斋楼村时，斋楼村已有张姓、李姓、稂姓、欧阳、彭姓五个姓氏的家族，欧阳氏最早迁居至斋楼村，但

---

　　① 现为吉安市青原区斋楼村。

是家族不发达,至今家族成员依旧比较少。各个姓氏的家族成员以本家族为核心生产和生活,除日常交流之外,各姓氏之间没有过多的接触,但是依旧相安无事的生活着,关系不近,但是也不会很疏远。落户斋楼村之后,曹氏祖辈辛勤劳动,积极开荒。家族刚迁居到斋楼村的时候,到处都是荒地,自己要生存和发展,就得以人力开荒。

曹氏家族迁居至斋楼村,均住在斋楼村西南方向靠边缘的地带。曹家的房子已经有两百多年的历史,位于斋楼村中心偏西南方向。家户祖上的田地位于村庄南部,地势平坦、土壤肥沃,且有"山塘"水库及沟渠作为农田的灌溉水源。斋楼村的自然条件相较于迁居之前曹氏家族生活的邹坑要好很多,利于曹氏家族的繁衍生息。

(二)族谱记载十九代世系繁衍

曹氏家族史从祖上一世"子"辈分到"道"辈分共繁衍了 19 代,从一世曹子仁到十九世的曹道芬,整个家族如一棵大树,枝繁叶茂,繁衍生息,形成以某一主干为中心的多个同根连体却又有独立中心的多个家户单元。整个曹氏家族以宗族、祠堂、族长为统一象征,以族谱记录的方式记载着从一世至十九世的各个家户中男丁姓名。族谱上所登记的名字,都是以曹氏祖上定下的每代的辈分为基础而取的名字。通过族谱了解家族整体,又通过父辈、祖父辈了解本家户源流历史。在族谱的基础上,各家整理自己的家谱。族谱不是每家每户都有,自家至今保留着族谱,是因为曹道芬之"太公"①为公家办事有力,才能有幸在重修族谱时领到其中一份。家族内没有为本族做贡献的人没有权力留有族谱,只有可靠的人才有保存族谱的权力。目前吉水邹坑已无曹氏家族成员,解放初期还有一个老人活着,现已去世很久。

曹道芬父辈有三个兄弟,父亲排行老二。曹道芬家里一共三个兄弟、两个姐妹,在家中最小,两个姐姐均比自己大 20 岁以上,大哥比自己大 15 岁,二哥比自己大 10 岁。民国十九年,曹道芬刚出生的第二年,父亲便去世了。父亲的三弟曹惟翱结婚数年,膝下无子,年纪稍小的曹道芬便过继给自己的叔叔、嬷嬷②。即便是在曹道芬过继给叔婶之后,由于二老的身体一直不好,并没有与原来的家庭分开吃住。随着年龄的增大,叔婶的房产、田地都由曹道芬继承,同时他也承担着照顾两人的职责。曹道芬在过继之后,一直称叔婶为师父、师母,从来未以爸妈称呼。所以从小,曹道芬便接受了来自母亲、大姐、二姐、大哥、二哥以及自己师父、师母的教育,他所知道的关于祖辈的事情,一部分是通过族谱、家谱来了解,其余大多数是从身边最亲近的人的口中得知。

结合族谱与家谱的梳理,自迁居至斋楼村,曹氏家族内各小家庭分别开枝散叶。"一大家"共生活了十三代人,以曹道芬为中心,上有包括父辈、祖父辈、太祖父辈、祖祖辈等九辈,分别为曹巨良、曹志通、曹士隆、曹廷宣、曹宗谋、曹景全、曹承信、曹先炳、曹惟翱(中间字均为曹氏家族固定辈分),下有儿子辈、孙子辈、重孙辈三辈,加上自己这一辈,总共有十三代人。从自己太祖父一辈开始,家户共分出四支,为自己祖父的四兄弟分家后分别成立小家庭,至此开始,四支便分别开枝散叶。1949 年以前,曹家庭内代际数量最多的时候为三代,包括父辈的母亲、叔婶,自己辈的兄弟三人以及二哥过继给大哥的儿子一辈,即三世同堂。1949

---

① 太公:太祖父。
② 嬷嬷:婶婶。

218

年以后,家庭代际数量最多的时候为四代,即四世同堂,由于曹道芬的二哥曹道莶成家并育有子女,以及土改等政策的实施,二哥于1953年与原有家庭分开吃住,但依旧承担赡养母亲胡奎俚的义务。

由于曹道芬的太祖父曹承信是一个非常能干的人,家业基本上都是太祖父一代积累下来的,此处便从太祖父辈整理1949年前家户世袭情况。

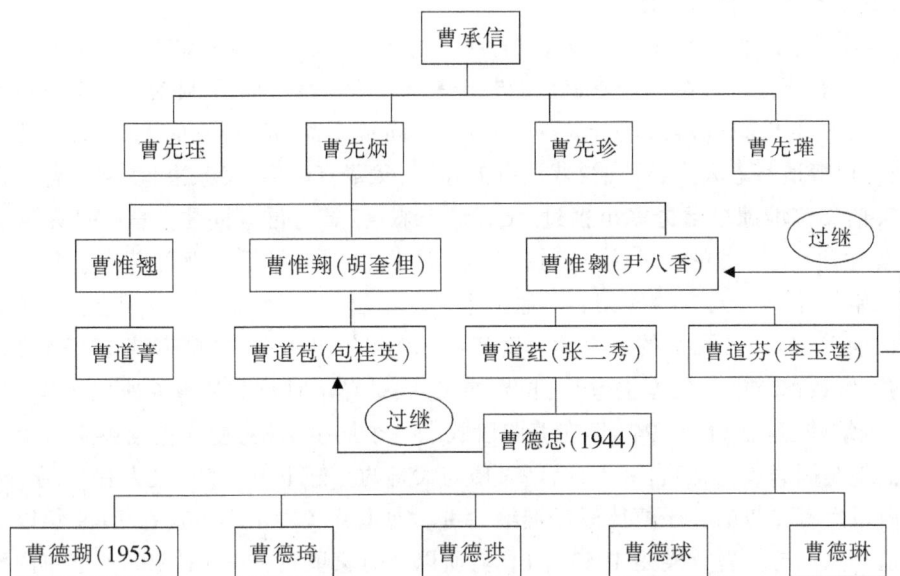

图 3-1　曹家家庭情况世系图

(三)家户世代务农求发展

在1949年以前,曹家人口不算太多,在农村为一个普通家庭,其特殊之处在于没有像其他普通家户一般,子辈结婚生子之后便与父母分开吃住。主要原因有二:一是父亲1930年去世,由于父辈的三叔曹惟翱、三婶尹八香身体欠佳及无子嗣,母亲便将曹道芬过继给他的叔婶;二是由于他的大哥、二哥常年间歇性的外出"走长路"①,家里的妇女、儿童无男人照顾,致使在家务农的曹道芬主要承担起照顾家里的老人、妇孺的职责,从而形成了以母亲、叔婶为核心的三代同堂的家庭格局。整个家户,从太祖父、祖父、父辈到自己这一辈,都没有遇到过大的家庭变故,世代以本分守己、安定生活、繁衍生息为家户追求,世代务农,没有特别优越于家族内其他家庭的地方。曹家从父辈及三叔曹惟翱手里共继承了4亩土地,一间两厅六室的房屋,家户一直保持着稳定中逐步追求发展壮大的趋势。

二、家户基本情况

斋楼村曹家,位于江西省吉安市青原区河东街道大塘村,距离吉安市区5公里。在1949年前,曹家为村内中户家庭,主要体现在以下方面:一是人口数量方面,曹家为十口之家,三世同堂,共有四个小家庭,孩童较少,家中多中年劳动力;二是人口结构方面,曹家三代之中,

---

① 走长路,指挑担做点小买卖。

219

两代存在过继行为；曹家三兄弟之间互帮互助，各个小家庭之间确保每个家庭都有自己的后代，从而保证家户的延续和传承；三是房屋居住方面，曹家所住之地交通方便，距离农业耕作的土地较近，主房屋是祖上购买而得，结构呈左右对称格局，房屋各部分分布各异，具有其特定的功能，除了满足本家户居住之外，还留有它用。曹家人以种地为生，副业兼顾，自迁居至斋楼村已有数百年历史，为村中老户，是典型的庄稼人家庭。

（一）青年人居多，两代有过继

1949 年以前，曹家总人口为 10 人，以青年人为主，老人和小孩都比较少。只有母亲一个老年人，二哥曹道莅过继给大哥曹道苞的儿子一个小孩。家里除了叔叔和婶婶身体不好之外，兄弟三人的身体都比较好。相比村中其他三代同堂或者四世同堂的大户来说，曹家人丁不算兴旺。以曹道芬老人为核心，祖辈没有人在了，父辈有母亲，父亲去世，父亲曹惟翔是家里的老二，伯父曹惟翘早已分家出去过，父辈的三叔、三婶与母亲同住。曹道芬是家里的老三，1929 年出生，于十岁左右过继给三叔、三婶，并于 1948 年结婚。曹道芬老人共有 6 个姊妹，大姐二姐均比自己大 20 岁以上，在他出生时均已出嫁；三姐比自己大几岁，在抗日前一年嫁到"山前"[①]；与自己同辈的还有大哥曹道苞，1914 年出生；二哥曹道莅 1919 年出生，兄弟三人均在解放前结婚。父亲去世早，长兄如父，大哥青年时长期从事养路段工作，于 1939 年先帮二哥结婚，自己约于 1943 年在养路段找了一个同事结婚，妻子包桂英是一个有钱人家的女儿，但是因为丧夫，独自一人，结婚时便与大哥约定好不再生育。过去有"长子不断弦"的说法，所以后有二哥的长子曹德标过继给大哥。曹道芬和妻子李玉莲在 1949 年以前没有孩子，曹道芬家的老大曹德瑚是 1953 年出生，所以当时家里只有一个小孩。本家户内没有其他非亲属关系成员常年在家中独立自主生活。

表 3-1 家户基本情况数据表

家庭基本情况	数据
家庭人口数	10
劳动力数	6
男性劳动力	3
家庭代际数	3
家内夫妻数	4
老人数量	1
儿童数量	1
其他非亲属成员	0

（二）祖上出秀才，读书机会多

曹家祖上有一个"太公"曾经考上了秀才，有点文化，在外也有一点声誉，所以就能认识到"团箕晒谷，送崽读书"这句话的意义。曹家的孩子基本上都有机会读书，其中大哥和二哥读的书较多，读的是私馆，曹道芬读了两年小学，属于较少的。当时"一大家"[②]之内有 8 亩地，只要你愿意读，读得进书，家里所有的适龄的儿童都能上学，不用各家户自己出钱。曹家的女

---

① 山前，隔壁的一个村庄。

① 一大家，以太祖父曹承信为核心而下来的各支的家庭。

孩不像其他家庭的女孩子一样不能读书,只要家里供给、愿意读就能去;另外,男孩子读书也得由自己的喜好,不然家族内也不会继续供他读书。曹道芬读书的时候由于母亲年纪大了,叔叔婶婶身体又不好,两个哥哥都经常外出,所以他担起家里的重担,并承担起照顾老人的职责。因此在两个哥哥外出的时候,曹道芬便成了家里的当家人,但是遇事还是会与母亲一起商量,或者家里遇到大事也会联系外出的大哥和二哥。家庭内没有什么宗教信仰,不是自家独立生活,所以也没有参加村里的社会组织。

表 3-2　家庭成员情况表

成员序号	姓名	家庭身份	性别	1949 年时的年龄	婚姻状况	宗教信仰	健康状况	参与社会组织情况
1	胡奎俚	母亲	女	60 岁(寿命 80 岁多,1967 年去世)	守寡	无	良	无
2	曹惟翱	三叔	男	50 岁	已婚	无	差	无
3	尹八香	三婶	女	不详	已婚	无	差	无
4	曹道苞	大哥	男	35 岁	已婚	无	优	无
5	包桂英	大嫂	女	不详	已婚	无	良	无
6	曹道茌	二哥	男	30 岁	已婚	无	优	无
7	张二秀	二嫂	女	不详	已婚	无	优	无
8	曹道芬	当家人	男	20 岁	已婚	无	优	无
9	李玉莲	妻子	女	18 岁	已婚	无	优	无
10	曹德标	侄子	男	5 岁	未婚	无	优	无

(三)家户房屋情况

曹家的房子来源曲折,由祖辈购得,然后代代相传。房屋坐北朝南,位于村庄西南方向,房屋周围空地较多,可做晒场;与大路相通,交通便利。房屋外部结构清晰,前面为李家,有一巷道相隔;左边为另一个家户,两家共墙;右是曹氏祠堂,中间留有胡同为过道;后面为曹氏家族的另一家户。曹家房屋内部结构对称,有六间房、两个厅、两个厨房,有序排列分布,功能各异。

1.位置优越,来源曲折

1949 年以前,曹家住在村庄中间偏西南方向,房屋位于家族内东南边缘地带,与张氏家族毗邻,宗族所在祠堂就在曹家房屋的旁边,从门口出祠堂,便有村庄内一条大路,与村庄内其他各姓氏住户连接,交通十分方便。祠堂前边就是村庄内一块大空地,在以前经常作为晒场;在农闲之时,也可作为村民乘凉之地,加强了各个姓氏村民之间的联系和交流。房屋与祠堂正中间有一个小胡同,方便后面住户出行。由于地势平坦,所住之地为村庄中各家户集中居住之地,至于房子左右之间半米之隔,然后相距也是一至两米。由于靠村庄西南边缘,距离村庄内的田地与旱地都较近,大概五百米左右,便于村民从事农业生产劳动。

据有效记载,曹氏祠堂有多少年的历史,这个房子就有多少年的历史。这个房子是在曹道芬的太祖父曹承信时期,从村里的一个恶霸家买的。关于这个房子,还有一个故事,这个故事曹家的祖辈和每一个后代都会讲述,曹家繁衍下来的这一支是最能吃苦,也最能干的一家。曹家太祖父生活的一辈,家里就是两夫妻,太祖父曹承信在永丰做一些小买卖。晚上做完生意回家的时候,太祖母家里已经没有米了,便跑去庄唐的"嬷嬷"家里借米,可被自己的"嬷嬷"给断然拒绝了。太祖母哭着回家告诉太祖父,"自己的'嬷嬷'不但不借米,还骂了她。"太祖母的"嬷嬷"家是当地的霸王,土地和房产都比较多,和他们一样也姓曹,家族里的另外一支。很生气的太祖父拿着那个借米的碗说了一句:"不买起你们霸王家的东西,我永生永世不会回曹家。"由此看出,太祖父是下了很大决心的。

曹家房子前面是一个李姓家族,他们家出了一个武秀才,叫李赞玉。村庄中有六大姓氏,居住的人口非常多。旁边的祠堂有一堵围墙,为的是与前面的李氏祠堂分开。斋楼村李氏祠堂在曹道芬家所住房子的西南边,与曹氏祠堂只有一个胡同、一墙之隔,修筑围墙的原因,也是要保持祠堂的整体美观。

2.两厅两厨六间房

曹家的房子为中心对称结构,坐北朝南。房间分布于大厅的左右两边,厨房位于主房屋的最右侧,室内没有设厕所,牲口间一般不与主房屋在一起,距离所住之地会有一定的距离,一般在比较偏僻、人员居住较少的地方。那时的房屋设计,基本上延续了中国传统的中心对称模式,显得规范整齐。

曹家的房子没有门楼,但是房子是阁楼式的,由较为厚实的木板隔开,由于房屋的设计原理,阁楼上一般也能承受一些重物,可以作为家户储存东西的地方,而下层一般为生活场所,一家人的生活起居均在房屋内。房屋没有院墙,也没有院子,为独立的建筑物。屋前有一条排水沟,正好承接房屋的屋檐水,起到雨季时排水功能。

房子共有六个房间,有正间和偏间之分,前房称为正间,中房和后房称为偏间,正间一般都是当家人或者长子住的地方,偏间一般是次子或女儿的房间,或者有客人来的时候,会被安排住在偏间。前房的门向大厅开着,中房的门隐藏在中间,后房的门开向后厅;前房的窗户开在南边朝外,中房没有窗户,后房的窗户开在北边朝外;窗户朝外,便于汲取阳光,中房内的光线则依赖大厅内的光线。

主房屋旁边为厨房和杂货间,前厨主要用于煮饭、炒菜,后厨为存放食物和吃饭的地方,为会客厅。不过大多时候,只有家里来了客人,才会在后厨正式吃饭,平常一家人会将就在前厨吃。前厨与后厨之间有一块露天场地,称为"天井",家里人都称它为"太平缸"。一方面,天井底下会放一个大的瓷缸,接雨水,起着发生火灾意外时候救火的作用;另一方面,是为了获得更好的光线,这就是厨房分布在天井的前后的原因。关于这个瓷缸,还有一段故事,据家里的老人说,这是隔壁村一个姓孙的地主家装银子的缸,当时村里老人口里都有一句话:"孙家的银子,麻家的房子,'三都'的芋头,'二都'①的粥",意思是那孙姓和麻姓两个姓氏的家族比较有钱,这边村里比较穷。

房子整体设计,既要延续传统,又要保持美观。在功能布置上还得体现房屋的合理性,在安排住处方面,也会体现一些家户内地位高低、辈分大小的特点,以表示对当家人的尊重和信任。

---

① 都:当时的行政单位称呼。斋楼村为二都。

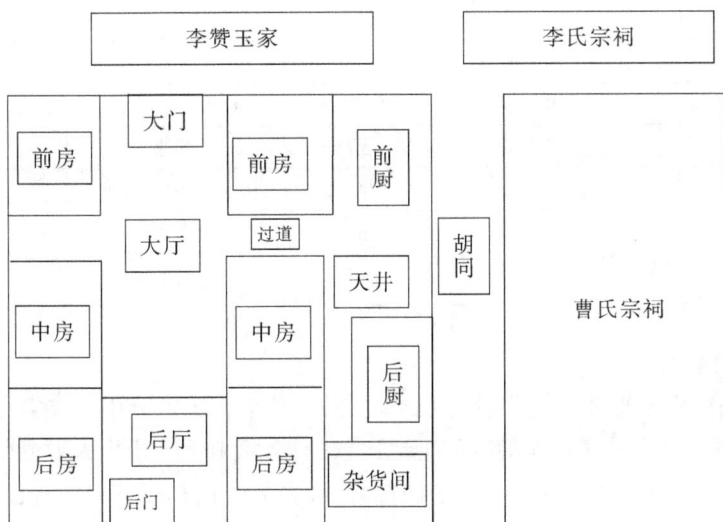

图 3-2 家庭房屋整体结构图

（四）家户经济有结余

1949年以前，家里有4亩土地，劳动力有6个，也就是大哥曹道苞、大嫂包桂英、二哥曹道荘、二嫂张二秀，还有曹道芬和妻子李玉莲，男劳动力都属于较强的劳动力，女劳动力为一般劳动力。在那个年代，没有像现在一样有那么多谋生的方式，全家人靠种地为生，除了种自己家4亩土地外，在外面还租了别人15亩土地。其中一部分是普通农户的，他们在外经商，土地无人耕种；另外一部分为家族共有。曹道芬为家里的主要农业劳动力，大哥、二哥农闲时经常外出。女性劳动力一般干一些较为轻松的农活，以及帮助处理家务。家里养了两头牛，均用于耕种。包括种自己家的4亩地和租种的15亩地，家里一共种了19亩地，两头牛不够用，其中一头牛是父亲留下来的，另外一头牛是曹道芬买的。全家人一起住在祖辈留下来的房子里，和睦相处。除此之外，大哥和二哥还会出去做一点小买卖，俗称"挑担"。每年家里的具体收入数目不定，但是家里基本上还能够勉强度日。

表 3-3 1949 年以前家户实际经济状况表格

土地占有与经营情况		土地自有面积	4 亩		租入土地面积	15 亩
		土地耕作面积	19 亩		租出土地面积	0
生产资料情况		大型农具	风车 1 辆，水车 1 辆			
		牲畜情况	耕牛 2 头			
雇工情况		雇工类型	长工		短工	其他( )
		雇工人数	0		0	0
收入	农作物收入					其他收入
	农作物名称	耕作面积	产量	单价	收入金额(折算)	收入来源	收入金额
	水稻	19 亩	400 斤/亩	12 元/100 斤	240 元	挑担生意	几十块钱
	大豆	19 亩	100 斤/亩	6 元/100 斤	114 元		
						收入合计	
						约 400 元	

支出	食物消费	衣服鞋帽	燃料	肥料	租金
	0	10元	0	4元/亩计80元	200斤/亩
	赋税	雇工支出	医疗	其他	支出总计
	6元	0	100元	10元(农具维修等)	206元
结余情况	结余100元		资金借贷	借入金额	5元
				借出金额	0

(五)普通庄稼人

1949年以前,曹家祖孙几代都没有人当过官,在整个曹氏家族中只能算中等家庭,在整个村庄中的声望一般。曹家自家拥有的土地比较少,全家上下十来个人要吃饭,所以只能去租种别人家的土地,祖祖辈辈都是纯正的庄稼人,大多数时候都能够养活自己。一家人都比较和善,能够与邻里和睦相处。曹家没有出现过大的家户变故,代代庄稼人虽然贫弱,但是依旧存续下来了。

(六)家户基本特点

曹道芬在家中排行第三,父亲去世之后,因女性不能当家,母亲胡奎俚只能作为内当家人,由曹道芬充当外当家人,主理家庭事务。从家户规模来看,曹家有十口人,自有土地四亩,在村中属中户家庭;从定居历史来看,曹氏家族在村庄定居已有五百年之久,为村中老户。

1.曹家老三外当家

1949年以前,曹家共有三代人,父亲去世,母亲胡奎俚作为最年长者,性情温和、老实。但是当时有一种普遍的认识,在家庭有男性的情况下,女性被认为不能当家,也当不了家,所以母亲只能为内当家人,主持一些家务。曹家大哥和二哥由于经常需要外出,不能作为外当家人。大哥曹道苞出于逃难,也是为了维持生计,长期在养路段工作;二哥曹道茬外出做一些小生意,经常不在家;曹道芬年近二十岁,承担家庭重担,一般不外出,长期在家从事农业劳动,所以作为外当家人很合适。但是在家里遇到大事情的时候,曹道芬会主动联系外出的大哥和二哥,曹道苞和曹道茬虽然不当家,但是能起辅助作用。

2.中等家户规模

斋楼村在当地算是一个大村,包括张、曹、李、粮、欧阳、彭六个姓氏,为六大家族,户数近百余户。张姓为大家族,其余姓氏势均力敌。在曹氏家族中,有人、有钱、有地、还有权的被称为大户,当地人都称之为"霸王"。这个大户家里有几十余人,是祖上迁居过来之后的长房,后代有人在伪政府里面当官;爷爷辈还在吉安开了一个轮船公司,凡是属于吉安的轮船都归他家管;在水西一带买了近四十亩土地。中等家户,就是像曹家这类家庭,没有分家,一家人一起生活,够吃够用,勉强维持生计。小户家庭便是在祖父辈、父辈时期就兄弟分家,彼此独立生活,每家每户有自己的几亩良田,勉强度日。

曹家在1949年前,家庭总人口为十人,人口相对于村里没有分家的家庭来说算少数,但是相对于分了家的家庭来说,人口算多数,属于中等家户。在农村,基本上都以人口数量定家庭势力,所以家庭人口对于一个家庭的对外影响很重要,这就是所谓的"人多力量大"。曹家总共只有4亩地,在当地算比较少的。按照曹道芬的描述,曹道芬爷爷辈的一个兄弟由于赌博而败了家产。自此以后,曹家再也没有像之前那么辉煌过。所以整个家庭在当地处于中等偏下水平,不是属于很有影响力的家户,以至于在保甲制或登记保甲册时,曹家也不知道被登记为头等户、二等户还是三等户,不知道自家属于哪种家户类型。

3.村庄老户

从祖宗迁居至斋楼村定居,曹氏家族已有五百多年的历史,而曹道芬一家自然而然被称为村庄老户。从村庄内所共有的六个姓氏来看,斋楼村是一个融合能力较强的村庄,历史上就比较容易接纳外来人员。依据历史记载,村庄内的几大姓氏除张氏长期定居此地外,其他姓氏的家族均为迁徙而来,和曹氏家族一样,也有几百年的历史,均属于村庄老户。从六大姓氏基本稳定居住在此地之后,便再无其他姓氏迁居至此,斋楼村便如此稳定地发展下来。

第二章 家户经济制度

曹家有 4 亩耕地,是祖辈通过开荒而得来的,然后代代相传;除自有土地外,曹家共租佃土地 15 亩,一年的粮食收成在上缴租粮后基本维持家户生存;曹家生产、生活资料充分自给自足,其老宅占地面积 230 平方米,共有 6 间房以供全家人居住。曹家以农业收入为主,副业收入为辅,家庭条件一般,以至于在家中出现突发状况时,需向外借款才能度过难关;在日常消费上,当家人曹道芬主导家中一切花销,包括添置衣物的支出、人情支出、请医买药的支出、还贷支出等,都由家户统一支配。各个小家庭不为家户消费而操心,只需要听从当家人的安排即可。曹家在对外交换时都是以家户为主体,以当家人曹道芬为代表,其他家庭成员作为补充,也可参与其中;交换的对象包括集市、粮行、流动商贩和熟人。

一、家户产权

曹家家户产权包括土地产权、房屋产权、生产资料产权与生活资料产权。第一,曹家自有土地 4 亩,为曹道芬继承,产权归他所有;曹家共租种土地 15 亩,生产所得除缴纳租金之外,其余归家庭成员所有,当家人在土地耕作和租种关系中占支配地位。土地产权边界以田埂分割,左右之间互不侵犯,各家稳定经营。第二,曹家主屋为祖辈购买而得,后代继承而居。房屋内部为土木结构,按长幼主序分配居住,当家人对房屋使用具有支配权,家庭成员具有使用权;房屋外部,有房檐滴水为界、共墙为界、以路为界,房屋产权明晰,不容外界干涉和侵犯。第三,曹家农业生产资料齐全且够用,来源分继承与购买,为家户所有,外人不得干涉。生产资料的补充、购买、修缮、借用等行为,当家人享有相对支配权。第四,曹氏家族提供各家户所需的大型生活资料,曹家生活所需资料继承与补给共存,均能自给自足,为家户所有,对外具有自我保护性和排他性。

(一)家户土地产权

1949 年之前,曹家自有土地 4 亩,主要是靠祖先开荒而来,由曹道芬的过继关系继承所得的土地归曹道芬所有, 其他家庭成员享有使用权, 除曹家之外的其他人不享有土地所有权。曹家所有的土地产权清晰、边界分明。曹家的当家人曹道芬起主要支配作用,其他的家庭成员居于从属地位,曹家的土地没有出现过被侵占的情况,常年稳定经营,且受到外界多方保护。

1.四亩优质耕地

1949 年以前,曹家有 4 亩土地,为水田,家里旱地不多,荒地较多,但少有被开发出来的。在曹道芬的太祖父手里,本来不只这么一点土地,但据曹道芬的三叔曹惟翔说,他祖父的大哥,号称"败过家"的,丢了一亩左右的土地,因为家里太穷,生活维持不下去,就把地给卖了。1949年以前很少有人会去山坡上开荒,后来开荒的力度比之前大很多,大家关注的重点是水田,如果水田的水源不太好的话,就会被用作旱地。曹家的水田分布在村路口,离曹家不到一华里①。斋楼村整个村庄的土地都集中在一块,曹家的土地是分散的,大概有五块,面积大的地有一亩多,面积小的大概五六分。1949年前的土地质量不是很好,水源、灌溉条件也不容乐观,但是相对于其他地方来说,斋楼村算好的。过去,整个村庄的田地都靠一条沟渠灌溉,离村庄2千米的地方有一座山,水源便是从那里而来,村里人习惯称之为"盘龙山,盘起来的九龙江"。祖先们找的这个地方很好,九个小水塘盘起来的山成为这一片土地的水源,由一条"咚"②沿着田地顺流而下,分支灌溉。距离实在太远的,就只能靠水车和其他工具来放水、引水和灌溉。

2.租种15亩地维持生计

1949年以前,曹道芬家一共种了19亩土地,其中4亩为自家土地,另外15亩为租入土地,常年耕作。曹道芬的父亲本没有土地,4亩土地是过继三叔曹惟翱的。三婶尹八香的娘家是一个开瓷器店的大家户,家里条件比较好,但是只有三婶一个女儿,财产都由她一人继承了,加上三婶又没有生育,所以家里的土地和财产由曹道芬继承。曹家没有买过土地,也没有别人送过土地,为了维持一家人的生活,租种了15亩土地以维持生计。租种的土地质量比较好,因为一部分是租种"公堂"③的,另外一部分租种的是外出经商的家户人家,这些土地常年被人租种,管理和使用都较好,没有出现过抛荒或者利用不当的情况。上半年种完一季水稻,收割之后便开始播种大豆,下半年大豆的产量也是作为家户的一个重要经济来源。种植大豆,一方面,不仅有效地利用了土地资源,而且较好地利用了当地气温和水源的优势,成为后来种两季水稻的有益尝试;另一方面,也减少了由于土地荒芜、无人打理而导致的土地肥力下降、土地质量变差的情况。村里每家每户的土地所有权,都不受外人侵犯,也不受宗族的管理和干涉,可以自由使用、出租和买卖。

3.土地归曹家人所有

（1）个人占有,家户所有

曹道芬及曹家其他成员均认为,从祖辈继承下来的土地都是自家的土地,自家的家庭成员享有土地的所有权。其他农户和公家租种的土地,不属于自家的土地,不享有土地的所有权,因为付给他人租金,而享有土地的使用权。全家种的19亩土地,家里的4亩土地为曹道芬所有,剩余15亩为租种的土地,虽然不是家庭每个成员都常年参与耕种,大哥和二哥经常外出,但是农忙之际也会参与劳作。因此,共同种植的19亩土地的粮食产量属于全家人共有,而不是为当家人及主要承担耕种任务的曹道芬个人所有。曹家的土地没有和其他人共用的情况,家庭成员共同支配土地。

（2）土地收益家户所有

曹家的土地有4亩,拥有土地所有权的,并不是所有家庭成员,所有权具有一定的范围和资格。由于家庭土地为个人继承,所以土地产权归曹道芬个人所有,但是土地收益归家庭成员共有,这是曹家一个比较特殊的情况。1953年分家之后,归曹道芬所有的4亩土

---

① 1华里=500米。
② 沟渠,当地的一种特殊的称谓。
③ 公家。

地,他继续保留所有权,大哥、二哥及其子女不享有分家的分配财产权和土地继承权。

在村庄中,针对未分家的家庭来说,家户土地一般为家庭成员所有,但是同样具有一定的范围和资格。不是所有成员都具有所有权,具有所有权的家庭成员有本家户男性以及嫁入本家的女性,土地上种出来的粮食,由当家人管理和支配,供家人一起吃用。出门在外的男性也同样是家庭土地的拥有者,嫁出去的女儿不享有土地所有权,新一代出生的女儿,同样不享有土地所有权,但是可以吃家里的粮食。如果有雇佣管家、长工等的家庭,那些成员一样也不享有土地所有权,但是经过当家人的同意,同样也可以吃雇主家的饭。

(3)家庭成员认可土地家户所有

曹道芬认为,如果土地为家庭成员共同继承祖辈而来,就应该属于全家人所有,这是对祖辈的尊重和记忆的保留。但是如果土地为个人继承所得,就应该属于家庭某个成员个人享有,并享有绝对的使用权和支配权。就如曹家的情况一样,家户土地为曹道芬个人过继行为继承所得,就应该属于其个人所有。但是一家人一起生活、一起发展,因此土地上的收益归全家人共同使用。土地所有权归家庭或者个人,并没有绝对的好坏,只是一种权力的保护和象征,对于家庭的和睦和团结没有特别大的影响,家庭成员都保持着一种与生俱来的默契,都希望家庭团结和睦。

4.土地产权边界清晰

(1)田埂为界,自耕经营

斋楼村的土地,整体上来看,地势平坦,集中分布,阡陌纵横,犬牙交错。各家各户的土地以田埂为界,独立耕种经营。田埂是最初家族之内分地留下的标记,一般很少变动,从祖辈那里继承而来,然后又以相同的方式留给各自的子孙后代。每户的土地周边不一定是本姓氏家族成员的田地,也有可能是其他姓氏家族的,但是四邻几乎都不会越过田埂这一界限来进行农业耕作。田埂有一定的宽度,宽的有30厘米,窄的也有15厘米。一是作为土地产权的边界标志;二是为方便自家和其他家户的农业生产留有道路,方便过路,这是从祖辈那里一直流传下来的传统美德,既明晰产权,又便利他人。

(2)产权认知,不受干涉

家里的土地所有权由家庭成员共同享有,一家人都可以进行耕种。外人在没有得到当家人同意的基础上,不允许进行耕作,但如果经过当家人同意,外人也可以进行耕作。曹道芬家的土地继承权,1949年以前为他个人所有,结婚生子之后,由其儿子继承,其兄弟的子女不具有继承权,外人也同样不具有继承权。分家之后只能由其儿子进行继承,因为土地继承具有血缘的延续性。每个家庭成员对自家所拥有的土地都具有清晰的心理认同,都清楚地知道土地来源,土地应该归谁所有。对于自家的土地和别家的土地,家庭成员都能够分得很清楚,是绝对不能容忍自家的土地被别人侵占的。对于土地上种什么,怎么种,由全家人共同决定。一方面根据传统以及当地的实际情况,当家人会选择因地制宜,上半年种植水稻,下半年种植大豆;另一方面,由于曹道芬的大哥和二哥经常在外,所以基本上家里的19亩土地如何经营和使用,除特殊情况和紧急情况,曹道芬会与母亲、大哥和二哥商量,其余的一些小事一般是由曹道芬一人决定,外人不得参与。土地的粮食产出由家户成员共同享有,一般是7月全家人共同收割。7月属于农忙之际,除了有疾病的、老年人以及年纪较小的家庭成员,其余的劳动力都需要参加农业劳动。收割

228

后的粮食,首先得交足租佃的租金,剩余的其中一部分留足家庭使用,另一部分会由当家人决定什么时候出售、出售多少、出售给谁,整个过程,包括宗族和村庄管理者的外人都不得干涉。分家之后,父母及兄弟都无权干涉本家户的土地的经营方式以及土地产出的处理及收益分配方式。

5.当家人支配土地产权

1949年以前,曹家还未分家,家里也没有出现土地买卖、置换、典当等活动,但是出现过租佃情况。租佃事由,像决定租种谁家的土地、租种多少亩、租多久,都是由曹道芬一人决定,与佃主商量租金多少也是他一人出面,母亲及其兄弟都表示认可。对于他一人占有的4亩土地,曹道芬享有绝对的支配权。

曹家租种土地15亩,都是在与母亲、兄弟商量的基础上,由曹道芬安排具体事项和进行最终的决定,但是不用告知四邻、家族其他成员及保甲长,他们并没有权利进行干涉。村里有租入土地的,土地大部分来自于外出经商的家户,另外一部分来自于公家的且无人耕种的土地。至于租谁家的土地,首先会考虑租金多少,然后才会考虑土地可以出租的年限,和佃主家关系是否良好等因素。这些问题都需要当家人来考虑,一方面,于内要与家庭成员商量,听取他们的意见;另一方面,于外要和佃主进行交流和协商,这样才能做到既有利于家户的生存发展,也能使家户获得更大的收益。

6.当家人支配土地生产与租佃

(1)男性成员支配下参与,女性成员参与土地生产

斋楼村的一般情况是,家中需要进行土地买卖、租佃、置换和典当等活动时,除当家人之外,其他家庭成员不发挥支配作用。其他家庭成员可以针对土地生产活动中的一些事情提意见,但是他们不是最终的决定者。而且只有家中的男性成员才会提一些意见,女性一般处理家务活动,不参与到土地管理的相关事宜之中。比如曹道芬的母亲、妻子和两个嫂子,除了农忙的时候会帮助进行农业生产,提供劳动力的支持,其余关于土地决策类的相关事宜,她们一般都不会参与。关于4亩土地为曹道芬个人所有,土地上种植的收益为全家人共同享有,都经过了全家人的同意。

(2)土地租佃,成员补充意见

曹家在土地租佃活动中,作为当家人的曹道芬起主导作用,其他家庭成员起辅助作用。家里种的4亩土地的收入,根本不够一家人的生活及其他各项开支。为了维持生计,为了生存,曹道芬决定租种别人家的土地,这个决定也得到了全部家庭成员的一致认同。租种的土地与自家的土地,全家人一起耕种。由于都要参与农业生产活动,所以全部的家庭成员都能提出自己的意见,但是最终做决定的还是当家人,母亲胡奎俚在这个时候起中间协调作用,以维护整个家庭的和谐。全家人一起商量租入土地多少、租金多少、租入年限多少,后由当家人出面与佃户商量,最终以全家人的智慧,在家户支出最少的情况下实现最多的收益。曹家除了发生过土地租佃活动,其他的土地买卖活动、土地典当活动和土地置换活动都没有发生过。

7.土地稳定经营无侵占

曹家世代为人朴实,与邻居、村庄村民都能够和谐相处;当地民风淳朴,本地少有势力强大且为人较差的恶霸、盗贼等,所以曹家的土地,或者说村里其他家户的土地,都没有出现过

被外人侵占的情况;向外租种的15亩地也保持一定的稳定性,没有退租、强迫退租的情况,全家人稳定的经营着自家的4亩土地和租种而来的15亩地,维持着一家人的生活。在村民的意识里,自家的东西都不允许被外人随意侵占,这种带有破坏村庄和谐的行为是村里任何一户人家都不能容忍的,如果有家户遭遇不公平的侵占现象,本家户、本家族成员都会为其讨回公道,村民们也会站在被侵犯利益的一方。

8.土地产权受多方保护

（1）其他村民对家户土地产权的认可与尊重

一个村庄中,尤其是存在多个姓氏的村庄中,对家户土地产权存在较高的认同感。首先,各个姓氏的村民都承认自家土地的所有权,包括耕作、收益等权利;其次,在各个家族的保护之下,全体村民对各家各户的土地都会表示认可和尊重。村民一般都知道每家每户的土地有多少、分布在哪里,而且都只会在自家的土地上进行耕种和劳动,不会随意侵占其他人家的土地。如果要进行土地买卖、租用和置换,首先会和该家户的当家人进行协商,经过同意后才能进行买卖、租用和置换;如果不同意,不能进行强行要求。曹家的土地没有进行买卖、向外出租和置换三种活动,但是自家在租种别人的土地时,是经过了佃主当家人同意,如果租佃情况发生在自己家,所要走的流程也是一样的。

（2）家族对家户土地产权的认可与保护

家族作为一个姓氏的象征是一个集体的信仰所在,也是一个家族团结的标志,但是家族的其他成员不能干涉每家每户土地的买卖、租用和置换。每个家户对自己的土地都具有绝对的处置权,不用与家族族长或者其他家族成员商量。但是家族中如果有某个成员的土地被外人侵占,家族族长或者家族其他成员会以家族的名义替他打抱不平。这些都是曹道芬诉说的、关于家族传承下来的、约定俗成的习惯和传统,只要身为家族成员,都会遵守。由于村庄中没有出现过侵占他人土地的现象,因此关于家族保护家族成员土地的事例并不多。

（3）村庄对家户土地产权的认可与保护

1949年以前,各家各户的土地都是自己开荒所得,村庄包括保甲长,对每家土地的所有、耕作、收益的权利都是认可的,也都知道每个姓氏的土地主要在哪里,大概知道每家每户的土地有多少、主要分布在哪里。村庄不会随意侵占各家的土地,也不能以村庄的名义买卖、租用和置换各家的土地,土地属于家户私人占有。当村庄中有某个家户的土地遭受侵占时,一般都是家族出面提供保护,村庄不出面为其打抱不平。那个年代,家族的代表性强于村庄的代表性。

（4）政府对家户土地产权的认可与保护

曹家所在的斋楼村属于吉安县的管辖范围,所在的县政府和乡公所都承认各个家户对土地的所有权、耕作权和收益权等,每家每户的土地都是经过登记和备案的,发放过土地证,土地证上以图例的形式呈现,具体注明共有土地多少亩,分布于何地,左右分别为谁家的土地等信息。县政府、乡公所不能随意侵占各个家户的土地,也不能随意买卖、租用和置换各家的土地,如果要进行买卖、租用和置换,必须得到每个家户当家人的同意。如果当家人不同意,不能强行进行。曹家的土地没有被外人侵占过,如果是村里面发生这种现象,县政府、乡公所一般都先会要求每个家族的族长或者有威望的人出面,私底下进行协商和解决;如果协调不好,再由乡公所出面解决。据曹道芬所说,他们家的土地没有颁发过"红头契约",但是登记和发放过土地证,但是没有予以公证。他觉得这种保护力度还是比较弱的,应该发一些政府公告等证明之类的文件,这样能充分证明每家每户对土地享有的所有权。

(二)家户房屋产权

曹家的房屋占地面积 230 平方米,共有 6 间房、两个厅、两个厨房,为祖上购买而来然后代代相传。房屋为南方设计特点,呈对称分布,按照长幼顺序分配居住,归全家人所有,并且房屋边界清晰。对房屋的支配,当家人处于最高地位,其他家庭成员以提议方式参与。在 1949 年以前,曹家的房屋没有遭受过侵犯,曹家也未侵犯过其他家户的利益,房屋产权受到外界的认可和保护。

1.坐北朝南,土坯结构

1949 年以前,曹家的宅基地面积为 230 平方米,房屋的建筑面积也是 230 平方米。房屋的建筑布局为行列式,有一定的间距和朝向,内部结构出现重复的排列现象,为的是保证住宅的物理性能。南方普遍都是采用这种行列式布局,比较整齐,房间的布局和后期的分配,在一定程度上也显示出每个家庭中各个家户成员的辈分和地位。这种房屋设计结构不同于北方房屋的四合院形式,有着南方特有的设计原理。曹家的房屋在附近三个村中算是比较好的。曹家的主房屋坐北朝南,为左右对称结构,中间为厅堂,分为前厅和后厅;两边为房间,一共有六间,分别有前房、中房和后房;只有前房和后房才有窗户,中间的房间没有窗户,窗户都是朝外的,为的是获得更好的光线条件,中房从厅堂内获得光线。主房屋内不设厨房和厕所。曹家的厨房,在主房屋的右侧,分为前厨和后厨,前厨主要用来煮饭和炒菜,后厨主要用于家里来客人时招待客人,有体面的地方。房子为土木、瓦片等材料等建造,房屋主体情况没有经历过变更。前房一般为当家人和长子使用,中房和后房为其他子女使用,家中来了客人一般都安排在中房。

2.代代相传几代同住

曹家的房子祖祖辈辈相传,子辈从父辈手中继承房子。房屋最初是太祖父曹承信在本家族中的"霸王"家购买而来,而后一直传承给自己的子孙,父传子、子传孙,房屋在男性家庭成员之间流传。曹道芬听父辈说起过房屋是购买而来的,具体花了多少钱,几代人都表示不太清楚,只是知道是太祖父在外做生意赚的一点钱。买这个房子是因为在家户受到了歧视,太祖父曹承信为了争一口气,所以才立志必须要在村内买到一栋较好的房子。到曹道芬这一代,这个房子已经居住了曹家四代人。1949 年以前,曹道芬的母亲、三叔曹惟翱和妻子以及曹家三兄弟的小家庭都是一起生活在这个屋子里,房屋会继续保持从前的模样,如果不遇到拆迁或者房屋倒塌的情况,这个房屋将会继续传给曹家的后代。

3.长幼有序分配居住

(1)长辈享有房屋优先使用权

在曹家的家庭成员看来,曹家的房屋是属于全家人的,而不是属于某个人所有。曹家的祖辈各代,当家人都是家里的长辈,也都是一家之主,在家中享有主体地位,是家户中的主要当家人,也是一个家户的象征,当家人具有房屋的优先使用权,但是并不代表房屋是属于当家人的。曹家的房屋不和其他人共有,主房屋为家户成员共同所有,不管是否分家,房屋都会由当家人分配给自己的儿子,包括厅堂、房间和阁楼都会按照一定的标准,平均分配给自己的子孙。家户中的各个小家庭,都有专属于自己的房间和阁楼,厅堂的所有权会分配到个人,但空间一直会作为公共场所,为家户成员共同活动的地方,以保证家户的团结和统一。房子靠右边的前房为当家人使用,在曹道芬这一代以前,父亲的大哥曹惟翘住在右边前房,父亲曹惟翔住在左边的前房,右边的中房是父亲的三弟曹惟翱的,也就是曹道芬过继的家庭;在曹道芬这一代,母亲住在右边的前房,大哥曹道苞住在左边的前房,曹道芬继承三叔右边的中房,二哥曹道莊住在左边的中房。家里的房间都是按照既定的规矩安排,充分体现了对长辈的尊重。如果遇到有客人来,并且需要安排住宿的,会有相应的调整和安排,一般情况下全家人都会按照分配的房间进行居住。

(2)血缘关系:男性继承的依据

曹家的房屋,在未分家之前,房屋产权归家庭成员中的男性所有,拥有所有权的包括曹道芬,他的大哥曹道苞和二哥曹道莊,虽然两个哥哥经常外出,但是因为具有血缘关系,同时也是家里的男性成员,同样是房屋所有权的享有者。娶进门的大嫂包桂英和二嫂张二秀,不享有房屋的所有权,但是享有房屋的使用权。嫁出去的女儿同样不享有房屋的所有权,如果回娘家,还是享有房屋的使用权;如果是没有出嫁的女儿,同样只享有使用权,而不享有所有权。未成年的儿童如果是男性,也享有所有权的继承权,女性则不享有。入赘的女婿,也算是家庭成员,但是因为没有血缘关系,不享有房屋的所有权。分家之后,家户中各个小家庭,享有属于自己的房屋的所有权,范围也仅局限于男性,其他规则与家户保持一致。如果是一些家户还存在常住家里的其他非家庭成员,像管家、保姆和长工之类的,也同样不享有房屋的所有权。房屋的所有权享有具有一定的资格和范围,一直是这个村庄延续下来的不变的传统。

(3)认可房屋家户所有

曹道芬个人认为,相对于个人所有,他更倾向于认为房屋应该是属于全家人所有的,认为应该将房屋的所有权分配到家庭成员的每一个人,当然是除了已经出嫁的或者即将出嫁的女儿之外,娶进门的媳妇、入赘的女婿都属于家庭成员,应该享有房屋的所有权。所有权属于全家人的房屋,更有利于家庭和睦,更少地出现当家人个人专断的现象,进而也减少了家庭纠纷和矛盾的发生。并且他认为当家人相比其他家庭成员,在房屋产权上更具有一定的权利。当家人是象征,家庭是主要的,个人是其次的,有主有次,才能有利于一个家庭的稳定和和谐。

4.房屋边界多样、产权清晰

(1)实体边界多样,四周留足空间

曹家的房屋与四邻的房屋都有边界,物理边界既可以减少争端,也充当公共空间为更多的人提供便利。首先,曹家的房屋与前后人家的房屋都是以房檐滴水为边界,这是祖宗留下来的传统,在房檐滴水以内都属于家户房屋产权的一部分。一般在盖房子的时候,相邻两家都会提前计算好各家的房檐应该延伸到何处,两家的屋檐之间还应该留多宽的距离,一是将每家的房屋区分开来,二是以避免将来不必要的争端。其次,曹家与左边的房屋共墙,就是两家人的房屋共用一堵墙,自然而然,这堵墙就成为了两间房子的边界。共墙的原因是因为两个家户的房屋本来属于一体。最初的时候,主人将其卖给了两个家户,所以两家共墙,成了两个家庭共有的一部分财产,长期以来也没有因这个发生过矛盾。曹家的房屋右边是曹氏祠堂,以路相隔,大概一米左右,不管是私人还是公家,不仅不能越过房屋的边界修建房子,同时还得在两家的房屋中间留下必要的空间,被称为公共空间,既方便双方的出行,也给其他需要过路的家户提供了便利,这就是所谓的"人要量,屋要巷",不仅人和人之间需要一定的距离,房屋之间也需要。

（2）使用权分内外,继承权分男女

曹家的房屋归曹家所有的家庭成员使用,不管男女老少,或者未出嫁的女儿,以及已经出嫁的女儿,都具有使用权。包括管家、长工等在内的外人,都不具有使用权,他们不能不经过当家人的同意就使用属于别人家的房屋。房屋的继承权属于曹家的男性,女性不具有继承权,外人同样不享有。如果已经分家,具有继承权的只能是家户中小家庭的男性,因为继承权具有单元性和血缘性特征。

（3）心理认识清晰,坚决不允侵占

生活在同一个屋檐下的所有家庭成员,都能够清晰地认识到房屋的属性,包括房屋大小、房屋年限、房屋归谁所有、房屋如何分配,最重要的一点是对自家的房屋具有清晰的心理认同,房屋归全家人所有和使用。自家住的地方和生活的地方,自家人具有绝对的所有权,对于别家的房屋产权也有清晰的认可,不会随意干涉或侵占,也不会允许自家的房屋被别人干涉和侵占。

（4）房屋独立管理,不受他人干涉

曹家的房屋由曹家家庭成员进行管理,涉及房屋的买卖、拆除、修缮、重建等活动,家里的长辈和当家人会与家庭成员共同商量,在得到大家一致认可的情况下,才能最终决定是否进行某些行为。协商的内容包括需要修缮房屋的哪个部分、什么时候改造,或者需要花费多少钱等,这样所有家庭成员才能够清晰的认识到房屋将会发生什么变化,同时也会获得到一种心理满足,觉得自己也有权利参与房屋的改造,有一种得到了尊重的感觉。但是涉及自家房屋的所有行为,商量和决定的范围都只局限于家庭成员,外人无权干涉,这个外人也包括宗族、族长,村庄和村庄的干部等。分家之后,家户中的各个小家庭,都有权决定自家房屋的买卖、拆除、修缮和重建,这个时候父母、兄弟可以提出意见,小家庭的当家人可以听,也可以不听,决定权在小家庭的当家人手中。但是如果遇到小家庭中的房屋与家户中的房屋存在公共空间或者重合的部分,即便是分家后的父母、年长的兄弟,都有权力进行干涉,但是由于始终是一家人,其中的商量余地很大,不会出现很大的矛盾。

5.房屋修建不侵犯整体和四邻利益

一个家户的房屋如果要进行买卖、典当、出租、建造等活动,都必须事先问过家里的长辈或者当家人,当家人在房屋的处置过程中具有绝对的支配地位。曹家的房屋是从曹道芬的太祖父曹承信的手中购买来的,在1949年以前,没有进行过买卖、典当、出租等活动,但是经历过几次修建。修建也是因为考虑到房屋的破损程度,为了避免更大的破坏,每次都是由曹道芬提出,后与母亲胡奎俚和哥哥们一起商量,然后决定何时开始修建。即便是属于小家庭所有的房间,如果遇到破损,当家人也有权力要求其自行进行修缮,因为房屋是一个整体,如果一个地方的破损不及时进行修缮的话,很容易导致整个房屋的破损,最终会损害到所有家庭成员的利益。所以当家人在这个时候,对属于家户的房屋具有绝对的支配权,无论是否分家。房屋的修缮,在不侵害家户整体利益的同时,不能侵害四邻的利益。因此家户在决定进行房屋修缮的时候,需要告知四邻,四邻在确定本人利益不受侵害之后,便会同意修缮行为。一般房屋的修缮都是在原有的基础之上进行小修小补,所以不会出现很大的矛盾事由。

房屋的分配一般是在家庭成员处于比较稳定的时期进行, 这个期间很少会出现家庭人员新增或者减少的情况。而且具有房屋所有权的也只有家户中同代的男性,真的出现家庭成员中的男性新增或者减少的情况时,当家人可以对房屋空间的使用进行重新调配,否则会一直按照分配和继承的方式继续传给自己小家庭的后代。

6.成员提议参与房屋活动

在涉及房屋的买卖、典当、修建等活动中,起绝对支配作用的是当家人,其他家庭成员的支配能力比较弱,但是他们享有知情权,建议权。"人多点子也多",家里的人一起商量,比一个人做决定要好很多。如果当家人不在,其他人会事先通知当家人,然后等当家人回来做决定。母亲是内当家人,即便是身为外当家人也不能替儿子做决定。其他家庭成员可以提意见,当家人也会适当听取,如果是当家已经做出决定,其他家庭成员一般都会表示同意。曹家的房屋没有出现过被侵占的现象。

7.房屋产权为外界认可和保护

斋楼村的村民大多世代为农,民风淳朴,村民之间都能够和谐相处,对于各家的房屋,彼此都认可。曹家周围的邻居,都对他们家房屋的所有权表示尊重和承认,同时,曹家的家庭成员也认可四邻对房屋的所有权。整个村庄几乎没有发生过房屋被侵占的现象。无论是村民、家族中的其他成员,还是县政府、乡公所,都对各家的房屋表示认可,同时它们也不能随意支配。如果村中有家户遇到房屋被侵占的情况,本家族成员、本村村民、县政府和乡公所都会出面进行保护和协调。1949年以前的房屋没有房产证或者"红头契约"等纸质凭证,政府出面保护的力量相对较弱。

(三)生产资料产权

1949年以前,曹家有一辆风车和一辆水车两样大型农具,必要的耕地工具犁、耙及其他小型农具齐全。大型生产资料继承所得,小型生产工具购买补充,为曹家家庭成员共同所有。当家人对生产资料具有最高地位,其他家庭成员属于从属地位,生产资料的购买、修缮、外借等行为,都由家户独立支配,外界不得干涉。

1.生产资料齐全,有外借

(1)小型农具齐全,大型农具足用

作为以农业为生的家庭,犁、耙为必要农具,除了几样大型农具之外,必要的小型农具,如簸箕、锄头、竹笆、镰刀等,曹家都有。以土地为生的农民,一家人种地,如果连种地的工具都没有,拿什么去种几十亩地?拿什么去养活一家人?曹家的大部分农具是从祖辈手中流传下来的,尤其是大型农具,添置一件大型农具可以用几十年,而且它们也不容易坏;曹家的小型农具,其中也有一些从祖辈那儿得到,坏了的,要么修补继续用,要么重新添置。如果在农业生产过程中需要新的农具,也会一并添置。在从事整个农业生产过程中,曹家的农用工具基本上够用,偶尔农具不用的时候,也会借给邻居或者其他需要的人。

(2)两头牛,耕地够用

曹家有两头牛作为耕地的牲口,在南方地区,主要由牛来进行耕地,没有像北方的马、驴、骡等牲口。其中的一头牛是曹道芬的三叔曹惟翱留下的,另外一头是租种别人的15亩土地之后，由于耕牛不够用，然后一家人一起出钱买的，买的时候还是一头小牛，后来慢慢养大。牛陪伴了曹道芬的整个童年和青年的生活，家里的耕牛也同样没有停止过耕地劳动，"好马不停蹄，好牛不停犁"，一头牛从开始被训练为耕牛直到老去，都离不开它的犁和耙。在1949年以前，也没有其他什么交通工具，没有什么代步工具，所有的出行都靠步行，牛也只是会用来耕地，不会用来拉车。

2.大型资料继承，小型资料购买

曹家的生产资料，一部分是继承父辈曹惟翔而来，一部分继承三叔曹惟翱而来，还有一部分是在农业生产过程中，因不同的需要而慢慢添置购买。曹家有两头牛，其中的一头牛是后期买的；一些简单的小农具需要的时候才买，也不贵；大型农具基本上都是继承而来。购买生产资料的钱是曹家家庭收入，也就是来自农业生产，是种的水稻和大豆卖了之后的家庭收入。曹家世代都没有做木匠的人，因此家里制作农具，都是在外请人制作。曹家的生产资料完全属于他们一家人所有，没有出现劳动工具或者耕牛与其他人家共有或共用的情况。家里的生产资料基本上都齐全，但是如果家里有需要，也有能力的话，就会将家中的生产工具换新，或者添置齐全。在遇到邻居或者外人需要借用的时候，曹家成员都会很大方地将家里的生产工具借给别人使用。

3.生产资料家户成员所有

曹道芬认为家里的农具、牲畜应该属于全家人所有，而不属于某个个人所有。即使曹道芬自己作为当家人，也不认为家里的这些生产资料是属于他个人的，而是认为全家人都有份。在1949年前，没有分家的时候，曹家的生产资料都是全家人共同使用，共同出资购买添置，没有属于某个个人所有的或某个小家庭所有的情况。

曹道芬认为，家里的生产资料，家户中所有家庭成员都有份，除去外嫁的女儿。曹道芬和村里老一辈的人的看法是一样的，女儿都是别人家的人，俗话说"嫁出去的女儿，泼出去的水"，在出嫁之前，属于家户成员，但是出嫁之后就不再是家户成员了。因此，女儿不具有所有权，也没有继承权，只具有生产资料的使用权。其他家庭成员，无论是娶进门、入赘、未成年的，还是已经外出务工的，都是曹家的家庭成员，对家庭的生产资料都具有所有权。一方面是由于生产资料是祖辈留给整个家庭用于农业生产的，不像土地和房屋那样可以按照条块、多少分配，生产工具具有流动性；另一方面，一些补置的生产资料由全家人共同出资购买，所用资金是全家人共同的农业生产劳动所得，于情于理，生产资料应由全家人共同享有。曹道芬认为，生产资料属于全家人所有，这样不仅有利于家庭齐心协力投身于农业生产，还有利于促进家庭和谐发展。当家人在对家庭的生产资料支配权力，并没有像对土地和房屋的支配权力那样至高无上。曹道芬认为，生产资料用于农业生产，只要能提高效率，帮助家庭发展农业生产，获得更高的产量，生产资料才算是发挥出了最大的功效。如果仅仅是纠结于生产资料的所有权问题，而忽视家庭发展问题，家户将很难发展壮大。

4.生产资料行为的家户独立性

（1）当家人决定购买、维修行为

在农业生产过程中，遇到农具损坏，或缺少某件农具而需要购买、维修或者借用的时候，家庭成员都可以向当家人提出，而不是由当家人一个或两个人提出或者安排。一方面，在家里进行农业生产缺少某种农具时,当家人会出面去找邻居、亲戚暂时借用;另一方面,当家人也会尽快安排维修和购买生产工具,以免耽误家里的生产进度。曹家种了19亩地,曹道芬是家里的主要男劳动力,大哥曹道苞和二哥曹道�在农忙的时候也是主要劳动力,家中其他女劳动力起辅助作用。在日常的农业生产过程中,家里需要添置或者维修生产资料,曹道芬都知道,碰到他不在的情况,家庭其他成员也可以和母亲胡奎俚商量,然后决定购买和维修,待曹道芬回去之后,家里人向当家人汇报一句"家里修了什么,买了什么",曹家在这个方面没有出现过差错。

(2)购买、维修和借用行为不受干涉

曹家的生产资料,在购买活动、维修活动以及借用活动中,家户内可以自己决定,不用告知和请示四邻、家族和保甲长等。一方面,当家人可以自己决定,当外当家人在的时候,由外当家人决定,当外当家人不在的时候,由内当家人决定;另一方面,家庭成员也可以决定,只是要告知外当家人或者内当家人。购买和维修的费用由家户收入承担,在借用过程中,关系好的村民,曹家人都可以在他们那里借到东西,如果需要当家人出面才能借到的,成员会告知他,然后选择适当的时候去借用。

5.成员意见影响当家人支配权

曹家生产资料的购买、维修和借用等活动,曹道芬为主要支配者。"要想家庭好,事事多商讨",在曹家,家里的其他成员在遇到各种情况时都可以提意见,只要是有利于家庭的农业生产劳动,曹道芬在做决定之前都会参考其他人的意见。如果遇到曹道芬不在的情况,家里的其他人,如他的大嫂包桂英和二嫂张二秀,可以事先向母亲胡奎俚征求意见,然后做决定,等曹道芬回来的时候再告知他便可。曹家的农具和牲口都比较齐全,大多数情况下,农具需要购买和维修的情况比较多,而需要借用其他农户生产资料的情况比较少。此外,曹家的生产资料没有被外人侵占过,曹家也没有去侵占过其他农户家的生产资料,家里世代从事着自给自足的小农生产。

6.外界保护家户生产资料产权

在所有人看来,各家各户的生产资料都归各家户所有,如果不属于这个家庭的成员,就无权占有和使用,更不能随意的侵占,如果出现这种情况,那个人将会受到来自村里的所有村民的谴责。不仅不能随意侵占,而且也没权利干涉各家各户生产资料的各种行为和活动,也无权知情。如果需要买卖或者借用某种生产资料,当事人需要与当家人商量,只有经过当家人同意才能买卖和借用,如果当家人不同意,外人包括其他家庭成员则不能强行要求,而是应该尊重当家人的意见。

村庄和政府对各家各户的生产资料都具有一定的保护作用,他们也同样不能随意侵占或者干涉每家的生产资料的活动状况。在本村中如果有村民家的生产资料遭到侵犯,村庄会出面进行解决,如果是村庄内不能解决或者解决不了,政府会出面解决。

(四)生活资料产权

曹家为曹氏家族一员,公共场所晒场和公共物品水井等为家族共有;此外,曹家为未分家家庭,家户生活资料齐全,桌子、椅子和板凳都有,油盐酱醋等家庭必备生活用品都不缺,基本能够自己自足。在生活资料的购买、维修和借用方面,当家人起相对支配作用,其他家庭成员均可参与,但是具有一定的排外性,全家人共同维护家户利益。

1.生活资料由家族家户分别提供

1949年以前,村里有6大姓氏,家族在家户的农业生产和生活方面给予了很大的便利,曹家用于晾晒谷子的地方以及获得生活用水的水井,都是曹氏家族成员共有和共用的。各种公共场所和公共空间都是由家族提供,一是让公共物品发挥最大功效;二是减少各家户之间可能出现的不必要的争端。每个姓氏下面都有属于自己的晒场,曹氏家族的晒场共有10亩,分布于曹氏家族的各大空地之中,属于整个家族而不属于某个家户所有。曹氏家族的晒场离曹家大概有500米的距离,在村庄的东北方向,和张姓的晒场挨在一起。水井也和晒场相同,都为每个姓氏的家族所有。1949年以前,斋楼村张氏家族下面有2口水井,粮氏家族下有1口水井,曹氏家族下也有1口水井,在曹道芬的记忆里,这4口水井都有很多年的历史,就曹氏家族的水井来说,已经有二百多年的历史了,所以关于修这些水井花了多少钱,曹道芬表示也不清楚。曹家有一个属于自家的磨和碾,这两个工具都是加工大豆需要用到的,是从曹道芬爷爷曹先炳手里传下来的,具体花费也不得而知。家里的桌子、椅子和板凳等都有,油盐酱醋等家庭必备生活用品,曹家也比较齐全,一大家子要吃饭,没有必要的生活用品生活不下去。

2.生活资料家户自给自足

曹家的磨和碾为继承而来,这些生活资料一般都较为耐用且不易损坏,能够长时期保存,曹家的磨和碾,由曹道芬的祖父曹先炳添置而留给自己的后代;曹家平时家用的桌子、椅子和凳子,一些是继承父亲曹惟翔和三叔曹惟翱的,一些新添置的家具,是家里请木匠重新制作的,曹家没有人会木匠这项手艺,所以只能请木匠,打造家具的花费来自于家庭收入;1949年之前,大哥曹道苞和二哥曹道莅就开始做一些小生意,其中就包括卖油。曹家的日常生活,家里的人大概一个月一个人需要1斤油、半斤盐的样子,按照这个用度,家里基本上都会按时添置,从而保证家里的生活用品都是充足的。曹家所用的油盐酱醋大部分是来自于自家出去做小生意所剩或者多进货的原料,减少了不必要的浪费,所以大多数情况下,曹家的居家生活资料都能够自给自足。

3.生活资料具有排外性

（1）家户所有,成员具有排他性

曹道芬认为家里的生活资料属于全家人,不是某个个人或者是某个小家庭所有。就像一家人吃饭,粮食是一家人一起种出来的,米、油、盐是一家人生产赚钱所得换来的,一家人一起生活,一起享有家庭的收获,即使是当年收成不好,一家人一起吃苦也很快乐。曹家没有其他人共有生活资料,所有的生活资料都是大家庭所有。

曹家人,不论当家人,还是其他家庭成员,都认为家里的生活资料是家庭成员共有的,人人都有份,而不是某个个人所有。外出打工的人也有份,无论是娶进来的媳妇,还是入赘的女婿都有份。但是嫁出去的女儿只有使用权,而没有所有权。如果是一家人已经分家了,在分家的时候基本上都会对生活资料进行分配,所以分家之后他不再享有之前家户的生活资料所有权。曹家除了一家人之外,没有其他非家庭成员,如果是家里还存在像管家、保姆、长工等人,他们只有在当家人同意的情况下才享有生活资料的使用权,而没有所有权。分家之后,各个小家庭都有属于自己家庭的生活资料,其他家庭成员在小家庭当家人同意的情况下可以使用,但是不能支配。

（2）认可生活资料家户所有

在过去生活条件比较艰苦的情况下，很少有一般条件的家户会坚持一起生活，但是曹家人却坚持在一起过日子。生活条件差、家庭压力大，一家人都很珍惜，在日常的生活中，所有人都能够尊老爱幼，过着节约简朴的生活。家户的生产资料，部分由继承所得，部分由共同生产劳动所得，应该属于全家人所有，应该将生活资料所有权分配到每一个人，这样一个家庭才能和睦。当家人应该是主心骨，为全家人能够更好的生活，而发挥带头表率作用。

4.一家人共同支配生活资料

当家人是一个家庭的核心，在大多方面都处于支配地位，曹家的当家人在生活资料支配活动中处于相对支配地位。母亲胡奎俚和曹道芬享有名义上的支配权，但是其他家庭成员也有支配权。曹家的生活资料一般由当家人安排，同时也会听取其他家庭成员的意见。如果是家里遇到要购买、维修或者借用某些生活资料，而当家人又不在的情况，其他家庭成员可以告知母亲胡奎俚，与母亲一起商量之决定生活资料买多少、什么时候去买、去找谁借、什么时候去维修等。这些活动都不需要请示四邻、当家人或者保甲长等，他们都无权干涉家户的这些行为。家里的饮食一般由母亲安排，然后告知轮流做饭的媳妇儿，柴米油盐的事情主要由家里的女性承担，因为家务主要是她们在做，生活上的事情会清楚一点。需要补给什么，告知当家人即可，购买生活用品的事情，基本上都是由男性做主。

5.全族协力保护生活资料

在1949年以前，曹家的生活资料没有被别人侵占过，但是有差点被侵占的情况。当时因为养父生病，家里急需用钱，所以找了村上一户人家借了五块钱，借钱的时候，说好的是还五石粮食①，后来在还粮的时候，那家人不干，说"加上利息一共得还七石粮食"。闹了之后，两家人都不高兴了，曹家人知道了情况之后，全家人据理力争，村里的人知道后，都站在曹家这一边。那家人也自知理亏，在收下五担粮食之后没有再说什么，这件事便不了了之。村里的一些恶势力存在一些不正当的行为，具侵犯他人利益的倾向，但是所有的事情和行为都在村民的眼皮子底下，大家每天抬头不见低头见，很多时候也不会太过分，差不多会私下解决。一般如果村里有人被欺负，他们一家人或者整个家族都会站出来保护这个家庭的利益，谁也忍受不了自家人被别人欺负。村里的人也会站出来替他们说话，村里人都普遍有一种自我保护意识，以及看不惯强者欺负弱者的行为。

二、家户经营

曹家的家户经营模式为家户内部农商结合形成的农商互补经济。生产资料方面充分自给自足，自有土地4亩，租种土地15亩；劳动力充足、无雇工，生产劳动合理分工，农忙之时会请工；耕牛和农具既有继承也有购买，够用且有外借。农业生产过程方面，男耕女织，通力合作，独立、有规律地安排农业生产，充分确保自足；商业方面，曹家除经营农业，饲养家禽之外，还有人外出经商，以补贴家用。曹家家庭收入以农业收成为主，以副业增添收益、改善生活品质，从而实现了充分地自给自足。

---

① 500斤粮食，一石为100斤。

(一)生产资料

曹家自有土地 4 亩,租种土地 15 亩,共有可用劳动力 7 人,耕牛两头够自家使用,农具使用能够充分自给,需要向外借"滚耙"。曹家的妇女也会参与农业生产,劳动力充足,无雇工情况;在农忙之际,曹家会外出请工,以应付最佳的农业生产时间。

1.劳动力充足无雇工

1949 年以前,曹家一共有七个劳动力,母亲胡奎俚大概六十岁左右,还能从事一些简单的劳动,家里的主要劳动力有曹道芬、大哥曹道苞和二哥曹道莅,女性劳动力有妻子李玉莲和两个嫂子。所有的劳动力都能参与家庭生产,在比较早的时候,到田里干活的女性比较少,去了也一般是干"放水"①之类的活;后面由于家户的农业劳动强度的加大,女性也慢慢在农忙的时候参与到农业生产之中。农闲的时候,妇女一般都是在家做家务,或者做一些简单的劳动,比如除草、种菜,这些菜园里面的农活都是妇女在干。菜园的种植和管理关系到一家人的日常生活,"种瓜得瓜,种豆得豆",只有种了这种菜,家人才能吃上。除此之外,还得勤快,俗话说"菜园就要沿,不沿不问变荒原",哪一年要是菜园没有利用好,下一年的收成就可能出问题了。妇女没事的时候,都集中在家纺纱织布,充分利用家里的劳动力,也能补贴一点家用。曹家人都比较勤快,不管男女,都是积极主动地参与到家庭的生产劳动之中,家里的三叔曹惟翱和三婶尹八香,由于身体不好,没有参与过农业生产,但是在家的时候,还是会干一些力所能及的事情。其他家庭成员在生病或者干不了农活的时候,也可以休息不去,大家都能够互相理解。家里年纪太小的儿童一般不会被要求去干农活,7 岁以后会让他们去放牛或者割草。曹道芬本人 7 岁开始帮助家里干活,然后 11 岁就开始下地干农活,因为得趁着自己的三叔还能教自己耕地以及其他的一些劳动的时候,他得早点学会,这样才能在没有父亲的情况下,从三叔那里接下种地这一重担,维持一家人的生存。

2.农忙外出请工

1949 年以前,曹家的劳动力够用,家里的家务,家外的生产,都还能应付过来。在农闲的时候,两个哥哥会出去做点小生意;农忙的时候都会回家帮助家人一起干农活,曹家人没有出去给别人当过长工或者短工,只是一家人自己干活经营。农忙实在忙不过来的时候,曹家也请过工,因为到了必须要收割水稻的时候,如果不能按时把粮食收回家,粮食的产量就会受到一定的影响,所以紧急的时候,家里会请工以应付,以免错过最好的收割时间。除了请工,曹家没有进行过换工,村里换工的也很少,因为村里农忙的时间基本上都一样,没有人能抽空去帮别人,所以说,要请工也得去外地请人。不过在 1949 年以前,只有家里有钱的才能雇得起工,有雇长工的,也有雇短工的,曹家家里劳动力还算是够用,加上也没有多余的钱拿去雇工,所以家里只是偶尔在农忙的时候才请工。

是否请工一般是由当家人安排,对于农业劳动的生产安排,曹道芬都会有自己的打算。看到地里忙到一定时期,忙不过来的时候,会及时联系人,然后告知自己家里人,让农活有条不紊地进行。请工不用请示四邻或者家族、保甲长等,都由自家决定。曹家人请工一般都是去外地,永丰②去得比较多,经常请的一些人,都是些普通人,没有其他特殊的关系,之前双方有

---

① 给农田进行灌溉。
② 吉安市的另外一个县。

过干活的往来,觉得他们干活都还行,才会继续请他们。每次一般都是请五个人,两个人割稻子,三个人打谷子;或者相反的人员安排也可以。请工的报酬是按照割稻子的垛数和打谷子的筐数来付钱,钱都是曹家上一年种稻子、大豆和做生意存下来的家庭收入,由当家人支配,然后告知家里的其他人。

3.土地不足,租佃为主

1949 年以前,曹家一共有自有土地 4 亩,一家 10 口人要吃饭,耕种自家的土地,根本不够维持一家人的生计,所以还出去租种了别人的 15 亩土地。其中一部分是一家在外地做生意家户的,家里的地没人耕种;另一部分是曹氏家族公共的土地。租种不同对象的地,得和不同的人说,公家的地和公家管事的说,各家的和各家的当家人说。曹家租的 15 亩地一共租了6 年,公家的租金是 2 石/亩,私人的是 2 石~4 石/亩不等,看当年的收成如何。租金的多少,都是双方协商来的,互相同意的就会租,不同意的也就不会租。

出去租土地由曹道芬安排,因为他是当家人,家里就他一个比较擅长农业生产,一家人不够维持生活,只能去种别人家的地。曹家可以自己安排和佃主进行面谈,不用告知或者请示四邻、家族成员或者保甲长等。一般佃主出租土地都会优先给本姓氏村民,一方面是对他们知根知底,便于沟通;另一方面也是为了尽可能帮本姓村民或者本族村民,要是本姓氏里面没人租种土地,才会考虑其他姓氏的村民。不过还有一个条件就是那个租种土地的家户还得勤快,不勤快的,也不会考虑给他种。双方同意租出与租入,一般这两家人的关系还比较好,要是关系差的话,肯定是不会租的。

在村里,想要租地还是比较简单的,村里有几户村民出去经商,家里的土地无人耕种,都会给村里的人种,加上村里每个姓氏下面也有一些公地,也都会出租出去给本村村民耕种,只要你愿意种,勤快。租种一般都是在本村范围之内,很少有出村去租种别人家地的情况。租别人的地,不用给佃主送礼,如果碰到有几家同时要租种的话,佃主自己也会按照关系的亲疏来决定给谁种,先满足关系较亲密的人,再考虑关系一般的人,大家心里会有这种默认的情绪在。只要给了你地种,也不用特意去讨好或者巴结,如果佃主需要你帮他们家干活,佃主得付工资,不会说因为租了他们家的土地就要白给他干活。遇到过年的时候,佃户一般还是会去给佃主家拜年,曹家人都认为应该和佃主家搞好关系,这样如果遇到灾荒歉收的年间,还有商量减租的余地。如果是佃户不想租种了,也可以向佃主提出,一般都会同意,不是遇到什么特殊情况,一般不会提前退租。曹家租种土地一直延续到 1952 年的土地改革,分了地之后才没有租种别人家的土地。

4.两头牛,够用能外借

1949 年以前,曹家一共有两头牛,其中一头是曹道芬在 1945 年抗日的那一年买的,还是一头有 4 只角的牛。这两头牛一般够自己家的耕作需要,两头牛用来耕种 19 亩土地,只有农忙的时候会吃力一点,农闲之时比较轻松。曹家没有和其他人家共用一头牛的情况,也很少会出去借别人家的牛,没有和其他人家耕牛伙养或者套养的情况。邻居或者村里人需要借用的时候,曹家人也会把自家的牛借给他们,不过得是在自家的牛空着的时候,如果遇到自己家也在用牛或者马上要用牛的时候,曹家也会和借的人说明情况,然后允诺只要自己的家牛空闲时,就借给他们。

5.农具自给,借"滚耙"

曹家的农具,其中的大型铁具基本上都是祖辈留下来的,木具之类的农具都是购买现成的或者请木匠制作。曹家没有会制作农具这类东西的人,基本上家里的农具都会想办法配置齐全,没有和其他人共用一个农具的情况,但是和曹氏家族内的其他人,互相之间会借用农具。就比如曹家向外借的比较多的就是"滚耙",家里没这个东西,曹家一般都是先找亲戚借,亲戚家的"滚耙"不空的时候,才会去找邻居借。由当家人去借,借的时候也不需要带礼物,借多久也没有期限,用完了就还,还的时候还是由当家人去,因为关系比较好,所以都不需要支付报酬。还之前,都会检查农具是否完好,坏了的需要修补好或者由弄坏了的家庭出钱重新买一个新的。"有借有还,再借不难",无论是借亲戚家的,还是邻居家的,都得保证完好无损还给别人,这样才能维持好相互之间的关系。在1949年之前,在村里借一些农具都还比较方便,实在是不方便借的,家里都会考虑自家添置,所以在借了几次"滚耙"之后,曹家自己家里也买了一个,也省得每次都去麻烦别人。

(二)生产过程

曹家以种植农业为主,以外出做生意、饲养家禽方式补贴家用。在农业生产过程中,男女分工合作,适时安排耕地、浸种、插秧、维护和收割各个环节,从而保证粮食亩产,以维持家用。此外,曹家的女性负责养猪,男性负责外出做小买卖以补贴家户消费。曹家还有一独门手艺——打锣鼓,逐代传承没有长幼之分,保证手艺不断即可。

1.分工又合作,以时节定生产环节

(1)男主外、女主内,通力合作

1949年以前,曹家除了从事农业耕作,偶尔还会饲养一些家禽,比如养1~2头猪,为家里补贴家用。曹家还有一眼鱼塘,鱼塘一年大概能够有200斤鱼的收获。除了这些之外,曹家没有从事其他手工业,但是在生产活动中以农业耕作为主,饲养类的都是附带的。针对不同的生产活动,曹家人都有合适的分工,比如母亲胡奎俚、曹道芬的妻子李玉莲和两个嫂子,除了干一些家务活之外,养猪是她们主要干的事情,比如说喂猪食、拔猪草等这些活;耕地和养鱼的事情主要由男性劳动力来干,因为体力活会比较多。在曹道芬看来,便是男主外、女主内,照顾长幼,男女合理分工,大家都干好自己分内的事情,家里的生产劳动便完成了大半。

在农业生产的不同过程中,男女既有分工也有搭配使用,古有一句话说的便是"男女搭配,干活不累"。其中的耕地、耙地和灌溉等基本上都是由家里的男劳动力单独完成,女性一般不参与其中,因为太辛苦了;其中的平整晒场、收集粪便之类的活,都由家里的女劳动力承担,可以干活的小孩子也会被安排参与,成年的男性可以不管;除这些之外,如插秧、除草、割稻子都是男女共同完成,因为这几项劳动需要的劳动力数量比较多,劳动强度较大,需要持续的时间也比较长,所以一般家里的女性也会一起参与,从而减轻男性的生产压力。

(2)农业生产独立安排

曹家一年的农业耕作的基本安排,是上半年种植水稻,下半年立秋的时候播撒大豆的种子。水稻一般是清明之前下田,预示着要开始进行新一年的耕作了。清明下种,当地有句古话叫作"懵懵懂懂,清明浸种",清明时节,大地回暖,种子"捂一捂"就能发芽,最适合秧苗的成

长;交夏①耕地、插秧;然后"小水"小收割,"大水"大收割,当地还有一句关于割稻子节点的俗语,那就是"大暑不割禾,一夜掉一箩"。在水稻的生长期间,对水田的管理也非常重要,天时、地利,如果庄稼人不好好管理的话,也是没有好收成的。"有收没收在于种,收多收少在于管",正应了这个道理。有了这些俗语,加上常年的耕作经验,曹家每年的农业生产安排都能够顺利进行。在收割完水稻之后,村里普遍会把稻杆回收,作为家里烧火做饭的燃料,每家每户都有一个堆稻杆的屋子,作为储存燃料的地方。在收割完地里的水稻之后,便会种上大豆,有些不常走、比较大的田埂边缘也会种上几株,"田边地角不要丢,种上作物就有收",每一个以土地为生的种地人都会有这么一种想法。曹家种植水稻和大豆的面积是一致的,家里可以种的15亩土地都会被充分利用上。种什么、种多少,基本上都是按照老一辈的惯例延续下来的,家里人没有什么意见,对于农业生产过程中的一些情况,家里人也可以提意见,一家人肯定是为家里能够更好。所有的关于农业生产的安排都是自家人决定的,不用告知四邻、家族其他成员,也不用告知保甲长等,其他人都没有权力干涉各家的农业安排。

(3)农业生产环节安排

1949年以前,曹家的农业生产活动安排具体是这样的,比如4月份为春耕时期,曹道芬会安排育种,并告知自己的大哥曹道苞和二哥曹道茬,暂时不要出门做生意,留在家里先把地耕了,曹道苞不怎么会犁地,所以家里的地基本上由曹道芬和二哥曹道茬两个人完成。等到秧苗长到一定程度,便会安排家里除了老人和小孩的劳动力开始插秧。在插完所有田地的秧苗之后,该出去做生意的还是会出去,剩下的耕作程序基本上由曹道芬一人解决。到了7月份,差不多该收割了,又是一家人聚集在一起劳动的时候,这时会比较忙,所以在忙不过来的时候,家里也会安排请工,从而保证在交完租粮之后,家里还能剩比较多的粮食。农忙的时候,基本上都会有一种行为叫"打早",因为七八月的天气会比较热,村里的人普遍会选择凌晨三四点出门,先忙一段时间。家里的母亲胡奎俚会为在地里忙的人准备好早饭并准时送到地里。大家吃完早饭之后,除了生病和不能劳动的人,又会一起下地劳动,这样劳动的时间就分成了早上、上午和下午三段,大大地提高了劳动生产的效率。家里的老人和小孩,不能从事重活的,会留在家里,隔一段时间翻转一下晒场里晒的谷子,以及在遇到下雨天气能够及时把家里晒的稻谷收回家。全家人分工合作,都干好自己的本职工作,大大提高了干活的效率。

2.养猪补贴家用,养牛耕地

(1)养猪卖

1949年以前,曹家养了两头牛,偶尔也会养一到两头猪,喂养牲畜的人一般是家里的几个女性,母亲胡奎俚,妻子李玉莲和两个嫂子,谁有空谁就负责。男的一般不会管家里养的这些家禽,被认为是应该承担家里主要重活的他们,会自觉地干那些除了种地之外的家里的其他重活。如果家里打算养猪的话,一般在二月或者三月的时候母亲胡奎俚会提出,然后曹道芬会安排购买小猪仔,养个十来个月,到12月份入冬的时候便卖出去。喂给猪吃的猪食,大多是米糠、家里剩的菜水之类的。1949年以前,很少有其他的饲料,猪能养到一两百斤也是很不错的,养大了的猪都是卖给屠夫。那些做屠夫生意的,基本上都知道哪些人家里养了猪。快到年前的时候,那些屠夫便会来收购,村里养了猪的,都会把猪卖了,为家里增补家用,很

---

① 春夏之交。

少有家庭会养来自己吃。只有当家里要办喜事或者办酒席时，才会把自己家养的猪给杀了，也能节省家里一笔不小的开支，其他平常年间，养猪都是用来卖的，贴补家用。

（2）牛是耕地主力

曹家或者说整个南方，在 1949 年以前，种地基本上靠的都是牛，没有骡子、马和驴等，大家都觉得牛是最好的伙伴，勤劳肯干，被村民认为是忠实的仆人。牛除了用来耕地，也不会用来干其他活，每年要耕地十多亩，在曹道芬看来已经很辛苦了，所以一般不会再用牛去干其他的活。牛不耕地的时候，就会让家里的小孩子把它们牵到山上吃草，俗称"放牛"，家里养的牛会一直用，用到它们耕不动地的时候，家里人才会把它卖了，不会让它老死。在卖牛之前，家里基本上会提前一年左右的时间买好小牛，以培养出家里新的耕地能手，从而避免出现家里没有牛而无法耕地的情况。

3.家户独立外出做生意

1949 年以前，曹家的男性，除了曹道芬一直在家务农之外，大哥曹道苞和二哥曹道荘均有外出的经历。大哥在二哥结婚之前，一直在养路段做工，后来自己结婚之后，便和二哥一起出去做一些小生意；家里的女性都没有外出，常年待在家中做家务、帮着干农活。这些都不需要很刻意的安排，按照家里需要，以及每个人适合干什么，然后再来安排具体做什么，大家都没有意见，妇女不能出远门是历来的传统，家里的小孩到了年纪就会让他们去上学。村里出去做小生意的家户不算很多，都是以家户为单位做点小买卖，出去也不会约着一起，不然容易出现抢生意的场面，一个村的人，关系闹僵了也不太好。

4.独门手艺逐代传授

曹家人会打锣鼓，锣鼓被看作结婚等喜庆日子作为庆祝的乐器，曹家到曹道芬的父辈，历代男性都会打锣鼓，他们都是从自己的父辈那儿习得的这门手艺。这门手艺基本上是传给家中的男性，女性不适合学，也不会让她们学。一家人中基本教一个儿子学会，任何一个儿子都行，不一定是长子，如果有感兴趣的也会教。村里有一个乐器队伍，每家保留其中一种，村里遇到婚庆和村庄集体活动需要庆祝的，整个乐器队伍都得无偿帮忙，所以基本上每家每户都会把属于自家的这一门手艺传给自己的后代。曹家是曹道芬的二哥曹道荘学的锣鼓，是由三叔曹惟翱教的，曹道芬本人没有学过这个，学习家里祖传手艺没有硬性规定，只要一家人中有人学，保证不让这门手艺在某一代断了就可以，也不能让村里庆祝的时候少了其中某一项助兴的乐器。

5.兄弟结伴外出谋生

曹家两个兄弟外出做生意，都是两个人结伴而出，不会再带家里其他人出去，也不会邀上村里其他人一起出去"赚外块"。在 1949 年以前，做小买卖本来也是一件长途跋涉的事情，非常辛苦，家里有两个人出去就可以，其他人就留在家里干活；还有女性或者小孩很少会出远门，他们只能在家附近转转。曹家两兄弟出去做生意，每次赚到的钱都不一样，有多有少，曹家内部没有硬性规定必须得赚了多少才能回家，每次遇到的情况都不一样，曹家如何分配和安排，也不受外界影响和干涉。

（三）生产结果

曹家每年收获一季粮食、一季大豆，粮食亩产四百斤左右，大豆亩产一百斤左右，如遇到干旱、洪水和虫灾，产量受损，导致家庭负担加大。曹家饲养的家禽，一方面，以供家庭内部食用;另一方面,卖了还能为家里增添收益。此外,曹家的女性勤劳朴素,靠纺纱织布,不仅给家里节约买布的钱,还能为家里带来一定的收入。

1.粮食收成常年稳定

当地在 1949 年以前都是上半年种一季水稻,下半年种植大豆。水稻每亩四百斤左右的产量,大豆的产量大概每亩一百斤左右。产量高低还取决于当年的天气情况,天气不好,如果遇到干旱、洪水和虫灾等,产量就达不到平常年份的平均产量,有可能连交租粮的粮食都不够。种植水稻,基本上清明插秧,中间在保证充足的水源、及时补给肥料和预防虫害的情况下,到 6 月底的时候,水稻就会出穗,如果在收割之前没有遇到大风或者暴雨之类的天气,看到稻穗,基本上就能看出这一年水稻的产量是多是少。在不受很大的灾害性的天气影响的情况下,每年粮食的产量不会有很大的变化,基本上也能够保证三百斤左右的亩产。

地里的收成归全家共同所有,并由当家人统一进行管理和支配。对于农业生产的收成,一家人都很关心,作为当家人的曹道芬尤其关心,因为这个关系到全家人一年的生活品质,够不够交租,够不够温饱,能不能比上一年的生活水平有所提高,都取决于粮食产量的多少。说土地是农民的命根子一点都不假,土地上长出来的粮食是一家人生活的希望。1949 年之前,曹家种的 19 亩地,粮食的收成除去交的租金之后,基本上还能满足全家人的需要。但是如果遇到这一年家里有人需要看病,那么这一年家里就得节衣缩食了。曹道芬的三叔曹惟翔身体不太好,平时小病,就靠吃药维持,病重的时候就需要出去请医生,花费会比较大。那个年代最怕的就是家里谁有病有痛之类的,会增加家里很多的负担。

2.家禽供内需、添收益

曹家饲养的家禽有猪和鸡,一般一年养两头猪,二十只左右的鸡,但是这个数量不是固定的,每年养的数量不一样。如果这一年家里的负担小一点、家庭收入余额多一点,便会多买一些幼种;收入越少,养的也少,如果这一年的收入连一家人的生活都不够,可能就不会养家禽。1949 年以前,曹家饲养的家禽,一方面,养的猪都是卖出去给家里增加收益,不会留给自家吃,吃也吃不完,不像养的鸡,杀了之后招待客人或者自己一家人也能够吃完。一年养的两头猪卖的钱,也可以为家里增加几十块钱的收入,收入为全家人共有,由曹道芬统一管理和支配。另一方面曹家养的鸡都是优先满足自家的需要,家里平时也很少有多余的钱买肉吃,自家养的鸡刚好可以改善一下家里的生活,一般情况下都是家里有客人来的时候,如果鸡已经养得够大了,就会杀鸡来款待来客。

3.女性纺纱织布补给家用

曹家有 4 个主要的女性劳动力,在农活少的时候,她们还会帮别人织布。织布是一种加工的活,她们会去外面街上的布店、纱店"问活路",店里按照要织的布的数量给她们一定数量的纱,每织一件布给相应的几块钱,织好相应数量的布之后,将布交给店家,最后自己也还能省下来一些纱,久而久之存下来的纱,也能够给自家织上一匹布。剩下的纱织的布是归曹家,她们可以拿出去卖,也可以留给自己家里用。曹道芬的大嫂包桂英在嫁到曹家之后一直都比较勤快,经常晚上加班,三天就能织一件布。所以总而言之,曹家的妇女,不仅能够干家务,干农活,而且还任劳任怨,非常勤快,会的手工活还能补给一些家用,每个人纺纱织布赚到的钱,基本上都会用到家里的生活必需品的购买上,每次的收入和支出都会向家里的其他人汇报。

三、家户分配

在进行家户分配过程中,曹家以家户为单位进行财产与收益的分配,由当家人主导,家庭成员为分配对象。曹家有两大收入来源,农业收入和家庭副业收入。农业收入先交租、后自给;家庭副业收入先大家、后小家。在分配过程中,由内当家与外当家共同支配,于内由母亲胡奎俚主理,于外由曹道芬主理,按照"先交租,后消费""先长者,后晚辈"两个基本分配原则,合理进行分配,各人的零花钱需要家庭成员自主向当家人申请。

(一)分配主体

当家人主导分配,家庭成员参与分配。曹家虽然有一个象征整体的曹氏家族,但是在分配的时候,还是以家户为主。宗族之内,只有每年一次的聚会,在遇到大事情时,才会一起开会商量,其他时候基本上是家户独立的,家族内也没有可以分配的具体实物,就是会为家族成员提供一些基础设施,如晒场和大水井之类的公共物品,这些东西不会具体分配到户,而是作为公共物品供大家共同使用。在过去,家族观念比较重,各家的基本活动范围都是在本家族之内,村庄在某些方面看起来就是一个比较松散的整体,分配方面基本上以家户为单位。

各家各户分配自家财产和收益,分配范围是家户成员,包括曹道芬的母亲胡奎俚、三叔曹惟翱、三婶尹八香,还有三个已经分别成家,但是没有分家的哥哥嫂子的小家庭、已经外嫁的女儿不参与家户分配,家中如果还有其他非家庭成员,也不参与分配。分配时,由母亲及长辈主持,而作为外当家的曹道芬进行主导,涉及家里吃什么,要买什么、用什么的时候,由内当家向外当家提出,并做出安排,曹道芬最终决定。如果碰到当家人不在,作为第二当家人的母亲也可以单独做主,其他家庭成员也都会听从和服从安排。当家人在进行分配的时候,都是按照一定的规矩,公平来办,除了当家人之外的其他家庭成员,没有分配的权利,分配到什么就得什么,无条件支持当家人的安排。但是他们可以提出意见,比如说自己的衣服坏了,需要修补或者重新制作等,都可以向当家人提出,如果合情合理,当家人都会听取。家户内进行分配之后,没有剩余的东西给小家庭之间分配,同时分配也不用告知四邻,具有独立性。

(二)分配对象

曹家进行分配时,分配对象仅限于本家户内同一口锅里吃饭的人,即便是家里的女儿,只要已经出嫁,也不能享有分配。再亲密的朋友、关系再好的邻居,也不在家户的分配范围之内,家户分配对象具有明晰的界限范围。因为家户内分配的东西都是一家人的共同劳动所得,家庭成员都付出过劳动,分配的成果是作为对付出劳动力的回报,以及劳动所该享受的结果。

曹家每年的分配物来源主要是家户农业、副业生产所得,如果小家庭中有除了这几类之外的其他收入,可以不交归家户,而是留给自己的小家庭使用。

(三)分配类型

曹家的分配来源主要有农业收入和家庭副业收入,手工业收入较少。在进行分配的时候,农业收入先缴纳地租和赋税,副业收入先大家再小家,所剩的收入由当家人统一管理和支配。扣除家户基本开支后,当家人根据家庭成员申请的情况分配零花钱。

1.农业收入分配

曹家每年的农业收入主要包括种植的水稻和大豆的收入，收成中的一部分需要拿去缴纳地租。租种的 15 亩地中,种植水稻的收入一半得用来交地租,每年都是定额、定时上交地租,收割完之后就得给佃主交过去。1949 年以前,曹家种植一年水稻下来,一半的收成都得交给佃主,自己一年的劳动收入只有一半的粮食和下半年种的大豆带来的一点收入,租金在当时算比较重的。如果遇到灾荒年景,佃主和公家都会主动减租,他们知道这些庄稼人也不容易,"屋漏偏逢连夜雨",本来日子就过得"紧巴巴",还遇到收成不好,如果不减租,那这一家人一年基本上没办法过下去了。如果是私人佃主,由佃主自己决定是否减租,以及减多少,有的时候还会直接免租;租种的公家的地,则由宗族之内开会讨论决定减多少。交租都是曹家自己交给佃主,佃主不会来收。一般租金每年交一次,每年秋收之后,都必须得先把地租交了,剩下的才是自己的。有些租佃土地的人遇到一些不太好说话的佃主,还会用风车先把交给他们的粮食筛完一遍才开始算租粮的数量,不够的还得补齐。曹家的租金一般每年都能交上,没有欠佃主租粮的情况。在租入土地与缴纳租金方面,当家人都是第一责任人,当有什么事情需要商量或者遇到问题的时候,都是由当家人出面解决。

曹家的农业收成除了一部分要缴纳地租之外,还需要纳税。需要纳税的只有自家的 4 亩土地,其余租种的 15 亩地的田亩纳税任务,由所属的土地所有者缴纳。曹家需要交的 4 亩地,每亩地每个月需要交 5 角钱,一年下来,这 4 亩地总共也得交 24 块钱。每年都得交这么多,算是家里一笔比较大的开支。如果遇到灾荒,不用农户自己去求情,官府也会主动减免税费。缴税是由保甲长来收,一年收一次,一次就得把一年该纳的税交齐。税款要求交钱,不收粮食,也不能以物代替,如果家里没钱,需要提前把自家的粮食拿出去卖,然后换钱回来。税款一般都得上交,交不上的就算到处去借,也得交上。作为第一责任人的当家人,得承担起纳税的主要责任,交不上的时候得想办法帮助家里渡过难关。

曹家在纳税、交租的时候,主要都是由作为外当家的曹道芬安排和做主,遇到困难也需要他出面进行解决。这些事情都是每家每户的私事,不需要告知其他人。

2.家庭副业收入分配

曹家从事过一些副业经营,就是进货然后挑担下乡做一些小买卖。曹家兄弟曹道苞和曹道苤每年出去十几二十次,每次持续的时间为一到两天,大概每天能赚到两块钱左右,这样算下来,出去做生意每年给家里带来的收入有一百块钱左右。副业收入差不多占曹家一年家庭收入的五分之一左右,这些收入全部是曹家一家人的独立收入,不用交给外人。当时出去做生意不需要中间人,都是自己发现市场和机会,去一些比较偏僻的山区,那些地方物品买卖不是很发达,加上交通不便,商品供应不足,到这些地方做生意能赚到更多的钱。

曹家的家庭副业收入归家户和自己小家庭分别所有,对半开,一半上交当家人,一半自己保留。小家庭自己保留的部分按照自己出去的天数折合人工费加以计算,不过还得当家人说了算,当家人同意了就可以。曹家的几个兄弟之间相处得都非常好,在家种地的种地,出去做生意的做生意,各司其职,曹道芬不会强行让哥哥们多交钱,哥哥们也不会私自隐瞒赚到的钱。上交家户的钱由当家人保管和支配,自己保留的部分一般都会把它交给自己的妻子保管,作为自家的存款。家里的收入安排都是自家的事情,不用请示其他人,当家人和长辈都可以做主。曹家可供分配的只有农业收入和家庭副业收入,没有其他的私房钱的分配,一家人

246

一起生活,花销一起支出。

3.零花钱的分配

一家人的花销除了公共的开支之外,每个人都还会有一点点零花钱,方便自己独立使用。零花钱都是自己自由申请,有需要的时候可以和当家人说,只要合情合理,当家人一般都会同意。媳妇一般通过自己的丈夫向当家人提出,如果觉得当家人不会同意,媳妇一般不会提出来,而是会想办法问自己的娘家人补给一点。家里的小孩子一般是通过自己的母亲,然后母亲告诉自己的丈夫,由丈夫向当家人提出要多少零花钱,小孩子一般不会自己向当家人索要零花钱,这样会显得没有礼貌。有些时候为了不增加大家庭的生活压力,如果小家庭里面有一些自己存的钱,也会用自家的钱,而不会问当家人要私房钱。

(四)内当家主内,外当家主外

曹家在对家户收入进行分配时,除了内当家的母亲和外当家的曹道芬,其他人只有提意见的权力,而没有决定的权力,一般都不能擅自做决定或者做出无理要求,通常情况下,他们都得听从当家人的安排和决定。

在缴纳赋税和缴纳租金的时候,外当家的曹道芬作为曹家的责任人,是曹家的象征,应由他进行该项分配活动。不够缴纳的时候,他要出面借钱或者向佃主提出减免租金;要推迟缴纳的时候,同样也是由当家人出面进行协商解决。

家中的衣物制作安排和分配,一般是由曹道芬的母亲来决定,家里的男性的衣服破了,母亲会告知各自的媳妇及时替他们丈夫缝补;小孩子的衣服破了,作为母亲的也要及时缝补,母亲自己的衣服会自己解决,实在是"穿不了线"①的时候才会找儿媳妇帮忙。至于添置新衣服,一年下来,每个人能有一件新衣服就不错了,基本上都是老大穿了给老二穿,最后缝缝补补再给老三穿。过年的时候,一般都会先给小孩子添上一身,然后会给家里的男性做一身,女的因为会很少外出,被认为衣服穿得简单一点没关系。冬天穿的衣服的布是由家里人织的,棉花是出去买的,然后由家里的几个女性劳动力缝制成衣。当时的女性基本上都会这些手工活,很是勤劳。

家中的食物安排就是一家人的吃饭问题,每顿吃什么、吃多少由内当家人胡奎俚决定,她会问过家里人的意见,尽量满足大部分人的需求,而且还得够一家人吃饱。和食物安排决定不一样的是零花钱的安排,在零花钱的分配上,都得由当家人做决定,因为这个涉及家户的收入及支出,当家人得清楚家中的财产状况。在家庭对财产、食物、衣物等分配活动中,无论是由内当家人决定还是由外当家人决定,都是自家的事情,不用过问四邻、家族以及村庄的管理者,当家人具有绝对的支配地位。

(五)分配有原则,食物优先

曹家的内当家人和外当家人在进行家户分配的时候会注意到统筹全局,考虑到家中所有人的需要,会以全家人的利益为先。同时也会按照公平、合理的原则进行分配,很少会出现偏心的现象。虽然说曹道芬是家里的老三,上面还有大哥和二哥,但是两个哥哥都对他的为人处世非常信服和认可;同时他们也觉得自己两个经常在外,家里全靠曹道芬一个人,他撑起了整个家庭的生产和生活,反正都是一家人,谁当家都是一样的。

---

① 老人眼花,穿针引线不方便。

家户在分配自家产品的时候,一般是以先"满足地租赋税,后自家消费"为原则,因为只有先把欠别人的给还了,自己一家人才能安心生活。就算是自家人不够吃,即便是要出去借也愿意,欠关系好的和欠佃主或者政府的钱,都不是一件光彩的事情,家里更是不会抗税。此外,曹家在分配时,还会遵守一个先长辈、后晚辈的原则,尊老爱幼是一家人坚持的,也是要教给自己后代的传统美德。家里在支出的时候,几乎都是先满足吃饱穿暖,才会考虑购买新衣物之类的其他追求生活品质的东西,只有吃饱了,才能创造更多的收入。

不管每年的年景如何,当家人在安排的时候都会以"先交租,后消费""先长者、后晚辈"两个为原则,坚持公平,平均分配家户的财产,家里的老人、长辈和小孩具有优先的选择权和使用权,没有人对这个做法产生过质疑。碰到情况不好的一年,全家人都会互相体恤,优先分配食物,然后才有其他的衣物和零花钱分配。

整个换算下来,曹家一年的家户收入,三成用于缴纳地租赋税,五成用于食物分配,剩余的两成,扣除家里生病的三叔和三婶的用药和生病,如果还有结余,才会用于衣物的分配和零花钱的用度。对于公开、公平的分配过程,合理的分配方案,曹家人都是没有异议的。每年的分配结果基本一样,因为都按照一定原则来,变化的也只是其中很小的一部分,会根据当年的收入情况进行调整,这个调整是由当家人来安排的,收入多了,食物分配得就会多一些,也会好一些,留给衣物分配和零花钱分配的也会有更多,一家人的生活也会比往年要好些。

四、家户消费

曹家的家户消费,以家户整体承担为主,由内外当家人共同决定如何消费。曹家种地19亩,粮食充足,且有结余,减少了家户在粮食上的一大笔开支;食物消费多自给自足,能够满足家庭基本生活需要,食物开销也不大;曹家一家人的衣着以简朴为主,衣物消费占家庭消费的比重较小;住房能够充分自给,不用外租外借房子,但曹家不对外出租,所以未能给家里带来收益;曹家孩子的教育消费不用自家承担,是由大家庭的"学田"提供。由此来看,曹家最大的家庭消费就是医疗方面的开支,请医开药的花销对曹家整体消费水平影响较大,占据家庭收入的大部分;人情消费方面,以物代钱,以表情谊,没有给曹家带来太大的负担。总体来看,曹家的家户收入能基本维持消费。

(一)收入维持基本消费

曹家一年的收入要供给一家十口人的吃住花销,在粮食、食物、衣物、住房等方面都能够自给自足,也不需要外借。由于家人身体状况的原因,曹家在医疗方面的开支较大,且由家户承担,在一定程度上增加了家庭负担;人情方面的消费属于人之常情,必不可少,幸好教育方面的支出由大家庭提供,为曹家减轻了不少压力。

1.粮食消费:依靠家户自产

1949年以前,曹家的家庭消费主要靠种植的19亩地和做小生意的收入作为支撑。整个斋楼村有几个大户人家,家里很有钱,靠收租为生;也有比较穷,靠租别人家的土地为生的,为谋生计而努力。曹家的生活水平在村里整体上属于中等。家里每年的消费没有固定的额度,都会有变化的,差不多能够维持一家人的生活。就是遇到家里有人生病,需要钱看病吃药的时候,一家人就需要节衣缩食,实在迫不得已的时候才会出去借钱。1947年的某个月,三叔曹惟翱生病,急需钱看病,就去找本家族中的一个做药材生意的人家,借了5块钱,后来是用5石粮食还的。平常年间,家里的生活都是能够维持下来的,病痛给一家人带来的压力占大部分。

从1949年前后曹家的生活水平来看,曹家每年消费的粮食平均下来每个月每个人大概需要50斤,600斤米一个人可以吃一年,占家庭收入的其中一小部分。家里所有消费的粮食都是自己家种的,除了交租粮,够自己家一家人吃,还有些结余拿出去卖钱。家里种的19亩地,基本能够维持。

2.食物消费:简易多家户自给

1949年以前的那段时间,每户人家的食物消费类型都比较少,除了每天吃的饭菜,其他几乎都没有。曹家每天吃的菜基本上都能自给自足,平时吃蔬菜比较多,逢年过节或者家里来了客人的时候,母亲胡奎俚才会安排儿媳妇去买一些肉类和蛋类以改善生活。如果是碰到过节,或者客人比较特殊和隆重,家里养的鸡长大了,也会杀了稍微改善一下伙食,"好生"①款待一下。平常时日,基本上一周能吃上两三顿肉,肉都需要去集市上购买。家里种的菜除了供自己家吃之外,如果还有剩余的,还会拿出去卖,能卖一点算一点,至少也能为家里补贴一点。1949年那时,村里会有一些下村来收菜的菜贩子,他们会每家每户的串门收购,经常在大街小巷能听到叫卖的声音,因此大家直接卖给他们就可以。

3.衣物消费:支出较少

1949年以前,曹家一家人在衣物消费方面的支出很少,一年也花不了多少钱,一件衣服差不多可以穿10年,"新三年,旧三年,缝缝补补又三年",这句话是长辈们很喜欢和孩子说的一句话,所以衣物消费占家庭消费的比例比较少。曹家人平日里穿的衣服,都是几个媳妇将帮别人店里织布时省下来的一些纱给自家人织成的布做成。按照那种节约的方式,基本上还能够满足一家人的穿衣需求,再加上一家人穿的简朴一点,都能凑合过去,不会向别人家借。曹道芬的大哥曹道苞结婚的衣服借给别人穿过,那个借的人家里太穷了,快到结婚的日子,来不及添置新衣服,所以只能出去借别人家的、比较新的、还能适合结婚这种日子穿的衣服。那个年代,村里有许多人家,连衣物方面的消费都不能满足。

4.住房充足:家户留用不外租

曹家两厅六室的房子能基本满足全家人的居住需要,一家人也就一共住了4间房,两间前房和两间中房,后房都还空着,或留给嫁出去的姐姐回来住,或是准备给家里来的客人住。虽然曹家还有多余的房间,但也没有租出去给别人住。一方面,觉得如果租给别人,不是一家人的话,进进出出,住在一起也不方便;另一方面,如果租出去了,要是家里来了客人又没地方住了。不过在1949年以前的时候,也很少会有人租别人家的房子住,每家每户基本上都有自己家的房子,就是房子有好坏的差别而已。

5.医疗消费:占家户花销大头

1949年以前,曹家一家人的消费,除了吃穿占的比重较大以外,其他很大一部分都是医疗消费了,一年得花几百块钱,几百块钱在那个年代算比较多的。曹家主要有两个病人,叔叔曹惟翱有肺病,婶婶尹八香又把脚摔断了,两个人基本是不能劳动,还得依靠全家人养和照

---

① 比往常更好的款待。

顾,每年患病严重的时候,还需要请医生上门看病,还得"捡药"①,看病和吃药的钱占了家里消费的一大部分。一家人只能勉强的撑过去,负担不起也得负担,都是一家人。实在不行的时候,就是去外面借钱,也得负担两个人的生活和治病。

6.人情消费:维系家户人情

1949年以前,每户人家在人情方面的消费都不是特别的多,每年最多也就是一两次,一般办小小的聚会,就是几家直系亲戚一起吃个饭,互相之间都不用送礼。碰到走亲戚,一般随身带一些小东西就可以,也花不了多少钱,一年下来,这部分的开支也不太好计算出来。不过曹家人都觉得随礼是人之常情的事情,不管是送物还是送钱,总归是一种礼节的表达。如果别人来你家,给你随礼,你却没有回赠的意思,是很"跌鼓"②的事情。每年的人情消费,曹家能够维持下来,就算是家里再穷,节衣缩食也会支持这一部分的消费,人情需要往来,关系需要维持。

7.红白喜事消费:家户集体承担

(1)结婚花费

红喜事主要就是结婚,结婚一般是谁主办,谁出钱。如果是自家人结婚,就像是1948年曹道芬结婚,就是由曹家出钱,父亲去世,主要由母亲承担。一方面要支出结婚所要花费的钱,还需要支付给女方聘礼等。此外,在斋楼村,结婚的阵仗还是挺大的,虽然当时的生活条件不是很好,但是对结婚这件事还是相当的重视。结婚会宴请客人,持续的时间比较长,最短的也要3天。一般习俗是结婚的前一天,女方家里将女儿的嫁妆给男方送过去,俗称"搬嫁妆",男方需要宴请从女方家里来的人,刚好男方也得提前一天先宴请厨师和帮忙的人,帮忙的人都是本家族的男性,每家都得出一个劳力,实在是没有男劳力的,才会让女性来帮忙。这是村里的一个传统,每碰到结婚和生小孩办酒席的时候,都是每家每户出一个劳动力出来帮忙,即便是耽误自家的事情,大家都守信参加,因为每户人家都有需要别人帮忙的时候。帮忙的人不需要送礼钱,女方搬嫁妆过来的人也不需要送礼,这一天是男方免费宴请他们的。结婚当天,男方家里会非常热闹,不仅有男方自家的客人,女方也会来一批"送亲"的人,一般都是些小孩子,男方还得给每个来送亲的小孩子发红包,这也是一笔不小的开支。一天三顿,早饭和中饭会稍微简单一点,晚饭得鸡鸭鱼肉齐全,而且无论男方的客人还是女方来送亲的客人,每个人都要给一小包喜糖。结婚第二天,主要宴请的是女方家里来的客人,称为"回门",不只是小孩子,还有女方家里的其他客人也都会来,而且没有礼钱可收。结婚第三天,整个结婚仪式也基本上结束了,东家最后还会宴请一下厨师和帮忙的人,称为"谢厨",花销不是特别大,要么是剩下来的食材,要么是前两天剩下的菜,这一顿吃完之后,这场婚礼基本上就是结束了。整个几天的花销算下来,男方家里的开支还是很大的,几天吃饭的食材开支、小孩子的红包开支、卖喜糖的开支等,需要一笔不小的钱。办一场红喜事下来,花费挺多,但是曹家几个兄弟结完婚之后,这部分的消费也就没有了。

碰到自家的亲戚中有人结婚,曹家一般都是以物作为礼金,很少直接送钱的,家里也没有多余的钱能拿去送礼。如果是很亲的亲戚,曹家会送当年养的一头猪作为礼钱;如果是一

---

① 开药的意思。
② 丢人的意思。

般关系的熟人、朋友,就送家里养的一只或者两只鸡。

（2）丧葬花费

家里有人过世,也会产生一些费用,由家庭收入支出。棺衾是在早前就已经准备好了的,所以开支之前算是已经花费了的。除此之外,家里有老人去世了,也需要简单地办一个酒席,会宴请一些家里比较亲的亲戚,算是告知一些亲戚家里有人去世了。被宴请的客人不会送礼钱,因为当地的习俗是送被子,以家户为单位进行。"白好事"不像红喜事持续时间那么长,最多两天,除了可以收被子,不会再收其他礼钱,所以这两天宴请客人的开支全由家户承担。如果是亲戚家有人去世,一般是"送料",包括被子、毯子之类,还有的就是买一些该烧的纸钱,一般不用直接送钱。

如果是自家的婚庆或者丧葬,家里条件好一点的办得就会好一点,条件差的也就不会有那么多的要求,得先维持一家人的生活。

8.大家庭"学田"承担教育消费

曹家的祖辈曹承信为自己的后辈留下了8亩地作为"学田",专门留给自家的后代读书用,只要是老祖宗的后代,到了一定的年纪,大家庭内管理这8亩田的人就得为这个小孩子准备上学的费用。只要你愿意读,能够读得进去,还能有所长进,大家庭内都会让你继续读下去。曹承信是曹道芬的"太公",也就是他的爷爷的爸爸,曹道芬的爷爷是老二。据曹道芬回忆说,他听自己的三叔说过,"太公"的长子长孙都是整个家庭内读书读得最多的,其他人要么都是自己不愿意读,没有继续读下去;要么就是读书也没啥长进,不是读书的料,自己也就没继续读下去了。而曹道芬是因为三叔三婶身体状况的原因,不能劳动,家里又没有主要种地的男劳动力,所以他读了两年书,就回家跟着三叔曹惟翱开始学种地。

综观曹家一家人的消费,其中占比最大的就是医疗方面的消费,其余依次是食物消费、红白喜事消费、衣物消费。家里的粮食能够自给自足,教育消费由大家庭提供,很大程度上减轻了曹家的负担。曹道芬表示,如果不是家里种了这么多的地,根本就养活不了家里这么多人;如果不是大家庭内为他们提供了上学的费用,估计他们兄弟几个可能都读不上书。

（二）当家人主导家户消费

以曹氏宗族为例,宗族不承担家户消费,曹家的教育消费由大家庭支出之外,粮食、食物、住房、衣物、医疗、人情消费都是以家户为基本单元。在家户消费过程中,由当家人主导、支配,其他家庭成员进行消费需要向当家人申请,获得同意才能进行消费,从而保证整个家户的稳定经营。

1.宗族不承担家户消费

曹家在进行消费的时候,都是以家户为主体。没有分家时候的曹家,家户是一个最基本的消费单元,家里的消费,除了教育方面的消费由大家庭承担之外,其他的包括粮食消费、食物消费、衣物消费、医疗消费、人情消费,红白喜事消费都由家户承担,由当家人做主。曹家人不会去找宗族帮助,宗族也不会负担,宗族只是作为曹氏祖先一个姓下的后代象征,有族长、有宗祠,只是一个整体的象征,但是并不代表它会为每个家户承担什么责任和义务。宗族的经费主要是用于公事和公共消费,比如修缮祠堂、修整村庄道路、修筑公共水井、维护公共晒场,还有就是每年出生的孩子上族谱,都需要请"师文"进行书写,这些村庄的公共事务都是要花钱的。宗族内共同的经费本来就不多,需要负责承担的部分还有那么多,所以不会负担每家每户的具体的家户消费。

2.家户消费由当家人支配

家户单独承担本家庭的所有消费,一家之主掌握着家庭的收入、支出等权力,同样对一家的消费也占有绝对的支配地位。无论是家庭中的哪一种消费,都是一家人的共同消费,不存在单个人的消费,除非是当家人给的个人的零花钱。家庭成员的消费,代表的都是家户整体的消费,其中以当家人为主导,其他家庭成员可以消费,但是要消费都首先得向当家人报告或者向长辈提出需要何种消费。因为家里的收入都掌握在当家人的手里,家里的每一笔支出,当家人都会做到心里有数,这样才能保证一个家庭的整体运行,不至于因为过度消费而影响到一家人的正常生活,也不至于因为没有满足家庭中某个成员的消费而造成矛盾。当家人在整个家庭过程中起着中流砥柱的作用,是一个家庭的核心,掌握着整个家庭的运转,其他家庭成员需要做的是配合当家人的安排。在整个家户的消费中,都是具有独立性的,四邻、宗族、村庄和保甲长都无权干涉和过问,家户消费也并不需要得到他们的同意或者认可,只要自己一家人同意或者知情即可。

五、家户借贷

曹家因为家人生病发生过借贷行为,以家户名义进行借贷,并以家户名义进行还贷。在借款过程中,如果借贷涉及的金额稍大,需要请担保人,以确认借贷关系;到约定还贷时间,借款人便会主动上门索要,如果不能按时还贷,则需另外约定还贷时间,到时间借贷者需要主动上门还清。

(一)因病借钱以粮还款

1949年以前,曹家曾向别人借过钱。1944年,是因为三叔曹惟翱肺病复发,那一年刚好又碰到二哥曹道莚的第一个孩子出生。因此,家里除了基本的开销之外,还多了一笔请亲戚朋友吃饭的钱,为了庆祝家里的第一个孩子出生。三叔曹惟翱的身体本来一直都不好,当时遇到了一点风寒,就使得肺病复发。曹家一下子没那么多钱,就在本姓中找了一个稍微有点钱的,借了五块钱应急,主要是用于从外地请医生,到家里给三叔曹惟翱看病。当时由曹道芬自己去借,因为他是曹家的代表,也是当家人,家里的经济权利和支配权力全在他手中;还有一个原因就是,他是三叔曹惟翱的过继儿子,他有义务为他的"师傅"①去奔波,所以他出门借最为合适。

以前村里大多数人家都比较穷,除了几户在外经商和村里的几户地主,其他村民几乎都只能勉强度日。如果是粮食之类的,向普通农户借就可以了,基本上也是借多少还多少,不会算利息,因为每家人都有可能遇到紧急情况,大家都会互相帮忙。但是如果要借钱,找普通农户就比较难,得找村里的大户借,才能借到钱。借钱的时候一般都会提前说好后面需要还多少,不用写契约,都是本村人。当时曹家借的五块钱,说好的是用500斤粮食还。

曹家借钱是由曹道芬出面,以整个家庭的名义借。在借之前,曹道芬也和自己的母亲和几个兄弟、嫂子商量过,一方面是怕他们会不同意,另外也是告诉大家,家里经济比较困难,

---

① 当地过继后的孩子称父亲为师傅。

252

如果要给三叔曹惟翱治病的话，家里就得出去借钱，来年还得节衣缩食努力把欠款还了。由于三叔曹惟翱既是自己家人的一部分，加上他们去世之后的所有财产会由曹道芬继承，所以家里面的其他人，对以曹家整个家户的名义去借钱，然后以整个家户的名义还钱没有异议。家里出去借钱，是一家人自己的事情，不用告知或请示四邻、家族或者保甲长，当家人就具有绝对的决定权。家户内的小家庭，一般不会单独出去借钱，如果遇到需要借钱的地方，都是由当家人出面。一般小家庭内，很少有自己需要花钱的地方。他们自己出去借钱，其他人也先会过问当家人，只有经过当家人的同意，他们才会把钱借给他。

除了这次借钱，曹家没有再出去借过钱，也没有出现过个人单独借贷的情况。家里基本上也没有出去借过粮食，也没有和其他人一起借贷过，生活基本上都能够维持下去，只是会过得苦一点。

（二）家户超额借贷需请担保人

家户出面借钱，如果数额少的话，不需要抵押物，也不需要写借条；如果借的钱比较多，超过了一家人所能够偿还的能力，借钱给他们的人会担心他们还不起，所以会让借钱的人请一个担保人，然后让担保人知道是以房子或者土地作为抵押，以防止最后还不上钱，这个时候就需要写一个借条。借条上需要注明谁借了谁多少钱，以某种东西作为抵押，大概借多久，一般借条都是担保人来写。借条写好之后，借款人、被借款人和担保人，都需要签上自己的名字。担保人一般双方都认识，是比较信任的人，只是会耽误他一点时间，不用给他们付酬劳。担保人一般都是由借款人出面去请，请的都是一些在村里面有一点威信或者有信用的人，借贷双方都信任的人。借钱之后，不用摆酒席，也不用请客。

借钱需要利息，在 1949 年时去借钱，一般的情况是借一块，一年期限还一块二。利息有按月算的，也有按年算的，按月算的叫"月利"，按年算的叫"年利"，"月利"和"年利"的标准不一样。当时曹家说的借款期限是一年，没有具体给他们算要还多少钱，就说还 500 斤粮食就可以。

在整个借贷过程中，从做主需要借钱，到出面出去借钱，曹道芬作为当家人，始终是家户的实际支配者，其他家庭成员，都知道这件事情。而曹道芬也成为这一次借贷的第一责任人，其他家庭成员不是第一责任人，但是作为一个家户整体，同样具有还贷责任，需要整个家庭一起努力，在还款期限之内把欠的粮食还清。家户之外的其他人，包括家族成员，都不承担还款责任。

（三）及时还款，债务延续

曹家因病借款 5 元，以 500 斤粮食还贷。斋楼村存在借款需约定还款期限，到了约定时间，会出现"上门"要债和"主动上门"还贷两种情况；在债务延续方面，斋楼村的规矩是"父债子偿""夫债妻偿"，曹家没有出现这几种情况。

1.还贷："上门"与"主动送上门"

当时村里的借与还，如果是到了约定的期限，都是默认为直接去借款人家里上门要，如果是索要的时候还不起，双方就会约定好下次什么时候可以还，等借款人能还清的时候，便会主动送上门去。曹家当时借的是五块钱，说的是还 500 斤粮食，约定好的是秋收之后一次性还清。到了秋收的时候，那个借钱给曹家的人，便会到家里找曹道芬，让他还清当时说好的粮食。如果遇到借钱还不起的，会找家族的族长进行协调，或是可以延期偿还；或者是被借款人愿意借款人用"以工代补"的方式偿还也可以。因为也没有具体经历过,具体是怎么折算的,曹道芬表示也不太清楚,只听说过村里面出现过这种情况。

2."父债子偿"与"夫债妻偿"

在当地,父亲借了债,儿子对父亲的债务具有一定的责任。家里的儿子在长辈的教育和学校教育下,品行道德都要求他们帮助父亲还债;如果父亲去世了,儿子比较无赖,不还的话,你也拿他没办法。如果是丈夫借了债,妻子是需要帮忙还的,"她都嫁过来了,是一家人了,只要不离婚就得还"。一般的情况下,在父亲手上借了债,父亲又不在了的话,都是由儿子承担债务。如果儿子成年了,就由成年儿子平均分摊;未成年的儿子,由于没有经济来源,不用承担父亲留下来的债务;如果没有儿女,就由妻子承担,分家了也是一样。当家人欠下来的债务,在他生前一般都会交代好,债主无权拿走整个家庭的家业,只要子孙能够偿还债务就行。

六、家户交换

1949年以前,曹家以农业生产为主,经营小生意为辅,因此在与外界进行交换时,以家户为主体,外当家人曹道芬是曹家的代表,内当家人母亲胡奎俚起辅助作用,其他家庭成员可参与其中;交换的客体较为广泛,主要有其他家户、集市、粮行、流动商贩等,家户交换都是以维护家户利益最大化为目标。

(一)当家人支配家户交换

曹家的家庭交换主要分为家户之间的交换和集市交换。该和谁交换、怎么交换,都由当家人决定,其他家庭成员也可以提意见。如这样的物品,适合与谁交换能够更公平,或者获得更大的利益。除了以家户名义进行交换之外,家户内的小家庭,只要不是出于公共目的的,都可以根据自己的具体情况进行交换,和当家人说一句就可以,如果是当家人不在的话,告诉家里的长辈也可以。曹家的小家庭没有出现过个人单独开展经济交换活动的情况,一家人一起生活,都是以家户名义进行交换。

在实际的交换过程中,当家人都是实际的支配者,如果是当家人不在,第二当家人也可以承担。比如,如果曹道芬不在,家里人都会遵循母亲胡奎俚的意思。在具体的经济交换活动中,当家人也可以委托家庭成员进行具体交换,交换的费用是一家人整年的家庭收入,只要进行过经济交换活动,每一次都会记录下来。如果还有剩余的钱,还得还给当家人。没有经过当家人同意,家庭成员不能擅自进行经济交换。因为一家之中,当家人是主体,其他家庭成员不能越过当家人,私自作决定。

(二)家庭成员都能与集市交换

曹家进行家庭交换的主要场所是集市。在当家人知情的情况下,家里的任何人都可以跟集市打交道。当家人不单独作为代表和集市打交道,其他家庭成员也可以。家里需要购置物品时,一般都要去集市上。河东街有一个集市,离斋楼村比较近的就只有这一个集市,所以基本上都只会去那一个,十天到一个月会去一次。听曹道芬说,这边的人去集市不算是赶集,每天都会有人在那里做生意,街上的商品都比较齐全,家庭生活用品、吃穿的东西样样都有。1949年前,在河东街做生意的都是南昌来的逃难的人,也被村民称为"难民街"。从村里去集市上大概有5千米的路程,那个时候没有交通工具,只能靠走路的方式,走的快的话,大概3个小时能到。如果要去集市的话,得早上6点左右出门,因为太早的话,街上的一些摊子还没有摆出来,有些生意还没有开始做,6点左右出门,9点左右到,刚好是最合适的时间,各个商贩的摊子都开始买卖了。如果家里需要买的东西比较多的话,逛的会久一点,集市集中买卖的时间也会一直持续到下午4点左右,回去的最晚的时间基本上是4点左右。集市上卖同样商品的商贩很多,曹家人在出去添置东西的时候,都会事先询问好日常价格,然后会在集市中问几家卖相同物品的商家的价格,最后挑选其中最实惠的一家购买。这些节省的方法,就算是当家人不教,每个人都是懂得的,因为家里的收入有限,只能是花最少的钱买到自家需要的最齐全的东西,一家人生活才是关键。

(三)当家人出面与粮行交换

斋楼村是位于吉安县的中心区域,当地有粮食行,曹家也和粮食行进行过交换。粮食行里的交换行为,一般都是农民们把粮食卖过去,城里人再在粮食行里购买。曹家基本上都是曹道芬出面和粮食行的人打交道,每次出去卖粮,曹道芬都必须去,家里其他人也可以跟着一起去,趁机见见世面,但是作为代表的只能是曹道芬一人。曹道芬出去卖了粮食之后,都会买一些水果、鸡蛋或者肉回家,稍微改善一下家里的生活,或者买点零食给家里人解解馋,所以卖粮食那天,是一家人比较开心的日子,不仅家里的积蓄多了,而且生活也稍微有些变化。

很多农民都是在秋收之后,将自家多余的粮食拿到粮食行去卖,粮食行每到8月的时候,生意最好,他们也会在那个时候稍微降低一点收购价格。所以,一部分人会选择错开这个高峰期再去卖粮食,曹家也会错开粮行降价的那段时间,为的是能够增加一点家里的收入。粮食行常年都买卖粮食,因为街上的人每次不会一次性购买很多,都是吃多少买多少,所以得保持粮食行随时都有粮食可以卖。

(四)与流动商贩交换:省钱省力

1949年以前,村里面经常有外地来的小商贩,就像曹道芬的大哥曹道苞、二哥曹道茳去外地做生意一样,也都被称作流动商贩。曹家也经常会在流动商贩那里购买一些东西,一般都是些很简单的物品,像家里长期需要用到的,基本上都是去集市购买。除了当家人之外,家里的人都可以在流动商贩那儿买东西,只是买东西需要花的钱得向当家人申请,当家人知情同意之后,家里人便能自由购买。家里人对一些东西的价格心里都是有底的,如果觉得去集市上买更便宜,就会去集市购买;如果碰到流动商贩那更便宜,那就直接买了,还省了跑几个小时去集市上。这样灵活处理,在流动商贩那里买东西,一是为了减少家里不必要的开支,能省则省,毕竟一家人生活不容易;二是为了节省去集市的时间,利用这个时间,家里的劳动力还能帮助家里干不少的活。

在流动商贩那里买东西还得看时机,刚好碰到家里正好缺那一样,卖东西的来了,就会直接购买。比如,正好碰到家里来了客人,需要一点好菜招待,刚好卖鸡蛋的就来了,那么当时就会在商贩那里买一些鸡蛋,而且还会多买几个留着以后自家改善伙食时用。

当地没有"人市",曹家也不与市场管理部门打交道。当地有市场管理部门,曹道芬也是从其他长辈那里听说的,因为家里从来没和这些人打过交道,至于他们是谁,这个部门在哪里,曹道芬都不知道。当地也没有买卖劳动力的市场,如果是哪家人需要请工或者雇工的话,都是当家人自家去请,都有自己熟悉的人,所以没有专门的买卖劳动力的场所。

(五)与熟人交换:节约用度

在斋楼村,每家每户在进行交换时,都会货比三家,花较少的钱,买到最好或者数量最多、最实用的东西。曹家不管是当家人还是其他家庭成员，都会货比三家，以自家的利益为重，这个不需要当家人的同意或者授权，他们自己都是可以做主的，都是为了整个家庭的用度节约。

在进行交换活动的时候，难免会碰到自家的熟人。在与熟人进行交换时，因为关系的缘故，总会比在其他非亲非故的人那里购买东西要稍微便宜一些。离斋楼村最近的只有一个集市，集市上南昌人居多，村里的人也有去集市做买卖的，还有一部分的话，就是去外地乡下，就是那种流动的商贩，比较自由和随便，没有约束。如果去集市上买东西，碰到熟人，一般会优先在熟人那里买，价格都是比其他商贩那儿的要便宜一些。熟人是除亲戚、邻里之外，曹家还算信任的人，在他们那里买东西，都能信得过。

不管是和流动商贩，集市上的商贩，还是熟人商贩，过秤是必须的，过秤的人一方是商贩，另一方就是家里出去买东西的人，双方都需要知道东西的重量，如果有缺斤少两的，买东西的那个人，就算回家后，也会返回找他理论，把缺少的斤两给补上；如果是流动商贩，遇到缺斤少两的情况，下次他再来卖东西的时候，就不会在他那里买了。

那个时候买卖东西可以赊账，村里面开有两个小商铺，一般家里人去那里买东西，店老板对熟人、认识的，都会给赊账，陌生人就不会。赊账的时候，东家都会记账，等到这家人下次去买东西的时候，会主动还，如果没主动还或者忘记了，东家就会提醒他们。赊账的事情，当家人一般都知道，都会承认，不管是家里谁赊的账，当家人都会先把钱还了，如果不知道缘由，回家自然会问明白。

第三章　家户社会制度

　　曹家的家庭成员在分家之前都已经成家,婚姻状况正常,讲究"家长之命,媒妁之言"以及"门当户对";家中虽不反对自由恋爱,但是传统习俗仍需要遵从。曹家没有出现纳妾、童养媳和"上门女婿"的情况。在婚配过程中,家长以年龄为依据,按照长幼的顺序安排子女嫁娶,花费由家户承担。曹家生育观念较为传统,倾向多生男孩,为家户传宗接代,因此女性在生育过程中,能得到长辈较为周到的照顾。为充分保证家户的延续性,曹家两代存在过继行为,保证小家庭的绵延而不至于"无后"。幼有所养,老有所终,曹家三兄弟共同承担家中老人的赡养义务。曹家人向来敦厚老实,于内父子、婆媳、夫妻、兄弟、妯娌关系和谐,融洽相处,没有发生过冲突和矛盾;于外也做到了睦邻友好,与亲戚互帮互助,塑造了一个良好的家户形象。

一、家户婚配

　　曹家三兄弟的婚配年纪正常,遵循当地的婚配需介绍人习俗,按照门当户对的原则,由家里的长辈提出并张罗。曹家父亲去世较早,母亲胡奎俚守寡,将曹家三兄弟抚养成人,经中间人介绍,在双方同意的基础上,曹家三兄弟在母亲和大哥的支持和帮助下有序结婚。曹家不反对自由恋爱,以正常婚配为主,在婚配形式上,无人纳妾,无童养媳,无改嫁、入赘和休妻情况。

(一)家户婚姻状况

　　曹家的男女到了一定的年纪,长辈便会替他们张罗婚事,二哥曹道苞、大哥曹道茬、曹道芬先后结婚。曹家的婚配以"同姓不宜通婚"、距离不宜太远为原则,以中间人介绍为根据,讲究门当户对。

1.家庭成员婚配均正常

　　曹家共有十个家庭成员,在比较早的时候,曹道芬的两个姐姐就已经出嫁了。父亲于1930年去世,母亲守寡;还有三叔、三婶,是他的"师傅""师母",曹道芬由原来的小家庭过继到三叔家;他自己有三个兄弟,自己是老三,大哥、二哥都已婚,其中二哥最早结婚,大哥帮助二哥结婚后自己才成家,曹道芬最后一个结婚,妻子叫李玉莲,1948年结的婚;1944年曹道芬的第一个侄子出生,是由二哥和二嫂所生,由于大哥、大嫂未生育,便将出生的孩子过继给大哥。因此,家里有四对已婚的、一个守寡的和一个年幼的孩童。

2.婚配需介绍,同姓不宜通婚

　　那个时候的婚姻范围没有明确的限制,但是一般也不会找离家特别远的。曹家的几个已经结婚的男性,妻子基本上都是附近的人,即便是在远的地方,也都是自家熟悉的人。家中的子女到了一定年龄,父母便会开始替他们张罗婚事,首先都是由母亲提出,然后向村里的媒婆或者自家的亲戚询问附近有没有合适的姑娘。谈婚论嫁的双方需要有一个介绍人,介绍人可以是亲戚,也可以是专门的媒婆,如果双方都有意愿,介绍人就会帮助安排双方见面,只要其中一方表示不同意,介绍人便会继续帮着介绍其他人,直到为双方找到最合适的人。本地一般是不允许同姓之间结婚的,但是有一种情况是,如果两家的确为一个姓氏,但是不在同一个村,也"同姓不同'宿'①",那就可以结婚,但是这种情况比较少。当地除了对同姓氏之间结婚有一点规定之外,像同村不能结婚,规定结婚对象的选择范围这些要求都没有。

3.婚配讲究门当户对

在具体的婚姻过程中,各个家庭都讲究门当户对。介绍人在帮忙介绍的时候,也会考虑到这个问题,不会说穷人家的孩子去找一个富人家的女儿,大户人家找大户人家,小户人家找小户人家,就是"穷对穷、富对富",这是一般的情况。如果双方不是通过介绍人认识,而是自己认识的,而男女双方又互相同意,在征得当家人同意后,大户也可以对中户,但是小户人家要想找大户人家估计难度会很大。

在过去那个年代,"人多力量大"被看作是一种常情,所以每户人家都会尽量多生孩子,除非是那种实在不能生育或者祖上做了缺德的事的人家,人丁才不会很多,其他人家里,基本上都有三个及以上孩子。家里人多,说明一家人朴实、勤劳,只要是门当户对,都会愿意嫁到这种家庭。如果是家里子女比较少,一般女方的当家人都不会让女儿嫁太远。

(二)婚前准备情况

在结婚之前,晚辈的婚配均由长辈提出并决定,晚辈则需要表示服从。对于自家孩子的年纪,女方的年纪不能太大,对方的长相、身体状况、脾气等,长辈都需要有所了解和掌握。曹家不排斥自由恋爱,但以介绍居多,在聘礼和嫁妆方面,女儿的嫁妆是一样的,需要做到公平;儿子的聘礼因对方给的要求和当时家庭情况而有所不同。

1.长辈提出,晚辈服从

1949年以前,曹家的孩子到了婚配年龄,母亲便会向儿子提出该婚娶了。在那时候,一般十五六岁就被认为是婚配的年纪。曹道芬从1944年开始当家,在这之前,家里的事情基本上都是由母亲和大哥做决定,长子如父。老二曹道莶1914年出生,1934年结婚;老大曹道苞1911年出生,1937年结婚;曹道芬1929年出生,1948年结婚。结婚的事情都是母亲做主,大哥再具体安排。在通知儿子要准备考虑婚嫁的事情之后,母亲便会开始留心附近合适的姑娘,但是都会事先与儿子商量,如果儿子不同意的话,母亲也不会勉强。在双方都表示同意和确定关系之后,家人会告知四邻、家族其他成员,因为后期办酒席的时候,需要宴请客人,还需要四邻的帮忙。比如向祖宗、族长等告知家里有人婚配,结婚当天,主人在祠堂宴请客人的时候四邻要"帮忙",帮忙煮饭、炒菜、收拾以及其他的一些事情。如果有和村里的保甲长关系比较好的,也会在当天请他们"吃酒",关系一般的则不会邀请。

2.女方年纪不能"太大"

由于曹家的两个姐姐出嫁比较早,所以曹道芬对家里为姐姐选择结婚对象的标准没有清楚的认识。但是几个哥哥结婚,他还是知道的。那个年代,和男孩子一样的是,女孩子到15或者16岁的时候,就被认为是到了婚嫁的年纪,超过20岁,在当地会被认为是"老闺女"。家里

---

① 不是同一个祖宗下来的。

的长辈在联系自己的亲戚或者媒人的时候,便会把自家的情况向介绍人说明,同时也会向介绍人说明对女孩子有一些什么样的要求,介绍人便会根据男方提出的要求,向他推荐合适的人。在长相方面,如果男方家境比较好,比较有钱,对长相的要求就会多一些,比如说不能太丑、不能有残疾、不能有身体缺陷等;如果是穷人家庭,长相方面就没有什么要求,只要不是不能生育就可以。在持家、做家务方面,一般的家庭婆婆都会要求未来的媳妇能干、会持家、会干家务,啥都不会干的会对她们很挑。在女孩子的品德和名声方面,也都有要求,要求娶进门的媳妇不能是名声败坏或者道德不好的人,这是一个家庭的门风,不能破坏。家里的二嫂和曹道芬的妻子都是门当户对的,就是大嫂和大哥是在养路段工作的时候认识的,大嫂之前结过婚,娘家条件比较好,"再嫁"给大哥曹道苞,结婚之前就已经说明不要孩子。

3.到年纪就得成家

"男大当婚,女大当嫁",曹道芬说那个年代不讲爱情,到了年纪,家里就会催你成家,成家就是为家里生儿育女、传宗接代。村里极少有单身汉,不仅家里的父母不会同意,村里的人也或多或少会有一些闲言碎语,不结婚、没有后代在那个年代被看作是不符合人之常情和不符合老祖宗定下的规矩。结婚就是为了整个家庭能够继续延绵和传承,而不至于出现断层。一般大户之间,会以两家结亲的方式而扩大在村庄内的势力;家里子女少的会想通过结婚增加自己家庭的人丁,以避免在村庄之内因为人少、力量薄弱而被其他人欺负。

4.家户不排斥自由恋爱

过去那个年代对自由恋爱没有限制,但是一般通过介绍结婚的比较多。曹家在这个方面也是比较自由的,母亲只是会提醒他们到了该成家的年纪,如果自己有看上的也可以提出来,没有的话,家里就给介绍。自由恋爱的也可以结婚。曹道芬的大哥和大嫂就是自由恋爱结婚的,大嫂是个"富娘",南丰①人,是一个有钱人家的女儿,之前结过婚,丈夫在民国十几年的时候打仗被杀了,后来和大哥在养路段工作的时候认识,然后才谈婚论嫁,家里的母亲和其他人都没有表示反对。再到后来,大嫂嫁过来之后,勤俭持家,也非常勤快,完全没有富家子女的骄傲情绪,曹家的家里人也没有因为大嫂是再婚而忽视或者不尊重她。

5.聘礼不一、嫁妆一致

家里的儿子结婚,给女方的礼金称为聘礼,女儿结婚,家里为女儿准备的称为嫁妆。曹道芬只知道家里两个姐姐的结婚嫁妆都是一样的,那个时候的嫁妆一般都有被子、衣服、帐和箱子等东西,这些都是当地的传统,普通家户都是准备这些,如果家里条件好一点,衣服会多一些,但是基本的都会有。曹家三个兄弟结婚,每个人的聘礼都不一样,二哥给的聘礼稍微多一些,因为对方家庭要求的要多。同时也会根据家里当年的实际收支情况,如果当年家里的经济条件好一些,当年结婚给的聘礼就会稍微多一点。那个年代,男方给女方家庭聘礼的基础一般都是 20 块钱,然后鱼肉 80 斤。同样的,如果家里条件好的给的也多,女方就是用礼金和食物筹备女方的宴席,结婚所要花费的钱没有男方家庭花的多。

订婚也是当地的一个风俗,如果在女儿十五岁左右为女儿物色好了对象,女方的父母都会要求男方家庭给自己的一个女儿举办一个订婚仪式。需要订婚的,会由介绍人先和男方家庭商量。订婚之后,两家还是可以照常走动,订婚"走亲"的时候也需要送礼,基本上都是男方

---

① 相邻市(抚州市)的一个县。

在节日的时候去女方家拜访，按照每个节日的不同，送一些粽子、月饼和酒肉之类的。订婚一年后就会结婚。在商量结婚的具体日子之前，男方需要给女方当家人包一个红包，也或者是给"三牲"①，这些是由介绍人拿到女方家的。订婚之后，很少有退婚的，只要不是去世之类的严重问题，都是按照约定的时间结婚。如果男女双方在见面之后觉得讲不和，也会和双方父母商量退婚，退婚一般都是在商量结婚事宜之前完成，俗话说"男怕入错行，女怕嫁错郎"，曹家没有发生过退婚的事情。

(三)婚配过程

曹家的家庭成员在结婚的时候，长辈胡奎俚起主要作用，是结婚方案的制定者、婚配过程的安排者，大哥曹道苞也充当重要角色，其他家庭成员可提意见，但是需要服从安排。曹家父亲去世较早，长兄如父，在结婚花费方面，几个兄弟互帮互助，最终都得以顺利成家。

1.长辈支配婚配过程

曹家几个兄弟结婚的相关事宜中，母亲胡奎俚是主要的方案制定者，曹道芬和二哥曹道茌结婚，大哥曹道苞也出了很多力，相当于一个父亲的角色，帮助母亲分担结婚的重担。媒人由母亲安排，婚帖由专门的"师文"来写，由家里的长辈去请，请的是村里有文化的年长者，帮别人写婚帖写了很多年的人，村里结婚的基本上都是找他们来写。婚帖上，"师文"会写清楚男女双方的姓名和生辰八字等内容，并由男女双方共同保管。

在婚礼过程中，长辈起着重要的作用，其他家庭成员也会为家里其他成员的结婚事宜操心，可以提意见，也可以帮助长辈减轻压力，代替当家人做一些事情，比如帮助家里人打听婚配对象的家庭情况、个人品行等，但是了解情况后，他们不能擅自做主，得和自己的长辈商量并把获得的消息告知当家人，最后由当家人进行裁决。

2.三兄弟未按顺序结婚

曹道芬的父辈有三个兄弟，叔伯辈都是年纪大的先结婚，年纪小的后结婚。在早先的时候，有几个儿子的家庭，如果没有特殊情况，结婚的顺序基本上都是先长者、后幼者。不管家里子女多还是少，如果年纪大的还没有结婚，年纪稍微小一点的孩子的婚事，母亲暂时不会考虑。曹道芬有三个兄弟，大哥曹道苞比二哥曹道茌大3岁，二哥比他大15岁。父亲去世比较早，父亲走之后，家里的事情主要由母亲做主，大哥帮忙。1930年父亲去世后，大哥便外出做工，赚钱先帮老二结婚，所以二哥才能在1934年按时顺利结婚，另外也是家里结婚最早的一个；在二哥结婚3年之后，大哥才成家，那个时候他已经26岁了。由于曹道芬当时年纪尚小，给了家里一点喘息的机会，全家人一起努力劳动和赚钱，等他年纪较大的时候，大哥和二哥开始外出做小买卖。1944年开始，家里基本上由曹道芬当家，1948年由母亲和两个哥哥安排结的婚。曹家的两个姐姐已经出嫁了，那个时候女孩子一般到了十五六岁的年纪，找到了合适的人家，家里就会安排结婚，不必都等到自己的兄长结婚之后她们才能结婚，女孩子一般等不了，到了年纪，就会让她们出嫁，不然年纪太大嫁不出去。

3.兄弟间互助结婚花费

婚礼所需要的花费一般包括礼金、办酒、请媒人和"师文"等。结婚办酒席，当地有一个固定的规矩，都是按照"桌面"来，每桌固定花多少钱，但是钱的多少有别，有钱的人家每一桌花

---

① 农村的三牲特指鸡、鸭、鱼。

费的钱多一点,穷人家花的钱少一点。每桌虽然金额不定,但是菜的数量是固定的,都是十个菜一个汤,每桌大概安排3~4斤米的饭量。这样一桌花的钱换算下来,大概是几块钱一桌。所有这些花费都是由家户承担,长辈会有留给自己子女结婚的存钱,曹家的几个兄弟结婚,父母留的存钱比较少,所以能够帮衬到的地方比较少,曹家都是兄弟之间互相帮助、支持。曹家大哥曹道苞起到了非常重要的作用,也非常无私,在他的帮助下,家里的几个兄弟才能够顺利成家。因为各个阶段,家里的生活条件都不一样,所以每个人结婚花的钱也都不一样。看到几个兄弟都顺利成家了,家里的长辈开心,自己也开心,成家立业,只有成家了,才能尽快立业。与此同时,结婚之后,家里的劳动力相应地也多了,也能承担家里的一些劳动。虽然说结婚得花费家里一定的积蓄,但是从长远来看,也是一种减轻女方家庭生活负担,增加男方家庭劳动力的好方式,所以当时很多家庭都将结婚视为家里的一个转折点。

(四)其他婚配形式

曹家为中等一般家户,家中无人纳妾,无童养媳,无入赘情况,但是曹家有改嫁的情况。曹家大嫂包桂英为改嫁媳妇,与大哥在养路段认识并结婚,双方婚前约定不再要孩子。"入赘"对女方家庭要求较高,对男方自身条件要求较高,所以村中"入赘"情况较少。

1.无人纳妾

曹家的祖父辈、父辈到曹道芬的兄弟辈的几代,家里都没有纳过妾。当时村里纳妾的非常少,除非是家里特别有钱的地主,或者是大户家里娶了不能生养的媳妇儿,但是为了家里要开枝散叶,便会娶一个小妾为家里传宗接代。关于纳妾的事情,都是家里的长辈或者是当家人决定,不用请示其他人,为的是一个家庭的延续。纳妾不需要契约,只要双方同意就可以。那个时候去给别人做妾的基本上都是一些穷苦人家的女儿,不然哪家的父母会愿意自己的女儿给别人做小老婆?大户人家纳妾也会稍微做酒表示一下,双方酒席的钱也像一般的办酒席一样,由男方出,花费的多少得看男方家里的家底。

2.无童养媳

斋楼村当地有童养媳的情况。就是一些穷苦的人家,等儿子长大之后,家里很难一次性能拿出给他娶媳妇的一大笔费用,便会去找一些家里同样条件不太好的、家里女儿多的家庭,问他们愿不愿意把一个女儿给自己家做童养媳。女孩子的家里可能小孩子比较多,家里负担不起,就给别人带。男方家里就把女孩从小带大,然后给自己的儿子做老婆。曹家没有童养媳,童养媳得两个家庭双方都同意,不然不能成立。童养媳从小就养,女方家庭知道只要把女儿给了别人家做童养媳,这个女儿以后便不再是自己的。收养童养媳不用写文书,直接口头表达。把童养媳作为自己儿子的媳妇,嫁娶直接由自家人做主决定,和女孩子之前的家庭无关,也不用和之前的家人打招呼。娶童养媳酒席会简单一点,由男方家庭自己筹办,没有隆重的仪式,但是得拜祖宗。不同的家户收养童养媳都差不多,但是大户人家要求会多一点。

3.改嫁约定不要孩子

曹道芬的大嫂包桂英是改嫁到曹家的,嫁过来的时候和大哥的年纪差不多大,二十五六岁。改嫁的原因是大嫂的前一个丈夫在战争中去世,在养路段工作时和大哥认识,然后两个人决定结婚。大嫂在丈夫去世之后,回自己的娘家居住。大嫂的娘家比较有钱,加上大哥当时年纪也比较大,所以两个人认识之后,觉得都可以,才决定在一起。改嫁的情况,也要双方同意,尤其是男方的当家人。改嫁比正常结婚要稍微简单一点,不用找介绍人,也不办场面较大的婚宴,只需要稍微表示一下。双方在结婚之前都会提出自己的要求,就比如大嫂提出的就是不生孩子,如果有其中一方不同意,便不能成立。如果改嫁之前家里比较穷,丈夫去世,只剩下老俩口,改嫁的媳妇儿如果有心意的,还会帮扶一下前夫爸妈的生活。

改嫁不需要写契约,需要的花费也比较少,当时曹家没有给大嫂的娘家聘礼,就是在家里请了几桌客人庆祝了一下。

4.村中入赘情况

当地称入赘为"倒插门",出现"倒插门"的情况,一般都是女方家庭条件比较好,但是家里没有儿子;而男方家里儿子比较多,家里条件差,所以男方就会入赘到女方家里,就像女方嫁到男方家里一样,"倒插门"就是男方到女方家里去。一般有入赘情况的都是大家户,村里几乎没有普通家庭有招入赘女婿的情况。斋楼村入赘的情况比较少,在农村,只要不是特别穷,很少有人会愿意将自己的儿子嫁到女方去。虽然大家不会明地里说一些闲言碎语,但是暗地里也会说几句,"怎么会把儿子给别人家去"。条件较好的女方家庭其实是更愿意在本家过继儿子,毕竟都是自家人,入赘来的女婿不一定有过继来的孩子靠谱,那个时候的防备心理还比较强。

"倒插门"还有一种说法叫作"撑门",女方对入赘的男方,会有一定的要求,比如要有能力,年纪要和自己的女儿相仿,身体要好、不能有毛病,男的还争气,有志气、有追求,没有一定要求必须是本村的,最重要的一点是不能有过婚配。如果入赘到女方家庭的男的还会继续与本地人来往,在女方家里搞得也比较好,当地人也不会看不起他们;但是如果搞得不好,还不与之前的亲戚朋友联系,村里其他人就会看不起他们。

招入赘女婿,除了男女双方要同意之外,双方当家人也需要面谈,尤其是要得到男方父母的同意,但是可以不与男方族长商量,本家户自己决定就可以。入赘也不需要写契约,婚礼由条件较好的女方家庭操办,花费也是由女方承担。婚帖和一般的婚帖是一样的,要请"师文"把双方的名字等内容写上。和普通的婚配不一样的是,入赘的酒席主要在女方家里操办,男方家庭只是会简单办一下。

(五)婚配终止

曹家没有发生休妻的情况,但是有因家人去世而守寡的妇女。1930年,曹道芬的父亲去世,母亲胡奎俚开始守寡,并成为曹家的内当家人,一直持续到儿子成家立业。

1.无人休妻

曹家没有休妻的情况,娶进门的几个媳妇,一辈子都生活在曹家。虽然"师母"尹八香和大嫂包桂英都没有生育,但是对自己的丈夫和曹家算是兢兢业业,安守本分的,所以他们也没有遭到曹家人的嫌弃和自己丈夫的嫌弃。虽然没有自己的孩子,但是一家人和睦,通过过继的方式也让他们这一辈有了自己养老送终的"儿子"。

当地出现休妻的人家比较少,出现休妻的主要原因是媳妇不能生育,而且对家庭不忠、对长辈不孝,丈夫才会提出休妻。除丈夫能提出休妻外,公婆也可以提出,同时一家人也会商量。儿媳妇知情,如果知道自己做得比较过分,也不会多说什么。休妻之后,如果女方不愿意走,男方也再不同意她在家里,女的必须得走。休妻不用写休书,男方通知女方直接走。休妻的事情可以不与家族族长商量,但是休妻之后,要将这件事情告知家族的长辈。休妻之后,女方不能继承或者分得财产,也不会赔偿给她们,非常残酷。所以那个时候,很少妇女会做一些出格的事情,都会安分守己,努力做好自己的本职,照顾好家庭,侍奉好长辈,不然休妻之后,不仅名声不好,而且得不到一点好处。

2.母亲丧夫守寡

曹道芬的父亲 1930 年去世,从这一年起,母亲便开始守寡,当时家里的几个孩子都已经出生了,曹道芬是最小的一个。父亲去世的时候,母亲的公婆已经不在了。因为生了小孩,那个时候,大哥曹道苞和二哥曹道茬也差不多都成年了,所以没有受到家族中其他人或者村里其他人的欺负。除了母亲,家里没有其他人守寡。

丧夫的妻子如果生了孩子,就像曹道芬的母亲胡奎俚那样,会继续住在夫家。家里的公婆也不会把儿媳妇赶走,如果是还没生孩子,女方的当家人会和亲家商量,要求自己的女儿改嫁。改嫁必须得到男方家里人的同意才可以,女人不能私自做决定。如果决定改嫁,妇女一般会找来父母说明情况,经过婆家人同意,就可以改嫁。丧夫的妇女也可以回娘家居住,但是她们会更愿意住在婆家,因为害怕回去受到来自其他人的闲话,生了孩子再丧夫比还没生孩子就丧夫的妇女地位要高,没有生孩子可能会被婆家要求回娘家去,同时也分不到家里的财产;如果是生了孩子,还会看在孩子的面子,一家人继续一起生活,在涉及家里的财产方面,妇女还具有一定的使用权。没有改嫁的妇女,还算是一家人,可以和自己丈夫一起埋进自家的祖坟,但是娘家的祖坟回不去。

二、家户生育

1949 年以前,曹家各代家庭人口适中,男女数量相当,为中等家庭。是否生育小孩,由夫妻双方决定,在传统的传宗接代的生育目的影响下,曹家偏向于多生男孩,一方面保证足够的劳动力,另一方面保证家户传承。妇女在怀孕之后,长辈会给以最细心和周到的照顾,首先是干的活比平日里少,在生孩子的前一个月、坐月子期间甚至不用干任何活;其次是饮食也得到了较大改善。曹家在 1949 年以前只有二哥曹道茬的一个孩子出生,母亲考虑周全、细心照顾,以办酒席庆祝。在给孩子取名方面,曹家在遵循辈分的基础上,根据自家喜好,以增强自家人辨识度为目的,会给孩子取一个具有家户特色的名字。

(一)世代男女数量相当

曹道芬爷爷辈共有 4 男 2 女,叔伯辈共有 3 男 4 女,兄弟辈共有 3 男 3 女。总体上看,曹家在村里算是中等家庭。曹家几代在生育过程中,叔伯辈有一个女孩送给隔壁村的一户人家做女儿,算是曹道芬的姑姑;曹道芬自己有一个女儿在 2 岁的时候得了"麻花"[①]没有治好,夭折了。除了送人和夭折的情况,丢弃孩子、溺婴、买卖孩子在曹家都没有发生过。

在不同的家庭,生育情况不同。大户人家条件较好,生活条件也会更好一点,所以小孩子不会出现因为家里穷而被遗弃或者因为没有钱治病而夭折的情况。曹家没有出现过没有结婚就生育的情况,不管是男女,当家人都管得比较严,如果出现未婚先生子的情况,会被村里人说闲话。而且,订婚之后的男女双方,被要求少见面,尤其是逢年过节,男方去女方家拜访的时候,女孩子需要回避,两个人不能见面。

---

① 书面语为天花,由天花病毒感染人引起的一种烈性传染病。

(二)生育的目的与态度

关于家户生育,曹家人都认为是为了传宗接代,有了子孙后代,家户才有希望。并且对于生男生女,曹家偏向于多生男孩,既能让长辈高兴,也能给家里增加劳动力,减轻家里的负担。

1.生育目的:传宗接代

曹道芬认为,结婚生子的目的是传宗接代。不仅是他个人这么认为,全村人,祖祖辈辈都这么认为,生儿育女对于一个家庭来说,就是家庭的传承与发达,没有子孙后代,一家人便没有大希望。长辈都会很重视,也会很关心自己子女的生育问题,尤其是儿子的生育问题。如果是没有生儿子,都会在自家的大家庭内部进行过继,从而保证他们这一支有后。不同的姓氏之间不能过继,只能算是买卖,但是买卖来的孩子不能入户,也不能入谱,只是名义上属于他们家的孩子。生育对家庭来说,除了是家族的延续之外,还有一个原因就是增加家庭的劳动力。以农业为生的传统农村,如果没有足够的劳动力,家里的活没人干或者干不好的话,家庭很难发展壮大起来。

2.生育态度:倾向多生男孩

在生儿子还是女儿方面,村民一般是倾向于生男孩。大家都认为生的女儿长大后嫁了人,就是别人家的人了,"嫁出去的女儿,泼出去的水",不能算是自家人,生的孩子也是丈夫家的子孙。相反,生男孩,始终会留在家里,父母的养老都是靠自己的儿子负担。但是也并不是所有的家庭都会重男轻女,村民一般都会愿意生女儿,女孩子比较贴心听话。

过去结婚都比较早,十五六岁左右就会被当家人安排结婚,也没有早婚早育的说法,村里的习惯就是这个年纪,很少会出现还没有结婚就生小孩的现象,否则会被其他人说闲话。男的到二十岁左右还没有娶媳妇,被认为年纪还适当,再晚两年就算晚了。曹家内,曹道芬的二哥曹道荙,1934年在大哥的帮助下20岁就结婚了,大哥26岁结婚,曹道芬本人19岁结婚。对于家里生几个小孩子来说算好的,家里人觉得有孩子就可以,但是如果能生就会尽量生。曹道芬的大哥只有二哥过继的一个儿子,二哥生了4个儿子,过继了一个给大哥,曹道芬本人生了5个儿子4个女儿,算是比较多的。他觉得儿子有3~4个就差不多,女孩能有2~3个就挺好。多生几个孩子,虽然增加了家庭负担,但是看到子女成群,父母高兴,家里的长辈也高兴。

(三)生育过程

是否生育以及生育多少,由夫妻双方决定,多生为好。妇女在怀孕后可以得到很好的待遇,减少干活,饮食变好;分娩前后更是得到长辈较好的照顾,不用为家庭琐事操心,有足够好的营养直至身体恢复。

1.夫妻决定是否生育

家里生不生孩子,生多少个孩子,由夫妻双方决定,但是如果没有达到家里长辈的期望,长辈也会建议夫妻俩多生几个。1949年前后,大多数夫妻都是愿意生的,只要能生,就会多生。妇女在怀孕之后,会减少下地干活的次数,家里也只会让他们干一些简单的活,长辈也会对她们有一些照顾。曹家的几个媳妇怀孕的时候,都是母亲在照顾。饮食也都是由母亲来安排。那个年代,生活比较艰苦,但是在怀孕期间,孕妇的伙食或者说家里的伙食会好一点。有营养的东西也会先满足孕妇的需要。

在临近生育的时候,母亲便会开始为媳妇生孩子做准备。打听好哪个产婆比较好,大概需要多少钱,家里应该准备一些什么,母亲都会提前安排好。1949年前后,妇女生孩子基本上都是请接生员在家里接生,很少有人能够去得起医院。所以需要花费的地方,就是请接生员的钱,钱是由长辈出,也就是整个家庭出,不会让小家庭自己出钱,小家庭也没有钱够支付这个费用。

2.长辈承担照顾孕妇的责任

分娩期间,妇女以休息为主,休息的时间比平时休息的时间要稍微长一些。家里的长辈一般都会提醒快要生的妇女注意很多事情,保证足够的睡眠就是其中之一,也没有具体规定睡到什么时候,比平时起来要干活的时候是会晚一点。不用干家务活了,自然也就可以多睡一会儿。这种日子会一直持续到生孩子的时候,在家都受着特别的照顾。

妇女生产后要坐月子,大概坐两个月左右,都是由母亲一直照顾。月子期间,妇女不用干任何活,吃饭、洗头、洗澡都是由母亲帮忙。除了不用干活,还有人帮忙料理之外,在饮食上,会比之前怀孕期间吃得更好一点。这些母亲都会安排,家里养的鸡能派上用场,煮鸡汤给刚生育的妇女喝,给她们补身体,吃肉的次数比之前多一点。同时也会有一些禁忌,比如忌辛辣,哺乳期的妇女需要保证足够的母乳给孩子,所以营养一定得跟上。妇女生孩子被看作是很辛苦的一件事,为家里添丁,家里的长辈在这个时候会尽量地照顾她们,这样才能恢复得更好、更快。

孩子出生一个星期之内不能抱出家门,也不能见陌生人。刚出生的孩子抵抗力比较弱,极其容易染上风寒,会对小孩子造成比较大的影响。孩子刚出生,除了母乳,其他东西都不能吃。小孩子喝母乳的时间有长有短,得看母亲的奶水够不够,到半岁的时候,会开始给小孩喂一些稀饭和米汤之类的。不同家庭以及不同家庭条件的家庭,对待妇女生育的照顾都有一些差异,条件好,照顾得更周到一点。比如休息的时间长一点,月子期间饮食条件更好一点等。家里孩子生得越多,到后面经验也就更多,在妇女生育期间遇到的问题也就更少一点,隐患也会少一点。

(四)生育办酒收礼钱

孩子出生之后,在一个星期之内,家人会去"娘娘庙"祭拜,要带上鸡鸭鱼肉等,还会烧一定量的纸钱。另外,有些大户人家还会给孩子办满月酒,一般都是给男孩子办,女孩子几乎没有这个待遇。农村传统给孩子办的不是满月酒,而是俗称为"三招"酒,没有大户人家办的场面那么大,主要招待妻子的父母、兄弟和姐妹。在孩子出生一个月之后,就可以办这类酒席,没有具体规定一定得什么时间范围之内。生男孩、生女孩都会办这个酒席。除了主要宴请妻子娘家人之外,男方家的亲戚也会一起请来吃饭,由男主人公去请,都是一些近亲。请客的时候不用给他们带礼物,但是客人来吃酒,都会给小孩子包一个红包,由孩子的母亲代收,不用回礼。办这个酒席的目的就是让家人知道家里有小孩子出生了,让大家一起分享,庆祝这个孩子终于熬出了头,从妈妈肚子里平安出来,希望孩子可以继续平安健康的长大。

办酒席的钱由家户出,不由小家庭出,由孩子母亲代收的份子钱,等亲戚都走后,都会由当家人统一用本子登记,然后由当家人保管。登记的目的是为了记住谁送了多少钱,待以后他们家也有小孩子出生,也该回相应的礼钱。在生育仪式方面,不同的家庭都差不多,就是在酒席的规模上、饭食的质量上有一点区别,其他的没有多大的差别。

（五）取名辈分为先，保留家户特色

曹家几个兄弟的名字都是自己外公起的，按照族里的辈分规定，由姓氏加辈分再加一个自己起的字就组成了孩子的名字。曹家小孩的名字都是出生之后才起的，也有一些家庭，祖父辈的老人先按照辈分给自己的孙男、孙女起好名字，然后出生之后就直接用。除了正式的名字之外，家里还会给小孩子起小名，都是随便起的，为了平时方便叫。有些名字是按照季节起名的，还有一些名字带"狗""根"这些字眼，当时有一个说法就是"贱名好养活"。

家里的长辈在给自家的孩子起名字的时候，还会带有一点家庭特色和意义。就比如曹道芬的几个兄弟，大哥叫曹道苞、二哥叫曹道莛，三兄弟都是辈分加"草字头"的字，就连他们的堂兄堂弟也都是以辈分加草字头的字取的名字。都是根据自己家里人的喜好，让人一看族谱就知道是一家人，如果是家里的人都没什么文化，就是随便起。大户和小户在起名字上没有很大的区别，只要自己家人清楚就可以。

三、家户分家与继承

1949 年以前，村庄有很多因结婚生子而分家的家户，曹家没有分过家，而是一直生活在一起。关于分家，村庄的一般情况是，分家之后，只有男性才具有财产继承资格，且以血缘关系定亲疏，由当家人主持分家事宜，其他家庭成员须配合当家人的安排；同时需要长辈作为分家的见证人，以保证分家事宜的公平性。分家涉及的财产主要有：家户的房子、土地和财产，有分家契约作为分家的证明，确保分家属实。

（一）分家

分家多因结婚生子，并由当家人和长辈提出，只有家里的男性成员才具有分家后的继承资格。在分家过程中，由当家人主持，其他家庭成员配合，不受外界干扰；另外，分家还需要请男方家庭中辈分高者作为分家见证人，并签订分家契约，分别保管，作为分家的证明。

1.分家缘由：多因结婚生子而分家

曹家分家由曹道芬提出，分家的事情只能由当家人或者家里的长辈提出，儿媳和其他人不能提分家，但是会和他们商量。当提到要分家的时候，就是必须要分了，只是会商量具体该怎么分。分家是一家人的事情，其他人无权干涉，也影响不了一个家庭是分还是不分。曹道芬家里是 1953 年分的家，土改分到了地，而且三叔三婶也都去世了，家里需要共同抚养的就是母亲一个人，分家了也可以一起养。加上结婚之后，家里的小孩子越来越多，很多事情上可能会照顾不全，也极易造成矛盾。所以曹道芬在与母亲商量之后，才和两个哥哥提出来要分家，哥哥嫂子也都表示同意。

村里的一般情况都是提倡分家的，各个小家庭单独过，操心的范围要小很多。如果是在外面工作的，结婚之后马上就会分家；如果是一直在农村，等结婚生了孩子之后，当家人才会提出分家。

大户人家，家里势力比较大，条件也好，只要家里人之间能够合得来，做事也是可以齐心协力，三代都不会分家，都是一起吃住的。除非遇到家途没落，供给不了一大家子人的生活，才会分家。而小户家庭，一大家一起吃饭的很少，等到儿子结婚生孩子之后，便会分开吃住，让儿子、媳妇儿独立挑生活的重担。像曹家的这种特殊情况比较少，一家人能够一起生活到 1953 年，也能看出来一家人之间的和睦。

2.分家继承资格:有血缘关系的男性

分家,以家户为单位,只有每个家庭的内部成员才可以分得家里的财产。曹家具有这个资格的有曹家三兄弟,已经出嫁的姐姐不属于家庭内部成员,不具有继承曹家房屋、土地及钱物等财产的权利。在家庭成员中,拥有分家资格的成员只有家里的儿子,按照家庭财产的总和,平均分成有几个儿子数量的份数,女儿不管是否出嫁,都不具有资格;未成年的儿子也可以分得一份,会先由长兄代为照顾和管理,等到他成年且成家之后,再把他的一份归还给他;如果是只剩下亡父的孩子和丧夫的妻子,这一份由他的孩子顺延继承;过继来的儿子和妾生的儿子也同样具有分得家庭财产的权利,但是干儿子和改嫁带过来的儿子,不具有分家获得财产的权利,因为没有血缘关系。

在分家资格上,不同的家庭类型几乎没有差异,差别只在于所分到的财产的多少,都是以血缘继承为主,男性才有这个资格。

3.分家见证人:辈分高者

每个家庭在分家的时候,都会请见证人见证分家过程是否公平合理。见证人一般会请"公公"①、"舅公"②,这两个人被看作是男方家庭中辈分比较高、地位比较重要的人。只要是分家,这两个人必定会过问,分家方式合理不合理,只有大家都赞成和同意,这个家才能分,不然会造成更大的矛盾和纠纷。安排分家的都是当家人,请见证人的也是当家人,见证人一方面起着监督作用,另外一方面还起着担保和协调作用,他需要做到维护这一家人分家前后的和谐。见证人的地位不具有传承性,都是根据不同身份变化而变,不同的家庭请的见证人大致相同,除了"公公"和"舅公"两人,还有些人会请家族的族长,见证的目的一样,就是帮助这个家庭顺利、和谐地分家。

4.分家事由:当家人做主

分家的相关事宜都由当家人做主,该分什么东西,哪些东西可以分,哪些东西不能分,哪些东西得留给长辈,几个兄弟之间该如何平均分配,都是当家人需要考虑的事情,也只有当家人才能做主。其他家庭成员可以就那些提出自己的意见,当家人也会适当听取,但是决定之后,其他家庭成员需要无条件服从。如果是作为长辈的当家人去世了,由长子在长辈的帮助下,承担分家的责任,所需要经历的具体过程和一般的分家过程一致。

家庭外部成员,除了当家人请的见证人,其他人都不能参与分家事宜。见证人作为仲裁者,会坐在一家人中间,先听取当家人的分家安排,然后询问其他家庭成员的意见,如果是都没有问题,分家就算是圆满结束;如果有家庭成员提出了自己的想法,见证人会继续询问当家人的意见,如果能够协商好,便是最好的结果。

5.分家契约:小家庭人手一份

分家的时候,要写分家单,当地称为"分管书",也有的称作"分家证"。曹家在分家的时候,分家证是请自家比较有文化的人来写,内容包括每个儿子分的房子的方位、类型(是房间和大厅,还是房间和楼阁)、数量;以及分的田地是哪一块,有多少亩、具体位置在哪儿,这些都会一一注明。另外,分家证除了写明这些东西之外,在最后的地方还需要包括见证人、当家

---

① 姑父。
② 舅舅。

人、各个儿子的署名签字才算生效。

分家的契约，几个儿子人手一份，分别保管。分家证是作为分家的证明、证据以及在场见证人见证的最公平的分配结果，是作为每个分家参与成员保护自己权益的保障。不同的家庭的分家契约上写的内容都大致相同，没有差异。

6.外界不干涉分家

家族对每一个家户的分家事宜都是认可的，没有其他什么仪式，就是在思想上表示知道了这件事。虽然分了家，但是在参加宗族祭祀的时候，还是以家庭为单位参与，不以家庭中的小家庭为单元。村庄对分家之后的家庭也是认可的，分家的结果会体现在保甲册的名单上，纳税也是按照分家之后的家庭为单位计算，征兵则仍然以大家庭为单位，规定每个家庭必须去一个，即便是家里只有一个儿子也得去。县乡公所对家户单元的变化不会过问太多，他们也管不了那么多，分家这些事情都太小，事情太具体，县乡公所管不过来。

（二）继承

曹家具有继承财产资格的只有曹家三兄弟，因此他们也成为承担饲养母亲胡奎俚的职责。村庄中，只有具有血缘关系的儿子、过继的儿子才有继承权，具有血缘关系的女儿、亡夫的妻子、入赘的儿子、抱养的儿子、改嫁的儿子等没有血缘关系人都没有继承权。继承的条件由当家人根据具有继承资格的成员情况决定，主要的继承内容有房屋、土地和钱物等。

1.继承的资格：以血缘定亲疏

具有家产继承资格的只有家庭内部成员，家庭外部成员因为没有给家庭带来财产收入的增加，也不具有血缘关系，因此不能分得家产。曹家三兄弟都有继承家里财产的资格，也只有他们才具有继承资格。在保证家里的母亲有着稳定的养老条件和环境下，几个儿子承担母亲的养老问题，才具有继承资格。在当地，如果是父辈当家，只有亲生儿子才有继承权，入赘的儿子、抱养的儿子和被赶出家门的儿子生活在一起或者曾经生活在一起，但是彼此之间没有血缘关系或断绝了关系，都不是家庭内部具有继承资格的成员。但是未成年的儿子和不在家的儿子依旧具有继承资格。女儿在家庭内没有儿子的情况下，可以继承；但是在家庭内有儿子，女儿无论是未出嫁还是已经出嫁，都没有继承资格。如果是儿子去世，便顺延由孙子继承，没有第二代的话，亡夫的妻子不具有继承资格。另外，过继来的儿子和妾生的儿子也具有继承资格，但是干儿子、改嫁带过来的儿子和在外的私生子没有家产的继承资格。

不同的继承人，继承权一样，没有长幼之分，没有妻生与妾生之分，没有亲生儿子与过继来的儿子之分，每一个儿子具有的继承权平等。但是继承权有些情况下也具有次序性，比如有儿子的，几个儿子为第一继承人；如果没有儿子，女儿也可以成为第二继承人；如果儿子、女儿都没有，同家族中的侄子为第二继承人，总归是从最亲近的人开始轮，遵循"先亲后疏"的原则。如果是家里的儿子不孝顺，老人可以指定谁具有家产的继承权；如果儿子们都孝顺，老人则不能指定，因为是多个儿子共同具有的继承资格，会破坏其中的平等性。

2.继承的条件：当家人定继承

家户内的继承，儿子具有第一继承权，但是具有继承权的需要为一代人，只有在同一代中，有去世的儿子，去世的人儿子才具有继承权。如果是不孝顺的儿子，只要没被逐出家门，还具有继承权。但是当家人具有决定哪些人具有继承权，哪些人因为什么原因不具有继承权。比如儿子不孝顺，当家人可以提出他不能享有家产的资格，把他排除有继承资格的成员范围之外。除了当家人有这个决定权力，其他家庭成员均不能实现。在长辈去世的情况下，长子继承当家人的位置，具有决定权，但是和其他儿子依旧是平等的，只是他多了一份责任。继承条件只需要家庭成员确定，不需要家族或者村庄干部的介入，具有独立性。

3.继承的内容：房子、土地和钱物

曹家可以继承的财产有土地、房子和钱物等，三兄弟通过平均分配的方法，分别继承家中的财产。除了这些，身份类的事务不具有继承性质。比如宗族社会中的族长身份，是按照辈分和年纪这两个条件来决定的，前任族长去世，他的儿子不能继承族长的身份；族长还在世，但是碰到不在场的时候，儿子可以参与宗族事务的会议。

在确定继承权的时候，每个儿子分多少、分哪些都由当家人做主，其他家庭成员觉得还算公平，就服从当家人的安排。继承权都是默认的，不用留有遗言或者遗愿，按照既定的规矩和传统，大家都能够接受。在继承的问题上，有时候也会发生矛盾和纠纷，所以见证人的作用很大，在中间起着重要的协调作用。"分家单"的作用也很大，是作为自己继承所分得的财产的一个凭证，不能随意变更或者变卦。

不同的人口规模和不同条件的家庭，在继承的资格、条件和内容上，没有很大的差别，只是存在继承多少上的差距，继承所需要遵循的原则和所要经历的过程都是一致的。

四、家户过继与抱养

曹家三代同堂中两代存在过继行为，过继遵循血缘的亲疏关系，具有一定的先后顺序。曹道芬为非长子，过继给因病而无生育能力的三叔曹惟翱，并继承其家产；大哥曹道苞为长子，因"长子不可断弦"的传统，由二哥曹道莅将其长子曹德标过继给他。具体的过继事由过继孩子的父母进行决策，遵循传统习俗，能够得到外界的认可。曹家无抱养行为，村内的抱养情况多为家户孩子性别单一，且双方家庭自愿。在抱养的要求方面，没有血亲和村界的限制，要求没有过继严格，但是一经抱养则不得反悔。

（一）过继

曹家存在两类过继情况，非长子过继与长子过继。曹道芬过继给三叔曹惟翱，曹道芬的侄子过继给大哥曹道苞，一是因为家户延续，二是"长子不可断弦"的传统。过继遵循亲疏和长幼的原则，并尊重亲生父母的意愿，由父母决定是否出继，这种过继行为能得到外界的广泛认可和支持。

1.长子不可断弦

曹家具有两种过继情况：第一种是家中排老三的曹道芬过继给自己的三叔三婶。三叔三婶没有子女，而曹道芬的父亲有三个儿子，为了不让兄弟这一脉断弦，家里决定把不是长子的曹道芬过继给他的三叔；第二种是曹道芬的大哥由于和大嫂没有生育，作为家中长子的大哥，不能没有自己的子孙。传统农村有一种说法叫作"长子不可断弦"的说法，因此当二哥曹道莅的第一个孩子出生之后，便过继给了大哥曹道苞。农村是这么规定的，如果没有子女的孩子为家中的长子，则过继给他的，必须是亲兄弟中年纪最大的孩子，如果为非长子，则没有必要是亲兄弟中年纪最大的，排行第几无所谓。

出继的家庭会同意把自己的儿子过继，就是因为兄弟之间的情分以及一家人的开枝散叶。堂兄弟之间的过继是在亲兄弟之间没有儿子的情况下，才会过继堂兄弟的儿子。

除了长子不能没有继承人的情况,家庭内、家族内必须给他过继儿子,其他的不是必须过继。

曹家过继一方面是为了继承家业,不让别人侵占自家的财产,另外一方面也是为了兄弟之间可以延续香火。家里人对过继都能理解,也都支持。

2.过继有亲疏,先后有序

如果需要过继,被过继者也有顺序要求。都会优先考虑过继自家亲兄弟的儿子,如果亲兄弟没有儿子才会退而求其次,考虑过继堂兄弟的儿子,不存在有自家的亲侄子而去过继别人家的儿子的情况,而且外姓之间一般不过继。有几个儿子的情况下,如果过继的对象是长子,则需要遵循"过长而不过幼"的原则,同时也会遵循辈分的原则;如果过继对象不是长子,则可以随意过继哪个儿子。曹家的过继现象,两种情况都存在,都充分体现了当时过继的一些规则。

3.父母决定出继事由

需要过继时,由出继者的父母决定是否出继,同时也需要和其他家庭成员商量。在出继给长兄的时候,则是无条件的,为保证长兄的一脉血缘不断,都需要将自己的儿子出继出去;如果是其他人,父母都会考虑是否要出继。过继与出继,家族需要了解,也会支持这种做法,但是不需要同村庄管理员说明,自家决定就可以。

当地一般的过继形式都是"全过继",如果出继者家里也只有一个儿子,那么这个儿子就是"一子挑两房",需要抚养两边的老人。待他成年、结婚生子之后,如果有两个以上的儿子,便会安排一个在过继家庭并在其谱上挂线,证明这一支后继有人;然后剩下的儿子还是属于原先的家庭。这种情况在农村称为"假子真孙"。村民都觉得过继给的是自己家人,是一件吉庆的事情,关系太远的也不会过继。所以出继时,入继家庭不需要给钱,也不需要写契约,直接过继就可以。就是在族谱上两个家庭上都会记载说明,记载过继的"掉线"与"挂线"。过继的时候需要请族长和"新师",族长作为见证人,"新师"是负责记载的,都是自己人,不用给他们报酬。

如果是家中长子出现断弦,那么就算是出继者本人以及父母都不同意也没有办法,必须出继;如果是其他人,出继者不愿意的,可以不出继,还是会问过他们本人的意见的。当家人不在的情况下,其他家庭成员都没有权力决定是否出继,要当家人和父母同时同意才能决定这项事由。

曹家有过继的情况,但是没有回继,过继和回继都得看家里是否有儿子。在过继的资格、条件以及次序方面,不同家户之间没有什么差异,都是按照村庄已有的传统来进行。

4.外界认可保护家户过继

家族通过族谱记载的方式来体现对家族内各个家庭过继的认可和保护,一方面是认可过继这种行为,在家谱上会体现;另一方面是不干涉家户内的过继行为,只要自家愿意,便不会不同意。过继之后,过继的儿子在本族之内也不会被区别对待,不会被其他人所瞧不起。就像曹家两代人的过继,在自家内部依旧是一起生活,在本族内部仍然与其他家族成员友好相处。

村庄对家庭之间的过继不会干涉,保甲册上也不会登记,保甲册上只需要知道一家人一起有多少人口,不用知道家庭内部成员分布的具体情况。只需要知道"门户",不需要知道门户具体情况。过继的儿子在村庄内不会被差别对待,别人也觉得没必要,谁家不遇到点特殊情况,没有闲功夫管这些没有意义的小事。

对于过继,政府同样不干涉,只要家庭人口没变、土地数量没变,它该征收的税收还是不会减少,所以也不会干涉家庭过继的事情。那个时候还没有户籍,所以在户籍上也没有体现。

(二)抱养

曹家没有抱养的情况,村庄中多因子女数量和性别单一才出现抱养现象,以养老和传宗接代为目的。抱养没有村界和长幼顺序的要求,由父母决定,但是也需要考虑孩子个人意愿。抱养之后,原有家庭不再承担抚养资格,且不得反悔。

1.性别、家庭条件定抱养

抱养的要求不像过继要求那么严苛,不是没有儿子的才会抱养,生了儿子的也可以抱养,只有女儿的也可以抱养。抱养的情况是一个家庭子女少,或者只有男孩或者女孩,只要条件允许,也有人家愿意给小孩,就都会出去领养小孩。对方家庭可能条件不太好,子女又多,双方家庭通过协商,当面说明,就可以实现抱养。

会把自己的孩子抱养给其他人,一方面是因为和对方家庭关系比较好,知道他们家的家庭条件,自己的子女过去可能有更好的生活;另一方面是因为自家生活贫困,家中子女过多,无力负担起多子女的生活起居,将孩子抱养给其他家庭,可以减轻本家庭的负担。如果是自家也只有一个儿子或者女儿,那就不会抱养给他人,因为自家也需要养老,也需要传宗接代,如果因为关系好、家庭负担不起,就把唯一的孩子都给别人了,这个家庭也发展不起来。曹家没有抱养过其他人家的孩子,曹道芬也不太清楚村庄中一些有抱养情况的家户的具体情况,他所了解的都是从长辈那儿听到的一些杂碎的信息。

2.抱养无顺序、无村界

如果需要抱养,没有规定抱养的顺序,完全看被抱养者家庭的意愿。抱养也没有村界,亲戚之间,熟人之间,或者是陌生人经过中间人介绍就可以抱养。曹道芬知道村里有一户人家,小孩子比较多,家里养不起那么多人,就把自己的一个女儿给自己的姨夫做女儿。姨夫是外村人,没有孩子,但是生活条件比较好,那家人觉得女儿被带大了,这一门亲没有断,还是可以继续联系。

抱养都是两个家庭先联系,确定有抱养的意愿,然后双方家庭商量抱养之后的的一些事情。比如抱养之后,原来的家庭不再承担小孩子的所有花费,如果不是亲戚之间的抱养,孩子是不能再回原来的家庭,也不再是原来家庭的家庭成员。原来的家庭不再有权利管理或者干涉现在家庭的养育方式,孩子被抱养之后便成为了新家庭的家庭成员。有些家庭会把抱养的孩子和家庭中的其他孩子区别对待,区别是抱养的孩子只享有家庭财产的使用权,没有家庭财产的继承权,但是也有一视同仁的家庭。

3.父母抱养的相对支配权

抱养时,自己的孩子由父母决定是否被抱养。如果孩子还太小、不懂事,父母可以直接决定;如果孩子有自己的判断意识,父母也会征求他们的意见,孩子如果不愿意,当家人也不会强求。父母在决定是否将孩子抱养给其他家庭的时候,也会和其他家庭成员商量,涉及到男丁的抱养,也要请示家族族长,但是不需要和村庄管理者打招呼。如果是家庭成员或者家族族长有不同意抱养的,父母就会放弃把孩子抱养给其他人。

在被抱养家庭内部同意抱养的情况下,抱养的形式由双方家庭共同决定,具体的形式不需要再过问其他家庭成员或者家族族长。抱养不需要给钱物,就是被抱养家庭不再承担孩子的所有费用。抱养不需要写契约,孩子被抱走之后抱养就生效了。如果抱养发生在两个不认识的家庭之间,则需要中间人牵线搭桥,进行介绍,介绍人需要是双方都熟识的,由需要抱养孩子的家庭请;如果抱养是在两个相识的家庭,就不需要请中间人;中间人负责介绍双方家庭的情况,还作为抱养的见证人,保证抱养的真实性和有效性。需要抱养的家庭会给介绍人一些食物之类的报酬,作为他的辛苦费。

被抱养的孩子虽然没有次序的规定,但是家里的长子一般都不会抱养给别人,当家人不在的情况下,不能决定是否抱养。

4.抱养之后不得反悔

抱养得遵循双方同意、被抱养人同意等原则,一经抱养成功,则不能反悔。即便是抱养一段时间后,父母对抱养孩子的家庭不太满意,也不能反悔。抱养是经过家庭同意,家族商量以及双方协商之后的结果,而且还有见证人的见证,具有一定的有效性,在村庄内虽然没有明文规定,但还是形成了一定的不成文的传统,很少家庭会愿意违背当地的传统习俗,不然会被村庄内其他人说闲话。不管是何种类型的家庭,在抱养问题上一般都没有差异,大致相同。

5.外界同情抱养的孩子

抱养的孩子,不会在家谱上记载,也不能上谱,只是一个家庭出去领养了一个孩子回来,家里多了一个成员这样一种很普通的事。家族之内不会承认这个孩子是本家族的成员,虽然是和其他孩子一起长大,但是在家族内,还是会区别对待,所以被抱养的孩子有时候看起来还是挺可怜的,既没有了原有家庭的关爱,在现在的家庭也只能是看着脸色生活,遇上好一点的收养的父母,或许还可以得到一些关心和保护。家族内没有认证的体现,但是在村庄中的保甲册上会记载抱养家庭多了一个家庭成员,相应所需要征收的税收也会随之增加。政府对抱养行为没有认可的表现,也没有干涉的权力,只要不给它的管理带来麻烦就可以。

五、家户赡养

曹家的赡养行为以家户为单位,三兄弟共同承担家里长辈的赡养义务。曹家以养老地为基础,由儿子分别负担家里长辈的起居、疾病及丧葬等责任,直至老人去世,并为其送终。

(一)以家户为赡养单位

赡养老人是各个家户的内部事务,家户之外的人不能干涉,但是儿子如果不赡养老人的话,外人会用话语的形式进行评论。家户中成年的儿子都需要承担赡养责任,曹家的三个儿子都已经成家,所以家里的老人他们都具有赡养的义务。如果是未成家的儿子,成家之后再履行赡养义务。已经出嫁的女儿和未出嫁的女儿都不具有赡养义务,但是如果女儿家庭条件好,生活搞得好,负担不是很大的话,也可以帮助赡养家里的老人。对女儿的负担不是很大,只是会在生活上维护一下,女儿也有自己的家庭需要维持,娘家这边一年也会送几次节礼,包括端午、中秋和春节三次,节礼的数目没有固定的要求,表示一下心意就可以,也算是尽了一点责任。日常生活中,女儿也需要时常回家看望一下父母,父母生病的时候,回家照顾一下,都是女儿尽孝的一种表现。如果是家里某个成员需要承担赡养责任而没有承担的话,会遭受来自家族、村民等的舆论的压力,"没有良心"成了他需要背负的一个不良印象。

(二)多子家庭共同养老

曹家为多子家庭,由几个儿子共同承担抚养家里老人的责任,在没有分家的时候,共同负担,1953年分家之后,平均分担。在一起生活的时候,大哥曹道苞和二哥曹道苣经常外出,曹道芬在家耕地,担负的赡养责任要重一些,有时候也远水救不了近火,家里总会留一个儿子在身边以避免紧急情况的出现。在曹家,曹道芬就是那个被留在家里种地,不能出远门的人,需要在大哥和二哥不在家的情况下,顾全一家人的生活。

像一些家庭已经分家的,家里条件好一点的对老人负担的也稍微比条件差一点的要多一些。如果是无子家庭,家里老人的赡养则主要靠老人的积蓄以及家族内部其他成员的扶持,有女儿的,女儿也要承担赡养义务。在没有女儿的情况下,则由大家庭承担赡养责任。

(三)赡养形式

曹家在未分家的时候,家里的长辈由全家人共同抚养。赡养形式由儿子协商,长辈决定,曹家有4亩养老地由三兄弟共同经营,以供长辈养老,另外村庄中还存在轮流养老的赡养形式。

1.养老地养老与兄弟共同养老

曹家在没有分家的时候,家里共有三个长辈需要照顾,母亲胡奎俚、三叔曹惟翱和三婶尹八香,都是由三兄弟共同抚养。三叔三婶有自己的4亩多地,作为自己的养老地,他们自己没有儿子,也没有女儿,由他们过继的儿子曹道芬继承土地,并承担主要的赡养义务。母亲由三兄弟共同抚养,分家之后轮流抚养,养儿防老,儿子自打出生开始,就意味着承担父母养老的职责。这种儿子赡养父母的养老方式都是按照传统的方式来的,合情合理,能够让家里的老人得到最合理的安排。

2.兄弟协商赡养形式

曹家老人的赡养形式,一方面是由过继行为,使得三叔曹惟翱、三婶尹八香的赡养义务归到曹道芬的身上;另一方面,母亲胡奎俚为守寡妇女,能靠的也只有自己的三个儿子,全家人因为特殊原因在一起生活,使得赡养责任由一家人共同承担。这个需要家里的长辈发话,也需要几个兄弟之间互相协商,同意之后才能达到的结果。除了长辈和具有赡养任务的其他家庭成员能够提出相应的意见,另外就是要配合当家人做出的决定,帮助一起分担养老的责任。

不同的家庭类型和不同的家庭条件,所呈现出的赡养方式存在着一些差异。有些家庭采取一家抚养一个老人的抚养方式,也有的老人会给自己留下养老地或者养老粮,减轻子女的养老压力。多子女的家庭,在和儿子分家之后,老人要么独自居住,要么跟其中一个儿子一起居住,然后采取轮流抚养的方式养老。

(四)兄弟分担养老粮

曹家分家的时候,三叔曹惟翱已经去世,母亲在分家之后,继续和曹道芬住在一起,他一个人也能够负担得起。但是按规矩来,其他两个兄弟还是会按月给母亲送口粮,每个人每个月20斤米、1斤油、半斤盐。这个也是分家的时候几个兄弟已经说好的,平均负担母亲的生活起居。有的时候若是谁遇到一点小问题,没有按时按量给,曹道芬也不会计较,母亲一个人的生活,他一个人也可以负担起,几个兄弟一起抚养,就是可以使母亲过上更好的生活。

在承担养老粮的过程中，当家人一般处于主导地位，对于作为长辈的当家人，其他家庭成员具有责任和义务顺应老人的心愿，配合当家人的决定。不同的家庭类型和条件，家里老人的养老问题存在一定的差异性。大户家庭的老人在家中的地位和权威更大，因此能够得到更好的养老待遇，吃的也会稍微好一些。

（五）治病与送终

曹家老人生病后，包括照顾病人和治病花费，主要由儿子承担，女儿不承担直接责任。如果女儿家庭条件好，或者家里没有儿子的家庭，女儿也要承担老人的治病责任。老人的丧葬费用由儿子均摊，女儿回家戴孝，"五出"宴请客人的费用由女儿均摊。老人的治病与送终，都是以家户为单位，子女分别承担相应职责，协商完成。

1.儿子承担老人生病的主要责任

家里老人生病了，家庭成员是治病照顾的第一也是实际承担者，都是由儿子负担、出钱治病，女儿不承担直接责任。但是如果女儿家庭条件好的，也会负担一点，亲戚和自己家族的在遇到困难的时候，也会相互照顾。大多数情况下是由各个儿子均摊，但是不同情况下，条件稍微好一点的可以多负担一点，亲兄弟之间也不会太过于计较。曹家的几个长辈中，母亲的身体状况还算好，三叔和三姊的身体要差些，但是生病也是三兄弟一起出钱负担，直到两个老人去世为止。村里也未出现过家里有老人生病，儿子不出钱的情况。老人生病之后，家里的活儿不会让他们干，会伺候他们吃喝、端茶送水，一般在家的儿子照顾的会多一些，已经出嫁的女儿也会回娘家看望自己的父母，还会顺便买一些吃用的东西。如果谁家家里出现没有人照顾的生病的人，亲戚朋友也会来帮忙的，邻居也会帮扶一下。村里有一个叫曹维连的老人，只有一个女儿，"一大家"也都没人了，他生病的时候，都只有女儿一个人负担，给女儿带来了很大的压力，女儿也不能经常回家看望他，也有自己的家庭，所以周围的邻居都是尽量能帮就帮。像平时送点饭、送点吃的，老人身体不好的时候也会及时通知女儿及时回来照顾老人。

老人生病了一般都是两种治疗办法，一种是去医院治疗，另外一种是请"赤脚医生"上门治疗，第二种比第一种花费要高一些，都只是在老人无法出门的情况下才会采取这个办法。家里的子女根据老人的身体情况、家里的条件以及老人的意愿，最终还是由子女决定如何治疗，总之是为了老人的身体能够正常恢复。

2.家户承担老人丧葬义务

老人去世之后，丧葬的费用主要由儿子共同承担，每个儿子所承担的义务都是一样的，没有区别。如果老人自己有积蓄，那么老人的钱也会用在丧葬的花费上。在丧葬中，虽然每个儿子理论上所承担的责任都是一样的，但是主要都体现在物质承担上。在需要做的事情方面，长子还是存在一些不一样的地方，需要做一些其他事情，比如戴孝，还要负责招待家里来的亲戚朋友直到丧葬的结束。已经出嫁的女儿也要回娘家戴孝。在老人去世5天之后，女儿负责办"五出"，花费也由女儿平均分摊，主要就是请自家的兄弟姐妹及村里"一大家"的人一起吃饭，吃完之后就算是老人丧葬的事情结束了。关于丧葬的事情，一般都是家里人共同商量。

（六）外界对家户赡养的认可和保护

曹家的赡养方式是家庭内部公认的，几个兄弟之间共同商量、彼此体谅，都愿意抚养把自己养育大的亲人。村里较少的出现不抚养亲人的人，有这种人也会被村里的其他人看不起,他在村里面也会一直抬不起头。当某个家庭内部出现赡养问题,自家又无法妥善解决的时候,家族会出面协调。最合理的解决办法就是能让老人的几个儿子共同承担老人的养老问题,既不偏向谁,也不特别照顾谁,所有的人平均承担家里老人的养老问题。

村庄对家庭的养老问题比较注重,谁家的老人被照顾得好,子女孝顺,都会在村里被广为称赞,也会被大家作为学习的榜样;谁家的子女不赡养老人,对老人不好,连最起码的饭都不给吃,那么村里面的人都会看不起这家人的子女,不仅会私底下讨论,甚至会当面说他们的不是,也会好好地教育自己的子女应该向好的榜样学习。每个人都怕被别人说闲话,自己面子上也过不去,因此只有自己做好了,才不怕被别人说。政府倒是不会特别重视每家每户的老人的赡养问题,也不会干涉子女到底赡养不赡养老人,只要没有出现影响一方安定的事情就可以。

六、家户内部交往

曹家在家户内部父子关系、婆媳关系、夫妻关系、兄弟关系和妯娌关系方面都很融洽,没有发生过很大的矛盾,彼此之间和睦相处,互帮互助。在父子关系上,父严子勤,权利与义务对等,父亲曹惟翔去世较早,父子日常交往情况较少;在婆媳关系上,母亲胡奎俚平易近人,媳妇勤俭懂事,关系融洽;在夫妻关系上,小家庭夫妻双方相濡以沫、矛盾自行内部处理;在兄弟关系上,和睦相处,共进退;在妯娌关系上,互帮互助、同心同德。曹家内部五对良好的关系,营造的是一个和谐的家庭氛围。

(一)父子关系

以曹道芬的父亲曹惟翔为例,在去世之前,在与儿子的关系中处于权威地位,儿子对他既畏惧又崇拜,父亲教会儿子谋生之道。平日相处有说有笑,关系融洽,遇到学习和为人处事方面的问题,父亲对儿子则相当严厉。父亲去世较早,曹道芬与父亲相处的时间几乎没有。

1.父子之间权责对等

父子关系是家庭关系中的一组最重要的关系,从小到大,父亲对儿子承担着很多责任。年纪小的时候,父亲对儿子有抚养其长大成人的义务;稍微长大一点,让儿子接受基础教育;长大成人,到了结婚的时候,要帮助儿子成家。从读书到成家,孩子都是父亲的责任。如果爹娘太穷,儿子得自力更生。当家人都会努力给自己的儿子娶媳妇,如果儿子太懒,娶不到媳妇也没办法。除了养育儿子成人,教会儿子有自己的谋生之道也是父亲需要做的事情,不然等自己老了,儿子靠什么生存下去。至于家业,如果父亲手里有的话,当家人的都会留给自己的孩子;如果没有家业的话就不留。那个时候农村的家庭,能留给儿子的家业也就土地和房屋之类的家产。

一方面,在儿子眼里,父亲是全能的,什么都会,所以儿子对父亲持一种崇拜的态度;另一方面,在儿子眼里,父亲又是严厉的,儿子一般不敢挑战父亲的权威。父亲说的话、让干的事一般都不敢忤逆,都会服从。但是父亲也不会随意使唤自己的孩子,都很疼爱他们。当孩子不听话或者做错了事情的时候,父亲也是会发脾气,就算不打,骂还是会的,只有这样才能把儿子教成一个正直的人。不是到迫不得已的时候,很少会将儿子赶出家门。曹道芬出生一年之后,父亲就去世了,对父亲的印象不是很深刻。他对父亲的一些看法都是从两个哥哥那里听到的,说父亲是一个既严厉又和蔼的人,哥哥们经常因为做错事,被父亲批评,偶尔也会被打。

过去,在大部分人眼里,严厉的、能够言传身教的父亲都是一个好父亲。父亲要帮助儿子健康成长,还要教会儿子做人的道理;嬉皮笑脸、没有威严的父亲不能在孩子心中树立良好的形象,对孩子的成长也不利。另外,在父母的眼里,听话、懂事、勤快的儿子是好儿子。如果遇到好吃懒做,又不听话的儿子,父母是费事的,父母都希望自己的孩子能够乖巧懂事。

在父亲与儿子这一关系中,权利与义务是一致的,不同的家庭类型、不同的家庭状况,父子关系没有差别。

2.父子间少有日常交往

曹道芬和父亲之间几乎没有接触过,在他记忆里,连父亲的模样都相当模糊,一岁的年纪就失去了父亲的关爱。听大哥曹道苞和二哥曹道莛讲,父亲平日里也会和他们说说笑笑,相处很融洽。父亲还在的时候,作为家里的家长,是一家之主,必要的威严还是得维护,所以一家人都还是很怕他。父亲的意愿,其他人一般都不会违背,涉及几个孩子的教育问题,父亲的态度都比较严肃,大哥和二哥几乎都不敢调皮捣蛋,平日里都非常听话。父亲忙的时候,管他们的时间比较少,但是吃饭的时候,也会说一些干活时候的见闻,饭桌上的氛围非常好;父亲也读过一些书,闲的时候,也会教他们读书写字。有些时候父亲也比较严厉,比如让出去干活的时候,拖拖拉拉,父亲就会发脾气,这个时候,兄弟两个还是挺怕他的,都会乖乖的听话。父亲去世得比较早,曹道芬和他没有经历过像两个哥哥一样,和父亲有过很多的经历,缺失了童年父亲的关爱和管护,觉得是人生中的一件遗憾的事情。一般的父子之间,有浓浓的父子之情,每一个孩子成长过程中既有父爱,也有父亲严厉的教诲,可以在父亲严格的要求下成长,即便是会偶尔发生冲突,父子之间也没有隔夜仇,一家人在一个桌子上一起吃一顿饭后,又和好如初。

(二)婆媳关系

曹家婆媳关系融洽,婆婆勤劳朴实,教给媳妇生活经验,且平等地对待每一个媳妇;媳妇孝顺,尊重长辈,会主动向婆婆请教问题。婆媳之间相互体恤,婆婆生病,儿媳照顾,儿媳坐月子,婆婆照顾,双方几乎没有发生过矛盾。

1.婆媳之间平等互助

婆媳关系是家庭关系中一对比较重要的关系,性别一致,因为年龄差异和中间一个人的关系,而形成的一种从彼此陌生到彼此熟悉的关系。农村有一句古话叫作"媳妇儿熬成婆",所有的媳妇都想着有一天能做到当婆婆这一天。婆婆在日常生活中,只要能够帮到媳妇的都会帮,尤其是在"坐月子"的时候,媳妇的吃喝都由婆婆照顾,还会帮助照顾刚出世的小孩。在"坐月子"期间会给予媳妇比往常更多的关爱,媳妇不懂的,婆婆也会在这个期间把自己的经验都教给她。比如如何恢复身体,如何保证不受风寒,如何有足够多的奶水给自己的孩子吃等。如果娶进门的媳妇家务活不会干,婆婆也都会教他们;其他的一些纺纱织布的手工,也由婆婆教给媳妇。曹道芬的母亲是一个典型的勤劳朴实的农村妇女,她的三个媳妇也还孝顺,该会的家务活在娘家的时候基本上都已经学会,母亲也就是教了自己媳妇养育孩子方面的生活经验。几个媳妇会积极主动地去问母亲,也会主动动脑,都很听母亲的话。

曹家的婆媳之间和睦相处,婆婆不会无缘无故地骂自己的媳妇,也不会随意使唤她们,更不会区别对待几个媳妇,所以都觉得母亲很公平,不管是婆媳之间,还是"叔伯母里"之间虽然都是一起生活,但是也很少发生矛盾。村里其他一些家庭,遇到媳妇比较强势的,还会和婆婆发生口角,打骂一般比较少。在过去,一视同仁、待人温和的婆婆被视为是好婆婆的形象。那个时候家里有几个儿子的情况比较多，只要婆婆对其中某一个媳妇偏心，那么这一家子的婆媳关系就会出现问题，只要这家的婆婆能够平等地对待每一个媳妇，就会减少很多不必要的矛盾。此外，"不多事"、不惹祸、还勤快的媳妇被大多数婆婆所喜欢，婆婆毕竟是长辈，做媳妇的需要尊重她们。

相对于小户家庭，大户家庭之间的婆媳关系要复杂一点，媳妇之间存在比较多利益相关的地方，如果为了争取更多的利益，彼此之间容易发生矛盾。曹家算是一个小家庭，婆媳关系的经营需要婆婆和媳妇之间的相互磨合，一方的不公平会导致另一方的不尊重；一方的不孝顺会导致另一方的不满意。

2.相互体恤融洽相处

平日里，曹家的婆婆和几个媳妇之间的关系很融洽，婆媳之间也会经常开玩笑，尤其是在农闲的时候，在家一起纺纱织布、洗衣做饭，更是欢声笑语一片。家里的家务活也是母亲和几个媳妇一起干，偶尔忙的时候，大家也不会很计较谁干了谁没干，母亲生病的时候，几个媳妇也会体恤母亲，少让她干活，所以曹家的婆媳之间相处得很好，媳妇对婆婆不存在怕的现象。当地有一句话叫作"婆爱媳，媳敬婆，亲亲热热全家和；婆恨媳，媳骂婆，吵吵闹闹家不和"。村里也有一些比较厉害的婆婆，媳妇弱一点的也会怕，要是媳妇也强势，发生矛盾的机会可能比较大，实在是合不来的，就会分开来吃住。在曹道芬的妻子李玉莲看来，那些盛气凌人、倚老卖老的婆婆是比较难接近的，她庆幸自己没有遇到这样的婆婆，媳妇觉得自己的婆婆很好相处，很平易近人。

3.婆媳冲突家户内部解决

曹家婆媳之间虽然相处得比较好，但是平日里一起生活，摩擦也是难免的，只不过发生冲突的次数比较少。发生口角也是因为平常生活中的一些小事，比如争论做事的先后、多少之类的，冲突的形式也仅限于口头上吵几句，不会有很大的矛盾。这种摩擦只要过几天，说上几句话，在每天的吃饭和干家务过程中调和一下，也就平息了，不会持续很长时间，很快就会和好。当产生比较大的矛盾时，家里的儿子一般都是站在母亲这边，都会说上自己的媳妇几句，媳妇虽然心里不愿意，但是毕竟母亲是长辈，也不能当面顶撞自己的丈夫，心里想开一点就好。在家里，妇女的地位稍显得有点低微，首先长辈需要尊重，要听他们的话，不能忤逆他们的意思；另一方面，丈夫不能当面顶撞，在长辈和外人面前，要给足男人面子，不然传出去，男人在外面也不太好做人。因此，在被家里的婆婆和丈夫批评了几句之后，媳妇一般都是息事宁人，过些日子就好了。

一般婆媳之间发生矛盾都是自家内部解决，还不到需要外人介入的时候，最多是由儿子出面协调一下就好。婆媳关系每一个家庭都有，婆婆和媳妇之间也就可能因为生活上的事情发生矛盾，不管是什么规模的家庭，不管是否一起生活，冲突和摩擦都是难免的，一家人总归是一家人，什么矛盾都能够消化。

（三）夫妻关系

曹家的四对夫妻都没有出现过打架的情况。丈夫是小家庭中的主体，妻子听从丈夫的安排，但是地位平等。日常生活中，夫妻之间相互交流、互相倾诉，偶尔的吵架也是在小家庭内部解决，很少影响到其他小家庭，即便是矛盾升级，在母亲的协调下，家户内部也可解决。

1.夫妻之间相敬如宾

曹家共有四对夫妻,三叔和三婶没有自己的孩子,由于身体不好,但是相互之间还是相敬如宾。曹家的几个兄弟结婚之后,在小家庭内部,夫妻之间都是男主外、女主内。夫妻结婚之后,丈夫对妻子承担着家庭责任,自己的小家怎么经营、怎么生活,夫妻双方会商量着来。妻子生病了,丈夫要负责给妻子看病,还要减少妻子生病期间干的活,在生活上也需要照顾她。丈夫与妻子之间地位平等,丈夫不能随便使唤妻子,妻子也不能随便使唤自己的丈夫,遇到脾气暴躁的丈夫,可能还会打自己的妻子。曹家的几对夫妻之间没有出现过丈夫打妻子的事情,偶尔的吵架也有,但是双方之间都会互相谦让。

丈夫是小家庭内的主要当家人,妻子应该听从丈夫的安排,但是也不是所有的事情都要无条件服从。妻子也可以向丈夫提意见,可以说出自己的想法。丈夫做错了事情,妻子也可以批评他。在妻子眼中,有耐心的、老实忠厚的男子会是一个好丈夫;在丈夫的眼中,懂事、不多事的女子是一个好妻子,夫妻双方平等,这样的关系才正常。

2.夫妻矛盾小家庭内部解决

曹家的几对夫妻之间都会相互学习,互相成为榜样,谁家的夫妻关系好,也会影响其他小家庭的夫妻关系。互相之间"有样学样",将整个家庭之间的关系处理得非常融洽。在平常的生活中,夫妻之间也会开玩笑,虽然家庭内部的事情是由妻子们在管,但是干完活回来,丈夫和妻子之间也会聊一些家长里短。妻子在生活中遇到了事情也会和自己的丈夫交流,妻子对丈夫有着一种敬仰和依赖的感情。曹道芬在妻子眼里是一个忠厚老实的人,很容易相处,两个人很少吵架,不存在妻子怕丈夫的现象。夫妻之间很少发生冲突,偶尔会因为谁做事做得不对而发生口角,但是不会打架。发生矛盾之后,都是小家庭内部自己解决,很少会影响到其他小家庭,也很少需要长辈的介入才能解决的情况,夫妻双方相互理解。实在遇到两个人都不肯退让的时候,就需要母亲在中间协调,母亲也都是站在有理的一边,母亲有一句话就是"帮理不帮亲",都是一家人,谁有理就向着谁。一般再大的矛盾在母亲的帮助下都可以解决,不会需要家族其他成员或者外人的干涉,那个时候都说"家丑不可外扬",就算夫妻之间吵架了,也不能让其他人看笑话。"夫妻不和,儿女欺;家庭不和,别人欺",在处理家庭矛盾的时候,就倾向于在家户内部解决。夫妻之间的相处,不同的家庭类型都大体一致,都需要夫妻双方的相互理解和包容,才能有一个和谐的关系。

(四)兄弟关系

曹道芬的父亲去世比较早,从小他觉得大哥就像自己的父亲一样,无微不至地照顾着自己。长兄如父,大哥帮助自己的母亲,照顾着家里的两个弟弟,承担着父亲应该承担的一些责任,负责把未成年的弟弟养大成人。大哥把曹道芬抚育长大之后,从二十来岁便开始外出做事,帮助自家的老二结婚,之后自己才结婚。父亲去世后,长兄就要顺延承接父亲的责任,需要帮着母亲减轻家里的重担。

长兄承担着父亲的责任,扮演父亲的角色,所以也得保持一种严肃的、严格的态度,让自己的弟弟尊重、服从自己。兄长也可以让弟弟们做事,但是不能随便发布命令,也不能随便打骂自己的弟弟,更不能把弟弟赶出家门。对于兄长,做弟弟的要听,而且是无条件服从,兄长说的不对的时候,曹道芬会找母亲评理,兄长做错了事情,做弟弟的也没有权力批评,只能让母亲来批评,年幼的都要尊重年长的。在曹道芬看来,亲切的、对自己好的哥哥就是好哥哥,有着血浓于水的亲情,做哥哥的认为听话的弟弟不仅好管,还好教育。曹家几兄弟之间互相尊敬,形成了相亲相爱的一家人。曹家的几个兄弟,因为年龄相差有点大,没怎么发生过冲突,尤其是大哥和二哥对曹道芬更是好到没话说。

(五)妯娌关系

一般来说,嫂子对弟媳不用承担责任,不分家的话,还会一起生活、一起干活,接触的时间还比较多。像曹家这种三个"叔伯母里"[①]没有分家的,平日干活的时候,三个人一起分工,相互协作;家务活也是大家一起干,几个"叔伯母里"之间相处得时间比较长。其他家庭多个儿子已经分家了的,"叔伯母里"之间接触的机会根本不多,除了过年过节一家人会一起吃个饭而已,所以不用承担什么责任。曹家的几个"叔伯母里"之间,平时干活都是分工协作,彼此之间都是和谐相处,没有谁可以使唤谁的说法。虽然说,几个媳妇之间有长幼大小之分,大嫂算是一个"大",日常的尊重还是需要有,但是彼此之间不会有明显的使唤和倚老卖老的现象。在嫂子看来,能够和自己相互理解和帮助的弟媳是好弟媳;在弟媳看来,能够和自己和睦相处的嫂子是好嫂子。几个人之间有说有笑,干活的时候聊一些家常事,也其乐融融,她们之间很少发生矛盾,都比较容易相处,要是吵架的话,她们也一起生活不了那么久,早都分开生活了。因为几个兄弟之间的关系好,导致几个"叔伯母里"之间的关系也比较好,所以丈夫之间的关系对"叔伯母里"之间的关系影响很大。

七、家户外部交往

曹家在对外关系上,睦邻友好,以家户为单位与街坊邻居互帮互助;与亲戚朋友之间的交往较街坊邻居更为密切,在寻求帮助的时候,先近而后远;与关系不亲密者之间来往甚少。总体来看,曹家日常的对外交往做到了与人为便,少与他人发生不必要的冲突。

(一)对外权利义务关系

曹家与街坊邻居之间,因生活起居的需要而交往密切,能帮上忙的时候都愿意伸出援助之手;与亲戚朋友之间,因远近而分亲疏,找人帮忙的时候也会先找近的亲戚而后找远的亲戚,朋友是求助的最后选择,没有亲戚靠谱;对于关系不密切的佃主、外村人,则保持互不干涉。

1.街坊邻居之间互帮互助

过去街坊邻居之间接触的时间比较多,尤其是前后屋和隔壁的邻居,日常少不了往来。街坊邻居之间在进行交往的时候,范围不只局限于当家人,家里的成员都可以,包括妇女和孩童在内。在日常生活中,交往以家户为单位,你家帮我家,那么只要有机会,我家就会帮你家。谁家要是少了哪一样日用品或者农具之类的,邻居之间会互相借。有时候吃饭,大家都喜欢端个饭出去,和邻居一起吃,吃的时候聊聊家常,谈天说地,充满了欢声笑语。

在遇到街坊邻居家有红白喜事时,都需要互相帮忙。整个村庄之内,大家互为邻居,谁家遇到困难的事情,只要需要帮忙的,大家都会竭尽全力帮,也就是那句话:"远水难救近火,远不如近邻"。曹家周围的邻居也很多,互相之间关系都很好。邻居之间的关系要比相邻更远的街坊之间的关系要稍微好一些,但是互相之间有困难还是会帮的,虽然不会每一

---

① 妯娌。

件事情都帮忙,但是只要谁开口,就一定会帮。就像曹家的大型农具会借给自己的邻居一样,邻居家的柴米油盐之类的也会借给曹家。筹办红白喜事的时候,村里的人每家每户至少派一个代表去帮忙,如果需要更多的人,也会多叫几个人去;如果不需要那么多人帮忙,也会少去几个人。

2.亲戚朋友之间因需而求

亲戚之间较街坊邻居之间,关系要更为密切,亲戚分为男方的亲戚和女方的亲戚,因事情的轻重缓急和距离的远近的不同, 家户在与亲戚进行交往或者需要寻求他们帮助的时候,男方的亲戚和女方的亲戚在选择上具有先后顺序。男方的亲戚基本上住的都不远,都在村庄之内,平日里能帮上忙的地方也比较多,互相协助,你帮我、我帮你,尤其是在家里遇到紧急情况的时候,近处的亲戚能及时地帮到忙。比如需要出力的时候,最先能想到帮忙的也是比较近的亲戚,包括叔伯等,然后才找隔壁的邻居;要借钱的时候也是优先借亲戚家的,亲戚之间没有那么多的要求,也不会计较那么多,只要家里有,都会拿出来帮着渡过难关。

需要帮忙的时候,会首先想到找亲戚;在办红白喜事的时候,亲戚也都要请来喝酒,但是亲戚也会帮一些忙,帮的都是一些家庭内部事情,因为办酒是在厨房帮忙,都是按照传统请街坊邻居,这是村里的一个规矩。女方的亲戚因为距离要稍微远一点,当近亲找不到或者找了也帮不上大忙的时候,才会求助于稍微远一点的女方的亲戚。

在1949年以前,在家种地的人就很少有朋友,在村里接触的比较多的人,顶多能称得上是关系比较好,不能称之为朋友。只有那些出门在外的人才有机会接触外面的人,才能有机会和外面的人结交为朋友。曹家除了大哥曹道苞出去的机会多一些之外,曹道莛和曹道芬外出的机会比较少,所以只有曹道苞能结交到一些朋友;二哥也是只有出去做生意的时候才会出去,也没什么朋友;曹道芬基本上都不出去,所以他也没什么朋友。朋友因为志同道合,能够互相帮助才会在一起,相识便是一种缘分,成了朋友也就需要承担一份相应的责任。朋友能帮上忙的地方,也就是一些不急的事情。那个时候需要联系朋友,也是一件比较困难的事情,除非是走投无路,家里的亲戚能找的都找了,街坊邻居找完了也解决不了的时候,才会去找朋友,朋友也不一定靠谱,也不一定会帮,只有那种非常非常铁的朋友才会帮忙,因此大家都很少请朋友帮忙。

3.不亲密者之间少来往

佃主与佃户之间是一种主与佃的关系,不同于其他血缘、邻里等关系,佃主与佃户二者之间互为需求,佃主需要佃户种他的地,以免他的地荒废而无收益;佃户需要佃主的土地作为自己谋生的来源,佃户因租种佃主的地而需要给佃主交租。佃户要和佃主处理好关系,在遇到灾荒,交不上租金的时候,才为自己减一点租金。二者之间存在的主要关系是利益关系,如果二者之间的关系不错,其次才偶尔会互相帮忙,二者没有一定要承担的责任与义务,可以不用帮忙,即便是不帮,外人也不会多说什么。

与外村人本村更是没有多大的关系,除了干农活的时候会遇到,平时很少接触,两个村的人之间很少有能帮忙互助的时候,只要能够和睦相处,不发生矛盾就已经很不错。

(二)对外日常交往关系

曹家和邻居之间的关系比较好,他们家前面是一户姓李的家庭,虽然不是同姓家族,但是都是同一个村的，住的又是前后屋，平日里难免有需要接触的时候。两户人家平时的时候，你家开前门，我家开后门，两家人之间都会经常串门，经常一起聊天，有需要帮忙的时候会互相调整，尤其是在农忙的时候。两家人之间很少吵架，否则就不会交往了，两家人都不会觉得谁家强势、谁家弱势，都平等对待。

曹家和街坊之间，接触得比较多，平时吃饭喜欢端着饭碗去不远的树底下乘凉，大多数都是附近的街坊，大家一起吃饭的感觉很好，相当于是一个饭场。街坊之间除了简单的日常交往之外，两个彼此独立的家户之间少有其他深入的往来。

亲戚之间平日交往的机会比较少，只有碰到谁家请客，或者办宴席的时候才有机会聚在一起。亲戚就是那种相聚时候能够亲密无间，不在一起的时候也会惦记着，虽然不是每天都在一起的人，但是始终保持着融洽的关系。朋友之间日常接触的机会比较少，只适合谈一点个人的兴趣爱好，在关键时刻，很少有人会找朋友帮忙。

主佃之间关系还算融洽，平时很少接触，曹家的那个佃主是一个在外面开店的人，平时都不在家，曹家和他们很少接触。

曹家一直都是低调做人，平易待人，很少和其他人发生冲突和矛盾，即便是发生冲突，也都是他们之间内部解决，不需要其他人的介入，如果不是很大的冲突，其他人也不会轻易干涉别人的私事。

第四章　家户文化制度

曹家家户文化丰富多样，以家户教育为特色，家庭成员不论男女，均有机会接受教育，且个个家教良好。同时曹家的家庭成员具有深刻的家户意识，认为家户为一体，家户成员异于外人；家户至上，家户利益高于个人利益，全家人以实现家户发展为共同目标。每逢过年过节，都是全家人一起过，比如春节、端午节、中秋节；无论是节庆习俗还是红白喜事，都是以家户为基本单元，以当家人和长辈为主导，各类活动和行为均体现了家庭内部长幼关系与家户外部的关系。曹家有信仰家神，祖先崇拜的传统，都是以保全家人平安为目的，以缅怀祖先为情绪寄托；祠堂、祖坟、家谱则是信仰的物化寄托，被曹家人认为是神圣不可侵犯的。在1949年以前，曹家家户娱乐方式单一，很少结交朋友、外出打牌，只会串门聊天，过着简单的生活。

一、家户教育

曹家具有良好的文化底蕴，且有"学田"作为教育支出保障，曹家家庭成员或接受私塾教育，或接受学校教育，其中以先男性后女性为原则，保证适龄儿童均接受教育。曹家的教育以学校教育为主，家户教育为辅，保证孩子有良好的家教。曹家的长辈在孩子的教育方面，要求严格，为的是确保孩子能习得技能，从而维护一个好的家户形象。

(一)家户教育状况

曹家祖辈出现过两个秀才，文化氛围浓厚，因曹氏家族内部有自己的老师，加上有大家庭的"学田"作为教育支出的保障，所以曹家的所有成员均有机会接受教育，曹道芬因家户缺乏种地劳动力，上了两年学便辍学。

1.家户成员均接受教育

曹家有着浓厚的文化底蕴，在1949年以前，家里人基本上都接受过教育。曹道芬的母亲胡奎俚是秀才的女儿，母亲从小就受父辈的熏陶，学过很多知识，称得上是知书达理。父亲曹惟翔这边，父亲的叔伯的爷爷也是一个秀才，一个家族的人都很受这种文化内涵的影响。并且当时村庄内很多都是以家族为单位，自己姓下面都有自己的老师，比如张姓、曹姓等，李氏家族因为太穷，没有公共资金请老师。曹道芬的爷爷读了书，父母也都上了学，都是一些有文化的。曹道芬的几个兄弟姐妹都读过书，曹道芬读了两年书，算是读书比较少的，叔伯家的哥哥读书最多，读了书之后出去经商了，然后一回家直接当了甲长。

在曹道芬这一代，大部分都是七八岁就开始读书，曹道芬读到二年级就没有再读了，那个时候曹道芬才9岁。没读书的原因是三叔曹惟翔摔伤不能再种地，家里也没人做事，劳动力不够用，所以曹道芬也就没去读书。那个时候的小孩子，如果是家庭困难，还种了很多地，差不多十多岁的时候就要充当劳动力，所以只要是家里没人干活，还在读书的小孩子迫不得已也会回来开始干活。一般都是当家人会要求自己家的孩子别去读书了,小孩子也没更多的想法,如果家里缺少劳动力,没人干活就不去读书了。

2.男性先于女性受教育

曹家的5个孩子依赖大家庭"学田"的供给,都有机会读书,只要家里有条件,都会让孩子去读书,不会只让其中一个读,不然会被别人认为是偏心和不公平。家里条件稍微差一点的,会先满足家里的男孩子先上学,后考虑让女孩子去读书。家庭条件不是很好的,孩子读书的机会就比较少,因为还要留在家里帮忙干活。同时也会考虑小孩子读书的年纪,年纪大了,还是会让他们在家帮忙干活,能充当家里一个不错的劳动力,孩子还小的话就会先让他们读几年书。

送孩子去读书,当时的大部分人都是想让自己的孩子能有机会当官,有点文化可以出去做点事,不用在家种地。就是想让家里的孩子能够有点文化知识,能够出人头地,对家里的风气和名声都比较好。

斋楼村很少有家庭会让女孩子去读书,过去社会不太重视女性,女性须缠足,不能出远门,就只能待在家。只有经济条件稍微好一点的家庭才会让女孩子接受教育,像曹家这种有文化底蕴的家庭女孩子就可以去上学。

(二)私塾教育

曹道芬的两个哥哥读的是私塾学校,曹道芬本人在私塾"发蒙"①。去私塾读书需要得到家里当家人的同意,家里要有经济条件,也要有足够的劳动力干活。家里经济条件好的,女孩子也可以去读私塾,不过能够读得起书的女孩子还是挺少,能接受一两年教育的女孩子算是家里对她们够看重的了。一般的女孩子从十来岁开始就得帮家里干农活,到十五六岁的时候,父母就会考虑她们该嫁人了。曹家世代有学习文化知识的传统,家里人自己也能够教会一些知识,但是曹家没有开过私塾招收学生来学习,家里有文化的老人也没教过本家族之外的其他人。

去私塾上学的学费由曹家的大家庭出,当时有一个祖辈留下来一点"学田",专门供家里的适龄儿童读书所用,女生读书的费用也会一起出。只要是关于学费的所有开支,都由家里的"学田"的收入来供给。当时读书的主要花费包括请私塾老师教学的费用,买书的花费以及学习用品这些开销。那个时候,孩子们用那些学习用品,都非常的节约,一点都不浪费,一根铅笔得一直用到头、用到不能用为止。写作业的本子也是写得密密麻麻,不会浪费一块空余的地方,字写得非常非常小。

私塾离曹家不远,是家里在值夏②请回来比较有文化的老师,在祠堂里教学,到了该上课的时候,孩子们自己去学校,因为比较近,也不用家里人送过去。家里的长辈认为请外地的老师要好一些,可以对他们要求更为严格,花高一点的价钱,专门给他们提供地方来上课,氛围会更好,对孩子的教育效果也会更好一点;而且自家的孩子去上学也比较近,相对比较安全,家里的人不用担心小孩子在去上课的途中摔跤或者走丢,就在家门口读书,方便又省事。除此之外,家里只要是适龄儿童都能够去上学,如果是年纪小一点的,也可以提前去感受一下

---

① 受到学校的教育启蒙。
② 值夏:地名。原为吉安县的的值夏乡,现为吉安市青厚区的值夏乡。

学习氛围,好处很多。

私塾的老师也都是教四书五经、三字经之类的,还会教一些诗文、天文和地理之类的自然科学知识,算术也会教。每天上课的内容也都不一样,私塾的老师会变着花样来吸引孩子们听他的课,能学到的东西还是挺多的。在私塾里面,每天上午下午都要上课,每次上课两个小时。农忙的时候会放假,当地称为"散学",就是让孩子们尽量帮家里一点忙,老师也可以回去干一点农活。私塾老师教完一学期就会回自己家,平时也基本上是一个星期回去一次,可以借宿在曹家。过年的时候,私塾也放假,老师也要回去过年,所以就没有很多的礼数。

(三)学校教育为主,家户教育为辅

以"学田"教育支出保障为基础,曹家的两个哥哥曹道苞和曹道茬接受了私塾教育,曹道芬接受学校教育,接受教育以小孩子的意愿为主,以学习知识和为家户增光为目的。此外,曹家的孩子在接受学校教育之余,家户教育起辅助作用,主要由母亲来教育自己的孩子。

1.学校教育

曹家的两个哥哥是读的私塾,曹道芬自己读的学校。斋楼村有一个学校,曹道芬是自己去学校报名的,有一些胆子比较小的就需要当家人带过去。因为他和两个哥哥的年纪相差得有点大,他读书的的时候,已经没有私塾了,他也只是在私塾启蒙。曹家的孩子都可以读书,女孩子也可以。

那个时候上学也要交学费,曹家孩子的学费来自于曹家的"学田"收入,也就是由比曹家这个家庭大一点的家庭交的,曹家自己不用支付孩子的学费。是否去读书还是得看孩子的意愿,如果小孩子愿意读,会一直让他读下去;如果小孩子不愿意读,也是可以的,不读就不读,就在家里干活。其实当家人想的都是让自己的孩子学习一点文化知识,这样家里还挺有面子的。曹道芬也不知道当时为什么要去读书,感觉就是家里让他去读书,他就去读书,当时感觉全家人都在读,自己也就跟风一起去,这样会让别人觉得他们家的孩子特别有出息。家里穷的孩子很多从小就给别人打长工去了,他们就没有书读。

2.家户教育

小孩子最初是由家里的人教育,然后到了年纪才会送去私塾或者学校上学,接受学校教育。在家的时候,爷爷奶奶也会教自己的孙子,但是曹道芬没有见到过自己的爷爷奶奶,他也没有接受到父亲的教育,甚至对父亲都没有什么印象。母亲胡奎俚在兄弟几个年纪小的时候,也会教一些简单的文化知识,其他教得更多的就是一些做人的道理,母亲从小教育他们要做一个懂事、懂礼貌的孩子。稍微年纪大一点的时候,除了文化知识,其他的如何干活之类的知识,都是兄弟几个自学的。母亲对几个孩子的要求比较严,尤其是他们几个是男孩子,对男孩子的要求会更多、更为严格,对女孩子的教育方式会更温和一点,多教育她们如何做人。家里其他的亲戚不会管别人家孩子的教育问题,很少教他们知识,可能连教自己家孩子知识的时间都没有。

在村里,同龄人之间相互影响很大,谁家的孩子会读书、读书比较厉害的,都会被每家的当家人说给自己的孩子听,然后让自己的孩子像那些孩子学习。小孩子之间也会互相学习,互相促进,哪个孩子表现突出一点,其他孩子也会表现出不服气的样子,自己也会监督自己变好。除了家庭教育和学校教育比较重要,其次就是同龄人之间互相促进的作用也是很大的。小孩子在长大到十多岁的时候,可以自己去地里干活了,可以开始学种地了,就会被当家人认为是长大了。那个时候小孩子基本上十多岁从开始就得学耕地,要帮家里干很多活,算是一个小劳动力了。

(四)家庭氛围成就良好家教

小孩子的性格和当家人的教育密切相关,父母亲的性格和想法都对孩子的性格和成长有着很重要的影响。教育孩子就像种地一样,"种田不好荒一年,教儿不好害一生",家长对子女的教育非常重要,不像种地那样,今年种不好,明年还可以重新再来,子女没教育好,不仅毁了子女的一生,还影响着家庭的发展。曹家非常重视家庭教育,会尽力给家里的孩子提供一个好的家庭氛围和良好的家庭条件,在曹家大家庭的支持下,家里的孩子不愁没有书读。首先就是要家庭和睦,如果家里每天都吵架,孩子会很恐惧暴力行为,可能会变得很胆小,也不爱说话。如果家里的氛围很好,很轻松,那他们家的孩子也能够健康的成长。曹家三代同吃同住,家庭氛围很好,就算三个兄弟都结婚了,几个"叔伯母里"之间还是相处得非常融洽,家里收拾得干净整洁,地里的农活也从来不拖拉、不推诿,都能够相互体谅和照顾。

孩子们从小就在父母和长辈的教导下成长,家里的循循善诱和潜移默化,都深刻地影响到孩子的身心成长。曹道芬和两个哥哥做人做事的道理都是从母亲和三叔三婶学来的,犯错的时候,家里的长辈会骂你、打你,但是都是为了他们好;他们了解到的村里的风俗习惯、自家的家庭背景也都是从长辈那得知的。每次吃饭的时候,母亲都会和他们讲一些之前的事情,讲她和父亲的故事、自己还在娘家做闺女时候的故事。从小到大,母亲都教他们要做一个勤快的人,在当时的条件下,只有你勤快的种地才有饭吃,才不会被饿死。"不怕好吃,就怕懒做"是他们家里的一句名言,母亲教他们做人做事都要勤快,不能"好吃懒做"。全家人不管遇到多少麻烦事,不管遇到任何麻烦都能够一起挺过去,一家人都会相互帮忙,也是提供帮助最多的。其中父母和兄弟是最无私的,一家人生活久了,最后是谁都离不开谁。就比如1949年的时候曹道芬去修水库,被压断了6根肋骨,二哥曹道茔每天都往诊所照顾自己,还得兼顾着照顾家里,生活压力特别大,曹道芬当时的压力也很大,不仅不能帮家里减轻负担,自己这么一摔下来,不仅给家里带来了更多的麻烦,还得耽误家里其他人干活的时间,并且还加重了家里的经济负担,家里的生活一下子恶化起来,但是一家人都没怎么有怨言,就这么硬撑下来了。所以,没有家人的照顾和关心,一个人的成长和渡过难关都很有困难。

(五)对子女技能习得要求较严

家里的长辈除了教自家孩子一些简单的知识和做人做事的道理之外,还要教会自己的孩子一些劳动技能。一般都教男孩子怎么耕地、犁地,教女孩子纺纱织布和做一些家务和简单的农活,这些家里人教的都是要学的,不学不行,当家人会骂你,实在不听话的还会打。当家人觉得你不学习一个能够让自己谋生的劳动技能,父母亲在去世之后也会不放心的。这些劳动技能都是家里人一代传一代,然后每一代又自己总结新的经验告知自己的下一代,慢慢强化自家孩子的这一项谋生技能。曹道芬的耕地、犁地等手艺"师傅"有教过,后来"师傅"身体不好了之后,大部分都是靠他自学。

家里的小孩子是母亲胡奎俚在带,母亲亲自教,后面大哥曹道苞、二哥曹道茔的孩子也是母亲带大的。不管是男孩子还是女孩子,母亲都是一样的带、一样的教。男孩子和女孩子学的东西不一样,男孩子11岁的时候开始跟着家里的男性长辈去地里参加劳动生产,这个时候也要开始学习耕地和犁地,只要到了年纪,就必须学这些,不学的话家里的长辈都会生气,所以也不敢不学。女孩子平时在家的时候,从七八岁开始,母亲就会教他们一些家务活。父母都觉得,女孩子不学会一些家务活,长大以后很难嫁人。而且,女孩子学会了家务活,还能帮家里减轻负担,能多做点农活,可以帮到很多忙。女孩子在出嫁之前,不仅要学习所有的家务活,还要学习纺纱织布,嫁出去之前,女孩子不会干这些活,会被婆家嫌弃,会给娘家人丢脸的,所以母亲对女儿的一些基本技能的学习要求很严,生怕自己的女儿嫁出去之后被婆家人说娘家的家教不好。不管是男孩子还是女孩子,从小到大,父母都会教他们很多东西,都得学到一门能够让自己生存和生活下去的技能,既让自己的长辈放心,也不让自己丢一家人的脸。

(六)学手艺无长幼顺序

曹家没有铁匠或者木匠这种独门手艺,但是有一门手艺是从自己的祖父辈就开始传下来的,已经传了三代了,这门手艺就是敲锣鼓。曹道芬也学了这门手艺,但是曹道芬的五个儿子中,没有谁学这个活,所以应该是传承不下去了。因为现在农村很少有年轻人还会学这些东西,大部分都忙于生计,打工赚钱。除了曹家的锣鼓,像其他人家里的吹喇叭之类的手艺活,基本上到曹道芬这一代就开始失传了。

曹家的锣鼓手艺都是长辈教给自家的孩子,不会招收外面的徒弟,也不会教给其他人,都是在自家内部进行教学,怕别人把自家的这一门独门的手艺给学走,然后自家就没有可以值得骄傲的东西,因此有"传内不传外"的说法。而且这个手艺也只会传给家里的男孩子,女孩子不适合学这个。敲锣鼓还是一个体力活,没点力气还"拿不下"①它。只要是男孩子,谁想学都可以,没有说一定要先教给年纪大的,再轮年纪小的说法。学习锣鼓都是在比较空闲的时候,当家人也不会在农忙或者需要干活的时候教孩子们这个。家里人给小孩子学这个,也是为了能让他们有自己的独门绝艺,虽然也不能用来谋生,学这个也不用花钱,但是也能作为一个家族技艺来传承。曹道芬的几个兄弟都学了一点锣鼓,但是曹道芬学的算是多的,不喜欢学就可以不学,家里人也不会强求你,就像曹道芬也没有强求自己的儿子谁必须学这个一样,还得看自己孩子的意愿。

(七)家户教化影响家户声誉

1949年以前,都是当家人对家里的孩子进行教育和教化,长辈通过自己的言传身教来告诉自己的孩子,从小就要形成良好的品行,要为人和善、与人友好。政府对家庭的教化功能比较弱,两者之间接触比较少,村庄对村民的教化作用也比较小,家族的教化作用也没有很明显,小孩子的教育和教化作用全靠家庭,而家庭之中,主要是由长辈来执行,子女如果不听话,或者没教育好,外人也会说你这家人没有教养,没有好好教育自己的孩子。"上梁不正,下梁歪",孩子在外的表现都代表着一个家户的名誉,表现好会为家里增光,表现不好就是给家里抹黑。因此,家长都会严格的教育自己的孩子,实在不听话的时候,也会打骂,很多时候,会罚孩子在大堂里跪着,跪到认识自己的错为止。

二、家户意识

曹家的家庭成员具有强烈的家户意识,所有人都认为血缘关系、同支繁衍是衡量自家人

---

① 不能搞定的意思。

和外人的标准,明确区分自家人与外人,亲疏有别。同时曹家成员具有家户一体、家户至上意识,一家人就是一个整体,三兄弟之间相互扶持,以发家致富、光宗耀祖为追求目标,家户利益高于个人利益。长辈积德,为晚辈造福,以求家户发展壮大。

(一)自家人意识

曹家的家庭成员区分外人与自家人的标准为"是否具有同支血缘关系"。他们认为,具有同支血缘关系的自家人,比具有血缘关系,但日常交往较少的亲戚,以及没有血缘关系的外人关系要更为亲密。家户内发生冲突,外人不能干涉,自家人、亲戚不到万不得已也不会轻易干涉;在寻求帮助的时候,同样遵循先亲后疏的原则。

1.同支血缘为自家人

曹道芬认为,一大家的,一条线、同房下来的,同祖宗下来的都算是自家人,其他的都只是外人,不管是不是一个姓氏的。对于自家人,感觉就是要亲密一些,外人就是外人,感觉就是没有那么亲。自家的一个小家庭是比一支下来的大家庭要更亲的家人。父亲这边,曹道芬觉得叔叔伯伯比出嫁的姑姑、姑爷亲一些,母亲这边,舅舅、舅妈比嫁出去的姨姨、姨夫亲一些,原因都是因为生活上接触更多。在家的时候,叔叔伯伯就在家附近生活着,抬头不见低头见,回外婆家,见得多的也是舅舅和舅妈,嫁出去的姨姨和姨夫,除非是过年聚会的时候能见上一面,平时见面的机会比较少。因此,连着舅舅、舅妈和孩子和叔叔伯伯的孩子和自己的关系也是要好于其他亲戚的孩子和自己的关系。这些人虽然都有血缘关系,但是只有叔叔伯伯才算是自家人,其他的只能算是亲友。旧时候有"三公为大"的说法,说的就是"舅公、姨公和公公",这三个是亲友里面最具有地位的亲友,仅次于自家人。

距离不能改变身为自家人的性质,不管居住的地方有多远,平时接触得是不是很多,他们都是自家人。自家人是与之有父系血缘的近亲关系的人,日常寄宿在家的人不算是家里人,收养的孩子也不算是自家人,曹家没有雇佣长工和短工。当时,在大家的眼中,能算作自家人的还有过继的孩子,上门的女婿也能算是一家人。

2.自家人较外人更亲密

如果谁家娶了妾,妾也算是一家人,妾生的孩子也是一家人,一起生活、一起吃饭的就能算是一家人。家庭成员不会轻易被赶出家门,除非是做了十恶不赦的事。像曹家这种没有分家,有几个小家庭一起生活的,仍然居住在一起的,都能算是自家人,即便是分开居住,没有分家就是一家人,而且是被认为最亲密、最重要的一些人。在老一辈人的眼里,做人不能太恶、太坏,不然不仅伤害到自己,还可能会危及家里的其他人。只要是没有任何直接或者间接的血缘关系的人,都算是外人,邻居之间关系再亲密始终是外人,有间接血缘关系的人,比如亲戚都不算是外人。当一家人内部发生冲突的时候,外人不会轻易介入,但是会出来帮忙劝解;就像自己也不会干涉别人家内部事情一样,但是该帮忙的还是会帮,就算是亲戚家,也很少干涉,除非是比较严重的事情需要亲自出面调解。

自家人和外人之间的区别在于,自家人接触要多一点,感觉要亲一些,相处起来要轻松一点。在称呼上虽然没有很大的区别,但是实质上区别还是很大。在日常的交往中,对自家人和亲戚都会有所保留,但是亲戚之间的关系要稍微密切一些。在家里需要借钱的时候,也会优先向亲戚借,亲戚之间因为血缘关系的缘故,会帮你更多,也更无私。

(二)家户一体意识

曹家家庭成员的家户一体意识强烈,兄弟之间明确分工以提高工作效率,小家庭中谁遇到困难,都会竭尽全力帮助;同时也由不得外人欺负家庭成员。全家人以发家致富为共同目标,团结一致祈求过上更好的生活。

1.家户一体互帮互助

曹家没有分家的时候,都是一起生活,几个兄弟之间在生产生活上都会相互帮助,哪个人适合干什么,就专门干一项,其他方面的事情让适合的兄弟去干。比如曹道芬的大哥一直在外面,没有务过农,家里就比较少会让他下地干农活,除非是很忙的时候;曹道芬一直是在家种地,所以基本上家里的农活都是他在干,家里的几个兄弟之间会有明确的分工,这样才能提高家里干活的效率。

当家里的兄弟或者其他成员被欺负了,一家人都会觉得自己被欺负了,会团结起来帮助被欺负的人讨回公道。分家的时候,曹家的几个兄弟之间的条件差不多,大哥家只有一个孩子,二哥家孩子稍微多一些,曹道芬的第一个孩子还没有出生,家里的条件还差不多,曹家几个兄弟之间的经济条件都差不多,分家前后的关系一直都很好。像村里其他人家分家的时候,如果谁家有人重病,或者说没有劳动力的,当家人在分家的时候都会稍微照顾他一下,或者多分一些家里的东西给他,或者把家里稍微好一点的家具或者农具给他,其他兄弟之间也不会计较,自家的条件好点会自己添置。在平时生活中,条件好的会帮助那些条件差一点的人,谁家没粮食吃的时候,就会让他们一起吃饭,稍微照顾一下他们,都是自愿的,兄弟之间本就应该这样互帮互助。经济上采取实物帮助,给点粮食,或者一起吃饭,平时的生活用品买的时候也会多买一两份,在生活上能帮上的都会帮他们,就算是现在,当自家兄弟找你借钱的时候,你还是得借,找你帮忙的时候,你也得帮。

2.发家致富,光耀门楣

曹道芬认为,只要勤快、愿意做、能吃苦,就能够发家致富。家里的每一个人都要为发家致富这个目标共同努力,如果家里的哪个兄弟发达了,其他人都会替他开心,也会跟着一起争光。当时的人都认为只要勤快,总能为自己找到一口饭吃,家里过上富足的生活是一家人的梦想和追求,都想让自己、让自己的家庭过上美好的生活。

光耀门楣就是为自家增光,可以是在读书上,也可以在种地、做生意上,只要能够让别人觉得这家人在村里人看起来团结,有能力,就是给自家人增光一样。从小,父母都告诉自家的孩子要好好读书,读书有出息,然后升官发财,就可以为家里增光。而且告诉自家的孩子不要做坏事,不要和别人发生口角,要孝顺长辈,尊敬长辈。曹家的共同奋斗目标就是发家致富,家里能够挣更多的钱,可以不为生活而到处奔波,为生活困苦而疲于应付,只要满足基本的生活需求,不为吃饭而苦恼。家庭不仅要一起为家庭致富努力,也考虑自家人员的发展,一家人人丁兴旺、家庭和睦是一家人发展的最高的追求。每逢过年过节的时候,家人都会为自家祈福,保佑一家人能够平安快乐,孩子能够健康成长,还会祈求来年能够风调雨顺,家里的收入够一家人的生活。

(三)家户至上意识

对于家户的重要性,曹道芬觉得家户的重要性高于个人,个人需要服从于家户需要,没有家也就没有了个人。一直以来就有一句话,团结就是力量,外人也是一样,各顾各的不行,很不利于家庭团结与和谐。相对于个人而言,家庭这个整体比个人更为重要,在对外交往上,家庭代表个人,家庭成员在考虑事情,在一些行为上,都得先考虑整个家庭的利益,而后考虑个人的利益。比如土改分地的时候,曹家还没有分家,一个家庭的地只有从三叔三婶那里继承来的几亩,土改分地按照家庭人口和家庭成分来分配,在整个过程中,曹道芬代表曹家,努力为家里争取更大的家庭利益,全家人能够分到更多的地,能够保证分家之后,每个小家庭能够分到足够多的土地,从而够家里人吃饭。

当家庭利益与个人利益发生冲突的时候,一般都是个人利益服从家庭利益,以满足家庭利益为优先。就像曹道芬的大哥曹道苞,为了帮两个弟弟成家,自己一个人在外打拼,选择先帮自己的弟弟结婚,而自己后结婚;再后来就是成家之后,还帮助曹道芬成家立业,在父亲不在的情况下,大哥曹道苞做到了长兄如父,将家庭利益看得比个人利益更重要。就曹道芬而言,他是愿意为了家庭的利益而舍弃自己的好处,当家里有谁顾着自己的享受而忘记了其他人的温饱的时候,长辈都会说他们几句,会责备,但是不会责罚,让他们明白这个道理就可以。

当曹道芬读到二年级的时候,三叔曹惟翔,由于摔伤,不能干活了,家里的地没有主要劳动力之后,三叔就没再让他去读书,不然家里的地都会荒掉。于是他放弃了继续读书的机会,回家开始学习如何耕地、如何种地,尽量帮助家里减轻家庭负担,成为家里的一个新的劳动力。曹道芬就想着要拼命地干活、做事,他自己也没有埋怨过,不怪谁,自己也能够理解,本来家里的事都没多少人干活,自己少读几年没关系。曹道芬的两个哥哥,比曹道芬多读过几年书,但是后来看到家里有困难,他们都自己出去挣钱,来维持家里的基本生活。他们两个都是心甘情愿的,觉得家里的长辈都年纪大了,自己不会想着还要去读书,自己会衡量家里的情况。

两个哥哥在外地工作或者做生意的时候,只要家里有需要的时候,他们就会回来。家里总要有一个儿子在家照顾自己的父母,哥哥在年纪稍微大一点的时候,基本上不去外地,都在家附近找点活干。

曹道芬的婚姻也是听从了父母的安排,家里人怎么说,只要自己不是很排斥,就都会顺着家里来。

(四)长辈积德,后辈福德

在老人看来,行善积德、造福子孙是长辈应该做的。平时村里有人办红白喜事的时候,都会乐于帮助,还不计回报。谁家割稻子的时候,碰到拖板车上坡,没有人在后面推的时候,在场的人都会伸出手帮一把;谁家的牛断绳跑了,还在地里干活的人都会帮着一起把牛给追回来。像家族中的一些事务,曹家人也是能参与就会积极参与,比如凑钱修缮祠堂需要出劳动力,家里人都非常愿意参与。对于村庄内的事务就不像家族中的事务一样积极,毕竟范围更大了,一个村庄内的人太多且杂,包括各个姓氏的人,则不像家族内的人那么亲密。

曹家人都不是爱管闲事的人,不会轻易掺和别人家的私事,但是愿意做善良的人,祖祖辈辈的曹家人,在村里都是淳朴的人,他们相信善有善报、恶有恶报,人不能做太多的坏事,不然总有一天会遭受报应,自己一辈没有遭受报应,自己的后代也会受影响的。如果长辈是善良的人,做了很多的善事,自己的后辈也会有好的回报。每年的中秋、端午、春节等节日时,每家每户都会去祠堂祭祀,会烧一些纸钱、蜡烛等,以祈求本年及来年一家人的幸福、健康和平安,老一辈的人都认为,德行是可以积累下来的,自己做的善事越多,自己的后代福德也就越多。

三、家户习俗

无论是节日习俗，还是红白喜事的举办，都是以家户为单位，当家人起支配作用。春节、端午节、中秋节，曹家都是全家人一起过，家人团聚、一起吃饭的氛围非常好。斋楼村传统习俗延续状况良好，春节习俗多样，保留各种地域特色，既体现家户内部的长幼秩序、血亲关系，也体现家户外部关系的关系维持和辈分大小的特色。

(一)节庆习俗概况

曹家在1949年以前，节日都是一家人一起过，如春节，从腊月二十四的"小年"置办年货开始，元宵节、五月初五的端午节、"七月半"、八月十五的端午节等都是全家一起过。关于红白喜事的程序也比较复杂，如红喜事的出嫁、"回门"、满月、"谢厨"；白喜事的是否可以入祠堂、家人哭丧、亲戚吊唁、抬棺、下葬等。节日习俗和婚丧嫁娶，均有一系列规矩和忌讳。

1.春节礼俗：拜年有先后

阴历十二月二十四，在南方被称为"小年"，从这一天开始，就被人们认为是春节要开始了。在小年之前，集市上卖年货的会越来越多，商品也越来越齐全，每家每户都会在小年之前把家里的年货给置办好，因为大家都知道，离春节越近，东西会越来越贵，早一点买好。一般的年货包括干货和湿货。家里都会腌好一些鸡鸭、鱼肉等。腊肉会在小年之前开始做，然后经过很多道程序，做成非常香的烟熏腊肉。除了这些食用的菜品之类的东西，还有一些糕点、饼干、茶点之类的东西，都是买来准备招待来家里拜年的亲戚。还有瓜子之类的东西是必不可少的，聊天打牌的时候，这些东西最好用。从二十四开始，就要开始准备大年三十的到来了，需要做很多准备。到了十二月二十九，这一天是全家大扫除的日子，一家人都需要一起劳动，把自己家从里到外、从上到下，家里的每一个角落都要收拾得非常干净，不能留一点的灰尘。大年三十那天，家家户户开始贴春联，每家的门上都贴着红红的春联，寄托了很多的期望和祝福，没有谁家是不贴春联的，即便是这一年谁家有人过世了，他们家的春联的颜色会把红色变为紫色之外，其他的所有都没有变化，和其他人家是一致的。在大年三十，一般中午都吃的比较简单，吃几个饺子、汤圆，然后三十晚上是春节吃的最好的一顿，所有的鸡鸭鱼肉和最好的东西都会上到桌面上，是全家人吃团圆饭的时候。吃完饭之后，全家人都得把自己洗干净，就像是要把自己家里打扫干净一样，自己也需要干干净净过个年。然后就开始守岁了。

过春节一般都以家户为单位，一家子会一起过年，比如曹家就是一家人一起吃团圆饭，是一家人最开心的时候。过年期间都需要祭祖，大年三十一次，大年初一早上一次，然后大年初二早上还需要一次。祭祖以一家一户为单位，一家一个代表，代表一般都是当家人，需要在家里的厅堂、大门和厨房进行祭拜，还需要打鞭炮，除了家里，还需要去祠堂祭拜，如果家里还有老房子或者牲畜房，也需要进行祭拜，这是村里流传下来的一个习俗。祭拜需要准备的东西有家禽、米饭、香、蜡烛、纸钱、鞭炮等东西，所有的程序都得走一遍。这些事情一般都是家里的长辈在进行操作，全家人都需要祭祖，女性也可以参加。用来祭祖的桌子需要是方的，过年期间家里吃饭的桌子要求最好是用圆桌，象征着一家人的团圆。圆桌的上座对门，一般都是家里年纪最大、辈分最大的人的位置，家里比较随意的，除了当家人的位子之外，其他人都可以随意坐。大年三十，一家人一起吃饭，都是回忆一年中家里发生的幸福的一些事情，总结一年的生活，吃完饭，一般都是家里的女性收拾碗筷。曹家就是家里的三个"叔伯母里"一起收拾,平均分配,母亲这个时候也会稍微帮一下忙,三个媳妇经常会让母亲歇着,三个人有说有笑的、开开心心地把家里收拾干净,然后一家人开始守岁。

大年三十的年夜饭,就是自己一家人一起吃,亲戚在这一天都不会走亲戚。春节那天,全族人都需要拜年,先是本姓氏、也就是本族之内,在吃完早饭之后,家里的男丁和小孩子都需要挨家挨户去给本族人拜年,然后就是全村人进行团拜。这个顺序是先给最大的族长拜年,然后是各自当家人,最后在族里顺着来。除非是关系好,或者是路上遇到了老板、保长之类的,才会给他们拜年,一般都不会特意去给他们拜年。如果要去,都是当家人带着自己的孙子一起去,不用带礼物,空手都行,这一天,每家每户都会准备很多东西招待来到自家的客人,而且是非常的热情。在村里,关系不好的,都不会相互之间拜年,就是一种很冷淡的关系。春节这天,村里面有唱戏和花鼓班的戏,从很早就开始有了,是一种全村性质的,没有分姓氏,为的就是有一个春节的氛围,加上一些活动,整个村的氛围会非常的融洽,看起来非常热闹。

春节的时候,会经常走亲戚。这个期间是亲戚联系得最为密切的时候,平时不走动的亲戚,趁着这个机会可以见见面,聊聊天,说一说这一年家里的生活状况。过年走亲戚也会有一些先后顺序。会按照辈分来安排顺序,如果住在附近的,也会顺便一起给走了。一般都是先去母舅家①,然后是丈母娘家,然后从父亲这边的亲戚开始,姑姑,然后才是两口子的兄弟姐妹。那个时候每个人的兄弟姐妹还比较多,需要走的亲戚还是挺多的,有时候一天可以走几家亲戚。走亲戚的一般是家里的代表,小孩子不论男女都可以去,年轻人都是男性去,女性得留在家里招呼自己家可能来的客人,没有要求必须是当家人去。亲戚家有人来自己家,后面自家也要派代表去亲戚家走一趟,以表示尊重并会继续维持这一份亲友关系。大家信仰礼尚往来,亲戚之间要互相走动,才能保持彼此之间紧密的关系。

春节作为农村一个最重要的节日,习俗非常多样,都是从老祖宗那里延续下来的,一是家庭团圆,齐家欢乐;一是走亲访友,密切亲友关系。

2.端午安康:全员参与活动

农历五月初五,俗称"端午节",是为纪念屈原五月初五投汨罗江而死,屈原是楚国的爱国诗人,吉安当时也属于楚国领地,所以吉安的端午节习俗较其他地方要更为丰富。

首先就是"包粽子"。需要提前准备的食材比较多,提前磨好糯米,摘好粽叶,根据自己的喜好,还会在糯米里添加其他一些食材,有钱的人家会加腊肉,稍微简单一点的会加红豆进去,再次的就只是"白粽子"。包粽子,包括摘粽叶,都是由家里的女性来完成,粽叶曹家自己种了一些,那不用去打理它们,都是自己生长的。曹家的几个妇女都会包粽子,每年的端午节,母亲胡奎俚都会带着几个媳妇在包粽子前一天将粽叶和棕绳洗干净晾干,然后浸好糯米,第二天几个人围着一篮子粽叶和一盆洗好的糯米,一边聊天一边用粽叶和棕绳将糯米扎成一个个生粽子,并且成串放进锅里煮。

其次就是插艾叶辟邪。在端午节前一天,家里还需要准备艾叶。艾叶由家里的男性用禾刀去山上割,割完之后带回家挂在门的两侧,为的是驱邪避恶。民间将五月称为"毒月",而五月初五则称为"毒日",艾叶除了有辟邪的作用,它还代表"招百福",是一种治病的药草,挂在门口,也有利于一家人的身体健康。

---

① 母亲的娘家。

"五子"登桌。"五子"指的是粽子、包子、鸡子①、蒜子和油果子,在吉安的每一个农村,端午节的时候家里吃饭的桌子上都需要这五样东西。除了已经煮好的粽子之外,包子和鸡蛋需要去集市上买回来再煮好,蒜子是自家种的,直接煮就好。油果子也需要家里的几个女人来做,程序稍微复杂一点,首先是将准备好的面粉和糯米粉浸水,然后搓成圆圆的形状,放进油锅里炸。端午节当天,家里的长辈会将这五种食物分盘装好上桌,待燃香放炮、祭祀完之后,全家人便可以开始享受这些美味。

再次是喝雄黄酒。端午节在吃"五子"的同时,家里的年轻人还会喝一点雄黄酒,小孩子不允许喝酒。村里年纪稍微长一点的都知道,喝雄黄酒可以杀菌消炎,清热解毒。雄黄酒除了喝之外,还会由当家人在家里的各个角落洒上一些,一般都是蝎子、蜈蚣经常出没的较阴冷的地方,洒上一些雄黄酒,可以驱虫。小孩子因为不能喝酒,所以父母要么在他们的额头上画"王",以虎辟邪,要么在身体上抹一些,保护小孩子不受蚊虫侵扰。端午节在当地是一个比较重要的节日,既为纪念古人,也为祈求现实的安康。

3.中秋佳节:家户团圆

农历八月在秋季中间,是为"仲秋";而八月十五恰在"仲秋"中间,被称为"中秋"。中秋节寓意团圆,在外的孩子要回家和家里人团圆,曹家的大哥曹道苍和二哥曹道茳,在临近中秋节的时候,就不会出去"挑担"②了,而是过完节再出去。已经出嫁的女儿在过节之前,也要回家给父母"送节"③,带上几个月饼,顺带送几块钱,算是报答父母十几年的养育之恩。

吉安的农村过中秋节除了燃香放炮、祭祀之外,还有两个比较有特色的活动。一个就是吃月饼,不管家庭条件好坏,在中秋节前一天,当家人都会安排好买上几个月饼。当年条件稍微宽裕一点,就可以买稍微好一点的;如果条件稍差些,就买差一点的月饼。当地有一种饼,叫"薄酥饼",不贵还很好吃,曹家中秋节的时候都是买这一种。第二个就是烧塔,中秋节当天,村里的小孩子会在年纪稍大一点的孩子的带领下,用砖块和瓦片砌成一个几米高的塔,然后由村里的小孩子分头行动去家族内的每家每户收集稻草,当夜幕降临,月亮出来之后,全家族的人会聚集在一起,看烧塔。一群小孩子很有序地、不停地将稻草放进塔里烧,烧得塔身通红。一边烧着,一边放鞭炮,每家每户基本上都会带着一挂鞭炮过去。烧塔一直会持续到所有的稻草烧完为止,散伙之后,回家一家人一起吃月饼。除了吃月饼之外,过中秋节还会吃柚子。一个是因为柚子那个时候刚好成熟了,正是吃柚子的时候;另一个就是柚子的谐音为"有子",中秋节吃柚子也有早生贵子的吉祥寓意。烧完塔之后,趁着一股兴奋的劲,一家人一起吃东西,其乐融融的。

曹家在春节、端午节、中秋节这几个节日里,全家人都会在,女人为准备各种食材和吃食忙里忙外,男人照常干着自己的农活,一点也不敢怠慢,虽然得过节,但是基本的农业生产不能落下,还得保持生产的正常进行。

4.红白喜事:族里人帮忙

娶媳妇算是家里的一件大事,家里有很多需要注意的地方,也有很多习俗。在儿子婚庆的前几天,家里需要像春节一样贴对联;结婚当天需要拜祖宗、拜天地。自家嫁女儿亦是一

---

① 鸡蛋。
② 做买卖。
③ 女儿给娘家送的节礼。

样,男方该有的规矩,女方一样也不能少。女方嫁到男方之后,在第二天需要"回门",即娘家人会在第二天邀上所有的亲戚去男方家里吃席;一个习俗就是女儿回家"满月",没有必要必须正好是一个月才回去,相差几天都没有关系。举办婚礼,双方的亲朋好友都会被请客,一些平日里关系很好,走得很近的亲戚都会叫上。家里有人交的朋友,都会被请到酒席上吃饭。婚礼第二天还属于酒席期间,村里帮忙的人都还在,所以嫁过来的媳妇不需要下厨房干活。但是早上起来之后,需要向自己的公公婆婆请安,说一句好。同时哥哥、嫂子,以及还没有娶媳妇的小叔子和没有出嫁的小姑子,在早上起来之后都需要向新人打招呼。属于晚辈的,也会主动向刚刚新婚的嫂子请安。总之该有的礼节免不了。新媳妇出嫁三天之后要回娘家,现在是两天之后,在夫家这边"谢厨"(请在酒席上帮忙的村里人吃完最后一顿饭)之后,带上自己的夫婿回娘家,见娘家的一些亲戚。总之,就是双方之间需要互相认识。

除了红喜事,还有一个就是白喜事。虽然一家人处于悲痛之中,但是对老人的悼念一点也不能少。在农村,大家都信奉去世的时候得在家里,在外面去世的人不能进入祠堂,只能摆在村外,所以很多老人家,如果还在医院治疗,但是觉得自己快不行的时候,会要求子女尽快把自己带回家。老人不想死在外面,也不想死了之后还不能入祠堂。曹道芬也不知道是从什么时候开始有这个规矩,反正大家都这么默认。所以老人在去世之后,都要把自己放在祠堂中,然后让自己的子孙吊念。在老人去世之后的两天,子孙都需要在祠堂进行哭灵。老人的晚辈,包括已经出嫁的女儿,都得回家哭丧。被请来的亲戚朋友,都需要带一个被子或者毯子作为吊唁的赠礼。老人去世三天后,就得安排下葬,抬棺的人都是本族健壮的男人。每代抬棺的人都是上一辈安排好了并固定下来的人,不管谁家有人去世,都是这几个人负责抬棺。出殡或下葬那天,由长子举灵位,长孙领路,然后是抬棺队伍和送葬队伍,一路上要洒纸钱、打鞭炮,还得哭丧,直到棺木下葬。如果不是正常死亡,丧葬也像正常老死的一样,只要不是在外面去世,都可以入祠堂,能够按照正常的形式完成从入棺到下葬的礼节。

(二)节日习俗以家户为单位

曹家平时都一起生活、一起居住,过年过节自然也是一起,始终以家户为单位。每家每户只要自己有家,过年过节的时候,都不会去别人家,就算只是吃个饭也不会。其他一些家庭已经分家,在过年过节的时候,几个兄弟会被自己的当家人叫着一起吃饭,一起过节、过年。一家人一般不会住得太远,就算住得远,如果父母要求一起吃饭,兄弟几个都要聚在一起。过年要么是自己一个小家庭过,要么是一个大家庭过,嫁出去的女儿不能回娘家过年。女儿嫁出去就是别人家的人,有自己的家庭,会要求直接在夫家过年。年底,亲戚之间不会互相串门,都会等到大年初一之后开始"走亲戚"。亲戚不会去别人家过年,除非那种家境非常困难,或者遭受突发灾难,实在没有其他地方去,又碰到过年,这样的人才会迫不得已投奔亲戚度过一个年假,也只有具有血缘关系的亲戚才会收留遭难的人与自家人一起过年,其他关系较淡的亲戚,一般不会接受,曹家从没有去过亲戚家过年。

过年过节一家人都会吃一个团圆饭,在外面的家庭成员也会赶回来和家人团聚,尤其是过年的时候,当家人都会要求出去做工的人必须回家过年,不能让家人一个人在外面飘荡。住在同一个院落的已经分家的兄弟之间,大年三十的团年饭也是一起吃。过年那几天,曹家的几个兄弟还是一如既往的一起生活,和父亲的几个兄弟的儿子之间,是今天在你家吃,明天在我家吃,以展示这一大家子的团结和友好。

（三）当家人的节庆仪式的支配地位

春节最大的仪式是宗族之内，由年纪最大、辈分最大的族长召集全族人给祖宗进行团拜，也就是给自家的祖宗拜年。仪式由族长主持，相关的事宜也由族长安排。每年有新生孩子的家庭，由他们准备茶花会的吃食和开水之类的物品以招待整个家族的人。散席之后，大家伙会聚在一起谈天说地，趁着好不容易的闲暇时间，和周围的邻居和亲朋好友好好接触一段时间。

元宵节那天，家家户户都会吃汤圆，象征着一家人团团圆圆，那天还有一个行为就是撕春联的门联，以此宣告春节的结束，斋楼村都是这个习俗。元宵过后，春节就结束。在隔壁的乡镇，还有"下元宵"的说法，他们称正月十五为"上元宵"，二月初一称为"下元宵"，过了二月初一，春节就真正的结束。有这种习俗的地方的很多人会在这一天请亲戚在自家吃饭，既团圆又郑重地宣告一下，让人休闲的春节就要结束了，大家该开始各自投身自己的岗位，要开始干活了。

七月半在有些地方称为"鬼节"，阴历七月在当地人看来是一个不太安分的月份，大家在这个月的晚上，基本上很少出门，当家人也会让自家的孩子和晚辈晚上尽量早点回家，晚上少出去。在"鬼节"那天，每家每户都会烧纸钱，以驱逐鬼怪，根据不同的地方，烧纸钱的日子是不一样的，有些地方是阴历七月十五，有些是七月二十，还有的是七月三十，得看当地的习俗。总之，七月大家都很小心翼翼，生怕会出现一些什么不好的事情。

四、家户信仰

1949年以前，曹家没有宗教信仰，但是有家神信仰和祖先信仰。曹家家神信仰类型多样，功能不一，主要是以信仰保平安；祖先信仰神圣虔诚，以抒发对祖先的崇拜和敬仰之情，曹家以祠堂、祖坟、族谱、庙宇为依托，通过祭祀、祭拜表现出它们的神圣不可侵犯，从而祈求家户稳定和繁衍。

（一）家神的信仰和祭祀

曹家的家神信仰类型丰富多样，包括财神、关公、门神和灶神，不同的家神有不同的代表，被摆放在不同的地方，定期的祭祀，包括烧香、纸钱，点蜡烛，摆放贡品等以示对家神的尊重，为的是祈求全家人的平安喜乐。

1.家神信仰类型多样

斋楼村基本上没有宗教信仰，全村人都不信奉宗教。但是从古至今，对家神的信仰却一直都在。家神挂在大厅上面，曹家称最大的家神为"寿仙公"，除此之外，家里供奉和信仰的还有财神、关公、门神和灶神。其中，财神是隐形的，没有具体的东西、具体挂放的位置，一般大年三十晚上，称为"年关"，会放鞭炮关"财门"，然后在大年初一早上，放炮重新开启一年的"财门"，迎接新一年财神的到来，这个隐形的家神，会默默地守护着一个家庭一年。关公和门神差不多是一个意思，大年三十除了贴春联，家里的门上还会贴上关羽和张飞，当作家里的门神，基本上一年都不会撕，祈求门神一年都能够守护这一家人。灶神在当地称为"司命"，会放在厨房，防止厨房失火酿成大祸。除了这些，家里还有土地公公，置放在家神的下面，和家神一起，一上一下，保护着这一家人。

这些家神，基本上每家都祭拜，全家大小都可以拜神，平时拜神和过节的时候拜神差不多,都是要准备香、蜡烛、纸钱这些东西,只是过年的时候会稍微隆重一些,放的鞭炮响数多一些,蜡烛高档一些。祭拜的时候,家庭成员都可以祭拜,也需要放一些贡品,都是一些水果,放在大厅的厅堂上,以供奉家里的各种家神。关于祭拜的安排,都是由当家人安排,贡品也需要当家人亲自摆上,以视对家神的尊重。

2.信仰保平安

曹家信仰家神是为了保一家人的平安,保家庭能够发家致富。不同的家神发挥着不同的作用,家神守一方安宁和平安,门神守一家安全和隐私,灶神护一家的健康,土地公护一家的稳定安详。在人们看来,虽然日复一日,年复一年的供奉着这些家神,并没有给家里带来太多的物质福利或者实际收益,但是总觉得家里的稳定、健康和平安都是靠这些信仰而来,所以总觉得有作用。因为是祖宗传下来的,从开天辟地时起,一直就信仰下来,肯定能带来福泽。

曹家拜神有固定的时间,逢年过节的时候、家里有红白喜事的时候,是比较正式的拜神的时刻,家里遇到一些特殊情况的时候,也会祭拜家神,以祈求一家人的平安健康。过年的时候,比平时的祭拜要更为隆重一些,过年是大节,是一家人一年的结束和新的一年的开始,承载着各种希望和寄托,所以更为正式。祭拜家神的时候,都是由当家人主持,家里的女性也可以参加,小孩子从小就会被当家人教育如何祭拜神明,如何对家神保持尊重和坚持心中的信仰,所有的孩子都需要学习,包括女孩子在内,这个可以显示出一个家庭良好的教养。

(二)祖先的信仰和祭祀

曹家对自己的祖先十分尊敬,而且很清晰地知道祖先是谁、从何而来。对于祖辈给自己留下的财产,曹家人都深表感激和不易。因此每逢佳节,曹家人都会祭拜自己的祖先,修缮祠堂、祖坟;定期祭拜和修订家谱,以表达对祖先的尊重、敬仰和思念之情。

1.祖宗崇拜以表敬仰之情

曹家的祖先是谁?祖辈从哪里来?什么时候来到斋楼村?怎么来的?对于这些问题家里的人都知道。祖先对于一家人来说,是一家子信仰和最尊敬的人。祖宗给自己的后辈留下了土地、房子,还有生活生产用具,为自己一家打下了坚实的基础,有了祖先,才有了现在家庭的这几代成员,这都是祖宗留下的福德。家里人都以自己的祖辈为荣,虽然没有给足够富足的生活和财产,但是给了基本生活和生存的基石,让后辈一代又一代地繁衍生息。曹家人都十分崇拜自己的祖先,祖先在后辈的眼里都具有极高的地位,每逢佳节,都必须祭拜自己的祖先,家里的灵位还有安葬祖宗的地方,都要祭拜。如果谁家哪一次没有祭祖,就会被认为是对祖辈的不孝。

曹家的房子有堂屋,在老房子的堂屋中,会摆放近代去世的人的遗像,已经去世很久的人,灵位不会被摆出来,一般都是放在厅堂上厅的右边。如果有几代,一般就是摆放最近去世的一代,其他的都会放在别的地方。曹家的祠堂属于整个家族,祠堂里祭祀着家族成员所知道的所有祖先,都是一个家族的祖辈,受世代成员敬仰。

2.祠堂、祖坟、家谱是神圣的

祠堂由全族的人一起筹款建起,按照男丁人口,每人摊派规定数目的款项,还有一些家境好的,会主动进行捐款,捐钱的多少没有定数,看各家人的心意。如果有人带头,族里的人都会捐,除非家里实在拿不出钱,才会丢下这个面子,不然绝对不会希望自家人被别人看不起。在家里人看来,祠堂有一种神秘的凝聚力量,祠堂里摆放着整个家族的祖先,是一个神圣不可侵犯的地方,村里所有红白喜事消息,都要告知自己的祖先。相对于祠堂所象征的宗族而言,家庭的重要性更重要。宗族只是一个整体的信仰象征,没有特殊的实际意义,但是对它的尊重是必须的,不能随意破坏祠堂的建筑,也不能随意抹黑宗族的信仰和名誉。如果出现这种情况,家里人会批评你,宗族内的其他成员也会先找到家里的长辈说明具体的情况,让当家人对家里出现对宗族有不尊重或者破坏行为的成员进行批评教育。

曹家有自己的祖坟,面积大概是二十平方米左右,全部在本村范围内,家里每年都会对自己家的祖坟进行整理和维修。因为每年都要去给祖先烧纸钱祭拜,祖坟周围环境太差影响不太好,祖宗们的坟墓建筑也会根据实际情况进行维修,从而给去世的老人以一个良好的环境。相同代际的人去世,会埋在一起,不同代际的人之间会隔开一定的距离。就是说祖先的埋葬有一定顺序,辈分越高,所埋的地方越在高处,也较靠左,然后按照代际的顺序,依次排开。修缮祖坟,是几个儿子共同的事情,分家了的家庭,由几个儿子均摊;没有分家的几个儿子按照家庭的共同收入支付修缮费用。

曹家有自己的家谱,由曹道芬老人自己整理而成;另外曹家也保留了一份族谱,族谱的内容包含着曹家的家族内的信息,就是内容比家谱更为完整,也被曹家的人认为是自家的家谱。家谱对于每一个家族成员来说,都是神圣的,不容外族人侵犯,也不容本族之人的轻视。修订家谱的钱是由族长统一向整个家族成员筹集,类似于修缮祠堂的方案,按照男丁进行摊派。村里有新出生的孩子,都是请族里最年长的人来写,规定在每年大年初一,全族人在进行团拜的时候添加,以视喜庆。

曹家人很重视孝道,子女孝顺,父母心安,家人在家族面前,在全村人面前都是有面子和尊严的,一个家庭的荣誉被家庭成员看得很重。家里的孩子对长辈不尊重,不照顾家里的老人、小孩和妇女,都会被认为不孝顺,会被当家人批评和教育,遇到情况严重的,还会打骂,不听话的孩子经常会被罚跪。无论是对已经去世的长辈,还是在世的长辈,家里晚辈的态度都是一样要孝顺,都要尊重,一点也不能马虎。

逢年过节家里都会祭拜自己的祖先,一是为了纪念他们,二是通过祭拜,希望能够通过祭拜祖先,然后祈求祖先保佑家里在世的人能够平安健康顺利,在祭祀的时候,都由当家人安排,比如端祭祀用品就得由当家人来,女性也可以祭拜自己的祖先,也可以去祖坟,女儿嫁出去之后就是祭拜夫家的祖先和祖坟,不用回娘家祭拜自己家的祖辈。小孩子在拜祖先时,需要跪拜磕头,当家人会这么要求自家的孩子这么做,每次祭拜都需要烧纸钱,小孩子都需要跟过去,不能不拜,不拜的都会被当家人骂。小孩子在这个时候都很懂事,知道这个时候当家人会比较严肃,得好好听话,这是关系到祖宗和祭拜的事情,都要谨慎对待,不能含糊。

(三)庙宇的信仰与祭祀

1949 年以前,村里有一个庙。庙里摆放着一个菩萨。庙宇离曹家只有 0.5 千米的距离,自己的祖辈也会去庙里拜神,为祈求一家人的健康平安。据说庙里有一个雷将,专管当地的各种菩萨,每当家里做酒、过节或者过年的时候,都会去庙里拜神,家庭成员的任何人都可以参加,只要在家的都可以一起去,当家人也要跟着一起去,都是以一家一户为单位。拜神的时候,不会约着其他人家一起去,如果碰到了也没什么,只能说明这一天的日子很好,比较吉利。去寺庙都会带一些祭品,有饭食、纸钱和点的香,每家人带的祭品其实都差不多,每次去的时候也都是固定这些东西,此达到祭拜的意义。

五、家户娱乐

1949 年以前,农村生活方式单一、物质条件匮乏,因此曹家家户娱乐方式也比较单一,曹家人很少有外出结交朋友的机会,那个年代,交朋友也有身份限制,讲究门当户对。所以曹家人最多就是与邻居串门聊天,平日里很少打牌。

(一)交朋友:以身份定对象

在曹家,只有大哥有自己的朋友,因为他出去的机会比较多,像曹道芬常年在家,结交的也不能称为朋友,接触的都是一些身边比较熟悉的人,和自己一样,都是土生土长的农民。1949 年前结交朋友,也讲究一个门当户对,做生意的找做生意的做朋友,当官的一般结识当官的,读书的找读书的做朋友。结交朋友除了要对应,还得是相互之间关系比较好,为人好的比较容易结交朋友。男的和女的不能成为朋友,因为男女有别,都应该老实本分的做事。结交朋友不需要得到谁的同意,只要结交的朋友不是坏人,交朋友没有什么仪式,也没有特定的称呼,都是直接叫名字,彼此之间互相串门的机会也比较少。朋友之间谁家要是办酒,请了的话,就会去,看朋友之间的关系如何决定送多少礼。大哥结交的朋友都是一起在外地上班的,是一些朴实的工人。大家的条件都差不多,有需要帮忙的时候,大家都会相互帮忙。

(二)少打牌:以娱乐为主

斋楼村也有打牌这种日常行为,只要空闲了,没什么重要的事情,还是会当作一种休闲娱乐的方式。曹家的家庭成员有时候也会打牌,但是都是和自己村里面的人打,不会和外村人打。当家人一般都不会允许未成年的儿子打牌,他们打牌就相当于是赌博,被视为不务正业,如果想找到一个好一点的媳妇都难,所以家里的长辈都会监督自己的儿子,以免误入歧途。

曹家没有人特别喜欢打牌,都是偶尔当作娱乐的方式,在没事的时候才会去,即便是农闲的时候,打牌的频率也不会很高。有白天打牌的,也有晚上打牌的,一般过年期间晚上打牌的比较多。打牌的地方虽然随意,但是也会形成一种习惯,如果是去谁家打的次数比较多了,那么以后会常去他们家打牌。很多时候,一些人打牌都会废寝忘食,经常都会错过吃饭的时间点。打牌的时候,都还是自家回自家吃饭,如果有谁家愿意的,也会简单地准备一点能填饱肚子的东西给在自家打牌的人吃,比如煮一点面条。打牌都是以娱乐为主,很少会赌钱,过年的时候会赌一些钱。赌钱输的太多,容易造成家庭矛盾。曹家人很少出去打牌,也很少因为赌钱而发生矛盾和纠纷,一家人以勤俭节约为主。

(三)串门聊天:内容不一

1949 年前,邻居之间会经常串门,家里的大人、小孩都可以出去。不同的家户对象,串门聊天的事由不一。男的一般空闲时间比较少,串门经常可能是因为有事;女性经常串门聊家长里短;小孩子串门都是找自己的小伙伴玩耍。到吃饭的时间,都会回自家吃饭。只有农闲的时候,才会有时间去邻居家串门,农忙时候,家里的活都干不完,根本没有时间出门唠嗑。

平时串门都轻松愉快,没有什么严格的规定和要求。曹家住的较靠近村中的大道,而且旁边就是曹家宗族的祠堂,所以经常也会有人到家里坐坐。只要家里有人来,母亲和几个媳妇都会热情地款待他们,或者是把家里有的食物拿出来,或者是倒点茶,总之不会冷落了来家里串门的人。斋楼村民风非常好，家里没人的时候，门不关也没关系，邻里之间互相信任，村民之间互相信任，彼此之间都能够友好相处。村庄中的事情，大家平日里聊天也都会涉及，除了聊聊家常，村里又发生什么事情了这些也会说到，还有就是最近政府下达的一些政策，大家也都会谈，谁同意、谁不同意，以及发表自己的一些看法，就当作是平日里发的一些牢骚。

第五章 家户治理制度

由小家到大家,曹家的大小事情均由外当家曹道芬做主,身为内当家的母亲胡奎俚也会帮助其料理家庭内部事务,家户内外合理分工,共同治家。由于父亲曹惟翔已去世,其他男性成员常年外出,曹道芬成为当家人,母亲作为内当家人辅助;当家人权力很大,但同时相应的责任和压力也越大。曹道芬能干、讲理,所以才让曹家在两次变更当家人的情况下,得以迅速恢复。在家户发展过程中,曹家人具有较高的自我保护意识,应对旱灾,防备战乱,以外部保护配合家户保护,在保证本家的安全和稳定的前提下,也帮助其他人。在有形族规和无形家规的约束下,当家人、长辈享有最高的权威性,其他家庭成员都不得违背当家人的意愿,自觉遵守家户规矩。曹家家庭氛围较好,成员素质较高,在家族公共事务、村庄公共事务需要出力的时候,曹家人都做到了积极参与,并且还努力配合国家的征税、征兵事务,协助国家对村庄的治理。

一、当家人当家

曹家两次变更当家人,分内当家人与外家人,曹道芬主外、母亲胡奎俚主内,所管事务涉及范围广,涉及家户生活的方方面面,如家户财权、物权、安排劳动权、婚丧嫁娶支配权等。权责一致,当家人具有的权力越大,所承担的职责也更大,当家人需要总揽家户全局,做到按需供给,按能履职,从而实现家庭各项事务的有序运行。

(一)外当家与内当家

曹家的当家人有两个,一个内当家,一个外当家。曹道芬对外是家里的当家人,在家里,母亲是自己的长辈,在母亲面前,他还是一个孩子,还得听取母亲的意见。三叔曹惟翱和三婶尹八香还没有去世的时候,也需要问他们的意见。在家尊老爱幼,在外维护家庭形象,是每一个当家人的责任和义务。曹道芬因为父亲去世,大哥和二哥经常在外,才成了家里的当家人。在斋楼村,一般情况下,每家每户都是年纪大的男性家长当家,父辈去世了,或者当不了,才是儿子当家。儿子当家的情况也有长幼顺序,从长子开始轮流,只有长子"木脑袋",不能当或者有特殊情况的时候,才能根据实际情况来选择最合适的当家人。

当地称当家人为"当家的",曹家当家的和管事的都是曹道芬和母亲胡奎俚。遇到家里需要做决定的大事,都是由曹道芬和几个长辈以及兄弟商量之后,进行决定;碰到家里需要买油盐酱醋等生活上的事情,都是由母亲做决定。因为这些是母亲擅长和熟悉的,也很有经验,能够比曹道芬处理得更好。曹家两个当家人生活上和生产上都有详细的分工,为的都是这个家庭能够更好。

1949 年前,村里很少有女性当家,家里当家的男性去世的情况下,才可能轮到女性当家。如果当时儿子已经长大,也会由儿子来当家。如果丧夫的女性有能力,会理事,做事灵活,也可以由她们来当家。如果是年纪大的女性家长脑子不灵活,让她煮饭,她煮成了稀饭,这种人肯定不能当家。曹道芬的父亲曹惟翔去世之后,母亲胡奎俚有文化,也有一定的能力,能够管住这个家,但是她觉得,家里还是一个男的当家要方便一点,怕被别人瞧不起,所以对外就是说明当家的是曹道芬,母亲专管家里的一些琐碎小事。曹道芬被选为当家人是经过长辈和几个兄弟一致认可,承载着一家人的希望和信任,能够受到家里人的尊重,他当家能让家里的几个人都满意。一个人在被确定为当家人之后,不会在家里的门牌上,一般家里谁当家,外人都是能够看出来的,能够被人推算出来,尤其是外当家人,一眼都能被人看出来。

(二)当家人的权力

身为曹家当家人的曹道芬认为,当家人的所有权力都是家庭成员赋予的,比如管钱管账、安排劳动、男女分工、支配婚丧嫁娶、作为对外代表,都是家庭成员赋予个人的职责,因此作为当家人,就得对全家人负责,为全家人谋利。

1.当家人权力由家庭成员赋予

曹道芬认为,当家人拥有很多关于家里管理的权力,都是先天来的,不用谁来规定或者赋予。当家人的身份由家庭成员给予,作为当家人的成员要给家里人服务,为家里人争取最大的利益,当家人的权力被整个家庭成员所认可。当家人需要管理家里的很多事情,事无巨细,包含着整个家庭的方方面面,家里所有的人都需要管理,能管到的最边缘的一个人就是父系血缘关系的最晚辈。遇到大事的时候,也需要和家里的其他人商量。如是否要租种别人家的地、租谁家的地,要不要修缮房屋、修缮哪里,家里的嫁娶也需要整个家里人知道这个事情。曹家很少召开家庭会议,除非遇到特别大的事情,而且经常是发生一些不好的事情,还有就是每年过年的时候,有一次家庭的总结会议。

2.内外当家人分别管钱管账

曹家的主要收入来源有两种,一方面是种地的收入,另一方面是两个哥哥外出做一点小生意的收入,曹家全部收入由当家人管理,以当家人的名义所有,实为全家所共有。因为收入来自于全家人的劳动所得,支出也是全家人的共同开销。在对家里的财产进行分配和安排的时候,当家人也得和家里的其他成员一起商量。

(1)第一当家人的财物主管权

曹家大哥曹道苞和二哥曹道茳出去做小生意能赚到一点钱,回来之后会和当家的曹道芬汇报,除去开支,需要把挣到的钱的一部分交给当家人管理。实际上也没有严格的规定,一定要到家交了钱之后才能进自己的房间,一家人之间的信任还是有,到家后都会主动、如实上交。家庭成员也可以有自己的私房钱,曹道芬也知道,两个哥哥不会把全部赚到的钱交给他,每个人都还有自己的小家庭,没有一点钱也不行,所以曹道芬也不会很计较,只要不是做得特别过分。因为都是同辈,没有长辈与晚辈的区分,所以曹道芬没有像其他家庭的当家人一样,要求特别严,也没有作为一个当家人的架子。另外,曹道芬每个月还是会按需给每个小家庭一些零用钱,数额没有固定要求。

曹家没有土地买卖行为,只有土地租赁行为。曹家在租别人家土地的时候,全家人会一起商量,但是主要起决定作用的还是曹道芬,因为他是在家种地的主力,如果他觉得不合适或者"划不来"的,其他人也会赞成,商量的目的主要是为了询问一下大家的意见,能给自己的判断做一下补充,以免自己的一些疏忽而影响到整个家庭的整体利益。

曹家有一间小屋子专门用来储存家里的粮食。粮食收割之后,便会集中储存到这间屋子里。房门的钥匙由曹道芬管,当要卖粮食的时候会开一次,还有就是家里的米快不够的时候,母亲胡奎俚会告诉他,然后再安排拖运一点粮食去碾米房,重新储存家里要吃的米。家里粮食的支配权在曹道芬手里,因为这是曹家最重要的一部分经济来源,以一个什么样的价格、卖多少谷子,都是由曹道芬来决定。在土地租佃过程中,凡是需要签名的地方,署名都是曹道芬。

(2)第二当家人的"物"管权

曹家也没有特别多的贵重的东西,稍微贵重一点的东西都是交给母亲胡奎俚在掌管,现金和财产之类的则是曹道芬在管理。三叔三婶的东西,都是由他们两个自己保管,去世之后,直接由曹道芬继承。用来存放家里贵重物品的是母亲当年嫁妆的一个箱子,带锁,平时的钥匙都在母亲身上。除了贵重的东西,家里一些普通的东西"就没有那么多的讲究",分别都是由各个小家庭自行保管,放在自己的房间。

曹道芬几个兄弟结婚的彩礼由母亲胡奎俚和媒人一起商量决定,儿子自己决定不了。当时两个哥哥结婚,曹道芬年纪还小,母亲还算年轻,有精力操办这些事情。儿媳妇嫁过来带的东西都是归小家庭所有,母亲不能随意剥夺或者拿出来全家人一起分。就如大嫂包桂英嫁过来带来的箱、包、衣物等,都是大嫂自己使用,母亲不能要求她必须与二媳妇张二秀一起使用。要不要和其他人分享,由媳妇自己决定,和自己的丈夫商量一下就好,自私一点也没多大关系,大家彼此之间都能够理解。媳妇的嫁妆归小家庭所有,夫妻去世之后,由他们的儿子继承。像曹道芬三叔三婶那样没有孩子的,就由过继的儿子来继承。

曹家的粮食全家人一起吃,因为是一家人劳动的收获。每天吃什么,是由家里的几个女人决定,母亲会安排每天的食物或者建议自己的媳妇今天吃什么菜,要煮多少米,几个媳妇需要轮流做每天的饭,三天一轮。每天吃完饭的碗筷也是由当天煮饭的人收拾,负责吃饭的一整套程序。碰到吃得较为丰盛的时候,碗筷较多,收拾的难度也加大,其他几个媳妇或者母亲也会一起帮忙,男人在这个时候就很少帮忙,都是吃完饭就下桌,或者下地,或者休息,或者是去外面溜达溜达,他们觉得"这些都是女人分内的事,男人洗衣做饭就是'跌鼓'"。

对外,曹道芬就是曹家的当家人,只要是涉及需要当家人签字的地方,都必须是曹道芬来签,如果是家里其他人签的字,很多时候都得不到大家的认可,必须得当家人亲笔签字。

3.穿衣事项由女性置办

曹家该给谁做新衣服,谁的衣服补补还能穿,都得看情况。没衣服穿了就添置,有需要的就买。曹家人穿的衣服大部分是去衣服店买,另外也会拿自家织的布,找外面的裁缝帮忙做,曹家没有会做衣服的人,几个媳妇也就是会纺点纱、织点布。冬天的衣服耐穿,穿的时间比较久,不会经常添置。因为比较麻烦,需要布,还要重新买棉花,曹家又没有种棉花,只要还能穿,缝缝补补又留给下一辈继续穿,用当地的话说就是"新三年,旧三年,缝缝补补又三年",一件衣服差不多能穿十年之久。家里的长辈的衣服也是请别人做,母亲的衣服破了,或者自己缝,或者找自己的媳妇缝;男性的衣服都是自己的媳妇给补;小孩子的衣服由自己的母亲纺纱织布,然后请外面的人做,破了也是自己的母亲补。

4.男性为农忙主要劳力

曹家的劳动力较多,有三个主要的男劳动力,还有三个女劳动力。男劳动力和女劳动力要做的事情都比较清晰。重活由男人来做,轻活由女人来做,具体的工作没有明确的分工。男人主外,女人主内,女人在农忙的时候,也会到地里去帮忙,比如帮忙插秧和割稻子等这些轻松一点的活,男人就耕地,"男女搭配,干活不累",老一辈传下来的话是有道理的,干活的效率也就提高了。女人在农闲的时候,就在家里收拾,做做家务,然后纺纱织布。进行劳动生产由当家人统一安排,到什么时候该做什么事情,当家人心里都有一个预计,尤其是在农忙的时候,当家人的主心骨作用更明显。家里的人都会听从当家人的安排。除了男女有分工之外,在家的老人也有自己该干的活,比如养一些鸡鸭,根据身体情况,如果六十岁以上的老人还能下地干活的话,他们也会出去帮自己的儿子媳妇干一些力所能及的事情。家里的小孩子从十来岁开始也要帮家里干农活,就能算是家里的一个小劳动力,曹道芬就是从十一岁开始学习耕地,开始成为家里的主要劳动力。不过小孩子也不会让他们干很重的活,毕竟年纪都还小,还在长身体,太过于劳累也不利于身体发育,所以只是会让他们去放放牛,割一些牛吃的草而已。曹家的孩子从小就要干这些活,和村里的其他孩子都是一样的。

5.婚丧嫁娶:长辈管理

在涉及家里的红白喜事的时候,晚辈都要听从家里长辈的安排和意见。女儿要嫁一个什么样的人,母亲都要清楚地了解对方的条件、性情和脾气,还有对方的家庭条件等,父母都会从介绍人那里了解完全之后,才放心把自己的女儿嫁过去,女儿在这个时候会更相信自己的父母。自己的儿子要娶一个什么样的老婆,母亲也会仔细考察。自古以来,婆媳关系就被认为比较难处理,所有的婆婆都希望能找一个懂事贴心的媳妇,能和自己的儿子好好相处,也能和自己好好相处,否则找一个泼辣又好吃懒做的媳妇回来,一家人的生活也不好过。除了嫁娶方面,还有家里的祭祀方面,都由当家人做主,每次祭祀活动,当家人都需要参加。

6.对外交往:当家人代表

在对外关系中,家庭都是以家户为单元与外界进行交往,当家人代表一个家庭。当家人出去借钱,就是代表一个家庭出去借款,而不是代表他个人。就如曹道芬为了给三叔治病而出去借钱,也是以家户为名义,签上了自己的名字,还款也是整个家庭的责任。碰到村里有公共事务,比如需要投票、参加村庄会议,协商村庄事务的时候,都是当家人代表家户参加,就是这个家户的户代表。需要交税纳粮的时候,当家人也是主要责任人,同时也可以由当家人安排家里其他的男性去缴纳。曹家的两个哥哥在打算要出去做生意的时候,都会先和自己的长辈和当家人打招呼。大哥从养路段回来之后,就没有出去打过工了,之前打工赚的钱都给自己的二弟结婚用了,也没怎么给自己留一些私房钱。后面出去做生意的钱会上交一部分家用,还会留一部分私用。

7.辈分:当家人权力的约束

当家人由谁来当,受很多因素的影响,比如辈分、年纪、性别、能力等。但是其中主要的原因就是辈分。并不是只要当家人能力不强,就一定会换掉不能再当家,还得看家里人的态度。有些时候,家里的儿子会扶持他,还会帮助当家人当家。村里面的当家人一般都是家里的长辈,除非是长辈去世或者自己要求其他人当家,不然不会随意换当家人。当家人在家里具有一定的权威,对很多事情和事务具有绝对的支配权。曹家上下,有两个当家人,母亲胡奎俚管内,曹道芬管外。母亲对待几个儿子都一样,没有偏爱谁,也没有特别不喜欢谁,曹道芬对自己的两个哥哥也有敬仰和尊重之情。村里有当家人去世,家里就剩几个孩子,而且还全都是女儿的时候,叔叔或者伯伯就顺延成了这些孩子的监护人,成了她们的当家人,直到她们长大成人、出嫁。当家人的权力具有绝对性,也具有约束性,他需要一定的能力,也需要其他家庭成员的配合和支持。另外遇到特殊情况,当家人的权力还具有顺延性,一个血缘体系内,一家人需要互相关照。

(三)当家人的责任

当家人权力大,责任也大。曹家的当家人首先需要解决的是一家人的温饱问题,粮食不够吃、需要外借的时候,由当家人出面借;其次是维持一家人的和谐,保证家庭内部矛盾内部解决;再次是安排家庭的生产劳动,以维持家庭收支平衡。对外代表家户的当家人,需要较强的能力,同时也需要很好的处理家庭内部关系,才能有利于整个家户的健康发展。

1.当家人总揽家户大局

当家人的权力大,责任也大。当家人不好当,要管好一个大家庭,要付出心血,也要付出很多劳动,必须起到一个带头的作用。

首先,最重要的一件事情就是解决全家人的温饱问题,确保一家人不会饿肚子。"千事万事,吃是大事",至于需要靠什么方式来谋生,怎样经营家里的土地以维持一家人的温饱,也需要当家人好好动脑筋。曹家在当地,就是一个很普通的种地农家,在自家土地比较少,但是劳动力还算充足的情况下,只能考虑租种他人的一些土地,才能保证自己一家人够吃够用。针对当时还只能种一季水稻的现实情况,曹道芬学习其他人的经验,同样在自家的土地和租种的土地上种一些豆子,而且下半年种的豆子不需要给佃主租金,这样一来也能给家里带来一笔收入。关于农业生产方面的事情,事无巨细,当家人都需要过问。如果某一年家里没粮食吃了,除了天灾人祸,大部分的责任都会落在当家人的头上。粮食不够吃,当家人得亲自出去借款借粮,总归觉得会有点丢人,所以当家人的压力也比较大。

其次,维持一个家庭的和谐,家庭的和睦相处,家庭成员之间的友好相处,当家人需要努力做到。一家人生活在同一个屋檐下,抬头不见低头见,难免会发生一些摩擦;一家人一起从事农业生产,过程中需要协调的地方很多,难免会遇到一些矛盾和意见不合的时候,所以当家人在中间就需要发挥很大的作用,要从中协调。婆媳之间闹矛盾了,作为儿子又作为丈夫的人,在母亲和媳妇之间就要做好工作,需要站在有理的一边,不要把矛盾扩大,而应该在中间起缓和的作用。

再次,当家人还需要管理家里的一些其他事情,比如劳动力的安排、农业生产的安排、维持家里的收支平衡等。曹家的吃穿都是由母亲胡奎俚安排,其他的事情都是曹道芬管理安排。当家人承担着家里的很多责任,也有很多义务,当家人当好了,一个家庭才能很好的发展。

最后,当家人是对外的一个象征,承担着对外部的责任权。当家里的小孩子在外面和人打架了,或者犯错了,当家人都需要带着自家的孩子去给人家赔礼道歉,这是一个家教问题,也是一个家庭承担责任的问题。就像曹道芬小的时候,也会和邻居的孩子打架,双方都被打得鼻青脸肿,谁先动的手,谁就错了,当家人就要带着孩子去给别人道歉,然后两个小孩子过不了几天就和好。

2.能人当家,长辈可内当家

在曹道芬看来,能把家里的人说服,得到他们的认可;能干、讲理,家里的样样事情都能行;办事公道合理、没有"歪心"的就是一个好当家人。曹道芬也一直以这个准则来要求自己,希望自己可以将曹家经营好。曹道芬做了很多年的当家人,虽然都有母亲在旁帮着、护着,但是多少年下来,曹家都很顺利地渡过了每一个艰难的时期,家里的几个兄弟对长辈都很孝顺,对子女的教育也非常严格。曹家没有经历过特别大的灾难和不顺,在曹道芬的管理下,家里的生活和生产都有条不紊、井井有条。生活虽然没有很富足、富有,但是总体上一家人都风调雨顺的过了下来。

在农村,每个家庭只能有一个代表性的当家人,对外代表这个家庭。但是在实际的生活过程中,可以有几个当家人,比如在曹家,曹道芬相当于是一个外当家人,母亲则是内当家人,家里内部的事情都是由母亲来管理。面对要做家庭重大决定的事情,一般都是曹道芬做决定,女性在面对重大事情的时候,稍微显得会有一点畏手畏脚,主持不了大场面,所以曹家需要做决定的大事,都是由曹道芬做主,但是会把家里长辈的意见容纳进去。如果是家庭内部发生冲突,家长和长辈起协调作用。就如曹道芬和自己兄弟之间会因为劳动中的一些琐事发生口角,母亲在知道后都会出面进行协商解决。

(四)当家人的更替

曹家有两次更替当家人的情况,从父亲曹惟翔当家,到母亲胡奎俚当家、大哥曹道苞辅助,再到曹道芬当家,母亲辅助,几经波折,曹道芬能干,家庭成员团结,使得家户能够顺利渡过了各大难关。

1.两次变更当家人

曹家出现过两次当家人更替情况。在曹道芬出生之前,曹家和其他人家里一样,都是父亲当家,但是父亲曹惟翔在1930年就去世了。第一次变更当家人是在父亲去世的时候,曹道芬1岁,大哥曹道苞19岁、二哥曹道莛16岁,都已经是家里的劳动力。父亲去世之后,由母亲当家,大哥帮助母亲打理家事。曹道芬从11岁学耕地开始,便接下了家里的重担,注定要留在家里种地。第二次变更当家人是在1944年,曹道芬15岁的时候,母亲年纪也大了,二哥要跟着大哥经常外出做点小买卖,经常不在家,所以小小的当家人就这么上任了,还好,母亲都在一直帮衬。从一开始曹道芬学种地,家里人都觉得他能够接下这个重担,他也有这个能力。

当家人的更替,每个家庭都有不一样的情况,得看你家遇到了哪些事情。选择谁当当家人,也不是一个人说了算,也得看着这个人有没有这个能力。

2.内部决定变更当家人

当家人换了,当家人的权力也跟着一起转移,责任也跟着一起转到了新一任的当家人身上。曹道芬在成为当家人之后,也就开始了为一家人操心的岁月,他很庆幸还有母亲在旁帮助,在某些方面是自己强有力的精神后盾。一个家户当家人的变更,是家庭内部的事情,邻居对你家的态度不会有什么变化,就是有时候找家里借什么东西的时候,首先要和当家人打招呼,当家人变了,需要打招呼的人也就变了。村上保甲册上和花名册上的东西只要家庭人员没有变化,那个上面就不会变化。对家里人的称呼不会因为身份的变化而改变,始终都会按照辈分长幼来称呼。

二、家长对外不当家，其他人当家

曹家在1930年以前，父亲曹惟翔还在世的时候，家长和当家人是一样的。曹家由父亲全权管理家里的所有事情，具有最大的权威，母亲胡奎俚服从自己的丈夫。三叔顺从自己的兄长，儿子遵从子的父亲。后来父亲曹惟翔去世，母亲在失去丈夫的悲痛中，还得支撑起整个家庭，得益于父亲管家时的所学，由母亲胡奎俚当家、大哥帮忙，还算是能够勤俭持家；再到曹家大哥和二哥由于经常外出不在家，母亲年岁渐长，一个家庭不能没有一个男人作为家里的担当，所以当曹道芬成年之后，便由曹道芬开始当家。曹家便形成一种作为家长的母亲不主要当家，作为长子的大哥曹道苞不当家，而由排行老三的曹道芬作为当家人主要当家。曹家母亲主要负责管理曹家内部事情，曹道芬则负责家户的对外交往，代表整个家庭。在家，因为作为家长的母亲的存在，曹道芬具有一定的说服力，其他的兄长和长辈都会顺应他的意思。而且曹道芬也是一个能干的人，熟悉种地，对内能够担负起种田的大任，维持一家的生计；对外曹道芬也有自己的魄力，能为家里争取的利益尽量争取，但是决不允许其他人伤害到曹家的一丝一毫利益。曹道芬随着年纪的增长，能够逐渐挑起家里的重担，母亲年纪大了，也需要休息，对家里的事情没有之前那么多的精力去操心，该是一个儿子为母亲减轻负担，承担一个家庭重担的时候，而且家里也需要一个男人作为当家人，这样才不至于在村里被别人看不起。

三、家户决策

曹家的大事都是当家人说了算，小事由母亲做主；家外的事情是作为当家人的曹道芬说了算，家内的事母亲也可以做主。两个哥哥也能提自己的意见，在不同意的时候也会说出自己的想法，无论是曹道芬还是母亲，只要是其他两个兄弟没有同意，就不会擅自做出决定，得让大家都满意了、同意了才行。当曹道芬不在家的时候，如果一些事情需要当家人做决定的，可以由母亲自己做决定。只要是合理的，家庭成员都要服从当家人的决定，决策错了，其他人都能提出反驳的意见，不需要一一服从，没有和家里其他成员商量就做出的决定，家里人也可以提出反驳。比如家里要盖房子、办酒席、家里有其他大事，都需要和家庭其他成员商量了才能做决定。商量一般都是家里的成年人，坐在一起，开一个小的家庭会议，然后一一说出自己的意见，然后一个一个发表自己的观点，直到所有的人都表示同意为止。

四、家户保护

曹家的家户保护涉及家庭内部的自我保护，以维持良好的家户形象；村庄的集体保护配合家户自身努力，以应对灾荒、盗匪和战乱；涉及村庄中的困难农户，以家族、亲戚和社会庇护渡过难关。

（一）先礼后"兵"：社会庇护

在日常的生产和生活中，和别人家难免会遇到一些矛盾，比如田里面放水，需要各家人之间的相互配合，只要是其中有一家人出现不配合，这一整片地都没法灌溉。当哪一个环节出现了问题，就需要立即解决。都是由当家人出面进行调解，其他人出面的效果没有当家人的效果好。

当家里人与外界发生了冲突,其他家庭成员都会站在自家人这一边,无论谁对谁错,首先必须保护好自己的家人,后面再去考虑谁对谁错的问题,如果是自己家的人犯错了,自己家内部再批评,最后再想办法解决矛盾。如果是家里的小孩子犯了错,当家人要出面赔礼道歉。有一次,曹道芬和村里的参祥打架,衣服被撕破了,他妈妈就把他带到曹道芬家里给道歉,还帮着他缝补衣服。当时还记得他妈妈说过:"小孩子不懂事,请求你们的原谅",大家都觉得双方都有不对的地方,都要管好自己家的孩子。小孩子之间闹的矛盾,不会积很久,过一段时间就会和好,后面又会一起玩耍。在家里谁犯错了,就由家里的长辈来教育和处罚,其他人只能说几句。如果家里有人在外面被人欺负,全家人都会替他去讨回公道。曹家没有发生过家庭成员犯大错的事情,也没有犯罪的情况。家里发生的矛盾不会向外张扬,自己都会觉得特别丢人,就是"家丑不可外扬",每家人都希望把家庭好的一面展现给外人看到,把家里不好和不和谐的一面隐藏起来,全家人都有责任维护好家户的形象,这样才能不被外人所看不起和欺负。

(二)情感支持:让个体变强

一家人感情好的表现就是相互支持和理解,会倾听,也会诉说。出门在外的大哥曹道苞和二哥曹道茬,时间久了没回来,也会想家,在外面遇到事情的媳妇,受了委屈就会回家里和自己的丈夫说,和母亲诉说,以寻求心理安慰。家里人听了之后都会安慰自己的家人,家就是一个人的港湾,也是情感归宿。嫁出去的女儿如果在婆家受到了委屈,也会回娘家找自己的母亲诉说,但是说完之后,还是会让女儿回家去,让夫妻两个自己解决,实在是解决不了的,娘家的人才会出面帮忙替自己的女儿讨回公道,但是不会轻易的提出离婚或者解除婚约。

无论是外出打工还是外出做生意,家里人对他们都还是有所期待的,总希望能够在工作上有所突破,做生意能够赚更多的钱。如果是培养的读书的人,就会期望孩子能够好好读书,然后有所成就。如果是在外面过得不好,就会经常想回家。

(三)防备天灾:村户合一

1949年前,曹家遭受过一次旱灾,就如水灾和虫灾一样,都给农业收成带来了很大的影响。应对这次旱灾,一方面,举村上下一起"华官山"求雨;另一方面,曹家得到佃主的减租,加上全家上下一起节衣缩食,最终渡过了这次灾难。

1.遭遇旱灾,跪拜求雨

曹家遭受过旱灾。对于种地的农民的来说,遇到水旱灾害和虫灾,对粮食产量的影响很大。曹道芬记得是1949年前某一年的上半年,整个一季的粮食都没有收成,连基本的租粮都交不上。曹家那次遇到的旱灾是通过佃主减租,然后自己家缩衣减食度过的,全家人同舟共济、一起渡过困难。在遇到困难的时候,一家人显得更加团结和睦,灾荒让一家人更懂得珍惜能吃饱穿暖的日子。

当时的旱灾比较普遍和广泛,当时全村人还一起去求过雨,去的是隔壁村唐下的"华官山",当时曹道芬也就十来岁。当时去求雨的场面十分壮观,边走边拜以表现出人们的虔诚。曹家当时就靠着前一年的一些存粮,然后家里省吃俭用度下来的。家里的饭,如果不够,会让家里的长辈和小孩子先吃,然后才是其他年轻劳动力,一般的家庭都是这样,不用家里谁规定,所需要遵守的传统美德影响着他们的行为。

2.应对旱灾,全家一心

当年曹家发生旱灾的时候,全家人都会一条心地渡过困难。就像之前二哥曹道苤结婚一样,大哥曹道苞出去打工的钱都拿出来帮助二哥结婚,大哥也把自己小家庭的私房钱都拿出来帮助自己的大家庭渡过那次旱灾,二哥也拿了一些自己的私房钱出来,曹道芬基本上没有自己的私房钱,他自己小家的钱基本都和大家的钱混在一起。私房钱拿多少出来,都看每个人的心意,家里的长辈也不硬性要求,表示一下也好。等灾荒过去之后,不会给拿出私房钱的家庭补偿,一家人都不会那么计较。除了拿出来私房钱,媳妇的嫁妆很少拿出来变卖,她们的嫁妆很少有很值钱的东西,卖不了钱。灾荒比较小,一家人比往常少吃一点,加上还有之前的一些存粮和存款,还有大哥二哥拿出来的接济款,已经够一家人渡过难关。

1949年以前,发生灾害,除了自家省吃俭用和佃主减租之外,国家也没有补助,国家离老百姓似乎太远了,农民们想不到要向国家寻求帮助,认为找了也没有用;村庄能给的帮助也几乎没有,当遇到困难的时候,能找的只有亲戚或者同家族中人,家族成员会互相帮助。寻求帮助的时候,都由当家人出面,能借来粮食最好,家里人又能挺过一段时间,借不到也没办法,只有熬过去。无论是否在灾害期间,家里的成员都要听当家人的话,尤其是在困难时期,更需要当家人发挥领导核心作用,其他成员听从当家人的安排,全家人一起团结一心可以更快地渡过难关。

(四)防备盗匪:全村人出击

1949年以前,斋楼村里有过土匪,大概是七八个人左右;也有一些盗贼,他都是先直接在村里拿东西,不给的话就抢。他们都挑家庭条件比较好的家庭去抢劫,穷人家里也抢不到值钱的东西。如果在家庭内,刚好就碰到小偷或者抢劫的,家里人如果势力比较大,当场就会直接殴打,然后隔壁的邻居也会出来一起帮忙,那些强盗看到很多人来了,也只能跑,全村人一起围追。被抓到了的话,这些盗贼则没有好下场。所以他们基本上都会好好挑选要盗窃的人家,偷到一次就够他们过很久。曹家条件也不怎么好,没有遭遇过盗窃的事情,家里的人也没有谁被绑架过。抢偷的事情有些是自己亲眼看到,还有一些是听别人说起。

(五)防备战乱:全村人出逃

据老人回忆,村子在抗日战争的时候受到过影响。当时村里没有实力与他们对抗,全村人都到山里逃难去了。让日本人在一个只有一些走不动路的老人家的、空空的村里瞎晃荡。这次逃难是以村为单位,只要能走的基本上都离开了村庄,到了一个离村庄不远的山里,因为在山坑里,交通也不是很方便,还很隐蔽,日本人当时过来的时候都是沿河走,不会走到山里面,山里比较安全。到了山里之后,各家走各家的,自己找空地和隐蔽的地方躲,尽可能使自己的家人更安全。在逃难的时候,带的东西比较少,就会带一点凉水和油盐之类的物品,随地取材,找地方做饭吃。牲口会藏在家里比较隐蔽的地方。在逃难的过程中,还是要听从当家人的安排,也还需要保护好自己的家人。曹家只有这一次,整个村里也只有这一次逃难或者逃荒的经历。

(六)困难户的保护:尽量帮

曹家的经济条件在村里算是中等水平,比他们家条件好的还有很多,比他们条件差的也还很多,在整个家族中也只能算上一个平均水平。当时很多穷到家里饭都吃不起的人,要么出去借粮食,要么就是去"讨饭"①,曹家虽然不是很富有,但是也有乞丐来要饭的情况,(也不是经常,除非真的是走投无路,亲戚之间也没有接济的才会去要饭)曹家出去借过别人的粮食,还是自己的一个亲戚,当时被拒绝了,所以家里人才发誓要有出息。当自家的亲戚有困难来找他们借钱或者借粮食的时候,只要家里有,曹家都会尽量借给他们,因为他们知道在困难的时候被人拒绝是一种什么样的困境,即便是还不起也没关系,人家也会记着这一份情谊。曹家都是当别人来找他们帮忙的时候,才会尽全力帮他们,也不会主动去借钱或者借粮食给他们,但如果是农业生产方面遇到困难,如需要帮个忙或者借一点农具,家里都会帮助其他人。在曹道芬看来,吃亏是福,多吃点亏也没关系,所有之前吃过的亏、让出去的利益都会以另外的方式回馈自己的家庭,会保护好自己的家庭,没有什么值得不值得,家里人就觉得要这么做。这么做,不仅可以维护好自己家庭的良好形象,还能够在村里形成一种良好的氛围,对整个村庄的稳定作用很大。

斋楼村没有保安团,市一级才有保安团。只有村里发生一些不稳定事件的时候,市里的保安团才会下来维稳,平时很少到村里面来。

五、家规家法

曹家无成文家法,有默认家规,家庭成员都自觉遵守。各类家户内部规矩多类,要求多样,如做饭、吃饭、坐位、请示、请客、房间进出、制衣洗衣都有较为细致的规矩,它们都对家庭内部成员具有一定的约束作用,全家人都需要遵守和服从。不成文家规配合以族规族法,在家庭秩序、婚配、丧葬及节庆等方面,重点约束家庭成员的行为举止;另外生活方面,曹家也还有一些家庭禁忌,也是家庭成员不可忽视的一部分。

(一)无成文家规,有默认家规

曹家虽然没有成文的家规家法,但是默认的家规同样具有一定的约束作用,一家人都需要遵守。日常生活中约定俗成的做饭、吃饭规矩,座位排列规矩,请示规矩,请客规矩,房间的进出规矩,妇女的制衣洗衣规矩,其类型多样、要求之严,潜移默化之下,对曹家家庭成员都具有强烈的约束作用。

1.有默认家规,自觉遵守

曹家没有成文的家规或者家训,村里面只有那些特别大的家庭,如地主家庭,因为家庭人口比较多,还有管家、丫鬟、长工和短工,家庭内部比较复杂,他们的祖辈才会定一些家规、家训,以便更好地管理好这个庞大复杂的家庭。

曹家虽然没有成文的规矩,但是存有默认的规矩,这都是从祖辈那里便一直流传下来,家里的每一代人、每一个成员都需要遵守。从小到大,自己的父母便会告诉自己的孩子,在家里什么事情能做、什么事情不能做。家里有什么禁忌,长辈都会告诉年纪还小的孩子,让他们从小就要形成一种守规矩的想法,后面就会成为一种自觉。

2.做饭规矩:媳妇轮流,荤素搭配

曹家平时都是几个媳妇轮流做饭,一般每次一个人就够,母亲胡奎俚每次也都会帮忙。这从几个兄弟结婚之后,母亲就开始安排轮流做饭。每天吃什么,母亲会提一些意见,但是还

---

① 要饭。

得看每天做饭的人具体做什么。如果是家里谁想吃什么,可以和当天做饭的人说。如果遇到特别的日子,几个媳妇会一起忙,然后询问家里其他人的意见,是否需要多做几个菜。每天的菜,条件好的时候荤素搭配,条件差一点的时候,就只有几个蔬菜,然后加一个素汤。负责做饭的人,每天还要负责摘菜等一系列事情。那个时候家里很少买菜,买的一般都是肉一类的食物,也是由当天做饭的人去买,买菜的钱由母亲给她们,每次都会记账,买回来如果还有剩的话,还得还给母亲,作为下一次买菜的钱。

3.吃饭规矩:有正式非正式、农忙农闲之分

曹家吃饭都是一家人在厨房里吃,有客人来的时候,才会去比较正式一点的专门的客桌上吃。上桌子吃饭,坐位子有要求,上座基本上都是家里的长辈坐,其他位子则没有很严格的要求。妇女可以上桌子吃饭,小孩子也可以,但是小孩子每次都坐不住,经常端个碗、夹一点菜就往外面跑。曹家对吃饭要求比较多,比如吃饭不能剩、不能浪费,家里人对粮食看得非常重要。家里的粮食都是靠一家人的努力而来,还得交租粮,能剩下来的已经不多,更不能浪费;吃饭不能吧唧嘴①;吃饭不能用筷子敲碗。家里每天煮饭都按照每天吃饭的人数和每个人的饭量来定,像曹道芬和几个兄弟的饭量比较大,小孩子和老人吃的饭要稍微少一点。至于菜,都是一桌人一起吃。逢年过节的时候,会吃的好一些,家里有孕妇和坐月子的人,她们的伙食会稍微好一点,会给她们单独准备一些有营养的东西,在特定时期会给她们特殊的照顾。

农闲时和农忙时,菜品差不多,但是农忙时每天的饭量会稍微比平时多一些。在饭桌上吃饭的时候,晚辈要给长辈盛饭;妻子还要负责给自己的丈夫盛饭,如果孩子太小,母亲也要给自己的孩子盛饭,如果孩子到了一定年纪,生活可以自理,自己父亲的饭则由自己的孩子帮忙;挑菜都是自己挑,不用其他人帮忙,太小的小孩子挑不到的时候,自己的父母会帮他们。只有家里的长辈动了筷子,其他人才能开始吃饭,长辈还没有上桌子,其他人则不能上桌子吃饭。如果家里来了客人,由长辈和家里的男性陪客人吃饭,其他人要么在炒菜的厨房简单的吃一点,要么就是等客人吃完了再吃。

在农忙的时候,曹道芬经常不会回家吃饭,尤其在需要给田里"放水"的时候,自家不看着,可能就会让别人以为你家的田不需要水,就会全部给你开了,得留一个人在那守着。家里的人在做好饭之后,由自己的妻子给在田里的丈夫送饭。每一顿饭之后,都是由当天煮饭的人负责统一收拾,也就是几个媳妇轮流收拾。曹家没有雇长工,只是会在农忙的时候雇一两个短工,短工也是安排在自家吃饭,和曹家自己人吃的是一样的,就是会比往常多煮一些饭,多炒几个菜。

4.坐位规矩:要求严格,长幼有序

逢年过节、家里来客人的时候,吃饭显得比较正式,如何分配坐位,要求也比较多,比如八人桌,上座坐两位,是在场的辈分最大的两个;辈分其次的坐在左边的两个位子上,其他剩余的四个位子可以随意坐。这八个位子必须先把上座和左边两个位子坐满,其他位子可以不坐满,不能上面坐一个,下面坐一个,左边坐两个,右边坐两个,这样的坐法不可以。

除了饭桌上的位子坐法比较严格之外,家里堂屋的还有两个太师椅,平时很少有人坐到

---

① 指代吃饭发出很大的声音。

那里去,都是在很隆重的场合才能坐,就算是家里来了客人,也不会坐到太师椅上,会准备其他的座位。比如家里有人结婚,在拜堂的时候,上面坐的是母亲和三叔,母亲坐左边,三叔坐右边,位置规定是左边辈分高于右边辈分。

家里宴请客人的时候,座位也有主次之分,如果是两桌,左桌为大,右桌为小,如果是一桌,上位的左边为大。当地称正对屋门的位置为上座,上座基本上都由客人中的辈分最大的、年纪最大的人坐,而且是坐左边,旁边由家里的长辈陪客,宴请客人的饭为十菜一汤,都是一个标准。如果客人是街坊邻居,要求就没有那么严格,只要上座坐辈分大的人之外,其余的都可以随便坐。曹家很少宴请村里的干部、乡绅之类的人,很少与他们接触。请别人帮干活需要安排饭的时候,都很随意,没有特殊要求。

5.请示规矩:内外事务,分别请示内外当家人

在农业的生产活动中,对土地的经营管理,都是曹道芬说了算,他对这些比较熟悉。家里19亩地每年种什么、什么时候种、什么时候该耕地、什么时候要播种,所有的生产环节,都得当家人操心。农具的保管、使用、维修,由当家人掌管;农忙时,牛要用来耕地,所以平时需要好好喂养,安排家里的小孩子去放牛,或者出去割草回来给牛吃。其他家庭成员需要听从当家人的安排,如果碰到意外情况,需要向当家人汇报,经同意后才能操作。

在家庭的生活中,每顿吃什么,由当天做饭的人决定,同时也需要问问母亲和家里其他成员的意见。谁需要添加衣服,需要购买生活用品,都需要向母亲申请和汇报,家里的小孩子到了上学的年纪,需要当家人向自己家族的长辈申请,然后族里安排小孩子读书。

在与外界的交往过程中,除家庭成员外出做生意需要和当家人说之外,其他像上街买东西、去庙里烧香一类的小事,不用向当家人请示,告知一声就行。家里需要请示的事情,家庭成员以简单的口头方式请示为主,只有在需要做重大决定的时候,才需要召开家庭会议。

6.请客规矩:大事请客,开席散席长者定

1949年以前,村中几个地主家请客的次数稍微多一些,平常人家没时间,也没有多余的家庭预算来宴请客人,尤其是关于生产类型的酒席。但是曹家生活中的红喜事,比如孩子定亲和结婚、生孩子以及祝寿宴也会请客;除了红喜事,白事也会宴请。宴请的对象都是自家较亲的亲戚,一些平时有来往的表亲也会一并宴请。如果族里面修缮或者改造祠堂,则需要请人写帖子将村里的女婿一起请回村里吃酒席,以显示对他们的重视。曹家的小孩子去私塾读书,以曹家大家庭的名义请私塾的老师吃饭;两家人发生矛盾,之后就不会再联系,也不存在吵完架之后,会为了和好而互相请客吃饭之类的情况。

家里在宴请客人的时候,同一次宴席,会请不同的人群,有亲戚、朋友,但是饭菜的数量和质量一样,没有主桌和次桌之分,陪客的都是请客的一家人,一般以男性为主,因为经常会遇到喝酒的情况,女性很少会出来在公众场合待太长的时间,男性在公共场合更能放得开,可以把客人安顿好。

关于开席和散席,也有相关规定。每次开席都是在场辈分最大的开始入座,之后其他人才能入座;每次宴席每桌的标准都是"十菜一汤",等菜上到三分之二的时候就可以开始吃饭,等这一桌上的辈分最大的开始动筷子之后,其他人才能开始吃饭。比较隆重或者正式的场合,像结婚这样的喜宴,一般辈分高的人在开席之前都会说几句喜庆和祝福的话,然后敬在场的所有人一杯酒。这样一系列仪式下来,整个饭局才算正式开始。当这一桌的长者吃完

下桌之后,就意味着该散席,这个时候所有的人都需要下桌,当客人走的时候,请客的这一家人还会放鞭炮,作为送客之礼。当地把每次请的年纪最长者和辈分最大者称为"贵客",他们一般也由当家人全程陪同,以此表示对他们的尊重。除了陪客人员不一致,他们吃的饭菜和其他客人都一样。

7.房间进出规矩:分而居,进出需同意

曹家的房子坐北朝南。江西省为南方地区,冬天的时候,北风的威力较大,南方房子普遍的格局都是坐北朝南,以减少冬天寒冷的北风的影响。曹家的房子一共有六间屋子,一个堂屋和一个后厅,房间分别在左右两边,分别有三间,为前房、中房和后房。大厅为日常生活的地方,房间是分配给每个人生活起居的地方,各个小家庭在房间内自由活动,但是大厅作为公共场合,需要用来招待客人,也会用作一家人集体活动的场所。房间都是南北走向,窗户设在靠边房间向外的方向,便于获取光照。厨房和杂货间有其特殊的作用。

曹家全家人都居住在这个房子里,按照辈分分配好每个人应该住哪儿。母亲住在左边的前房,三叔和三婶在世的时候,住在左边的中房,他们去世之后,房间由曹道芬继承并开始居住在里面,右边的前房是大哥曹道菁住,中房是二哥曹道苞的,两边的后房都空着,要么留给可能会回娘家的姐姐姐夫住,要么就是预备给来家里的客人住。曹家的房子没有院子,前面一米的距离就是别人家的房子,两户之间就隔了一条小小的水沟。

晚上睡觉的时候,没有特别的规矩,想睡就能睡,没有先后顺序,第二天起来也没有先后顺序。谁有活,且比较赶时间,早上就得早点起,或者前一天晚上晚点睡觉。除了各家住的房间为私人空间外,家里的其他房间或者厅堂均属于公共空间,公共空间全家人都可以使用,只要不搞破坏就可以,私人空间需要得到房间主人的同意才能进去。

曹家的房子因为是长辈从别人手里买的,所以也不知道当时在建房子的时候,有没有去看过风水。一般有钱人家建房子,都会请风水先生看一下房子周围的风水,如果风水先生说这个地方不适合建房,农户基本都会听从风水先生的意见。村里没有专门的风水先生,得去外村请,需要付费。太穷的人家,请不起风水先生,自家会随便看看风水,比如说房子不能建在坟墓附近,不能太过于阴森,不能建在之前放猪等牲畜的地方,排除以上这几种情况,就能建房。

曹家几个兄弟结婚的时候,都有自己单独的新房,是分配好的,曹家还为可能会回娘家的两个外嫁的女儿留了一间住的房间,家里没有外人在家住的情况,对于居住也没有其他的规定或者规则,除了不能随意进小家庭的私人空间,其他的地方都能够自由出入。家里需要开家庭会议商量事情的时候,都是在大厅进行,活动空间比较大。

8.制衣规矩:外人制衣,分别洗衣

曹家的几个媳妇只会纺纱、织布,不会自己做衣服,一家人的衣服都是请外面的人做。小家庭里的衣服都是由自己的媳妇洗,长辈的衣服,如果母亲胡奎俚还能够自己洗的话,母亲也会自觉地洗了,如果是生病了,媳妇们会轮流帮母亲洗衣服。未成家的儿子和未出嫁的女儿的衣服,都是由自己的母亲洗,曹道芬没有成家之前,衣服都是自己的母亲洗,成家之后,衣服便开始由自己的媳妇洗。这些都是延续下来的习俗,村里的每家每户都是这种情况,大家都习惯了这种做法。

每天早上,女人们起来的第一件事便是去洗衣服,如果需要做饭的媳妇,便是在煮完饭

之后再去。洗衣服的地方也是固定的,一些家庭都是在附近一个比较干净的水塘洗,每天早上都能聚集很多人,女人们也能趁着整个机会拉拉家常、聊聊天。那个时候洗衣服有用灰水的,也有用皂角的,条件稍微好一点的家庭会用洋皂,大部分家庭用家里烧的"稻灰水",烧过的稻草,用水泡,然后再过滤就可以用来洗衣服。洗衣服还需要用到的一个工具就是棒槌,每家每户都有,都是由自家做的。装衣服的有的家里用木盆,也有的家里用铜盆,但是比较少,洗衣服的盆子都是单独使用,不会和其他用处的盆子混合使用,比如洗脸有洗脸盆,洗脚有洗脚盆,要注意卫生。洗完衣服之后就是晾衣服,一般都是晾在自家的门前门后有太阳的地方,所有的衣服都是晒在一起,到下午太阳下山之后,由家里人统一收,无论干没干都要收回到自己家里面。如果媳妇在洗衣服期间把衣服洗破了,自己补补就好,也不会被责骂,实在是穿得比较破的,家里重新做就好。

曹家虽然没有明文规定的家规家法,但是家里的一些不成文的规定,当家人在执行的过程中,家里人在遵守方面,都很顺利。家里人都能按照要求和习惯来办事,家里的长辈从小就开始教育孩子,言传身教,在日常生活中教很多东西给自己的孩子。犯了错就该受到惩罚,表现好也会给点奖励,虽然只是语言上的。鼓励,作用也会很大。

(二)家庭生活禁忌

在婚姻上,当地不允许同姓氏有血亲关系的人之间通婚,在订婚之后、结婚之前,男女双方要避免见面,在结婚当天,新郎新娘必须招呼客人,在吃饭期间,得给在席的每一桌轮流敬酒。

媳妇在怀孕之后,也有许多需要注意的地方,比如戒辛辣和大鱼大肉,条件稍微差一点的时候就用咸萝卜、开水泡饭,不能用冷水洗脸洗脚,不能受寒。"头胎"①的影响会大一点,家里人都会比较紧张,如果怀的是男孩子,家里的长辈对媳妇的照顾就会更加周全。

在丧葬方面,当地有一种说法叫做"头七",在家里有人去世之后,要"倒七"才能做很多事情。比如过了"五七"②才算是完全安葬了去世的人,过了七七四十九天之后家里人才能剪头发。只要是村里的人,都会遵守这些规定,当地的习惯对村里的影响很深远。

在逢年过节,尤其是过年的时候,忌讳会比较多。比如中秋节的时候,小孩子不能用手指月亮,这样的行为被认为是对月亮婆婆的不尊敬,不然会耳朵疼;比如大年初一的时候不能出门倒垃圾,一种说法是怕把一年的财气给倒了,另一种说法是大年初一非常喜庆,倒垃圾可能会看到一些脏东西,显得晦气;还有大年初一家里的门前不能见水;早上不能吃荤菜,只能吃素菜,而且早上不能动刀,早上要吃的菜在大年三十晚上都会全部切好。

这些生活上的禁忌都是一辈一辈传下来的,祖辈告知自己的后代,然后一代教育一代,在耳濡目染和潜移默化中,大家都能够按照这些习俗和规定来行事,不会随意改变这些做法,或者不遵守这些规定。

(三)族规族法

曹家属于曹氏家族中的一员。曹氏家族中也有一些族规,家族成员对这些族规都需要遵守,没有人有特权也没有人能不遵守族规而不受到处罚。每个家户的当家人都会告诉自家

---

① 生的第一胎。
② 老人去世三十五天之后。

人,不能随意地违反族规。族规规定:不能"做贼打拐",不能"杀人放火",只能做好事,不能做坏事,不能"打爹骂娘"。如果家族里面的人谁违背了族规,族长就会在祠堂敲打大鼓,召集各家各户的当家人开会,询问犯了什么事情,然后在会上当场批评并提出处罚方式。家庭内部的事情,由家户内部处理,涉及家族公共事务的事情,族里也需要出面干涉。像家里招上门女婿,家里买卖土地或者租种土地,家户内部过继这些事情,就是由家户内部的当家人来管,族里无权干涉。像谁家的孩子极其不孝顺,还动手打骂父母,或者破坏族里的公共财物,在外坑蒙拐骗,这些就不仅是家教问题,还影响到一个家族的声誉,因此族里一定会出面处理这种情况。

六、奖励处罚

曹家对家庭成员的管理采取奖励和处罚的方式,范围限于家户内部。奖励以言语表扬、激励为主;惩罚主要由长辈处罚犯错的晚辈,惩罚事由有度,惩罚程度也有一定的范围,不会太严重。

(一)精神鼓励:对家庭成员的嘉奖

如果家里人在生产和生活方面表现得好,家里的长辈就会表扬几句,不过因为是家事,没有特别的物质奖励。对家里人来说,即便是一句鼓励的话,也能起到很大的作用,尤其是小孩子,他们最喜欢听大人夸奖他们做事好,这样才会激励他们更好地帮助家里干活。就像曹道芬小的时候,就喜欢母亲夸他,尤其是在开始学耕地的时候,因为年纪也还比较小,干那个活儿还很累,如果没有一些激励的话,很多这个年纪的小孩子都很难坚持下来。

家庭的奖励范围仅限于家户内部,别人家的孩子有好的表现或者取得了好的成就,虽然和本家人没有很大的关系,但是也会告知自己的小孩子向别人学习,争取能够向他们一样有好的表现。

曹家的晚辈对家里的长辈都非常孝顺,经常能够得到邻居和家族中其他人的夸奖。曹家的这几个兄弟在一起生活,相处得非常好,大哥也起到了表率作用,他帮助自己的两个弟弟结婚,得到了四邻的一致称赞。对他们自己而言,别人对自己的称赞就是对自己的一种鼓励,也是一种动力,对家里的长辈来说,能够为自己的当家人长脸,家里人出去都会很有脸面,会感到很骄傲和自豪,也能够使村里形成一种尊老爱幼的良好氛围。

(二)惩罚有度:因对象事由而不同

在一个家庭中,长辈有处罚晚辈的权力,父母有教育自己孩子的权力,丈夫有教育自己妻子的权力。处罚的方式都是在犯错而又屡教不改,或者说是犯了很大的错的情况下,才会严厉地处罚,一般都是采取教育的方式。一家在惩罚自己的孩子时,其他人一般都不会干预,都是别人家的事情,如果打骂过于严重,邻居也会稍微劝解一下。晚辈对长辈不尊重,比如孩子打骂爹娘,当家人就可以处罚他,同时家族内对这种行为也会有所惩罚。如果是媳妇犯了错,由自己的丈夫来处罚,自己的婆婆和公公也可以。小孩子做错了事情,由他们的父母来教育。家庭内部的惩罚方式仅限于自家的家庭成员,不能干涉家庭外的其他人。家里的惩罚方式主要有打骂、责骂、呵斥,很少会把家里人逐出家门。如果做得太过分,具体怎么处罚,完全看家里人犯错的严重性。

七、家族公共事务

曹家作为曹氏家族中的一员,在春节期间会参加家族集体活动。除定期组织家族集体活动之外,曹氏家族还会以修缮祠堂为由,在全族内筹款,这是家族内的公共事务,由家族成员集体承担。

(一)家户单元下的春节集体活动

曹氏家族举行过一些公共活动,比如大年初一的"打乐器"。在初一当天,族长按例敲打祠堂里的大鼓三下,把全族人召集到祠堂内召开一年一次的茶话会,全族人一起聊聊天。"打乐器"这个活儿得有一定的手艺和能力,或者吹喇叭,或者打锣鼓,参与的人都会觉得很骄傲,因为他代表一个家庭去。就像曹道芬每次在自己家人面前打锣鼓的时候,就会特别自豪,认为这一门技能没有白学,给家里增了光,这是一个家户的荣耀。除了以个人名义参与到乐器队伍中外,整个活动现场其他家庭成员都可以参观,出门看的时候,基本上都是一家一户站在一起,能很明显地看出各家各户之间的界限。就如大年初一的茶话会现场,全村人都可以参加,就座的时候,一家人自然而然地坐在一起。

春节的时候,除了这个活动,村里还有一个活动就是"打龙"①。以各姓氏宗族为单位,由村里的年轻人来操作,先在祠堂里打完之后,再去村里周游,一直从大年初五打到元宵十五为止。"打龙"的人数不能少于30人,一条龙需要9个人,然后需要准备18个人作为替补,另外配着打龙的队伍,还需要打乐器的数十人。这个活动不是每年必须有,但是只要哪一天开始,就必须每天晚上都打,一直到"十五"②的时候举行送龙仪式,也就是把这条龙给烧了,这才象征着春节的结束。

(二)家族单元下的集体事务

曹家没有以家族为单位的大型的祭祀活动,村里也没有清明会的说法。曹氏家族因为修建、修缮祠堂进行过全族范围内的筹款,按照男丁人数均摊,每个人出15块钱,另外也有捐款,捐多捐少看个人意愿,也可以不捐。家族公共事务筹款,以家户为单元承担,按照每个家户男丁人数的多少,每个人分摊钱款多少,由当家人核算,并将本家户应上交的钱款交到家族中管钱的会计手中。每个家族中,都有一个会计,专门管理家族中的钱款收支情况。修缮祠堂需要分摊的费用,由家户的公共经费承担,且全族人都需要承担,这是义务,没有多余收入的家户可以不捐款,但是必交的钱不能少,即便是出去借,也得交上这笔钱。祠堂在进行修缮的时候需要劳动力,也可由族长安排族里的男性去帮忙。

曹家用大家庭里的公款读书,整个家庭对读书都比较重视,所以才会安排公款来支持家里的小孩子接受几年的教育。村里还有一些供给不了孩子读书的家庭,那些孩子读书的机会就比较少,家里有亲戚条件好的,也会稍微资助一些给孩子读书。曹道芬的一个叔伯爷爷叫曹先珍,曾经是一个秀才,一直都是整个家族的骄傲。在曹先珍刚去世的第一年,曹家的后代也会烧香祭拜他,因为家里出了这样一个人,在当时是一件很值得称赞的事,甚至,曹家以这个有出息的先辈为自豪。

---

① 舞龙的意思。
② 正月十五。

八、村庄公共事务

村庄公共事务的承担以家户为单位,如修路、修桥以及打井淘井,每家每户出人出力;村庄多筹劳、少筹资,少有因公事而向家户筹款的情况。此外,公共会议由当家人参与并告知家户成员,让家庭成员了解村庄公共事务。

(一)参与主体

曹家积极参与村庄公共事务,主要有两类:一类是村庄事务会议、征税会议,由当家人参加或者当家人安排其他成员参加,以确保对村庄事务的知情;另外一类是直接参与村庄公共事务,如修路、修桥,打井、淘井,应对灾害等。当家人在村庄公共事务方面代表家户,占主体地位。

1.事务会议:参与以防受侵

村里每一年都会举行一些集体会议,每家都需要派一个代表去参加,曹家一般都是曹道芬参加,一是因为曹道芬是曹家的当家人,对外代表曹家;二是因为曹道芬是曹家唯一常年在家的男性,和村里其他人的熟识度比大哥曹道苞和二哥曹道茌都要好。除曹道芬可参加外,家里其他成员也可以去,但是一般都是男性成员去。如果曹道芬不在,或者大哥曹道苞去,或者是曹道茌去。每个家庭必须保证有一个人去听村里开会的消息,因为还得回来把信息传达给其他家庭成员。村里开会,除了去听取一些上级安排下来的政策以外,遇到征求意见的,参加会议的代表可以提出一些自己的意见,如果多数人都提出,村里面的人会根据具体状况,看是不是应该采取应对措施。曹道芬每次代表家庭去参加村庄会议的时候,都会根据自己家庭的需要,以家庭、家族的公共利益为主,或多或少提一些意见,目的是防止本家户、家族的利益受到不必要的侵犯。

2.征税会议:管财者参加

村里征税是保长和甲长的事情。等到要开始征税的时候,他们先会召集村里人开会,只要家里有土地,都必须派人参加,家里没地的不用去,因为有地的才需要交税。保甲长将上级的征税通知传递给每一个种地的农户,每个家户应按照拥有土地数量的不同,而具有不同的征税额度。待保甲长通知完征税的消息之后,每一个参会的家户代表之间都会小声议论几句,说说自己家里的困难,但是也没办法,该交的还是得交。每次的征税会议,曹家都是曹道芬去参加,因为他管着家里的所有收支,交税是家里的一笔不小的开支,让家里人也了解一下每次开会时说的内容,更有利于一家人齐心协力交上家户需要承担的税额,而且家里人也有权了解家里的每一笔开支。

3.修路、修桥:通知当家人

斋楼村组织过修路和修桥。讨论这种事情也是需要和每家的当家人说,然后以家庭为单位,各家提供劳动力,每次需要出的劳动力不一样,得看每次活动的劳动强度。先是由村里的管事人通知每一个家族的族长,然后族长会通知到每一个家庭,当家人要么自己去,要么安排家里的其他成员去。像一些家里是寡妇带着一个儿子的家庭,他们就可以不去参加这次劳动,别人也能够理解。修桥、修路需要很强的体力,一般都不会让女性参加,她们不能干太重的活。斋楼村集体修过一次桥,那个桥是修沟渠时必须要疏通的一个地方,沟渠是整个村庄田地灌溉的渠道,沟渠通了,桥自然必须架起来才能保持道路畅通。当时修桥,曹家是曹道芬去的,全村的几十个劳动力一起干了三天才结束。

如果农忙时家里忙不过来需要帮忙,首先是会寻求周围邻居的帮助,如果都忙的话,就会去外地雇工回来。

4.打井淘井:家族内进行

斋楼村一共有四口水井,村里有六个姓氏,其中三个姓氏有水井,三个姓氏没有,张氏家族有两口水井,粮氏家族有一口,曹氏家族也有一口。打井的时候,都是以姓氏、家族为单位,不以村庄为单位。村庄范围太大,一口或几口水井,满足不了所有人的需求,因此村里各家族商量决定以家族为单位,进行打井和淘井。集体资金较多的可以多打几口;集体资金少的,可以少打几口;没有集体资金的家族,可以不打水井,在和其他家族族长商量征得同意过后,可以和其他家族成员共用一口井。一个村里的人不会斤斤计较,村庄管理者也很支持这种家族与家族之间互相帮忙的事情。打井需要的花费是由姓氏下的公费出,然后在各个姓氏的家族下召集劳动力,劳动力不是必须是当家人,只要是能干活的男性劳动力就可以。族里安排到各个家庭,各个家庭内部决定由谁去参与劳动。

5. 灾害治理:全村出动

1949 年前,斋楼村发生过一次旱灾,当时家庭和村庄为了应对这次灾害,都想尽了办法。比如全村集体出动,一起前往隔壁村庄的一个山庙里拜神求雨,场面还比较壮观,集结了全村的男女老少,都是自发组织的。村里有一个人传出这个求雨的办法,便开始一传十,十传百,大家都想去,希望尽快渡过难关。除了村庄集体求雨应对之外,各自家庭也靠紧衣缩食来缓解这一次灾害的影响。

(二)村庄少筹资、多筹劳

斋楼村没有以村为单位组织集体筹资活动,修桥、修路都只需要劳动力,而没有要求全村人一起集资。像修缮祠堂和组织打井、淘井,都是以各个姓氏、家族为单位,而不以村庄为单位。村庄需要劳动力的时候,每家每户都还是安排人去,不会推脱。每次基本上都是每家安排一个人。斋楼村集中修过一次桥,其他活动都是以家族为单位组织。

九、国家事务

曹家努力做到配合国家管理村庄事务,一方面,按时缴纳田亩税和国民党每月收的月捐税。另一方面,曹家被国家征过两次兵,曹家大哥曹道苞被征兵,二哥被征兵而请人代兵,曹道芬被抓壮丁,最终通过躲藏的方式得以逃脱。此外,曹家在摊派劳役和村庄干部选举方面,做到积极参与和努力配合,帮助村庄有效管理和国家有效治理。

(一)纳税

曹家在上交赋税过程中,均以家户为单位缴纳,包括以田亩数量为基础的田亩税和以人口数量为基础的月捐税,两种税务由保甲长通知家长,并负责征收,家户需要按时缴纳,如果缴纳不上,当家人需要以家户的名义借钱将税款交上。

1.田亩税,月捐税

在斋楼村,乃至整个吉安县,都是以家户为单位进行纳税,其中田亩税以家户的田亩数量为基础,按照土地面积计税,按照每亩土地交 100 斤粮食的标准,可以交粮食也可以交现金,如果交钱的话,核算下来就是两块钱。每年的 7 月份就是交税的时间,因为七月是收割稻子的时间,农户将稻谷卖了之后,就有家庭收入,土地税一年交一次。当时曹家除了缴纳田租,负担最重的就是田亩税,所以自家能够剩下的粮食已经不多。在国民党时期,还需要交"月捐钱"[①],以家庭人口计算,都是甲长来收,每个月交的钱不一样,根据每个保的具体情况,由上一级的乡公所来定。"月捐税钱"都是保甲长上门收,如果碰到当家人不在,甲长则会让家里人通知当家人尽快回家,把该交的钱交到甲长家。

2.家户按时纳税

家户在进行纳税的时候,无论是田亩税,还是"月捐钱",都有人下来收取。首先就是面见各家的当家人,详细说明该缴纳的税款数额,因为当家人掌握着一家的财权和经济权,其他家庭成员没有权力支配家里的财产。碰到当家人不在或者出远门,也需要先通知当家人,然后由当家人进行决定。在收到纳税通知之后,曹家基本上都按时缴纳税款,从来没有出现过拖欠税款的情况,只要家里当时还能交上钱,曹道芬都会完整地把税款给交上。村里也有一些家庭因为遇到突发情况而交不上,不论是借还是砸锅卖铁都得交,因为税款逃不了,即便是逃跑,土地和房屋也带不走,所以都会想尽办法把税款给交上。甲长可以允许你拖欠一段时间,但是有一定的期限,得尽快通过借或者想其他办法交上欠下的税款。

(二)征兵

曹家没有当兵的家庭成员,但是被征过两次兵,抓过一次壮丁。大哥曹道苞被征兵;二哥曹道苴被征兵,曹家花钱请人代兵;曹道芬被抓壮丁时,曹家以保护家庭成员为由,让他躲藏起来,最终得以逃脱。

1.被征兵:曹家请人代兵

曹家大哥曹道苞和二哥曹道苴都被国民党征过兵,大哥被征兵后自己去,一是因为大哥比较有胆量,他不怕,再就是家里请不起人代替他去征兵,所以就只能自己去。曹道苴被征兵,曹家花了两千多斤谷子在邻村请了一个人,代替地当兵。因为是邻村的人,和自家既没有血缘关系,也不熟识,不存在家户或者家族内一家人的自我保护意识,能够较为心安理得。国民党征兵是按照家户人口来计算,家里男性多的,被征的也多,征兵顺序按照年龄大小来安排。曹道芬的父亲曹惟翔就是在战乱中去世的,所以大哥算是代替父亲接替了当时的任务;二哥是因为新一次的征兵才被算进去,当时曹道芬也还小,家里再去一个就没有主要劳动力了,所以母亲才决定花钱请人去代替二哥当兵。被征去当兵,生活是非常痛苦的,母亲也不愿意看到自己村里的人受苦,所以就去外村找了一个年轻人,那个人家里比较穷,而且在家还好吃懒做,就靠"卖兵"赚点钱。

只要家里有儿子就得被征兵,独子也会被征。如果不想让自家唯一的一个儿子去,就可以花钱去买兵;也可以直接给保里钱,让保里直接拿钱去找人代替。1949年前被征兵,不会给家里补偿。被征兵的人不能当逃兵,逃兵被抓了之后就是死因,军队还会找当家人要人,严重的时候还会让家里重新派兵过去。曹道芬的大哥没有逃过,一直服了几年役。

2.抓壮丁:曹家躲藏逃丁

曹家大哥、二哥被征兵,而曹道芬则是直接被抓壮丁,因为家里当时就只有曹道芬一个

---

① 国民党时期收的一种按月按家庭人口交的税。

317

适龄的男性。当时抓壮丁有一定的要求,年龄要在 18 岁以上,身体好,智力不好的不行。当时抓曹道芬的时候,家里在抓的人来之前得到一些消息,为了避免曹道芬被抓去做壮丁而受苦,母亲胡奎俚和曹家大哥和二哥商量决定让曹道芬逃跑,避避风头再回家。所以在抓人队伍到家里之前,曹道芬就从后门逃走了,在外地躲了一段时间。曹道芬记得,是跑到了兴国县①,到那边之后,先是帮别人做生意,有时候晚上会回家一趟,然后在第二天,天还没亮的时候就得走,不然被人发现了,还是得被抓走。直到躲过那一段抓壮丁的时间,村里也不再人人惶恐了,曹道芬才回到家里。在 1949 年以前,曹家没有人自愿参过军,当时家里很少有愿意把自己的孩子放在战乱的状态,不仅受苦还危险。

(三)摊派劳役,积极配合

斋楼村按照家户人口摊派劳役,曹家也出过劳力。当被摊派劳役之后,曹家都积极配合,按时摊派。1949 年以前,斋楼村筹备修建一个水库,为村庄的土地创造良好的灌溉条件,是为整个村庄的人民造福。因为劳动强度比较大,需要的劳动力比较多,当时村里规定的是,家里只要是成年的男性劳动力都得去参加劳动。修水库不需要村里的人出钱,钱由村里的公共财产统一出,唯一缺乏的就是劳动力。出工之后,因为每家都有人去,规模较大,村里没地方统一安排吃饭,所以大家在劳动完之后,都各自回家吃饭,中午休息到下午两点再出门干活。

村里摊派劳役之前,会在全村范围召开会议,每家必须有一人参加,除非是家里没有男性劳动力的,否则都得参加。曹道芬也不知道,当时凝聚力不强的村庄为什么会有这么大的号召力,他猜测,"可能是因为那个时候的农民太看重自己的那几亩土地了"。土地是农民的命根子,修好了水库,灌溉就没有问题了,家里的粮食产量就有保障了,所以维持生存的动力增强了村庄的凝聚力,相应地也大大减小了村庄的管理难度。

(四)选举

在 1949 年以前,村里的村长、保长和甲长都是先由村里人推荐,然后由上级任命。在村庄范围内,村民们推荐的人一般是有威慑力、有能力的,上级任命其中一个最合适的人作为村庄管理者。那个时候选择村里的管理人,没有民主的意味,家里条件差的、经济条件差的,不会想去"当官",连饭都吃不饱,没有时间和精力去考虑村庄管理的事情。在曹道芬当家期间,他推举村庄管理人时,首先会尽量考虑本家族中条件好的成员,一是自己家族的人"当官"之后,整个家族的人在村里的地位都变高了;二是村里管事的人里有自家人,后面无论在生产还是生活上,都有说话的权力。其次,要是本家族内找不到合适的人,他会倾向于推选村里的有钱人,同时在村庄范围内也比较有影响力的,后期如果碰到要租他们家的地、要减租之类的事情都会比较方便。但是曹道芬不会推荐那些村里霸道的恶势力,不然选举出来后,不仅是本家户没好日子过,甚至整个家族、村庄,都会变得人心惶惶。上级政府会考虑农民选出来的候选人,但是也有他们自己的标准,村庄管理人需要满足有能力、有精力、有影响力等条件,最重要的是需要得到村里人的认可和服从,否则很难管理好一个村庄。

---

① 赣州市兴国县(和吉安临界的一个县)。

附　录

1.报告中出现的亲属称谓,普通话与吉安话比较

词语	吉安话	词语	吉安话
太祖父	太公	祖父	爷爷
祖母	婆婆	叔父	叔叔
婶母	嬷嬷、婶婶	姑父	公公
姑母	姑姑	舅舅	舅公
妻子	老婆	妯娌	叔伯母里

2.出现的一些地方俗语和谚语

跌鼓	谋生	小气	吹牛
倒插门	吃不消	划得来	过日子
油盐酱醋	吊儿郎当		

生产经商类	
菜园菜园就要沿,不沿不问变荒原	大暑不割禾,一夜掉一箩
田边地角不要丢,种上作物就有收	好马不停蹄,好牛不停犁
懵懵懂懂,清明浸种	有收没收在于种,收多收少在于管

生活类	
男大当婚,女大当嫁	男怕入错行,女怕嫁错郎
要想家庭好,事事多商讨	种田不好荒一年,教儿不好害一生
婆爱媳,媳敬婆,亲亲热热全家和;婆恨媳,媳骂婆,吵吵闹闹家不和。	
远水难救近火,远亲不如近邻	千事万事,吃是大事
屋要巷,人要量	

调查小记

本家户调查报告所调查的是江西省吉安市青原区大塘村的曹家。笔者主要与曹家的曹道芬老人访谈了关于 1949 年以前曹家生活的方方面面的内容，让笔者随老人的回顾和讲述，穿越回到 1949 年以前，探索曹家在生活变迁、家户变更中的自强与存续。

一、再续口述史前缘

在进行家户制度调查之前，曹道芬老人已经和我聊过土改口述史、合作化口述史，称得上是一个"宝贝老人"。如果爷爷的老伴耳朵灵敏，妇女口述史在他们家也能顺利完成。在此前的访谈中，我对老人家里的情况已有一个大概的了解。我也清楚，他是我访谈过的所有老人中，唯一满足家户制调查条件的人。心中存有一丝侥幸，因为爷爷有文化，能说会道，只要不是身体状况的原因，肯定会配合我将这次访谈做完。出于对爷爷身体的考虑，当我还在做百村问卷调查的时候，便先让妈妈帮我询问爷爷是否愿意帮我完成调研任务。当我得知爷爷欣然答应时，便开心得像个小孩，心里一块石头终于放下了。

二、初探家户制之路

2017 年 8 月 7 日，从赣州村回来的第二天，还没来得及稍作休息和调整，我便打算先去曹道芬老人家熟悉一下家户的大概内容，顺便也能对我所要用到的家户提纲有一个总体了解。老人是否能配合完成这次调研，我能问到多少，完成所有访谈大概需要多长时间等，这些问题都是需要做好充分打算的。8 月，在南方是最热的一个月，早上不出门都能满身大汗。曹道芬老人身体十分健朗，第一次登门拜访之时，他因外出干活而尚未归来。第一天访谈收获颇丰，拿到老人亲手整理的曹家世系家庭成员草图和房屋平面草图时，我对曹家的情况算是有了一个大概的了解，心中对老人的敬佩之情油然而生。

三、不敢懈怠静心整理

经历了一个星期早出晚归，每天上午、下午的狂轰乱炸，曹道芬老人被我"虐待"了整整一个星期，结束访谈那天，爷爷翻开了我的访谈提纲，小心翼翼地给我提了一个要求，说能不能把最后整理的材料给他打印一份，我欣然答应了，但是心里的压力也很大。一份份来之不易的录音资料，是老人一辈子的记忆，也是我研究生生涯一笔宝贵的财富，我不能有丝毫怠慢之心，必须以最严谨的态度来完成整理工作。8 月 12 号访谈一结束，13 号我便开始整理家户调查报告，即便是坐在地板上也难耐酷暑，听着录音、码着字，这是整个 8 月下旬的生活。

四、感恩那些人

　　从找老人，到访谈，再到整理资料直至定稿，一路上要感谢的人太多，首先要感谢的是学院提供的平台，让我们有缘接触各类口述史调查，我才能认识到这么多可爱的老人，去深入他们的内心，挖掘属于他们的历史；其次要感谢配合我做了土改、合作化和家户制调查的曹道芬老人，从读研开始，他向我奉献出一辈子的生活经历，让我受益匪浅；再次就是要感谢我的妈妈，从成为推免生做口述史开始，妈妈一路上的陪伴是最好的馈赠，而我也成功地将妈妈锻炼为整理土改、合作化、妇女甚至是家户制资料的"小能手"；最后，家户报告从初稿到定稿，经历了4遍的修改，其中有太多黄老师和审核小组的心血，感谢他们的细心指导，让我的家户调查报告能够在一遍遍的修改中精益求精。家户制调查这一路，有感动、有辛酸、有埋怨、有苦痛，但所有的吐槽在成功定稿那一刻都烟消云散，自己做的所有都是值得的，待我回家，一定捧着一本厚厚的文档庄严地交到曹道芬老人的手中，让他也能回头看看他的一生。

第四篇

内聚共生:租佃小户的存续之道
——黔中迎燕村张氏家户调查

报告撰写:黄希鑫[*]

受访对象:张发友

* 黄希鑫(1993—),女,贵州贵阳人,华中师范大学中国农村研究院 2016 级硕士研究生。

导　语

张家生活的迎燕村位于贵州省清镇市卫城镇[①]东南部,农户多以种地为生。1931年,张家为寻求更好的生存环境,遂从毕节市迁往迎燕村铜鼓组定居,而后发展为一个有十口人、三代同堂的家庭。家庭成员以中青年为主,劳动力较充足。张家经济条件属于村中下等水平,家里没有土地,只能靠租种大户人家的地维生,除基础农业外,在冬天也干起卖钢炭的副业以贴补家用。

张子清作为一家之长,统管家里各项农业生产与生活事务,各家庭成员有明确的分工,大家各司其职、各尽其责,保证生产、生活能有序地开展。在经济制度方面,家里的土地、房屋、生产及生活资料属于家庭成员共同所有,家长对家户经营、分配、消费、借贷、交换等进行安排,家庭成员服从家长的管理;在社会制度方面,家户的婚配、生育、分家与继承、赡养、内部及外部交往由家长统一经管;文化也是家户发展中的重要组成部分,长辈及家长均注重对后辈人格、品行与劳动技能的培养,主要通过日常生活中的言行举止对后辈产生潜移默化的影响;在治理方面,张家没有成文的家规,但有一些从上一辈手中传承来、在生活中自然形成的规矩,家庭成员以此约束自己的日常行为。

张氏家族内各房住得较分散,因此没有举办过公共活动,仅在清明节和正月初二会进行小型的祭祖活动。迎燕村根据农户的居住位置将其划为不同的甲,以户为征税单位,并组织开会,进行各项筹资、筹劳活动。

张家人口多、底子薄,在村中属于贫弱小户,但一家人崇尚"勤劳致富""以和为贵",全家用自己的勤劳与踏实使家户得以生存和延续。

---

① 卫城镇始建于明崇祯三年(1630年),素有"小荆州"之美称,1949年前隶属贵州省清镇市管辖。

第一章　家户的由来与特性

张家祖居毕节市,为寻求更好的生存地点,遂举家迁往清镇市卫城镇迎燕村,到1949年,家中共有十口人,以中青年为主。张家的房屋在村子西南头,因其为后迁入迎燕村的农户,所以家里没有土地,只能向大户人家租种土地。此外,冬天也干起卖钢炭的副业,以贴补家用。对于家中各项农业生产、经济活动和家务事,张家各家庭成员都有明确的分工,大家各司其职、各尽其责。张子清作为一家之长,掌管家内一切事务,同时负责与政府、村庄、宗族、别的农户家打交道等对外事务。

一、从毕节迁入清镇

随着人口不断增多,原生活的毕节市土地较少,向大户人家讨租土地越来越困难,张家便开始寻求更好的生存地点,张应祥从别的地方了解到清镇市卫城镇土地较富足,便寻思着搬出毕节市。大约在20世纪30年代,张家的张应祥[①]、张应礼[②]和张子清三人从毕节市迁到清镇市卫城镇迎燕村。初到迎燕村时,村里人口不多,大概只有二百来户,没有村主任,只有保长、甲长。从毕节市迁出、迁进迎燕村都不用特意告知保长、甲长,因为村庄流动性较大,农户们时常迁进、迁出。张家不讲究房屋方位,找了块挨着寨子的荒地,随后便在荒地上修建起一间土墙屋,在房顶上铺点茅草就直接住下了,屋里床上盖的是秧被,条件艰苦,一切从简。不久后,张子清成家,家里人口越来越多,房屋也由一间扩展到三间。陆续迁来村里的人家也挨着寨子修建房屋,渐渐地形成人口聚集的村庄。

到1949年,张家已发展为一个有十口人、三世同堂的家庭,家里的祖坟一直在迎燕村里,没有进行过搬迁。

二、家户基本情况

(一)十口之家,自力更生

1949年以前,张家人口数为十人,三世同堂,父辈有两个人,分别是家长张子清及其妻子张月字[③],张子清在家中排行老二,共生育了四个儿子、两个女儿,分别是大儿子张德云、二儿子张发友、三儿子张昆友、小儿子张友发和大女儿张凤、二女儿张二妹。在子女这一辈,只有张德云成家,并和妻子王玉梅生养了一个孩子张刚刚。张家生活穷困,从来没有雇用过丫

---

① 张子清的父亲。
② 张子清的叔叔。
③ 当地风俗,女性出嫁后随夫家姓,因此张发友的母亲姓张。

鬓、长工,但是家里人也没有去大户人家当过长工。

表 4-1 张家基本情况表

家庭基本情况	数据
家庭人口数	10
劳动力数	7
男性劳动力	4
家庭代际数	3
家内夫妻数	2
老人数量	0
儿童数量	2
其他非亲属成员数	0

(二)家庭成员以中青年为主

张家经济水平在村里属于中下等。张家总共十口人,以中青年为主,有七个劳动力,男劳动力四人,分别是张子清、张德云、张发友和张昆友,女劳动力三人,分别是张月字、王玉梅和张凤。家长张子清是家中的顶梁柱,主持整个张家的家业,处理家庭内部及对外交往等一切事宜。张子清、张月字是地地道道的农民,家境贫寒,俩人辛苦一辈子,只想尽力让子孙后代过上稍微好些的生活。家里只有张昆友上过两三个月的学堂,主要学的是《百家姓》,后来因为家庭条件差,自身也不想读书便再没去上学。

全家人的心思都放在解决贫困、吃饱穿暖的问题上,家里除供奉祖先、灶王爷、土地神外,没有其他的宗教信仰,更别提参加社会组织。家人把所有的希望都放在土地上,除务农外,冬天还兼职卖钢炭的副业,通常张子清会提前几天在家里烧好钢炭,之后由张德云和张发友背到镇上、县城里卖。

表 4-2　1949 年以前张家的家庭成员情况表

成员序号	姓名	家庭身份	性别	出生年份	婚姻状况	健康状况	备注
1	张子清	家长	男	不详	已婚	良	
2	张月字	妻子	女	不详	已婚	良	
3	张德云	长子	男	不详	已婚	优	
4	王玉梅	长媳	女	不详	已婚	优	
5	张发友	次子	男	1929 年	未婚	优	受访者
6	张昆友	三子	男	1931 年	未婚	优	上了三个月学
7	张凤	长女	女	1934 年	未婚	优	
8	张二妹	次女	女	1936 年	未婚	优	
9	张友发	四子	男	1939 年	未婚	优	
10	张刚刚	孙子	男	不详	未婚	优	

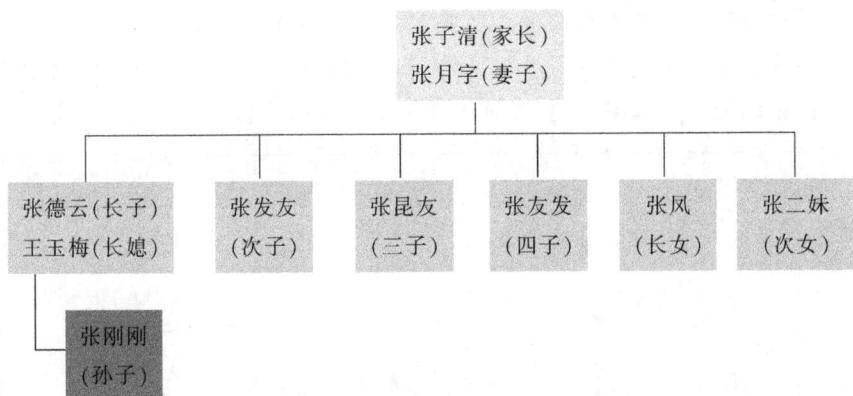

图 4-1　1949 年以前张家的家户成员关系图

（三）房屋布局合理

在迎燕村,张家住在村庄的西南头,家里没有刻意讲究方位,刚搬来时找一处挨着村子、能居住、平坦的荒地就直接修建了房屋。迎燕村经济条件较差,大多数农户都是入不敷出,村里很少会遭到土匪、强盗的抢劫,且土匪、强盗多去搜刮大户人家。随后迁进迎燕村的人家也和张家一样,紧挨着村子集中居住,大家相互间有个照应,村子也呈放射状向四周散开,越来越大。

张家的房屋朝向大致为坐北朝南,屋前有个用栅栏围起来的院子,防止家里饲养的小鸡跑出去,也避免别人家的家禽进来。平时会在院子里种点蔬菜供一家人食用,在院子侧面的空余位置堆放杂物,比如锄头、镰刀、背篓。天气晴朗时,晒稻谷、野菜也在院子里。院子的西南面用茅草搭建了一个简易的猪圈,平时牛、猪都饲养在这里。堂屋的房门正对大路,周围的景象尽收眼底,家里的人经常在屋子里,抬头就能看见路边过往的村民,有的会停下来打个招呼,有的手头上没什么事,会直接进屋里闲聊。夏天把房门和窗户打开,通风效果很好,屋子里也凉爽。堂屋的正中间按辈分供奉着过世祖先的牌位,旁边放着土地神的像,在清明节、七月半、正月初二这些特殊的日子里,家里都会点燃香、烛,并在旁边摆上一些果子进行祭拜。堂屋作为三间屋子的中心,是张家日常生活中使用最频繁的一间屋子,通常一家人吃饭、聚会放松、主人会客都在这里。

堂屋左、右两边的屋子都被从中间隔开,相当于两间屋子变四间屋子。堂屋左边这两间屋子,外面一间用于冬天烧火炉,全家人取暖使用,冬天家里吃饭也在这里,因为屋子空间较小,冬天保暖、聚热效果较好;里面那间屋子是张子清、张月字的卧室,家里贵重的东西,如钱财都放在这间屋子里,通常会放在专门的箱子里,并用钥匙锁上,一般人不能轻易进去,即使进去也是经过张子清或张月字的允许后,拿完需要用的东西,便立即出来,以免引起不必要的误会。堂屋右边的两间屋子,外面一间主要供张发友几兄弟居住,一般有几个男孩就铺几张床,虽然是男生的房间,但张子清对屋内的整洁度要求较严格,东西不能乱放,衣服不能乱扔,需要叠放整齐放床头,房间简陋但必须收拾得井井有条;里面一间是张凤和张二妹的卧室,小时候不讲究,兄弟姐妹都随意进出房间,等到俩姊妹十岁左右,张家几个兄弟就不能随意进出这间屋子了,张子清更是不进这间房。在房屋的最右边简单地砌了间厨房,用于平日里做饭、煮猪食。

327

在张德云成家时,家里又在房屋的右边砌了一间屋子作为新房,1949年以前,大家庭未分家,张德云一家人都住在这间屋子里,平日张子清和家里其他男性也不会轻易进出这间屋子,有事都是把张德云叫到堂屋里说,或是让张月字去传递消息。

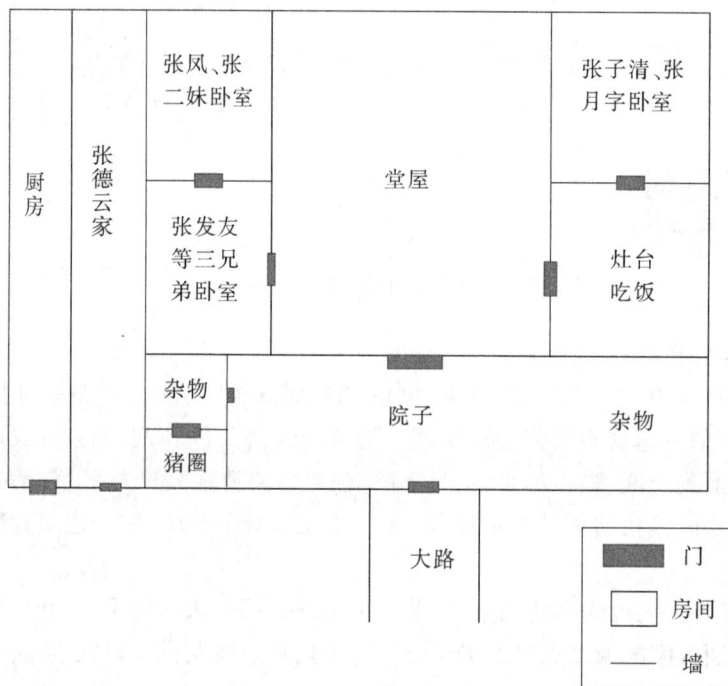

图4-2 1949年张家老宅基地的居住分布图

(四)租佃为主,副业为辅

1949年以前,张家没有土地,生活困苦、条件困难,经济水平处于村里中下游位置,只能靠租种大户人家的土地维持生活。虽然土地归家庭私有,农民可以随意买卖,但张家每年的家庭收入均只够勉强度日,没有多余的钱购买土地。每年向大户人家租种一定数量的土地,平均为一个劳动力租种一亩土地,秋季收获粮食后按收成五五分的比例给大户人家上交租子,丰年上交的租子多些,荒年上交的租子少些。经过几年的勤俭持家、省吃俭用,张家攒够了买耕牛的钱,农户家中有耕牛是向大户人家租种土地时的一个"优势"。

在丰收的年份,家里留够全家人一年所需粮食,并存下足量的备用粮后,剩下的粮食会拿去市场上变卖。家中除耕牛外,还会饲养一头猪、几只鸡,养猪既可用来造粪,过年时候又可卖掉换钱,一举两得,来年家里又继续买小猪仔来饲养;家里喂养的鸡只有逢年过节或家中来了重要的客人,才会食用,除此都会拿去市场变卖换钱。

除基础农业外,张家也从事卖钢炭的副业,张德云和张发友是钢炭买卖的主要负责人。家里种植的农作物为一年一季,在秋天收割完作物后,便进入农业淡季,因此每年冬天,张德云和张发友都会做起卖钢炭的副业,以此挣钱贴补家用。俩兄弟通常连烧几天的钢炭,张子清也会帮忙,之后两人将烧好的钢炭装在背篓里,一起背到卫城镇或清镇市卖。从迎燕村走到清镇市需要大半天,一路都是凛冽、刺骨的寒风,晚上俩兄弟就在路边的小旅馆休息,第二天继续上路。辛苦后有一定的回报,来回卖一次钢炭,兄弟二人能挣到十几块钱,一年大概会卖两到三次。卖钢炭这一副业相比种地来说,收益见效快,但收入来源不及种地稳定。每次卖钢炭回来,俩兄弟都要先到张子清的房间,把挣来的钱交给他,并说明具体收支明细,让全家人知道确定的数额,毕竟这是一家人公用的钱。

张家共十口人,有七个劳动力,劳动力较充足,其中男性劳动力四个,女性劳动力三个,男、女劳动力分配均匀。在家长的安排下,男、女劳动力都有合理的分工,张家人思想较开明,没有大男子主义的想法,有空闲时间,男性也会在家里带带孩子,女性也能去集市上变卖家中多余的鸡蛋、蔬菜。家里每年的收入、支出基本能保持平衡,仅有一年遭遇天灾,粮食大幅度减产,家里备用粮也不足,只能由家长出面向亲戚借粮食,全家人以米粥、野菜勉强度日。张家不轻易向亲戚借钱,除非是生活中遇到实在迈不过的坎,有时运气好,遇上丰年,粮食略有结余,还能卖家禽、粮食,倒腾些副业。

表 4-3　1949 年以前张家家计状况统计表

土地占有与经营情况		土地自有面积	0		租入土地面积	8
		土地耕作面积	8		租出土地面积	0
生产资料情况		大型农具		犁头、锄头、耙子		
		牲畜情况		耕牛、猪、鸡		
雇工情况		雇工类型	长工		短工	其他( )
		雇工人数	0		0	无
收入		农作物收入				其他收入
	农作物名称	耕作面积	产量	单价	收入金额(折算)	收入来源	收入金额
	水稻	5	330斤/亩	不详		烧钢炭	不详
	包谷	2	不详				
	蔬菜	1	不详				
						收入共计	
						不详	
支出	食物消费	衣服鞋帽	燃料	肥料	租金		
	不详	不详	0	0	实物地租,五五分成		
	赋税	雇工支出	医疗	其他	支出共计		
	0	0	不详	人情消费等	不详		
结余情况	不详		资金借贷	借入金额		0	
				借出金额		0	

注:本表的数据为折算数据,而非现金数据,因此需对未变现的收支项目按照市场价格状况加以估算。

(五)外迁而来的普通家户

1949 年以前,张家和祖辈上的人没有担任过乡长、保长、甲长、会首等职务,张家是村子里普通的家庭,和周围的邻居都是正常往来,平日里处得来的人家就经常走动,大事、小事相互照应,农忙时候互相换工,你帮我家做一天,我再去帮你家做一天,人多力量大,换工干起农活效率也高;处不来的人家就减少接触,偶尔碰面打打招呼,此外,较少来往,避免发生矛盾。这都属于正常现象,任何时候、任何人家,都有处得来的朋友,也有关系较疏远的人。村里除偶有强盗、土匪来搜刮百姓、欺负农户,其余人关系都很和睦,俗话说:"天下农民一家亲",大家同住在一个村里,平时有什么事相互帮衬,有好吃的东西一起分享;遇到新鲜、有趣的事,左邻右舍也会一起谈论;碰上影响农户们利益的事,大家也会团结起来共同维护自己的利益,"远亲比不上近邻",大家相互间没有利益冲突,能住在一个村子里,尤其是成为左邻右舍,更是一种缘分。

因迎燕村部分农户是从外面搬迁而来,所以村内姓氏较分散,没有大姓家族社会地位高的说法,都是些小姓、散户,各家各户的社会地位也都差不多,日常生活中,各个家户都是独立的个体,和村庄的联系不多。

村里的农户都较单纯,相互间处得很简单,没有尔虞我诈、钩心斗角,村内氛围是很和谐的。张家家庭成员在农闲时,都会去处得好的邻居家走动,喝喝茶、闲聊会儿,有时会聊上一晚上,谈些在赶集时看到的新鲜事;针对村里新通知的事情发表下个人观点、意见;有时也会聊起家里的烦心事,毕竟"家家有本难念的经"。双方相谈甚欢,一时聊得开心,会直接留在朋友家吃饭,小酌一杯,也算是农闲时悠闲的娱乐项目了。

张子清作为一家之长,为人真诚、实在、正直,因此村里人都较尊敬他,遇到事情常常会请他帮忙、出主意,张子清也很乐意。在家长的耳濡目染下,张家晚辈的人品都较好,有较好的人际关系,每个人在村里都有几个交心的好友,大家有心里话会给对方说,有好东西也会和对方一起分享,对方有什么困难更会第一时间站出来帮忙解决。朋友间的相处是相互的,你对我好,我能感觉到,反过来我也会真心实意地待你,友情需要共同经营、共同呵护。

(六)家内家外,各负其责

1949年以前,张家家中共三代人,张子清是当家人,打理家中的一切事宜,掌管家里财政大权,对农业生产、生活作全面的安排,同时负责与政府、村庄、宗族、其他农户家打交道等对外事务,一般村里开会、对外商量重要的事情、给大户人家交租、向邻居家借粮食、去集市做买卖等都是由张子清出面,保长、甲长有事也会直接通知他。家长是家中的领头人,主持整个张家的家业,代表全体家庭成员,也只有家长才能代表全体家庭成员。家里的大事主要通过一家人开家庭会议商量,家庭成员各抒己见,说出自己心里的想法,最后由家长作决定,家庭成员要服从家长的决定、听从家长的安排。

张月字主要负责家里的内部事务,合理地安排家中女眷做饭、打扫卫生、洗衣、做针线、照顾孩子等家务活动,此外,如果家里有年迈的老人,老人的生活起居、衣食住行也由女眷负责。在家长比较繁忙的时候,家中的一些小事可由张月字直接做主,之后向家长说明即可。她是家长日常生活中的贤内助,帮助家长打理好家中一切,让家长安心地、妥善地处理其他重要事情及对外交往,无后顾之忧。此外,张家没有别的当家人。

张家没有经济条件雇用长工、短工,这需要花费相当大的开支,况且家里有充足的劳动力,也不需要雇用其他工人。家长能将家里一切事宜打理清楚,收入、开支一并安排妥帖,因此不需要雇管家。由于张应祥过世得较早,所以张家一直是张子清当家,之后几个儿子相继成家,大家庭分成了几个小家庭,张子清的几个儿子在各自的小家庭中都是自己当家,从前大家庭中的家长对小家庭没有管制权,但从张子清身上学到很多当家长的经验和技巧,几个儿子在当家长的过程中均觉得受益匪浅。这些生产、生活经验都是一辈接一辈传承下来的,家庭成员结合上一辈留下的经验,取长补短,把相应的经验延续下去。

(七)经济下游的小户人家

迎燕村是个小村,1949年以前只有两三百户人家,一千多人。村中农户因占有土地不均而导致贫富差距较大,有的人家占有土地多,终年收取土地的租金而不用干活,日子过得很清闲,如此一年下来还较为富足,能余下很多钱;有的人家没有土地,只能靠租种大户人家的地为生,遇到荒年,上交完地租后常常食不果腹、难以生存,平时的生活里也是捉襟见肘,顾上这一头,顾不上另一头。

一般在村中经济条件好、占有土地多、雇用长工和短工、收租多、有较高声望的人家就称为大户人家,迎燕村大户人家只有两三户,这几户人家在土地改革运动时期被划为地主成分,他们家中的房屋、土地、财产都被分给穷苦人家;人均占有一亩土地、生活能自给自足、即使偶遇荒年也略有结余的人家通常为中户人家,这种人家在迎燕村也不多;1949年以前,迎燕村属于贫困村,经济较落后,因此村中多数人家都靠租种大户人家的土地为生,日子过得较艰难,这种人家一般称为小户人家。因此,迎燕村中区分大户、中户、小户人家多是以经济条件、占有土地面积、生活水平为判断标准,人口数量不作为参考指标。

1949年以前,张家家庭人口数为十人,人口数量处于村里中等位置,但在经济上,张家处于下游水平,除租种大户人家的土地外,冬天会从事卖钢炭的副业以贴补家用。但张子清为人真诚、正直,几个儿子勤劳、可靠,所以张家在村中有一定的地位,全家人相互扶持、照顾,相处得很和谐,这样的家庭关系在别人眼中是很羡慕的,俗话说:"家和万事兴",一个家庭只有关系融洽,经营其他事情才得心应手,日子才会越过越好。迎燕村里和张家关系好的家户,遇到麻烦事都会请张子清帮忙出主意,发生重要的事需要见证人时也会请他出面,空闲时间也常常来家中串门、闲聊。

(八)与邻相处融洽的村庄老户

张家从祖先到第三代时就搬到迎燕村生活,村中多数农户也是为寻求更好的生活环境才从别处迁过来,但搬来后才了解,村里只有不好的荒地才无人认领,其余能种植作物的土地都是有人所有,不能随便占用。迎燕村原生村民不会排斥外来的搬迁户,村里人口流动较大,这里搬来一户,那边又迁走一户。从一处搬走或新搬到一处,不需要通知保长、甲长,直接住下即可。村里也不是时时人口流动性都大,人口流动性大小是分阶段的,通常等村里家户相对稳定下来后,保长和甲长才会对村里的农户进行适当地安排。

村中对老户、新户没有作严格的区分,不会出现老户在一起相处、孤立新户的情况,农户们在日常相处中很少涉及金钱方面的交易,利益关联不大,因此相处较和谐。村民之间相处看重的是人品、性格,处得来,就经常相处、慢慢了解;处不来,在村里碰面打个招呼即可。张家几代人都生活在迎燕村,算是村里的老户,一家人对村子也有感情,对村里各类事情也都较了解。

第二章　家户经济制度

　　张家的家户产权包括土地、房屋、生产资料和生活资料等产权,并表现为经营、分配、消费、借贷、交换等具体形式。1949年以前,张家靠租种大户人家的土地为生,房屋面积约为八十平方米,生产及生活资料较充足,房屋和各项资料产权归全家人所有,由家长统一管理。张家劳力充足,大致为男主外、女主内,收入、消费均以家户为独立单位,由家长对食物、衣物、缴纳赋税等进行妥当的安排;借贷、还贷活动由家长作为第一责任人,代表家庭出面与借钱人家沟通;在进行经济交换时,家长也是家户和集市、粮食行、流动商贩打交道的代表。

一、家户产权

　　对于家户的土地产权,1949年以前,张家一直靠租种大户人家的土地为生。张家的家庭成员认为,土地为家户所有,家里从大户人家租入的土地不是自家的土地,这些土地属于大户人家所有,自家只有使用权,丰收后需缴纳给大户人家一定数量的粮食作为租金。对于家户房屋产权,张家的房子最初由张应祥、张应礼、张子清共同修建,并在此基础上不断翻新,宅基地面积约有一百五六十平方米,房屋的建筑面积约为八十平方米,房屋大概是坐北朝南向,东西布局,房屋为家户所有,在此基础上由家长对相关活动进行管理。对于家户的生产和生活资料产权,除能自给自足的资料外,其余都是陆续置办,直到够用为止,大家同心合力,省吃俭用,保证生活能正常运转。家户各项资料产权属于全体家庭成员,外界也对家户各项资料产权进行认可及保护,不会随意侵占。

(一)家户土地产权

1.家户以租种土地为生

　　1949年以前,张家没有土地,都是靠租种大户人家的土地为生,家中年轻男性劳动力较强,在平时的生产活动中承担的农活也多些;家中的女性劳动力下地干活的时间不多,只有在农忙时候才会下地帮忙,一家人平均下来,一个劳动力租种一亩土地。家里租种的土地较集中,一般都在家附近,从家中步行至地里只要十几分钟,剩下一两块离得远的土地,由家中年轻的男劳动力负责,通常来回需要一个多小时的路程。

　　家里租种的土地,从土质上看,好坏参半,土质好的地上种优质、高产的农作物,土质差的地上种适应力强、对土质要求不高的农作物。对于租到土质贫瘠、难以耕种的地,家里会花费更多的劳动力和精力去种植,只要有产出,宁愿累点也不会闲着。家里的劳动力会将土质肥沃、贫瘠的地相互搭配,土的肥力也靠种植的人慢慢培养,灌溉条件主要由自己去发掘。迎燕村附近有河流,灌溉条件便利,农户们都会通过水渠将河流里的水引到自家田地里,一些离河流远的土地,只能靠农户挑水来浇灌。农作物收成的好坏除看天外,剩下的需要农户用心经营,大家在长年累月的种植过程中积攒了不少经验,知道土地的相应习性,可以投其所好。

租户向大户人家租种土地有讲究,只有租户做得好,农作物收成多,来年大户人家才会继续把土地租给你,因为出租土地有一定的风险,如果租户上交的租金少,抵不上大户人家需要上交的土地税,那就是笔亏本的买卖。一般和大户人家关系较好的人家在租种土地时,大户人家会予以方便,或把离租户家较近的土地、较集中的土地租出,或是租户在下一年租种时直接与其口头协定,这些都取决于租户与大户人家的关系及大户人家的态度,在这种租种关系中,决定权在大户人家的手里。

1949年以前,张家的土地情况变更不大,向大户人家租种的土地基本是人均一亩,每年也都在相同的位置,一家人干的得心应手。如果一年生产下来,家中略有结余,则会将攒下来的钱买耕牛或添置生产农具。张家向大户人家租种土地,租金为农作物收成的一半,因此丰年上交租金的数量多些,荒年上交租金的数量少些,偶尔遇到灾荒年份,大户人家没有减租的情况。上交租金的时间通常为每年十到十一月,租户将农作物晒干、装袋,由家长亲自送去大户人家。

迎燕村农户的土地多是分布在村庄周围,少有的几家土地延伸到其他村的范围,这样耕种起来就不是很方便,如果有合适的机会,主人家会主动"牵线",把这些土地以低价的形式出售给别人。张家租来的土地土质有好有坏,都是相互搭配着的,凭借多年的种地经验,张家会在最大程度上发挥土质好的土地的功能,在地里种植一些高产、优质的品种,此外,在土地的空余地方,会穿插着种点别的农作物;土质差的地也尽量不浪费,种植一些适应能力强、对土质要求不高的农作物。土地是农民生活上最大的依靠,是农民的生活来源,大家不会浪费任何一点种地的空间。

村庄和家族不会对农户家中的土地定期收回后再重新统一分配,都是农户自己家种,再由自己家人继承,土地是各家各户的私有产权,村庄无权调配。村里土地只是使用权流动较大,占有权还是较稳定的。在土地改革运动之后,中国共产党才将土地统一收回,并对其进行统一管理,根据各家各户人口的多少,分配相应的土地数量,保证最大范围内、最大程度上的公平。

2.土地为家户所有

张家人认为,土地归家户所有,但家里向大户人家租种的土地不属于自家所有,这些土地自己家只有使用权,丰收后需缴纳一定数量的农作物给大户人作为租金。从大户人家租来的土地由全家人一起耕种,每个人都有份,不是单个人所独有的,土地使用权属于家中所有有劳动能力的成员,即使是当家人也没有权利私自占用土地。张家没有土地,也没有和别人家共有土地的情况,因此没有土地产权,也不需要缴纳相应的粮食税。

通常家里的土地所有权由家中的男性和嫁入本家的女性所拥有,包括出门在外的男性;但没有出嫁的女儿和嫁出去的女儿都没有土地所有权;未成年的儿童因为没有提供劳动力,所以还不具有土地所有权;嫁进来的媳妇和入赘的女婿也有土地所有权。张家在未分家前,家中土地种出来的粮食由张子清统一管理和分配,除上交给大户人家的粮食外,剩余粮食归全家人所有,在留够食用粮食及备用粮后,还有多余的粮食便会拿去集市上卖。张家一家人的口粮通常放在堂屋的西南角,每天由张月字决定吃什么,再由当天负责做饭的女性准备。

张家人认为,土地由全家人集体耕种,不需要精确地分配到每个人身上。平时耕种过程中,各家庭成员根据自身劳动能力,尽力而为,量力而行,一家人不会计较谁的劳力出得多些,谁的劳力出得少些,精力充沛的家庭成员就多干点活,身体瘦弱的家庭成员就少做些。对于土地的产权,家长作为家中大、小事务的管理者,掌管着土地的安排事宜,他会具体分派家庭成员负责某块土地。相比其他家庭成员,家长的土地产权会更大些,当需要租种和买卖土地的时候,家长是整个家庭的代表,需要由他出面处理,这样才能代表土地交易的正式性,并令土地交易者信任。

张家人认为,相对于个人,土地属于全家所有会更好。因为土地归家庭所有,有利于家庭的和睦,全体家庭成员一起种植,遇到困难一起想办法解决,最后一起享受丰收的喜悦。大家团结起来为家庭出劳出力,在频繁的接触中也会增进感情,使一家人更亲密。如果分得很细很具体,一家人在农业生产中便会斤斤计较,导致相互之间产生隔阂。

3.四类边界清晰明了

(1)以"高地"作界

张家的土地与地邻家的土地有边界,地邻是指两户人家的土地挨在一起。村里有的人家与地邻家关系好,有的人家与地邻家关系差,张家和旁边几家地邻的关系都较好,大家经常在一起种地,边种地边聊天,交流下生活中的琐事,分享些农业生产中的经验,日积月累,关系越来越好。但有的人家也会因边界问题与地邻家发生口角,若发生比较大的矛盾,通常会请甲长、保长出面解决,但这种情况很少。

张家和地邻家的土地边界与迎燕村其他人家的边界一样,都是在土地的四周用泥土或者石头垒起来的"高地",一般会垒得比自己家土地稍高、稍厚一些,约 0.6 米高、0.3 米厚,以便于和土地区分开。"高地"是由两家地邻按照土地的实际界限,在共同协商的基础上产生的。"高地"上面不能走路,四邻也不能越过地邻家的土地边界进行农业生产,这是全村人一致认可的。

(2)土地继承权有讲究

张家的土地只有自己家的家庭成员可以耕作使用,外人唯有在经过张家人的同意后才能耕作使用。这样的土地耕作规矩不止应用于张家,整个迎燕村也是这样的。张家只有男性才可以享有土地的继承权,未嫁出的女儿和嫁出的女儿都不能享受,娶进门的媳妇可以和丈夫在小家庭内共同享有,外人不能享有家户的土地继承权。分家后,土地的使用权和继承权由各自拥有土地的小家庭享有。

(3)对土地所有权坚决维护

虽然在土地改革运动之前,张家一直靠租种大户人家的土地为生,但无论是土地改革运动前租种大户人家的土地,还是土地改革运动后家中分得的七八亩土地,家庭成员对自己家的土地都有清晰的心理认同,土地归全家共同所有,对于自己家和别家的土地,家庭成员会分得很清楚。当出现自己家的土地被他人侵占时,所有家庭成员都会尽自己最大的努力拿回属于自己家的土地,维护自家土地的所有权、使用权,保证其不被侵犯,必要时候也会请保长、甲长出面解决。1949 年,张家所耕种的土地都是向大户人家租种来的,若发生土地被侵占的情况,除张家人会坚决维护外,拥有土地所有权的大户人家也不会答应。土地是农民赖以生存的基础,没有土地的农民,意味着没有衣食来源,因此不管是张家,还是迎燕村的其他农户,维护家中土地所有权、使用权的决心都是一样的。

（4）经营权、收益权归家户所有

张家的土地经营权归全体家庭成员所有,每年春天,全家人一起商量后,便由当家人决定种何种作物。但其实每年种的农作物大致都一样,不外乎水稻、玉米、土豆,因为挑选种植何种作物需根据当地的土壤、水源、气候等因素综合考虑,才能选出最合适种植的农作物。土地上的产出归家户所有,由于张家的土地是从大户人家租种而来的,所以每年在上交一半的收成后,剩下的粮食才归自家所有。作物什么时候收割、如何收割、收割之后如何分配都是家长说了算,当然,其他家庭成员有不同的意见也可以提,有更好的建议更是鼓励发表。关于种植农作物的事,都由家户自己家决定,外人无权干涉,宗族、村主任更是不能。对于土地的经营权、收益权,分家后的父母、兄弟也不能干涉,只能由土地所有者自行安排、决定。

4.家长对土地进行统一管理

（1）家长为土地的实际支配者

对于家中土地的买卖、租佃、置换、典当等活动,张子清作为一家之长,拥有实际的支配权。家长会对租来的土地进行大致分工,每一块土地都有主要负责人,播种、插秧、施肥、收割,当然,农忙时家庭成员会集中干农活。当土地有较大的变动时,必须由张子清出面协商、签字后才能生效,其他家庭成员不能代表张家单独开展这些活动。当然,大多数时候张子清都会和全家人共同商量,大家群策群力才能找到最恰当的解决办法。通常家中的大事都是在当家人在家时商量解决,如果当家人凑巧不在家,便会等他回来后再协商、安排。如果是家中一些细碎的小事,通常由张月字打理。

在张家分家后,之前的大家庭分成了五个小家庭,各个小家庭都选出了各自的家长。对于家庭中属于个人或是小家庭所有的土地,从前的大家庭家长不再拥有对这些物品的支配权。小家庭的家长对自己家的土地进行管理和经营,除管理土地外,家长还必须了解农作物的生长习性,以便最大程度地发挥土地的价值。

（2）家长代表家庭租种土地

张家向大户人家租佃土地之前,张子清首先会和全家人商量,主要是和张月字、张德云、张发友几人商量,租佃土地的事情不用和张凤、王玉梅商量,因为她们不了解,提不出什么建设性的意见。在全家人商量出结果后,由张子清出面,向大户人家租种土地。张家在向大户人家租种土地的时候不需要请见证人、写契约,也不用告知或请示四邻、家族、保长及甲长,张子清只需要和大户人家的家长口头协商,将具体事项说明清楚即可。

一般租户、佃户都会选择和自己家关系稍微熟悉的家户进行土地租种活动,在进行土地买卖时也有不成文的优先次序,这都是建立在两家人的日常相处过程中及家庭成员的人品上,因此不会特意强调租佃关系中的见证人、契约等,交易双方间有一份信任,这份信任在张家常年租种该户地主家的土地后就更加深厚了。张家此类大事都会在当家人在家的情况下开展,即使是女性或儿子当家的家庭,也会采用类似的土地租种办法。分家后,对于分给个人或者小家庭所有的土地,之前大家庭的家长不能对其进行买卖,只能由小家庭家长对土地管理问题提出意见。

（3）家长协商土地置换活动

1949年以前,张家没有属于自己家的土地,因此存在的土地置换活动仅包括在租种大户人家土地时与其进行协商。张家一直向同一户人家租种了很长时间的土地,在前几年,两家人交情不深,因而这户人家租给张家什么类型的地,张家只能照单全收。随着相处逐渐深入,张子清为人诚实、从不拖欠,每年在粮食收获后都第一时间上交租金,之后大户人家就把离张家近、耕种方便的土地租给了他家,算是予其便利。可以说,在这样的土地置换活动中,是张子清及其他家庭成员用自己的人品打动了大户人家的家长,因而在之后的农业生产中才更加方便。在土地置换活动中,主要由两家人相互商量、决定,两家人的代表都是家里的家长,这些活动不需要告知或请示四邻、家族、保长和甲长。

5.家庭成员共同参与各项土地活动

（1）家庭成员对土地所有权的从属作用

张家在进行土地买卖、租佃、置换、典当等活动中,除家长以外的家庭成员不能发挥支配作用。他们只能根据相关活动提出自己的意见,但在活动中不起决定性作用。在家庭会议中,只有张月字和张德云、张发友等会提意见,其他女性通常不会参与到土地管理的相关事情讨论中。张月字等人提出的意见只起参考作用,最后的决定权取决于张子清。除家长外,其他人不能擅自对土地所有权作决定。如果当家人不在家,会暂时搁置土地管理的相关事情,等当家人回来再进行处理。全体家庭成员对家里从地主家租来的土地都有使用权,张子清负责土地的总体管理。之后张家在土地改革运动中分得的七八亩土地,家庭成员也都拥有使用权和经营权,只是家中的当家人具有最终管理权。此外,土地上收成的粮食归全体家庭成员所有。

（2）家庭成员遵照土地租佃活动

张家每年都要向大户人家租种一定的土地耕种,在租地前,张家会就是否续租和租多少土地进行家庭内部的讨论。会议由张子清主持,除去小孩,其他家庭成员都要参加会议,会上女性也可以发表意见。张家在向大户人家租佃土地之前通常会考虑家中劳动力的大小、农具和牲口的数量,以及租种多少亩土地才能获得维持一家人一年生活的收成等。这样的清算、盘点不仅能让自己心里有数,也方便向大户人家租种土地时用具体数据有力地说服对方。通过家长主持的关于土地租佃会议的讨论,全家人会形成一个较统一的结论,但因之后和租种土地的这家人合作较顺利,且每年都租种相同数量的土地,所以渐渐地会议讨论没有之前那么详细,会上只需确定是否以同样的方式向该家续租即可。在土地租佃会议中,所有家庭成员具有参与权和提议权,但是不能擅自作决定,最终的决定权在家长手中。

6.土地产权不容侵犯

1949 年以前,张家从大户人家租来的土地很少被侵占,被侵占也是无意识地侵占或者轻微侵占,因此张家没有与侵占土地的人家产生矛盾。有时候是被地邻家的牲畜不小心吃了地里的庄稼,但这种情况难以避免,只能提醒地邻家日后多加注意,看好自己家的牲畜;有时是家里院子中的作物被邻居家伸出围墙边界的枝干挡了阳光,影响家中作物生长,都是些小事。

邻居在家中院子里种的树长得比较茂盛,伸出两家围墙边界的枝干挡住了张家在围墙边种植作物的阳光,使其不能吸收充足的养分,因而这部分的作物不如院子里别处的作物长得好。张家找到原因后,由张子清出面,向邻居家说明情况,双方都是讲道理的人,邻居立即将伸出围墙边界的枝干砍了,并承诺以后在院子里种树时会注意,边界问题因此得到了很好的解决。

土地是农民的私有财产,如果自己家的土地被别人侵占,自己家人肯定不能容忍,必然会据理力争,土地分毫必争,每个人都会坚决维护自己家的权利。当然,一般人也不会随便侵占别人家的土地,即使是与邻里关系不好、人口少或寡妇家庭。大家心里都明白,也能换位思考,土地对一个家庭的重要性。当发生无意识侵占或轻微侵占别人家土地的情况时,在经别人家提醒后,问题都会得到立即处理,这样也避免伤了两家人的和气。无论什么时候,碰到讲道理的人,问题都能得到较好的解决。张家耕种的土地是从地主家租来的,因此对农作物更是格外珍惜,每年快到作物收成的时候,张子清都要让家里的人轮流看管地里的作物,防止作物被盗或受损。张家虽然不属于村中人口特别多的家户,但一家人为人真诚、正派,所以左邻右舍对他家都较尊敬,不敢随便欺负他家。

7.外界认可并尊重家户的土地权利

（1）其他村民尊重家户土地产权

村里其他村民,尤其是住在方圆五千米范围内的村民对张家租种的土地及之后在土地改革运动中分得土地的大致位置、亩数都比较清楚,他们承认张家对土地的所有、耕作、收益等权利,不会随意侵占张家的土地。农户之间的相处需要相互尊重,大家都愿意有一个和谐的共处环境,如果需要买卖、租用、置换土地,会和土地的所有者商量,在双方协商成功后才会开展相关活动,如果协商失败便不会强行买卖、租用和置换土地。对于大家庭内属于个人或者小家庭所有的土地,大家庭也会加以保护,因为即使是分家后,大家也是亲人,遇到问题必然会站在一条战线上。

（2）家族认可家户土地产权

在迎燕村,张家所在的家族人口较少、范围较窄,家族内的亲戚平时联系也不多,但家族中的人都知道张家租用及在土地改革运动后分得土地的具体位置。他们承认张家对家中土地的所有、耕作及收益等权利,不会随意侵占这些土地。即使是一个家族中的亲戚,家族其他成员想要买卖、租用、置换张家的土地,也需要和张家的家长商量,不能强行买卖、租用和置换土地。当一家人的土地被外人侵占时,如果这家人所在的家族间平时来往密切、感情较深,那么其所在家族定会为之抱不平或出面提供保护,但这种情况在迎燕村还未发生过。

（3）村庄维护家户土地产权

1949年以前,村庄的保长、甲长对张家向大户人家租种土地的具体情况不是很清楚,因为租种土地的现象在村里很普遍,且每年都有变动,较不稳定,所以保长、甲长只对拥有土地的人家有个大概的了解。在土地改革运动后,每家分得土地的数量、具体位置等都有相应的记录,村干部对其均有具体的了解,较之前正规了许多。

村庄的保长、甲长均承认各家各户对自己家土地的所有、耕作、收益等权利,不会随意侵占农户家的土地。如果因为具体需求要买卖、租用、置换土地,需与土地所有者家庭的家长进行商量,如果家长同意,村庄才能进行相应的活动;如果家长不同意,村庄不能强行买卖、租用、置换他家的土地。如果农户家的土地被外人侵占,农户家首先会自己解决,若解决不了便会请村里比较有威信、能主持公道的人出面协商,若还是解决不了,则会请村主任解决。

（4）政府保障家户土地产权

张家居住在清镇市卫城镇迎燕村,当地县政府和乡政府都承认村里各户人家土地的所有、耕作及收益等权利。他们可能不清楚各农户家中土地的具体数量和位置,但是在县政府和乡政府的档案室里均有相应的土地记录。县政府、乡政府不可以随意侵占农户家的土地，如果要对农户家的土地进行买卖、租用和置换，需要同家户的家长商量，若家长不同意，不能强行买卖、租用或置换。当两家农户因土地产权问题发生矛盾，首先会请村中有威信、能主持公道的人出面协商，如果还不能解决，县政府、乡政府的人则会出面主持公道，对土地产权受到损害的一方进行保护，但这种情况在村里很少见。

(二)家户房屋产权

1.张家人多屋窄

1949年以前，张家住在迎燕村的西南头，家里的房子是张应祥、张应礼、张子清从毕节市迁到卫城镇时修建的。宅基地面积大约有一百五六十平方米，房屋的建筑面积约为八十平方米，屋子大概是坐北朝南向，东西布局。张家的房屋在村里算是条件比较差的，最开始只有一间土墙房，屋子很简陋，四周是用土坯垒上，屋顶直接用茅草铺上，床上盖的是秧背，家里人只要求屋子住起来安全即可，之后张子清成家，家里人口越来越多，房屋便由一间扩展到三间。

家里房屋的四周用围墙围出了一个小院子，作为与邻居家的边界，避免日常生活中产生不必要的纠纷。平时，张家会在院子里种些青菜、豆角、小瓜等蔬菜以供一家人食用，也便于采摘。在院子侧面空余的地方可以堆放杂物，比如锄头、镰刀、背篓等，家中日常晒稻谷、野菜也在这个院子里。院子的西南面用茅草搭建起了一个简易的猪圈，平时牛、猪都饲养在这间。

堂屋的房门正对大路，周围的景象尽收眼底，家里人经常在屋子里和路边过往的农户闲聊。夏天把房门和窗户打开，通风效果很好。堂屋正中间靠墙的桌子上按辈分供奉着过世祖先的牌位，旁边放着土地神的像。堂屋作为三间屋子的中心，是张家日常生活中使用最频繁的一间屋子，通常一家人吃饭、聚会放松、主人会客都在这间屋子。

堂屋左、右两侧的屋子都用木板从中间隔开，相当于两间屋子变四间，以便屋子得到最大限度地利用。堂屋左边的两间屋子，外面一间用于冬天烧火炉，一家人吃饭、取暖。里面那间是张子清和张月字的卧室，家里贵重的物品如钱财都放在这间屋子，并用专门的箱子装上、锁住，一般人不能轻易进去。堂屋右边的两间屋子，外面一间主要供张德云、张发友等人居住，几个儿子小的时候可以同睡一张床，长大后便分开睡，有几个男孩铺几张床，尽管是男孩的房间，但是张子清对屋内的整洁度要求比较严格，简陋但必须收拾得井井有条。家里来了客人也住这间屋子。里面一间是张凤和张二妹的卧室，小时候不讲究，兄弟姐妹都是随便进出房间，等到两姊妹10岁以后，张家几个兄弟就不能随意进出她们的房间了，张子清也基本不进这间房。在房屋的最右边，用砖头和土简单地砌了一间厨房，方便平时家里做饭、煮猪食。

张德云成家后，张家便在房屋的右边再砌了一间屋子当作新房，张德云一家人都住在里面。在张德云成家时，家里的经济条件相比从前稍微改善些，毕竟是新房，所以房屋顶的建筑材料换成了瓦片，家里也根据当时的实际条件添置了两床新被子。

2.房屋在继承基础上不断扩建

1949年以前，张家的房子是张应祥、张应礼、张子清从毕节市迁到卫城镇时建的。老房子相当于张家的祖屋，到1949年，屋子里共居住了三代人。刚从毕节市搬迁过来时，家里条件太差，也不讲究，所以就找了处平坦的荒地用土随便垒了间屋子。房子修建得很简陋，四周用砖块和泥土垒上,顶上直接用木棍和茅草盖住。之后家里人口越来越多,条件相对没那么困难,房子由一间扩宽到三间,屋顶的木棍和茅草也换上了新瓦片。在张德云成家时,又在房子的西边修建了一间新房,至此张家共有四代人在老房子里生活过。张家每次翻修房子,都是自己家人动手,拉砖、背土、和灰,一家人相互合作,从不请别人帮忙。

3.房屋为全家人共同所有

（1）房屋为家户所有

张家人认为,在未分家前,房屋属于全家所有,人人有份,不是属于家长或者某个个人的。因为房屋是不可分割的财产,所以张家全体家庭成员及嫁进来的媳妇都有所有权和使用权。在分家时,全家人共同定好各家分配的房屋数量,并在分家契约上注明相关事项,当事人签字、按手印后,房屋才属于各小家庭私有。

张家没有和别人家共有房屋的情况。即使在分家之后,房屋的所有权、使用权还是在家庭成员的手中,至于涉及无法分割的公共空间时,就是一家人共用。分到小家庭手里的独立房间属于小家庭所有,别的小家庭成员不能随意在该房间内从事生产生活和娱乐,需征得小家庭成员的允许后方能进出房间,这些都是分得很清楚的。

（2）拥有所有权的家户成员范围

在张家未分家之前,张家的房屋属于全体家庭成员所有,这里的家庭成员包括张子清、张月宇、张德云、张发友、张昆友、张友发、王玉梅和张刚刚。张凤和张二妹有居住权,但是没有所有权,同辈兄弟娶进门的媳妇同样也拥有所有权。此外,入赘的女婿有房屋所有权,但嫁出去的女儿没有所有权。在分家之后,已经分家出去的兄弟就没有房屋所有权了,常住在家里的其他非家庭成员均只享有房屋的临时居住权,没有房屋的所有权。

（3）对房屋家户所有的态度与认知

张家人认为房屋属于全家人所有,在分家之前,不应该将房屋所有权分配到每个个人,家长和其他家庭成员在房屋产权上拥有同样的权力。一家人住在一起热热闹闹,利于增进感情,此外,房屋属于全家所有,有利于整个家庭的团结与和睦。如果将房子划分给每个个人,那个人就会很在意自己的主权,无意的侵犯都会极为计较,导致相互之间产生隔阂,影响一家人的和气。在张家,每个家庭成员从小就被灌输了家庭第一,个人其次,家和万事兴的思想,这种思想把一家人紧紧地包裹在一起,因此张家一直生活得很和谐。

4.房屋边界清晰

（1）以围墙作为与四邻的边界

张家的房屋与四邻的房屋有边界,是以土垒的一面围墙为边界,这是在几家人协商后,共同修建的。四邻之间需要严格遵守边界线,不能越过邻居家房屋的边界修建房屋、从事生产及生活活动,这样容易引发矛盾且自家还理亏。迎燕村之前发生过房屋边界纠纷的事情,其中一家人在修建猪圈时不小心超过边界线,等邻居注意到时,猪圈已经修好,但邻居要求对方将超出边界线的部分移到边界线内,两家人由此陷入纷争境地。村里的其他人家都站在被侵占利益的这一方,对方自觉理亏,更迫于村中舆论压力,不久后便将建好的猪圈拆除,移到自己家边界线内。

（2）外人无权享有使用继承权

张家的房屋归全体家庭成员使用,外人在没有经过张家家里人同意的情况下,不能擅自进入和使用。一般到别人家里去,都要站在院子外喊几声,如果家里有人答应,同意你进去才能推开院子的门进去;如果别人家中没有人,外人擅自推门进去,将被视为是不礼貌、不恰当的行为,有时甚至会引起不必要的怀疑与误会。因此,村中农户如果外出,除锁上屋子里的大门,也会关上院子里的门,以此提醒访客。

张家房屋的继承权只属于家里的四个儿子,嫁进来的媳妇和媳妇所生的儿子也随丈夫一同享有权力,除此之外,其他人不能享有。虽是家人,但如果已经分家,分家出去的家庭成员只能享有自己小家庭所有的房屋继承权,别的家庭的房屋所有权与其无关。

（3）外家、内家均有明确的界线

张家人对自家拥有的房屋都有清晰的心理认同,在日常生活中,自己家和四邻家的边界大家也是十分清楚的。张家的家庭成员承认土地归全家共同所有,对于自己家和别人家的房屋产权,家庭成员更是分得清楚。如果自己家的房屋被他人侵占,全家人一定会坚决维护自家的合法权益。

除了自己家和四邻家的房屋边界,一个大家庭中的小家庭也有清晰的边界,哪间屋子谁住,哪间屋子不能随便进,大家心里都很清楚。比如张家东北边张子清、张月字的房间,张发友几兄弟及女儿、儿媳通常要得到家长的允许,最好是在家长在场的情况下才能进入;最西边张德云一家住的房间,张子清和张发友几兄弟通常不进;张凤、张二妹的房间一般只有张月字和王玉梅会随意进出。如果家里有人出现在自己不应该出现的房间,轻则相互尴尬,严重的甚至会引起家庭矛盾。

（4）经营管理权归家长所有

张家的房屋由张家全体家庭成员共同管理,买卖、拆除、维护、翻新、重建房屋等都会先开家庭会议,全家人共同商量后,由张子清最后作决定,当然,这一决定需要得到全家人的认可与支持。在张德云成家之前,家里需要修缮房屋,所有家庭成员都会出力,男性搬材料、和土、垒土、砌房子,女性的首要任务则是收拾、打理好家中的一切,并保证男性的一日三餐,此外,在建房子的过程中也会做一些自己力所能及的事。张家在修缮房屋时没有请帮工,一是家中的劳动力足够用,二是没必要把钱浪费在不该浪费的地方。

张家针对房屋进行的各项活动不需要同别人商量,宗族、邻居、村庄也无权干涉,这都是自己家的事,外人无须过问。对于房屋买卖、拆除、维护、翻新、重建等具体事项,分家后的父母、兄弟也不能干涉,只能就该项活动提出自己的建议,但是否采纳,最终决定权都在房屋所有者手中。

5.家庭成员在家长的支配下相互协同

（1）家长为房屋的实际支配者

在房屋买卖、典当、出租、修建等活动中,张子清作为一家之长,是房屋的实际支配者。张家在迎燕村的房屋是张应祥、张应礼和张子清之前为垦荒生存,从毕节迁来时修建的,一家人只有这一处房子,因此没有进行过房屋买卖、典当、出租等相关活动。在兴建房屋及之后的修缮过程中,其他家庭成员会就此表达自己的想法,之后由当家人作决定。

对于分家出去,专属于小家庭所有的房间,小家庭的家长是房的实际支配者,从前大家庭的家长不能干涉。如果家庭人员出现变动,对于分出的房屋,家长只有和小家庭的当家人协商,取得当家人的同意后,才能对房屋空间使用进行重新调配,否则只能调配大家庭分家后剩余的房屋。

（2）家长经管房屋建造

张家最开始在迎燕村的房子是由张应祥、张应礼和张子清共同修建的，最初为垦荒生存，从毕节搬迁过来，时间紧迫、条件艰苦，大家也不讲究，所以三人迅速地搭建了一间房子。之后在房屋修缮、扩展的过程中，都是由家长统筹安排，在和其他家庭成员共同商量后，由家长作最后的决定。这些活动和安排都不需要告知或请示四邻、家族、保长和甲长，自己家的事情，由自己家决定与安排。

6.家庭成员在房屋所有权中处于协商地位

张家没有对房屋进行过买卖、典当等活动，也不清楚村里其他家户相关活动的情况。张家的房屋在修建过程中，除家长外的其他家庭成员不能发挥支配作用，更不能擅自决定。张家是比较民主的家庭，家里比较重要的事都要开家庭会议一同讨论，除小孩子外，其他家庭成员都要参加。家庭会议上，家长主要是和张月字及几个儿子讨论，女性也可以提意见，但她们很少提，通常都是听任家长和男性做主，最后由家长作决定，其他家庭成员对这一决定也表示赞同和支持。当然，如果家长一个人决定也没有问题。不管是男性、女性、儿子，还是兄弟，只要是家长，就拥有对房屋所有权的支配权利。

7.全家人坚决维护房屋产权

张家的房屋没有出现过被外人侵占的情况。一家人为人诚实、正直、善良，向来都与人友好，在村小组里较受尊敬，况且张家十口人，人口数量不算少，因此很少与左邻右舍发生冲突。一般在村子里，只有那种家庭人口数少、自我保护能力弱，且为人不友善、到处树敌的人家才较容易出现被外人侵占的情况。

当农户家的房屋产权被侵占的时候，全家人都不会容忍，必然会抗争，站出来进行自我保护。对农民来说，土地和房屋是家庭里最重要的两样东西。如果问题依然得不到解决，就会寻求村中比较有威望、能主持公道的人出面调解；若还是不能解决，便会上报到保长、甲长那里。这是关乎全家利益和权利的事，即使家庭人口数少、软弱的家户也会坚决抗争。家里的房屋被侵占，在同全家人一起商量后，都是家长作为家户代表出面解决，家人是家长的后备力量和坚强后盾，家长需要承担责任。

8.外界认可家户房屋产权并加以保护

村里其他农户均承认张家对自家房屋的所有、买卖、租用和置换等权利。农户不敢随意侵占别人家的房屋，如果要对房屋进行买卖、租用、置换，必须和房屋所有者家的家长商量，只有经过家长的同意才能进行下一步活动；如果家长不同意，不能强行买卖、租用、置换别人家的房屋。家族、村庄、政府都对家户房屋的产权给予认可并加以保护，会尽力维护属于家户的房屋权利。

（三）生产资料产权

1.生产资料陆续置办

即使张家没有自己家的土地，但因向大户人家租种土地，需要用齐全的农具说服大户人家租给自己家土地，且种地是张家主要的收入来源，所以家中必需的农具还是很完备的。一般农具主要包括犁头、锄头、耙子、镰刀等，犁头和锄头是用来挖土、翻土疏松土地的；镰刀是用来割除地间的杂草、砍猪草的；排灌工具主要是水沟、水渠；家里积攒了一些钱后，买的脱粒粮食的机器,算是家中的大型农具了,每年粮食晒干后就用脱粒机器进行脱粒。

平日里,张家一般会喂养些鸡,等鸡长大后便拿去集市上卖。遇到丰年,除去上交给大户人家的一半粮食、全家人食用的粮食及备用粮外,有多余的粮食也会拿去集市上卖。若积攒了足够的钱,会买猪来喂养,等到快过年的时候再把猪卖掉换钱。张家攒了几年的钱后买了一头耕牛,耕牛主要用于翻土、驮东西,耕牛为家中的农业生产节省了不少人力和时间。最初几年家里一直省吃俭用,就为了攒够钱买头耕牛。张家没有任何交通工具,不管是背粮食去集市上卖,还是之后干卖钢炭的副业,都靠人力背,来回步行,生活较艰难。

2.生产资料从市场上购买

张家的生产资料大多是从市场上购买来的,购买的钱是自己家平时省吃俭用积攒下来的,钱由张子清或张月字统一保管,购买东西时就从整个家庭经费中拿出来,家庭成员去集市上卖东西赚的钱回家后也要全部上交。迎燕村有固定的赶集市场,每逢周末,除一般的小商贩外,农户们也会将家中多余的生产资料背到集市上卖,集市上的东西应有尽有,人流量、交易量都较大。市场上有专门的牲口市,老百姓有需要也会到市场里买牲口,张家的鸡、猪、耕牛都是在这个牲口市上买的,偶有几个小鸡也是家中的小鸡孵化出来的。只要家里经济条件允许,张家每年都会买猪,猪一来可以造粪,给土地提供肥料;二来到年底可以拿到市场上售卖,给家里增添些收入。家里的耕牛也是如此,从市场上买小牛回来,之后慢慢地养大。

张家的生产资料归家庭成员共有,为了农业生产更方便,平时必备的农具都是家里自行购买,不会和别人家共用。家里之后买进耕牛也是如此,只要有一定的经济条件,便会立即把农具、牲畜购买齐备,保证农具的产权、使用独立。购买生产资料的钱都是从全家人的家庭经费中拿出来的,这些经费平时由家长统一保管,家里需要买进什么类型的生产资料,也是由家长统一支出、购买,其他家庭成员没有购买的权力,但买回来的生产工具、生产资料归全体家庭成员共有。在农忙季节,没有耕牛的家户会借张家的耕牛使用几天,耕牛用完之后,借耕牛的人家会出一个劳动力来帮张家干几天的活,相当于人力换牛力。

3.生产资料为全家所有

(1)生产资料为家户所有

张家人认为家里的农具、牲畜等是属于全家人的,不是属于家长或某个个人,这些生产资料全家人都有份,大家在劳动生产中一起使用,不可分割。家里的生产资料没有和别人共有的情况,都是自己家单独使用,这样用起来方便、顺手,也避免产生不必要的纠纷。在分家之前,没有生产资料属于某个个人所有或者小家庭所有的情况;分家后,分出去的生产资料属于小家庭所有,以前的大家庭不再拥有这些生产资料的产权。不属于自己家的生产资料,如果要买卖、借用、置换,都需要与生产资料所有者商量,如果所有者不同意,不能强行买卖、租用和置换。家族、村庄、政府也对农户生产资料所有权认可和保护,这样有利于村庄关系的和谐。

(2)拥有所有权的家户成员范围

家里的生产资料,如农具、牲畜等,虽然属于全体家庭成员,但不包括嫁出去的女儿和未成年的儿童;没有出嫁的女儿只有使用权,没有所有权;外出打工的男性、嫁进来的媳妇和入赘的女婿都有所有权和使用权。如果一家人已经分家,分出去的生产资料所有权归小家庭所有,其他家庭成员没有权利。

（3）家庭成员对生产资料家户所有的态度

张家人觉得，生产资料应该属于全家人所有，不应该将生产资料所有权分配到每个个人。在生产资料的产权上，家长并不比其他家庭成员更有权利。生产资料属于全家所有有利于家庭的团结与和睦，这会使得一家人在使用生产资料时自在、随意，不斤斤计较，不发生矛盾。

4.家庭成员在家长的分配下相互协作

（1）家长为生产资料的实际支配者

张子清作为一家之主，是生产资料购买、维修、借用等活动中的实际支配者。家庭成员在使用生产资料的时候，发现需要购买、维修的生产资料，可以向家长提出。一般由家长进行添置，若家长比较忙，得到家长的许可后可由其他家庭成员直接从家庭生活经费中拿钱购买，但购买回来后需向家长说明具体的开支情况。张家基本的农具、耕牛都能自给自足，不会向邻居借用。如果当家人不在家，生产活动中的小事可由使用者向家长汇报后，自行处理，这都是很灵活的。

（2）家长决定生产资料的购买

张家购买生产资料活动主要由张子清安排和决定，其他家庭成员可以提意见。添置大件生产资料时，张子清会和其他家庭成员商量，主要是和张月字及几个儿子商量；其余小件生产资料，如果张子清忙不过来，使用者得到他的允许后可自行决定。

牲口在农民的农业生产中有重要的位置，畜力大于人力，并且比人力的生产效率高。选择何种牲口，往往与农户家的实际经济条件有关，在经济条件允许的情况下，首选耕牛。耕牛在农民的生产活动中发挥着重要的作用，它被看作是勤劳的象征，牛力大于人力，使用耕牛可以使农民在生产活动中的效率翻倍。张家选择生产资料与自己的家庭条件密切相关，除去必备的农具，在条件允许的情况下，首选添置耕牛。

在攒够钱后，张子清和张德云便一起去集市上挑选耕牛，耕牛买来后全家人都很开心，均悉心喂养，之后张家也喂养猪。像买这类大型的牲口，需要全家人一起商量，最后由家长拿主意。家长在作决定前，通常会要考虑家中是否有多余的钱来支付这笔费用，如果有条件，便会买，因为这在一定程度上可以提高家庭的生产效率，增加家庭的收入，但喂猪有风险，所以购买之前要权衡清楚。大型的生产资料不是一两年就能添置完备的，需要循序渐进，一年添置一样或几年添置一样，家长对何时添置生产资料、添置什么类型的生产资料都应有个长远的规划。之后家里买农具，尤其是大型农具也是张子清做主，如脱粒稻谷的机器。等家里的生产资料添置得差不多了，存下来的钱就用作别的用途。这些都是家长总体负责，其他家庭成员直接使用就行。

（3）家长统筹生产资料的维修

张家生产资料的维修活动是在家长的统筹安排下进行的。农具损坏后，最常见的解决办法是维修，因为比起购买新农具，维修破损农具更经济、更实惠。一般家里的男性都会维修农具，他们在平常的使用中积累了一些小窍门，破损的农具基本拿回家修修补补又能继续使用了。而且农具都很耐用，不容易坏。在每年临近收获粮食的季节前，家里的男性都会提前检查好农具，对不经常使用的、钝化的农具进行修理，防止因农具的损坏而耽误了农业生产活动的进度。这些小事，家中的劳动力可以自行处理，不必事事禀报家长。

（4）家长为生产资料借用中的责任人

张家的必要农具都很齐全，能够自给自足，大型农具通常不向别人家借用，毕竟村里拥有大型农具的只是少数人家。迎燕村里的土地都是小块小块的，种植规模较小，所以一般小型农具就能满足一家人的生产需求。

在张家还没购进耕牛前，每年农忙季节都要向关系较好的农户家借用耕牛。即使是关系要好的邻居，刚开始借用也需要张子清出面，以显张家借用的正式和诚意，让别人家信任。如果是经常借用，前几次需要由家长出面，之后便可以由家中的男性直接借，但在借用时要说明："我的父亲让我来向你家借用下耕牛。"这样借东西的家户也能明白是其家长的意思。作为回报，张家会出一个劳动力帮借出耕牛的人家干几天活，相当于以人力换牛力。

在张家购进耕牛后，没有耕牛、平常来往较多的人家逢农忙季节也会来向张家借用耕牛，这和之前张家向别人家借耕牛也是一样的道理。

5.家庭成员在生产资料所有权中的从属地位

除家长外的其他家庭成员对家里的生产资料没有支配权，生产资料的购买权、借用权等均属于家长。但对于小型农具，家中的男性劳动力有维修权。张家的家庭氛围较融洽、民主，对于家里的一些事情，有时不必特意开家庭会议讨论，一家人在吃饭的时候就可以自由地沟通。但家长在一家人中有很高的威信，家长作的决定家庭成员都会服从。

在张家添置耕牛后，别人家来家里借耕牛，通常是给张子清借，双方都由当家人出面进行沟通，妇女和小孩不会来借用东西，他们没有威信，不能代表一个家庭，不足以让所借人家信服。但不是所有没有耕牛的人家都来借，只和有耕牛的人家关系较好，且家里有人会使耕牛的人家才会来借，不然借耕牛回去也没有人会使用其犁地。村里有专门租用耕牛的人家，租用一天需要多少钱都是明码标价的，一般只有家庭条件不错的人家才舍得拿钱租用耕牛，普通人家更愿意用人力换用劳力。

6.家庭成员不容忍家户生产资料被侵占

张家没有出现过生产资料被外人侵占的情况，原因有二：一是张家人口不少，且平时与人相处和谐，这对想要侵占别人家生产资料的人便起到一定的威慑作用；二是张家经济条件较差，有的只是些普通农具，对想要侵占别人家生产资料的人来说用处不大。

而村里有的人家就不像张家这样"好运"，自己家的生产资料偶尔会遭到外人的侵占。当自己家的生产资料被侵占时，必然不能容忍，家庭成员会坚决抗争，但不是每次抗争都有好的结果，向保长、甲长寻求帮助也不一定能得到有效地解决，因此村里有些人口少的家户只能"打落牙齿往肚子里咽"；有的家户因被侵占的生产资料较便宜，觉得多一事不如少一事，事情也就不了了之了。

（四）生活资料产权

1.家户基本资料齐全

1949年以前，张家虽然生活条件较差，但是磨盘、桌椅板凳等生活必需品一应齐全，油盐酱醋自然不用说。平时家里的女性做家务时都会注意这些小的生产资料，灵活处理，用完便及时添置，只要买来之后向张月字说明清楚就行。家中男性用泥土在房子四周砌起的围墙就是家里的晒场，这通常是在院子的空余地方。村里有河流流经，水源充足，张家距离挑水的地方不远,取水挺方便,因此家里不需要打井或使用大型水车。

2.家人省吃俭用获取生活资料

张家的粮食是靠自己家劳作得来的,因为是租种大户人家的土地,所以每年收获粮食后,需要把收成的一半以上交给这户人家,剩下的自己家食用,这基本够一家人一年食用。偶尔有一两年荒年,家里吃粮食就要稍微拮据点。除非家里收成很多,否则不会拿粮食去卖,一般都将剩余的粮食储存起来,以便在荒年时全家人不至于挨饿。油盐酱醋这些生活用品都是从集市上购买来的,集市上有专门的盐铺,农户通常用钱买进,偶尔家里没有闲钱也可以用鸡蛋、蔬菜去换,比如几个鸡蛋、一些蔬菜换一点盐,以物易物,毕竟这些生活用品都是必不可少的,家里想方设法总会换一些。张家主要食用菜籽油和猪油,菜籽油是从油菜花中榨取出来的,猪油一般是去市场上买板油回家炼制,动物油好吃,但吃多了对身体不好,所以农户们平时都是以菜籽油为主。

张家简易的桌椅板凳都是家中男性自制的,家里都有工具,只需要去市场上买点木板回家制作即可。自制的桌椅板凳用起来比较结实,还能用较长的时间,最重要的是,比较省钱。平常农户家的桌椅、板凳都是自己家做,在使用的过程中有什么损坏,也是由家中的男性负责修补。

至于日常生活中的用水,迎燕村内有河流流经,农户们都是用扁担挑着两个水桶去河边挑水,从张家走到河边大约需要六七分钟的路程,还算方便。即便如此,农户们日常生活中用水都很节省,不浪费一点水,尽量一水多用。张子清安排张昆友专门负责挑水,家里有个较大的蓄水缸,平时洗菜、做饭、洗漱的生活用水都从里面取,张昆友需保证家里的生活用水不断,及时补给。张昆友一般早上起来就先去河边挑水,把蓄水缸装满大概需要来回两至三趟。村里农户用水全靠这条河,水源相对较充足,因此不需要再去别处打井、掏井。

3.全家共同所有生活资料

(1)生活资料为家户所有

张家人认为,家里的生活资料等是属于全家人的,不是属于某个个人的,在分家之前,不同的家庭成员,不会区分专属于个人或者小家庭的生活资料。全部家庭成员同吃同住同用同劳动,在生活资料上没有任何分割,无论是粮食,还是油盐酱醋等生活用品,都是种出来、买回来大家一起吃,不会计较谁吃得多一点,谁吃得少一点。张家很团结,有好吃的东西就大家一起吃,没有就大家都不吃,所谓"有福同享,有难同当"。家中的生活资料没有和别人共有的情况,这点家人和外人还是分得很清楚的。

(2)拥有所有权的家户成员范围

张家人赞同家庭成员对家里的生活资料都有份,包括没有嫁出去的女儿、未成年的儿童、嫁进来的媳妇和入赘的女婿,只要是在张家生活的人都囊括在内。对于外出打工的家庭成员、嫁出去的女儿,因为不在家生活,所以不使用这些生活资料。但只要回到家,还是可以像往常一样使用。这些生活资料较细碎,一般不作严格的区分。家里的生活资料属于全家人所有,不应将生活资料所有权分配到每个个人,在生活资料的产权上,家长不会比其他家庭成员更有权利。生活资料属于全家所有有利于家庭的团结,家里生活较艰苦,生活资料也不多,一家人在日常生活中很节约使用这些必不可少的东西,但不会刻意地区分或锱铢必较,什么东西都是大家一起吃、一同用。

4.家长支配并管理家户生活资料

张家在生活资料的购买、维修和借用活动中,张子清是实际的支配者。每年家里收成的粮食都会提前晒干并装袋,之后统一放在堂屋的干燥角落里。张月字需要规划好每个月一家人的粮食数量,以便在粮食收成的前一两个月或荒年时一家人不至于饿肚子。张家每天吃什么由张月字决定,然后由家中的女性准备饭菜,她有时也会帮帮忙。对于厨房里的一些生活用品,家中的女性较清楚其使用情况,哪样东西快用完都会及时地添置上。一般经过张月字的允许就可以拿钱自行去集市上买进, 晚上一家人坐在一起吃饭的时候再向大家说明相应开支即可。在生活资料上,张月字相当于是内当家,如果家长不在家,家里需要添置什么生活用品直接向张月字报备,家庭成员便可以从家庭生活经费中拿钱自行购买,之后再向大家说明就好。

日常的生活资料维修也是一样的情况,比如在使用桌椅板凳时,家庭成员发现哪里有问题都会及时修理,自己修补不好才会拿到集市的修理铺修理,修理的花费需要向家长说明。当然,桌椅板凳主要是家中的男性负责。

在生活资料的借用方面,张子清通常和张月字商量后,由张子清安排和决定,张子清或张月字都可以代表张家出面借。这些不需要告知或请示四邻、家族、保长和甲长。但平时生活中需要的小物品,一般都尽量自己家解决,不会向别人家借,为一点小东西欠别人家一个人情难免尴尬。

5.张家生活资料产权未被侵占

张家的生活资料没有出现过被外人侵占的情况,一般别人向张家借生活资料,大的生活资料,需要对方家的家长出面和张子清协商;小的生活资料,可以由张月字或几个儿子去借,但也是代表整个家庭借用,征得别人家的同意后才能拿走使用,用完后会及时归还,俗话说:"有借有还,再借不难。"如果在未经别人家同意的情况下就拿走,会被看作是不礼貌、不恰当的行为,会被指责这家人不懂规矩,村里的人也会议论纷纷,对整个家庭都会造成不好的影响,两家人之后的相处也会比较窘迫。

村里如果出现自己家的生活资料产权被侵占的情况,有的人家是不能够容忍的,会毅然抗争,有时村庄里有威信、正直的人还会为这家人抱不平并提供帮助,直至事情合理解决为止。这样一来,侵占别人家生活资料的这家人在村里的名声就会不好,大家也不愿意和这样的人家打交道。但有的人家被侵占的是小件的生活资料,且侵占的人家家庭条件较差,则会选择大事化小,小事化了,不再追究。

6.外界承认家户生活资料私有

其他村民都承认张家对生活资料的产权,不会随意侵占张家的生活资料。别人知道是张家的生活资料,如果要买卖、借用都会和张家的家长商量,在取得家长同意的情况下才会进行相应的活动;如果家长不同意,不能强行买卖、租用和置换生活资料。

张家所在的家族、村庄、官府也承认张家对生活资料的产权,会尽力保护农户的利益。但一般生活资料这类小东西,都是农户几家人自行协商解决,为这样的小事出动家族、村庄或官府,难免兴师动众、小题大做了。

二、家户经营

张家劳动力充足,家内分工为男主外、女主内,家户成员在家长的安排下,合理分工,保证农业生产、家务活都能正常、有序地开展。此外,张家还在冬天从事卖钢炭的副业,以贴补家用。

(一)生产资料

1.劳力充足且分工合理

(1)劳力自给自足

1949年以前,张家有七个劳动力,分别是张子清、张月字、张德云、张发友、张昆友、张凤和王玉梅。他们七个人都参加家庭生产,但主要还是以张子清、张德云、张发友和张昆友这几个中青年劳动力为主。总体来说,张家的劳动力充足,农业生产主要由年轻的男性负责,当然,其他几个劳动力也不会闲着,会做些自己力所能及的事。女性偶尔也会参加劳动生产,但更多的是负责家中的家务活及一些较轻的农活。

家长会对家中的农业生产进行大致分工,谁主要负责下地干活,谁负责喂养牲畜,谁负责做饭、打扫卫生等。在生产过程中,男性劳动力主要负责农业生产、犁土、播种、施肥、锄草、收割、喂养牲畜、冬天卖钢炭等;女性劳动力则负责家庭中的家务事,洗衣做饭、打扫卫生、照顾孩子、缝衣服、制鞋子等,在农忙时节,女性也会下地帮忙干活,大家合理、明确地分工,在自己所负责的劳动范围内尽心尽力。

张家一家人都很勤快,家里有什么活都会主动捡起来做,从不计较谁做得多些,谁做得少些,家里的家庭成员都希望家庭生活能够越来越好。一般生病的家人和怀孕的女性会干些比较轻的活,家里的人都会对其比较关照,但大家很勤苦,闲不下来,总会找点事给自己做。未成年的儿童也会参加家庭生产,村里的小孩很小就能干活,帮大人打打手,干些像推车、割草、放牛这些轻活。在孩子稍微懂事一些后,10岁左右时,父亲就会开始教他如何干农活,并慢慢地把农业生产的技巧教授给他,这些都是他以后的生存、立业之本。外人不会无缘无故地参加别人家的生产劳动,即使家中劳动力充足,干完家里的各项农活,也会想方设法地找点别的事情来做,有合适的机会,会适当发展些副业,挣点钱贴补家用。

村里一般只有大户人家才会雇工,有的人家直接雇几个长工,自己平时不用干活。大部分农户家人口都较多,农户们讲究多子多孙多福气,所以普通人家人口较多,劳动力充足,也不需要雇工。有的人家即使在农忙的时候,最多也是和关系好的人家换工,你给我家帮忙,之后我去你家出力。大家深知钱难挣,宁愿自己多花点时间做,苦点、累点,也舍不得拿钱去雇工。

(2)男主外,女主内

1949年以前,张家的劳动力足够,家里根据具体劳动力向大户人家租种适当数量的土地,因此没有多余的劳动力外出找事做。社会整体经济条件差,除了农业,也没有什么副业可以做,只有在冬天,张子清会和几个儿子烧钢炭背去县城里卖,挣点钱贴补家用。

1949年以前,张家没有请工或雇工。通常只有劳动力不足或有钱的大户人家才会请工或雇工,寻常人家即使在农忙的时候,也会自己尽力、多花点时间做农活。对于劳动力不足的人家,在农忙的时候,一般会选择和别人家换工,你帮我家做几天,我再帮你家做几天。这需要两家的家长当面协商,但不用告知或请示四邻、家族、保长和甲长。农户们请帮工时往往会优先请和自己家关系好的人家,在村子里,各家各户总有走得亲近的人家,也有关系相对疏远些的人家。几家人换工不需要支付报酬,别人来帮忙干活的那几天家里只需要管饭,之后你去别人家帮忙干活,别人家也会管饭。午饭为节省时间,一般由主人家的女性用篮子把饭菜装好提去田地间,晚饭则相对丰盛些,干活的人一起回主人家吃。因为男、女劳动力大小不同,通常都是男性劳动力换男性劳动力,女性劳动力换女性劳动力。

张家和其他家庭一样,男主外、女主内,家中的男性负责较重的体力活,他们之间也有相应的分工,有的负责干农活,有的负责喂养家禽和牲畜,有的负责赶集、算账、生意往来,其他杂活就谁有时间谁就多做点,大家都很自觉,不需要家长刻意提醒。家中年轻的男孩子从小被教育要勤劳,只有勤劳,才有饭吃,因此他们也会积极地干活。

家中的女性主要负责做家务、照顾小孩、打扫卫生、制衣服、做鞋子等家务活,有的家庭家中有年迈的老人,家里的年轻女性还需要服侍、照顾老人。张家一家人每天吃什么由张月字决定,然后几个女性轮流做饭,家里吃的菜都是直接从自己家地里摘,自给自足,很少去市场上买菜。每餐一般两到三个菜,一个汤,菜大多是蔬菜,很清淡、很简易,一般每个菜都会炒较大一锅,因为家里人多。家里很少吃肉,为了补充能量、保持体力,必须吃很多的饭和菜。女性做好饭,炒好菜后,家庭成员装好足量的饭菜,就自己端着吃了,午饭一般不会上桌子,大家或者站着,或者坐在门口的石凳上,三下五除二就吃完了。如果大家都忙完了,晚饭就会坐下来一起吃饭,也算一天辛勤劳动后的休息。如果家里来客人,饭桌不够坐,女性和小孩就不上桌吃饭,女性大多站在旁边吃饭,方便给客人和家长盛饭、夹菜。饭后,家庭成员把碗放在桌上,就开始干各自的事情,当天负责做饭的女性需要把桌子收拾干净、洗碗、打扫等。女性要把家里打理得井井有条,做好男性的后勤保障工作,让男性在一天的辛苦劳作后,不为家里的事操心,有个好的休息。平时去集市上买些小的生活用品也是由女性负责,但前提是得到家长的允许。

2.土地全靠租赁

1949年以前,张家没有自有土地,家中的土地都是从大户人家租种过来的,租入的土地面积有八亩,租金是每年将收成的一半上交给这户人家。多年来,张家一直向同一家人租种同一位置的土地,这样从事农业生产较方便,干久了,对土地的土质、习性、周围的灌溉条件都比较熟悉,也能因地制宜,合理、有效地种植作物。在租入土地的过程中,张家先是全家人一起商量,之后由张子清安排和决定,这是家庭内部的事,不需要告知或请示四邻、家族、保长和甲长。

张子清首先需要对家里的劳动力、农具、牲畜等进行清点,在此基础上估算出需向大户人家租种多少亩土地,在租种土地时相对具体的数据对大户人家家长来说更有说服力。租佃顺序一般会优先选择和自己家关系较好、土地离自己家近、对租种成功有一定把握的人家。但有的农户平时和大户人家说不上话,无法与其直接打交道,就需要找个中间人,在向中间人说明情况后,由中间人去找这家人交涉。中间人分为一般的农户和职业中间人,一般的农户通常是和两家人都较熟悉,在村里有一定的地位,在租种土地这件事情上能说得上话的人;职业中间人是以"中间人"这一事业为生,通过促成两家的租佃关系,取得一定的报酬,报酬通常是租佃的人家出,当然,报酬需合理,要建立在双方都能接受的基础上。在这种租佃关系中,需要请见证人、写契约,见证人就是中间人,契约上要写明谁家租了谁家的土地,租种数量、位置、租期、租金及交租的日期等详细信息。契约一式两份，出租土地的人家拿一份，租户家拿一份。如果第二年继续租种，租户在过年给出租土地的人家拜年时，需说明第二年要继续租种，两家人达成口头协议后即可继续租种。

张子清和租种土地的这家人之前打过交道，不算陌生，所以租入土地的流程没有那么正式、复杂。第一次租种时，张子清和张德云一起去他家拜访，说明来意后，两家人就具体事项谈妥就可以租种土地了。张家向出租土地的人家上交的租金是每年收成的一半，收成多租金自然就多，收成少租金相应也会减少，所以这家人也希望张家每年能有个好的收成。如果遇到荒年，张子清会向他家请求延期交租，但也不能拖太长时间，延期租金不变。在正常的年份，必须按规定的时间交租，否则第二年就不会继续租给你家了。

张家租种大户人家土地时需要与其处好关系，租佃期间要去家里拜年，一般会送些鸡蛋、水果以表感谢，但不需要送礼或无偿干活。出租土地人家的农业税也是由自己家交，租户只负责交租金，此外，因为未拥有土地，所以不需要再交其余的农业税。出租土地的人家如果对佃户不满意，在每年佃户上交完租子后，可以自由退租。但一般佃户不能自由退租，除非攒够钱，买了新的土地，才会在向人家说明情况后退租，农民靠土地为生，没了土地，就没了生活来源。

3.牲口自给

1949 年以前，张家有一头耕牛，这头耕牛长期用来耕地，能够满足张家的耕作需要。耕牛是张子清和张德云从市场上的牛市里买来的，买来时还小，慢慢地就养大了。

张家攒了好几年才攒够买耕牛的钱，在这之前，每年农忙时节，张家都会向关系好的邻居家借耕牛。借耕牛一般要避开所借人家最忙的几天，等他家用完耕牛后再去借。借来的耕牛不用当天归还，但也不能借用太久，大概是两到三天。借用耕牛不需要给钱，也不用给礼物，但要用人工换牛工，借耕牛使用几天就要出一个人工帮借用人家干几天活。借来以后，张家也是像正常的耕牛一样喂养，不需要加饲料，但是还耕牛的时候一般要割一背篓牛草一起带过去。借牛通常都是由张子清出面，与所借人家的家长交涉。只有与所借人家关系要好，且连续借了几年后，家长有事时才可以让家里成年的儿子去借，但去借时也要说明："我父亲让我来向你们家借头牛。"以此表明是代表一个家庭来借的。

4.农具完备

张家的农具主要包括锄头、镰刀、弯刀，此外，有耕牛就必须要有犁头，这些都是张子清从集市上买来的，通常事先买一些简易的工具，买回来后自己再加工、组装，大型的农具有磨盘。现有的这些农具基本可以满足自己家的生产需要，不会再外借。毕竟，家里是干农业生产的，基本的农具各家各户都能自给，外借的情况很少。

(二)生产过程

1.家长安排农业耕作

1949 年以前，张家从事农业耕作，饲养的家禽包括鸡、猪，一般只有丰年收成较好，攒了多余的钱，第二年才买得起猪来喂。家里的蔬菜、鸡蛋基本能自给自足，没有多余的拿去集市上卖，况且每家每户都种菜、养鸡。每逢冬季，张德云和张发友俩兄弟会烧钢炭背去县里卖，算是发展些副业，挣点钱以贴补家用。此外，没有从事其他生产活动。不同生产活动在家庭经济中比重不同，农业是张家大部分的经济来源。

张家在不同的生产活动中有不同的男女、长幼分工，男性主要承担较重的家庭生产责任，女性和老人承担的生产责任相对较轻。首先是犁地和耙地，在家里还没购进耕牛前，每年春天，犁地、耙地全靠家中年轻的男劳动力完成，这是最费体力的一项活儿，只有把土地犁好、耙好，之后种农作物才会顺利。购进耕牛后，用牛犁地、耙地，不仅节省了人力，还提高了农业生产效率。

因为需要集中几天的时间将秧苗栽插于水田中，所以张家男、女劳动力会一起插秧。插秧是讲究技巧的，需要将秧苗插均匀，横竖都在一条线上。家里第一天插秧，称为"开秧门"，主妇们要备好饭菜，供家人聚餐。餐间，每人要吃一个鸡蛋，意谓"讨彩头"，在有时间的情况下，会给鸡蛋涂上一些红色，添点喜庆之味。劳动力蹲在田间拔秧时，要先用缚秧苗的稻草在秧田上面横扫几下，意谓防止"发秧疯"，发秧疯即手背发肿。插秧结束时，称为"关秧门"，有的农户家长会绕田走一圈，拔一把秧苗带回家，扔在门墙边，俗话说"秧苗认得家门，丰收由此进门"。插秧结束的那天晚饭，一般会准备得较平常丰盛些，犒劳家中的劳动力插秧辛苦。

接下来的锄草、灌溉、施肥、割稻，一般由家中年轻的男性劳动力负责。张家所在的村庄有河流经过，水源充足，灌溉条件相对较好。但每年浇地的时候，家里的所有劳动力都要一起出动，因为每年都是固定的季节和固定的几天需要浇地，如果浇得不及时，农作物就会因缺水而枯死，所以大家都在赶着时间浇地，人多力量大。张家的肥料主要来源于动物的粪便和人粪，这些由负责喂养动物的人收集。

到看青季节，张家劳动力充足，不需要专门雇用看青的人。看青通常只看庄稼长得好的地，庄稼长得不好的地没有人会去偷盗。村里只有土地比较多的富裕人家才会专门雇人看青，有的地邻之间也会联合起来共同看青，各户人家轮流看守。张家收割回来的庄稼需要晾晒，一般在门前的院子里进行，方便照看，基本上是将庄稼平铺在整个院子里，充分晾晒，这项活动主要由家中的女劳动力完成。

家里的农业耕作都是在一家人商量的基础上，由家长统一安排的。种植哪几种作物、什么时候种植、不同作物的种植面积等都是根据实际情况，如土地的肥力、灌溉条件、单位面积的产出来决定的。在家长安排农业耕作的过程中，家人有不同的意见可以提出，这些种植安排不需要告知或请示四邻、家族、保长和甲长。

2.家畜饲养有明确的分工

1949年以前，张家喂养了耕牛、猪和鸡三类牲畜。耕牛是家里积攒了几年的钱后才购进的，院子里的猪圈足够大，所以耕牛也养在猪圈里。耕牛主要由张德云负责喂养，饲料是养牛的基础，也是养牛成败的关键因素，通常饲料费用占养牛成本的百分之七十到八十。但张家经济条件不好，主要用野草喂养牛，一些条件好的人家也会和着玉米面喂食耕牛。在平常空闲时间，张德云会定期打扫牛圈，搞好环境卫生，避免传染病的发生。耕牛主要用来犁地，平时也用来拉运东西。家里有了耕牛，不仅节省了大量劳动力，还提高了农业生产效率，它在张家发挥着重要的作用，但张家对耕牛也是合理地使用。

张家不是每年都喂养猪，通常只有丰年粮食收成好，家里有多余的钱才有条件买进猪。张德云负责喂养猪，猪平时养在猪圈里，每天张德云都会放它出来在院子里晃几圈，一般是用糠、玉米面和野草搭配在一起煮给它吃。冬季养猪尤其要注意，往往要在猪圈里增加保温设施，封严墙体、门窗等残留空隙，在墙壁四周堆放秸秆，并保持猪圈地面的干燥，粪便、污水要及时排除,清扫干净。此外,冷水要烧成温水后再让猪饮用;增加猪食的喂养次数,以填补由于温度低造成猪体内脂肪、代谢产热造成的体重亏空等。猪的粪便家里通常收集起来作为第二年农作物的肥料。张德云在常年的养猪过程中总结出了一些小窍门,因此张家的猪长得膘肥肉壮,在腊月时拿去集市上总能卖个好价钱。张家养的猪年前都会把它卖掉赚点钱贴补家用。

张家每年都会养鸡,还在院子的西南角搭了个简易的小鸡棚,白天鸡都是在院子里放养,晚上才会把它赶到鸡棚里。饲料是影响鸡肉质的重要因素,鸡一般一天喂三次,主要以玉米粒为食,还可采食青草、草籽、枯叶、虫蝇等喂食,既节约了饲料又提高了肉质。张家很注重鸡的放养,加强放养可以提高鸡肉的结实度,促进体格健壮及羽毛紧密光亮。另外,搞好防疫灭病也是养鸡的关键,一般情况下,鸡的抗病力较强,但因其饲养周期长,加之放养于野外,接触病原体的机会较多,所以必须严格做好卫生、消毒和防疫工作。一旦鸡感染了寄生虫,则生长缓慢、产蛋减少、消瘦虚弱、耗料增加,严重时甚至会死亡,因此必须定期驱虫。鸡孵化出的小鸡仔张德云会一起喂养,家里会把一部分鸡下的蛋拿去集市上卖,剩下部分留着自己吃。鸡一般由家里的女性负责喂养,长大后会挑选一些去集市上卖。

3.以卖炭为副业贴补家用

1949年以前,除基本农业和冬天烧钢炭卖这一副业外,张家的家庭成员没有从事其他职业。冬天卖钢炭这一副业是以家户为单位,因季节而定,收入不稳定。这一副业主要由张德云和张发友从事,先由张子清统一安排,分配好任务后大家着手完成,不需要告知或请示四邻、家族、保长和甲长。一般在家里提前烧好钢炭,再由张德云和张发友背去县城里卖。因为来回路途遥远,且全靠步行,一趟需要一两天,且钢炭较重,所以张德云和张发友不忍心让父亲背去卖,卖钢炭都是由他俩负责,晚上他们就在路边的小旅馆休息。卖钢炭挣钱回来后,张德云和张发友会向家长说明清楚挣钱数额及来回路上的花费。张家其他家庭成员在外做买卖回来,也要向家长交代清楚后,再进自己的房间,避免其他家庭成员产生不必要的误会。

(三)生产结果

1.家户农业收成半数交租

张家种植的农作物有水稻、玉米和蔬菜,家里从大户人家租来的八亩田土用来种水稻和玉米,一年收获一季的粮食,一亩大概收获几百斤,一年下来八亩田土收获两千多斤,其中需将收成的一半上交给出租土地的人家作为田土的租金。家里在种玉米的时候也交叉着种一些蔬菜,一般玉米长得高,交叉着种的蔬菜长得矮,这样能够充分利用土地。家里院子内也会种些蔬菜,种的蔬菜主要供一家人食用,基本不拿去集市上卖。

张家人认为影响农作物收成最重要的因素是气候,其次才是土壤、肥料、种子和耕种技术。在一年之中,大约七八月份就可以知道这一年收成的好坏,如果不是遇到较大的自然灾害,不同年份粮食的产量变动不大,基本上都在一定的区间内上下浮动。家中收成的粮食属于全家共同所有,尽管在日常生产活动中,男性劳动力干的活较女性劳动力多些,但女性将家内的一切事宜打理妥当,大家根据不同的情况、特点合理分工,为家庭的生产、生活出力出工。家里收成来的粮食会统一放在堂屋的角落里,由家长统一管理和支配,每天由张月字决定一家人吃什么,家里的女性再轮流做饭。

除小孩子不懂事外,其他家庭成员都很关心农业收成,当然,家长会更关心,因为这涉及全家人一年的温饱问题。1949年以前,除去遇到较大自然灾害的一两年,其余时间家里的收成都能够满足家庭的需要。有时张家向地主家上交完租金,留够一年全家人食用及备用的粮食后,多余的粮食会拿去集市上卖,但这种情况很少,一般都会多留点粮食,防止荒年时一家人饿肚子。卖粮食取得的收益也属于全家共同所有,交由家长统一管理和支配。

2.饲养家畜收入数不定

张家常年养一头耕牛,遇到收成好的年份,家庭收入略有结余,来年便会新买头猪来饲养,家里的积蓄决定来年是否养猪。张家养猪首先是为了年底拿去市场上卖个好价钱,其次是为了造粪,用猪粪给土地施肥,农作物长得好。此外,张家每年还会饲养十几只鸡,一些拿去市场上卖,一些留下来自己家吃,养鸡可以下蛋,家里没有钱的时候也会用鸡蛋去换些东西。通常只有家里来了重要的客人或是有重大的节日才会杀鸡吃,但这种情况都是少数。耕牛和猪主要由张德云负责喂养,鸡由家中的妇女负责。

1949年以前,饲养的家畜都会优先满足家庭的需要,一般是为家里经济的长远发展考虑,很少自家留着吃,都是拿去市场上卖。饲养家畜的收益还算可观,尤其是张德云在养猪过程中,慢慢摸索出一些养猪的诀窍,使得张家养的猪都能卖个不错的价钱。养家畜取得的收益属于全家共同所有,作为家庭生活的开支,交由家长统一管理和支配。

3.卖炭收入,贴补家用

张家没有从事手工业,唯一的副业收入就是每逢冬季,张德云和张发友一起将烧好的钢炭背去县城里卖。影响副业收入的主要因素是劳动力和天气,张家所居住的村子距离县城不近,卖一次钢炭来回需要一两天,且背钢炭卖需要有较强的体力,越冷的天,需要钢炭的家户就会越多,卖钢炭的生意就会越好,一年冬季大概卖两到三次。外出卖钢炭的人选由张子清根据年龄、劳动力情况、办事是否稳重、有无生意头脑等确定,不需要告知或请示四邻、家族、保长和甲长,这是农户自己家的事。每次兄弟二人卖钢炭挣得的钱都要交给家长并向其说明情况,几十斤的钢炭副业收入属于全家所有,作为家庭收入的部分来源,由家长统一管理和支配。

三、家户分配

对于农业收成,无论是实物还是现金,分配主体都以家户为独立的单位,由家长对食物、衣物、零花钱、缴纳赋税、租金等进行妥当的分配。

(一)分配主体

1.家户独立分配

迎燕村主要以家户为分配单位,每个家户都是独立的分配主体,单个的家户间没有太多的联系,和村庄的联系就更少了。张家在每年进行家庭收成和收益分配时,以家户为分配主体,不由村庄和宗族进行分配。各家各户在分配自家的财产和收益时,分配的范围是全体家庭成员,1949年以前,张家未分家,因此分配的单位是大家庭中的全部成员,不包括嫁出去的女儿和其他非家庭成员。

在家庭内部,分配的情况很少出现,平时一家人都是同吃同住同用,只有在年底添置新衣时,才会根据家中当年的收入情况,对新衣进行具体分配。制衣分配通常是长辈、小孩、妇女为先,之后再是男性。如果遇到丰年,家中收入宽裕,过年时,家长也会分给家庭成员相应的压岁钱。

各家各户内部进行分配时,不需要告知或请示四邻、家族、保长和甲长,因为这是自己家的事情,只需自己家里人解决,四邻、家族、保长和甲长不能介入农户家的分配过程。

2.家长主导分配活动

张家在进行分配时,由家长主导。赶集、买卖等由张子清决定,家里的吃、穿、用主要由张月字负责。在进行家庭分配的时候,由家长决定,有时会和张月字及几个儿子商量,比如在过年前添置新衣时会考虑:"今年家里收成不是很好,不是每个家庭成员都能添置新衣,那我们还是按往常的顺序来,长辈、小孩、妇女先来,之后再是男性?""家里今年收入不宽裕,那过年就不给晚辈发压岁钱了?"通常这时候家里人对家长的建议都会表示赞同。家长会根据每个人的情况和特点,站在公平、公正的角度上不偏不倚地分配;其他家庭成员没有分配权,但有不同的想法可以提出来,享有提议权和被分配权。不过,张家的家庭教育一直是礼貌谦让、以和为贵,因此没有家庭成员会因分配问题发表意见。家长外出整夜不在家的现象也很少,有什么要紧事,基本都是白天忙完,晚上就回家,这样也不会耽误东西的分配。

3.大家庭无分配界限

1949年以前,张家没有分家,所以分配主体都是在大家庭的范围内进行,之后大家庭分成了五个小家庭,分配活动就在小家庭的范围内进行,分配也由大家庭的家长转为小家庭的家长来安排和决定,不需要和大家庭的家长商量。至于分配的东西,主要是食物和衣物,大家平时同吃同住,不需要对食物进行特别的分配,张月字决定全家人每天吃什么,家里的女眷再根据具体要求准备饭菜,吃饭时都是按需取用。平常男性耗费的劳动量大,因此需要补充的能量也多,相应地,吃的饭菜会多于女性,这些差别没有人会介意,大家都希望全家人能吃饱穿暖。对于衣服,家里的长辈、小孩、女性优先,之后再是男性。每逢家庭收入宽裕的年份,家长会在大年初一给晚辈们发压岁钱,压岁钱的分配原则是人人均等,每个晚辈会收到同样金额的压岁钱。

(二)分配对象为本家户成员

张家在分配家庭收成时,分配对象是本家户成员,仅限生活在同一屋檐下,在同一口锅里吃饭的人,家里的亲戚、朋友、邻居及家户之外的人都不能享受,只有为家庭付出了劳动力的家庭成员才享有分配权。进行分配时,分配物的来源主要是家里农业、副业生产方面的收入,此外,没有别的收入。

(三)分配类型

1.作物收入半数交租,半数自用

张家每年的农业收成包括各种农作物的收入,土地是租种大户人家的,所以需要将农作物收成的一半上交给他们家作为地租,地租是分成租。张家人认为,家里每年的地租挺重,如果遇到灾荒年景,地租依旧是农作物收成的一半,粮食产量高,上交的租子也就多,反之上交的租子就少,这都是在租种土地的时候双方达成的协议。偶尔一两年遇到严重的自然灾害,张子清会去请求出租土地人家的家长延期交租,家长在了解实际情况后会给张家一定的宽限期,但最多延期一个月,拖太久就不行了。延期后不需要多上交粮食,按原数缴纳即可。每年秋天,张家把粮食从地里收上来,晒干、装好,家里的男性便背去出租土地的人家交租,一般都是家长作为家户代表上交粮食,有时家长实在忙得走不开,便会委托家中的长子代交粮食,地租一年交一次。粮食收上来,必须先把地租交足,再对剩下的粮食进行安排,如果交不上地租,别人家第二年就不会再把土地租种给你家了。

在土地改革运动后,张家按家庭人口分得了七八亩土地,因此在家里的农业收成中,需要缴纳土地税。税款为粮食,一般要上交几百斤粮食,即使遇到灾荒年景,也需要上交几百斤粮食。粮食是农户自己背去交,每年到了交粮食的季节,就有官差在村里四处敲锣,提醒大家主动把公粮交到村里,再由村里统一交到县里去。家户主要由家长出面,代表整个家庭上交公粮,如果家长抽不开身去,那就由长子代表家长去,其他人不能作为家户的代表。每年的收成都需先把土地税款交足,若不能及时上交,家长则负有不可推卸的责任,之后必须及时补上。

2.副业收入归家户所有

张家从事的副业经营是在冬天烧钢炭拿去县城里卖,每年收入大概有一百多块。这一副业收入,不需要交给外人,因为所有副业参与者都是自己家户的家庭成员。每年冬天,张德云和张发友先在家中烧好钢炭,张子清也会在一旁帮忙,然后由张德云和张发友一同背去县城里卖,卖回来后需将副业收入一并上交给家长并说明具体收支情况。这一副业收入归全体家庭成员所有,由家长统一分配和使用,无须与外人商量,也不用告知或请示四邻、家族、保长和甲长。

3.家户收入兼顾全体成员

1949年以前,张家的收入分配主要包括对衣服和零花钱的分配。家中没有谁有藏私房钱的想法,首先是家里经济条件困难,有的时候更是入不敷出,没有多余的钱能藏起来;其次一家人在一起生活,每天谁干了什么,其他人都很清楚,去集市上卖东西、去县城里卖钢炭,交易挣回来的钱都需要悉数上交给家长并说明;最后家人们都很单纯,张家家庭关系也很和睦,家里人每天都是勤劳地把属于自己的农活干完,想着法子地增加点家庭收入以贴补家用,不会有偷藏私房钱的念头,大家同吃同住同用,好日子要一起过,苦日子更要一起挨。家里的钱都统一放在张子清的那间屋子里,屋子里有专门放重要物品的柜子,平时需要征得张子清或张月字的同意才能进去,最好是当着他们的面进去,拿完需要的东西便出来,以免造成不必要的误会。

张家在冬天或者即将过年要添置新衣的时候,主要由张月字安排,衣服全部是自己家做,不会去市场上购买。张月字确定好当年给谁做衣服,吩咐下来,王玉梅、张凤、张二妹就会相约去市场上购买布料,有时也在裁缝店看看花色,把花色请工匠临摹在纸上或记在心中,回家来做。农村妇女都会织布纺纱、做衣制鞋、做各种针线活,家里人也不讲究衣服颜色是否鲜艳,款式是否好看,最看重的就是保暖、御寒。家里成员的衣服都是她们仨做,如果衣服破了,也是由她们来缝补。张家不是每年都有经济条件给每个家庭成员添置新衣,年底能给全家各个成员都添置新衣的情况毕竟是少数,多数时候都是轮流着来,先给家里的小孩添置,接着是张子清、张月字,再是家中的女性,最后是家中的男性。这样轮换着,基本每人几年才有一件御寒的新衣,旧的衣服也是缝缝补补,之后继续穿。大家平日里也不讲究,有几件衣服换着穿就行,衣服多了也是浪费。

一家人在一起生活的时候,都是由家长掌管家里的钱财,平日里谁去集市上卖东西挣得钱,回到家里都需要悉数上交并说明情况。大人基本没有什么零花钱,买的都是全家人一起使用的生产工具、生活用品,买之前向家长说明清楚,在家长允许的情况下,可以拿钱自行购买,买回来花多少钱也要给家长说明白。如果遇到粮食收成好的年份,家里有多余的收入,过年时候家长会给家里人发一点零花钱,犒劳大家在一年里的辛苦劳作。相比大人,家中孩子的零花钱就比较固定了,每年过节家长都会给家里的小孩一点零花钱,让他们自己去买糖吃、买鞭炮放,一般情况下也就两三个铜板,家长会保证每个人得到零花钱的数目一样多,一视同仁。

家里食物、缴纳赋税、租金等的分配,都是从粮食储藏里出,平时大家也是同灶吃饭,不会作刻意的区分。

(四)家长在分配中具有支配权

1.家长为家户分配的实际支配者

张家在衣物、食物、零花钱、缴纳赋税、租金的分配活动中,家长是实际支配者。不管当家人是男性、女性、儿子还是兄弟,只要是当家人,就由他决定家户的实际分配。家长在进行分配时会秉承公平、公正、公开的原则,综合各方面的因素,合理地考虑问题,因此家庭成员也乐于接受、支持家长的分配决定。

2.钱物分配均合理有效

张家没有私房地和私房钱,家长在进行衣物、食物和零花钱的分配时,都会注意统筹全局,以全家人的共同利益和实际需要为出发点,有效地分配生活、生产资料,这些分配不需要告知或请示四邻、家族、保长和甲长。

在衣物分配中,全体家庭成员都享有分配权,但分配时有一定的顺序,在条件允许的情况下,每年快过年的时候,会给家里的每个人添置一件新衣,但这种情况毕竟是少数;多数情况是家庭成员轮流添置新衣,先是家里的小孩子,再是张子清、张月字,接着是家里的女性,最后是家里的男性。轮流一次大概需要三四年的时间。张家经济条件差,不是每人每年都能添置新衣服,尤其是家中的男性,只有衣服破得不能再补,没法再穿才会添置新衣,这一分配顺序是得到全家人一致同意的。家里添置新衣主要由当家人统筹,再由张月字具体安排。衣服主要是从集市上买来布匹自己做,一般由张月字或王玉梅、张凤、张二妹一起去买,买回后由她们负责做,有时张月字也会帮帮忙。如果衣服破了,主要由王玉梅来修补,补好继续穿就可以了。

除衣物外,还有食物的分配。张家在食物分配中,每年粮食收上来需要先把地主家的租金上交,之后才能自行分配,这样分配起来也没有心理负担。剩余的粮食和食物基本不用分配,都是统一放在家里堂屋的角落边,每天由张月字决定全家人吃什么,然后家里的女性轮流做饭。家里人在同一个锅里吃饭,遇到荒年粮食不够的那一两个月,全家人就一起喝粥。

张家的零花钱分配也有顺序,如果当年家里经济条件不错,所有的家庭成员都有零花钱,一般家庭成员不会主动要零花钱,都是当家人自发给。但大多数情况下,家中的经济条件都比较差,所以一般在过年时,当家人只会给家中的小孩发两三个铜板作为零花钱,让他们去买糖吃、买鞭炮玩。

(五)家庭成员在分配中可提意见

张家在食物、衣物、零花钱、缴纳赋税、租金等分配活动中,除家长外的其他家庭成员不能发挥支配作用,更不能擅自作决定。张家是比较民主的家庭,家长在进行分配活动时,家里人有不同意见可以提出,供一家人商量、讨论,但在以往的家庭教育中,礼让、谦和、尊老爱幼的张家人对家长作的决定都全数赞同。

(六)分配要根据家人需求统筹

1.按全家的需要平衡收支

张家在分配时,要根据家人的情况、特点,以家人的需求为前提,照顾到所有人的要求。家长不能偏心,需要站在公平、公正的角度上,对全家人一视同仁,一碗水端平,偏心的话家庭成员会有意见,容易引起家人之间的矛盾,导致家庭关系不和睦。张子清在分配统筹方面做得较好,家里从未因为分配问题发生过矛盾。

2.食物分配为先

张家在分配自家产品的时候,首先要把地租、赋税上交,之后才根据自家消费的需要进行分配。租户无缘无故地拖欠地租,造成的严重后果就是第二年地主不再租种土地给你,所以即使粮食自己都不够吃,也会先上交地租和赋税,如果实在困难,会向地主和官差说明情况,推迟一些再上交。

在分配自家产品的时候,家户通常是把食物放在第一位,之后才是衣物、零花钱,农民首先要解决的是温饱问题,继而才考虑其他问题,如果自己吃都不够,肯定不会进行买衣物之类的活动了。

3.分配规则灵活

张家在分配时,如果经济条件允许,遵循平均分配原则;如果经济条件不允许,老人、病人、孕妇、小孩较其他人有一定的特权,特权大致为:在食物分配时,分好一点的给你;除老人外,其他人对特权的享用都有一定的期限,病人康复后、孕妇生完小孩结束坐月子后、小孩长大后就都和其他人一样,没有家庭成员对这些特权产生怀疑。

(七)按需分配,食物占比大

在张家实际分配的过程中,首先会将收成的一半用于地租,剩下的才是家庭内部的分配。食物优先且所占比例最大,之后才是衣物和零花钱。家里的分配基本是自给自足,很少向外人借粮食、借钱,欠钱、欠粮会给家人造成较重的心理负担,所以不轻易外借。

对于已有的分配结果,家庭成员有不同的意见可以提出,供一家人讨论、商量,但家里人都是谦让、温和、明是非、讲道理的人,家长作出的分配,其他家庭成员都是赞成的。张家每年的分配结果受粮食收成好坏的影响,根据具体收成数、家中实际的经济情况进行调整,这主要由家长来负责。

四、家户消费

张家以家户为基本消费单位,在食物、衣物、住房、医疗、教育等消费上能保持大致的收支平衡,此外,人情消费也能勉强维系。

(一)家户消费及自足程度

1.消费保持收支平衡

1949年以前,张家无论在粮食、食物、衣服消费,还是在住房、医疗、人情等消费上,都是以家户为基本单位,每年的花销没有一个固定的数字,如果一年下来挣得多,留出日常开销的钱,多余的就攒着;如果一年下来挣得少,那收入就只够日常开销。只要是家里花费出去的开销,都是必需的,如果可以舍弃,家里肯定就尽力不支出了。这些消费对于家庭经济的负担不算轻,基本每年挣多少就花多少,能攒下来的钱不多。

2.食物消费自足

张家在食物上的消费主要包括肉、蛋、菜及必要的生活用品,如油盐酱醋等,只有家中来了重要的客人或是到重要的节日才会吃肉,一般会去市场上买点猪肉,或者杀一只家养的鸡,但一年下来,家中吃肉的次数屈指可数;食用的鸡蛋都是家里的鸡下的,能够自给自足,多的鸡蛋会拿去市场上卖,有时家里没钱也可以用鸡蛋去换一些必需品;蔬菜都是自己家种的,平时会种些白菜、豆角、小瓜、辣椒等,不需要购买,有时也会拿点去市场上卖;食物消费上开销较大的属油盐酱醋,这些都是不可或缺的,自己家不能生产,必须去市场上买。张家的食物消费大概能维持,但也需要节约。

家里消费的粮食是自家土地里产出的,家里种出来的粮食可以维持消费,不用再向外购买,但即使能维持,平时的粮食消费也需要节约,不该浪费的一定不能浪费,比如吃饭时家里要求小孩子碗里不能有剩饭、按需取用;对每天做的饭菜数量也要有个大致地估算,防止做太多吃不完,第二天坏掉浪费等。张家在村里的经济条件属于下等水平,但也能维持基本的消费,此外,只有一年因遇到较大的自然灾害,家庭不能维持基本生活,那就要靠节衣缩食了。

3.衣物消费占比较小

解决了吃饭问题,穿衣问题就较好解决,张家人很少讲究衣服是否好看、款式是否新潮,关键是衣服是否保暖、耐穿,尤其是家中男性,只要衣服还能继续穿,能补则补,能凑合就凑合,很少会添置新衣。此外,张家不是每人每年都能添置新衣,通常是轮流添置,因此衣物消费在家户消费中占比较小。

4.住房消费自给

1949年以前,张家的房屋基本可以满足全家人的居住需要,从最开始的一间土坯房,接着扩建到三间房子(实际是五间),之后张德云成家,又建了一间新房。在农村,如果住房实在不能满足一家人的居住需要,那么借钱也会先把房子扩建出来,不会借住或租住别人家的房屋,有了房子,一家人才有容身之处。

5.医疗消费微乎其微

1949年以前,张家除张子清、张月字年纪较大外,其余的家庭成员都相对较年轻,因此身体挺好,很少生病。家里平时都吃五谷杂粮,蔬菜也没有添加化肥,食物相对安全、健康,家里人有点小感冒,就熬点姜开水喝,或者炖点冰糖雪梨降降火,如果比较严重,会去山上挖点草药熬来吃,再尝试一些土方子,或者少干点农活,过几天就好了。如果是小孩子生病比较严重,孩子的父母会带去村里的郎中家看看,或者是求神拜佛,很少去县里找正规的大夫看病。村里、镇上医疗水平不发达,农户的经济条件也不允许,大多数人生病就硬撑着,觉得撑着撑着就好了,因此村里人的寿命普遍较短。

张家没有因为治不好病而分家的情况,反倒是谁生病,其他家庭成员都会更加照顾他。一般孩子或丈夫生病了,就是自己的媳妇照顾;家长生病了,就由张月字和王玉梅照顾;女性生病了,主要是丈夫和婆婆负责照顾。有的家庭在分家后,如果小家庭中的家长过世,原先的大家庭及分出来的几个小家庭,平时都会更关照这个小家庭,有什么好吃、好喝的都会给他家送去,在农忙的时候也会帮忙干点农活,总之,在生产、生活上都会相对多照应些。

6.人情消费勉强维持

1949 年以前,张家的人情消费多种多样。生活在农村,日常生活中的人情来往有不同的费用支出,这具有加深情感和促进交往的功能。过年、过节,去亲戚、朋友家拜访,必要的人情消费也是免不了的,不同的人家有不同的人情消费。

对于人情消费,没有具体、明确的规定,可以送礼品,比如鸡蛋、大米,也可以直接给钱。在不同的节日,送鸡蛋的数量有不同的讲究,一般生孩子、过高寿等红喜事,鸡蛋的数量以十六个或十八个为宜,条件不好的人家可以送六个、八个。六和八在农户心中是吉利的数字,相比之下,偶数比奇数更吉利,如果时间充裕,还会给鸡蛋涂上红色,以示喜庆。如果是丧事之类的白事,人情消费一般是送钱。

嫁出去的女儿在过年时回娘家拜年,一般需要提前给娘家人说明具体日子,在出嫁后的头几年,丈夫需同妻子一起回娘家拜年,之后丈夫也要尽量和妻子一起回去,实在抽不开身时就由媳妇带着小孩去。媳妇回娘家拜年,带的礼品会比平时回娘家正式些,通常会带鸡蛋、蔬菜、大米之类较实用的东西,这些东西都是在与婆婆的商量下决定的。媳妇带回家拜年的小孩,娘家也会给一些压岁钱。母亲去看出嫁的女儿,手头宽裕时,会带点蔬菜、鸡蛋,不方便时可以什么都不带。长辈去看晚辈,带或不带礼物都可以。相比女性,男性的人情消费更重。在农村,人情消费是必不可少的,"人情猛于虎""宁可负债,不肯欠情",说的都是人情消费。

1949 年以前,张家只办过一台红喜事:张德云成家。办喜事的花费主要是张德云和张子清、张月字提供的,包括给女方家的聘礼、请抬轿人的钱、办酒席的花费等。婚礼主要是由张月字操办,她办事得体、妥当,也比较清楚相关流程、规矩。其他家庭成员看待这部分消费都是比较理性的,因为家里每个人都要办,办下来的花费也差不多,不会计较你花费得比我多之类的事情。如果办事的收入不能维持消费,通常需要自己贴补一些,毕竟对于整个家庭来说,娶媳妇算是家里的一件大事。

7.教育消费屈指可数

张家只有张昆友接受过教育,其他人都没上过学。张昆友只去私塾念了两三个月的书,学了一点百家姓,之后就再没去过。迎燕村里只有私塾,张子清深知读书的重要性,但无奈家里人太多,负担过重,实际经济条件无力支持每个孩子都去上学,况且日常农业生产中需要劳动力干活,以维持一家人的生计。张昆友还小,无心读书,去私塾学习了一段时间便不想再去,父亲也没有强求。

迎燕村的贫富差距较大,条件好的人家可以直接请老师去家里给孩子上课,但这种人家是少数。一些家庭条件中等以上的家户有条件让小孩去上学,首先是让家中的男孩去上学,条件允许的话,再让女孩接受教育,男孩上学也是年龄小的优先上学。教育消费只占家户消费中的小部分,在经济条件允许的情况下,家长自然希望家中的小孩都能接受教育,期望通过读书改变一家人的命运。但大多数人家的条件都很差,家里的孩子上不起学,从小就跟着大人在家干农活,放牛、割草、给地主家做工,一辈子面朝黄土背朝天,到头来大字不识一个。

8.信仰消费不可或缺

张家的信仰消费有两类:一类是清明节、七月半、正月初二家里人去祭祖上坟,一般会带点纸钱、烛、香、鞭炮等,以物托去对过世老人的哀思,同时希望老人保佑一家人平平安安,带去祭拜东西的数量主要看家户的能力,这个没有具体的规定;另一类是农户祭拜家里供奉的土地神和村里小型土地庙里面的土地公,祈求风调雨顺,自己家种的庄稼能有个好的收成,此外,家里有人生重病时也会求神拜佛。

(二)家户自主消费

张家在消费时,粮食、食物、衣物、住房、人情、红白喜事、教育、医疗等都是由家户自主负担,宗族和村庄不会介入,更不会帮忙负担。当家户无法负担某类消费的时候,外力不会介入,只能依靠自己家解决。家户消费具有独立性,各个家庭通常依据家庭能负担起的消费水平适量、理性地进行消费。

(三)家长安排消费

张家的粮食、食物、衣物、住房、人情、红白喜事、教育和医疗消费活动都是由家长安排和决定。家长作为实际管理者,对实际消费情况进行统筹,遇到大的开支、消费,也会和其他家庭成员商量,确保消费合适、恰当、不出错,但不需要告知或请示四邻、家族、保长和甲长。

(四)家庭成员在消费中共同协商

张家在各项消费中,除家长之外的家庭成员居于从属的地位,他们只能提意见,不能擅自决定。如果当家人不在家,则要等当家人回来再作安排。在粮食、食物、住房、人情、医疗等消费活动中,大家都是以家庭的名义共同消费,不分彼此;在衣物消费中,老人、小孩、女性优先,男性次之;在教育消费中,年龄小的男孩优先,年龄大的男孩、女孩其次。这些消费次序都是在全部家庭成员赞同的基础上确定的。

五、家户借贷

张家相应的借贷活动以家户为单位,家长作为第一责任人,代表家庭出面与借钱人家的家长进行沟通。因为是向较熟悉的人家借贷,所以借贷过程较简单。至于还贷,依然由家长代表整个家庭出面,具体方式由双方自行协商。

(一)家户为借贷单位

1949年以前,张家只找别人家借过一次钱,是因为发生灾荒家里入不敷出,积蓄不够,生活实在维持不下去,才向关系好的人家借了一点钱。家里借钱是以家户的名义去借的,张子清作为张家的家长,出面与借钱人家的家长进行交涉。因为两家人关系较好,平时也都熟悉,所以不需要请中间人见证,但无论借钱多少都要写个借条,让被借钱的人家安心,之后借钱的人家在规定的时间内还清钱便撕毁借条。这些都由双方家长商量和决定,借的钱少,直接由双方家长做主;借的钱多,被借钱的一方需要和家人商量后再作决定。但这些都不需要告知或请示四邻、家族、保长和甲长。张家借贷没有出现过家庭个人单独借贷的情况,借钱都是由家长出面借,这样对方才能信得过你,从而借钱给你,个人单独借款没有威信、保障,一般人家也不会借。

(二)家长为借贷主体,偶委托长子

张家在借贷中,家长是实际支配者。除非两家人关系较好,且经常相互借贷,在借贷中,

偶尔一次可以由家长委托家庭成员借贷,通常委托长子张德云,但借条署名仍然是张子清,并需要备注清楚此次是张子清委托张德云来借的。如果未经过家长的委托,家庭成员不能去借贷。在借贷中,除家长之外的家庭成员只具有服从的义务,听从家长的安排,不能擅自作决定。

(三)家长为第一责任人

张家在借贷之后,家长是第一责任人,外界找家庭还贷时首先找家长,其他家庭成员也有还贷的责任,但个人不能代表家庭,家族和村庄没有责任帮忙还贷。借款之后的还贷是由全体家庭成员共同承担,因为家长去借款也是为了整个家庭的发展需要,是为整个家庭着想的,所以大家需要努力劳作,为家庭早日还贷献上自己的一份力,但借贷的大部分责任是由家中的男性来承担。

(四)借贷过程灵活

张家在借钱的时候不需要抵押和手续费,因为借的钱数目不大,但需要打借条,写明借款双方、借款数额、借贷时间、借款期限、延迟还款的后果等,一式两份,两份都需要借款双方签字署名。如果是当家人委托其他家庭成员,说明情况后,署名的依然是当家人。因为张家和借款这家人关系不错,所以不需要请担保人,借钱也不需要利息,借款完成后更不需摆酒席,所有事情都由两家人自行商量、解决。

(五)还贷情况

1.家长还贷,方式自商

张家还贷需要家长将钱或粮送到对方家里,这是默认的,只有家长才能代表一个家庭,且更具权威性。还款的时间是之前借款时在借条上写清楚的,还款需一次性还清。如果是借钱,归还的时候就还钱;如果是借粮食,归还的时候就还粮食,不能以粮食代钱还款。张家只有在有一年灾害严重时向别人家借过钱,但没有出现过借钱还不上的情况。有的人家到了期限无法偿还,会向借款人家说明实际情况,并要求延期偿还,也有人家用"以工贷补"的方式偿还,有的人家连年贫困,最后只能靠卖地或者卖牲口来偿还。具体的偿还方式还是依靠两家人自行协商,不同的人家有不同的偿还方式。

2.父债子偿,夫债妻偿

家户中存在父债子偿、夫债妻偿的情况,如果父亲借债实在无力偿还,或者父亲过世了,债务则由儿子来还;丈夫借了债还不了,妻子也需要帮忙还。家长去世遗留下的债务需要儿子承担,如果儿女都没有,就只能找相关的亲戚承担,但一般这种情况最后都会不了了之,所以借贷有风险,需谨慎。通常借款的人家都会及时归还,这涉及一家人的人品和信誉问题,如果不按之前约定的期限、方式还钱,别人以后不会轻易借款给你家。

六、家户交换

张家在进行经济交换时,张子清代表家户和集市、粮食行、流动商贩打交道,他通常在货比三家后,决定具体的交换对象。

(一)以家户为交换单位

张家在进行经济交换时,由家长安排和决定,同时家长也会和家里人商量,但最终决定权是在家长手中,这不需要告知或请示四邻、家族、保长和甲长。如果当家人不在家,平时的日常用品交换可由张月字先行安排，等家长回来后再向其说明。1949年以前，张家没有分家，所以家庭内的经济交换都是以大家庭为单位开展，不存在小家庭单独开展经济交换活动的情况。家内进行的经济交换，出发点是全家人的共同需求与利益，因此每次交换活动都很顺利。

张家进行交换的主要场所是集市，1949年以前，迎燕村的农户都统一在卫城镇的集市上赶集，集市离村庄不远，大概五千米的距离。这算是比较完善的集市，固定的赶集时间为每个周的周末，集市上人流量、交易数都不少，农户想买什么东西，基本都能买到。张家偶尔会把家中多余的蔬菜、鸡蛋拿来集市上卖，赚点钱，顺便去商铺里换点家中所需的生活用品。

（二）家长为实际交换主体

张家在交换活动中，家里的家长是实际的支配者。但有时家里在开展经济交换活动中，家长忙不过来，抽不开身时，交代好具体事项后，可以委托家庭成员进行交换，一般委托给张月字或张德云，此外，不会委托给其他人。交换所需费用由家长从家庭经费中拿出，再交给委托人，委托人需要把具体的花费记清楚，之后将剩余的费用拿回来交给家长，并向家长说明具体情况，如今天买了什么，花了多少钱，剩了多少钱等。如果没有家长的委托，家庭成员不能擅自进行经济交换活动。

在经济交换活动中，张家除家长外的家庭成员处于服从地位，大家听从家长的具体安排。但如果家里缺什么，应该买什么，在家长不知情的情况下，家庭成员可以主动向家长提出，尤其是张月字安排家中的女性做饭，有时候需要买点油盐酱醋，或是一些日常生活用品，比如煤油、针、线等，女性就可以给家长说，家长会直接把钱交给张月字，让她去买。赶集的时候，家庭成员想去逛逛，只要完成了自己该做的事，就可以直接去集市上凑凑热闹，不用给家长申请。

（三）家长代表家户对外打交道

张家所需的物品基本都是从集市上购买的。家中由家长跟集市打交道，离张家近的只有一个集市，在卫城镇东门，距离家五千米左右，从家走到集市大概需要一个小时的时间。从家里去集市上较方便，集市上物品种类较多，集期为每周末一次。赶集一般是上午出门，在集市上逛逛，把该办的事办完、该买的东西买好，大概下午一点多就回来了。在集市上做买卖，通常要货比三家，有时也会提前从邻居口中打听一些价格的信息，日常生活用品的价格变动都不大，当家人经过计算后会选择和物美价廉的商贩做生意。除当家人外，其他家庭成员需要得到家长的授权后才能代表家户和集市打交道，但偶尔去集市上逛逛是允许的。

当地的集市上有粮食行，但张家没有在粮食行进行过交换。偶尔遇上丰年，粮食收成好，家里上交一半粮食给地主家后，留够一年全家人食用的粮食，还有多余的粮食便会拿去集市上卖，一般用背篓背着粮食去，这种买卖主要是和私人进行。张家去卖粮食的是家长或张德云，卖粮食需要会认秤、能算账、有生意头脑、擅于和人打交道、办事稳重。来赶集的人会不约而同地在集市上形成一个粮食置换点，大家都在这里进行粮食买卖，不会特意跑到粮食行。张家没卖过几次粮食，毕竟粮食是农户生活中最重要的一部分，多余的都会尽量留下来，防止荒年一家人没粮食吃饿肚子。

1949年以前，当地集市上到处是流动商贩，农户与商贩进行货物交换更是频繁。张家主要是由家长跟流动商贩打交道，一般家里缺某样生活用品都会去集市上购买。同样的物品，首先会货比三家,对比下来后选择价廉物美的一家购买。这些流动商贩都在各个集市上做生意,了解不同集市的赶集时间后,推着货物来回做生意。

（四）货比三家,有"经纪",可赊账

张家在进行交换时会货比三家,比对下来哪家便宜买哪家,因为家里的钱需要节约地花。货比三家是很正常的经济行为,做买卖的人也能理解,大家都愿意买到物美价廉的东西,不会因此心怀芥蒂。村里也有人在集市上做买卖,不一定是专门的小商小贩,家里有多余的粮食、蔬菜、鸡蛋都可以拿到集市上卖,背个背篓、提个篮子,再带把秤,就可以直接做买卖了,张家偶尔也会到集市上做买卖。

在集市上和熟人做买卖,是否会便宜些,决定权在卖主手上,有的卖主家里较困难,就靠集市上的买卖赚点钱贴补家用,因此即使是熟人也不会便宜,但同等价位,会把更好的产品卖给你。买东西会不会优先考虑熟人,决定权在买主手上,每个人的想法不一样,有的人不喜欢和熟人做生意,觉得和熟人讲价很尴尬,涉及钱的问题还是和陌生人交易比较好;有的人也觉得无所谓,反正都是买东西,找熟人买是照顾熟人的生意,早点卖完人家也可以早点回家。张家倒是很随意,遇到熟人就向熟人买,算是照顾熟人的生意;遇不到就直接向别人购买,怎么方便怎么来。

当地市场上有"经纪",一般是买卖大型物品时才需要"经纪",比如耕牛、猪等牲口。经纪人在买主和卖主之间进行沟通,确定好双方都能接受的价格,如果买主出得多,经纪人就挣得多;如果买主出得少,经纪人就挣得少,这主要看经纪人的沟通力和谈判力,卖主只要拿到他想要的价格就行;如果卖主拿不到自己想要的价格,可以选择降价或者换个人做生意。买主和卖主是通过经纪人完成交易,因此双方都不知道最后成交价格是多少,当然,经纪人不会做不赚钱的买卖,至于他从中获利多少,也只有他自己知道。经纪人是一种特定的职业,所承担的责任不大,生意做得成就做,做不成就换家人做,有的经纪人很会做生意,把买主和卖主都服务得很满意;有的觉得"经纪人"这个职业挣不了钱,便改行去做别的了。张家买耕牛时是自家进行购买的,没有通过中间人。

在进行交易时,一般只有买主明显觉得货物不足秤才会过秤,如果真的缺斤短两,会向卖主当面说清楚,及时解决。这种情况出现得不多,因为做生意讲究诚信,一旦别人发现你在买卖过程中不诚实,那以后就不会再和你做生意了,这会影响你家生意的信誉度。

集市上做买卖赊账通常只发生在经常做生意、彼此熟悉的人中。在商铺里,赊账要记账,商贩在收账后会把账本上的赊账记录划掉;摆摊的商贩很少同意赊账,因为他们的摆摊点是流动的,摊主担心买主下次来还账时找不到人。在交易时,店家通常只认家长赊的账,家长出面才有保障。张家从不赊账,带多少钱就买多少东西,钱没带够就下次再来买,不会让卖家为难。

第三章　家户社会制度

张家在婚配时,讲究长幼有序,子女的婚事奉行父母之命;在生育方面,生儿育女意味着传宗接代、延续香火,十口之家在村里算中等家户,相应地,张家对妇幼也有一定的保护措施;在分家与继承方面,1949年以前,张家未分家;在过继与抱养方面,张家未出现此类情况;在赡养方面,张家采取四个儿子轮流照顾老人生活起居的赡养方式;在交往方面,对内张家主要包括父子、婆媳、夫妻、兄弟、妯娌等交往关系,对外包括与邻居、亲戚、朋友、主佃的交往,大家彼此间形成了权利与义务、日常交往、冲突及调试等关系。

一、家户婚配

张家的子女到适婚年龄就要结婚,结婚讲究长幼有序,1949年以前,张家只有张德云成家。子女的婚事由媒婆从中搭线,父母做主。婚配标准需建立在两家人满意的基础上,聘礼、嫁妆也是根据实际的经济情况决定。此外,婚配还包括纳妾、童养媳、改嫁、入赘、休妻、守寡等其他形式。

(一)父母做主儿女婚事

家里的儿女到了一定的年龄就要结婚,男孩一般18到20岁,女孩十七八岁就要着手考虑了。儿子到了结婚的年龄一般由母亲先和父亲商量,父亲同意后就向全家人提出,母亲会私下和村里的媒婆说一声,让其帮忙看看哪家的闺女合适,媒婆平时就会多留意,看到合适的会去女方家说一下,如果女方家也有意向,媒婆就会来给男方家说,这事就算有点眉目了,之后两家人再通过媒婆就具体事项进行协商,敲定下来双方家长就可以见面了。两家人如果有一方不同意,那媒婆都会重新去找对双方来说比较合适的人家,然后开始下一轮的说媒。

1949年以前,张家只有张德云结婚了,娶的媳妇是迎燕村的人,两家距离不远。村里的小伙子找媳妇一般都在附近找,本村或者邻村,最远的距离不会超过卫城镇,小伙子们很少有出远门的,因此没有机会认识外地的女生,而且结婚全靠家里做主,都是父母和媒婆相互商量,觉得合适定下来后就直接结婚。小伙子通常不会和同姓结婚,在婚姻过程中,讲究门当户对,大户和大户通婚,小户和小户通婚,村里很看重门第关系,男女之间不存在自由恋爱。

家庭人口规模对婚姻的影响不大,有的人家喜欢找人口多的家庭,觉得人多热闹,遇到什么事都可以互相帮衬着;有的人家喜欢找人口少的家庭,觉得人少清净,没有那么多麻烦事。家庭成员结婚有早有晚,觉得合适的,十六七岁就结婚了,有的挑得久一点,二十几岁结婚也是常态。男方不一定要比女方大,有的人家娶媳妇还会找大一点的,俗话说:"女大三,抱金砖。"年龄大的媳妇在娘家做的家务多,娶到婆家来,家务事不用再教,直接做事。

(二)婚前准备

1.父母之命,媒妁之言

1949年以前,张家适龄儿子娶媳妇均由张月字提出,在和张子清商量合适后,张月字就请媒婆帮忙留意。若媒婆将两家人撮合成功,双方家长同意就可以直接结婚了。结婚男方的家长是婚礼的主要操办人,母亲也会帮忙,一家人相互商量着,不需要告知或请示四邻、家族、保长和甲长,只有在办酒席时才要请平时有来往的亲戚、朋友吃酒。张家主要由张子清、张月字、张德云和几个兄弟去请亲戚、朋友。结婚当天,亲戚、朋友来家里贺喜,其余的家庭成员也会帮忙照顾、安排客人。结婚办的酒席主要根据每家的实际经济条件来办,一般会请村里的厨师,说明什么时候办婚礼,要办什么档次的,再根据每家要来的亲戚、朋友数量确定买多少菜、做多少桌酒席。本家族有厨师就直接在本家族中请,本家族中没有就在村里请,之后家里还会委派一个人进行总体的安排和记账。

在整个婚配过程中,都是男、女双方的父母一手操办,主要由两家的母亲和媒婆进行沟通,媒婆对村里,甚至是邻村各家各户青年男女的情况都有个大致了解,在了解到一方的条件和需求后,按要求介绍,找准合适的就将配对理由说给两家人听,两家人觉得妥当,确定好对象后,男方的家长便去女方家说亲,双方父母同意后两个孩子就可以结婚了。男、女双方在结婚前是不能见面的,一切都要听从父母的安排。

男女间不允许自由恋爱,讲究"男不求亲,女不许亲",这样一来,媒婆的地位就很重要。俗话说:"媒婆的一张嘴,上嘴唇配姻缘,下嘴唇打杀媒。"媒婆通常巧舌如簧,既能成事,也能坏事。如果得罪了媒婆,她不但不帮忙,有的还会从中作梗,有意识地破坏男女婚姻,所以忌慢待媒婆,忌拖欠媒婆应得的礼物或酬金。

民间有"女大不中留,留来留去留成仇"之说,因此忌讳女子晚婚。大凡女子,通常都要比同龄男子早熟,女孩子大了,心思就重了,有许多隐秘、复杂的想法,封建伦理对女孩子的压抑很重,如果女子到了婚龄而嫁不出去,整个家庭都会给她压力。所以村里娃娃亲也不少,有的女孩七八岁就定亲了。

2.婚配标准建立在双方满意的基础上

张家在1949年以前,家中儿子娶媳妇对女方有一定的要求:长相没什么特别的要求,看着舒服就行;年龄不要相差得太多;会持家、能做家务这点最重要,还要和丈夫一起伺候家里的老人;张家也较看重勤劳、节俭这一品质;品格要好,嫁进门之后要守妇道,不随便与其他的男性来往;身体状况要好,能生育,传宗接代,如果娶的媳妇不能生养,严重的可能会引起离婚,不离婚的家庭也要去别人家抱养个孩子;门当户对也较重要,媒婆在做媒时也比较注意,不会把经济条件相差太多的两家安排在一起做媒。

女方对男方的要求相对少些,年龄、长相差不多合适就行;要会当家、能干活、吃苦耐劳;男方家里房子和地要有一样,不要求很好的房子,但至少要有个容身之处;名声、德行要好,不能经常赌博,不能随便打骂妻子;身体状况要好,因为男性是一个小家庭的顶梁柱。

3.生儿育女为婚姻目的

1949年以前,农户认为结婚最重要的目的就是生儿育女、传宗接代,结婚是为了家庭,大户人家之间通婚,可以扩大本家族的势力;少子女的家庭也希望通过婚姻来传宗接代。结婚不是为了追求个人的爱情和幸福,男女之间不存在自由恋爱,双方在结婚之前连面都没有碰过,何谈相处。

4.聘礼嫁妆从实际出发

家里子女结婚,聘礼和嫁妆都是根据家庭实际经济条件决定的,不同儿子结婚,聘礼不一定相同,因为结婚的年代不同,前后相差七八年,聘礼有差别也是合乎情理的。但为了防止闹矛盾,各家的聘礼、嫁妆,父母都给得差不多,家里的兄弟姐妹也没因此闹过矛盾。男方家给女方家的聘礼,除了视双方家的经济条件而定,也要考虑村里其他普通人家给聘礼的基本水平。通常聘礼也没什么太好的东西,寻常人家一般是准备一两床被子、褥子,一些食物,再加点桌椅板凳;女方嫁过来也会带点布匹来做衣服。

两家人确定好对象,征得同意后就可以订婚了,订婚之后两家人会相互走动,主要由父母去走动,走动的时候通常会带点东西,比如鸡蛋、蔬菜、面条等。村里没有悔婚的情况,如果不同意,在媒婆刚开始来家里说媒时就要拒绝,不会等到订婚之后再悔婚。

(三)家长在婚配过程中属于支配地位

在子女的婚配过程中,家长处于支配地位,具体结婚方案、婚帖等都是由家长制定,媒人是家长和子女的母亲商量后,由母亲去安排的。在大户、中户、小户里,家长在不同婚姻环节中所起的作用都大致相似。结婚需要通知的人不多,主要是家里的亲戚、平时经常走动的邻居,通知都需要亲自到亲戚、邻居家里去请。张家一般是张子清、张月字和几个儿子去请客,请客的时候需要说明结婚双方是谁,酒席具体是哪一天,再表达一下邀请之情。

在婚礼过程中,除家长之外的其他家庭成员一般负责就婚礼的具体事项提点意见、帮当家人打打下手、确定婚礼日期后去通知亲朋好友、在结婚当天帮忙招呼下客人之类的事情。

(四)婚配原则

1.结婚以长幼次序为准

在张家,张发友的同辈兄弟共有四个,张德云、张发友、张昆友三兄弟的年龄相差都是两三岁,唯独张友发和他们年龄相差大些,比张昆友小八岁。兄弟之间结婚是有长幼次序的,基本上是按年龄来,年龄大了自然就该结婚,老大先结,接着是老二,再是老三,最后是老四。因为儿子结婚是家里的大事,儿子的婚姻都是父母做主、安排,所以家长在安排时,都是按照子女从大到小的年龄,这是大家公认的家庭成员结婚顺序,无论是多子女的家庭,还是少子女的家庭,都很看重结婚次序,忌讳哥哥未婚而弟弟先娶,说这是"大麦未熟小麦先熟"。同样的道理,如果姐姐还未出嫁,妹妹却先行结婚,也会受到舆论的谴责。

2.结婚花费以简单为原则

村里普通人家结婚都以简单为原则,张家举办红喜事时,会摆酒席,主要是请家里面的亲戚、关系较好的朋友过来吃饭。被邀请到的人家,有的来一个家庭成员作为代表;有的家庭时间充裕,全家都会过来贺喜。礼金可以是钱,也可以是实物,实物一般是鸡蛋、粮食,鸡蛋通常被染成红色,寓意喜庆、吉祥、如意。张家不会邀请租种土地的地主,地主一般不和普通的农户家来往,保长、甲长也不会邀请,因为相互间不熟,所以没有必要请。结婚摆酒席的花费不多,都是一些简易的家常菜,村里有专门负责办酒席的总管,办婚礼前,由家长提前向总管说明,总管便会统筹整场酒席。酒席需要的厨师、桌椅板凳、帮忙的人,总管都会一并联系。当然,办事的人家也会请一些亲朋好友来帮忙,这种帮忙都是免费的。聘礼主要是一两床被子、褥子,几斤猪肉、大米、菜油,再加几张桌椅板凳,这些主要都是根据各家各户实际的经济条件来定的。

(五)其他婚配形式

1.娶小老婆

在当地,娶小老婆即为纳妾,张家无论是当家的,还是儿子,都没有娶小老婆的情况,但张家所在村子,条件好的家户有娶小老婆的现象。

娶小老婆即纳人作为妾的女性的婚姻行为,家里娶小老婆需要和家长商量,家长同意后才能再娶。通常家里妻子生不出男孩,没有后代继承香火,为了传宗接代才会娶小老婆,如果是这个原因,妻子也会同意。在家里,小老婆是侧房,家庭地位比不上正房,需要尊称正房一声"姐姐",平时也需要帮助"姐姐"打理家务,服侍老人。如果小老婆争气,为这个家庭生了个儿子,家庭地位自然会提高,毕竟"母凭子贵",生不了儿子的女人在家里地位低下,经常受气,来自家庭的压力很大。小老婆如果生了儿子,所生儿子在分家的时候有继承权,妻子如果没有儿子,小老婆的儿子要负责给父亲的妻子养老;小老婆如果没有生儿子,在分家的时候没有继承权,丈夫的家里只负责给她养老。

娶小老婆可以由长辈提出来,也可以由男人自己提出来,征得家长同意后就可纳妾。如果是因为妻子生不了男孩,那么在这件事情上,妻子没有发言权,只能听从安排;如果是因为丈夫对妻子没有感情或是其他原因,妻子不同意,当家人同意后,婆婆会来给媳妇做思想工作,事实上,媳妇的反对也起不到什么效果。娶小老婆的事情不需要告知或请示四邻、家族、保长和甲长。娶小老婆要不要举办婚礼主要看男方家的经济情况,如果男方家条件好,娶的是头回出嫁的闺女,则会办婚礼;如果条件一般,就只请家里的亲戚和关系很好的一些朋友来吃顿饭,算是通知大家两人在一起了,之后入了洞房就算结婚。娶小老婆的花费都是由男方家安排和决定,一般条件好的家户不会把家里的女儿嫁到别人家做小老婆。家里娶进来的小老婆是低于正房的,家里的内部事情都需要听从婆婆和正房的安排,对家里人的称呼和正房一样,小老婆只有生了儿子,在家里才有地位,如果没有生儿子,过世后不能埋进丈夫家的祖坟。

2.养小媳妇

1949 年以前,迎燕村中养小媳妇即为童养媳,主要是由婆家养育女婴、幼女,待到成年便正式结婚。养小媳妇在农村并不少见,是因为一些家户家境贫寒,担心家里的儿子长大后娶不上媳妇,为了解决这个问题,便会去别人家抱养一个女孩来做童养媳,待女孩长到十四五岁时,就让她同家中的儿子"圆房",这样就算是自家的儿媳妇了。张家没有养过小媳妇,一般只有家庭条件比较差的人家才会养小媳妇。通常把自己家女儿送给别人家当小媳妇养的都是贫穷人家,家里穷,孩子多,养不起就只能把家中的女儿送给别人家养,女孩家不要钱也不要粮食,只要把自己家女儿养大成人就可以了。如果这家没有生儿子,家里条件差,女儿多,负担不起,也会把女儿送去别人家做小媳妇,这主要看各家的经济情况。

养小媳妇不需要写文书,收养过程很简单,只要两家人同意即可。一般送女儿到别人家当小媳妇都是几岁的时候,之后女儿很少回娘家看自己的父母。小媳妇刚到婆家的时候,先称呼家里的长辈为叔和姨,长辈直接叫她的小名,等到结婚后才称呼家里的长辈为爸、妈。小媳妇跟家里明媒正娶过来的媳妇是有差别的,地位没有明媒正娶的媳妇高,家里的苦活、累活也都是小媳妇干,只有结婚后,小媳妇才算成为家里正式的一分子。

3.改嫁

张家没有改嫁的情况,但村子里其他人家有改嫁的情况。改嫁的原因一般是丈夫去世,留下女人独自生活,家庭条件比较困难,这时妇女就会改嫁。改嫁的妇女也需要具备一定的条件:年龄不能太大、会持家、能做家务、会干农活等。

改嫁的男方通常不是第一次娶媳妇,男方主要也是因为原配过世或者两人离婚。改嫁有一定的程序,通常是先通过媒人介绍,双方觉得合适再进行商谈,觉得可以就在一起生活,觉得不合适就再换其他人选。改嫁不需要写契约,更不需要举行典礼,通常没有什么花费,女方直接来男方家生活就可以了。女方有孩子可以带来改嫁后的男方家生活,觉得孩子大了也可以直接留在原来的家里生活,这样的话,女方和以前的丈夫家还会有点联系,偶尔回去看看自己的孩子;如果孩子带来现在的丈夫家生活,女方和原来的丈夫家基本就没有联系了。除了孩子和自己的衣服,改嫁的女方不能从原来丈夫家带走别的东西,房子、土地都不再拥有所有权、使用权和继承权。如果寡妇不改嫁,那就依然是夫家的人,即使日后分家,也能享受属于丈夫的那份土地和财产。寡妇再嫁多由族亲、公婆做主,但其实是受人歧视的。

4.入赘

张家没有入赘的情况,因为家里男丁兴旺,不需要再招人入赘。村里别的人家选择招上门女婿多是因为家里只有女儿,女儿出嫁后家里没有继承人,因此会选择招上门女婿入赘到自己家。招入赘不会被同村人看不起,目的是为继承家里的香火,别人也能理解。

入赘对男方有要求,要身体健康、劳动力强。入赘进家的男方不需要改姓氏,但生的孩子需要跟母亲姓,如果生的小孩较多,有的女孩可以跟父亲姓,以便两家人的血脉都得以继承。入赘的男性在女方家的地位还是较高的,因为女方家没有其他男性,如果入赘的这个男性劳动力强、懂生产、能力强,有时妻子还会听从他的安排。入赘的男性最重要的是需住在女方家,和女方的父母一起生活。

对于入赘到别家的男性,通常是家里男性较多,在入赘到女方家之后,男性不再参与原来家庭的分家,没有继承权,对自己的父母也没有赡养义务,但是日常照料还是必不可少的。逢年过节入赘的男性会回家看望父母,通常会带些礼物,如鸡蛋、蔬菜、面条等,手头宽裕还会给父母一点钱。如果父母生病,他也会回去探望,抽得开身时还需要照料父母。但对待女方家的父母,入赘的男性需要更加孝顺,不仅有赡养义务,还有养老送终的责任。入赘的婚礼也像平常的婚礼一样举办,花费由女方家出,由女方家的家长做主和安排。

(六)婚配终止

1.休妻

张家没有休妻的情况,一家人相处都很和睦,日子过得也算安稳。村里只有一户人家有过休妻的情况。毕竟休妻不是好事,夫妻双方有矛盾,能解决都会尽力解决,实在解决不了也会选择离婚。只有双方实在处不来,妻子又没有做好身为妻子的本分,对公婆不尊敬,对丈夫不忠诚,对孩子不关爱,又不同意离婚,这种情况下丈夫才会休妻。

休妻一般遵从"不顺父母""无子""淫""妒""有恶疾""口多言""盗窃"等标准。妻子不孝顺丈夫的父母,这是违背道德的事,女性出嫁之后,丈夫的父母的重要性需要胜过自己的父母;家族的延续被认为是婚姻最重要的目的,如果妻子无法生出儿子,那这段婚姻就失去了它的意义;如果一个妇女,身为别人家的妻子,与丈夫之外的男性发生关系,会造成妻子所生的子女来路或辈分不明,造成家族血缘的混乱;在家中,妻子的凶悍、嫉妒会造成家庭关系不和,并导致夫为妻纲的理想夫妻关系混乱。一些人甚至认为,妻子对丈夫纳妾的嫉妒有害于家族的延续;如果家中的妻子患了严重的疾病,则不能参加家庭祭祀。在传统家庭中,女性,尤其是辈分低的女性,被认为不应该多发表意见,妻子作为一个从原本家族外进来的成员,多话则被认为有离间和睦的家庭关系的可能;妻子在家中如有偷东西的行为,这种不合乎规矩的举动是会遭到严厉惩罚的。

休妻主要是夫妻两人的事,男方决定了会和家里的家长商量,一般父母都会劝和,实在劝不了就只能同意,这时候妻子不走都不行。休妻的程序不复杂,由丈夫来写休书,写明休妻的原因、日期,并签上自己的名字。如果丈夫不识字,一般就由家庭中识字的人代写,通常不会有外人掺和进这种事情。如果是女方的过错,休妻后女方只能带走当年嫁到夫家时陪嫁的嫁妆,比如衣服;如果是男方的问题,休妻后女方可以要求分得一些夫妻的共同财产,这都主要靠夫妻双方沟通。如果夫妻两人有孩子,休妻后孩子留给男方养,女方不能带走。

2.守寡

所谓守寡,是指丈夫死后,妻子不再嫁。张月字的二哥在结婚的两三年后就生病去世了,当时二哥、二嫂俩人已经育有孩子,二嫂没有再改嫁,便是守寡。丧夫的妇女不需要回娘家生活,可以继续留在夫家,嫁过来了就是夫家的人,况且孩子也在夫家生活,家里其他人对丧夫的妇女都比较关照,平时在生活、生产中会多多帮衬她。是否改嫁的决定权在妇女手中,但也需要征求公婆及家族内人的意见。

二、家户生育

张家有多子多孙多福气的思想,张子清共有四个儿子、两个女儿,十口之家在村里算中等家户。对家庭来说,生育最重要的目的是传宗接代,生儿育女意味着延续香火。相应地,家户会对妇幼采取一些保护措施。村里生儿生女有不同的报喜风俗,孩子的名字通常由父母起,之后家里会给新生儿办"满月酒"。

(一)家户人丁较兴旺

张家在张发友这一子女辈有四男两女,人丁还算兴旺。十口之家在村里算中等家户,但经济条件在村里处于下游水平,因此会倾向于多生孩子。尽管家里条件艰难,但多点孩子,多点劳动力,况且人口多不容易受到外人的欺负,家里也热闹,农户们都是多子多孙多福气的思想。

张家没有出现过未结婚就生育的情况,这在外人看来是件很丢脸的事情,会说这家女孩私生活不检点,对其指指点点,也会牵扯到父母身上,批评父母没有教育好孩子。所以在家里,父母对女孩的管教很严格,一个人出门要提前给家长说明清楚,允许之后才能出门;晚上不能出门;不能和男性单独相处等。女孩长大成人,也是结婚当天才能和丈夫见面。

(二)生育目的为传宗接代

张家人认为生育最重要的目的是传宗接代,生儿育女对家庭来说,意味着延续香火。张发友这一子女辈有四男两女,一家十口人在村里算中等家户,村里的人家至少要生两个小孩,多的也会生八九个。农户都倾向于多生孩子,在子女生育上,相比女孩,更倾向于生男孩,一是男孩可以传宗接代,二是男孩可以为家庭提供劳动力。以前养孩子成本低,有吃的、有喝的就行,多数农户家没有条件送家里的孩子去学堂,孩子从七八岁开始就帮家里干一些简单的农活。此外,医疗水平不发达,多生孩子也可防止其中一两个孩子意外夭折,断了家里的香火。

一个家庭如果没有儿子的话,就会继续生,直到生出儿子为止。如果妻子没有生育能力,丈夫会另娶一个小妾;如果夫妻感情好,不娶小妾,家里也会去亲戚家抱养一个孩子,没有儿子的家庭在村里地位相对较低。张家的子女大多是18到20岁结婚,婚后大概一两年就生育小孩,这都属于正常的结婚、生育年龄。

(三)婆婆照顾孕妇

张家在生小孩方面主要由夫妻两人决定生几个孩子,张子清、张月宇希望多生点孙子、孙女,多子多孙多福气,但也不要生太多,毕竟家里经济困难,生太多家里负担过重。女性怀孕期间的作息时间和之前差不多,基本是早睡早起。孕期也需要干活,怀孕前几个月和未怀孕时没什么区别,正常干活,等到孕期的后段时间,她们会干一些相对较轻的活,但一般是在家里干家务活,下地干农活的时间不多。孕妇怀孕的后段时期,家里人对孕妇都比较照顾,尽量让孕妇干轻活、少干活,但孕妇在家也闲不住,总会找点事情来做。快生产的时候,家人会给孕妇补充点营养,吃些鸡蛋,如果不舒服,可以提前给婆婆说,这一天就可休息不干活。

在分娩期间,主要由婆婆负责孕妇饮食、照顾等方面的事情,因为婆婆比较有经验,孕妇的丈夫也会帮忙打下手。孕妇都是在家里生产,一般由婆婆把村里的产婆请到家里来接生。孕妇生完孩子的三天后,家里会请产婆到家里来吃饭,或者送一筐红鸡蛋给产婆,以示感谢。女性产后的一个星期也吃得比较好,坐月子期间的生活、饮食由婆婆和丈夫来照顾。通常一周后孕妇就开始下床干一些轻活了,半个月、二十天后就能正常干活了。孕妇在家坐月子期间,会根据自己的实际情况干一些力所能及的事情,不会完全休息。

家里的孩子在刚出生时,主要由孩子的母亲和奶奶负责照顾,需要随时有个大人在小孩的身旁。刚生下的孩子由于皮下脂肪较薄,体温调节中枢发育不成熟,所以需要时常被母亲抱在怀里。在婴儿满月前,由于抵抗力较差,患有感冒的家人和朋友都不会接触婴儿。婴儿平时穿的衣服,用的尿布都会保持清洁和干燥,及时更换。

(四)生儿装酒,生女挂剪刀,满月庆祝

村里生儿生女有不同的报喜风俗:女性生孩子,男性就去通信,如果生的是女儿,报喜背的背篓里装瓶酒,然后有一沓红纸,剪红纸挂在背篓上,别人直接看背篓里面,背篓里是个剪刀,就是女儿;如果生的是儿子,背篓里就装一壶酒,通常只有家里生第一个孩子时会这样报喜。

孩子出生后的几天内,全家人会在一起吃顿饭,热闹一下,孩子满月时会请满月酒。村里每个家户都会生几个小孩,一般只有条件好的大户人家才会给每个新生小孩都办满月酒,平常人家只有生第一个男孩时才会办满月酒。其余的都是简单地请亲戚、朋友来家里吃个饭,庆祝孩子的母亲渡过难关,祝愿新生儿健康成长。请满月酒的人家会给所有闻讯前来祝贺的亲朋好友发两个红鸡蛋,寓意吉祥如意。张家在1949年以前未分家,因此办满月酒的费用由整个大家庭共同负担。

小孩在过一岁生日时,母亲会将其打扮得漂漂亮亮的,之后由奶奶递来一个竹簸箕,奶奶提前在竹簸箕里放着许多小东西:笔、纸、书、钱、秤、稻草、红鸡蛋、食物等,然后由小孩在

竹簸箕里随意抓取东西,小孩的挑选能预示小孩以后从事何种职业,成为什么样的人。

(五)父母为孩子起名

姓名除带有时代信息外,还留着家族血统的烙印,凝聚着父母对孩子的爱和殷切期望。家里孩子的名字不会去请有学问的人来起,一般由父母起,因为家里孩子多,每个孩子的名字都请村里有学问的人来起未免太麻烦,只有大户人家才会请有文化的人,或是在庙堂里求个字给孩子起名字。孩子一般都有两个名字,一个是小名,主要是家人、朋友在私下随意叫喊的;另一个是学名,是孩子上学和对外交往时称呼的。起名需按辈分来,父母给孩子起名最大的期望是孩子健康快乐、平平安安地成长。

三、家户分家与继承

在农村,分家是常见的现象。分家通常由家中的男性提出,以家户为单位,只有家庭内部成员才具有分得家产的资格。分家由家长做主,需要请见证人,写明分家单。和分家相对应的是继承,享有继承资格的只有家里的儿子和入赘的女婿,继承物主要包括房子、土地和财产。张家遵循平均分配、公平公正、互帮互助及长辈财物优先保留的继承原则。

(一)分家

1.树大分枝,子大分家

俗话说:"树大分枝,子大分家。"分家是村里常见的现象。张家是在1951年、土地改革运动开始前分的家,[①]分家由张德云提出。儿子相继成家,家庭成员数越来越多,人多难免产生些矛盾,且各家的生活习惯有差异。家庭成员数不一样,在日常生产活动中所出劳动力量不一,各个小家庭对大家庭的贡献有区别,但家庭的粮食和生活资料均要平均分配,这样难免出劳动力多的家庭会心里不平衡。总之,各小家庭之间在生活、经济、劳力上的差距导致了分家。

分家一般都由家中的男性提出,女性没有资格提分家,尤其是媳妇,如果主动提出分家会被批评为不守妇道,影响整个家庭的和谐,妇女在家中要少提意见、少出主意。儿子向当家人提出分家后,当家人召集一家人开家庭会议讨论,大家同意分家后便开始着手准备。是否分家的决定权在当家人手中,首先必须要当家人同意,一般提出分家,别的家庭成员不会太为难提出者,知道他提出分家也是为了家庭更好的发展。分家是家庭内部的事情,家庭外部成员不能影响并参与家庭分家,包括家族中的人、亲戚、保长和甲长。到一定的时间,村里大部分家户都会分家,这主要也是为了生活自在,各个小家庭自由发展。

2.家户成员有分家产的资格

分家时以家户为单位,只有家庭内部成员才有资格分得家产,家庭外部成员没有资格。分家的家产包括房屋、土地和一些财产。在家庭成员中,一般按照家中儿子的人数来分,有几个儿子就平均分成几份,如果有未成年的儿子,也会给他留一份,未出嫁和已经嫁出去的女儿都不能分得家产,只有家中的儿子拥有继承权。

3.亲戚见证分家公平性

分家需要见证人,一般由家长去请家族中比较有威望的亲戚,或者家长兄弟家的家长来

---

① 因张家的经济、社会、文化和治理制度在新中国成立前后差别不大,故此描述1951年的分家。

当见证人。见证人主要发挥见证分家是否公平、公正的作用,有见证人见证分家,才更显分家的正式。有的人家还会另外再请一个人来为分家人写分家单,分家单上要写明分家时间、家产的具体分配、房屋及土地的所有权等,当家人和家中的儿子都需要分别在下面署名。村里只有大户人家分家才会请保长、甲长作见证人。

4.家长做主,成员服从

分家的相关事宜必须由家长做主,其他成员需要服从家长的安排。如果家长去世,就由家中的长子承担分家的责任。家庭外部成员不能参与分家,只能担任分家的见证人。分家需要在一定的原则上进行,首先是公平。当家人需将家里的土地、房屋、钱财、农具等按儿子的人数平均分成几份,土地的面积、土质好坏,房屋数量、地理位置,钱财的数量,农具的用途、质量都需考虑在内。在平均分配好之后,由家中的儿子进行抓阄,分家时不用考虑长子还是幼子,大家都一样,一起抓阄,抓到哪个就是哪个。其次是家产分儿不分女。家里的财产只分给儿子,未嫁出去的女儿和已经嫁出去的女儿都不能参与分家。一般在分家后,未嫁出去的女儿还是和父母一起生活,在分给父母的家产中,也会考虑到父母还带着未出嫁的妹妹,会相应地对其进行一些适当的照顾。最后是保证父母的基本生活。分家时,需优先把属于父母的房子、土地、钱财拿出来,然后再将剩余物品平分给每个儿子,要保证父母的基本生活,防止以后子女自顾不暇,无法为父母养老送终。

5.分家单上需签字署名

分家的时候需要写分家单,有的人家为了省事,分家时的见证人和写分家单的人是同一人;有的人家为了更正式,见证人和写分家单需要是不同的人。为了防止之后闹矛盾、起纠纷,分家单需写明分家的时间,家里房屋、土地、钱财的具体分配,当家人、分得财产的儿子都需要在下面签字署名。家里共有几个人参与分家,就需要写几份分家单,之后分家单各家保存一份。张家的分家过程较平和、顺利,一家人没有什么分歧。家庭外部成员不能影响分家契约的签订,这是一家人家庭内部的事。分家结束后,一家人会请分家的见证人、写分家单的人吃饭,一为表示对二人的感谢,二为家中的"散伙饭",希望分家出去后的小家庭,日子能越过越好,一家人平平安安、和睦相处。

6.外界认可家户分家

家族、村庄、官府对村里各农户家的分家都是认可的,分家后召开村庄公共会议、征兵、纳税都直接通知新的小家庭家长参加,以分家后的家庭为计算单位,原来大家庭家长对分家后的小家庭不再有支配及管理权。

(二)继承

1.四个儿子有继承资格

张家在分家的时候,张子清的四个儿子都具有继承资格。分家前,先将属于老人的部分房子、土地、财产拿出来,再将剩下的房子、土地、财产平均分成四份。分家时享有继承资格的只有家中的男性和入赘的女婿,其余人包括入赘到别人家的儿子、抱养给别人家的儿子、儿媳、女儿都不拥有继承权。这些继承只需要家庭成员的确认,不需要再通知家族里的人。如果家里的老人过世,留下来的遗产会再次平均分配给家中的几个儿子。家中长幼不同的儿子的继承权都是相等的。

2.房地财产悉数继承

张家的继承主要是继承家里的房子、土地和财产。对于一些有权有势的大户人家,除家产外,地方头领和会首身份是不可以继承的,这些身份、头衔都是跟随个人走的,不存在子承父位的情况。张家分家时,先将家里的房屋、土地、财产平均分配,按照土地的面积、土质的肥沃,房屋的数量、地理位置,财产的价值等依次进行估价,均价分配好后让家中的几个儿子进行抓阄,儿子抓到哪个就是哪个。分家时必须全家人都在场,有的人家还要请见证人和写分家单的人过来,如果在分家的过程中发生纠纷,需要当家人立即调解,直到把大家都调解成功,分家结果令全家人满意为止。

3.遵循四条继承原则

为了确保一家人能和谐相处,分家时需要遵循一些原则:第一,平均分配。分家时需要对家中的房屋、土地、钱财进行平均分配,确保分下来的每份财产价值差别不大,谁家都不吃亏。家里的土地按土质的好坏分为上地和下地,分到下地人家的土地亩数会多一些,分到上地人家的土地亩数就相对少些,地少的人家另外也会搭配一些农具。房屋也是一样的道理,根据地理位置、朝向、通风程度、宜居度等进行合理地分配,如分到背阳面房间人家的房间面积就相对大一些。第二,公平公正。分家具体哪家要哪份不由家长指派,也不考虑兄弟间的长幼次序,兄弟几人当着全家人的面,一同抓阄,抓到哪个就是哪个。兄弟之间如果有不同的意见,可以提出来,由当家人处理,当家人在家中具有较高的威望,家庭成员都会听他的。第三,互帮互助。分家只是把原来的大家庭分成几个小家庭,大家不再同居共财、同灶共食,但仍然是一家人,家庭成员之间平时应该经常走动、互帮互助,条件好的人家多帮衬、扶持条件差的人家,全家人都生活得好才是真的好。第四,长辈财物优先保留原则。不管长辈有多少儿子,都要将部分房屋、土地和钱财拿出来,留给长辈们,保证长辈们在能满足基本生活条件的前提下,略有结余,这也是为防止出现日后几个儿子发展不好或者不孝顺,无人给老人养老送终的情况。对于留给长辈的房屋、土地和钱财,任何人都不能觊觎,老人过世后,家中的几个儿子再商量对老人留下的遗产进行重新分配。

4.以血缘为标准确立继承权

在分家时,张家由家长确定继承权,其他家庭成员遵从。通常,享有继承权的只有家中的儿子,这是大家公认的规则,不管是在大户人家,还是在寻常百姓家,都是按照这一原则进行分家的,所以不会因此产生纠纷。有的大户家庭,在分家的时候,家长会把遗嘱一并立下,所写的遗嘱和遗言,之后除当家人可以更改外,其他人无辩驳的权力。过后如果当家人反悔想要更改遗嘱,需要和全家人商量,不能自己私下悄悄地把遗嘱修改了。

四、家户过继与抱养

(一)过继

张家没有过继孩子的情况,一般只有家中没有儿子,其他兄弟有两个或两个以上的儿子,才会让其中一个儿子过继到没有儿子的这家当儿子,过继到的人家要承担孩子成长所需的一切费用,将其抚养成人,而孩子也要肩负起为老人养老送终的责任。过继不仅是为继承家业、延续香火,也是为长辈年老后寻找一个赡养的依靠。过继是一种收养行为,大多数人是为延续家族继承人而为之。通常过继会在家族内部进行,过继有顺序,会优先过继自己亲兄弟家的儿子,如果亲兄弟没有或只有一个儿子,便会考虑过继同族的近亲,本家过继来的孩子和自家有点血缘关系,心里也会宽慰些,不会觉得是在替别人养孩子。

一个家庭中如果有多个儿子,出继有一定的次序和规则。出继首先从年龄上考虑,长子不出继,因为他承担着之后对整个家庭最大的责任,况且年龄大的孩子已经是家中的一个劳动力,过继到别的人家会使原来的家庭损失一个劳动力,同时也避免孩子大了在别人人家生活不自在。出继通常会选择年龄小的孩子,年龄小还不是很记事,不会有很大的抵触情绪,能更好地融入过继人家的生活,当然,过继这事对孩子本来也没有隐瞒。

过继主要由两家家长共同商量、决定,也需和其他家庭成员商量,但不用请示家族族长和村庄管理者。在亲兄弟之间过继通常不用写过继单,也不用邀请中间人见证,大家商量清楚,都同意,坐在一起吃顿饭,就相当于敲定了这件事。只有完全没有血缘关系的两户人家在过继时要写明过继单,并请中间人来见证。过继都是完全过继,不存在过继一半的现象。如果出继者年龄太小,一般不会征求他的意见,因为即使问他,他也不懂,况且小孩子觉得在哪里生活都一样,在自己的父母家或是叔叔家生活也没什么不同。出继者如果年龄较大,有些民主的家户的家长会考虑出继者的意愿,出继者也会站在家长的角度思考问题,明白这是为两家人好,自然也不会反对。过继后,就不会再回继,过继过来就是这家的孩子了。过继是两家人的事,不需要取得家族、村庄、政府的允许和认可。

(二)抱养

张家孩子较多,因此没有抱养过别人家的孩子,但抱养这种情况在村里面还是有的。一般是家中不能生育孩子或只有女孩,且家庭经济条件不错,家里没有男孩作为继承人,才会想从别人家抱养一个孩子。被抱养孩子的人家通常家中孩子较多,且家庭条件困难,养不起这么多孩子,别人家提出抱养他家的孩子,他们自然就答应了。独子的家庭即使经济条件再贫困,也不会把自己家的孩子抱养给别人。

抱养的范围在本村及外村都可以,这没有限制。抱养有一定的顺序,一般会优先抱养自己亲戚家的孩子,因为双方有血缘关系。如果亲戚家没有合适的小孩,就再从邻居、本村的家户中寻找合适的人家,实在都没有才会考虑外村的人家。但抱养的前提是被抱养的家户和自己家认识,最好两家人关系还不错,这样才方便以后两家人之间的交往。

被抱养人的原生家庭条件通常比抱养人家的家庭条件差,除非经济条件不允许,否则不会有人心甘情愿地把自己家孩子送给别人家养,只有自己家小孩太多,又无力抚养,有人愿意抱养自己家的孩子,给他吃好、穿好,被抱养者家才会同意。抱养的孩子通常比较小,这样被抱养的孩子对原生家庭的记忆不太深,方便日后和养父母一家的相处,减少孩子的抵触情绪和双方间的摩擦。有的孩子大一些后,父母会向他说明抱养缘由,孩子也表示理解,遵从父母的决定。

抱养时,如果两家人是亲戚或比较熟悉的朋友,就不需要写契约或请中间人来见证,双方家长协商好后就可以直接抱走小孩了。但如果两家人不认识,抱养也是经人介绍的,那就需要家长请来介绍人、中间人作见证,并写明相应的抱养契约,双方家长签字后方能生效。抱养成功后,两家人会请介绍人、中间人,大家一起吃个饭以示感谢。抱养孩子一段时间后,如果抱养孩子的家庭不满意,那也不能反悔,因为在抱养契约上已写得很清楚,抱养后不能反悔,所以一般都是一家人商量好决定抱养后才会开始着手准备这件事。抱养的人家不需要给被抱养的人家钱和物,只需要把抱养来的孩子当作自己亲生的孩子养,吃好、喝好、睡好,甚至能上学,被抱养的人家就很知足、感恩了。

抱养过去的孩子,抱养的人家要给他改姓、改名,在之后的生活中,会把他当作自己家的亲生孩子养,像对待自己家孩子一样对待他,不会差别对待。同时,小孩长大后,也承担着为养父母养老送终的责任。有的家户,在小孩长大后,会告诉他实际情况,孩子知道自己是抱养过来的,也会去看望自己的亲生父母,但他对自己的亲生父母没有养老送终的责任。有的家户怕小孩内心排斥,会一直保密,不给他说实际情况,说不说主要取决于养父母。被抱养的孩子在养父母家具有继承权,但在亲生父母家不具有继承权。在抱养问题上,只需要两家人商量,不用告知家族、村庄或政府。

(三)买卖孩子

迎燕村里没有买卖孩子的情况。如果一家人生的孩子太多,自己家没有经济条件抚养,一般会把孩子送给需要抱养的人家养。如果一家人不能生养或者家里只有女孩,就会去找那种家里孩子多,又没有能力抚养的家户过继孩子。农户们都是讲感情的,不会随便买卖孩子,把孩子当作赚钱的工具。

五、家户赡养

赡养父母是子女应尽的责任,张家采取四个儿子平均负担赡养职责,轮流照顾老人生活起居的赡养方式。分家前,家里的儿子需给老人留够养老钱、养老粮;老人生病时,儿女要回家照料;老人过世后,儿女要为老人守孝、送终。

(一)以家户为赡养单位

张子清和张月字的四个儿子对父母俩人有赡养责任。分家时,四个儿子需给父母能保证日常生活的房屋、土地和钱财,且四个儿子要轮流照顾父母的饮食起居,保证父母的正常生活。父母生病时,四个儿子也要轮换着照料父母。

赡养老人是家户内部事务,家户之外的人虽无权干涉,但如果某家后辈传出对自己的父母不孝顺,不承担赡养义务的事情时,别人就会说闲话,指责这家的孩子不孝顺、忘恩,通过舆论压力让后辈承担自己应负的赡养责任。老人在家里的地位很高,即使不是家中的家长,也会备受一家人的尊敬,尊老爱幼一直是农户心中的传统美德。家庭成员中只有儿子需要承担赡养责任,未出嫁的女儿和嫁出去的女儿都不需要承担,但是父母养育女儿长大,逢年过节女儿都会回家看望父母,父母生病时,抽得开身也会回家照料父母。

(二)儿子为赡养主体

如果一户人家只有一个儿子,那就由这个儿子负责赡养父母;如果老人有多个儿子,就由多个儿子共同负担赡养责任;如果老人没有儿子,则由女儿承担赡养责任;如果老人没有子女,就由老人的亲兄弟承担赡养责任。

(三)以轮流照顾为赡养形式

张子清有四个儿子,张家采取的养老方式是老人单独住一间房子,由四个儿子轮流照顾老人的生活起居。通常是一个小家庭负责一周,几个儿子家都住得离老人很近,每天小家庭做好饭,就会过来接老人去家里吃饭,如果老人不愿意走动,小家庭的家庭成员会把饭菜送到老人家,一般隔几天小家庭的儿媳妇会去给老人打扫卫生、收拾屋子。老人也同意这种养老方式,但在身体健康、精力充沛的情况下,除不做饭外,老人会自己打扫屋子,安排自己的日常起居。老人生病时,由四家人轮流照看,花费也由四家人平摊。

村子里普遍采用这样的养老方式,各个小家庭承担的赡养责任相当,互相之间也不容易有纠纷。张子清、张月字在晚年也不做什么事,张子清喜欢背着背篓到处逛逛,有时闲得无聊就去关系好的朋友家点上一根旱烟,闲聊几句,看着太阳落山,王玉梅在家门口大声喊回家吃饭了,背着背篓就回家了;张月字和年轻的时候一样,常常待在家里,不怎么出去,喂喂鸡、整理下房间,有时去儿子家看看孙儿、孙女。嫁出去的女儿偶尔也会回来看看父母,通常给父母带点鸡蛋、水果、面条、菜油之类的东西。

(四)四个儿子均摊养老钱粮

分家的时候,如果家里老人的身体状况好,想自己干点农活、种点地,那就必须给老人留够养老地。在把老人的养老地留出来后,剩下的土地再给几个儿子平均分配,一般给老人留的养老地都是离老人房子较近、土质还不错的地,方便老人耕种。如果老人身体状况差,没有足够的劳动力来耕种土地,便不会给老人留养老地,而是让家里的几个儿子平均分配土地。

在分家之前,家中的儿子需要给老人留够养老粮,防止土地收成不好,老人没有粮食吃,留的养老粮具体数量由老人和儿子共同商量决定。如果老人没有养老地,在吃完留下的养老粮之后,由家中的儿子平均承担老人的养老粮。张家通常是四个儿子家轮流着来,按季给老人粮食,一年下来,一家正好轮一次。不管每个儿子家的经济条件好坏,每年的收成是否变化,每家给老人的粮食都一样多,要保证老人随时有粮食吃。

在养老钱上,不同类型的家庭会有差异,大户人家留给老人的养老钱要多些,老人生活过得相对富足,小户人家留给老人的养老钱需要保证老人的基本生活。在养老粮上,不同类型的家庭差异不大,只要能保证老人所需的正常粮食即可,因为粮食给多了,老人也吃不完,恰当就好。

(五)治病和送终

家里老人生病,首先由自己的妻子照顾,如果妻子先于老人过世或没有照顾别人的能力,那就由老人的儿子和儿媳共同照顾。老人如果生病严重,便由大儿子请郎中来家里医治,若不见好转便送去镇上的医馆治疗,一般只有大户人家才有条件送老人去医馆里治病。看病产生的费用由老人的几个儿子均摊,如果其中一家实在经济困难,拿不出钱,那可以少拿点,但不能不拿。在照料父母的时候,少拿钱的人家要多出力,不然多拿钱的人家会心理不平衡。出嫁的女儿不需要承担治疗费用,但会来照顾父母,虽说“嫁出去的女儿,泼出去的水”,但作为自己的父母,女儿有空都会回家照料。家庭成员从小就被教育要尊老爱幼、感恩父母,大家都很孝顺,很少出现家中老人生病无人照顾的情况。

张应祥去世后,家里人先将老人的遗产作为丧葬的花费,如果钱不够,剩余的花费再由几家儿子平均分摊,长子和其余儿子承担的费用相同。张发友的姑姑在分家时不享有继承权,因此父母过世也不需承担丧葬花费,但会回家和哥哥、弟弟一起料理老人的后事。

(六)外界认可家户赡养

张家所在的家族、村庄和官府对家户赡养都是认可的,如果家里有儿子不愿意承担赡养责任,会被村里的人说闲话,指责其是“白眼狼”,不孝顺,村民也只有通过舆论来监督老人子女是否履行赡养职责,不会对其有别的惩罚,这是各家各户的家内事,外人不方便参与其中。

六、家户内部交往

1949年以前，张家的内部交往主要包括父子、婆媳、夫妻、兄弟、妯娌、兄妹等几对主要的交往关系。其中，夫妻关系是张家家庭中最重要的一对关系。

(一)父子关系

父子关系是家庭中很重要的一对关系，儿子作为家里的继承人，父亲会从小好好培养、教育。张子清比较严格，他需要承担儿子的吃穿住用行、教育等责任，另外，要负责给儿子娶媳妇，这是最重要的一项责任，儿子娶妻生子，家族才能延续香火，父亲的使命才算全部完成。家庭条件好的人家，父亲重视教育，会从小送儿子去读书，让儿子接受教育。张家没有条件送儿子去上学，张子清便从小自己教育几个儿子，教他们为人处世的道理，要做个诚实、正直、善良的人，同时，也会教给他们一些生活上的技能。此外，张子清还要给四个儿子留够家业，在他们娶媳妇时准备聘礼，几个儿子对父亲的房屋、土地、钱财都有继承权。

几个儿子对张子清也很孝顺、听话。张子清是一家之长，拥有很大的权威，平时在家他不会和儿子们开玩笑，在儿子们的心中，张子清是严厉和睿智的象征，儿子们如果遇到自己不能作决定的事情，都会找父亲商量，请父亲帮忙指点。如果在某件事情上，父亲说得不对，儿子只会从侧面提醒父亲；如果父亲做了错事，儿子也绝不能批评父亲。

在权利与义务的关系上，张子清承担抚养几个儿子长大成人、教育、娶媳妇等责任，儿子则承担对父亲年老时的日常生活照顾、养老送终等责任。儿子小的时候，做了错事，父亲可以打骂儿子，但不能随意役使儿子。儿子长大后，犯了错误，父亲只会批评、教育儿子，此时再打骂儿子会伤害其自尊心，产生适得其反的效果。在儿子自己的事上，张子清可以提意见，但也要站在儿子的角度考虑问题，尊重儿子的决定。

在日常交往中，父亲的形象在儿子心中是高大伟岸、受人尊敬的，儿子小时候对父亲的话是绝对服从，不敢有丝毫违背。儿子长大成家后，遇到重要的事情需要作决定时，也会征求父亲的意见。张家父子间的关系是比较融洽的，父亲关爱儿子，儿子对父亲也孝顺，但平时在家，父子间不会开玩笑，通常是一家人坐在一起吃饭、聊天。儿子心里有事一般不会向父亲诉说，男孩子的感情比较内敛，心里有事不会轻易说出来，只会和兄弟们聊聊天。但遇到重要的事情，需要作决定时，儿子会找父亲一起商量，征询父亲的意见，因为在儿子心中，父亲是智慧的象征。

儿子在小的时候，行为、习惯都受到父亲的约束和管制，在空闲的时候，父亲会教给儿子一些东西，如数数、算数、认秤、打算盘等；成年后，儿子的婚事也由父亲一手包办，父亲为儿子的婚事定是尽心尽力。儿子成家后，当了小家庭的家长，很多事情都可以自己做主，但儿子在作决定之前，为保稳妥，也为表示对父亲的尊重，通常会请父亲给一些参考意见，父亲的意见对儿子来说，很重要。在张家几个儿子看来，张子清虽然生活中很严肃，对他们也较严厉，但都是为他们好，儿子们是打心底喜爱、尊重父亲。此外，张子清对几个儿子都很好，一直是平等相待，没有任何偏袒，否则难以服众。

张家的父子关系一直很和谐，其他家庭成员相处得也比较好，父子之间很少发生冲突，偶尔有冲突也是儿子做得不对，父亲教育、批评儿子，即使被父亲打骂，儿子也只能忍着，不能还手。但张子清不会轻易动手打儿子，孩子长大自尊心强，也懂道理，一般做错事，张子清都会耐心地和他们讲道理,并希望其不会再犯类似的错误。一家人在一起生活,难免有些小矛盾,但家人间没有"隔夜仇",解释清楚,矛盾就化解了。这些矛盾、冲突都是在自家内部解决的,不需要外人的介入和调解。经过矛盾、冲突,一家人反而更加了解对方的性格,也利于日后的相处。

(二)婆媳关系

张月宇是张家的主要内当家人,对于儿媳妇,她平时主要承担的责任有:向儿媳妇解释清楚家里的相关规矩;介绍家里的亲戚、朋友;在吃饭时帮助儿媳妇认大认小、认老认少;管理家中的家务事,指导儿媳妇做家务;儿媳妇在坐月子时,帮自己的儿子一起照顾她。相应地,儿媳妇应该尊敬、关心、服侍婆婆,不能对婆婆不礼貌,或在私底下说婆婆的闲话,这样会导致家庭不和睦,别人也会批评做媳妇的不守妇道。张月宇不会随意役使儿媳,更不会打骂儿媳,儿媳有做得不恰当的地方,婆婆会指出来,给她说清楚,并让其改正就可以了。张月宇的话,家里的儿媳通常都会服从,如果婆婆做了错事,儿媳不能批评她,只能从侧面向她提点意见,但为了维护家庭关系的和谐,儿媳不会直接说婆婆,怕婆婆多心。关心家里事,照顾孙子、孙女,讲道理,友善、公平地对待儿媳的婆婆就是好婆婆;勤劳、节俭,打理好家中一切事情,照顾、服侍好公公、婆婆的媳妇就是好媳妇。

常言道"家家有本难念的经",其中一本就叫"婆媳经",婆媳关系比较复杂。婆媳在同一个家庭中生活,可能会因为家庭事务管理权、支配权等发生分歧,出现矛盾。另外,婆媳原本来自不同的家庭,各有各的生活背景、日常习性,如果在逐步了解,相互适应、磨合的过程中,彼此不能接纳,便会关系紧张、矛盾丛生。在张家,婆媳关系相对较融洽,婆婆会指导儿媳做家务,儿媳有做得不好的地方,婆婆会指出,偶尔婆婆也会帮儿媳打理家务事,有时两人还会在一起聊家常。但婆媳之间不会开玩笑,儿媳心里对婆婆是尊敬,并且有些畏惧的,心里有事一般也不会给婆婆说,通常就是干好自己本职内的事情,尽好做儿媳妇的本分,令婆婆满意即可。

张家人认为,婆媳关系是一种较特殊、较难处理的人际关系。一是由于婆媳共处于一个经济利益共同体中,经济和利益会产生矛盾;二是双方都想让家中的事务由自己控制,在相处过程中容易产生矛盾。在张家,婆媳之间没有发生过冲突,即使在日常生活中偶有一些小矛盾,也会各自退一步,或是儿子从中调解、缓和,在婆媳关系中,儿子起着十分重要的中介作用。儿子的中介作用如果发挥得好,便可加强婆媳间的情感联系,反之则容易成为矛盾的焦点,出现"两面受敌"的困境。张家婆媳之间的小矛盾都是在家内解决,外人不会介入,一般由家庭成员进行调解,儿媳作为晚辈,更应该体谅、谦让婆婆,大家毕竟是一家人,也不会斤斤计较太多。婆媳双方若能妥善处理好彼此间的关系,相互谅解、体贴对方,也能促进一个家庭的和睦关系。

(三)夫妻关系

夫妻关系是家庭中最重要的一对关系,夫妻双方在婚姻中的身份、地位、人格等多个方面都具有权利与义务的关系。在张家人心中,家族利益大于个人利益,维系夫妻关系的不是夫妻感情,更多的是生育事业;不是彼此相爱,更多的是责任义务。张家有两对夫妻,分别是张子清和张月宇、张德云和王玉梅。张子清和张月宇俩人一直都是相互尊重、和睦相处,几十年间,夫妻之间很少吵架,有点小矛盾在解释清楚后也很快消解了。而张德云和王玉梅,在长辈的影响下，夫妻关系也很融洽，一家人其乐融融。

丈夫对妻子需要承担相应的责任，因为他是家中的顶梁柱，所以挣钱养家、主持家中大事、下地干活、对外交往都是他身上肩负的责任。丈夫在平时生活中不能随意役使和打骂妻子，妻子生病的时候要照顾她。对于妻子来说，丈夫的话不需要无条件服从，如果丈夫说得不对，妻子可以就此事和丈夫商量、讨论，但如果丈夫做错了事，妻子不能批评他，只能从侧面提醒他，在家庭关系中，妻子还是有些惧怕丈夫的。

相对于丈夫而言，妻子需负责家里的一切事务，做好家务事、打扫干净屋子、照顾好丈夫和孩子的生活起居、服侍公婆、在农忙的时候还要下地干活，勤劳、善良、体贴、不在外说三道四、尽好身为妻子的本分，这样的妻子才是一个好妻子。

在权利与义务的关系上，不同类型和人口规模的家庭的夫妻关系没有太大的差异，只是大户人家家里人口多些，相对而言，丈夫和妻子需要管理的家庭内、外事就更多些。张家两对夫妻间的关系都比较融洽，没有出现丈夫打骂妻子或者夫妻之间大吵大闹的情况，相应地，丈夫都是比较尊重妻子的，俩人偶尔拌嘴也是因为生活上的一些小事而意见分歧，过几天就好了。这些小矛盾都是在家内解决，通常是夫妻双方私下沟通，其他家庭成员不方便介入，更别提妻子娘家、四邻、宗族长、保长和甲长了。夫妻俩人平时都很忙，忙着打理家内、家外的一切事务，很少开玩笑，晚饭后会聊一聊家里的事情，但对外交往的事情都是由丈夫自己决定，有时也会和家里的大儿子沟通，但不会与妻子说。丈夫忙着干农活、主持家中大事及对外交往，妻子心里有事一般也不会给丈夫说，通常只有涉及家中老人和孩子的事，才会向丈夫提起。在大户人家，妻子一般会更顺从丈夫，丈夫相对于小规模家庭中的丈夫更具权威性，妻子只需做好自己的本职工作即可，不会插手和干涉丈夫管理的事情。

1949年以前，男女的婚事都是由父母一手包办，夫妻双方只有在结婚当天才能见面，俩人在婚前没有任何相处和接触，所以夫妻之间更多的是相敬如宾、相互尊重。维持双方关系的纽带更多的是责任和义务，俩人之间的感情更多的是亲情，心灵和精神上的交流则较少。

（四）兄弟关系

俗话说长兄如父，兄弟关系是指由婚姻或生育而产生的人际关系，张家有四个兄弟，分别是张德云、张发友、张昆友和张友发。张家的兄弟数量在村里属于正常数量，农户们都认为，兄弟多，代表一个家庭人丁兴旺，兄弟之间可以相互帮助、扶持。

张德云作为家里的大儿子，不仅要协助父母照顾弟弟，当父母不在家时，还要担起父母的责任，照顾好几个弟弟，尽抚养和教育之责。如果家中的父母都过世了，兄长不能将弟弟逐出家门或者卖掉，需要负责抚育弟弟、教会弟弟谋生之道、给弟弟娶媳妇，直到弟弟成家才算卸下身上的担子。在弟弟成家后，兄长也要时常照顾、关心弟弟。作为兄长，不能随意役使和打骂弟弟，若兄长没有尽到应尽的责任，会受到家人和外人的舆论谴责和精神拷问。兄长的话，弟弟不需要无条件地服从，兄长说得不对的，弟弟可以质疑兄长，两兄弟一起协商。但在日常生活中，弟弟都是很尊敬兄长的，听从兄长的意见，不会轻易违背，如果兄长做了错事，弟弟也不会批评他。兄长想要获得弟弟的尊敬，需要用日常生活中的为人处世及人格魅力来说服弟弟，要有为人兄长的样子，否则也不会获得弟弟的尊敬。当然，弟弟也应该处理好自己的事情，不要给兄长惹是生非，尽量少麻烦兄长。

在日常交往中，因为是平辈，所以兄弟之间的相处不像和长辈相处那样拘束，张家兄弟之间的关系较融洽,兄弟几个经常一起说说笑笑,弟弟一般有什么心事或者作不了的决定都会找兄长诉说,这比找父亲商量更自在、随意。兄弟之间也会一起喝酒、交流自己遇到的新鲜事,不会有什么大矛盾,偶尔有小矛盾也会各退一步,很快就和好了,兄弟间能和睦相处是父母很欣慰的事。弟弟若遇到什么事,或者在外面受了委屈,兄长都会维护弟弟。男孩子的情感比较含蓄,但在弟弟有难的时候,兄长是第一个站出来的人。弟弟尊敬兄长但不惧怕他,有什么事都会敞开心扉和兄长说,如果双方在一件事上意见有分歧,会共同商量着解决,弟弟通常最后都会听从兄长的决定。不同类型和人口规模的家庭的兄弟之间在日常交往关系上还是有些差异,通常大户人家的兄长会更严肃,所以兄弟之间的关系会有距离,不如小户人家兄弟之间的感情亲密。

张家几兄弟之间没有打过架,偶尔有点小矛盾、吵嘴也很快解决了,张德云作为兄长,会尽量让着自己的几个弟弟。吵嘴的情况在张家不常见,张子清和张月字不允许家中的儿子吵架,兄弟之间常吵架传出去会被别人笑话的。兄弟之间发生冲突后,张子清和张月字会立即阻止,他们会先弄清事实,然后批评有错的一方,当然,也会责备另一方,兄弟之间有什么问题都应该冷静地沟通、理性地解决,争吵只会适得其反,在俩人的教育下,这种不愉快很快就过去了。

(五)妯娌关系

1949年以前,张家的四个儿子只有张德云成家,所以家中只有一个儿媳妇,还没有妯娌关系。之后,其他几个儿子相继成家,家中的四个儿媳,妯娌四人,相处都挺融洽。

在张家,妯娌四人的地位是同等的,大家平等相处,嫂子不会倚仗着自己先进门而随意吩咐弟媳,更不能批评、打骂弟媳。各家各户都有相应的规矩,嫂子因为先进门,对家中各方面的规矩、关系都会更了解,所以通常弟媳会虚心向嫂子请教一些家里的规矩,嫂子也会耐心地给弟妹讲解,谁都需要经历这样一个学习的过程。弟媳尊重嫂子,不敢顶撞嫂子,但也不是无条件地服从,双方都是张家的儿媳妇,在人格上是独立、平等的。双方只有承担好应尽的责任和义务,才会获得彼此间尊重,在家庭中才有地位。

在日常生活中,张家的家务事,都是平均安排、分配给几个儿媳,没有年长的多做点,年轻的少做点这种不公平的情况,张子清、张月字对待几个儿媳也是"一碗水端平",不会有区别。通常张月字统筹整个家庭的家务事,妯娌之间相互协调、互帮互助,将家务事打理得井井有条,家庭氛围和谐。妯娌之间的关系比较融洽,一起干家务活时会聊聊有趣的事情、拉拉家常,一起做针线活时也会相互传授技巧、取长补短,有的儿媳擅长纳鞋底,有的儿媳擅长绣花。有怀孕的妯娌,其他几个妯娌也会比较照顾她,她们尽量多干点重活,把轻松的活留给怀孕的妯娌。大家都是一家人,妯娌怀孕是为张家传宗接代、增添子嗣,为这个家庭的延续。妯娌间有什么心里话一般不会给对方说,都是给自己的娘家人说。

在一个屋檐下生活,妯娌之间难免会发生一些小矛盾,但她们不会把事情闹大,更不会让张子清、张月字知道,通常都是私下解决,大家各退一步,心里有什么牢骚和丈夫抱怨几句,丈夫从中调解下事情就过去了。张子清、张月字不愿意看到妯娌之间闹矛盾,他们认为这是儿媳妇不懂事的表现,所以妯娌间一般有什么矛盾,双方丈夫知道后,都会劝自己的媳妇忍让、包容一些,不要为这些小事情计较。如果家中妯娌闹矛盾的事情被外人知道了,就会丢家长和自己丈夫的脸,说这家儿媳不守妇道、不懂事,这是大家都不愿意看到的结果。相比小户人家,大户人家更注重家庭成员之间的关系,家庭对外时,即使不太和睦,也会表现出相处得很和睦的样子。

(六)兄妹关系

张家几兄弟和两个妹妹的关系都很好,兄弟们平时很照顾俩姐妹,大家一起干活时,兄弟们都是把重活揽在自己身上,让俩姐妹干些相对轻松的活,兄弟们平时有什么好吃、好玩的都会让给俩姐妹。如果父母不在家,兄弟们要承担起对俩姐妹的抚养和教育之责,将自己在生活、生产中的经验都传授给俩姐妹。几兄弟从不打骂俩姐妹,如果俩姐妹在外面被人欺负或受了委屈,兄弟是第一个为俩姐妹出头的人。俩姐妹从心底里尊敬哥哥们,但不惧怕他们,更不允许外人诋毁他们。

七、家户外部交往

1949年以前,张家的外部交往主要包括与邻居、亲戚、朋友、租种土地的大户人家及集市上买钢炭顾客间的交往。在和邻居的交往中,张家和邻居之间相处关系很融洽,大家经常相互串门、相互帮忙,尤其是和住在斜对门的王家,张家对其尤为照顾;在和亲戚的交往中,居住距离是影响双方日常生活中接触是否频繁的关键因素,但在重要事情上,亲戚依旧是最可靠、稳固的"支柱";在和朋友的交往中,张家各个家庭成员都有自己关系要好的朋友,朋友之间常常互帮互助;在和租种土地的大户人家交往的过程中,每年年底张子清作为家庭的代表向其上交租金,并在过年时向其拜年,双方关系较和谐;至于在集市上卖钢炭遇到的顾客,除买卖关系外,没有更多的交集。

(一)对外权利义务关系

1.远亲不如近邻

张家和邻居之间的关系相处得很融洽,在空闲时间,大家会相互串门、拉家常,张家为人诚实、大方、友善,所以邻居们都喜欢来他家聊天,每逢夏季的夜晚,张家总是很热闹,一群人在院子里乘凉、聊天、喝茶直到深夜。在农忙的时候,张家会和关系好的邻居家换工,你帮我家做几天,我再帮你家做几天。谁家缺点农具,只要张家有,都会来向他家借,张家也从不吝啬,农具都是免费借给邻居家使用,用完无损的归还就可以了。张家之后攒了些钱,买了头耕牛,每年农忙时节,关系好的人家都会来给张家借耕牛,张子清也总是很爽快地答应,从不打马虎眼。

俗话说"远亲不如近邻",平时张家有什么事,邻居们都会来帮忙;邻居家有什么事,张家也会赶去帮忙。家里做了好吃的,会拿点给邻居家送去。在筹办红、白喜事时,有时张家还没有请客到邻居家,邻居就自己赶过来帮忙了。办酒席时,大家都是无偿地帮张家干活,洗菜、洗碗、端盘子、收桌子和椅子,时间长了,你来我往,相互之间的关系就更亲近了。

张家和斜对门的王家关系很不错。王家家庭成员数量没有张家多,在王家大女儿出嫁前,张月字帮着出嫁女儿的母亲一起准备、出主意,王家女儿出嫁的那天,张家的其他家庭成员都帮着王家招呼客人、四处打点。之后王家的当家人过世,由于家中的长子没有经验,便过来请教张子清,张子清尽力帮忙,跟着打理一切,张家其他家庭成员也是干些自己力所能及的事情,张家均认为邻居之间做这些事是应该的。

在土地改革运动以前,张家没有自己家的土地;土地改革运动后,家中分得的七八亩土地是村里按照家庭人口平均划分的,但分得的其中两亩土地离家较远,不方便耕种,因此张家和刘家置换了这两亩地,最后两家人都换得了离自家较近的土地,方便两家人耕种。在此次土地置换活动中,先是由家长主持家庭会议,除小孩外,其他家庭成员都要参加。大家在会议上广开言路,寻找有希望和自己家成功置换土地的人家,这是建立在了解自己家附近土地的所有者和离得较远的那两亩地周围土地所有者的基础上。

置换的土地首先要两家人"差不多""不吃亏"才行,这包括土地的肥力、土壤情况等,如果一家两亩地的肥力高于另一家两亩地的肥力,那么在两家人同意的前提下,第二家会用两亩半甚至三亩的土地置换第一家两亩地,但肥力较高的土地,实际情况要靠两家人自行协商。其次是想置换土地的人家对潜在置换对象进行分析、筛选,并排序出有希望置换的几户人家。想置换土地的人家定好置换土地的对象后,由家长出面与潜在置换对象商谈,这是两家人的事,不需要知会四邻、家族、保长和甲长,若协商成功两家就置换土地;若协商不成功就换下一户人家。通常置换土地的两家人都较熟悉,因此不需要见证人,两家人私下写份契约、盖个手印即可;如果两家交往关系一般便会请个见证人,以示置换活动的正式性,但这种情况很少,毕竟多数置换活动都是在熟人间展开。总的来说,置换土地这种情况在迎燕村并不多见。

2.亲戚关系,血浓于水

如果亲戚们是住在同一个村,那平时大家相互间会多点走动;如果亲戚们没有住在同一个村,日常生活中的接触便不如与邻居间的多。张家家里遇到什么重要的事情,都会请亲戚过来帮忙,比如红、白喜事,即使是住在外村的亲戚,也会赶过来帮忙,帮主人家张罗客人。而别的亲戚家有需要商量的事情时,也会请张子清作为张家的代表过去一起做决定。每年过年的时候,亲戚之间也会相互走动,通常晚辈会带点礼物,比如鸡蛋、水果、面条、菜油等去给长辈拜年;长辈如果手头宽裕,也会给前来拜年的晚辈一些压岁钱,以示期盼与祝福。

在日常生活中,亲戚之间接触是否频繁虽受居住距离的影响,但双方只有经常走动,感情才能得到交流,关系才能维持,才会更亲近,否则会渐渐疏远。在家户遇到一些重要的事情时,邻居是否过来帮忙不碍事,但亲戚若不过来帮忙,则会受到外人舆论的谴责,会指责你不念及血缘关系、无情无义、不会为人、亲情淡薄。

3.有福同享,有难同当

任何时候、任何人都有自己的朋友,张家的各个家庭成员都有自己相处得好的朋友。朋友之间会常常在一起聊天、喝酒,平时遇到一些不能决定的事,也会找朋友出出主意,人多点子多,作的决定也相对更恰当。张家农忙或者家里有什么事时,朋友都会主动过来帮忙;朋友家需要帮忙,张家也有人去协助,正所谓有福同享、有难同当,大家有什么困难都是互帮互助,陪伴彼此渡过难关,朋友之间的感情也会越来越深。

张家对门的王家家长过世后,每逢农忙时节,张家的几个青壮年劳动力在忙完自己家里的事情后,都会主动去帮王家干农活,这些帮忙都是义务的。平时家里做了什么好吃的,张月字也会给王家送过去。反过来,张家对朋友的帮助也得到朋友的关心,张德云的第一个孩子在1岁多时,经常生病,不是感冒就是出红疹,请村里的医生来诊断也不见好转,张德云一个懂风水的朋友闻讯来到家里,根据孩子的八字命理,调整了屋子内的摆设,一周后,孩子的病自然就好了。

4.主佃关系和谐

1949 年以前,张家没有土地,全靠租种地主家的土地生活,因此和地主家形成了相应的主佃关系。每年农作物丰收后,张家需将收成的一半上交给地主家作为租金,此外,平时不需要向地主家提供任何帮忙。双方两家遇到红、白喜事时,都不会请对方吃酒和帮忙,除去主佃关系,平时生活中两家人有各自的圈子,没有其他的交情。每年过年,张子清会代表整个家庭,拿点鸡蛋、果子、面条去给地主家拜年,以表地主出租土地给自己家的感谢之情。

5.主顾之交淡如水

每年冬季,张德云和张发友都会背钢炭去集市上卖两到三次,在买卖过程中,和不同的顾客形成了主顾关系。有的顾客觉得张家的钢炭在燃烧过程中产生的烟味小,且燃烧时间长,因此只要在集市上遇到张德云、张发友俩兄弟,就一定会买他家的钢炭,除去基本的主顾关系,双方间没有更多的交集。

(二)对外冲突及调适

1949 年以前,张家没有和邻居、朋友发生过大的冲突,只有一些小的纠纷,但在两家人相互沟通、理解下,纠纷很快也就化解了。一次,邻居家院子里种的树长得比较茂盛,其中,树伸出两家围墙边界的枝干挡住了张家在围墙边种植的农作物,使其不能充分地吸收阳光和养分,因此这部分农作物不如院子里别处的农作物长得好。张家经过观察找出原因后,由张子清代表家庭出面,向邻居家说明此事的具体情况。两家都是讲道理的人,邻居了解后,立即将伸出围墙边界的枝干砍了,并承诺以后在院子里种树时会多注意、多留心,不会再发生类似的情况。

日常生活中,几家人的小孩子一起玩耍,偶尔会发生追逐、打架的情况。通常几个小孩子打架时,都是由小孩子家里的家长或父母来管,如果是张友发和别家的孩子打架,主要由父亲张子清或母亲张月字来处理;如果是张刚刚和别家的孩子打架,主要由家长张子清、父亲张德云或母亲王玉梅来处理,但通常张子清都会把事情交给张刚刚的父母处理,这样不容易产生纠纷。处理孩子间打架的准则大致为:"各人管好各人家的孩子,莫管别人家的孩子。"小孩子间的小打小闹,外人不会介入,一般家里的大人对孩子进行批评、教育后就化解了;有时甚至不需要父辈的调解,因为小孩子们第二天就自然而然地和好了。

张家偶尔和邻居家发生的这些小矛盾,都在理性地沟通上得到了很好的解决,两家人的关系也没有因此变僵,反而相处更自在、关系更亲密了。其实,张家因为人真诚、热心、善良,且十口之家在村里也算中等家户,所以张家人在村里其他农户心中还是有一定地位的,不会有人存心找张家的麻烦。

村里的冲突,多是围绕土地、边界等问题发生的。冲突发生时,首先是两家人协商处理,如果不能处理,便会找来左邻右舍帮忙调解,如果还是不能解决,就会找村里比较有威望的人出面调和。调和没有固定的场所,大多在矛盾双方其中一家人的院子里,大家坐在一起,把这件事情说清楚,双方各退一步,在保证利益不受侵犯或受到最小侵犯时尽快化解,大家以和为贵,毕竟这种事传出去也难为情。

第四章　家户文化制度

张家的文化制度包括家户教育、意识、习俗、信仰和娱乐等几方面。在家户教育方面,张家因经济条件差且需要劳动力,只有张昆友进过两三个月的学堂,其余孩子的教育及人格的形成主要来自于家庭;在家户意识方面,血缘、亲缘关系是张家判断自家人的主要依据,全家人的共同生活目标是经济条件的改善和生活水平的提高;在家户习俗方面,重大的节庆、习俗,张家都以家庭为基本单元,张家除与村里多数人家相似的习俗外,也有自己家的规矩和讲究;在家户信仰方面,张家除供奉自家的祖先、土地神、门神和灶神外,没有别的宗教信仰;在家户娱乐方面,张家有结交朋友、打牌、串门聊天、逛庙会等娱乐活动。

一、家户教育

教育是家户文化中的重要组成部分,张家因为现实条件不允许,只有张昆友去离家较近的私塾里上过几个月的学,其余孩子的教育来自家庭。张子清注重对孩子人格、品行、习惯与劳动技能的培养,他信奉勤劳致富,并在日常生活中对孩子言传身教,孩子父母及家人的思维方式、行为举止都会对其产生潜移默化的影响。

(一)家户成员受教育概况

1949 年以前,张家只有张昆友上过两三个月的学,读了一些《百家姓》,其余的小孩都没有上过学。村里大多数人没有读书意识,不太注重家里小孩的教育。许多农户家里的孩子,稍大一些就开始下地干活,为家庭沉重的农业生产、生活提供劳动力。张子清知道读书的重要性,因此才送张昆友去私塾念书,但张昆友较小,没有读书的意识,喜欢玩耍,才读了两三个月就不愿意去了,恰好家里需要劳动力,且担心无力负担之后的学费,张子清便默许张昆友不去读书了,此外,家里其余的孩子没有读过书。

村里只有家庭条件稍微好点的人家才会送家中的男孩子去上学,让孩子学习知识、接受教育。一些大户人家会把老师请到家里来教孩子,少许思想开明的大户人家甚至会请老师来家里给女儿教学,别的普通人家的孩子很少有接受教育的机会。一般都是家长明白知识的重要性才会送孩子去接受教育,家长有让孩子接受教育的意识,当然,也希望孩子学知识以后有成就,回报家庭、光宗耀祖。

(二)私塾教育

张家只有张昆友去私塾读过书,张子清作为当家人,要求送孩子去私塾里上学。张昆友念书的私塾就在村里,离家挺近,很方便。私塾里老师会从最基本的知识教起,最开始学习的是《百家姓》。私塾里都是男孩子,没有女孩子去上学。在私塾里学习的花费由家庭全权承担,花费主要是孩子的书本费,过年家长也会带点礼物给老师拜年,张家只有一个孩子读书,花费不算很多,还能负担得起。

村里有条件的人家会把私塾里的老师请来家中为孩子教学，让孩子在一个更好的环境中接受教育。通常只有少数思想开明的大户人家家长请私塾老师来家里为孩子教学时，会让女儿和儿子一同上课、一起接受教育，村里受过教育的女性很少，很多女孩在出嫁之前就一直在家中学习做家务活儿，学绣花、做衣服、制鞋子，一辈子都不识字。

(三)教育以家户为单位

孩子小时候的教育主要来自于家庭,张家的子女都是和张子清、张月宇一起生活,他俩将自己生活、生产中的经验都教授给孩子,更重要的是,让孩子从小养成良好的习惯,教会孩子为人处世的道理。家中对男孩、女孩的教育会有不同的侧重点,张子清更注意男孩性格、习惯的养成,平时教给他农业生产中的技巧;张月宇更多的是教给女儿生活上的技能,做家务、织布、绣花、纳鞋,这些都是农村女性必备的技艺。张子清、张月宇平日在生产、生活中的一举一动,孩子也会耳濡目染。孩子即使长大了,在他们眼中都是孩子,虽然他们在生活、生产上放孩子自己去安排,但偶尔也会针对某件事给孩子一些建议、意见,这些都是身为父母的良苦用心,希望孩子在人生道路上少走弯路。张家对孩子最基本的要求是善良、诚实、勤劳、能吃苦,一旦发现家中孩子有违这几点要求的举动,家长一定会对其进行严厉的批评。

(四)家教与人格的形成

父母及其他家人的思维方式和性格都会在孩子的成长过程中对其产生潜移默化的影响,比如父母和叔叔、婶婶在日常生活中对长辈很孝顺,那孩子对自己的父母和叔叔、婶婶相应的也会很孝顺;如果父母和叔叔、婶婶平时很尊重长辈,不敢有违背长辈的行为,那孩子在以后的生活中,也会很听从自己父母和叔叔、婶婶的吩咐。此外,家庭中的相处模式和平时的生活氛围也会对孩子的性格产生影响,通常生活在气氛和谐家庭中的孩子幸福感较高,性格也会较活泼、开朗;而生活在关系紧张的家庭中,孩子会较内向和敏感。

父母、家人做人做事的道理对孩子都会有影响,但张子清对于孩子多是"放养型"培养,他主要注重孩子人格、品行与一些劳动技能的培养。对于村里和家族中的风俗习惯,张子清都会告知孩子,逢年过节也会给孩子讲起家庭及整个家族的来历、关系,以便孩子更好地了解这个大家庭。爷爷、奶奶更注重培养孙子、孙女的人格,希望他们成为善良、诚实、勤劳的人;而父母多侧重教会子女生活和生产的技能,以便他们在日后的成长中能自食其力,自谋出路。

张家信奉勤劳致富,家庭底子差,只能靠后天的勤劳补。张家的家庭成员都很勤快,在平时生产、生活劳动中,即使干再重的活,也不会抱怨,特别能吃苦。"家和万事兴"也是张子清一直强调的,一家人和睦才能一起生活,生活才能越来越好,因此兄弟或姐妹之间有什么小矛盾都会马上解决,不让他知道;一旦他知道,就会批评、教育有矛盾的双方。

张家在遇到困难的时候,邻居提供的帮助也较多,俗话说"远水不解近渴",张家为人处事好,群众基础好,有什么事情,住在附近的邻居都很乐意提供帮助。当然,如果遇到比较重要的事,张家还是会请亲戚、长辈一起商量、解决,这样更加妥当。

(五)家教与劳动技能的形成

张家的男孩子从10岁左右就开始跟着长辈到地里参加劳动生产了。在从事劳动生产的过程中,父辈会教孩子干农活,先从最简单的开始教起,拔草、推车,之后再教插秧、施肥、收割,相关的技巧都是长辈在以往的生产经历中总结出来的。张家没有特别指定谁负责教小孩子,通常是大儿子跟着父亲做,之后的弟弟再跟着哥哥做。在日常生产中,父亲看到儿子有做得不好的地方会指出来,并教会他。男孩子从小学习相关的劳动技能,一是为了日后能为家里干农活提供相应的劳动力,成为长辈的帮手;二是作为成家的立业之本,这些技能也可以教给自己的子孙后代。

张家的女孩子也需要学习基本的农业生产技能,但学习的重心还是放在家务活和手工活上,这些主要由母亲教。女孩子大约也是十几岁就要开始学习做家务活、针线活、煮饭、做菜,把家里收拾得井井有条,做衣服、绣花、纳鞋底、织布纺线等,这些都是在家里跟着母亲学习。等女孩子稍微大一点,还需要帮助母亲一起照顾家里的弟弟妹妹。因为女孩子出嫁到丈夫家后,需要料理家中的一切家务活动,所以在家里提前学习也是为日后去别人家里当儿媳妇作准备。如果一个女孩子嫁到夫家什么都不会做,会被夫家觉得无能,被人看不起,指责家里的父母没有教育好自己家的女儿,惹得一身闲话,所以家里的女儿自懂事后,母亲就会教给她相应的家教和劳动技能。

(六)教化功能

1949年以前,张家有自己家的日常规矩,对于德行和品行方面的教化,都是父母在日常生活中对孩子进行言传身教,如果孩子有不恰当的举动,父母会立刻指出来,教育孩子,并让其改正。家庭教化通常是由孩子的父亲和母亲进行,张家父母对孩子进行教化,主要是希望孩子做一个诚实、正直、勤劳的人。如果家庭成员在教化的过程中犯了过错,主要由父亲来批评,如果犯的过错很严重,还会对其进行惩罚。父母平时的言行举动也会对孩子造成很大的影响,父母是孩子的启蒙老师,从某方面说,孩子是父母的一面镜子,父母也可以通过孩子看到自己。各家的孩子由各家的家长管教,只要不违反正常的规章制度,家族、村庄、官府不会对孩子进行特殊的教化。

二、家户意识

张家人认为,有血缘关系,生活在一起,并在一起吃饭的人才算自家人。张家人认为,没有家就没有个人,家庭比个人重要,考虑问题时要从家庭利益出发,以家庭为重,当家庭利益与个人利益发生冲突时,家庭成员要为家庭利益而放弃个人利益,此外,家人之间应相互扶持。张家的长辈有行善积德、造福子孙的意识,在平时生活中,会在自己力所能及的范围内做一些善事。在长辈的感染下,家里人也相信善有善报、恶有恶报,善行是一点一滴积累起来的,自己现在所做的事以后都会回报到后辈的身上,因此做事不能违背良心。

(一)自家人意识

张家人觉得,有血缘关系,同吃同住同用的人才算自家人,一家人从张德云到张发友这一辈,再到孙子辈三代十口人都是自家人。即使之后四个儿子相继成家,分家后,大家不住在一起,不在一起吃饭,但大家心里还是认定彼此为一家人,大家住在同一个村,日常生活中有什么事也会相互帮助。有的亲戚住得比较远,平时联系得少,这样也算是自家人;有的不是亲戚,但平时能够相互帮助,比较靠得住,这样的人只能算是交情好的朋友,不能算是自家人,判断是否是自家人,主要还是看血缘、亲缘关系。

张家家里的事情都靠自家人解决,外人不会介入,同样,张家的家庭成员也不会介入别人家的家事。每个家庭都有一家之主,家庭内部和外部的事情都由一家之主管理,生产、生活上的事都要听他的安排。张家家里遇到什么大事,张子清都会在晚饭后召集全体家庭成员开会,但主要是和家中的成年男性商量,女性一般不参与事情的讨论,商量过后由张子清作最终的决定。张月字一般是打理家庭内部事务,将家务活、针线活等平均分配给家里的儿媳妇、女儿。张家的宗族关系联系不紧密,所以宗族不会干预张家的内部事务,更别说保长、甲长和村庄了,农户们都是自己家管自己家,自谋出路。家庭内部若出现矛盾也是在家内解决,正所谓"家丑不可外扬",不好的事情越少人知道越好。

(二)家户一体意识

1.家人间相互扶持

1949 年以前,张家未分家,几个青壮劳动力在生产、生活上都会互相帮助,分家后,兄弟们各自有了自己的小家庭,也时常走动,相互扶持。如果家里的某一位成员被欺负了,是对方的过错,一家人会联合起来帮助被欺负的成员讨回公道。通常由家长出面,找对方沟通,理性地解决问题。在分家时,如果某个兄弟的家庭条件不好,当家人在征得其他人的同意后,会对这个小家庭稍微照顾些。在分家后,若几兄弟之间的经济状况有所差异,经济条件好的小家庭也会主动扶持经济较弱的家庭,这种情况在哥哥身上尤其明显,毕竟一家人,且身为兄长,帮助弟弟是应该的,大家好才是真的好。

2.以经济条件改善、生活水平提高为目标

1949 年以前,张家没有自己家的土地,全靠租种大户人家的土地维生,家庭经济条件较差,大家共同的生活目标是家里经济条件的改善和生活水平的提高。对于从大户人家租种来的土地,张家都尽量发挥土地的最大功效,提高其产量,但农民庄稼的收成主要"看天吃饭"。张家十口人,为了不浪费家里的劳动力,张子清会对所有劳动力按其特点进行明确的分配,每个家庭成员都有自己需要负责的一部分农活。此外,每年冬天,家里也干起烧钢炭卖的副业,张子清和几个儿子提前在家里把钢炭烧好,然后由张德云和张发友背去县城里卖,每趟来回需要一到两天,俩人来回都是走路,晚上就在路边的茅草房里休息,但他们从不会抱怨,作为家里的男性劳动力,做这些都是应该的。

张家家庭成员无论是在日常的农业生产活动中,还是在干副业的过程中,都没有抱怨,偶尔在很劳累的时候发发牢骚,但很快也就过去了。家里人都知道,做这些都是为了一家人生活得更好,父母从小就给孩子们灌输勤劳致富、吃苦耐劳的思想。这些大家不会常常挂在嘴边,而是用实际行动,为全家人共同的生活目标献上自己的一份力。

(三)家户至上意识

对于家庭与个人的关系,张家人认为家庭比个人重要,没有家庭就没有个人,在考虑事情的时候都是先想到家庭而不是个人,当家庭利益和个人利益发生冲突时,家庭成员会为了家庭利益而放弃个人利益。在处理家庭问题时,张子清也会先考虑整个家庭的利益,以家庭为重。

就张家的子女来说,虽然对自己没有读过书、不识一个字表示遗憾,但却没有责怪家庭、父母的意思,他们明白是家里的境况"不允许",父母也有自己的苦衷。通常只要家庭条件不允许,家长希望孩子回家帮忙干活,孩子都会放弃读书的机会,回家为家里的农业生产提供劳动力。

张家为增加家庭收入,在冬天干起了烧钢炭卖的副业,这主要由张德云和张发友负责。首先,张子清和兄弟二人在家中把钢炭烧好,然后再由张德云和张发友背去镇上、市里卖。因为来回一趟很辛苦,需要一到两天,且全靠步行,晚上也是在路边的茅草屋里休息,兄弟二人不忍心让张子清受这份苦,况且两人足以独立承担这一副业生意,因此卖钢炭主要由俩兄弟负责。俩兄弟为整个家庭付出了很多,但每次卖钢炭回到家里,第一件事就是进张子清的房间,把挣得的钱全部交到他手中,这一副业收入是一家人的经济收入,随后两人会把买卖的具体明细向张子清汇报清楚。兄弟二人对此毫无怨言,大家都是换位思考,两人外出从事副业,其他家庭成员在家里也没有闲着,从事农业生产、把家里打理得井井有条,在俩人回来后,第一时间端上热茶,递上热饭、热菜,并嘘寒问暖,这种关心不是虚情假意,而是发自肺腑的。

其他家庭成员看着张德云、张发友俩人卖钢炭很辛苦,挣得的钱自己不拿一分一毫,全部归家里,很是感动,因此在日常农业生产中,也是竭尽全力。这种想法是相互的,一家人无论做什么事,首先想到的都是家庭,分析该事对家庭的利弊:一家人今年的粮食够不够吃;今年冬天有没有保暖、御寒的衣服;能不能过上一个好年;能不能存点钱去买进相应的牲畜和生产农具,大家都是全心全意地付出,一心一意地为这个家,盼着一家人的生活越来越好。

如果家庭成员要外出打工,必须提前告诉家长,家长同意后才能出去。作为父母,更希望孩子留在家中,为家里的农业生产提供劳动力,农民的主要任务就是种地,国家也主要发展农业,外出打工的机会很少,出去打工的人就更少了。

在自己的婚姻问题上,子女都是听从家长的安排,男女之间没有自由恋爱,婚姻都是父母一手操办的。家庭中夫妻感情较为淡薄,一方面是因为夫妻关系的建立并非基于感情,结婚后也不太重视夫妻间感情的培养与交流,另一方面是因为亲子关系是家庭中的主要关系,夫妻关系处于次要地位,家庭中的重点是子女的抚育和培养,夫妻感情建立和培育就被有意或无意地忽略了。子女的婚姻,通常是建立在一定的经济基础上的,父母一般会挑选和自己家经济条件相当、门当户对的人家作为亲家。对于儿媳妇,张子清和张月字看重的是能生儿育女、勤俭持家、遵守妇道;对于女婿,两人看重的是勤快、能吃苦、有能力,这些挑选标准,都是为了整个家庭能更好地发展。1949 年以前,家庭的功能主要体现在经济上,家庭的本质是经济单位:丈夫挣得家庭收入,妻子履行家庭义务。夫妻双方所处的地位和所扮演的角色明确,家庭关系相对简单。父母对孩子最大的责任也是令其成家立业,为整个家族生儿育女、延续血脉。

家里人平时考虑问题都是从家庭利益出发,凡事都以整个家庭为重。家里的财产由张子清统一保管,平时需要购买什么生活必需品都要向他说明,得到他的许可后才能拿钱去买,买回来具体的花费也需向一家人说明清楚。一家人生活在一起,收入、开销都是算在一起的,单个的家庭成员没有财产管理权和支配权。平日家里买的东西,也是用于全家人共同的生活,如果某个家庭成员想买一些自己用的东西,即便是自己劳动赚来的钱,也没有使用权,只有等到过年时,家里经济条件相对宽裕,张子清给点压岁钱,才能用这些钱去买自己喜欢的东西。

(四)家户积德意识

张家的老人都有行善积德、造福子孙的意识,平时也会在自己力所能及的范围内做一些善事。张家虽然经济条件不太好，但是遇到逃荒者，能帮的忙都会尽量帮忙，即便只是请别人进来家里吃顿饭。因为张家就是为寻求更好的生存环境才举家从毕节市搬到卫城镇，所以碰到类似的逃荒者，很是同情。张子清在别人眼中是一个诚实、正直、乐于帮忙的人，邻居有什么事都会来请他帮忙出主意，大家很信任他。

张家的家庭成员都相信善有善报、恶有恶报，做事不能违背良心，平时生活中要多做好事，之后这些都会回报到自己的儿女及后辈身上，善行是靠平时积累起来的，张子清、张月字乐于做善事的态度也影响着子孙后代。每年清明、七月半、正月初二，张家的全部家庭成员都会去过世老人的坟地上祭拜，祈求老人保佑一家人平安、健康。家里遇到什么要紧事时，张月字也会去附近的祠堂里祭拜，对于老人来说，一家人健康、平安，就是最大的心愿。

三、家户习俗

张家重大的节庆、习俗都以家庭为基本单元，春节一般从腊月二十四的祭灶开始算起，直到正月十五，其中以除夕和正月初一最热闹，庆祝活动包括大扫除、祭灶、杀年猪、置办年货、贴春联、祭祀祖先、吃年夜饭、拜年、过元宵节等。在清明节、端午节、中秋节等节日中，除与村里多数人家相似的风俗外，张家也有自己家的习俗和讲究，而红、白喜事中的相关规矩、忌讳就更多了。

（一）节庆习俗概况

1.新年新气象

春节是农户心中最盛大、最热闹、最重要的一个传统节日，在张家，春节一般是从腊月二十四的祭灶开始算起，直到正月十五，其中以除夕和正月初一最热闹。过年是以家庭为基本单元，每到春节，家里无论有谁在外面都要回家过年。不是一家人不会在一起过年，外人更不能无缘无故跑到别人家里过年。嫁出去的女儿不能回娘家过年，只能在自己的夫家过年，但正月期间要回娘家拜年。

腊月二十四又称"小年"，是整个春节庆祝活动的开始，张家有两项主要的活动：大扫除和祭灶。"小年"离新年只剩下几天的时间，所以要把家里彻底清扫干净，俗称"扫尘"，为的是除旧迎新、拔除不祥。大早起来，王玉梅和张凤会先把房间里的家具、床铺全部盖起来；张发友和张昆友用头巾将头包好，然后用扫帚将墙壁上下的蜘蛛网、灰尘打扫干净。小年也是民间祭灶的日子，据说这一天，灶王爷要向天上的玉皇大帝禀告这一家人的善恶，让玉皇大帝赏罚。因此，祭灶时，张德云会用火把糖融化，涂在灶王爷的嘴上，这样他就不会在玉皇大帝的面前说坏话了。"男不拜月，女不祭灶"是祭灶的习俗，所以祭灶王爷，只限于家里的男性，女性不能祭灶。

俗话说："腊月二十六，杀猪割年肉"，说的是这一天主要筹备过年的肉食。把"割年肉"唱入年谣，是因为村里很多家户往往在过年时才能吃得上肉，而只有大户人家才能在这一天杀得起猪，因此称这个为"年肉"。张家没有条件杀过年猪，但会去市场上买几斤猪肉供家里人过年食用，这对一家人来说已经很奢侈了。

张家一般从腊月十五左右就会陆续开始置办年货，一家人辛苦一年也是为能过个好年。年货一般包括全家人在春节里吃、用的所有东西，这些需要提前准备好，因为从除夕到正月十五，街上商店、小贩都不开门。为了犒劳一家人一年的辛苦劳作，春节期间会比平时吃得好些,一般鸡肉、猪肉在除夕晚饭时都会吃到。如果遇上丰年,家庭经济条件稍微好些,还会买几匹布来给家人做新衣,给小孩子买点烟花爆竹。此外,过年走亲戚用的礼物也要提前备好。置办年货一般都是张月字统筹,家里的女性一起帮忙,大家集思广益,商量着需要买什么、缺什么。家里也会买些糍粑放在水缸里泡着,方便正月招待来家里的客人,再添置点面粉、糖、油盐酱醋,通常置办年货需要较长的时间。

张家一般在除夕当天贴春联,村里家家户户都要贴。大红春联表达自己家对新的一年的希望,烘托出浓浓的节日气氛。大家讲究有神必贴、每门必贴、每物必贴。神灵前的对联最讲究,主要是祈福。家里大门上的对联,是一家的门面,因此也格外重视。另外,张家的厨房、猪圈门口都要贴春联,寓意来年农业生产好、大丰收。

新年为一年的岁首,第一件事就是祭祀祖先。祭祖是孝顺的表现,一个家庭如果不祭祖,会被认为不孝顺、忘记祖先。祭祖一般是一家一户,由家长主持,全家人都要参加。张家的祭祖活动由张子清主持,在祭祖时,桌子通常用方桌,张月字会提前在祖先的牌位前摆好水果、酒等,供列祖列宗"享用";随后,张月字点燃蜡烛、纸钱,由张子清率领子孙后代行叩拜礼。在祭祖时,需要面对列祖列宗的牌位,由张子清逐一禀报家里一年来发生的大事,如娶媳妇、生孩子等。

年夜饭时,张子清坐上座,其余家庭成员的座次不讲究。除夕一天,所有家庭成员讲话都要注意,禁止说话带"死"字、吵闹、打骂等,家里有小孩子的尤其要注意,通常父母会在除夕的前一晚告诫孩子。三十晚上的年夜饭是家里人一同吃,不会邀请外人。饭后有除夕守岁活动,家里的长辈一般坐在火炉边,整晚都不睡,困了就打个盹,直到天明的到来。新的一年到来之际,村里许多家户都会燃放爆竹,用噼里啪啦的爆竹声辞旧迎新,创造出喜庆、热闹的节日气氛。

张家春节拜年时,晚辈要先给长辈拜年,祝福长辈福寿安康,长辈会把事先准备好的、用红纸包裹好的压岁钱分给晚辈,据说压岁钱可以压住邪恶势力,得到压岁钱的晚辈就可以平平安安地度过新的一岁,年龄较小的孩子的压岁钱要交由母亲保管,年龄大一点才能自己保管。平辈之间不需要拜年,只需口头拜年。拜完家庭内的长辈,之后的几天要去给家族内的长辈拜年,拜年按由老及幼、由远到近的顺序,先给家族内最年长、距离最远的长辈拜年,再向较年轻、距离较近的长辈拜年。拜年一般由家里的长子张德云带着其他的男性去,大儿媳王玉梅也会领着家里的女性去附近的亲戚家拜年,家里的小孩通常由父母领着一起去,嫁出去的女儿一般会在正月初四、初五同丈夫一起回娘家拜年。张子清和张月字不用出去拜年,会留在家里,防止别人来家里拜年家中没人。正月期间,碰到平时关系较好的邻居、朋友,相互间会说:"新年好。"即使之前两家人有什么不愉快,相互拜年后,心结也就解开了。

正月十五元宵节这天,张家一家人会坐一起吃元宵,元宵即"汤圆",意谓团团圆圆。在卫城镇上,人多聚集的地方,还会有闹花灯的活动,整条街道都挂满灯笼,到处花团锦簇。元宵节过完就意味着春节的结束,大家要继续开始自己家的农业生产和生活了。

2.清明祭祖扫墓

清明节是中国传统的节日之一,也是祭祖和扫墓的日子,对张家来说,清明节上坟尤为重要。张家上坟由张子清带着全家人一起去,通常会携带酒水、食物、水果、纸钱等物品到坟地,先将食物供祭在过世亲人的坟前,再将纸钱焚烧,随后为坟培上新土,修整坟头,张子清再折些嫩绿的新枝插在坟上，并在坟上压些纸钱，垫上砖头，让别人知道此坟尚有后人，之后带领后辈叩头行礼祭拜。张家上坟烧纸钱有两个目的，一是为了过世的亲人在另一个世界有钱用；二是能带去家人对过世亲人的哀思。张家和宗族的联系不强，所以上坟通常是在单独的一个家庭单位内完成。

3.端午吃粽子挂艾草撒雄黄

端午节在每年农历的五月初五，最初是农户们祛病、防疫的日子，之后因为屈原在这一天过世，就成了农户们纪念屈原的传统节日。端午节张家有吃粽子、挂艾草、喝雄黄酒等习俗。粽子通常由张月字和王玉梅在端午节前几天开始准备，她俩会提前去山上采摘好粽叶，之后用粽叶包裹糯米而成粽子。粽子一般以糯米、豆沙、红枣为馅，是张家端午节必须要吃的食品，有时也会给关系好的邻居家送几个去。每年端午节的早晨，张发友和张昆友会上山采艾草，之后用红纸将其绑成一束，插或悬挂在家里的大门上，因为艾草的叶片呈剑形，象征驱除不祥的宝剑，插在家门口可辟邪。随后，张月字把雄黄浸入酒里，再用艾草蘸雄黄酒洒在家中墙壁、角落、门窗、床下等，再用雄黄酒涂在张二妹、张友发、张刚刚的肚脐处，保佑几个小孩平安。

4.中秋吃月饼

每年的农历八月十五就是中秋节，中秋节有祭月、赏月、拜月、吃月饼、饮桂花酒等习俗，以月圆预兆人团圆，祈盼丰收和幸福之意。八月十五是一年秋季的中期，所以称为中秋，每年八月十五的月亮都比其他时候的满月更亮、更圆。中秋节的晚上，张家一家人会在院子里乘凉、聊天、吃月饼、赏月。月饼是张子清提前去集市上买好的，合家分着吃，所以象征着一家人团圆、和睦。

5.婚嫁喜事

1949年以前，结婚被视为张家的大事，因此形成了一系列的礼仪和习俗，张家的红喜事有说媒、定亲、娶亲、回门等仪式，其中有较多的讲究。

（1）说媒

家里的子女到十六七岁的适婚年龄，张子清和张月字就开始张罗他们的婚事了。通常是张月字去找村里的媒人，向媒人介绍清楚子女的生辰八字情况后，媒人就会向其介绍合适的另一方，媒人对村内、村外适龄男女青年的相关情况有充分的了解。如果两家的家长觉得双方条件合适，就由媒人带着女方的家长去男方家中了解下具体情况，也看看小伙子，女方家的姑娘结婚前不能去男方家，男女在结婚前不能相见。如果双方觉得满意，就会找村里的算命先生合一下俩人的八字，也称"卜吉"。根据双方出生年、月、日、时和属相推算，查其是否相生相克。合八字是婚嫁中比较重要的一步，如果俩人八字不合，那婚配就没有成功，只得寻找下一家；如果八字相合，那两家人就可以开始商量定亲的事情了。

（2）定亲

张德云定亲时，由张家去王玉梅家，去的时候要带上烟、酒、肉、水果以及给王玉梅的衣物等。所带礼品必须为双数，礼品多少依据张家的实际经济条件而定。张家经济条件差，只准备了一间新房，几床被子、褥子，几张桌、椅、板凳。婚姻看重门当户对，结婚双方的条件都是差不多的。之后张凤定亲时，家里准备的嫁妆是几床铺盖、褥子，桌、椅、板凳各一两张。张凤送了男方一条裤袋，比喻这桩婚姻可以把俩人牢牢地捆在一起。定亲的仪式较简单，两家人在一起吃饭,这桩婚事就算成了,当然,媒人也需要在场。

王玉梅家接受了张家的聘礼,等于答应了这门婚事,接着便开始准备嫁妆。主要是缝新被子,缝被子有禁忌:第一,必须要用红线缝制,不能用黑线,更不能用白线。第二,忌在九月里缝被子,俗话说"等十月,忌九月",因为十月里缝被子十全十美,而九月里缝被子会连生九个女儿。第三,请来缝被子的人必须是儿女双全、丈夫健在的妇女,忌寡妇或与新娘属相不合的人来缝被子,以免给新娘带来厄运。

嫁妆准备停当了,张家就该来通知婚期了。婚礼具体安排在哪一年是有讲究的,一般会放在没有特殊情况的正常年份办喜事。迎燕村忌无春之年嫁娶,无春之年,即当年无立春日,也称为"寡年","寡年"的"寡"字是结婚时日的大忌,因此嫁娶需要提前或推后一年;年份定下来后,还有月忌,选好宜嫁娶的月份,村里有将婚嫁之宜娶月份与属相联系在一起的习俗;月份选定后,还需避开忌日,较多人都有忌单日嫁娶、结婚的习俗,俗话说"好事成双",因此多选取双日举办。

确定好婚期后,王玉梅家便开始准备婚服。婚服要新,忌陈旧。做嫁衣时,要选吉日良辰,由儿女双全的妇女剪裁,忌讳不孕妇女缝制。嫁衣需要上下一身红,棉的最好。红色嫁衣,忌有口袋,以免将娘家的财气带走了。新娘所穿的礼服,最好用一整块布料来裁制,忌讳用两块布缝接,这是有"从一而终"之意。

(3)娶亲

结婚时候常吹吹打打,以鼓乐相配。迎燕村吹鼓手有专司其职的"喜班子",鼓乐衬托出热闹、喜庆的气氛。如果谁家结婚没有鼓乐声响,冷冷清清,就会让人觉得不吉祥,是犯忌讳的。大喜之日也需要燃放爆竹,有"驱鬼"之意,民间所谓"崩崩邪气"。由于每逢喜庆之时都要燃放爆竹,所以久而久之,条件反射,一放爆竹,人们就猜想是有喜事在举办了。

结婚当天,张德云、王玉梅都穿着喜庆的红衣服,张家、王家的门前、窗上都贴满喜字,张家备花轿一乘和灯笼到王家迎亲,接到新娘便抬来家中拜天地。迎亲是大喜的日子,这一天是阴阳合配,男女双方成就百年之好的第一天,两家人都十分重视,想有一个吉祥如意的好兆头,因此这一天的禁忌也特别繁多。迎亲日虽是吉日,但也有宜忌,张家应该先看好该日忌什么。如果忌路,需沿途打锣;忌地,走路要铺席子;忌门、忌厨,要把门和厨房遮住。迎亲的人数要成双,忌寡妇参加。俗话说:"夫妻双双把家还",成双成对、比翼双飞都是很好的寓意。迎燕村里有户苗族人家,迎亲时,按规矩,新郎要到隔壁邻居家中吃饭,不能在新娘家吃饭,而一同迎亲的亲朋好友们却能够得到新娘父母的盛情款待。迎亲客需要满面笑容,如果谁脸上有不高兴的表示,就意味着两亲家以后不和好,不吉利。

送亲是女方亲友送新娘出嫁,忌寡妇、孕妇送亲。女方选择谁送亲是有讲究的,一般情况下由女方的直系叔伯担当。实在没有直系叔伯,就找最亲的、最近门的长者。这个人要举止得体,有权威地位,能端得住架子。王家嫁女儿送亲的长辈是个重要的角色,他代表着新娘家的权威和体面。

送亲时,要带"离娘肉"。在迎娶的前一天,张家会给王家送去一袋面和一块猪肉,把肉用红纸包好,面叫"离娘面",肉叫"离娘肉",表示新娘要离开娘亲,另立门户了。送亲的人要在新娘轿子的后面,穿得大方得体。等到了张家附近,送亲的队伍就止步了,因为送亲的要等张家派人来接。而张家也一般早早地就在附近等着了,送亲的队伍一到,就响起鞭炮,告诉张家送亲的到了。另外，送亲的进门也有讲究，迎亲的要站在大门左边，伸手做出请进的姿势。王家送亲的人被迎接到大方桌的正位坐下，旁边坐着张家陪客的人，陪客的人都是张家的头面人物，代表男方家的尊严。

上轿前，有喝"催轿汤"①的习俗。"催轿汤"有讲究，既不能不喝，又不能喝完，村里有此类民谣唱道："如若是喝了吧，怕穷娘家；若要说不喝吧，怕穷婆婆；罢了罢了，我喝一半，留一半，两头都过好生活。"因此"催轿汤"是财气的象征。王玉梅娘家村还有"哭嫁"的习俗，新娘在上轿前后要放声痛哭，表示不愿离开父母，也含有惜别少女时代的不舍心情。花轿一上路，"哭嫁"就停止了，新娘在迎亲途中是不允许哭的，这时候再哭很不吉利。新娘上轿时忌足踏土地，怕沾走娘家的灰土，带走娘家的福气，所以王家会把轿子退到房门口，由王玉梅的兄长背着送进花轿。

王玉梅上婚轿后，上轿、下轿和坐帐的方向都有讲究，这在迎亲前就看好了，大多数是听信风水先生的。王玉梅的喜轿迎娶到张家院子里，会提前在门前放上一盆炭火，王玉梅需从火盆上慢慢跨过，意味着"烧"去一切不吉利的东西，今后夫妻两人的生活越过越红火。

"拜天地"是在张家的中庭，也称堂屋设香案，张德云和王玉梅在唱礼官的倡导下行交拜礼。拜天地的时候是男左女右，程序有三项，先参拜天地，复拜张家祖先及张家父母、尊长，最后是夫妻对拜。拜高堂即拜公婆，因为张月字的年纪不到四十，比较年轻，是忌讳受拜的，怕经受不起而折福，所以让张德云、王玉梅朝神龛叩拜。俩人行跪拜礼的时候，都会放鞭炮、吹打鼓乐。拜完天地，俩人就有了正式的夫妻名分。

进入洞房后，由张月字端来红糖水，让王玉梅喝下，意味着以后"嘴甜"；然后把鸡蛋煮熟，剥掉皮，给王玉梅擦脸，意味着她今后脸上不生麻子；之后，张月字叫张德云上前，以秤杆将新娘的"盖头"挑下，张德云揭盖头后，立即用手抚发，象征着"结发夫妻"。这时张德云、王玉梅才能互相看到对方的模样。

张家酒席宴前的讲究也很多，菜上齐了，陪客的要率先举起筷子，说"请"，但自己不动筷，等送亲的人夹了，自己才动筷。送亲的人每回只动一筷头，不能一个劲儿地吃，需要喝酒，但不能干杯，要小口小口地抿，一般是少喝酒，少吃饭，吃后嘱咐王玉梅几句就走了。王家送亲的人走后，张家的客人继续婚宴。

亲朋好友在婚礼当天来贺婚有"凑份子"之习俗，亲友之间，最忌不行人情、不"凑份子"。农户们都认为贺婚是人之常情，"来而不往非礼也"，主办婚礼的这家人都备有一个记账簿，及时记下送礼人的姓名和礼金数，等到将来对方家办喜事，也会去"凑份子"，且回送的金额一般要略多于对方当初送来的礼额。

（4）回门

回门又称"归宁"，亦即"回娘家"。回门是新婚夫妻真正意义上第一次回娘家省亲，夫妻二人双双对对，参拜女方的父母，这是必不可少的礼节。张德云和王玉梅回门时，王玉梅走在前面；返回张家时，张德云走在前面。回门一般不在岳父、岳母家过夜，需当天返回张家，因为有新婚一个月内不空房的风俗。回门时，张德云见到岳父、岳母，应该改口叫爸、妈，王家需要准备好饭菜款待张德云。张德云回门时需要带上礼品，一般带一只公鸡，意味着吉祥如意，其

---

① 娘家嫂子辈的妇女在新娘临行前为其做的一碗汤。

余的鸡蛋、面依个人家的具体情况而定。但回门礼必须是双数,代表夫妻成双、百年好合,单数则不吉利。等到结婚的第一个新年,张德云还要和王玉梅一起带上礼品在正月初五去给岳父、岳母拜新年,长辈一般会做好饭菜款待,并在二人回家时给其赏钱。

6.白事

(1)送终

1949年以前,张家经历了张应祥过世这场白事。张应祥在生命垂危之际,家人要将其从房间移到堂屋中临时铺设的板床上,因为有习俗认为,人若死在床上,灵魂就会被吊在床中间,无法超度。儿孙后代等直系亲属都守在张应祥身边,听取遗言,保持安静,不能喧哗,更不能哭泣,要目送他离世。张应祥气绝后,一家人才能在旁边恸哭,随后张子清把窗户、门打开,意味着让父亲的亡魂离去,之后焚香燃烛、烧纸钱,为老人"送盘缠",此外,还要燃放鞭炮,一是表示死者归西,二是向左邻右舍报丧。这在习俗中称为"送终",送终是一件大事,是子女对老人表明的最后的孝心。

(2)报丧

"报丧"是人过世后的第一种仪式,用通知的方式,把人逝世的消息告诉亲朋好友和左邻右舍,老人过世的时候由家里的长子去报丧,村里不用每人都请到,主要是向家门、亲戚关系较近的家人、平时关系好的朋友和街坊邻居报丧。有的关系好的人家,若报丧还没有报到他家,也会提前过来家里看看,有需要帮忙的就帮忙,有什么事就搭把手。

张应祥过世时是由张子清和张应礼出去报丧的,叔侄俩一个负责村头的人家,一个负责村尾的人家。报丧的孝子要穿孝服,戴孝帽,去别人家报丧主要是通知当家人,由当家人告知其家庭成员。有的人家比较讲究,报丧的人到家门口不能径直入内,要等在门口喊屋里的人,等到屋里的人拿一铲子火灰撒在门外之后,才可以进门报丧,这样做是为了避邪。普通人家不用给甲长和保长报丧,只有平时与他们有来往或大户人家才会给他们报丧。有些关系好的人家,张子清报丧还没报到他家,就会提前过来,给张家帮帮忙、出出力。

(3)入棺

张应祥在入棺前,家人要为他剃头、刮脸、擦洗身体、换寿衣等,给死者穿什么样的衣服,穿多少衣服乃至衣服的名称都是非常讲究的,由他生前的地位、财富和等级决定。一般来说,寿衣都取单数,有吉利之意。寿衣不能用缎子面料制作,主要用绸子,"绸子"与"稠子"同音,可以保佑子孙后代多子多孙。为死者穿寿衣时,不能把眼泪滴在他的身上,不然以后做梦就见不到他。随后用纸钱掩盖张应祥的面容。在张应祥过世后的二十四小时内,由专人选好时刻,正式将死者移放至棺材中,入棺时,死者一般是头朝里,脚朝外。死者的家人在死者被正式放入棺材前,要昼夜轮流守护在死者棺材的旁边,以示服孝。因为要选择吉日安葬死者,所以棺材要停放在家中一段时间,一般是搁七天。

(4)居丧

"居丧"是死者的家人、后辈从死者过世时开始服丧,男性不穿华丽的衣服,穿草鞋;女性则需要把身上的装饰品全部摘掉,脱下彩色的衣服。男性、女性根据与死者血缘关系的远近,穿孝服、戴孝帽。张应祥过世时,家里人都要披麻戴孝,头上戴白布,身上穿白衣,裤子和鞋子都要是深色的。孝衣分为重孝和轻孝,重孝主要是直属子女,重孝中的男性需穿白大褂、白鞋,若是未结婚的儿子或孙子,只需缠头;轻孝则指女婿、外戚,需在腰间缠一块白布。

（5）葬礼

1949年以前，迎燕村的农户主要实行土葬，举行葬礼时整个家族的人都要在场，亲朋好友、街坊邻居也会来。灵堂是为逝世的人临时搭建的住宅，临时供后人或者晚辈参拜供养。张应祥过世时，灵堂搭在家中的堂屋及院子里。灵堂内放着张应祥的遗像，遗像前竖一灵位，用白纸折叠着，上面写有张应祥54岁，生于1882年，卒于1936年。①桌子必须用方桌，上面摆放着四样东西、鱼、肉、鸡蛋、面条，还有一些水果，水果里不能有桃子。桌上最前面是香一炉，长明灯一盏。灯通常是自己家做的，找一个碟子，里面倒点菜籽油，然后用棉花搓一细长灯芯，点燃，棉花灯芯要够燃烧三天以上。香和长明灯自点燃的时候起，直到遗体挪出去或把灵位带走时才能灭，不能用人灭，要让其自燃自灭。桌子前放一个罐子，叫"聚宝盆"，这几天所有烧的"钱"都放在罐子里。

祭拜的时候张子清作为长子排在最前，其余家属排在后面，晚上绕棺材时，也是张子清在前，按逆时针方向绕。在灵堂内跪拜通常磕四个头，含义为"神三鬼四"，给神仙磕三个头，给鬼磕四个头。张应祥的子女在灵堂四周，亲朋好友来磕几个头，张应祥的子女就需回应几个头，这是代表长辈回礼。

（6）出殡

出殡的具体时辰需要提前找阴阳先生看好。出殡前，由张应祥的大儿子张子清把灵前祭奠烧纸所用的罐子摔碎，即"摔瓦"。罐子讲究一次摔碎，而且摔得越碎越好，意为"岁岁平安"。

出殡时，张应祥的子女不能抬棺，通常请家族中较年长的长辈抬棺。出殡队伍最前面开路的人，需在沿途插放"路旗"②，指引张应祥的亡魂，沿途需抛撒引路纸钱，以示买通沿路鬼魂。后面为仪仗、各种纸扎、由孙子或外甥扛着的引魂幡，然后是牵揽持丧棍的孝子，孝子之后是棺材，出殡的路上孝子不能回头，棺材后跟着的是女眷和步行的亲友。到村外后，送葬的亲朋好友止步，由张子清"谢孝"，然后除去棺罩，停下仪仗，只剩家人与至亲携纸扎及祭品随棺材前往坟地。时辰一到，即可下葬。棺材入土的方位是家人提前找阴阳先生看好的，大体上为东南—西北向。

（7）忌日

张家一直把张应祥的遗照挂在家里，村里只有大户人家才有祠堂，会把过世老人的遗照放进祠堂里。从张应祥过世的那天算起，七天为一个阶段，分头七、二七、三七、四七、五七、六七、七七，直到过完四十九天。每到一个七，家人都会给张应祥点蜡烛和香、烧钱纸，这些通常是张子清提前去集市上买来，在家里准备好，有的大户人家还会在纸钱上写些话，以托去对死者的哀思。之后每年的清明节、七月半、大年初二，家人也会去张应祥的坟前烧纸、祭拜，祭拜由家长带头，先是作揖三下，再跪下磕三个头，起身结束祭拜仪式。家人相信，纸钱是死者在另一个世界用的钱，多烧一些纸钱，死者在那里才有钱用，这也是对死者的一种悼念。

（二）家户习俗单元

张家在过年、过节的时候，都是以家庭为单元，尤其是过年，不会有外人的参与。1949年

---

① 具体日期、时间不明。

② 用五色纸或白纸糊成的小三角旗。

以前,张家没有分家,全部家庭成员都是聚在一起过年、过节;之后分家了,也是小家庭自己家过自己家的。嫁出去的女儿不能回娘家过年,必须在自己的夫家过年,一般正月初四或正月初五才回娘家给父母拜年。张家平时没有出远门工作的家庭成员,有家庭成员外出务工的家户,家长会要求该家庭成员必须赶回来,过年要一家人聚在一起吃团圆饭。在正月期间,张家和家族中至亲的亲戚都会轮流吃饭、相互拜年,有时也会到要好的朋友家吃饭,以熟络、增进感情。

四、家户信仰

1949年以前,张家虽没有宗教信仰,但和迎燕村里其他农户家一样,家中供奉着自家的祖先、土地神、财神和灶神,以保一家人健康、平安。祖先为张家最重要的信仰对象,祭拜仪式由张子清主持。张子清很重视孝道,对于祖先是谁、从哪里来、怎么来的都会给晚辈说明,家族的根要一代接一代地传承下去。迎燕村里只有一个土地公像,通常是家里的家长或男性带着一家人的心愿去祭拜。逢过年、过节时,村里人也会跑到卫城镇上的庙里去拜神。

(一)家神信仰及祭祀

1949年以前,除自己家的祖先外,张家家里还供奉有土地神、财神和灶神。家中的祖先是最重要的祭拜对象,逢年过节及祖先的忌日,家里人都会在其牌位前面摆上酒、食、水果,以示祭拜。这种信仰,通常是家族内一代接一代传承下来的,家长的宗教信仰对其他家庭成员也有重要的影响。因此,在日常生活中,张子清会向家庭成员强调后辈对祖先的尊敬之情,并通过教育、约束具体行为等方式对子孙后代进行思想引导,使他们在潜移默化中保持和祖先相同的家户信仰。

土地神和财神的神像摆放在堂屋中间正对大门靠墙的桌子上,具体摆放方位是提前请风水先生看好的。张家很看重祭拜家神,土地神保佑家中地里的庄稼生长得好,拜土地神没有固定的时间,一般遇到大旱天气或是农作物长得不好,就会拜土地神。财神象征一家人吃饱穿暖。灶王爷则供奉在厨房里,一般放在西墙或大灶上,贴上灶王爷的像,备上香案,放上香炉。每年腊月二十四,灶王爷要升天报告一年的情况,张家便为灶王爷摆上供品。灶王爷作为厨房之神,受到张家一家人的敬重,祭拜象征着祈求降福免灾。

张家在拜神的时候,由张子清来主持祭拜仪式,女性不可以主持,家里的小孩子一般在十岁左右懂事了,就会开始教他祭拜神明的规矩,通常是由当家人或者小孩子的父亲来教,大致是站在神像正前方,作揖三次,再跪下磕三个头。家里拜神的人主要是张子清、张德云、张发友和张昆友。祭拜家神的时候需要上香、烧纸,同时,张月字也会提前摆好酒、水果作为贡品。烧纸、上香一般由张子清带头,之后家里的儿子、孙子一起烧纸。除了特定的日子,平时张子清也会代表一家人祭拜家神,张子清认为,只有把一家人心里的愿望、想法说出来,家神才能听到,才能发挥他的保佑作用。

(二)祖先信仰及祭祀

1.以孝为先

对于祖先是谁,从哪里来,怎么来的这些情况,张家的全部家庭成员都很了解,家里的长辈会给子孙后代说,一代接一代地传承下去,这是一个家庭的根,根不能忘。祖先在家庭成员心中的地位很高,每年的清明节、七月半、正月初二家里都会祭拜过世的老人,给老人烧纸钱时,张月字嘴里通常会念念有词,表达自己对过世老人的思念。过世老人的牌位一般摆在堂屋正中间对着正门、靠墙的桌子上,老人的遗像挂在墙上,牌位按辈分的高低从左到右依次摆放。迎燕村里只有大户人家才建得起家庙或祠堂,一般是一家人或兄弟几家人共同修建,张家家中没有家庙或祠堂。对家庭成员来说,家里的祠堂是神圣不可侵犯的,无论是家庭成员还是外人,只要有不尊重或破坏祠堂的行为,都会受到张子清的严厉惩罚,但也不会出现冒犯祖先、侵犯祠堂的情况,每个人心中对祖先和祠堂都是有敬畏之感的。

张家的祖坟在离家不远处的一块荒地上,村里多荒地,占用荒地也无人管,因此家里过世的老人都埋在这里。村里只有大户人家才有钱给过世的老人立碑,但碑上只写儿子、孙子和孙女的名字。坟墓清理和修缮的时间不固定,一般家人去上坟或平时干农活路过,看到坟墓需要清理或修缮,回家后便会通知一家人来清理、修缮。修理祖坟的钱通常由一家人共同分摊。

张家的家谱是在 1949 年以后才修建的,家谱由家中最具权威的男性长辈保管,之后陆续补充,其余大家庭中由家里的当家人保管。家谱在每个家庭成员的心中都是很神圣的,但女性一般不能上家谱。

张家很重视孝道,“孝”是子女对父母的一种善行和美德,是家庭中晚辈在处理与长辈的关系时应该具有的道德品质和必须遵守的行为规范。在日常生活中,晚辈不能违背、忤逆长辈的心意,要按照长辈的意思去做,如果是长辈的不是,只能在事后向长辈说明当时的情况。张家的后辈首先要孝顺家里年龄最大的长辈,尽心尽力地服侍长辈、顺从长辈;其次要孝顺自己的父母,自己所拥有的一切都源于父母,孝顺父母不仅是责任,更是义务;最后要孝顺家中的家长,大家庭能顺利地开展生产、生活活动,这与家长的恰当管理和分配是密不可分的,他理所应当受到全家人的孝顺和尊敬。对于不肖子孙和子孙的不孝行为,不仅会受到家长的惩罚,还会受到家族内其他人和外人舆论的谴责。

2.以怀念祈福为祭拜目的

张家祭拜祖先,一是为了表达对家庭中过世祖先的哀思与怀念,二是祈求过世的祖先保佑在世的家人健康、平安、顺遂。每次祭拜行跪拜礼时,由张子清带头,其余家庭成员紧随其后,大家双手合并,放在胸前,口里小声地念着希望过世老人保佑的人和事,心愿只有小声地说出来,过世的老人才能听见,才能发挥他的保佑作用,使心愿成真。

张子清在祭祀祖先的活动中处于支配地位,主持整个祭祀活动,其他家庭成员需要服从他的安排。在祭拜祖先时,张家没有特别的忌讳,女性也可以祭拜。小孩子在祭拜祖先的时候,由张子清带领着祭拜,一般也是和其他家庭成员一起烧纸钱、行跪拜礼,在孩子稍微大一点、懂事一些后,父母便会教给他相应的祭拜规矩。

(三)庙宇信仰及祭祀

1949 年以前,张家所在的迎燕村里没有庙,只有一个搭建在路边简易的土地公像,庙在卫城镇上才有。不同的庙宇象征着不同的信仰,不同的神灵管理着不同的事,迎燕村里的土地公像象征着土地里庄稼的好坏、收成的多少。土地公像没有限制,谁都可以去拜,有的村里没有土地公像,会跑到邻村去拜。通常去拜土地公像的为家里的家长或男性,带着一家人的心愿去祈福。

一般在过年、过节的时候,村里会有人专门跑到卫城镇上的庙里去拜神,家里的男性、女性都可以去。去寺庙祭拜一般只需要带点烛、香和纸钱,不需要带贡品。卫城镇有座观音庙,通常求子的人家会去庙里祈求观音娘娘送子,一般是家中的女性去。此外,在卫城镇城西老保河边,有个镇妖四棱碑,之前有人在老保河里洗澡溺亡,疑有妖孽作祟,因此人们建此碑。迎燕村有次举办的求雨活动就是在这里开展的,张子清作为张家的代表参加,村里的农户集聚在四棱碑旁进行相关的求雨活动,烧香、上贡、祭拜并大喊求雨,祈求神灵能听到自己的心声。

五、家户娱乐

1949 年以前,张家的娱乐生活主要包括结交朋友、打牌、串门聊天和逛庙会。在结交朋友上,张家各个家庭成员都有自己玩得要好的朋友,朋友之间互相帮助、同甘共苦;在打牌活动上,张家的家庭成员很少打牌;张家的人乐于交朋友,时常去邻居、朋友家串门聊天,因家里人真诚、善良,村里其他农户也喜欢来张家串门闲聊;在庙会期间,家里人也会一同去卫城镇逛逛,感受下热闹的气氛。

(一)结交朋友

张家的家庭成员都有自己的朋友,家庭成员交朋友没有一个具体的标准,一般玩得来的人就可以交朋友。当然,家里人肯定都愿意和人品好、正派、诚实、大方的人交朋友。张子清不会对家庭成员交朋友进行干涉,家庭成员在交朋友时更不需要取得他的同意,每个人都能交朋友,都可以有自己的朋友,这是家庭成员的基本权利。朋友之间相互帮助,有开心的事情一起分享,遇到困难时一起商量解决办法,也是家长很愿意看到的。但家里的女性不可以随意和外面的男性交往,这是禁止的。

1949 年以前,家庭成员交的朋友主要都是一个村子或邻村的,所以朋友不会在别人家留宿,一般都是白天干农活,晚上去朋友家聊聊天,时间差不多就回家了。在朋友家有红、白事的时候,对方都会来参加,送多少礼由朋友之间具体的交情决定。张家交的朋友普遍都是和自己家一样、从事农业生产活动的人,大家在一起有共同的话题,偶尔也讨论农业技巧方面的问题。

(二)打牌

迎燕村里有人喜欢打牌,打牌多是和村里的人打,家庭内部很少打。村里打牌不分年龄段,也没有特定的时间,大家有空凑到一起,且有打牌的兴致,就会打牌。打牌多是晚上打,农闲时村里打牌的频率会比平时高些。村里没有固定的打牌地点,哪家人多,大家想打牌,就会开始打牌。打牌虽然是一项娱乐活动,但因为打牌引起的家庭矛盾、牌友之间的矛盾还是不少,有的人牌气暴躁,输钱后会直接在牌桌上翻脸,让大家陷入尴尬的境地;有的人因为好赌,把家里的钱都输光了,把原本和睦、团结的家庭搞得妻离子散,所以张家的家庭成员一般都不打牌。平时张子清看到家里人在外打牌,都会板着一张脸,打牌的家庭成员回家后会受到他的批评。张子清认为,空闲的时候,在家里做点杂事,或去邻居家串串门,都是放松、消遣的方式,何必打牌。况且,打牌有赢有输,张家经济条件不好,各家庭成员也知道挣钱不容易,不会把钱浪费在不该浪费的地方。

(三)串门聊天

1949 年以前,张家的家庭成员平时会去亲戚、朋友家串门聊天,街坊邻居间也常常串门,一家之中男人、女人、大人、小孩都能出去串门,张子清不会限制。年轻人白天忙于农业生产,因此一般在晚上串门聊天;老人则不同,上了年纪的老人不会再下地干活,白天在家里没事,闲不住,就会跑去关系好的邻居家串门。串门一般都是聊聊生活中有意思的事,或者从别人口中了解一些自己不知道的事情,聊天没有主题,随心所欲,感兴趣什么、想聊什么,就聊什么。去别人家聊天但不会在他家吃饭,通常是在家里吃完晚饭,把家里一切收拾妥当,才会去别人家串门。串门没有成文的规定和准则,但基本的忌讳还是要懂的,比如别人家有喜事,去人家家里串门就最好不要穿白衣服,免得落下不吉利的话语;逢年过节也最好别去串门。

张家人多热闹,且平时家里人为人处世周到,在村里名声较好,因此晚上很多邻居都愿意来他家串门。张家对前来串门的邻居都很欢迎,倒水、递茶,家里有什么吃的张月字也都会拿出来,不会吝啬。邻居来了,家里有空的人也会一起坐下来聊天,聊家长里短,也会说一些村庄里的事。但通常是男性和男性聊,女性和女性聊,男性在谈话时,女性不能插嘴。

(四)逛庙会

逛庙会是古老的传统民俗文化活动,也是集市贸易的一种形式。庙会有固定的时间,通常为期两到三天,一般在春节、元宵节、二月二抬头等节日举行。庙会多在庙内及其庙所的附近举行,包括祭神、娱乐和各种买卖等活动。1949年以前,迎燕村里没有庙会,只有卫城镇上才有庙会,但不是每年都有,一般几年一次,张家去过两次。张子清对家庭成员同行逛庙会的人不限制,可以和家里人一起去,也可以与邻居、朋友一起去,大家都是从迎燕村里走到卫城镇上逛庙会,来回一趟大概需要两到三小时。卫城镇上的庙会具有鲜明的地方特色,集观光、休闲娱乐、买卖、餐饮于一体。张家的家庭成员在庙会上主要是到处逛逛,把玩下新鲜、稀奇的物件,男性主要是聚集在茶楼里喝喝茶、聊聊天;女性更多的是去庙里烧香、拜佛,祈求来年风调雨顺,家里的农作物有个好收成,希望一家人健康、平安、顺遂。

(五)捉鱼摸虾

迎燕村内有河流流经,河水清澈且水位较浅,村里的小孩在很小的时候就学会了游泳,每逢夏天,张友发、张刚刚会和迎燕村里其他小朋友一起去河边捉鱼摸虾,大家玩得不亦乐乎,但每次出门前,父母都一再强调安全问题,提醒孩子们只能在河边玩耍,需要注意安全。

第五章　家户治理制度

1949年以前,张子清作为一家之长,负责家里的各项事务,张月字则为家务事的实际管理者;在家户保护上,家户给家庭成员提供了一定的社会庇护和情感支持;在家规、家法上,张家没有成文的家规、家训,但有一些或从上一辈传下来,或在日常生活中自然形成的、约定俗成的规矩;在各项公共事务中,家庭内每逢清明节会进行祭祖、上坟活动;村里组织开会、修桥、修路、修庙、打井、掏井、征收村费等筹劳、筹资活动,都以家户为单位;而纳税、征兵、摊派劳役、选举等国家事务,也以家户为单位,按具体的要求、按时完成。

一、家长当家

迎燕村中各家户的家长都是自然形成的,通常是家中辈分最高的男主人。1949年以前,张家的家长是张子清,他负责家内、家外的各项事务;对于家内的家务事,张月字为实际的内当家人,小事她可自行做主。家长的权力是祖先赋予的,他把持着家里的财产管理、制衣分配、劳动分配、婚丧嫁娶、对外交往等权力。家庭成员对家长的权力约束受限,但在特殊情况下,长子可代理家长的权力。家长的权力对应着相当的责任,作为一家之长,需要解决一家人的吃饭、保暖、收支平衡、家庭关系等问题。在适当的时候,由家长的长子接替当家人的位置。

(一)家长的选择

每个家庭都需要一个家长,负责管理家庭的内外事务,包括农业生产、家务事、对外交往及子孙后代的教育问题等。1949年以前,张家没有分家,家里的家长是张子清,他负责各项事务的决策;对于家庭内的家务事,张月字管得较多,小事情上可以自行做主,但家中的大事情还是由张子清作最后的决定。各家各户的家长都是自然形成的,通常是家中辈分最高的男主人当家长,但有的家长上了年纪后,大家庭还没有分家,儿子也有能力管理家庭事务,就会召集全体家庭成员开家庭会议,建议家里的大儿子当家长,这需要征得大儿子和其他家庭成员的同意与认可。对于家中辈分最高的男主人当家长这事,家庭内部不需要刻意开会讨论,这也是根据能力、辈分和生活经验决定的。

无论是对内,还是对外,有什么重要的事情都是由家长作为整个家庭的代表出面沟通、协商,通知到家长就相当于通知到整个家庭的成员了,家庭成员及外人都认可家长的地位。在家庭内部,家人对家长的称呼就是按正常的辈分关系称呼;在家庭以外,外人就直接称呼家长的名字,或者称"某某家"。女性当家长的情况在迎燕村很少见,只有在寡妇一人生活、父母过世且家中无子只有女儿、丈夫逝去儿女尚小这几种情况下,家里的女性才可以当家长。

张家人对张子清当家长很信任,对他的为人处事也很满意,其他家庭成员也一直尊重张子清。张子清会把家中的农业生产及各项农活较平均地安排给家中的主要劳动力,并负责与外界打交道,处理各项事情都坚持公平、公正的原则,这样的原则才能服众。张月字主要负责家庭内部的家务事,把洗衣做饭、打扫卫生、做衣纺线、照顾小孩等任务安排给家中的儿媳妇和两个女儿。

张子清作为家庭的主要管理者,如果能把一个家庭管理好,一切办理妥当,就会深得家庭成员的尊敬和外人的钦佩。家庭确定家长后,不需要在家里的门牌上写明家长的名字或者弄其他象征性的事物,也不需要通知其他家族内的人、保长和甲长,外人能从平时的生活、相处中很容易就知道每个家庭的家长是谁。

(二)家长的权力

1.家长的权力由祖先赋予

家长作为一家之长,权力是由祖先赋予的,其他家庭成员对家长的权力也是承认的。张家一共十口人,家里的管理范围是整个家庭的事务,但一些家庭内部的家务事,张月字会帮家长分担一些。家长在遇到土地买卖、房屋建设、嫁女儿、娶媳妇等大事的时候,会和其他家庭成员商量,通常是在晚饭后召开家庭会议,说明一件具体的事,家长表明自己的态度,家庭成员据此提出自己的想法,主要是男性,女性很少提想法,大家群策群力,最后由家长作决定,其他家庭成员需要服从家长的决定。

2.财产管理权归家长持有

张家的收入主要来源于农业生产和冬天卖钢炭的副业收入,家里的财产由张子清负责保管,但是为全家人共同所有。张子清有管理全家财产的权力,但对家庭财产进行分配时需要公平、公正。家庭成员出去做买卖,挣钱回家后,也要先将钱交到张子清那里,并向他说明具体的花费情况才能回到自己的屋子,家庭成员不能有自己的私房钱。家里如地契、现金等贵重物品都是放在张子清的屋子里,并有专门的箱子存放,平时家庭成员不会轻易进这间屋子。如果家里买一些生活用品或生活开销上需要用钱时,需要事先征得张子清的同意,由张子清进屋拿钱给家庭成员,若张子清忙抽不开身,家庭成员会当着他的面进屋拿钱,避免造成不必要的误会。对于家中日常所需的油盐酱醋,张子清不在家,需要购买时,在征得张月字的同意后,可提前拿钱购买,但之后张子清回来需要向其说明。通常家里有什么收入、开支,一家人在一起吃晚饭的时候都需要向家里人说清楚,家里的账需要算明白。

张家的粮食是统一供全家人一起食用的,粮食放在堂屋西南方向的角落里,不需要专门的人看管,因为家庭成员不会偷拿家中的粮食出去卖,每天全家人吃什么由张月字安排,之后由家中的女性轮流做饭。在土地买卖、租佃等重大事情上,张子清会召集全部家庭成员开会,征求大家的意见。在土地租佃的过程中,租佃单上的落款人需要是张子清的名字才能得到别人的认可。

家中喜事需要的聘礼、彩礼都是由张子清和张月字一起商量,最后根据家中实际的经济情况合理地作出决定。儿媳妇进家门之后所带来的嫁妆归全体家庭成员所有,但在之后的分家中,这些嫁妆由儿媳妇所在的小家庭所有。家庭成员平时没有零花钱,只有在过年的时候,家里当年收成较好,收入略有结余,张子清才会平均发给家庭成员一些压岁钱。

3.制衣由张子清统筹,张月字安排

张家在衣物的分配中,主要由张子清来安排制新衣,所有家庭成员都享有衣物权,但因为家里经济条件困难,所以分配时有一定的顺序。在条件允许的情况下,年底快要过年时,

张子清会给家里每个人都添置一件新衣,但这是少数情况。多数情况是家庭成员轮流添置新衣,先是家里的小孩子,再是张子清、张月字,接着是家里的女性,最后是男性,轮换一次下来大概三到四年的时间,这一分配顺序是在全家人赞同的基础上实行的。家里条件差,不是每年、每个人都有新衣服,尤其是家里的男性,只有衣服破得不能再补,没法再穿才会添置新衣。

家里添置新衣由张子清统筹,再由张月字具体安排。制衣服需要的布是从集市上买来的,家里的女性会相约去市场上挑选布匹,一般给小孩子选颜色较鲜艳的布,男性主要穿深色的粗布,女性们也会去卖衣服的店里挑一些好看的花色,请工匠临摹出来,拿回家绣在家里小孩的衣服上。布买回来后由王玉梅、张凤负责制衣,成家男性的衣服由自己的妻子做,其余人的衣服就大家一起做,张月字上年纪了,眼睛不太好,只是偶尔帮帮忙。

4.对劳动生产合理安排

1949 年以前,张家劳动力有七个,分别为男性劳动力四个、女性劳动力三个,比较充足,家里的劳动生产和各项生活活动都由张子清来分配。张子清会根据每个家庭成员的具体劳动力和实际能力来分配适合他的农业生产,家中较重要的劳动活动都有明确的负责人,合理地安排好每一个人的农活,才能最大限度地发挥每个人的劳动力和优势,使家庭的生产、生活得到最大的收益。对于张子清作出的劳动分工和具体安排,其他家庭成员都听从。

家里的男性主要负责下地干农活,承担农业生产、养牛喂猪、副业买卖等,掌握着家庭发展的大方向;女性也没有闲下来,负责全部的家务事,洗衣做饭、打扫卫生、照顾小孩、织布纺线,在农忙时候,也需要下地帮男性干活,做些浇地、锄草等轻活。一般家里年纪大的老人,子孙都不会让他下地干活,但老人闲不住,在身体允许的情况下都会干一些较轻的活。在冬天,张家会在家里烧好钢炭,背去镇上卖,这主要由张德云和张发友两人负责,家里人不让父亲背去卖,因为比较辛苦。家里年纪较小的孩子不需要干活,等到稍微大一点,十岁左右就要开始学做农活了,尤其是男孩子,家里的长辈会给他更多的锻炼,早日教会他干农活的方法和技巧,毕竟以后他要成家立业。

5.对婚丧嫁娶慎重选择

张家在娶媳妇、嫁女儿这方面,孩子们都要听从张子清的安排,张子清会和张月字商量着办,但最终的决定权在张子清的手中。儿女的婚事是家庭的大事,所以张子清在给儿子娶媳妇、女儿找女婿的时候都很慎重。挑儿媳妇讲求能生儿育女、勤劳持家、遵守妇道;挑女婿讲求踏实能干、肯吃苦、有责任心,总体而言,张家对家里的儿媳妇、女婿都比较满意。婚姻的目的是为了联结两个家庭的利益,传宗接代、延绵香火,在此基础上,个人利益必须服从家族利益,子女的婚事要听从父母的意见。

张家人认为,夫妻间应相互恩爱,和谐相处,相依、相伴、相助。俩人之间除情感之外,还有很多义务和责任,包括对配偶、孩子及家族的责任,夫妻关系既是一种自然关系,更是一种社会关系。因此,村里很少有家户的儿子会和媳妇离婚,夫妻之间即使有点矛盾和争吵,双方家长都尽量从中调和,"劝和不劝离"是长辈们坚持的想法。一旦家里儿子离婚,家里又要张罗着给儿子重新找媳妇,这是一件很伤神的事,况且,闲言碎语传到别人耳中也不太好。

家庭中有祭祀活动,都是由张子清作为家庭代表进行祭祀,大型活动也由他来安排和主持,大家族内有什么事情都是直接通知张子清,通知他就相当于通知他们一家人了。

6.家长作为家户对外交往的代表

在对外关系中,张子清可以代表整个张家,比如在向外人借钱时,张子清是以整个家庭的名义进行借债,也只有他出面借债,别人才信得过,肯借钱;少数关系好的两家人,若相互间经常进行借贷,偶尔一次当家人忙不开身,可以委托家里的长子去借钱,但需要说明情况,借款单上落款处依然写当家人的名字,并在后面添注长子的名字。在村庄的开会、投票等事宜中,都是由张子清代表张家参加,他也是家户代表和交税纳粮的主要负责人。1949年以前,张家没有家庭成员外出打工的情况,村里多数人主要从事农业,偶尔发展些副业,外出打工的机会很少。张家平时做生意、买卖主要由张子清承担,副业生意是张德云和张发友负责。

7.对家长的权力约束受限

家庭中基本都是辈分最高的男性当家长,家长的权力是祖先赋予的,即使家长的能力不强,家庭成员也不能重新选一个人来当家长,尤其在一些大户人家,家长具有很高的权威性,即使做了一些不被大家认可的事,家庭成员也不能对家长加以限制。对于家长的权力,家族人员和外部人员更是无法限制。通常只有家庭分家后,小家庭内才会产生出新的家长;或是家长年纪大了,觉得自己精力有限,不足以管理全部家庭事务,且长子也长大并有能力担当一家之长,家长便会召开家庭会议,提议更换家长,这需要得到长子和家中其他男性的一致同意。家长只有对家庭成员一视同仁,不偏爱其中任何一个,才会得到全部家庭成员的尊重和信任,这样的家庭关系才会和谐。

如果家长私自跟外界借债长期不还,并且借来的钱是用于自己的私事而不是用于家庭公共事务,最多也只是当家人的妻子和长子对其进行规劝,此外不能采取其他措施。当家人的负债由家庭成员共同承担,如果当家人过世,他欠下的债款就由儿子们平均承担。

8.家长权力可适时代理

在家长年迈的时候,如果他还是一家之长,那这时的家长更多的是名义上的称谓,家长会将家中的具体事情吩咐给儿子去做,把更多的锻炼机会留给儿子,比如在日常生活的买卖中,家长老了,做生意不如年轻人头脑灵活,便会吩咐儿子去做生意,儿子只需要回来把具体的收支情况向家长汇报清楚即可。偶尔村里来家里通知事情,家长腿脚不便,也会让儿子代表自己去,这时"家长"的称谓对老人来说,更多的是子孙后辈对自己的一种尊敬。

(三)张子清较好地履行家长职责

作为一家之长,家长需要管理家中所有大小事情。首先是一家人的吃饭问题,张家一共十口人,但是自己家没有土地,要解决一家人的生存问题,就必须向大户人家租种土地。张家一共向大户人家租种了七到八亩土地,约定将每年农作物收成的一半上交给他家作为租金。为了一家人的吃穿住用行有足够的经济保障,家长需要对家中的劳动力进行统一安排和合理分配,保证每个人的能力与特长得到最大限度的发挥,确保土地能得到最大限度的利用,粮食能够收成好。每年秋季,张家在向地主家上交租金时,都是由张子清代表家户背粮食去交。

其次是一家人的保暖问题。每年冬天,家里的火炉烧在堂屋左边的屋子里,燃料主要以柴、草、秸秆为主,村里只有大户人家才烧得起煤炭,张家烧柴、草、秸秆冒烟呛人,污染也大。燃料一般由张发友和张昆友负责收集,山上、路边、田间都有。除烧火取暖外,家庭成员还需要御寒的衣物,张家制衣有一定的顺序,一般是家庭成员轮流添置新衣,先给家里的小孩子添置,再是张子清、张月字,接着是家里的女性,最后是家里的男性。张家经济条件差,不是每年每个人都有新衣服穿的,尤其是家中的男性,衣服基本都是缝缝补补,只有破得不能再补,没法再穿才会添置新衣。张家这一分配顺序得到全部家庭成员的赞同,男性对衣服尤其不讲究,只要能保暖、御寒就行,在过年、过节时,家里小孩的母亲都会给孩子打扮漂亮、有朝气些。

再是家庭收支平衡问题。张家经济条件差,张子清也一直想办法增加家庭收入。家里主要以农业生产为主,但为了一家人能生活得更好,在冬天,张家也会发展卖钢炭的副业,这需要当家人有远见,擅长做生意。当然,也需要家庭成员能吃苦耐劳,毕竟,在家把钢炭烧好,再背去镇上卖,来回全靠走路,一趟要一到两天,整个过程是很辛苦的。除开源外,还要节流,张子清需要控制全家人的开支,避免不必要的花费,该买的生活用品节省着买,可买、可不买的物品就不买,防止家里穷困的时候没钱用。不到万不得已的时候,张家不会向别人家借钱,一是大部分家户经济条件都比较困难,去向别人家借钱也是把别人陷入一个尴尬的境地,别人家借或不借都为难;二是借钱虽然能解一时的燃眉之需,但毕竟不是长远的办法,况且借来的钱,用起来难免有心理负担,得早日凑齐归还别人。

最后是家庭和谐问题。张家人口不少,尤其是在张德云成家后,家庭中的夫妻关系、婆媳关系、兄弟关系、妯娌关系、姐妹关系,都需要张子清花精力、花心思经营和维持,尽量减少家庭内部矛盾,保证家庭关系的和谐,只有家庭关系和谐,家中的农业生产、生活才会步入正轨,一家人的生活才会越过越好。

张家的家庭成员都认为张子清是个好家长,他把家里管理得井井有条,安排好整个家庭的农业生产,使家庭成员能够有序地生活;他管理好家庭中的财产,维持经济收支平衡,并尽力增加收入,让家庭成员有更好的生活;他关心子女,教给子女为人处世的经验和生产、生活的技能。除此,他维持整个家庭的和谐,他一直坚持"家和万事兴"的原则,若家庭成员之间有矛盾,双方都会被批评、教育,因此家庭成员相互间有什么小矛盾,都会各退一步,私下和平解决,尽量不让张子清知道。

家长只有年龄大了,自我感觉没有能力,也没有精力管理整个家庭,且儿子长大可以担任一家之长了,才会提出更换家长,在征得其他家庭成员的同意后,由长子接替家长的位置。一个家庭通常只有一个家长,如果有多个家长,家庭内部可能会发生冲突。在张家,张子清是家长,同时,张月字负责家中的一些小事情,是实际的内当家人。

(四)由长子接替家长的位置

当家人出远门务工或经商长期不在家,会把家中的事情交给代理当家人打理,一般代理当家人为当家人的妻子或长子,通常长子到了适当的年纪,且有足够的能力,就会选择其作为代理当家人。代理当家人需要管理家内的一切事务,并代表家庭与外界打交道,拥有实际当家人的全部权力。但在当家人回来后,当家人的一切权力都要归还,大家回到各自生活中的角色,各司其职。迎燕村里多数人家的家长都在家,很少有外出的情况,农户主要都在家从事农业生产活动,没有外出务工的机会,去市场上做生意也是当天去、当天回。

在大家庭还未分家前,若当家人过世,一般是由家中长子接替当家人的位置,当家人的选择以年龄为主,同时也要看实际的能力和身体状况。在日常生活中,长子的责任感会更强一些,家里有什么事情,只要自己有能力,都会尽量帮家长分担,孝顺父母,在平时的生产、生活中,对弟弟、妹妹也比较照顾。当家人过世通常不会由其妻子接替位置,因为家里的事主要由男性做主,女性只负责家里的家务事。家里的当家人在更换时会移交之前管理家内、家外的各项权力,家里的钥匙、房契、家谱都需要交由新的当家人保管,张家一家人都是按辈分正常称呼,没有过多的讲究,在日常生活中不会特别把"家长"这一称呼喊出来。

二、家户决策

家里的大小事情、家外的事情基本都是张子清说了算,部分家庭内部的事情由张月字管理,主要为男主外、女主内,男性负责赚钱养家,女性负责打理好家中的一切事务。张子清作出的任何决定其他家庭成员都要服从,如果家庭成员觉得他的决策不正确,会委婉地向其提出自己的意见,但是不会不服从。张家在租佃土地、修建房屋、娶媳妇、嫁女儿等大事上都由张子清组织,在全家人共同商量后,张子清再作出决策。而对于其他小事情,张子清可以直接决定,家庭成员知道即可。

三、家户保护

最初,张家为寻求更好的生存环境,从毕节市逃荒到卫城镇迎燕村,逃荒以家户为单位,不需要向村庄相关治理者打招呼。对发生的旱灾、蝗灾、雹灾等自然灾害,村庄没有提供相应的扶困、扶弱、救济,都是农户自己家进行防备。为防备盗匪,有的家户会联合起来采取一定的措施。在特定的时期,张家会给家庭成员提供一定的庇护和支持。

(一)社会庇护

张家如果家里人在生产、生活上与别人家发生矛盾,通常是由张子清出面调解;家里小孩子偶尔和别人家的小孩闹点矛盾,都是由两家家长出面调解,孩子长大后,张子清多是让孩子的父亲自行调解。一般家里的成员与别人家发生矛盾,其他家人首先都会站在自己家这一方,这是人之常情。在家人了解清楚具体情况后,如果是自己家的家庭成员犯错,则由家长出面赔礼道歉,道歉的时候也需要带着犯错的家庭成员一起去。自己家的家庭成员犯错,只能由自家的家长进行处罚,其他人不可以处罚。但如果家人被欺负,其他家人一定会为被欺负的家人讨回公道。村里人闹矛盾都是常事,相互间很快就和解了,没有到犯罪这样严重的地步。村里的农户都认为"家丑不可外扬",面子和声望对一个家庭很重要,对家庭形象有影响的事情更不会外传。

(二)情感支持

家庭成员在外面受了委屈,被欺负了,都会回家诉说,女儿一般向母亲和姐妹诉说,儿子一般向兄弟诉说,在跟家庭成员诉说后,家里人会对其进行安慰。家是家庭成员心灵的港湾,能在这里找到情感的归宿。如果出嫁的女儿在婆家受到委屈或者不公正的待遇,只有在忍不住的情况下才会给娘家人诉说,在外的子女对父母基本是报喜不报忧,且即使娘家人知道自己的女儿在夫家受了委屈,也不会把女儿接回娘家,更不会主动提出解除婚约,娘家人多是从中调解,安慰女儿。对于夫妻之间的矛盾,旁人都是劝合不劝离的,况且嫁出去的女儿因为和丈夫闹矛盾回娘家是一件很丢脸的事。

如果一个家庭成员在外面待的时间久了,肯定会想家,尤其在外面遇到挫折过得不开心时。但迎燕村常年在外打工的人很少,农民基本都是从事农业生产,再在空余时间搞点副业增加收入。

张子清对儿子们没有很高的期待,不要求孩子们一定要出人头地或赚很多钱,只希望孩子们有足够的能力养活自己,并养活自己的小家庭,正常地娶妻生子,健康、平安、开心地度过一生就行。

(三)防备天灾

1.灾害种类

1949年以前,迎燕村发生过几次灾害,分别是旱灾、蝗灾和雹灾。

(1)旱灾

旱灾发生的时候,农民地里的农作物都被太阳晒枯萎了,河流水位下降,庄稼只要不浇水就产不出粮食,粮食减产得厉害。这样的灾害对农户们造成了较大的影响,但国家、村庄都不会给以救济,因为国家也困难,无能为力。有的村里的富裕人家会让自己家的管家在大门口煮粥分给吃不上饭的农户,穷困的人排队,一人一碗,但张家所在的村没有这种情况。

(2)蝗灾

蝗灾一般和严重的旱灾相伴而生,干旱的环境对蝗虫的繁殖、生长发育和存活都有很大的益处。一旦发生蝗灾,大量的蝗虫会吞食农田,使农产品完全遭到破坏,导致严重的经济损失,以致粮食短缺而发生饥荒。迎燕村的农户们没有防治蝗虫的农药,只能靠扎点稻草人驱赶蝗虫,但作用微乎其微,这也是农户们的一点自我安慰。

(3)雹灾

冰雹出现的时间短,但来势凶猛、强度大,常伴有狂风骤雨,危害农业生产,使农作物茎叶和果实遭受损伤,造成农作物减产或者欠收。此外,雹灾有时还会造成少量人畜伤亡,并破坏道路等设施。迎燕村没什么消雹措施,农民防御雹灾主要靠调整农作物品种和播种时期,使作物主要发育期尽可能避开多雹期。

2.灾害应对方式

迎燕村发生灾害的时候,农户们有时会联合起来抵御灾害,但大多时候都是自己家管理自己家。农户们对天灾基本是束手无策,只能尽力减少灾害对自己家的损失,村里不会组织村民联合起来对灾害进行治理。但只要村里负责人有什么事需要农户们积极响应时,负责人挨个通知几户的家长后,农户们都会踊跃地参与。村里通常以家庭为单位提供人力,一个家庭出一个劳动力,有时是当家人自己去,有时是当家人派一个年轻力壮的家庭成员去,家庭成员都会听从当家人的安排。当然,这是建立在不影响家庭正常进行农业生产的基础上。张家所出的劳动力一般是张子清或张发友。

(1)勒紧裤腰过日子

张家通常会在上一年存些备用粮,以防不时之需,在灾害面前,全家人会更团结,大家一起节衣缩食、省吃俭用,有粮食一起吃,粮食不够,就一起喝粥,全家人同舟共济,一起渡过难关。

(2)借粮

遇到灾害,如果家里存粮不够,便会向大户人家借一些,借粮需要张子清出面,由家长写明借粮单并署名,但不用请见证人,等到有粮食后再及时还清。1949年以前,这种情况在张家只出现过一次。

（3）求雨活动

如果遇到旱情很严重的年份，迎燕村里的村民会自发地组织起来进行求雨活动，通常是由村里比较有威望的人组织，很多村民共同参加，大家聚集在老保河边的镇妖四棱碑旁，嘴里念念有词，祈求老天下雨。

（4）逃荒

1949年以前，逃荒是一种很常见的现象，农户们遇到荒年，无法生活，就会逃到异乡去讨生活。张家也逃过荒，从原村逃出的主要原因是为寻求更好的生存环境。张家在土地改革运动之前没有土地，只能靠租种大户人家的土地为生，家里生活条件艰难，吃饭问题都难以解决。之后家庭人口不断增多，而生活的毕节地区土地较少，向大户人家讨租土地会越来越难，张应祥从别处了解到卫城镇土地较富足，为了求得生存，就寻思着搬出毕节市，遂迁往卫城镇。之前张家在毕节市的房屋主要是几间茅草房，在搬出毕节市后，这些房子便交给邻居看管。家里逃荒不需要给保长及相关村庄治理者打招呼，大家为了生存，四处逃荒，人口流动性大，也不便于管理。张家家族内的人住得比较分散，通常是在新地方安顿好了，之后见面时才会给亲戚说。

逃荒都是以家庭为单位，当家人提出逃荒的建议，全家人同意后，大家一起搬迁。有的地方条件实在恶劣，也会几户邻居、亲戚或朋友一起逃荒，家中值钱的东西也不多，逃荒只带贵重物品，逃走之后就不会再回来。

（四）防备盗匪

1949年以前，张家所在的村有强盗、土匪，人数大约在几个或十几个不等。强盗、土匪往往抢劫富裕人家，条件好的家户最容易被抢劫，一般是抢劫牲口或钱财，有些过分的劫匪还会绑票。为了防范强盗、土匪，大户人家都会有相应的防卫设施，如修高院墙、加固门楼或雇人守夜。有时普通人家也会联合起来对抗土匪，夜晚一旦发现强盗、土匪的踪迹，便会拿起家中的锅、盆敲击，发出响声以引起别人家的注意。张家经济条件差，没有被偷盗过。迎燕村法律不健全，一些大户人家被盗，只能"哑巴吃黄连"，找不到实际、可行的办法收回自己家被盗的财物。

（五）扶弱功能

1949年以前，张家没有残障的家人。村里其他家户有残障的家人，都是由家庭成员照顾，通常家中会安排一个人专门负责照顾残障家人的生活起居。残障的家庭成员不会得到官府的照顾和社会的救济，大家都是各顾各的，官府不会管理农户家这些具体的事情。残障的家庭成员能否劳动主要看其残障程度，轻微残障的人可以在家中干一些轻活，到了适婚年龄，会尽量找一个和自己各方面差不多的人结婚，通常找的媳妇或者丈夫也是在身体上有轻微残疾的人；如果残障程度较重，生活不能自理，那只能由家人照顾一辈子了。

（六）其他保护

1949年以前，张家的经济条件在迎燕村里处于下游水平，家里租种大户人家的土地，每年要上交收成的一半作为租金，剩下的收成只够全家人食用一年，家里偶遇丰年，收成略有结余都会悉心保存下来，作为荒年的存粮。但即使是这样艰难的经济条件，当张家遇到乞丐，还是会尽量给予一些帮助，不说别的，吃顿饭还是可以负担的。

四、家规、家法

俗话说："无规矩不成方圆"，张家的家规有的是从上一辈传承下来的，有的是在日常生活中自然形成的，如做饭、吃饭、座位、请示、请客、房屋及进出居室、制衣洗衣、洗漱、打扫等规矩。这些家规约束着全体家庭成员，使其各司其职、讲规矩，保证家庭生产、生活按正常的轨道运行，家庭关系和睦。

(一)默认家规及主要内容

1.默认家规在日常生活中形成

张家没有成文的家规，只有一些默认的家规，这些家规都是家庭成员在日常生活中形成的，没有特别的制定者，是祖先们一辈接一辈传下来的。如家长在家庭的大事上有决定权，其他家庭成员需要服从家长的决定；家庭成员做什么事情都要与家长商量，征求家长的意见；家长对家中的财产具有管理权和支配权，家庭成员不能藏私房钱，更不能偷拿家里的钱，购买全家所需的生活用品时，必须告知家长，从家长处拿钱；家中的劳动力需完成分配给自己的具体任务，男性劳动力主要负责下地干活和各项重活，女性劳动力负责打理家中各项家务事，农忙时也需下地给男性帮忙；女性做任何事情都要与家长或者丈夫商量，不能与其他男性随意交往；媳妇不能顶撞公公、婆婆，需遵守妇道；小孩子不能顶撞长辈，需要听长辈的安排；一家人要和睦相处，遵循"家和万事兴"的原则等。

所有家庭成员就以此来约束自己在日常生产和生活中的行为、规范，这些默认的规矩都需要大家自觉遵守，家长在平时的生活中也会注意提醒，如果有人不遵守或违反，家长更会及时教育。家庭成员遵守的前提是家长对各项规矩、礼节十分了解，并能够以身作则，给其他家庭成员树立榜样。

一个家庭的家规、家训，约束范围是整个家庭，对其他亲戚、朋友、熟人都没有约束力。这些家教、家规、家训能使家庭的生产、生活按正常的轨道运行，家庭成员各司其职、讲规矩，家庭关系和睦。如果家庭成员在日常生活中违反了家规，违反得不严重，家长会找其谈话并教育；如果违反得严重，则会受到处罚。

2.女性做饭，成员同桌吃饭

张家的家庭成员平时都在一起吃饭，家里关于做饭和吃饭也有一些默认的规矩。全家人每天吃什么由张月字决定，然后王玉梅、张凤轮流做饭，对于做饭、打扫等家务事，张子清管得不多，主要由张月字安排。张家种有多种蔬菜，平时吃的蔬菜都是自给自足，很少需要去集市上买菜。妇女做饭时用的油盐酱醋需要购买时，会提前给张月字说，由张月字拿钱去买，或是她们告知张月字后自行去购买。

家里通常只有晚饭且一家人都忙完各自的活儿，才会坐在一起吃饭。一般都是王玉梅或张凤做好饭菜，先给长辈们盛好，其余家庭成员自己盛着吃，吃完再把碗放到厨房里，由当天负责做饭的妇女洗碗、收拾。农忙时节，赶着做农活，家庭成员会盛上饭菜，自己吃自己的，站着吃完就赶紧下地干活儿了。家里吃饭要按需取用，能吃多少就盛多少，碗里不能剩下饭菜，家里人把粮食看得很珍贵，不能浪费粮食。大家坐在一起吃饭时，张子清坐上座，客人来了要让客人坐上座，其余家庭成员随便坐。有时家里来的客人多，饭桌坐不下，女性和孩子就站在旁边吃，这样也方便给客人和家里的长辈盛饭。全家人开始吃饭时，要等张子清端饭、夹菜后才能开始吃,夹菜不能挑三拣四,只能顺着表面的菜夹,不能来回拨动饭菜。

偶尔农忙的时候,家里的男性在较远的地里干活,中午就不回家吃饭了,家里的妇女会把饭菜装好,拿个篮子提着,送到地里给他们吃,有时候妇女在家洗碗、打扫屋子抽不开身,会让家里大一些的孩子把饭菜送到地里,但妇女送饭的情况相对多些。

如果家里有老人、病人、孕妇、坐月子的妇女,他们都会吃得好一点,一般是在特定的时期内才能吃好点,多是吃点鸡蛋,家里生活条件差,一年吃不上几次肉。若家里雇用长工,长工与家里的管家和其他佣人一起在本家家吃饭;农忙时家里雇的短工,雇工的人家负责短工的午饭和晚饭,短工有时在家里吃饭,有时在地里吃饭。两家人交换劳动力也是一样的,劳动力帮谁家做农活,就由谁家管饭。

3.家长坐上座,成员无讲究

张家人在一起同桌吃饭时,张子清坐上座,旁边坐张月字,其他平辈的家庭成员座位没有讲究,都是随便坐。如果家里来了客人,无论是本家的亲戚,还是辈分比较高的邻居,都会请客人坐上座,街坊邻居中辈分较低的年轻人则不会坐上座,之后张子清、张月字、其他家庭成员依次坐,如果还能够坐上女性,女性就坐边上,如果坐不了,女性就站在旁边吃饭,也方便给客人和家里的长辈盛饭、夹菜。

4.请示规矩由家长做主

(1)生产活动中的请示

对于张家土地的经营和管理,由张子清说了算。张家全年农业生产和种植计划,家庭成员都有比较好的分工,张子清会根据各个家庭成员的劳动力和能力进行恰当地分配。家中的男劳动力张德云、张发友、张昆友主要负责农业生产活动和牲畜的饲养,如耕地、犁地、播种、锄草、看护、收割、打场等各项农业生产,家中耕牛、猪的喂养及使用;家庭内部的家务活,洗衣做饭、打扫卫生、缝衣做鞋、照顾孩子等主要由女性负责,在农忙的时候,女性也需要下地帮男性干一些力所能及的农活。冬天,张家干起了烧钢炭卖的副业,主要由张子清、张德云和张发友在家中烧好,然后张德云和张发友背去镇上卖。两人卖完钢炭回到家,需要先去张子清的房间,向他交代清楚此次卖钢炭的情况,把挣得的钱上交,并根据这次生意的情况,讨论下一次卖钢炭的具体事宜等。如果两人卖钢炭回来,首先回到自己的房间,就会造成其他家庭成员的不信任,认为他们偷藏私房钱,所以进门首先去家长的房间,可以避免造成不必要的误会。

如果家里老人年纪较大,不能直接参与生产经营活动,会将家中的各项农活安排清楚,家庭成员在进行具体生产劳动时,若是自己范围之内的农活,则不需要再请示老人。在张家还没有购进耕牛之前,牲畜及生产工具的借用、换用都是由张子清出面进行沟通,只有他才能代表整个家庭,才能使做交换的人家有信任感。

(2)家庭生活中的请示

家里每餐吃什么由张月字决定,然后家中的女性轮流做饭。农村都是粗茶淡饭,通常是煮好饭,炒两三个青菜,再配上点咸菜就是一顿饭,只有逢年过节时家里才会吃点鸡蛋和肉。如果家里有人生病、怀孕或在坐月子,张月字会吩咐做饭的女性给他们做点好吃的,多是买点好菜,炒个鸡蛋。除了做饭之外,家里的女性还负责做衣服,家里每年年底才会做衣服,还是家庭成员轮流着做新衣,张月字向其交代好每年做新衣的家庭成员,由王玉梅和张凤相约去集市上买布,具体的颜色和花色可由几个人商量着买,小孩子一般选用颜色较鲜艳的布料,男性一般选用深色系的粗布。做饭和做衣服的具体事项,直接由张月字决定,不用请示家长。

家中购田置业等大宗交易需要由张子清决定。土地改革运动之前,张家没有自己家的土地,要维持一家人的日常生活,便需要向地主家租种土地。具体租种多少亩要根据家中实际劳动力的情况决定,在租种之前,张子清会召集全部家庭成员开家庭会议,但主要是和家中几个男性一起商量,之后由他出面与地主家进行交涉。

至于家中小孩上学的相关事宜,张家只有张昆友去学堂里读过几个月的书。家里经济条件差,虽有心让孩子读书,但却无力负担所有孩子读书的费用,张德云和张发友是家中的主要劳动力,年纪也大了,便让张昆友去读书,但张昆友只读了几个月就不想读了。不读书可以为家里的农业生产提供劳动力,张子清也就没再逼三儿子去读书了。家中小孩上学的事情都是由张子清决定的,不需要向家族里的人或其他人请示。

(3)外界交往中的请示

平时家庭成员要外出,妇女们要上街赶集,或去庙宇烧香、烧纸,祈求一家人平安时,需要给张子清打个招呼,自己和谁出去、大概什么时候回,都要一一交代清楚。平时家里人走亲戚,王玉梅回娘家,都要提前请示张子清,张子清通常会让张月字帮忙准备点礼物,主要是鸡蛋、水果、蔬菜之类的,到时王玉梅就自己拿着回娘家了。家庭成员在购买生活必需品等日用物资时,也需要向张子清说明,由张子清从全家人的共同财产中拿钱,家庭成员再去集市上购买。平时家庭成员结交朋友,或成为拜把子兄弟、仁兄弟时,不需要给张子清说,每个人都有交朋友的权利,成年人对自己结交的朋友有足够的判断力,几个人玩得来就能成为朋友,张子清对这些都没有限制。但是女性不能随意和其他男性交往,这传出去是有伤整个家庭颜面的事。

张家虽然没有自己家的土地,但靠租种地主家的土地也能维持自家的生活,很少有吃不上饭的情况。虽然都是粗茶淡饭,但能填饱肚子,偶尔一年遇到天灾,家里的存粮不够,就由张子清出面向地主家借点粮食,之后有粮食了再还上。在村里,借粮、借钱都需要家长出面,只有家长才能以一个家庭的名义进行借债,别人才信得过。

(4)请示的形式

请示的形式通常有简单的口头汇报或家庭会议,目的是让家长了解每个家庭成员想做的事情,知道其去向。如果是小事情,家庭成员可直接向家长口头说明,征得家长同意即可;如果是比较重要的事情,家长会召开家庭会议,全家人讨论后才能作出决定。如果向家长请示做某件事,家长不同意的话,请示的家庭成员要耐心地与家长进行沟通、协商,若家长仍然不同意,那家庭成员就不能做这件事。家庭成员不能违抗或私自变通家长的命令,也不能在违背家长命令的情况下坚决执行某件事情。张家几个儿子分家后,遇到事情都是自己家里解决,有自己拿不定主意的重要事情,也会向张子清请示,张子清只负责提供参考意见,最后决定权还是在小家庭的家长手中。

5.请客情况不多见

(1)生产活动中的请客

在迎燕村,只有大户人家才会经常请客,请长工帮忙、进行土地交易、家中建新房等都会请客,普通家户很少请客。在农忙时节,张家会和关系好的邻居家进行换工,你帮我家做几天,我再帮你家做几天。别人帮你家干活,你需要负责他在你家干活这几天的饭,同样,你去别人家帮忙干活,别人家也会负责。通常张子清会提前告诉张月字,今天要多准备点饭菜,帮家里做农活的几个人要在家里吃饭,张月字知道后就会吩咐给当天家中负责做饭的女性,等到吃饭的时间点,大家就会一起来家里吃饭。吃饭时,主要由张子清负责招呼和张罗帮家里干农活的人。

平时借用别人家的生产农具或牲畜不需要请客,生产农具都是免费借用,借用耕牛,只需要在归还时割一筐草带去耕牛所有者家就行了。村里农户们借东西一般都是向关系好的人家借,两家人相互借用都是无偿的。

张家在向大户人家租种土地时,约定的租金是每年收成的一半,过年时张子清也会提些鸡蛋和水果去给租种土地的这家拜年,此外,不需要另请他家吃饭。

在张德云成家前,家里给他修建了一间新房,这主要是由家庭成员共同完成的,没有请外人帮忙。成亲当天,张德云也会着重感谢帮忙修房子的家庭成员。

（2）生活中的请客

家中有红白喜事都需要请客,而且是请大客,像结婚、生孩子、孩子满月、老人祝寿等红事,家里会把亲戚、街坊邻居等平时有来往的人都请来,被请到的人也喜欢热闹,会一起来;如果是白事,通常只请本家、亲戚,还有一些关系好的邻居。孩子上学或跟随师傅做学徒不需要请吃饭;发生矛盾请人调解,调解之后大家就散了,理亏的一方不需要宴请调解人。

农户家里在生产、生活中举行宴会活动时,对于村内财主、地主、富户、村庄管理者及乡贤绅士等,平时关系好就会邀请他们;没什么交集或关系不好就不需要邀请。每个家庭都有自己家的生活圈,宴请只需要请自己的本家、亲戚、关系好的街坊邻居和朋友。宴请不需要下帖子,直接由家里人去别人家通知当家人即可,张家一般是由张子清、张月字或张德云、张发友去请客。

在宴会活动中,同一次宴请不同的群体,饭菜的数量与质量不会有差别,所有人都是一样的。村里有专门负责宴席的总管,当家人会提前去请,总管会一并安排好宴请中需要的厨师、厨具、炊具,相关的费用由请客的人家出。

宴请时都是自己的家人陪客,陪客的人会主动给客人盛饭夹菜、端茶倒酒。客人中有男有女,通常是男主人陪男客,女主人陪女客,这样大家也方便交流。客人来的时候,家里人需要迎接,招呼客人坐下后,男主人需要每桌轮流去敬酒,示意客人吃好、喝好、玩好,在客人离开时,家里人需要送其到门口,并谢谢客人能来宴席。

迎燕村有"贵客"的概念,贵客通常是不常常到家里来,但是关系较好,或是对家庭有很大帮助的人,每个家庭的贵客不一样,大户人家、财主、庄长等村庄管理人、乡贤绅士都有可能是一个家庭的贵客。贵客一般由家长亲自作陪,需要把贵客招待好,言行举止都要得体。

6.房屋及进出居室的规矩

张家的房屋是坐北朝南向,房屋一共三大间,之后将堂屋左右两边的屋子从中间隔开,张德云成家时,又在屋子的西面扩修了一间屋子,相当于一共六间屋子。

堂屋的房门正对马路,平时家中来客人能从堂屋一眼就看到,除了冬天接待客人在烧火炉的屋子里,其余时间接待客人都在这间屋子里。堂屋的正中间靠墙对门的桌子上按辈分供奉着过世祖先的牌位,旁边还放着土地神、门神的像。堂屋是张家日常生活中使用最频繁的一间屋子,一家人吃饭、休息放松、会客都在这间屋子。堂屋左边的两间屋子,外面一间用于冬天烧火炉和吃饭,里面一间屋子是张子清和张月字的卧室,家里贵重的东西,如钱财、地契等都放在这里,家庭成员进去之前需要征得张子清或张月字的同意。堂屋右边这两间屋子,外面一间主要是张家几个儿子居住,通常家里有几个儿子就铺几张床,即使是男生,家长对房间内的整洁度要求也较严格,东西不能随意摆放,需收拾干净,里面一间是两个女儿的卧室,小时候不讲究,兄弟姐妹都是随便进出房间,等到两个姊妹十岁左右,张家几个兄弟就不能随意进出她们的房间了,张子清也基本不进这间房。在屋子的最右边简单地砌了一间厨房,平时妇女做饭、煮猪食都在这间屋里。在张德云成家时,张家又在房屋的西面修了一间新房,张德云一家人都住在里面,家里成年男性很少来这间房。虽然一家人生活在一起,但男女有别、长幼有序,什么房间能进,什么房间不方便进,该讲究的还是要讲究。张家在房屋修建和布局方面,不会事先看风水,平时住得舒适、方便即可。

张家房子前有个院子,家里人用栅栏围起来,防止饲养的小鸡跑出去,也避免别人家的家禽进来。平时家里在院子中种点蔬菜,在侧面空余的地方堆放些杂物,天气晴朗时,可以在院子里晒谷子、野菜。院子的西南面用茅草、泥土搭建了一个简易的猪圈,平时耕牛、猪都饲养在这间。家里没人的时候会把堂屋的大门和院子的门都锁上。去别人家时,要事先在大门处喊上几声,有人应才能进去,没人应就不能进去,邻居家没人在家却私自推门进去会被看作是一种不礼貌的行为,会产生不必要的误会。

张家一般都是女性先起床,男性后起床,女性需要先起来烧水做饭,饲养家禽。若张子清起床了,其他家庭成员也会跟着起床。在农村,大家都起得早,天亮就纷纷起床,农忙季节就起得更早了,因为担心中午天太热,趁太阳还不太大时赶紧下地干农活。农民一般都是凌晨五点多去地里干活,干到中午回家吃饭,睡个午觉,避开太阳最强烈的时候,下午三点多再去地里接着干活,直到天黑干完活才回家,有时男性在地里干活太忙,家里的女性也需要下地帮他们一起干活。无论农闲或农忙,家里人都不会睡太晚,大家都习惯了早睡早起。一家人晚上休息也没有什么先后顺序,大约九点多就洗漱完毕,进自己的房间休息了。家里照明用的是煤油灯,晚上为了节约煤油,大家都睡得很早,况且干农活累了一天,回家收拾完毕就会立即睡觉。

7.女性承担制衣洗衣任务

张家通常在年底,即将过年的时候会给家庭成员添置新衣,这主要由张月字安排,衣服全部是自己家做,不会去市场上买。农村妇女都会织布、纺纱、做衣服,各种针线活不在话下,况且家人也不讲究衣服颜色是否鲜艳、款式是否好看,只要御寒、保暖就行。开始添置新衣时,王玉梅、张凤、张二妹会先一同去集市上买布,小孩子一般穿得比较鲜艳,男性一般穿深色的粗布衣服,买布回来就开始缝制。张德云的衣服由王玉梅做,因为她更了解张德云的体型、尺寸,其余人的衣服都混在一起做,大家一起分工完成制衣。如果衣服破了,也由她们几个缝补。

家里所有的衣服都由女性洗,洗衣服是女性的一项主要的家务。张家洗衣服有分工,或者是大家轮流着洗;或者是一人洗前一道,一人负责冲洗干净,另一人负责晾晒,大家轮换着干。已婚男子的衣服由妻子洗,其余家庭成员的衣服由家中女性洗,大家会把穿脏的衣服放在一个固定的地方,女性每天都会去检查,根据脏衣服的多少决定洗衣服的频率。

村里洗衣服都是在河边洗,王玉梅、张凤、张二妹端着衣服去河边,打一盆水,在盆里放上搓衣板,让衣服先浸泡一会儿,然后用皂角搓,搓了之后把衣服冲洗干净,拧干装在盆里,抬回家来。洗干净的衣服要抬回家里晾晒,张家的院子里牵了一根绳,绳拴在两棵树上,衣服不用衣架,可以直接晾在绳上,平铺即可。衣服干了也是由妇女们收回家,如果天气不好,即将下雨,家里谁有空就会去收一下,衣服统一晾、统一收,大家住一起,没有特别的讲究。如果有人洗衣服把衣服洗破了,不会被责骂,因为她不是故意的,只需把破洞处缝补好就行了。衣服破得不能再缝补就会扔掉,年底再给家庭成员做新衣服,春夏秋冬四季,通常有两到三套衣服就够了。

8.洗漱无特殊规矩

张家的洗脸盆是用木头制作的,家中没有盆架子,都是把盆直接放地上蹲着洗漱,或把盆放台阶上站着洗漱。家里的盆很多,各有用途,洗菜盆、洗脸盆、洗脚盆、脏水盆等,这些盆不能掺和着用。家里的盆都是公用的,但毛巾是各人用各人的,毛巾是之前做衣服剩下的布头,把线头缝制好就成一块毛巾了。每天早上,由当天负责做饭的女性提前把热水烧好,其他家庭成员起床后便可以直接用热水洗漱,有时做饭的女性忙不过来,谁起得早有空,就去烧把火,把水烧开,一般夏天用凉水洗,冬天用热水洗,家里如果有年纪大的老人,妇女会给老人打好洗脸水,把水端到老人的旁边。家里一人洗完将水倒掉,另一人再倒上干净的水洗漱。张刚刚由王玉梅帮忙洗,长大点后就由王玉梅监督他自己洗。

迎燕村没有专门洗澡的地方,男性都是去河边洗;女性一般是打盆热水抬进自己的房间里,用毛巾擦洗,夏天也会去河边洗,通常几个女性相约在河的上游洗,男性在河的下游洗。

张家没有专门的人负责倒夜壶,家人都是去院子里的茅厕上厕所,如果老人腿脚不方便,晚上想上厕所,一般会在屋子背后的院子侧面直接上;小孩子如果晚上想上厕所,会由母亲领着来院子里上。家里的茅厕坑一般都挖得较大、较深,一年清理一次,由家里人负责清理,把收拾好的粪便和泥土放在一起,连同牲口的粪便一起放在院子外面,之后用来施肥。

9.女性负担打扫任务

家里平时都由女性负责打扫,通常一周、十天打扫一次,先用抹布擦洗箱子、柜子,再用扫帚把房间里的垃圾清扫干净,最后拿拖把把地拖干净。张家的打扫工具都是从集市上买的,坏了就自己修修补补,直到不能用了,再去集市上买新的。家里打扫出来的小垃圾会堆放在院子的侧面,大的垃圾会运到村里统一收集垃圾的地方,到一定的时间,村里会有专门负责的人来焚烧。

每年腊月二十四,家里都会进行大扫除,此时离新年只有几天的时间,所以要把家里彻底打扫干净,除旧迎新。当天,王玉梅和张凤会提前把房间里的家具、床铺全部盖起来,然后张德云和张发友用长柄扫帚将墙壁上下的蜘蛛网、灰尘打扫干净,接着王玉梅用抹布擦洗净柜子、箱子,张凤用扫把、拖把清扫地面,务必将家里打扫得一尘不染。

(二)家规、家法的制定者

"无规矩不成方圆",张家的家规、家法都是从上一辈传下来的,很多言行、习惯也是在平时的生活中自然而然形成的,张子清不用作特别的规定,家庭成员都是按照这样的家规、家法生活,严格遵守。偶尔,张子清也会根据实际情况来对家规、家法进行一定的修订,但是大方向不会变，都是作小方面的调整。制定家规、家法的时候张子清会和家庭成员商量，主要是和家里的男性商量，之后由他作最后的决定。

（三）家规、家法的执行者

在日常生活中，张子清都是按照家规、家法办事，发现家庭成员有违反家规的情况会及时提醒，并对其进行教育。当然，张子清作为家长，更要以身作则，严格遵守家规、家法，为其他家庭成员树立一个良好的榜样。张子清拥有处罚违反家规、家法的人的权力，其他家庭成员只能相互监督不违反家规、家法，在日常生活中依照家规、家法办事。

（四）家规、家法的影响力

家里的家规、家法不用特意强调，平时一家人在耳濡目染家长的举止后都能知道，小孩子有做得不恰当的地方，父亲会进行提醒、教育，通常只有犯大错误的时候，家长才会进行管制，平时小孩子都由自己的父亲管教。张家的家庭成员都遵守家规、家法，这已经成为日常生活中的一种不刻意的举动、习惯。拟定相应的家规、家法可约束家族中人的行为规范，对个人的修身、齐家发挥着关键的作用。

（五）家庭禁忌

1949 年以前，张家在生活和生产上有不少禁忌。首先在过年期间，大年初一不能往外倒水，即使是脏水也要放在家里，防止得罪神灵，遭到神灵的惩罚；除夕和大年初一这两天，禁止吵架、斗殴等一切不吉利的事情，说话不能带"死"字，生病也得撑着，不能吃药，忌动刀、剪、针线和动土，防止之后的一年中每天都有类似的不吉利的事情发生；正月期间不能剪头发，防止对舅舅造成不好的影响。

其次是在婚事上，张德云举行婚礼时，忌不放鞭炮，鞭炮放太少也会遭忌讳。因为王玉梅下花轿时，身旁围观的人多，她很难快速地走进大门，如果鞭炮在她还没走进大门时就燃放完了，一时寂静，场面就冷了，不吉利。所以张家娶媳妇，要燃放很长的鞭炮，俗话说"娶媳妇，一不可惜鞭，二不可惜炮，三不可惜花轿"，无论张家经济条件多困难，这三样东西都是不能节省的。村中的农户认为放鞭炮是"崩崩邪气"，越是大喜的日子，恶鬼越来捣乱，必须及时把它赶走。

王玉梅家送亲时，王玉梅上轿忌脚踩踏地，怕沾走娘家的灰尘，带走娘家的福气；上花轿时忌新娘不哭，新娘哭则表示不愿意离开父母，说明是个懂事的闺女；如果不哭，便认为新娘没教养，娘家人会跟着难堪；王玉梅家送亲的队伍行轿忌走重道，去接新娘的空轿和接回新娘的"实轿"，不能走同一条路，应该"东来西走，不走重道"，或稍变路线，这是怕"重"，怕再婚，所谓"轿走回头路，夫妻不到头"。

王玉梅进张家大门时，忌踏门槛，门槛上有门神，踏上去是对门神的不尊重，会触犯门神；结婚前一夜，张德云作为准新郎忌独睡新床，要让兄弟来"压床"，这样可以早生贵子；新婚四个月内，忌用王玉梅用过的镜子照别人，因为新娘的喜气比较重，用镜子照别人，会让自己的福分流走；新婚当夜，忌没有人闹洞房，因为有"人不闹，鬼闹"之说。

王玉梅作为新媳妇，在新婚的三天内，不能去别人家串门，因为新媳妇身上带有不好的东西，会给别人家带去不吉利；王玉梅在正月初一忌回娘家，因为在农户们的观念中，嫁出去的女儿犹如泼出去的水，大年初一出嫁的女儿需和夫家人团聚在一起，如果在这天回娘家，会造成夫家人不能团圆的局面。一般来说，王玉梅回娘家住的时间不宜太长，住的时间太长，一是误婆家的事,二是误娘家的事,已出嫁的闺女对娘家来说就是客人,回娘家会被认真对待;俗话说:"摸勺不死公公,死婆婆""拿火烛不死公公,死女婿",因此王玉梅在回娘家的时候,忌摸家里的锅、勺。

再是张家在白事上的禁忌,在张应祥过世后,家人要为他穿寿衣,寿衣必须在他断气前穿好,寿衣讲究单数,一般是五、七、九件不等,忌双数,怕凶祸再次降临;寿衣忌用缎子,多用绸子;安放张应祥遗体的棺材多用松柏材料,禁用柳木,松柏象征长寿,柳树不结籽,怕子孙后代绝后;张应祥入殓前,家人到齐后,要给他蒙上盖脸纸;张应祥入殓后,忌雨打棺木,俗话说:"雨打棺材盖,子孙没有被褥盖";张应祥去世后,家人在一个月内不能理发、刮脸,长辈亡故,规矩多是由晚辈进行恪守,认为头发受之于父母,先亲去世,留发是为了表达哀痛、孝心与思念;张家在上坟烧纸时,忌用棍棒挑动,怕冥钞挑碎,过世的人不好使用,如果冥钞烧到一半,另一半没有燃烧,也不能重新再烧,据说这是留给活人用的,只能留下,不能再烧,否则子孙要绝。

最后是生活上的禁忌,家庭成员在吃饭的时候,说话时忌饭菜包在嘴里,这是一种极不礼貌的行为;吃饭时不允许吧唧嘴,也不可以用筷子或勺敲打碗和盆,发出刺耳的声响;吃完饭后,忌把筷子横放在饭碗上,也忌将一只筷子竖插在碗中的食物上;去别人家做客时,吃饭碗里不能有残留的饭菜,否则会被主人家认为自己家做的饭菜不合客人胃口,其次也是浪费粮食。

其实,禁忌就是规矩,也是一家人在长期生活实践中总结出来的经验、教训,有些规则看似荒唐,实际是有积极意义的。比如,新娘进男方家大门时,忌踩踏门槛,实际也是担心新娘被门槛绊倒。如果家庭成员有违背禁忌的情况,会被张子清训斥和教育,严重的情况下,还会被他惩罚。

五、奖励惩罚

如果家庭成员在生产、生活上表现较好,张子清会给他一些口头上的鼓励,相反,如果家庭成员犯了错误或做了错事,张子清也会对其训斥和教育,但很少惩罚。在家庭中,除了张子清有惩罚其他家庭成员和父亲有惩罚儿女的权力外,其他人不能随便惩罚人。

(一)对家庭成员的奖励

如果家庭成员在生产、生活上表现较好,张子清会给个人一些口头上的鼓励,通常会说:"某某成员干得不错""某某最近辛苦了"之类的话。在农忙时的一两个月,家庭成员干活比较认真、劳累,张子清偶尔也会让当天负责做饭的女性多做几个菜,犒劳下大家。孝顺就是传统美德,张家的年轻人一直孝顺家中的长辈,虽然孝顺是身为后辈应该做的事,但孝顺的后辈也会得到家族、四邻和乡亲的称赞。这些称赞和鼓励对整个家庭的发展氛围都是有好处的,保持一个良好的家庭氛围,家里人在农业生产上才有干劲。

(二)对家庭成员的惩罚

除了当家人有惩罚其他家庭成员的权力和父亲有惩罚儿女的权力外,其他人没有惩罚别人的权力。家庭里的惩罚只针对家庭成员,不能对家庭外的人进行惩罚,若外人做错事情,也只能由外人的家长对其进行惩罚。家庭内部在惩罚家庭成员的时候,亲戚、邻居、熟人等外部家庭成员都不会介入,这是各人家的私事。通常家庭成员犯了小错误或做了错事,家长多是对其进行训斥和教育,很少惩罚,毕竟成员都长大了,惩罚会伤其自尊心。如果是家里的小孩子做错事,比如偷了别人家的东西,或者打了别人,这种大错误就会遭到孩子的父亲的惩罚,之后小孩子的父亲还要代表整个家庭去道歉,把偷的东西如数归还,打人严重的还要赔偿医疗费用。

六、家族公共事务

张家在迎燕村内没有正规的家族,家族内部的各亲戚间住得较分散,形成的都是小姓家族,彼此之间联系不多,因此没有举办过公共活动,只有在清明节、正月初二会进行祭祖活动,这主要由家长组织,其他家庭成员配合。有时家族内血缘关系较近的几个小家庭,家长会提前说好一起祭祖,大家会一起准备,由各小家庭中的男性统筹,女性只负责准备东西,较少出面。

迎燕村里的大户人家家族内有的举办过公共活动,公共活动主要为祭祀祖先、续写族谱。在活动举办之前,会选出此次活动的总负责人,总负责人一般轮流着担任,不会出现连任的情况。紧接着,总负责人开始筹备公共活动的相关事项,通知各小家庭家长举办活动的具体时间、地点及大致流程,通知了家长就相当于通知到家长代表的整个小家庭。活动通常是家长代表整个家庭来参加,如果家长走不开,会派长子代其参加,前提是长子年龄足够大,且为人处世足够周到、得体。

活动的主持人通常由在家族内有威望、地位高的长辈担任,总负责人会提前安排好一切,将过世祖先的牌位按辈分摆放整齐,宰杀祭祀用的猪,祭祀猪需头朝向祖先的牌位。活动开始后,各家庭的代表人需按辈分排好队伍,听主持人的口令,按顺序进行上香、鞠躬、叩首、烧纸钱、鸣炮等活动。纸钱和鞭炮都会提前准备好,祭祀活动中,鞭炮声越响、持续时间越长越好,之后总负责人会请家族内有文化、有声望的长辈续写族谱。女性不能参加家族内此类大型的祭祖活动,年龄太小、不懂事的孩子也不能去,避免扰乱活动会场的秩序。祭祖活动的相关花费从家族的公共费用里支出,如果不够,再由各家均摊。

七、家户纵向关系

迎燕村里除有个姓李的木匠教人做木工活儿外,没有其他正规的会社组织。村里根据居住的地理位置将农户划为不同的甲,并以户为单位征收地税、摊派及拉差,此外,张家与保长和甲长没有其他交集。

(一)家户与会社

迎燕村的南边有个姓李的木匠,木工活做得好,他做的工具不仅用起来方便,还结实、美观,因此村里一些年轻小伙子都跟着他学木工活儿。年轻小伙们在农闲空隙学做木工,既多掌握了一门劳动技能,又打发掉了空余时间,跟着李木匠学做木工需要交学费,但金额很少,大家在一起相处也算是交个朋友,李木匠也很大方,会把自己掌握的木工技能倾囊相授。

(二)家户与保甲

1949年以前,张家人记不清楚家里具体属于哪个保、哪个甲了,只知道家户所在村为九村铜鼓组,之后改名为迎燕村铜鼓组。保甲是按农户居住的地理位置来划分的,房子挨着的几家或十几家农户为一甲,同甲的不一定是同姓、同族。

村里每年各家各户的地税、摊派、拉差都是以户为单位的，无论各户家中有多少人，确定下来的地税、摊派、拉差必须按时交，不能拖欠。偶尔会有人来村里抓壮丁，农户们有时会联合起来，每天轮换着人放哨，一有动静，就用家中的锅、勺敲铁门发出巨大的声响以提醒周围的人，大家闻讯便会跑到附近的山坡上躲避，直到抓壮丁的走后，人们在半夜才敢回家。

张发友在不到10岁时，有次遇到来村里抓壮丁的人，他因为太小没来得及跑掉，就被抓壮丁的人拉走了。他被抓去干苦力，活很多、很累，干活动作慢或者想偷懒都会被鞭子抽，午饭、晚饭只有米汤喝，补充身体所需的基本能量即可。好在张发友只干了几天，抓住机会就偷偷逃回家了。壮丁跑回家对家人不会有影响，因为抓壮丁的人疏于管理，对所抓壮丁不会挨个登记，时不时有人偷跑，直到壮丁人数不够就又回村子里抓。

普通农户家与保长、甲长没什么交集，自己家里的事情都是自己解决，尽量不麻烦保长。张家没有当过保长和甲长的家里人，村里担任保长和甲长的都是有钱有势的人。

八、村庄公共事务

村里组织开会、修桥、修路、修庙、打井、掏井、征收村费等筹劳、筹资活动，都是以家户为单位，保长、甲长将相应标准告知一家之长，再由家长进行具体的安排。对于治理灾害、维护村庄治安等活动，主要是村民自发组织起来保障自己家的利益。

（一）具体活动

1.村庄会议：家长为代表

村里组织开展各项会议时，都由村副提前去农户家通知该家的家长，村庄开会由家长代表整个家庭参加会议，家长可以代表自己的家庭提出一些关于村庄事务的建议，张子清在会议上基本不提意见，一般大户人家的家长才会主动提出一些自己的观点。1949年以前，村里开展征税会议，参加此种会议的人必须得有自己家里的土地，张家没有自己家的土地，所以不用参加这类会议，张家只需要将每年收成的一半上交给租种土地的人家作为租金即可，此外，不需要再上缴其他的土地税。村庄会议讨论出来的结果，家户代表都要接受，也不会有人提出反对意见，俗话说"枪打出头鸟"，没有家户代表会在这时候强出头。村里有会议，如果当家人有急事不能去或者已经外出，通常会让长子去；如果是特别重要的事情，只有等当家人回来，才能作决定。

2.修桥、修路、修庙：家户为单位提供劳力

1949年以前，村里组织过大家一起修路，这项活动以家庭为单位提供劳动力，标准是一个家庭出一个劳动力。由村庄修路的项目负责人通知各家家长，具体出哪个家庭成员由家长安排。家长通常以家庭成员的年龄、劳动力为挑选标准，如果家中的儿子比较多，会采取轮流的办法，按长幼顺序一次去一个。在张家，张子清首先安排张发友去修路。有的大户人家不愿意出人修路，就会花钱雇一个工人代替家庭成员去；有的家庭没有壮实的男性青年，或家中男性太忙走不开，也会让女性去修路，女性也是一个劳动力，但这种情况很少见。

村里的修路工程分为两种，一种是由村庄组织的，另一种是由村民自发组织的，一般由村民自发组织修建的范围较小，发起人多为村中能人或有威望的人，该人对村里的公共事务比较上心，看到村里的路不好走，给大家的出行造成许多不便，便会号召农户们来一起修路，号召的多是平常走这条路的人，十几户到几十户不等，以家庭为单位，一家出一个劳动力。村

里的路都是土路,修路主要是人们把地里的泥土搬来铺上,花费不大,但需要大量的力气。像类似的村民自发组织的修路工程,村庄不会参与,也不会管。村庄组织的修路工程是强制的,各家各户都需要出劳动力。

3.村费征收

迎燕村刚开始没有进行村费征收,但之后国民党会不定期地向农户们要东西,如衣服、粮食等,一般不要钱,因为农户们自己也穷得叮当响。村庄负责人会提前把所需物品告知各家各户的当家人,让大家去准备,到一定的时间就会来收,所有家户都必须交。

4.开展集体活动

村庄有什么事需要农户们积极响应时,村庄负责人在挨个通知每户的家长后,农户们都会踊跃地参与。村里通常以家庭为单位提供人力,一个家庭出一个劳动力,有时是当家人自己去,有时是当家人派一个年轻力壮的家庭成员去,家庭成员都会听从当家人的安排。当然,这是建立在不影响家庭正常进行农业生产的基础上。张家所出的劳动力一般是张子清或张发友。

5.维护村庄治安

迎燕村有专门维护村庄治安的队伍,这都是农户们自发组织起来的。村里治安差,村庄也没有安全意识,只能村民们自发地联合起来维护自己的利益。街坊邻居、各家农户通常会联合起来巡逻,大家轮流打更,一般一晚上四五个人负责,都是挑年轻力壮的男性去值班,有什么情况也好解决。大家在村子里巡逻,如果发现危险情况,比如国民党来抓壮丁、土匪来抢劫,都会及时地通过敲锣、敲锅来提醒村民们。

张子清安排张发友代表张家晚上出去巡逻,几个年轻人会提上一壶茶提神,在家附近四处转转,确认没什么异常后便找一隐蔽处歇歇脚,一晚上几个人会轮换着睡觉,保证有一人是清醒的。农户们不是每晚都需要巡逻,一般是提前得到军队来抓壮丁的风声才会开始组织,至于土匪抢劫,多集中在秋收过后和过年之前。

(二)筹资

村里公共设施的建设需要筹集一些资金,这需要农户们共同参与。在筹资的活动中,村里的大户人家一般会承担更大的责任,比普通家户多捐一些钱,如果有的家庭交不起这笔钱,可以向村庄提出请求,采取不交钱多出力的办法。家长会多派一些家人去做事,家庭成员们也都会听从家长的安排,出不起钱,那就多出力。大户人家通过多捐钱,在村里获得一定的认可和威望,这对他们来说也是有积极影响的,之后他们有需要农户们帮忙的地方,农户们也会不吝帮忙。

(三)筹劳

村里组织修路等公共建设活动都需要各家各户出劳动力,国民党军队也需要大量的劳动力,有时会直接进村子里抓壮丁。村里的保长、甲长时常会与他们提前进行交涉,尽量避免与农户发生矛盾。筹劳一般是以家庭为单位,一个家庭出一个劳动力,保长或甲长会事先给各家的当家人说明,由当家人具体安排。各家户所出的劳动力包括小到十几岁的孩子,大到五十多、六十几岁的老人,大家白天一起干活,晚上就睡在干活点旁边修建的简易棚子里。白天有人监督你是否认真干活,不让偷懒,有偷懒的举动就会遭受惩罚。有的大户人家也会出钱请普通人家出劳动力替自己家去,具体出多少钱张发友就不知道了。

417

张家所出劳动力为张子清或张发友，但家里人考虑到张子清年纪较大，不太放心，所以村里需要筹劳多是张发友去。张发友年轻气盛、精力充沛，干起活来很娴熟，经常得到农户们的称赞。

九、国家事务

对于纳税、征兵、摊派劳役、选举等国家事务，都是以家户为单位，按具体的要求、按时完成。

(一)纳税

1.张家无土地税

张家没有土地，全靠租种大户人家的土地为生，只需要向租种土地的人家上交事先约定好的租金即可，不需要再缴纳粮食税。张家所在的村子是以家户为单位去纳税的，纳税多少按土地面积计算，通常是以一亩地上交多少斗粮食为标准，粮食税每年上交一次，上交的时间大概是农作物收成后的一个多月，农民们需要把作物收割回来，晒干、装好才能上交。对于各家土地的亩数、需要上交粮食的数量，负责人心中都有个大致的"谱"，所以各家户需要交够相应数量的粮食。一般是由当家人把足量的粮食背去统一交粮食的地方，由相关负责人核对好上交的数量。

2.家户为缴纳主体

每年收税时，保长、甲长都会直接找各家家长，不会找别的家庭成员。保长、甲长告知家长后，由家长转告家里的其他家庭成员，安排家里人准备足量的粮食。如果家长不在家，保长或甲长会等他在家的时候再亲自来告知一次。上交粮食时，家长如果在家，会自己去交税，偶尔也会安排家中的长子去交税，前提是长子平时做事得体，能够让家长放心。

3.纳税过程较简单

在收到纳税通知后，张家每年、每次都会按时纳税，没有不纳税的情况。家里有次遇到荒年，农作物大面积减产，因此才延迟了纳税的时间。在确实交不起税的情况下，张子清会去向村里的人求情，说明具体情况，请求多宽限几天，延迟交税的时间，村里也会同意，但延迟的时间不能太长，最多一个月。张家没有请人代缴税费的情况，都会自己想办法，在约定好的延迟时间内上交。村里有的家户，因实在交不起税费而逃跑了，官府不会对其进行抓捕，因为抓捕耗人力、耗时间，事情最后也就不了了之了。

(二)征兵

1.抓壮丁

1949年以前，国民党经常来村里抓壮丁去干苦力，这些公事都是从县里安排下来，再逐级经过乡、保、甲。张家有人被抓去当过壮丁，这个人就是张发友。张发友在被抓去当壮丁时才八九岁，因为正在家里玩，没来得及跑掉，所以就被抓走了。抓壮丁的对象是没有标准的，对年龄、身高、健康状况也没有要求，只要是男性，能干活，就一并抓走了，小到八九岁的孩子，大到五十几、六十多岁的老人。一般壮丁都是拉去干苦力，没有工资，但管饭，平日里吃不好，睡不好，日子相当不好过。

有的家户为了避免自己家人被抓去当壮丁，会采取一些措施。有时几家、十几家农户联合起来，轮流放哨，听到抓壮丁的风声，就会敲击锅、盆，弄出点响声来提醒左邻右舍，这时各家各户的男性都会闻讯逃跑,跑到附近的树林里躲避,直到晚上才敢回家;有的大户人家听到抓壮丁的风声,会提前托关系,之后向那些负责抓丁的人打点些财物,多是当家人去打点;还有的人家为防止家中的独子被抓走,会提前将儿子过继给亲戚家,等抓壮丁的官兵走后再把儿子接回来,但这种情况并不多见。

张发友被抓去当壮丁,没过几天就自己逃回来了,他直接逃回家里,对家庭不会有影响,因为抓壮丁时比较混乱,谁家抓走了谁,来抓的人也没有逐一登记,所以不是很清楚。偶尔有人逃走,干苦力的人不够,就会又来村里抓壮丁。有的大户人家的家庭成员被抓去当壮丁,会用钱把他换回来,张发友不清楚具体出多少钱,但肯定是在双方都能接受的基础上,钱是交给抓壮丁的负责人。

2.自愿参军

1949年以前,张家没有人自愿参军,家中根据实际劳动力向大户人家租种了七八亩土地,因此除去从事农业生产的劳动力,家里没有多余的人可以去参军了。

1949年以后,张友发自愿参军两年,参军时他22岁。村里来征兵,大约要招几十个人,张友发觉得从事农业生产比较辛苦,对当兵也比较感兴趣,且家中劳动力充足,在征得家长同意后,便去参了两年的军。村里有的家户的家庭成员自愿去参军,共产党军队会给予一定的报酬,通常是给粮食,这笔报酬会直接给到参军人的家中,同时也会表达口头上的感谢。

(三)摊派劳役

村中摊派劳役是以家户为单位,一个家户出多少人都是有相关规定的。村里需要派遣劳役时,保长或甲长会首先找到当家人,通知当家人后,由当家人安排家里的其他家庭成员出工。家长进行安排时会考虑多方面的因素,出工人的年龄、长幼、劳动力都在考虑范围内。如果摊派了多次劳役,家长会让几个儿子轮换着去,相互间分担一些,被指派的家庭成员需要听从家长的安排。

(四)上级直接任命

1949年以前,张家所在村的村主任、村副、保长和甲长都是由上级直接任命、不经过农户选举的,农民们也不过问这些事情,上面吩咐下来让农户们干什么就干什么。一般选出的村主任、村副或是家庭经济条件较好,或是有权有势,同时也需要读过书、认识字,有一定的才能,这样才利于管理村庄,更好地理解上级指派的任务,处理村里的各种事情和各项矛盾。

1949年以后,张家的家庭成员参加过村里的选举,一个家庭派出一个代表参加,这个代表通常是一家之长,一个家庭投一票。各家各户在选举之前要与其他家庭成员商量,最后由当家人决定投给谁。农户们会结合日常生产、生活中与候选人的相处,选出有足够能力的人担任村主任,行使自己的权力,保证自己的正当利益被维护。

调查小记

2017 年 7 月 14 日

提前一晚和张爷爷约好,今早八点到爷爷家开始进行家户制度的访谈。之前对爷爷进行过土地改革的采访,所以我们之间已经很熟悉了,谈话过程中多了份自然与亲切。爷爷今年已经 88 岁高龄了,但是耳聪目明,精气神很好。怡爷爷以前是贵州省清镇市卫城镇迎燕村的人,在退休后便住到清镇市的大儿子家,怡享晚年生活,现在每天就是和朋友打打牌,在家看看电视。爷爷很关心国家大事,对当下发生的热门事件都很了解。

爷爷的祖辈、父辈最初是生活在贵州省毕节市,为了垦荒,求生存,一家人(爷爷的爷爷、爷爷的父亲和爷爷的二叔)搬迁到卫城镇迎燕村。因为在村里没有自己家的土地,所以只能向地主家租种土地以维持生活,约定将每年农作物收成的一半上交给地主家作为租金,丰年农作物收成多,自然就多交点;荒年农作物收成少,上交的数量自然就少一些。以前的生活很艰难,为增加收入,爷爷家在冬天干起了烧钢炭卖的副业。这一副业主要由爷爷的父亲、爷爷的大哥和爷爷三人负责,先在家中将钢炭烧好,再由爷爷的大哥和爷爷两人装好,背去镇上卖。来回一次需要两到三天,全靠步行,晚上就在路边的旅馆休息。卖一趟钢炭下来很辛苦,但为了全家人能更好地生活,爷爷的大哥和爷爷毫无怨言。

条件艰苦,生活不易,但爷爷的一家人感情很好,家庭气氛很和谐,大家都在为家庭条件的改善、生活水平的提高而出劳出力,这个小家是每个家庭成员心中最温暖的港湾。

2017 年 7 月 17 日

今天和爷爷聊到了家户制度这一章,对于家户的婚姻情况,爷爷谈到,家中的儿女到了一定的年龄就要结婚,男孩一般是 18 到 20 岁,女孩十六七岁就可以着手考虑了。儿子到了结婚的年龄一般由母亲先和父亲商量,父亲同意后就向全家人提议,母亲会私下和村里的媒婆说一声,让她帮忙看看哪家闺女合适,媒婆平时就会多留意,看到合适的会去女方家说一下,如果女方家也有意向,媒婆就会来给男方家说,这事算开始有点眉目了,之后两家人再通过媒婆就具体事项进行协商,敲定下来后双方家长就可以见面了。两家人如果有一方不同意,那媒婆都会重新去找对双方来说比较合适的,然后进行下一轮的说媒。

1949 年以前,张家只有张发友的大哥张德云结婚了,娶的媳妇也是同村的人,两家距离不远。那时找媳妇一般都是在附近找,本村或邻村的,最远的距离也不会超过所在镇,以前村里的男性很少出远门,没有机会认识外地的女生,而且那时结婚全靠家里做主,都是父母和媒婆相互商量,觉得合适,定下来后就直接结婚,就是我们通常说的"父母之命,媒妁之言"。过去通常不和同姓结婚,在婚姻过程中,讲求门当户对,大户人家和大户人家通婚,普通人家与普通人家通婚。当时,门第观念比较严重,男女之间没有自由恋爱,双方在结婚前没有见过面。

　　家庭人口规模对婚姻影响不大,有的人家喜欢找人口多的家庭,觉得人多热闹,遇到事情可以相互帮衬;有的人家喜欢找人口少的家庭,觉得人少清净,没那么多麻烦事。家庭成员结婚有早有晚,觉得合适的,十六七岁就结婚了,有的人家挑得久一点,家里的子女二十几岁结婚也是有的。过去结婚男方不一定要比女方大,有的人家娶媳妇还想找大一点的,俗话说:"女大三,抱金砖。"年龄大的媳妇在娘家做的家务活多,娶到婆家来,家务事不用再教,直接做事。

　　结婚是一件很麻烦的事,分为婚前准备、婚配过程、婚配原则等。婚前准备讲究父母做主、儿女服从;婚配标准,双方满意;婚姻目的,传宗接代;聘礼嫁妆,从实际出发。

致　谢

　　历时半年,从无处着手到报告完成,这过程中要感谢的人太多太多。感谢学院给予的家户调研机会及经费支持,感谢徐勇老师、邓大才老师、黄振华老师的鼓励和教诲,感谢师兄、师姐的指导,更感谢张发友老人的讲述,以及家人对我调研的支持。

第五篇

家大业小：以农为生的家户传承
——鲁东辛庄村王氏家户调查

报告撰写：王顺平[*]

受访对象：王学礼

* 王顺平(1995—)，男，山东烟台人，华中师范大学中国农村研究院 2017 级硕士研究生。

导　语

　　明初洪武二年,山东地区发大水,大部分人口灭绝,明朝政府从四川大槐树下迁来人口。王氏家族由祖先主仆二人发展至今已经传承二十代,子孙后代不仅在辛庄村居住,而且已经扩散至周围各村镇,甚至是烟台、青岛、北京等地。王家属于王氏家族西三支,即仆人王名远后代四支中的第三支,家长王耀德是王氏家族第十五世后人。

　　到 1947 年,王家男女老少共十三口人,以孩子居多。王家坐落在辛庄村西南角,地理位置优越。王家常年务农,家中虽人口、土地多,但劳力少,并且由于土地质量较差导致每年的收成都不高,经济状况在村里属于中等水平。王家拥有十一亩土地和八间房屋,未租赁过土地和房屋,家长王耀德对土地、房屋享有绝对控制权,大小事务都要得到王耀德的批准。王家人口较多,婚配及生育观念传统,严格禁止自由恋爱,倡导多生后代,并且重视孝道,讲究晚辈一定要赡养老人,孝敬长辈。王家在 1947 年以前没有分过家,虽然家庭规模大,但家庭内部关系和谐,很少发生大规模冲突,即便是家庭成员之间的吵架、拌嘴也会很快结束,从来不让外人看笑话。王家历来以礼待人,很少与外人发生矛盾冲突,不论是与街坊邻居还是亲朋好友交往都以诚相待,因此王家人在外部交往中关系十分融洽,都能做到互帮互助。正是得益于王耀德对王家人日复一日的家庭教育,王家上至老人、下到小孩虽然受教育水平不高,但王家长辈对晚辈的家庭教育十分严格,男孩、女孩都会在适当的年龄学会自己今后应该学会的本领,能在日常生产生活中礼貌待人,受到辛庄村民的认可。王家人没有任何宗教信仰,但每逢庙会都会去祈福祷告,保佑全家平安健康、发家致富。

　　1947 年以前,王家一直是王耀德当家,但随着王耀德年纪增大,他在 1940 年以后对王家部分事情不再亲力亲为,而是放手让王吉成操作,这既减轻了王耀德的压力,也锻炼了王吉成当家的能力。王耀德作为王家的家长,是王家一切事务的代表,虽然王吉成曾代理当家,但在实际生活中王家依旧以王耀德为核心,王家几乎所有事务都离不开王耀德做主决定,可以说其他家庭成员在没有经过王耀德同意的情况下不可能对任何事情做主。

第一章　家户的由来与特性

相比辛庄村的张氏家族、李氏家族，王氏家族拥有更为悠久的历史和更为繁多的后代。王氏家族自明朝初年迁至辛庄已有近六百年历史，家族规模不断发展壮大，王氏祖先繁衍了十支后代，至今仍存八支。虽然王家人多地多，但劳动力少、土地质量差，世代为农的王家在经济实力上仅属于中户水平。

一、家户迁徙与定居

(一)祖先二人从四川被强行迁来

1.主仆二人被官府强行迁移

明朝洪武二年山东发大水，辛庄当地人口大多灭绝，官府从四川一个叫作三槐堂的地方迁移人口到山东辛庄，王氏祖先主仆二人也来到辛庄定居。他们到辛庄时当地荒无人烟，没有任何亲戚朋友，而且他们并不愿意来这里。王氏家族后代有一个遗传特征：右脚的小拇趾脚指甲盖有一小段劈开，这是王氏祖先被官府绑来时脚指甲盖被捆绑的绳子勒的。辛庄村所有王姓村民都是二位祖先的后裔，王家为仆人王名远的后代。1947 年以前[1]，王氏家族在王氏家庙有一本家谱，上面记载着王氏家族繁衍生息的历史、人口等信息。

2.由三槐堂迁至辛庄定居

王氏家族的堂号叫作三槐堂，意思就是从四川省一个有三棵大槐树的地方迁来。王氏祖先是水灾后第一批到辛庄定居的人，他们到辛庄后自己盖房子、种地、繁衍后代，没有任何邻居。主仆二人为伴，将自己的家族发展壮大。关于王氏祖先如何建屋辟田，最初的房屋、田地在什么位置由于年代已久，已经无法考究。

3.十支后代现仅存八支

王耀德为王氏家族第十七代后人，辛庄村王氏家族分为十大分支，有东六、西四之说，但有两个分支绝后，王家属于西三支后裔。由于王氏家族的家谱在 20 世纪中后期遗失，所以王氏家族传承至今共育有多少后代不详，祖坟也因历史变迁早已被填平，王氏家族祖上出现过考取功名的先例，因此王氏祖先有权享受更高规格的家庙祭祀。

王氏家族西三支族谱显示，王家第七代祖先为王振英，第八代祖先为王春耀，第九代祖先为王全盛、王全礼、王全阁、王全有、王全贵，第十代祖先为王允楷、王允恒、王允斗，第十一代祖先为王作杰、王作桂、王作桢，第十二代祖先为王仁安，第十三代祖先为王纯萃、王纯秀，第十四代祖先为王俊三、王益三、王馀三，第十五代祖先为王耀德、王耀魁和王耀会，第十六

---

① 1947 年以前：山东于 1947 年解放，辛庄村于 1947 年秋后开展土地改革运动。

代祖先为王吉成,第十七代祖先为王学礼、王孝礼、王军礼。

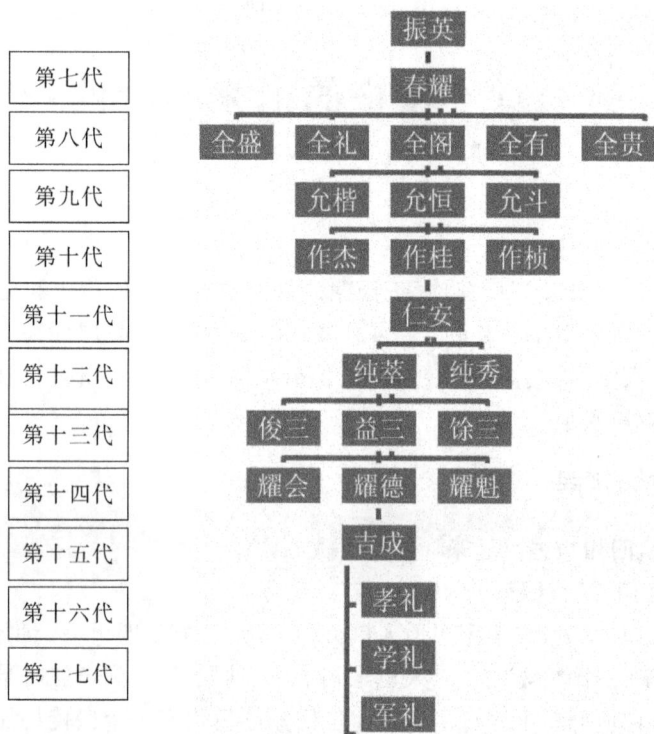

图 5-1　王氏家族西三支第七代至第十七代家谱图表

(二)天灾人祸仍频繁

王氏家族祖上经常发生天灾人祸,由于王家祖上一直务农,所以受到自然灾害影响的情况比较多,如冰雹、旱灾、涝灾、蝗灾等的自然灾害会导致粮食收成大幅度下降,出现过饿死人的现象,具体情况不详。自清末开始,王家先后有三代人闯关东①,辛庄村有很多人去东北夹皮沟一带挖金。王氏家族曾在清末出现过一位状元,状元郎考取功名返乡后受到家族亲友夹道欢迎,除此之外王氏家族历史上没有其他兴盛的时候。王氏家族的人口规模不断发展壮大,1947 年以前就有王氏后人在长春、哈尔滨、北京、青岛等地定居发展,只有在家务农的王氏后人因受自然因素制约,粮食收成有限进而影响了各家庭人口的发展。

二、家户基本情况

(一)老幼为主的人口大户

王家共有十三口人,其中劳动力五人,男劳力三人,即王耀德、王吉成、王吉祥,女劳力为刘氏与康氏,1947 年以前辛庄当地妇女都只有姓氏没有名字,刘氏与康氏均为裹脚妇女,无法下地干活只能在家从事家务劳动。王耀会于 1940 年闯关东后再没回家,由于王康氏精神痴傻,王吉成承担起赡养康氏的义务,给她养老送终,王康氏和王吉祥吃住在王家没有分家,

---

① 闯关东,山东的老百姓去东北打工的一种称呼。

王耀德的外孙女宋氏[1]自幼住在王家。

王耀德岁数大干活少,王吉祥精神不好都只能算半劳力[2],只有王吉成是整劳力[3],王耀会闯关东以后音信全无再没回家,王学礼兄弟三个年纪小不能干重活,只能在念书之余帮忙干点力所能及的农活,刘氏、康氏都因裹脚不能下地干活,只能干家务活,因此王家虽人口多,但劳力少。王家的孙辈兄弟姐妹六人和宋氏都读过几年书,具体时长不一,只有王孝礼念书时间多一点,学历相当于初中毕业。王家的生活十分艰苦,生活来源全靠种地,花钱需要粜粮[4],王吉祥因为头脑精神不好终生未婚。

表 5-1 1947 年时王家人口数量基本情况表

家庭基本情况	数据
家庭人口数	13
劳动力数	5
男性劳动力	3
家庭代际数	3
家内夫妻数	2
老人数量	3
儿童数量	7
其他非亲属成员数	0

1940 年以前,王耀会一直住在王家,但 1940 年闯关东后再也没回家,音信全无,只有王康氏和王吉祥住在王家。王耀德的女儿[5]早已嫁为人妇,但他的女儿早逝,因此外孙女宋氏一直寄养在王家十多年直到出嫁。王家人身体状况大多较好,只有王康氏及王吉祥因为头脑痴傻等原因,不能被当作正常人看待,王康氏经常卧床不能干活,王吉祥虽能下地干活,但只能算作半劳力。王耀德、刘氏、王康氏的年纪较大,但王耀德仍参与劳动,算作半劳力,刘氏与康氏因裹脚只能在家从事家务劳动。王家家庭成员的受教育水平普遍较低,没有任何宗教信仰,没有参加过任何社会组织。王康氏因王耀会外出不归所以守活寡,宋氏原本为辛庄镇湖汪村人氏,4 岁即 1938 年时其母去世后父亲将其送至王家,至 23 岁即 1957 年结婚时离开王家。

表 5-2 1947 年时王家家庭成员基本情况表

成员序号	姓名	家庭身份	性别	年龄	婚姻状况	健康状况
1	王耀德	家长	男	78	已婚	良
2	刘氏	妻子	女	76	已婚	良
3	王康氏	弟媳	女	69	已婚	中
4	王吉成	长子	男	43	已婚	优

---

[1] 宋氏,王耀德外孙女的名字不详。
[2] 半劳力,因年龄、身体素质等原因不能全力从事生产的劳动力。
[3] 整劳力,能够全身心投入到农业生产中的劳动力。
[4] 粜粮,辛庄当地土话,指出售粮食换钱。
[5] 王耀德的女儿,具体名字不详。

成员序号	姓名	家庭身份	性别	年龄	婚姻状况	健康状况
5	康氏	长媳	女	39	已婚	优
6	王吉祥	侄子	男	37	未婚	中
7	王学礼	长孙	男	12	未婚	优
8	王孝礼	次孙	男	10	未婚	优
9	王军礼	三孙	男	6	未婚	优
10	王淑华	长孙女	女	22	未婚	优
11	王淑珍	次孙女	女	16	未婚	优
12	王淑荣	三孙女	女	2	未婚	优
13	宋氏	外孙女	女	13	未婚	优

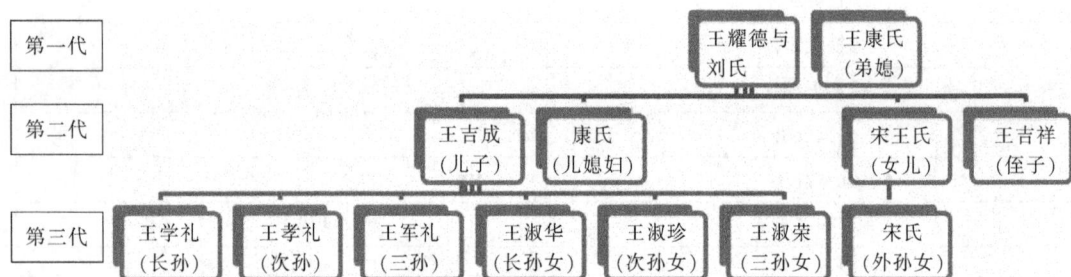

图 5-2　分家前王家家户结构图

(二)位置优越的普通住宅

王家住宅位于辛庄村的西南角,地理位置优良,房屋四周都有邻居,方便相互联系照顾。辛庄当地属于丘陵地形,地势由南向北逐渐降低,王家住宅地势较高不易积水。王家门口的胡同呈南北走向,邻里间房屋相互紧挨着,各家住宅用家道①隔开,邻里联系十分紧密。王家南边是村里的主干道之一,东西皆为小胡同,交通十分便利。辛庄村里都是房屋,没有土地。此外,王家房屋的东南边还有一块"厂炊"②用来晾晒粮食。

王家住宅东边和西边都是胡同,南北都是同一个胡同的邻居,南面邻居再往南就是村里的主干道之一,房屋东边的胡同向北走是厂炊。辛庄村里集中居住人口,所有的土地全部在村外分散布置。王家土地也较为分散,远的地方离王家约有一千五百米,近的距离也有一千米左右。辛庄村周围只有村东河上的一座石桥。王家房屋分为东、西、正三间,东间分成三屋,西间分成两屋,没有专门的厨房,院子还有东西两间厢房,西厢房主要用来饲养牲口,东厢房装杂物和盛放粮食。住宅门楼朝西,院沟③在房屋西墙上、门楼北边,厕所紧靠房屋东墙,北邻东厢房。

院门将王家与外界隔开,院门上的门楼能够为大门遮风挡雨,减少风吹日晒对大门的腐

① 家道,邻里两家住宅的分界线,长度为两家住宅的宽度,其宽度仅能容纳一位成年男性侧身站立,家道为两家的公共领地,任何一方不得侵占家道。
② 厂炊:用来晾晒粮食的一种空地。
③ 院沟:排水沟,由家户院墙通向户外街道。

428

蚀,院沟的用处就是排水,院墙是为了防止坏人侵入。辛庄村盖房布局讲究看风水,王家同样不例外,具体布局规则只有风水先生清楚。王家有八间房子,一处房子三间,一处房子五间,三间房子的那栋房屋因年久失修不再住人,王康氏和王吉祥曾在里面短暂居住后搬到大房子[①]里,三间房屋的具体布局情况不详。

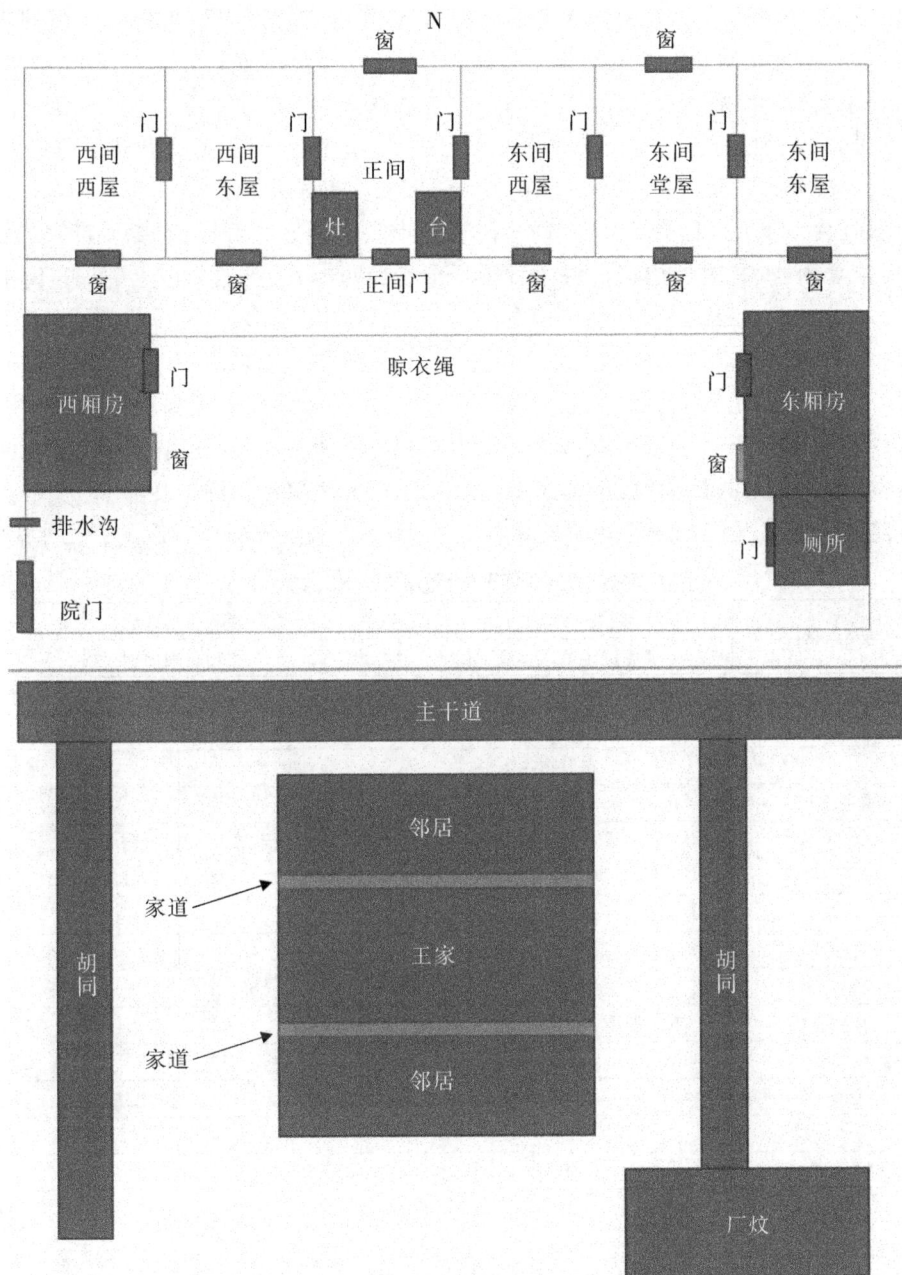

图5-3　1947年时王家房屋内外布局情况图

---

① 大房子:指王家的五间大房子。

429

（三）务农为主，副业为辅

王家有老亩①十一亩地，只有一头骡子和一头小毛驴，都是王家务农挣得收入后购入的，王家还有犁、铹、钯、杖②各一个以及数量不详的锄、镰、锨、镬③。十三口人住着八间房子，分为两处：一处五间的房子，一处三间的房子。王家土地数量较多，但劳动力少，导致部分土地只能抛荒。1947年，王家自有耕地面积为老亩十一亩，但实际耕种面积为8.8亩，剩下的2.2亩土地均因劳动力不足而抛荒。王家从未租种过土地，王吉成曾在东北夹皮沟务工，在当地学会做馃子④的手艺，每年秋收后开始做馃子卖钱。王耀德掌握编筐子的手艺，会把编好的筐子拿到集市上卖钱。与种地相比，副业的收入较少，只能挣个零花钱，王吉成做馃子一年能挣三十块钱左右，王耀德编筐子仅能挣十块钱左右。王家农业种植结构以粮食为主，有三亩半地种地瓜，王家饮食以地瓜、玉米饼为主，这些作物一年能收获七八百斤，需要大量农家肥料，地瓜都是自家食用，没有对外出售。谷子种了八分地，亩产量七八百斤左右，同样不对外出售。王家出售的作物只有玉米和小麦，小麦种了一亩半，亩产三百多斤，麦子收割后种玉米，玉米亩产三百多斤，对外出售时十斤只能卖七八毛钱。小麦价格比玉米高一些，十斤能卖一块多钱。胡薯⑤种了一亩半，亩产八九百斤，还有少数土地抛荒。王家一年的吃喝花销并没有明确记账，支出多少根据家庭收入情况确定，收入多支出会相应增加，收入少支出也会相应减少。辛庄村每年都要缴纳一定的粮食税，折算成现金大约为三十多块现大洋。1947年为王家的丰收年份，其经济收入状况仅代表王家的最高水平，但无法代表王家经济状况的平均水平。

表 5-3　1947 年王家经济发展状况表

土地占有与经营情况		土地自有面积	11 亩	租入土地面积	0
		土地耕作面积	8.8 亩	租出土地面积	0
生产资料情况		大型农具		犁、铹、钯、杖各一个	
		牲畜情况		骡子一头、驴一头	
收入	农作物收入				其他收入	
	农作物名称	耕作面积	总产量	单价	收入金额	收入来源	收入金额
	地瓜	3.5 亩	2500 斤	不售		馃子铺	30
	谷子	0.8 亩	700 斤	不售		编筐子	10
	胡薯	1.5 亩	1200 斤	不售		家禽家畜出售	30
	小麦	1.5 亩	500 斤	0.8 大洋/10 斤	40	现金收入共计	
	玉米	1.5 亩	500 斤	1.3 大洋/10 斤	65	175	
支出	食物消费		衣服鞋帽		教育		赋税	雇工支出
	30		15		15		32	10
	人情支出（折现）		置办农具		支出共计			
	10		30		142			
资金借贷	借入		0		借出		6	
结余情况			结余 27 元					

① 老亩：因丈量方式和标准不同导致土地规格的差异，以区别于现在的一亩，老亩一亩相当于新亩三亩地。

② 犁、铹、钯、杖：1947 年以前，辛庄当地常用的四种耕地、锄地农具，均为木制；其中铹用于刨沟以便播种；钯是一种半自动播种农具；杖即用于播种后埋土。

③ 锄、镰、锨、镬：锄头、镰刀、铁锨、镬头的简称。

④ 馃子：北方一种油炸面食，可作为节日礼品相赠。

⑤ 胡薯：高粱在当地的别称。

（四）世代为农的普通家户

王家没有人在村里当干部,但在村里的人际关系很好,邻里街坊之间经常来往互动,在村里也有几户关系特别好的朋友,因为不是富裕人家,所以王家在村里的声望不算很高,但村民对王家人的印象很好,规矩老实、不坑蒙拐骗,王家在政府里没有特殊关系。

（五）拥有较多人口的经济中户

辛庄村里少数人家划分外当家和内当家,但王家只有一个当家人就是王耀德,没有管家,当家人的主要任务是让全家人吃饱肚子。辛庄村也划分大户、中户、小户,大户家庭的特征就是土地多、人口多、财产多,但并没有严格的评判标准,最起码土地十几亩,家里有长短工,能吃上白面馒头,只要家里经济上算大户,那在村里的社会地位一定高。相比之下,中户家庭土地数量不足十亩,没有雇长工,只雇用了少量短工,逢年过节能吃上白面馒头,在村里没有特殊的社会地位;小户家庭土地数量不足以养活家庭人口,甚至没有属于自家的土地而是靠租佃土地度日,不会雇用长短工甚至要去给大户人家打工,在村里没有任何社会地位。王家虽不富裕,但人口上是大户人家,因为辛庄村超过十口人家的情况较少。

王家的土地虽多,但土地质量很差,没有良田地,灌溉条件差也就长不出粮食,所以王家的经济条件在村里并不好,只能算是一般水平。从财产方面来看,王家勉强算是中户人家,一般情况下家里地多钱多在村里就有实力、地位高,因此王家不能算作是对村里有影响的人家。王氏家族祖先于明朝洪武二年即1369年迁到辛庄,至1947年已在辛庄当地定居近六百年,相较于张氏、李氏、金氏、谭氏家族,王氏家族算是老户。辛庄村最早是王氏祖先迁到这里,其他外姓人都是之后迁过来的,例如张氏家族是清末才从东北迁至辛庄村,金氏家族更是在20世纪20年代才迁到此地,李氏与谭氏家族具体迁移时间不详,凡是比王氏家族迁来时间晚的都属于新户。

第二章　家户经济制度

虽然王家的人口、土地数量都很可观,但劳动力匮乏、土地质量低下,所以王家经济状况并不富裕,除 1947 年等少数丰收年份外,多数情况下经济状况都很困难,因此王家的经济状况在辛庄村处于中等偏下水平。劳力少,但人口多、吃饭多的现状制约着王家的经济发展,导致王家每年的经济收入只能满足温饱。受制于经济条件,王家的大宗交易活动很少,主要的交易活动是日常生活的小型生产、生活资料交易。王家人在王耀德的带领下,除少数特殊情况外,大小事务全由王耀德做主,其他家庭成员处于绝对服从的地位。财政大权完全掌握在王耀德手中,其他家庭成员花的每一分钱都需要得到王耀德的同意。

一、家户产权

(一)家户土地产权

1.拥有数量较多的贫瘠土地

王家虽有十一亩土地,但地质差且远离水源地,只有在辛庄村西北方向有一亩土地能够用辘轳①抽水浇地,主要是靠天吃饭。王家的土地并不是集中在一起,而是分散在辛庄村周围的三个地方:北疆、南疆、西北洼②。虽然一些地守着水渠,但由于水利设施年久失修根本无水可用。王家出售过小部分土地,一方面是由于人口多但劳动力少导致部分土地不得不抛荒,因此与其抛荒不如出售挣钱;另一方面是因为王吉成曾在春节期间赌博输钱,为偿还赌债不得已卖掉过一亩地。

2.大多为祖上传承的土地

王家的十一亩土地大多是祖上传下来的基业,小部分是王耀德购入的,购入土地与继承土地的具体数目不详。辛庄当地很多家庭出于生活需要不得不出售土地,王家购入的土地主要来自于附近的高家庄子村和邢家村,一是因为王家人对附近村庄的土地知根知底,二是因为附近村庄的土地离王家近,耕作方便。王耀德继承了王氏祖先的农业思维,即种地是为了打粮食③挣钱,挣的钱要想不被偷走就得买地,钱能被偷走但土地是偷不走的,地多能多种粮食多挣钱,如此循环往复,家业就会发展壮大。王家虽然也购置了一部分土地,但经济收入并没有较大的改观,大多数情况下家庭生活仍处于勉强温饱水平。

---

① 辘轳:一种安置在水井上,以人力手摇提水的木制器械。
② 西北洼:辛庄村 1949 年以前对该村不同地区土地的称呼。
③ 打粮食:即粮食收成的意思。

3.土地产权归王家所有

王耀会于 1940 年初闯关东一去不复返，王吉祥精神痴呆无力承担赡养母亲的重担，王耀德要求王吉成给王康氏养老送终，原属于王康氏和王吉祥的二亩土地作为养老地转而隶属于王家。王家的土地归全家人所有，虽然王吉成承担赡养王康氏的义务，但王吉成得到的养老地并不是王吉成个人所有，而是属于王家人共有，对土地的实际支配权完全掌握在王耀德手中。不仅是王家的妇女、儿童没有支配权力，就连王吉成和王吉祥都无权过问，只要王耀德作出决定，其他家庭成员只能服从。王吉成曾在结婚前闯关东，但即便他外出多年，王家的土地仍然保留着他的那份，但王耀会外出后一直未归，家里的土地便与他没有关系了。

4.土地登记造册后以界石分界

王家的土地和地邻的土地都有边界，王家会在与地邻土地的边界上栽一棵抽条柳①作为界限，也有几块面积较小的土地是以界石②为界。村会把村民的土地登记造册方便各家缴纳粮食税，因此各家土地边界不是随意决定的，日常生产中辛庄村仍有少数地邻越界耕种的情况，王家的地邻没有出现过这种情况，王家也从未侵占过地邻的土地。

王家从未出租过土地，因为王家土地的地质很差，没有村民愿意租种。土地只有自家男性后代有资格继承，外人未经王耀德同意无法耕种。王家人对自家土地的位置、规模、边界、地邻等都十分明确。王家土地曾被辛庄村的大户人家侵占过，由于没有地约作证，最后到村里打官司也无人受理，只能委屈受辱。

5.土地事务全由家长决定

在王家，不论是土地买卖、出租还是典当都是王耀德一人说了算，如果王耀德不在家，其他家庭成员无权决定，只能等到王耀德回家由他亲自决定。王家妇女地位很低，无权掌握家里的财政大权。康氏自进入王家后，每日的工作就是洗衣、做饭、看孩子，家务活几乎全部由康氏承担。虽然王家属于大家庭，但王吉成和康氏组成的小家庭没有任何私有财产，土地全都属于王家这个大家庭。

王耀德在买卖土地前会和家里人，尤其是王吉成和王吉祥知会一声，听取他们二人的意见，但最后做主的还是王耀德本人。王吉成曾因春节期间赌博输钱将家中一亩土地卖掉还债，王吉成向家人告知自己赌博欠债后，王耀德决定将王家在湖汪村东的一亩土地卖掉，其他家庭成员全部服从王耀德的决定，没有人敢提出异议。辛庄村惯例是各家在土地买卖过程中，在同等价格下应先卖给熟识的亲戚和邻居，如果没有熟人需要再向外人出售。

在王家，任何事情只要王耀德觉得对就去做，决定权在他手里，其他家庭成员无权干涉也不会干涉。如果王耀德长时间不在家就会让王吉成代理当家，王耀德不在家期间，王吉成有权代表王耀德处理王家发生的部分事务，但是如土地买卖等大事一定需要等王耀德回家后亲自决定。如果出现突发性状况需要及时处理，那王吉成有权做主，但等王耀德出门归来后王吉成需要向王耀德告知详细情况。

6.因封建迷信而霸占土地

王家出现过土地被侵占的情况，一张姓大户人家的老家长去世后，张家因封建迷信请风

---

① 抽条柳：一种生长着细长柳条的柳树。
② 界石：起着标记界限作用的大石头。

水先生在辛庄村外选定风水宝地作为老人的坟地,为了让老人去世后能在阴间生活舒适,同时也为了保佑张家后代兴旺发达,风水先生认为王家在邢家村南的一亩土地风水好,张家便以远低于市场土地均价的价格要求购买王家土地,王耀德没有答应这桩交易,两家的买卖不欢而散。张家为了不耽误老人下葬便采取强占的手段,召集家里的长工带着锄头、铁锹连夜在王家土地上挖坑打坟,等到王家第二天去地里的时候,坟地已成雏形,王耀德为此还气得大病一场。这种霸占情况没有持续很长时间,1947年秋收之后,共产党在辛庄村推行土地改革,土地改革期间张家的土地、房屋等财产都被划分出去,包括霸占王家的一亩土地在内,虽然王家没有拿回自己当初被霸占的土地,但看到张家人恶有恶报,也洗刷了土地被占时受到的屈辱。

辛庄村出现霸占土地现象的主要原因有两个:一是辛庄部分人家封建迷信,认为家人去世后埋葬在风水宝地能够保障逝者安息,死后能享受良好的生活待遇,同时还能保佑后代平安健康、兴旺发达;二是因为辛庄村的土地地质大多较差,大户人家会想尽办法得到一些水源便利、土壤肥沃的土地,为此不惜使用各种手段。王家被张家侵占土地后感到十分耻辱,王耀德带着购买那块土地时签订的地约到村里找村主任说理,但村主任慑于张家的威势敢怒不敢言,村会①的其他成员也劝告王耀德忍一忍就过去了,最终村会没能为王家解决被霸占土地一事。但王家忍辱负重,张家在1947年秋收后的土地改革中被打倒,王家土地被霸占的问题最终得到解决。

7.外人大多不会侵占土地

辛庄村各家都保留着土地购买、转让时的地约,这些地约能证明土地的归属权。王家的十一亩土地都有地约作证,虽然张家侵占王家土地后,王耀德以地约为证找村会打官司最终无果,但地约在形式上证明土地仍归王家所有,张家的行为是不合法的。王家的土地出售、购入时都要与对方签订地约,双方家长要代表两家人签字画押,契约才有效力。辛庄村大多数村民为王氏家族后裔,本家族的人不会相互欺凌,同族人间没有出现过霸占土地的情况,反而会尊重各家的土地权利,只有少数非王姓的外姓大户人家才会仗势欺人。王氏家族成员能够买卖或租赁王家土地,只要与王耀德商量即可,如果同时有外人和族人想买卖王家的土地,那王耀德只能优先选择本家族的人。王家土地被外人侵占时,王氏家族的亲戚都会打抱不平,村会成员有王氏家族后裔,对王家的境遇也会感到痛心,有了本家族人的支持使得王家不是孤军奋战,用辛庄当地的俗话说就是"道不平,众人踩"。

辛庄村会里有村主任、村会成员和先生②,王耀德出具地约后,他们都会承认王家对土地的所有权,村会也会对各家的土地情况登记造册,村会成员会记录王家土地的数量及位置。村会成员不会侵占王家土地,可以同王家买卖但必须经过王耀德同意,如果他不同意便不能强行买卖。王家的土地被外人侵占后,村会负责为王家打官司,为王家争取公道,但实际上因为被告一方都是有钱有势的人,所以结果并不能维护王家人的利益。只要王家的地约在手,不管是哪一级政府都会承认王家对其土地的所有权。

---

① 村会:辛庄村自发组织的类似于现在的村委会,即以村主任为核心的村民自治组织。
② 先生:管账先生,其职能与村委会会计类似。

(二)家户房屋产权

1.祖孙三代共居在祖宅

王家的宅基地面积不详,总共有八间房子共分为两处,一处为五间房子,一处为三间房子。建筑材质粗糙,都是用石子、小片瓦和泥土盖起来的,传到王耀德这一代,房屋质量已经很差,曾出现大雨冲倒院墙的情况。王家的房屋布局为坐北朝南,王家人主要住在五间的大房子里,房屋东西有胡同,胡同两边为东西屋的邻居,南北为同一胡同的街坊。王家的房屋分为东间、西间和正间,院子内有东西两间厢房,院门上有一个小型门楼。王家的居住条件在辛庄村算一般水平,王家人口多,所以虽然房屋多,但家里空间不是很富裕,东西间是家人居住的房间,正间的主要功能是做饭、吃饭以及节日祭祀,两间厢房主要用来盛放粮食、农具以及饲养牲口。院门方向朝西,虽然辛庄村所有房屋都是坐北朝南,但各户院门的朝向不一,辛庄当地各家盖房的时候都要请阴阳先生[1]看风水,以此确定各家院门朝向以及是否需要种树辟邪。

2.房屋权利归王家所有

王家的房屋属于全家人所有而不是王耀德个人所有,王耀会闯关东一去不回后,家里的房屋不再属于他,但王吉成曾短期闯关东后又回家,家里的房子还有属于他的那份,王家没有和别人家共同拥有房子的情况。在王家,王耀德和刘氏、王康氏都住在房屋的东间,其中王耀德夫妇住在五间大房子东间的东屋,王康氏住在三间房子的东间。辛庄当地住房位置以东为尊,只有长辈才有资格住在东间,中年人和孩子们住在西间。辛庄村有少数招赘[2]现象,入赘[3]的女婿在承担赡养岳父岳母义务的同时能够继承岳父所有家业包括房产,但是王家没有招赘,王家的房屋历来都是儿子继承,虽然不同的房间由不同的人居住,但并不存在特定的人对某个房间享有特权的情况,长辈住在东间只是享有居住权,并不意味着其他家庭成员不可以进入东间。

3.家道隔离邻里两家房屋

王家的房屋与街坊四邻的房屋都有边界,王家与南北两边的邻居有家道相隔。家道的长度就是两家房屋的宽度,宽度仅能容下一位成年男性在其中侧身站立,家道能起到界定房屋边界的作用,两家人不能利用家道从事任何其他功用。各家修房屋时不能侵占家道。家道作为邻里两家的共有资产,没有任何一方有权使用这块地方。王家与邻里关系十分融洽,没有侵占房屋的情况。王家房屋虽多,但因为人口也多,因此没有多余的房屋对外出租,王家也没有租住过别人家的房子。

王家在1947年以前没有分家继承房产的情况,辛庄村房屋的继承权只有成年男性才有,分家时家中房产平均分配到每一位成年男性后代手中。实际上,房屋无法平均分开,兄弟与父母分家后很少继续住在一起,因此兄弟间会有一个人花钱单独买下房屋全部产权,将钱支付给其他兄弟以便他们在外重新置房。父母去世后,父母原有的房屋也平分给成年儿子,

---

[1] 阴阳先生:即风水先生,测算风水好坏的人。

[2] 招赘:招上门女婿给岳父岳母养老送终,继承岳父的家业,但也意味着和亲生父母失去联系,不再承担赡养父母的义务。

[3] 入赘:与妻子结婚后到妻子家中居住,赡养妻子的父母,成为妻子家里的人。

同样由一个儿子单独占有。在房产分配上，长子、长孙并不特殊，同其他兄弟平分，但在土地分配上长子、长孙能多得一小部分土地。

王家的家庭成员对自家房屋的数量、位置、边界等信息都十分明确，虽然房屋属于全家人，但在实际生活中王耀德对王家房屋享有绝对的处置权，尤其是房屋的买卖、修缮、租赁等的决定权全掌握在王耀德手中。王家的八间房屋都有祖上传下来的房约为证，他人未经王耀德同意而侵占房屋是违法行为，王耀德可以携房约去村会打官司。关于房屋的重大问题，王耀德也会和王吉成、王吉祥商量，但最终还是王耀德自己做主，尤其是涉及房屋的买卖、拆修、修缮、重建等事宜，王家的房屋没有被外人侵占过，外人更无权干涉。

4.房屋修缮由家长定夺

王家房屋的一切事宜都是王耀德决定，尤其在买卖过程中有先后顺序，如果有亲戚、关系好的邻居想购买，那应该优先卖给熟人，如果王耀德不在家，那其他家庭成员无权进行房屋买卖。王家住的房子是泥土盖的，在1946年夏季因大雨导致西院墙坍塌，当年粮食收成不如往年一半，导致经济收入很低，但最终王耀德决定借钱修房子，包括款项筹集、人工寻找、施工材料购买等全是王耀德决定。

王家在房屋修建时没有任何人会提出意见干涉王耀德的决定，就算是王耀德做错了，其他人也只能服从，其他家庭成员提出意见王耀德也不会采纳，只需要遵照王耀德的吩咐去从事相关劳动即可，辛庄当地有俗语"家有万事，主事一人"，其他人提建议反而会产生混乱。各家的生产生活都是"一言堂"，家长一个人决定，王家修缮房屋欠下的债务需要全家人一起偿还。

5.他人尊重王家的房屋产权

王耀德手中保管着祖先传承下来的房约，这是王家对房屋行使所有权最基本的凭证，不论是邻居还是大户人家都没有侵占王家房屋的情况。村民都会承认王家的房屋所有权，外人想买卖、租用王家房屋前需要与王家商量，尤其是需要与王耀德商量，如果王耀德不同意，则不能强行买卖、租赁。王氏家族也会承认王家房屋的所有权，他们不会侵占王家房屋，不会不经王耀德同意强行买卖、租用、置换王家房屋，家族成员要想买卖王家土地要与王耀德商量，王家也会优先出售、租赁给本家族亲戚。

(三)生产资料产权

1.农业生产资料齐备

王家的农具主要为犁、铧、钯、杖各一把，没有水车和牛车，农业灌溉全靠人工挖水渠引水灌溉，粮食运输大多靠人力的肩扛背驮，偶尔还会使用小毛驴运输。王家有两头牲口：一头小毛驴和一头骡子，骡子身材高大壮硕能干重活，小毛驴身材矮小干活少，1947年以前整个辛庄村都没有牛和马。王家出行主要靠步行走路，没有交通工具如自行车，王耀德外出赶集[①]时也会骑着小毛驴以减轻路途奔走的疲劳，辛庄村四百多户人家只有一户有一辆自行车，绝大多数人出行都是靠两条腿走路。

2.生产工具全部外购

王家的农业生产资料是王耀德从集市上购买的，集市上有木匠专门制作农具出售，王家

[①] 赶集：去集市购买物品的一种地方性说法。

没有人会制作农具的手艺,所以就得去买成品。生产资料外购的资金来自王家一年的粮食收入,每年的小麦和玉米收成后,王耀德根据家里每年的粮食消费情况留下自家食用的部分,其余粮食卖掉换成现金用来置办新的生产资料。王家的一些大型生产资料是祖上传下来的,比如捋锯、耧以及磨面用的石磨。辛庄村极少见水车和大车,村里只有杨姓铁匠家里有一辆木质车轮的牛车进京搞运输。土地灌溉依靠打井和挖水渠引水灌溉,收成季节用牲口运输粮食。

3.王家持有生产资料产权

王家的农具和牲口属于全家人而不是王耀德个人,出嫁的女儿不享有王家生产资料所有权,王耀会闯关东一去不回后生产资料也与他无关,王吉成闯关东后又返回家乡,因此王吉成便享有王家的生产资料所有权。王家的生产资料虽然属于全家人所有,但王耀德在农业生产过程中掌握绝对主导权,生产资料的使用全部由他做主,包括生产资料的更新、借用、废弃等,尤其是购买生产资料必须得到王耀德的同意才能拿钱去置办新的,不论是借用他人的生产资料还是对外借出都得王耀德同意,其他家庭成员无权做主。

4.家长负责生产资料的相关活动

王家在生产资料的购买、维修、借用过程中,王耀德是实际支配者,王耀德不在家就会安排王吉成代理当家,给王吉成一定的财产自主权让他决定生产资料的维修等问题,但仅限于小型生产资料维修,涉及牲畜购买时王吉成便无权决定。即便是农具维修的小事情,王吉成也要在王耀德回家后向他作汇报。王家买小毛驴是因为王耀德认为家里一只骡子干活不够用,因此他做主拿钱去集市上买毛驴,但毛驴瘦小干不了重活,其他家庭成员都认为买毛驴并不划算,但没有人敢提出异议。如果王吉成和王吉祥下地干活发现生产资料损坏以至于无法维修后,他们可以向王耀德提出建议购买新的,但最终是否购买仍需王耀德决定。王家的钱财全部掌管在王耀德手中,家里小到柴米油盐、大到生产工具的购买都需要从王耀德手里拿钱才行,只有他认为应该买才会出钱。

王家的生产资料维修同样是王耀德做主,王吉成和王吉祥在农业生产过程中遇到农具损坏等情况,回家后向王耀德汇报,王耀德根据农具损坏情况决定是维修还是购买新的。如果需要维修,王耀德会给钱让王吉成去木匠那里维修,如果需要重新购置,王耀德会骑着小毛驴去赶集买新农具。王家人挣的钱全归王耀德掌管,任何花销包括生产资料的维修都从全家人的收入中支取。如果王家的生产资料损坏,但是由于农忙时间紧迫无法及时维修,王耀德会出面去邻居家或距离较近的亲戚家借用生产资料来应付农忙,1940 年以后王吉成逐渐可以代替王耀德,在经过王耀德同意的前提下去别人家借用,使用结束后归还即可。王家所有事务的决定都是王耀德的"一言堂",只要是王耀德提出的想法和决定,其他家庭成员都全部赞成。

5.外人使用都会事先商量

不仅是王家,辛庄村大多数村民家都习惯给自家的生产资料制作独特记号[①],目的是能够在自家生产资料与别人家混淆的情况下,根据所作的标记快速辨识出自家的生产资料,不会错认别人家的东西以免造成误会。王家的各种大型生产资料尤其是犁铧耙杖、锄镰锨撅都

---

① 记号:同标记、符号。

会有明显的标志。有了特定的记号作证,王家人在将自家生产资料借出去的时候不会担心外人霸占不还,实际上只要是能够去王家借用生产资料的人都是本村的亲戚和关系很好的街坊邻里、地邻,不会出现霸占生产资料不还的情况。该村有一个绰号叫"麻子老六"的人好吃懒做,经常干一些坑蒙拐骗的勾当,尤其是与他互为地邻的村民深受其害。他下地干活经常不带农具只借用地邻家的,借走之后就把别人家农具上的标记除去再换上自己制作的记号,等到地邻来催要农具时,"麻子老六"便坚持说自己没有借人家的东西,并且拿出上面有自己标记的农具给地邻看,村里人都知道"麻子老六"孤身一人没有任何牵绊,不敢和他过多纠缠,很多人只能吃亏把农具给他,害怕如果与他纠缠过多,"麻子老六"很可能报复自己,因此辛庄村凡是遇到这种情况的人都会选择息事宁人。

王家农业生产活动中经常借用别人家的以及对外出借自家的生产资料,王氏家族亲戚和关系好的街坊邻居是主要的借用对象,王氏家族的亲戚也都会在自家的生产资料上做记号,这并不是出于对家族亲戚的不信任,而是因为这是辛庄当地的一种习惯,便于王家的生产资料在与亲戚家混淆的情况下能快速辨识出来,否则很有可能为此影响两家关系。王氏家族亲戚借用王家生产资料的时候会提前与王耀德商量,经过王耀德同意后便可派人去取,用完后会及时归还,没有出现过像"麻子老六"这种霸占生产资料不还的情况。王家借用家族亲戚的生产资料也会认真保管,用完后及时归还。辛庄当地有俚语"做记号是用来防小人的,对君子用不着"。意思就是生产资料上做标记是用来防范别有用心的坏人,关系好的人相互之间都真诚相待,不会担心生产资料被占。

(四)生活资料产权

1.生活资料数量有限

王家有晾晒粮食的地方,在辛庄当地被称为"厂炊",位于王家房屋的东南方向,王家人出了家门由胡同自北向南走到胡同北端就能找到厂炊,距离大约为四百米。但这个厂炊并不是王家专有,辛庄村有数目不详的厂炊,王家东南方向的厂炊是该村西南角的村民共同使用的,粮食收成后各家粮食全部集中在厂炊脱谷、晾晒。王家没有自家的水井,辛庄村有三眼公共水井,王家每年的经济收入有限,无力自家打井取水,每次家里喝水、洗衣全部需要用扁担和木桶去水井挑水。王家用来磨面的磨盘是王耀德的祖辈传承下来的,具体传承了多少代不详。王家在五间大房的正间有一张全家人吃饭用的方形木质短腿桌子,还有十三把配套的木质矮凳,只有王耀德居住的东间的东屋有两把太师椅,平时主要供王耀德和刘氏使用,来客之后就是客人的座位。辛庄村有流动摊贩不定期来售卖生活用品,如果流动摊贩长时间不进村,王耀德就会去赶集。王家由于经济条件有限,仅能食用粗盐和少量花生油,连面酱等饮食佐料都是康氏用小麦酿制。辛庄当地水利条件差不适合种花生,王家每年都会去亲戚家购买花生米,回村后花钱让打油匠制作食用油,酱油也只能在春节等重大节日才会买少量回家做菜用。

2.大部分生活资料需要外购

王家人的衣服和鞋子都是自制,辛庄村没有成衣店,集市上售卖的都是布匹和针线等原材料,各家需要将原材料买回家后由妇女制作成衣。王耀德当家期间勤俭节约,只有到了换季时如果家庭成员衣服破旧无法继续穿,王耀德才会花钱去集市买布匹针线让康氏做衣服,如果恰逢收成不济①的年份，即便到了春节，王家也鲜有人制作新衣，因此王家家庭成员制作新衣的频率完全取决于家庭经济收入。除了衣物外还有酒水也是自制，用小黄米加自制的酒曲能够酿制黄酒。王家的桌椅板凳都是在本村木匠那里打造的，相比去集市购买成品，王家自备木材去木匠那里打造能够节省大量成本。

3.生活资料归全家人所有

王家的生活资料大到家里的桌椅板凳，小到柴米油盐都属于全家人，并没有因为王耀德是家长而专属于王耀德一人，包括没有出嫁的女儿以及嫁入王家的媳妇、未成年的儿童、年长的老人全都享有王家生活资料的权利。王耀会闯关东再没回家便不再属于王家人，也就失去了享有王家生活资料的权利，王吉成闯关东后又回家便享有生活资料所有权。不仅是王家，辛庄村各家只要没有分家的，全家人均共同享有生活资料所有权，康氏嫁入王家后将自己结婚时佩戴的耳环和自家祖上传下来的镯子都交出，计入王家财产中。也有其他人家过门②的媳妇将自己的嫁妆不计入全家财产，而是自己保留等到女儿结婚或儿子娶妻后传给下一代。

4.生活资料活动由家长决定

王耀德在生活资料购买、借用过程中处于支配地位，如果王耀德不在家会让王吉成代理当家，给他一小部分钱以应对生活花销。如果要购买大量生活资料，就需要王耀德回家由他亲自做主，王吉成作为代理当家人也可以出面去邻居或者亲戚家借用，等王耀德回家后需要向他汇报代理当家期间生活资料的消费情况。

随着王耀德年纪增大，生活资料的购买并不完全由王耀德亲自去，王耀德会将需要购买的生活资料告知王吉成，并根据市场价格给王吉成一定金额的现金去集市采购，王吉成回家后要将采购的花销情况告知王耀德，将剩下的零钱如数交给王耀德，在采购过程中的砍价以及卖家的选择完全由王吉成决定。生活资料购买的次数以及购买的品种、品质完全由经济收入决定。以1946年为例，辛庄当地的粮食收入普遍很低，因此王家中秋节的团圆饭仅仅是一锅面条。但1947年王家粮食收入与往年相比大幅度增长，因此收入大增，中秋节王耀德特地让王吉成去集市买了一只烧鸡回家作为全家人中秋节日的礼物。

王家的桌椅板凳破损后王耀德会根据破损情况决定是维修还是更换新的，如果能维修就会让王吉成将破损的桌椅送到木匠家中，等木匠维修好后再由王吉成带着王耀德给的维修费交给木匠，顺便将修好的桌椅带回家中。在王家有一件事情是不必非得王耀德做主的，那就是磨面时石磨出现故障无法使用，若正值王耀德不在家的时候，为了不耽误家人吃饭，康氏需要做主同邻居家商量借用邻居家的石磨磨面。

5.部分家人提供少量意见

在生活资料方面，王耀德并不是完全做主，有些事情需要得到其他家庭成员的支持。以制衣为例，王耀德作为一个男性对家人制衣需要多少布料、多少针线并不懂，只有刘氏、康氏知道家里谁的衣服破得不能穿了、谁的衣服是刚做的，什么时候需要制作换季衣服，根据她们二人反映的情况由王耀德决定给家人制衣。王耀德也并不是完遵照刘氏和康氏的建议去做，即便刘氏和康氏根据家人衣物消耗的实际情况向王耀德作出反馈，王耀德也需要根据经

---

① 不济：状况很差、不好。
② 过门：新婚妻子与丈夫拜堂成亲之后被称为"过门"，即进入夫家的门，成了夫家的人。

济收入状况决定是否采纳她们的建议。同样以 1946 年和 1947 年为例,1946 年王家粮食收成差导致经济收入少,家庭成员中只有王学礼等未成年儿童过年时添置新衣,成年人仍旧穿着旧棉衣。但 1947 年王家收成大涨,因此经济收入增加,王家人不仅在春节期间都添置了新衣,秋冬换季时也添置了新的衣物和鞋帽。

相比刘氏和康氏,王耀德对家中的柴米油盐及粮食的存量并不是完全了解,王耀德需要根据刘氏和康氏的反馈及时出资添置新的生活资料。王耀德需要家中妇女协助才能作出正确的决定。并不是借用任何生活资料都需要王耀德亲自出面,其他家庭成员可以帮他分担,王耀德可以安排王吉成去邻居家或亲戚家借用,王耀德不在家的时候对于一些不重要的东西,其他家庭成员可以不经王耀德同意去借来应急,之后和他说清楚即可。

6.外人尊重王家生活资料产权

其他村民都会承认王家对其生活资料的产权,他们不会侵占王家的生活资料,如果要买卖、借用王家的生活资料就会与王耀德商量,如果他不在家就和王吉成商量。王家人不同意就不能强行买卖、租用和置换。王家有一台石磨是祖上传下来的,邻居家石磨坏了就到王家借用石磨,用完之后都把磨面剩下的麸子和麦糠留给王家让他们喂牲口,当作是对借用生活资料的一种感谢,如果邻居家不认可王家对石磨的所有权,就不会在用之前主动打招呼,用完之后也不会表达谢意。

二、家户经营

(一)生产资料

1.劳力严重不足的情况下雇工

王家一共有五个劳动力,其中三个男劳力和两个女劳力,三个男劳力中只有王吉成是整劳力,王吉祥只能算是七五劳力[①],王耀德年纪大也不能算是整劳力;两个女劳力刘氏和康氏都裹着小脚,连做家务走路都很麻烦,没法干农活。农忙时她们也去厂炕帮忙晾晒麦子、掰苞米[②],因为这种农活不需要走动,她们还需要在农忙的早晨挑着担子去地里给劳力送饭。王淑珍没出嫁时因为没有裹脚能够参与农业生产,王学礼年纪较小只能干零活[③],比如拾粪。王孝礼和王军礼年纪太小不能参与劳动。如果家人生病或出远门干活挣钱就可以不用参加生产劳动,未成年的儿童适当参加劳动但不能干体力活,他们应学习长辈的干活技巧,以便于长大后从事相关劳动。

王家的劳动力尤其是男劳力不足,再加上土地多,部分土地因为劳力不足被迫抛荒,王家在丰收年份也会花钱雇人干活,这在辛庄当地被称为"寻工夫"。王氏家庙前有一个"工夫市"[④],如果有人家干活缺人手就会到工夫市雇人干活,工夫市就是一群农村无地或少地的劳动力集中在家庙前等着给人家干活挣钱的一个谋生集散地。在工夫市找劳动力后可以商量劳动报酬,是否管饭等。王家因经济条件有限,王耀德很少舍得花钱雇用劳动力干活,从而影

---

① 七五劳力:比上不足、比下有余,相比半劳力能够干得更多,但是因为某些原因无法全身心投入劳动。
② 掰苞米:将玉米从秸秆上掰下,以便能够将玉米脱粒。
③ 零活:比较零散的小农活,比如拾麦穗、拾牛粪。
④ 工夫市:辛庄当地的劳动力交易市场。

响了王家的粮食收成及经济收入,在辛庄当地这种情况被描述为"越穷越穷",意思即为家里越贫穷便越舍不得花钱雇人干活,这样便导致土地抛荒因此收成降低,进而家里挣钱更困难,生活更贫困。

1947年以前,王家有过帮工的情况,王家院墙倒塌后王耀德借钱重新整修时没有雇用专门的泥瓦匠和小工①,而是依靠邻居来帮忙,邻里充当瓦匠与小工和稀泥,邻居家干农活的时候王家也会去帮忙,这在辛庄当地被称为"帮工",帮工不需要报酬,双方都是你来我往的互相帮助,不过需要管饭,不能既不给钱又不管饭。王耀德不在家的时候家里需要帮忙都是王吉成去邻居家找人,邻居家只要有时间都会答应,等王耀德回家后再亲自去表示感谢。邻居家需要帮忙的时候王家再派人去帮忙,邻里间帮工不会在乎谁家多干谁家少干,不过帮工的时候王家派谁去得经过王耀德同意,他不同意就不能去,因为王耀德必须先把自家农活安排完后才能帮别人家干活。

王家男劳力实在忙不过来时王耀德便会去工夫市雇短工,王吉成和王吉祥会根据每天的工作量向王耀德反馈情况,王耀德根据二人建议决定是否雇人干活。他二人常年下地干活,所以了解王家每块土地需要几个人几天能干完,王耀德去工夫市雇用劳动力的时候也能够做到心里有数。王家雇工都是一天一结算,中午和晚上管饭,傍晚干完活吃完饭后王耀德便会根据事前双方商量好的价格结算工钱,工钱从家庭收入里出。王家土地虽多,但土地质量差,外人不愿租种王家土地,辛庄部分村民宁愿去外村租地种也不愿意在本村租地,因为本村土地质量差,租种不合算。

2.地多但地质差导致从未出租

1947年以前,王家有十一亩地,这些土地完全够王家的三个劳力耕种,以王家劳动力的实际耕种能力来算可以耕种八亩土地,因此土地数量超出了劳动力的耕种能力,但王家多余的土地除部分出售外,其余的也并未出租。王家土地地质差,导致粮食收成低,辛庄村的无地和少地农民了解到王家的土地质量状况后,他们宁愿去外村租种土地也不愿租种王家的土地,因此王家部分多余土地处于抛荒状态。

3.与亲邻搭套使用牲口

王家有两头牲口,一头骡子和一头小毛驴,但并不能满足王家的生产需求,虽说是两头牲口,但只有骡子可以干重活,而小毛驴只能干轻活。一头骡子不能做到配套②拉犁耕地,就需要两头骡子傍③在一起耕地,这在辛庄当地被称为"叉伙",就是两家各有一头牲口没法独自拉犁,因此可以让两家牲口配套一起拉犁耕地,王家常与本村的王国起家"叉伙",王家耕地的时候王耀德会去王国起家将他家的骡子牵到家里使用,王国起家需要耕地时他家就会派人把王耀德家的骡子牵去使用,两家的牲口在各家干活时还要负责给对方牲口喂食。"叉伙"在辛庄当地又被称为"傍牛驴",实际上辛庄村极少见耕牛,都以骡子和毛驴为主。

辛庄当地"叉伙"都是找关系好的街坊四邻或地邻,最重要的条件还是两家土地规模差不多相等,经济条件相差不大,两家人知根知底关系好。少数村民也会把牲口借给外村亲戚

---

① 小工:伴随着泥瓦匠干活,主要负责给泥瓦匠打下手的工人。
② 配套:两个牲口能够配齐一套犁具用以拉犁耕地。
③ 傍:搭配、配套的意思。

或朋友。借用一次牲口的时间长短不一,借出去后就得等到对方把农活忙完才能还回来,不一定非得是借出去的当天就得还回来,对方在当天干完活后还要给牲口喂饲料。如果对方家里条件不好,那干完活就得立马把牲口还回来,第二天干活时再去牵。借用牲口不用给钱给报酬,但可以给一些面食,比如馒头、花卷。对方干完活后不仅将王家的骡子送回,还会把他家的牲口拉到王家去干农活,借用对方牲口期间,晚上可以把家里推磨剩下的糟糠给牲口吃。两家能互相借牲口的都是关系好的亲朋好友,不会计较得失。但王家借牲口的时候必须经过王耀德同意,一般都是双方家长提前商量好就可以直接去牵牲口,具体谁出面去牵回家不一定,只要双方家长同意即可,王家也是王耀德决定后由王吉成去对方家里牵牲口。如果有多户人家想和王家的牲口配套干活,那王家应该先与关系较好的人家配套,如经常交往的邻居或近亲。

4.农具借用习以为常

辛庄当地的农具以木质为主,王家没有人懂得木匠手艺,因此没有一件农具是自家制作的,包括小镢①、铁锨②在内的所有农具全都需要外购,农具的木质部分可以在木匠那里打造,铁质农具需要王耀德去邻镇朱桥集市上采购才行。王家的农具数量完全能够满足生产需求,除水车和牛车等大型农具短缺外,其他的不论是犁铧耙杖还是锄镰锨镢样样不缺,只有农具损坏时才需要临时外借来满足生产需要。王家的农具也经常借给关系好的邻居以及王氏家族亲戚,王家需要借用农具时,这些人家同样会尽力帮助。

由于农具大多以木质为主,在高强度的农业生产中十分容易损坏从而影响生产,但辛庄当地的集市规模较小不能完全满足农民购置、维修农具的需求,因此包括王家在内的很多人家经常相互借用农具。王家每年都会向邻居及亲友家借用农具,根据生产时节的不同,借用的农具也不一样,农田灌溉的时候需要借辘轳,秋收割麦子时需要借拖篓③,耕地时需要借犁具。王家与邻里以及亲戚之间经常借用农具,这一过程不需要支付任何费用,不需要送任何礼物,完全出于双方的感情基础,甚至无条件使用。只有在借用的过程中如果将对方的农具损坏,那需要自家花钱给对方维修甚至置办新的。

王家借用亲邻家农具后,只要对方不着急使用可以等到自家用完后再归还,但如果对方也着急使用此农具,那王家就需要尽早结束及时归还以便不耽误对方的生产活动。王家在借用亲邻家农具时,需要王耀德出面与对方家长商议好后安排王吉成去对方家里取回,王耀德不在家的时候,王吉成也可以代表王家去亲邻家里借用农具,亲邻都会尽力帮助。借用农具时,王耀德需要根据自家生产进度同对方商议好预计归还日期,如果逾期无法归还,只要对方不急于使用,王家就可以继续借用不需要承担任何违约责任,如果王家逾期没有及时归还且对方着急使用该农具,那王家只能停止使用并将农具归还对方。王家使用完农具后都会尽早归还以防农具放在自己家中损坏需要赔偿。

虽然王家与亲邻借用农具不需要支付报酬,但对于两家人互相借农具的恩情,王家人都会铭记在心,在对方家需要帮助的时候,王家人会做到有钱出钱、有力出力。王耀德会嘱咐王

---

① 小镢:用于刨土挖坑的一种小型农具,作用同前文大镢相同,但规格较小。
② 铁锨:铁锹,铲土工具。
③ 拖篓:辛庄当地农业收割使用的一种编织品,用于盛放脱谷后的麦粒来分离麦粒与麦秸残渣。

吉成在去亲邻家借农具的时候需要当场检查农具是否破损，如果在借用之前发现损坏要提醒对方注意，同样在归还农具时也要向对方展示是完好无损的。如果王家在使用借来的农具时造成损坏，王耀德会亲自将农具带去修理，送还对方并赔礼道歉，出于双方感情因素，借出农具的亲邻都不会生气。王家每年都要从收入里拿出部分钱更新农具以防耽误农业生产，减少对借用亲邻农具的依赖。

（二）生产过程

1.家长安排农业生产活动

王家主要从事农业生产活动，饲养过十只左右母鸡为了下蛋卖钱，也饲养过猪，王吉成在东北淘金期间学会了做馃子的手艺，每年农闲以及冬天会做馃子挣钱。王耀德编织筐子、篓子去集市卖，除此之外王家没有其他副业。家庭收入大多是靠粮食收获后卖粮得来的，王吉成做馃子和王耀德编筐子的收入并不多，只能当作全家人的生活零用钱。农业生产活动以王耀德、王吉成和王吉祥为主，王学礼、王淑华等人只能干零活，刘氏和康氏做家务，负责全家人的饮食、衣物洗涤以及饲养家禽家畜，做馃子时康氏能帮王吉成打下手。王家男劳力负责干重活、苦力活，妇女在家承担家务，做饭、洗衣、推磨等，刘氏与王康氏因岁数大干活少，王康氏因为精神不好常年不下炕，康氏一个人忙不过来时刘氏才会协助她，农忙时去厂炕晒粮食、在家看孩子。王学礼等人的主要任务是上学，放学后割草、喂牲口，辛庄当地的儿童在麦收和秋收时都需要请假在家干活，直到农闲的时候才返校上课。

王家一年的农业生产安排都是王耀德一人说了算，农作物种植是年前计划好并提前预留种子以备来年种植。王家的土地种植结构较复杂，包括苞米、地瓜、谷子、胡薯等，种植时间是按照节气来定。苞米①种植是在五月份上旬，小麦在秋天寒露时节种植，谷子在谷雨时节耕种，花生在每年的四月份种植。以王家1947年种植情况为例，地瓜的面积为3.5亩，小麦1.5亩，胡薯为1.5亩，谷子约为0.8亩，苞米为1.5亩，另有约2.2亩土地抛荒。王耀德根据前一年粮食收入情况决定下一年的种植结构，王家主要以地瓜种植为主，其次是玉米和小麦，每年是否种植花生情况不一。因为地瓜对地质要求低，亩产相对较高，能够更大程度上满足王家人的饮食需求，玉米和小麦收获后可以出售挣钱。花生作为一种需水量大的作物不适合辛庄种植。具体哪块土地种植何种作物由王耀德在王吉成的建议下作出决定，王家只有王吉成和王吉祥常年下地干活，深知自家各块土地适合种植的作物，王家妇女因为常年不下地，因此对于农业生产没有任何发言权。

辛庄当地农业种植十分讲求气候时节，为了不耽误农业种植时节，王耀德会在外出之前嘱托王吉成在规定时节内务必在规定地块上种植他要求种植的农作物。不仅是王家，辛庄地区的种地过程都比较简单，主要有犁地、耙地、耧种、埋沟、灌溉、收获、晒粮食等，中间穿插着除草、拾粪和施肥。王家拾粪的任务由王学礼等人放学后承担，从犁地到收割这一系列农活由王耀德、王吉成和王吉祥负责，收获后晾晒粮食、掰玉米由刘氏、康氏负责。

在生产分工方面，王耀德负责牵牲口②，王吉成和王吉祥用大撅锄地，王学礼招着③犁具

---

① 苞米：玉米，辛庄当地对玉米的俗称。

② 牵牲口：牵住绑牲口的绳子以保持牲口前进的方向，保证耕地顺畅。

③ 招着：扶着的意思，防止犁具倾倒。

或代替王耀德牵牲口。种植花生时需要用犁具犁沟埋种子,需要王吉成和王吉祥两人代替牲口在前面拖着犁具耕地,王耀德跟在犁具后面埋种子。王耀德不在家时,王吉成带领王吉祥下地干活并给王学礼等人安排力所能及的农活,王耀德出门前也会提前安排好家里农业生产的具体要求。

王耀德每天晚上干完农活回家后都会趁着全家人聚在一起吃饭的时候安排好第二天家人各自的劳动任务,以防第二天临时安排任务造成家人手忙脚乱。在农忙季节王耀德会全程参与到农业劳动中,在日常管理维护阶段王耀德便不再每日下地干活,而是隔三差五到各个地块检查作物生长状况,以便对今后的农业生产提前作出打算,王吉成也会经常向王耀德汇报作物的生长状况。

2.饲养家畜可以赚钱

王家的两头牲畜全由康氏饲养,饲料是王吉成下地干活时在田间地头割的草料以及王学礼等人放学割的草,但在冬天牲畜没有新鲜草料可以吃,只能吃一些玉米秸秆和干谷草。王家养的猪主要吃地瓜叶,养猪不仅是为了攒猪粪作为农业肥料,更是为了卖钱养家糊口,而不是自家吃肉。等秋收后猪养肥了,王耀德就会拿着棍子将猪赶到屠夫家里去卖掉,1940年以后王家卖猪主要是王吉成和王吉祥两人去,他们回来之后需要立刻将卖猪的钱交给王耀德,王耀德将钱攒起来为家人置办生产、生活物资。

母鸡的主要饲料是胡薯、麸子①以及野菜。在王家,饲养母鸡这类家禽也是康氏的职责,养母鸡的目的同样不是为了食用,而是母鸡下的蛋能够拿到集市上出售挣得一些零花钱,直到母鸡太老以至于不能下蛋时,王耀德才会在节日里将鸡杀掉给家人改善生活。但1946年王家粮食收入大减导致家人生活贫困,王耀德并没有把不下蛋的鸡吃掉,而是同鸡蛋一起拿去集市出售。

3.外出务工不能拖家带口

王吉成曾独自闯关东淘金,没有携家带口,辛庄当地的外出者都是独自一人,王吉成在东北淘金期间每年都会想办法让返乡探亲的老乡将自己一年的收入捎回王家,妻子在家操持家务抚养孩子。王吉成在外出之前经过王耀德的同意,同时王耀德还托人写信联系他远在东北的三弟王耀魁,希望他能照顾王吉成,王吉成在东北期间也确实得到了自己三叔的关照。

(三)生产结果

1.因自然因素导致粮食产量低

王家一年只能收一季粮食,不论是小麦还是玉米、花生、谷子、胡薯等作物都是一年一熟,玉米和小麦每年亩产都只有800到1000斤,花生一年亩产大约四五百斤,谷子和胡薯每年亩产都为四百斤左右。限制辛庄当地作物收成的因素很多,如遇到旱灾、涝灾、冰雹,肥料不足、灌溉水源不足的情况,就会导致王家每年的粮食收成较低,所以不同年份的收成差距较大。以1946年为例,春季干旱缺水导致王家粮食收入较差以至于留下存粮后没有余粮出售,但1947年收成好,王家不仅余粮充足,而且还卖掉上千斤粮食赚了钱。

2.出售家畜以补贴家用

王家虽然饲养过一些家禽家畜,但并不是每年都会饲养,尤其是猪这种成本较高的家

---

① 麸子:小麦被研磨成面粉之后残留的渣滓。可用作牲畜饲料。

畜,是否饲养需要根据王家的经济收入决定。只有在粮食收成高的年份才会有更多的余粮出售卖钱,因此才有足够的资金购买种猪以及有足够的余粮喂猪,也能决定猪的饲养数量是多少。但在收成不好的年份,王家的粮食收入甚至不能满足家庭基本的生活需求,因此不可能有资金购买家畜。王家饲养家禽家畜最多的年份是 1947 年,总共饲养了十余只母鸡,三只公羊以及两头公猪。饲养这些牲畜的目的是为了能够出售赚钱,即便是饲养的母鸡和下的鸡蛋也是以出售为主,只有家人生病需要补充营养的时候,王耀德才会同意给病人吃鸡蛋,王耀德等长辈也不会随意食用自家鸡蛋。以出售鸡蛋为例,这种事情不需要王耀德亲自去集市售卖,而是由王吉成代替他去集市采购生产、生活资料的时候顺便将鸡蛋带到集市出售,回家后仍要如数将卖鸡蛋的钱交给王耀德,绝不能私自花掉。王吉成采购物资时只能使用王耀德给他的钱,如果钱不够才能使用卖鸡蛋的钱,回家后也要向王耀德如数汇报。

3.副业生产收入很低

王耀德编筐子的手艺是他从本家族叔叔(名字不详)那里学到的,王吉成做馃子的手艺是在东北夹皮沟[1]淘金期间从当地朋友那里学到的,王家人的两种手艺均未传给后代。1947年王家副业总收入共计约三十元,远不及粮食收入,但仍是王家副业收入最高的年份。部分情况下,王耀德拿到筐子到集市上并不是为了出售而是兑换粮食,不同规格的筐子兑换不同规格的粮食,不同的粮食兑换的比例也不同。以一个一百斤容量的编筐为例,可以在集市上兑换三十斤玉米或二十斤小麦又或是四十至五十斤不等的谷子。王耀德在农闲时在家编筐,王吉成在康氏的协助下做馃子,副业收入所得全部计入王家的家庭收入。

三、家户分配

(一)分配类型

1.农业收入由家长掌管

王家的农业收入就是由粮食出售所得,王耀德根据十三口人每年粮食消耗情况,在留出必备口粮以及一定数量的储备粮后,将余粮全部卖掉取得的收入即为王家当年农业收入。王耀德以平均每人每年 360 斤粮食的标准计算王家每年的粮食需求量,每年需要近 4700 斤粮食才能满足十三口人的生活需求。相比男劳力,老人和未成年人粮食消耗少可以弥补男劳力粮食的不足,即便像 1947 年的丰收之年,王家的经济收入仍不是很丰厚,王耀德每年都会尽可能多存一些余粮以备来年粮食减产。

王家在存留余粮满足家庭生活的同时,必须保证粮食税的缴纳,即便王家人粮食不够吃也要优先保证粮食税的缴纳,根据粮食税缴纳的土地质量优先原则,计算王家每年需缴纳约六百斤粮食,赋税负担较辛庄村其他家庭更轻。但在灾荒年份如 1946 年,粮食税额较往年虽低但并没有大幅度降低,王耀德带领全家人省吃俭用省下 500 斤玉米完成了交税任务,但辛庄村部分人家由于原本家中贫困再加上收成不好,导致全家人为完成缴税任务而将家人的口粮上交,最终不得不出村讨饭。辛庄村俚语"皇粮国税不可抵抗",意思即为上交当地的粮食税是所有村民的义务,即便家里揭不开锅也需要缴纳。辛庄当地将交粮食税称为"兑银子",每年收税时节,村主任就会敲着锣在村里的街道上喊着"兑银子",各家各户就需要把粮

---

[1] 夹皮沟:1947 年以前东北一地名,具体位置不详。

食搬出去交给村会的人,如果不能按时上交,那村会的人会经常来催促,直到交上为止。不过到了战乱时,不一定一年能收几次税了,二鬼子①来了要一次,国民党来了还得要,总之当兵的来了就得拿给养,必须给粮食不要钱。王耀德虽是家长,但缴纳赋税这件事不是王耀德自己能决定的,是王家任何人都无法改变的,辛庄村各家都需要按时上交粮食税,不论家长是谁都没有任何商量的余地,交税的时候如果王耀德不在家,王吉成必须代替他做主拿出粮食及时交税,回家后王耀德非但不会批评他反而认为王吉成做得很对。

2.副业收入仍归全家所有

王耀德编筐子和王吉成做馃子都是王家的副业,仅是在农闲时候才会工作,除此之外饲养家禽家畜出售挣钱也是王家的收入之一,王家的副业收入同样需要交给王耀德,不论是编筐子还是卖馃子或是家禽家畜的出售收入,都由王耀德归入王家家庭总收入当中,任何人不能私自存留,如果被王耀德发现,轻则被训斥重则被打骂。副业所得收入交给王耀德用于王家各项消费支出,如果不把收入交给王耀德会引起矛盾,王家人没有敢不交的,即便王耀德自己也是省吃俭用不敢乱花一分钱,将编筐子出售所得归入家庭收入。王家经济条件在辛庄村处于中下等的水平,没有闲钱给家人当零花钱,王家的每一分钱都得攒起来好好利用为家里添置物资。

(二)王家分配活动较少

1.不存在食物分配

王家人同吃同住,不需要分配食物,家中有人生病时,鸡蛋等营养品会优先提供给病人,除此以外没有任何关于食物的分配机制。缴纳赋税是全家人一起劳动攒粮食上交,不计较谁干活多谁干活少,从来没有将赋税负担分配到每个小家庭或每个人身上,但王耀德负主要责任。王家衣物并不是逢年过节的时候置办,收成好的年份或换季时家人都会添置新衣新鞋,收成不好的年份则只有春节时才会根据谁的衣服破旧再决定是否置办新的衣物。只有春节的时候,王耀德会在大年三十给孙子孙女们发几分钱作为"守岁钱",辛庄当地俗称"压腰钱",大年三十晚上全家人吃完年夜饭后,晚辈们给王耀德等长辈磕头后王耀德会给他们钱,但王学礼等人都不会将这些钱花掉,而是在大年初二被王吉成收回去交给王耀德。

2.妇女提出置办衣物建议

王家的衣物分配是王耀德根据经济状况决定的,辛庄当地没有成衣店②,新衣物是由集市上购买的布匹、针线缝制而成,王耀德作为男性对此类事务不是十分精通,便需要刘氏、康氏提出建议,指出王家哪些人的衣物破旧急需添置新衣、哪些人的衣物可以继续穿,同时告知王耀德采购布匹、针线的数量、款式,制作冬衣时康氏还要根据家人身材的不同估算制作棉衣所需棉花量并告知王耀德采购。1940年的时候刘氏已经近七十岁高龄,出现了耳聋眼花的症状,王康氏因精神状况不佳常年无法劳动,因此1940年以后王家人每年的衣物制作全部由康氏一个人承担,尤其是入冬以后赶制家人棉衣时康氏经常点油灯忙到深夜。王耀德外出期间王吉成代理当家,王耀德留给他部分钱财以便应对出现的问题,但在添置衣物方面由于涉及的钱财数目较大,王吉成无法做主只能等到王耀德回家决定,因此王耀德外出期间

---

① 二鬼子:辛庄当地对抗日战争时期伪军的蔑称。
② 成衣店:制作成品衣物的店面。

王家人只能身着旧衣。

受经济条件的限制,王耀德不仅需要考虑刘氏、康氏的建议,还要根据家庭经济实际情况作决定,在1946年这种收成不好的年份王耀德并没有给全家人添置新衣,仅在春节给王吉祥、王孝礼和王淑荣添置了新衣,其他家人在简单缝补后继续穿着旧衣过年,在王家连王学礼等孩子们也不敢要求王耀德制作新衣。

3.粮食不够便遵循老幼优先原则

王家一直是全家人围坐在一起吃饭,没有进行过粮食分配,家里有鸡蛋、馃子等营养品的时候优先给王耀德、刘氏、王康氏吃,家里有病人也会享有优先权,即便是1946年的灾荒年头,在王家粮食不够吃的情况下也没有实行过粮食分配,而是遵循家中老人、小孩优先原则,让老幼先吃而中年人因为身体素质好,吃的粮食少,更多的是以野菜充饥。

(三)凡事以家长为中心

1.家人服从家长的决定

在王家,王耀德决定衣物、食物及零花钱的处理,其他家庭成员很少提意见,辛庄当地有一个口号就是"节约起来闹革命",意思是大家勤俭节约为了共同的目标努力奋斗,王家人完全服从王耀德的决定,不会互相攀比。刘氏、康氏在衣物制作方面最多发挥建议作用,告诉王耀德谁的衣服需要置办新的,需要多少针线、布料,但只是一种建议,因为最终决定权掌握在王耀德手中。在缴纳赋税问题上需要王耀德承担主要责任,若不能按时上交,那王耀德需要负责,王家人需要努力干活争取把赋税按时交上。丰收年份全家人都能平等食用粮食,但在歉收年份根据尊老爱幼原则,中年人会减少粮食摄入量,将粮食省给老人和孩子吃。王耀德在家期间,王家大小事务全由他决定,即便是王吉成结婚后仍要完全服从王耀德。辛庄当地俚语"家有万事,主事一人",意思为家里不论有多少人只有一个当家人,大小事务只能由一人决定而不能很多人都有决定权,否则会产生混乱。

2.尊老爱幼原则贯穿始终

王家在食物消费中除王耀德外其他家庭成员不具备任何地位,王家并没有严格意义上的食物分配,只是在灾荒年间家里粮食不够吃就得挖野菜吃,粮食省给王耀德、刘氏和王康氏。王耀德常教育后代:"老人吃了大半辈子苦,孩子们要尽孝,孝顺老人就要尽可能把粮食省给老人吃。"王家人生病或康氏怀孕坐月子期间会把鸡蛋、馒头、小米粥等营养品省给她们吃。王学礼等人如果贪吃会受到王吉成的训斥甚至打骂,但王耀德心疼孙辈会偏袒他们。

3.家长决定对家人的奖励

只有在过年时王耀德才会给孙子孙女们压岁钱,在大年三十晚上王耀德决定给谁、给多少,但也并不是每年都会给压岁钱,同样由经济收入决定。1946年王家粮食歉收的年份王耀德没有给任何孩子压岁钱,也没有人敢主动要求。每年农闲时王耀德虽然把编筐子的收入计入全家收入中,但每年庙会及中秋等重大节日也会给王学礼等人买面鱼[①]、包子等零食作礼物,以此表扬他们平日里割草、拾粪的功劳。

4.皇粮国税不可抵抗

王家在缴纳赋税时其他家庭成员也能发挥辅助作用,尤其是当王耀德不在家时,王吉成

---

① 面鱼:山东半岛地区的一种油炸面食。

有责任代替王耀德做主,从家里粮食中拨出粮食税的数额,在规定时间内按照村会的规定交到粮食集中地,不及时上交会受到村会的多次催缴。辛庄当地俚语"皇粮国税不可抵抗"是指辛庄村民将粮食税比作封建社会的皇粮国税来说明粮食税的强制性。

四、家户消费

(一)家户消费及自足程度

1.勉强能自给的中户家庭

王家平均一年花销六十至七十块大洋，十三口人按照平均每人每年三百六十斤粮食标准计算,王家每年需要近四千七百斤粮食,因此多数情况下王家每年的收入和粮食都捉襟见肘,像1946年的灾荒年份更是入不敷出,王家人过日子"有多少就按照多少钱来花,多了多花,少有了少花,没有就不花"[①]。王家因为人口多,各项生活花销大,导致生活水平不高。虽为中户,但实际上生活水平与小户无异。王耀德勤俭持家不乱花钱,家里的收入能够维持消费,遇到灾荒年景王家人只能省吃俭用,甚至不花钱,想尽办法维持生活,王吉成等成年人甚至要吃糠咽菜。即便在丰收年份王耀德也尽量节省开支,辛庄当地俚语"有了连毛於,没有把嘴竖",就是批评那些不会过日子、生活奢侈不懂节俭的家庭,其他人家过节家里买一条加吉鱼[②]吃,但王耀德为了节约不买鱼吃,买加吉鱼的花费对于王家来说就是不该花的钱,在辛庄当地这被称为"会过日子"。王家遇到急事需要用钱但缺钱时会向亲戚朋友借,但王家除非是迫不得已的时候才会借钱。家里为了交税即便粮食不够吃也得向外人借粮交上,冬天粮食不够吃的也得借着吃。辛庄还有过逃荒的现象,王家虽生活贫困但并没有逃荒,村里有的村民受生活所迫,全家老小去黄县[③]逃荒,将自家房子锁起来,辛庄当地俚语"夹道要饭吃,得有锄棍子的地方",意思就是受生活所迫出门要饭,逃荒的人只要拿着一根棍子在去黄县的路旁乞求即可讨到饭吃,因为辛庄贫穷,相比之下黄县更加富裕。在王家借钱与借粮食道理相同,都是向关系好的人借,比如亲戚、邻居家,甚至还需要打欠条、签字画押,欠条上写明某人某日借某人多少钱,注明归还日期,不能按时归还需要和贷方商量宽限几天,尽快还上即可不用额外加利息。

2.粮食不够时会借用少量

王家每人每年需要三百六十斤左右的粮食,总共每年需要约四千七百斤粮食,像1947年收成好的情况下能够满足全家人需求,还有富余粮食出售挣钱。但像1946年收成不好的年份,自家收获的粮食不能满足全家人需求,只能靠省吃俭用渡过难关。自家粮食不够吃,王耀德就出去借一些来接济,但数量不多,灾荒年份一年最多借粮百八十斤,能够弥补王家的粮食缺口即可。1946年,王家收成较差以至于没有余粮可以出售赚钱,也就没有主要的家庭收入来源。王耀德不到万不得已不愿意向外人借粮,一是不想麻烦外人,同样是灾荒年份挨饿的不仅是王家,就连大户人家也没有余粮;二是怕借粮的事情传出去影响王家声誉,因此王家借粮的情况较少,全家人尽可能节衣缩食。如果借的粮食仍然不能满足家庭需求,就需

---

① 此处为引用王学礼原话。
② 加吉鱼:辛庄地处沿海地区,加吉鱼为当地一种著名特产,品质优美,营养价值高。
③ 黄县:现今山东省烟台市龙口市,1947年以前称"黄县"。

要外出逃荒要饭,而且要饭还不能在辛庄村里,因为辛庄村有俚语"要饭得离村,拉屎得离碗",意思就是逃荒要饭的人不能在自己村里,因为这样让街坊邻居看到会觉得丢脸,只能到外地,比如向东去黄县,这样才不会被熟悉的人看到,来自辛庄地区的逃荒人员被黄县人称为"西来子",意思是从西边过来的外地人,但王家从未外出逃荒要饭过。

3.大部分食物需要外购

王家每年肉蛋菜消费很少,以1947年丰收年份为例,仅花费20元,占全年经济收入的七分之一左右。王家饲养的十多只用来下蛋的母鸡主要是为了卖钱,蔬菜方面以地瓜叶、芨芨菜、大白菜、老饭瓜等家常菜为主,这些都是王家在田间地头种植的农家菜,仅有葱姜蒜等配料需要去集市购买,王家经常把芨芨菜①切碎用热水焯熟做成菜团,在品尝蔬菜的同时更是一种充饥手段。将老饭瓜的瓜瓤熬成粥喝,收成好的年份到了节日,王耀德会亲自去集市上买菜豆、芸豆、黄瓜、茄子、西红柿等蔬菜,王家十三口人买一斤肉就能包饺子吃,而且只会在重要节日,比如八月十五、七月十五及春节才会买肉吃。虽说王家也饲养过猪,但都是为了出售赚钱。肉蛋菜等食物对于王家来说是可有可无的,不同于粮食不吃就会饿死。

4.外购布料由妇女自制成衣

王家每年衣物消费具体金额不详,以1947年丰收年份为例,共花费十元左右,王家人的衣服、鞋及被褥尤其从1940年以后都是康氏制作,刘氏年纪大了眼花很少再做针线活,即便是在粮食歉收年份,王耀德也会省钱给王学礼等人置办换季和过年的新衣。以王学礼为例,一年不论寒暑平均下来仅有三到四件衣物可供替换,但王学礼穿剩的衣服经过简单缝补后可以传给王孝礼和王军礼,直到衣服完全破损无法穿为止。在辛庄当地,一些穷苦人家在结婚办喜事无力购买新衣时可以暂时借用衣服结婚,可以去亲戚家或关系好的邻居家借一件新衣临时穿着,用完后尽快还给人家。王家每年的衣物消费情况与粮食收成好坏有着直接关系,丰收年份卖粮食多、挣钱多,全家人就能置换新衣新鞋,收成不好只能轮流置办新衣甚至全家人穿着破衣烂衫过年。不过这种情况不多,王耀德带领家人省吃俭用,因此会尽量在春节给家人做新棉袄、新棉鞋,也是为了过年出门拜年不丢面子。王家衣物消费也需要勤俭节约,尤其是不能故意划破、弄坏,要时刻爱护自己的衣物,如果破了要尽可能缝补,除非实在没法缝补才会换新的。

5.因缺医少药导致无法治病

王家每年的医疗费用几乎为零,并不是因为王家没有人生病而是家里没钱治病,辛庄当地俚语"有钱的把病治好了,没钱的把病挨过去了",意思就是当地有钱人家才能看病,病才能治好,没钱的穷人无法看病只能生挨硬扛,如果扛过去了那就能继续生活,扛不过去就会去世。此外,辛庄当地根本没有医院,没有西医、西药,穷人的头疼脑热都是熬过去的,很多孩子未成年的时候就生病去世了,一是因为生活条件不好,营养不良导致身体抵抗力差;二是因为医疗条件差,没有医院无法治病。王家没有人因病需要常年吃药的,这节省了一笔重要的开支。在王家如果手指或其他地方划伤、划破,就会在地上抠一块泥土糊在伤口处,这在当地被称为"倒仓药"。

---

① 芨芨菜:辛庄当地的一种野菜。

6.人情消费以实物为主

王家的人情消费、打情送礼[1]具体花销数额不详,不仅是王家,辛庄当地参加红喜事都是以实物作为礼物赠送,如鸡蛋、馃子、馒头、花卷等,白喜事只需要带一小把烧纸去即可,主要是帮助人家干活。根据物价折算,一把鸡蛋[2]价值约四五毛钱,亲友结婚如果赠送被罩或上衣、外套则需要近十块钱,王家的经济条件不足以支撑此类花销,因此只会送一些自家产的鸡蛋或康氏制作的白面馒头、花卷等面食。平日里,王家与邻居、亲戚家互相走动、帮忙,对方家里有红喜事时王家一定会表示,对方家里有白事时也会主动去帮忙。辛庄村有极少数人家出于经济实力考虑,只能满足自家生存需要而无力与外界进行人情交往,但大多数人家不论家里条件多差,都有人情交往,都会打情送礼,否则别人以后很难帮助自己。

7.家长支持后代接受教育

王家的教育消费很少,王学礼等人上学时一年总共需要十块钱左右,占全家消费比重的十几分之一甚至更少。每个孩子每年学费约两块钱,学费并不是很高,王家完全能承受得起。王家孩子们上学用的本子不是成品,而是买纸张自己裁剪装订成本,纸张正面写完了反面还能写,也节省了不少钱,王耀德的孙辈们念书的经济压力不是很大,即便在灾荒年份王家也完全能维持教育费用,没有出现让孩子辍学的情况。王耀德十分支持家里孩子读书,希望孩子尽可能多读书,读多了书能够有出息出人头地。但王家孩子们都不喜欢念书,最终都留在家里下地干活,没有一个人因读书出人头地。王家六个孩子念书没有一个是因为家里没钱被迫辍学的,主要是因为孩子自己不想念,尤其是王学礼不喜欢念书,经常主动请假回家干活逃避上学。

辛庄村有的人家无力承担所有子女念书的费用,只能让儿子继续念而女儿辍学回家,很多人家认为女儿读太多书没用,反正家里没钱,还是让儿子多念书有出息,女儿早晚要结婚嫁人,到时候就不是自己家人了,但也没有出现过借钱让男孩念书的情况。王家虽然支持孩子读书,但同样对男孩有所偏向,而对女孩读书持保守态度。少数人家连吃饭都不能解决就直接让孩子辍学在家干活,但辍学也是有顺序的,岁数太小了辍学在家也不能干活,需要先让岁数大的孩子辍学在家当劳力,岁数小的暂时继续上学,等到一定年龄后也得辍学干活。

8.天灾人祸消费无法预测

王家除了粮食、食物、衣物、住房、医疗、人情、教育等消费外,还有的花费是指天灾人祸花费,这部分意外花销是无法预估的,出现天灾人祸后这部分花费甚至能够占据王家全年收入的三分之二甚至更多。辛庄村涝灾比较严重,不仅会影响粮食收成,也会给状况不佳的房屋造成不良影响。王家居住的房子是泥土材质,下大雨很容易把房子冲倒,1946年夏季的一场大雨把王家的院墙冲倒,王耀德决定花钱修理,修建院墙的经济负担很重,需要大笔建筑材料费用和人工费用,但遇到这种情况家里即便没钱也要借钱把房子修好,"不管怎么着得有一个窝能住下,得有个能住的地方"[3]。

---

[1] 打情送礼:亲朋好友之间携带礼物互相走动交往的意思。

[2] 一把鸡蛋:一把为辛庄当地一种测量鸡蛋数量的专有量词,一把为十二个,相当于一打。

[3] 此处为引用王耀德原话。

9.民以食为天

王家每年的粮食、食物、衣物、医疗、教育、人情等消费中粮食花销最大,王耀德一直教育家人,吃是无穷无尽的,吃饭是最主要的,没有饭吃其他的什么事情都干不了,人生下了就得好好生存。只有吃饱饭活下去才能干活,同样只要干活就会有饭吃,因此最主要的是先能吃饱饭。虽然王耀德对孩子教育十分重视,教育经费是王家的必要支出,但辛庄村很多家庭的教育费用是可有可无的。王家肉蛋蔬菜的食物花销也很节省,王耀德力主勤俭节约,人情消费在王家也是可有可无的,如果家里穷得连饭都吃不饱,那人情消费也没法保障。

(二)家户消费,全家承担

1.全家人一起承担各项消费

王家所有花销都由王家人承担,不论是家里吃喝用买还是孩子教育等都是全家人承担。遇到天灾人祸,比如院墙被大雨冲垮需要维修的时候,亲戚朋友和关系好的邻居会主动上门帮助,有钱出钱有力出力,王家的经济状况无法承担此类消费的时候只能想办法借钱或一切从简。孩子上学费用都是自家承担,王氏家族没有任何补助,王家孩子上学必须由王家人承担费用,外人不提供任何帮助,有钱就念,没钱就辍学。丰收年份家里粮食自给自足且有余粮可以卖钱,但家里粮食不够吃就得花钱买一些或者去邻居家借一些,不可能向村里借,可以向本家族亲戚借,但也要尽快还给对方,外人借粮食只是短期内帮助王家渡过生存难关。

2.自家承担食物、衣物消费

王家食物消费全部由自家负担,家人食用的肉蛋菜除了自家地里长的野菜和种的蔬菜外,还有鸡蛋也是自家供给。其他的蔬菜和肉类是从集市上买的,不论是自家提供的还是对外购买的,所需费用都是自家负担,和宗族、村庄没有任何关系,就连家里红白喜事摆酒席也要自家承担费用,外人只能随礼但不能承担费用。衣物消费亦然,王氏家族对王家的衣物消费起不到任何作用,都是自家负担,全家人下地劳动挣钱,粮食收获卖钱后购买布匹、针线回家由康氏制作衣物。

王家在人情消费中的费用全由本家户承担,王家与邻里、亲友间经常互相帮助,"不是一家人胜似一家人"[①],王家借别人家东西欠人家人情,只能由王家人来还,不能依靠本家族或村庄,王家人过年过节及亲友红白喜事的时候互相走动,送一些面食和鸡蛋借此机会还人情,王家孩子上学读书也是王家人承担费用。

3.没有任何医疗费用

王家没有人常年卧病在床,虽然王康氏常年在炕上不能干活,但那是因为王耀德担心王康氏精神痴呆出门闯祸才让她整日待在家中。王家人只有头疼脑热等常见疾病,所以医疗消费几乎为零,王家几乎没有承担任何医疗费用,一方面是因为没钱可花,王家的经济收入主要靠每年的粮食收成,收成不好没有余粮出售就没有经济收入,就需要省吃俭用度日,因此医疗费用无从谈起;另一方面辛庄村医疗条件差,全村只有一家老中医且医术不精,因此王家人宁肯生挨硬扛,也不会在老中医那里花冤枉钱买药。

4.亲友可以提供适当帮助

王家在其他消费中比如天灾人祸消费,王氏家族会提供一些帮助,但宗族提供的帮助并

---

① 此处为引用王耀德原话。

不是以王氏家族整体来提供的,而是王氏家族的亲戚以单个家户名义出钱出力。以1946年王家房屋院墙倒塌修理一事为例,所需费用虽需全部由王家承担,但王家也可以从本家族亲戚那里借钱借劳力,在短时间内重建院墙,但村庄不会提供任何支持。

(三)家户消费,家长决断

1.家长决定粮食消费

王家的粮食消费活动全由王耀德决定,不需要和任何人商量。王家食用的粮食全部是自家土地产出,粮食收成首先得留够全家人今后一年生活所需,余粮由王耀德决定出售赚钱。虽然粮食是全家人劳动收获的,但粮食收获后的最终处置权归王耀德。缴纳粮食税时只要王耀德在家都是他出面交税,每年村会都会在村里张贴告示,王耀德带着王学礼去找出王耀德的名字,让王学礼读出王家要交的粮食数额,根据告示要求回家准备粮食。1946年,王家粮食歉收,但即便王家粮食都捉襟见肘也要把交税的粮食提前备好,王耀德只能要求粮食省给长辈和小孩吃,成年人吃野菜。王耀德不在家期间王家没有人敢随便动粮食,尤其是粮食的买卖和借用,只能等王耀德回家后决定,即便是王吉成代理当家也无权决定。只有缴纳粮食税的时候为了不耽误交税,王吉成才会做主交粮食。

2.衣物和食物购买听从家长安排

王家的食物消费活动均由王耀德决定,家里什么时候买肉,什么时候吃鸡蛋,母鸡下蛋后自家留多少、卖多少,买多少菜、买多少肉都由王耀德决定,不过王耀德会让王吉成代替他买这类食物,给王吉成三块大洋去集市上买肉买菜,王吉成就需要按照王耀德的要求去买,采购后剩下的钱不能私自留下,需要全数交给王耀德,向他汇报各类食物购买的价格和数量。王家只有王耀德手中握有财政大权,肉蛋菜的采购除了自家供给外有相当一部分需要外购,如果手里没钱那其他家庭成员什么也买不了。王耀德不在家时,他只是留给王吉成小部分钱财让他有一定的自主购买权。

王家在衣物消费中同样由王耀德安排,家里谁需要换新衣新鞋由刘氏、康氏向他建议,最后到底要不要置办新衣物、有没有钱置办得由王耀德决定,他需要根据经济状况决定是否买、买什么样的。他同意后就会采纳刘氏、康氏的建议去集市购买原材料或者让王吉成代替自己去买。置办衣物属于较大数额的花销,因此王耀德不在的时候,王吉成代理当家也无法决定。

3.经家长同意妇女操办人情往来

王家的人情消费由刘氏和康氏安排,记录王家在过去一年里与谁家有过人情交往,王耀德作为男性对此类事情并不熟悉,需要得到她们的帮助。过年过节时需要康氏制作面食作为礼物走亲访友表达谢意,礼物的品种不一,或者是王家自产的鸡蛋,或者是康氏制作的馒头、花卷以及王吉成制作的馃子。如果是本村的亲友邻居,那王耀德会亲自送去,如果是外村的亲友则需要王吉成走路送去,其间可以带着王学礼等人出门玩耍。但并不是妇女的送礼建议王耀德都会采纳,王耀德会根据关系的远近决定是否送礼、送何种礼物以及礼物的轻重,王耀德不在家期间,如果正值亲友家有喜事,那刘氏可以送一些馒头、花卷随礼。

4.家长支持后代的教育消费

王家的教育消费活动由王耀德安排,他全力支持王家孙辈们读书,孩子的教育费用全都是王家人承担,但家里孩子读书时间不长,教育花费不是很高,即便是在王耀德不在的情况下,家中孩子仍能够安心读书。至于教育费用问题,王耀德会在临出门之前将这些事情安排妥当,将学费等交给王吉成保管。

5.土方法解决生病受伤问题

王家在医疗消费活动中几乎不花钱,所以不存在谁做主的问题。掖县①有个村子叫作冷家庄子,当地一位老中医曾在辛庄村租着一间门面房给人看病,老中医常说的一句话就是"上吐下汗,吃服药看看",但老中医医术不佳,王家也从未去老中医那里看过病。王家经济条件并不好,没有多余的钱用于治病,王家人不小心磕破了头流血就用一点胡薯面糊在伤口上止血,所以王家不存在医疗消费做主问题。

(四)家户消费,家人服从

1.妇女做饭掌握家中余粮情况

王家在粮食消费中,除了王耀德外的其他家庭成员不具备任何地位。虽说家里的粮食是全家人劳动所得,但粮食消费必须由王耀德决定,粮食怎么吃、每顿饭吃什么、谁吃粮食、谁吃野菜,以及粮食自留与出售的比例都要王耀德决定。王耀德不在家时家里其他成员没有资格对粮食作出任何处置,如果粮食不够吃得由王耀德出面借,至少需要王耀德提前和对方商议借粮事宜后由王吉成将粮食带回。

2.食物消费能省就省

王家除了部分蛋菜能自给外,仍有部分食物需要花钱外购,凡是花钱的事务大多需要经王耀德同意,其他家庭成员不会主动提出外购食物,除非王耀德主动提出买肉买菜给全家人改善生活才行。王耀德不在家期间留给王吉成少量钱财让他代理当家,但这些钱只能维持王家人基本生活需求而不能购买肉蛋菜等食物,因此王耀德不在家期间王家人都是省吃俭用度日。到了灾荒年份,王家的食物消费可以忽略不计,仅仅有自家生产的鸡蛋、馃子、蔬菜等,这些食物还需要作为营养品省给老人和病人吃。

3.妇女负责衣物制作

王家在衣物消费中除王耀德外,刘氏和康氏也能提一些建议,王耀德作为男性对于家中成员衣物消耗状况以及是否应该置换新衣并不了解,制作新衣需要多少布料、多少针线都需要先接受妇女的指导,王耀德再从集市上采购回来。王耀德不在期间其他成员没有钱无法采购衣物原料,即使衣物破旧不堪也只能将就。

4.妇女提醒家长进行人情交往

王家在人情消费过程中除了王耀德外,刘氏和康氏能提醒他王家在过去一年与哪些人家有过人情交往,需要还给人家人情,因为家里的人情交往尤其是邻居朋友间交往很多情况下是双方妇女出面送礼。妇女心细,对自家与各家的交往情况都铭记在心,王耀德由于要管理家里的各项事务,可能对一些人情交往早已忘记,妇女要提醒他需要送人情。但这一切需要经过王耀德同意,如果他不同意,妇女不能擅自作决定。王耀德不在家时,如果不是特别着急,得等他回家后决定送人情的规格标准。

5.长辈支持后代读书

王家在教育消费中除王耀德外,其他家庭成员比如王吉成和康氏都能向他提建议,共同

---

① 掖县:现今山东省烟台市莱州市,1947 年前称掖县。

监督王家孩子的学业和教育情况,但不能擅自决定,尤其是孩子读书年限问题。王吉成和康氏积极承担责任,以减轻王耀德的负担,孩子的教育经费掌握在王耀德手中,王家从未发生过不舍得花钱让孩子读书的情况。

6.生病后一律生挨硬扛

王家在医疗消费中所有人都发挥不了作用,不论谁生病都无法得到有效治疗,即便有心求医也无处可寻,王家的经济条件使得在满足家人温饱后没有剩余钱财让家人看病治疗。所以王耀德无力决定家中的医疗消费,即使经济状况能够允许家人治病,但辛庄当地医疗条件的匮乏使得家人生病不能得到有效救治,只能全部靠生挨硬抗。不仅是王家,辛庄村几乎所有家户都很难享受到医疗救护。

五、家户借贷

(一)借贷单位

1.借钱借粮属于常态

辛庄村有俚语"家财万贯总有一事不变:借钱借粮"。王家借钱的次数并不多,主要用于1946年夏季重新修盖被大雨冲倒的院墙及歉收年份买粮食吃。1947年王家粮食丰收后买小毛驴也借了部分钱,都是向关系好的邻居、亲戚借的钱,王耀德代表王家出面,借钱的时候告诉借方借钱的用途、归还时间等。只要家庭情况真正困难,如实相告对方都会借的。王家在粮食收获后就卖粮,及时把债务还清。在辛庄当地如果借了别人的钱不还,会导致自家的借贷信用降低,以后很难借到钱。王家借粮食的情况多于借钱,因为家里借钱大多是为了买粮食吃,与其借钱买粮不如直接借粮食,以后还给对方粮食即可。

2.出于生活目的才会借贷

王家以全家人的名义借贷是为了家人生活及购买农业生产资料,由王耀德决定是否借钱,向谁家借钱,不需要和家庭成员商量,王耀德只会告诉家人出于某一目的去谁家借钱,但王耀德不到万不得已不会借钱。王家借钱的对象大多都是关系好的街邻亲友,王耀德不在家期间家中出现急事需要借钱,但王吉成比王耀德借贷信用低,很难从四邻朋友家借到钱,但可以去本族亲戚家借钱,康氏也可以代表王家回娘家借钱,等王耀德回家后王吉成将借钱的事情告诉他,以便及时还钱。

(二)借贷主体

1.家长亲自出面借贷

王家在借贷中王耀德是实际支配者,王家借到的粮食和钱全部由他支配,比如借的粮食怎么吃、每天吃多少、谁吃粮食谁吃野菜,借来的钱如何花、花在什么地方都是由他决定。以购置农业生产资料为例,去哪儿买农具,什么时候买,谁去买,买来之后剩下的钱如何处理都是王耀德考虑的事情,其他家庭成员无权做主。借钱借粮后的偿还问题也是王耀德需要考虑的,王耀德不在家期间其他家庭成员无权私自动用借来的钱粮。

2.儿子代替家长去取钱

王耀德与人商议好借钱后可以让王吉成去取钱,也会委托康氏代表王家回娘家商议,具体委托哪位家庭成员借钱还要看哪位家庭成员能够借到钱应急。不论是刘氏、王吉成还是康氏,只要有认识的朋友或关系好的亲戚都可以出面代表王家去借贷,借贷后以全家之力偿还。具体借贷数目的多少,借贷后如何支配这笔钱都要听从王耀德安排。王家在亲戚家借钱不需要打借条,只有在向外人借钱、借粮时才需要。未经王耀德同意,其他家庭成员不敢私自出去借贷,亲友也不会轻易拆借给他。

王耀德不在家期间若家里出现急事,王吉成作为代理当家人需要代表王家出门借钱。辛庄当地的通信条件很差,无法及时联系出门在外的王耀德,出于借贷信用考虑只能向亲戚朋友借钱,比如王耀德的亲家、王吉成的朋友家和王氏家族的亲戚家。等王耀德回家后王吉成把事情的前因后果说清楚即可,全家人尽快把钱归还,王耀德知道这类事情后非但不会埋怨反而表扬王吉成处事果断。

(三)借贷责任

王家借贷后主要由王耀德承担主要责任,其他家庭成员同样有责任还贷。王家借钱的目的都是为了全家人的生产生活,所以王家人都会一起还债。但王家之外的人没有任何责任需要帮王家还贷,王氏家族亲戚都是各自过日子,家族不会过多干涉各家私生活。借贷之后,王家人都有还贷责任,虽说儿童不能下地干活,但他们可以做力所能及的农活帮助成年人减轻劳动负担,王家对还贷责任没有进行明确细分,全家人辛勤耕作努力攒钱还贷即可,但男性承担的责任多于女性,原因在于男性可下地劳动挣钱。不仅是王家,辛庄当地已婚女性都因缠足无法下地劳动,所以承担的责任相对较小。长辈承担的责任多于晚辈,表面上王家人一起承担还贷责任,实际上王耀德和出面借钱的人承担主要责任。辛庄当地有俚语"喝酒的问提酒瓶子的要钱",意思就是谁借的钱谁承担的责任就多,虽然是全家人一起还钱,但如果在规定期限内无法偿还,贷方就会找借钱的人要债。

(四)借贷过程

1.外人借贷一律需要抵押与欠条

辛庄当地不熟悉的人之间借钱出于借贷信用考虑需要抵押物,比如手镯、坠子,借方怕贷方不能及时还清债务便需要贷方抵押物,如果贷方不能及时还钱,那么抵押的东西就归借方所有且无法要回。抵押仅限于双方关系不熟的情况,如果双方是亲属关系便不需要抵押。王家的借贷关系全都是与王家关系熟识的亲友邻里,没有过抵押借贷的情况。辛庄村一位绰号"张三"[①]的村民,其父亲原本为辛庄镇后沟子村村民,曾在1946年因赌博输钱在外面大量借贷,借方因为其父借贷信用低要求他抵押张家毛驴,其父赌输后无力还债,毛驴便归借方所有。

借钱时是否打借条由借贷双方关系亲疏决定,关系好的亲友邻居不需要借条,关系不熟的则需要借条,但王家借贷时均未打过借条。借条需要双方签字画押,若不会写字则需要他人代写或直接摁手印。欠条的文本内容大致包括借贷双方的姓名、借款额度、借期以及抵押物等,如果一方不会写字可以让贷方代笔写下借条,借方摁手印即可,不需要见证人。借条的署名并不是非得写家长的名字,而是写借款人的名字,但大多数情况都是家长亲自出面借钱。

2.借贷过程需要担保或欠条

借钱时有了借条就不需要担保人,有了担保人就不需要欠条,二者有一样即可,但王家

---

① 张三:本人真实姓名不详。

借贷中都没有借条和担保人。辛庄当地有俚语"痴人作保",从字面理解是：只有痴人才会当担保人,意思就是借方如果不能按时还债甚至是无法还债,担保人需要代替借方还钱,因此辛庄当地把担保人称为"痴人",认为当担保人是一种出力不讨好的事情。借贷双方不写借条而是通过担保人的形式实现借贷关系,双方会找信用值高、威望高的人担任担保人,担保人由借方从关系好的邻居亲友中寻找。

3.双方商议借贷的具体事项

辛庄地区部分借贷活动需要利息,但王家只向亲戚朋友和邻里间拆借不需要利息,借贷双方关系不熟则需要利息。具体是日利息、月利息还是年利息取决于双方借贷时的约定,双方通过谈判达成协议,有的利息甚至是高利,借期多长、额度多大、利息多少等问题并不是某一方单独决定的,而是借贷双方相互商量的结果。一旦借贷协议达成便意味着双方同意借贷条件,如果不同意便无法借贷。借方不能按时还钱就会殃及担保人,辛庄当地很多人为了躲债便外逃。贷方可以在用钱前通知借方提前准备好钱,债务还清后贷方当着借方的面把欠条撕掉。

(五)还贷情况

王家借的钱不管是谁借了都一起还,王耀德出面借钱还钱时王耀德会亲自去还,同样王吉成在朋友家借的钱王吉成也会亲自去还,即便是康氏在娘家借的钱也需要康氏回娘家还钱,顺便带着王学礼等孩子回家走亲戚,捎带一些面食作为礼物进行人情往来,并不是所有还债都需要王耀德亲自去还。在辛庄当地借钱还钱,借粮食还粮食,也可以用粮食抵债,所欠债务需要偿还多少粮食需要借方根据市场粮食价格换算,比如甲方需要偿还五十块大洋给乙方,甲方根据市场上小麦价格将价值五十块大洋的小麦还给乙方,如此便偿还了债务。在借粮食过程中,也可以借小麦还玉米,辛庄当地十斤小麦价值一块大洋以上,而十斤玉米价值则不到一块大洋,因此借了一百斤麦子想用玉米偿还,应该根据市场价格换算偿还等价值的玉米而非等质量的玉米。王家借粮食都是王耀德出面,归还粮食也是他去还。如果家里借钱借粮长时间没有偿还,对方上门来要则是谁借的找谁要,但全家人得一起还债。

父亲欠了债,儿子必须帮助父亲偿还,正所谓"父债子还",同样丈夫借了钱,妻子应该帮忙一起还,不论借钱是为了全家人过日子还是自己私人花销,儿子和妻子都有义务帮助还债。丈夫或父亲去世后,妻儿应替他偿还,并不是欠款人去世后欠款就一笔勾销,妻儿应该打听丈夫生前在哪里有欠款并尽力偿还。如果欠款人有好几个儿子,那所有成年儿子都有责任偿还父亲生前所欠,并没有长子、次子承担责任大小不同的说法。如果没有儿子只有女儿,那女儿出嫁后便不需要承担父亲的债务,辛庄当地认为家中没有儿子只有女儿便是家中无后;如果欠债人去世且无后,那所欠债务需要妻子偿还;如果妻子已经失去劳动能力,那丈夫生前欠下的债务便可以一笔勾销。

六、家户交换

(一)交换单位

辛庄村村民的经济交换活动主要是集市上的钱物交易,少数存在以物换物的情况,邻里间较少出现交换活动,因此王家在进行经济交换时都由王耀德来安排,只有个别情况需与妇女商量，比如涉及家中衣物消费时。王家养的母鸡下了鸡蛋去集市上出售也得经过他的同意，谁去卖、卖多少留多少、卖什么价格都是王耀德决定。王家的交易活动以王耀德为主，他代表王家去集市采购生产、生活物资，他不在家期间安排王吉成买东西并给他一定数额的钱，王吉成必须根据他的指示买回他要求的物品并将剩余的钱捎回家。王家人包括王耀德在内都不会单独开展经济交换活动，不论是王耀德还是王吉成赶集都是代表全家人去，所花的钱也是王家人共同的劳动收入，购买的东西都是为全家人的生产生活使用。王家的任何经济交换活动都需要王耀德同意，其他家庭成员不可能未经他的允许将家中饲养的猪、羊还有鸡蛋私自出售。

（二）交换主体

在王家的经济交换活动中王耀德是实际支配者，享有绝对的权力，说买就能买，说卖就能卖。王家任何经济交换都是在他认可或授权的前提下进行的，王家的财政大权掌握在他手中，没有他的授权任何交易无法进行，同样家庭物资的出售也在王耀德的控制之下。王家并不是所有经济交换活动都需要王耀德亲自参加，随着年纪增大，王耀德从1940年以后逐渐减少了去集市采购的次数，转而委托王吉成去，交换所需的费用是全家的收入所得。王耀德对于每次交易的花费情况都能做到心中有数，但他并不记账，导致王家每年的交易详细情况只能大体估算。王吉成交易结束后回家要向王耀德汇报此次交易情况，包括花费金额、购买物品、剩余零钱等，剩下的零钱要交给王耀德，不能独吞或自主花销。

王家在经济交换中除了王耀德外，其他家庭成员发挥的作用仅限于接受他的委托去集市买东西，减轻他的劳动负担，不可能擅自进行交换，一方面是因为家庭成员没有钱；另一方面是因为王家家教森严，家庭成员不会不听管教。凡是其他家庭成员进行的经济交换都是王耀德委托的，所需费用也是他给的，不存在家庭成员藏私房钱的情况。辛庄当地物物交换的情况很少见，但康氏偶尔与关系好的邻居家进行非金钱的物物交换，比如用三斤豆子换两斤豆腐，这种物物交换不需要王耀德同意，康氏可自行决定。

（三）交换客体

1.隔三差五去集市交易

王家购置物品大多在集市进行，辛庄村没有商店，1940年以前都由王耀德代表王家与集市打交道，辛庄当地将去集市采购物品称为"赶集"。辛庄村大集市的位置在家庙前的广场，小集市位于村西头的厂炊，但辛庄当地集市的物资较为匮乏，当地村民包括王耀德常去掖县朱桥镇[①]赶集。朱桥集市面积更大、货物更全，但具体去哪个集市是王耀德决定，有时候辛庄的两个集市没有王家需要的东西只能去朱桥赶集，比如牲口、农具等大宗高档耐用品需要到朱桥集市采购，但常见的日用消费品就可以在辛庄当地购买。辛庄集市的日期是农历每个月的三八和二七，其中大集市是每月带三、八的日子，比如三号、八号、十三号、十八号等，小集市是每个月带二、七的日期，比如二号、七号、十二号、十七号等。大、小集市的间隔期为五天，两个集市距离王家的路程均很近，大约都在一千米左右，王耀德七十多岁高龄走到集市需要半小时左右，而王吉成仅需要十分钟。掖县朱桥集市距离王家二十五千米左右，王耀德或王吉成赶集时会选择骑毛驴代替步行，即便如此从王家到朱桥赶集仍需要四至五个小

---

① 朱桥镇：现今山东省烟台市莱州市朱桥镇。

时,早晨三四点钟就需要起床,九点多才能到集市,十二点多集市结束需要往家赶路。不论是哪里的集市,要想获得产品价格信息必须得去集市上打听,买卖双方可以讨价还价。由于朱桥集市面积大、卖方多,因此货物价格比辛庄集市低,王耀德经常会舍近求远去朱桥赶集,1940年以后王吉成常代表王家与集市打交道,前提是必须得到王耀德授权,1947年以前集市上的买方和卖方几乎都是成年男性。

2.儿子代表王家出售粮食

辛庄当地有粮食行,又被称为"粮食市",位于辛庄村北沟渠①旁的空地上,主要从事粮食及油料作物的交易活动,王家常在粮食行进行粮食交换活动,将家中余粮在粮食行出售换钱。1940年以前一直是王耀德代表王家出面与粮食行打交道,辛庄粮食行在每年秋后开张做买卖,王家在丰收年份如1947年都会去卖粮食赚钱,具体的出售数量根据收成情况决定。粮食买卖大多是金钱交易,王吉成把粮食肩扛、背驮或者用毛驴运到粮食行摆卖。粮食交易数额不一,有时交易额达到上百斤,有时就只有十几斤,辛庄当地有俗语"穷人跳粮就一升",一升即为十斤,意思就是穷人家受制于经济条件,买粮食也不会多买,最多只会买十斤,十斤粮食吃完后再买十斤。王吉成在1940年以后代表王家去粮食行出售粮食,但需要根据王耀德的指示卖哪种粮食、卖多少,根据市场情况定价,最后卖了多少钱,蝇头小利是否计算都是王吉成自己决定,其他家庭成员未经王耀德同意不会同粮食行打交道,更不敢擅自把家中粮食卖掉。

3.常与流动摊贩做交易

辛庄当地有较多的流动商贩,村里常有小贩挑着扁担、推着木车出售油盐酱醋、针头线脑,也有卖海鲜和蔬菜的,甚至还有卖烧火草料的。王家常与流动商贩进行交易,王耀德会给王吉成一些钱去买他指定的东西,尤其是王家的生活物资告罄,但还没有到赶集时就要到大街上的流动摊贩那里采购。凡是来辛庄的流动摊贩都不是本村人,都是本镇附近村子的。同样的东西一般情况下集市上的更加便宜,但有可能流动摊贩小本买卖为了尽早卖完回家可能降低价格以至于低于集市价格。王家向流动摊贩购买的东西仅限于油盐酱醋和小批量的蔬菜,都是小金额的交易,都由王耀德决定是否购买、买什么,王吉成与商贩讨价还价。凡是在流动摊贩那里买的都是王家急用的物资,如果不着急使用便会等到赶集时再买。比如,二斤葱这种小额物品只会在流动摊贩那里买,因为相比集市,与流动摊贩交易更近、更省时间,但王耀德出于勤俭考虑会舍近求远去集市买相对便宜的物品,这一切都听从他的决定。

4.家长做主雇用短工

辛庄当地有劳动力买卖市场,被称作"工夫市",位于王氏家庙门南,每年麦收、秋收的时候是工夫市兴起的时候,本村及外村无地或少地的劳动力带着生产工具在王氏家庙前等待雇主前来招募。工夫市的雇工都属于短工,工钱一天一结算,中午和晚上需要管饭,到傍晚干完活后结算工钱就走人,等待明天去下一家干活。如果雇主家里的农活当天没干完,那雇工需要在家庙门口睡一宿,第二天继续干活。因为王家人多劳少,所以王耀德也会在农忙的时候去工夫市雇工干活,辛庄当地将在工夫市找人干活的这一过程称为"寻人"。王耀德会亲自去工夫市"寻人",与对方商量好需要耕作的土地亩数、位置、工钱以及劳动时间,双方谈妥

---

① 北沟渠:辛庄村北一处废弃的引水渠道。

后王耀德将雇工领到地里让他干活。除王耀德外,王吉成也可以去"寻人",王家农活需要多少人多少天能干完他最清楚,但找人干活需王耀德授权才行,雇工干活需要支付工钱和管饭,王吉成没钱即便找到人干活也没法发工钱,王耀德一向节约,只要自己家人能干的农活尽量不花钱雇工。

(四)交换过程

1.经济交换过程中货比三家

王家在进行经济交换时经常货比三家,王吉成去辛庄大集市买葱时集市上有三家卖主卖葱,同样的价格前提下王吉成需要对比各家葱的质量如何即货比三家,如果是其他家庭成员去买,那就他们去挑选,只要得到王耀德授权去赶集就可以货比三家,如果受委托的家庭成员能够通过货比三家买到质优价美的物品还会得到王耀德的表扬。

王家在进行经济交换过程中会优先与熟人进行交换,以粮食行出售粮食为例,王家需要将粮食以高质量、低价格优先卖给熟人,在交易过程中不论是买方还是卖方都会因为双方关系熟悉而降低交易要求,买方会降低对产品质量的要求,同时卖方也会降低对交易金额的要求。辛庄当地的产品交易中大多数人出于便宜考虑都会优先找熟人,辛庄村有部分人做买卖,村民买东西都会优先考虑这些熟人,因此经济交换活动中以家长出面购买的情况较多。正是因为家长认识的熟人多,所以在交易活动中能够取得更多的优惠。

2.家长出面从事大宗货物交易

辛庄集市上存在"经纪"这个职务,但经纪主要在大型生产资料比如牲口、农具交易中才会出现。卖方想把家里的牲口卖掉赚钱,但到了集市上由于不认识买方找不到合适的买主,因此很难卖掉,这时候经纪的作用就在于为买方联系卖方,为卖方联系买方。凡是从事经纪这一行业的人,其人脉交往必定十分广泛,语言表达和行事作风都很突出,主要作用在于争取为交易双方谈妥买卖,如果双方谈崩了,就需要经纪缓解气氛想办法做成这笔买卖。在交易过程中买卖双方不需要主动找经纪,在集市上的牲口集散地会有经纪人主动参与到买卖中,只要买卖双方谈崩了,经纪便会主动上前做调和,辛庄当地经纪缓和双方气氛时常说的一句话是"买卖不成仁义在"。经纪在双方交易中发挥的作用主要是牵线搭桥,帮买方降价,帮卖方提价,同时在交易中专门赚取一定的差价。如果买卖做成那双方需要请经纪喝酒表示感谢,如果做不成那经纪就什么都得不到,经纪作为交易活动中的第三方能够使交易变得更加顺利。王家在经济交换活动中也与经纪打过交道,主要是由王耀德完成,因为凡是通过经纪做的交易都是大宗产品交易,必须由王耀德亲自出面完成。辛庄当地村民很少从事经纪这一行业,该行业以外村人为主,尤其是辛庄村每年三次庙会时附近蚕庄镇和朱桥镇会有很多经纪前来。买卖双方在交易过程中会有很多经纪主动上前,买卖双方选择其中一名经纪进行交谈后,其他经纪会自动退出。经纪不需负担任何责任,如果能帮双方谈成买卖便能从中赚取差价,即便谈崩也没有任何后果。经纪在集市上谈妥多笔买卖就会把自己的能力宣传出去,以后便会有更多人愿意相信他。辛庄当地经纪的报酬由三方面组成:一是自己通过说动买卖双方赚取中间差价;二是买卖双方在交易成功后各自给经纪一定数目的报酬,具体数目双方商议;三是买卖中的一方认为经纪在交易中帮了自己大忙会单独给经纪一定金额的报酬。在王家只有王耀德有权力去集市与经纪打交道,王吉成只能在一旁学习。

3.经济交换主体对交易负责

王家在交易过程中采购肉蛋菜都需要过秤,卖粮食需要过斗,买布需要用尺。以在粮食行卖粮食为例,买方来买王家的粮食需要自己带着斗,以防王家计量工具不准确,因此在买卖粮食过程中很少存在缺斤少两的情况。集市上买卖肉蛋菜时用的是卖方的秤,如果遇到缺斤少两的情况需要回集市找卖方说理。以王吉成买肉买菜为例,王吉成发现卖方缺斤少两后会及时返回集市找卖方说理,而不用回家请示王耀德再作决定,并不是非得要王耀德出面才行,如果能及时为家人挽回损失还会得到王耀德的表扬。

4.凭借家长的面子可以赊账

辛庄当地交易活动中赊账现象比较普遍,很多人存在赊账长期不还最后不了了之的情况,交易活动大多集中在集市和村里的流动商贩,集市上摆摊的商贩只有对熟人才允许赊账,只有守信用、及时还账的人才在资金不够的情况下赊账买到自己急用的物品,反之经常赊账且欠账不还的人很难再次赊账。赊账都是口头进行,不需要打欠条,这也给了部分投机取巧者欠债不还的机会,不过凡是能赊账的都是关系好的熟人,也就不需要欠条来作保证,否则会影响双方关系。欠账的人只要有钱会尽快还账,也有少数拖延故意不还者,这类人之后很难再赊账。王家在交易过程中也赊过账,主要原因是王耀德在市场交易中带的钱不够,但需要购买家里急用的东西,因此才找熟人赊账,等赶集回家后立马安排王吉成将所欠的钱如数送到对方家里。并不是只有家长才有资格赊账,其他家庭成员的赊账请求大多也会被接受,主要是看在家长的面子,因为凡是赊账的都是关系好的熟人,赊账者回家后要把这件事情及时告知家长,家长需要赶紧还钱。1946年王吉成曾去朱桥赶集买耕犁,临走前王耀德根据前一年的耕犁价格给了王吉成7块大洋,但1947年丰收之年农具价格上涨,王吉成发现带的钱不够,而卖方恰为王吉成在东北淘金时认识的山东老乡的父亲,对方与王吉成熟识已久,因此王吉成特地请求对方让他赊账将犁具带回。回家后王吉成将赊账一事告知王耀德,第二天王耀德将犁具欠款交给王吉成后,王吉成赶往朋友家将欠款如数交给朋友的父亲并表示感谢。

第三章　家户社会制度

王家作为辛庄当地的人口大户,家中十三口人以未成年儿童居多,因此在婚姻状况上王家以未婚居多,婚配形式和观念极其保守、传统,反对自由恋爱等新式思想,极其重视传宗接代。在赡养方面,王耀德极为重视尊老爱幼,尤其是老人的养老是王家所有人都要承担的责任,因此得到辛庄当地村民的认可。王家人不论在家庭内部关系还是在外界交往过程中都持尊重友好的态度,家庭内部成员关系和睦、矛盾冲突极少,鲜与外界发生纠纷,在日常生产生活中都能与亲友街邻保持友好关系。

一、家户婚配

(一)结婚讲究门当户对

王家在 1947 年以前有七人未婚,王学礼这一代兄弟姐妹们六个人都没有成家,侄子王吉祥因在精神方面存在问题一直找不到合适对象, 找了好多人家的姑娘都没有人愿意嫁给他,因此终生未婚。因王耀会闯关东后再也没回家,王吉成便给王康氏养老送终,王康氏自1940 年王耀会出门后一直守活寡。辛庄当地婚姻关系的解除都是男方写下一纸休书即可,没有出现过女方主动解除婚姻关系的现象。虽然辛庄村大多数人都是王氏家族后裔,但经过几百年的繁衍生息,很多后代的血缘关系早已超过"五服"①,因此允许同姓结婚与同村人结婚。辛庄村民的通婚范围并不大,仅限于辛庄镇内,不存在无法与某些村庄或某些姓氏通婚的要求。王家妇女都是辛庄镇的外村村民,如王康氏与康氏为辛庄镇前康家村人氏,刘氏为辛庄镇大刘家村人氏。

王家在婚姻过程中讲求门当户对,双方一穷一富是难以结成亲家的,如果女方家里富则男方家也不能穷,否则另一方一定会被对方轻视,婚后在家里也没有地位,辛庄当地俗称两家人结亲必须要求"门槛一般高",意思就是两家人结亲要求双方门当户对。大户人家只与大户人家通婚而不会降低要求与中小户人家通婚,同样中小户人家也不会攀高枝,不会主动与大户人家通婚。如果出现"门槛不一般高"的情况,两家人的婚姻持续时间不会太长,因为这种门槛不齐的婚姻其中必有一方被另一方轻视,在家中没有地位,会引发矛盾导致婚姻破裂。

此外,家庭人口规模对婚姻也有影响,表现在同等经济条件下子女越多的家庭结婚时彩礼和嫁妆的规格越低,反之子女越少,彩礼和嫁妆就越多。辛庄当地结婚时存在一种现象,即家里有多个儿子可能只准备一份彩礼给女方, 长子结婚后彩礼被大媳妇带到婆家又成了婆

---

① 五服:血缘关系较近,往上数五代以内即为同一祖先的近亲关系。

家的财产,等次子结婚时再把长子的彩礼给次子用,二媳妇到婆家后又把彩礼带到婆家再次成为婆家财产,等到三子结婚的时候又把次子的彩礼给了三子,依此类推,最后只有幼子的媳妇真正得到结婚彩礼。相反,同等经济条件下子女少的家庭结婚时聘礼相对更多。三世、四世同堂的家庭结婚与一般家庭的区别在于拜堂时不仅需要向父母叩拜,还需要向爷爷奶奶甚至是太爷爷太奶奶叩拜,需要叩拜的长辈较一般的小家庭更多。

(二)婚前准备

1.由家长做主提亲说媒

王家在 1947 年以前适龄结婚的儿子是王吉成和王吉祥,但王吉祥因自身原因找不到对象,王耀德为了他的终身大事也曾多方打听。王家给王吉成娶妻是王耀德自己提出的,但给王吉祥娶妻由王康氏向王耀德提出,王康氏虽精神痴呆,但对王吉祥的终身大事却一直没忘,希望王耀德能为王吉祥娶妻,王耀德也曾托人多方打听合适的对象介绍给王吉祥,但最终未能如愿。辛庄当地关于男性结婚的一大忌讳是儿子不能在外结婚,必须回家当着长辈及祖宗的面结婚,即便是在外打工的人结婚时,家人也一定会想尽办法捎信让他回家。

2.王家婚配要求较低

王家男子结婚对女方要求较低,王耀德力主讲求门当户对,不追求对方条件好,只求婚后夫妻双方和睦相处。尤其是王吉祥因精神不好,在娶妻方面不能被当作正常人看待。各家都希望自家女孩能找一位智力健全、身体健康的男方,因此王耀德在托人给王吉祥找对象的过程中不要求对方身体健全,只要能够做家务、传宗接代即可,对家庭条件没有任何要求,只要对方答应就行,但仍旧未能成功。辛庄的大户人家更看重择偶标准,不论是男方还是女方,都希望对方家的条件和地位能够配得上本家,相比之下中小户人家对择偶要求较低,尤其是小户人家,只要双方家长点头同意,那两家的亲事就能成。辛庄各家给子女找对象都是家长委托媒人进行联系,双方家长、父母及两家孩子都没有见过面,只能听由媒人介绍,因此便存在暗箱操作的可能。一方孩子若身体或心理存在问题,家长为了顺利让孩子结婚便会贿赂媒人,因此媒人有可能将对方各方面介绍得非常出色,但实际到结婚那天才发现本人与媒人口中所说的相差甚远,但木已成舟后悔也来不及,大多数人只能接受现实,只有少数人选择悔婚。

3.传宗接代乃孝悌之道

结婚最重要的目的是生儿育女、传宗接代,这不仅是个人的事情,更是家庭成员婚后的任务,其次是追求个人的幸福生活,因此结婚先是为了家庭后是为了个人。大户人家通婚可以扩大本家族的势力,因为大户人家财产众多、人丁兴旺、人脉广泛,通婚可以把两个大户人家通过血缘关系联系起来扩展两家的势力,辛庄当地有俗语"心往一处想、劲儿往一处使",通过血缘纽带建立起更加稳固的关系基础,两家能更加兴旺发达。辛庄当地凡是子女多的家庭都会被外界赞誉人丁兴旺、受人羡慕,因此子女少的家庭希望通过家人结婚来传宗接代,将本家族发扬光大。

4.严格禁止自由恋爱

辛庄当地不存在自由恋爱现象,王家不允许家庭成员自由恋爱,王耀德严禁子女自由恋爱。辛庄当地人思想传统,各家都认为自由恋爱丢人,结婚要明媒正娶,如果发现有子女自由恋爱,那两家人会想尽一切办法把他们拆散,也就没有自由恋爱的人能成功结婚,只有明媒正娶的才能得到家人及全村人的认可，王家没有人是自由恋爱的。大户人家更排斥自由恋爱，思想更封建，如果家里传出有子女自由恋爱，就会被认为是非常丢脸的事，这与大户人家的传统礼法相悖。辛庄当地的文明礼貌在婚姻上指的是能听从家长和父母安排，自由恋爱被认为是耍流氓、不守规矩，因此大户人家更排斥自由恋爱。

5.聘礼数量视经济情况而定

辛庄各家结婚的聘礼数目不一，主要根据各家经济条件决定聘礼数目。王吉成在娶妻时给康氏的聘礼只有上花轿时穿的裤子和上衣，还有一个硬木柜用来婚后盛衣服，除此以外只有四十块钱，但康氏嫁入王家后除王家婚前给的新衣物外，硬木柜及四十块钱又重新归入王家的家庭财产中。大户人家因为经济条件好，所以聘礼更多更丰富，即便家里多个儿子，所有儿子结婚的聘礼都相同，也不会互相攀比。如果长子多给而其他儿子少给，那其他儿子会对家长有意见，影响家长在全家人心中的威望，所以家长必须做到"一碗水端平"。有一种特殊情况会导致不同儿子结婚时聘礼不同，即长子与次子结婚时收成年景不同，长子结婚时丰收赚钱会给长子多准备聘礼，但次子结婚时可能是灾荒年景就精简聘礼，家人只能接受现实，毕竟不是家长有意为之，女儿嫁妆的置办规矩同儿子的聘礼一致。

辛庄没有严格的订婚规矩，只要双方家长通过媒人传递消息同意后即可订婚，具体日期由两家人通过媒人沟通，订婚只是男方请媒人吃酒席的一种简单仪式，女方家里只需父亲出席即可，请客所需花销由男方承担，男女双方直到结婚前仍旧不见面。但双方订婚后已经结成亲家，订婚后双方家人可以相互走动，尤其是过年过节的时候双方家长互送面食当作礼物，比如包包子、送鸡蛋，还会送鱼虾等海产品。王吉成与康氏订婚当天王耀德代表王家与康氏的父亲小聚一番，此后至结婚前王吉成便以未来女婿的身份逢年过节时给康氏家送礼物，每次送礼都是王耀德安排他去买哪种礼物、什么时间去送多少。男女亲家走动时只需双方家长或父亲一人去即可，母亲因裹脚行动不便不用参加。家长通过媒人联系对方，媒人很有可能从中收取一方好处欺骗另一方家长，刻意隐瞒对方的身体或其他缺陷来促成这桩婚姻，但另一方家长若通过其他渠道得知对方有缺陷后便会想办法悔婚，不让孩子将来受苦受罪。当地甚至出现过已经订婚后仍旧悔婚的情况，悔婚时都会以各种理由拒绝，同样是媒人在双方间联系，双方家长不见面，即使对方不同意悔婚也只能接受现实，正所谓"强扭的瓜不甜"。

（三）家长决定后代婚配

王耀德虽多方想办法给王吉祥找媳妇，但由于王吉祥的身体原因一直未能如愿，王吉成的婚姻也是王耀德一手安排，王耀德托外村亲戚做媒，结婚的婚帖署名是王耀德，王吉成结婚时王耀德宴请十多户亲友及邻居来家做客。在辛庄当地不论是大户、中户还是小户人家，家庭成员的婚姻一律是家长做主，孩子的父亲是家长那父亲做主，若父亲不是家长，父母同意而家长不同意也需要尊重家长的意见拒绝这桩婚事，孩子的父亲相对于家长来说在子女婚姻上处于从属地位。父母在孩子到了适婚年龄后主动向家长提出请求，由家长安排媒人给孩子说亲，所需费用从家庭集体资产里出，父亲对孩子的婚姻不具有决定权，孩子可以不听父亲的，但必须听家长的。媒人选择、结婚对象认定、聘礼数额、请客人数、结婚酒席规模及结婚经费来源等都需要家长决定。三世、四世同堂的家庭虽长辈多，但只要长辈不当家不会对晚辈婚姻大事过多干涉，全家人只需听从家长安排，只要家长和孩子父母同意即可，不需要征求长辈和孩子意见。

(四)遵从长者优先的婚配原则

1.年长者早结婚

王家叔伯辈结婚原则是年龄长者先结婚，幼者后结婚，如果年龄长者短期内找不到媳妇，那幼者可以先于长者娶亲，不能因为长者找不到媳妇而耽误其他兄弟结婚。王家不存在长者结不了婚影响幼者结婚的现象，反而是王吉成结婚后，王吉祥因自身原因结不了婚。辛庄当地也不存在兄长没有娶亲，妹妹就不能嫁人的说法，如果兄长因自身或经济条件原因找不到对象不能为此耽误妹妹出嫁，反而可以先让妹妹嫁人，把妹妹婆家给的彩礼当作兄长结婚用的聘礼，以节省家里支出。

多子女的家庭相比少子女的家庭更看重结婚的次序性，因为子女结婚都遵从父母之命、媒妁之言，孩子到了适婚年龄后家长才会托人给孩子娶亲，所以家长、父母在给孩子说亲事的时候是按照孩子的年龄大小确定顺序，尤其是子女多的家庭如果不按照年龄顺序结婚会造成家长权威降低，家中子女认为家长没有尽职尽责，存在偏袒现象，影响家庭内部和谐。

2.同辈聘礼几乎一样

婚礼所需花费项目繁杂，从家长找媒人说亲算起，媒人谈妥亲事后男方需要定亲花钱摆酒席、给女方下聘礼需要花钱，结婚摆酒席需要花钱，结婚前男方需要给新媳妇做一身新的红色裤子和上衣，以留作结婚时穿。婚礼期间的花轿租用、吹拉弹唱及鞭炮燃放等都需要花钱。不同经济条件的家庭花费情况不一，但都需要现金，没有用粮食顶替的现象。如果分家的时候有儿子没有结婚，这位未成家的儿子分家后要与父母居住，但未成家的儿子不会多分家产，根据大家庭下小家庭数量平均分配，甚至父母所在的小家庭为照顾其他儿子，会把家里的好东西让给他们，自己委屈一点分到陈旧不好的家产，等幼子结婚时所需费用需要幼子和父母一起依靠劳动生产来承担，已分家的兄长们可以帮助父母减轻负担。只要家里的经济条件没有因收成变化产生太大波动，那多个儿子结婚的花费都一样，最起码不会差距很大引发兄弟之间互相攀比。

大户家庭有优良的经济条件作支撑，因此子女结婚时花费比中小户家庭更多，但具体数目不详，中小户家庭的经济条件比大户人家差很多，这三种类别家庭子女结婚时的费用呈降低趋势。子女婚姻花费数额与家庭子女数量没有必然联系。子女多的家庭如果经济条件好，子女结婚时仍旧花费很多，同样子女多但经济条件差的家庭，子女结婚时花费更少。

(五)其他婚配形式

1.纳妾

王家男性成员除未婚外都只有一个配偶，没有过纳妾的情况。在辛庄当地，纳妾的原因主要分为两种，一种是家长的正室妻子久婚未育或大户人家重视男性，而正室只生育了女儿，为传宗接代便会纳妾，目的就是为了能让小妾生儿子延续家族香火。另一种是大户人家经济条件优越，家长为追求享受会在中年时纳妾。凡是纳妾的都是大户人家，凡是被纳为妾的女孩家庭都是小户人家，因为父母很难养活女儿，以至于不得已将女儿给他人做妾。

一般情况下纳妾的人都是各家的家长，只有家长才有权力纳妾，因此家长不需要征求任何人的意见，只要自己愿意便可以纳妾。甚至部分大户人家的正室深知自己未能为家里添男丁，为此会主动同家长商议纳妾一事，因此只要家长同意便没有任何人能干涉。辛庄当地纳妾的形式十分简单,不需要写任何婚书或契约,不需要举办任何仪式,更不需要置办酒席,只要挑选一个吉日,在当天夜里用小毛驴将妾带回家即可,不能让外人看见。

同样被纳为妾的姑娘家也会得到大户人家的好处,比如三四百斤玉米或数量不等的麦子,相当于将自己的女儿换成了粮食供家里其他人生存。小户人家的家人除非迫不得已,否则不会让自家女儿给他人做妾。小户人家将女儿给他人做妾可以避免女儿跟着自家继续受苦,能在大户人家过上好日子,但很多大户人家仅仅将妾当作生儿育女的机器,导致大多数妾的生活状况差、家庭地位低。

2.童养媳

童养媳在辛庄当地并不多见,王家也未曾有过童养媳,当地少量的童养媳大都是各家家长给自己儿子做主找的,女方家年幼的女儿从小被送到男方家里抚养长大,凡是男方家都是大户人家,女方家都是小户人家,因为小户人家经济条件差、人口多,无法全部养活,便优先把女儿送给外人做童养媳,既可以让女儿不再吃苦,也可以减轻家里的经济负担。但童养媳相当于从小给自家儿子找了一个媳妇,因此大户人家会把童养媳当成自己的女儿一样抚养,和自家女儿生活在一起,以至于童养媳长大后对亲生父母没有任何感情。

辛庄当地的童养媳都是在女孩 10 岁左右便被送到男方家里,娶童养媳时男女双方需要订立契约,商定男方给予女方家的报酬,主要以粮食的形式兑现,具体数量不详。甚至有的男方家庭要求契约签署后,女方家人从此再也不得与女儿联系。契约一式两份,男女双方各一份,签订时由中间人作证,契约签署即刻生效,女儿被送往男方家里后,即便女儿结婚时女方家人也不得参加。

3.入赘

在辛庄当地,家里没有儿子传宗接代而且无法过继侄子那就需要招赘,但王家没有招赘这一情况。凡是招赘的家庭,其家庭条件都十分优越,但都没有儿子继承家业,因此家长会在一位女儿结婚时招赘,一方面是为了给自己养老,另一方面更是为了自己老了以后女婿可以当家。但辛庄当地大多数无子家庭更愿意过继本家族的侄子而不愿意招赘,原因在于过继的侄子与自家同姓而且还有血缘关系,会对长辈更加孝顺、恭敬。辛庄当地有俗语"本家侄子门口站,谁也不敢侧眼看",意思就是即便家里没有儿子,只要过继了本家族的侄子,那也能够不受人欺负。但入赘的女婿与家长不同姓,没有任何血缘关系,家长担心自己去世后女婿将自己的家产败坏或者给亲生父母一方使用,大多是出于对招赘女婿的不放心。对于入赘的女婿而言,除了结婚当天可以在自己家里举行仪式外,其余时间都要在女方家里度过,包括过年也不能回家拜年,作为一个儿子无法履行赡养父母、长辈的义务。在老丈人去世前,女婿在女方家里大多承担着干体力活的任务,家庭地位低下,只有女婿当家后才能真正扬眉吐气。

(六)婚配终止

1.休妻

1947 年以前,辛庄当地的休妻现象比较普遍,但王家的夫妻关系一直十分融洽,没有出现过休妻的情况。当地休妻的原因多种多样:有的人家因为妻子不能生育或者没有生育儿子,丈夫为娶新妻便先休妻;有的人家原本夫妻关系十分融洽,但由于公婆看不惯儿媳,因此会故意挑拨儿子与儿媳关系,导致夫妻经常吵架,最终妻子被休。通常情况下,休妻由丈夫提出,但如果夫妻关系和睦而公婆看不惯儿媳,那公婆有权力要求儿子休妻,并且儿子必须服从父母决定,否则会被责骂"娶了媳妇,忘了爹娘",甚至会被赶出家门。

休妻时只需要丈夫写一纸休书便可让妻子带着自己的随身衣物回娘家,事先不需要告知妻子,也不需要同妻子的娘家商量,妻子的娘家更不能因为这件事情来找男方评理。因为在辛庄当地人看来,自家女儿被休回娘家是一件非常丢脸的事情,发生这种事情后应该尽量封锁消息不被外人知道。如果找男方评理,反而会让外人更快知道这件丑事。妻子被休后得不到丈夫家里的任何财产,甚至连自己出嫁带到婆家的嫁妆也拿不回来。

2.守寡

(1)寡妇生儿子后肯定留在婆家

在辛庄当地,凡是在夫家生了孩子,尤其是生了男孩的寡妇都会留在婆家。如果是儿子,分家时还会得到更多家产,就是为了照顾寡妇抚养儿子成人不易,如果没有孩子也可以留在夫家,但寡妇如果没有孩子都会选择改嫁,丈夫去世后在婆家无依无靠,分家时也不可能分到家产。生了儿子不仅在分家时会多分财产,而且会拥有比其他儿媳更高的地位。即便妇女没有孩子,只要她愿意守寡,公婆就会高看她一眼,她的地位比其他儿媳妇高很多,因为媳妇没有改嫁,维护了家庭的完整性。

妇女丧夫后没有改嫁,那死后可以葬在婆家祖坟,和去世的丈夫合葬在一起;如果改嫁,那去世后要葬在新丈夫家的祖坟里,和新丈夫合葬在一起。这与是否生育儿子有一定关系,因为只要生儿子就一定会留在原来婆家,去世后一定会葬在原婆家祖坟;没有儿子就会改嫁,将来会葬在新婆家祖坟。丈夫去世后没有改嫁而是回到娘家可以葬到娘家祖坟,但必须葬到娘家祖坟的犄角旮旯处。

(2)留在婆家是为了更好地抚养孩子

寡妇守寡原因比较单一,基本上是在婆家有了孩子,就算家里条件再苦也会坚持把孩子抚养长大,寡妇的义务就是把孩子抚养长大成人,等将来分家时能多分家产。大户家庭守寡情况更多一些,原因在于大户人家封建思想更重,公婆为维护本家名声,得到贞节牌坊的美称,会想办法劝说媳妇留在婆家,并且大户人家经济条件更好,丈夫的兄弟多,全家人帮助抚养孩子,因此寡妇生活不会很艰难,有可能为了孩子安心守寡。中、小户家庭因为经济条件差,虽然寡妇为了孩子能留下来,但没有男人帮助容易受人欺负,日子很难过,所以守寡的就少。多子女家庭比少子女家庭守寡多,这是因为丈夫的兄弟多,即便丈夫去世但其他兄弟能帮助寡妇抚养孩子,不至于受人欺负,生活条件比少子女家庭要好很多,守寡的就会多。子女少的家庭,当丈夫去世后,家里失去了顶梁柱没有人帮助,不得已只能改嫁。三世、四世同堂与一般小家庭相比不希望寡妇改嫁,更希望守寡给自家带来好名声,家中的老人多、思想落后会认为守寡是妇女应该做的,不守寡就是不守妇道,所以三世、四世同堂家庭的寡妇比一般小家庭更多,长辈、公婆甚至会粗暴干涉不让寡妇改嫁,希望把孩子留在家里养大。

(3)变相"守寡"

王耀德的二弟王耀会于1940年因为嫌弃自己的妻儿痴傻便去闯关东,此去便杳无音信,留下妻儿在家,王耀会在外生死不明,王康氏自1940年至去世一直守活寡。辛庄当地丧夫的妇女不需要回娘家,寡妇能够继续在婆家待着,婆家也会想尽办法帮助她,因为寡妇不改嫁、不回娘家在当地看来是能立贞节牌坊的,婆家以此为荣。实际上,寡妇更倾向改嫁或是去娘家住,但娘家很少允许寡妇回家,因为"嫁出去的姑娘泼出去的水",婚后妇女已经是外姓家庭的人,寡妇有了后代尤其是有了儿子后就不想改嫁,而是为了孩子想办法把他抚养长大。留在夫家还是改嫁主要由妇女自己决定,可以与娘家人商议,婆家也会阻拦,但能否阻拦成功不一定,寡妇可能会将改嫁的想法告知关系好的四邻,委托他们帮忙寻找合适的改嫁对象。

二、家户生育

(一)生育基本情况

1.王家后代人丁兴旺

王家爷爷辈有三男两女,即王耀德和王耀会、王耀魁两兄弟,还有两个姊妹[①],叔伯辈有两男一女即王吉成、王吉祥和王耀德的女儿,孙辈有三男三女,即王学礼、王孝礼、王军礼,王淑华和王淑珍、王淑荣和宋氏。

辛庄当地小户和大户家庭生的孩子更多,小户家庭生育率高是出于孩子长大成人为家增添劳力干活的考虑,辛庄当地有俗语"穷人孩子多,破门崽子多",意思就是穷苦人家虽穷但孩子多,虽然家门破败不堪但人口不减,为了孩子尤其是男孩长大后能干活挣钱养家,受制于当地薄弱的医疗卫生条件及贫苦的生活状况导致存活下来的孩子并不多,即生育率高、死亡率高、成人率低。很多小户人家迫于生活将孩子送人、卖掉、出继等,大户人家同样崇尚人丁兴旺,所以生育率高,经济条件好使得很多孩子能存活下来。三世、四世同堂家庭比一般小家庭生的孩子更多,因为老人多便提倡多生孩子,希望看到自己膝下儿孙满堂,因此这种家庭生的孩子要多。

2.严厉禁止未婚先育

王家没有出现过未婚先育的情况,辛庄当地对未婚先育十分排斥,如果有女子未婚先育会被外人耻笑,孩子绝对不能留下来而是想办法打掉,即便生下来后也不能自己养育,得想办法送给别人甚至将孩子遗弃,而且这种事情一定要严格保密。辛庄村民认为出现未婚先育就说明孩子父母违背了传统伦理道德,男女双方婚前应互不见面,但是出现这种情况就说明他们两人偷食禁果,尤其女方很可能嫁不出去,生的孩子也会被视为异类,万一发生这种事情家里不敢留下孩子,任何人家都避免未婚先育,男女双方未结婚前都不见面也是为了防止这种事情出现。

(二)生育目的与态度

1.传宗接代乃生育之目的

生育最重要的目的是传宗接代,生儿育女对整个家庭来说代表家里能延续香火,一代代传递下去,如果没有孩子尤其是没有儿子就代表家里后继无人,需要从兄弟家的儿子里选一个侄子过继给自己当儿子以延续自己这一支的香火。生育的孩子不论男女对将来家庭的生产生活都具有重要作用,尤其是儿子多长大就是劳动力,有出息的外出挣钱,没出息也能在家种地当劳力干活,就算女孩子结婚前也能在家做家务。

2.力求儿女双全

在子女生育问题上大多数村民倾向生男孩,当地人认为只有女儿不算有后代,有儿子才

---

① 两个姊妹:王耀德的两位姊妹名字不详,家谱无记载。

算有后代,女儿嫁出去后就不是娘家人,但儿子能够传宗接代为家庭延续香火,男孩长大后可以下地干活当劳力为家挣钱。相比之下女孩结婚后只能去婆家,"嫁出去的姑娘泼出去的水",娘家得到女儿的好处比儿子要少得多。有少数村民希望儿女双全,女儿多就生儿子延续香火,如果儿子多将来结婚盖房负担就重,辛庄当地有句俚语叫作"娶了媳妇忘了娘",即儿子结婚后与妻子、孩子关系更亲密而疏远了父母,影响到养老问题,多几个女儿能比媳妇更真心实意地照顾自己。

3.未婚先育会受尽嘲笑

在王家人看来,未婚先育是非常丢人的事,只要做出这种事没有一点好处,不仅是当事人,连同出生的孩子和全家人都跟着受牵连,因王耀德家教森严,所以王家从未出现过此类事情。辛庄当地社会风气十分严格,禁止一切自由恋爱,如果出现这种未婚先育现象,那一定是因双方行为不守规矩造成的。谁家发生这种事情,丢脸的不是当事人而是全家人,外人知道后一定会在背后冷嘲热讽,尤其会嘲笑女方行为不检点,甚至会牵连到女方家庭的教育、道德素质问题,这种事情传出去对女方名声尤其不好,甚至有可能因此再难嫁人。

4.成年后即可结婚

王家男女结婚的年龄不一,王吉成21岁与康氏结婚,婚后康氏于次年生下王淑华,王耀德的女儿24岁出嫁。不仅是王家,辛庄当地女性结婚年龄普遍早于男性。不论男女只要18岁成年即可结婚,少数童养媳未满18岁就被送往婆家当作媳妇抚养。生育方面王家人结婚后即生育第一胎,在结婚后两三年左右为生育高峰期。辛庄当地对结婚及婚后生育时间没有严格要求,大多是18周岁成年后就能结婚。

5.人丁兴旺才能挣钱养家

王家的生育观念倾向于多生,多生男孩长大当劳力干活,如果有出息能走出家门,那全家人跟着沾光,生育孩子需要家里有足够的经济条件养活他们,尤其是儿子越多,繁衍的后代就越多,整个家庭就越兴旺。辛庄当地有俚语叫作"孩子多了用筛子筛筛有铖的有屎的",意思就是说不知道家里有几个孩子能有出息,那就多生几个,有出息的概率会更大。在王家,每代至少生育两个男孩才满意,女孩一个即可。辛庄当地有俚语"有人就有财",意思是只要家里孩子多说出去就有面子,男孩多就能多干活多挣钱,家里就更有可能发家致富。村民在村里是否受尊敬与家里儿子多少没有关系,只有家人勤劳肯干、多做好事,才会受人尊敬,外人会觉得是人家积德才人丁兴旺。如果村民整天不务正业游手好闲,即使家里儿子再多也得不到外人尊敬,反而会认为儿子被父母带坏,因此农户是否受尊敬主要看家人的言行表现,与家里儿子多少无关。在辛庄村,儿子多少与家境好坏没有必然联系,有的大户人家家境殷实有很多儿子,后代枝繁叶茂,有的小户人家虽家庭条件不好,但儿子仍很多,是为了能长大干活挣钱。有的大户人家后继无人只能过继侄子或抱养孩子,也有小户人家连媳妇都娶不到无法传宗接代,因此儿子多少与家境好坏无必然联系。

多子女家庭与少子女家庭的区别在于一个向往子女更多人丁兴旺,而另一个则因为各种条件限制不能多生孩子,但都希望多生孩子。三世、四世同堂的家庭与一般小家庭在生育上的区别在于家里多代人住在一起,老人希望子孙满堂,后代越多越好,而且老人越多、辈分越大,思想就越封建,希望多生儿子,重男轻女,严厉禁止未婚生育,提倡早婚早育,这样老人能在有生之年看到更多后代出生。

(三)生育过程

1.后代力求越多越好

在王家不存在生不生孩子的问题，只要结婚后就承担着传宗接代的责任，孩子必须要生，但具体生多少主要看孩子父母意愿。如果家长认为家中孩子少就希望夫妻多生孩子，多生男孩能出门挣钱或下地干活，一般都是男方决定是否生孩子，有时家长可以督促夫妻生孩子，但如果夫妻不生，那家长也奈何不了。

2.坐月子期间生活待遇好

不仅是王家，辛庄当地大多数中小户人家，妇女怀孕后仍需继续做家务，直到孩子出生，不能向家长申请不干活，否则会被认为是非常没有面子的事情。康氏在怀王军礼期间仍旧干活，尤其是在王军礼出生的前一天，还在家里帮王吉成和王吉祥撩粪①，第二天凌晨便生下王军礼。康氏生完孩子后需要休息整整一个月，被称为"坐月子"，在此期间刘氏照顾康氏，其他人不能随便靠近。辛庄当地有俚语"媳妇生孩子，公公使不上劲"，意思是媳妇生孩子为自家延续香火，作为公公即将当爷爷自然很高兴，但受制于封建传统礼节，媳妇生孩子及坐月子期间公公帮不上媳妇任何忙。康氏坐月子期间在饮食上会有一些特殊照顾，王耀德会把家中的鸡蛋、小米等营养品优先给康氏吃，让她补身体，但最重要的目的是产奶水，以便喂养幼儿。

3.全家承担生育花费

在辛庄当地不论家庭条件如何，生孩子时都在自己家进行，当地没有医院，更没有负责接生的医生，只有接生婆能够接生。"接生婆"作为当地一个专门职业由六十岁以上的妇女从事，接生一个孩子需要给她支付一定金额的报酬，辛庄村北的小宋家村有一位李姓妇女是专业接生婆，李姓妇女去世后西北村绰号"菜斗"的母亲(具体姓氏不详)继续从事接生婆行业。辛庄村附近只有一到两个接生婆，王军礼出生的当天晚上，王耀德安排王吉成去小宋家村将李姓接生婆请到家里，王吉成把王家的位置、门口朝向、孕妇现状等信息详细告知接生婆，接生婆不顾天黑立马赶过去。生育所需费用主要是接生费，除此没有其他费用，接生费由全家人承担。

4.经济条件决定坐月子的待遇

妇女生育过程中不同类型的家庭会有差别，体现在妇女怀孕期间是否劳动、谁来照顾、怀孕期间的饮食及产后饮食和照顾等。大户人家妇女怀孕后不会要求妇女干活，而是休养身体，还会安排专人伺候，饮食上不再与全家人一起吃大锅饭而是吃小灶，妇女产后也会继续吃小灶直到出月子，还会有专门的丫鬟伺候坐月子。相比之下，中、小户人家妇女怀孕后也得照常干活，怀孕期间不会有人照顾，家人会把鸡蛋类的营养品省给孕妇吃，但不会吃小灶，产后是婆婆伺候坐月子，饮食上最好的待遇是鸡蛋和小米粥。甚至小户人家连鸡蛋最多只能吃半个月，不可能吃一个月。多子女的家庭在伺候孕妇坐月子时不一定是婆婆，有可能是某位妯娌或未出嫁的小姑子，而子女少的家庭都是婆婆伺候月子，如果婆婆已经去世，那妇女只能自己照顾自己，丈夫也会帮忙照顾一些。

---

① 撩粪:农业生产中为了获取肥料将农家粪肥从厕所中运出，这一过程即为撩粪。

469

(四)生育仪式

1.生儿生女仪式不同

王家孩子出生后有多种习俗仪式。第一种仪式是孕妇出月子那天正好新生婴儿出生满一个月,可以喝满月酒。第二种仪式被称为"过百岁",即孩子出生100天时需要请亲朋好友喝酒欢聚,主食为一种当地特有的带有彩色图案的面食(称为"百岁"),寓意着出生的孩子能够长命百岁,健康成长。第三种习俗为"吃面",即孩子出生十天左右,请亲朋好友喝酒相聚,主食是面条。王家孩子出生后需要宴请哪些亲朋好友,三种仪式都举办还是只选择其中一两种即可,仪式花费等都要王耀德决定。虽然人称"过百岁"是孩子出身一百天的时候,但实际上并不是在第一百天举办仪式而是男女有别,男孩在出生第101天、女孩在出生第99天的时候喝喜酒。此外,孩子出生后王耀德要在家门口作出标记表示王家喜迎后代降世,家里的第一个男孩子出生需要在门上插红旗,女孩子需要用桃树枝挂着红布插在门口。如果部分人家生了女孩,但家人也想挂大旗,只能挂一面三角形的旗而不是男孩出生挂的正方形旗。"吃面"的日期男女孩也不尽相同,女孩是在出生6天后"吃面",男孩是在8天到10天左右。不论是吃面、喝满月酒还是过百岁都要宴请宾客,而且必须请孩子姥姥家的客人,比如姥姥姥爷、姨姨舅舅等,还有父亲家里的亲戚,如叔叔伯伯和姑姑,一些关系好的邻居朋友都需要请,具体人选由王耀德决定,但孩子姥姥家的客人和王吉成夫妇结婚时的媒人一定要请。

王家孩子多,只有长孙、长孙女才会举办仪式,其他孩子出生时出于节省资金考虑很少举办仪式。请宴、请亲戚只需请近亲即可,生育孩子不同于结婚喜事,王家的亲戚经济条件都不富裕,每办一次喜事就要麻烦亲戚破费送礼,因此请的亲戚不能太多,否则会给他人添负担,请客时王吉成亲自上门邀请,去的时候不需要带礼物,孩子姥姥家的亲戚和叔伯姑姑等近亲不需要请就会来,而朋友邻居和媒人则需要上门邀请。亲戚朋友做客时都会带礼物,1947年以前辛庄当地参加红喜事没有送钱的情况,只需要拿一些鸡蛋、做一些面食如大枣饽饽[①]或面鱼送来即可,亲友走时王家人也要回礼,当地特色的岁饼[②]和红皮鸡蛋[③]是回礼的礼物。

2.举办生育仪式联系亲友感情

王家孩子出生时举办仪式的目的一个是为庆祝王家增添后代,祝愿新生婴儿健康成长,另一方面各家各户平日里都忙于农业生产没有时间来往,亲朋好友主要靠着过年过节及各家的红白喜事走动来维系感情,因此通过举办生育仪式也可答谢平日里亲友的相互帮助,联系亲朋好友的感情,只有这种仪式才能将王家的亲戚朋友聚在一起热闹,以后大家才能继续走动。王家举办生育仪式费用由全家人负担,在辛庄当地不论是举办生育仪式还是其他的红白喜事都是送鸡蛋、送自家制作的面食等实物而不给钱,举办仪式时收到的各种营养品和面食由王家人一起享用,全家人可以改善伙食,鸡蛋等营养品留着给老人、孩子。

3.经济状况决定仪式规模

在生育仪式方面,不同类型家庭的差异表现在生育仪式的多少、仪式上请客人数、仪式

---

① 大枣饽饽:一种类似于山东大馒头的北方面食,不同的是会在馒头表面打孔,插入许多红枣以示喜庆。

② 岁饼:孩子过百岁的时候专门制作的一种带有彩色图案的面食。

③ 红皮鸡蛋:鸡蛋外皮涂上红色颜料以示喜庆。

规模档次的不同。大户人家由于家境殷实,因此后代出生尤其是长子、长孙出生时各种生育仪式,从"吃面"到喝"满月酒"再到"过百岁"都不错过,仪式上请的客人也会更多、仪式的规模更大、请客酒席的档次更高,还会请请剧团表演等,且大户人家生的每个孩子都会举办仪式。相比之下,中小户人家出于经济原因,只会挑选一种仪式庆祝,辛庄当地将这种行为称为"安安文具",意思就是简简单单走个形式即可,不会大肆铺张,酒席规模有限、档次较低、人数较少,家里生了孩子只会给长子、长女庆祝,其他孩子只能象征性地表示,不可能所有孩子都举办生育仪式。

(五)后代起名规矩不一

1.乳名与学名都由家长起

王家孩子的名字都是王耀德起的,在整个辛庄当地父亲当家就由长辈起名字,父亲不当家就要由家长起名字。少数大户人家讲究名字的含义会找有学问的人根据家族辈分起名,也有的请家族族长起名。辛庄村一位叫作顺昌的村民,他所在的家族族长排行老五,因此该家族每一支后代中排行老五的男孩都是由族长起名。辛庄当地孩子的名字都是出生后再起,孩子未出生不能起名,孩子上学前起的名字都是小名即奶名,孩子上后再按照家族辈分起学名,即辛庄当地俗称的"大名"。学名大多是父母到学校拜托老师根据孩子辈分起名,因为孩子父母知识水平低只能起通俗的小名,学名只能让老师给起,但王学礼等人的小名和学名都是王耀德起的。

2.男性根据辈分起名

王家家长的名字叫王耀德,刘氏只有姓氏没有名字,兄弟媳妇王康氏,儿子王吉成,儿媳康氏,侄子王吉祥,孙子王学礼、王孝礼、王军礼,孙女王淑华、王淑珍、王淑荣和外孙女宋氏,王家爷爷辈和父辈名字含义不详,长孙王学礼小名"锁柱",谐音为锁住,即孩子丢不了死不了。长孙女小名为"鹏",次孙女小名"鹏仔",次孙小名"栓柱",意思也是能够健康成长,三孙子小名为"铁栓",意思是身体结实能茁壮成长,三孙女小名为"普仔"。王家重男轻女现象比较严重,三个孙子的小名都有特殊含义,保佑孩子健康茁壮成长,但孙女们小名没有特殊含义,只是在上学前家人起名字方便称呼而已。甚至孙女们的学名都不能像孙子们那样根据家族辈分起,而是根据长孙女起的第一个名字,其他孙女连带着起。

给孩子起名字时不同类型家庭没有太大差异,孩子入学前由长辈起小名即奶名,等上学后起学名,但都只有男性根据辈分起学名。唯一区别在于大户人家能识文断字,等孩子起学名时不需要让老师帮忙,而是家长根据孩子辈分自己起名。中小户人家有文化的家人少,因此只能由长辈给孩子起通俗的小名以保佑孩子平安成长,等孩子到了上学后麻烦老师起学名,除非自家人没有能力,否则不愿意让别人给自家孩子起名字。

三、家户赡养

(一)晚辈承担赡养责任

赡养老人是王家内部事务之一,外人无权干涉,除非家中出现不孝顺、不赡养老人的情况后,街坊邻居会以背后议论嘲笑的方式干涉,不会直接插手王家事务。如果这种事情被族长知道,那族长可能插手此事,根据族规族训管教不赡养老人的家族成员,具体管教方法可打可骂,但王吉成等人一直孝敬长辈,王家不存在不养老的现象。

王耀德作为王家长辈没有需要赡养的老人,他和刘氏、王康氏都需要晚辈赡养,王吉成、王吉祥和康氏是成年人,都有劳动能力,因此主要的赡养义务由他们承担,王耀德女儿出嫁在外但因病早逝,因此外孙女宋氏常年住在王家。按照辛庄当地习俗来说,出嫁的女儿不需要赡养父母,只需要空闲时间回家看望、孝敬父母。王学礼等人都是未成家的孩子,但都有赡养长辈的义务,需要在日常生活中尊敬老人。他们可以通过自己的方式赡养长辈,比如帮助母亲洗洗涮涮、去地里干力所能及的农活、给爷爷奶奶洗衣做饭做鞋等。

需要承担赡养义务的家庭成员如果不承担就会受到家规族规惩罚,族长会出面处理这种事情,族长有权把全族成员聚集到王氏家庙开会,当众宣布该家庭成员的所作所为,借此机会教育全族成员"百善孝为先",根据成年人认错态度决定是打是骂,如果认错态度好稍加训斥即可,如果认错态度不佳族长有权对他动手教训,外人也会对不孝顺者嘲笑讽刺。

王耀德作为家中老人有一儿一女,还有侄子王吉祥在家中一起生活,女儿因病早逝没能尽到赡养父母的义务,只有王吉成、王吉祥、康氏三个成年人承担主要赡养义务,所以家中三个老人主要是靠王吉成和王吉祥下地干活挣钱养活,康氏在家做家务,给老人洗衣做饭做衣做鞋伺候老人来履行赡养义务。农闲时王吉成做馃子挣钱,康氏帮他打下手挣的钱会给老人买营养品。

(二)赡养形式

1.全家一起赡养老人

王家自爷爷辈至孙子辈全家人都住在一起,王耀德身为家长没有享受特殊养老待遇,而是与全家人吃住在一起,好的生活物品如集市上买的肉和菜优先让老人们享受,家中母鸡下的鸡蛋、买的核桃酥及王吉成做的馃子都优先给老人们吃。到了灾荒年景,家里粮食不够吃就把粮食优先给老人吃,成年人只能吃野菜。老人们舍不得吃还会分给孙子孙女们,王家经济条件一般,但年轻人省吃俭用把营养品给老人吃以此承担赡养老人的义务。

王家老人都在一起养,王耀德属于被赡养的对象,其他家庭成员在赡养问题上需要听从他的安排,除了刘氏和王康氏外,其他家庭成员在自己从事的生产生活中想办法减轻家中老人的负担,主动将营养品孝敬给老人吃,承担更多劳动。康氏给老人做饭洗衣,孩子们多做力所能及的农活、好好学习,让老人高兴。其他家庭成员也尽自己最大能力孝敬老人,承担自己的赡养责任。

2.各家赡养方式大体相同

在家户赡养形式方面,不同类型的家庭没有差异,在辛庄当地不论是大户、中户还是小户,只要没分家都是全家人生活在一起,只有长辈去世后才会分家产生新的小家庭,因此小家庭不存在养老问题。而未分家的大家庭则是老年人、成年人及未成年人生活在一起,各家的养老方式是家庭成员合力孝敬老人,辛庄当地俗语"好吃的给老人吃,好穿的给老人穿,好用的给老人好用",全家人一起承担赡养老人义务,这种情况在大户、中户和小户人家都非常普遍。不论家中子女多少,只要没分家,都会一起赡养老人,女儿只是定期回家看望父母尽孝心,不需要承担过多赡养义务。三世、四世同堂家庭与一般的小家庭相比,区别在于是否需要赡养,三世、四世同堂家庭中至少有一至两代老人需要赡养,而一般的小家庭只有两代人,所以没有赡养义务需要承担,不存在家户赡养问题。

（三）治病与送终

1.康氏主要负责照顾病人

在王家如果老人生病那其他家庭成员就要照顾老人,尤其是康氏承担的照顾责任最重。辛庄当地几乎没有医疗条件可以让病人得到医治,即便如此王家老人生病后家人也会想办法通过各种土方法为老人治病,家庭成员尽量分配时间照顾老人尤其是康氏每日在家洗衣做饭伺候老人,家人将营养品都省给老人吃。

辛庄在1947年以前没有一家医院,没有一个西医,所以老年人生病后无法治病。辛庄村通往招远市糟糕的道路交通及脆弱的经济条件使得王家无力去县城治病,只能留在家里生挨硬扛。虽无法花钱为老人治病,但家庭成员都尽孝道,尽量照顾好老人,王家人都十分孝顺,老人生病后不存在无人照顾的情况,即便家中再忙也会腾出一个人专门照顾生病的老人。

2.受经济条件制约无力治病

王家老人生病后如何治疗或是否治疗并不是王家人能决定的,因为当地缺少医疗条件,老人生病很难去县城治病,所以选择什么样的治疗方式并不是王家某个人能决定的,但王家人会讨偏方采草药给老人治病。王耀德讨到偏方后会带着王吉成去地里采草药,家里照顾老人的责任落在康氏肩上,王学礼等人也帮助康氏照顾老人。除王耀德外,其他家庭成员在老人治病照顾中能发挥相当大作用,尤其是王耀德生病后,王吉成应代理当家发挥领导作用,在想尽办法给王耀德治病的同时还要管理家庭内外事务。全家人通过相互打听寻医问药,王吉成和王吉祥下地采草药熬给王耀德喝,因为他是一家之主,如果他倒下那整个家就会散掉。

3.全家承担丧葬费用

在辛庄村,老人去世后丧葬费用全由整个家庭负担,但王家在1947年以前没有老人去世。没分家时若老人去世,那丧葬费用需要没分家的全家人承担,即便分家后,所有儿子都应平摊丧葬费用,除非是未成家的儿子没有经济能力可以不用摊派,不存在长子多摊派费用的情况。在丧葬仪式中,长子与其他儿子的职责没有差异,所有儿子都得负担丧葬费用,丧葬事务不需要儿子们操心。老人去世后葬礼上要请家族族长担任主丧人,不需要长子或其他儿子承担任何职责,儿子们只要按照主丧人要求办事即可。未出嫁的女儿和出嫁的女儿职责一样,为老人披麻戴孝哭坟,女儿出嫁后不需要承担丧葬费用。老人去世后需要及时通知家族族长,需要在家谱、宗谱上标注出来,请族长前来主持葬礼,老人的儿女们全听族长指挥。

（四）家户赡养乃是天经地义

1.孝与不孝自有公断

王氏家族对王家的家户赡养十分认可,只要没有出现不孝敬老人的情况,家族不会插手家户赡养,可以将其认为家族对家户赡养的认可。但如果家里有儿子不愿承担赡养责任,那一定会被本家族亲戚看不起,但王家没有出现这种情况。不愿赡养老人的情况被家族知道后,族长会召集全族人在家庙对不孝顺的人实施族规惩戒,惩戒措施由族长来定,轻则训斥,重则打骂。如果家里出现赡养问题,那家族一定会出面解决,因为这涉及一个家族的族规和脸面问题,传出去会被外人嘲笑。

2.孝敬长辈为正道

辛庄村村会的社会管理职能非常少,对于村民家户赡养情况并不关心,只是负责收缴粮食税,即便是有的人家儿子不承担赡养义务,村庄也不会采取任何措施。虽然不养老人这种事情传出去会被街坊四邻嘲笑,被村民看不起,但村会不会给不孝顺的儿子任何惩罚,村主任也不会出面处理,除交税外都是家长管理自家事情,村庄不干涉村民家庭事务。

四、家户内部交往

(一)父子关系

1.父亲应当抚养儿子同时可以命令儿子

在王家,父亲对儿子承担的责任较多,不仅要把儿子抚养长大,还需对儿子进行各方面教育包括各种家法族规、思想道德、办事做人的道理,教育他长大做好人、做能人,把下地干活、做买卖、祖传的手艺传给儿子,儿子成年后要给儿子盖房娶妻,抚养儿子长大成人是为父最基本的责任。如果父亲在儿子结婚前去世没能给儿子娶妻盖房,那也不是父亲的过错,同样如果因儿子自身原因如精神痴呆等导致找不到媳妇那责任也不在父亲,父亲只要尽力即可。如果父亲没有承担责任给儿子娶妻,那会受到家族批评和街坊四邻嘲笑;如果父亲不务正业没有尽责抚养儿子,那会受到家族惩罚及村民指责。父亲应该教给儿子谋生之道,包括种地需要注意的天时地利、外出做买卖需要掌握的技巧或祖传手艺,让儿子成家后能挣钱养家,否则儿子结婚后会生存困难,父亲也会被嘲笑自己无能连累儿子。

父亲可以对儿子随便奴役、打骂,父亲要求儿子做的事情儿子必须去做,辛庄当地俚语"父让子亡子不得不亡",父亲对儿子享有绝对权威,实际上父亲不可能要儿子的命。不论是干活还是其他事情,如果儿子不服从或事情做得让父亲不满意,那父亲有权力对儿子进行打骂。在王家亦然,不论是王吉成在王耀德面前做错事,还是王学礼在王吉成面前做错事都会挨骂挨打。辛庄村民坚信只有打骂才能管教好儿子,当地俗语"棍棒底下出孝子"即为此意。因此,只要父亲管的对就可以任意打骂,儿子不准反抗。如果儿子做出大逆不道的事情,违反家规族规败坏家门,那父亲有权把儿子逐出家门,但王家没有出现这种情况。在家庭条件十分差的情况下,父亲养不起儿子可以把儿子卖掉,这样做虽被一些人称为心狠,但父亲如果真的做到这一步肯定是无奈之举,自家养不活儿子肯定受罪甚至夭折,反而卖给别人不仅家里可以得到救命钱粮,儿子去了一户经济条件更好的人家生活还会更好,父亲会更放心。除非父亲因为游手好闲不抚养儿子才卖儿子,比如抽大烟、赌博输钱需要还钱而把儿子卖了,那父亲在村里肯定会被骂,以后没人敢和他交往,毕竟敢把亲生儿子卖掉的人什么事情都做得出来。

父亲说的话儿子必须服从,尤其是父亲作为家长的时候,父亲说的话就是命令,即便父亲说的不对儿子也要照做。儿子对于父亲的要求必须无条件服从,不服从会受到父亲的训斥处罚。父亲做错事情儿子不能批评,父亲作为长辈,儿子没有资格批评,父亲做错事儿子应想办法帮父亲纠正错误而不是以下犯上批评父亲,只能向父亲陈明利害关系,绝对不可以批评,否则在当地人是不孝顺、不礼貌的行为。只要能尽职尽责的父亲都是好父亲,能把儿子抚养成人,望子成龙,不仅在吃喝上还在教育上供他上学、教他做人办事,教他种地做买卖或祖传手艺,给儿子盖房娶妻,这样的父亲就是尽职尽责的父亲,是最好的父亲。在当地最好的儿子的基本标准是"孝顺"儿子,"孝"是孝顺,"顺"是顺从、听话,儿子需要对父亲孝顺,对父亲言听计从,无条件服从父亲的要求,忍受父亲的训斥打骂,遵照父亲的要求学习、做人、干活,争取将来有出息,父亲年老后孝敬父亲积极赡养父亲,这样的儿子就是好儿子。

在权利义务关系上,不同类型和人口规模家庭的父子关系没有太大差异,不论是大户、中户还是小户都需要父亲给儿子娶妻,小户人家经济条件差没有能力给儿子盖房,也要在原有房屋基础上盖厢房让儿子结婚后有地方可住,不论经济条件好坏都要教儿子做人、干活的本领、供他上学,区别在于大户人家因经济条件好能提供给儿子更优良的条件,传给儿子更丰厚的家业,相比之下小户、中户因经济条件限制提供给儿子的条件要差,儿子读书更少甚至没钱读书。多子女的家庭与少子女的家庭在父子权利义务关系上没有区别,子女多尤其是儿子多的家庭,父亲得承担更多自己的职责,子女少父亲肩上的担子更小。多子女家庭在父子权利与义务上长子与其他儿子有区别,因为长子将来承担更多责任,会对长子有特殊对待,将祖业或祖传手艺优先传给长子,但是子女多的家庭父亲很难做到一碗水端平,父亲认为是可造之才的会重点培养而其他儿子则相对受到冷落。子女少的家庭尤其是只有一个儿子的家庭不存在这种现象。三世、四世同堂与一般的小家庭相比封建思想更加严重,会区别对待长子与其他儿子,对长子实行更加优良的待遇,在这种家庭不仅强调父亲对儿子的责任,更看重儿子作为晚辈对父亲的义务,要求儿子无条件服从父亲,通过儿子对父亲的尊敬程度以体现儿子的孝道。

2.儿子大多畏惧父亲

王家父子间关系比较融洽,但父子之间不会开玩笑,与父亲开玩笑是对长辈不敬、不孝顺的一种表现,父亲在儿子面前一直是威严的表现。整个辛庄村只有一户绰号"面鱼"的人家(真实姓名不详),父子间经常开玩笑。父亲名叫王佑兴,有三个儿子,父子曾在节日里在家吃面条的时候悄悄把儿子的板凳撤掉,使得儿子把一碗面洒掉后发了火,但父亲只说了一句"以后不耐闹腾就别闹腾"便了事,这是辛庄村1947年以前少有的父子可以开玩笑的人家。王家在过年过节时一家人团圆,父子间会喝酒庆祝,一是为了庆祝一年来全家辛苦劳动获丰收;二是为了联络父子间感情,也只有过年过节的时候父子才有机会聊天,平日里尤其是农忙时根本没时间聊天,只有节日时家人坐在一起喝酒才会推心置腹,但这种机会在王家不是很多,大多数时间要下地干活。

王家的儿子都怕父亲,父亲在儿子心目中是严肃的形象,辛庄村俗语"爹爹眼睛瞪一瞪,儿子心里抖一抖",父亲在儿子心中具有绝对权威,儿子对父亲都是畏惧心态,儿子怕父亲而不怕母亲。因此,儿子有心事不会和父亲说只和母亲说,希望母亲帮忙排忧解难,除非遇到值得全家人庆祝的事情,比如在外挣大钱才会和父亲说。儿子在外闯祸或在外胡作非为是绝对不敢和父亲说的。在儿子看来,父亲不好接近,儿子和母亲关系好而和父亲关系紧张,因为父亲严肃生怕做错事,所以如果儿子在家打破餐具不敢和父亲说,那只能偷偷和母亲说帮忙瞒过去。

在日常交往中,不同类型和人口规模的家庭父子关系没有区别,不论是大户、中户还是小户家庭的父子之间关系都维持着较好的状态,实际上儿子都敬畏父亲,父亲会在儿子面前保持着严肃的态度。所以不论什么类型家庭,父子间日常交往不会很多。多子女的家庭和少子女的家庭相比多子女的家庭父子关系更紧张,因为父亲为了能够管教儿子会故意在儿子们面前保持严肃不敢接近的表情,如果不这样儿子们可能吊儿郎当,家里会乱成一锅粥。相比之下,子女少的家庭因为儿子更少,父亲对儿子更加喜爱就不会一脸严肃,而是父子关系更融洽。三世、四世同堂与一般小家庭相比,这种代际大的家庭父子关系比小家庭的父子关系更紧张,父亲对儿子更加严肃而儿子对父亲的敬畏程度更严重,这是因为家里代际变化大,老人多思想封建,十分看重父子关系。

3.王家父子冲突较少

王家父子间发生过冲突,但冲突次数不是很多。主要是语言上冲突,没有发生过肢体冲突。发生冲突的主要原因是下地干活时王吉成农活干得不好,在地里用锄头锄草,但他不小心锄掉了好几棵麦苗,王耀德便严厉斥责他,王吉成顶嘴导致父子冲突。父亲抱怨儿子干活不仔细,儿子抱怨农活太累不耐烦,有时王吉成将新买的农具损坏,王耀德便训斥他进而引起冲突。

王家父子发生冲突后大多数情况都是不了了之,辛庄俗语"父子没有隔夜仇",父子发生冲突后睡一宿第二天关系就缓和了,不需要想办法解决。即便当地有的人家父子矛盾较深也只是在自家解决,父子冲突不会传出去让外人知道,遇到这种情况都是母亲在父子间充当和事佬,防止事态扩大。其他家庭成员会站在父亲一方,因为父亲相对于儿子是长辈,不论父亲是对是错,他总是处于强势地位,儿子处于弱势地位。

如果父亲不是家长,发生冲突后家长不会介入,因为父亲为了维护权威应自己想办法解决与儿子间的矛盾,家长也要磨炼父亲的能力,将来需要他承担家长责任,如果连父子关系都处理不好便无法管理好一家人。除非父亲在解决冲突时动用暴力,导致家长对父亲做法不满,家长才会插手制止父亲过度的暴力行为。但在王家,王耀德与王吉成虽有小矛盾,但都会很快消除,王吉成与王学礼几乎没有矛盾。父子间起冲突是非常丢脸的,王家不会让这种事情传出去,只会关起家门自行解决,所以外人不知道王家发生过这种事。

在冲突关系上,不同类型和人口规模家庭的父子关系略有不同。父子冲突的多少与家庭经济条件有很大关系,大户人家因为经济条件好,尤其是花钱时不会有所顾虑,所以引发父子冲突的导火索少。相比之下,中小户人家因为经济条件好,不论做什么事情都需要考虑经济条件,辛庄当地俗语"一份钱憋死英雄汉",所以家里花钱的地方多挣得钱少就易起冲突。多子女家庭和少子女家庭在冲突关系上的差异在于少子女家庭因为子女少,所以父亲和长辈对儿子更加溺爱,导致儿子长大后有胆量和父亲顶撞起冲突;而在子女多的家庭,父亲为更好管理儿子,会在儿子面前保持威严使儿子不敢与父亲起冲突。三世、四世同堂家庭与一般小家庭相比父子冲突更少,父子发生冲突后家长更有可能介入其中,且家庭成员都会站在父亲一边,原因在于代际大的家庭封建思想更严重,对父子冲突零容忍,儿子应绝对服从父亲指挥,不能与父亲发生冲突,家人会帮父亲维护权威。

(二)婆媳关系

1.婆婆权利多义务少而媳妇权利少义务多

婆婆对媳妇承担的责任不是太多,婆婆应在新媳妇入门后带媳妇认识自家的街坊邻居和亲戚朋友,为以后生活往来打下基础。但做家务如洗衣做饭、缝缝补补需要媳妇在进门前学会,否则进入婆家会被嫌弃,会被认为娘家教育无方。辛庄当地妇女因缠足无法下地干活,如果家里孩子较多,婆婆应帮助媳妇抚养孩子。媳妇生孩子后婆婆应伺候媳妇坐月子,如果媳妇坐月子期间婆婆不照顾媳妇会被邻居嘲笑其将媳妇当作生育机器。媳妇在娘家时母亲应教会女儿结婚后应做哪些家务,如果媳妇不会做便需要婆婆指导,但这不是婆婆的责任,而是因为媳妇在娘家没有受到良好教育。婆婆可以在媳妇忙的时候帮媳妇洗衣做饭、看孩子,媳妇制作新衣时也需要婆婆帮助。

辛庄村各家婆媳关系都很紧张,婆婆对媳妇拥有绝对权威,随便奴役媳妇,但王家婆媳间关系较为融洽,康氏家务活样样精通,刘氏身为婆婆善解人意对康氏很慈善。此外,康氏是王康氏做媒介绍给王吉成的,她是王康氏在前康家村的本家族亲戚,因此王家与康氏之间是亲上加亲。当地曾经有一个金姓大户①,金家婆婆脾气极差,虽然儿子媳妇各方面已做得很好,但仍得不到婆婆满意,经常受各种打骂,最终媳妇不堪其辱怀着孩子跳井寻死。婆婆说的话媳妇无条件服从,即便婆婆说的不对媳妇也要服从,如果不服从婆婆就有权力对媳妇打骂管教,一般情况下婆婆只要求媳妇干各种家务,有的严厉婆婆不让媳妇闲着,媳妇如果不服从甚至反抗,婆婆便会管教媳妇甚至以此为由让儿子休掉媳妇。如果婆婆做错事媳妇不能批评,最多只能向婆婆陈说利害关系,帮助婆婆解决困难,不能看婆婆笑话。

能够帮媳妇看孩子,伺候媳妇坐月子,媳妇做家务忙时帮媳妇洗碗洗衣做饭,减轻媳妇负担,不欺压媳妇、不无故对媳妇打骂,与媳妇保持和睦关系的婆婆是好婆婆。对婆婆体贴孝顺,尽量自己承担家务不让婆婆动手,把好吃的好穿的省给婆婆,体谅婆婆不易,帮助婆婆做衣服做鞋,早晨给婆婆端洗脸水问早安,晚上给婆婆端洗脚水问晚安,能做到这样就是好媳妇。

在权利义务关系上,不同类型和人口规模的家庭婆媳关系有一定差异,主要表现在婆婆对媳妇的责任上。大户人家因有钱有势,所以家务事不让婆婆亲自动手,媳妇自己干不了让丫鬟干,媳妇坐月子时不需要婆婆伺候而是安排丫鬟伺候。在媳妇对婆婆的义务上,媳妇应无条件服从婆婆,大户人家婆婆对媳妇的绝对权威更明显,婆婆说的话媳妇必须听,不存在顶撞甚至批评婆婆的现象。相比之下,中小户人家因家庭条件差无力请丫鬟照顾只能让婆婆帮媳妇做家务,婆婆伺候媳妇月子,此外婆媳平日关系并不十分紧张,本来家里生活就拮据再加上争吵更让外人看笑话,所以婆媳矛盾争端少,全家人会一心一意过日子。三世、四世同堂家庭与一般小家庭相比较,封建思想更严重,婆媳的不良习惯即上一代婆婆欺负媳妇,多年媳妇熬成婆后新一代婆婆又欺负新媳妇,因此这种家里有好几代人的家庭婆媳间权利与义务在内容上没有差异,但在执行过程中更强调媳妇对婆婆的服从,而婆婆对媳妇的义务却很难得到有效履行。

2.王家婆媳关系较为融洽

王家婆媳关系比较融洽,因为王家人团结,刘氏慈祥开明而康氏孝顺,婆媳关系和睦,全家人少了很多矛盾。但婆媳间很少开玩笑,因为刘氏是长辈,康氏作为晚辈不好好干活和婆婆开玩笑是不尊敬长辈的行为。1940年后,随着刘氏年纪增大,大多是康氏一个人做家务,但如果农忙时候事情多康氏忙不过来,就需要刘氏帮忙看孩子或做饭洗衣,减轻康氏负担。像王家这种中户人家,媳妇与婆婆一同做家务比较常见,在做家务过程中婆媳会聊张家长李家短的琐事,说说家里最近事情或邻居家和村里最近发生的事情。

辛庄当地媳妇大多害怕婆婆,因为婆婆是长辈,媳妇在娘家,娘家人会惯着自己,但在婆家说错话或做错事会招致婆婆不满。媳妇在婆家没有地位,媳妇做得不好婆婆可以随意打

---

① 金姓大户:该户人家家长的名字不详。

骂,丈夫站在婆婆一边对婆婆言听计从,但王家婆媳关系比较融洽,没有出现过婆媳打骂现象,康氏不需要怕刘氏。但康氏有心事很少与刘氏说,毕竟刘氏不是自己的亲生母亲,康氏可能和王吉成说心事,也会回娘家的时候和娘家人倾诉,除非是怀孕这种全家人高兴的喜事才会主动和刘氏说。在多数媳妇看来,自己的婆婆不好接近,自己不是婆婆亲生的,婆婆对媳妇要求高,甚至故意挑毛病,媳妇怕在与婆婆接触中说错话办错事,因此不愿与婆婆相处。

在日常交往关系上,不同类型和人口规模的家庭有差别,表现在大户家庭婆媳间关系更差,一般情况下媳妇常受到婆婆欺负,婆媳间开玩笑是绝对不可能的事,婆婆只会指使媳妇干活而自己不会动手,媳妇对婆婆的畏惧心理十分强,媳妇有心事不会和婆婆说,因此大户人家的婆媳关系十分紧张。相比之下,中小户人家婆媳间关系更加缓和,婆婆会帮助媳妇做家务和媳妇聊家常,媳妇不会对婆婆过于畏惧,有心事也会和婆婆说明。多子女家庭相比少子女家庭婆媳关系区别在于媳妇多不需要婆婆做家务,婆媳间很少有机会聊家常,媳妇间可能团结起来不被婆婆欺负,婆婆不那么难接近。子女少的家庭因为媳妇少,所以很难独立做完家务,需要婆婆帮忙,媳妇与婆婆接触机会更多,隔阂会更少。三世、四世同堂家庭与一般的家庭相比,婆媳关系更严肃,这种家庭更注重传统家法礼制,媳妇不得与婆婆开玩笑,不得与婆婆聊家常,家务事必须自己做,相比小家庭婆媳间距离更远,媳妇对婆婆敬而远之。

3.婆媳冲突仅限于拌嘴

王家婆媳间发生过冲突,但次数较少。主要是吵架、顶嘴,但没有肢体冲突,因为王家的家庭关系比较和睦,大部分时间康氏与刘氏会齐心协力干家务,康氏也会尽心尽力孝顺刘氏,刘氏在康氏忙时会主动帮助她,但有时候刘氏不满意康氏干的活后康氏就可能顶嘴,有时康氏嫌弃刘氏年纪大了帮不上忙反而添麻烦,也会嫌弃刘氏进而引起冲突。

发生冲突后,王吉成会指出康氏的不对,指责她不应以下犯上对刘氏不敬,即使刘氏做得不好也不能与她顶撞,康氏会向刘氏主动道歉,刘氏也会谅解知道康氏不易。家庭内部的小冲突都在家里解决,不会传到外面,因为这关系到王家人的脸面。家庭成员都站在刘氏一方,不论是谁的错,家人都更加偏袒刘氏,因为刘氏是长辈,虽然她不会随意欺负康氏,但即便有什么错康氏也不能顶撞刘氏,否则是不孝顺的表现。

发生冲突后王耀德不会介入,如果是康氏做错她会主动向刘氏道歉,即便刘氏做错事,等王吉成回家后会要求康氏向刘氏寻求和解。婆媳间矛盾只需要王吉成介入就可以解决,因为婆媳间冲突不会传出去让别人笑话,家庭内部会调解矛盾不让事态扩大。即便康氏受到委屈也只是向娘家人诉苦,但娘家人不可能到婆家给康氏争气。辛庄当地俚语"死气好争,活气难争",意思是如果康氏在婆家受委屈导致娘家来人替康氏抱不平,那只会让双方矛盾越闹越大,导致康氏在婆家的地位越发低下,反而不利于婆媳和解。

在冲突关系上,不同类型和人口规模家庭的婆媳关系有一定差异,表现在大户人家的婆媳冲突更多且冲突都是单方面的,即婆婆单方面欺负媳妇,对媳妇进行打骂,家庭成员会偏向婆婆,最终导致媳妇不堪婆婆欺负寻死或被休,这种事情一定会传到外面被外人嘲笑,这种情况在辛庄当地的大户人家十分普遍。相比之下,中小户人家婆媳冲突更少且程度更轻,不会出现打骂现象,冲突都在自己家里解决是为了不被外人嘲笑"日子过得穷,婆媳还搞不好关系,干什么什么不行"。多子女家庭与少子女家庭相比,多子女家庭婆媳冲突更少,因为这种情况下媳妇多就不需要婆婆干活,婆媳间接触的机会少了,产生冲突的机会就少,此外媳妇多那婆婆就不敢随意打骂媳妇以防媳妇联合起来反对自己。子女少的家庭因为媳妇少,婆婆需要和媳妇相处干活,接触的机会多,冲突的可能性就大,冲突发生后家庭成员更多地会站在婆婆这边。三世、四世同堂与一般的小家庭相比,这种代际大的家庭婆媳冲突更多,更倾向婆婆单方面欺负媳妇,因为这种家庭婆婆与媳妇间都是一代欺负一代,媳妇熬成婆婆之后便把自己受的气撒在新媳妇上,这样一代代传下去。发生冲突后,家人都向着婆婆一方,因为婆婆是长辈,在封建家庭只注重婆婆的长辈地位不容侵犯而不在意谁对谁错。

(三)夫妻关系

1.丈夫地位远高于妻子

丈夫对妻子的责任体现在丈夫成婚后要挣钱养活妻子,妻子生病后要为妻子治病,家中没有婆婆,妻子坐月子时丈夫应伺候月子。丈夫对妻子承担责任较少,因为妻子在家地位低下,两者间地位并不对等。丈夫对妻子随意奴役、打骂,妻子也不敢反抗,甚至在很多人看来妻子嫁到自己家就是当牛做马,没有任何地位可言,结婚后就是整日做家务、看孩子。

丈夫说的话妻子必须无条件服从,即便丈夫说的不对也要按照丈夫说的去做,不敢反抗或顶嘴,丈夫说的话就是命令,如果不服从,丈夫就有权对妻子管教甚至打骂。如果丈夫做错事情,妻子没有权力批评,而是应听从丈夫安排做其他事情,妻子批评丈夫是对丈夫不敬、以下犯上。妻子没有资格对丈夫的事情发表见解,妇女经常不出门,什么事都不懂,当地俗语"大门不出、二门不入"意思就是妇女常年在家做家务,不出自家大门,不会有机会进入别人家的大门。

能对妻子和和气气、不无故对妻子打骂、能对妻子平等相待,妻子生病时照顾,干活挣钱养活妻子,能让妻子过上好生活的就是好丈夫。好的妻子应体谅丈夫在外干活挣钱不易,把家里好吃好喝的尽量省给丈夫,对丈夫的话言听计从、不反抗,给丈夫生儿育女,勤俭节约不乱花钱,在家做家务,不让丈夫操心,每天做好饭、洗好衣服等丈夫回家,丈夫与别人说话不插嘴等,以上是一个好妻子该具备的条件。

在权利义务关系上,不同类型和人口规模的家庭有一定区别,在大户人家丈夫对妻子责任更少,因为大户人家雇丫鬟伺候家人,挣钱后要交给家长,让家长掌管,这不是丈夫能决定的事情。但妻子对丈夫的义务更多,妻子不仅要伺候丈夫吃喝还要给丈夫生儿育女,最好是生儿子,生女儿会被认为没有后代,妻子可能被休掉,早晨要打洗脸水伺候丈夫起床、问早安,晚上要打洗脚水伺候丈夫睡觉、问晚安。相比之下,中小户人家夫妻关系更简单,只要夫妻双方能正经过日子即可,最基本的夫妻规矩必须要遵守,没有大户人家的繁文缛节,更不需要伺候洗脸水、洗脚水。三世、四世同堂的大家庭与一般的小家庭相比代际差别大,因为家中老人多,思想封建,更强调妻子对丈夫的义务而忽视了丈夫对妻子的责任,造成不对等的关系,妻子即便尽力履行义务也很难得到丈夫和婆婆满意;而丈夫不承担责任,妻子则不敢作任何反抗。

2.妻子大多畏惧丈夫

王家平日里夫妻关系比较融洽,吵架情况较少更没有过打骂现象,但康氏也不敢随意和王吉成开玩笑,因为王吉成在外干活劳累,随意与他开玩笑有可能惹恼他招致打骂。康氏也不会与王吉成聊家常,除非是过节全家人团聚的时候才有可能。平日里王吉成每天从事农业劳动没有时间关心"张家长李家短"的琐事。在王家,康氏和王吉成聊家常容易招致王吉成不满,他会认为康氏整日在家不专心做事。辛庄地区妇女唠家常是一种常态,家常的常见内容是评论别人家的事情,但王吉成厌恶讨论别人家的事情,所以康氏不会找他聊天。

在王家,康氏也怕王吉成,辛庄村几乎所有妻子都对丈夫持畏惧心理,因为丈夫说一不二,妻子不敢反抗,妻子心里有事也不会和丈夫说,除非是怀孕这种喜事才会和丈夫说。妻子的事情丈夫不愿意听,除非妻子得了重病时才和丈夫说,如果丈夫有能力会尽力治疗,但如果家里条件很差,即便和丈夫说了丈夫也无能为力。丈夫在妻子心里是难以接近的,丈夫永远会和妻子保持距离,丈夫和婆婆更亲近,对婆婆说的话言听计从,但绝不会听从妻子,所以对大多数妻子来说丈夫不好相处。不同类型和人口规模的家庭在日常交往关系上有区别,大户人家的夫妻关系更加融洽,这由家庭条件决定,大户人家家境条件好,夫妻双方吃喝不愁,花钱不必有顾虑,只要在生活上不被金钱困扰,妻子能尽到自己对丈夫的职责,那夫妻关系就比较融洽。相比之下,中小户人家因为生活条件不好,丈夫为了家人生活挣钱发愁容易导致各种争端产生,因此夫妻关系并不是很融洽。

3.王家夫妻冲突较少

王家夫妻间发生过冲突但次数不多,王耀德家教严格,不允许家庭内部随意起冲突,刘氏比较开明,不介入王吉成与康氏间的矛盾,因此不影响他们的夫妻关系。王家夫妻冲突主要是吵架类,因为康氏做的家务令王吉成不满意,或康氏因为忙没有及时赶到地里送饭送水导致王吉成抱怨引起争执,这种情况只发生在农忙时候。发生冲突后都是自家解决,即便是发生了这种事情王家人也不会传出去,因为怕被外人嘲笑,主要是康氏认识到错误后主动找王吉成认错,王吉成只是训斥一下康氏即可,不会出现过分打骂的情况。

发生冲突后家庭成员并不是完全站在王吉成这一边,王家人考虑到平息冲突就应该谁有理偏袒谁,只有这样才有利于解决冲突,王耀德也会训斥王吉成不应随意对康氏发火。如果是康氏错了,那会由刘氏出面批评她,而不应该因为小事与王吉成吵闹。为防止事态扩大让街坊四邻听到,王耀德会及时介入其中,是谁的错会批评谁,王耀德不会偏袒王吉成无故批评康氏,如果一碗水端不平会导致事情越闹越大,传出去被外人嘲笑。但外人不会介入,即便康氏的娘家知道后也不会介入这种事情,嫁出去的女儿泼出去的水,娘家如果因为这种事情介入会被婆家认为来示威。

在冲突关系上,不同类型和人口规模的家庭夫妻关系存在一定差异,表现为大户人家冲突少而中小户人家则相对较多,原因在于大户人家家庭条件优良,夫妻间不会因为生活问题或劳动起冲突,而中小户人家因为生活条件差导致夫妻双方对生活不满意容易产生冲突。多子女的家庭相比少子女的家庭因为有更多子女要养活所以家里事情更多,夫妻间可能引起冲突的事情就更多,比如孩子们的教育经费、吃喝穿用都需要父母操心,包括将来儿子成家的娶妻盖房和女儿出嫁的嫁妆都是沉重的经济负担。而子女少的家庭负担较轻,家里的事务更少,冲突源更少。三世、四世同堂的家庭与一般小家庭相比,代际大的家庭长辈尤其是婆婆在夫妻没有起冲突的情况下也会找媳妇的麻烦,挑拨儿子与儿媳关系,导致夫妻起冲突,相比之下一般的小家庭只有两代人,夫妻只要为全家人生活忙碌,不需要担心婆婆挑事。

（四）兄弟关系

1.长兄承担的责任重大

兄长对兄弟要承担的义务主要是指父母去世后的责任，父母去世后兄长对未成年的兄弟应该承担抚养责任，应该供给兄弟吃喝用，让兄弟住在自己家里，承担兄弟的教育费用，教他做人做事和谋生之道，兄弟长大成人后兄长要给兄弟盖房娶妻，长兄作为家中长子应对未成家的兄弟承担更多责任，尤其是兄弟结婚盖房等花费，长兄应该承担更多，正所谓长兄如父。如果有多个兄长，那兄弟只在长兄家里生活，其他兄长起辅助作用，长兄代替父母为兄弟娶妻，说媒只要长兄觉得合适即可，即便兄弟不满意也必须听从长兄安排，否则长兄有权不再抚养他。如果兄弟未成年而兄长不养兄弟，那兄长一定会受到街坊邻居耻笑和咒骂。辛庄村村民原义载是辛庄镇原家村人，父母早逝，他作为兄长有一个兄弟未成年，他和兄弟一起到黄县讨饭，之后他把兄弟扔在黄县自己回家，自此以后兄弟再未回家。村里人都评论原义载心狠，就算是要饭兄长也不能扔下兄弟不管。兄长要教会兄弟谋生之道以便兄弟长大成家后能养活自己。兄长不需要给兄弟置办家业，因为父母去世后兄长们分家会给未成年兄弟分出一份家业以备成家结婚用。如果兄弟学会某种手艺，那兄长应出资给他购置器械，比如泥瓦匠需要用的工具，兄弟成家后作为兄长对兄弟的责任可以结束。

如果父母在世时，兄长没有资格役使兄弟，因为长辈在世所有孩子都要听从父母安排，而只有父母不在世，那兄长才有资格役使兄弟从事劳动，教他下地干活的本领，兄长说的话兄弟要严格遵守，不能与兄长顶嘴或反抗，兄长可以打骂兄弟但不能太过分，教会兄弟道理即可。父母去世后兄弟不听从兄长，在外胡作非为败坏门风，兄长尤其是长兄有资格把兄弟赶出家门，兄长可以不必承担抚养义务也不会受到指责。兄长家里即便经济条件再差也得有一口吃的给兄弟，不能将兄弟卖掉，只有孩子的父母才有资格卖掉孩子，应像抚养自己的孩子一样抚养兄弟长大成人。

兄长说的话兄弟必须无条件服从，就像听从父母那样听从兄长，即便兄长说的不对也应按兄长说的做，做错了不是兄弟的错，但如果不去做那就是兄弟的错。兄长做错事情兄弟没有权利批评兄长，因为兄长代替父母抚养自己，作为兄弟只能服从兄长，即便兄弟帮不上忙也不能批评兄长，这是一种不尊敬的行为，要受到兄长惩罚。

父母在世时能照顾兄弟，好吃的好喝的优先给兄弟，兄弟受到欺负帮兄弟打架出气的就是好兄长，父母去世后兄长能承担起抚养兄弟的责任，不仅照顾兄弟吃喝还供他上学读书，教他学会谋生之道能养活自己，尤其是给兄弟结婚娶妻盖房，能做到以上几点的就是好兄长。兄弟应听兄长，跟着兄长干活，父母去世后兄弟由兄长抚养，兄弟应体谅兄长不易，帮助兄长干力所能及的农活，不在外惹事让兄长操心，等自己成家立业后回报兄长，感谢兄长的养育之恩，只有这样的兄弟才算得上是好兄弟。

在权利和义务关系上，不同类型和人口规模的家庭兄弟关系没有太大差异，不论是大户、中户还是小户人家，只要父母在世，兄长对兄弟没有太多的责任和义务，只有父母去世后兄长尤其是长兄应承担起抚养未成年兄弟的义务，同样父母在世时兄弟应听从父母而不是兄长，兄长没有资格对兄弟提出要求。多子女的家庭和少子女的家庭在权利义务上有些许区别，体现在多子女家庭尤其是家里儿子多，父母去世后成家的兄长多，对未成家兄弟的抚养责任可以相应分担，主要是长兄承担，其他兄长也得相应分担长兄的负担，兄弟读书、学艺、盖房、娶妻的花费可以在兄弟之间分摊。如果长兄家里经济条件好，那可以让长兄承担大部分，其他兄弟分担小部分；如果长兄家庭条件并不是很好，那可以让兄弟们均摊。相比之下，少子女家庭成年的兄长只有一到两个，那未成年兄弟的费用负担很大，没有其他兄弟帮忙分担压力。三世、四世同堂的大家庭与一般的小家庭相比在权利和义务上有区别，这种大家庭中即便父母去世后还有其他叔伯辈甚至爷爷辈的亲人帮助抚养未成年的兄弟，兄长不必承担全部的抚养责任，压力要小很多。一般的小家庭只要父母去世后没有其他的亲戚帮忙抚养，兄长需要承担对未成年兄弟更繁重的责任，同样兄弟也要完全服从兄长安排。

2.王家兄弟关系融洽

王家兄弟关系比较融洽，兄弟们可以经常开玩笑，兄弟关系并不像父子关系那样严肃，虽然兄弟间有年龄差距但并没有辈分差别，因此兄弟间经常开玩笑，一方面可以缓解平日干活的辛劳，另一方面兄弟间开玩笑可以证明兄弟关系和睦，促进一家人团结。等过年过节时兄弟间可以喝酒聊天。平日里兄弟下地干活时不可能闷着头自己干自己的，在干活的过程中互相交流，尤其在休息时聊家常是常见的事情，兄弟间的感情也是通过聊天来维系。

未成家的兄弟应对兄长保持一颗敬畏之心，兄弟没有成家而兄长成家能干活挣钱，兄弟有义务对兄长言听计从。兄弟长大后尤其是成家挣钱后就不会怕兄长，兄弟结婚后有心事不会和兄长说，因为兄弟间不论关系多好，结婚后都和自己的妻子亲近，会逐渐和兄弟关系疏远，只有在结婚前兄弟间才会无话不谈，比如兄弟在外闯祸，兄长可以帮兄弟解决而不被家长知道。父母去世后会有选择性地向兄长诉说心事，关于自己的一些烦恼可以向兄长诉说，但如果在外自由恋爱便不会和兄长说，兄弟成家后不再和兄长说任何心事。在兄弟看来，兄长比较好接近，除非是自己犯错后才会挨批挨骂，兄弟之间以诚相待，兄长对兄弟来说是比较好相处的，很少出现像害怕父亲威严那样不敢接近的情况。

在日常交往上，不同类型和人口规模家庭的兄弟关系存在一定差异，大户人家兄弟关系比中小户人家差得多，因为大户人家经济条件好，兄弟间心不齐是因为受到钱财诱惑、自私心太重导致兄弟间在日常交往时会相互倾轧。相比之下，中小户人家的兄弟更有真情实感，能够做到心往一处想，劲儿往一处使。兄弟们不论是长对幼还是幼对长都能尽力帮助，因为家里没有家产祖业诱惑兄弟，没有太多的事务阻挡亲兄弟间的感情。

3.兄弟间很少起冲突

王家兄弟间发生过冲突，但次数较少。兄弟间虽然是叔伯弟兄[①]，但一直住在一起关系和睦。王耀德教育后代兄弟间要团结，虽然王吉祥精神痴傻，但王吉成从未欺负过他。二人起冲突的主要形式是吵架或拌嘴，王吉成曾因为赌博输钱将家中的一亩良田地卖掉还债，王吉成十分后悔。王吉祥因为脑子不好经常拿这件事来数落王吉成，王吉成在听得不耐烦的时候才会还嘴吵架引起冲突。发生冲突后王耀德出面调解，刘氏和王康氏各自指责自己的儿子，王吉成会主动收手不和王吉祥计较，因此所有冲突都在自家解决，不会传出去。家庭成员并不是都站在王吉成一方，而是更多地站在王吉祥一方，主动要求王吉成作出退让，王康氏也会要求王吉祥就此住嘴。

发生冲突后，王耀德会介入指责王吉成的不是，要求王吉成做错事应该接受王吉祥的批

---

① 叔伯弟兄：王吉成与王吉祥不是亲兄弟，而是叔伯辈的儿子。

评,王耀德不会不顾公平偏袒自己的儿子,这样只会让事态扩大,他要做的是一碗水端平,王吉成和王吉祥也会听从他的要求不再冲突。由于王吉祥精神痴傻,如果矛盾传出去外人会认为王家人欺负病人,会被嘲笑,所以王耀德会站出来说话制止冲突。

在冲突关系上,不同类型和人口规模的家庭兄弟关系有一定区别,尤其是冲突原因不尽相同。大户人家更多的是因为财产问题,尤其是分家时家产分配问题产生冲突,但中小户人家兄弟间发生冲突很可能因为生活窘迫,家里各种生活花销问题,挣得少而花的多起争执。多子女的家庭相比少子女的家庭兄弟间冲突会更多,因为兄弟越多,他们只要结婚后都和自己的妻子关系近而不是和兄弟关系近,辛庄当地有俚语"亲兄弟,仇妯娌",长此以往兄弟就容易起冲突。子女少的家庭兄弟少,甚至只有一个儿子,因此冲突起源很少甚至没有。

(五)兄妹关系

1.父母去世后长兄应视其若子女

兄长对妹妹的责任与兄长对兄弟的几乎一样,父母在世时兄长对妹妹的责任较少,当妹妹在外受欺负时兄长可以帮忙出去打架争气,但兄长没有资格要求妹妹做任何事情。父母去世后兄长要承担起抚养妹妹的责任,尤其是家中兄弟多的,长兄应承担主要责任,长兄应供给妹妹吃喝直到妹妹成年,虽然不需要教妹妹下地干活,但需要让妻子教给妹妹做饭、洗衣、缝衣等女人必备的技能, 等妹妹到适婚年龄后应代替父母为妹妹操办婚礼, 嫁妆由兄长出资,如果兄弟多可以几个兄长平摊,如果只有一个兄长就需要独自承担。长兄负责为妹妹物色对象,妹妹必须听从长兄安排,否则长兄有权不再管她。只要父母在世,兄长不可以对妹妹役使,妹妹作为女性不能下地干活。父母去世后,兄长照常理说具有役使妹妹的权力,但兄长不会像对待兄弟那样严厉,更不会存在兄长打骂妹妹的现象,最多只是妹妹犯错后兄长严肃训斥妹妹,不可能将妹妹赶出家门或将其卖掉。

兄长说的话妹妹必须服从, 尤其是关系到妹妹出嫁时物色婆家的问题上妹妹必须听从兄长安排,即便妹妹不愿意也得出嫁。如果兄长说的不对妹妹也要服从,不服从是妹妹的错,服从了出了错是兄长的责任。如果兄长做错事情妹妹不能批评兄长, 妹妹从小应该养成习惯:男人的事情女人少管,能帮上忙应想办法提建议解决问题而不是抱怨批评。父母在世时兄长能在妹妹受欺负时帮助妹妹出气,妹妹挨父母打骂时爱护她,好吃的省着给妹妹吃,这样的兄长就是好兄长。父母去世后兄长成家而妹妹未成家,兄长应把妹妹抚养长大,供她读书,让妻子教她洗衣、做饭、制衣等女人必备的技能,给他准备嫁妆找媒人把妹妹嫁出去这样的兄长就是好兄长。妹妹能体谅兄长不易,在兄长家住的时候做一些力所能及的家务事,不对兄长提出过多要求,结婚后常回家看望兄长,回报兄长的养育之恩,能做到这样的妹妹就是好妹妹。

在权利和义务上,不同类型和人口规模的家庭兄妹关系没有不同,不论是大户还是中小户人家,只要父母在世,兄长对妹妹没有太多责任,也没有权力要求妹妹,但父母去世后兄长要承担起抚养妹妹的责任,直到妹妹结婚出嫁才算完成责任。妹妹出嫁时嫁妆会因为家庭条件的不同而不同,大户人家的嫁妆多于中小户人家。多子女的家庭和少子女的家庭在兄妹权利义务上的区别在于多子女家庭有多个兄长,那兄长应该分担对妹妹的抚养责任,包括抚养过程中所花费的费用,而子女少的家庭只有一个兄长,就需要兄长单独承担所有的抚养责任和费用。三世、四世同堂的大家庭和一般的小家庭相比,即便父母去世后,大家庭有其他叔伯辈甚至是爷爷辈的长辈可以共同抚养照顾妹妹长大成人，兄长的负担会很轻，兄长便不需要承担太多责任，一般的小家庭父母去世后兄长只能自己抚养妹妹，还要养活家人。

2.王家兄妹之间相敬如宾

王家兄妹平日里关系很好，从来没有发生过冲突，即便兄妹关系再密切也不会开玩笑，毕竟兄妹不是同性，自己家人也是男女有别，妹妹作为女孩子与兄长王吉成的共同语言很少，妹妹也有自己的女伴玩耍。妹妹不会怕王吉成，且妹妹作为女孩子说话办事很有规矩，所以王吉成对待妹妹不凶。虽然妹妹不怕他，但不会和他说心事，妹妹作为女性很多心事是王吉成理解不了的，妹妹更愿意和康氏说心事或者和自己的玩伴畅言。在妹妹看来，王吉成比较好接近。王耀德女儿出嫁后，外孙女宋氏一直在王家里住，王家一直是王吉成当整劳动力挣钱干活，就连宋氏结婚时王耀德的女婿①因宋氏长期住在王家要征求王耀德和王吉成意见，由此可见王家兄妹如果关系不好是不可能让宋氏在王家常住的。

在日常交往上，不同类型和人口规模家庭的兄妹关系没有不同，不论是大户、中户还是小户人家兄妹关系都很融洽。在这一点上不同于兄弟关系，兄弟间很有可能是竞争关系，兄弟长大后会和兄长平分家产。由于大户人家家业大，所以兄弟们对家产有自己的想法，每个兄弟都是自己的竞争对手，即便儿时再亲密的兄弟关系，长大后也会因为财产问题争得面红耳赤，不再彼此信任。而兄妹关系则截然相反，妹妹只是结婚时需要嫁妆而已，不会与兄长争家产，因为家里有儿子那女儿不可能分家产，因此妹妹对兄长不具有竞争力。

(六)叔嫂关系

1.嫂子照顾包括小叔在内的全家人日常生活

嫂子对小叔并不需要承担太多责任，尤其是兄长在家，小叔未成家前如果父母已经去世就和兄长嫂子生活在一起，兄长在外干活挣钱，嫂子在家像照顾孩子一样照顾小叔生活，给小叔洗衣做衣做鞋。1947年以前，辛庄当地一直流传着包拯嫂子把年幼的包拯当作自己儿子一样养活的故事，正所谓"长嫂如母"，包拯嫂子用自己的奶水救活了包拯，包拯长大当大官也像孝敬母亲一样孝敬嫂子。所以嫂子直接负责小叔的饮食起居，可以说如果小叔没有母亲，那他以后就是吃嫂子做的饭长大的，如果嫂子做不到这些，那兄长会管教妻子让她照顾自己的兄弟。

嫂子不可以对小叔随便役使，都是兄长来指使兄弟干活，嫂子只要照顾小叔的日常起居即可，小叔作为男性在家务活上帮不了忙。嫂子不会打骂小叔，即便小叔犯错也只能兄长教训，嫂子作为家中女性如果不是自己的亲生孩子不会打骂。嫂子无权将小叔逐出家门，更不可能将小叔卖掉。嫂子说的话小叔必须服从，因为小叔在父母去世后，嫂子就像母亲一样照顾自己的生活，小叔应该像尊敬长辈一样尊敬嫂子，嫂子即便说的不对也要服从，这是对嫂子的一种尊敬，不服从就相当于不听从长辈的话，这种事情被兄长知道后要挨批评。嫂子做错事后小叔不能批评，因为小叔虽然与嫂子是同辈人，但嫂子应该被当作长辈看待，所以小叔没有资格批评长辈。嫂子能和丈夫一起承担抚养小叔长大成人的责任，并且小叔在家居住期间要认真照顾小叔的饮食起居，把他当作孩子一样对待，不歧视、不虐待小叔，在生活上抚养小叔长大成人直到结婚，能做到这样的嫂子就是好嫂子。小叔在兄长家居住期间不能对嫂

---

① 王耀德的女婿:姓宋，但名字不详。

子的饮食起居提出过分要求,应该体谅嫂子操持家务不易,安分守己不闯祸,结婚成家后挣钱回兄长家孝敬兄长嫂子,兄长在外挣钱不易,嫂子在家操持家务也不易,应像孝敬母亲一样孝敬嫂子。

在权利义务关系上,不同类型和人口规模家庭的叔嫂关系差异体现在大户人家因为家里人口多不需要嫂子照顾小叔生活,即便是家里没有长辈也可以雇丫鬟,而中小户人家因为经济条件限制不可能雇丫鬟,所以只要是兄弟住在兄长家里一般是嫂子照顾小叔。在兄长家不论是不是嫂子亲自照顾小叔的生活,小叔都需要像尊敬长辈一样尊敬嫂子。三世、四世同堂的大家庭与一般的小家庭相比,区别在于大家庭因为没有分家,所以即便父母去世后家里还会有其他的长辈在世,小叔的生活抚养不必完全依赖嫂子,而可以让奶奶辈或者婶婶辈的长辈们抚养,一般的小家庭在分家后只有兄弟这一辈和兄长的后代两代人,所以嫂子只能像照顾自己的孩子一样照顾小叔。

2.王家叔嫂除生活照料外其他交集很少

王家平时叔嫂关系十分融洽,叔嫂间因为性别原因应保持一定距离不能开玩笑,一旦开玩笑传出去对王家名声不好,会遭到村里人的耻笑,就连平日里聊家常的机会都很少。虽然王吉祥平日的生活都是康氏照顾,但实际上小叔与嫂子的真正接触十分有限,因为男女要保持距离。王吉祥不惧怕康氏,就像父母在世时孩子都害怕父亲但不怕母亲一样,王吉祥更加敬畏王吉成但不害怕康氏,但心里有事也不会和康氏说。

在日常交往关系上,不同类型和人口规模家庭叔嫂关系的差别在于大户人家的叔嫂关系相比中小户人家关系更差,因为大户人家家大业大,父母去世后兄嫂把兄弟养育成人后会参与分家产,觊觎家产的哥嫂会不待见兄弟,尤其是嫂子与小叔没有血缘关系有可能在小叔的饮食生活上虐待小叔,导致叔嫂关系受本家家境的影响反而变差。相比之下,中小户人家因为没有太大家业,即便是兄弟们分家也没有可争可抢的,所以未成年的兄弟在兄长家居住时嫂子会更加尽心尽力照顾小叔。三世、四世同堂的大家庭与一般的小家庭相比,大家庭有更多的长辈照顾小叔,所以不需要嫂子直接负责小叔的日常生活,嫂子与小叔的接触更少,两者关系更加疏远,小叔有心事会和长辈说而不是和嫂子说,而小家庭没有其他长辈照顾只能嫂子照顾,因此小家庭内嫂子与小叔接触更多,关系更熟悉。

3.叔嫂之间没有冲突

王家的叔嫂间没有发生过冲突,因为王康氏是康氏娘家家族的亲戚,康氏能嫁入王家也是王康氏做的媒,因此康氏与王康氏的关系是亲上加亲,康氏对王吉祥更加照顾。家中的家务活主要由康氏承担,包括对王吉祥的生活照顾,但康氏很少与王吉祥有直接交流,接触并不多所以两者没有起冲突的机会,即便是有点小摩擦康氏也不会与一个精神痴呆者较真。

在冲突关系上,不同类型和人口规模家庭的兄弟关系差异体现在大户人家叔嫂间冲突可能次数更多、规模更大,需要家长和外人介入调和。大户人家因为家产问题影响兄弟关系,结婚前再亲密的兄弟成家后都是和自己的妻子关系近而不是和兄弟亲近,兄弟即便是有矛盾,也可能碍于长辈面子或者血缘关系没有发生,但如果妇女在其中挑拨是非就很可能引起冲突。辛庄当地有俚语"亲兄弟、仇妯娌",意思就是原本血浓于水的亲兄弟在各自成家后关系依旧如故,但因为妯娌间的不合导致兄弟对立,其中叔嫂间的冲突最具有代表性。而中小户人家因为生活条件差,兄弟们反倒会更加团结一心干活挣钱而不会搞内斗,这样叔嫂的冲突会很少。

五、家户外部交往

(一)对外互帮互助才能关系长久

1.邻里街坊互帮互助

邻里间承担的责任和义务主要是邻居家出现夫妻冲突或与别人家起争执的情况,邻居可以介入帮助化解矛盾。邻居家有难处比如粮食不够吃或急等用钱都应该帮忙,平日借用农具、牲口、石磨等是邻居常见的互帮互助。但并不是什么忙都帮,借钱、借粮、借农具都可以帮,邻居家有白喜事要主动帮忙,但红喜事必须邻居家邀请后才能去,只要家人有时间就都会去帮忙,妇女帮忙做家务,男性帮忙干体力活。

街坊与邻里间责任和义务没有不同,街坊和邻里不会因为居住距离的差异在王家对外关系上发生变化,只要王家与街坊邻里关系好就都互相帮助。借钱、借粮、借农具,只要能帮上忙一定帮助,只有这样在自家有困难时人家才会帮助。如果不互帮互助,那中小户很难生存下去,除非自家条件太差无能为力。

2.地邻间生产生活均有联系

地邻间承担的责任和义务是指邻居间共用水井时都节约用水,不能越界种植生产,两家的农具牲口可以互借使用,邻居家地里发生事情应互相通知帮忙处理,不论种植还是收割,地邻家劳动力不足可以帮助干活,播种季节种子不够可以借地邻家的。互助不仅体现在农业生产方面,日常生活中地邻间有困难都可以互相帮助,地邻间的责任和义务比街坊邻居间有增无减,增加的部分体现在农业生产上的互帮互助。

3.远亲走动少,近亲来往密切

亲戚间的责任和义务根据近亲和远亲的不同存在区别,远亲的职责和义务比较少,主要是过年过节时两家人走动联系亲情,平日里因为两家间居住距离较远没有太多权利和义务需要履行,只有在家里有白喜事时远亲要主动帮忙,顺便带一些烧纸。有红喜事时亲戚邀请后得带着礼物去,除此以外对远亲没有别的责任和义务。近亲不仅需要过年过节和红白喜事联系,平日里亲戚间有难处都需要帮助,如果需要借钱、借粮都要尽力而为,而且亲戚间的拆借不能要任何利息,农具、牲口也是互相帮助的内容,从邻居家借不到的东西亲戚应想办法帮忙,邻居家帮不了的忙亲戚应尽力帮。

4.好友胜过远亲

辛庄当地认为一个好朋友产生的作用远胜过一个远亲,朋友在有困难时能展示出自己的作用,尤其是朋友家有难时互相帮助。辛庄东北村曾有一户王姓大户人家[①]在 1947 年土地改革中被查收全部家产,结果他过年时连饭都吃不上,但他有一位挚友是东良村的一位刘姓大户(姓名不详),刘姓大户在 1947 年土地改革时被没收家产,但他家里仍有部分余粮能过年。刘姓大户知道自己的老朋友日子不好过就让人捎信通知老朋友大年三十到自己家里过年,结果王姓大户大年三十全家人到东良村过年,晚上吃喝完毕后刘姓大户还打包粮食让朋

---

① 王姓大户人家:该户家长名字不详。

友带走,这件事在辛庄当地广为流传。由此可见,朋友在危难关头能伸出援手甚至患难与共,朋友间只要关系密切没有什么忙是不能帮的。

5. 主顾往来以礼相待

王吉成农闲时在村里卖馃子挣钱,王耀德一直教导王吉成做买卖要物美价廉,不能缺斤少两,王吉成对此一直铭记在心,因此王家与顾客间的关系都十分融洽,王吉成平日里在街上遇见馃子铺的客人后都会打一声招呼问好。王吉成在与顾客交往过程中从不欺诈对方,因此主顾双方地位是平等的,即便客人买馃子时忘了带钱也可以赊账,王吉成不用让他打欠条,只是口头记账即可,也显示出王家在做买卖时与顾客间的良好关系。

(二)王家对外交往的地位平等

1.邻里街坊都亲如一家

王家邻里关系十分融洽,王家的邻居见面后就像一家人一样亲近,农忙时互相借农具、牲口,农闲时坐到一起聊天休息,节日里尤其是春节期间会各家串门打牌聊家常,邻居家有红白喜事都会来往。邻里关系平等,一方惧怕另一方的现象很少出现。辛庄当地家里子女多会被外界称赞人丁兴旺,但这并不是向外界示威的资本,家庭子女数量与邻里关系好坏没有关系,邻里交往靠的是你来我往的真心实意而不是家庭人口数量。

王家与街坊间关系十分融洽,辛庄当地没有街坊与邻居交往的区别,街坊间在农业生产上的交往需要王耀德出面,尤其是关于农具牲口的借用,只有王耀德出面才会管用,在过年过节聊天休闲时可以让妇女出面,红白喜事帮忙时只要妇女能帮上忙也可以出面。街坊关系也是平等的,辛庄村经常发生街坊间吵架的事情,但并不存在一方惧怕一方的现象。即便是大户人家与中小户街坊产生纠纷,中小户人家也会据理力争。

2.地邻之间关系融洽

王家地邻间关系十分融洽,平日里经常来往尤其是农忙时地邻整天在田地里见面,干活时做伴休息、聊天,秋收或麦收时地邻间互相帮助收割庄稼。王家与地邻的交往是王耀德、王吉成和王吉祥,不会有妇女参与。地邻间都是平等的,但会出现强占土地的现象,辛庄当地封建迷信十分严重,一些大户人家的墓地讲究风水,请风水先生选风水宝地当作自家的墓地,如果选的那块地是地邻家土地,那大户人家会想尽办法买到或骗到手,这时地邻关系就是不平等的。

3.亲戚都会平等相待

王家亲戚间关系也都十分融洽,不论是远亲还是近亲,只要有时间都会来往,远亲只有过年过节及庙会时会聚一下,近亲则经常见面,双方在农业生产和生活上都互相帮助。以王耀德本家族堂弟的儿子[①]结婚为例,王家人在接到邀请后王耀德带全家人拿着礼物去,康氏帮忙洗碗刷筷子接待客人,王耀德等人帮忙布置敲锣打鼓等事项,凡是能帮上忙的都尽力帮忙。因为是自家亲戚,所以在交往过程中没有避讳。亲戚间一定是平等的,不会有任何畏惧或欺负现象,即便大户与中小户人家是远亲,大户人家也不会故意欺诈亲戚,中小户人家不会主动求助他们,两家都相安无事。

---

① 堂弟的儿子:王耀德叔叔王馀三的孙子,名字不详。

4.朋友能够推心置腹

王家朋友间关系都十分融洽,也经常往来,不论是下地干活还是在家休息都经常见面,一起开玩笑、聊家常,朋友间有困难互帮互助,不仅是王耀德的朋友,王吉成的朋友在王家的生产生活中也发挥重要作用。但只有王耀德交往的朋友才能算是王家全家人的朋友,其他家庭成员交往的朋友只能算是个人朋友。在王家能称得上是朋友的绝对是能推心置腹、关键时能两肋插刀的人,钩心斗角的人不会被王家称为朋友,王家人也不会与这种人来往。辛庄当地有俗语叫作“好凑好、赖凑赖”,意思是大户人家和大户人家交往做朋友,中小户人家和中小户人家做朋友,子女结婚讲究门当户对,两家交往也讲究门当户对,两家的经济条件不能相差太大,否则不存在共同语言就凑不到一起,也就不能称为朋友,这句话的另一个意思是朋友间交往也是好人与好人交往,恶人与恶人交往。

(三)王家对外冲突很少

1.家长出面调解家户冲突

王家处理对外冲突的单位是整个家庭,代表人是王耀德,只有他能代表全家做主对外交往,即便是其他家庭成员与外界发生冲突后也需要王耀德出面调解。除非是在王耀德不在家的情况下,王吉成才能作为代理家长处理对外冲突。王耀德很少出远门,且王家很少与外界发生冲突,所以其他家庭成员处理冲突的情况很少见。

2.王家利益至高无上

王家坚持家户利益至上,当王家人个人利益与家户整体利益发生冲突时,应以家户利益为重。以王吉成闯关东为例,王吉成曾闯关东挣钱,在东北务工五年后接到老乡从山东老家捎来的消息,王耀德要求王吉成回家下地干活,因为王家男劳力奇缺,王耀德岁数大了干不动活,为了全家人吃饭王吉成只能回家种地。虽然闯关东比种地收益高,但为了全家人,他还是放弃了个人利益回家种地养家。

王家在处理任何事情时,只要王耀德在场,任何事情都是他做主,其他家庭成员不能提意见,外人更不能干涉他的决定。以王家修缮房屋为例,1946年夏季王家院墙被大雨冲倒后,王耀德为了让全家人能有容身之地,在家里经济状况困难的情况下借钱修墙,邻居和家族亲戚都建议他将就住着,但王耀德最终没有听从建议,而是决定借钱修房。

3.王家很少与邻里发生冲突

王家街坊邻里间很少发生冲突,一般都是斗嘴吵架的形式,不存在动手的情况。王学礼与邻家孩子打架,王学礼将邻家孩子欺负后跑回家,邻居带着孩子找到王家人说理,双方父母因为这个问题吵嘴都强调自家孩子的委屈,王家说邻家孩子骂人在先,邻家说王学礼打人不对,由此导致冲突。最终王吉成作出让步,当着邻居的面训斥王学礼同时向邻居道歉。如果双方父母各自不依不饶,那就需要王耀德出面调停使矛盾不再扩大以免让外人看笑话。王家街坊曾来王家借农具,用完后忘记及时归还,王家人去要回时对方家长不在家,其他家人不知道借农具这件事情便坚持认为农具是自家而不是王家的,即便王家人已在农具上找到王家做的标记后对方也不放手,由此引起冲突。但等对方家长回家后,了解事情原委后矛盾便解开,对方家长主动到王家赔礼道歉。

地邻间发生的冲突也不是很多,虽然王家土地多但地块分散,因此地邻也多。冲突主要表现在王家与地邻在农忙期间互借牲口配套耕地,当天农活干不完地邻可以把王家牲口赶回自己家里等第二天接着干活，但有的地邻为节省自家草料不舍得给王家牲口喂草导致王家牲口被累瘦，王耀德找地邻评理对方狡辩引起冲突，结果是两家不再互借牲口。

王家与朋友间没有发生过冲突，在王家人看来只要是朋友不可能起冲突，有困难能患难与共，有福一起分享，即便有分歧也不会起冲突，因为朋友间会相互了解，有矛盾都不会放在心上也就不会起冲突。王家很少与外村人接触，但王家的土地多且分散，部分土地远在辛庄村北与邢家村接近的地方，与外村土地交界容易出问题，外村人曾越过王家地界种地，也曾在走路时践踏王家作物，这些都是冲突发生的起因。王家曾在湖汪村附近有一块良田，因为该村村民越界种植导致王家与该村村民发生争执，王耀德拿着地约找到辛庄村村主任，村主任根据地约断定外村人越界。

4.王家对外冲突规模较小

王家的邻里冲突最初是个人冲突，一般是孩子间嬉笑打闹引发冲突导致对方家长带着孩子上门评理，孩子间冲突转化为两家人冲突。街坊间的冲突可以理解为个人间冲突，但不会转化为两家人冲突，因为街坊间借农具是双方家长能做主的事，只不过由于家庭成员信息不畅通导致双方产生误会，才会发生王家人索要农具时起冲突的事情，但这种冲突不至于演化为两家人冲突，对方家长回家后矛盾自然化解，农具归还即可。地邻间冲突是农业生产上的事情，包括牲口出借都是王耀德一手做主，对方虐待牲口与王耀德起冲突就代表王家与对方家里起冲突，不存在因个人原因起冲突演化为两家对立的情况。

王家人与朋友们的关系一直很好，"不是一家人胜似一家人"，即便朋友间有吵架拌嘴的情况也会很快过去，辛庄当地有俗语"好朋友没有隔夜仇，睡一觉第二天又是好朋友"，意思是好朋友即便有矛盾一夜过去又会重归于好，所以不可能发展成冲突，更不可能演化成两家人的冲突。王家与外村人的冲突最初是因为土地问题，外村人故意越界产生冲突，不存在王家个人与外村人打架斗殴起冲突的现象。

5.外人很少介入两家冲突

邻里间发生冲突后如果规模不大，比如双方孩子引发冲突，那双方父母互相退让便可小事化了，不需要家长出面即可解决，但邻里间若互不退让被其他邻居知道后会出门劝解。其他邻居是在两家冲突闹到无法控制后才会介入，王家即便与邻里有冲突也不会大打出手，两家人都会心平气和解决，王耀德十分注重面子不会闹到让外人看笑话的地步。

王家与地邻间虽然闹过矛盾，但即便两家冲突无法调解也只是不欢而散，因为地邻是两家在农业生产上打交道多，如果两家人没法一起干活那生活上也很难相处，两家也就不会再有任何交集。王家亲戚间没有发生过冲突，更不会出现外人介入的情况，因为亲戚总归是自家人，外人主持公道会有所偏向，等某一天亲戚重归旧好后会一致对外，原本介入冲突的外人会变得里外不是人，原本好心调解冲突会变成惹祸上身。王家人与外村人冲突后外力会介入，因为王家除了与外村亲戚、朋友交往外，只和外村的地邻打交道，王家的部分土地与外村土地交界，不免与外村村民交往，如果因为灌溉或越界问题与外村人起冲突后要拿出地约作证甚至要打官司，需要村庄出面介入。

王耀德安排王吉成去做某件事，那王吉成一定要服从他的安排，按照他的决定去做，不论他的决定是错是对，去做了出了错那责任在王耀德，但如果不去做那责任在自己，所以王耀德的命令不能违抗。辛庄当地有俗语"家长让你往东，你不能往西"，意思是家长的命令不能违抗。王耀德曾让王吉成出售自己编的篓子和筐子以补贴家用,但王耀德要的售价高于市场价,王吉成建议适当降低价格,而王耀德一意孤行,王吉成只能拿到集市上卖,但卖出去很少,回家后王耀德并未批评王吉成,因为他按照自己的要求去做了,错在自己定价太高。

6.王家土地被占一事后期得到解决

王家在辛庄镇邢家村南有一亩多土地用于种植花生,辛庄村一户张姓大户人家的老家长①去世,新家长找风水先生在辛庄村找一块风水宝地安葬老人,一是为了老人去世后能在阴间享受生活;二是为了老人保佑张氏后代平安健康、保佑张家兴旺发达。因此,风水先生拿着罗盘确定王家在邢家村南的那块土地风水最好,适合作为老家长的坟地。张家新家长便找王耀德商议购地一事,但名为商议实为打劫,因为张家给出的价格远低于市场价格以至于王耀德断然拒绝。由于时值暑季,张家老家长的尸骨不能在家停留太久,张家见买地不成便在晚上召集家里长工带着工具去王家土地挖坟铲土,等第二天早晨王耀德和王吉成到地里干活时坟地已成形,王耀德只能接受现实。1947年土地改革期间,张家受到辛庄村民批斗,虽然最终原属于王家的土地并未被追回而是分给了其他人家,但王家见到坏人被绳之以法,受的委屈也消除了。

---

① 老家长:张姓大户家长,名字不详。

第四章 家户文化制度

王家的家长王耀德重视对家庭成员的教育,尤其是对后代为人和生活技能的培养。在读书教育上,王学礼等人因厌学贪玩未能实现出人头地的愿望,但在生产、生活领域,王家对后代的良好教育对他们今后生活起到很大作用。王家自家人意识根深蒂固,一切事务以全家人为出发点,推崇家户至上观念。同时,王家作为一个历史悠久家族的一脉分支,其祖上传承的传统习俗和历史文化底蕴深厚,但王家推崇祖先而缺失宗教信仰表明在王家祖先的力量远大于信仰的力量。王家人也会在农忙之余从事娱乐活动,包括个人形式的打牌或邻里朋友间的聊天等。

一、家户教育

(一)受教育者多但学历都不高

王家人的受教育水平都很低,爷爷奶奶辈只有王耀德念过三年书,之后辍学打工挣钱,刘氏和王康氏都没有读过书,王吉成念过三年书后辍学闯关东,女儿和康氏因为自幼缠足不能出门也没有读过书,王吉祥因精神痴傻没有读过书。王淑华和王淑珍读了三年书,王学礼断断续续读书,花费六年时间读到四年级,四年级未读完辍学回家,王孝礼读到高小①毕业。辛庄当地小学读三年、初中读两年,王军礼用八年时间读完四年级。王淑荣读了五年书,王家孙子孙女辈读书从八岁开始,但读完书都是十七八岁左右,花费七八年时间仍获得较低学历的原因在于农忙时期学生需告假回家务农,导致学业经常被中断。

王家孩子大多贪玩无心读书,辛庄当地十七八岁的孩子就能算作劳动力下地干活,王淑华也能下地干活。辛庄当地孩子大多读到三四年级就辍学回家,王耀德不忍让孩子辍学,希望多念书将来有出息,但王学礼等人不愿读书,主动辍学回家。王孝礼因为学习好所以念书时间较多,王家人深知读书比下地干活有出息,希望孩子能靠读书光宗耀祖。

王家没有出现让男孩念书不让女孩念书的情况,但辍学的原因一方面是因为王学礼等人厌学,另一方面也是他们不想让家人花钱,因此他们在读了三四年级后大多辍学下地干活,即使不能当整劳力也可以拾粪割草,只有王孝礼学习较好才留在学校完成学业。辛庄西南村的王连宁因为学习不好被父亲勒令辍学下地,而他的兄长们因为学习好继续留在学校,尤其是二哥②上过大学,王连宁不认真学习父亲让他辍学回家,不让他浪费钱。

王家孩子上学都是王耀德决定,都是八岁上学,王家虽穷但会想办法让适龄儿童读书,

---

① 高小:小学高年级。
② 二哥:名字不详。

最起码能识字,如果不读书留在家里也因为年纪小干不了农活。送孩子接受教育的目的是为了让孩子出人头地,走出农村将来挣大钱能光宗耀祖。即便家里有六个孩子读书,只要有一个孩子因为读书有出息那全家人都跟着沾光,所以孩子接受教育虽带来经济负担,家里还少了劳动力,但只要孩子通过知识改变命运,那这个孩子会带动全家人生活越过越好,之前所投入的一切都值得。辛庄直到1947年以后女孩才普遍接受教育,在此之前很多人家的女孩不可能读书。人们认为女孩读再多书也没用,等到嫁为人妇后每天只能围着灶台计算柴米油盐,而且女孩出嫁后就是别人家的人与娘家没有关系,即便女孩有出息娘家人也很难受益,只有男孩永远是自己家的人。但仍有少数思想开放的家庭能在1947年以前让女孩读书,一方面因为经济条件能承担起教育费用,另一方面因为家里教育观念开放,女孩没有缠足外出行走方便。经济条件好的大户人家几乎没有让女孩读书的,因为大户人家思想封建,对女孩的禁锢更严厉,尤其是缠足非常严格,俗称"三寸金莲",出房门都要扶着墙走,即便家里再有钱也不让女孩读书。

（二）家人支持读书且花钱少

王家孩子读书的学校位于辛庄村里,学校曾经有一段时间搬到王氏家庙南院。辛庄村北烟台客家人[①]住的房间被整修后被当作学校,南屋和北屋是教学的学堂,厢房是老师办公的地方,但只有小学。王家孩子上学报名时是王吉成带着孩子去,不必非得王耀德去,王学礼入学是王淑华带他去。

王家的孩子都读过书,王学礼这代人不论男女只要到八岁就可以去学校报到。读书的顺序是根据孩子年龄大小排序,王淑华年龄最大,王淑华成年后王学礼刚入学,王家女孩读书时间比男孩短。在辛庄,如果经济条件不好会让女孩先辍学而男孩尽可能多读书,虽然适龄孩子会去学校读书,但因为经济条件不好需要孩子辍学,那会先让女孩辍学,女孩辍学后再让学习不好的男孩辍学,最后留下学习最好的男孩继续读书。

辛庄当地上学需要交学费但数目不多,每人每年两到三个大洋即可,学费是从全家财务里出资,并且在每学期末才交,家长可以把学费给父母让父母带着孩子交钱,王家孩子读书的学费是全家的劳动收入,王耀德把钱交给王吉成,王吉成带着孩子在期末去交学费。在辛庄,当地家长想让一个孩子读书但孩子不想去那得强行要求孩子去,要遵照家长的意愿办事,不能听由孩子任性,家长的意志在家里是第一位,不仅关系到孩子是否愿意读书,更关系到家长在全家人心目中的权威,如果任由孩子任性那家长的地位会受到影响,以后会有其他家庭成员挑战家长的权威。

王家在王学礼这一代已经到大多数农村孩子上学的时代,王家人尤其是王耀德希望自家孩子去学校读书将来能有出息,即便学习不好也要在学校待几年学会写字。只有家庭条件不足以支撑所有孩子读书时才需要王耀德作决定,哪个女孩辍学回家,留下哪个男孩继续升学,王耀德不想让孩子辍学但王学礼因厌学主动要求退学,出于节省资金考虑王耀德最终同意。各家都会让学习不好的孩子辍学,让年龄大的先辍学。各家让孩子上学的目的是为了孩子通过学习出人头地,将来能光宗耀祖,即便孩子学习不好也能识文断字,不再满嘴脏话,能更好地教育后代。各家孩子读书时并不理解读书的真正意义何在,只知道读书好家人都会高

---

① 烟台客家人:烟台人在辛庄地区打渔,因为不是本地人因此被辛庄村民称呼为客家人。

兴,只有在读书有成后才知道读书究竟为了什么。

(三)男女所受家庭教育不同

王家孩子的教育还有一部分来自家庭,家庭教育是靠孩子的长辈包括王耀德、刘氏、王吉成和康氏教他们除文化知识外的知识。王耀德教王学礼等人说话有礼貌,见到邻居家的长辈要问好,在外玩要不要打架、骂人。刘氏教王淑华等人少说话,多做家务,凡事少插嘴,不要自己外出,学做家务和针线活。王吉成教王学礼等人如何下地干活,如何在外与外人打招呼、如何与人交朋友,但王吉成不会教王淑华等人任何事情。父亲对女儿没有教育责任,儿子由父亲教育,女儿由母亲教育,母亲可以教育儿子做人道理,比如做人要谦虚有礼,有毅力能吃苦耐劳,母亲教给女儿的是实用的技能如做饭洗衣、做鞋做衣服等妇女结婚后必备的家务技能,怎么做菜、怎么发面、怎么纳鞋底、怎么缝衣服都由母亲教。

不同辈分的人对孩子教育的侧重点不同,王耀德和刘氏对孩子的教育侧重于日常交往的礼貌、品德、思想教育,教他们做人、做好人、做老实人,王吉成和康氏侧重于生活技能教育,教王学礼等人种地,成家后能养家糊口,康氏教王淑华等人做饭做菜、洗衣叠被、做鞋做衣服,结婚后到了婆家能应付婆家各种家务。对男女孩教育侧重点不同,对男孩主要教授对外技能,与人交往、养家糊口,对女孩则是家庭内部方面教育。王吉成还教给王学礼等人如何牵牲口、如何种玉米、如何收麦子、如何与他人打招呼,甚至外出买东西和借农具也由王学礼等人代替是为了锻炼他们对外交往能力,王淑华等人跟着康氏和刘氏学洗衣做饭、做衣服、纳鞋底,还需要喂养家禽家畜。

王家的其他亲戚也会教给孩子做人办事的道理,会教育孩子朝着好的方面发展,邻居家教育两家孩子一起玩耍要和平相处不要打架疯闹。同龄人对孩子的成长影响很大,如果孩子与学习好、品德好的同龄人在一起肯定会受其影响朝好的方向发展,如果与调皮使坏的孩子在一起会受其影响被带坏。孩子到十七八岁时家人就会认为孩子长大了,尤其是男孩能下地干活的时候,但孩子懂事会比孩子长大更早,只要孩子能做到在家敬父母、在校敬老师,回家能给父母、家长端水洗脸,虽然不能干重活但能帮忙干力所能及的农活,家人就会认为孩子懂事。

(四)家庭教育至关重要

父母亲及其他家人的思维方式和性格对孩子成长过程会产生重要影响,家人凡事爱动脑子多思考那教育出的孩子必然十分机灵,如果家人做事总会换位思考、能替他人着想那孩子也会无私热情。但家人整日少言寡语,连街坊邻里间都不常交往那教育出的孩子一定十分木讷。家庭的相处模式与平时的生活氛围对孩子性格也会产生重要影响,家里封建等级不严格,家人间能有较多的意见沟通,也会解放孩子的思想,孩子能更加自由不受拘束。家人五天一大吵三天一小吵那会给孩子的心灵留下阴影,孩子性格变得内向且更加暴力。如果家庭生活氛围融洽,家人都笑口常开、相敬如宾那孩子会更加乐观外向,能说会道。

王家孩子做人做事的道理大多是从王耀德、刘氏及王吉成夫妇那里学来的,他们在孩子没有上学时教育孩子做人要友善、谦虚、自律,不能随便打架骂人,尊敬老师、长辈,出面见到街坊邻里、叔伯婶子要问好,有礼貌等。王家孩子如果犯错王耀德与王吉成会及时教育,指出孩子错误在哪的同时教给他正确的做法。如果与邻居家孩子打架或骂人,只要是自家孩子的错,王吉成会带着孩子去对方家里赔礼道歉,回家后采取惩罚措施让孩子记住错误保证下不为例。王家孩子学到的风俗习惯都是从家中习得,这类知识在学校学不到,每当过年过节家里需要祭祀、上香、烧纸、供奉祖先时,王耀德会亲自操作让孙子们在一旁边看边学,让他们长大后能自己操办。王家每年春节时全家人围在一起聊天讲故事,王学礼等人听王耀德讲祖先搬迁的故事,家族的传承及当地各种事物的来历。每年大年三十,不论是挂宗谱、放鞭炮还是供奉祖先、烧纸烧香都是王耀德和王吉成操办,王学礼等人在旁边盯着各种注意事项及先后顺序,他们长大后王耀德会让他们尝试体验。

王家一直信奉勤劳致富,只有全家人勤劳干活才能挣钱兴旺发达,好吃懒做整天白日做梦不会过上好日子。王耀德认为家里没有人脉关系,想让全家人过上好日子只能发奋图强出力干活,这是农民最根本最有效的致富方法。同样,王家人也坚信家和万事兴,只有家庭关系和睦,全家人才能心齐,劲儿才能往一处使,有困难一起扛,辛庄当地有俗语"一根筷子能折断,十根筷子折不断",意思就是只有全家人团结一心才能发家致富,否则自家人闹矛盾不仅不能团结致富,还有可能分家,人心离散家庭就很难兴旺发达。王学礼遇到困难时是家人给他的帮助最多,不论在学校遇到困难还是受人欺负都会先回家找王吉成夫妇,如果王吉成和康氏忙得脱不开身,王淑华就会帮他解决困难,王耀德和刘氏因年纪太大,家人有事就不和他们说,怕他们操心。王家人离不开自己的家庭,一个人在外即便有朋友也不能代替家人,尤其是年轻时一个人在外会想家,自己遇到困难解决不了时更会怀念在家有很多家人帮忙,导致自己更想家。

(五)家教的目的在于成家立业

王耀德要求王学礼等人十二三岁后学习劳动技能,如拾粪、割草、捆苞米秸秆、牵牲口等,王淑华等人没有缠足,到了十五六岁时也下地干活,但干的都是掰玉米、摔花生等轻便农活,因为女孩主要是学习做家务。王学礼等人小时候若贪玩不干活,王耀德会强迫他们干,否则就惩罚他们。王耀德等人的农业技术是从王家祖辈那里学到的,由一代代传承下来,同时根据时代发展,每代人都会总结农业生产经验传给自己的后代,所以这些生产知识不是一成不变的,会根据时代发展而变化。王家没有专人负责教育孩子,王耀德有时间就教育,他没有时间王吉成夫妇会教育,王家的女孩子是康氏和刘氏教育,并没有安排专人教育,孩子放学后通过安排给他们农活锻炼他们。

在王家,男孩到了十七八岁就被算作整劳力参加农业劳动,与王吉成、王吉祥一样整日在田间劳动,王家男孩是从十二三岁开始到地里锻炼干活,劳动期间王吉成不会手把手教男孩,只会让男孩按照自己的劳动方式模仿,男孩学得差不多后给他安排一点任务让他独立完成,完成后王吉成检查成果,进行批评指导。农活是男孩从小必学的技能,王家雇工干活情况较少,农活主要是自己家人干,如果不会干农活就不能养活家人。女孩的家务劳动是在家里开始学习,由康氏和刘氏手把手教,王淑华等人在十二三岁时要帮康氏生火做饭,学习做一些简单家务,王淑华作为王家长孙女不仅能帮康氏做家务还能照顾兄弟妹妹,减轻母亲负担。所有女孩都要学习做家务,因为结婚后到婆家,如果连家务都不会做会被婆家嘲笑娘家没教好,女孩子不学家务活媒人也很难介绍出去,即便结婚后婆家也有可能休妻。

王家女孩出嫁前要学会生火做饭、做各类面食、做菜、做衣服、纳鞋底、喂牲口、磨面等生活技能,如果不做这些家务嫁入夫家会被夫家看不起,娘家人也觉得丢人。王家小孩子不好好学习相应劳动技能会被王耀德和王吉成批评，因为学习不好只能在家种地，女孩子嫁为人妻做饭带孩子，如果连种地、家务都不好好学习将来就没饭吃，成家后养活不了一家老小会被人耻笑，所以不论孩子是否愿意学习都要逼迫他们学好，这是事关孩子一辈子的大事。王耀德在地里教王学礼牵牲口而王学礼不认真学习，王耀德直接在地里当着众多地邻的面管教王学礼，地邻并没有嘲笑，反而劝导王耀德说孩子年纪小、玩心重，不认真是很正常的，耐心教导就行了。但如果孩子到了十七八岁需要独当一面时还没有学会应学的劳动技能，那传出去一定会被嘲笑。

二、家户意识

（一）自家人意识

不仅在王家，辛庄当地只要同姓人没出五服都算是自家人，五服以外就是外人，自家人与外人相比，自家人话好说、事好办，但与外人说话需要好好考虑，不能随便乱说，找外人办事要欠人情，要想办法还人情。并不是只有王家人才算自家人，王氏家族在五福以内的叔伯及王耀德女儿的家人都是自家人，但刘氏娘家的亲戚及康氏娘家的亲戚都不算自家人，辛庄当地有俚语"姑舅亲才是亲，两姨亲不是亲"，意思是王吉成与王耀德女儿的后代是姑舅关系，都属于自家人范围，但刘氏与康氏娘家的亲戚都是外姓人就不属于自家人范围。即便已经分家的兄弟也是自家人，亲戚居住的距离虽远，但只要不出五福都是自家人，与两家居住的距离没有关系而是看血缘关系。

出去打工常年不回家的人只要本家在五福以内的仍是自家人，是否是自家人与是否回家没有关系，王耀德三弟王耀魁的儿子王吉兴自幼生长在东北，王学礼与堂叔王吉兴一生只见过三次面，但他们仍是自家人。在辛庄男人娶妾，妾也是自家人，妾所生的孩子也是自家人，因为男人娶妾的目的是让妾生儿子，所以生的孩子一定是自家人，同样妾也能上该家的家谱。家人与妻妾之外的女人生的孩子不能算作自家人，因为私生子在辛庄是丢脸的事情，不可能留下私生子。如果家庭成员不听家长安排被赶出家门后在名义上不是自家人，但从血缘上来说未出五福仍是自家人。

一个大家庭没有分家，底下有几个小家庭依然住在同一个院子里就是自家人，不住在同一个院子里但没有分家也是自家人，但即便住在一起不在五服内就不是一家人。自家人见面后会感到非常安全熟悉，遇到困难首先想到找自家人帮忙，如果自己有困难自家人不帮就会影响感情，不论到了什么时候都离不开自家人的支持与帮助。有五福以内的血缘关系就被看作是自家人，如果在做了大逆不道、败坏门风的事情后就被认为不是自家人，尤其是被族长或家长赶出家门的人即便在五福以内虽然仍有血缘关系但不再是自家人。辛庄当地传下来的认定规则是：自家人最基本的标准一定是同姓人，是自己爷爷系的亲戚而不是母亲奶奶系的亲戚，边界就是不出五服，五服以外就不是自家人。

王家对待外人的态度是说话注意分寸，办事要量力而行，凡事不能像对待自家人一样随意自由，王耀德从小教孩子认识村里的及本家族的亲戚，教导孩子见面要称呼叔伯大爷[①]，所以王学礼等人从小认识村里的自家人。王家也不会介入别人的家事，王耀德与王吉成为人老

---

① 大爷：辛庄当地方言，即为伯父。

实不愿意得罪人,不论是邻居家家事还是邻居与别人家发生矛盾都不愿参与,插手管事会越管越乱、惹祸上身,邻居家可能碍于面子排斥王家介入自己的家事,邻居家与别人家起争执后王家如果主持公道可能影响与邻居家的关系,如果不主持公道可能被认为偏向,落得多管闲事的名声,所以王家为了明哲保身不会插手这些事情。但王家会介入亲戚家的家事,尤其是亲戚家遇到困难需要帮助时王家就会有钱出钱有力出力尽力帮助,如果亲戚家有红白喜事王家更会去帮忙,亲戚家里夫妻闹矛盾的时候王家必须介入,但如果亲戚家与别人家闹矛盾,王家在没有弄清楚情况的前提下不会轻易介入,否则会被别人认为亲戚家找人助威。但亲戚会介入王家家事,因为在自家亲戚面前不存在丢不丢人的问题,亲戚将事情处理不好不会受埋怨,处理好了王家人更会感激。

王家人在与自家人交往和与外人交往的不同在于与自家人交往随意自在,只要不以下犯上违背规矩即可,而与外人交往则要礼貌谦让甚至是要送礼,外人还不一定帮自己办事。与自家人说话非常自由,虽不是无话不谈但不需要对某些事情遮遮掩掩。在外见到自家人应该按照辈分称呼,遇见外人可以根据年龄作出判断进行称呼。不论是对待同辈人还是长辈都应该礼貌待人,但当王家遇到困难需要借钱时会先找自家人借,农业互助时只要自家人便利也会优先找亲戚。

(二)家户一体意识

王家人挣钱一起花,粮食一起吃,有困难一起克服。如果王家任何成员受到欺负,那全家人都会感觉受到外人欺负不能容忍,否则会被外人嘲笑。全家人会联合起来保护受欺负的人,在王耀德的带领下找对方讨回公道,即便孩子受人欺负也不能就此忍让,而是应由王吉成带着孩子去评理。如果王家人受到欺负一直忍气吞声会被别人认为是受气包,以后受人欺负会变成家常便饭。

发家致富要靠全家人努力,要想发家人心要齐,辛庄当地有俗语"心往一块想,劲往一处使",自家人如果经常闹矛盾搞分裂永远不会发家,所以为了发家致富不仅需要王吉成、王吉祥等男劳力劳动,就连刘氏、康氏、王学礼等妇孺儿童也得贡献自己的力量,男劳力下地干活,刘氏、康氏在家操持家务,王学礼等小孩能帮忙做力所能及的事情。家里能过上富裕生活是王家全家人的愿望,王家人也一直朝着家庭富裕的目标努力。在辛庄当地"光耀门楣"与"光宗耀祖"道理相仿,意思就是家人做了值得全家人甚至是在家族历史上都值得骄傲的事情,说出去很有面子。

王家共同的生活目标是全家能够挣钱过上好日子,家里能够繁荣昌盛、子孙满堂,后代枝繁叶茂,只要家里有一个后代出人头地那其他人都跟着沾光。王耀德逢年过节拜神求佛时都会祈祷全家人平安健康,不论家里有多少钱平安才是根本,如果家人没有健康平安即使有再多的钱也没有用,因此不论什么时候王家人都会把健康平安摆在第一位。每年大年三十王吉成将王氏家族宗谱挂上高墙后需要烧香、烧纸、磕头祭拜,王耀德在叩拜过程中会祈求祖先保佑家庭成员健康平安。在缺医少药的年代,如果得病很难就医,所以家人的健康永远被王耀德放在第一位,家里粮食不够吃可以买、可以借,甚至出去要饭但唯有生病无法解决。辛庄当地一年三次庙会,康氏都会去南庙里给神灵烧香祭拜,祭拜的主要目的还是保佑全家人平安健康,其次想到的才是发家致富,这也是王家每个人的心愿。

(三)家户至上意识

1.家户整体高于个人利益

在王家,家庭远比个人更重要,没有家就没有个人,因为个人的生存发展建立在家庭基础上,没有家庭的资金支持孩子不能上学,没有家人的悉心照顾孩子不能成长,不论谁离开了家庭自己都独木难支。虽然个人考虑事情时不一定都优先考虑家庭,但家庭对自己的重要性不言而喻,有时为了整个家庭需要放弃个人利益,王吉成为了回家下地养活家人只能放弃在东北淘金。

2.为了全家牺牲个人

虽然王耀德支持读书,但王学礼厌学且王家经济条件不佳,为了减轻家庭负担,王学礼主动辍学回家干活挣钱,供兄弟妹妹读书。王学礼虽然放弃了自己的读书机会,但他心甘情愿,没有遗憾和不舍,因为他本身也十分厌学。王家需要王学礼做出牺牲时王学礼会效仿王吉成为了全家人利益牺牲自己,家里长辈需要他赡养那他一定会回家赡养。辛庄当地评判一个儿子好坏的标准就是"孝顺","孝"就是能积极赡养父母,"顺"就是听话,完全遵从长辈意愿,因此王学礼会按照王耀德的意愿回家。

3.家长的命令不可违抗

在王家关于自己的婚姻问题,其他家庭成员都要听从王耀德的安排,只要王耀德不同意就不能成婚,即便是王吉成夫妇同意也不行,王耀德选定的对象自己不愿意也不能反抗。辛庄当地的部分人家如果家长不喜欢儿媳,那儿子要听从家长放弃自己的婚姻,将妻子休掉,如果不听从家长就可能分家或是被赶出家门,因为不听从家长在当地是一种不孝的表现。家长认为既然自己管不了儿子那就分家不想再看到他,辛庄当地有俗语"娶了媳妇忘了爹娘",就是批判儿子不听从父母,结婚后偏袒媳妇远离父母,被认为是不孝的表现。1947年以前,辛庄西南村王金浦曾在吉林省哈尔滨市工作,他的老母亲近八十岁高龄,王金浦想让母亲去哈尔滨养老但他的母亲不去,为了给母亲养老王金浦放弃了在哈尔滨的技术职位回家下地干活给母亲养老。

(四)家户积德意识

王耀德夫妇一直有积德行善造福子孙的意识,要求王家人不坑人、不骗人、助人为乐,别人家有困难尽力帮助,不能自私要多为他人考虑。王家积极参与王氏家族内的公共事务,参与家庙修缮等活动,但王家因为经济条件有限没能出钱。王家的老人在外人眼里不是爱管闲事的人,王耀德和王吉成都是老实人,不愿参与自家以外的矛盾纠纷,怕被别人说闲话。王家人及周边邻居认为这种做法是对的,自己家里生活都保障不了还去参与别人家纠纷会被别人耻笑,所以处理好自己的家务事最重要。

王家老人相信善有善报、恶有恶报,不是不报时辰未到,辛庄当地有俚语"朗朗青天不可欺,善恶到头必有报",不仅在王家,辛庄当地老人都认为自己做了好事以后会得到回报,造福儿女后代。王氏家族的男性长辈会在正月初一和正月十五到王氏家庙祭拜祖先,祈求祖先保佑王氏后代平安健康。辛庄当地老人都认为德行是靠平时积累起来的,如果王家后代能升官发财、学有所成,那王家人会认为是祖上乐善好施、积德行善的结果。王家人觉得老人积德,福泽子孙、"老人缺德,一家遭殃"这两种观点都是正确的,因为老人做的事情老天爷都在天上看着,老人做了好事即便不能回报到自己身上也一定会回报到子孙身上,同样老人做的坏事老天爷也都记账,后代会跟着遭殃。王家对无德的人会觉得他没有人性,不愿与这样的人交往,如果自家出现无德的人,王耀德会动用家法严厉管教,不让他出去败坏门风祸害全家人,甚至将他逐出家门不再认他,但王家后代都遵守家规没有做过出格的事。

三、家户习俗

(一)春节

王家在春节时期所有习俗与辛庄当地春节习俗完全一致。在辛庄过春节是从腊月三十开始计算,春节前的集市上出售过年用的货物,卖各种吃喝及祭祀用的烧纸、香蜡等,买布匹、针线、棉花回家做新衣,平日里节俭不吃肉在过年时也要买肉改善生活。辛庄当地将春节前的大扫除称为"扫灰",时间是在腊月初八,如果那天没时间就用扫把简单扫一下屋顶走个形式即可,只要腊八这天简单清扫一下屋顶,之后腊月哪天有时间哪天就可以定日子全家大扫除。置办年货都是在春节前赶集的时候,春节集市从腊月初八开始每隔五天一次:腊月十三、十八、二十三和二十八,辛庄当地腊月二十八的集市只持续很短时间,因为已经到了年根,各家该置办的年货如鱼、肉、鸡、鸭及大白菜都已置办齐全,集市上蔬菜种类已很少,只剩大白菜和大葱几种简单的蔬菜,连豆腐都不常见。但各家即便平日不舍得吃的食物在过年时也会尽量置办。各家在腊月三十傍晚贴春联,如果某户人家有人去世那过年时门上不用贴春联,得贴两页烧纸或者是不能贴红纸黑字而是贴蓝纸黑字的春联,家里供奉祖先点的蜡烛也不能是红色的而是白色的。如果这一年里家里有人结婚时贴了粉红色的对联,过年之前对联没有损坏可以不用贴新的春联,如果损坏了或失去色泽就可以贴新的。辛庄当地少数家庭贫穷,连年货都置办不起,根本没钱买对联,当地俗称"过得累了"。王家过春节是以家庭为基本单元,但当地少数人家的家人在外做买卖过年不能回家,在外的家人会与几个老乡或朋友聚在一起过年。王家每年都会在腊月初八那天大扫除,当天王吉成和王吉祥会把家具搬到院子里,再用扫帚把每间屋子墙上的灰尘扫干净,之后康氏会擦桌子、扫地等。腊月期间康氏还需要协助王吉成做馃子出售,等到腊月二十三日那天,王耀德亲自和王吉成去辛庄集市购买年货,包括购买鸡鸭鱼肉、鞭炮、春联等,之后王家人便停止了各项经济活动开始准备过年。尤其是腊月三十下午,康氏在家做浆糊,王吉成带领王学礼等人贴春联,之后王氏家族后代在傍晚一起祭祖扫墓。

王家过年时不仅自家要祭祖,整个王氏家族都要一起上坟祭祖,王氏家族各分支下的所有男性成员都要参与,年轻人抬着给祖先的贡品、烧纸到各处坟地祭拜,王氏祖先的坟地分布在辛庄村的各个角落,按照祖先辈分的大小先去老祖宗坟地再去其他祖先的坟地。王家男性会在大年三十傍晚跟随王氏家族族长与整个家族后代一起祭祖,祭祖由族长主持。王氏家族祭祖时族长带着家族后代到各处坟地祭拜,途中族长会向年轻人介绍哪个坟地是哪位祖先的、在世期间做过哪些事情、从事过什么职业、他的儿子是谁、干什么的、他的后代现在在哪、是干什么的等等。王氏家族只有男性成员才能参加祭祖,任何女性都不能参加,一是女性地位低不能祭拜祖先,二是因为妇女大多缠足很难出家门。祭祖时祭品摆在木制的食盒里,年轻人抬着食盒每到一处祖先的坟地后打开食盒在坟头上压纸、烧纸、烧香,族长指挥大家行礼叩拜。在坟地祭拜结束后回到家庙祭拜王氏宗谱,家庙的正堂用一张方桌盛放着供奉给祖先的祭品,点燃红色蜡烛,在家庙祭拜结束后王氏后代各回各家祭拜自家祖先,之后吃年夜饭,经济条件好的人家吃饺子,条件差的吃胡薯米干饭[①]。王家吃年夜饭时用的是方桌,吃饭时不能随便说话以防说错话对祖先不敬,如果有晚辈乱说话王耀德会训斥"饭还堵不住你的嘴啊",王耀德教育后代过年时要说好话,把蜡烛熄灭时要说把蜡烛"顺了"而不是"灭了",吃完饭后康氏收拾餐具。

王家在春节期间会走亲戚,初一先去王氏家族的族长及长辈家里拜年,之后走访街坊邻居,初二、初三出远门给外村的亲戚朋友拜年,王家的亲戚朋友较多直到初五才能结束拜年。王家在大年初一去本家族亲戚那里拜年,家族亲戚走动结束后去街坊邻居家走动。大年初一只有王耀德带领王吉成、王吉祥、王学礼、王孝礼、王军礼出门拜年,王家的女性成员不能出门拜年,在辛庄当地大年初一给长辈拜年需要磕头,当地人认为女性磕的头不值钱,只有初二、初三回娘家拜年时女性才能出门。王家在王学礼等人年纪小的时候,正月初二去外村的亲戚朋友家拜年,由王吉成和康氏用骡子或小毛驴驮着驮篓一边装两个孩子,等王学礼等人十七八岁能自己出门后王吉成夫妇便不再带领,由他们自己出门拜年。王家的年夜饭都是自己家人参加,没有邀请外人参加过,在当地大年三十吃年夜饭都是各回各家吃。凡是居住在同一栋房屋或同一院落里的一定是一家人,只要没分家都在一起吃年夜饭,分家后就得自己家在自己家里吃,初二开始走亲拜年时才会有外人来家里吃饭。

王家春节拜年是从大年初一天还没亮时拎着灯笼出门,拜完年后回家吃早饭即饺子,拜年的顺序是先去族长、长辈家里,再去本家族的同辈亲戚家里,最后去街坊四邻家及本村的朋友家,但不会给村主任拜年。王家大年初一拜年是在自己村没有出村拜年的情况,王耀德在带领王吉成等人在拜年的过程中需要带着烧纸和烧香到了本家族亲戚家的祖先坟前祭拜,如果亲戚家里刚好点上烧香、烧纸,王耀德等人就可以趁着烧香和烧纸还没有燃尽直接"就香磕头",不需要再另外点燃所带的烧香和烧纸。春节给长辈拜年时需要说"过年过得好"而不仅仅是"过年好"。王家在正月初二去孩子姑姑家,初三去孩子姥姥家,初四去姨姨、舅舅家,初五去朋友家拜年。王家的男性晚辈必须去本家族长辈家里拜年,但比王家辈分小的就不用王家人主动去拜年,而是等他们上门给王家人拜年。

每到正月十六那天南庙会锣鼓喧天、鞭炮齐鸣,游行队伍在前敲锣打鼓,吹拉弹唱走高跷,当地俗称"走会"。但只持续一上午时间,是辛庄少有的一种春节期间的集体活动,而且是村里爱好文艺活动的人组织的。晚上会烧木炭熔化生铁制造燃放礼花的场景,但正月十六前辛庄村没有集体性活动。

(二)其他节日

辛庄当地清明节没有特殊的节日活动,早晨祭拜祖先的贡品必须是饺子,清明节的早饭相较于午饭和晚饭更加丰盛,经济条件好的人家吃饺子,条件差的人家吃胡薯米干饭,王家一般是吃胡薯米干饭,需要在清明节前两天用石磨碾米,买豆腐和白菜做一锅白菜炖豆腐,全家人能在清明节吃一顿好饭改善生活。端午节时,早晨年轻人到田野里采摘新鲜的桃李、杏子,在当地俗称"拉露水"。老妇女把头发盘起来用一棵艾草当发簪插到头发上防止虫类叮咬,但没有娱乐活动。当地除春节需要隆重庆祝外,中秋节也是重要的团圆节日,但没有特殊的风俗习惯,只是在饮食上要求中秋节的中午要吃猪肉大葱馅包子,晚上全家人团聚之际能

---

① 干饭:将胡薯米淘洗干净后按照一碗米、三碗水的比例置于锅中蒸熟即为干饭,同米饭的做法。

分食一只烧鸡,并没有一定要吃月饼的习俗。

(三)婚丧习俗

1.婚娶习俗

王吉成娶媳妇时用两乘轿子迎亲,每乘轿子四个人,因为康氏的娘家在辛庄镇前康家距辛庄村路途较远,因此每乘轿子多预留两个人能轮换抬轿,王吉成乘坐轿子到丈母娘家把康氏娶走后,抬着王吉成的轿子在前带路,后面坐着新娘康氏的轿子。新娘上轿与下轿的时辰都是王康两家在结婚前根据王吉成与康氏的生辰八字找专人测算的,寓意结婚后夫妻二人生活能更加兴旺。王吉成结婚时迎亲队伍里吹拉弹唱的曲子也根据在婆家和娘家的不同而有所区别,迎亲队伍到了康氏的娘家会吹《龙喜凤》,将花轿抬到辛庄村村口时开始吹《双进门》。康氏下轿后还有专人端着火盆在康氏脚底象征性烘烤,王家会蒸糕饼并包上红纸让康氏踩着下轿,安排未出嫁的王氏家族女孩搀扶康氏跨过驴鞍这就算媳妇过门。康氏进门后先拜天地,王家祖先宗谱挂在房屋正间的北墙上,王吉成与康氏进门后先拜天地,后拜祖先和父母,最后夫妻对拜即可,拜完后结婚仪式全部结束。女儿出嫁时娘家习俗较少,只需要按照规定时辰上轿,找一位亲戚负责加毡①即可。王吉成结婚时王家摆酒席宴请亲朋好友,但女儿出嫁时没有摆酒席仅有几位在王家帮忙的近亲一起吃面条,女儿出嫁上轿前需要在场的人吃面条。王吉成举行婚礼时宴请了王家的近亲包括七大姑八大姨、家族的长辈及关系好的邻居朋友,都是王耀德亲自上门邀请,但女儿出嫁时请的客人较少,只请一些来帮忙的父母方的近亲,没有像王吉成结婚时那样铺张。

婚礼后的第二天新媳妇不需要去厨房做饭,按照当地习俗需要过三日后才做饭,是从进门当天算起三天后新媳妇才需要干活。三天之内新媳妇不需要做任何家务,由家里其他妇女代替,过了三天后才开始。结婚第二天早晨需要向公婆问好,问爹好、娘好,给公婆打洗脸水、递毛巾,像王家这种中小户人家只需在结婚第二天问公婆一次好就行,大户人家需要结婚后一天三问好。新媳妇进门七天后可以回娘家,具体在娘家住几天不一定,如果丈夫出门在外媳妇需要当天回家,如果丈夫在家务农,新媳妇可以在娘家住一段时间,具体居住时长不一定。

2.丧葬习俗

老人去世后从老人去世当天算起每隔七天进行一次"烧七",如果老人是上半夜去世就算前一天去世,如果是下半夜去世就算当天去世。所谓"烧七"即为每隔一个七天就祭奠一次老人,一共祭奠七次,其中"烧五七"最为重要,需要给去世的老人制作纸质的假马、假桌子、假凳子以便老人在阴间能正常生活。老人下葬时家里的妇女需要去坟地哭灵②,但只有老人的女儿能真正哭出来,媳妇很少能真哭,即便哭不出来也要假装哭泣还要哭出声音。老人去世七七四十九天后还有"烧百日",是指老人去世后一百天还要祭奠一次,再者就是老人去世一周年、两周年和三周年都要分别祭奠,老人去世三周年祭奠结束后就没有其他祭奠风俗了。在辛庄当地比较特殊的一点是当家庭成员非正常死亡后在埋葬方面没有特殊习俗,但停尸有特殊要求。如果非正常死亡比如淹死、上吊等情况尸体不能进家门,需要在门外搭

---

① 加毡:女婿接走媳妇之前要给丈人和丈母磕头,负责加毡的人就需要将毛皮毡子放在女婿腿下以便女婿行跪拜之礼。

② 哭灵:去世者下葬之时妇女需要趴在逝者的坟地上嚎啕大哭以示对逝者的哀悼。

建棚子停放尸体,因为非正常死亡的尸体在当地被称为"冷骨",尸体不是从家里炕上抬下来的因此不能进家门,如果天气冷那在门外停尸三天后进棺下葬,如果遇到酷暑时期就会直接下葬。

十六岁以下的小孩死后停尸与埋葬时都有特殊要求,因为是晚辈去世所以停尸时尸体不能停在房屋正间的中央,而是要停在稍微靠西的位置,主丧人会把房屋正间门中缝作为房屋的中轴线来检测停尸位置是否靠西。在辛庄当地只有长辈去世后停尸时才停放在正间的正中央。在埋葬方面,只要未满十六周岁的孩子不幸去世,棺材就不被称为棺材,而被称作"匣子",因为他们是未成年人,而且匣子不能留底,只能在底部镶上钎子。如果是从木匠铺里买的匣子有底那就得用钻子在匣子底部钻眼,以区别成年人的棺材,这在辛庄当地被称为"不成人"。

(四)家户习俗单元

1.春节各家过各家的

王家过年时是以家庭为基本单元,只要自己有家都会在自己家里过年,王吉成曾经去东北淘金,其间有五年没能回家,辛庄村出门在外的人过年如果不能回家就会和在外地的老乡或朋友聚在一起吃年夜饭以解思乡之情。过年图的是一家人团聚,如果自己连家和家人都没有,那过年就没有任何意义。一个大家庭没有分家一定会聚在一起过年,但分家后即便住在同一个院落内也是各家分开过年,因为分家后各家有自己的家庭财政,自己买年货买礼物,既然分开了就再也不会凑到一起。

2.出嫁的女儿不能回娘家过春节

王家人过年过节都在自己家里过,但出嫁的女儿绝不能回娘家过年,尤其是腊月三十和正月初一这两天,辛庄当地风俗要求腊月三十和正月初一这两天女儿不能回娘家过年,其他时间回娘家都行,辛庄当地习俗是正月初三回娘家,但初二回也是可以的,只是不能在腊月三十和正月初一回。即便非得在娘家过年,那女儿在这两天也不能住在娘家,必须到本村亲戚家或邻居家住。辛庄当地习俗认为只要家里有儿子,女儿在娘家过年会影响儿孙后代发展,所以各家为了子孙后代发展都不愿意女儿在娘家过年。辛庄镇北朱家村一户朱姓人家[①]女儿怀孕生子后因婆婆去世无人伺候月子,便回娘家坐月子,但坐月子期间适逢春节,朱家家长为了不耽误自家儿孙发展,特地把自家老屋收拾干净让女儿和孩子在老屋住以度过腊月三十和正月初一这两天时间。宋氏因母亲较早去世父亲无力照顾便常年吃住在王家直至出嫁前才回到父亲身边,曾在王家度过了十多个春节。王家人春节期间大多在自己家过年,没有出现去别人家过年的情况,只要自己家里有人,一家人能团圆在一起即便年夜饭伙食较差也无所谓。

3.春节为团圆的日子

辛庄当地过年过节时尤其是春节和中秋节期间全家人都会聚在一起吃团圆饭,出远门的人在过年时也会尽量想办法回家团聚,其他节日如果路途远不用非得回家。中秋节是当地除春节以外的另一大团圆节日,但中秋节只有一天时间所以没有特殊情况不用必须回家,清明、端午、重阳等节日更没必要非得回家团聚。正月初一拜年时,王家人会轮流走访亲戚朋友

---

① 朱姓人家:朱家家长的名字不详。

家吃饭聊天。除正月初一本村亲友邻居拜年后，从初二开始王吉成夫妇会带着王学礼等人去湖汪村的姑父家拜年，中午在姑父家吃饭下午回家。同样，亲戚带着孩子来王家拜年那王家也会留对方吃饭。大年初三王学礼等人在王吉成夫妇的带领下去姥姥家拜年，在舅舅家吃饭，春节期间亲戚走动互留吃饭。但王耀德夫妇因为年事已高，作为长辈不需要出村给晚辈拜年，外人到访王家时会主动给二老拜年。

（五）家长主持节庆仪式

春节时王家会在腊月三十早晨把祖先的宗谱挂到正间北墙上，准备贡品摆放到宗谱前供奉，傍晚王家所有男性与本家族后代一起去家庙、祖坟祭拜祖先，当地将祭祖认为是将祖先领回家全家团聚。等到王耀德带领王家男性出门祭祖后王耀德回家要烧香烧纸供奉王家宗谱上的祖先，在宗谱前摆的各种供品包括鸡、鸭、鱼、肉和糕饼、馒头等，供奉仪式由王耀德负责主持，其他家庭成员听从安排，大年三十早上王吉成和王吉祥挂宗谱，刘氏、康氏和孙女们准备贡品，王学礼等人跟着王耀德学习供奉的事项。

元宵节在辛庄又被称为"灯节"，主要特色在于"点灯"，其余的仪式与春节相同，王家在正月十三下午全部家庭成员会在家里制作蜡灯，原材料是萝卜和红蜡烛，制作方式是把萝卜切成数段，每段都用硬币刻出一个半圆的坑之后插入用棉花包裹的竹签，将红蜡烛融化后用勺子将蜡油灌入坑中等待蜡油凝固便可点燃使用，蜡灯需要等到正月十四晚上才能点燃摆放，制作蜡灯的数量需要根据王家房屋里外、门前门后的角落数量决定。蜡灯需要放在门口两旁，各个房间都要安放一盏，寓意全家今后红红火火、灯火通明以此显示王家兴旺发达。正月十四早晨在王耀德的安排下王吉成和王吉祥挂上宗谱，上午刘氏和康氏准备贡品，傍晚王耀德要在宗谱前点亮四盏蜡灯，这被称为"上四灯"，正月十五早晨需要"捞盛饭"，意思是将胡薯米干饭盛得满满一大碗，碗上插上三双筷子和一圈红枣作为贡品之一供奉给祖先。之所以被称为"盛饭"，是因为在当地人看来过日子最主要是吃饱饭，因此吃的饭不能仅仅足够而是要有富余，每顿饭吃不了要剩下才行，但"剩"字不佳，因此取同音字"盛"。正月十五中午和晚上王家都会吃饺子，早晨吃完饭后刘氏、康氏及王淑华等人会一起剁馅儿、和面、包饺子，傍晚王耀德带领男性成员与家族亲戚祭祖，回家后全家人将房屋里里外外的各个门口角落全部点亮蜡灯，被称为"上全灯"。正月十六王家没有仪式活动，但辛庄村会在南庙组织娱乐活动敲锣打鼓踩高跷，王吉成带着儿女们去观看。傍晚王耀德放完鞭炮后在宗谱前点亮六盏蜡灯，俗称"上六灯"，当晚半夜再次鸣放鞭炮意为送走祖先，就此王家正月春节期间所有仪式活动全部结束。

四、家户信仰

（一）家神信仰及祭祀

1.王家信奉神明较多

王家一直供奉灶神，在辛庄当地被称为"灶王爷爷"，春节和元宵节期间在供奉祖先宗谱的同时还会供奉财神爷的画像，在过年挂宗谱的时候房屋正间北墙上要一起挂上财神爷的画像，宗谱靠东，财神爷靠西，宗谱的高度比财神爷高一些，财神爷和王家祖先一起受供奉但地位不如王家祖先高。因为在辛庄当地"以东为尊"，所以宗谱在东，财神在西。灶神贴在灶台所靠的那面墙上，在墙上安装一块木板用来盛放贡品烧香祭拜，辛庄当地有俚语"灶王爷爷打跟头,你太离板了",这里所说的"板"就是供奉灶神的那块木板,言外之意指某人说话办事十分出格。因为灶神是负责家里吃饭的神灵,所以他的画像一直贴在灶台上方,王家每逢改善生活、过年过节及喜庆日子都将家里好吃的分出一部分供奉给灶神,但财神爷只有春节和元宵节挂宗谱的时候才能享受供奉,关公即关羽就是财神(具体缘由不详)。王家在大门上贴着两张门神像用于驱鬼除邪,但门神不需要供奉,贴在两扇门上保护家人安全。王家曾在院子南墙上的门洞里供奉过"天地公公",王耀德在院子南墙上掏出一个小洞,里面装饰成一座小庙,供奉着天地公公的画像,辛庄当地人在结婚时"拜天地"实际上拜的就是天地公公这个神灵,除了家里有人结婚时需要跪拜之外,过年时需要给天地公公烧香烧纸盛一碗盛饭供奉。因为天地公公代表着"天"和"地",所以家里只有院子才既有天又有地,供奉在南墙上更容易祭拜。

王家男性不论老幼都需要拜神,尤其是财神和灶神只有王家男性才能祭拜,女性只有在结婚时才能拜天地神。财神只需要在正月初二和正月十六晚上祭拜,当地俗称"祭财神",只有灶神平日和过年过节都需要祭拜,所以各神灵祭拜的不同点在于贡品的不同,过年祭拜时需要摆上盛饭,烧香烧纸,但平日祭拜没有严格规定,王家包饺子或吃干饭改善生活时会祭拜灶神,只需要将自家吃的食物留出一点供奉给灶神即可,不需要特地烧香烧纸。

王家在祭拜家神时需要烧纸、上香,是否放鞭炮要视情况而定,祭拜财神时要放鞭炮,但祭拜灶神和天地爷爷时不需要放鞭炮,门神则完全不需要祭拜。烧纸烧香时都是王耀德亲自操作,但自1940年以后逐渐由王吉成代替,供奉财神的贡品和供奉祖先的贡品一样,都是妇女负责准备由王耀德亲自摆放,贡品种类丰富,包括猪头肉片、一只鸡,但只放鸡头、鸡翅膀、鸡腿,因为王家经济条件有限,为了节省资金只会买一只鸡将其中的一部分供奉,剩下的由王家人分享。除了鸡以外还有鸡蛋饼,所有贡品都是用碗盛装,表面上看贡品是整碗的大鱼大肉,但实际上鱼和肉都在表面,碗里主要是大白菜和萝卜丝、红根白菜充数,还有粉丝染成红色摆在碗里加点香菜供奉。灶神和天地爷爷的贡品都是盛饭,但只能插一双筷子和一个枣。平日里灶神贡品也是规格不一,视家庭情况而定。王耀德是王家祭拜仪式的组织者,供奉的时间、贡品种类、供奉程序完全按照他的安排进行。

2.信奉神明能够保佑全家

王家供奉这些神灵一方面是因为这是传统习俗应该坚持,另一方面是因为封建迷信导致包括王耀德在内的很多老人认为这些神灵真实存在需要供奉以保佑全家。王家供奉财神是为了保佑全家挣钱发财,供奉灶神是为了保佑孩子健康成长、全家人吃喝不愁,供奉天地爷爷是为了敬天敬地。辛庄当地有句关于门神的俗语叫作"门神门神扛大刀,大鬼小鬼看得牢"。当地迷信大年三十晚上有鬼,门神负责拿着大刀砍鬼,保卫王家人不受鬼怪侵犯。实际上,王家供奉的神灵没有任何用处,以财神为例,王家是否发财主要看王家人是否辛勤劳动,与财神没有关系,即便供奉祖先也只是后人追思先人的一种形式而已。

3.逢年过节都要求神祭拜

王家大多只在过年时才拜神,主要是腊月三十、正月初一、初二和正月十四、十五、十六这几天集中祭拜,其中财神是在正月初二和正月十六晚上专门祭拜,只有天地公公这一神灵比较特殊,是唯一不需要在过年时专门祭拜的神。如果家里发生天灾人祸,比如1946年夏季王家院墙被大雨冲倒的时候,王耀德让康氏蒸了一锅馒头用来祭拜天地公公以保佑王家不再遭受祸事。过年过节的神灵祭拜作为传统习俗之一是王家人必须要做的。相比平日，过年过节的祭拜要更加隆重，不论是烧香烧纸还是贡品都更加丰盛，只有天地公公是结婚时专门祭拜的，不仅要摆上三碗供品还要有大枣饽饽，在天地爷爷前摆着席子让新婚夫妻跪拜。

王家拜神时都由王耀德主持祭拜仪式，1940年以后逐渐由王吉成接手，王家妇女不论老小都不能插手更不能主持。王学礼等人到了十二三岁时，王耀德和王吉成会教孩子学习祭拜神明的规矩，这些规矩都是只传男不传女，但是蒸盛饭、准备祭拜用品的规矩是女孩必须学的，这一过程辛庄当地俗称"摆碗"。

（二）祖先信仰及祭祀

1.祭拜祖先乃孝悌之道

祖先对于王家人来说代表着王家人能找到自家根源，了解本家族的状况，知道家族过去的历史，证明王家是有根有源的。祖先在现实中给王家后代留下了农业生产的相关经验、耕作技术、土地和房产。在日常生活方面，尤其是在过年过节时能够上坟祭祖、祭拜祖先，同时能通过这些事情联络本家族亲戚的感情使得本家族更具团结力、凝聚力，对王家的生产生活也有帮助，王家同样以祖先为荣。

祖先在王家人心目中就是祖宗，王家人对祖先拥有无限的崇拜向往之情，即便王家的经济条件再差也会祭拜祖先，只要过年时王家人能吃上饺子，就要分出一碗饺子摆上一双筷子供奉祖先。虽然祖先已经去世不可能真正吃上饺子，但这代表王家后代的一种心意和对祖先的尊敬。辛庄当地不论家庭条件如何过年都会祭拜祖先，如果不祭拜会被外人嘲笑对祖先不敬。王家的正间摆放过祖先的牌位，牌位上写的并不是每位祖先的名字而是统称为"王氏祖先之位"，并且都是男性祖先的牌位。辛庄当地有规矩：如果未成年的男孩去世后他的名字不能上宗谱，只能在牌位上写上他的名字，和宗谱上的祖先一样享受祭拜，凡是名字能上宗谱的就不能写牌位，不能上宗谱的才能写牌位，因此王家的牌位是王氏祖先的统称而不是某位祖先的牌位。

到了春节、正月十五和清明节时，王氏家族所有男性后代都要到家庙祭拜祖先，每到家族集体祭拜的日子，家庙管理人员会提前把宗谱挂到家庙正屋北墙上，摆上贡品、烧香烧纸，王氏家族祭拜所需花费都是当地做买卖的王氏后代集资所得，王氏后代傍晚去各代祖先坟地祭拜后再到家庙祭拜，尤其是大年三十晚上十点以后各家还要回到家庙烧纸再次祭拜祖先，这在当地俗称"发纸"。王氏后人不仅居住在辛庄村，还有许多后人搬往外村，即便是迁到外村的后代路途再远也要在大年三十晚上回到家庙祭拜，辛庄当地的"发纸"是有准确时间的，回来早了家庙不开门在门外挨冻，回来晚了错过"发纸"时间会受到族长训斥。王氏家庙由王氏家族在外地做买卖的后代集资修缮，即便是长春、北京、哈尔滨等地的王氏后代也会想办法捎钱回家，像王家这种普通农民不需要出钱。王氏家族在修缮家庙时有一位统一的负责人，掌管王家后代从各地集得的资金，总共集资金额、花费金额、剩余金额、钱花在哪里都需要张榜公布，剩下的钱用来祭拜祖先时买香买纸、燃放鞭炮。

对于王家人来说家庙是神圣不可侵犯的，连王氏家族后人侵犯家庙也要受到严厉惩罚。相对于家庭来说，家庙更重要，需要全部王氏家族成员一起守护，如果有家庭成员不尊重或破坏家庙一定会受到族长的严厉处置。辛庄东南村王鹏周的父亲①曾为了给家庙花瓶里插上石竹和松树枝就用竹竿直接在家庙的松树上掰下一大块松树枝，这一行为是对家庙的大不敬，家庙里的一草一木都不能随便动，折断松树枝被认为会惊吓到祖先，为此家庙管理人员将他毒打一顿后才放他走，事后把他吓得抽烟时上下牙齿都直打哆嗦。但这件事情还没算完。他的家人求情后族长才答应放过他，但让他把家庙所有门窗全部重新刷漆当作是一种赔偿。虽说把全部门窗刷漆对于他家来说是一笔相当大的费用，但必须完成，否则即便打死他也很正常。如果有外村人不尊重或破坏家庙，辛庄村民一定会把他赶走。辛庄西北村的张茂林是辛庄镇泽上村人，曾在村里专门干一些破坏家庙、祠堂的勾当，他做这些事情不是为了偷东西而是因为他见不得别人家有家庙、祠堂，结果被泽上村赶出来，他只能通过在辛庄村的表亲到辛庄定居，王氏族长派人警告他要在这里遵纪守法，否则还会把他赶走。

王家祖坟的占地面积不详，但都在村外的田地里，需要在祭拜时给坟头除草，对其进行维护和修缮。辛庄当地对埋葬不同代际的逝者有顺序要求，即"长子不离父，次子不离母"，墓门方向为西北方向。当地有俚语"头抵连家山，脚踩莲花湾"，这是风水先生在选定墓地时常说的一句话，但具体含义不详。王氏家族仅集资修缮过家庙但未修缮过祖坟，只是在清明节祭祖时王氏后代各家都拿着铁锹去锄草。家谱对王家人来说意味着清楚地知道自身的来源，王氏后代知道自己的祖先从哪里来，谁家有几个儿子几个女儿，谁的妻子是哪个村子的，家谱和家庙一样都是神圣不可侵犯的，如果有成员侵犯、亵渎家谱将受到家长的责罚，家长会想办法修缮家谱，弥补损失。

王氏家族后代除未成年便去世的，其他所有男性后人都可以在死后将名字写上家谱，家谱上包括几世祖名字、有几个儿子、几个女儿、儿子叫什么名字、哪个儿子出继给谁、哪个儿子从哪里过继、哪个儿子的媳妇姓氏是什么、娘家是哪里人哪个村子的、有几个儿女、女儿的婆家是哪个村子，婆家姓氏是什么都在家谱上清楚展示。王氏家族女性成员的名字也可以写上家谱，虽然1947年以前许多妇女没有名字只有姓氏，但不论妻妾还是儿媳、女儿都会将乳名在家谱上展现。王氏家族在家族成员去世后及时续家谱，找知识分子把逝者的名字写上去。王家很重视孝道，这不仅是传统美德还是每一个后代的责任，只有重视孝道老人才能得到后代的赡养，才能给后代作出榜样，具体体现在子女能在父母年老后照顾父母饮食起居，积极承担赡养父母的义务，为了赡养父母甚至可以牺牲自己的前途和利益。王家人没有做出过不孝的行为，但如果出现这种情况王耀德一定会严厉惩罚甚至将他赶出家门。王家对祖先的孝与在世老人的孝是结合在一起的，可以说不孝敬在世老人就是不孝敬祖宗，这在当地被称为"生分"，因为连在世长辈都不赡养，等老人去世后更不会孝敬逝者。

2.祭祀祖先能够保佑后代

王家祭拜祖先的目的是为了纪念祖先，表达后代对祖先的孝敬，同时祈求祖先能保佑王家后代平安健康、发家致富，同时也让王家子孙学会尽孝道，学会尊敬祖先及祭拜祖先的规矩程序。在辛庄除了春节及元宵节外还有清明节需要祭拜祖先，其他节日不需要祭拜，祭拜时首先是祈求祖先能保佑全家人平安健康，其次是保佑王家能子孙兴旺，后代枝繁叶茂，再者保佑王家后代能发家致富不再受苦受穷。王耀德在祈求时先双手合十后跪地磕三次头，叩

---

① 名字不详。

拜之后才会跪在地上祈求,也会祈求祖先保佑老人身体健康不要生病,保佑中年人健健康康能多打粮食养活家人,保佑孩子将来能有出息光宗耀祖。

3.家长负责家庭祭祀活动

王耀德在自家祭祀祖先的活动中处于支配地位,1940年以后王耀德不再亲自动手而是安排王吉成按照自己的要求去做,包括挂宗谱、贴灶神画像,安排刘氏和康氏准备贡品,安排王学礼等人燃放鞭炮、烧香烧纸,手把手教王学礼等人如何操作,让他们长大后能独立完成。尤其是什么时辰烧香烧纸,什么时辰挂宗谱,贡品摆放什么食物都是王耀德决定。与本家族亲戚一起去祖坟和家庙祭拜时王耀德和王家其他男性都要跟着本家族的大部队一起行动,听从族长安排。

在王家,不论是媳妇还是女儿都不可以祭拜王家祖先,也不可以去祖坟祭拜,除非王家长辈去世后"烧七"下葬时媳妇和女儿才需要到坟地上哭坟,过年过节祭拜祖先的活动中家中妇女都不能出面,不论是婆家还是娘家的祖坟都不能轻易祭拜。王学礼等小孩子在祭祀祖先时会在王耀德的指导下学着烧纸,给祖先上香、点蜡烛,给祖先磕头祭拜,出门燃放鞭炮,到祖坟上给祖先上香烧纸,正月十五要点灯。如果孩子学会后就可以代替王耀德给祖先烧纸,王学礼等小孩子喜欢热闹,每逢祭拜时就十分高兴,完全按照王耀德的要求去做,即便长辈没有要求他们也会抢着去做。

(三)庙宇信仰及祭祀

1.各个庙堂可以随意祭拜

辛庄村庙宇较多,除了一个规模较大的南庙外还有一个火神庙、一个海神庙及数量不清的关老爷庙,还有一个北大庙。关老爷庙里祭拜的是关羽,三国大将关羽在辛庄当地被认为是财神,所以关老爷庙就是保佑当地老百姓发财致富;火神庙是保佑老百姓日子过得红红火火,还能保佑家里安全不失火;海神庙是保佑当地渔民出海打鱼能平安归来且满载而归,同时也能起到久旱逢甘霖的作用;这些庙距王家最远不超过一千米,王家经常去庙里拜神。当地正月十六到南庙祭拜,南庙会张灯结彩鞭炮齐鸣,六月二十四是火神庙的庙日,王家人去火神庙祭拜。辛庄村一年有三个庙会,每个庙会都有历史记载,一个是阴历二月十九、一个是阴历六月二十四、再一个是阴历十月初五。其中南庙的神灵最多,最具代表性的胡三太爷就是狐狸,负责管理鬼神,不让鬼魂来骚扰百姓;文昌老爷负责保佑孩子天资聪明爱学习;"送送爷爷"保佑没孩子的家庭能够子孙满堂。

2.男女老幼均可祭拜

王家去庙堂拜神没有严格限制,并不是非得王耀德亲自去不可,刘氏、康氏都可以带着孩子去庙里拜神。家庭成员可以单独去但要得到王耀德允许,要让他知道自己的行踪,而且家里妇女需要婆媳、母女做伴才能去,或者和邻居发小做伴才能去,很少出现一家人全都去祭拜某个神灵的情况。祭拜时最多是长辈带着孩子或母女婆媳、邻居结伴而行。辛庄每年三次庙会都在农闲时候,王家人有时间都会去拜神,实际上拜神以妇女居多。王家人拜神时与邻居家结伴而去或者是和自己的玩伴一起去,都是找两家关系熟悉且交往时间长久的人。因为庙堂是在自己村里,所以走路很快就到,不需要产生任何费用。祭拜时不需要带任何贡品,因为各个庙堂到了庙会的日子都会挂起灯笼摆上贡品,这些贡品是当地有钱的王氏后代凑钱买的,当地的能工巧匠雕刻各种灯笼器具也是义务劳动,祭拜者只需要带一些烧纸、烧香即可,就连王学礼都能与同龄玩伴去南庙玩耍。

五、家户娱乐

(一)真诚结交朋友

王家的家庭成员不论男女老少都有自己的朋友,交朋友的标准就是老实本分、乐于助人、不偷、不奸、不坏,能正经过日子。在王家,男性交友没有具体标准,但基本要求是人好、能互相帮忙,不论是种地干活认识的还是外出打工认识的,只要人品可靠就可以交朋友,交朋友最主要的目的是为了有一天能够互相帮忙。王家女性交的朋友都是自己的发小,都是一个村庄范围内的,而且关系好的两位女性很有可能结拜为义姐妹。王家家人喜欢和好人交朋友,在村里威望高、人品好的人也喜欢和王家人交朋友,这样的朋友在关键时刻能出手帮助。王家人的朋友很多,大多是王耀德和王吉成在外干活结交的朋友,包括南潘家村、招远城南村、维度陈家村、维度孙家村及后沟子村都有好朋友,都是早年在东北夹皮沟淘金时结交的山东老乡。本村的朋友也有很多,但不能以朋友相称而是以辈分称呼,像王国权、王明钦、王恒通都是王家在本村的朋友,是在一起干活时认识的,各家的经济条件差不多,互相都认可对方的人品。不仅是王家,各家的妇女都不能和外面的男性交往,辛庄当地有俗语"男女交谈是非多",因此不论是已婚还是未婚都非常忌讳妇女交往男性朋友,禁止未婚女性交往男性朋友怕双方自由恋爱,禁止已婚女性交往男性朋友怕出丑事。

王家人都可以交朋友,没必要非经过王耀德同意,只要家庭成员交了朋友就要经常往来,不用和王耀德说他也会知道,辛庄当地有一句俗语叫作"两个人交着十个人看着",意思就是自己交的朋友是好是坏不仅自己心里有数,其他人作为旁观者也都有自己的评价。但王学礼等小孩子交朋友需得到长辈同意,需要长辈认同对方孩子老实听话才愿意让自己的孩子与对方相处,一起上学,放学一起拾粪割草。如果对方是调皮捣蛋的孩子,那王家长辈是不会同意的,怕外人带坏自家孩子。康氏交朋友要经过王吉成同意,不论是不是同村的都要和王吉成报备,否则可能引来他的猜疑。王吉成交朋友不需要得到王耀德同意,王吉成作为成年人有自己的是非判断能力,能够作出判断并为自己的选择负责。王耀德作为王家的代表在整个家庭内拥有绝对权威,交朋友更不需要与其他家庭成员商量。

王家其他家庭成员的朋友如果在家留宿需要与王耀德商量,天色太晚让朋友独自回家不放心就会求王耀德让朋友留宿一晚,毕竟让朋友摸黑回家有失地主之谊,也枉费朋友的称呼。即便朋友关系再好最多只会留宿一宿,不会出现在王家常住的情况,因为王家的朋友都会在过年时抽出时间走访拜年。

辛庄当地交朋友没有任何仪式,没有特定的称呼,可以按照年龄以兄弟相称,也可以直呼其名,对双方父母的称呼是按照双方父母年龄大小来称呼"叔婶"或"伯父伯母"。朋友有时间会到对方家串门,尤其是过年或庙会的日子会常走动,朋友家有红白喜事也会参加,参加红喜事时朋友会带着礼物比如鸡蛋、花卷来,有白喜事后朋友只要得到消息就会带着烧纸主动帮忙,"烧七"的时候要带着白面馒头去。朋友间送礼额度没有规定,根据自家的经济条件量力而行。

王家交的朋友一类是王吉成在东北认识的老乡,另一类是在家种地结交的朋友,王吉成在东北淘金期间如果不结交朋友,东北的胡子①就会把辛苦劳动的积蓄全部抢走,但朋友会帮忙把积蓄带出来。王吉成从东北回家后在家种地也结交了很多朋友,不仅有种地的,还有做小买卖的、打鱼的、酿酒的,而王家则开着馃子铺。王家交往的朋友职业大体类似,只有这样朋友间才会有更多机会互相了解,否则很少有共同语言,难以成为朋友。结婚讲究门当户对,交朋友也要求两家门槛相当,辛庄当地有俗语"穷轧穷,富轧富",就是指结交朋友要求门当户对。王家朋友间都互相帮助,如果朋友遇到经济困难王家一定会提供帮助,辛庄当地有俗语"朋友一千不多,冤家一个不少",因为朋友越多以后会有更多人帮自己,同样冤家最好一个没有,因为只要与一个人结下仇,对方就很可能置自己于死地。

(二)赌钱与玩纸牌

打牌在辛庄当地指论输赢的一种娱乐活动,被称为"赌钱",因为当地人认为只要论输赢的都算赌钱,赌钱、吸毒的人在当地都被称为"鬼",如赌钱鬼,大烟鬼等,都是令人无法自拔的东西,赌钱的人大多都会暗箱操作,一般人不敢与他们交往。自家玩的纸牌是一种娱乐性活动,全家人过年时聚在一起休息可以玩纸牌游戏。王吉成曾打牌赌钱,在一个晚上输了三百多现大洋,输钱后无力还债只能把王家的一块花生地卖掉还债。只有家里的成年男性才有资格和村里的人打牌,老人岁数大了不打牌,家长因为手里掌握着财政大权可以打牌,未成家的儿子可以在家与父母、兄弟姐妹玩纸牌,尤其在过年时女性受到的束缚小得多,全家人会围坐在炕上一起玩纸牌。过年就是休息的日子,不论男女都可以玩纸牌,这只是娱乐游戏不会输钱,所以不受约束。在家玩纸牌没有年龄要求,自家人一起玩不分年龄段,王家在过年时全家老少都聚在一起玩纸牌娱乐。

王家过年时玩纸牌比较多,除了大年三十晚上和自己家人玩牌之外,去街坊邻居家拜年时也会玩纸牌,去亲戚家拜年时吃完饭可以玩纸牌消遣娱乐,能在一起玩纸牌的都是和自家关系比较好的亲友邻居。出门赌钱不论家庭经济条件如何,只要当事人身上带的钱足够多即可。辛庄当地赌钱的人有一句俚语为"是小子是姑娘抱出来看看",言外之意是问当事人身上带了多少钱都要拿出来亮一下,不带钱的人不能下庄,不带钱来赌博的人被称为"空手套白狼",意思是自己不带钱想来捞别人的钱。王吉成喜欢玩推牌九,为此输过一亩多良田,他把土地卖掉后其他家庭成员无能为力,王耀德见王吉成认错态度好便没有过多追究,只有痴傻的王吉祥经常嘲笑他"小牌九推得欢,一亩地输精光"。但王吉成赌钱也是希望赢钱暴富以补贴家用,但通宵达旦赌钱导致整个人精神疲惫最后被外人合伙骗钱。对于那些赌钱鬼当地人称其为"赌钱的爪子,养汉的胯子",意思是赌钱已经上瘾,赌钱的双手已经停不下来。

王吉成在辛庄村赌钱不分白天黑夜是二十四小时连轴转,家里人玩纸牌是在中午或晚上茶余饭后玩一会儿,赌钱与纸牌都在农闲尤其是过年时玩得最多。辛庄村没有专门的赌场,但赌徒们在厂炊里挖地窖,上面铺上茅草抹上泥土防风防寒,赌徒们就在里面赌博,家人玩纸牌不是在自己家里就是在邻居家或亲戚家。赌博的地方有出售吃喝的,比如花生、核桃酥,价格是集市上的两三倍,赌徒们没有回自己家里吃饭的,都是在现场高价购买,凡是出门赌钱的人都盼望赢钱,所以一分钟都不想耽误。

在家玩纸牌是纯粹的娱乐性活动没有赌注,出门赌博则有赌注,否则不可能被称为"赌

---

① 胡子:当地人对土匪的俗称。

钱"。以推牌九为代表的打牌就是赌钱，当地要求不能只赢钱不输钱，只要当事人手里有钱就会被开赌局者想方设法赢到手。如果家长爱打牌输钱太多会引起家庭矛盾，家庭成员尤其是老婆会抱怨没钱养活孩子，但没有人提出分家，因为赌钱的都是中年人，他的后代年纪都不会太大以至于无法分家，如果输光钱那赌钱的人会变卖土地、房产、牲口再去赌钱，最终结果是家破人亡。如果家长赌钱上瘾，那其他家庭成员怎么劝都不管用，只能任由家长胡作非为，最终导致家庭败落。

家庭成员如果去打牌即便家长不给他钱，他也会想办法借钱或自己存一点钱留着过年赌博，王吉成曾代理当家有机会接触钱才会去赌博。如果某户人家的家庭成员赌钱上瘾，那家长即便采取再严厉的措施也管不住他，因为他会想办法凑钱继续去赌，甚至有可能走上坑蒙拐骗的道路。赌博者如果欠债那签字画押可以欠账，但家里必须凑钱尽快还债，不论是卖房子还是卖地，如果不能在规定期限内还钱，就会被债主上门逼债到时候被街坊邻居嘲笑。只要赌钱后还不了钱都要打欠条，规定多长时间还清债务，需要签字摁手印作证明。虽然有当事人的签字画押，但需要全家人帮忙还债，如果还不上就要拿家里的房约、地约抵押。借高利贷需要担保人，如果当事人还不上钱就要担保人还钱，辛庄西南村王亚军曾在陈家金矿当技术维修工人，曾给别人做过高利贷担保，但当事人无力还债后债主就找王亚军要债，他也还不上只好跑到西安躲债，结果导致工作丢失。辛庄当地追高利贷的人都是有势力的，能把人打伤打残，当地有俗语"人不死、账不烂"，是指只要当事人不死，债务就不算完。

（三）逢年过节串门聊天

王家男女老少都可以与亲友邻居串门，不过刘氏、康氏等妇女因行动不方便及封建环境缘故串门次数较少，只有过年时串门机会较多，王耀德、王吉成等人在农闲时去街坊亲友家串门，夏天在大街上与男人们一起聊天而不会去别人家里，辛庄当地比较忌讳外人夏天来家串门。妇女们在冬天带着针头线脑去街坊邻居家边聊天边做针线活。串门聊天都是在白天进行，辛庄村里路况很差，晚上没有路灯很少有人出门，尤其是女性晚上不能出门，但王耀德和本村朋友关系非常好，有时候聊天到晚上吃完饭才回家。男性串门聊天内容不一，有的是两家商量正事比如牲口互借，也有的时候就是单纯地聊天解闷。女性串门主要聊的是张家长、李家短的家务事。如果在农闲时串门男性有可能留在别人家吃饭，正巧别人家改善生活比如包饺子、吃干饭等，那么对方会邀请一起吃饭。但女性串门不会在别人家吃饭，因为女性需要尽早回家给家人做饭，串门不会待到做饭时间。农忙时女性不会串门，男性串门也是谈论农活正事，别人家农忙时不会在人家里吃饭。

各家的火炕外延会有一段凸起的地方被称为"炕帮"，妇女串门时坐在这里，可以说是妇女串门的专座，但男性去别人家串门不能坐在炕帮上而是坐在火炕旁边的椅子上。因为对方家里有妇女，在炕帮坐的都是妇女，如果不懂规矩坐到炕帮上就是不礼貌，女性不仅可以坐在炕帮上还可以直接上炕聊天。辛庄的女性全部会扎起辫子，岁数大的妇女用簪子扎起头发，不存在披肩发的现象，结婚时女性可以穿喜庆颜色的衣服，但男性如果参加红喜事大多穿白色衣服，当地物资匮乏，布料颜色单调，男性能穿上一件白色衬衫或短袖是非常有面子的事情，不会在乎红喜事穿白衣服。王耀德和王吉成的朋友也会常来王家串门，王学礼要称呼对方为爷爷或叔伯，但王耀德的朋友来的次数相对更多，因为王耀德上年纪后干活少了空闲时间增多，有更多时间串门。王家对来串门的客人表示欢迎，虽然王家经济条件不好没有茶水,但会端上一碗热水,留对方吃完饭再走,凡是来王家串门的都是客人,同样王家人去别人家串门那王家人也是客人,两家人关系良好对方才愿意到王家串门,王家人去别人家串门时别人都以礼相待,别人来王家串门王家人也会笑脸相迎,只有双方你来我往才能交往密切。

春节期间王家人大多出去串门,但也会留下人看家,过年时家家户户都要开门迎客。如果家人都出去拜年锁上大门,那别人来家拜年发现没人在家是对外人的不礼貌,所以王吉成等人出去串门时王耀德等老年人因为岁数大、辈分大在家里看门。王学礼等小孩子过年图热闹都一门心思出去玩不愿意在家看门,也会跟着王吉成去邻居家找玩伴玩耍。王家人串门聊天的内容都是村里的家长里短,聊天范围不会超出辛庄地区,没有人谈论国家大事,一是因为辛庄交通不便消息闭塞,村民对国家大事不了解;二是因为没人敢冒着杀头的危险谈论国民党、二鬼子,如果被有心人传出去可能小命不保。

(四)一年三次逛庙会

辛庄村一年有三次庙会,王家人每次都会去但不是全家人一起去,王吉成代替王耀德去牲口市买牲口,康氏去菜市买菜割肉,王耀德带着王学礼等人买面鱼吃。张星镇杜家村会有人到辛庄庙会卖包子,王耀德也会给孩子们买包子吃,即便平日里王耀德节俭不舍得给零花钱,到了赶庙会的日子也会带着孩子去庙会买零食,庙会上还有孩子最喜欢的鸡丝糖。庙会上都是老人带着孩子,男人和朋友,妇女与邻居搭伴去。庙会的位置位于王氏家庙南面的厂炊,在家庙山墙南边扎起戏台子唱戏,距离王家不超过一千米,王吉成走路五分钟就到,康氏因缠足得走二十分钟左右。当地庙会一年三次,分别为阴历二月十九、六月二十四和十月初五,每次庙会都会持续三天。以六月二十四火神庙会为例,从阴历六月二十三开始,六月二十四是标准的庙会日,持续到六月二十五。

王家人参加庙会时王吉成去集市购置生产生活用品,王学礼等孩子们在王耀德的带领下撅着筐子去牲口市拾粪,拾粪后王耀德给他们买糖吃,王吉成购置物资后回家招待客人。三次庙会的日子都是农闲不需要干活时,十里八乡的亲戚朋友都会走动串门,王家人在中午招待客人吃饭聊天,王家人也可以就此机会休息。尤其是六月二十四火神庙的时候,家庙南的厂炊会搭台子唱戏且连唱三天。辛庄当地的老百姓娱乐生活很少所以看戏的人很多,即便晚上下雨很多人也会披着蓑衣拿着板凳出门看戏,戏剧的内容都是京剧,是辛庄村的京剧爱好者组织起来的,辛庄村还有各种戏剧服装。唱戏的花费是做买卖的村民集资得来,根据各家买卖大小按比例分摊费用,再加上辛庄集市摆摊收的地摊钱凑到一起组织唱戏,包括邀请来的敲锣打鼓、吹拉弹唱的外村人也需要支付报酬。康氏喜欢看戏,庙会期间中午要在家伺候客人,吃完饭送走客人后下午康氏就会带着板凳领着王学礼等人去庙会看戏,平日里妇女在晚上不能出门但庙会的时候晚上可以去看戏,只不过王家人出门看戏前一定要告诉王耀德,王耀德考虑到庙会就是休息的日子会允许出门。

开庙会的时候王家在家招待来自十里八乡的亲戚朋友,他们到辛庄村赶庙会顺便来走亲戚或拜访老朋友,中午在王家聚会。王家的家庭条件有限只会在家里喝点米酒、吃包子或者面条,也有的朋友去饭馆烫一壶黄酒,买猪头肉和花生米喝酒聊天。在外聚会只有朋友几个人,家人不能参加,如果朋友来家聚会只有家长和成年人才能上桌吃饭,妇女及未成年人只能等他们吃完后再吃,如果是亲戚来走动就可以全家人一起吃饭。家长不参加别人家聚会就会指派儿子代表自己参加,儿子要参加朋友的聚会要经过家长同意,但家长考虑到儿子作为成年人应该有自己独立的生活因此不会拒绝。王家人在家聚会时主要是吃饭、喝酒、聊天,聊两家近期发生的事情、各自村里的事情。庙会集市的规模比平日集市要大得多,各种商品物资都很齐全,王家经常在赶庙会的日子去赶集,购置自家所需的生产生活用品,比如油盐酱醋、针头线脑、衣物布料等,还要买肉买菜伺候家里来的客人,除此之外还会出售一些家里用不到的物品,比如家里的骡子岁数大了不能干活就赶到集市上卖掉,卖的钱拿回家再添置一些钱第二天再去买一头新骡子,自家养的鸡下的鸡蛋也可以拿到集市上去卖钱。

(五)集体娱乐活动较少

春节期间辛庄村在正月十五之前没有大规模的集体娱乐活动,只有正月十六的时候才会在南庙踩高跷,但只持续半天左右。大户人家办红白喜事时会举办娱乐活动比如搭台子唱戏,只有大户人家儿子结婚时才会多雇吹手敲锣打鼓。当地大户人家生活也比较节俭,不会大肆铺张搞娱乐活动供村里其他人观看。王家只有王学礼等小孩子才会去凑热闹,但也只能在门口看一下,因为大户人家的吹拉弹唱是在自家门里,所以成年人出于面子不会去看,只有孩子们会与同龄伙伴去看,王家人尤其是成年男性对戏曲不感兴趣,尤其是王吉成认为"勤有功、戏无意",觉得看戏没意思,还是勤劳致富好。

辛庄村有一个关于乐器的组织叫作"铜锣会",是一些爱好戏曲的人组织起来的,大家在农闲时在一起又唱又跳,等到庙会的日子会一起唱戏,但王家没有人参加这个组织。这个组织里都是成年男性,没有女性参加这个组织,即便是男性参加也需征求各家家长同意,需要在不耽误干活的情况下才能参加,毕竟参加这个组织没有报酬,辛庄当地俗语"敲敲打打的又不能当饭吃"就是形容该组织的无用性。

第五章　家户治理制度

王家作为一个典型的家长决定一切的家户,大小事务均离不开王耀德的决定,可以说王耀德的权力涉及王家的每件事情,同样他在享有管理王家权力的同时也必须承担起王家大小十三口人吃饭穿衣的责任。到1940年后,随着王耀德年纪的增长,逐渐让王吉成代理自己处理一些家务,但王家的大权仍掌握在王耀德手中。不论是天灾人祸还是丰收之年,王耀德都决定家里的各项事务,王家也有祖上传下来的家规家法,虽然未能成文但对王家成员的言行规范起到了相当重要的作用,而且王家也积极履行征粮义务,但王耀德对于村庄的公共事务并不积极。

一、家长当家

(一)同辈长者担任家长

王家的家长是王耀德,分家时他是长子所以就成为家长,不需要根据能力、辈分、年龄和学历来评判,但成为家长有一些必须条件,如:成年人、同辈长子、没有精神疾病,其中最主要的因素是同辈长子。辛庄当地没有要求家长的能力特别强或品德特别好,主要是长子继承制,除非是长子有精神疾病无法当家才会从其他儿子中择优选取。家长在辛庄当地的叫法是"当家的",对家务事作出决策,家中具体管事的人被称为"管家",但辛庄当地只有少数大户人家比如辛庄镇磁口村的寇家有专门的管家,王家由于家业较小、经济条件较差,所以王耀德就是管家直接负责王家里里外外的所有事情,王家不分内当家和外当家,只有王耀德一人负责全家内外事务。家庭内部成员对家长按照辈分称呼即可,王学礼称呼王耀德为"爷爷",王吉成称呼王耀德为"爹",刘氏称呼王耀德为"老头子或孩子他爹"。外人比如街坊邻居会按照王氏家族的辈分称呼王耀德,因为王耀德在兄弟间排行老大,所以会被称为"大叔"或"大爷爷"。

辛庄当地女性很少有当家的,除非是家中男性去世或男性成年在外地不能回家,家里上有老下有小,只能让儿媳妇当家。比如寡妇一个人生活,她就自己当自己的家,父母去世家中无子就把家产传给女儿,但还是得女婿当家,丈夫去世、子女还小没有公婆就得女性当家。辛庄镇磁口村寇氏家族是当地的大户人家,土地上百亩,一年四季长短工几十人,但当家人却是一位女性,是寇家守寡的二儿媳妇,当地人俗称"二寡妇"。因为寇家长辈年纪已大无力当家,寇氏子孙不是在北京做买卖就是已经去世,几位儿媳妇中二儿媳妇能言善辩、能力很强,当家后把寇家打理得井井有条。

王耀德做事深得其他家庭成员信任,其他家庭成员也一直尊重王耀德,因为他管理家庭内外事务十分操劳,而且王耀德勤俭持家,虽然家里的钱全掌握在他手中,但他为了让家人过上好日子自己不舍得乱花一分钱。辛庄当地凡是会过日子的家长都是好家长,虽然家里不一定会发家致富但家人不用跟着吃苦受罪。王耀德对于该花的钱绝不吝啬比如子孙的教育经费及农业生产工具购置的费用,不该花的钱绝不多花,比如购买大鱼大肉的花费。

(二)家长权利涉及方方面面

1.家中大小事务均由家长决定

王耀德作为家长的权力是全体家庭成员赋予的,因为王耀德作为王家的代表人,家人不仅把权力交给了王耀德更是把自己的生活命运交给了他,如果王耀德将全家事务管理得井井有条,家人至少不会跟着吃苦,但如果他利用家人赋予他的权力胡作非为,那家人也会跟着受罪。他的管理范围涉及家庭的方方面面,管理的成员是所有家庭成员,家庭成员的任何事情他都有权干涉,其他家庭成员必须遵从王耀德的意见。王耀德的女儿说亲事时,对象是他安排媒人操办的,媒人找了好几家直到他满意点头,虽然女儿仍不满意但只能听从王耀德的决定。王耀德遇到大事也会和王吉成与王吉祥商量,但家庭成员都会遵照王耀德的意见而不会提出自己的意见,女性只管家务不会对外面的事多嘴。

2.家庭财政由家长把控

王家的收入主要来自三个方面:一是种地收粮后余粮出售的收入,这是王家收入的主要来源;二是农闲时馃子铺开张后王吉成做馃子出售赚得的收入,这部分收入不多只能补贴家用;三是王耀德编筐子、编篓子出售所得,收入较少只能当作家里买油盐酱醋的零花钱。王家的财产归全家人共有,王耀德有权对家庭财产进行分配,家庭财产如何使用全部由王耀德一人决定,其他家庭成员无权发言。家庭成员挣钱后要将钱交给王耀德才能回屋,如果回家后不给王耀德钱那王耀德会主动让他交出,防止私藏钱。如果家庭成员藏私房钱,那王耀德一定会严厉斥责。但王家没有出现过这种情况,不论是谁挣了钱回家都会主动交给他,王家没有因为这种事情起过争执。贵重物品也是由王耀德掌管,包括地契、分家单、现金、康氏嫁妆的珠宝首饰都在一个木头箱子里,箱子上锁后放在盛放衣服的硬木柜下压着,钥匙在王耀德手里掌管,衣服等不重要的东西放在衣柜和硬木柜里由刘氏和康氏保管,王耀德除了赶庙会外,平日里不会给家庭成员零花钱。

王家人结婚聘礼、彩礼准备多少、怎么处置也是王耀德决定,康氏进门时因为娘家经济条件有限,只带了一个硬木柜和几件衣裳作嫁妆,这些东西被康氏留在自己屋里使用,王耀德没有干涉。大户人家女儿出嫁带的嫁妆田及钱粮都归婆家所有,由家长决定如何处置,只有珠宝首饰归自己支配。如果家里发生大事着急用钱,那媳妇应该把首饰贡献出来。

王家的粮食供全家人一起吃,农忙时由刘氏和康氏决定当天吃什么,只有在过年过节及农闲改善生活时王耀德会做主去买菜、买肉、包饺子。王家的粮食放在东厢房的缸里盛着,由王耀德看管,他对家里有多少余粮心里有数,每次磨面用多少粮食还剩多少粮食他都清楚,他会掌握家里的余粮情况保证家人不挨饿,家庭成员未经过家长同意不敢卖粮食,只有在秋收和麦收后家里留下足够粮食再把余粮卖掉。如果家庭成员偷拿粮食去卖被王耀德发现后肯定会受到严厉责罚,但王家未出现过此情况。王家还出售过部分土地,写单子时落款人写的是王耀德的名字,其他家庭成员签字不能得到对方的承认。不论是出售还是购入都要出具地约,购入时更需要资金,这两种条件是其他家庭成员都不具备的,所以他们签字的单子不具有任何效力,只有王耀德签字才能生效。

3.妇女为家长的衣物消费决策献计

总的来说,王家的经济条件较差,一年下来每个人只能制作两三件衣服,每年冬天最多只做一件棉衣,如果收成好那每个人都能做一件棉衣,王耀德去集市上买布买棉花回家让刘氏和康氏制作棉衣。如果收成不好只能根据个人衣服消耗状况来分配新衣,王学礼穿的棉衣还很完整,他就不会做新的,而是给穿破衣服的王淑华做一件新的。王家在制作新衣上并不是根据小家庭分配棉花布料而是全家人一起制作,制作新衣时布料和棉花是全家人一起使用,并不是再次分配到各个小家庭,妇女做棉衣剩下的棉花和布料由刘氏保管留着下次再用,不会出现私自出售换钱的情况。王耀德的衣服由刘氏制作,如果刘氏看不清针线就由康氏制作,王吉成和王学礼等小孩子的衣服也由康氏制作,王吉祥的衣物由王康氏制作。

4.生产劳动由家长安排

王家的劳动生产分配由王耀德安排,王耀德每天晚上在家安排好第二天去哪块地干什么活。以耕地为例:王耀德安排王吉成牵牲口、王吉祥招犁、王耀德自己锄地,王学礼带着弟弟们拾粪,家庭成员都会听从王耀德的安排,王军礼年幼贪玩干活会被王吉成训斥。农忙时早晨劳力不回家吃饭,辛庄当地都是早晨五点多下地干活,干到七八点钟后回家吃早饭再下地干活到中午。农忙时王耀德等三人就不回家吃早饭,而是让康氏用扁担一边挑着水一边挑着饭送到地里,秋收和麦收后刘氏和康氏到厂炊晒麦子、掰玉米、打花生,干一些不需要走动的农活;农闲时王家妇女不需要干农活,在家里做好家务,喂养牲口和家禽家畜即可,康氏帮助王吉成做馃子。

王耀德和刘氏、王康氏干活相对较少,王耀德年纪大了虽说也能下地但干的都是轻松活,不能算作整劳力,刘氏农闲时在家里做针线活,帮助康氏做家务活,喂养牲口、拌饲料,农忙时去厂炊掰玉米、摔花生等。王淑华等人自幼没有缠足,十三四岁就帮长辈下地干活,但她们主要还在家与康氏一起做家务,女孩十七八岁后就在家帮助母亲洗衣做饭喂牲口割羊草。

5.婚丧嫁娶事宜由家长做主

王家在娶媳妇、嫁女儿这方面都要听从王耀德的安排,如果王耀德同意而孩子不同意仍要按照王耀德的要求结婚,在王家不论是谁因为何事,只要与王耀德的意见发生矛盾都要以他的意见为准。辛庄当地不存在离婚现象,男女间的地位是不平等的,如果想结束婚姻只能男方休妻,所以各家子孙休妻时必须经过家长同意,如果家长不同意是不能休妻的,家长同意后男方一纸休书就可以让妻子带着行李和休书回娘家而不必提前通知女方娘家,男方不需要派任何人与女方交涉,女方也不能派任何人找男方评理,只能忍气吞声。家长对媳妇不满意就要求儿子把媳妇休掉,即便儿子不认同家长做法也要听从,即使媳妇没有做错任何事也只能含冤受屈被休掉。如果儿子违背家长意愿执意留下妻子,那家长一定会严加训斥儿子,认为儿子败坏门风,把儿子夫妇赶出家门不再认他们。

辛庄当地各家的祭祀活动不仅需要家长参加,而且全家男性成员都要参加,只有这样才能展示出后代对祖先的重视、孝敬。王氏家族在1947年以前没有清明会等家庭大型活动,辛庄当地清明节是全家人连同本家族亲戚一起去祖坟祭拜祖先再去家庙祭拜,其间都是族长主持,不需要各家家长组织。家长过世前若把他想做但生前没有做成的事情立了遗嘱,那后辈一定会遵照老人的遗嘱办事,辛庄当地有俗语"人之将死其言也善",老人在临死之前所说的话后代都会答应尽力去做,这也体现了后辈对老人的孝顺和尊敬。如果不做传出去会被人骂不孝子,背后受人指指点点。

6.家长对外代表整个家庭

1946 年,王家房屋院墙因下大雨被冲垮需要修补时,王耀德代表王家向本村的两个好朋友借钱修缮院墙,之后王家人一起偿还债务。同样,王耀德也是每户交税纳粮的主要负责人,如果王家存在拖欠交不上粮的情况首先找王耀德承担责任。家里有人要出去打工一定要征求家长同意,王吉成青年时期曾去东北夹皮沟淘金就事先征得了王耀德的同意,在外挣的钱除了自己必要的吃喝消费外剩下的要全数寄给王耀德,不能留着随便消费。如果在外地需要用自己挣的钱买一些必需品不用非得经过王耀德同意,因为辛庄通信方式落后,不能及时通知家长,遇到急事需要花钱自己做主,但回家后要告诉家长自己什么时候花了哪些大钱、挣了多少钱、拿回家多少钱。儿子出门打工不能带妻子,也不会出现妻子不告而别找丈夫的情况,因为妇女缠足一个人很难走远路,少数大户人家媳妇出了自己村都不知道东南西北方向,根本没有能力独自找丈夫。儿媳妇找丈夫也需要路费,但家里的钱全都由家长掌管,未经过家长同意儿媳妇拿不到钱,所以说妻子不告而别去找丈夫是不可能出现的情况。

7.家长在位期间权力不受约束

王家家长不是选举而是自然产生的,不论家长是带领家人发家致富还是家庭败落都要接受现实。如果家长私自与外界借债用于私事且长期不还,家庭成员只能想办法帮助家长还债,因为家长欠债一定会签自己的名字,家长作为整个家庭的代表,即便债务用于家长私事,但家庭成员还是先得还债,只能忍受家长的所作所为,不敢规劝家长。如果家长吸食鸦片导致家庭败落,那家庭成员很可能要求分家,尤其是人口多的大家庭就要换新的当家人,因为家庭成员无力约束他吸食鸦片,只能把他放弃。不论赌博、酗酒还是吸食鸦片都被称作"鬼",言外之意上瘾很深,族长会坚持多一事不如少一事原则不会干涉家庭事务。如果家长吸食鸦片不论谁说的话他都不会听,甚至能通过偷抢、变卖家产的方式达到目的。但族长会出面根据家庭情况帮助这个家庭选出新的家长,证明原来的家长不再具有家长地位,不让这个家庭跟着原家长受苦。如果家长赌博将家产败光,那家庭成员也不会再接受他的领导,实际上他已经失去了家长的权力,家庭成员与族长不论采取任何办法都无法限制他,家产败坏光就会出门坑蒙拐骗想办法弄到钱继续赌博,所以唯一的办法就是不能让他碰到钱财,而是让他自生自灭,在族长的帮助下选出新的当家人,不让家人跟着他受苦受罪。只要家长做的事情在情理之中家人都能承认他的权力,即便家长做了不被大家认可的事情家人也需要无条件服从他,因为家长享有绝对的权威让家庭成员都遵从他的意志。不论哪家家长出现问题,家族和外部人员都不会介入,因为这事关一个家庭当家做主的大事不同于一般的矛盾冲突,没有人愿意冒险多管闲事,即便族长也很少介入这种事情。人们认为这是一种出力不讨好的事情,弄不好会被人嘲笑多管闲事,但王耀德从未做过败坏门风的事情。

8.儿子可以代理家长当家

即使一个家庭家长过世后没有儿子当家也不会请本家族的人代理当家,在辛庄当地如果家里没有儿子可以过继侄子给自己当儿子或者招赘,让女婿继承家业给自己家当家做主。本家族的人也很少愿意代理当家,因为自家也会有很多事情需要操办根本无暇顾及外人,如果经济条件好外人有可能愿意代理当家,但如果家境贫穷外人就不愿多管闲事。

在王家,王耀德在 1940 年以后逐渐耳聋眼花、思维判断能力下降、腿脚不便,因此很少具体操持家务。按照习俗,同辈长兄应该继承家长的位置,但如果长兄精神不好不能管理家务,那么长兄连名义上的家长也不会有,只会把家长的名分和权力全部交给其他兄弟,因为兄弟没有家长的名义即便行使家长的权力也不是底气十足。所以在辛庄当地如果长兄无力当家那应该直接让兄弟全权当家,不用代理。如果一个家庭里父亲一直当家,那么在父亲60、70岁以后虽然还是名义上的家长,但因为身体年龄原因退居二线把权力放给儿子让儿子当家,父亲已不再直接负责家里事务,最多只是辅佐儿子,等到父亲去世后儿子就成为新的家长,这样在儿子代理家长这段时期锻炼儿子的能力,能磨炼他应对各方面问题的能力,不至于父亲去世后儿子初当家长对各种事情茫然导致家庭秩序混乱。

(三)家长的责任

1.以养家糊口为重任

作为一个家长,他管理的事情涉及家庭的里里外外,可以说家里发生的每一项事情他都需要管理,但最主要的事情是家庭成员的生活问题,即家人的吃饭穿衣,如果家人吃不饱穿不暖那就是家长的失职。一家人没有粮食吃就得家长负责,去邻居亲戚家借或是买一些,要保证家人不饿肚子。如果没有衣服穿了家长要花钱去买布匹棉花让妇女在家做衣服。如果要去别人家借钱借粮,家长作为全家的代表去借,签字画押也得写家长的名字。家长的职责涉及全家各个方面,最基本的职责首先是保证全家人的衣食住行,生活得到最基本的保障;其次是管理家里的生产活动尤其是农业生产,土地的种植结构、农用工具、牲口劳力等都需要家长管理,尤其到了每年的麦收、秋收时家里收入如何、余粮多少都需要家长操心。在家庭内部生活方面要做到一视同仁不能有所偏向,维护家庭内部成员的和谐关系,保证家庭团结和睦,关键时候一致对外。同时,教育抚养自己的后代,不仅把他们养大还要教他们做人、做好人、做能人,能够传宗接代将家庭发扬光大,所以自家的小孩犯错后家长要严厉批评教育。家长在辛庄当地来讲不仅是一个称呼更代表一种对全家人的责任,家长需要做好自己最基本的职责才算是好家长,要保证全家人的吃饭穿衣不愁,在家庭内部能上敬父母下养子女、孝敬祖先,教育后代成人成才。维护家庭内部团结和睦不偏不向,精通农业生产,将土地、农具、牲口、劳力管理得井井有条,家庭每年都有较为可观的收入,生活满足富余,能够做到以上几点的家长就是好家长。

2.家长去世或年老应产生新家长

家长如果年纪大了失去对事务的判断能力后无力管理整个家庭,就表示家长不能胜任职责,家长做错事情不会影响他的地位,因为家长拥有对家庭事务的决定权,家庭成员无权干涉,即便家长的决定出错家庭成员也只能接受后果。家长年纪大了没有能力管理家庭事务但仍坐在家长的位子上,只不过他不再实际处理事务,而是让儿子或兄弟代理当家,实际行使当家人的权力,等家长去世后再选新的家长,或是家长考虑到自己年纪大了继续当家会连累全家人有可能自己主动退位让儿子或兄弟接班。

一个家庭只能有一个家长,辛庄当地像王家这样的中小户人家只有一个家长负责全家内外所有事情,只有少数大户人家分内外当家,外当家处于领导地位,内当家要听从外当家的安排,因为外当家的都是男性而内当家的都是女性,辛庄的女性地位普遍低于男性,所以内当家要听从外当家。不会出现一个家庭有多人当家的情况,辛庄当地有俗语"家有万事,主事一人",意思是一个家庭即便规模再大、事情再多也只能由一个家长做主,如果做主的人太多就会出乱子。

（四）家长的更替

1.家长更替后由家人接管

在辛庄当地如果家长出远门务工不在家，那他直接主动退位而不会找代理当家人，重新找一个长期在家的人担任家长，如果有兄弟在家就让兄弟当家，如果没有兄弟而儿子成年就让儿子当家，若儿子也未成年就让妻子当家。辛庄当地的规矩是一个家庭内，如果有长辈即便晚辈已经成年也不能当家，家长位置得让给长辈。家长如果因为头疼感冒等小病暂时无法照料家庭就让兄弟或儿子代理当家，但如果家长因大病常年卧床不起，那他便不会找代理当家人而是直接把家长的位置和权力全交给兄弟或儿子，如果儿子未成年就交给妻子，不能因为自己重病耽误全家人的生活，得找一位新人做主。

家长过世与家庭是否分家无关，尤其是人口少的小家庭家长去世后只有妻子与未成年的儿女是不可能分家的，只会让妻子当家，儿子成年后儿子接替当家。即便是人口多的家庭，家长去世后根据他的遗嘱会选出新的家长，但家庭并不一定会分家，而是由新的家长接班。家长去世后几个儿子不想在一起过日子便可以在族长和舅舅的见证下分家，分家后的小家庭会产生新的家长。家长去世后新家长不需要在老家长的葬礼上做任何特殊的事情。不论是兄弟还是儿子、妻子接班当家都需要给老家长磕头祭拜，没有特殊的仪式，新家长的交接过程不需要开家庭会议，不需要发誓立字据，甚至连新家长都没有选举或任命仪式，因为各家家长是自然产生，新家长能担当起自己的责任将家庭发扬光大，带领家人发家致富就是他需要做的事情。

2.同辈长者优先当家

一个大家庭要更替当家人，首先会从同辈人中选择接替人，原有的家长是同辈老大，老大不再继续当家那就是他的兄弟按照年龄接替担任家长而不是老大的儿子，即便老大的儿子比老大的兄弟年纪还大也不能当家。家长可以事前立下遗嘱根据自己的决定选择新的家长，家长去世后家庭成员根据家长的遗嘱直接认定新家长接班，不会因为接班问题导致家庭成员间夺权造成家庭矛盾，甚至导致家庭破裂。

辛庄当地极少数人家有女性当家，没有特殊情况都是男性当家，如果一个家庭没有儿子全是女儿，那家长会从兄弟家或本家族的侄子里选一个侄子过继为自己的儿子，如果没有过继侄子就会招赘，让一位女婿到自家来给自己养老送终，将来当家继承家产。如果家长不止一个女儿就可以从几个女儿中选出一个女儿留在身边，让女婿入赘，具体选哪个女儿在身边由家长决定，并不一定非要留下长女。家长根据女婿是否孝顺、态度如何、家境如何作出判断，一定要找一个孝顺老实的女婿。辛庄当地有俗语"好女儿不如好女婿，好儿子不如好媳妇"，其他女儿也要常回家看望父母。女婿入赘后就是女婿当家，因为招赘在辛庄当地人看来不仅是招上门女婿，更是招了一个"儿子"给自己当家、养老送终。

3.家长更替移交所有权力

家长更替后会移交所有权力，包括家庭里里外外管理所有事务的权力，家里的钥匙也会交给新家长保管，家里的房约、地约要全部交给新家长保管。邻居对这个家的称呼不会发生变化，不会因家长的替换而改变称呼，而是根据王氏家族的辈分关系论资排辈称呼，不会直呼其名。家里有了新家长后不影响家人对以前家长的称呼，家人对家长都是按照亲人关系称呼父亲、爷爷、老伴等，即便家长不再当家也仍旧这样称呼，并不存在老家长这种称呼。老家长在当家期间买卖的土地地约上写的名字是老人的，但儿子接班当家后土地买卖签署的地约上署名是儿子的名字，即便父亲不当家后，儿子关于土地买卖等大事也需要与父亲商量，因为父亲是长辈，当过家有经验，所以于情于理都应该与父亲商量一下。

二、长子代理当家

王家有过家长当家但让长子管事的情况，1940年以后王耀德虽依旧当家但他的年龄较大，身体各方面已经大不如前，很难尽心尽力管理家里事情，所以就把权力放给王吉成让他具体操作很多事情，同时锻炼他的本事、能力，将来能独当一面。王吉成管理家庭的效果比王耀德的效果还好，因为王吉成年轻有能力、思想开放，在外认识很多朋友人缘关系很广，办事雷厉风行。王吉成早年在东北淘金期间认识很多朋友，人缘广就好办事。王吉成在管理家庭时其他家庭成员大部分听他安排，只有王吉祥因精神原因，当王吉成要求他干活时他便会拒绝，常嘲笑兄长"小牌九推得欢，一亩地输精光"，意指王吉成在代理当家期间曾去赌博输钱不得已把家里一亩花生地卖掉还债，事后其他家庭成员都很少提起这件事，只有王吉祥不愿干活时才会提起。

1940年以后，王吉成管理家庭时遇到关于土地、房屋、牲口的买卖、典当、租佃等问题必须向王耀德请示，一些小的家务事可以由王吉成自己决定，比如集市上需要买什么、买多少，不必完全按照王耀德的要求，但需要经过王耀德同意以便拿到钱。王吉成代理当家期间具有劳动分配权，他从东北回家后一直在地里干活，是王家唯一的整劳力，对农业生产各方面了如指掌，代理当家后完全有资格分配劳动。其他家庭成员也会像尊重王耀德一样尊重王吉成的指挥，按照王吉成的指使干活，不会反抗埋怨。如果家长年纪大无法当家需要在儿子里选一个人当家，家里比较穷的兄弟们都不愿意当家那只能让长子当家，只要长子不是痴傻人员那长子就不能推辞，这是作为长子的责任。长子自出生下来就承担着比其他兄弟更多的责任和义务，其他兄弟不愿意当家，长子应该主动承担责任，不能因为嫌弃家贫躲避责任。

三、家户决策

（一）家长在家一切由家长做主

王家的大小事几乎都是王耀德说了算，但有些家务事王耀德作为男性并不十分熟悉需要刘氏和康氏辅助比如制作衣物，王耀德带领男性成员下地干活时家务活包括洗衣做饭及牲口家禽家畜的饲养是刘氏和康氏完成。如果家长出远门就由兄弟代理当家，没有兄弟就由成年儿子管理，如果儿子未成年就由妻子说了算。家长临走前会委托一个家庭成员代理当家，如果长子成年会委托长子当家，除非儿子都未成年才会让妻子当家。如果儿子都成年就直接让长子当家，不会越过长子找一位有能力的儿子。辛庄当地找代理当家都是长子为先，除非长子精神不好才会让次子接替，依次类推。委托时一定会特意向家人通知，要求所有家庭成员在自己不在家时，所有人都要听从代理家长，代理家长的指示就相当于家长的指示，不能反抗，不能有怨言。

（二）家长的决定即是命令

在王家，王耀德作出的任何决定家庭成员都要服从，家长在辛庄当地每个家庭里可以说是一种皇帝的身份,享有绝对的权威,其他成员没有权力顶嘴反抗,如果顶撞家长一定会受到家长的严厉斥责。不论任何情况下,家庭成员都要服从家长的决策,家长说的话就是命令,不论对错都要按照家长的意志办事,不敢提出不同意见或反抗,即便明知家长的决定是错的也要执行,不执行就是违背家长的命令要受惩罚。如果执行了产生消极结果那就是家长决策失误,与家庭成员无关。王耀德认为自家原有的一头骡子太少不能满足家里农业生产需要,想再去买一头小毛驴就让王吉成去集市买毛驴,家人觉得买小毛驴花钱不少还干不了多少农活不划算,但王耀德执意要买,结果王吉成买回家后王耀德才意识到自己的错误,只能将就让小毛驴干点轻活。

如果家庭成员觉得家长的决策不正确还是得继续服从,因为家长做决策很少与家庭成员商量,即便商量了如果提议无效也没有人敢反对,家长的决策就是命令必须执行,不敢反驳更不敢不服从。家里的小事情都是家长独自决定没有与家庭成员商量是很正常的事情。只有在事关房屋、土地买卖、租佃、典当等一系列活动中家长会找家庭成员商量。各家几乎所有事情都由家长做主,但有部分事情家长可以不用非得自己安排,以减轻自己的压力,比如父母安排孩子做力所能及的事情,安排孩子去姥姥家,接送孩子上学、放学等,如果孩子父母能及时安排那就不需要家长操心。

四、家户保护

(一)社会庇护

王家人每次遇到危险或困难时都会找王耀德,他都会出面处理,尤其是王学礼等孩子们被人欺负时王吉成夫妇及王耀德都会出面解决。不同的事情谁出面解决不一定,如果是王学礼等孩子们遇到困难那就是王吉成夫妇出面比较多,如果是成年人在外遇到困难就得王耀德出面,很少出现全家人一起出面的情况,并且女性很少出面,因为妇女地位低说话分量轻。在王家,只要孩子未成家还是父母保护孩子更多,因为孩子处于弱势地位,等王家孩子长大成人后就是孩子保护父母更多,但王家一直是男性保护女性更多一些。

王家人与别人家尤其是不认识的外人发生矛盾后无论家人是对还是错,王家人都会站在自家人一方,这在辛庄当地是很正常的现象,王家人认为不论家人对与错一定要"护犊子",就算矛盾闹大导致两家人打起来也无所谓,王家人要求自家人不能受外人欺负,所以不论对错应偏向自家人。如果与街坊邻居发生矛盾则尽量不影响两家人的感情公平处置,是王家人的错就认错,是别人家的错就宽容。如果家庭成员犯错不一定非由王吉成惩罚,王学礼在外打架把人打伤,这种错误回家后不需要王耀德惩罚,王吉成可以直接惩罚。王家成年人犯错误就必须由王耀德亲自惩罚,其他人没有权力。家人被欺负后对整个家庭来说就是受到了侮辱,感觉一家人都被欺负。对于王家人来说王家就是一个整体,其中一位家庭成员受欺负相当于整个家庭受委屈,家庭成员一定会为他讨回公道。孩子被欺负后王吉成夫妇会去找人评理,成年人受欺负那就是王耀德带领家里的成年男性去讨回公道,街坊四邻也会助阵。

王家人犯错后如果是小错误家人会尽量帮助隐瞒,比如王学礼在外打架犯错王吉成夫妇会教训他,但尽量瞒着王耀德,自己帮助孩子处理好,因为王耀德年纪大了不用什么事情都告诉他,而且孩子犯错误王耀德作为爷爷知道后肯定会生气,对他的身体也不好。孩子犯罪后即便别人不知道家里也绝对不会瞒着,不会因为怕孩子受责罚而害了孩子一辈子,辛庄当地有俗语"小时候偷针、长大了偷金""犯错可原谅、犯罪不可原谅",孩子犯错误可以教育改正,但孩子犯罪就应该让孩子受到惩罚,如果大人帮助隐瞒会让孩子以为自己做得很对,更会害了孩子一生,所以父母发现孩子有犯错行为一定会及时遏制不能隐瞒,通过责罚把这种行为遏制在萌芽里,仅仅通过私底下教育是不管用的。如果孩子犯罪被村里人知道后家长会找村里人求情,直接找当事人把这件事情私了,希望孩子少受一点责罚,如果此举无效那家长也会通过第三方比如村主任或与受害方关系很好的朋友说情,如果这种方法还不奏效就只能依法办事,但王家孩子由于从小家教森严没有发生过此类事情,王耀德也不必因为这种事情操心。"家丑不可外扬"是家人对本家脸面的一种维护,害怕家里的丑事传出去被外人嘲笑影响家人脸面,所以都会想尽一切办法遮盖家里的丑事。辛庄当地有俗语"家家有丑事,传不出去不是丑",意思是各家各户都有丑事,只不过有的人家丑事传出去了而有的人家及时解决没有把丑事传出去而已,外人不知道就认为这家人生活很好没有丑事。

(二)情感支持

如果家庭成员在外受到委屈一定会回家诉说,如果孩子受到委屈会向母亲诉说,有兄长或姐姐也会向他们诉说,如果是其他人在外受委屈后回家就会向家长诉说,与别人说别人解决不了问题,跟家庭成员诉说后家人会给予安慰,尤其是母亲会说"吃亏是福,咱们是有福之人",家庭成员会在家里找到感情归宿,在家人帮助下讨回公道。出嫁的女儿在婆家受委屈或受到不公平的待遇后,娘家人不会去把女儿接回家里,因为"嫁出去的姑娘泼出去的水",既然女儿出嫁后就不是娘家人了,再回娘家就是客人,女儿在婆家受委屈也只能自己解决,娘家人再心疼只能忍受,不能把女儿接回来,更不能为此和女儿婆家生气闹掰。辛庄当地有俗语"死气好争,活气难争",如果把女儿接回家,婆家可能借势把女儿休掉这会害了女儿一辈子,更不可能主动解除婚约。

家庭成员在外面过得不开心肯定会想家,尤其是那些离家在外打工的人,在外面遇到挫折挣不到钱更容易想家。如果媳妇在婆家或在外受气也会想娘家人,尤其是在婆家受气会怀念娘家父母对自己的呵护疼爱,但只能在心里想一下却不能轻易回娘家向母亲倾诉自己的心情。媳妇受婆婆或丈夫不公平待遇受委屈的情况比比皆是,但不可能一受委屈就回娘家倾诉,那么家务活就没人干了,婆家也会认为媳妇有异心,对待媳妇的态度会更不好,媳妇只有过年过节回家看望父母时才能向母亲倾诉自己受的委屈。

"家里是心灵的港湾"这句话就像船是避风的港湾一样,因为辛庄地区靠海所以渔业发达,当有大风来袭时船只会靠港避风。人也是一样,一个人在外漂泊挣钱十分不易,很容易受到挫折,尤其是挣不到钱生活困难时会想家,想念家人来帮助他所以长期在外的人一定会想家,回家后就不会再有委屈挫折的感受,所以说家也是一个避风港。

(三)防备天灾

1.全家面对天灾人祸

王家在1947年以前经历过旱灾、涝灾、蝗灾和雹灾,其中最严重的灾荒是蝗灾,蝗虫来临之际铺天盖地,谷子和玉米的果实以及叶子全被吃得一干二净,只剩下一根秸秆,村里有人去地里烧香烧纸、摆供品祭拜都无济于事,蝗虫吃光粮食后会主动退去,尤其是1946年秋干旱加蝗灾后,谷子和玉米几乎颗粒无收。辛庄地区的旱灾并不十分严重不至于土地龟裂、粮食绝产,只是在蝗灾的作用下会严重影响粮食产量,只要雨季来临最终作物还会恢复不至于全部旱死,但粮食必定减产。涝灾来临时辛庄辛南村西北洼因下雨,积水已经到达成年人膝盖位置,作物根部在雨水的长期浸泡下腐烂,叶面发黄,在高温暴晒下积水滚烫,但由于积水无法下渗导致涝灾严重影响作物产量。很多土地的玉米减产百分之七十以上,辛庄当地是丘陵地形,部分土地地势倾斜利于排水导致受涝灾影响较小。辛庄当地的雹灾不是十分严重,冰雹会导致粮食作物减产,但不会颗粒无收,因为当地冰雹较小,不至于出现打碎房屋砖瓦的情况。辛庄濒临渤海湾,一直以来渤海湾海底地震不断,虽未对当地粮食作物产生影响,但当地大多数人家的房屋均为土质,质量较差禁不起地震侵袭,所以渤海湾地震时很多老房屋经常倒塌造成人员财产损伤。

王家在灾荒年头全家人会同舟共济,团结一致渡过难关,全家人省吃俭用想办法填饱肚子,绝不会把哪个人落下或不管他让他饿死,王家人越是在天灾面前越是团结,灾害不会把王家人打垮,只会让王家人更团结地度过灾荒。王耀德曾经历过多次灾荒,深知家里有余粮的重要性,经常在丰收年头也会留下部分余粮后再出售,辛庄当地有俚语"丰收不忘歉收年",王家十三口人正常年份一年需要粮食四千六百多斤,王耀德会在丰收年留下五千斤粮食,多出的粮食作为预备粮防备来年灾荒,剩下的粮食卖掉换钱。所以王家在灾荒年头都有口粮应对灾害,家里的口粮会先让老人和小孩吃,成年人以吃野菜团为主,老人和小孩吃剩下的粮食成年人才吃。成年人需要干活体力消耗大所以相比之下吃的还是较多,而老年人因为不需要下地干活所以消耗少吃的也少,小孩子因为上学干活少吃的也少,先吃后吃的顺序及吃的多少并不是王耀德决定的,而是灾荒年头当地过日子通行的规矩。

发生灾害时王家也进行过求神拜神活动,当出现地震、涝灾时王耀德会去南庙祭拜神灵,出现蝗灾时会带着贡品到地头烧香、烧纸磕头祭拜求蝗虫赶紧退去。发生旱灾时由全村人统一组织起来,安排壮年劳力去村北的海神庙将里面泥质的海神爷爷塑像由四个人抬着,在整个辛庄村大街上转着求雨,1946年辛庄村秋季的旱灾经久不褪,村里再次把海神像抬出求雨,结果当日滂沱大雨如期而至,导致泥质海神像都未能来得及送回海神庙中,先行送往南庙以防泥像被雨水淋湿,雨停后才被送回海神庙。王家在灾害发生时不会寻求救助因为不论国家、村庄还是大户人家和本家族都没有任何救济措施,辛庄当地有俗语"当庄收了当庄够",各个村庄间没有任何联系,连辛庄当地的大户人家也没有施粥活动。

灾荒年头王家的存粮吃完后只能去亲戚家、邻居家、朋友家借粮吃,但也很难借到粮食,辛庄当地俗语"取借无门"。因为灾荒不仅仅是王家人一家的事,整个地区同样受灾,在这种年头连大户人家也没有存粮,即便变卖土地、牲口、房屋也不会有人买,正是因为土地不产粮食才闹灾荒,所以灾荒年头农业生产资料根本无法出售,只有卖粮食才可以。如果借不到粮食那王家人只能挖野菜,靠吃糠咽菜艰难度日,实在不行只能去外地要饭。灾害发生期间王家人都会听从王耀德安排,不可能趁乱自己顾自己,越是到灾荒年头就越需要团结,如果趁乱顾自己反而很难生存下去,全家人一起省吃俭用,想办法解决温饱问题才能顺利度过灾荒。

2.灾荒年头同舟共济

遇到灾荒时王家人会一起节衣缩食,王家即便是在丰收年头也不会吃细粮,只有在过年过节时才用细粮包一顿饺子或蒸细粮馒头吃,平日里还是以吃粗粮为主。灾荒时为了让家人能更多地吃上粮食便会用细粮去大户人家换一些粗粮,这样能换得比细粮更多的粗粮吃。在辛庄东南村,徐毅的爷爷①早年家里就是大户人家,王耀德曾去他家用十斤小麦换十三斤甚至是十四斤玉米,这样王家人能吃更多的粮食熬过灾荒。王家曾在灾荒年头吃小麦、谷子,不脱皮直接吃,小麦和谷子不用碾盘脱皮而是直接用磨盘磨成面粉,这样能节省麦糠谷糠,家人能多吃一些粮食充饥,但不去皮的小麦、谷子吃多会导致身体排泄不畅,对胃和消化系统并不好,这只不过是灾荒年头的应急之策。如果采取这种办法还不能吃饱饭就需要出去借粮,辛庄当地的大户人家很少对外借粮,灾荒年头很多大户人家也没有余粮都要省吃俭用,即便有也不会轻易外借要留给自己家里。王耀德只能代表全家去本村的朋友或关系好的邻居、亲戚家借粮,如果借不到可以去地里采摘野果子、甜瓜、山枣等水果充饥,全家人去挖野菜回家做菜团充饥。

王家遭遇灾荒时有保护顺序,首先保护家里的弱势群体比如王耀德等老人和王学礼等孩子,成年人次之,家里有吃的优先给老人吃,不能让老人饿着,因为王耀德等老人身为长辈,把子女养大不容易,不论家庭多困难都要孝顺老人,承担赡养老人的义务。王学礼等孩子是整个家庭未来的希望,正在长身体的时候不能把孩子饿坏,成年人身强体壮能够忍受一下,所以他们要受委屈。

(四)防备盗匪

辛庄村没有土匪但有过强盗和小偷,他们经常偷盗、抢劫,晚上在田间道路上经常有人拿着刀子躲在路旁威胁过路行人交出身上财物,有的甚至拿着笤帚疙瘩吓唬路人,但很多人为了自身安全只能答应强盗要求。当强盗抢完一个人后会继续在路旁躲着直到下一个受害者来临。村里很多人赌博、抽大烟导致家业败光,他们为了继续满足私欲会走上偷盗抢劫的道路,甚至是挖坟盗墓,盗墓人连逝者的丧服、陪葬品包括金银首饰都会偷出来卖掉。如果在家里抓到小偷或强盗,不论他偷了粮食还是钱财只要把属于自家的东西拿回来就可以把人放掉而不能对他打骂,并不是法律不允许打骂小偷而是因为各家都忌惮小偷强盗的报复,因为这种人大多是光棍一个,没有家庭也就没有后顾之忧,正所谓"要头一颗要命一条",各家都害怕这些人被打后对自家报复,所以都希望息事宁人不敢得罪这些亡命徒。村会不会管理这种偷盗事情,只能各家自己解决,很多人都害怕这种人的报复轻易不敢得罪。小偷强盗犯了杀人放火的重罪被人抓住后就绝对不能放过他,把他送到县里让县官依法判决,家人为了泄愤也可能在送他报官前就对他拳打脚踢以泄仇恨。王家被偷的都是牲口鞍子、驮篓、农具等不太值钱的东西,是被西北村人送外号"大烟老七"的王维谦偷走的,还有一位叫作王魅思的人也经常作偷鸡摸狗的勾当。王家东西被偷走后小偷派人到王家捎信儿,让王家人按照被偷东西的半价去小偷同伙家把东西赎回,回家后不能把事情张扬出去,否则就会受到报复。

(五)防备战乱

辛庄村曾发生过战乱,但没有发生过重大战役,20世纪40年代初,八路军曾在辛庄北边的石坑攻打过伪军的炮楼,牺牲了不少战士。1939年,日军曾在辛庄村住过一夜,到了村民家里看到自己喜欢的东西就随便拿走,村民不给就挨揍甚至被乱枪打死、刺刀挑死。王家

① 徐毅的爷爷:名字不详。

522

没有人被抓走,但伪军炮楼因为需要挖战壕,所以经常到辛庄村召集百姓,把劳役名额安排给村主任,让村主任找人干活。王吉祥在1945年以前曾多次给伪军挖过战壕,伪军不会轻易要人命,只是找人干活,干活的人得自己带着干粮,带着铁锹等工具,只有中午伪军会给一些水喝,其余全部自理,工程结束后劳役们就可以回家。

王家遇到敌人时最先保护王耀德等老人和王学礼等小孩及刘氏等妇女的安全,尤其是妇女必须躲起来不被发现,没有任何人敢冲上去抵御。一直是青年人保护老人多一点,但有的老人遇到战乱时不逃走就在自己家里坐着,觉得"杀了就杀了,死了就死了,我活了这么大岁数不往外逃了,不想折腾了"。辛庄东南村外号"二大头"的爷爷[1]和辛庄西南村有一位叫王尽美的老人曾在日军进村时嚷嚷"打死拉倒,正好"。辛庄村还组织过人打更,一共有两个中年人住在辛庄家庙南屋,并不是轮流一家出一人,而一直是这两个人打更,几更天打几下,辛庄村没有巡夜的人。

(六)其他保护

王家的经济水平在村庄属于中等偏下,经常会有乞丐到王家乞讨东西吃,王家遇到这种情况会心生怜悯给乞讨者一块玉米饼或在冬天给一个地瓜吃,乞讨者有的年纪较大,有的甚至带着孩子,乞丐到了大户人家会可怜他们给他们一些吃的,但也有大户人家想办法赶他们走,辛庄当地俗称"打发要饭的"。乞丐们乞讨的东西多了吃不完就会想办法卖掉,否则夏天就会坏掉,冬天就会冻硬咬不动,他们将吃不完的食物卖给马路上赶车的车夫给牲口吃,卖给大户人家给家畜吃,辛庄当地有俗语"要饭的干粮零碎多",意思是要饭的人每顿都会剩一些零碎食物。每当有乞丐乞讨时王家会尽量施舍一些。辛庄西北村有一个外号叫"大烟老七"[2]的人是村里有名的大烟鬼,家里的钱都被他抽大烟败光了,但他擅长偷盗抢劫,有时候为了筹钱抽大烟他就会就拿着一个粮食袋子到王家让王家人把袋子装满粮食,王耀德只能按照他的要求将袋子装满粮食,之后他会把粮食拿出去卖掉换成钱抽大烟,王家给的粮食相当于送羊入虎口再也要不回来,但如果王耀德不给他晚上就会遭报复,对于这种亡命徒王家人不敢报官不敢反抗,只能息事宁人。辛庄当地称"大烟老七"这种人为"臭横",王家人宁愿吃亏也不想得罪他。

王家土地很多,有的土地离外村较近,与外村村民为地邻,但外村村民蛮横霸道经常把地里锄的草扔到王家地里,侵占王家土地,但王家人担心外村人趁王家人不在地里时对王家土地和作物使坏,所以王家人对此一直忍让,不想得罪他们而给家里带来麻烦。王家有过主动对村里穷人家进行生产生活救济的情况,辛庄西南村王吉绥外出务工常年未归家,家里只剩下一位老母亲无人照料,王家人见其可怜经常主动给老人家送饭、送烧草,直到老人家去世。

五、家规、家法

(一)默认家规

1.约定俗成的家规

王家没有任何成文的家规家训但有默认的家规,比如不能顶撞家长,晚辈要孝敬长辈,

---

① "二大头"的爷爷:具体姓名不详。
② "大烟老七":仅有其绰号,真实姓名不详。

不能抽大烟、耍大钱①败坏家业，小孩要对长辈有礼貌，这些家规是王家在长期发展过程中传承下来的，王耀德及王吉成一直教育王学礼等人，让他们遵守家规。这些默认的规矩是王家人要自觉遵守的，所有王家人都要受到这方面教育，王耀德会时常提醒，如果有家人不遵守规矩会受到王耀德惩罚。

2.妇女负责全家饮食

王家平日里吃饭都是康氏做饭，这是王家固定不变的规矩，农忙时康氏忙着喂牲口、洗衣服，需要刘氏帮忙做饭烧火，一般情况下都是一到两个人就能完成，没有明确的分工，其中做饭烧火是康氏最基本的任务。这并不是王耀德安排的而是辛庄当地自古以来形成的规矩，各家的儿媳妇进门三天后就要开始做家务，婆婆只能起到辅助作用。王家平日里每顿饭吃什么都是康氏征求刘氏意见，虽然康氏负责做饭但关于家务事她都要征求刘氏的意见，家人想吃什么饭菜可以提出来，尤其是王耀德会在过年过节或农闲时出于为家人改善生活的考虑要求刘氏和康氏在家包饺子或蒸馒头，但王学礼等小孩子提出的无理要求不能满足，所以说不同的人提出来效果不一样，王耀德说的话最有效。

1940年以前，王家做饭需要买菜都是王耀德亲自去集市上买，如果王耀德没时间就安排王吉成去买，买菜前需要向王耀德请示家里需要什么菜，每样菜需要多少斤，需要多少肉等，从王耀德手中接过钱才能去集市。王吉成去集市上按照王耀德的规定买回菜，到家后把剩下的钱交给王耀德，不能私自留下。王家吃饭是在一张方形矮桌子上，从来没有在炕上吃过饭，因为王家人口多，炕上容纳不下所有人，全家人不论男女老幼都可以到桌子上吃饭。吃饭座位没有讲究，一家人随便坐，长期以来都是坐着固定的座位，王家没有吃饭专用的茶几或案板。冬天取暖时大部分时间都是靠生火做饭烧炕，除非到了寒冬腊月时才会在院子里点燃火盆，再等烟火减弱后端到屋里让家人吃饭时能暖和一些，或者是点燃煤球炉子，但使用火盆和煤球炉子的机会很少，除非天气特别寒冷以至于大家受不了时才会用。辛庄当地的木材和煤炭十分匮乏，王家的经济条件有限不舍得用，就连烧火做饭也只是把饭做熟即可，锅里没有烧草连灶台都不暖和。如果用火盆或火炉取暖肯定会先让王耀德、刘氏等老人和王学礼等孩子们靠近取暖。辛庄当地认为老人年纪大了不耐热也不禁冻，小孩子体质差更不能冻坏，成年人只能忍受一下。

王家吃饭时没有要求非得把饭菜全部吃光，能吃多少就吃多少，都吃完也是可以的，吃不完后剩下，下一顿饭热一下继续吃。除非是灾荒年头家里粮食不够吃时饭菜才不会剩下，王家人吃饭大多数情况下都会有剩饭剩菜，因为辛庄当地有俗语"过日子要有一个剩头，不能正好刚够"，这也是春节祭祖的"盛饭"的由来，康氏做饭时也会多做一些，为了图个吉利。王耀德、王吉成及康氏会在吃饭时教孩子吃饭的规矩，比如：用筷子夹菜时要从自己一边夹菜，不能用自己的筷子在整个盘子里面乱夹菜；吃大葱蘸面酱时要把一根大葱掰成好几段，一段段蘸酱吃，否则一根大葱全部一个人蘸酱吃，在嘴里咬过后又蘸酱会被他人嫌弃；吃饭时需要把碗里剩的饭全部吃干净，不能浪费粮食；拿筷子必须是手心朝内不能朝外，否则被称为"反背律"，王耀德会用筷子打手；吃饭时必须等王耀德入座后其他家庭成员才能入座、长辈动筷子后王学礼等小孩子们才能动筷子，不能在王耀德没坐下前孩子先吃；吃饭时不能

---

① 耍大钱：辛庄当地对赌博的一种特殊称谓。

随意说话,尤其在春节吃团圆饭时,王耀德说话期间其他家庭成员不能插嘴,只能低头吃饭,否则会被王耀德训斥"吃饭也堵不住你的嘴";吃完饭后就得赶紧离开饭桌;小孩子吃饭时不能伸懒腰,否则会被王耀德训斥"吃饭懒身子,到老穷根子",意思是吃饭伸懒腰的人一辈子受穷;吃饭时必须左手端碗或持干粮,右手拿筷,不能仅用右手拿筷,左手闲着,否则会被训斥"左手打狗去啦!"王家人对粮食十分珍惜,因为收获粮食十分不易,就连掉在桌子、身上的粮食都要捡起来吃掉,不舍得浪费一点粮食。

王家平日里每个家庭成员吃的饭是一样的,因为家里条件有限,不可能让一部分人吃小灶,全家人吃的饭都是一个灶台里做出来的,吃的干粮和菜都摆在一个桌子上,吃多少拿多少。只不过家里过年过节如果做了好吃的菜或包饺子会把这些好吃的让给王耀德、刘氏等老人和王学礼等孩子们先吃,目的是孝敬老人、关心孩子。家里有病人会吃病号饭,王家的病号饭就是自家做的面条,康氏坐月子期间可以改善生活和其他家人吃的不一样,能吃一个月的鸡蛋、喝小米粥,这在王家人看来都是营养品,但病人和孕妇只能吃一段时间小灶,等病情好了或出月子后便和大家吃一样的饭。王家在农闲与农忙时吃的饭不一样,农忙时吃得更好,因为农忙干活多消耗大,为了补充体力只能吃好的,反之农闲时不干活就吃得少、吃得差以节省粮食;在外下地的劳力吃的要比在家不下地的妇女好很多,在外下地的出苦力比在家做家务要累得多,所以家里有馒头就得先给下地干活的劳力吃,在家不下地的妇女只能吃玉米饼,但老人孩子即便不下地也要吃得好,不能委屈老人和孩子,只能成年人受苦。王家吃饭时都是康氏给王耀德和刘氏等老人盛饭,王学礼等孩子年纪小就得康氏帮他们盛饭,如果孩子年纪大了能盛饭就自己盛,王学礼等人也可以帮助康氏给王吉成或王耀德和刘氏盛饭,康氏需要给王吉成盛饭,而且盛饭时要双手奉上,不能一个手端着。全家人刚开饭时要先给王耀德盛饭,老人、长辈优先,再给王吉成和孩子盛饭,最后是给自己盛饭,等第一碗饭吃完后谁先吃完谁就可以盛下一碗,没有顺序要求。吃菜时王家的菜是在一个大容器里,每人用筷子夹着吃,不需要盛菜,但过年时每人用碗盛菜吃,康氏也是先给长辈盛,再给丈夫孩子盛,最后给自己盛菜,没有顺序要求,盛菜的过程中不能挑肥拣瘦,只能统一盛,饭菜做好后都是康氏端到桌子上,孩子也能帮母亲端饭。

王家平时吃饭动筷子有顺序要求,先得等王耀德坐下拿起筷子夹菜后其他家庭成员才能开始吃,但有时家里的小孩饿的等不及了王耀德也会惯着孩子,会让孩子先吃,不用非得等他坐下。成年人一定要等王耀德动筷子吃以后他们才开始吃,不能像小孩子一样没礼貌。王家来客人后只有王耀德和王吉成上桌吃饭,妇女和孩子要等到他们和客人吃完饭后才能吃,他们没有资格上桌吃饭,客人来时王耀德开始动筷子邀请客人吃饭,客人才能拿起筷子吃,之后才是王吉成和王吉祥动筷子。过年时王家人合家团圆吃饭时规矩少很多,王学礼等小孩子饿了可以先吃,过年时王耀德不会因为规矩问题教育孩子弄得气氛尴尬,都是自己家人不会在乎太多,只要吃饭少说话即可。王家在农忙时早晨劳力不在家吃饭,中午、晚上劳力回家吃饭,不论时间多晚家人都要等劳力回家才能开饭,即便是王耀德也不会提前动筷子吃,王学礼等小孩子如果着急吃饭会受到王耀德训斥"家大万石粮,吃饭按顿场",意思是家业再大,每顿饭也要全家人一起吃,不能分成好几次、好几顿吃饭,王吉成等劳力在外辛苦干活家人不能自己顾自己吃饭。王家除少数特殊情况外大多会在桌子上吃饭,以立秋为例,辛庄当地有中午吃面条的习俗,虽然到了秋天但当地还会很热,王家人不会围着桌子吃饭而是端着碗到院子或门口吃饭,这仅限于家里的男性,妇女不能随便蹲着吃饭,王耀德等老人会坐在桌子上吃。

王家农忙时早晨需要给男劳力送饭,一般是康氏用扁担挑着两个筐子,一个里面装着早饭和水,一个为了保持平衡就装着孩子,王淑华帮康氏送饭到地里。王家没有加餐的规矩,干活都是日出而作日落而息,劳力在农忙时吃得都好因此不需要加餐,一般情况下家里是康氏做好饭送到地里,但中午和晚饭都是劳力回家吃,不需要送饭。王家吃完饭后刷碗洗锅主要是康氏的工作,刘氏可以帮助康氏干一些,王淑华长大后也能帮康氏刷碗洗锅,全家人的碗筷都统一放在一起刷,这些事情是康氏的日常家务活之一。除非康氏生孩子后坐月子的一个月期间不能下地干活,那这些家务就是刘氏的。

王家人在吃饭时不成文的规矩和忌讳较多,比如:王耀德要先吃;夹菜从自己一边夹;吃饭不能伸懒腰;吃饭时不能去大便,辛庄当地有俚语"拉屎得离碗,要饭得离村";吃饭时不能随便乱说话。这些都是王家祖上传下来的规矩,所有家庭成员都要遵守,如果不遵守,王耀德会直接在饭桌上教育,甚至直接拿筷子打手,但很少有严厉惩罚。农忙时王家也会到家庙前雇短工到地里干活,干活时家里就由康氏负责做饭,刘氏在旁边生火帮忙,早晨短工们和王家劳力在地里干两个小时的农活再吃饭,中午和晚上到王家坐下来吃,到家里吃饭时短工们和王家劳力吃的要比不干活的人好得多,为了让短工们有力气多干活,王家人把粮食都省给短工们吃。

3.座位的规矩

王家的日常座位制度并不严密,只有吃饭时才"以东为尊",王耀德会坐在东边的位置,其他人随意,家里再无其他桌子可坐。王家没有八仙桌,但在王耀德和刘氏的屋里有两把太师椅,家人可以随意坐在太师椅上,没有尊卑次序之分,两把椅子没有按照左右关系并列排放,不分上下座。家里来了客人坐在哪边不一定,不论来客年龄大小、辈分高低,总之来者都是客,就应该坐在太师椅上,而家人此时不能坐在上面,邻居来王家串门时如果是男性来客就得坐在太师椅上,而女性可以坐在椅子上也可以坐在炕头上。王家宴请客人的座位也有主次之分,客人与家长是同辈人,那么四方客桌以"以右为尊,面向朝东"是上座,客人应坐在上座位置;来的是晚辈客人,那家长应该坐在上座,客人应该坐在家长左手边的位置。当地并不是以正对屋门或正对来菜方向为上座,反而认为这是一种"赤座"即下座,在家结婚办喜事时只有小孩子等地位不尊贵的客人才坐在这个位置。坐在上座的贵宾没有特殊的称呼而是根据朋友、亲戚或邻居关系按照辈分称呼即可,王家宴请时只有王吉成和王吉祥当陪客,王耀德和客人坐下后他们可以随便坐,落座之前主客之间也会互相礼让。

客人是本家亲戚时按照辈分排座位,但父亲家亲戚的地位要高于母亲家亲戚的地位,当客人中有奶奶的娘家、母亲的娘家、姐妹的娘家和自己儿女亲家时,奶奶娘家的亲戚在上座,母亲的娘家次之,这种安排次序主要是根据辈分来定。客人是街坊邻居时,座次是根据邻里之间的辈分安排,王家在宴请客人时从来不会宴请地主、村主任和乡贤绅士。王家办喜事时只有本家亲戚和姥姥家亲戚、舅舅家亲戚坐在主桌,其中舅舅作为主客是最贵重的客人,外甥结婚舅舅应该上座,就连叔叔伯父的位置都不如舅舅高。座位顺序是由家族里懂规矩的老人安排。比如:族长或懂座次规矩的读书人,具体的顺序不详,主桌的陪客也是因人而异,但肯定是自家的近亲。

在当地，新房落成尤其到了"上梁"这一步的时候需要宴请宾客，木匠、石匠和泥瓦匠并不一定就要上座，因为这些工人并不是一个人，如果他们都上座那根本坐不开，所以他们这些工人会单独安排到一个桌子上，但家长肯定会对这些工人特殊对待，因为房子的落成他们功不可没。家里请人调解矛盾成功后请调解人吃饭，那调解人应该上座，如果是在家里正间宴请，那客人坐在东边面朝西就为上座；如果是调解赔礼，那赔礼的一方应该坐在南边，家长坐在北边，父亲坐在西边面朝东。

4.请示的规矩

王家对土地的经营管理都是王耀德说了算，全年的农业生产与种植计划、耕地、犁地、播种、除草看护、收割等各个环节及生产工具的使用、借用、换用，牲畜的喂养与使用、是否需要雇工等几乎所有事务都是王耀德做主。王家的馃子铺作为副业在农闲时卖馃子挣钱补贴家用，在馃子铺方面是王吉成做主，在农业生产的各个环节及牲口、农具的使用上王吉成也有很大的话语权，到了1940年以后王家的农业生产等权力大部分都交给了王吉成，王耀德在农业生产方面退居二线不再管事。王吉成觉得农具腐烂需要置办新的农具，为了不耽误生产就会及时向王耀德说明情况，王耀德认为可以，那就去集市上买回来，即便王耀德年纪大了不再下地时他仍旧当家，王吉成关于农业生产上的许多大事都要向他请示，尤其是各项生产资料的置办必须经过他的同意，因为家里的钱全掌握在王耀德手中。

王家平日每餐吃什么、做什么饭需要康氏请示刘氏，包括每顿饭做什么主食，做多少饭，做什么菜，但在过年过节时要请示王耀德是否包饺子、蒸馒头，王耀德同意才能置办材料做饭。王家什么时候做新衣服也需要请示王耀德，他需要根据家里资金状况决定是否置办新衣服或是谁置办谁不能置办。购买生活用品时也要请示王耀德，尤其是家里的油盐酱醋用光后，康氏需要请示他是否需要购买新的，他同意后才会给钱去买缺失的生活物资，剩下的钱回家后还要交给王耀德。购田置业等大宗交易由王耀德直接负责，其他家庭成员没有资格插手，他不需要和家人商量。家中的小孩上学也要向王耀德请示，但王耀德重视孙辈们前途，所以支持孩子念书。

家庭成员外出赶集和庙会烧香拜佛都要向王耀德请示，尤其是赶集时必须向他请示而且得经过他同意后才能去，否则他不给钱没法去赶集，到庙宇烧香要向王耀德请示让他知道家人的去向，不能不打招呼就随便出门，尤其是妇女。王家走亲戚、宴请来客也要请示，康氏去娘家看亲需要经过王耀德同意，同样家里来客人需要宴请也得经过王耀德同意，王耀德给钱去集市买肉菜回家做饭招待客人。如果一个人在外尤其是成年男性在外结交朋友不用非得向王耀德请示，一方面因为成年男性应该有自己交友判断的能力；另一方面辛庄当地有俗语"两个人交着，十个人看着"，王耀德会密切关注家庭成员交朋友的状况。如果两个人拜把子那一定要向王耀德请示，经过他同意后两家的家长需要准备礼物，比如王耀德给王吉成的拜把子兄弟送一件上衣，对方家长会给王家送一条裤子。借粮、借钱都是王耀德自己做主由他出面去借，不需要向任何人请示，其他家庭成员不会主动要求王耀德借钱借粮。

王家人在请示时只是简单地口头汇报，其他家庭成员无论是谁都不能违抗或私自变通王耀德的命令，要完全遵照他的指示去做，不可以与他讨价还价。家中的老人过世，老人殡葬方面遇到问题需要向族长而不是新家长请示，因为王氏家族的族长一定会来担任主丧人，丧葬期间的一切事务都要向主丧人请示，除了老家长去世的丧事问题应该请示主丧人以外，其他的家务事都要向新家长请示，不会出现两者冲突的情况。

5.请客的规矩

王家在农业生产过程中没有雇过长工，对于上下工是否喝酒不清楚。家里发生土地交易，如果王家是买方，那么王家应该主动请卖方做客喝酒，同时邀请买卖过程的见证人一起参与；如果王家是卖方，那么对方应该主动请王家做客喝酒，同时邀请见证人；借用别人家生产工具或牲畜不需要请客，都是日常互相帮忙；家中建房开工与上梁封顶都需要请客，需要邀请全体建筑工人，尤其是泥瓦匠等匠人并且他们作为主客应该上座，包括王家的亲戚、朋友都要邀请，在王家都是王耀德亲自组织这些宴请活动，提前两三天亲自上门邀请。

定亲时不需要请客，只需要双方家长或父母见面简单吃顿饭即可，只有媒人在场，不会邀请其他亲朋好友。老人祝寿时只有六十、七十、八十大寿才会邀请亲朋好友做客，普通的过生日只是自家人聚会而不用宴请他人。王家人结婚尤其是娶媳妇的一方、生孩子、孩子满月或过百岁时会请客，只有男方家里结婚时需要向亲朋好友下帖子，不论是大中小户人家都需要请帖。家中有白事也要宴请，但客人并不能主动邀请而是他人主动来帮忙操办后为答谢亲友帮助才请客吃饭；红喜事请客的范围是家里的亲戚、家庭成员的朋友及本村关系好的街坊邻居，白喜事因为不能主动邀请客人所以来客不一，但主要还是亲戚、朋友、邻居。孩子上学与跟随师傅做学徒不需要请老师和师傅吃饭，而且师傅还要给徒弟工钱。如果双方发生矛盾请人调解也没有请客的习俗，可请可不请，更没有理亏的一方需要请客的规矩。

王家在生产生活中举行宴请活动会邀请族长参加，需要王耀德亲自去族长家里邀请，除了王吉成结婚需要下请帖之外其他喜事不需要下请帖，只要家里有红喜事都可以邀请刘氏的娘家、康氏的娘家等亲戚，只要两家常有来往就应该全部邀请，否则会影响两家亲戚的感情，都需要上门邀请，但不必非得王耀德亲自邀请，王家有白喜事时邻居朋友来帮忙也要请他们吃饭。在宴请活动中，不同的桌子宴请不同的群体，但饭菜数量和质量没有任何差别，正所谓"来者都是客"，王家不可能将客人区别对待。宴会上主客应坐在主桌上，在辛庄当地被称为"正桌"，主桌客人只不过地位更尊贵而已，主桌上的饭菜与其他桌子上的饭菜没有任何差别。辛庄当地不同的宴会没有待客的专有菜，只有一种被称为"十三碗"的待客菜（包括各种鸡鸭鱼肉甚至连豆腐都算上凑齐的十三大碗菜），这在辛庄当地是非常高档的待客用菜，王家的宴请活动都请本村专门做宴席的厨师，这类厨师在当地被称为"大师傅"。如果自家厨房灶台的面积太小施展不开就要借用邻居家的地方，邻居都会同意。家里的厨具或炊具不够用，除了去邻居家借用外还可以去当地俗称"门铺"的店里租用，王家只需要按租用数量支付租金即可。如果去邻居家借炊具，只需王耀德与对方打一声招呼即可让家人去取。辛庄村王谦遂家一直开"门铺"，对外租借宴会用的餐具、炊具，每套餐具支付一定数目的租金①，用完交付炊具时需要提前检查炊具使用情况，发现有破损的地方需要赔偿，这种事情不需要王耀德出面，而是由他出资让帮忙的邻居去租即可。宴请活动最重要的项目就是饮酒，席间饮酒每一张桌子上都会有主陪、副陪，主陪会主动邀请席间客人动筷夹菜，经常给客人添酒，如果主陪不胜酒力被席间客人灌醉，那客人可以带领大家继续喝酒。

---

① 租金：租借餐具的具体金额不详。

宴请时家里的客人需要村里懂得席间座次规矩的、"喝过墨水"①的明白人陪客,具体人选不一,主客的座位席次规矩不详。自家宴请活动每桌都需要请人陪客,不同的宴请活动陪客由谁担任不一定,不同的宴请活动、不同桌次上的陪客也不一样,一般是邻居在一桌、亲戚在一桌、朋友在一桌,所以都会从每一桌客人里选一位陪客,需要酒量好、能说会道、懂得席间规矩的人担任陪客,如果来客中有特别喜好饮酒的应该找能喝酒的陪客;辛庄当地做客时都是男人在一桌妇女在一桌,所以陪客也是男人陪男人、妇女陪妇女。主人在开席前将每桌客人都安排好陪客,席间拿着酒杯、酒瓶到每一桌添酒敬酒。如果客人酒量有限,那就让客人吃好玩好,席间吃得尽兴、聊得开心,客人临走之前还将一些馒头、花卷、面鱼、鸡蛋等食物打包作为礼物让客人带走,能够做到这几点就是陪好了客人。宴请时每桌的陪客开始动筷子就算开席,但陪客实际上只是做夹菜状或者给身旁的客人夹菜,自己则要等到客人都动筷子后再吃。辛庄当地宴席上只要上来第一个菜的时候,陪客就可以号召客人一起吃饭,开席前主人不会发言致辞,因为主人要把宴席分散到各个邻居家中,家长不可能每户每桌都去发言致辞,只会委托每桌的陪客欢迎客人的到来,开席后大家先吃一些菜,然后在陪客的邀请下大家开始饮酒。宴席间所有菜上齐后上主食,客人吃完主食后就可以散席退场,并不需要等到主客吃好后才可以散席,毕竟宴席请的并不仅是主客一个人,不能因为照顾主客而忽视其他客人,即便主客放下碗筷后陪客可以给主客倒水倒酒,其他客人可以继续用餐。

辛庄当地有"贵客"这个概念,但贵客指代的情况较多。刚结婚的女婿到丈人家里做客,新女婿就是贵客,孩子结婚时舅舅是绝对的贵客,地位甚至比姥姥、姥爷还高,孩子喝满月酒或过百岁,那孩子的姥姥、姥爷是贵客。宴请贵客时需要将贵客安排到主桌作为主客招待,需要找一位能喝酒、懂规矩的"文明人"②陪客,具体人选不一定。贵客吃的饭菜与普通客人的饭菜没有任何区别,由谁招待贵客也要视情况而定。

6.房屋及进出居室的规矩

王家房屋的正间是坐北朝南,没有特殊的讲究,仅仅是为了朝阳采光方便;王家主房屋有五间,分别是正间、东间和西间、东西两个厢房,其中正间、东西间都是坐北朝南,东西厢房一个朝东、一个朝西,窗户的朝向与房屋朝向几乎一致,除了东、中、西间南北两面都有窗户外其余房屋都是单向窗户。正间主要的功能在于做饭、吃饭及过年过节祭祀祖先,因为正间的面积相对东西两间要小得多,两个灶台占据大部分空间所以生火做饭都在这里进行,做完饭后王家十三口人在正间的方桌上吃饭,方桌南边就是大型的木质柜桌,柜桌里平时盛放碗筷、摆放饭菜。过年时,柜桌上方的北墙上就会挂上王家的宗谱,桌上摆着给祖先的贡品。正间和西间都是王家人睡觉的地方。辛庄当地以东为尊,所以东间的东屋是家里最尊贵的地方,因此王耀德和刘氏在东屋休息,东西两个厢房一个盛放粮食、农具,一个饲养牲口、盛放饲料。

王耀德和刘氏在东间的东屋居住,东间的西屋是王康氏和王吉祥住,西间的西屋和东屋是王吉成夫妇及王学礼的姐妹们一起住。辛庄当地有一个特殊的习俗就是刚结婚的儿子在结婚当天需要住在仅靠东间东屋的西屋里,结婚后再搬到厢房或南屋;没有结婚的儿子与父

---

① 喝过墨水:有文化、读过很多书的知识分子。
② 文明人:读过书、懂得日常交往的有规矩、有礼貌的人。

母住在一起，长子与其他儿子在居住上没有任何不同，未出嫁的女儿在厢房或南屋里单独居住，小孩子与父母居住在一起。王家来了客人后如果要留宿可以住在东间的东屋与王耀德住在一起，因为客人尊贵，东间的东屋最为上。王家的居住情况一般情况下不会发生变更，更不可能因为季节变化出现变动，除此以外王家还有西边的三间房子可以居住，所以说王家房子足够居住，不需要租借。王家的房屋有院子和院墙但没有篱笆，院子内除了东西厢房外无其他布局，也没有栽种树木。王家在院子的西南角有门楼，方向朝西，王家在建房子时是王耀德的父亲王益三请阴阳先生根据房屋的布局用罗盘看风水得出的判断，各家门楼朝向根据房屋情况决定，并不是统一朝向布局，阴阳先生看完风水后王家还要请客吃饭给报酬。

王家人睡觉时没有严格规矩，晚上休息时间没有先后顺序，只要全家人一天忙完吃完饭后就可以睡觉，只有康氏要收拾碗筷洗洗涮涮，所以睡得比较晚，早上也是康氏起床最早，因为她要早起去灶台掏锅底灰，还要生火、烧水、做饭。王家用的烧草料极易产生锅底灰，需要天天清理否则第二天灶台就没法烧火，康氏掏完锅底灰后要烧水给全家人准备洗脸水，之后再做早饭。不论是农忙农闲康氏总是全家人里起床最早的，起床时间相当于现在早晨四点多钟，晚上具体几点睡不详。王家的正间、厢房都属于公共空间，只有家人睡觉的房间属于私人空间，公共空间不需要遵守任何规矩，私人空间比如到了王耀德的房间里不需要敲门，但小孩子不能调皮捣蛋。

王家的房屋在修建时找过阴阳先生看风水，村里人都封建迷信认为不看风水家里容易出大灾大难，各家为了避免祸事只能选一块风水宝地盖房，辛庄村没有阴阳先生需要到外村请。1946年，王家将院墙修缮完毕后王耀德曾安排王吉成去邻村请阴阳先生来家给院墙开光，王家还请对方吃饭，给两三个大洋的报酬，但王家未曾因为风水不好针对房屋布局进行调整。王家是一个十三口人住在一起的大家庭，结婚后王吉成和康氏都可以进入王耀德的房间，进门前不需要敲门，只需要打声招呼问问在不在即可，王吉成夫妇可以进入王吉祥的房间。但王耀德不能进王康氏的门，因为兄长在兄弟媳妇眼里是长，封建思想严重的环境下容易被外人笑话，所以王耀德从来没有进过王康氏的那间房，但刘氏可以进去。刘氏、王康氏、王吉祥都能进王吉成夫妇的房门，但唯独王耀德不能进，因为他作为长辈是不能进康氏房间的，否则传出去影响不好。

7.制衣洗衣的规矩

因为王家的男人们没有会干针线活的，所以衣服主要是康氏来做，刘氏眼睛不花的时候她也会帮助康氏一起制作衣物，刘氏虽然年纪大，但她做针线活多效果好，王吉成的衣服是康氏做，王吉祥的衣服是王康氏做，王淑华年幼时衣服是康氏做，长大后应该跟着康氏学习针线活就能自己给自己做衣，王耀德和刘氏的衣服是刘氏做。

刘氏能干活时家里老人的衣服就由刘氏洗，她年纪大了不能洗就由康氏一起洗。王耀德和王学礼等孩子们的衣服全是康氏洗，王淑华长大后就自己学洗衣服，能帮康氏给王吉成和王学礼等兄弟姐妹洗衣服。谁的衣服由谁来洗并不是由某人决定而是王家妇女的基本任务，康氏从结婚第三天后开始干活，家里的洗衣等家务几乎都是她的任务，有时刘氏和王淑华能帮忙减轻康氏的负担。除此之外，王家不会有其他人洗衣服。即便天冷的时候仍是康氏洗衣服,包括贴身衣物。

夏天时王家人会到辛庄东河里去洗衣服,冬天河水结冰后就去井里挑水回家,在家用盆洗衣服。辛庄没有洋皂和皂角,只有黄县出产的一种名为"沙粉子"的去污用品,辛庄当地有人专门赶着毛驴去黄县贩卖沙粉子回到辛庄后论斤出售,是一种非常好的去污用品。除此之外,还要用棒槌敲打衣物,一是为了去污;二是因为均匀地敲打衣物能使衣物平摊不起皱。王家用的棒槌是专用实木制成的,辛庄村村民都去莱州的朱桥集买棒槌。在家洗衣服时用单独洗衣服的大铁盆来洗,不能和洗脸盆混在一起用,尤其是洗贴身衣物时不能用洗脸盆,康氏在家洗衣服时都是在排水沟处洗,洗完以后脏水直接倒掉,通过排水沟流出门外。

衣服洗完后是谁洗的就由谁晾晒,王家的东西厢房之间拉着一道铁丝目的就是晾晒衣物,贴身衣物与上衣裤子都晾在铁丝上,衣服晒干后王吉成和王学礼等人的衣服由康氏收回,王耀德与刘氏的衣服由刘氏收回,王康氏和王吉祥的衣服由他们自己收回,衣服都是洗完后统一晾晒,但收的时候是各收各的。康氏把衣服洗破了等衣服晾干后再缝补一下即可,不会受到责骂。因为王家的经济条件比较差,每人的衣服都很少所以一件衣服会反复穿,衣服受损严重,因此洗的时候被洗破是很正常的事情,王吉成和王学礼等孩子的衣服破损由康氏缝补,王耀德或刘氏的衣服破损就由刘氏缝补。王家洗衣服时没有不成文的规矩,但唯一的忌讳在于康氏及王淑华等女性的贴身衣物不能晾晒在铁丝上,而是找一个见不得人的地方晒干即可,这个规矩作为母亲都会从小交给女儿,家里人也都会遵守这一规矩。

(二)家长为家规的执行者

王耀德在日常生活中都是按照默认家规办事,发现有家人违反家规就会及时提醒,甚至会批评一顿。王耀德作为一家之主会以身作则从不违反家规,但如果他违背了家规其他家庭成员也无法采取任何措施,因为他是长辈,其他人没有资格处罚他,而且家规的解释权在王耀德手里。辛庄当地有俗语"糊涂天糊涂地,糊涂老的没法治",意思是家长身为长辈即便自身犯错也会狡辩不承认错误,作为晚辈不能顶撞长辈,因此只能不了了之。除王耀德之外,王吉成夫妇看到王学礼等人违反家规,他们也有权力处罚孩子。

(三)约束为主

王家的家庭成员在日常生活中都会受到王耀德的经常提醒,什么时候该干什么、能干什么、不能干什么,由此得知王家许多不成文的家规,王耀德在日常生活中也会以身作则要求家庭成员向他学习。王学礼等孩子都是由王吉成夫妇教育,王耀德虽然有这个权利和义务,但他需要操劳的事才情太多而王吉成夫妇才是第一负责人。王家的家庭成员都会尽力遵守家规家法,因为这是王家人的义务,从小守规矩长大才能不被外人嘲笑,出门办事才能懂规矩不给王家丢人,这也是王耀德要求王家人做到的,没有人敢违背他的命令。如果因一时疏忽违反规矩就会受到王耀德的批评甚至责骂。在王家,家规家法的作用类似于国家的法律,正所谓"国有国法,家有家规",出门在外需要遵守法律同样在家要遵守家规,只有这样一个家庭才能得到有效管理,懂规矩的人才能成大器办大事,不被外人笑话给王家抹黑。王家孩子没有犯错,但王吉成仍会给他们讲什么事情能做什么事情不能做,对王学礼等人起到预防作用,减少他们犯错误的概率。

(四)家庭禁忌

1.生产禁忌

王家在农业生产过程中有一些忌讳和祖先传下来的说法,其中"耧地在谷雨,南部在清明"是指辛庄村位于山东半岛北部沿海地区,气候偏寒冷,耧地即挖沟、播种时间较晚;还有一句叫作"过了芒种不能强种",意指二十四节气中的芒种是当地播种的最晚时期,过了芒种不能播种,即便种上了也长不出作物;还有一句顺口溜为"处暑不露头,到老得喂牛",意为到了处暑时节如果庄稼还没有长得旺盛、露出土地,那么当年的粮食收成会很差,只能当作牲口饲料。

2.生活禁忌

王家结婚迎亲的队伍不能与"造"碰到一起,所谓的"造"就是辛庄当地殡葬的队伍,如果听说本村中谁家逝者下葬的日子与自家迎亲日子冲突一定要提前与他家商量好,要在时间上错开不至于两家队伍迎面相撞,否则不吉利,但王吉成结婚时未遇到这种情况。新婚妻子从娘家上轿到在婆家下轿的各个事项都有专人告诉她应该怎么做,新媳妇什么活也不用做,按照算好的时辰下轿后在别人的搀扶下上炕坐下吃"下把面"。所谓的"下把面"就是婆家的兄长拿一把面条煮熟盛到碗里让新媳妇吃,这碗面的含义就是新媳妇嫁到婆家被一碗面条缠住,她的腿再也走不了,就是王家人了。新媳妇一般都不吃这碗面,由此辛庄当地人常说:"现在饿了你想起'下把面'来啦!"意指妇女到了婆家嫌弃饭菜不好吃,想念刚进门吃面条时没好意思吃而后悔。从新媳妇进门起那天算直到第三天一直在炕上坐着俗称"坐三日",家里的邻居和亲戚常来走动与新媳妇聊天交流相互认识,结婚第七天时新媳妇回娘家俗称"看七日"。在娘家住一段时间后回婆家会带一些当地俗称"提起干粮"的礼物,即一些鸡蛋、花生、"尖尖"①回到婆家分给亲戚和孩子们吃,之后就一直早起晚睡无休无尽地做家务。不论新媳妇还是结婚多年的媳妇过年都是正月初三回娘家拜年,因为王家每年春节在大年初二晚上送走王氏祖先时需要在地上撒上各种胡署秧、小麦粒等粮食,当地俗称"撒尘",送走祖先后需要收拾干净。初三女儿和女婿回娘家,如果女儿在初三之前回娘家看到娘家的"撒尘"就会犯忌讳,辛庄当地有俚语"撒了娘家的尘,这一辈子不像人",所以要求出嫁的女儿过年必须在婆婆家过,正月初三之前最好不要回娘家。

王家在生育上也有一定的忌讳:生孩子时外人不能看,只能刘氏在旁边帮助产婆,康氏生完孩子坐月子期间不能下炕,不能开窗通风更不能吹冷风,即便夏天也不能洗澡。生活上的忌讳有:吃饭不能乱说话、吃饭不能伸懒腰。丧葬上的忌讳是家里的老人即将去世时不能让他看到镜子、相框等东西,否则死后有可能"起尸",就是怕老人看到镜子和相框后死而复生,所以需要在老人去世前用床单或被罩把家里的镜子和相框全部蒙起来,不能让即将去世的老人看到。老人自去世第七天起开始计算,要烧七个"七",但这七个"七"的日子里不能乱吃东西。辛庄当地关于这方面的俚语为"头七饺子、二七面、三七饽饽圆上圆"。孝子在看到家里的老人即将去世时需要提前理发,因为老人去世后自己将戴孝百日,这段时间不能理发,穿鞋时不能规矩着穿而是要像拖鞋一样拖拖拉拉地穿着,意指孝子在老人去世后哭泣以至于没有功夫提鞋;还要用棉花把耳朵塞上,一切闲言闲语都听不到,这些规矩王家人都会严

---

① 尖尖:辛庄当地的一种节庆油炸食物。

格遵守,否则会被外人嘲笑。逢年过节时忌讳较多,主要是为了图个吉利,比如初一不能从排水沟往外倒水,因为水象征着财富,大年初一向外排水那全家今后一年挣不到钱。大年初一王家的生活污水需要装到水桶里,等过了初一才能向外排。过年期间从腊月三十开始不能随便说话,尤其是"死""灭""掐"等字眼不能说,要用其他词汇替代;大年初一那天白天街坊邻里串门拜年,王家家门不能紧闭要开门迎客。这些忌讳都是王耀德从自己上一代那里得知并传授给家人要遵守,家人为了能过上好日子,过年有个好兆头都会严格遵守。

(五)族规、族法

王家属于辛庄村王氏家族西三支,王氏家族有祖传的族规,王家的家庭成员一直遵守族规,王耀德也根据自己在家谱上看到的族规内容对王家人进行普及教育,监督大家遵守。王家族规的内容很多,具体内容为:

> 三槐世第,及至于今,英才辈出,卓尔不群。孝悌为先,忠信为本,惟耕惟读,恩泽子孙。不奢不侈,颗粒成廪,婚丧从俭,持家以勤。嫁女择媳,勿尚重聘,积德行善,不惟俗论。自强自立,处事以忍,广结贤良,不谋非分。当差有事,尊上宽仁,努力进取,友朋谨慎。勿以诱善,祸及自身,勿以亲恶,招惹公忿。酗酒无度,伤其身心,聚众赌博,财帛散尽。贪婪飘荡,荒废青春,胡作非为,辱没先人。恋衔投宦,必爱人民,忌才害贤,毒族害群。笙人告讼,不如禽兽,利令智乱,灾难必临。祖灵在天,察尔甚真,阴诛阳谴,追究必深。祖灵阴佑,和顺永存,后裔繁昌,福寿盈门。一荣一辱,天地一新,世德世业,纠察昭昏。一谦受益,一满招损,神灵有鉴,莫辱斯文。阴受其殃,阳恶是因,安贫乐道,其心也欣。焚毁朝夕,何堪明晨,纨绔堕落,愧对乡邻。不肖为贤,浪子如金,振兴美族,直上青云。秉公惩戒,繁荣后昆,恭愿后裔,永传家珍。百世不竭,积厚且纯,张德扬惠,守规遵训。

如果有家庭成员违反族规让整个家族蒙羞,比如某家儿子不孝顺父母,这是族规中最先提出的第一重要规矩,谁要是不养老、不孝顺就会被带到族长面前严厉斥责,甚至找人棍棒相加。王家关于老人去世后的丧葬问题及过年过节祭祀祖先的事情都由家族管理,其他事情都由各家家长做主,王家没有招过上门女婿,没有过继,但买卖土地时都是王家人自己做主,不需要家族插手。

六、奖励惩罚

(一)奖励只限于晚辈儿童

在王家,家庭成员在生产生活中表现较好,王耀德可以代表家庭对个人给予相应奖励,具体奖励内容不一定,但都是奖励给劳动积极的孙辈们,不会奖励成年人。奖励对于这位表现好的家庭成员能起到激励作用,孩子们都想有零钱买糖吃,为此都会积极干活。王耀德只会奖励小孩子,因为小孩子贪玩不会认真干活,所以他会采取激励措施鼓励他们帮家里做力所能及的农活,但成年人不同于小孩子,他们身上承担着养家糊口的重任,如果他们还需要靠奖励来激励自己干活,那么家人都要跟着饿肚子。王耀德奖励的范围仅限于自家孩子,别家的孩子取得的成就与王家没有任何关系。

如果家庭成员平时干活认真能获得较多产量，留下自家一年的存粮后又卖掉了不少粮食换了一些钱，王耀德会庆祝丰收奖励大家，让王吉成去集市上买肉买菜回家，让刘氏和康氏包饺子，但不会给家庭成员零花钱。孩子们不仅干活好而且在学校学习也好，更能得到王耀德奖励。王家十分看中孩子读书，希望家里能有人通过读书出人头地不用继续在地里干活，王孝礼是王家学习比较好的，读书期间经常得到王耀德的表扬奖励，王吉成因为手里没钱没有能力奖励孩子，只能口头表扬。王家的成年人一直孝顺老人并不能得到王耀德的奖励，因为在王家人看来孝顺老人是晚辈天经地义的事情，即便得不到奖励也要继续孝顺，但会得到家庭成员对他的认可，也能得到王耀德的信任将来能委以重任。同样，孝敬老人在外也能得到家族、四邻及乡亲的称赞，这是对本人人格品行的肯定，证明他没有给王家人丢脸，很好地遵守了族规族训。对王耀德等老人来说，这也意味着老有福气，身边有个好儿子能养老送终侍奉左右，可以说是自己上辈子和这辈子积德行善换来的回报，王耀德等人也会感到十分骄傲和自豪。

（二）家规、家法全家适用

1.家长有权惩罚所有家人

一个家庭除了家长有惩罚所有家人的权力外，孩子父母也有权力惩罚自己的孩子，父亲可以惩罚自己的儿子，但是很少惩罚女儿。辛庄当地的家庭教育习俗为"儿子父亲管，女儿母亲管"，康氏除了能惩罚女儿们之外还能管教儿子们，刘氏也能惩罚康氏，尤其是在康氏家务活做得不好或是顶撞刘氏的时候。家庭内部惩罚小孩时亲戚、邻居、熟人等外部成员都不会介入，即便是王耀德或王吉成夫妇教训孩子也不会下手很重，能起到警示效果即可。王耀德身为家长虽然有权力管理全家人，但王耀德不能与康氏有过多交集，为了避嫌只能由刘氏教训，对于妇女来说下手也不至于过重。刘氏惩罚康氏那王吉成不会替妻子求情，因为王吉成需要听从母亲的话，否则就会被训斥"没良心的崽子，你娶了媳妇忘了娘"，因此即便王吉成认为康氏受委屈也不敢替她求情，只有王淑华等女儿们长大懂事后知道母亲受委屈才会向刘氏求情，家里其他人不会插手婆婆管教媳妇的事情，否则很有可能惹祸上身。

在辛庄当地，如果孩子父亲去世后孩子做错事不论是偷东西、偷钱还是打人应该由孩子的抚养人承担责任，如果孩子母亲在世应该由孩子的母亲承担责任，如果由叔伯抚养那就由叔伯承担管教不严的责任，如果是长兄抚养那就由长兄承担责任，由孩子的抚养人进行处罚和教育；孩子父亲去世后孩子的抚养人要抚养孩子直到孩子成家后就可以放手不管。在王家，除了王耀德之外刘氏有权惩罚康氏，王吉成夫妇有权力惩罚王孝礼等孩子。如果严厉的婆婆故意欺负媳妇引发媳妇的顶嘴反抗，那这种争吵会被街坊邻居听到，但邻居很少有人愿意掺和婆媳间纠纷，因为邻里间不是和媳妇关系好就是和婆婆关系好，介入后难免有所偏向会引起另一方的不满从而影响两家人的关系。父亲有权惩罚儿子尤其是父亲作为家长管教儿子时，外人绝对不会介入，因为父亲管教儿子是天经地义，外人介入就是多管闲事，即便父亲管得不对他人也不敢插手。

2.除家长外家人犯错都要被惩罚

王耀德的惩罚只能针对王家的家庭成员，即便王耀德也没有任何权力惩罚别人家的家庭成员，因为外人属于别的家庭，属于别人家庭的管理范围，王家人插手处罚别人相当于侵犯别家家长的管理权力是犯了大忌，如果别人犯了错威胁到王家的利益，王家应该和对方家长交涉让他的家长处罚他。家庭成员都害怕被惩罚,十分惧怕家长,生怕和家长说错话,做的事情让家长不满意,家长在家人心中是一种威严的形象,家长管教的都是自家人,家长一定会做到赏罚分明,不可能家人没做错事情家长故意刁难。在王家,王耀德心善,即便家人犯错,惩罚措施也只是点到为止能够起到警示作用即可,所以家人对他的惩罚都心服口服,没有反抗的。王家的惩罚方式比较单一,最严重的就是打骂,再就是责骂、斥责、警告,从来没有逐出家门的情况。

七、家族公共事务

王氏家族每到过年过节尤其是腊月三十傍晚都会举办大型祭祀活动,王耀德带领王吉成、王吉祥及王学礼等人一起参加祭祀活动,王氏家族的祭祀活动只能由家族所有男性参加,即便是未成年的男性如王学礼也要跟随王耀德参加,女性没有资格,祭祀活动用的贡品、纸香等费用由王氏家族在村里做买卖的后代均摊,王家以务农为主,家里人口多条件差不需要分摊费用,只需要跟随家族的大部队一起在祖坟和家庙前磕头祭祖即可。王氏家族曾因为修缮家庙筹款,但筹款之时族长考虑到许多家族后代的经济情况并不是特别宽裕,因此并未要求所有后代家庭均摊费用,而是号召做买卖的尤其是远在外地的王氏子孙让他们捎钱回家,因此修缮费用主要是在外地和本地做买卖的王氏后代集资,远处甚至从长春、哈尔滨,还有北京捎钱,近处有青岛和烟台两地的王氏子孙积极捐款。王氏家庙在修缮中为了保持原有高档传统的样式,专门从外地招募的木匠、泥瓦匠,尤其是家庙门窗的雕花极为精美,王氏后代很多都是大老粗根本无力修缮,所以各家也不需要出人力。

王氏家族少数几个会读书的孩子大都因为家境贫寒最终较早辍学,家族内没有集资供孩子上学的情况。王氏家族大多数人家经济条件很差,灾荒年间生活不下去时虽然家族没有号召大家互相帮助,但本家族的人考虑到都是同根同源的亲戚都会尽力帮助一把,有的借给对方一些粮食,有的借一些钱,有的借一些粮种播种,有的帮助他家干农活,各家没有商议平均提供,都是发自善心帮助。王氏家庙的旗杆是"双斗"[①],相比其他家族的家庙更加有气势,原因在于辛庄村曾在清末出了一位状元,是辛庄当地少有的考取功名之人,那个人即为辛庄西南村王庆瑶的爷爷[②],曾于清明节回乡祭祖,王氏家族的族长带领家里的老少爷们在村头迎接,一起去祖坟和家庙祭拜,祭拜之后在族长家里一起喝酒吃花生聊天。因为状元郎在村里有自家的房子,他的家人都在村里住着,所以王家没有参与提供任何服务。

八、村庄公共事务

(一)参与主体

1.修桥、修路、修庙

辛庄村有俚语称"唐朝修庙,清末修道",意指庙堂、道路大多是古代修建的,辛庄村地下党曾为防备国民党机械化部队进攻当地,带领村里人扒路,每隔两三里地就把道路挖上大坑阻滞国民党军队进攻。村里各家出一个劳动力一起扒路,不必非得是家长,即便家里人口再

---

① 双斗:具体含义不详。

② 王庆瑶的爷爷:名字不详。

多只需要一个人即可，出劳动力多少与家里人口数量无关。村里的地下党联系村主任，由村主任通知各户家长安排一位成员参加，王耀德因为年纪大不能干重活，王吉成作为整劳力需要下地干活，所以就安排痴傻的王吉祥出力扒路，除了老人和小孩不要以外，出劳力没有严格的标准，只要是能干活的成年劳力就行。如果家中儿子较多，那家长只会要求一个儿子出力，这样做并不是偏向其他儿子，虽然要求同一个儿子出去干活，但其他儿子在家也是下地，并不会闲着。

家里没有男性青年比如孤寡老人家庭或家里只有女儿，连农活都需要花钱雇人去干，不可能有多余的劳力给村里干活，村主任对本村家户的情况有所了解不会为难他们，并不是要求所有家户必须都出劳力，遇到这种情况村主任不会强求更不需要该户人家花钱雇人干活，会自动将这种人家忽略过去。出劳力不能让女性去，妇女的地位很低不能和男劳力同等对待，大多数妇女仍旧缠足，出门走路都成问题，无法当劳力去扒路。

2.打井掏井

1947 年以前，辛庄村进行过集体打井掏井活动，村庄打井是全村人一起劳动，水井不是属于某一户人家，在村里从南到北打三眼大井，全村人都在这三眼井里挑水用。打井时一个家庭出一个劳力，不论家里人口多少只需要出一个劳力，孤寡老人或没有儿子的、没有劳力的可以不出但需要出一些钱承担费用，出了劳力就可以不用出钱。村里打井之前需要村主任通知各家家长，由家长安排家庭成员帮忙出力，王家同样会派王吉祥去干活，王吉祥因精神痴傻干不了复杂活，打井只需要摇橹、铲土、装土三步即可，不用动脑子的他喜欢干这种活，王吉祥也会听从王耀德安排。村主任来王家号召一起帮忙打井时王家会积极响应，毕竟全村人打井王家人不能只用水不出力，否则会被别人嘲笑。

3.开展集体活动

辛庄村每年正月十六的上午在南庙会有踩高跷的节目，每年的三次庙会都会搭戏台子唱三天京剧，除此之外没有别的集体娱乐活动。这些活动都是每年定期举办的，形成了传统规矩，不需要村里来人通知，到了日期王家人会自己前往观看。王家没有人参加表演过这些娱乐性活动，只是去看热闹。王家人知道什么时候在哪里有什么活动，举办集体活动都是在农闲的时候，全家人都可以休息放松，只要得到王耀德的同意都可以去看热闹。即便家里经常不出门的妇女在做完家务后也可以带着板凳领着孩子出门看戏，甚至在晚上下雨穿着蓑衣、点着火把在看戏，在仅有的几次集体活动中王家男女老少都可以尽情参与。

(二)筹资

辛庄村在东河上有一座石桥是 1945 年以前伪军驻扎时找辛庄村百姓修建的，资金也是辛庄大户人家集资所得，伪军把任务安排给村主任，村主任通知到每家每户家长，安排人力去干活。国民党败退后村里在共产党的领导下把原本阻止敌人挖的坑洞全部填满，修好道路，因为道路全是土质不需要花钱，只要各家出劳力干活即可。辛庄村的庙堂有很多，但只有海神庙修过三次且都是辛庄村各户渔民凑钱修的，因为海神庙主要是保佑渔民出海平安、满载而归，王家世代务农没有出资。

村里组织打井产生的费用并不是各家均摊，而是有钱的出钱，有力的出力。如果家里交不起这笔钱，可以跟村庄请求采取不交钱多出力的办法，以工代钱，各家不需要多派人去，家庭成员会根据家长的安排参加劳动。家里如果没有多余钱而且还没有多余的劳力，那只能想

536

办法卖粮食换成钱交上去。辛庄村发生自然灾害时都是自家顾自家,从来没有村庄一起抗灾的经历更没有治灾费用,所以不存在分担问题。交粮食税时如果家长不在家,那妻子能自己决定交粮给村庄,不能等到家长回家后才交。辛庄当地人常说"皇粮国税不可抵抗",不能因为某户家长不在家就延迟交税,如果家长不在家,儿子成人就由儿子代理当家管理财产,如果儿子未成年就由妻子代理当家管理财产。

(三)筹劳

村里组织修桥、修路时筹劳力都是一家一个,村主任直接找到家长由家长安排家庭成员去干活。辛庄村只修过三次海神庙,渔民们从每条船上出一个劳力,村主任不是去找家长而是去找每条渔船上的船长,由船长安排船员去。村里组织打井的时候筹劳力也并不是一家一个,如果家里没有劳力可以出钱,如果家里出了劳力可以不用出钱,正所谓"出工不出钱,出钱不出工",王家是王吉祥去出力而未出钱。村主任直接找到王耀德,由他安排王吉祥出力。辛庄村曾修建过一条村里连通渤海边的排水渠,在村里的一段排水渠被当地人称为"沙沟子",村外的一段被称为"泥沟子"。村主任通知各家出力干活,王耀德依旧安排王吉祥去干,这种出劳力的事务并不是常有,像疏通水渠是三五年才有一次,只有等到水渠淤积时才会疏通,王家一直派王吉祥去。辛庄村曾举行过集体看青活动,当地俗称"看坡",是村里组织几个责任心和原则性比较强的人在麦收、秋收时节长期待在地里看着,并不是住在地里而是每顿饭都在家吃,晚上回家睡觉,只不过白天一直待在地里防止有人破坏作物。看青并不是一家出一个人轮流去,村庄规定几个人长期坚守,村庄也会给这些人一些费用,收庄稼时地邻们也会帮助他们。

九、国家事务

(一)纳税

辛庄村是以一家一户为单位纳税,根据各家土地面积计算应缴税额,与家庭人口数无关,但与土地质量即当地俗称的"土地级数"有关,同等面积的土地,级数越高,交税越多。辛庄村的粮食税额大致为一亩土地交二十斤左右的粮食。每年都是在秋收后交税,只交粮食不交钱,一年只交一次,每年交的数量不一,每年根据张榜公布的税赋各家准备粮食。王家只交过田税即粮食税,其他税目都没有交过。即便王耀德在家也可以不必亲自去交税而是安排王吉成去交。如果王耀德不在家,村会干部会通知王吉成及时上交粮食税而不会等到王耀德回家作决定。

在收到纳税通知时王家每年都会按时缴纳,没有不纳税或延迟交税的情况。如果交不起税费,那家里即便不吃不喝也得想办法省出来,或拿钱去买或去别人家借也得交上,村里不会来抓人,只会经常来催税。到那时,只能寻求本家、亲戚、邻居的帮助。求助时没有先后顺序,谁能帮上忙就去求谁,但王家没有交不上税的情况。如果家里交不上税费也不能逃跑,因为即便逃出了辛庄村去别的村子安家落户也得交税,所以逃到哪里也躲不过交税的事实,辛庄村也没有因交税外逃的情况。

(二)摊派劳役

1.每家摊派一个劳役

辛庄村摊派劳役既不是根据家户土地面积计算,也不是根据家户人口计算,更与家庭富裕程度无关,而是每户人家不论人口多少都只出一个劳力即可,王家也出过劳力,辛庄当地称呼"出劳力"为"民工",给伪军修地堡、修炮楼、修桥、修路都要出劳力,家里是孤寡老人没有劳力可以不用出。出钱是根据家庭经济条件的好坏决定,大户人家多出,中小户人家少出,并不是平均分配。出劳力时如果是给伪军修炮楼、挖战壕,需要自带干粮、自带工具,伪军只会给一些水喝,如果是去修桥、修路,就会一天管三顿饭不需要劳力自己带饭,但出劳力没有任何工钱,全部是义务劳动。

2.家长安排家人服劳役

辛庄村需要派遣劳役时村主任会找到王耀德,由他安排家里人出工,村里不会直接找家里的青壮年。但如果出现这种情况,青壮年也得先回家向家长请示,家长会把村主任的这种做法视作是不尊重家长,即"村主任办事越界了",青壮年不敢不告诉家长而擅自出劳力,必须请示家长同意后才能去。村主任通知到家长后由家长指派儿子代表家庭出工,家长会在家里的成年男性中找一个不成器的出劳役,其他有能耐的给自家干活挣钱,即便有多次劳役那家长也会只安排同一个人去,就像王家每次出劳役都是头脑痴傻的王吉祥去一样。被指派者不能不听家长的,必须按照家长意愿去办。家长考虑既要完成村里的摊派劳役任务,还不能耽误自家的生产劳动,因此为了不耽误自家农业生产就不能让王吉成去而是派王吉祥去,除了劳力之外,王家也曾摊派过一些费用主要用于修桥,其他的如公事费、保家费、猪头费、壮丁费等费用没有摊派过。

调查小记

　　家户报告的撰写算是告一段落了,回顾十多天的访谈时间,可以说充满了辛苦和汗水。自从 6 月初在武汉培训时我就对家户逐渐产生兴趣,家户作为基层农村最小的一个治理单元,家长掌管着家中的所有事务,作为家庭代表参与整个村庄甚至更大范围的活动。虽然早在培训结束后我已经提早和家人打电话,提前找合适的受访老人,家人也为了我在本村与邻村之间奔走忙碌,但是当我回到家后在父母和奶奶的带领下去找之前商量好的老人,奔走了两天后发现,找好了的近十位老人没有一位符合此次家户调研的受访者条件,要不就是老人身体较差、耳聋,经受不了长时间访谈,要不就是老人的家户特色不明显,不符合调研家户的基本要求。2017 年 6 月底的那几天,我因为找家户调研对象跑遍了整个村的大街小巷,就连我八十多岁的奶奶即便腿疼也在大热天陪我去找她认识的老人们,但结果却并不尽如人意。

　　找受访者碰壁之后忽然想到自己的家人,我们王氏家族在整个村里早已有几百年的历史,家族的后裔目前已经扩展到外省,因此我想到先找自己的奶奶调研一下,但我问过师兄之后才知道如果受访者是妇女的话,要先判定受访者出嫁的时间,最好是从受访者娘家开展调查,因此我的奶奶虽然年纪很大,但娘家的家户很小,并不符合此次家户调研的基本要求。在寻找调研对象一筹莫展之际,我突然想到了 2017 年寒假调研期间我找过的几位"合作化口述史"受访者,希望能从这几位老人中找到突破口。因此,我又在家人的陪同下到邻村找寒假做过合作化口述史的那几位老人,因为当时在做口述史的时候对受访者 20 世纪家庭人口等基本状况作过最基本的了解,所以在出发前我根据去年调研后撰写的受访者基本信息表排除了一部分不符合受访条件的老人,剩下的几位在奶奶的带领下到了老人家里,最后在 6 月 30 日的上午,我来到之前做过合作化口述史的一户老人家,老人家虽然八十多岁但由于我们同属王氏家族,关键是我们两人的辈分相同,所以 20 岁出头的我只需要对八十多岁的老人叫一声"哥哥"就行,在表达我的来意之后,老哥哥很痛快地就答应了我的要求。在了解老哥哥的家户情况后,我认定这就是我需要找的家户,真是踏破铁鞋无觅处,得来全不费功夫,之前找了那么多天,没想到合适的受访者竟然之前接受过我的访谈。老人此次对于我的访谈要求满口答应,说:"只要是我记得,我全都告诉你,记不住的就没办法了,你来调查我是我的荣幸,是看得起我"。受访者家里与我家是世交,与我奶奶也是多年的挚友,见面后拉着手说了好长一会儿话,最终,我在 6 月 30 日上午确定了我的家户调研的受访者,我们约定下午开始调研。

　　当天下午我与老人约定在镇上大街的树荫下开始访谈,下午两点钟我以为自己早点去可以在那里等一下老人,结果老人很早就在那里等着我了,我感到很不好意思,因此从第二天开始我们约定早上从七点半开始,下午从两点开始访谈,我们的访谈地点都是固定的,就是我们镇上网吧门前的大树荫凉下。在访谈期间,除了有两个上午的时间老人需要去集市上采购日用品暂停访谈之外,从6月30日下午到7月13日上午整整有十二天的时间,老人不论刮风下雨还是烈日当头都陪我在大树下访谈,以至于整个镇上的人都在好奇我们每天在那里谈论什么。由于我们谈得很投入导致访谈时间很长,有时候我甚至担心老人会不会中途反悔不接受我的访谈了,7月10号下午老人的一句话彻底打消了我的顾虑,老人和我说:"你放心,你什么时候问完了,我就陪你到什么时候,不会给你半路撂挑子的。"

访谈结束后,我发现所有的访谈时间加起来总共有四十八小时之多,回想起老人陪我访谈的十多天感到十分过意不去,虽然在调研期间给老人陆陆续续送过三个西瓜,但毕竟老人八十多岁了,没有义务陪我访谈,因此我买了一些牛奶和补品送到老人家里,我担心老人很可能不接受礼物,因此我让妈妈陪着我送去,结果夫妻二人还是严词拒绝,双方商量了好久之后老人才留下,我临走之前老人还很不好意思,不想收下礼物。结果不出我所料,间隔一天后是我们镇上赶集的日子,老人去集市上采购物品经过我家,又将前天送去的礼物如数返还,并说:"我帮你不是为了礼物,是咱们两家的情谊,不用太见外了。"虽然考虑到我们两家人关系好,本可以不用破费,但老人这么大岁数在高温天气下一直帮我,而且听他的老伴说老人回家后血压就上升让我感到很内疚,因此我在母亲的再次陪同下又将礼物送到了老人家里,这次无论如何让老人留下,老人又和我聊了一会儿,关心我的学业、今后的打算等等。

个人认为调研期间尤其像家户调研这种对受访者要求较高的调研,找调研对象是关键,只要找到了合适的调研对象,其他问题都会迎刃而解的,这也应了那句话"家有一老,如有一宝"。回想家户调查期间,老人在访谈过程中讲到的一些故事,既包括老人自己家的,还包括村里邻里街坊家的,几乎都是家长是家里的一把手,说一不二。这在我们这一代人看来是难以理解的,这不是家里的"独裁"吗?这不是"专制"吗?但就是这些我们看来难以理解的事情在新中国成立前是我们当地各家几乎共有的现象。家户,这个最基层的治理单元,还有很多地方值得我们去发掘,期待下一次家户调研。

致 谢

从6月底家户调研开始到8月底报告撰写完成,再到9月份开学以来一稿、二稿……不断修改,这一过程充满了很多心酸和汗水,直到今天的定稿出版,我感触良多。在这期间,不仅自己坚持了十多天的调研和近一个月的报告撰写,更有很多人为了我能够更好地完成此次家户调查,给了我很大的帮助,在此我要对这些人表示真心的感谢。

首先要感谢的是我的家人,我的父母尤其是我的奶奶。在培训结束后,我就打电话回家让家人帮忙找老人,家人为了我的学业也是跑断了腿,尤其是我的奶奶,八十多岁的老人,在高温天气下还抱病带我去找老人,两天多的时间无功而返,奶奶比我都着急,在此我向我的长辈们致以感谢,这份出版的家户报告不仅是对我调研成果的肯定,更是对家人付出的一种回报,以后我还会以更加优异的学业成绩来回报家人的。其次,我需要感谢我的受访者王学礼老人,6月底至7月中旬的近半个月的时间里,老人顶着烈日陪我做访谈,老人在访谈过程中认真负责的态度令我感动,也正是出于对老人的感谢,促使我专心修改报告,将老人家的故事以更好的面貌呈现给更多的人,让更多的人知道王家的故事。最后,我要感谢黄振华老师以及审核小组的师兄师姐们,从一稿到最终定稿的半个学期里,审核小组的师兄师姐们每天都要完成自己的审核任务,黄老师更是不辞辛劳,每晚在家户调研群里发审核意见,因此我不能辜负审核小组的辛勤付出,唯有以一份优质的家户报告来感谢审核小组的辛劳。

　　研一的上半学期已经结束了,伴随我度过这半学期的不仅是我的老师、同学,同样还有这份不断完善的家户报告,虽然在撰写、修改的过程中让我时而头疼,但在众人的帮助下最终完成的喜悦更使我坚信有付出终有回报。

第六篇

农商共济：白手起家的中户崛起与存续

——川北山区李家坝保吴氏家户调查

报告撰写：刘 娜[*]
受访对象：吴映国

* 刘娜（1994— ）女，四川青川人，华中师范大学中国农村研究院 2017 级硕士研究生。

导　语

　　自古以来,家户一直是承载着个人发展的重要载体。在家户单元内部,个人通过家户不断实现个体社会化,家户也随之逐渐兴旺、衰落、发展。不断延续与发展的吴氏家族因为受"湖广填四川"这一政策的影响以及负担不起皇粮国税等原因两次辗转迁徙,最终选择定居在一个名为"蛤蟆场"的地方,该地地处川北山区,属于秦巴山系的一脉。

　　自中华民国建立至 1952 年,该地经历了一个复杂的行政建制、区划变动过程。就县、乡级层面而言：中华民国初在该地置骑板团练所;1935 年改为骑板观联保,归属于平武县;1939 年建骑马乡,吴家所在甲是骑马乡原乡政府驻地;1942 年骑马乡被划分到青川县。就村级层面而言:自 1911 年至 1949 年,吴家归属于李家坝保蛤蟆甲;1949 年以后取消保甲,蛤蟆甲被划分到中元村;1952 年改为小河村;1953 年又被划分到光明村。

　　在这样一个持续变动的外部环境下,吴家整个家庭的生产生活都发生了很大变化。几十年间,吴家从白手起家到逐渐兴盛,虽几代为白丁,但吴家主专农业以维持基本生存,发展如卖盐、酒、凉粉、蚕丝等多类副业以维持日常生活与处理各种人情世故。从一无所有、借住牛棚发展到坐拥茅草房、瓦房等多处房产,家中拥有十几亩山坡地,但由于自家土地类型原因,吴家既出租六亩土地,又租入某清明会五亩土地。此外,吴家与他人共同伙牛伙马,由单家独户到多系多房,从三世同堂甚至达到四代同堂、五代并存,逐渐发展为当地名副其实的中等家户。最终形成了属于吴家特色的以家长为核心、内当家为支柱,农商共济、家户一体的家户格局,与外部社会良性互动的吴氏经济、文化、社会、治理制度。

　　自从吴家第二代的吴万福与哥哥吴万祥分家后,吴万福便成为家长,主宰着吴家的一切事务,为家里买田置地、修房翎屋。但中华民国二十四年,即 1935 年吴万福不幸因病去世,家中仅剩妻子吴张氏以及三子一女。吴建新作为长子,很早便结婚成人,且为人十分能干,从小跟随父亲吴万福在外做生意即背盐背笕,将家中的内外事宜都处理得井井有条。此外,由于吴家人口较少,且某些兄弟姊妹年龄还小,兄弟们也不愿意提出分家。因此,吴建新便名正言顺地成了整个吴家的一家之长,在家庭各类事务之中均发挥着主导作用。一方面,吴建新负责处理吴家各种大事与对外人际交往事宜,也承担着照顾妻儿、照顾母亲与几个兄弟姐妹的重任。另一方面,吴建新子承父业,主要以经商为主,偶尔从事农业生产。其母吴张氏与其妻白焕英作为内当家,在家内做主。其中,吴张氏以务农为主,白焕英以经商为主,二人也会在闲时从事家务劳动。其余家庭成员在家无支配权,仅享有家庭事务建议权。1952 年土地改革运动中吴家被划分为中农成分。在土地改革运动发生后,吴家家庭人口逐渐增多,不利于对家庭进行有效管理。在二弟吴建学入赘到他人家、自愿放弃家产继承权的情况下,只有吴建新与幺弟吴建奎享有家产继承权,于是吴建新与吴建奎两兄弟平分家产,母亲吴张氏自愿分给幼弟吴建奎赡养。再加之1953年妻子白焕英去世，曾经的家长吴建新因年龄、身体等诸多原因，不愿意继续担任当家人，因此吴家家长变更为其长子吴映国。

　　吴映国于1936年出生，现年81岁。作为1953年以来的吴家家长，老人不仅记忆力好，且思维敏捷、十分健谈。笔者有幸访问到这位老人，并从多个维度对1953年以前吴家的家户特性以及各个层面的家户制度进行探析。

第一章　家户的由来与特性

　　吴氏由于"湖广填四川"以及负担不起皇粮国税等原因,最初自湖广辗转迁徙到四川省广元县[①],并最终逃难落户至蛤蟆场。此后百年间共繁衍五代,并一度达到四世同堂。虽目不识丁,但在几代人的共同努力下,通过长期务农、兼营商业,吴家不断兴旺发达,购置大量土地与多处房产,并衍生出人口属大户、财产属中户的吴氏家户底色。此外,热情待人与喜行善的吴家人与蛤蟆场的村民们始终保持着良性的互动关系。

一、家户迁徙与定居

(一)湖广填川,迁居广元

　　由于"八大王剿四川"[②]后,四川当时人口稀少,因此清朝定都北京后,采取"湖广填川"的举措,将湖广的民众迁移到四川。吴家祖上也是因此迁徙到四川省广元县居住,但是无从得知当时具体的迁出地点与迁出年代。

(二)皇粮沉重,外逃蛤蟆场

　　吴家第一代[③]因为身处旧社会,吴氏家中子女较多,政府派粮派款太多,家庭缴纳不起皇粮国税,为维持生活,最终不得不选择出门逃难。于是吴家第一代带着两个年幼的儿子,即吴家发与吴家财,一起翻山越岭,从广元县最终逃难到蛤蟆场。由于儿子们当时还没有能力走路,吴家第一代便将儿子们放在筐子里,用扁担挑着他们。从此以后吴家第一代与之前的吴氏家族脱离联系,吴氏家谱也遗留在曾经的家族中,因而无从了解吴氏祖上至今共繁衍了多少代人。吴家逃难到蛤蟆场,其原因在于蛤蟆场这一地方风水好,在此能将生活维持下来。到达当地后,吴家从写[④]别人的土地到买田置地便逐步安定下来了。等两个儿子长大以后,便在当地结婚,从而进一步繁衍子孙后代。

(三)行政建制与区划变动大

　　自中华民国以来至1952年间,当地经历了复杂的外部行政建制、区划变动过程。

　　就县、乡级层面而言:中华民国初在该地置骑板团练所;1935年改为骑板观联保,归属于平武县;1939年建骑马乡,下辖六保四十四甲,属平武县第三区,由李自由担任骑马乡乡长。吴家所在的骑马乡李家坝保蛤蟆甲是骑马乡原乡政府驻地,蛤蟆场是由王毅和周树熙所

---

　　① 广元县:据《广元县志》记载,广元古称"利州",元代改利州为广元,旧时属县级行政单位,直至1983年撤县改市。
　　② 八大王剿四川:明末清初,张献忠在四川与清军进行过数次大血战,从而导致四川人口锐减,到张献忠被剿灭时,全川仅剩八万余人。
　　③ 吴家第一代:搬来现居住地的第一代,具体的姓名不得而知。
　　④ 写:租。

修建。据《青川县志》记载，因驻地场有一岩石形似蛤蟆，故名"蛤蟆岩"，兴场初期该场镇被人称为"蛤蟆场"，因"蛤蟆"在青川民间又称"蚂蟆"，后以谐音改称骑马场，故名"骑马"。自1942年开始，骑马乡被划分到青川县，但民间仍长期将其称为"蛤蟆乡"。

就村级层面而言，在1911年至1949年的几十年间，吴家一直归属于李家坝保蛤蟆甲。按照地域而非姓氏划分甲，蛤蟆甲属于李家坝第九甲，自1936年起由唐映坤出任甲长。1949年新中国成立以后"保"这一单元被取消，保被拆分到多个乡、村，吴家所处的李家坝保蛤蟆甲在1950年实行减租退押、清匪反霸时被划分到中元村。1952年以后该地实行"四固定"，当地有个小河，以河为界，吴家居住的小河一畔被划分到骑马乡，而河的另外一岸则被划分到洞水乡，为了方便起见，曾经的蛤蟆甲被改为小河村。但是由于小河村的家户数量太少，1953年吴家又被划分到光明村，之后便一直归属于光明村。

（四）白手起家，写田置地

吴家祖上是一边逃难，一边做生意，从而落户到蛤蟆场安家，最初刚到当地时依靠租地、租用别人家的牛棚居住从而勉强维持生存，之后做生意赚到了钱便买田置地、购买房屋。落户时，家中只要有钱，就可以购买穷人手中的土地。但是买田置地、购买房屋需要经过一定的手续，必须用狗皮制作一张地契，将字刻于之上，经过乡、县盖章，最终地契才能生效。

吴家买地的过程如下：假如某人家中有土地，吴家先把某人的土地租下来，租地以后，在收获粮食时将一百斤粮食中的百分之四十交给该人，自己家中留六十斤粮食，有时候交粮食的比例为百分之二十、百分之三十，甚至一半。后来某人又说如果吴家有钱，付三十、五十或者一百块钱，便将土地典当三年或者五年给吴家。只要吴家人把钱全部交给他，这块地就当下来了，此后便可以不与他分粮。等到典当的时限到期，某人又决定把地出售给吴家，吴家就可以将这块土地购买下来。刚开始租地，之后当地，最后是买地，这就是吴家人买地的大致过程。

此外，有一部分人既不愿意出租土地，也不愿意当地给吴家。这些人知道吴家有钱，就告诉吴家人，把这块地卖给吴家，给多少钱就行，于是吴家通过这种方式便将土地购买下来了。制作一份地契，有份证据在手里，这块地从此就成为吴家的土地。这块土地购买下来之后，吴家听说另外有一家人出售土地，便又前去购买。吴家就是这样一点一滴地将土地累积购买下来的。

将土地卖给吴家的人，大部分是平时喜欢吸食鸦片、掷骰子、打牌等不务正业之人。或者是某些人由于家中土地太多，无法全部有效耕作，又知道吴家有钱，就将土地和粮食一起卖给吴家。吴家首先选择购买田地与房屋，之后有多余的资金后又用于伙牛、伙马。吴家在此处买几间，他处买几间，当时一共购买了多处房子，既有瓦房，也有茅草房。吴家分家时本来将水磨厂和街上的房屋分给了吴万福，后来水磨厂和街上的房屋被兄弟吴万祥抢走了，吴万福于是又重新另择一处修建了新的茅草房。

吴家迁移到蛤蟆场以后，与周围的村民们关系很好。吴家几代人都特别会为人处事，待人十分热情，无论是来自远方的人，还是周围的邻居，无论是财主抑或是乞丐，只要来到吴家，都会被吴家人招呼吃饭、喝酒，吴家人即便自己不吃饭也要首先将其用于招待客人。

（五）繁衍五世，入赘居多

自吴家第一代到吴映国为止，吴氏在蛤蟆场已繁衍了五代人。由于吴氏属于单家独户，且几代均为白丁，没有修建祠堂与成文的家谱，虽建有祖坟，但是因为家庭贫穷等诸多原因，没有立碑，因而无从纪念。吴家家中的所有事情都是听吴家老人唐国英和吴张氏的讲述而得知。

吴家落户到蛤蟆场以来的繁衍情况如下：

吴家第一代即吴映国的起祖爷爷的姓名已经不得而知，其妻子的情况也从未有家中老人讲述过。

吴家第二代包括吴家发(吴李氏)和吴家财(唐国英)，吴家发共育有两儿(吴万祥和吴万福)一女，但由于吴家财与唐国英未能生育子女，因而吴家发将次子吴万福过继给兄弟吴家财。

吴家第三代包括吴万祥(吴王氏)与吴万福(吴张氏)。吴万祥虽育有三子，但由于其不务正业，将家产全部变卖，客死他乡。其儿子全部作为上门女婿入赘到别人家，更改姓名，分别为李全嘉、王应之、唐应德。其中唐应德虽改名改姓，但唐应德之子却改回了吴姓，名为吴映唐。吴万福与吴张氏共育有三子(吴建新、吴建学、吴建奎)三女。

吴家第四代包括吴建新(白焕英)、吴建学(唐映秀)、吴建奎(廖林秀)。吴建新与白焕英育有二子(吴映国、吴映忠)。吴建学与唐映秀的儿女在出生后便相继死亡，唐映秀也因病去世，几年后吴建学便入赘到别人家，改为杨姓，子孙也不随吴姓。吴建奎与廖林秀育有一子吴映林。

吴家第五代包括——吴映国(李成秀)、吴映忠(唐映秀)、吴映林(王绍英)、吴映唐。

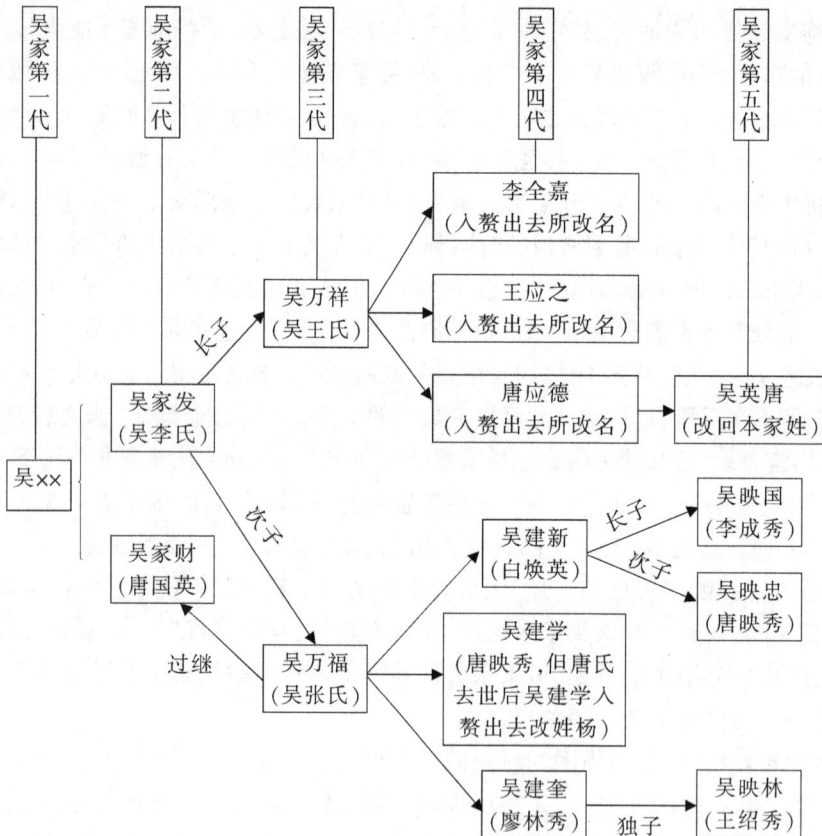

图 6-1　吴氏家户世系图

注:吴家主要支脉中的几位男性都曾在不同时期担任过吴家家长。吴建学与吴映忠之妻为同名同姓，均为唐映秀。

548

(六)由盛转衰,经商再起

自吴家第一代迁徙到蛤蟆场以来,祖孙几代都是凭借耕作庄稼以及做生意(包括卖盐、卖木耳等)维持生计,家庭属于半农半商,以种庄稼为主,做生意仅为附带。刚迁到李家坝保时,吴家因为家庭贫穷没有能力购买土地、房屋、牛马,居住在别人家的牛棚中,只能租种他人的土地,定期给别人交付一定数量的粮食或者银钱,完全属于白手起家。积累相应资金以后,吴家便立刻购买田地、房屋,由此慢慢发展起来。

吴家最兴盛时有接近三十亩土地,在吴家水磨厂和蛤蟆场镇均有瓦房。牲口不是吴家所单独拥有,全是与他人搭伙饲养,家中牲口最多时曾与他人共伙养八头牛、六匹马。吴家家中无水田,土地均属于山坡地,因而没有置办大型农具,但镰刀、草锄、山坡犁等基本农具都有。因为吴家第一次分家后,哥哥吴万祥把家里好的房屋、土地抢去,最后又由于不务正业将其卖光,导致吴万福家中没有优质的土地,之后购买的土地也仅为一些差地。吴家因为长期做生意,银钱大致够用,但由于吴氏家中人口相对较多,因而没有太多积蓄。

二、家户基本情况

(一)四世同堂到三代并存

1.四代同堂,三子一女

1940年左右,吴家属于四代同堂。吴氏家中共有九人,一位老人,两个小孩。家中共有两对夫妻,吴建新与吴建学两兄弟均已婚。

吴家第二代吴家财去世较早,唐国英守寡,当时身体状况差,已基本丧失劳动力。吴家第三代中,吴张氏自幼作为童养媳来到吴家,吴万福因病去世后,吴张氏守寡,但是吴张氏身体状况很好,不仅是家中的内当家,还是干农活的主力,负责主持家中的一切农业活动。吴家第四代中两个女儿早已出嫁,家中尚有三子(吴建新、吴建学、吴建奎)一女(吴家"三女子"①)。

由于父亲吴万福因病去世,作为长子的吴建新自然而然地成了吴家的家长,主管家中的大小事务,但主要以经商为主,即售卖食盐与木耳等,很少从事农业劳动;其妻白焕英作为家中的内当家,也以经商为主,即贩卖酒、凉粉,平时在家则主要从事家务劳动。夫妻俩当时仅育有一子吴映国。吴建学与唐映秀两夫妻长期从事农业劳动,生育的孩子均未能养活。幼弟吴建奎年纪小,尚无劳动能力。吴家"三女子"仍待嫁闺中,但由于视力不太好,长期在家从事家务劳动。吴家第五代其他孩子尚未出生,或未成功养活,只有吴映国一个小孩,且年龄小,不具备劳动能力。

表6-1　家庭基本情况数据表

家庭基本情况	数据
家庭人口数	9
劳动力数	6
男性劳动力	2
家庭代际数	4
家内夫妻数	2
老人数量	1
儿童数量	2
其他非亲属成员数	0

---

① 吴家"三女子":吴家共育有三个女儿,此女为幼女,即吴建新的三妹。

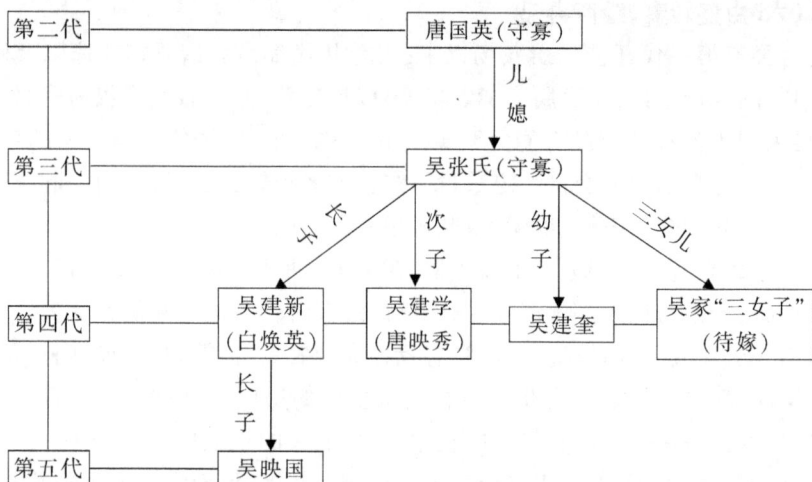

图 6-2 1940 年左右吴氏家户结构图

2.家庭成员代际交替

1940—1949 年的十年间,吴家经历了家庭成员新老更替的过程。吴家第二代老人去世;吴家第四代中吴家"三女子"下嫁他人;吴建新与白焕英诞下次子吴映忠;吴建学之妻唐映秀因病去世,几年后吴建学入赘到另外一家成为上门女婿,从此更名改姓。1949 年,吴映国和吴建奎长大成人,并于同年娶妻。截至 1949 年,吴氏家中共有八人,包括一位老人、一个小孩,八人中七人均有劳动能力,吴家在此时属于三代同堂,家中共有三对夫妻,除吴建新与白焕英育有二子以外,吴映国、吴建奎尚未与妻子生育子女。

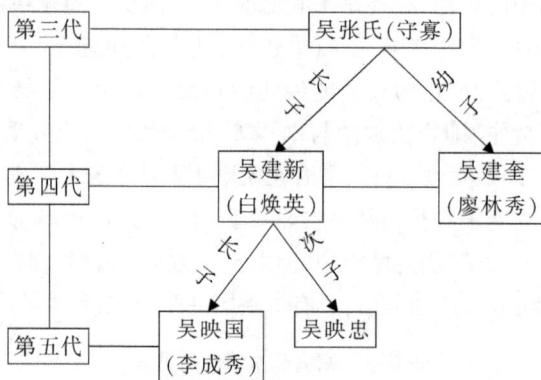

图 6-3 1949 年吴氏家户结构图

(二)世代白丁,年轻力壮

1940 年左右,吴氏家中共有九人,一位老人唐国英,两个小孩吴建奎、吴映国,吴家属于四代同堂。其中,吴家第二代吴家财、吴家第三代吴万福去世较早,唐国英、吴张氏守寡在家,唐国英由于年事已高,身体状况差,已基本丧失劳动力。其余成员包括吴张氏、吴建新、白焕英、吴建学、唐映秀、吴家"三女子"。其中,仅吴建新的幺妹未婚,但她由于视力不太好,长期在家从事家务劳动,其他家庭成员身体状况良好。

吴家的家庭成员中,只有吴建奎和吴映国曾被送到学校接受过 1~2 年文化教育,但之后两人均由于自身原因,不愿意上学,选择回家放牛,其余家庭成员均未读书。此外,吴家成员没有特定的宗教信仰,吴家虽也有求神拜佛的成员,会进行诸如祭祀门神、灶神、土地庙、娘娘庙、火神庙等活动,但只是在重大节日时例行参拜,不属于虔诚的宗教信徒。同时,吴家的家庭成员未曾参与社会组织。

表6-2　1940年左右吴家家庭成员情况表

成员序号	姓名	家庭身份	性别	年龄	婚姻状况	宗教信仰	健康状况	参与社会组织情况
1	唐国英	奶奶	女	70+	守寡	无	差	无
2	吴张氏	母亲	女	50+	守寡	无	优	无
3	吴建新	家长	男	30+	已婚	无	优	无
4	白焕英	妻子	女	30+	已婚	无	优	无
5	吴建学	二弟	男	20+	已婚	无	优	无
6	唐映秀	二弟媳	女	20+	已婚	无	良	无
7	吴家"三女子"	幺妹	女	14	未婚	无	良	无
8	吴建奎	幺弟	男	7	未婚	无	优	无
9	吴映国	长子	男	4	未婚	无	优	无

此后十年间吴家经历了家庭成员新老交替的过程。截至1949年,吴氏家中共有八人,一位老人吴张氏,一个小孩吴映忠,其他家庭成员包括吴建新、白焕英、吴映奎、廖林秀、吴映国、李成秀,成员们身体状况好,八人中七人均有劳动能力。

(三)单家独户,沿河而居

1935年以前,因为吴家的房屋前有一个大水磨,故而得名为吴家水磨厂,远来近道的人都知道吴家水磨厂。吴万福与吴万祥分家时本来将吴家水磨厂的三间瓦房与一间茅草房分给了吴万福,后来被吴万祥抢去,最后将其卖给周家,但该地仍然称为吴家水磨厂。

分家后,吴万福选择在吴家水磨厂的不远处修建新房屋,吴建新之子吴映国便出生在新房子中。吴家离蛤蟆场镇只有二百五十米,没有修建门楼、院墙,附近只有周家和吴家两家人,但也有一定的距离,另外一家人与吴家距离一道河之远,周围没有其他人家居住。由于家住大路边,吴家因此便成为通往场镇的必经之地。沿河而居,由于河堤太低,每当遇到暴雨时节涨洪水,洪水便会对吴家的土院坝里造成侵蚀。

吴家的房屋主体属于木板茅草房,此房是将吴张氏娘家的老房子拆卸下来作为原材料修筑而成的。家中有一个堂屋,即客厅,堂屋中有一个供奉先祖的神龛,有一个桌子仅供吃饭时使用,客人来家中做客时也被安排在客厅休息、吃饭。加上转角房①共三间歇房②,转角房旁边有一个虚脚楼,是一个草棚,主要用以圈养猪、牛、马等牲畜,就具体的使用功能区分而言,虚脚楼的楼下用以饲养猪、牛,楼上用以住人。同时,虚脚楼后方搭建了一个偏房,即磨坊。

---

① 转角房:两个房子由于方位不同,在连接处自然形成一个转角,也可以作为房间使用。

② 歇房:即厢房。

在房屋另外一端的最前方修建了一个非常简易的偏房——灶房,用石板盖成。灶房比较大,前面用于煮饭,后面摆放一张床,老人唐国英还健在时,吴映国和唐国英睡在灶房,偶尔还会漏雨下来。灶房后边还有一个石板盖的厕所。房屋后边有一个排水沟,盛夏暴雨季节时因排水不畅,山洪曾多次将吴家的后墙冲垮。

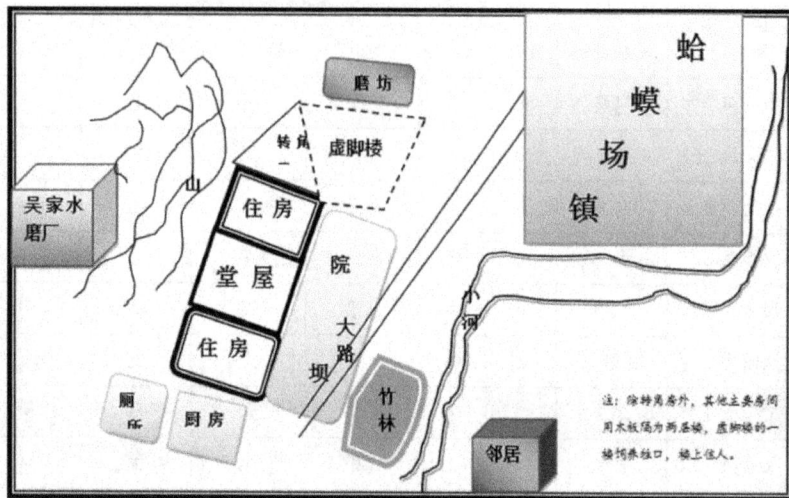

图 6-4　1949 年吴氏房屋空间结构图

(四)种地为主,生意为辅

1949 年以前吴家拥有十五亩土地,但由于部分土地距家太远,因而将其出租给他人,租出土地亩数为六亩左右。随后吴家又在离家近的地方租入五亩土地,因此实际耕作土地面积为十四亩。由于没有水田,因而吴家没有置办大型农具。同时,家中没有单独所有的牲口,牛、马都是与他人搭伙饲养,共伙养六脚①牛,平均下来约一个半牛的股份,伙养四脚马,平均下来约一个马的股份。

吴家以种地为主,做生意为辅。家长吴建新主要做生意,包括出售食盐、木耳等,其妻白焕英则主要卖酒、凉粉,偶尔家中通过为外地人提供住宿、提供伙食来赚钱,在某些时节,还会售卖蚕丝与桐油。通过做以上生意来维持日常生活与各种人情世故。在 1930—1940 年时吴家中劳动力相对充足,但此后的几年中,经历生离死别、成员出嫁、入赘等大事后,吴家在1946—1948 年之间劳动力相对缺乏,当 1949 年吴家通过两次联姻后,家中的劳动力再一次得到补充。但总体而言,无论家中劳动力充裕与否,吴家未曾雇工,平时都是与李家坝保、田坝保的人进行换工,今天你帮我干活,明天我帮你干活。每年家中的收入大致够用,部分时节偶尔会出现银钱短缺的情况。

1.农副共创多元化

关于吴家的收入。在农作物方面,吴家主产玉米,耕种八亩玉米地,一年大概产三千斤左右,当时的市价为一斤八分钱,十斤八角钱,折算下来大概为两百四十块钱左右。共种三亩麦子地,大概产五六百斤麦子,市价平均一角钱一斤,折算下来五六十块钱左右;种两亩豌豆,

---

①　"脚"是腿的意思,此种情况为几家人搭伙饲养,每家只享有牲畜的一部分。

有时产三百斤,有时产一百多斤;种五分土豆地,产三百斤左右;种一亩荞子,产一百多斤;种三亩黄豆与小豆,产两百斤。但吴家的所有粮食均不会运输到集市上售卖,除满足自家的基本所需外,吴家将一部分粮食上交给国家;因为吴家从事"歇客"①生意,还会将一部分粮食用来给客人制作饭食;另外一部分粮食则成为制酒的基本原料,因此吴家没有多余的粮食可用以出售。此外,吴家当时出售食盐,平均一斤盐赚两角钱,一百斤盐赚二十块钱左右,卖盐、卖酒、卖凉粉一年纯收入大概五百块钱左右,歇客平均收入两百块钱。此外,租地收入为六斗租子,大概四百八十斤粮食,折算下来约四十块钱。

2.繁多开支勉维持

在吴家的支出中,食物消费一般花费不了太多银钱,吴家基本上是食用自家种植的粮食与蔬菜,折算下来一年至少花费五百块钱左右。置办衣物时一般是家长将布匹购买回家,由自家人裁剪缝纫,一家人每年衣物消费大概需两百块钱。1949 年以前,吴家平时都使用自然肥料,因此无肥料支出。此外,租地支出五斗租子,大概四百斤粮食,折算下来约三十块钱。一年走人户②的支出数额处于波动状态,如果亲戚朋友家中有红事则支出多,比如亲戚结婚时,吴家不仅要给他们添香、挂红、送布匹,还需要赠送礼金,总之人情支出一年折算下来在三百块钱以上。

表 6-3　1949 年以前吴家家计状况表

土地占有与经营情况	土地自有面积		15 亩		租入土地面积		5 亩
	土地耕作面积		14 亩		租出土地面积		6 亩
生产资料情况	大型农具		无				
	牲畜情况		耕牛平均一个半头,马平均一匹				
雇工情况	雇工类型		长工		短工		其他
	雇工人数		0		0		
收入	农作物收入					其他收入	
	农作物名称	耕作面积	产量	单价	收入金额(折算)	收入来源	收入金额
	玉米	8 亩	3000 斤	8 分钱/斤	240	卖盐、酒、凉粉	500
	麦子	3 亩	600 斤	1 角钱/斤	60	饭店、旅店	200
	豌豆	2 亩	300 斤	不详	不详	养蚕	200
	土豆	5 分	300 斤	不详	不详	收入共计	
	荞子	1 亩	100 斤	不详	不详	不详	
	黄豆、小豆	3 亩	200 斤	不详	不详		
支出	食物消费	衣服鞋帽		燃料	肥料	租金	
	500	200		0	0	35	
	赋税	雇工支出		医疗	其他	支出共计	
	500	0		200	人情 300 租地 30	不详	
结余情况	结余<u>不详</u>			资金借贷	借入金额	不详	
					借出金额	不详	

注:本表的数据为折算数据,而非现金数据。

---

① 歇客:为外地人提供住宿,即开旅店。
② 走人户:人情支出。

(五)团长支撑,与人为善

1949 年以前,吴家人之中没有人曾担任过乡长、保甲长等职务,家中与政府无特殊关系。由于是外地逃难而来,吴家在李家坝保属于单家独户,没有大的宗族、家族作为支撑,也没有其他势力支持。但是自从吴家与唐家结亲后,唐国英的娘家唐家有人在县里担任团长,逢年过节时吴家都要去给唐家人拜年,红白喜事也要前去参加,因此一般的财主家庭不敢欺负吴家。此外,本地人大多对吴家评价高,认为吴家人是好人,"不整人,不吃人",不做欺负他人的事情,所以多数村民都与吴家保持着良好的关系。

(六)长子当家,中等家户

1.长子掌家,女性内当家

1935—1940 年,吴家属于四世同堂,之后经过十年的家庭成员更替,截至 1949 年,吴家仅剩三代人,当家人自 1935 年确立后至 1949 年新中国成立时未发生过变更。吴家的外当家是家长吴建新,负责处理吴家各种大事与对外人际交往事宜,其母吴张氏与其妻白焕英作为内当家,在家内做主,除此之外的其他家庭成员均不能管理家庭。1952 年吴建新与吴建奎两兄弟分家时,老人吴张氏自愿分给幼弟吴建奎赡养,1953 年白焕英去世,曾经的家长吴建新因年龄、身体等诸多原因,不愿意继续担任当家人,因此吴家家长变更为其长子吴映国。

2.有钱有势为大户

当地一直有大户、中户、小户的说法。在吴家看来,大户人家应该是家中有钱有势、有粮食、家人能干、地位高、有人在政府当官的家庭。1949 年以前,当地有事业心、当官的大户比较多,在蛤蟆场镇的街上便有三至四户,家中的土地数量达到几十亩甚至上百亩,家中枪支弹药储备数量多。虽然大户家庭的人口数量本不是特别多,一般所有家庭人口相加不到七人,但是大户雇佣的伙计特别多。

3.人口属大户,财产历史均中户

截至 1949 年,从吴家第一代迁徙到蛤蟆场已有一两百年的历史,吴家共发展五代人。从年份上来看,吴家在蛤蟆场既不属于老户,也不属于新户,由于既有比吴家居住历史更长的老户, 也有比吴家居住时间更短的新户, 因此吴家在当地仅属于居住年份上的中等家户。1949 年以前,就吴家的家庭人口规模而言,在李家坝保算得上是人口比较多的家庭,因为家中人口较多,共有八九个人,在人口上算是大户。但是另一方面,吴家虽然人口多,但相对来说吴家人不太能干,所以人口数量的多少对吴家在李家坝保的地位没有产生太大影响。1949年以前,吴家在土地和财产上属于中户,土地拥有数量在李家坝保仅算是一般。因为相对于吴家众多的人口,人均土地数量显得较少,财产数量也只属于一般水平。吴家平日做生意所赚得的银钱大致够用,家中无多余积蓄,只要积攒一定数量的钱财便全部用于伙养牛、马等牲口,等到孩子们长大成人后还要为儿女们安排婚事。总体而言,吴家在李家坝保仅处于中等水平,不属于李家坝保比较有影响的家户,因此在登记保甲册时被划分为二等户。

第二章　家户经济制度

　　吴家拥有十五亩山坡地,家中既租入财主家水田、清明会的集体土地,也将自家土地出租于他人。平日里,吴家与他人共搭伙饲养六脚牛、四脚马,猪、鸡等牲畜则由吴家单独喂养,家中基础的锄镰斧头等农具相对齐全。吴家共有三处房产,一处乡间的茅草房用于自己家居住,场镇的瓦房与高山上的茅草房皆出租给他人,由他人代行管理。在农业生产过程中,虽然家中青壮劳动力较多,但农忙时仍会与他人换工。吴家由家长吴建新负责合理分配粮食及副业收入,在繁多的开支影响下,吴家的收入偶尔不能满足家庭内部的消费,这时便会出现向亲友邻居借贷钱粮的现象。

一、家户产权

(一)家户土地产权

1.土地均为山坡地,水分不足土质差

　　吴家在1949年以前购买的土地全部属于山坡地、崖地,卖地者一般将好地保留囊中,而将地势更高、土质稍微差一点儿的土地卖给吴家,因此吴家购买到的好地相对较少。此外,在第一次分家时,家中仅有的部分好地被吴万祥抢走了。总体而言,吴家所有的土地购买、变更行为都是在1935年之前进行的,1935年之后吴家没有再买卖过土地。

　　1949年以前,吴家拥有十五亩土地,且分散在六处。吴家的山坡地大部分地势高,且分布在不同的山头,正是因为有一块地距离家太远,无法实现有效耕作,吴家才将其出租给他人。吴家各块土地的土质全部属于夹沙土,土里面的成分大部分是石头。虽然吴家距小河很近,但是种粮食时一般不会挑水上山去灌溉山坡地,主要靠天吃饭,若当年雨水丰盛,收获的粮食就多,若不下雨,收获的粮食便少。吴家人不选择挑水去灌溉土地的原因如下:一是挑水上山灌溉的过程中水分很容易蒸发而流失;二是挑水上山耗时太长,因此只有偶尔种辣椒等小蔬菜时吴家人才会挑水上山灌溉。

2.买田置地,部分继承

　　由于吴家是从外地逃难到李家坝保,家中所有的土地全部是吴家几代人迁到保里以后通过买卖而得来的,所拥有的土地全部属于山坡地。老家长吴万福一方面通过分家继承了父辈手中的一部分土地,另一方面继续购买了一部分土地。在老家长吴万福去世后,新任家长吴建新认为吴家的土地已然足够耕作,没有再带领吴家人继续买田置地。

　　无论是继承的祖辈购买的土地,还是吴万福继续购买的土地,这些土地大部分是购买的唐姓、强姓等穷人手中的土地。其中,有些家庭是因为家中土地相对较多,且土地距离太远,

而劳动力相对较少,家里只有一个"独人"①,没有能力耕作全部土地。此外,向吴家出售土地的大多是平时喜欢吸食鸦片、掷骰子、打牌等不务正业之人。当时购买土地还需找中间人前来作证,制作地契以后,土地买卖活动便正式完成。但即使时隔多年后,部分出售土地者在逢年过节时仍会到吴家上门找麻烦,向吴家索要一定的钱财或者粮食。

吴家购买离家较远土地的原因:一方面是因为租入土地需要给他人交大量地租,收获的粮食自己仅得一半,需要给他人交纳一半,而自己单独拥有的土地可自由支配,无须再交纳地租给他人;另一方面是由于拥有土地便能勉强维持生活,因此吴家仍然选择将距离家很远的土地购入手中。

吴家购买土地时,主要依据土地产量,即升/斗来判断土地价格。粮食产量多的土地,出售价格高;反之,粮食产量少的土地,则出售价格低。因为从不同人手中购得,土地自然分割成不同的地块,吴家的土地大致分为六块,土质全部属于夹沙土,里面大部分是石头。吴家的土地全部属于山坡地,灌溉条件差,因此粮食年成主要依靠雨水。

3.土地家户所有

（1）家户全体共有

吴家拥有的土地归吴家一大家人所有。因为分家前大家都是一家人,全家人居住在一起,在同一口锅里吃饭,用一个火炉烤火,因此只要在家、在同一口锅吃饭的所有人,对于土地产权都有份。男性和女性都有份,吴建新的妻子白焕英有份,吴建新的妹妹在出嫁前也有份,嫁出去以后便没有份,未成年的吴建奎与吴映国也有份。吴家的土地不是属于家中某一个个人或家长,当时吴家还没分家,全家所有人对于土地都有份,因此吴家人非常团结。此外,吴家的土地没有出现与他人共有的情况,也不存在属于个人的土地产权,无私房地。养老地一般是在分家或者两人单独居住的时候才会专门划分,在老人去世后,把养老地平均分配给所有儿子或某一个赡养老人的儿子。而对于吴家,在分家前,老人和其他所有成员居住在一起,没有单独分开居住,从来没有提过养老问题,因此未划分养老地。吴建新与吴建奎两兄弟分家时,老人吴张氏虽然被分给幺弟吴建奎赡养,但仍未专门划分养老地。

（2）家长掌握支配权,土地凝聚人心

吴家认为土地应当属于全家人所共有,而不应该将土地分配到每个人手中,但家长比其他家庭成员在土地产权上更有权力,享有土地支配权。吴家认为土地归全家所有很好,集体劳动、一起吃饭,这样更加有利于家庭团结与和气。吴张氏总是告诉家庭成员们,"人多力量大,人多为王",家里边人越多越好。加之吴家老一辈家长去世得早,就吴家当时的情况而言,不可能分家,家里的人更应紧紧团结在一起。如果将土地分配给个人,自然会对吴家家庭内部团结构成威胁。

4.土地家户所有的边界

（1）以田盖或石头划疆界

吴家的土地与四邻的土地之间有一定的边界,在土地买卖时卖地者就已经划分疆界,卖地者会告知吴家该土地的东南西北界限,一般在两地之间挖个盖头为界限或者以一棵树为界,亦或在两地中间放置石头为界限。土地相互独立,四邻之间互不干扰、互不侵犯,地邻们不会越过吴家土地的边界进行农业生产,吴家也不会越过四邻的土地进行耕作。

---

① 独人:光棍汉。

（2）吴家人享有使用权与继承权

对于吴家的土地，所有家庭内部成员都可以耕作、使用。但外人必须经过吴家人同意才可耕作、使用吴家的土地，如果未经过吴家人同意则不能耕作。比如吴家同意将土地出租给他人时，他人才能耕作及使用该地。1952年分家时，吴家土地的继承权也仅限吴家内部成员，外人则不能享有吴家土地。

（3）清晰的心理认同

吴家家庭成员对自家所拥有的土地具有清晰的心理认同，知道土地归全家共同所有，虽然吴家的土地分成多个地块，但所有家庭成员对于这些土地的位置都十分清楚。对于自家与别家的土地，吴家成员们能够清晰分辨。此外，吴家成员完全不能容忍自家的土地被他人侵占。

（4）当家人行使经营权，收益权归吴家所有

由于家长是一家之主，吴家的土地经营权主要表现为租赁土地权归当家人吴建新所有，但吴家出租或租入土地时需要同家庭成员进行商量。家长吴建新主要负责做生意，不会亲自指挥家中的农业生产活动。至于每块地种什么粮食、蔬菜，怎样耕种，携带哪些农具前往等农业生产事宜则全部由吴家的"庄稼头儿"[①]吴张氏决定与安排，同时吴张氏会亲自上山带头耕作，种麦子、荞子和点苞谷时都会亲自撒种，什么时候收割粮食、如何收割粮食、如何管理粮食也都由吴张氏安排，收割回家的粮食归吴家全体家庭成员所有，由内当家白焕英安排吴家每天的饮食。对于吴家的土地经营权、收益权，外人、村庄不能也不会进行干涉。

5. 家长支配土地，内当家地位重要

在吴家的土地买卖、租佃等活动中，家长吴建新是实际支配者。在购买与出租土地时，吴家的内当家吴张氏也发挥着十分重要的作用，其他家庭成员只能向家长提出个人意见或建议，但不具有实际效力。

（1）家长决定土地买卖，内当家出面"制契"

在土地买卖活动中，吴家主要由家长吴建新和内当家吴张氏决定，家长会与家庭成员们商量，不需要告知或请示四邻、家族。在买卖土地时，偶尔会当着保甲长的面，但吴家不会特意告知保甲长，因为他们会收取多余的税费，所以只有在买卖过程中遇到比较狡猾的人时才会专门请保甲长作证。此外，平时土地买卖双方达成一致后，需要找能说会道、懂道理、值得双方信任的人作为中间人担保作证，由于中人与土地买卖双方没有直接的利益关系，一般不会出现保甲长阻拦或中间人不允许土地买卖的情况。在买田置地的协议达成后，进入地契的制作过程时，吴家一般是由吴张氏到县、乡抛头露面。如果家长吴建新出门做生意不在家，吴家成员不能私自买卖土地。

（2）土地租佃互商量，家长掌握出租权

在土地租佃活动中，当吴家出租土地和租入他人的水田与山坡地时，由双方家长来安排、决定，互相协商地租。在这一过程中，家长吴建新需要与吴家的家庭成员商量，一起权衡各个方面的利弊，思考该出租或租入行为是否对吴家整个家庭有利，其他家庭成员是否愿意对土地进行耕作，家庭成员同意后由家长最终决定并通知对方家长。吴家租赁土地时，不需要告知或请示四邻、家族、保甲长，也不需要找中间人作证。土地租赁行为必须经过当家人吴

---

① 庄稼头儿：种地能手。

建新同意,如果吴建新外出做生意不在家,其他成员无权租赁土地。

6.其他成员可参与,发挥自身建议权

在吴家的土地买卖、租佃土地等活动中,除家长吴建新之外的家庭成员不能发挥支配作用,无法真正享有决定权,但其他家庭成员尤其是吴张氏、白焕英等两位内当家可以向家长提意见,所有家庭成员一起讨论。在这一过程中,家长也会听取大部分意见,从而得到家庭成员的共同通过。尤其是家庭成员经过讨论认为该行为对整个家庭受益不大时,比如吴家想要租入土地,但对方索要的地租过高,最终家长也会改变自己的观点放弃租入该土地。此外,面对土地买卖、租佃等重大事宜,对于母亲吴张氏提出的意见,吴建新都会听取,但对于其妻子白焕英提出的意见,吴建新则只会选择性地听取。如果当家人吴建新出门做生意不在家,则土地买卖、租赁无法进行,必须等吴建新回家后再处理。

7.欲占竹林未得逞

吴家拥有的土地不太好,全都属于山坡地,恶霸财主、有钱人看不上吴家的土地,因而没有出现过土地被外人侵占的情况。但吴家的土地中有些好的树木被其他人看上,比如里坪保租入吴家土地的人想要侵占吴家竹林,但吴家不能容忍此种行为,于是家长吴建新找人从中进行协调,由于吴家拥有人证,且持有地契作为物证,因此他人未能侵占成功,最终吴家成功捍卫了自身的所有权与收益权。

8.外界对家户土地产权的认可与保护

(1)村民尊重吴家地

因为村民之间经常一起换工干活,不仅李家坝保中距离吴家较近的村民知道吴家有哪些土地。此外,由于吴家的部分土地与田坝保相连,因此田坝保的部分村民也知道吴家的土地,且承认吴家对土地的所有、耕作、收益的权利,他们有时还会帮助吴家看管粮食,以防止野生动物偷吃粮食。有一次某户人看上了吴家在柏树沟的几棵大梨树,想要从吴家手中购买,从而获得梨树的收益权,但与吴家人商量后,未得到吴家同意,因此没有成功。

(2)地契在手,政府保甲均认可

吴家购买土地的行为发生在1935年以前,买地时曾到骑板团练所和平武县政府盖章印约,虽然之后县、乡区划不断变化,但县级的平武县、青川县政府以及乡级的骑板团练所、骑板观联保、骑马乡公所都知道吴家有哪些土地,承认吴家对土地的所有、耕作、粮食等收益的权利,县、乡政府不会随意侵占吴家的土地。李家坝的保长李克简和蛤蟆甲的甲长唐映坤也都知道吴家有哪些土地,承认吴家对土地的所有、耕作、粮食等收益的权利,保甲长不会随意侵占吴家的土地。

(二)家户房屋产权

1.六间正房属茅草,两间偏房为石板

1949年以前,吴家的每间房间都很小,大概只有几平方米,具体表现为九尺的开间、一丈二的径深,客厅、住房、灶房、厕所等所有房屋相加,吴家房屋的总建筑面积是八十平方米左右。吴家的房屋属于最差的茅草房,主体结构是用木头制作而成,同时用竹子编成密条,用黄泥巴将它烫好①来作为墙。房顶使用茅草进行遮盖,下雨时,屋中经常漏雨。家中有一个堂屋,即客

---

① 用黄泥巴将它烫好:意为用黄泥巴来糊墙。

厅,屋中有一个供奉先祖的神龛,过年时吴家人会在这里祭拜先祖。堂屋有一个桌子,供吃饭时使用,客人来时也在客厅休息、烤火、收粮食,如收苞谷、麦子、豌豆时也会在堂屋进行,将粮食暂时堆放在堂屋。加上转角房吴家共有三间厢房,但除转角房只有一层楼外,其他房间都用木板隔成了两层楼。吴家还有一个虚脚楼,底层是圈道,即猪圈、牛圈,上面也有两层,其中一层作为住房使用,另外一层则用于堆放杂物与粮食。此外,吴家还搭建了两间偏房,即一间厨房和一间厕所,二者均为木头结构,房顶是用石板,即很厚的石墩来进行遮盖的。

吴家房屋的整体方位是坐西向东,正对河流,门前有一条大路。所有房间全部用竹条编严实了,因而没有窗户。门属于木头门,堂屋的门是用三个木框镶成一个平板,有一个门槛子,上边是照门,下边是地脚①,中间钉一个门栓子,用钻心将其钻好。吴家其他的门也都属于平板门,自己钉一个门闩。

2.分家所得房被抢,换工新建茅草房

1935 年之前,吴家经历了第一次分家,分家时本来是将吴家水磨厂的房屋分给吴建新之父吴万福,但是被其大爸吴万祥抢去了,最后吴万祥因不务正业将家产败光,将房屋卖给了周家。但该地仍然被称为吴家水磨厂。

吴家主要居住的房屋是于 1930 年左右重新修建而成,该房屋是吴万福仍在世时,带领几个儿子白天黑夜连续赶工修建而成。当时树木少,吴张氏的娘家亲人已基本去世,于是吴家将吴张氏娘家的部分旧木架茅草房拆除,把柏木搬到吴家作为吴家新房子的材料,所修房屋仍是土木结构的茅草房。因此吴家修建房屋的花费相对较少,只在购买木头与雇木匠来进行装修方面需要少量资金——几千元钱左右,修建房屋的资金是吴家做生意积攒所得。吴家修房屋时曾找人帮忙,围墙和后墙等是与亲戚朋友们换工而修成。

吴家将茅草房修建成功后,还购买了两处房屋,山上的茅草房是吴万福在世时购买土地附带的,而吴家在蛤蟆场街上的瓦房则是购置而来。吴映国出生在新修的茅草房中,但是自吴映国记事以来到第二次分家时,吴家的房屋一直没有再发生过变动。此外,由于吴家的房屋属于茅草房,街上的瓦房也十分破烂,故而没有出现过房屋被村庄及其他村民侵占的情况。

3.新婚夫妻优先住

吴家的房屋使用有一个变化的过程,一般会优先安排给已婚的两夫妻居住。首先,优先安排房间给吴建新和吴建学两兄弟及其妻子。唐国英作为家中的老人,居住在灶房,吴映国年幼时便与唐国英一起宿于灶房。之后吴建新的二弟媳去世,二弟吴建学作为上门女婿入赘到别人家后,他的房间便空了出来,由小孩子们居住。1949 年吴映国和吴建奎分别结婚后,吴家又分别为这两对夫妻安排了房间。此外,由于吴家还在歇客,即向外地人提供住宿服务,客人往往被安排在虚脚楼的第二层居住。

4.爸爸养儿,个个有份

吴家认为房屋属于全家所有人,而不属于某个人,也不仅属于家长。吴家的房屋都是自己家单独修建或购买所得,不存在与他人共有的情况。吴家的所有家庭成员对房屋都有份,"爸爸养儿,个个有份",儿女都有份,吴建新的妹妹未嫁出时有份,嫁到别人家以后则没有

---

① 地脚:地面。

份,嫁进来的媳妇白焕英有份,未成年的吴建奎、吴映国有份,二弟吴建学在吴家时有份,但入赘到别人家当上门女婿后则没有份。此外,早已和吴万福分家的兄弟吴万祥及其子女也没有份。吴家认为房屋应该归全家人所有,不应该将房屋所有权分配到每个人手中,房屋归全家所有比个人所有更好,更有利于整个家庭的团结。

吴家的几对夫妻都有自己的小房间,没有结婚的孩子则没有单独的房间。吴建新的幺弟、幺妹则和母亲吴张氏共同居住,在房间内放置两张床,中间用帘子隔开;吴映国年幼时和曾祖母居住在灶房。在吴家,当小家庭的人外出时,其他人也可使用和居住属于某个小家庭的房间,或者家中有客人到来时,每间房屋都可由家长统一进行安排。

5.房屋虽无边界,外人不可随意用

吴家属于单家独户,地处崖边,附近没有邻居修房,最近的一户人也与吴家相距较远。由于地方狭窄、地形条件等多重原因,吴家周围无法修房。此外,吴家的房屋虽拥有街沿和房檐等,但都算不上是边界。吴家家庭成员对自家拥有的房屋有着清晰的心理认同,都承认房屋归全家共同所有,对于自家拥有的房屋,家庭成员们都能够分得清楚,不能容忍自家的房屋被他人侵占。外人不能够不经吴家人同意便使用吴家房屋。虽同是吴家人,但1952年分家后,吴建新与吴建奎两兄弟分到的房屋由各自单独使用。

吴家在房屋买卖、建造、拆除等活动中的经营管理权归吴家人所有,主要由老家长吴万福做主,如何修房、哪些人出力、请哪些人来帮忙都是由吴万福安排。吴家修建房屋不需要同外人商量,因为自己家早已将这块土地购买下来,有地契在手,屋脊也是自己家打下的,外人不能随意干涉。吴家拆房子时,所拆房屋是吴张氏娘家山上的旧房屋,因为当时吴张氏娘家的亲人都已经去世,她又是家中的唯一亲生女儿,这一行为属于名正言顺,户族之间、村庄中没有人进行阻拦,也没有外人进行干涉。当时吴张氏家中仅有一个入赘进来的兄弟,分家时给该兄弟另外分配了几间房屋,两人协商一致后,该兄弟最终也同意这种拆房行为。

6.家长支配,大家商量

吴家修房时,老家长吴万福仍健在,他是修房活动的实际支配者,其他成员则主要负责出力。但由于拆除的是吴张氏娘家的祖屋,在拆房这件事情上,更多是由吴张氏来做主。吴建新、吴建学结婚后,家长给他们都安排了一个自己小家庭单独的房间,但他们只拥有居住权,在房间需要维修时仍是家长来做主。假如小家庭的成员外出或亲戚客人来吴家做客时,房间可以由家长安排,内当家可向家长提出建议,某某今晚住哪家房间较好,但最终吴家成员们统一服从家长作出的决定。

(1)变卖祖屋未商量

吴家水磨厂是祖宗购买下来后传承下来的,最初分给了吴万福,但被吴万祥抢去以后变卖给了周家。变卖祖屋时,由于吴万祥与吴万福两兄弟关系不和,吴万祥未与弟弟吴万福一家人商量便直接将房屋变卖。

(2)家长安排修房细节,提前告知地邻

吴家修建茅草房时,所有修房事宜都是在吴家成员提出建议、经全家人商量后,由老家长吴万福做主,在哪里打屋脊、如何修房、房的朝向问题等都是由家长支配与安排。由于土地是吴家早已购买下来的,如何处理这块土地是吴家的事情,因此修建房屋不需要特意请示

保甲长,如果"碰面"①时可以告知保甲长一声。但是如果不提前和地邻打招呼,他们会来吴家找麻烦。因为担心修建房屋时会对他人的土地造成一定程度的损害,故而吴家家长需要提前告知与新房屋临近的土地的拥有者,如果对他人的土地、庄稼造成实际损害,有时不需要做出赔偿,有时需要向对方赔偿金钱与粮食。当家人吴万福不在家时,吴家其他人无权作出决定。

(3)出租房屋家长定,租户仅享管理权

吴家同时出租了位于高山上的茅草房和位于蛤蟆场镇的瓦房门面等两处房屋,将房屋出租给他人,吴家没有收取过租金,但他人仅享有居住权与管理权。吴家将房屋租给与自家关系较好之人,希望他人能帮助吴家看管房屋,但他人无支配权,每当逢场天②,吴家可在场镇的房屋门前摆摊做生意。出租这两处房屋时,都是经吴家全家人一起商量后,由家长吴建新作出最终决定,出租房屋不需要告知或请示四邻、家族、保甲长。但出租房屋必须是在家长在家时,由家长同意后作出的决定,当家长吴建新外出做生意时,吴家无人可代替吴建新作出决定。

7."看牛的娃儿能把牛卖掉吗?"③

俗话说"看牛的娃儿能把牛卖掉吗?"吴家在买卖房屋、修建房屋时,还是需要一个做主之人。吴家除家长之外的家庭成员不能发挥支配作用,只负责出力干活,但在买卖房屋与修建房屋的家庭讨论过程中,所有吴家成员,无论是大人小孩儿,无论是男性女性,只要有能力发言,均能够提出自己的建议。吴家当家人不在时,需等待当家人回家后再作决定。

8.外界对家户房屋产权的认可与保护

(1)村民租用互商量

其他村民知道哪些是吴家的房屋,同时承认吴家对房屋的所有、买卖、租用、置换的权利,不会随意侵占吴家的房屋,在租用吴家的两处房屋时,都会事先与吴家的家长吴建新进行商量,在得到吴家人的同意后才会租用。

(2)地契、房契为支撑

县级的平武县、青川县政府以及乡级的骑板团练所、骑板观联保、骑马乡公所都承认吴家对房屋的所有、买卖、租用、置换等权利,由于吴家买地、买房时去县乡政府都印了约④,因此县、乡政府不会随意侵占吴家的房屋。李家坝保的保长李克简和蛤蟆甲的甲长唐映坤承认吴家对房屋的所有、买卖、租用等权利,不会在吴家买卖、租用房屋时进行干涉,也没有出现保甲长随意侵占吴家房屋的情况。

(三)生产资料产权

1.基础农具样样有,必备牲口非独享

1949年以前,吴家的土地全部属于山坡地,由于没有水田、坝地,吴家没有购置大型农具,家中的基础农具较齐全,包括山坡犁、背篼、镰刀、斧头、草锄、挖锄。一般情况下,家中农具数量与劳动力数量相对等。吴家有几个劳动力,相应地就准备多少套农具。1949年以前吴

---

① 碰面:遇见。
② 逢场天:意为赶集当天。
③ 看牛的娃儿能把牛卖掉吗:字面意思为看牛的孩子无权卖牛,引申意义为家中未掌权者无权作出决定。
④ 印了约:制作房契、地契。

家没有单独所有的牲口,都是与其他家庭搭伙饲养,共伙养六脚牛,平均下来每个家庭约一头半牛,伙养四脚马,平均下来每个家庭约一匹马,没有驴、骡子。此外,吴家还帮别人家饲养过绵羊。

2.农具通过换工置,牲口与人搭伙养

吴家的山坡犁、镰刀、草锄、挖锄等农具属于单独享有,大部分是通过换工找附近有手艺的人(如铁匠)帮忙打造。吴家没有单独享有的牲口,一方面是由于吴家当时没有能力单独购买一整个牲口,另一方面是因为一家人单独饲养牲口十分困难,所以牛马全部是与他人搭伙饲养,伙养一脚、两脚都行,根据市价多少钱一脚,按搭伙的牲口数量支付给对方相对应的金钱。刚开始搭伙饲养一两头牛、一两匹马,之后繁殖得越来越多。绵羊则都是要别人家的羊来养,用于擀毡,等到几年后,别人家会把老羊牵回去,留下几个小羊仔给吴家。吴家的基本农具相对够用,因为农具是与家中的劳动力数量相匹配的,有时还会多储备几个农具,以防损坏。偶尔出现小农具不够用的情况时,吴家会向他人借用农具。

3.农具牲口家户所有

(1)农具独有,牲口共有

1949年以前没分家,吴家认为家里的农具、牲畜等归吴家集体所有而不是某一个人所有,这些生产资料全家人都有份,家长吴建新将生产资料置办回来,家中所有人都有权管理。牛、马一般是和关系要好之人搭伙饲养,牛伙计居住在比较近的中元村,马伙计居住在相对比较远的红光村高山上。吴家原来的牲口由于生病或过度疲劳而累死,而别人家的牛、马数量很多,再加之两家关系好,在街上赶集遇见时就询问对方,能不能把你的牲口伙给吴家,商量多少钱一脚,并支付相应数量的银钱就行。与他人共有牛、马等牲口之时,一般是几个家长在一起相互商量决定,由家长代表家庭来说明共有关系。在吴家,不存在归某个个人所有或者小家庭所有的农具、牲口等生产资料。

(2)吴家共有,家长指挥

吴家认为牲畜、农具等生产资料应当归吴家一大家人所有,任意一个家庭成员都有权使用,而不应将生产资料所有权分配到个人手中。但吴家家长比其他家庭成员在生产资料的产权上更有权力,更有权管理牲口与农具。此外,吴家认为生产资料归全家所有比分给某个个人更好,统一听从家长指挥出力,成员们一起劳动使得家庭越来越团结,这种方式有利于吴家的团结与和睦。如果将牲畜、农具分配给个人,则会导致人心涣散,思想不一致,每个人都会从对自己个人有利的一面着想,不利于家庭团结。

(3)全家有份,分家无份

吴家认为家里的牛、马等牲畜与犁头、锄头等农具之类的生产资料是吴家所有人全都有份,全家人都有权对其进行管理与使用,都有责任保护牲口。吴建新的妹妹出嫁之前有份,嫁到他人家后则没有份,吴建奎和吴映国等小孩儿在未成年时有份,嫁进来的白焕英等都有份,吴建学在家时有份,入赘到别人家后则没有份。对于牛、马,虽同是吴家人,但1952年吴建新和吴建奎两兄弟分家后,已经对牛、马进行平分,吴建奎对吴建新家的牛、马便没有份。

4.生产资料家长支配

吴家在牲口、农具等生产资料的购买、维修、借用等活动中,无论是买卖牲口、农具,还是借用农具与牲口,吴家的家长吴建新都是实际支配者,一般的农具都是由吴建新置办回家,

其他人使用即可。当家中的某个农具如锄头、镰刀遭到损坏,告知家长一声,家长便前去维修或新置。无论是买卖牲口与大型农具,抑或是借用牲口与大型农具,必须由吴建新亲自作出决定,从而推动该买卖与借用行为。如果买卖和借用小型农具,则家长不在家时也可进行,只需最终告知家长一声即可。

(1)大型资料家长置,小型资料成员赊

吴家在牲口、农具等生产资料的购买活动中,一般由家长来购置与安排,置办大型的牛马、农具时家长吴建新会与家庭成员商量讨论,而购买小型的生产资料则不需要和成员们商量。此外,吴家购置生产资料时,自家决定即可,不需要告知或请示四邻、家族、保甲长。吴家伙养牛马、购买稍微大型一点儿的农具必须经过当家人,比如每天上山干活所必用的背篓,即使它看起来非常破旧,也必须有家长开口才能新置,如果家长不开口,则不能重新置办。如果当家人不在,则无法购买大型生产资料。当购买小型农具,比如上坡干活时不小心将山坡犁上的滑子损坏,当时如果家长不在家,其他家庭成员可以马上去赊购一个滑子,但当当家人回家时必须告知他。相应地,家长吴建新会对成员赊购农具的这一行为作出评价,好或者不好,随后家长会前去付账或者家长把钱交给家庭成员前去代付。

(2)单独资料家长负责修,共有牲口多家共维修

吴家在农具、牲口等生产资料的维修活动中,由家长吴建新来决定与安排,不需要告知或请示四邻、家族、保甲长。由于农具由吴家单独享有,因此维修农具所需费用由吴家整个家庭共同承担,家长负责支出。吴家在牛、马等牲口的共用活动中,主要由家长吴建新决定。当有新的家庭想要与吴家共同搭伙饲养牛、马,他们首先会告诉吴建新,吴建新也会将此事告知之前的几个牛伙计家中的家长,询问他们愿意与否,几个家长协商一致即可,不需要告知或请示四邻与保甲长。由于牛、马等牲口是与其他伙计所共有,当牛、马生病时,其看病费用由几个家庭共同承担。

(3)大资料家长指挥借,小资料借用家长知

吴家在生产资料的借用活动中,由家长吴建新决定与安排,不需要告知或请示四邻、家族、保甲长。当需要借用他人家的农具时,由家长做主,但家长不必总是亲自前往,可以指挥其他家庭成员前去借出。当需要借用他人家的耕牛、耕地时,吴家家长一般会事先告诉对方家长,经对方同意后,到时候吴建新也不必亲自前去借,也可以指挥家中的家庭成员去借;如果家长吴建新没有允许或告知家庭成员前去别人家借用大型生产资料,其他成员则不能前往。如果当家人吴建新不在,其他家庭成员可以去别人家借用小型农具,但家长回家后,必须向家长知会一声,今天借了某家的什么农具,否则出现问题家长无法负责。当别人来吴家借生产资料时,若是借用锄头、镰刀、斧头等小型农具,吴家所有成员都可做主将其借出。如果他人向吴家借牛耕地、借马推磨,则必须经过家长吴建新同意才可,因此对方家长一般会提前告诉吴家家长,吴建新也会提前就此事知会家庭成员。

5.内当家部分代理做主,其他成员仅建议

吴家在农具等生产资料的购买、维修、借用等活动中,除家长吴建新之外的家庭成员由于手中无权,不能发挥支配作用。家庭成员若认为需要添置某项稍微大型一点儿的农具、需要向他人借用某项生产资料时,可以向家长吴建新提出建议,由全家人共同商量。当家长吴建新出门做生意不在家时,部分事宜可交由内当家吴张氏代理。

吴家在滑子等农具的购买活动中，除家长之外的内当家吴张氏、白焕英发挥着重要作用，其他家庭成员也可提出一定的建议。如果当家人吴建新外出不在家，吴张氏、白焕英由于做生意手中也掌握着一定的资金，因此部分小型农具可由两个内当家前去场镇购买。由于山坡犁上面的滑子经常容易发生损坏，两名内当家可以利用手中的闲散资金去铁匠家购买。但伙牛、伙马或者购买稍微大型一点儿的农具时，仍需经过家长吴建新许可。在生产资料的维修活动中，当小型农具遭到损坏，需要进行维修时，吴家其他家庭成员也可找人维修，最终告知家长吴建新前去付钱。在生产资料的借用活动中，当有人来吴家借稍微大型的农具时，吴家除家长吴建新之外的两个内当家吴张氏、白焕英也享有重要决定权力，吴建新外出做生意不在家时，两个外当家也能做主，但其他家庭成员则不可擅自决定。

6.外界对家户生产资料的认可与保护

李家坝保尤其是蛤蟆甲的邻居知道吴家拥有的农具种类以及牛、马数量，且承认吴家对农具、牲口等生产资料的产权，不会随意侵占吴家的生产资料。如果四邻需要买卖或借用吴家的农具与牛马时，会与吴家人进行商量，尤其是借牛耕地和借马推磨时，对方家长会提前告知吴家家长吴建新，并会在借出牛、马的当天及时归还给吴家。如果未得到吴家人同意，四邻不会强行借用，也未出现借用不归还的情况。

县级的平武县、青川县政府以及乡级的骑板团练所、骑板观联保、骑马乡公所都承认吴家对农具、牲口等生产资料的产权，县、乡级政府不会随意侵占吴家的生产资料。李家坝保的保长和蛤蟆甲的甲长均承认吴家对生产资料的产权，保甲长不会对吴家购买与使用牛马、农具的过程进行干预，更不会随意侵占吴家的牛马、农具。

(四)生活资料产权

1.吴家生活资料概况

（1）院坝成为主晒场，大旱磨小水磨

1949年以前吴家的晒场即自家房屋前的土院坝，此外，吴家还将附近的土地打磨成平地作为晒场，大概二十平方米。将晒垫、簸箕置于晒场之上，用于晒粮食与杂物，冬季主要晒苞谷。吴家没有水井，距离河边非常近，每天需要使用水时直接去河边挑水回家。第一次分家前，吴家水磨厂有水磨，吴家新建房屋后也有自己的磨坊，磨是修建房屋时附带搭建而成，在房屋的旁边搭筑一个棚子对磨进行遮盖即可。其中有一个大旱磨，主要使用人力或马来推磨，一般主要是磨面、苞谷珍珍[①]，还有一个推黄豆的小水磨，用以制作豆浆、凉粉，修建两个磨共花费一百块钱左右。此外，家中还有一个石碓。

（2）桌椅板凳较齐全

吴家基本的桌椅板凳等家具都较齐全，家具都是用木头制作而成，桌椅板凳至少有两套，家中有一个大桌子、一个小桌子，都是方桌，每个桌子都配有四个长板凳，一个板凳可坐两人。吴家自家没有手艺人，因此制作家具是雇木匠来家制造，一套桌椅板凳值多少钱，便付给木匠相应的金钱。桌椅板凳是在修房屋之前制作的，桌子不易损坏，当家具尤其是板凳出现损坏时，会及时进行维修或者重新制作。同时，家中也制作了一些木墩作为板凳，白焕英的娘家人来吴家玩时，也会从娘家带来谷草给吴家编织草墩。平时吴家的桌椅板凳基本够用，

---

① 苞谷珍珍：玉米制作而成的颗粒物。

但每当家中有红白喜事,如出嫁和娶亲时,自家的桌椅板凳不够用,则需要找亲友邻居借用。

(3)猪油肥肉可为油,酸水顶替醋来用

吴家以前没有菜籽油,基本上都是通过自家喂养猪,以食用猪油,偶尔也可将肥肉用作油。至于食盐,吴家正好在出售食盐,因此家里一般不会缺盐。1949年以前本地没有售卖酱油、醋、味精等调味品的商贩,因此吃饭时一般食用油、盐、辣椒,实在想食用酸性食物时,把酸菜水或者家中烤酒剩下的窖水煮熟后当作醋使用。家中基本的粮食,如主食玉米等自己家都有,当时吴家没有水田以生产大米,需要去购买,但是很久才会购买一次,一般在逢年过节时才会去购买。黄酒、白酒等都是由自家烤制,此外,平时用以缝制衣物的布匹需要去集市购买。

2.生活用具请人打,食盐以外自家制

吴家的石磨、石碓是在自家修房时制作的,自家提前准备好石头,便雇石匠前来家中进行打磨,打一个大磨需要六天左右,打一个小水磨大致需要三天。至于桌椅板凳,一部分家具是吴家在第一次分家时得到的,或者娶亲时几个媳妇从娘家带来一部分家具作为陪嫁品,另一部分家具是由自家首先去把木头砍回家或者买回家,将木头锯成木板,根据需要制作家具的套数准备好相应的木板数量,之后便请木匠前来吴家,凭借人工制作、打磨家具,一整套桌椅板凳制作完成至少需要花费五个活①。

吴家作为小盐贩,食盐是家长吴建新依靠人力翻山越岭去外地购买而来,当六七月雨水季节涨洪水时,可能导致吴建新无法外出购买盐巴,这时家中偶尔会出现食盐短缺的情况,吴家便会借用或购买其他盐贩所囤积的食盐。猪油则是通过自己家养猪而得到。此外,由于1949年以前吴家购买不到酱醋,便将自家通过加工酸菜制作而成的酸水当做醋使用。

3.桌椅板凳、柴米油盐全家享

吴家认为家里的磨、桌椅板凳等生活资料等都是属于全家人享有,桌子是吃饭时大家共同使用,所有人都有份,家中没有生活资料归大家庭中的小家庭单独所有,即使白焕英娘家为吴家编织的草墩或者带来的陪嫁椅,也不是属于白焕英个人,而是所有吴家人都可使用。对于家里的生活资料,所有吴家的家庭成员都有份,无论男女、无论老少都有份。吴家成员对生活资料既拥有管理权,也拥有使用权。吴建新的幺妹尚未出嫁时有份;嫁出去的女儿除非有专门的陪嫁品,在出嫁以后对于其他生活资料则没有份;未成年的孩子有份;嫁进来的媳妇也有份;二弟吴建学入赘到别人家后则对吴家的生活资料没有份。吴家认为石磨、石碓、桌椅板凳等生活资料应当属于全家人所有,每一个人都有权使用,如吃饭使用同一口锅,即使洗脸的木盆子与毛巾也是全家共同使用,家里所有人都应有份,而不应将生活资料所有权分配到每个个人。吴家认为生活资料归全家所有很好,有利于家庭的团结与和睦,如果将桌椅板凳、锅碗瓢盆等划分给每个个人,则不利于家庭的团结与和睦。

4.家长统筹安排生活资料

在石磨、家具、食盐等生活资料的购买、维修、借用等活动中,吴家的家长吴建新是实际支配者,大部分生活资料由家长前去置办或由家长负责去请匠人来家里制作。如果当家人吴建新不在家,小型的生活资料则由内当家吴张氏、白焕英做主,两位内当家可利用做生意赚

---

① 五个活:五天。

到的钱将小型的生活资料,如盆子、毛巾等购置回家,也可以在购置时先赊账,由吴建新回家后前去付钱。

（1）购买维修家长开支

吴家在石磨、桌椅板凳等生活资料的购置活动中,主要由家长决定,不需要告知或请示保甲长,四邻或许会询问,但外人没有资格干预吴家购置生产资料的行为。如果当家人不在家,对于小型家具的购置大部分由内当家吴张氏做主,白焕英可部分做主,其他家庭成员则无权决定。吴家在生活资料的维修活动中,大型生活资料,如石磨、桌子等相对比较耐用,如果出现一些小问题,由家长吴建新安排,吴建新与家庭成员相互商量后,找有手艺的人前来稍微打磨一下即可,无须告知或请示四邻、家族、保甲长,所需费用由整个家庭负担,由吴建新负责开支。

（2）大型大量家长借用,小型小量皆可借出

吴家在生活资料的借用活动中,当邻居有红白喜事需举办宴席时,会来借用吴家的桌椅板凳、锅碗瓢盆,这时必须提前告知吴家家长;当吴家有红白喜事需要借用他人家的大量生活资料时,一般也由吴家家长出面与对方家长商量。当有四邻来借用吴家的水磨推粮食时,也需和当家人商量,经当家人同意后方可使用。家长不在家时,大部分的小型生活资料可由两位内当家吴张氏与白焕英做主安排。如果内外当家都不在家,其他成员也可将小的锅碗瓢盆、板凳借出,但当家人回家以后,家庭成员必须将此事告知当家人,某某人今天借走了什么东西。当吴家需要借用恶霸财主家的生活资料时,当家人则一般会亲自前往。当吴家借用一般邻居家的桌椅板凳时,会提前告知对方家长,之后家长不必亲自前往,随后可以派家中其他家庭成员前去借回。

5.小型生活资料内当家可做主

吴家在生活资料的购买、维修、借用等活动中,大型生活资料,如石磨、桌子的购买与维修活动,需要由家长吴建新决定。在购置小型生活资料,如锅碗瓢盆时,家中除家长之外的内当家吴张氏、白焕英能够做主,其他家庭成员不能擅自决定,需要某项用品(如需要缝补一下衣服或想要缝制新衣)时能够向当家人提出建议,当家人采纳意见后便会将布匹购置回家。或者家庭成员购买小用品时,偶尔可以先去赊账,等到家长回家后便将此事告知家长,家长再前去付钱即可。

吴家在生活资料的购买活动中,大型生活资料如石磨等必须由家长决定,在小型生活资料方面,除家长之外的内当家吴张氏与白焕英处于重要地位,由于两人做生意,手中拥有一定数量的金钱,可利用手中的资金进行小型生活资料的开支,其他家庭成员虽无权做主,但可以提出建议。吴家在生活资料的维修活动中,大型生活资料相对比较耐用,出现小问题时主要由家长负责赔补,小型的板凳等出现损坏时内当家可做主安排,其他成员可提出意见。吴家在生活资料的借用活动中,当需要借用大型生活资料或大批量借用生活资料时,吴家除家长之外的家庭成员不能发挥决定作用,而需提前告知家长。家长吴建新不在家时,小型生活资料可以由内当家吴张氏等人做主借出,但在吴建新回家后也要告知吴建新。此外,吴家当时在售卖食盐,经常有人来吴家借盐,若所有当家人都不在家,他人前来借一勺或者一碗盐,家庭其他成员也有权将其借出,但最终必须告知当家人,某人今天来借了家里多少数量的盐巴。当家人不在家,恰巧吴家农忙缺盐时,吴家成员也可向他人借用食盐,在当家人回家

后告知一声并及时归还给他人即可。吴家的石磨、桌椅板凳等生活资料没有出现过被外人侵占的情况,他人如需借用,会事先与吴家人进行商量,不会在未经吴家人允许的情况下拿走任何桌椅板凳、锅碗瓢盆。

6.外界对家户生活资料产权的认可与保护

（1）街坊邻里认可与尊重吴家生活资料产权

吴家附近的其他邻居知道吴家拥有磨、桌椅板凳以及锅碗瓢盆的数量概况,承认吴家对生活资料的产权,他们不会随意侵占吴家的生活资料。如果村民需要借用吴家的生活资料,会提前与吴家人进行商量,尤其是借用大型的磨、桌子等时必须与吴家当家人商量,仅借用小型的盐、锅碗等可与吴家任意成员进行商量。如果吴家人不同意,街坊邻居不会强行借用。

（2）政府与保甲对吴家生活资料的认可与保护

县级的平武县、青川县政府以及乡级的骑板团练所、骑板观联保、骑马乡公所均承认吴家对生活资料的产权,县、乡政府不会随意侵占吴家的石磨、桌椅板凳、食盐等生活资料。李家坝保的保长和蛤蟆甲的甲长均认可吴家对石磨、桌椅板凳等生活资料的产权,不会干预吴家售卖食盐、置办家具等行为,保甲长不会随意侵占吴家的生活资料。

二、家户经营

（一）生产资料

1.劳动力大致够用,偶尔短缺则换工

（1）大人小孩齐劳动

1936—1940年,吴家拥有六个劳动力,他们都会参与家庭生产活动。其中,吴建新长期以做生意为主,卖盐、木耳,在农忙时也会下地干活;白焕英在做生意之余,也会在家从事家务劳动;吴建新的幺妹由于视力不太好,长期在家从事家务劳动,如喂猪、喂鸡等;吴张氏、吴建学、吴建学之妻则长期从事农业劳动;家中农业劳动由吴张氏进行指挥。

之后的十年间,吴家的成员不断发生更替,吴建新的幺妹出嫁,二弟媳去世,二弟吴建学入赘到外保。1949年,由于吴映国和吴建奎长大成人后分别娶妻,因此该年吴家的劳动力达到七个。其中,吴建新长期以做生意为主,在农忙时偶尔也会上山干活;妻子白焕英除卖酒、凉粉外,也会在家做饭、打扫家庭卫生;长子吴映国既要做生意,也要下地干活;吴张氏、吴建奎等人长期从事农业生产活动,且由吴张氏负责具体安排农业生产。吴家的家庭成员只有在生病或孕妇坐月子时可以不劳动,未成年的小孩如果有能力劳动,也要参加一些较轻松的家庭生产活动,如看牛、给牛割草、上山砍柴、种苞谷时挖窝窝等。外人不会无缘无故地参加吴家的生产劳动,只有在农忙季节吴家与他人进行换工时,外人才会前来帮忙干活。

（2）换工帮工为传统

①农忙与人换工做

1949年以前,吴家的劳动力较多,平时吴家的劳动力基本够用,只有在农忙时节劳力稍显不足时,吴家会与其他家庭进行换工。由于吴家土地较多,耕种了大量庄稼,二月与三月间挖盖头、背粪、种苞谷时事情较为繁杂,需要较多劳力来完成。换工的形式是今天你帮我家干活,明天我帮你家干活,别人来帮吴家干几天,吴家在某一天派几个人去,一天就帮他家把活

干完了。由于家长吴建新长期在外做生意，吴张氏作为吴家的庄稼头儿①，家中的换工事宜大部分是由内当家吴张氏决定与安排。一般是在山坡上干活时，吴张氏与别人家的主要负责人商量，明天吴家需要做什么事情，让他们来帮吴家做一下。相应地，之后别人家需要帮忙时，吴家又帮别人家做。

保甲长的家庭住所与吴家相距较远，吴家换工时不需要特意告知或请示保甲长。吴家的换工对象很少是亲戚，由于亲戚与吴家距离太远，因此吴家大多数时间是与周围的邻居进行换工。吴家与他人换工时不需要支付工钱，但是需要给他人供应饭食，由于知晓第二天会有多少人前来帮忙换工，家长会提前安排家里准备相应数量的热水、黄酒、饭食。对于换工对象，吴家有时一天管三顿饭，当遇到点苞谷、背粪等特别耗费劳力的农业活动时，吴家有时一天给他们管四顿饭，饭食也会相对比较丰盛。

②偶尔财主家帮工

1949年以前，吴家中没有人去当过长工，吴家也没有请过工。但是吴家去恶霸财主家当过帮工，免费帮恶霸财主干活，每年偶尔去帮几天，主要帮忙薅草、种农作物、收粮食等。财主既不给钱，又不管饭，之后恶霸财主也不会给吴家还工。

2.既出租，亦租入

1949年以前，吴家自家拥有的土地面积为十五亩。由于吴家有一块六亩的土地远在高山上，无法有效耕作，因此吴家将此块土地出租给了他人，这就导致剩余的土地不够吴家耕作。于是同年吴家又在附近租入了一块五亩的土地，土地基本足够耕种，一家人有效耕作的土地面积为十四亩。

（1）租出六亩山坡地

吴家将六亩土地出租给私人，主要是由于该地属于山坡地，每天爬坡上坎异常艰难。此外，该土地距离吴家太远，每天从家到那块地需要走几里路，因此吴家将其租出。租出家中土地之前，首先要经过吴家家庭成员共同讨论，最终由吴家家长进行安排，不需要特意告知或请示四邻、保甲长，因为租地收入仅属于吴家，保甲长也无心插手此事。租户相对比较容易找，租地时是吴家家长亲自出头②去主动找租户，据说对方家庭平时将土地耕作得很不错，人也很好相处，吴建新便提前去和对方家长沟通，询问对方是否愿意租佃这块土地，顺便帮吴家管理一下这块土地及茅草房。吴家每年收取六斗租子，约四百八十斤粮食。吴家租地的对象并非家中的亲戚朋友，而是将土地租给其他保甲的人。在租佃期间，租户与吴家关系良好。由于租地属于自由结合，吴家不会强迫对方必须租地，双方认为互利才最终成交。

（2）租入五亩会地

同年，吴家租入了某族清明会的五亩集体会地，就租地一事与吴家全家成员商量达成一致意见之后，吴家家长吴建新前去和该清明会的族长商量租地具体事宜。租地事宜不需要告知或请示四邻、保甲长，因为保甲长只关心所派的粮、款是否交齐，是否按时交税，不会特意过问吴家租地事宜。吴家交给该清明会的地租是粮食而非现金，每年上交五斗租子，约四百斤粮食。所租地的清明会与吴家并无特殊关系，该清明会愿意将地租佃给吴家一方面是因为

---

① 庄稼头儿：庄稼能手。

② 出头：出面。

吴家属于种地能手,平时种地种得好,该清明会相信吴家能把土地管理得井井有条,另一方面是由于吴家人的性格非常爽快、耿直,该清明会相信吴家在收获粮食时会积极主动地上交地租,因此决定将土地租给吴家。当时由于吴家自身家庭优势,吴家在租地时只要知会对方一声,便很容易将土地租到手。选择租地时,吴家一般是就近租佃本保的土地,而不会租佃外保的土地。由于吴家所租土地是清明会的会地,而非财主家的土地,因此不需要在租地前向其送礼,更不必在春节时给其拜年。

（3）租进财主一亩田

1945 年前后的两至三年,由于没有大米吃,吴家曾租过恶霸财主家的水田,面积很小,只有一亩左右,仅能收获一两百斤谷子,在谷子成熟时直接在田间与财主分配,和财主分粮食时,以二八或者三七的比例进行分配。租田时,是吴家家长前去和恶霸财主家进行沟通,最终得到了恶霸财主的许可。租田期间,吴家没有给财主送过礼或拜过年,但偶尔会给财主家无偿干活。吴家必须要和财主搞好关系[1],否则财主会不愿意将田租佃给吴家。此外,吴家可以自由退佃,双方没有提前约定租田年限,财主也没有强迫吴家必须租田多少年,若财主家无特殊情况,吴家想耕种多少年就可以耕种多少年,不愿耕作时告知财主一声,将水田退还给财主即可,财主再将水田转租给他人。

3.牲口自给程度高

1949 年以前,吴家未单独拥有任何牲口,所有牲口都是与他人伙养,伙了六脚牛、四脚马,平均下来吴家有一头半牛、一匹马,因此有时会出现牲口不够用的情况。

（1）以吴家伙养耕牛为例

①家长出面伙养牛

吴家与其他家庭伙养耕牛时,是与关系比较好、相互信任的家庭搭伙饲养,伙牛不一定是与本保的人搭伙,吴家也与外保的人伙牛,但是相互之间相距不远。伙养耕牛时,吴家主要由家长吴建新决定,与吴家成员商量后,由家长出面与对方家长进行商谈。一般是在场镇街上赶集时,双方一边喝酒一边商量,双方家长同意并达成一致后,为避免之后产生纠纷,还需要另外找一个中间人作证。此外,每伙一次牛都需撰写两份伙约。吴家伙牛时必须由当家人做主,因为伙牛一事会涉及整个家庭的开支。吴家主动伙他人家的牛时需要给别人家付钱,而别人伙养吴家的牛时则需要给吴家付钱。伙牛时,作为儿子的吴映国也可以前去,但只可前去观看而不可做主,只能向父亲吴建新提出自己的建议。和他人伙牛的原因是自己家没有牛,吴家家长便去找有耕牛的家庭搭伙,最初是两家人一起搭伙,之后耕牛逐渐繁殖、发展起来,由于牛太多,饲养起来相对比较困难,经两家协商后,又多找了几个家庭一起伙养,最终发展为五家人一起伙养。

②轮流管理使用牛

关于耕牛喂养,平时是轮流喂养与管理,每个牛伙计家轮流饲养一段时间。使用耕牛时,则是谁家使用耕牛,就由谁家来负责喂养。需使用耕牛时,几个伙家一起商量,尽量在时间上相互错开。如果几家人同时都想使用牛耕作,耕牛当时在哪一家,那一家人就优先使用。同时,各个牛伙计在使用耕牛的过程中,可以将牛借给别人使用,一般可以将耕牛借给亲戚、关

---

① 搞好关系:处好关系。

系好的朋友、邻居,借牛的时间较长则需要和伙养的人沟通,如果借牛的时间较短,如一至两天,则无须和伙家商量。当大耕牛繁殖小牛之后,小牛在谁家出生,那家牛伙计就必须负责同时喂养与照顾大牛和小牛至少一个月以上,等小牛满月之后,其他牛伙计们才能将其带走,小牛归所有伙家们共同拥有。当耕牛生病时,耕牛在哪个伙计家生病,就由该伙计家负责照顾牛,几个牛伙计会共同出资请先生[1]来给牛看病,所花费用按照不同牛伙计所占股份来分摊医药费。而吴家因牛生病所花的费用由吴家全体成员共同承担,家长吴建新负责支出。

（2）借用耕牛为常事

当耕牛被牛伙计家带走、牛生病抑或是由于连续耕作几天或者强度太大导致牛非常疲惫的时候,吴家会找别人家借用耕牛。此外,点玉米或者冬耕时,需要四个耕牛共同耕作,也需要找人借牛,一般找附近的邻居,也就是通常所说的换工,邻居家的人和牛同时前来帮忙,之后邻居家有需要时,吴张氏也派人带上牛去给邻居帮忙。如果借别人家的耕牛使用两至三天,则使用完毕后再归还,如果仅借耕牛使用一天,则一般是当天归还。单独借耕牛时,借了一天牛工,给别人家偿还一个牛工或人工均可。将别人的耕牛借来之后,吴家会给耕牛喂饲料和玉米,尽量将牛喂饱,如果当时未将牛喂饱,归还耕牛之时必须背一背篼草前去牛主户家,让牛主人空闲时给耕牛喂一下草,否则别人下次就不会再将牛借出。没有家庭会无条件地将牛借给吴家,借之后不必还工的情况是不存在的。借牛时,吴家不一定必须由当家人出面,儿子可以在当家人的委托下前去借牛,但将耕牛借回家以后必须告知当家人。

4.各项农具,基本自给

（1）基础农具样样有

由于吴家没有手艺人,自家不会制作任何农具,农具的自给性较差。某些时候是找专门的匠人打造农具,要么与匠人家换工,要么付给匠人工钱。一般是自己家先将铁烧好,然后找铁匠打磨草锄、挖锄、镰刀。制作犁头一般是自己家准备好木头,然后找木匠帮忙打磨。做背篼是自己先砍好竹子,找人来帮忙编织。当吴家找不到匠人前来帮忙时,则只能去集市购买镰刀、锄头、滑子、斧头等农具。吴家当时在场镇卖酒,有时候吴家给他人赠送酒喝,别人偶尔会将手工编织完成的背篼送给吴家使用,但吴家若购买挖锄等铁器家私则必须付钱。

上山干活所需要的基本农具,吴家都会尽量配备齐全。吴家给家中每个长期下地干活的人都准备了一个挖锄、草锄、镰刀、背篼,家中共用一把斧头、背夹,因此吴家拥有的农具基本可以满足自家的生产需要。由于家中几乎每个劳动力都配置了一个农具,平时吴家的农具基本够用。但有时候有亲戚来吴家串门、帮吴家干活时,比如亲戚感觉闲得无聊,表态要帮吴家薅草或挖盖头时,农具则显得不够用,此时便需要找其他人借用。下地干活所需要的小型基础农具几乎当地的每家每户都有,如草锄、挖锄、镰刀、斧头、粪叉、背篼、背夹等农具是农民所必备的。不过有些家庭会为家中每个劳动力全都置办农具,而某些家庭只有能力置办一套或者两套农具,无法为每个劳动力都置办齐全所需的相应农具。耙、半桶、大犁头等大型农具是上山干活不需要的,拥有水田的家庭才需要购置,因而一般家庭不会置办。

（2）急缺农具唯借用

吴家在生产时,尤其是在农忙季节,需要找他人借用农具。本来吴家的农具是齐全的,但

---

[1] 先生:医生。

自家农具突然发生损坏并在当时来不及维修与重置，或由于亲戚突然来帮忙干活缺乏农具时，当时缺少什么农具便去借用相应的农具。借大型农具一定是由当家人出面，小型农具由其他家庭成员去借亦可，回家后告知当家人即可。吴家借用他人的农具时会说明归还期限，一般是当天或者隔一两天用完便归还，稍微超出归还期限一点儿也可以，归还时向主人作出说明即可。吴家如果在农具归还期限到期的当天，由于家中有事未能及时将其归还，则会在第二天一大早便前去归还农具。有些时候，吴家将农具借给他人，但他人借用很长一段时间仍未归还，于是吴家会派人去别人家拿农具，但有些人否认曾借过吴家农具，之后如果他们再到吴家借农具，吴家人会断然拒绝。在家长的指挥下，吴家任意家庭成员都可前去归还所借农具，归还时不需要向借出方支付酬劳。

借用农具时，吴家人一般会检查农具是否完好、农具的大小、镰刀的快慢程度。如果该镰刀在使用过程中发生小的磨损，他人一般不会介意。但吴家在山上耕地时将他人的犁头或滑子损坏，由于涉及金额较大，吴家会进行赔偿，重新购买一个还给他人，所花费的农具维修费由吴家整个家庭承担，当家人负责支出。吴家如果需要借农具，一般是到附近关系好的邻居、朋友家借，借农具时不需要携带礼物。如果他家当时也需要使用该农具，则到另外一家去借。由于吴家是找与其关系好的家庭借用农具，因此借别人家的农具相对比较方便。

（二）生产过程

1.农业耕作

1949 年以前，吴家在从事种地等农业耕作的同时，也在饲养家畜。每年饲养三头猪，年终时自家宰一至两头猪食用，剩余的猪便售卖出去。吴家还喂养了十多只鸡，一般是用于下鸡蛋或自家食用鸡肉。此外，吴家也在从事副业生产，经营小生意，于逢场天在集市上出售盐、木耳、酒、凉粉等，吴家还通过给外地人提供住宿和饭食来赚钱，按住多少钱一晚、多少钱一顿饭来收费。同时，吴家饲养了许多蚕，然后请有手艺的人来吴家帮忙将蚕茧煮成蚕丝，再将蚕丝拿去市场售卖。有时，吴家还通过售卖桐油等来赚钱。吴家没有人从事手工业，都不会织布和纺纱。总体而言，吴家的生产结构以种地为主，以副业为辅，即以种庄稼为生，经营副业为家庭赚零花钱。

（1）吴家成员分工状态

吴家的家庭生产结构相对稳定，但家庭成员的分工情况处于一个变动的过程。

1940 年左右，吴家的男性中，家长吴建新长期以做生意为主，主要是在本地购买木耳并运至外地出售，然后再从外地购买食盐并背回本地售卖；而吴建学主要在家务农。女性中，内当家吴张氏十分能干，作为庄稼头儿，长期以种地为主，偶尔也会帮忙做家务；内当家白焕英以做生意为主，主要在家烤酒、做凉粉并运至集市贩卖，并为住宿客人提供饭食；吴建新的二弟媳下地干活；吴建新的幺妹长期在家从事家务活动，包括洗锅、喂猪、喂鸡等；吴建新的祖母唐国英因年迈已丧失劳动能力，不承担任何生产责任，仅偶尔在家照顾一下儿童。未成年的吴建奎与吴映国主要负责喂牛。

1940 年至 1949 年的十年间，吴家的某些家庭成员生病去世，某些家庭成员出嫁，家中也迎来了新人。男性中，家长吴建新仍然以做生意为主，偶尔在农忙季节下地干活；吴建奎与吴映国长大成人，长期下地干活，吴映国在农闲季节也会与父母一起做生意。女性中，内当家吴张氏仍然主要以务农为主；内当家白焕英以做生意为主；刚嫁到吴家的两位新媳妇在下地干活之余,也会在家负责家务劳动。吴建新的幼子吴映忠年龄尚小,无劳动能力,不需要承担任何家庭生产责任。

(2)农业生产具体环节

对于犁地、耙地、插秧、锄草、灌溉、种麦、收麦、种秋、收秋、平整晒场、收集粪便等一系列不同的农业生产环节,吴家主要由内当家吴张氏进行指挥,由吴张氏来决定具体哪块地种麦子,哪块地留冬地①,从而第二年种苞谷。此外,吴张氏还要根据不同家庭成员的劳力状况进行分工与安排,全家人可以一起商量,家庭成员可向吴张氏提出一定建议,每个人有能力做什么事情,吴张氏便给他安排相应的事情。例如点苞谷时,吴家一般由女性来挖窝窝,挑粪等重活由男性来干,抓粪、翁窝窝②则由老人或小孩来完成。小孩儿如果不服从安排可能会受到指责甚至肉体惩罚。总之,吴家的农业生产活动具体如何进行安排,由自己家做主即可,不需要特意告知或请示四邻与保甲长。

①正月点洋芋,夏季种苞谷

吴家一年的耕作过程为:首先是挖盖头即平整土地,犁地时一般是用耕牛犁,其次是锄杂草与背粪,再次是将土地中的石头捡出去,之后便可以开始下种、薅草,等四五月麦子成熟后便开始收麦子与豌豆。吴家在不同季节种植的农作物有所不同,正月或二月点洋芋,然后种荞子,将盖头挖好之后便开始种包谷、黄豆、小豆,至多一个月后便给苞谷薅草,之后四五月时便需要收麦子、豌豆、荞子,对土地进行管理,为其除草、上肥,等到夏季七八月时,又需要收苞谷等杂粮,九月便又开始种麦子、黄豆、豌豆,等待第二年再收获,冬季一般如果留有冬地,需要先耕冬地,之后便开始准备一年所需的柴火。苞谷是吴家最主要的农作物,春季进行播种,大概种接近九亩苞谷、四亩麦子、两亩豌豆。吴家的家长吴建新长期以经商为主。对于吴家的农业生产活动,内当家吴张氏在与吴家成员们商量之后决定具体某块土地种植什么、怎样耕种,吴家的种植安排不必告知或请示四邻、保甲长。

②种麦子与抢收麦子

1949 年以前,吴家种麦子时不需要挖窝窝,而是直接将种子撒在地里,然后用耕牛去耕地,用人力再稍微将土地平整一下。种麦子、黄豆时,男性女性都可以去,男性主要负责耕地,女性主要负责平整土地,前一年八九月份种上,第二年四五月份才收麦子、豌豆,收麦子时吴家的所有劳动力(包括长期做生意的吴建新、白焕英)基本都会出马,男女都可以去收麦子,将麦子装进背篼里,背回家即可。如果吴家一家人忙不过来,便可以与其他家庭进行换工。实行抢种抢收,麦子收割回来以后没时间打,便暂时将其放置在堂屋,等到把土地里又种植上其他农作物,天气晴朗时再将麦子拿去晒干,之后再去打麦子。

③点苞谷与串苞谷

点玉米的步骤相对比较复杂,挖窝窝时是一个人在前面拿着犁头挖窝窝,另外一个人在后面抓粪,一个窝窝扔一把粪,还有一个人则负责翁窝窝,等到八月份再收苞谷。苞谷收回家后,便可以开始掰苞谷,有的苞谷放置在吴家的虚脚楼上,有的苞谷用密条串联起来挂在吴家门口。判断每家人当年收获多少粮食,主要看每家门口挂了多少串苞谷。等到冬月将苞谷

---

① 留冬地:即在冬季将土地闲置。
② 翁窝窝:用泥土将种植的庄稼掩埋起来。

晒好之后,各家便开始准备交税。

④犁地

吴家在犁地这一环节中,通常用耕牛在前面拉,人在后面耕。一般由男性负责耕地,吴家主要是派家中的青壮年劳动力吴建学耕地, 女性一般在后面撒种或者用锄头将土地简单地平整一下,未成年的儿子在犁地时一般不需要前去帮忙。犁地的具体安排是由内当家吴张氏做主,不必告知或请示四邻、保甲长。

⑤锄草

在吴家,男女都可以锄草,第一次是用草锄薅,如果杂草数量依然比较多,需要进行二次锄草,这时为了避免伤及农作物的根部,一般不使用草锄,而是直接用手将苞谷草、黄豆草、小豆草等杂草拔下来。

2.饲养牲畜

1949 年以前吴家饲养了许多牲畜,主要是牛、马,与别人伙养了六脚牛、四脚马。此外,吴家为了用羊毛制作毛毡子,也曾帮别人家喂养过绵羊。吴家还曾饲养过一段时间鸭子,但因家住河边,夏季容易涨洪水,很难将鸭子养活,因此最终放弃。

(1)看牛马

吴建奎、吴映国年幼时主要负责喂牛事宜。夏季时,吴家人一大清早起床后便把牛、马放到山上,然后中午天气太热便将牛带回家,下午天气凉快以后又把牛放出去。冬季一般将牛、马放到自家土地里,只要避开自己家种上麦子、豌豆的土地,其他土地都可以。夏季需要割草喂牛,冬季则无须专门去割草,而是使用自己家收获的苞谷或者自己地里锄去的苞谷草、小豆草来喂牛。

(2)喂猪

1949 年以前,吴家喂养过猪。每年饲养三头,自己家吃一至两头猪,剩余的猪用于售卖赚钱。如果运气好,猪不生病,就选择售卖两头、自己家吃两头。当运气差时,几只猪都生病,可能无法将其全部卖出。吴家所有人都可将猪卖出,出售给集市上专门卖肉的人,或者提前和对方商量好,由他们自己来吴家要猪①,所得收入必须交由家长吴建新掌管,归全家人所有,买小猪仔时则一般是由家长亲自去购买。农闲时吴家所有成员都可给,农忙时节,吴建新的幺妹未出嫁时主要负责喂猪,她出嫁后则主要由白焕英负责。吴家一般给猪喂猪草,上坡干活的人每天回家时顺便带一背篼猪草回家,或者喂烤酒剩下来的酒糟子,或者喂苞谷表面的浮皮,或者喂推麦子所剩下的残渣,冬季还可以喂白菜、榄菜、萝卜菜、南瓜叶子、野菜等。

(3)养鸡

吴家每年饲养十多只鸡,一般是白焕英主要负责给它们喂食。吴家从来没有卖过鸡,鸡一般是用于下鸡蛋吃或者有亲戚朋友来家做客时将鸡宰掉吃肉。吴家养鸡的过程如下:在房屋旁边修建一个鸡圈,将鸡圈顶部遮盖严实,再安装一个圈门。每天早上将鸡全部放出去,放在院坝前的竹林里或者河边,晚上又全部收回鸡圈。就下蛋而言,鸡有时候在鸡圈下蛋,有时候吴家会给鸡搭建一个小窝,让其在小窝里下蛋,下蛋以后家中的人将其捡回家即可。吴家平时给鸡主要喂苞谷,偶尔喂一些麦子,因为家住河边,不会专门给鸡喂水,一般鸡会自己跑

---

① 要猪:将猪带走。

去河边喝水,家人每隔几天会清理一下鸡屎。

（4）放羊

吴家养羊的过程如下:自己家没有羊,为了制作毡子,去要几个别人家的羊来饲养,家中无人单独负责养羊,而是将羊、牛、马、猪置于同一个圈中,将羊和牛一起喂养,每天早上放牛娃将其一起放出去。一般给羊喂草而不喂粮食,吴家喂牛之人一般同时也会负责喂羊。

3.吴建新卖盐,白焕英卖酒

在1949年以前,吴家的家庭成员除了从事农业生产之外还在经商,从事商业是以家户为单位。家长吴建新与内当家白焕英基本属于专职经商,吴建新一直在卖盐、木耳,白焕英一直在卖酒、凉粉,偶尔还会养蚕,出售蚕丝;而吴映国属于兼职经商,吴建新和白焕英偶尔会带儿子吴映国一起到集市,教儿子如何做生意。吴张氏则属于兼职经商,除务农之外,偶尔会为外地人提供歇客、饮食服务。在经商过程中,家里的人有能力干什么,家长吴建新便安排他干什么,没有必要告知或请示四邻与保甲长。

（三）农业生产成果

1.粮食收成内需优

（1）一年收获两季,主产苞谷麦子

1949年以前,吴家一年可以收获两季粮食,分为春秋两季。四月至五月收麦子、豌豆、胡豆、荞子,收获后便开始种植苞谷、黄豆、小豆,七八月苞谷便成熟了,九月黄豆、小豆也成熟了,这一季粮食收获以后又将第二年才可以收获的麦子、豌豆耕种在地里。苞谷一年可以收获接近三千斤,一亩地产两百斤左右的苞谷;麦子实行广种薄收,一年收获六百斤,一亩地产一百斤左右的麦子;种一亩地荞子,平均产一百多斤;种两亩豌豆,收成差时仅能收获一百多斤,亩产七十斤左右,收成好时可以收获三百多斤,亩产一百五十斤左右。

（2）气温降水致好坏

1949年以前主要靠天吃饭,气候与降水量是影响农作物收成的主要因素,既没有水源流经土地,也不会引水进行灌溉。当气温与降水均适宜时,吴家就能多收获一点儿麦子,饭吃得饱一些;如果某年天太干或者雨水过于丰盛,实在没有粮食就算了,吃饭时将粮食节省着吃。在一年之中,春雨下得早与晚可以用以判断一年收成的好坏,如果正月间春雨来得早,可以判断今年收成应该比较好,就多耕种一点粮食。但无论收成好坏与否,吴家都实行广种薄收,会将家中所有土地均种上粮食,而一年收成的最终结果主要通过收获了多少背篼玉米、麦子来计算。

1949年以前没有化肥,只有自然肥料,这也在一定程度上影响着粮食产量。除某些年份遇到极端天气以外,吴家的年均收成相对比较稳定。据吴家人回忆,家里收成只能算是一般,没有哪一年收成特别好,只是在没有天灾且降水量适宜时,当年粮食收成量会增加。吴家在粮食收成相对较好时可以掰五背篼玉米,粮食收成差时仅能掰两至三背篼玉米。某一年天降冰雹,当时某块地的麦子本来今天可以收获了,家里人说明天再收,结果当晚却遇到一场雷雨,下冰雹,导致这块地的所有麦子都不行了。

（3）粮食收成好,吃饭吃得饱

粮食收成归吴家全体成员共同所有,家庭成员都可帮忙管理所收获的粮食,但家中收成主要由吴家家长统一进行支配。在家庭中,全家人都很关心收成,妇女会关心,小孩也很关心，唯愿今年粮食收得多一些，吃饭就能吃得更饱一些，粮食收成少会导致吃饭吃得少且吃得不好，但吴建新作为一家之长对粮食收成最为关心。

（4）多余粮食交国家，满足不了便借粮

1949年以前，吴家的收成有时能够满足家庭的需要，但多余的粮食需要上交给国家，因此吴家不会有更多的粮食用于出售。有时吴家所收获的粮食甚至连家庭基本需要都无法满足。若无法满足，吴家会去向亲戚或者关系好的邻居家庭借粮食，借不到粮食时只能去集市购买。借粮食时，吴家家长会询问其他家庭的家长，"今年你们家有多余的粮食吗？吴家借了之后等到有粮食再还给你们"。如果该家庭称没有多余的粮食，家长只能立马赶到另外一家去询问，如果该家庭同意将粮食借给吴家，家长就马上打一壶酒、买一些水烟送去他们家。

2.家畜主用于食用

吴家平均一年饲养三头猪，也有时饲养两头或者四头猪，但总体来看每年喂养猪的数量大致相同。吴家的养猪数量主要取决于吴家当年收获粮食的数量，粮食数量多时，吴家就会多购买几只小猪，粮食少时便少购买一些小猪。吴家每年的养鸡数量在十只以上，平均每年购买十三只小鸡回家。最初吴家没有羊，吴家家长便去找家里有羊的家庭商量，能不能给他们家支付一点钱，让吴家人帮忙看几年羊，因为吴家希望剪一些羊毛来制作几床毛毡。刚开始吴家帮忙喂养了两只羊，几年之后发展得越来越多，逐渐繁殖到十只羊，结果后来羊的主人将羊收回后，留了几只小羊给吴家，之后家中的小羊又不断繁殖，总而言之，平均下来吴家每年至少养四只羊。此外，吴家还饲养过一段时间鸭子，养了十多只，但是由于白天捡不到鸭蛋，当夏季涨洪水时，鸭子就被冲走了，之后吴家便再也没有饲养过鸭子。

1949年以前，吴家饲养的家畜优先用于满足自家家庭需要，养猪时将一部分猪自己家食用，另一部分生猪拿去售卖；养鸡一般用于下鸡蛋吃或将鸡宰掉吃鸡肉，又或是到亲戚家串门时送给亲戚；刚开始养羊是为了给自己家制作毛毡，后来等羊逐步繁殖变多，小羊长大后便被出售给他人。吴家养猪和鸡有时不能满足自己需要，当猪肉和鸡肉不够自己家食用时，吴家会到集市购买母鸡，逢年过节也会到集市购买新鲜猪肉食用。售卖猪和羊所得到的收益归吴家全家共同所有，必须交由家长吴建新统一管理与支配。

3.副业收入形式多，内外当家皆管钱

吴家从事副业的收入主要是吴家经商所得，但副业收入的来源项目比较多，收入的形式也较为多样化。卖盐、卖木耳、卖酒、卖凉粉一年赚五百块钱左右，吴家还在为外地人提供住宿与伙食，一年差不多能赚两百块钱。此外，吴家将土地出租给他人可收入六斗租子，一斗约八十斤粮食，六斗大概四百八十斤粮食。同时，吴家还在通过售卖蚕丝与桐油来赚钱。吴家每年的副业收入大体相当，没有太大差别。吴家的副业收入都是由吴家全家人使用，家长吴建新卖木耳、卖酒赚到的钱是作为全家的开支使用，为全家购置生活用品或作为人情消费开支出去。内当家白焕英卖酒、卖盐的收入虽未统一交给家长管理与支配，但也是将其作为吴家全家的开支所使用，而不是积攒下来作为她个人的私房钱使用。通过歇客所赚的收入偶尔也会由内当家吴张氏掌管，供全家人使用。

有一年家长吴建新出门做生意，喝醉以后和他人打牌时不仅将身上的钱输光，还将买来用以倒卖的几十斤木耳全部输光，此外还欠别人一笔钱，总之，当时做生意全部的本钱都没有了。吴建新回家以后，其母吴张氏将他狠狠责怪一番，之后吴张氏又到处找人借钱，最终还向恶霸财主家借了一笔钱,把赌博所欠的钱还完以后,剩下的钱继续作为做生意的本钱。因此,在吴家,家长吴建新不会将吴家所有的钱全部掌握在手中,两个内当家也会掌握较少一部分银钱。此外,吴建新出门做生意时偶尔还会将一部分银钱交给妻子白焕英,让白焕英负责家内开支和人情支出。

三、家户分配

(一)吴家内部占绝对,村乡插手属难得

1.家户分配占全部

吴家在进行分配时,以家户为分配主体。由于吴家从外地逃难而来,与从前的家族已经脱离联系,因此没有宗族,不存在宗族分配的情况。村庄没有集体资产,每年不会进行集体分配,因此家户是吴家唯一的分配主体,家户分配在吴家日常分配中的占比为百分之百。

2.家长支配,内当家补充

吴家在分配过程中,由家长吴建新主导,家庭资金主要掌握在家长手中,吴家平时无论吃什么、喝什么、用什么、购买什么物品回家等都主要由家长吴建新统一决定与安排。在分配钱粮的过程中,当家人会和家庭成员进行商量,家庭成员可以向当家人提出建议。比如衣物出现多次破损已然破旧不堪时,吴家家庭成员可以向家长建议,能否购买布匹回家以缝补衣服。

在分配活动中,除家长吴建新之外的两名内当家吴张氏与白焕英也具有重要地位,因为两名内当家在做生意,手里也掌握着一定的资金,不必将资金全部上交给吴建新,免得事事必须向家长要钱,而可以自己将部分资金留在手中,为整个吴家进行分配与开支,为家中购买一些零零碎碎的小用品。此外,当家长吴建新出门做生意不在家时,家中主要由两名内当家(其母吴张氏与其妻白焕英)来安排分配。除此之外的其他家庭成员在吴家的分配活动中地位很低,说话不具有实际影响力,家庭分配时不能擅自决定,必须与当家人进行商量,成员们只能向当家人提出一定建议,但建议最终是否被采纳则取决于当家人。

3.村庄国家不干预,欠交税收才介入

吴家家户内部进行财产、粮食分配时,不需要特意告知四邻,无须请示李家坝保的保长李克简和蛤蟆甲的甲长唐映坤以及县、乡级政府等。外人在一般情况下不会介入吴家的分配过程,除非吴家本来欠四邻的钱粮尚未归还或吴家暂未向甲长上交税收时,四邻与保甲长才会介入。

(二)分配局限一口锅

吴家分配钱粮时的分配物是吴家整个家庭通过种地、做生意等生产活动所得,家户之外的其他收入不能作为家庭收入来源。吴家家庭成员在分配粮食与钱财时是以所在家户为基本分配单位,其分配活动是在同居共财、同爨共食的整个家庭之间展开,即仅限于在同一口锅里吃饭的人。吴家的所有家户成员都可以享受分配权,无论老少,无论是奶奶辈的唐国英、母亲辈的吴张氏,还是嫁进吴家的白焕英,抑或是尚未出嫁的幺妹。总之,无论是当时刚出生的孩子,还是活到一百岁的老人,无论老少,无论能干与否,只要当时在同一个锅里吃饭、同甘共苦的所有吴家人,全部都可以享受吴家的钱粮分配。

在大家庭分配之余,吴家不会将钱粮分配给各个小家庭,如吴建新、白焕英、吴映国这个

三口之家,吴建新、白焕英做生意赚到的钱、其他家庭成员务农收获的粮食都是供整个大家庭统一开支,全家人都在同一口锅吃饭,不区分你我。

家户分家后,虽是名义上的一家人,但不再是实质意义上的一家人,一旦吴家正式提出分家,已分家的兄弟便不能再参与本家户的分配。当1952年吴建新与吴建奎两兄弟进行分家后,吴建奎一家便不再参与吴建新一家的分配活动。此外,吴家的亲戚、朋友、邻居等其他家户之外的人都不能分配到吴家的劳动果实,除非吴家在有些关系好的亲戚家庭有困难时,会自愿将钱、粮食、酒肉等赠予他们,其他朋友、邻居只能借用吴家的钱粮,之后必须将其归还给吴家。

(三)分配类型

在吴家的收入分配中,由于没有分家,因此没有私房钱、私房地分配,一般只有分家后的家庭才会有私房钱、私房地。吴家可供家户分配的包括银钱、食物、衣服等,但吴家不会集中进行零花钱分配,只在某个家庭成员有需要时才会得到一些零花钱。吴家在衣物、食物、零花钱、缴纳赋税、租金的分配活动中,主要分为两个层面:其一是吴家在缴纳赋税、租金、人情开支等家庭重大开支的分配活动中,吴家家长吴建新发挥支配作用,其他家庭成员只能向家长提出建议,不能擅自决定;其二是吴家在衣物、食物、零花钱等零碎开支的分配活动中,因为内当家做生意拥有少许资金,因此除家长之外的内当家吴张氏、白焕英也具有重要地位,倘若当家人不在家,两位内当家也可做主进行分配,购买一些零碎用品,但除内外当家以外的其他家庭成员则没有实际地位,需要零花钱、衣服时只能向家长提一些建议。

1.农业收入分配

吴家在缴纳赋税、租金时,由于所涉及的资金、粮食数量巨大,主要由家长吴建新全权决定、统一安排,无须特意告知或请示四邻、保甲长,但会和吴家成员们进行商量,由家长负责开支。甲长来吴家收税以及租地给吴家的清明会会首来吴家收取地租时,都是直接找家长吴建新。无论当家人是否在家,吴家除家长之外的家庭成员都不能做主,吴家成员们只可向家长建议如何更加合理有效地进行安排,但都无权擅自决定。

(1)地租

因为吴家将一块山坡地出租给他人,因此吴家的农业收成一般包括种地收入和地租收入两个部分,地租收入为六斗租子粮食,折合下来为四百八十斤粮食。但吴家也租入了某清明会的一块会地,因此需要将每年农业收成的一部分作为地租交纳给某清明会,地租不是现金,而是实物,每年支出五斗粮食,折算下来约四百斤粮食。该清明会有众多族人,吴家一般会提前告知当年该清明会负责主办的会首,谁在当年担任会首,谁就在吴家收获粮食后来吴家收地租。地租一年交一次,吴家的收成会优先用于上交地租,从未出现过交不上地租的情况。吴家耕作的清明会的这块会地的地租属于定额地租,无论天干雨淋,无论收成好坏、当年有无收入,每年所交的地租数量都相同,清明会不会因自然灾害而稍微减少地租。但吴家将土地租给私人时,如果遇到灾荒,两家可以相互协商,吴家会稍微进行妥协,适当地减少地租。

(2)完粮

吴家的农业收成需要用于纳税,即完粮。税收也属于定额,按家中土地的亩分数来计算应纳税额。由于国家没有粮仓,所以纳税时不交粮食,而是将粮食这一实物折合成现金交给保甲长,按一斗或一升粮食折合成多少钱计算。吴家所纳税额很高,一石八百斤,每年应该交一石半，即大约一千二百斤粮食。但1949年以前吴家一般不会将粮食售卖用于交税，而是将家中卖盐、酒、凉粉、养蚕、卖猪赚到的银钱用于交税。一般保甲长会主动来吴家收税，保甲长收齐税收后再统一交给上级。旧社会时，即使家中遇到天灾人祸时，税收也不会因此而稍微减少一些，即使向保甲长求情也不行，他会回答说皇粮国税是每家人都应该交的。如果在大年三十还没交齐，保甲长会在三十夜晚上来收钱，如果交不上，保甲长会将家中的肉类拿走冲抵税收。即使粮食不够吃，吴家的家庭收成也会优先用以缴纳地税款，吴家第一代最初逃难到蛤蟆场正是因为交不起皇粮国税。当时李家坝保有些家庭交不起税，甚至将家中的田地与房屋出售用于交税。

2.家庭副业收入分配

吴家家庭成员中有人从事副业，祖孙几代一直在经商，吴家每年上缴的税收便是通过做生意所得。吴家家长吴建新在三堆卖木耳、在蛤蟆场卖盐，内当家白焕英在蛤蟆场卖酒、凉粉，减去生意成本每年大概赚五百块钱。吴家还在为外地人提供住宿和伙食赚钱，每年赚两百块钱。此外，吴家还在通过喂土蚕赚钱，具体收入取决于能收获多少蚕茧。吴家每年会喂几轮蚕，一年大概赚三百块钱。卖桐子或卖桐油一年能赚两百块钱。

（1）经商须交"地头费"

在经商过程中，吴家无须向保甲长交税，但在集市上做生意需要交市管费，当地称为"地头费"。集市有专门掌管场镇的幺大、黑皮管司，场头与场尾都有管司，进入场镇需要到管司处报到，一场一般交一块钱，一年需要交近百块钱。一般来说，在本地大家都是熟人，和管司说一声，今天没有赚到钱，偶尔一两次不交地头费亦可，但长期不交则不行。

（2）剩余收入多人管

除了将收入用作家庭缴纳地税、地头费之外，吴家家庭成员经营副业的收入大多归家长统一掌管。白焕英卖酒、卖凉粉以及家中歇客所获得的收入大部分交给家长管理，但也可以保留一部分资金在两名内当家吴张氏和白焕英手中，因为两名内当家也会负责吴家的小部分开支，为全家人购买一些零碎的小用品、小农具、小家私等，但支出以后必须告知家长这部分钱是如何使用的，吴家人不能把所赚收入藏起来当作私房钱。这部分副业收入如何使用、如何安排由家长吴建新决定，不需要告知或请示四邻、保甲长。在吴家，所有成员都可以享有零花钱的分配，当成员们想去赶集买点甘蔗或者花生吃，当家人就会给他们拿一些零花钱。零花钱分配时没有优先顺序，但成年的吴建学上街时，会分到更多数量的零花钱。如果当家人吴建新不在家，则由内当家吴张氏和白焕英做主。

3.衣物分配

（1）家长决定添置新衣

吴家具体什么时候添衣服主要由家长吴建新决定，吴建新会与吴家成员们进行商量，并给吴家每个家庭成员都添置，一般不会单独给某一个人添置新衣，衣服分配不需要告知或请示四邻、家族、保甲长。吴家每年为全家人添置上下两季衣服、鞋子，夏季制作一套，冬季做一套。一般情况下，衣物优先分配给老人与小孩，其次分配给上坡干活之人，因为他们的衣服破损得比较快，之后再给在家从事家务劳动的人做衣服，因为她们长期在家，衣物相对不易破损。添置衣服时首先去集市上将布匹购买回家，根据家人的喜好购买相应颜色的布匹，然后自己家用这些布匹裁剪衣服和鞋子。由于吴家没有种植过棉花，当缝制棉袄或给老人缝制领夹时,还需要到集市购买棉花,给老人唐国英缝制领夹时还会购买羊皮回家,制作羊皮褂褂。但分配衣物时也会有适度弹性,坚持破损与缝补原则,即吴家中谁的衣物先发生破损,破损得更严重,该家庭成员主动要求缝补衣物,向家长提出建议,就优先给他进行缝补。缝补衣服、做鞋等活动一般在下雨天进行,或者在冬季农闲时缝制。

（2）内当家可购买布匹

在衣物分配中,家长吴建新不在家时,吴家除家长之外的内当家吴张氏、白焕英也可做主,利用手里的资金为家人添置新衣,将布匹购置回家,安排家中哪些人来缝制新衣,除此之外的其他家庭成员则无权做主,当他们需要添置新衣或缝补衣物时,只能向当家人们提意见,不能擅自决定。吴家什么时候缝制新衣,家中如何进行衣物分配,无须特意告知或请示四邻与保甲长。

（3）吴家女性做衣物

吴家制作衣服时,一般由白焕英、吴张氏等女性来做,有时亲戚来吴家串门时也可以帮忙做衣物。如果吴家人来不及做,譬如当白焕英做生意太忙时,也可以请会缝衣服的妇女来吴家帮忙缝制一天或者两天,或者将布匹拿到对方的家里让她们帮忙剪裁、缝制。吴家可以与她们进行换工,之后吴家人帮她们家缝制衣服或者煮饭,一般不会给她们支付工钱。

老人唐国英没有劳动能力,无法制作衣物,就让其儿媳妇吴张氏缝制;吴张氏当时还比较年轻,身体还行,吴张氏的衣服一般是自己缝制或者让出嫁的女儿为其缝制,很少会让自己的两个儿媳妇白焕英与唐映秀为其缝制。

如果吴家人的衣服破损,有时候家长会尽快购买布匹回来让家人为其进行缝补,有时候则让成员再等待一段时间,等到之后缝制新衣时再顺便进行缝补。吴家一般是由家中的女性吴张氏、白焕英修补衣服,吴张氏为自己的幼子吴建奎修补衣物,白焕英则主要为自己的丈夫吴建新以及两个儿子修补衣服。

4.食物内容当家定,食物数量取决人

吴家在食物分配中,具体每顿饭吃什么,尤其是家中需要补充购买食物时,主要由当家人吴建新安排,当家人偶尔会和家庭成员商量,但家长不会对家中每个人每顿饭的饭量作出硬性规定。吴家除家长吴建新之外的两名内当家吴张氏与白焕英也可做主,吴家每顿饭具体吃什么食物可由内当家决定,其他家庭成员则无权擅自决定,有时候想吃什么饭菜时,成员们可以向当家人们提出建议。但吴家如何分配食物、每顿饭吃什么无须特意告知或请示四邻与保甲长,外人无权干预。吴家不会固定每个人吃饭的数量,煮一锅饭或蒸几笼馍馍出来,每个人随便吃,能吃多少便吃多少。一般让平时下地干完活回家的人和小孩先吃饭,负责煮饭的人最后吃。如果在山坡上干活之人太忙,无法回家吃饭,则先将饭送到山上让干活之人吃,然后再让在家的人吃饭。

5.零花钱分配不稳定

（1）内外当家同分配

吴家在零花钱分配中,主要由当家人吴建新决定,吴家家长给家庭成员分配多少零花钱以及如何给家人分配零花钱,外人没有理由插手,吴家也不需要告知或请示四邻与保甲长。吴家所有家庭成员如果不主动向当家人索要零花钱,家长不会主动给。家庭成员平时在家时吃穿用都是由家长置办齐全的,不需要使用零花钱,只有在上街时需要一些零花钱使用,此时可以与当家人商量。家庭成员上街仅购买一些零碎的用品或小零食,不会在街上吃饭,所以需要的零花钱也不会太多。比如吴映国,一般只有在想上街购买甘蔗或者花生时,才会向家中的几个当家人索要零花钱。如果吴家人不上街则没有零花钱。当时吴家老家长吴万福早已去世,是长子吴建新当家,几个内外当家人手中都有一定的资金,因此在零花钱的分配上,除吴建新以外,内当家吴张氏、白焕英也具有重要地位。由于白焕英长期售卖酒、凉粉,家中还通过为外人提供住宿、伙食赚钱,故而两名内当家手中都拥有一些闲散资金,吴家家庭成员们需要零花钱时,无论家长当时是否在家,不必总是去找家长要钱,也可向两名内当家提建议。

(2)全家老少享钱花

在吴家,所有家庭成员都可以享有零花钱的分配,无论老少,无论是否已经结婚都拥有零花钱。分配零花钱时没有先后顺序,是按照每个人所需要的数量来分配零花钱,按现在的钱来讲,1949年以前吴家一般给家庭成员一至两块钱零花钱,用于购买馍馍、花生之类的小零食。已经成家的吴建学有零花钱,他上街时得到的零花钱会比其他人稍微多一点,二弟媳也有零花钱,小孩有零花钱,吴建新的幺妹想要上街买一些针头线脑,也可以向内当家吴张氏索要零花钱。每年过年时,吴家当家人会给所有未当家的家庭成员分配新年钱,每年新年钱的数量都不一样,当吴家资金相对宽裕时会给大家多分配一点儿新年钱,而吴家年景不太好时给家人分配的新年钱数量则相对少一些,按现在的钱来计算,最多给每个人十块钱。

(四)家户统筹分配为均衡

1.分配考虑全家人,家长尽量持平等

吴家在分配时,无论是分配食物还是缝制新衣,都以全家人的需要为前提,会适当地与家庭成员商量,尽量照顾到家里所有人的需要。例如天气太热时,就会为家人煮一点儿豆浆,煮饭时也会尽量考虑让全家人都能吃饱,而不是仅仅考虑某一个人的需要。在分配时,家长不会偏心,对所有人平等对待,吃穿都一样,不会特意偏向某一个人,缝制新衣时会给大家尽量缝成同样的花样,缝新裤子时会给每个人都缝制。做鞋子时,不会给这个人做两双鞋子,而给另外一个人只做一双鞋子。此外,当家人不会仅仅给某一个人分配零花钱,分配给某个人的零花钱数量也不会比其给他人的高特别多。

2.租税为先,自需为后

吴家在分配自家产品的时候,"自家消费、地租赋税"的次序是先交地租与赋税,再满足自家消费。吴家租种清明会的会地,无论自家够不够吃,都会把地租(即粮食)称够交给会首。如果自己家没有钱可花,自家的粮食不够食用,即使家里吃了上顿没下顿,还是会优先上交赋税。吴家应纳多少税收,比如应上交三百块钱,保甲长来收税时便会按量交出。吴家如果暂时交不起税,家长可以和保甲长进行商量,稍微延迟一段时间再交,保甲长便会规定一个截止日期,两个月或者三个月之后再来收税,有时候吴家直到腊月二十八才会交税,总之在过年之前吴家便会将赋税交齐。吴家偶尔会与保甲长进行争辩,认为别人家的田地土质好才交一点儿税,而吴家的地全是最差的山坡地,结果吴家的应纳税额反而还比别人家多一些。这时保甲长便会回答说这是你们自己家愿意购买的土地,是你们家买地的时候将税买高了!虽然家长吴建新会与保甲长争嘴,但之后其母又会劝导吴建新,皇粮国税是应该上交的,吴家推期限日就行了。总之最终吴家会交足税收,从来没有出现过抗税的情况。

3.老弱病孕有特权

吴家在分配过程中,一般情况下会给家人平均分配。譬如平时吃饭,妇女们给上坡干活的成员准备的饭食与为小孩准备的饭菜相同。在某些特殊情况下的分配过程中,老人、小孩、病人、孕妇拥有一定程度的特权。当缝制衣物时,一般会优先给老人唐国英和小孩们缝制,给老人缝制的衣物会更好一些,如冬季给老人缝制羊皮褂褂。做饭时,老人、小孩和其他家人食用的食物一样,但考虑到老人唐国英牙齿不太好,煮饭时会给老人煮得更软和一些,更迎合她的口味一点儿。家人生病和产妇坐月子时可以不必干活,而且吴家会给病人与坐月子的产妇单独做饭,让他们吃得更好一些,但这都只是在一定时期内,仅限家人生病的那一段时间以及产妇坐月子的十天或半月,家庭其他成员不会对这种特权产生质疑。在家庭年景不好的时候,吴家会首先保证粮食分配,可以暂时停止或减少零花钱分配。吴家在粮食不够吃的时候,家庭成员中的老人和小孩儿优先吃饭,家长会去其他邻居家借粮食,无论如何家长都会尽量保证全家人每顿饭都能吃到粮食。平时当家人与其他家庭成员所食饭菜一样,吴家不会额外单独给当家人煮饭,当家人和家人们所穿衣物也一样。但当家人在分配时拥有一定的特权,在日常分配之外,家长吴建新和内当家白焕英有额外的分配,上街做生意时偶尔会买水烟抽,其他家庭成员不会对这一特权产生质疑。

(五)分配结果

1.结果:家长灵活分配

在吴家实际分配过程中,主要由家长吴建新进行决定与安排,吴家每年的分配结果不完全一样,需考虑家中当年的收成与副业收入,尤其当家中有红白喜事等大笔人情开支时,由家长吴建新根据家里的需要进行灵活调整、有效分配。一般来说,吴家每年将四百斤粮食用于交地租,将一千二百斤粮食折合成钱用于交赋税,此外,人与牲口加起来,每年大概需要吃四千斤粮食。因此,吴家的食物分配所占的比重最大,食物分配大概占家庭分配的一半左右。吴家每年固定在夏季与冬季为家人缝制两套衣服,零花钱分配只在家人偶尔上街或过年时才进行分配,因此用于衣物分配与零花钱分配的资金相对较少,其余的资金则用于自家的食物分配。家庭每年如果有多余的资金,不会平均分配给家庭成员,而是家庭积攒下来,用于伙牛、伙马。总体来说,吴家的分配属于自给自足。

2.反对:家长分配,内当家建议

吴家家长吴建新一般会尽量安排家中所有人吃得一样、喝得一样、穿得一样。对于已有的分配结果,家庭成员也可以提出不同意见,尤其是两名内当家向家长提出的建议最多,除此之外的其他家庭成员所提意见相对较少。其中,已婚的二弟吴建学所提的意见会比其他人稍微多一些,因为他已经成年,上街时会与朋友交际,其母吴张氏作为内当家给他的零花钱数量会多一些。此外,如果吴建学两夫妻不希望和其他成员穿相同颜色的衣服,如其他人同意穿青色或蓝色的衣服,但他们想穿白色的衣服,这时家长如果认为该意见合理,便会听取,之后便会给他拿钱,让他自己上街购买自己喜爱的布料回家,再给他缝制衣服也行,反正为两人缝制衣物的数量和给其他家人所缝制的衣物数量必须相同。

四、家户消费

(一)总体消费,基本自足

1.粮食五千斤,金钱开支大

1949 年以前,吴家每年的总体消费无固定的数额可供参考。首先,在粮食方面,吴家每个人每天至少吃一斤粮食,家里有八个人左右,所消费的各种粮食全部相加,包括人所食用的和喂养牲畜的粮食,再加上缴纳地租所需要的粮食,每个月至少需要四百斤粮食,吴家一般一年大概消费五千斤粮食,这些粮食基本上是自家生产的,吴家很少会去购买粮食。

其次,在金钱方面,每年需要交税给国家,因此吴家将家里从事副业尤其是经商所赚的钱则用于交税,上交价值一千二百斤粮食数额的金钱给国家。同时,吴家每年都有一定的人情支出,尤其是在亲戚家中有红白喜事时,需花费的资金更多。吴家每年还需要在夏季与冬季购买两次布匹,为家人缝制两次衣物。此外,吴家每年购买牲畜来饲养也需要一定的金钱,为家里添置农具,偶尔为家中购买一些新鲜的猪肉、鸡肉、蔬菜,有时为添置一些小型的家私等也会涉及银钱开支。当吴家人生病时,还需要请先生、道士等来给家人看病。因此吴家每年的金钱开支是一笔庞大的数额,家中的银钱仅是相对而言基本够用,家庭不会有太多积蓄。

与当地其他家户相比,吴家在李家坝保属于中等水平,只能说样样都有,但是与财主家庭相比,还是存在一定的差距。因此,在 1952 年土地改革运动时,吴家被划分为中农。1949 年以前,吴家的收入在大多年份能够基本维持其消费。总体而言,吴家只要稍微能够勉强维持就不会向他人借钱或借粮,除非在实在维持不了基本开支的情况下,才会主动向他人借钱粮。

2.天灾人祸缺钱粮,无奈需找他人借

吴家在两三年中偶尔有一年会产生一定的粮食缺口,有些时候年成不好,一年收获的粮食只够食用十个月,缺少两个月的粮食,即出现一千斤左右的粮食短缺。当粮食不够吃时,如果吴家当时有宽裕的银钱,就去购买粮食吃;如果没有宽裕的资金,吴家便会去找亲戚、朋友、邻居借粮食,且大部分时间是去借,等有粮食时再还给别人,通常向别人借什么粮食就还什么粮食,借干粮便还干粮。一般吴家家长会去询问哪一家有多余的储备粮,能否借吴家三斗或者五斗,借粮食不是仅向某一家人借,而是这家借一点儿粮食,那家借一点儿,总共差不多借一千斤粮食,之后家里有粮食再归还。吴家也借过恶霸财主家的粮食,他们储备的粮食很多,但是借他们家的粮食属于高利贷,需要收取利息,借一斗粮食需要偿还一斗二。如果找其他一般人借粮食,两家协商之后则无须支付利息,借多少便还多少,因此吴家一般是找财主以外的家庭借粮食。

吴家仅在某些年份出现入不敷出的情况,粮食不够食用的主要原因在于天灾人祸,有些时候是因为天灾导致收成不好,有些时候是由于家里同时有多人生病,比如吴建学之妻由于身体不好经常生病导致无法耕作,某些时候还需要有人在家服侍她,这时家庭劳动力便显得有些不足。面临天灾时,吴家粮食不够吃,但有些家庭粮食却足够,因为别人家有前几年存下来的储备粮,而吴家每年只是基本够吃,没有储备粮,所以在天灾人祸面前,则显得粮食缺乏。于是吴家便分别向几个有储备粮的家庭借一些粮食,再向亲戚家借一部分粮食,就基本够吃了。如果吴家今年粮食不够,明年就下决心,一定要妥善经营,多耕种一点庄稼,将庄稼管理得更好。

因为家庭开支较大,吴家偶尔会出现资金短缺的状况,于是有些时候会向他人借钱。吴

家人有时候比较迷信,比如在家人生病时需要请端工、道士等来家里,有很多名目需要花钱,就只能去找别人借。或者某一天需要走很多家人户①,这时也只能去找他人借钱。借钱时,涉及金额较小时大部分是找亲戚或邻居等关系好的家庭借。比如赶集时遇到亲戚,家长吴建新便告诉他们,今天吴家做某某事还差一点儿钱,能不能帮助一点儿,之后等到某期某日②做生意赚到钱后便归还给他们。但是吴家很少会向财主借钱,因为向财主家借款属于高利贷,除了有一年,家长吴建新打牌将做生意的本钱输光时,所涉及的金额较多,不得不向恶霸财主家借钱,吴家借了价值一石粮食的银钱,最终归还了价值一石二粮食的银钱。

3.量力而行,节约消费

吴家在每年的粮食、食物、衣物、医疗、教育、人情、红白喜事等消费之中,当家中有红白喜事时,则当属红白喜事的开销最大。若家中当年没有红白喜事时,医疗与人情开支相对比较大,家中的粮食、食物、衣物、医疗、人情、红白喜事等花销都是必需的,医疗与人情开支最为迫切,是刻不容缓的,家中没有钱时只能去借。相对而言,食物与衣物消费可以暂缓几天,假如今天吴家本来想去买肉、买衣服,需要节约钱时便决定再将就一段时间,等之后做生意赚到钱以后,家中资金更宽裕时再去购买肉、布匹。对于吴家来说,教育消费是可以舍弃的,家中没人读书,这笔钱便可以节省下来。在家庭消费过程中,吴家刚逃难到蛤蟆场没有田地时非常节约,将钱财全部积攒起来用于买田置地,家人们所穿的衣物十分破旧,三年为家人缝制不了两套衣服,但自从家里田地足够耕作时,家庭便没有从前那般节约,尤其是在衣服消费上面,该穿就穿,该戴就戴,一年会制作两套衣服,不过衣物破损之后还是会补了又补。此外吴家在食物消费方面还是会一直保持节约,有计划地食用。

4.各项消费,吴家承担

吴家在进行所有消费时,均不存在由宗族、村庄负担的状况,吴家属于单家独户,没有宗族可负担,吴家所在的村庄也不会帮忙负担,无论吴家有钱与否,保甲长都不会过问这些事情。因此,百分之九十的消费都是由吴家本家户自身负担,只有在吴家出现红白喜事或家人生病时,家中实在没有钱,亲戚(主要是吴家的儿女亲家们)会主动借钱给吴家,但最终吴家会及时归还。

(二)粮食多数自给,安排稍具弹性

1.主食自家生产,生意所需外购

吴家在1949年以前每年的粮食消费大概有五千斤,吴家自家食用的粮食包括苞谷、麦子、荞子、豌豆、黄豆、小豆等,这些作物基本上都是自家土地里生产出来的,尤其是苞谷这一主食是自家所生产,只有做生意需要的材料(如白焕英做凉粉需要的原材料豌豆、荞子)每年都会从外购买。此外,吴家没有水田,因此无法生产大米,只有在过年时,会去购买几十斤谷子回来自己打米或者直接购买几升米。在吴家租种财主家水田的几年中,便是自家生产,没有从外购买大米。苞谷、麦子等粮食基本能够维持消费,在某些年份,由于天灾人祸会导致吴家缺乏两个月的粮食(约一千斤左右),这时家长便去找人借粮。

---

① 走很多家人户:即多笔人情开支。
② 某期某日:某一天。

2.饭量根据个人

在实际的粮食消费中,吴家煮一大盆饭放在桌子上,大家都敞开吃,不会规定每个人的饭量。一般会让干活的人和小孩先吃,在家做饭的人后吃。当家人安排煮什么饭菜,大家便吃什么饭菜。平时不会单独为老人另煮一锅饭,仅仅会为老人将饭菜煮得更软和一些。吴家只有在家人生病或者怀孕时可以单独给他们烹饪一些更好的饭菜。在家里年景实在不好时,则优先满足老人与小孩。

3.粮食缺口家长愁,具体安排内当家

吴家在粮食消费活动中尽量坚持节约原则。当家中没有粮食或快要出现粮食缺口时,家长吴建新会进行安排与决定,提前进行筹划,当家人随时都在惦记家里还有多少粮食?是否够吃?万一将家里的粮食吃光怎么办?当家人会尽量储备好家里近期所需的粮食。如果家中仍有粮食,家长只是总体管理但不会具体安排,吴家如何使用粮食,每顿饭具体吃哪一种粮食均交由内当家白焕英与吴张氏掌管,不必告知或请示四邻与保甲长,除此之外的其他家庭成员则无法擅自决定,对于饭菜的好坏,家庭成员可以向当家人提出建议。

4.亲戚偶尔送米粮

吴家在进行粮食消费时,没有宗族与村庄负担,百分之九十是由吴家自身进行负担。吴家出现大的粮食缺口、无粮食可食用时,即使是吴建新的兄弟姊妹也不会帮助吴家。吴家没有水田,吴建新的二妹妹所嫁入的夫家有田,过年时偶尔会给吴家送一两升米让吴家人吃。一般情况下,吴家缺粮食时,只有吴家的儿女亲家们会主动给吴家免费资助粮食,如白焕英的娘家会背几升粮食到吴家,不要求吴家进行归还,但最终吴家做生意赚到钱时,会适当地给他们拿一点儿钱,相当于是归还粮食。

(三)逢年过节买猪肉,亲戚串门送鸡蛋

吴家在1949年以前,每年的食物消费包括猪肉、鸡肉、鸡蛋、蔬菜,这些基本上都是自家生产,且自家的食物基本上能够维持消费,缺口相对较小,一般通过从外购买来弥补这些小缺口。由于吴家每年会饲养猪,每年会宰一头或者两头猪大概六百斤猪肉供自家食用。每逢节日时,如清明节、端午节、中秋节,吴家想吃新鲜肉,不愿意吃腊肉时会从外购买,家长一个月大概会从外购买两次肉,每次买四至五斤,一个月大概买十斤肉,一年大概买一百多斤肉。吴家饲养了十多只鸡,鸡全部用于下蛋和食用,每天可以下十几个鸡蛋,吴家每年大概消费几千个鸡蛋,除自家的鸡下蛋外,亲戚来串门时还会赠送一些鸡蛋给吴家,因此吴家很少会购买鸡蛋。当家里有人怀孕时,会购买几只母鸡炖来食用,为孕妇补充营养。一般来说吴家不会从外购买蔬菜,大部分时间均食用酸菜,基本的蔬菜,诸如南瓜、黄瓜、豆角、白菜、胡萝卜等都是自家种植的,吴家只会在过年时购买少量蔬菜。吴家在食物消费方面比较节约,当家人安排每顿的食物时有一定计划,尤其是当时没有菜籽油,家里食用油时必须要计划着吃,当时的猪肉很肥,煮一顿肉便可以在里面舀出一两碗油,留着之后几天炒菜使用。

吴家在食物消费活动中,同粮食消费相同的一点是,上坡干完活回家的人和小孩优先吃食物,做饭的人后吃。同样,当家中的食物出现缺口时,吴建新才会管理。新鲜肉类由家长吴建新决定购买,逢场天做生意偶尔购买一点儿新鲜肉回家,告知家中煮饭之人,安排她们去煮。如果吴建新不主动买新鲜肉回家,内当家便给家人煮腊肉吃。平时吃食物不一定是家长

吴建新安排，因为吴建新大多时间在外做生意，一般由内当家吴张氏与白焕英做主便可，可安排家中哪一天煮肉，具体吃什么肉、吃什么蔬菜。当吴家人连续干了几天农活、比较劳累时，内当家便决定犒劳一下大家，安排家中煮一顿肉吃，让大家多吃点油。如果家人们某天想吃肉，也可以建议内当家安排，明天给大家煮一顿肉，内当家们也会听取意见。

(四)布匹棉花需购买，衣物只在冬夏制

吴家在衣服消费过程方面相对比较节约，每年只在冬、夏缝制两季新衣。平时吴家人将旧衣服缝补了一次又一次，而将新衣服放置在柜子里面，舍不得穿，等到外出走人户、上街赶集或者过年时再穿。无论衣服、裤子，还是鞋子、袜子，缝制所需的原材料都是从外购买，都是家长购买布匹回家由自己家人制作，夏季做一套薄衣服，冬季做一套厚衣物，给大家缝袄子，买点儿棉花给老人缝领夹、棉裤，给年轻人则多做几条裤子，没有钱买袜子，只能自己做布袜子。此外，一年四季还需要给女性买布回家缠脚。购买布匹时一般是根据家庭成员的需要进行购买，都是粗布，有青色、粉色、蓝色、黑色、白色，不过家中不同人所需的颜色有些许差别而已，买布是按照尺寸计价，多少钱一尺、多少钱一丈，因为家中人多，吴家每季大概需要购买二十丈布，一年共买四十丈布。每个人买一丈二布做衣服，买六尺布做裤子，再缝制一件马褂，制作一双鞋子。家中共有九个人，每人做一套衣服，折算下来大概需要几百块钱。吴家无论衣物是否够穿，反正家中一年只统一做两次衣物，其余时间凑合着穿，衣服破损后补了又补。但无论吴家人的衣服看起来多么破旧，他们都不会向他人借衣服穿。

吴家在衣物消费活动中，由家长吴建新安排，什么时候为家人购买布匹来缝制新衣，一般由家长统一做主，不需要告知或请示四邻与保甲长。在一年之中，吴建新只在冬夏两季统一购买两次布匹回家为家人缝制新衣，一般会提前和家人商量一下所需的布料颜色。平时家人的衣服尤其是背部出现严重破损时，可以给家长提建议，家长这时会购买一至两尺布回家，让家人给他们缝补。集市销售的布匹都属于棉布，仅存在颜色上的区分，成色好的布匹价格贵，成色差的布匹价格则低，家人也可以针对布料颜色提建议，想要白色、蓝色、黄色都可以告诉家长，家长不会阻拦他们，最终家长会为其购买，此外成员衣物破损时也可告诉家长。在实际的衣物缝制过程中，吴家总是统一为家庭成员缝制，一般会优先为老人和小孩缝制，后为其他人缝制。因此吴家在进行衣物消费时，没有宗族与村庄负担，百分之九十是吴家自身进行负担，只有吴家嫁出去的女儿会给自己的母亲吴张氏将衣服、鞋子做好送来吴家。

(五)乡间茅草四代住，其余房屋皆出租

吴家共有三处房产，一处是蛤蟆场街上的瓦房，一处是吴家水磨厂旁的茅草房，一处是高山上的茅草房。由于吴家主要以务农为主，没有人愿意居住在高山上，因此吴家人都挤在一起凑合居住，全部居住于乡间的茅草房里。吴家街上的瓦房出租给外地人，高山上的茅草房则连同土地一并租给了他人，吴家出租这两处房屋都没有收取任何费用，只是让他们帮吴家管理房屋。

1.已婚夫妇优先，老人小孩其次

吴家在住房分配中，对于安排谁居住在哪个房间、给谁制作新床，家长吴建新和两名内当家吴张氏、白焕英都可进行安排。大人睡床，小孩们睡木板床，一般孩子们在八九岁时仍和大人居住在同一个房间内，只是会在房间之中另外为其安置一个木板床，夏季时在上面放置一床凉席便可以睡了，等到孩子们长大成人结婚后，当家人们才会单独为其安排一个房

间。因此,在吴家的实际住房消费中,坚持已婚夫妇优先、老人小孩其次的原则。吴家在进行住房消费时,没有宗族与村庄负担费用,完全是吴家自身进行负担。无论是亲戚,还是朋友邻居,只在吴家修房时帮忙干活,不会替吴家出资。

2.房间多人居住,公用床亲戚使用

1940年左右,吴家属于四代同堂,家庭人口多,房间数量不能满足全家人的居住需要,有些房间会安排两个甚至三个床铺。家中已经结婚的成人一般有床,家中还有一个公用床提供给串门的亲戚使用。小孩儿没有正式的床,一般就是搭几块木板,上面放一些草,小孩儿便睡在上面。已结婚的夫妻吴建新与白焕英、吴建学与唐映秀有单独的房间,吴建新的长子吴映国在三岁以下时和父母睡在一起,三岁以后便和老人唐国英睡一个房间,吴建新的幺弟和幺妹在结婚前则和其母吴张氏宿于同一个房间。

1949年,吴映国和吴建奎分别结婚,都分配到了一个单独的房间,并分别制作了新床,而吴张氏为将房子腾出来给儿子吴建奎使用,不得不搬到楼上居住,楼上并不是一个正式的房间,仅是一个楼板而已。

(六)家人生病必须治,每年消费不稳定

1.生病治疗无先后,一般症状尽力治

1949年以前在吴家,所有家人生病都会进行治疗。如果家中几个人都生疮害病,吴家便会请先生来给他们看病,在接受治疗时无先后之分,无论男女、老少、长幼都无任何区别。现在的感冒,以前称为"寒老二",严重时甚至会导致人丧命,这种情况下也会找人来医治。在吴家的医疗消费中,一般用于购买药物的资金相对比较少。有一年,吴建新的次子吴映忠拉肚子拉到脱水,家长首先是请端工、道士来为病人跳神、走阴,先念咒语,声称是什么人找到病人了,然后画几道符贴在身上。此外,还需忌门,不允许陌生人进来看病人。总之,每请这些人来家里看一次病,吴家都会花费一大笔钱。如果这种方法还是无效,家长才去请大夫到家里给病人号脉,对症下药,有时候大夫会将草药带来家里,有时候是吴家人到山上去采草药,回家后将草药熬好给病人服用。

吴家每年的医疗消费处于变动状态,如果生病的人多,家中的医疗消费就会相应增多。吴家人生病后,无论家里是否有钱,都会尽最大努力找人来医治,即使会导致家庭负债累累,也还是想医治好家中的病人。能医治好最好,若医治不好再想其他办法,除非家人得了死症[①],家人患一般的病时,端工、道士、先生每天轮流来家里看病。如果还是医治不好,则只能作罢。

2.吴家有钱家长支,缺钱娘家主动借

吴家在医疗消费活动中,由家长吴建新统一安排,并负责支出,无须告知或请示四邻与保甲长。家人生病后,当吴建新有空在家时,会亲自去请端工、道士、先生来吴家给家人看病;若家长不在家时,可以派家中任意成员前去请人来家看病。如果当时内当家白焕英和吴张氏手中有钱可以直接支出,如果当时家里没钱可以去找邻居借钱,吴建新回家后再亲自去给邻居还钱或安排家人去还钱。其他家庭成员可以主动去请医生来家里,但最终是由家长或内当家来支付医疗费用。

---

① 死症:绝症。

吴家在医疗消费过程中，无宗族与村庄负担。有些年份，吴家生病的人较多，花费了许多钱，家里资金短缺时就找亲戚朋友借，有几次借了白焕英娘家几万元钱。比如有一年吴建新的次子吴映忠生病，还有另外一年内当家白焕英被疯狗咬伤时，吴家没有足够的现金，恰逢白焕英娘家的父母住在吴家玩耍，他们便主动出钱请先生、道士给小孩吴映忠和白焕英看病，等到吴家有钱时再归还给他们。

（七）亲戚过事花费多，多家过事想法凑

1.亲朋好友家过事

吴家1949年以前每年的人情消费都有所波动。尤其是亲戚家有红白喜事时，吴家既要给他们赠送礼金，还要给他们赠送酒、肉、猪脚等礼物。吴家一般会提前询问亲戚，如果亲戚家缺粮食，吴家就带一点儿粮食去；如果亲戚家缺钱，吴家就携带一些银钱去。当亲戚娶亲或者出嫁时，还需要给亲戚添香、挂红，即赠送几丈布或者衣裳、鞋袜等，有时候还需要给亲戚送箱子、柜子等。如果朋友或邻居家有红白喜事，只需给他们赠送礼金即可。吴家有礼簿，如果别人以前给吴家送五十块钱礼金，吴家便给他们送六十块钱，别人以前送一百块礼金，吴家便给他们送一百二十块礼金，如果是关系特别好的朋友，吴家便送给他们一百五十块钱礼金。

2.走亲戚或亲戚来吴家

吴家平时去走亲戚(非红白喜事，比如几个媳妇回娘家)时，一般携带一瓶酒前去。当亲戚(如姑姑、姑父)逢年过节来到吴家玩，家里若有肉就给亲戚煮肉，家里若有酒就给亲戚倒酒喝。此外，当他们离开吴家时，吴家还要给他们赠送酒肉。如果亲戚在过年时来吴家玩，尤其是带有小孩时，吴家人还要适当地给孩子们发一些新年钱。但新年钱的数量则取决于吴家当时的经济状况，吴家当时有钱就给他们多拿一点儿新年钱，吴家当时没钱就少给他们拿一些，一般情况下是给小孩儿们发月月红——即一块二角钱。

3.内外当家齐安排

吴家在人情消费活动中，主要是家长吴建新决定与安排，无论是走亲戚，还是走邻居，主要是由家长负责开支，有时家长将钱交给家庭成员，指挥他们去也行。当吴建新外出做生意时，会将一部分钱交给内当家白焕英暂行管理，让她来负责人情支出，加之白焕英本身做生意积累了少量资金，因此，吴家除家长之外的内当家白焕英也可以安排吴家的人情消费，吴建新和白焕英派家里的谁去走人户，谁便前去。

4.人情消费无先后

吴家的人情消费并无先后之分，都是必须进行的消费。当亲戚、邻居家在同一天里都有红白喜事时，吴建新与白焕英便去关系好的亲戚家帮忙，其他成员则被分别派去其他邻居家坐席。吴家在人情消费时，没有宗族与村庄负担，百分之八十是由吴家自身进行负担。吴家的家庭收入有时能够维持人情消费，如果暂时维持不了，比如某一段时间或某一天有多笔人情支出时，吴家才会找邻居们借钱，有借有还，吴家有钱后便立马还给他们。或者有亲戚家的小孩来吴家串门时，吴家需要给小孩打发一点钱，如果吴家当时没有钱，当家人便会向邻居家借钱来进行周转，等一两个月之后家里赚到钱再将其归还给别人。总之，不管家里有钱与否，吴家都会进行人情消费，吴家人会想尽办法将这部分资金给拼凑出来。

(八)白事紧急借金钱,红事一般提前筹

1.唐国英去世及烧百期

吴家在 1949 年以前,曾操办过白事。老人唐国英去世时和为唐国英烧百期及周年时都举办过宴席,老人去世时办一次丧礼大概用几百块钱。丧礼的筹办一般都比较突然,无法提前做规划,当时资不够就先找亲戚们借。由于烧百期和周年家中可以提前进行筹备,提前准备肉类,因此办丧礼所借的银钱数量比办百期、周年所借的钱更多,等收到礼金以后再还给亲戚。办白事时,若家里的肉不够就去买肉,家里的蔬菜不够便去购买蔬菜,还需要购买一些水烟。

2.打人命官司

当吴建新的二弟媳唐映秀去世时,唐家人觉得唐映秀死得比较怪异,于是唐家一次派了很多人住在吴家不走,且在吴家住了很多天。期间不仅唐家人住在吴家的生活费用全部让吴家包干,他们还闹着要和吴家打人命官司,不肯让唐映秀轻易下葬,后来吴家请保甲长前来说情、处理,几天之后唐家的老人才同意将其下葬。吴家办这次丧礼花了一大笔钱,不得不去找亲戚们借钱。

3.吴家支付酸水钱

吴家办喜事的花费比较多,当吴建新的幺妹出嫁时,吴家给她陪嫁了一个衣柜。吴建学入赘到别人家时,男方上门去女方家时,需要带上酸水钱,即生活费,带上麦子、肉、酒、菜,办酒席的钱全部由吴家出,上门女婿和女儿出嫁类似的一点便是需要带上陪嫁品,如陪嫁家具等。最终吴建学将酸水钱和陪嫁品统一折合成银钱一并带去女方家,大概给了一万两千块钱。

4.娶媳妇花费多

吴家娶媳妇的花费特别多。1949 年吴家举办过两次婚礼,吴映国于九月结婚,吴建奎于十一月结婚。提前决定好婚期,吴家事先便开始规划,为办婚礼节约钱、筹备粮食、筹备猪肉,共饲养了三头猪,仅是两次婚宴的酒席就用了一头半猪。首先,在正式婚礼之前,在落拜和盖礼时,男方需要给女方家里拿一笔礼钱,麦子需要一斗二,米需要一斗二,酒需要一斗二,还需要给女方家送布匹。婚礼当天,请锁啦、请轿夫来抬花轿共花费一百多块钱,办宴席还需要花钱。此外,家中还要给新婚夫妻制作新床,购置一套新的床上用品,也花费一百多块钱。婚礼的开销太大,吴家的资金不够。吴映国结婚时,其母白焕英便首先向她的娘家借钱,其次便是找吴家其他的亲戚、邻居借钱。但吴家举办婚礼,也能收到一定数量的礼物与礼金。吴映国结婚时,便有十二家亲戚给他挂红,赠送了十二匹布,婚礼结束之后,便用收到的礼金来还钱。等到十一月吴建奎结婚需要花钱时,吴家又向亲戚们借钱。

5.家长做主,内当家规划

吴家在操办红白喜事的时候,当吴家确定有人在第二年结婚,前一年家长吴建新便开始计划安排,早点开始筹备钱粮,也会和家中的大人、小孩进行商量,不会请示四邻与保甲长,家中红白喜事的开支主要由吴建新负责支出。在红白喜事的消费中,吴家除家长之外的内当家白焕英、吴张氏可部分做主安排,其他家庭成员则不能擅自决定。吴建新的两个弟弟吴建学入赘、吴建奎结婚时,作为兄长的吴建新和作为母亲的吴张氏都会做主安排,两人各占一半决定权。尤其是吴建奎结婚时,吴张氏提前为他的婚宴养猪。当吴建新之子吴映国结婚时,则主要是由作为父亲的吴建新做主安排,其母白焕英也在为他作打算,吴映国结婚之前,其母就提前为他结婚饲养了几头猪,准备婚宴所需的猪肉。

(九)购买犁铧花钱多,混混来家找麻烦

吴家在1949年以前每年的其他消费较为繁杂。一方面,吴家每年都需要购买小猪饲养;每年都要维修或重置农具,比如每年都需要重购镰刀,维修挖锄、草锄等,特别是犁头上面的犁铧花钱最多,因为它最容易遭到损坏。无论是购买锄头、镰刀,还是购买小猪等,均无宗族与村庄负担,完全是由本家户负担。另一方面则是处理家庭麻烦的开销,在家中资金相对比较宽裕的年份,曾出售土地给吴家的混混们在逢年过节时经常到吴家找麻烦,吴家便会打发给他们一笔钱,这也是一笔巨大的开支。

(十)教育消费仅几年

在1949年之前,吴家中只有吴建奎、吴映国到学校接受过一至两年文化教育,在那几年中吴家有一定的学费支出。后来他们两人都不愿意继续读下去,于是便辍学回家看牛。吴家的其他家庭成员都完全没有读过书,都是文盲。吴家没有读书改变命运的观念,孩子们不愿意读书便辍学回家劳动,而吴映忠则是新中国成立以后才去学校读书的。

五、家户借贷

(一)借贷缘由

吴家曾向别人借过银钱,具体缘由有许多种:家里办红白喜事时借过钱,尤其是操办白事借的银钱更多,短时期内家中有多笔人情开支时借过,发生灾荒时也借过,家中有人生病时借过,上街做生意钱不够时偶尔也会找别人借钱。平时吴家一般是找关系好的亲戚、邻居借钱,他们不会向吴家收取利息。只有一次,家长吴建新打牌将做生意的本钱输光时,因为涉及金额比较大,曾向恶霸财主借过高利贷,一个月之内百分之二十的利息,之后吴家便在这家借一点钱,那家借一点钱,尽快将其归还给了财主家。当家里有急事发生,如家中死人或者家人生疮害病时比较容易借到钱,家里务正业容易借到钱;而慢事即红事相对不容易借到钱,必须提前给亲戚打招呼,让亲戚提前筹备才能借到。如果想借钱去打牌或大吃大喝,则完全不可能借到钱。此外,吴家在粮食出现缺口时还向他人借过粮食。但相较起来,由于各类事情出现时必须借钱,因此吴家借钱的情形比借粮稍微多一些。

(二)以家户为借钱单位

吴家借钱是由家长出面,以整个家庭为单位借钱。吴家没有出现过家庭个人单独借贷的情况,吴家内的小家庭也不会单独借钱,全都是家庭统一借贷。借贷是由于操办红白事、走人户、生病、做生意等各种事宜,目的是为了让整个家庭变得更好,能够使家庭更加灵活有效地运转。借钱时,吴家整个家庭会进行商量,但最终主要由家长吴建新来统一安排,亲戚们一般会建议吴家少借一点钱,因为归还起来比较费力。吴家不需要针对借钱事宜特意告知四邻,亦无须告知李家坝保的保长李克简和蛤蟆甲的甲长唐映坤。当家中有急事发生时,如果当家人不在家,家庭成员可出面向外人借钱,一般是找关系好的家庭借,只要是以家庭整体的名义借贷,一般情况下都能借到,但当家人回家后,家庭成员必须将今天因为某事出去向某人借了多少钱一事告知当家人,家长便将相应数量的银钱交给家庭成员,让家庭成员去别人家还钱。

(三)当家人多为借钱主体

在借钱、借粮食时,吴家家长吴建新是实际支配者。如果家长不在家,则由内当家吴张氏、白焕英做主向他人借钱,但等到家长回家以后必须将此事告知家长。除此之外的其他家

庭成员不能擅自决定,仅能够提出建议,告诉家长今天家里缺什么,当家人便会做主安排。家长吴建新或内当家也可委托吴家任意成员前去借贷,无论是借钱或者借粮食,一般必须经过当家人同意。如果未经过当家人委托,家庭成员则不能去借钱粮,原因有二:一方面家长不会承担责任;另一方面对方认为吴家家长没开口,其他成员说话不算数,担心吴家一直拖欠下去不还钱,因此也不愿意将钱粮借出。

吴家平时借钱的数目不会太大,而且借钱的家庭与吴家关系密切,一般情况下不需要撰写借条,对于借钱一事说话算话即可。吴家很少专门去亲戚家借贷,一般是赶集时在街上遇见亲戚,告诉他们吴家需要什么,亲戚下次赶集时便把钱粮带来了,不会让吴家人专门去他们家里拿。

唯独有一个年份,吴建新打牌将钱输光后,内当家吴张氏出面,带上两壶酒前往财主家,以整个吴家的名义向财主借钱,并且写了借条,署名写的是家长吴建新的名字。若署其他成员的名字,财主将不会同意借出,而且所借钱款是由家长作为主要责任人来进行偿还。

(四)借贷流程

1.借条

借钱的时候不需要抵押物品,向亲戚借贷时间长时只需要给对方赠送礼物即可,一般是赠送一瓶白酒。如果借贷时间太长,归还银钱时需再送一瓶白酒。若向财主借钱则送礼更多。

向一般人借钱,若在十天至半个月之内归还,就不必打借条。吴家向财主借钱的时候打了借条,此外在向他人借贷时间长(如一个月以上)时也撰写了借条,当地称为"欠条",否则别人会说空口无凭,必须留下证据,等到吴家还钱的时候别人便把欠条还给吴家。借条的内容是某期某日吴家借了多少数量的钱粮,然后在某期某日进行归还。借钱行为一般是在街上发生,在街上找个会写字的人帮忙写欠条,告诉他,吴家今天借某某人的钱,帮吴家写张借条,之后吴家人盖个手印便生效。不需要给帮忙写欠条的人付手续费,吴家平时在卖酒,请他们喝一罐酒或者吃一袋水烟即可。

借条需要署上家长吴建新的名字,但吴建新不会写字,便找其他人帮忙写。如果是家长委托其他家庭成员(如内当家白焕英、吴张氏借钱),仍需署家长的名字。

2.代笔先生

向一般人借钱,时间短且数目少时不需要证人,只有借贷时间较长或者借财主家的钱时需要证人。写欠条的代笔先生就是证人,不会找专门的证人。借财主家的银钱时还需要署证人的名字,还钱时则无须证人,当面撕毁借条即可,借贷行为完成之后不需要摆酒席宴请。

3.贷方家长决定借贷利息

吴家借贷亲戚、朋友的钱不需要归还利息,只有借恶霸财主家的钱时才需要支付利息,借钱时间最长不超过三个月,三个月及以下利息为百分之二十,即借一百块钱需支付二十块钱利息,还本付息即利息和本金一起归还,利息由贷方的家长,即财主家的家长决定,此事没有协商的余地。

(五)全家承担偿还责任

吴家属于大家庭集体借贷,由家长吴建新承担第一责任,但家长不一定亲自去别人家还钱,平时家长将银钱交予其他家庭成员去还即可。其他家庭成员也有一定责任还贷,但家庭之外的其他人没有责任帮助吴家还贷。如果家长吴建新不在家,内当家白焕英、吴张氏可以前去借贷。实际上，由于吴建新外出做生意经常不在家，吴家大部分情况下都是由白焕英去借钱，最终由家长吴建新负责支出资金偿还欠款。吴家向他人借贷钱粮之后，所有吴家成员都有责任偿还，男女都需承担责任，但承担责任者一般仅限于成年人，小孩由于仍无行为能力，不必承担偿还责任。

（六）债务偿还

1.借钱还钱，借粮还粮

双方在借款时便约定了归还日期，到归还日期时吴家便会主动将钱送到对方家里，这是之前协商好的。如果吴家当时没空，就让对方某期某日来吴家收钱。吴家借别人的钱后，总是会提前筹备并一次性把钱归还给别人，如果想今天还一点儿，明天再还一点儿，别人也不会同意，他人会说："我借钱是整体地一手借给你，你却想零碎地还，简直是看走眼了！"如果借的是别人家的钱，吴家一般还钱给别人，而不是还粮食，若想以粮抵债，别人会以一个很低的粮价来计算价格，不太划算。因此，一般借什么便归还什么，借多少钱就还多少钱，借什么粮食就归还什么粮食。如果吴家当初借的是小麦，便还小麦；如果借的是苞谷，就还苞谷。如果是吴家去对方家里还钱，一般只要当家人开口，把钱掏出来，家中的所有成员都可以前去还钱，无论大人或孩子，无论老少都可以代表吴家前去偿还，反正对方家里知道吴家借钱的数额。吴家一般不会既让当家人亲自去借钱，又让他亲自去还钱。如果对方来吴家收钱，亦是如此，不一定必须让对方家长前来，对方家里其他成员也可来吴家收钱，来到吴家后直接找到当家人收款即可。

2.推期限日与以工抵债

如果还款期限快到时，吴家还是没钱归还，家长吴建新会提前告诉对方家长，能否再推迟一段时间，即推期限日，今天还不了就推迟到明天，这个月还不了就推迟到下个月，对方家长会回答说这没什么，隔几天再归还也可以。但是这种情况很少发生，一般吴家都会提前筹备，尽量早点将钱还给别人，反正欠账早晚都必须归还。借财主家的钱，家长更会趁早打算，还不到还款日期限就将钱归还给财主，因为时间推迟地越久，利息便会相应增加。若本该今天还，结果今天没还，推迟一至两天财主不会计算利息，若推迟五天以上，财主便会给吴家计算利息。总之，吴家最后会通过做生意、经营副业尽快将钱赚够归还给他人，不会出现最终借钱还不上的情况。吴家借别人的钱便还钱，不需要给他人家帮忙干活，没有出现过"以工代补"的现象。

但别人借吴家的钱之后，若他人偿还不了，两家进行协商后，让他们帮吴家干几天活来偿还也行。有时按一个劳动值多少钱来计算，有时给别人指①一块地，让别人把这块地的活干完即可，相当于吴家请人干活，他们不需再要给吴家还钱。有一次，家长吴建新去河边捕鱼，捕到一条大鲤鱼，拿去集市上卖了一万二千块钱，这时正好有一家人来吴家借钱，借了一万块钱，结果后来他们说没有钱还。吴建新就说："你把吴家这块地的麦子给割了，把这块地耕了，无论你花一天还是三天都可以，之后不必再还钱。"

3.兄弟分家，债务分割

如果两兄弟已经分家，对于兄弟所欠下的债务，其他兄弟没有偿还的义务。当吴万福与吴万祥两兄弟进行吴家第一次分家后，吴万祥赌博、抽鸦片所欠下的债务就与吴万福家无关了。

---

① 指：安排。

六、家户交换

（一）交换单位

1.家庭整体交换

蛤蟆场每三天举行一场集市,集期为逢二、五、八的日子,每个逢场天吴家都要到蛤蟆场镇做生意,卖盐、酒、凉粉、面。吴家进行经济交换,即家户之间的交换或集市交易时,因为家长吴建新与内当家白焕英都在集市上做生意,所以两人都可做主安排,不需要告知或请示四邻与保甲长。吴家的两个生意摊位是紧邻在一起的,吴建新卖盐,白焕英便在旁边卖酒、凉粉、面,白焕英每一场都要卖一大缸酒,逢场天去卖光,第二天又开始烤酒,烤二十斤或三十斤,下一个逢场天便又将酒坛子背到蛤蟆场镇去售卖。冬季卖热凉粉,白焕英主要负责为凉粉调味。吴映国长大后约十多岁时便帮父母将东西从家背到街上,他们忙不过来时吴映国偶尔会帮忙看管生意摊,给客人称食盐,或者煨一壶酒,给客人们打酒,但吴映国只负责帮忙,钱还是由两个当家人收。吴家的买卖主要是吴建新与白焕英经营,最终赚到的钱供吴家全家共同使用。除吴映国以外的其他人吴家上街只是赶集买东西,没有去帮忙做过生意。

吴家还在为外县人、外省人(如甘肃、陕西人)提供住宿和饭食,三个月内一般大概有二十个人来住宿,这一交换行为是在家内进行,主要由吴张氏做主。歇号和卖饭等小额收入一般由吴张氏掌管,收到的钱也是为整个吴家开支,大额收入才会交给家长。此外,吴家还会售卖猪、桐油等,全家人共同劳动,都可以喂猪、捡桐子,在交换过程中几位当家人都可以安排,最终收入主要归家长吴建新掌管,为整个吴家开支。

2.三口之家交换

吴家平日在蛤蟆场经营的小生意主要是家长吴建新、内当家白焕英出面,偶尔会带上儿子吴映国,这个三口之家的小家庭单独去集市开展的经济交换,吴建新与白焕英两人都可做主安排。虽然这一交换行为属于三口之家交换,但目的是出于为整个吴家赚更多的资金来进行家庭开支,因为这本来是吴家家庭内部所进行的家庭分工,不需要告知或请示四邻与保甲长。

3.家长个人外出交换

吴家内的个人能够单独出门开展经济交换活动,家长吴建新会在本地购买木耳,然后定期外出至三堆出售木耳、蚕丝,并在三堆购买食盐背回蛤蟆场售卖。作为整个吴家大家长的吴建新自己做主和安排即可,家庭成员负责养蚕,为吴建新卖蚕丝提供材料。吴建新外出交换的目的是为整个吴家赚取零花钱,从而有更多的资金进行周转,最终的收入归全家人使用,不会告知四邻与保甲长。

（二）参与交换主体

在吴家的交换活动中,家长吴建新是实际支配者,交换所得到的收入主要由吴建新掌管。在家户中,吴家除家长之外的内当家白焕英、吴张氏在经济交换过程中也具有重要地位,也在做主开展经济交换,且可以掌握部分资金,白焕英一年四季都在卖酒、凉粉,会利用赚到的部分资金再购买制酒、制作凉粉的粮食,剩余资金则用于全家开支。总体而言,两名内当家赚到的银钱都是归全家人使用,除此之外的家庭成员则不会擅自进行经济交换。吴家在开展经济交换活动时,当家长忙不过来时,可以由当家人委托吴映国交换,但吴映国主要是帮忙干活,不负责收钱,即使收到钱也必须交由当家人处理。

(三)交换客体

1.蛤蟆场赶集与三堆赶集

1949 年以前,每个家户一般都需要从外购买食盐,但是因为吴家原本就在经营食盐生意,粮食作物是由自己家种植,同时,吴家还在烤酒,此外每年由于饲养猪,家里也有很多猪肉,因此需要从外购买的物品相对较少。由于生意人大多居住在乡里,平日里一般购买不到任何物品,吴家需要从外购买的物品主要是在逢场天的集市购得的,吴家主要是家长吴建新和内当家白焕英人作为家庭代表在集市与他人打交道,大型货物以及穿戴的衣物都是他们去购买的。如果家中有什么需要的物品,当家人逢场天在街上做生意时便顺便将其买回家,缝制新衣时由家长将布匹购置回家,有时家长吴建新会购买少量新鲜肉回家给家人吃,大概半个月买一次,一个月会买两次肉。其他家人如果想要购买一些小零食、小用品,也可以向家长索要零花钱,于逢场天时独自上街购买。

具体选择到哪一个集市赶集由当家人们做主,蛤蟆场的集期是三天一场,即逢二、五、八的日子,只有这些时间街上才有售卖物品的商贩。从吴家到蛤蟆场只有十多分钟的路程,吴家人平时都是走路前去,爬坡上坎,再跨越一道河流后便到达,所以吴家人最经常去的集市便是蛤蟆场,一般早上七点左右出门,晚上七点回家。除蛤蟆场这个集市以外,距吴家最近的一个集市在天皇,需要走三十里路,但吴家最经常去的是蛤蟆场和三堆的集市。吴家在购买物品的过程中,会比较某样物品在这一集市购买便宜还是在那一集市便宜,虽然蛤蟆场离吴家很近,但如果产品价格高,吴家便会选择在价格更低的集市购买该产品。这些是由家长决定,因为吴建新总是往返于蛤蟆场与三堆的集市之间做生意,如果蛤蟆场的东西太昂贵而且不好,便不在本地买,由吴建新去三堆做生意时顺便买回家即可,或者亲友邻居去其他地方赶集时,让他们顺便帮吴家把产品购买回家也行。除当家人之外,吴家其他家庭成员只有在得到当家人的授权后才能代表吴家在集市与他人打交道。

2.吴家越过粮食行

蛤蟆场集市上有一个粮食行,在此你来购买我家的粮食,我来购买你家的粮食。集市上还有一个专门掌管粮食行的人,主要负责使用升斗来称粮食。但吴家的粮食只能勉强维持自家消费,甚至需要向他人借粮食以弥补短缺,因此没有通过粮食行进行过交换。即使吴家需要购买粮食,也是家长提前与别人沟通好,别人直接将粮食背到吴家,自家使用升斗给粮食称重即可,亦不会经过粮食行。

3.外地流动商贩

当地有流动商贩,吴家与流动商贩进行过交换,一般由当家人作为代表与流动商贩打交道。当流动商贩售卖的产品更好、更稀缺,或者产品价格更低廉时,吴家会购买流动商贩的物品。一般由当家人安排,同样的物品,哪里卖得更便宜,吴家便在哪里购买。吴家从流动商贩处购买过一些物品,譬如买过外地人从远方背来的花椒、针头麻线、布匹等,一般由几个当家人决定购买,小用品大部分是内当家白焕英购买,内当家吴张氏偶尔也会购买,家中当时需要什么便买什么,由当家人去讨价还价,尽量以较低的价格将东西买到手。除当家人之外的家庭成员必须得到内外当家人的授权,由当家人交给家庭成员一定的银钱后,才可以作为家庭代表与流动商贩打交道。

4.幺大管司

蛤蟆场有市场管理部门,由幺大管司对所有经商之人进行管理。吴家主要由家长吴建新作为代表与市场管理部门打交道,有时管司来收地摊费时,家长给他打一罐酒喝,管司说看在人情份上,这次可以免交费用。本地人大多与管司关系好,管司主要是向外地人收费,可以不向本地人收费。但是吴建新在三堆集市做生意时,三堆的管司则要向吴建新收费,而且某些时候还会向作为外地人的吴建新收取比当地人更高的地摊费用。除家长之外,内当家白焕英也可以与幺大管司打交道,由于白焕英当时也经常在街上做生意,因此她不需要得到吴建新的授权便可与管司打交道。

(四)交换过程

1.当家人货比三家

吴家在进行交换时会货比三家,几家人同时在售卖某一样东西,就先询问下这一家的售价,再询问下另一家的售价,在比较产品价格的同时比较产品的质量,尽量选择物美价廉的产品。在当地赶集主要是由内当家白焕英出面,对于同一产品,她会询问很多家商贩,而不仅是只问一两家后便购买,比较多种商品之后还会议价。而在外地买货则是家长吴建新前去,针对同一个货物他也会询问多家商贩,而且由于平时长期做生意,吴建新对产品价格的行情本来就很了解,更多是观察货物质量的好坏。几名内外当家人之外的其他家庭成员,必须在得到当家人授权的情况下才可以去购买,如果其他成员将东西购买回家后,价格过高或过低,当家人会对此产生质疑,因此一般都由当家人前去货比三家。

2.与熟人交换

吴家在集市上买卖货物、进行经济交易的过程中,经常会与熟人进行交换。如果是购买熟人家的产品,能够稍微便宜一些,本来他们的售价为五角,可以以三角的价格卖给吴家。反之,吴家亦是如此,如果熟人来吴家买物品,吴家可以以进价卖给别人,甚至偶尔会以亏本价卖给别人。除了吴家,李家坝保里还有其他人在集市上做买卖,甚至有些做买卖的是与吴家在同一个保、甲的人,比如同一个保、甲的人,你在场镇售卖酒与凉粉,我也在场镇售卖酒与凉粉。大多数情况下,吴家在购买物品时会优先考虑熟人,因为熟人一般都会尽量以便宜的价格卖给吴家,除非是陌生人所售卖的商品很好、很稀缺,吴家才会考虑购买陌生人的货物,同时也会先议价。此外,吴家一般都是亲自去卖货,不会找中间人,当时也存在一些倒卖货物的商贩子,吴家将某些货物卖给贩子,贩子又将其转卖给他人。

吴家除几位当家人之外的其他家庭成员,在得到当家人的授权之后,家长给他们拿一点零花钱,也可以与熟人交换。一般他们去购买熟人售卖的甘蔗、花生等小零食,熟人会或多或少地多抓几颗花生给吴家人,之后有需要可以再去熟人处购买。

3.过秤缺斤短两

吴家在进行交易时,买卖木耳、酒、食盐、花生等时需要过秤。吴家平时做生意卖货时,会把自己家的秤带上,一般谁卖东西谁便负责过秤,家长吴建新卖盐由吴建新负责过秤,白焕英卖酒则由白焕英负责过秤,有时候吴映国前去帮忙,也可以帮忙过秤,之后需要向当家人们报告过秤的斤数。吴家卖货物给他人,在仅仅出现短两的情况下,一般对方不会来找吴家麻烦,如果是买卖过程中少了斤头,对方(尤其是女性)则会来责骂吴家,此时吴家一般是由当家人出面解决,给他人把货物数量补齐。

吴家买东西时则过卖家的秤,一般会当面过秤,过秤的时候还要核秤,观察秤的大小。当吴家去购买他人的三十斤或者五十斤食盐,结果回家称时发现数量不够,下次去的时候就要和他人说:"上次吴家买你的盐巴,你们没有给吴家称够",对方就会给补上。买东西之后,发现缺几斤时,一般吴家当家人们会去找别人补够,但如果只是短两,只要偏差在半斤之内,吴家都不会找对方补齐。

4.口头赊账与还账

买卖货物时能够赊账,但吴家在贩卖商品时,不会允许外地的陌生人赊账,也不愿意与吴家关系不好的人赊账,一般吴家仅允许熟人赊购货物。无论他们家里是否有钱,只要讲信用即可,一般还账的日期最多不超过三个集期。有些时候别人会告诉吴家人,今天上街把钱用光了,你们给我赊一斤食盐,下一场上街我再把钱拿来,但是结果等到第二场甚至三场以后才上街。这时如果遇到比较好的人,会向吴家人说声抱歉,家里最近有事耽搁了,现在才把之前购买食盐欠的钱还来。但也有一部分人索性假装不知道,不会来还钱,也不会再来吴家购买物品,下次又到另外一个小摊去赊账,因此吴家之后也不会愿意让这种人赊账。别人来吴家购买货物时的赊账属于口头赊账,由于吴家人不识字,所以不会去记账,但不会一次同时允许多人赊账,一场最多只有一两个人来吴家赊账,来吴家赊账时经过家长吴建新或内当家白焕英同意即可。

蛤蟆场其他卖东西的当地商贩也允许他人赊账,一般也是允许熟人赊账,不会允许陌生人赊账,外地来的商贩一般不会允许赊账。吴家在蛤蟆场去购买物品时,所有人在家长的授权下都可以去赊账,因为吴建新和白焕英的生意小摊就在附近,告诉对方家长等会儿吴家当家人来付钱即可。有一次吴映国外出去三堆购买食盐,恰巧没有将本钱带够,家长吴建新未与其一同前往,吴映国便只能去赊账,告诉对方某期某日家长吴建新或者自己会前来付钱,之后家长吴建新也对此事表示承认。

第三章　家户社会制度

在婚配过程中,吴家成员的婚姻均属于包办婚姻,吴家不允许自由恋爱,主要选择与吴家门当户对的中户家庭通婚。婚配时,包括落拜、开年庚、盖礼等多种程序。吴家在蛤蟆场属于单家独户,因此唯愿趁早结婚,尽可能多生育子女尤其是男丁以壮大家庭,生育后举行包括抓周、为长孙吴映国办满月酒等生育仪式。吴家曾历经吴万福与吴万祥、吴建新与吴建奎两次兄弟分家,家内有过继、入赘、童养媳、妇女守寡在家等多种现象。

一、家户婚配

(一)家户婚姻状况

1.家庭成员婚姻状态

1940 年左右,吴家共有九人,属于四世同堂,吴家第二代吴家财去世较早,唐国英守寡。吴家第三代中,吴张氏自幼作为童养媳来到吴家,吴万福去世后,吴张氏守寡。吴家第四代中共有两对夫妻,分别是吴建新与白焕英、吴建学与唐映秀,吴建新的幺妹仍待嫁闺中。

1940—1949 年的十年间,吴建新的祖母唐国英去世;吴建新的幺妹嫁于他人;吴建新的二弟媳去世后,二弟吴建学入赘到别人家;1949 年,长子吴映国和幺弟吴建奎同年娶妻。因此,在 1949 年,吴家共有八人,属于三代同堂,除吴张氏守寡外,家中共有三对夫妻,分别是吴建新与白焕英、吴建奎与廖林秀、吴映国与李成秀。

2.同姓不可通婚,同保甲可通婚

1949 年以前,本地尤其是各个家族不允许同姓结婚,但允许同一个甲、同一个保的人结婚,其他姓氏之间、各个保之间、各个乡之间都可以相互通婚。吴家在当地本就没有同族,一方面吴家与本保的人通婚,吴建新儿媳的娘家便在本保李家坝保,大妹与幺妹的夫家也都在李家坝保;另一方面吴家也与其他保、其他乡的人通婚,吴建新之妻白焕英的娘家在翁家坝保,幺弟媳的娘家在里坪保,二妹则远嫁到了外乡天皇乡。

3.旁人说媒

长子吴映国和幼弟吴建奎的婚事,都是经过旁人说媒而成。吴家有个儿子,另外一家有个女儿,大家都上街来赶集,旁人(一般是女方的远房亲戚)便来与吴家家长吴建新沟通,有一家人的女儿长得如何、人品如何,吴建新觉得不错,就说干脆我们两家结亲。之后媒人便又去和女方的家长沟通,某家的男孩如何,媒人与双方都达成一致以后,两家大人①便开始见面,孩子们那时不会见面,女方的大人会观察吴家这个男孩是否有本事、有出息。婚姻一事属

---

① 大人:家长。

于包办,无论孩子们是否同意,只要家长同意,便直接决定结婚日期。

4.门当户对

在婚配的过程中,吴家会讲究门当户对,一般都是与自己家庭条件类似的家庭通婚。大户与大户通婚,大户的女儿嫁给大户的男家,大户的儿子会娶大户的女儿,大户一般不会与中户、小户通婚,除非中户、小户的女儿长得特别漂亮、体面,大户才会与中户、小户通婚。小户能够和中户结婚,尤其是小户的女儿唯愿嫁给中户,中户也会同意此事。一般男女双方在相貌差不多的情况下会结婚。有些长相特别好的女孩会看不起长相差的男孩,这时男孩娶不到对方;女孩如果长相差,也不能嫁给容貌好的男孩。一般是家庭、人品、相貌等多种条件都差不多的家庭才会通婚。吴家属于中户,因此为亲(即通婚)的家庭也是中户,对方几乎各方面的家庭状况都与吴家相当。

(二)婚前准备

1.大人做主,孩子无权

在吴家1949年以前适龄儿子娶媳妇的情形中,幺弟吴建奎娶媳妇是由母亲吴张氏和兄长吴建新提出,长子吴映国娶媳妇则是作为父母的吴建新与白焕英提出,两人在订婚、办婚礼的整个过程中都主要由家长吴建新负责做主操办。婚配时,大人只是象征性地通知孩子一声,孩子本人无权做主,如果回答不喜欢女方,可能还要挨打,因此无论本人是否发自内心同意,最终都必须同意。吴家如何操办婚礼与外人无关,不需要告知或请示四邻与保甲长。

2.人品家庭最重要,年龄相对占其次

(1)娶媳妇要求

吴家1949年以前对女方的要求包括:家庭条件方面,要求门当户对,也是找中户,询问女方家的祖宗三代;长相方面,要求女方脸上没有麻子,不要映山人①,女孩不是瞎子、秃子、瘌子、癞子,四肢健全,身体健康,劳力好;能力方面,要求能生儿子最好,会持家,尤其是白焕英要求女孩在家务方面门门会做;年龄方面,要求女孩年龄比男孩小。这些要求是吴家几位内外当家人提出来的。但是理想状态的要求与实际状况也存在着一定的差距,吴映国本来要求女方比他小、会做家务,结果媒人介绍的女孩反而比他大两岁,而且什么家务都不会做,本来吴建新、白焕英不同意这桩婚事,不愿意儿子娶这个儿媳妇,但是吴张氏认为只要人劳力好就行,嫁到吴家再慢慢教她做家务,煮茶煮饭这都是能学会的,"人蠢世上磨",慢慢学什么都能学会,万一之后三番五次地找人说媒,反而还没第一个女孩好怎么办?于是吴建新与白焕英不得不接受此事,但儿媳嫁到吴家以后,仍然因为不会做家务,经常被作为老人婆②的白焕英责骂。后来大儿媳生育的头胎便是儿子,对此父母也开心,夫妻二人也感到非常开心。

(2)找女婿要求

吴家1949年以前对男方的要求包括:男方家庭好,家里样样皆有,人品好,年龄比女方不要大太多,最主要是看男方是否能干。吴家"三女子"所嫁的男方家里有田,地也好,有山林,且房屋、田地都比吴家好,但是家里的老人婆十分严厉,本来"三女子"不太愿意出嫁,但吴家强迫她嫁,无论她本人是否愿意都必须嫁出去。

---

① 映山人:臭人。
② 老人婆:四川方言,即婆婆。

（3）大户家庭标准多样化

从类型上看,大户更看重择偶标准,娶媳妇时询问是否同是大户;看女方是否长相很漂亮;是否长得高大,哪怕长相再好,长得矮也不行;是否能干,嘴巴是否会说,即口才好不好,不管遇到什么人来家里来和别人说上一番。

就家庭择偶标准而言,四代同堂的家庭比三代同堂的家庭择偶标准更多、更严格,因为家中老人更多,有时会提出更多的要求。

3.一为家庭,二为个人

吴家认为结婚最重要的目的是生儿育女、传宗接代,结婚一是为了家庭,二是为了个人,关键是为了给家庭传宗接代,家庭有人才有势,必须生养儿女才行。当结婚一两年以后,媳妇仍未生育孩子,就有人过问了,怎么还未生孩子?等到三至五年以后还没生育,如果夫妻二人关系好,就选择过继或者领养别人的孩子。吴家人结婚为了图后代,因此吴映国十二岁时就开始订婚,十四岁就正式结婚,十七岁就生育孩子,娶媳妇就是盼望生养很多个孩子,当时吴家人很少,唯愿多生育几个儿子、女儿,孩子越多越好。大户之间通婚,一方面是为了传宗接代,另一方面可以扩大本家族的势力。一般子女少的家庭比如单家独户的吴家更希望通过婚姻实现传宗接代。

4.包办婚姻

吴家成员在 1949 年以前的婚事都属于包办婚姻,吴家不允许自由恋爱。家中成员的结婚对象全是媒人给吴家人介绍的,吴家几代中没有人自由恋爱。大户家庭也是包办婚姻,因为大户人家规矩更多、管得更严,他们比中户、小户更排斥自由恋爱。

5.订婚程序较繁杂

结婚之前会先订婚,这个过程的程序较为繁杂,需要花两到三年:媒人与男女双方的家庭沟通一致以后,两家的家长会以在一起喝酒为凭,首先女方的家长会见男孩,但是此时男方见不到女孩,只能听介绍人谈论女孩如何。之后两方若都无意见,就开始走人户,男孩就去女方家里,但是女孩要么会藏起来,要么一大早就上坡去了,总之男孩见不到女孩。双方都认可以后便开始插香,男方背麦子、米、酒、肉到女方家,插蜡烛、香烛,这就相当于是订婚。之后还会邀请女方的兄弟姊妹来吴家落拜,女方不会携带任何东西。看年庚时,男方还要请人背麦子、酒、肉、布匹到女方家,之后把女方的生辰八字用红布包起来拿到男方家里。看男女双方的八字合不合,看有没有出现问题,如果没有问题便可以去找道士先生看结婚日期,决定婚期之后,年庚开出来就盖礼,即正式的婚礼。一般在正式的婚宴之前,男方又要背一定数量的酒肉到女方家盖礼,给女方家里送簪子、银圈子等首饰,送布匹,最后便是正式的婚宴。

将婚期确定后,吴家的女性们(如白焕英、吴张氏等)便可以去女方家里,邀请女孩来吴家玩,如果女孩不愿意来,男孩便只有等到婚礼之后才能见到自己的妻子。订婚后,平时或者吴家有红白喜事时,女方的兄弟姊妹也会来吴家玩,尤其是女方的母亲来吴家玩耍的时间最多。吴家从来没有出现过撕毁婚约的情况。

6.聘礼与嫁妆

吴建新和吴建学结婚时给妻子下聘礼的具体数额已无从知晓,但是有一点非常清楚,那便是他们两个结婚时所下的聘礼数额相同。但两个哥哥与幺弟吴建奎结婚下的聘礼数额不一样,因为吴建奎比两个哥哥小十多岁,只比吴建新的长子吴映国大两岁,吴建奎与吴映国结婚时所下的聘礼数额一样。吴映国给女方送多少聘礼，相应地吴建奎也给女方送多少聘礼，婚礼所邀请的宾客数量、所办的宴席数量也是一样，全部数额统一会使得家庭更和气。如果聘礼数额不一样，大家便会有不同程度的意见与分歧。

大户、中户、小户在聘礼的数量与讲究程度等方面有很大的不同，大户人家娶妻的聘礼比中户人家多一倍以上，如果中户给两斗粮食、五十斤或者一百斤酒，大户则给四斗粮食、两百斤酒。吴家作为中户，女方要求给一百斤酒，就给了一百斤酒；女方要求给两斗粮食，于是吴家便给了一斗麦子、一斗米；落拜和开年庚时吴家给女方送了半头猪肉，正式盖礼时女方要求一百二十斤猪肉，吴家便送了半头猪肉。大户插香时最低不少于一百斤肉，落拜开年庚时给一头猪，盖礼时给一头猪。女方要求给五套衣服，于是吴家便为其制作了五套衣裳和裤子，大户人家一般给十套衣服，大户给粮食讲的是多少挑，五升或者六升一挑，挑十几挑；而吴家是使用背篼背粮食，讲的是多少斗，找一个三升或者五升的背篼，找四个人背麦子和米，然后找两个人背一百斤酒，一个人分别背五十斤酒，还要找一个人背半头猪肉，然后又找另外一个人背收拾和布匹，一般所有相加至少需要找八个人来背。大户则会找几十个人来背、挑，大户的双方家长在定亲之后互相走人户时还要骑骡马、坐滑竿，而中户走人户则是步行。结婚时大户、中户都会请轿夫抬花轿，但是大户使用的花轿更大、更好，属于八抬大轿，一路上有人吹、有人打、有人唱，结婚当天还要请滑竿，将娶亲娘子抬去新娘家，到时间去给新娘穿衣服、梳头发。此外，送亲娘子即女方的兄弟姊妹也会坐滑竿或者骑马，大户在接亲的来回路上会鸣放几十甚至上百饼火炮。大户男方的聘礼给多少，女方陪嫁时也会给出相应的数额，大户女儿的陪嫁品是绫罗绸缎，即"养女不吃陪嫁衣"，养女儿一场，女儿没有分到家产，就给她多拿一点陪嫁品。而吴家则是陪嫁粗布，老蓝布或者白漂布就算是很不错了，请四抬花轿。吴家请吹唢呐和打锣的人，他们在接亲前一天下午就来到了吴家，第二天便一同去接媳妇，还需一同前去的包括娶亲娘子、押礼先生。吴映国结婚时自己的兄弟还小，就找其他亲戚或者旁支作为押礼先生，去迎亲时放两饼火炮，将新娘接回家时再放两饼火炮。刚开始看期①时，就确定了几点给新娘穿衣服、梳头，几点出娘家的门，几点进吴家的门。夫妻二人站在院坝里②，男家女家摆陪礼，那时兴③拜堂，吴家办了三十桌正式宴席，大户则办八十桌或者一百多桌。吴家作为中户，孩子们结婚时只制作了一架新床，而大户不仅置办新床，还会在新床上放置铜钱、五福袋。

而小户人家的聘礼则比中户少一半左右，一般给三套衣服。中户给一斗或两斗粮食，小户则给五升粮食。有些稍微有点钱的小户家庭是请两抬花轿，可以放一饼火炮；有些小户家穷，请不起轿夫，便请一个滑竿去把新娘接回家，若家里请不起吹唢呐的人、实在买不起火炮则算了，小户办宴席一般办几桌或十多桌。

（三）具体婚配过程

1.家长支配婚配过程

在婚配中，吴家成员们的结婚方案主要由家长吴建新制定，家长既有权也有钱，购买、支

---

① 看期：看日子。

② 院坝里：院子里。

③ 兴：流行。

配、借用等行为都主要由家长安排。吴家的儿子订婚时一般是媒人先找到吴建新,和吴建新说,某家的女孩如何,问吴建新觉得怎么样,若觉得可以,媒人就又去找女方的家长沟通。1949年以前,吴家人结婚没有写过婚贴,两家达成一致意见后把生辰八字开出来,定好婚期之后举办酒席就行。

无论是大户、中户,还是小户,无论家中子女多少,结婚时如何进行安排、请谁来帮忙主要都由家长安排,都是家长负责给孩子们安家。各个家庭都是包办婚姻,结婚前夫妻双方都没见过面,都是家长去找媒人或者媒人主动找到家长,无论孩子是否同意,家长一旦决定好就必须成婚。

但三代同堂和四代同堂的家庭,除家长做主以外,还会适当听取上一辈或者上两辈老人的意见。在吴家这个三代同堂的家庭,幺弟吴建奎结婚时,其母吴张氏主要做主安排,作为兄长的吴建新也会适当安排,即两人共同安排。为吴映国定亲时,最初本来作为父母的吴建新与白焕英不同意这桩婚事,不太满意女孩,但因拗不过长辈吴张氏,最终还是不得不同意。此后婚礼各项事宜尤其是婚礼的各种开支主要由吴建新来安排,家中请谁来吴家帮忙则主要由两个内当家吴张氏与白焕英计划安排。

2.内当家安排婚配细节

在婚配进行过程中,吴家除家长之外的两名内当家吴张氏、白焕英也在安排一些细节问题,对于二人所提的大方向的建议,家长基本上都会听取。而其他家庭成员则只能提一些细枝末节的建议,如某家的东西不太好借到。但更多情况下是家长说什么,成员们都会表示认可。当家人们安排好以后,家人们只负责干活。家长指挥成员们今天去找谁帮忙,成员就赶快跑去别人家里找人;家长派成员去某家借个什么东西,也要赶快跑去拿。在吴映国结婚时,吴家提前就把其外公外婆(即白焕英的父母)接到吴家来帮忙。

(四)婚配原则

1.次序:兄长优先为多数,此外还得看生辰

按照传统的家庭规矩,一般来说应该长者先结婚,幼者后结婚。但实际上吴建新之子吴映国本来比叔伯辈的吴建奎小两岁左右,却先定亲了,且最终比吴建奎早两个月结婚。一方面是因为媒人先给长子吴映国介绍到对象,还未给幺弟吴建奎寻访到合适的对象,前一年给长子找到对象,第二年才给幺弟找到对象,一般从找对象到订婚再到结婚的过程需要两到三年左右。另一方面,当时算命先生根据生辰八字所看的结婚日期不同,家里也会严格按照算命先生推算的婚期安排,吴家本就是为了图后代,这样才能保佑儿子儿媳在生育孩子时一切顺利,无灾无难。

大户人家比中户、小户更注重婚姻次序,长辈、年龄大的儿子先娶妻,晚辈、年龄小的儿子后娶妻。兄长若尚未娶亲,妹妹便不能嫁人。但吴家附近有一户大户人家,找人根据生辰八字来推算结婚日期,看两人八字合不合,最后发现某年某月结婚对兄长不利,因此哥哥的婚期暂时延缓,妹妹于是可以先结婚。多子女的家庭通常会比少子女的家庭更看重结婚的次序性,一般会让长子先结婚,如果小儿子先娶妻,则会担心大儿子不太好找对象。

2.花费:纵向相比较均衡,横向比较差别大

婚礼所需花费名目繁多,男女双方的家长一般会进行商量,你家需要什么,我家需要什么,或者礼物是否足够,如果不够便去购买。在婚礼之前的插香、落拜、开年庚、盖礼等一系列

过程中,吴家不断在给女方送酒、肉、麦子、米、布。仅仅在婚宴当天,吴家宴请了三十桌客人,就用掉了两百多斤粮食、两百多斤酒、一头猪(即一百多斤猪肉),各项物品缺少时也需要花钱购买,此外,请人吹唢呐、抬轿的这笔花费是必需的。长子吴映国和兄弟吴建奎结婚,家长吴建新对两人平等对待,不会偏向某一个人,婚礼的所有花费都由家长负责开支,给女方的聘礼以及婚礼的花费上面都尽量保持一致,比如两人给女方盖礼,吴家都是当天宰一头猪,给女方家背半头猪去,为两人结婚准备的宴席都是三十桌,并且都是四抬花轿。

在婚姻花费上,大户、中户、小户均有所不同。婚宴之前的五天就会有人到大户人家帮忙,这是一笔非常大的开销,而来中户家帮忙的人只会提前两至三天。就婚宴当天的花费而言,大户家的花费也会在中户的基础上翻一番以上。大户人家结婚时会骑骡马、坐滑竿,而中户则根本没有骡马、滑竿。此外,大户人家邀请的客人更多,吴家邀请三十桌客人,大户会请八十桌或者上百桌。吴家使用两百斤粮食,大户至少使用四百或五百斤粮食;吴家使用一百多斤猪肉,大户使用约三百斤猪肉。而小户则比中户的开销少一半,小户家的客人少,只有十五桌甚至几桌客人;吴家使用一百多斤猪肉,小户只用五十斤左右。小户请不起人吹唢呐,只请轿夫,有些小户甚至没钱请轿夫,便只请个滑竿。

多子女的家庭和少子女的家庭相比,如果是大户,无论儿女多少,不管有三个孩子还是五个孩子,在婚礼花费上没有差别。但对于中户和小户,家庭中儿女数量的多少对于婚礼花费则有很大影响,家中有五个儿子、三个女儿和家中只有两个儿子、一个女儿婚礼花费的差别非常大。譬如某些中户家里兄弟姊妹多,这个儿子结婚给大量聘礼,另外一个儿子结婚时则必须给相同数量的聘礼,如果全部儿子结婚时都给很多聘礼,家中根本拿不出来,因此每个儿子结婚便都不敢给太多聘礼,只能少给一些聘礼。子女少的家庭若给五百斤粮食,子女多的家庭则只有同亲家商量,只出一至两百斤粮食。1949年,吴家属于子女少的家庭,只有吴映国和吴建奎两个人已到适婚年龄,因此所赠聘礼以及其他花费都相同。

无论三世同堂的家庭,还是四世同堂的家庭,结婚所赠聘礼相同,但结婚花费则有所不同,家中有四代人,中间多一代人,相较而言亲戚更多、朋友更多,因此宴请的客人更多,花费也会相应更多。而三代人的亲戚朋友会少一些,客人更少,花费也会相应更少。吴映国和吴建奎1949年结婚时吴家便属于三代同堂。

(五)其他婚配形式

1.童养媳吴张氏自幼到吴家

(1)家穷才当童养媳

童养媳一般是因为家里比较穷,不太容易给儿子找媳妇,别人家里儿女多或者家里穷,就到别人家去要一个女儿养在自己家,和自己的儿子凑成一对,等到两人长大成人以后就结为夫妇。吴建新之母吴张氏便是自幼作为童养媳来到吴家,因为她的娘家只有一个女儿,且家里贫穷,父母很早就去世了。同时吴家当时也比较贫穷,主要以写田置地为生,人口也少,不太容易给几个儿子找媳妇,就有人把吴张氏介绍给吴家,吴家第二代家长在世时做主接受了吴张氏,因此吴张氏小时候便被带到吴家养育,长大后便和吴万福结婚安家。吴家附近的大户家庭都有儿女,没有人养童养媳,大户的儿子基本上都是明媒正娶其他大户家的女儿。中户和小户养童养媳的情况一般都是自己家本来有儿子,他人家里儿女多或者孩子是孤儿,别人就前来有儿子的家里拜访,说我把这个女儿送给你家,你从小养大,等到她成人以后和你的儿子配对。贫穷的家庭或者多子女的家庭更倾向于把女儿交给少子女的家庭作为童养媳。

（2）九岁成为童养媳

一般两岁左右就可以成为童养媳，而吴张氏是在九岁时成为吴家的童养媳，吴万福当时还未过继给自己的二爸吴家财，娶童养媳一事由生父吴家发来安排，不需要请示保甲长。当时当事人吴万福还小，属于年幼的孩子，对这些事情不太懂，因此，吴家发没有将此事告诉他，等到其长大懂事以后，才将这件事告诉他。此事主要由家长吴家发来安排决定，等到吴万福长大后还是与其商量过，但无论吴万福对此事同意与否都不太重要，家长决定即可，大人说什么便是什么。

（3）不写文书，不给钱粮

吴家娶童养媳时既没有写文书，也没有给钱粮。因为吴张氏是孤儿，家中只有一个入赘进来的兄弟，只需和她的隔房兄弟商量好就行。吴张氏的亲戚们觉得吴家帮她们把人养活下来就已经很不错了，相当于是帮她家把这个生命养大，除非她家的父母还在，会给父母拿一些钱粮，但是事实上吴张氏的父母都早已去世。孩子多的家庭把自己的女儿送到别人家当童养媳，一般也不会索要钱粮，什么都不会要，别人帮他们家养人，能够维持生活就行。有些家庭孩子多，有些家庭孩子少，孩子少的家庭就向孩子多的家庭要一个女儿和自己儿子配对，帮别人家把孩子养活就行，由于孩子在家中一年本身就会消耗许多粮食，因此什么东西也不必给，等到孩子长大成人，两个孩子就过酒席，即结婚，过酒席的时候还是需要告知孩子的生父母，生父母就说孩子大了，你们把她留在自己家里和自己的儿子结婚也行，家里如果没有儿子，抱一个儿子和她结婚也行。吴张氏与吴万福结婚过酒席时，也会告知吴张氏的亲戚们一声。办酒席的所有钱粮由吴家支出，一切花费由家长安排，不需要告知或请示四邻与保甲长。

2.吴建学出抱观音保

（1）女方无儿子，男方儿子多

在男方家里穷或者女方不愿意来男方家，以及女方家缺少劳动力等多种情况下，男方会入赘到女方家里，男方被称为"抱儿子"。这种情况一方面是因为女方家庭条件好，不愿意到男家来；另一方面则是由于女方家没有儿子，而男方家儿子多，女方便希望男方家的儿子能去女方家里。吴家的次子吴建学便是入赘到别人家。因为女方家没有儿子，只有两个女儿，女方家庭条件比吴家稍微好一些，不愿意来吴家，于是介绍人便找到吴家，由于吴家当时家里有吴建新、吴建学、吴建奎三弟兄，吴家也觉得这无太大影响，抱一个儿子出去，以后分家时就可以少分一份家产。此外，吴建学本人也愿意入赘到女方家里。但本保的人对吴建学入赘到别人家一事无权干预，也没有什么意见，因为这是两家人协商一致的自愿行为。

吴建新的二弟吴建学入赘时，女方对二弟的要求如下：年龄和女孩相仿，均为二十多岁；身体好，劳力好；相貌好，身材魁梧，又高又大，女方家的爷爷看得上二弟。吴建学入赘时对地点没有严格的要求，二弟入赘的家庭与自己家并不处于同一个保，吴家在李家坝保，女方在观音保；女方对二弟是否配偶过也无要求，即使二弟曾经结过婚，后来丧偶，女方家也并不在乎。二弟入赘的女方家，几代都无儿子，一直都是男性入赘到女方家里，而二弟入赘后不久，妻子就生了一个儿子，因此双方家都非常高兴。

（2）家人本人均同意

吴建新的二弟吴建学去别人家当"抱儿子"是其母内当家吴张氏、其兄家长吴建新共同商量决定的，因为吴张氏是吴建学的母亲，在这件事情上，吴张氏比吴建新更有发言权，也与二弟吴建新商量过，由于他之前已经结过一次婚，这次是属于二婚，所以必须要征求他的意见。吴张氏首先问二弟喜不喜欢对方女孩，不喜欢就算了，由于女方家庭条件挺好，女孩长得挺不错，最终得到了二弟的同意。二弟入赘到别人家一事只特意告知吴氏的其他同姓亲戚们，因为结婚当天需要让这些亲戚送他去女方家里，但此事不需要请示保甲长。

（3）代笔先生写"抱约"

当"抱儿子"需要写"抱约"，吴家人不会写字，因此找代笔先生（即会写字的人）来帮忙撰写，署名时不仅写出抱人即吴建学的名字，还需要署吴家家长吴建新的名字。"抱约"是送亲时将吴建学送到女方家里以后所撰写，共写两份抱约，男家保存一份，女家保存一份。"抱约"的内容非常复杂，囊括方方面面，包括照顾老小，女方有老人，需要写明怎样服侍、照顾老人，老人去世后需要穿多少件衣服，需要给老人烧多少纸。入赘以后便安居乐业，永不归宗，不返回原来的家庭，同时还需要改名换姓，改成女方的姓，吴建学改名为杨吴生，生育的后代都跟女方家姓，不再跟随男方姓。同时，抱约上面还需写清楚五大财产，是否携带田地、房屋，但是女方不需要吴家的田地、房屋，就没写。又询问是否要带牛马，吴建学带了一脚马，也写在了抱约上面。带了多少钱，吴家给了一万二酸水钱，陪嫁了多少衣裳、裤子也要写在"抱约"上面。此外，还需要找中人，并写明中人与代笔先生的名字，户族中有哪些人参加，去了多少人送亲，去了哪些人，是哥哥嫂嫂还是弟弟妹妹等一系列内容也需要写在"抱约"上面。总之，"抱约"就是证据，男方便不能找女方麻烦，男方家不能去挑拨儿子回家，女方也不能找男方麻烦，不能因芝麻小事追究，强行将儿子送回原来的家中。吴建学入赘相当于吴家的儿子完全变成别人家的儿子，自己家再也没有管理权，儿子也再无权利管理吴家，更不需负责照顾吴家的老人。

（4）女方负责婚礼开销

吴建学入赘的婚礼是在女方家举办，吴家只负责将吴建学送到女方家，婚礼的费用由女方承担，婚礼仪式与正常婚配相同，都不写婚贴。唯一不同的一点是，平时娶媳妇时女方家会给男方送陪嫁品，而当抱儿子则是男方家给女方家送陪嫁品。

（5）不同类型与人口规模家庭在入赘上的差异性

大户、中户、小户家庭都存在入赘的情况，但一般都是入赘到比自己家条件更好的家庭，吴建学入赘时就是如此，女方看上吴建学是由于他长相、劳力都很好。无论大户、中户、小户，在入赘时都主要由家长做主，写"抱约"也是家长负责安排。大户家本来有儿子，但儿子不懂事，只会胡乱花钱，家中缺乏劳动力，于是招有劳力、样样能干的抱儿子上门，到家里帮忙干活。但大户不会将自己家的闺女嫁给抱儿子，一般会把自己的女儿嫁给更好的大户家庭，最后为抱儿子再另外娶一门女儿亲，给他安一个家。中户则存在两种情况，一种情况与大户相同，不会将自己的女儿嫁给入赘的儿子，另一种情况则是自家没有儿子，为女儿找个上门女婿。而小户则主要是由于自己家没有儿子才招上门女婿。

儿女多的家庭比儿女少的家庭更倾向于将儿子送出去当上门女婿，吴家附近山上的唐家便是如此，家里五个儿子中就有三个儿子当了抱儿子。唐家这样安排主要是因为家庭位置处于高山上，很难给孩子们找到媳妇，而女方的家里田产事业好，地理位置又好，距离水源又近，便将儿子抱给女方。儿女少的家庭，譬如只有一个或两个儿子，则一般不愿意儿子入赘到别人家。

三代同堂、四代同堂的家庭与一般小家庭在入赘方面没有太大差别,主要还是取决于自身家庭条件,若家庭条件好且田地房屋多,一般不愿意自家儿子去当抱儿子。

(六)唐国英与吴张氏守寡家中

吴家丧夫的人是唐国英和吴张氏。唐国英的丈夫吴家财很早之前就因病去世了,具体时间不详。而吴张氏的丈夫吴万福是中华民国二十四年,即1935年10月因病去世。唐国英与吴家财未生育孩子,吴万福本来是吴家财的哥哥吴家发的儿子,后来过继给吴家财,因此吴万福也算是唐国英的孩子。由于唐国英的娘家很强势,唐国英有娘家人撑腰,自身也很能干,既未受到婆家欺负,外人也不会欺负。而吴张氏与吴万福共育三子三女,吴张氏为人非常能干,内外皆可抛头露面,没有在婆家受到欺负。但由于她是孤儿,没有娘家人撑腰,恶霸财主手下的狗腿子偶尔欺负过吴张氏,向吴张氏要钱,吴张氏有时不肯给他们钱,还曾被恶霸财主的狗腿子打骂过。

吴家丧夫的二人不需要返回娘家,当时吴家已经经历了第一次分家,一方面,唐国英与吴张氏在分家后与丈夫一起本来就分到了财产,而且两人当时是与自己的后代住在一起,丧夫后都没有改嫁;另一方面,两人都愿意留在夫家生活,唐国英从未说过想回娘家,吴张氏从小就来到吴家当童养媳,娘家的父母在此之前就已去世,不可能再回到娘家,因此留在夫家与孩子们一起居住,去世以后埋葬在吴家祖坟。家长吴建新是唐国英的孙子、吴张氏的儿子,因此吴建新也最大限度地尊重两人的意愿。此事不需要告知或请示四邻与保甲长。

大户、中户和小户在守寡问题上没有太大差别。守寡的女性尤其是已生育孩子的女性,一般为了孩子,不太愿意改嫁,也很少会被赶出婆家,而且一般分家时也能分到一份家产。守寡女性的待遇如何主要是取决于婆家中的老人婆的好坏与娘家的强势与否。若婆家的老人婆十分可恶,一般在女性的丈夫去世后,尤其是守寡女性没有生育孩子的情况下,婆家会将女性撵出家门。但如果女性娘家很强势,则一般不会允许这种情况发生,会与婆家打官司。如果女性还年轻,又没生育孩子,有合适的对象时,比如附近有家庭境况可以,人品好、长相好、为人处事也不错的男性,女性一般也可以改嫁,或者找一个上门女婿到婆家。在守寡的情况下,三代同堂、四世同堂的家庭与一般小家庭相比起来,女性更不太愿意改嫁,孩子们这时都长大了,因此女性更愿意留在夫家与子孙后代们共同居住与生活。

二、家户生育

(一)吴家祖辈生育状况

在1949年以前,吴家生育情况如下:从吴建新这一代来看,吴家爷爷辈成功养活二子一女,吴家叔伯辈养活三子三女,吴家兄弟辈养活二子,在李家坝保的生育子女数量属于一般水平。吴家生育的子女中夭折的人数比较多,吴建新与白焕英生育了七个孩子,共三子四女,但其中五个孩子都夭折了,尤其是吴建新的某个女儿,养到三岁左右时生病去世,两人后来才生育长子吴映国,但他身体也不太好,经常生病,家中想尽办法才好不容易将其养活。之后出生的兄弟姐妹,有的刚出生便夭折,有的一岁多夭折,总之最终只养活了两个儿子吴映国与吴映忠。二弟吴建学与妻子生育了两个孩子,生下来之后都夭折了,一个也未能养活;幺弟吴建奎年龄尚小,1949年才正式结婚。吴家从未发生过溺婴、丢弃与买卖孩子的情况,也从来没有出现过未婚生子的情况。

在蛤蟆场，大户人家生育孩子尤其是养活孩子的数量不多，一般孩子数量在五个以下，家中有两个儿子加三个女儿的家庭便是极为少见的。有时候大户娶一个老婆，生一至两个孩子没能养活就又娶一个老婆，有些大户娶三个老婆，甚至一个孩子都未养活成功。相对来说，中户生育的孩子数量最多，小户生育的孩子数量则只算是一般。

(二)吴家生育观

1.生育为传宗，生子正根苗

吴家认为生育最重要的目的就是传宗接代，因为生育在家庭再生产方面发挥着延续家庭的功能。在子女生育问题上，村民的思想相对比较一致，都倾向于生男孩。一方面，生男孩是为了图后代，生育男孩才是正根正苗，为了家庭未来的延续与发展，生儿子一般不会嫁出去，而是在家里结婚安家；相反，若生育女孩，长大就嫁给他人了，之后生育的孩子也会跟随夫家姓。另一方面，男孩作为劳动力，更能早日为家里干活，贡献劳力。

2."私娃子"①

吴家从来没有出现过尚未结婚便生育孩子的情况，但当地未婚生子的情况有多例，而不仅是一至两例，无论大户还是小户都有这种现象发生。当地将有娘没爹的孩子称为"私娃子"，如果两人最终会结婚，一般男性会承认自己是孩子的父亲；倘若最终不会结婚，没有人敢出来承认是孩子的父亲，而会将孩子遗弃，因为这种情况如果承认后会被斩首，有些父母认为女儿这一行为导致整个家族蒙羞，甚至会想办法将女儿除灭。这种事情发生后，一般户族间的意见最大，认为女孩还未结婚就生孩子，把整个姓氏的脸丢尽了，干脆想办法把女孩整死，此外旁人也会对未婚生子一事议论纷纷。大户发生非婚生育的情况相对较少，因为大户的管家一般将女孩管理得比较严格，如果知道女孩怀孕，便想办法用滑胎药将孩子打掉，如果真的出现未婚生子，会将女儿除灭掉，此事简直是丢先人的脸。相对而言，在中户家庭出现未婚生育的情况比较多，因为中户的家长没有大户的家长权威大，有时无法对孩子进行有效管理。相对而言，小户发生未婚生育的情况更多，由于家长对家庭成员们的管理比较松弛，因此未婚生育的现象更容易发生。除非有些家庭的夫妇一直未生养孩子，未婚生育的家庭便悄悄地把生下的私娃子送给他们养育，其他人都不知晓这一情况。

吴家附近就有一家人出现未婚生子的情况，这个女孩家里很穷，是财主家的常年伙计，结果在财主家怀了孩子，十一岁左右就生下孩子，是"私娃子"，不知道爸爸是谁，也没有人敢承认。最后那家人在孩子出生后，先几脚把孩子踩死，再用树叶把孩子裹起来扔到了山上。

3.早婚图后代

吴家人通常是十几岁结婚，尤其是在十五岁左右结婚的情况比较多，十八岁才结婚就已经算年龄比较大了，一般在十多岁就开始生育孩子。吴建新的长子吴映国十一岁就开始定亲，十四岁便结婚，十八岁就生育孩子。吴家所有人都想早点结婚、早点生育孩子，当地的风俗亦是如此。若家中有个儿子，便托人到处寻访合适的女孩，哪一家的女儿长到九岁或十岁便提前和别人定亲，其主要目的就是为了生育后代。

4.唯愿多生育

吴家倾向于多生孩子，数量越多越好，生育了一个之后还要再生下一个，唯愿多生几个

---

① 私娃子：私生子。

孩子,一共生育几个儿子、几个女儿,总之希望一家人口多。其原因是人多为王,尤其是家中儿子多的家庭,别人便不敢来欺负。如果一家有五个弟兄,别人就会说,你看这家有那么多人,不要去欺负他们,否则几个弟兄联合起来整你,你会吃亏。即使恶霸财主一般也不敢欺负儿子多的家庭,而是欺负儿子少的家庭。在李家坝保,儿子数量的多少并不取决于家庭条件的好坏。无论富有或贫穷,只要夫妻二人尚具备生育条件都会想方设法多生育儿子,但中户与小户生育太多儿子可能会在一定程度上导致家庭条件变差。

5.各类家庭盼多生

无论大户、小户、中户,都盼望早点结婚、早点生育孩子,原因都是为了生育后代。各个户都想在第一胎生育儿子,且尽可能多生儿子,之后再生育女儿。生育女儿,将闺女嫁出去可以和他人结亲。生育儿子,等儿子长大后便可以为家中出力。各个家户也希望儿子早日有后代,十一岁左右便开始帮孩子寻访对象,早点儿定亲。如果生育的几个孩子都是女儿,一般留一个或两个女儿在家中,然后抱儿子到家里。如果是家庭条件好且家产多的家庭,生育了三四个女儿,就留两个女儿在家中,守住家中的事业。无论大户、中户、小户,对于未婚所生的"私娃子",称其为"野种",一般都将其扔掉或者整死,宁愿不要他,而且一般人都不愿意将女儿嫁给"私娃子"。

多子女的家庭与少子女的家庭都唯愿人多,如果家中姊妹弟兄多则更好一些,人越多越好。但多子女的家庭本来有多个儿子,便不再特别渴望继续生儿子。三代同堂、四代同堂的大家庭比一般的小家庭更希望家中多生孩子,家庭越繁衍越庞大,生十个孩子都不嫌多,不过都是更偏向于生儿子,原因在于儿子结婚后生育的后代是跟随本姓而不会改姓。三代同堂、四代同堂的大家庭比一般的小家庭更不允许未婚生子。

(三)生育过程

1.孕妇仍干活

吴家人生育孩子既是夫妻双方的意愿,也是夫妻双方父母的意愿,双方父母都希望二人尽可能多生育,全家人都唯愿多生几个孩子。吴家的儿媳妇儿(如白焕英、唐映秀)怀孕后依然须干活,如果向吴张氏申请不干活,吴张氏会回答说:"谁没生过孩子啊!我们以前怀孕都还是一样干活!"因此吴家人不会因为怀孕就每天在家休息,假如今晚生孩子,孕妇今天白天依然在干活,做不了重活就干轻活,自己的丈夫会稍微照顾一下孕妇,不让她们干重活、拿重物。孕妇若不能下地干活,就在家洗碗做饭,打扫卫生。唐映秀的孩子生下来便夭折,所以她比较埋怨自己的老人婆吴张氏,认为是由于自己孕期干活才导致孩子夭折。此外,怀孕期间,吴家的孕妇在饮食上没有受到特殊照顾,还是和大家食用相同的饭菜。

2.生育夫妻知

吴家的女性在生育孩子时都是在家进行生产,没有请过专门的接生婆,因此并无这项花费。夫妻两人在房间里,若生产时间较短,一般都是由自己的丈夫帮忙接生,白焕英生孩子时便是自己的丈夫吴建新接生,不会让家中其他人知道。因为各个房间之间相隔较远,有时白焕英将孩子生下来,其他人听到孩子的哭声时才知道孩子已经出生。除非生产时间特别长,吴家才会专门让吴张氏为其接生。吴家信奉一个传说,若生产时间较短,生育孩子时夫妻两个人应悄悄地,不要说出来,尽量不要让别人知晓。因为每个人性格不一样,生孩子的速度取决于产妇的性格,有些性格暴躁的女性就生得快,有些性格比较慢热的女性就生得慢,其他人如果瞧见了整个生产过程,心里会非常难受。除非生产时间较长,两人才会让其他人前来帮忙。

3.老人婆经管①儿媳妇

吴家孕妇在产后会坐月子,白焕英在生育长子吴映国时,家里处于农忙期,其他人都出门干活了,白焕英仅坐了几天月子,便在家照顾孩子,开始煮茶煮饭。孕妇坐月子时不睡席子和毡子,而是放置一些草在床上,睡在草上面,把孩子抱着在草里面暖三天。坐月子期间,老人婆一般负责经管儿媳妇,吴家中吴张氏照顾两个儿媳妇的时间比较多,会为产妇做饭、端茶递水;吴建新的幺妹未出嫁之前,也会偶尔帮忙照顾产妇。坐月子期间,产妇可以在家休养,不干活。在饮食上面,刚坐月子的前几天会单独为孕妇做饭,为其煮肉、煮鸡蛋、煮醪糟,营养更高,少给产妇吃硬的食物,不给产妇吃太酸的食物,几天之后产妇在饮食方面还是与家中其他人保持一致,同吃大锅饭。

4.生育过程具差异

生孩子属于各个家户全家人的共同意愿,全家人都希望多生孩子。而大户家庭在孕妇怀孕期间和产妇坐月子时都会进行特别照顾,有时会提前几个月便安排孕妇休息,孕妇什么事情都不必干,饮食方面也会更好,少吃菜,多吃油、肉、鸡蛋。此外,大户一般会提前打算与安排,准备好各种用品,快到预产期时,便为孕妇请接生婆。比如今天快要生产,大户会安排人赶快去把接生婆请到家中来,生产过程所花的一切费用都由大家庭的家长负责支出。同时,大户家庭的产妇坐月子的时间也会比中户、小户的更长,有时候休息三至五个月都行,大户一般会请保姆来家同时照顾产妇和孩子。

中户、小户人家的孕妇一般不会因为怀孕便不干活,当天生产,中午或下午依旧在干活。此外,中小户一般不会为孕妇请接生婆,在其他人都不知晓的情况下,产妇就已经把孩子给生下来了。产妇在坐月子时,如果家中老人婆还在世,便由老人婆负责照顾产妇;若老人婆已经去世,便是由自己的丈夫负责照顾产妇,为其端茶递水。中小户家里如果有比较好的食物便给产妇煮来吃,如果没有便吃不到。在农闲时期,产妇的母亲偶尔也会帮忙服侍产妇,从而尽量让产妇少吃亏。

在多子女的家庭,当几个孕妇在同一时间段内都生育孩子时,因为照顾不过来,老人婆只负责做饭,不会专门照顾某一个人,做好饭以后便让产妇的丈夫来为其端饭,产妇娘家的父母或姐妹也可来帮忙照顾产妇。在三代同堂与四代同堂的家庭,老人们如果有劳动能力也可以帮忙照顾产妇。吴家的老人唐国英已丧失劳动能力,便没有帮忙服侍产妇,主要还是由老人婆照顾。

(四)生育仪式

1.长子筹办满月酒

吴家的孩子中,只有吴建新之子吴映国出生后举办过满月酒,因为他是吴家的长子、长孙,其他孩子出生后则没有操办过。吴家当时举办了十多桌宴席,主要是宴请亲戚与附近的邻居,一般会提前告诉亲戚,吴家的孩子足月了,到时候有空就来吴家玩耍,不会专门邀请保甲长。无论近亲远亲,包括吴家的儿女亲家、同姓的亲戚,以及嫁出去与入赘出去的人,无论

---

① 经管:照顾。

亲戚家中有钱与否,吴家都会提前去邀请。吴家家长负责安排家中某一个成员去邀请亲戚,告诉他们,吴家孩子满月是件喜事,欢迎来吴家玩耍。吴家人去邀请较远的叔伯阿姨时,需要带一瓶酒前去。所有亲戚必须要专门去邀请,如果不去专门邀请亲戚,亲戚便会埋怨吴家,认为吴家瞧不起他们。

来吴家参加满月喜宴时,有些亲戚既要送情①,又要送礼金,不过送现金的人数非常少,大部分亲戚都是赠送一升或者两升粮食,譬如麦子、米,关系最密切的亲戚还要给小孩送衣服、裤子、鞋子、帽子等。亲戚离开吴家时,吴家还要给亲戚赠送回礼,给亲戚送点儿酒、拿点馍馍带上。从数量上来看,回礼与亲戚所送礼物的数量不必保持一致,礼物多少不过是一份心意而已。

吴家生育孩子举办满月酒是因为当时风俗是这样,流行办满月酒,办满月酒是为了维护家庭名誉,为了让亲戚邻居都知道吴家生了这个孩子。吴家只在吴映国出生时举办了满月酒,没有邀请太多客人,所花费用由大家庭负担,家长负责支出,所收的礼物主要是米、面、肉、酒等,归全家所有人共同食用。

2.满周岁抓周

在孩子们满周岁时,吴家虽然不会给孩子举办宴席,但会让孩子抓周,男孩与女孩抓周所用物品不同。如果是男孩,就在桌子上摆放吃的、喝的、钱、笔、墨、砚台;如果是女孩,便在桌子上摆尺子、剪刀、针头麻线、吃的、喝的、钱、笔墨纸砚。吴家长辈认为,孩子选择抓哪一样东西,这个孩子以后就学哪样、爱哪门,可以据此判断他们今后是否好吃好喝,女孩如果抓针头麻线,那么就认为她以后会喜爱扎花秀朵。

3.生育仪式略不同

在生育仪式方面,部分大户人家给家中每一个孩子都置办满月酒,而有些大户也只给第一个孩子举办满月酒。大户置办满月酒时,一般只邀请亲戚,其他人是为了巴结大户人家而自己主动前去,客人既要给大户送礼物,又要送礼金,送粮食时都是讲挑数,送大量麦子、米、酒、肉,还要赠送许多金银财宝。中户一般只给长子或长女举办满月酒,且举办满月酒时,亲戚、邻居们一般只送礼物。小户一般办不起满月酒,不会主动请亲戚,但有些亲戚会来家里看孩子,顺便送点麦子、米、酒,家里有好酒好菜便当场招待客人,之后也不会专门宴请客人。办满月酒的次数主要是取决于各户的家庭条件,因为办酒席既麻烦又花钱,很可能面临缺乏足够资金的情形。多子女的家庭一般只操办一次满月酒,而孩子少的家庭,可以置办两至三次不等。

当时蛤蟆场有一个风俗,尤其是大户与中户,在生育孩子以后,亲戚、邻居在孩子足月时都要来家中看望孩子。如果当时家里没有充足的酒菜,就之后准备齐全后再邀请别人来家里吃饭;如果家里有足够多的酒菜,就可以立马招待客人们吃饭。吴映国满月时,别人来吴家看吴映国时赠送了礼物,吴家之后便去邀请他们来吴家吃饭,即举办正式的满月酒。

(五)小名据生辰,大名依班辈

吴家的孩子都拥有两个名字,即一个小名,一个大名。孩子生下来后,父母便给孩子取一个小名,一般叫作某某娃子、某某宝子、某某女子。大名则是等孩子长大之后,开始读书或者

---

① 送情:送礼物。

608

结婚时再取。幺弟吴建奎与长子吴映国是结合字牌与小名来取名,次子吴映忠的大名则是新中国成立后去学校读书时,老师结合吴家字牌给他取的名字。吴家取小名时一般根据孩子的生辰八字来取,取大名将字牌与生辰八字结合来取,才能更好地保佑孩子们平安顺利。吴建新在长子吴映国刚出生时给他取了小名,后来经先生推算,小名与他的生辰八字不合,于是根据其生辰八字更改了名字,以此保佑他长命百岁。大户、中户、小户的孩子都有大名与小名,小名都会根据生辰八字来进行推算,但大户人家对孩子的大名研究得更为细致,更倾向于取一个具有特殊含义的名字。

三、家户分家与继承

(一)兄弟分家

1.分家缘由及分家提出者

吴家第一次分家是吴万祥与吴万福两兄弟分家,分家主要是源于家庭内部不团结。第一次分家由吴万祥所提出,哥哥吴万祥是一个好吃懒做之人,总想着吃好喝好,而弟弟吴万福平时比较节约,因此哥哥吴万祥不愿意和吴万福一起居住,觉得吃不好、喝不好,分家后可以互不干扰。于是在老一代的家长吴家发做主安排下,两兄弟便分开了。

吴家第二次分家即吴建新与吴建奎分家,分家缘由是原本大家庭的人口相对较多,吴建新的幺弟吴建奎在1949年已经长大成人并结婚了,就连吴建新的儿子吴映国也已经结婚,家中人口日益增多,尤其是吴建新这个小家庭人多,共有五人,人口多导致不太方便管理,因此把大家庭分小,各过各的生活,各管各。分家最终由其母内当家吴张氏于1952年提出,分家细节也是吴张氏做主来安排的。对于分家,两个儿子都表示赞成,吴建奎和妻子当时也希望分家独立出去。分家一事需要和吴家全家人商量,最终是得到大家庭的家长吴建新同意后进行的。吴家分家前后都未发生过争吵,分家时由其母吴张氏做主即可,兄弟之间都很和气。家庭外部成员不能影响吴家分家,保甲长无权干涉,吴家的亲戚们也没有对此进行干预,李家坝保的其他村民不会插手吴家分家。而且当时李家坝保分家的情况相对比较多,保里的其他家庭一般在儿女长大、结婚成人后也会分家,各家都认为在人口较多的情况下分家更好,也倾向于分家。当有些家庭看到吴家分家后过得很好,也开始倾向于分家。

无论是大户、中户、小户,一般来说在子女结婚后,几兄弟便会分家。大儿子负责管家,由于其余的兄弟们在家没有支配权,则希望分家,所以最终大家庭不得不分开。中户、小户中有些家庭兄弟多,在分家之前的几年,便各是各的心,当家人便不太方便管理,有些兄弟甚至打架,表现得非常不团结。因此在分家时,尤其是分农具、牛马、家用器皿时必须找一个作证人来进行调解,大户人家则很少出现这种情况。多子女的家庭比少子女的家庭更倾向于分家,家中弟兄姊妹多,尤其是某些兄弟拥有多个孩子,而某些兄弟暂未生育孩子,这些尚未生育孩子的兄弟则会表示不满,每天辛辛苦苦干活,协助哥哥把孩子养大,他们之后就可以享清福,等到自己生育孩子时,却无人帮助自己,于是这些尚未生育孩子的兄弟会最早提出分家,选择各自过自己的生活。一般而言,三代同堂或四代同堂的家庭,如果家庭超过十个人就会开始考虑分家,若家里只有五六个人则觉得大家可以在一起居住,暂时不分家。

2.儿子有资格,出抱无资格

吴家第一次分家时,由家长吴家发进行安排,对家产进行公平分配,主要是以吴万祥与吴万福两兄弟为单位来分家。但哥哥吴万祥对此并不满意,认为把好房屋分给了吴万福,后来本来分给吴万福的房屋最终被哥哥抢走。吴家第二次分家时,由吴张氏做主。吴家家庭成员中,拥有分家资格的成员只有吴建新与吴建奎两兄弟,入赘到别人家的二弟吴建学曾声明过永不归宗,对家里的田土、房屋都没有份,已经出嫁的姐妹们也没有资格。因此主要是以吴建新与吴建奎两兄弟为单位来分家,家产由两兄弟对半均分,而不会依据小家庭的人口数量进行平均分配。由于不是按照人口数量分配,即使吴建奎的小家当时只有三个人,吴建新的小家有五个人,分家时两兄弟得到的土地、房屋仍然是一样多。但分家后家中成员在新家中都占有一份家产,家庭外部成员则没有份。比如吴家分家后,吴张氏分给么弟吴建奎,就占么弟的份额,而吴建新的妻儿们就只能占吴建新的份额,不能占么弟的份额。

在分家资格上,无论大户、中户、小户,无论多子女还是少子女的家庭,都是按照家中儿子的数量来进行平均分配,儿子入赘到别人家后都没有资格分到家产,出嫁的女儿至多只有陪嫁品而无家产分配权。此外,干儿子也没有资格分到家产。

3.家长安排分家见证人

除家长之外的其他家庭成员(如上一辈的老人)能做主安排分家见证人,家庭中若前一辈人已经去世或无能力发言,则由家长主要安排。在分家时,兄弟之间十分容易发生争吵,便只能邀请见证人来作证,找证人时需要摆宴席、吃酒肉。分家时一般由家长安排见证人,见证人必须是能说会道且可以对家庭纠纷起调和作用的人。大户邀请保甲长,中小户邀请户族中能说会道的人作证处理,等分家完毕后还需要给证人煮一顿饭吃,即分家饭。如果一般的中小户家庭和睦,分家时便无须找见证人。家庭外部成员没有权力干预别人家的分家事宜,不能帮忙安排证人。

吴家第一次分家时,由于吴万祥为人比较狡猾,因此作为父亲的吴家发请过证人,帮忙写字的人便作为证人。吴家第二次分家时没有请证人,与其花费精力去给证人煮茶煮饭、倒酒喝,倒不如自家人和和气气地进行协商。当时吴万福早已去世,吴张氏做主即可,主要由吴张氏支配。因为母亲吴张氏属于隔代人,吴建新虽贵为一家之主,却不能就分家事宜做主,只能就分家是否分配得合理这一问题向母亲吴张氏提出建议。

大户家庭一方面金银财宝很多,另一方面几个儿子都有本事,在分家时,无论家内是否团结,都需要撰写分家单邀请见证人,即找保甲长等人前来做主。无论中户还是小户,无论多子女的家庭抑或是少子女的家庭,如果兄弟之间和睦,相互团结,分家时一团和气,好好商量,有什么便分摊什么;若兄弟们实在不和睦时才需要找证人。中户、小户一般找本户族中能说会道的人担任证人。

4.家长或长辈做主分家

分家时一般是由上一代的长辈做主,不一定是家长做主,如果上一辈人已经去世或没有能力决定,则由家长安排。吴家第一次分家是由家长吴家发来做主,吴家第二次分家便是由吴家第三代老人吴张氏来安排。当时,吴张氏给两个儿子吴建新、吴建奎分配的家产数量差不多,吴建新的小家庭人多,儿女甚至已经结婚成人,劳动力多,而吴建奎虽已结婚,但没有生育孩子,劳动力少,吴张氏便将相对更好的房屋与田地分配给吴建奎,总之相对而言比较公平。当时家长吴建新仅有建议权,吴家其他家庭成员对此都表示服从安排。在吴家两次分家过程中,没有家庭外部成员参与吴家分家的过程,亲戚也未参加,即使白焕英的父亲和吴家关系十分要好,也未参与吴家的第二次分家。

大户、中户、小户若家庭和睦,则没有外人介入分家过程,只有家庭不和时才会有外人参与其中。三代同堂与四代同堂的家庭与一般的家庭相比,由于老一辈人尚在世,主要是由老一辈人做主分家,而不是由家长做主。吴家第二次分家时,作为三代同堂的家庭便是如此。在四代同堂的家庭中,如果最老的一辈人已经不理家务,则由其下一辈(即处于中间年龄层的)老人决定。

5."分官"

当地称分家单为"分官",保留一张存根,即分家的证据、把柄,自家人不能撰写"分官",必须找旁人帮忙写,一般找一个识字的中间人来撰写。家里有什么便写什么,有板凳就写板凳,有锄头就写锄头,大户家里如果有枪支弹药也需要写入。家中置办的大物品主要实行均摊原则,而对于零碎的小东西,有时兄弟之间还是会互相谦让一下。分家时首先谈及土地,其次谈及房屋,最后再谈及家庭的牛马、粮食、家具等。分家时,把东西分配给谁,便在"分官"上面签署上谁的名字,有两兄弟就写两兄弟的名字,有三兄弟就写三兄弟的名字,某些老人还会提出预留一些养老保险地出来。团结的家庭在协商一致之后便各自进行管理,指出一块地,你做多少,他做多少,有多少升种子,把种子平均分配,可以不写"分官"。而不团结的家庭在分家时,为避免分家之后相互扯皮,则需要签署"分官",将"分官"写好之后还需要盖章,即摁指印,然后几个兄弟便各拿各的家私,将家用器皿搬到各自的房屋中。有多少个兄弟,就要编写几份分家单,分别由分家后小家的家长进行保管。家庭外部成员中,除了作证人可以适当地提出建议以外,一般情况下不能参与分家契约的签订。

吴家第一次分家曾签署过"分官",将田土、家用器皿、牛马等内容全部囊括在其中,家里有多少人也要写清,并在分家的单子签署上吴万祥与吴万福的名字,每人各保存一份。但是最后这份契约没有发挥多大效力,吴万祥认为分配得不公平,便每天去纠缠父亲吴家发,后来吴家发将原本分配给次子吴万福的吴家水磨厂重新分给吴万祥。然而吴万祥最终将所有土地、房屋败光,将妻儿扔下逃跑,独自一人客死异乡。

吴家第二次分家时因为家中无金银财宝,只有几间烂茅草房,因此当时吴家没有撰写"分官"。吴张氏指出分家后吴建新一家住在哪里,吴建奎一家住在哪里,土地分布在哪里,家用器皿平均分,牛马大家各有一半股份,都有权使用,小型农具谁平时要使用谁就拿走。

在分家契约的签署上,不同类型的家庭具有一定的差异。大户由于家产较多,家庭中既有金银财宝,还有枪支弹药,因此无论这类大户家庭是否团结,在分家时都会撰写"分官"。此外,大户中还有一种情况,即老大担任首长,购买了枪支弹药,老二没本事,所以更需要签署"分官"。而中户家里无金银财宝,就只有几间房屋可分配,因此中户与小户一般在家庭不团结时才会写"分官"。

6.外界对家户分家的认可与保护

吴家第一次分家时,保甲长未进行干预,吴家将分家结果告诉李家坝保保长李克简和蛤蟆甲甲长唐映坤后,保甲长表示承认并更新了保甲册。吴家第二次分家是在土地改革运动时期,村庄层面不会对吴家分家一事进行干预,在吴家分家后,村庄会适当过问一声,最终村庄对吴家的分家结果表示认可,在征兵、纳税时按照分家后的家庭为单位计算。

吴家分家的两次过程中,县、乡政府的人都没有专门过问,但是在分家后,吴家由一个大家庭变为了两家,需要重新增加一个户头,分家后每户有多少人需要告知县、乡政府,最终县、乡政府对吴家分家的结果也表示承认。

(二)两兄弟继承家产

由于老父亲吴万福去世得早,生前没有订立遗嘱,因此儿子们默认拥有继承权,但是当时吴家并未进一步分家,所有人居住在一起,吴建新作为长子暂时负责管理家产。当1952年土地改革运动吴家分家时,家中的两兄弟(吴建新、吴建奎)都拥有家产继承权,而家庭外部成员则没有资格继承吴家家产。吴家家庭成员中,拥有继承资格的成员范围仅限于儿子,出嫁的几个女儿不能继承家产。在吴家,不同的继承人之间拥有同等继承权,吴家由长子吴建新与幼子吴建奎继承家产,两兄弟之间的继承权相等。但即便是儿子,最终也不一定可以继承家产。譬如吴家儿子吴建学入赘到别人家作为上门女婿,在"抱约"上写着永不归宗,即被视为主动放弃吴家家产的继承权。

四、家户过继与抱养

(一)过继次子吴万福

1.兄弟未生养

吴家中,吴家财与唐国英并未生育孩子,而长兄吴家发共生育两子一女,于是吴家发将次子吴万福过继给自己的弟弟吴家财。吴家发考虑到自己的弟弟与弟媳一直没有生育孩子,认为由吴家财抚育自己家的孩子更为妥当,所以才选择将自己的次子吴万福过继给吴家财。当时吴万福已经二十岁有余,这是属于兄弟之间的过继。吴家进行的过继行为是为了能够更好地赡养老人,以便吴家财两夫妻年迈时有人来负责赡养。

2.亲兄弟之子优先,过幼不过长

家户在过继时有一定的先后顺序,一般都会优先过继自己亲兄弟的儿子,首先询问自己的亲兄弟愿意与否,因为抚养别人家的孩子倒不如抚育自己家的孩子,无论如何,养育自己家的孩子始终会感觉更好一些。吴家当时便是如此,吴家发有两个儿子,因此吴家财优先选择过继自己兄长吴家发的儿子。

如果亲兄弟没有或只有一个儿子,再考虑过继同族的近亲,也有一部分家庭将外甥过继给自己的舅舅。还有一些家庭,自己本来有亲侄子,但兄弟之间关系不和睦,便不愿意过继自己的亲侄子,而去过继别家亲戚的儿子。在一家有几个儿子的情况下,出继时须遵守一定次序和规则,即"过幼不过长",一般人都不愿意将自己的长子过继给别人,而是优先选择年龄小的孩子。而作为有意愿过继他人孩子的人,也总是倾向于过继更小的孩子给自己,因为早点将孩子带回家抚养,自己能更早地进行管理教育,一般孩子会更听话。但当地的风俗既不会过继长子,也不会过继幺儿子,而是过继年龄处于中间段的儿子。吴家财当时便是选择过继哥哥的次子。

3.生父决定过继

吴家过继时,由出继者的亲生父母,即吴万福的生父吴家发主要决定是否出继,两兄弟相互商量即可,这一过继形式不需要给李家坝保的管理者(即保甲长)打报告。吴家的过继行为属于完全过继,由出继者的父母决定。针对这一过继形式,所涉及的吴家成员都曾商量过,过继后吴家发不再对吴万福进行管理,吴万福也不负责赡养自己的生父。在吴家,因为当时出继者吴万福已经长大成家,在出继时首先需要考虑吴万福的个人意愿,在吴万福同意的情况下才将其过继给自己的伯父吴家财。

(二)抱养

1.无子会抱养,无女多抱儿

大多情况下,没有儿子或完全没有孩子的家庭才会抱养别人的孩子,家中仅生育女孩的家庭有时还是会选择抱养,生育男孩后便不会再抱养。一般家庭也是去抱养别人家的男孩,如果当时抱养了一个女孩,就会另外招一个上门女婿到家里。抱养孩子的情况一般是双方家庭之前认识,两个家庭之间关系比较好,某家没有儿子且家庭条件比较好,而另外一家有多个孩子但抚育孩子十分困难,没孩子的这家人才会去找上门,询问能否将其中一个儿子抱养给自己。独子家庭一般不会把孩子抱养给别人。此外,吴家从来没有抱养过别人家的孩子。但是其他家庭抱养孩子的主要目的在于延续门第香火,其次是为了在年迈时有人赡养与照顾自己。

2.抱养看门户,优先抱近处

家户抱养孩子时,有一定的规则,即一般大户找大户,中户找中户,小户找小户。大户一般会嫌弃小户家的孩子没有本事、不能干,而且也不聪明。被抱养者的家庭一般儿女数量比较多,家庭生活状况比较艰难,养不起孩子。抱养者的家庭没有子女,或者只有几个女儿,家中无儿子,家庭条件比被抱养者的家庭稍微好一点。

此外,抱养孩子时也有一定的顺序考量。一般抱养时会优先抱养近处(即本保)的孩子,之后被抱养的孩子就不再是被抱养者家庭的成员,孩子会更名改姓,从此成为新家庭的家庭成员,与其他成员一视同仁,对于家产拥有同等继承权。

3.家长决定抱养,参考族长意见

家户抱养孩子时,由家长决定是否抱养,由于一般会抱养年幼的孩子,即刚出生或者几岁的小孩子,但孩子那时候一般还不懂事,因此不需要尊重孩子的意愿,主要是由两方的家长发挥主导作用,同时考虑其他家庭成员的意见。如果抱养的是孤儿,则与孩子的亲戚们商量即可。抱养一事需要提前告知本族的族长,一般情况下,族长会表示同意,因为抱养的儿子需要写入族谱,还需要加入清明会,清明会当天,族长会告诉大家,这是某某抱养的孩子。如果族长实在不同意抱养一事,该家庭就不抱养这个孩子,再重新选择抱养本族的孩子。抱养一事不需要特意告知保甲长。

抱养时,别人不需要给钱或物品。同时,抱养时也无须撰写契约。一般会由家长找族长充当中人,即证人。抱养需遵循一定的次序,例如一般不会将长子和幺儿子抱养给他人,而是抱养中间的儿子。抱养时一般不考虑孩子的意愿,主要由家长决定。

4.抱养后的处置

被抱养一段时间以后,有些年龄比较大的孩子若不愿意,可能会偷跑回自己的原生家庭。吴家附近有一个家庭,被抱养的孩子已经长大成人并结婚,家中的父母去世后,由于考虑到自己的原生家庭更好,不愿意在这家居住,便把自己的老婆孩子带上,返回自己出生时的家庭,亲生父母又重新为其租地、买地。一般情况下,如果被抱养孩子的家庭反悔,抱养孩子的家庭不会同意。如果实在迫不得已,孩子必须归还回去,抱养孩子的家庭就让这孩子的生父母赔偿几年的粮食钱,两家的关系与情谊也会从此破裂。

5.不同类型家庭在抱养孩子上的差异性

大户家庭抱养孩子的情况实属少见,第一任老婆不能生育孩子,会另外娶一个老婆来生育孩子,如果娶了三个或四个老婆都未生育孩子,再选择过继兄弟或同族的孩子。而中小户抱养孩子的情况相对较多。

五、家户赡养

(一)两位女性需赡养

1.儿媳妇主要赡养唐国英

赡养老人属于吴家家户内部事务,无论是从1935年开始赡养吴家第三代老人唐国英,还是1949年前后赡养吴家第四代老人吴张氏,吴家的家户成员均需要承担赡养责任。赡养唐国英时,平日里吴家全家人都可以给老人端茶递水,在唐国英生病时,大家都可以去找医生来给老人看病,费用由全家共同承担,嫁出去的女儿则无须承担,小孩在年幼无行为能力时也无须承担。唐国英没有生养儿子,吴万福是过继给唐国英的唯一孩子,但当时吴万福早已去世。因此吴张氏作为唐国英的儿媳妇,对于赡养唐国英一事负主要责任,唐国英去世时的后事也主要是由吴张氏进行料理。吴家之外的人一般不会进行干涉,只有在唐国英生病时,外人(如唐国英的娘家人)偶尔会进行干涉,让吴家请大夫给唐国英看病,其他情况下则一般不会干预。

2.两兄弟轮流赡养吴张氏

1949年前后,赡养吴家的第三代老人吴张氏时,由于吴张氏育有多个孩子,当全家人居住在一起仍未分家时,无论是已成家的吴建新、吴建奎、吴映国,还是儿媳妇与孙媳妇,都应承担责任。其中,吴张氏的两个儿子吴建新与吴建奎负主要赡养责任。入赘到别人家的二儿子吴建学以及已出嫁的几个女儿无须承担赡养责任,但在老人生病时,女儿们偶尔会回来照顾老人一段时间。当1952年吴家进行第二次分家后,吴张氏居住在哪一个儿子家,便由该儿子家对吴张氏负主要赡养责任。当吴张氏生病时,若居住在吴建奎家,便由吴建奎一家出医疗费,长子吴建新以及几个女儿也会前来对其进行照顾。在快要去世的前几年,吴张氏又返回到吴建新家居住,由吴建新一家供养吴张氏,负责照顾她的饮食起居,并在老人去世时负责处理后事。

(二)具体赡养形式

就赡养形式而言,1935—1952年期间,吴家全家人居住在一起,因而采用的养老方式是共同赡养。在赡养活动中,尤其在赡养老人唐国英时,由吴张氏主要负责照料,除家长外的其他家庭成员也可提出意见,但无权擅自决定。如何赡养唐国英,由吴家全家人商量即可,不需要告知四邻与保甲长。当吴家第二次分家后,由于只有一个老人吴张氏,由谁赡养吴张氏则取决于老人的个人意愿,也会适当和儿子们进行商量,老人愿意住在幼子吴建奎家,就由吴建奎主要负责赡养,后来老人愿意居住在长子吴建新家,便改由吴建新负责赡养。但吴家从未划分专门的养老地或者养老粮。

无论大户、中户、小户,都存在有些家中仅有一个或两个儿子、但老人却不愿意和儿子们居住的情况。于是便有个别家庭的老人划出专门的养老房与养老地,由哪一个儿子家主要负责老人的饮食起居、在老人生病时照顾老人、在老人去世后负责收埋老人,便将养老房、养老地、养老粮以及老人积攒的私房钱都分配给该儿子,不负责赡养老人的儿子则无权得到上述财产。

(三)养老钱粮

吴家没有为老人安排过专门的养老钱粮。最初唐国英与吴家的子代们居住在一起,子代人赡养她即可,不需要特意给老人留出养老钱粮。第二次分家时,吴家只有一个老人吴张氏,刚开始吴张氏愿意和幼子吴建奎一家居住,幼子一家则负责赡养,长子吴建新不会给吴张氏养老钱与养老粮。在几年后,吴张氏又愿意和长子吴建新一家居住,便由长子一家主要赡养,幼子不会给吴张氏养老钱粮。在养老钱粮方面,无论什么家庭,无论是大户、中户、小户,定时、定期给老人一定的养老钱粮都属于极个别现象,一般在分家时将老人分给哪一个儿子,就由该儿子一直供养与照顾老人。

(四)治病与送终

1.为老人治病

分家前,吴家全体成员是负责为老人唐国英与吴张氏治病以及照顾老人的实际承担者,老人生病后由家长负责支出。分家后,老人吴张氏生病时主要由其当时居住的儿子一家出钱给老人治病,其他儿子、儿媳妇也会前去照料老人,适当地出一点儿钱为老人看病,出嫁的女儿也会回家照顾,且女儿们照顾得时间更长,为其端茶递水,服侍其吃喝,为其洗澡、洗衣服。若吴张氏患小病时,儿女们一般当天看望老人后便返回自己家中。当吴张氏患大病时,儿女们则会停留三至五天,一直照顾她。

分家前,老人唐国英生病时去请医生以及生病所相关的一切费用主要由家长吴建新来负责开支,吴家除家长吴建新之外的内当家吴张氏在治病、照顾中能够发挥支配作用,如何治疗与照顾唐国英主要都是由吴张氏决定,除此之外的其他家庭成员只能够提出意见,不能擅自决定。分家后,则主要由吴张氏所居住家庭的家长负责安排如何治疗。

2.为老人送终

老人唐国英去世后,由于唐国英的个人情况相对比较特殊,去世时只有一个儿媳妇仍在世,则主要由儿媳妇吴张氏来安排丧葬事宜。丧葬的花费由吴家全家承担,家长吴建新负责支出,丧葬事宜不需要向保长请示。

吴张氏去世前居住在长子吴建新家,则主要由吴建新一家负责为吴张氏送终。棺材是之前早已准备好的,吴建新一家仅需出少量资金办丧事。但当时吴家家长已由吴建新变更为吴映国,所以由吴映国负责支出丧葬费。吴张氏的其他儿子以及几个已出嫁的女儿并不承担吴张氏的丧葬费,但会为老人缝制寿衣。

(五)外界对家户赡养的认可与保护

在村庄层面,由于吴家从未因为赡养老人一事产生过任何纠纷,对老人总是无微不至地照顾,因此村庄层面一直对吴家赡养老人表示认可。1949年以前,李家坝保保长和蛤蟆甲甲长对吴家如何赡养老人唐国英与吴张氏不会进行干预。新中国成立后,中元村、光明村的村干部也不会干预吴家如何赡养吴张氏。在政府层面,吴家的后代们一直勇于承担赡养老人的责任。因此,1949年以前的县级的平武县、青川县政府以及乡级的骑板团练所、骑板观联保、骑马乡公所不会干涉吴家赡养唐国英与吴张氏,新中国成立后的骑马乡政府与青川县政府也从未干预过吴家赡养吴张氏一事。

六、家户内部交往

(一)父子关系

1.权利义务对等

1949年以前,父亲对于儿子需要承担一定的责任,首先当然是抚养儿子们长大,其次便是需要负责给儿子娶媳妇,婚后家中房子若不足以容纳儿子、儿媳居住,则需要单独为儿子修房翎屋。此外,父亲还需向儿子教授谋生之道,并给儿子们积攒一定的家产。吴家的父亲吴建新有两个儿子:吴映国与吴映忠。在1949年以前,吴建新只负责为长子吴映国找媳妇,当时没有专门为长子娶媳妇修筑新房屋。此外,吴建新长期从事售卖食盐、木耳等生意,因此还会为长子传授自己的生意经,包括应该怎样看秤例、如何掌握各种物品的价格高低、如何判断各种货物值多少钱。至于幼子吴映忠结婚,是在1949年以后,两人属于自然结合成婚,吴建新并没有对其进行管理,但是吴建新为两个儿子都积累了一定的家产。作为父亲,吴建新可以随意役使儿子们,想要让儿子干什么,儿子便必须干什么,使唤儿子去背挑东西,儿子就必须去背挑,让儿子去下地干活,儿子就必须干活。

吴建新不会随意打两个儿子,但是吴建新会在儿子们做错事时责骂他们,例如本来三块钱能够买到的东西,结果儿子们用了五块钱才将其买到,就会挨骂。吴建新从来没有将儿子们逐出家门,也不会将儿子们卖掉。父亲吴建新所说的话,儿子们不一定会无条件服从。如果认为吴建新说的话不正确,长子吴映国偶尔会表示不服从。比如让长子上山放牛时,吴建新让其割一背篼草,但是当时家里本来还有一些草,长子就只放牛,不会割草回家,吴建新便会责骂长子吴映国:"你一不积肥料、二不给牛喂草,你连割草都不会吗?"有些时候吴建新说得比较过火时,长子也会偶尔向父亲顶嘴几句。当父亲吴建新做了错事,比如有一次吴建新出门做生意时,与他人打牌将做生意的钱输光甚至还借了外债时,儿子们不可以批评他,无论父亲做得对还是不对,毕竟父亲是大人,也有自己的颜面,小孩不会随意批评自己的父亲。

过去,给孩子购买各种物品,孩子做错事情时适当地进行教育,但不轻易打骂孩子的父亲是好的父亲。无论孩子对错,都经常打骂孩子,即使事情过去很久之后,还会经常责骂孩子的父亲是坏父亲。作为一个好儿子,无论父母说什么,都应尽量保持沉默,不要与父母顶嘴。

无论大户、中户、小户,父亲都应负责抚养儿子长大,教会儿子一些道理,教导孩子做一个好人、不要去做坏事,并负责给儿子娶媳妇,给儿子预留家业。而大户的父亲对于儿子的责任较中户、小户更多,且应当给儿子娶一个更好的儿媳妇。大户、中户、小户都没有买卖过儿子,只不过中户、小户在养育不起儿子时,更倾向于将儿子交由他人抚养。当儿子不争气时,大户、中户、小户都会打骂儿子,小户经常无理由地、无论孩子对错,都去打骂孩子。而大户相对而言会更理性地教育儿子,但在儿子犯大错误时,某些大户甚至会将儿子捆绑起来,用棍棒打儿子甚至要把儿子驱赶出家门。在某些大户人家,对于父亲所说的话,儿子不一定会无条件服从。尤其是父亲不务正业时,儿子会阻拦、批评父亲,甚至有时候儿子还会和父亲互相争吵、打骂。多子女的家庭比少子女的家庭更倾向于把儿子交给其他家庭抚养,而不是由亲生父亲将儿子抚养成人。而在少子女的家庭中,父亲一般愿意从始至终抚养自己的儿子长大。此外,多子女的家庭因为养育多个孩子比较辛苦,更容易打骂儿子,少子女的家庭则一般不舍得打骂儿子。

2.日常关系融洽

平时吴家的吴建新与吴映国、吴建新与吴映忠两对父子之间关系都比较融洽,一般不会开玩笑,说一是一、说二是二,不会嘻嘻哈哈,但是父子平时会在一起喝酒。上桌吃饭时,吴建新经常会给儿子们斟酒,在儿子们还小的时候,吴建新会给儿子夹菜,儿子们有时会给吴建新斟酒,等到儿子们长大成人时也会给吴建新夹菜。吴建新外出做生意回家,长子吴映国会亲自将白开水、黄酒端到父亲吴建新手里,如果当天不上桌吃饭,长子首先会给父亲吴建新舀一碗饭,盛满肉与蔬菜,并将其端到吴建新手里。吴家父子之间经常会聊天,吃饭时、冬季烤火时、上街赶集做生意时、上坡干活时都会聊天,总之,两人在一起时就会聊天。

吴家儿子们非常害怕父亲吴建新,如果吴建新脸上面带笑容,儿子便不那么害怕父亲,当吴建新脸色不太好时,儿子们就会感到比较害怕。平时无论遇到什么事情,吴映国都会选择告诉父亲。在儿子们看来,吴建新相对比较容易相处,生活上对儿子们表现出无微不至的关心。

在日常交往关系上,不同类型的父子关系无太大差异。大户、中户、小户中,许多父子关系都很不错,但也有些父子关系不太好。不同人口规模的家庭的父子关系则有一定的差异。在多子女的家庭中,相对来说父子之间更容易产生矛盾并发生争吵,导致父子关系不太好。而在少子女的家庭中,父子关系相对来说会更加融洽。

3.无大冲突,偶尔发生小冲突

吴家父子之间没有发生过大型冲突,即使是小型冲突也极少发生。长子吴映国长期与父亲吴建新生活在一起,仅在一些小事上面,长子偶尔会顶嘴几句,或者直接走开,尽量避免与父亲吴建新产生正面冲突。一般即便发生冲突,吴家也是选择在家内解决,作为妻子和母亲的白焕英偶尔也会帮丈夫吴建新训斥吴映国几句,不需要外人介入其中。吴建新与幼子吴映忠生活在一起的时间相对更少,父子之间更没有机会发生冲突。

当地的其他父子之间发生小冲突时,外人一般不会介入,"闲事不管,走路伸展"。当父子冲突十分严重甚至发生肢体冲突时,亲戚或者关系特别好的邻居偶尔会介入其中,当知晓是谁犯错后,邻居们便帮忙数落谁,父亲不对就责怪父亲,儿子不对便数落儿子,保甲长则不会介入。吴建新的干亲家经常数落自己的儿子们,家里祖宗几代父子关系都不好,有时还拿板凳、斧头等打儿子,儿子也会直接反抗。在冲突关系上,家庭的类型和人口规模对父子关系没有太大影响,冲突的发生取决于各个家庭的具体实际情况。总体而言,父子之间产生冲突的家庭毕竟属于少数。

(二)婆媳关系

1.权责统一

老人婆对于儿媳妇需要承担一定的责任,需要指导儿媳做家务,儿媳做不成什么,老人婆便负责教会儿媳做什么。儿媳妇嫁进门后,老人婆首先要观察儿媳是否会做饭,不会做饭就教其怎样做饭,包括如何烧菜、煮肉。此外,老人婆还会观察儿媳是否会一些基本的手工活,如做衣服、鞋子,如果儿媳妇不会做,老人婆还会手把手教她们每一针如何缝纫。在儿媳妇坐月子时,老人婆还会负责照顾儿媳妇。在吴家,作为老人婆的吴张氏需要指导儿媳妇白焕英和唐映秀做家务,对于某些她们不懂的地方,吴张氏还要亲自给她们做示范。同时,两个儿媳妇坐月子时,吴张氏还需要给她们做饭。在吴家的另一对婆媳关系中,李成秀过去在娘家负责放牛和在家照顾孩子,刚嫁到吴家时什么家务都不会做,因此作为的老人婆白焕英会指导自己的儿媳妇李成秀如何做家务,比如怎样做饭、洗锅、打扫卫生。

在吴家,老人婆可以随意役使媳妇,老人婆让儿媳妇干什么,儿媳就必须干什么。白焕英为人十分能干,既会做家务,又会做手工活,农忙时还会上坡干活,总之样样都会,内外都可以。有些活儿媳妇白焕英会做,老人婆吴张氏反而不会,因此需要吴张氏给白焕英指导的情况极少。且白焕英非常机灵,一般情况下未等到吴张氏提出某事,白焕英就已经主动着手去做了。此外,儿媳妇唐映秀也比较能干。因此吴张氏没有打骂过自己的两个儿媳妇。而李成秀嫁入吴家之初,什么家务都不会做,既不会做饭,也不会缝补衣物。吴张氏作为奶奶辈一般会轻言细语地教导李成秀,一般不会责骂她。但白焕英作为李成秀的老人婆,则看不上李成秀,认为李成秀完全比不上自己,使唤她做这样也做不成,做那样也做不成,因此经常责骂儿媳妇李成秀,但她从来没有打过儿媳。其他家庭的部分老人婆比较严厉,儿媳妇既不会扯猪草,也不会生火做饭,此时有些老人婆会打骂儿媳,甚至有一部分老人婆还会将儿媳驱赶出家门,宁愿让儿子成为光棍,也不愿让这类儿媳待在家中,但是这种情况极其少见。

对于老人婆说的话,儿媳妇必须无条件服从,无论老人婆说的话正确与否,儿媳妇都需服从。老人婆白焕英教育儿媳妇李成秀时,作为儿媳妇的李成秀不会向老人婆顶嘴,因为自己确实本来就什么都不会,老人婆一般教育得比较有理。在其他家庭,如果老人婆与儿媳两人都比较能干,甚至儿媳比老人婆更能干,若老人婆数落儿媳,儿媳可能会顶嘴。过去,尽量不打骂儿媳妇或者较少数落儿媳妇的老人婆是好的老人婆,儿媳刚嫁进门便经常打骂儿媳的老人婆不太好,儿媳不尊敬这种老人婆,旁人也不拥护这种老人婆。而好儿媳要有眼力见、嘴甜,无论什么时候看见老人婆都会笑眯眯的[1],尊敬地称呼老人婆,关心、孝敬老人婆,平时听话且能干,无论老人婆指挥儿媳干什么,儿媳都会做。反之,不好的儿媳类型是无论老人婆指挥她干什么,她都不会做,且为人非常懒惰,无论什么时候看见老人婆,既不喊人[2],也不笑,板着一张脸。如果亲戚们来家里做客时,儿媳花费很长时间却无法将饭煮熟,即使将饭菜做好,也不像样,那么即便亲戚、邻居也不拥护这种儿媳妇。

在权利义务关系上,不同类型与人口规模的家庭中的婆媳关系有一定的差异。大户人家的儿媳妇一般在娘家时就被教导得非常能干,不太需要老人婆来亲自教导,但老人婆也要负责在儿媳坐月子时进行照顾。附近大户人家的老人婆一般没有打骂过儿媳,如果老人婆总是指责儿媳,很可能导致儿媳一气之下离开婆家。而中户、小户的老人婆打骂儿媳妇的情况比较多。总体而言,大户、中户、小户的儿媳都比较听老人婆的话。无论多子女的家庭,还是少子女的家庭,在每个媳妇坐月子时,老人婆都要负责照顾儿媳妇。

2.日常关系多数佳,部分婆媳关系差

在平时相处过程中,吴家几对婆媳关系都比较融洽,婆媳之间不会开玩笑,不会嘻嘻哈哈,而白焕英与李成秀这对婆媳之间关系则不太好,因为老人婆白焕英经常教育、责骂儿媳李成秀,两人从来不会开玩笑。吴家的几对婆媳都会一起做家务,能做饭就做饭,能扫地就扫地,一般不会出现老人婆在旁边玩耍,仅让儿媳一人做家务的情况。此外,吴家的几对婆媳在

---

① 笑眯眯的:面带笑容。
② 喊人:和他人打招呼。

吃饭与烤火时都会经常一起聊家常。

　　儿媳白焕英和唐映秀嫁入吴家的前几年,比较害怕老人婆吴张氏。因为二人刚嫁进吴家门,还不了解老人婆的性情,就感觉比较害怕,相处久了,婆媳之间相对比较了解对方的秉性之后,便不像以前那样害怕了。白焕英和唐映秀认为老人婆吴张氏比较容易相处,两人有心事时也会告诉吴张氏。而李成秀在从1949年嫁进门至1953年的几年中,一直非常害怕老人婆白焕英,李成秀不会做饭,老人婆白焕英就会将牙齿紧紧地咬住,指指点点地对李成秀说:"你啊,连饭都做不成!生火也生不来!"直到白焕英1953年去世后,李成秀对老人婆的畏惧感才逐渐淡化。李成秀认为老人婆不太好接近,每当有心事时,如果告诉老人婆白焕英,白焕英可能还不愿意听。因此李成秀有什么事情一般不敢告诉白焕英,只会在背后谈论老人婆很歪①,和其他家里刚嫁进门的新媳妇干活时一起评价自己的老人婆,或者悄悄地与自己的丈夫吴映国聊心事。

　　在日常交往关系上,不同类型和人口规模家庭的婆媳关系呈现出一定的差异性。大户人家的媳妇相较于中户、小户而言,儿媳妇大多比较聪明,一点就通,老人婆看得起②儿媳妇,总体而言,婆媳关系比较融洽。而中小户人家的婆媳关系不是普遍都好。无论是大户、中户、小户,毕竟老人婆是上一代人,儿媳妇都会有一点儿畏惧老人婆,对于老人婆发出的指令都必须服从。多子女的家庭,比如家中有五个儿子,五个儿媳就可能有五种想法,思想不一致,这时一般儿媳妇容易与老人婆产生矛盾,导致婆媳关系不太好,一般家中娶了两个或三个儿媳妇后家庭就开始分家。而在少子女的家庭中,婆媳关系相对而言会更融洽。

3.冲突关系及调适

(1)婆媳冲突

　　吴家在几对婆媳之间产生冲突后,都是在家内解决。吴张氏与白焕英、唐映秀这两对婆媳没有发生过大冲突,仅仅因为一些小事偶尔争嘴③。当吴张氏与白焕英这对婆媳偶尔争嘴时,白焕英的丈夫吴建新往往选择沉默。而吴张氏与唐映秀这对婆媳偶尔争嘴时,家长吴建新以及唐映秀之夫吴建学偶尔也会指责唐映秀几句:"本来是你做得不对,你还不爱听,不要和妈争嘴!"由于唐映秀一直没能成功养活孩子,老人婆吴张氏偶尔数落唐映秀几句,唐映秀会尽量保持沉默,不去顶嘴。

　　而老人婆白焕英经常会咬牙切齿地责骂儿媳李成秀,偶尔还会指指点点,有时一天会责骂两三次,尤其是在烹饪饭食时会经常出现这种情况。吴家让儿媳李成秀做饭,她煮很长时间却没把饭煮熟。有时家人们让李成秀做稀饭,她偏要煮成干饭,或者煮的数量太多,总是出现浪费粮食的现象。老人婆白焕英教育儿媳时,作为家长和公公的吴建新偶尔也会帮妻子指责儿媳李成秀几句,然而李成秀的丈夫吴映国一般会保持沉默,认为父母教育得正确。如果白焕英责骂儿媳李成秀的次数太多或时间过长,老一代的吴张氏有时会进行干预,让白焕英少说几句,之后慢慢教李成秀做家务即可。而白焕英有时会对此表示不满意,甚至向自己的老人婆吴张氏顶嘴,认为自己教育自己的儿媳妇李成秀这件事没什么错。

---

① 歪:严厉。

② 看得起:认可。

③ 争嘴:争吵。

（2）外人对吴家婆媳冲突的态度

①吴家婆媳发生冲突后娘家人态度

当吴家老人婆把儿媳数落得比较严重时,有些儿媳妇的娘家人知道后,也会介入,说:"我的女儿又不是在家里偷奸耍滑,你一天没事凭什么总是骂她?"因为白焕英的母亲经常居住在吴家玩,一个月中至少在吴家居住十天半个月,对吴家的情况比较了解,一般不会开口插话。而唐映秀的娘家人很少来吴家居住,当吴张氏把唐映秀数落得比较严重时,唐映秀将此事告诉娘家人后,其娘家人就会告诉吴张氏:"你不要对我家那个女儿太刻薄了哦!不要经常唠唠叨叨!"而老人婆白焕英经常数落儿媳李成秀,但儿媳的父母一般不会插手,因为他们知道自己的女儿属于哪一种人,是什么类型的性格,一般都是自己女儿做得不对。因此他们非但不会帮自己女儿说话,反而会告诉白焕英,让白焕英好好教育李成秀。他们认为自己以前没有将女儿教育成人,女儿什么都不懂,嫁入吴家门以后,吴家人就好好教育她,让她好好学习做家务。

②吴家婆媳发生冲突后亲戚态度

有些亲戚(如家长吴建新的干亲家)知道吴张氏与白焕英两婆媳争嘴后,会建议儿媳白焕英不要和老人婆吴张氏一般见识。如果吴张氏偶尔数落白焕英,就任由她说去吧,白焕英听着便是了。此外,亲戚们也会劝导白焕英不要经常数落自己的儿媳妇李成秀。

（3）婆媳关系各不同

大户人家的儿媳妇一般都十分能干,老人婆没有理由与儿媳妇争吵,婆媳之间更不会发生肢体冲突,吴家附近的大户几乎没有出现过婆媳吵架、打架的情况。中户、小户的儿媳妇不太能干,婆媳之间有时会吵架。如果媳妇为人能干,则老人婆反而会巴结儿媳妇,担心儿媳妇离开这个家庭。当儿媳妇性格太暴躁、对老人婆不尊敬时,全家人包括公公、丈夫等都会站在老人婆一方,打骂儿媳妇,并通过分家把这个儿媳妇分出去,不允许她和老人婆居住在一起。相比少子女的家庭,多子女的家庭由于儿媳妇比较多,婆媳之间更容易发生冲突;而在子女少的家庭,老人婆一般会倍加珍惜儿媳。

（三）夫妻关系

1.权利义务一体性

丈夫对于妻子需要承担一定的责任。妻子生病时,丈夫要找先生给妻子看病。吴建新对于妻子白焕英的责任在于:吴建新主要负责赚钱养家,在妻子生病时,吴建新需要去找人来为妻子看病,为妻子请医生、熬药、端饭。白焕英坐月子时,吴建新也会照顾妻子。吴映国对妻子李成秀也肩负着一定的责任。上坡干活时,有些活妻子李成秀干不了,丈夫吴映国会帮自己的妻子干,李成秀拿不起重物时,吴映国会帮着拿。如果母亲白焕英将妻子李成秀数落得太严重,吴映国也会私下安慰自己的妻子。母亲白焕英安排李成秀做某事时,吴映国会背着母亲,私下去帮李成秀做事情。

无论丈夫吴建新说什么,只要他说出口,妻子白焕英都会尽量照做。但吴建新非常喜欢喝酒,喝醉酒后夫妻二人便容易吵架,两人吵架严重时会互相打骂,不仅在家里打架,上街做生意时两人也打架,一般就是扇几个耳光,或者在背部敲打几下,但不会用棒打。对于丈夫吴建新说的话,妻子白焕英虽然不会无条件服从,但绝大多数情况下会服从,除非吴建新所言确实非常不正确时,白焕英不仅不会服从,还会责怪甚至骂吴建新几句。当吴建新做了错事,尤其是他平时在街上做生意时,经常与他人一同饮酒,喝醉之后,在街上经常和他人吵架,妻子白焕英会去劝架,顺便批评吴建新几句。有一次吴建新正是因为喝醉酒后与他人打牌,将所有做生意的本钱输光并因此负债,等到回家后,白焕英狠狠地数落了丈夫吴建新一番。

过去,丈夫应做的百分之七十以上的事情上都能干、尊重妻子、不与妻子吵闹的丈夫是好丈夫。相反,什么都不会做,还经常与妻子争吵,整天只知道吃喝玩乐,妻子批评他却不愿意听的丈夫,甚至还在外面有外遇,则不是好丈夫。反之,什么都会做,既会做饭、做针线活,又会赶集,尊重老人婆,内外皆行的妻子是好妻子。在吴家,白焕英便是如此,内外都可以,既对家里人热情对待,对待外人也笑脸相迎。而李成秀在嫁入吴家之初,什么都不会做,不属于好妻子的行列。之后李成秀通过在吴家不断学习,最后也锻炼成一个各方面都不错的好妻子。

2.日常关系相对和睦

平时吴建新与白焕英夫妻之间关系挺不错,但一旦吴建新喝醉酒后,两人关系便不太好,容易吵架甚至打架,等到吴建新酒醒,意识到自己的错误后,便会主动向妻子白焕英认错,妻子便劝导他以后少喝酒,尽量不要和他人吵闹,两人关系就又和好如初了。不过夫妻二人在相处过程中一般不开玩笑。吴建学与唐映秀夫妻关系很好,两人喜欢开玩笑,互相逗乐,但结婚短短几年后唐映秀便因病去世。吴映国与吴建奎均于1949年娶妻,吴建奎与廖林秀两夫妻之间关系非常融洽,廖林秀是个非常能干、贤惠的妻子。作为丈夫的吴建奎非常听妻子廖林秀的话,妻子廖林秀让吴建奎干什么,吴建奎便去干什么。吴映国与李成秀两夫妻之间关系也很好,但夫妻之间不会开玩笑。吴家的几对夫妻都会经常聊家常,白天在一起会聊天,吃饭时会谈笑,晚上睡觉时也会唠嗑,夫妻之间每天会聊各种琐事,到哪里去见到了谁,发生了什么事情。如果夫妻之间平日不聊天,便不算是夫妻,便不会同床共枕,两人关系便处于濒临破裂的边缘。

吴家的几个妻子们刚嫁入吴家之初,都比较害怕丈夫。白焕英刚嫁到吴家时,比较害怕丈夫吴建新,后来两人相处久了,生下一男半女后,便不再害怕丈夫。白焕英无论有什么心里话都会告诉丈夫吴建新,就连出售一两或者半斤酒、收了多少钱或者做了什么事情都会告诉吴建新。李成秀刚开始有点儿害怕丈夫吴映国,之后在一起相处久了,反而是吴映国害怕妻子李成秀,原因是妻子生孩子太辛苦,怀孕以后还要上坡干活,生孩子当天还在打麦子、割麦子,孩子生下来几天以后,自己还要起来煮饭、烧水。李成秀无论有什么事都会告诉丈夫吴映国,今天做了什么事情,明天要做什么事情,被老人婆白焕英数落了,也会在吴映国面前抱怨几句。在妻子李成秀看来,吴映国很好相处。

在日常交往关系上,不同类型和人口规模家庭的夫妻关系表现出一定的差异特征。大户人家的妻子、丈夫通常都很能干,一般来说夫妻之间都很和睦,两人互相好好商量、安排,才能雇到常年伙计到家帮工。若大户中夫妻两人关系不好,则不能支撑起这个家庭,便不可能雇到常年伙计,因为伙计们一般不愿意帮夫妻关系不和的大户家庭干活。中户、小户家庭中,妻子或者丈夫一方不能干,就可能导致两人之间关系不好。相比少子女的家庭,多子女的家庭有时会因为家里孩子多,养育孩子非常困难,两人之间互相埋怨,也有可能因为家中兄弟姊妹太多而导致夫妻关系不太和睦。

3.吵架打架他人劝

吴建新与白焕英两夫妻经常因为吴建新喝醉酒一事吵架甚至打架。如果是在家中争吵，老一辈的唐国英、吴张氏会出面劝导。因为犯错一方通常是吴建新，所以吴张氏会责怪自己的儿子吴建新，不会数落媳妇白焕英。而唐国英作为家中最年长的一代人，会劝导安慰白焕英："孩子们已经长大了，夫妻吵架不太好，家庭和谐相处会更好一些。"白焕英的娘家人看到二人吵架偶尔也会数落吴建新几句。如果吴建新与白焕英是在街上做生意时吵架或者打架，很多人便前来看热闹，外人尤其是亲戚们看见后会劝架，把两人拉开，让二人不要再继续争吵。如果被保甲长上街赶集时看见，保甲长也会出面，指出是谁的不对。尤其是幺大管司经常与吴建新喝酒，和吴家关系比较好，所以经常会劝导吴建新。吴建学与唐映秀两夫妻偶尔打过架，即便是唐映秀的不对，吴张氏一般也不会数落媳妇唐映秀，只会教育自己的儿子吴建学。而吴建奎一直非常听老婆廖林秀的话，所以两人不会吵架或打架。

在冲突关系上，不同类型和人口规模家庭的夫妻关系具有一定差异性。大户人家夫妻之间吵架、打架的情况非常少，在家里可能会由于一部分粮食未收割回家等事情而吵架，但绝不会在大街上争吵。而中户夫妻吵架、打架的情况属于一般，不多不少。小户则经常发生争吵，夫妻之间可能因为生活很难周转经营，长期不生育孩子，或者由于没有良好地养育、照顾孩子而发生冲突。在多子女的家庭中，夫妻之间可能因为养育不起孩子而吵架，也可能由于孩子找不到对象或不太容易找对象而发生争吵，或者因妯娌关系、挑拨兄弟关系等多种多样的原因而吵架甚至打架。在少子女的家庭，引发冲突的事由会相对少一些。三世同堂、四世同堂的家庭较一般的小家庭而言，由于老人的存在，争吵会发生得少一些，因为吵架时老人会出来劝导、教育其中一方。而一般的小家庭中只有两夫妻，即使发生冲突，也没有老人进行劝导。此外，家中所有事情只有两个人负担，没有老人帮忙承担，经营生活非常辛苦，当面临的各类事务特别烦琐时，两夫妻也容易发生争吵。

（四）兄弟关系

1.长兄如父

父亲去世后，长兄如父，兄长尤其是长兄对于弟弟需承担的责任较多。吴家的老父亲吴万福很早便因病去世了，给儿子们留下了一笔家业，兼具长子与长兄等多重身份的吴建新成为吴家家长。二弟吴建学当时虽已成婚，但仍与哥哥吴建新居住在一起，而幼弟吴建奎当时年幼，虽然几个兄弟的母亲吴张氏在世，但是吴建新仍需要抚养未成年的弟弟吴建奎长大，并和母亲吴张氏一起负责给幺弟定亲、娶妻。吴建学的第一任妻子唐映秀因病去世后，在二弟吴建学入赘到别人家成为上门女婿一事中，作为兄长的吴建新在很大程度上为其做主。平时兄长可以役使弟弟，吴建新指挥弟弟们把什么东西背回家，拿一下物品，把谁吆喝一声，弟弟们一般都会去做。吴建新让弟弟们做事情时，吴建奎年纪较小，会很听话地去做，哥哥吩咐后，已经结婚的吴建学一般也会做，但是吴建学做事情的速度可能会相对较缓慢，不如吴建新使唤自己的儿子们做事情时那般迅速。因为母亲吴张氏还在世，一般由吴张氏教育弟弟，吴建新不会打骂弟弟。

吴家兄长所说的话，弟弟们大都会无条件服从，在极少数情况下也会不服从。如果吴建新使唤弟弟们做事，弟弟们实在不去便算了，吴建新又找自己的儿子去或者自己亲自去。当长兄吴建新喝醉酒后打牌将钱输光时，成年的弟弟吴建学也会稍微说吴建新几句："我们在家辛苦干活,你在外面做生意本来是为了整个大家庭,结果你却在外面打牌胡搞!"但二弟不会严肃地批评长兄吴建新。过去,爱护兄弟、不随意打骂兄弟的兄长是好兄长,经常责骂兄弟、在心情不好时还会打兄弟的哥哥不是好哥哥。反之,尊敬兄长、热情地称呼"哥哥"、听兄长的话、兄长让弟弟干什么就干什么、不对哥哥顶嘴的弟弟是好弟弟。

在权利义务关系上,不同类型家庭的兄弟关系比较相近。无论大户、中户、小户,在父亲去世后,兄长都要负责为弟弟成家、娶媳妇,在弟弟不听话时,兄长便会打骂弟弟。但在中户与小户中,兄长打骂弟弟的现象更多。

2.日常关系十分亲热

在吴家,平时吴建新与吴建学、吴建奎几个兄弟之间关系很融洽,吴家的所有兄弟之间都不会开玩笑,不会相互打闹。两个弟弟称呼哥哥吴建新时都很亲热,三兄弟经常一起喝酒、聊天,有什么事情几个兄弟们都会相互商量。但弟弟们比较害怕长兄吴建新,一方面是由于吴建新是一家之长,另一方面是因为哥哥吴建新年龄大,弟弟们年龄偏小一些。两个弟弟无论走哪儿去干什么事情,都会把平时的所见所闻告诉兄长吴建新。

吴映国与吴映忠两兄弟的关系也很好,会一起吃饭喝酒,经常一起聊天。吴映忠遇到什么事情也会告诉哥哥吴映国,比如到哪里去,到别人家吃了什么、喝了什么,在外面有人打他、骂他等都各种事宜都会告诉哥哥。但另一方面,吴映忠小时候十分害怕哥哥吴映国,因为自己当时年级尚小,没本事干活。

在日常交往关系上,不同类型和人口规模家庭的兄弟关系无显著差异。无论大户、中户、小户,因为哥哥年龄大些,弟弟在结婚前一般都比较害怕哥哥,结婚后自己安家并与哥哥分家后便不再害怕哥哥。不过相比于中小户而言,大户家庭的弟弟更听哥哥的话。

3.彼此珍惜无冲突

吴建新与吴建学、吴建奎兄弟之间没有发生过冲突,既未争过嘴,也未打过架。如果吵架,二弟吴建学结婚之后就会立马与哥哥吴建新分家,但事实上二弟在入赘到别人家之前,一直与兄长吴建新居住在一起。吴映国与吴映忠两兄弟相依为命,没有其他兄弟姐妹,所以二人格外珍惜彼此,没有发生过任何冲突。

在冲突关系上,不同类型和人口规模家庭的兄弟关系有些许差异。较之于大户和中户,小户由于家庭十分贫穷,兄弟之间容易因小事吵闹。发生争吵后一般是在家内解决,父母在世时便是父母调解,会劝导哥哥几句,因为弟弟年龄还小,还不懂事,让哥哥不要和弟弟一般见识。若父母已不在世则是由同族或者其他亲戚、附近的邻居出面,但只有在兄弟们吵得比较严重时才会进行劝导,保甲长一般不会插手,除非居住在保甲长家附近,保甲长才会出面阻拦。多子女的家庭与少子女的家庭相比,兄弟之间更容易产生冲突,容易争嘴吵架。与一般的小家庭相比,三世同堂、四世同堂的大家庭因为有老人在世,老人会劝导两兄弟,尽量调解兄弟之间的关系,让兄弟之间尽量和睦相处。而一般的小家庭的兄弟之间相对而言更容易产生矛盾与冲突。

(五)妯娌关系

在吴家,由于白焕英是长媳兼内当家,当二弟媳唐映秀做得不对时,白焕英偶尔会教导她。幺弟媳廖林秀刚过门时,有什么不懂的地方,白焕英有时也会指点她。白焕英会安排弟媳们做事情,假如今天有什么事情,白焕英便指挥弟媳:"你快去把这个给做了,去把什么给背回来。"弟媳们有什么事情做得不对时,白焕英至多只会轻言细语地说她们几句,不会打骂她们。白焕英说的话,两个弟媳一般会听取,因为白焕英是内当家,她们不敢不听。但对于嫂子白焕英的话,弟媳不会无条件服从,有时候嫂子说得不对时,弟媳偶尔也会不听,若实在不听,此事就算了。

平时吴家妯娌之间,即白焕英与唐映秀、廖林秀之间关系十分融洽。同住一个屋檐下,妯娌之间经常会一起聊天,平日里妯娌之间有时会互相开玩笑、取笑对方,但这种情况相对较少。因为白焕英为大,两个弟媳有时会害怕嫂子白焕英,尤其是弟媳们做得不对时,会害怕白焕英指责她们。弟媳们若有什么心事,在一起聊天时便会告诉白焕英,大家一起商量。在弟媳们看来,嫂子白焕英比较容易相处。平时妯娌之间几乎没有出现争嘴盘舌的现象。其他家庭妯娌之间如果发生冲突,若是嫂子不对,家庭成员就站在弟媳那方数落嫂子;反之,若是弟媳不对,家庭成员就站在嫂子一方数落弟媳。

过去,尊重兄弟和弟媳、说话轻言细语、不吵不闹的嫂子属于好嫂子;对弟媳不好、经常随意骂弟媳的嫂子则属于不好的嫂子。反之,尊重哥哥和嫂子、听嫂子的话、关心嫂子、嘴巴乖巧、热情称呼嫂子的弟媳是好弟媳;不关心嫂子、见到嫂子不说话、对嫂子说话粗声粗气的弟媳则是不好的弟媳。

在权利义务关系上,不同类型家庭的妯娌关系无明显区别。分家前,无论大户、中户、小户,弟媳都要听嫂子的话,但分家后,便不会再听嫂子的话。在冲突关系上,不同类型和人口规模家庭的妯娌关系具有一定的差异。大户的妯娌关系一般比中户、小户的妯娌关系更好一点,更少产生冲突,而小户的妯娌之间则经常因为鸡毛蒜皮的小事吵架。较之于少子女的家庭,多子女的家庭由于家中存在多对嫂子与弟媳,平日里妯娌之间更容易产生矛盾,今天和大嫂争吵,明天和二嫂争吵。相比一般的小家庭而言,三代同堂与四代同堂的大家庭家中事务更烦琐,家庭关系更复杂,妯娌之间更容易出现小摩擦。

(六)兄妹关系

吴建新与幺妹(即吴家"三女子")两兄妹之间关系甚好,由于父亲早已去世,妹妹出嫁的一切事宜都是由长兄(即家长吴建新)来安排。幺妹平时非常听吴建新的话,吴建新说什么便是什么。由于吴建新是家长,因此妹妹比较害怕哥哥吴建新,无论吴建新所说正确与否,幺妹都会听取。两兄妹之间从未吵过架,吴建学从来没有打骂过妹妹。在大户家庭中,兄妹之间关系也很好,凡事会相互商量,无论兄长是否是一家之长,因为兄长年龄大,妹妹都会害怕哥哥,兄妹之间几乎不会吵架。而在中户、小户家庭,有时妹妹不懂事,会顶撞兄长,兄妹之间发生吵架、打架的情况相对较多。

(七)叔嫂关系

嫂子白焕英与两个小叔子吴建学、吴建奎关系很好。无论白焕英说什么,小叔子们都会听,因为白焕英是内当家,小叔子们相对比较害怕嫂子白焕英。白焕英让小叔子做什么,他们便做什么。平时叔嫂在一起吃饭、烤火时经常聊天,白焕英非常关心两位小叔子,会笑着询问他们平时去哪里干了什么,平时在一起会互相开玩笑,尤其是在吴建奎小的时候,白焕英经常喜欢逗乐吴建奎。白焕英从来不会打骂两位小叔子,叔嫂之间从来没有争嘴、吵过架。大户中叔嫂几乎不会吵架,而中户与小户中嫂子和叔叔吵架的情况相对比较多,嫂子稍微多说小叔子几句,两人可能就会争吵起来。与少子女的家庭相比,多子女的家庭由于家中人非常多,家庭关系非常复杂,嫂子更容易和小叔子产生冲突、发生争吵。

七、家户外部交往

(一)乡保邻里关系

保甲长收庄稼、打锣鼓草时,吴家才会去帮几天忙,就当凑个热闹。保甲长筹办红白喜事时不会找吴家帮忙,住得比较远的邻里(如五里、十里之外的家庭)筹办红白喜事也不会找吴家帮忙,但是需要劳力帮忙时,本保的人有时会找到吴家。

本乡、本保的中户与小户一般会和吴家来往,且大家都是平等交往,吴家与同乡、同保的百分之八十以上的家庭关系比较好,乡保的邻里有红白喜事时,吴家偶尔会去坐席①。别人途经吴家门口,吴家成员们便会招呼他们来家中做客,给他们发烟抽、倒黄酒喝。同样地,吴家去别人家时,也有肉吃,有酒喝,两家人多来往几次便成了朋友。吴家在蛤蟆场做生意,与乡保邻里接触的机会比较多,同乡、同保的家庭缺哪门②,便会到集市购买。吴家人对邻里的客人们态度非常热情,客人们大老远地走来购买物品,吴建新、白焕英就欢天喜地地迎接他们,吴建新还会给他们找烟抽。邻里来购买酒或凉粉时,吴建新和白焕英还会适当地给他们让利,以实现薄利多销,此后邻里们便也会适当地来照顾吴家生意。

大户一般主要和大户交往,这些大户既有权,又有钱,还有事业心。当中小户成员途经大户家门口,如果想进去喝点水,一般情况下根本喝不到。而大户即使经过吴家门前的大路,进吴家来休息一下的情况也很少,一百次中可能有一次。如果没有什么重要的事,即使吴家主动邀请,大户也不会来吴家作客。若大户有事来到吴家,吴家便会跑得冒儿跟头③地去给大户找烟。平时恶霸财主瞧不起吴家,比如乡长李自由,当吴家有事找他时,他根本不愿意理睬吴家。但乡长李自由的老父亲去世时,开"普孝",全乡的人基本上都去参加。中户、小户一般都害怕大户,吴家在与大户的交往之中,关系处于不对等状态。吴家非常害怕同乡的恶霸财主,因为吴家当时有吴建新、吴建学、吴建奎三兄弟,因此尤为担心三人被财主拉去当壮丁。

(二)街坊邻居关系

附近的街坊操办红白喜事会找吴家帮忙,尤其是有白事时,吴家经常会主动前去街坊邻居家帮忙。当吴家有红白喜事时,附近的街坊们也会来帮忙,女性帮忙做家务事,男性帮忙做耗费劳力的事情。如果吴家去街坊家请求他们的帮助,他们便必须来帮忙;如果吴家没有亲自去找他们家帮忙,则他们既可以来帮忙,也可以不来帮忙。吴家换工时是和附近的街坊邻居们进行换工,无论土地是否相邻都可以与吴家换工。但是如果两家只存在日常的简单往来,吴家不一定会借钱给关系一般的邻居。

吴家与附近的街坊邻居关系非常好,吴家对别人好,别人也会对吴家人好。当地有一个习俗,喜欢串门户,吴家人会到邻居家串门户,邻居也会到吴家玩、串门,摆条④。邻居们刚到

① 坐席:参宴席。
② 哪门:什么物品。
③ 跑得冒儿跟头:急急忙忙,速度非常快。
④ 摆条:聊天。

吴家,吴家人就立马把烟拿来给邻居们抽,把酒端来喝。如果快到吃饭时间,吴家就让家里人给邻居煮饭,他们想吃饭就吃饭,想喝水就喝水。吴家平时有红白喜事,他们都要来帮忙。邻居之间相处过程中相互平等,你给我帮忙,我给你帮忙,不会给钱,相当于换工。

大户一般不会到街坊邻居家串门。大户家办红白喜事时,一般大户要求谁帮忙,谁就必须去,但大户瞧不起中小户,当中小户家办红白喜事,大户不会去送礼与坐席,更不必谈及去帮忙了。而大户操办红白喜事时,中小户一般都会去写礼,但不一定会去坐席。大户与有些街坊邻居的关系不太好,尤其是与被大户欺负得特别严重的穷人关系不太好,有些大户看到穷人们就不安逸①,经常不是因为这件事,就是因为那件事欺负穷人们,总之大户想干什么,就干什么。无论是子女多还是子女少的家庭,与街坊邻居们平时来往都比较多。

(三)地邻关系

地邻之间会相互换工,关系好的地邻间换工的次数比较多,而关系不好、稍微有点仇恨的地邻进行换工的情况则比较少。别人家帮吴家干活,同样地,吴家也帮地邻家干活,一般是有劳力的家庭帮助无劳力的家庭,劳力大的家庭帮助劳力小的家庭。除换工以外,地邻家里有红白喜事时也会找吴家帮忙。

吴家耕作土地时,基本上没有地邻和与吴家扯经②,吴家不会偷偷地耕种别人家的土地,即便是别人家有一个石头突然滚到吴家土地里,吴家人将石头从土地里捡出去扔在一边就行。吴家平时也会与地邻一起换工,吴家找他们帮忙干一两天活儿,之后他们家有活儿干,吴家也会去帮忙,如此一来,地邻间的关系便好。有时候吴家去帮别人干两三天,别人却一直不来帮吴家干活,从此久而久之地邻关系就不好了。

大户最经常欺负的便是土地与其挨到一起③的家庭,即地邻。和大户在一起耕种土地的人,总是因为疆界问题受欺负,大户会偶尔移动一下田盖,然后声称是地邻将其土地侵占了。或者地邻的土地中有个石头滚到财主家的地里,财主当天便会去找他们麻烦。大户如果欲强占大户的土地,两家就会扯经。大户如果强占小户的土地,占了便占了,小户对此无可奈何。土地没有与财主直接相邻,发生纠纷的情况相对较少。中户与中户、小户与小户的地邻之间很少由于土地问题产生矛盾,一般都会相互忍让。

无论是大户、中户、小户,一般都不会因为土地疆界问题欺负兄弟多、子女多的地邻。如果现在有什么小问题,会趁早商量解决,以免别人家的孩子以后长大了,自己要吃亏。相对而言,子女少的家庭更容易被地邻们欺负。

(四)亲戚关系

吴家筹办红白喜事、修房子时,一般情况下亲戚必须要来帮忙,而且亲戚来吴家帮忙的占比最多,即使吴家不亲自去请求亲戚前来帮助,亲戚们一般也会主动提前两到三天来吴家帮忙。吴家举办红事时,亲戚会提前来到吴家,家里有肉的亲戚便给吴家送肉,家里有小菜的亲戚则给吴家送小菜,把东西拿到吴家亲自动手做。在举办宴席的当天,这些亲戚们则不必帮忙干杂活,而是作为客人在吴家休息、玩耍。当亲戚家有红白喜事时,吴家也会提前两至三

---

① 不安逸:心情不好。

② 扯经:争吵。

③ 挨到一起:相邻。

天带着东西去帮助亲戚,特别是关系好的亲戚,吴家去帮忙时就像自己家操办红白喜事一样尽心尽力。无论是儿女亲家,还是兄弟姊妹亲家,只要亲戚家里有事情,只要不是吴家突然出现特殊困难,吴家人都会前去帮忙。

与吴家关系好的亲戚,吴家人可以连续几天都去帮亲戚干活,亲戚也会每天都来帮吴家干活。若吴家农具不够用,亲戚便把农具拿上,若吴家牲畜不够用,亲戚便把自家的牲畜带上。吴家如果亲自去请求亲戚帮忙干活,只要亲戚家没有特殊事情便会来吴家帮忙。某些亲戚家里缺乏劳动力,如果亲戚找到吴家,吴家会经常去帮亲戚家干活,之后等到吴家干活时,亲戚来吴家玩几天或者帮吴家说几句话也可以,"不能帮重活便帮轻活,没有轻活帮便有话帮"。但与亲戚家发生争吵时,吴家则不会去帮亲戚家干活。吴家修房屋时,主要是亲戚来帮忙,亲戚家只要没事情,就会来帮吴家盖房、打地坪,关系好的亲戚干五天甚至十天都可以。反之,亲戚修房屋时吴家亦是如此。吴家向亲戚借钱或粮食时,只要亲戚家有钱粮,便一定会将其借给吴家。若吴家有某样物品,也一定会借给亲戚。在吴家缺钱粮时,关系非常好的亲戚甚至会主动背粮送给吴家,主动提供一些银钱给吴家,且不需吴家归还。

吴家与亲戚之间的关系非常好,经常到亲戚家走人户,稍微有点什么事情,都会跑得冒儿跟头,亲戚们也特别喜欢来吴家玩。白焕英的娘家人,尤其是其母经常来吴家玩,有时候一个月的时间中便要在吴家居住半个月,一年中大概在吴家住半年。此外,吴建新之妻白焕英有两个弟弟、三个妹妹,都与吴家关系甚好,白焕英的几个妹妹也经常来吴家玩,白焕英的兄弟们虽然来吴家的时间比较少,但兄弟的儿子经常来吴家住。白焕英兄弟的儿子与吴建新之长子吴映国的年龄相仿,虽说是居住在不同乡,但他一年要到吴家玩三至四个月,相当于吴家把他们的儿子给养育大。白焕英过年回娘家时,也会带上两个儿子吴映国、吴映忠去舅舅家串门。吴家和唐国英的娘家关系也很好,唐家家庭条件比较好,因此经常帮助吴家。

吴家与亲戚之间相互平等。大户、中户、小户的亲戚一般都与自家同属一种家庭类型,大户与中户为亲的情况比较少,而中户与小户为亲的相对比较多,但这种情况下,中户若不嫌弃小户亲戚家里穷,互相之间也是平等的。无论大户、中户、小户,一般都和亲戚关系很好,家中有红白喜事时亲戚都要前来帮忙。"事在人为,即使天大的事情也是取决于你如何为人处事,遇到天大的事情也可以缩小,有时候遇到芝麻大的事情也可以变得天大"。不管出钱粮也好,还是提供劳力也行,家里有什么便给亲戚提供什么帮助。无论家中有几代人,家中只要有事情,亲戚都会来帮忙,不过三世同堂、四世同堂的亲戚人数比普通的小家庭亲戚更多而已,因此前来帮忙的亲戚也会更多。

(五)朋友关系

吴家与关系好的朋友之间经常相互帮忙,在某一方处于困难境况时会借钱、借粮食。当朋友家缺钱粮时,吴家会主动借给朋友们,当朋友家没有粮食时,吴家会将粮食背到朋友家里,告诉朋友:"你们没有粮食吴家先拿给你,把你们家最近的粮食问题先解决了。"如果朋友没有钱,吴家会拿出一些银钱给朋友,让朋友先把急事解决了再说,若当时吴家实在没有钱,再让朋友去找其他人借。朋友家干活需要劳力时,吴家也会主动与朋友家换工。

朋友之间处于平等地位,吴家与朋友们关系很好,朋友之间犹如一家人,俗话说"就算家里油桶倒了不扶,也要先去给朋友帮忙"。无论是朋友家修建新房子,抑或是操办红白喜事,无论是置办满月酒还是给老人祝寿,吴家都会前去帮忙。朋友家办红白喜事时,只要吴家人知道此事，即使朋友不亲自来找吴家人，吴家人也会主动去给他们帮忙。不一定是吴家家长代表吴家与朋友们交往，只要朋友找上门，其他成员也可给朋友帮忙，之后告知家长一声即可，无论家长最终是否同意，吴家人都会去帮助自己的朋友。无论是什么类型的家庭，无论是大户、中户、小户，无论家中孩子多少，即便自己家里很穷，一旦朋友家有事发生，都会去给朋友帮忙。

（六）主佃关系

吴家虽然租种清明会的集体会地，但平时和该清明会并没有什么来往，只需定时交粮食即可，双方之间地位平等。该清明会一般没有事情会找吴家帮忙，更不会向吴家借钱粮。但吴家租财主的水田时，双方地位则不平等，只要财主家有事，吴家便会迅速地赶去帮忙。财主家操办红白喜事时，如果吴家当时有菜、萝卜等各种蔬菜，便都会带到财主家，否则财主会不高兴。而租种吴家土地的租户，是由于当时家里没有土地才租用吴家的土地进行耕作，家里劳动力少，而且距离吴家有几里路之远。当吴家实在缺乏劳动力干活时，对方偶尔也会来帮忙；当吴家有红白喜事时，一般则不会找他们帮忙，对方虽然不帮忙，但会到吴家吃酒①。总体而言，双方的地位不太平等。

"拿人的手软，吃人的嘴短"，租种他人的土地，手、嘴都是软的。大户出租土地给中户、小户，双方之间处于不平等地位。大户收粮食时，如果发现佃户没有将粮食晒干，大户会宣称之后将把土地收回来，不允许佃户继续耕作土地。此外，大户经常会使唤自己的佃户，让佃户来帮工、帮忙，如果佃户没空，不来帮工，大户会说："我把土地租给你，让你帮工却不来，那我就把土地收回来，随便让谁耕作都可以！"

（七）外保人关系

虽然属于不同保，但吴家所在的李家坝保距离田坝保很近，甚至比某些本保人到田坝保的距离更近，因此附近的田家坝人找吴家帮忙时，吴家也会前去帮忙，而相对比较远的外保人则不会找吴家帮忙。邻近的田家坝人找到吴家，比如他们修房翎屋，便找吴家帮忙抬木头或者帮忙打屋脊或者背几片瓦。但外保人如果有红白喜事，需亲自找到吴家时，吴家才会前去帮忙。

（八）家庭差异引发的关系差

在权利义务关系上，不同类型与人口规模家庭之间的交往关系有比较显著的差异。无论大户、中户、小户，无论是子女多还是子女少的家庭，无论家中是几代同堂，但凡亲戚、朋友家里有红白喜事以及修房翎屋时家里人都会积极帮忙，"有劳力就帮劳力，有钱就帮钱"。

但大户人家在筹办红白喜事时，帮忙的人一般提前很多天就来到家里，而中户家里出现白事，亲戚一般提前两天来帮忙。给大户人家帮忙的人非常多，不仅亲戚、常年伙计会帮忙，其他街坊邻居、外保、外乡中家里有劳力的人也会主动帮忙。无论大户家里有什么大小事情，佃户都会到大户家帮忙。农忙时抢种、抢收，街坊邻里偶尔也会主动帮大户免费干活，如果帮大户干活的时间太长，有些时候大户会让大家带点食物回家，但此后大户不会去帮街坊邻里干活。虽然大户不会帮忙干活，但这些邻里有事时（如吵架、打架）找到大户，大户也会出面帮忙说几句话。小户经常在别人家办红白喜事时帮忙干活，因为小户去帮忙干活能解决他们当

---

① 吃酒：参加宴席。

天的伙食。此外,本保、外保的人一般不会主动在中户、小户办红白喜事或农忙时来帮忙干活。

相较于少子女的家庭,多子女的家庭家中办多少次喜事,亲戚就要来帮多少次忙,此外,亲戚每次都会给他们借钱。而朋友当时家里有耽搁,则不一定每次都来帮忙。但多子女的家庭若每次都向邻居借钱,邻居则不一定每次都愿意借出。由于多子女的家庭事务繁杂,举办红白喜事比较频繁,若寻求外保人的帮助,别人也不一定愿意前来帮忙。

与一般的小家庭相比,三代同堂、四代同堂家庭的亲戚人数多,大部分时间找亲戚,因此平时有事时找亲戚来帮忙的情况非常多。例如吴家有事时,吴建新的祖母(即唐国英)娘家中有劳力的亲戚都会来吴家帮忙。一般的小家庭则没有太多亲戚可找来帮忙。相对而言,三代、四代的家庭找邻居帮忙的情况会比一般的小家庭少一些。

(九)调解主佃冲突与邻里冲突

有人曾欲侵占吴家的梨树、竹林,主要是吴家家长吴建新出面处理,两家家长进行协商即可,总之,都是由两个家庭自行解决。其他家庭成员可以提出建议,其他家庭成员若想出面,对方家庭则不会承认。如果两家实在协商不好,吴家就会找亲戚邻居作证,若还是无法有效处理,吴家才会去请求保甲长的帮助。吴家处理冲突的目的是为了吴家整个大家庭的利益,一般情况下外人无权干涉。吴家的竹林、梨树冲突便是主佃之间——吴家与租种吴家土地的人之间发生的冲突,属于两个家庭的冲突,租户想要将竹林、梨树完全占为己有。有一家人不仅自己使用竹子,还将其拿去送人,另外一家人则欲砍断吴家的梨树拿去出售,吴家家长吴建新便出面解决,告诉对方可以帮吴家看管竹林、梨树,吴家享有所有权,租户仅拥有管理权,而无支配权。

此外,吴家在蛤蟆场做生意,因为斤数问题偶尔也会与邻里之间有一些小冲突,一般是家长吴建新出面,两方自己协商解决,经过协商之后便处理好了,外人无权插手管理。

第四章　家户文化制度

　　吴家几代白丁,除吴建奎、吴映国上过一至两年学以外,其他人均未到学校、私塾接受过任何文化教育。平时吴家主要通过家庭内部教育以教授耕种、做生意、做家务等技能,传递家户一体与素爱积德造福的意识。春节时,吴家于三十夜一起吃团年饭[①],然后一起坐岁,初一与邻居们一起打臭[②],元宵节时还与好友们一起组建龙灯会舞龙灯。吴映国与吴建奎娶妻时,曾派婆亲娘子、亲家、押礼先生至女方家娶亲。老人唐国英去世时,主要由作为儿媳妇的吴张氏为其料理后事,吴家人们一起为其哭灵。吴建新的二弟媳因病去世时,其娘家人认为她死得蹊跷,一度声称要与吴家打人命官司。

一、家户教育

(一)家庭成员文化状况

　　吴家在 1949 年以前,家里几乎没有人去学校接受过教育。吴家第四代的吴建奎读过大约两年书,吴家第五代的吴映国读过两年左右,两人都是七岁才去读书,虽然读了两年左右,但两人都不识字,几乎等同于文盲。而吴映忠是新中国成立以后才去学校接受文化教育的。

　　吴家由吴建新担任家长,老父亲吴万福已经不健在了,幺弟吴建奎只比吴建新的长子吴映国年长两岁,无论是幺弟上学,还是长子上学,都是由吴建新安排。由于吴家距离蛤蟆场镇只有十分钟的路程,吴建奎和吴映国都是到蛤蟆乡里的小学上学,由家长吴建新亲自送两个孩子去报名念书。上学需要交纳学费,学费由家长吴建新负责支出,整个吴家共同承担。当时是按照长幼顺序去学校读书,到了七岁的读书年龄后便由家长吴建新将其送到学校念书。吴家家长吴建新让二人去学校上学,既是为了让孩子学知识,也是为了光宗耀祖。孩子们当时决定去读书,既是为了自己,也是为了全家。家长吴建新希望二人去学校上学,但是两人读了大约两年之后,因为脑壳[③]比较笨,自己读不进去,即便老师教大家识字,两人还是认不到[④]字,在学校每天被老师惩罚,几个字不认识就打被几下手掌。回家后大人发现孩子们不认识字还会打骂孩子们,当他们告诉吴建新不想读书之后,吴建新还是逼着他们去学校上学,最后实在没办法,孩子们确实读不进去,才退学回家看牛放马。

　　吴家没有送女孩到学校接受过系统性的教育,因为家中很多男性都没读过书。当时由于

---

　　① 团年饭:年夜饭。
　　② 打臭:当地特有的一种娱乐活动。
　　③ 脑壳:脑袋。
　　④ 认不到:不认识。

家里穷,连吴建新和吴建学都没上过学。但是有些经济条件好的人家会让女孩接受教育。吴家送孩子们接受教育,一方面是为了让孩子学习知识,以后有一番成就,另一方面也是为了光宗耀祖,孩子读成功后大家都会说:"你看那家的孩子读了很多书,政府会信用你、聘用你,没读成书,谁会要你?"

(二)家庭教育

在吴家,孩子接受的教育主要来自于家庭。吴家对男孩和女孩的教育不一样,对于男孩,主要教导他如何下地干活,怎样做生意。由于内当家吴张氏是庄稼头儿,因此吴张氏会教孙辈吴映国上坡干活,怎样种地,怎样把庄稼种好,才能维持基本生活;吴建新长期在外做生意,父亲吴建新会教授儿子吴映国怎样做生意赚钱,如何辨别什么物品应该是什么样的价格,买卖时应如何议价,当把价格讲得低时赚钱多,把价格讲得高时则赚钱少。而内当家白焕英也会教儿子吴映国做生意,售酒时如何将酒煴热,一罐酒应该卖多少钱。对于女孩,主要指点其如何煮茶煮饭、洗锅擦灶,指点其做手活,如何缝、定、补衣物,如何扎花秀朵。因为家中当时只有一个女孩吴家"三女子",主要是由母亲吴张氏教她,嫂子白焕英和唐映秀偶尔也会指点她,学会这些,避免嫁到别人家后吃亏。

无论男孩还是女孩,家中的当家人们(包括家长吴建新、内当家吴张氏与白焕英)都会教吴家孩子们怎样对待自家人,如何接触外人,如何和别人聊天、说话,怎样和别人处好关系。家庭所有成员都可以教导孩子们,饭前怎样摆放桌子、凳子,怎样端汤端水,饭后怎样收拾碗筷,怎样擦桌子。

孩子们有不懂的方面,也可以请教其他叔嬢亲戚,有的亲戚教孩子这样,有的亲戚教孩子们那样。亲戚来吴家玩,看到孩子在做事情,若发现孩子这样做不对,便指点孩子应该怎样做,让孩子重新做。总之,亲戚们会教导吴家的孩子们。当与吴家关系密切的女邻居来吴家串门,看到吴家的女孩在缝、定、补衣物,煮茶煮饭,也可以对女孩进行指点。

1.人格与思维雏形

父母亲以及其他家人的思维方式和性格对孩子的成长会产生巨大影响。吴建新、吴张氏、白焕英等内外当家的为人处事风格、性格都对吴家人有很大影响,比如吴家大人们非常好客,对待外人十分热情,这一方面对吴家人产生了巨大影响,吴家的孩子们也非常好客,每当看到客人前来作客,都会欢天喜地地迎接客人们。吴家大人们也会指点孩子们,让其主动给客人抬凳子,找烟抽、倒酒喝,大人们也会教孩子如何称呼客人,应该称呼哥哥便称呼为哥哥,该称呼表婶便称呼为表婶。

1949年以前,自孩子小时候开始,家中的大人们就开始教孩子们各种做人做事的道理,小孩子长到八岁才被家长认为稍微懂一点儿事情,等到孩子十多岁成家以后才被家长们认为完全懂事了。吴家几代前辈们都会教育后代,最老一辈的唐国英可以,作为奶奶辈的吴张氏可以,家长吴建新也可以教育孩子们,教导孩子们做好事。当吴映国犯小错误时,大人们会轻微指责吴映国几句或者责骂他一番,当吴映国犯稍微严重一点的错误时,大人们还会用棍棒打吴映国,这样做的目的是把孩子教育成人。哥哥嫂嫂也可以教育兄弟姊妹,如吴映国教育幺弟幺妹。凡是年龄大的人就可以教育家中年龄小的人,若小孩子听话,年长者便很少教育孩子;小孩子如果不听话,年长者便经常对孩子们开展各种形式的教育。

吴家人从小学习到的风俗习惯也是从家中习得,主要是听大人所讲述,来人①或者走人②应该干什么,农村的风俗即活人③有个活法,看别人怎样活人安家,怎样办事,包括红白喜事以及不同节气应当遵守怎样的规矩。关于吴家前辈们是怎样逃难到蛤蟆场,吴家怎样买田置地、吴家过去怎样分家、怎样修房翎屋、伙牛伙马,过了些什么日子,怎样娶媳妇嫁女儿等一系列吴家历史。上述事情主要是听吴家第二代唐国英、吴家第三代吴张氏讲述而得知,两人记性非常好,尤其是冬季在一起烤火时经常向家人讲述这些事情,平时在一起吃饭时偶尔也会说一些,她们称之为"背过程",就像背历史一样,总之两人以前经历的许多事情都会告诉孩子们。

吴张氏总是教导家人们"家和万事兴",只要家庭和睦、家里和和气气,什么事都可以办成,一切都一帆风顺,有什么困难,其他人也会帮助你解决。而家若不和,万事都兴不起来,家里如果经常吵吵闹闹、打架,只有败,没有兴,什么事都办不成,如果与家里人尚且不团结,和其他外人便更不团结。除此之外,吴张氏还经常教导吴家人应"勤劳致富",有功有劳致富简单得很,没功没劳就无法致富。总之要功苦勤劳,有功才有劳,功劳大了致富就致得好,大家平时干活要勤快,不应懒惰。即使吴家三岁大的孩子,也喜欢勤人,不爱懒人。当勤人来吴家玩时,孩子们会非常开心,若是懒人来家里玩,连孩子都不想搭理他。尤其是内当家吴张氏尤为喜爱勤人,不爱懒人,要是有人每天都来吴家,只知道吃喝玩乐,吴张氏就会告诉他,吴家忙得很,让他不要到吴家来,耽搁时间。要是吴家来个勤快人,吴张氏会赶紧跑来告诉他,"你在吴家玩会儿",勤快人会回答说,"我们一起去干活,干完活以后大家一起玩"。总之,吴家最初便是白手起家,凭借辛苦劳动与经营才将生活维持下来,将整个家庭支撑起来。

2.劳动技能的习得

吴家会向家中的孩子们教授一些基础劳动技能,对于男孩主要传授农业劳动技能,而对于女孩则主要传授家务技能。无论男孩女孩,学习基本的劳动技能都是必需的,不可以不学,因为这是今后的日常生活需要用到的,既是为了自己,也是为了家人。如果男孩不学会做农活、便是好吃懒做,被人人嫌弃。而女孩在娘家学会这些基本技能,嫁到别人家以后门门都会,什么都懂,至少不会吃亏。无论老人婆让女孩做什么,女孩都会,丈夫和老人婆都会拥护她。女孩不学会做家务,到婆家以后会被看不起,甚至可能根本嫁不出去。如果家中的男孩不好好学习干活,女孩不好好学习做家务,不仅是吴家的大人会批评孩子们,若被吴家的亲戚、关系好的邻居看到,也会被教育一番。

男孩子学习耕地,应该将地耕好点儿、耕深点儿,不能只耕表面,应该知道怎样拉牛、上坡时应该携带哪种农具。学习怎样薅草;学习怎样点玉米,先耕地,然后挖窝窝,扔玉米籽,灌稀粪和干粪,怎样辨别粪的好坏,不要将好粪灌在玉米籽上面,怎样将玉米翁下④才肯产出⑤;怎样种黄豆,学割麦子,怎样下镰刀,怎样将麦子割干净;也会学习在什么时间应该耕作哪一

---

① 来人:小孩出生。
② 走人:老人去世。
③ 活人:生活。
④ 翁下:埋下去。
⑤ 肯产出:产出的粮食多。

种农作物,每块土地应该种何种农作物就携带相应的农作物,上坡走路时不要踩庄稼。

吴建奎、吴映国从七岁时开始读了大约两年书,因为自己念不进去便辍学回家,大约九岁就开始看牛,放牛时背一个背篼,给牛割一背篼草。两人在十二岁左右开始上坡干活,当有力气拿紧犁头时便开始耕地。在家里时,大人们先向孩子教授一些农业知识,上坡后,大人更多是给孩子们进行行为示范。吴张氏是吴家的庄稼头儿,吴家主要是由吴张氏向吴建奎、吴映国等孩子们教授农耕知识,而吴张氏的农耕知识也是以前的长辈所传授,一代一代传承下来的。吴家几代人都在贩卖食盐,家长吴建新主要向长子吴映国教授如何做生意,偶尔上坡时也会教儿子做农活,由于吴家家住河边,家长还会教儿子如何捕鱼。由于吴建学作为吴家主要农业劳动力,经常在坡上干活,偶尔也会指点孩子们,教男孩们如何种庄稼。

某些时候当吴家的女孩上坡干活时,无论哪一个家庭成员,都可以教女孩如何耕种。但平日里吴家的女孩儿大多情况下是在家里学习做家务事,煮饭、洗锅擦灶、喂猪,在家里学习如何推凉拌饭、如何擀面(面应该擀厚还是擀薄)、蒸馍馍,还要学习做手活,包括学习怎样做鞋子、缝衣服、扎花秀朵。吴建新的幺妹从五岁左右就开始学习扫地、扯猪草、喂鸡,学习怎样做鞋垫,学会做自己的鞋子、在鞋子上面扎什么样式的花,后来稍微大一点儿便开始缝制自己的衣裳、裤子,衣裳破损后怎样缝补。此外,幺妹约八岁就开始学习斗火[1]、煮茶煮饭,偶尔还要帮忙带孩子[2]。这些主要是吴家的女性们(包括吴张氏、白焕英)来教导,几位女性的家务知识是在娘家习得。

(三)教化功能

1949 年以前,首先官府会不断向大家宣扬忠诚,对于表现卓越,尤其是对国家与当地做出重大贡献的人,会立功德碑、发放牌匾,白氏家族作为当地的显赫一族,就曾收到官府所赐的匾额。此外,官府也向人们宣扬顺从,要求人们不能随意反抗政府,对于应上缴的税费需要按时按量交齐,不要出现抗税的情况。社会的教化主要表现为教导人们遵守礼节,作为女子应坚守贞操,甚至会通过为某些妇女树牌坊的形式教导大家,若女子不守贞操,生下"私娃子",社会上便会议论纷纷,家庭也会因此名誉扫地。此外,作为大型家族,首先有族长进行管理,用族规与祖训来教化族人,当族人做出令整个家族蒙羞之事时,需要想办法将此人除灭。但吴家由于当时属于单家独户,因此在一定层面上缺失家族教化。就家庭教化层面而言,吴家有一些日常规矩和德行、品行等方面的教化,首先教导吴家人应忠于家庭,凡事应为整个家庭着想,应孝顺老人、顺从当家人,一切听从当家人的指挥,不能随意忤逆当家人。作为女性,应尽量遵守三从四德,服侍、照顾好自己的丈夫。此外,应顺从官府,尽量避免与官府发生冲突,妥善处理与官府的关系,交皇粮国税时积极主动上交。这本质上属于一种无形教化,通过祖辈以来的言传身教不断塑造而成,由吴家的几位当家人尤其是内当家吴张氏进行家庭教化。当吴家成员们在教化过程中犯错时,如果随意与家长吴建新以及内当家顶嘴,全家人都会对他进行批评指责,尤其是家长吴建新以及两名内当家对其进行教育,主要表现为责骂其一番。

---

① 斗火:生火。
② 带孩子:照顾孩子。

二、家户意识

(一)自家人与外人

1.同锅吃饭即家人,除此之外皆外人

吴家人认为长期居住在一起,在同一口锅里吃饭的人属于自家人,只要没有长期和吴家在一个锅里吃饭的人便属于外人。吴家最初是一个未分家的大家庭,由几个小家庭组成。由父母与儿女构成一个小家庭;譬如吴建新与妻子白焕英以及儿子吴映国与吴映忠归属于一个小家庭;吴建新的二弟与二弟媳夫妻二人则属于另外一个小家庭,但所有人依然同住在一个院子里、在一口锅里吃饭便属于自家人。但吴建学入赘到别人家后便不算是吴家人。此外,嫁到吴家的儿媳妇们也属于自家人,吴建新的幺妹未出嫁前属于自家人。同时,因为"三天没在一个锅里搅,两天没在一个锅里舀",吴家人在一个家里吃饭,出嫁的姑姑和姑父在另一个家里吃饭,因此他们不算自家人,舅舅、舅妈等未与吴家人平时在一起吃饭,只是偶尔有事时来吴家吃几顿饭,这也不属于一家人,嫁出去的姨娘和姨夫不算自家人。此外,即使是两父子,只要分家以后重新开锅,分开生活,便不算是一家人,你是你家,我是我家。1952年吴家第二次分家后,已经分家的兄弟吴建新与吴建奎之间不算是一家人。分家后,两家只属于邻居,吴建新是一家,吴建奎又是另外一家,即已经是两家人了。

即便是亲戚,但是居住得比较远、平时联系少,长期未居住在一起生活,也不属于一家人,你是你家,我是我家。如果不是亲戚,但是平时能够相互帮助、是比较值得吴家信任的朋友,只要没和吴家长期居住在一起吃饭、生活,也不属于一家人。白焕英的娘家人虽然每年会在吴家居住几个月,但因没有长期在吴家生活,也不属于吴家人。

2.内外态度各不同

吴家人认为自家人很重要,会一起维护整个家庭。对于吴家而言,家里的亲戚属于外人,邻居属于外人,乡亲们属于外人。总之,只要不与吴家在一起吃饭的都是外人。吴家人认为家人比外人更重要,无论发生什么事情,首先应维护家人,而对待外人的态度另有不同,但是外人也区分为很多种,嫁出去的女儿不同,亲戚不同,旁人又不同,对外人也会进行分别对待。吴家人对同住在一起的自家人除了不说不利于相互团结的话语以外,平时什么话都会说,即无话不说。但对待外人便没法无话不谈。吴家人平时对自家人的称呼也会亲热一些,平时遇到一丁点儿[①]小事,一大家人都会互相帮助、互相团结,家人做出错事,全家人都会教育他,一起想办法解决问题,会维护一大家人。吴家人平时在与外人交流过程中,只可说皮面[②],不可说他的心,因为不知道外人心里是怎么想的,因此不能说得太深。

就外人而言,无论是亲戚、邻居,还是朋友,有些时候会来插手吴家的事情。吴家人认为他们说得正确就听,为吴家着想、对吴家有利就听;若认为亲戚们说得不对就不听,不为吴家着想、反倒想把吴家搅乱的话便不听。吴家人发生矛盾时,比如发生争吵时,亲戚、邻居只能稍微地劝导一下,劝吴家应和和气气,吴家人便会听取。吴家人和其他人互相争嘴盘舌甚至打架时,亲戚会来劝诫吴家人,你们何必和别人争吵,他们是不懂事才这样,此时亲戚说的话

---

① 一丁点儿:一点儿。
② 皮面:表面

正确,吴家人就会听取。相应地,吴家人偶尔也会介入别人家的家事,如关系好的邻居家里发生一些矛盾,吴家人也会前去劝导,就像邻居之前劝导吴家人一样,你对我好,我也对你好。吴家唯愿别人家里好,当邻居家里发生矛盾时,不只是吴家家长吴建新会出面,吴家稍微知事一点儿[①]的人便会前去劝导别人,给别人说好话。而与吴家有仇有怨的家庭,哪怕家里闹出人命,哪怕打死牛或打死马,吴家也不会干预。有时亲戚家发生好的事情,吴家人不会去说,反而吴家亲戚家发生不好的事情,唯愿亲戚家里好,此时吴家人反而会去劝导。但也有些亲戚会告诉吴家人,"我家的事情,不需要你们吴家管",吴家人便不会再插手。

(二)家户一体化

1.团结一心,相互扶持

吴家还没有分家的时候,吴建新、吴建学、吴建奎三兄弟会在生产生活上相互帮助,无论做什么都会互相帮助,白焕英与唐映秀、白焕英与廖林秀等妯娌之间也会互相帮助。某些时候,恶霸财主会来欺负吴家家长吴建新,吴家会感觉全家人都受到了恶霸财主的欺负,为防止家长被打伤,全家人会团结起来保护家长、维护家长。

在吴建新、吴建奎兄弟分家时,吴建新的小家庭有五口人,其中有四个劳动力,而吴建奎的小家有两个劳动力,还有一个老人。当时吴家虽然是给两兄弟平分家产,但是给吴建奎划分的田地、房屋好一些,而给吴建新一家划分的地远一点儿、房屋差一点儿。当吴家的吴建新、吴建奎两兄弟分家之后,么弟吴建奎的小家经济境况稍微好一些,吴建新的妻子白焕英去世,儿媳又为家里生了几个孩子,因此吴建新所在的小家庭人更多,经济条件稍微差一点儿,因此么弟一家偶尔会帮助哥哥吴建新一家,么弟家的三人经常在山坡上帮吴建新一家干活,还会帮忙做家务,有时还会给哥哥一家送粮食。

2.发家致富与唯愿和气

对于"发家致富"这一家庭观念,吴家人认为为了让家庭变得更好、更富裕,家庭的每个人都应该勤快一点,努力一点,家庭经营得好,家庭成员才有饭吃,家庭才会什么都有。吴家富裕起来以后,每一个家庭成员也可以跟着沾光,如果家庭缺钱,每个人也都缺钱花。吴家属于单家独户,因此吴家所有人都唯愿家庭和气,唯愿多养育一些儿女,唯愿家庭发展、发达,每一个男性娶媳妇后,都唯愿多生几个孩子,如果家庭发达,全家人也都沾光。吴家每次上庙拜神、烧香拜佛时会讲一些话语,例如"某某老爷保佑吴家一切安全,一切顺利,吴家的所有大人娃儿都能轻轻松松,平安健康,做什么便成什么"。

(三)家户至上,个人其次

吴家认为整个大家庭比个人更重要,"没有家就没有个人",没有大家庭就没有个人。吴家人无论做什么事情,首先考虑到维护吴家整个大家庭的利益,家庭什么都有,个人也会因此变得更好。家人便会说,"看别人家某个人,一切都为了大家,从大家出发,有饭吃,有衣穿,活人活起来就好[②]"。因此吴家人无论做什么事情,都首先考虑整个家庭,而不会优先考虑自己。吴张氏会教导大家,如果只是某个人有,大家庭没有,个人实际上还是没有。对大家庭有利益的事情需多做些,仅对某个人有利益的事情便少做些。如果吴家某个家庭成员只为个

---

① 知事一点儿:通情达理。

② 活人活起来就好:生活比较轻松。

人,当家人就会说,"以后大家都不拥护你,家里的其他成员也会不安逸①你"。吴家的几个当家人(吴建新、吴张氏、白焕英)与其他家庭成员相比,考虑事情时优先考虑整个家庭的利益,事事以家庭为重,他们也会教育其他家庭成员多为家庭着想。吴家所有人结婚都是听家长吴建新或内当家吴张氏的安排。有些家庭的父母不喜欢儿子的媳妇,希望他们分开,很多儿子便会听从父母的话,将媳妇休掉。此外,村中其他家庭的有些孩子原本喜欢读书,但由于家庭缺乏劳力,最后家长要求孩子退学回家干活,多做点才有粮食吃、有衣穿,或者某些家庭就是因为家里穷,便不会将孩子送去学校上学。

(四)积德造福

1.老人积德,福泽子孙

吴家的老人唐国英、吴张氏都有行善事以积德造福子孙的意识,也会教育下一代向她们学习,多做好事。尤其是吴张氏,看到穷人没吃没喝,吴张氏便会帮助他们,给穷人送钱粮,让穷人吃饭,自己一分一文的回报都不索取。有时吴张氏本来已经将饭端在手上了,看到乞丐走到吴家门口,嘴里喊着婆婆、爷爷,吴张氏吴张氏宁愿自己挨饿,也要将饭食给叫花子吃,叫花子吃饱以后,就给吴张氏说些发财祈福的话。等到下一个讨口子来,吴张氏又会给他提供吃喝。吴家行善时都是以单独的家户为单位,村庄没有集体组织过行善事。吴家认为"老人积德,福泽子孙;老人缺德,一家遭殃",当看到某人遭殃,他人便会议论,肯定是这个家庭的前辈人做了恶事,损阴丧德,下一辈人才会经常出事,这是家里的报应到了。如果看到某个家庭过得好,他人便会推测是这家人的祖宗给他们积德而成。

吴家对不合理的事情喜欢打抱不平,某些有钱的家庭过于过分地去欺负穷人,像吴张氏这种懂事的人就会去提醒有钱人,让他们不要太欺负穷人,某些有钱人还不爱听,让吴张氏走开,走远点,不要对他说这些话。在有些邻居家看来,吴家的老人是爱管闲事的人,邻居会说有你们吴家什么事,吴家自己家的事都管不好,还来管别人的事。

2.善有善报,恶有恶报

吴家的老人们唐国英和吴张氏一直相信"善有善报、恶有恶报,不是不报、时间未到",做了亏心事就会遭雷劈或有什么灾疾,不过是时间未到而已。吴张氏认为多做好事、多行善对自己的儿孙会有好处,吴张氏自己喜欢做好事,也经常教育下一代们多做好事,教导儿孙们不要去吃人、害人,"人整人,天眼开;天整人,死路来"。她教育吴家人不要整别人,你"强过别人整了还没事,你低过人家,舀水不上道"。邻居看到吴家没有三灾八难,家人生病或家中死人的情况都很少,做什么成什么,就认为是吴家做了许多好事而致的结果。

对于有德且喜欢积德的人,既爱护自己也爱护别人,拥护他的人就多。反之,对于损阴丧德的人,尤其是损害生命、财产、农具的人,就是损德,拥护他的人便少。吴家非常讨厌缺德的人与整天欺负别人的人,尤其是吴张氏最恨这种人,因此吴家只允许家人干好事,不准许干坏事,干了坏事便惹人恨②。

3."一人做事,万人得过"

蛤蟆场街上有火神庙、娘娘庙,距离吴家非常近,比如大年三十夜或者初一,吴张氏就单

---

① 不安逸:不喜欢。
② 惹人恨:招致他人的怨恨。

独一人提一个篮子、装一些香蜡去上庙烧香,希望保佑吴家一家老小平平安安、和和气气、没有三灾八难。吴张氏认为平时要多积德,多做好事。哪怕是走路时看见一个坎,吴家人都会拿个锄头将坎挖一下,发现刺挡路,就拿刀去把它砍一下,如果坡太陡没法通行,就去把坑填一下。"一人做事,万人得过",别人经过这条路时就会说一句好话:"这是谁家做的好事,这家人真好!"

三、家户习俗

(一)节庆习俗

1.春节习俗活动

1949年以前,春节从大年三十夜开始起,正月十五止。大年三十夜是前一年的最后一天,"人在本就在",一大家人团团结结地在一起就意味着这一年结束了,初一就是第二年的第一天,一家人又在一起。正月初一一大早,大人、孩子就换上新裤子、新鞋子,唯愿保佑一家人一年四季都没病没痛,大人孩子都身体健康,等到大年过完,春节就结束了。

(1)置办年货

吴家一般在前一年的腊月二十几就开始为春节做准备,腊月二十一前后就开始置办年货,刚开始是零零碎碎地置办,而腊月二十八赶集,当天置办的年货最多,家里缺什么年货便购买相应的年货。一般购买的年货首先要有过年祭先祖与上坟所需要的香纸,此外,年货还包括各种各样的食用品。吴家没有大米时便在过年时购买一点儿大米来食用,吴家有麦子,便提前把麦子洗好磨成面,自家擀面和蒸馍馍。吴家自家每年饲养几头猪,因此也不必去购买猪肉,当家中的蔬菜不够吃时,还会购买一些蔬菜,再买点儿白糖、黄糖、蜂蜜,用黄糖兑酒喝。无论家中贫与富,每家都要准备对联,一般是找人写春联,还要准备灯笼、火炮,每家堂屋门口挂一个灯笼,在灯笼里面放置蜡烛,并及时更换蜡烛,从三十夜开始至正月十五这段时期必须保证有烛光。

(2)祭拜先祖

对于吴家而言,春节的仪式首先是三十夜去山上上坟祭先祖。上坟时一般是男性前去,通常派一两个人前去,孩子们年幼之时主要是吴建新、吴建学两兄弟去。当孩子稍微大点儿,约十岁左右时,首先由家长带孩子们去几次,让孩子知道怎样称呼先祖,不同的先祖埋葬在什么地方,让孩子给先祖烧纸、磕头,之后就是家长派孩子们单独去上坟,而大人们则在家煮肉、泡酒。此外,吃年夜饭之前还会在家祭拜家神与先祖,在神龛上烧香、添蜡,在灶头上烧香,还会磕头对先祖表示尊敬,告诉先祖这一年家里的总体情况,让祖宗保佑吴家全家人平平安安。这些事宜一般最初是由家长吴建新安排,几年之后,每个人便知道在春节时自己应当做什么事情,比如三十夜,吃年夜饭之前先去上坟,回家后快要吃饭前,到神龛给先祖把香、纸、蜡点着,在当家人指点两至三次之后,无论是上坟祭拜还是在家祭拜,吴家一般是由吴建奎、吴映国等小孩去敬先祖,吴家当家人派"某某娃子、某某宝子去把先祖敬了,先给先祖烧点纸、烧点香,然后再吃饭,当听到当家人的安排后,小孩便迅速地去神龛祭拜先祖,点香蜡,给祖先磕头作揖"。

(3)吃团年饭

祭拜先祖完毕后再吃饭,把饭菜全都置于家中的大方桌之上,厨房中的人便和家里其他人全都坐在一起吃饭，一同喝酒、吃菜、吃肉，一家人和和气气，小孩给老人夹菜，老人给媳妇或者孙辈夹菜。吃饭时当家人会先说几句话，譬如今年一家人团圆了、人都齐全之类的话语。吃完饭后基本上是由女性来打扫卫生。1949年以前，吴家过年吃年夜饭一般仅限于自家人参加，即同在一口锅吃饭之人一起吃年夜饭，外人不会参加吴家的饭局，因为过年时外人也都是在自己家吃年夜饭。1952年吴建新与吴建奎两兄弟分家后，在某几年中，吴家的户族已经发展到几家人，亲兄弟、堂兄弟们会聚在一起共吃年夜饭，在一起团年。一般情况下，几家人会提前商议好，三十夜在吴家吃，正月初一在某家吃，正月初二又在另外一家吃，具体吃一顿饭或一天三顿饭都可以。

（4）走亲戚

吴家一般在正月初二便开始走亲戚，嫁出去的媳妇一般要回娘家，家长吴建新与妻子白焕英便带着儿子吴映国与吴映忠一起回妻子的娘家去，带孩子们去挣新年钱。等到孩子们长大后，白焕英便很少回娘家，更多是指挥孩子们去给外公、外婆拜年。吴家人还会去给老人唐国英娘家的舅舅、姑姑等亲戚家送情。而吴张氏的娘家已经基本上没人了，因此吴家人一般不会去。吴建学入赘到别人家以后，吴家人没有去给他拜过年。吴建新的干女儿会到吴家来拜年，但吴家一般不会到她家去。此外，吴家出嫁的女儿们会带上孩子到吴家玩，吴家之后若有空，也会到她们的夫家拜访。

（5）拜年

吴家自正月初二起才会出门给他人拜年，既会给亲戚拜年，也会给关系好的朋友拜年，家里的孩子们还会去给自己的干爹拜年。吴家给亲戚拜年时会带一些礼物，家里如果有猪腿就带猪腿，并且用锡壶装一壶酒，还要带几个馍馍。而吴家去给朋友、关系好的邻居拜年时一般仅携带一壶酒和几个馍馍。吴家每年会去给大户人家，即一个在县里当团长的远方亲戚拜年，吴建新每年都要给这个大户赠送肉类以及两壶酒，而且赠送给大户的礼物更多，给亲戚送三斤肉，给大户送五斤肉。总之，吴家给亲戚朋友拜年时都会携带礼物前去，吴家会提前计划需要去拜年的户数，再根据户数准备相应的礼物。与吴家关系好的家庭，吴家才会去给他们拜年，与吴家关系一般或关系不好的家庭，吴家便不会去给他们拜年。

（6）春节活动

①坐岁

大年三十晚上，吴家人还会"坐岁"，即守夜。有的人坐个通夜，有的人坐到半夜，大概十二点左右。吴家人坐岁时采取自愿原则，愿意坐岁就坐岁，不愿意坐岁就去睡觉。坐岁时吴家人会煨一罐酒喝，并且烤馍馍吃，半夜五更还会烧天纸，给天上烧纸，泼水饭，将米汤、五谷杂粮泼到十字路上，于半夜神鬼出来抢水饭吃。正月初一早上起床后，吴家人便将新衣、新鞋穿在身上，小孩儿们会向老年人行跪拜礼，给老年人唐国英、吴张氏端茶端水，给老人磕头，老年人就会给孩子们发新年钱，一般只要磕头就给新年钱。但老人们认为大孩子磕头不甚美观，因此，吴家中年龄上了十岁的孩子一般不会给老人们磕头。

②打臭与打秋

正月初一时吴家人会和其他人一同打臭，八个或十个人聚在一起，挖个土坑，每个人拿一个木棒，然后拿一个竹疙瘩或者木疙瘩，一人打一下，看谁先把臭打到坑坑里面。有时吴家还会打秋，即甩甩秋、转转秋，在上面安一个木棒，然后大家使劲打。

2.正月十五耍龙灯

吴家与其他几家关系好的家庭联合筹备了一个龙灯会,此龙灯会不是由村庄集体组织。龙灯会一般是腊月初一就在场街四口向村民们筹集本钱,用于买纸、买香蜡,以做龙灯粘纸。筹备到钱以后,龙灯会的几家人便开始分工,你家做什么,他家做什么。不仅需要买龙灯的灯皮,找人编兜兜,还需要买醛油,特别是购买糊龙灯的几种纸需要钱,而且舞龙灯需要一定数量的龙灯才好看,否则不好看。无论是舞龙灯,还是舞狮子,农户们都会捐一些礼钱,赚到钱以后,首先给打锣、打鼓、舞龙、舞狮的龙脚等人适当支付一点儿银钱,之后便与龙灯会的人分成。

耍龙灯①,"九龙四虎",一般在正月初九开始出灯,一直舞到正月十五,一共五至六天。龙灯会是由几家农户联合成立,不一定是同姓,而是包括多个姓氏的家庭,几个家庭轮流担任龙灯会的会首。会首家负责雇人来舞龙灯,给别人提供伙食,最终赚的钱和大家一起分红。此外,会首晚上还需负责帮忙打锣。龙灯是九节龙或者七节龙,属于多少节便雇多少个龙脚,雇人耍龙灯。耍龙灯的人晚上舞一个通宵,白天就睡觉,家居住得比较远的人就在会首家吃、睡,家住得比较近的人就回自己家居住。某些大户人家还会单独雇人舞狮子,主要是图热闹。

正月十五元宵节当晚人们一般都会上街看舞狮子、舞龙灯,锣鼓连天,还有一些家庭办花灯、放花炮。吴家的大人、小孩都可以上街去观看这一盛况,有些时候吴张氏可以将家里的门锁好,和家人一起上街去观看,一般都会去看一整个晚上。吴家和几个家庭联合举办了龙灯会,在吴家担任龙灯会的会首那一年,吴家便成为举办舞龙灯的东道主,主要是吴家家长吴建新在外负责安排,其他成员也可以参与其中,帮忙剪粘纸、扎粘纸,还要做龙皮,内当家吴张氏和白焕英主要负责煮饭、摆宴席,请舞龙灯的龙脚吃完宴席后再让他们上街去舞龙灯。

3.烧清明纸

清明节时每家每户都会给先祖挂清明纸,吴家也会给先祖烧清明纸,一般有几座祖坟,便打几个清明纸,一般是自己家首先将纸购买回家后,再由家人制作清明纸。吴家家长吴建新安排后,再派小孩去给先祖挂清明纸。吴氏势单力薄,没有清明会,但在清明节时会集体休息一整天,自己家买少许鲜肉回家煮着吃,一般吴建新会告知大家,明天就是清明节了,今天我们去买点肉回家,清明节煮肉吃。当地有户族的大户与中户家庭便会组织清明会,比如白焕英的娘家就有清明会,作为女儿需要回到娘家,因此在清明节时,白焕英曾把儿子们带回娘家吃过几次清明会。

4.扯端午艾,饮雄黄酒

端午当天过节气,农村全部休息,每家每户在天亮之前都要上山去扯端午艾,每家门口都要挂一个端午艾。如果家里有医生认识草药,全家人都会上坡去扯端午艾。而吴家人则不认识草药,端午时只派一个小孩上坡去扯艾蒿,因为端午艾可以治风湿病。此外,吴家在端午时还会煮肉、鸡蛋等,无论大人、孩子,都可以饮雄黄酒。吴家一般是自己家先将白酒烤出来,把雄黄碾成粉末状放到酒里,便成为了雄黄酒,饮雄黄酒便可以防止蚊虫、蛇咬自己,吴家小孩有时还会将雄黄抹在身上以防虫。

---

① 耍龙灯:舞龙灯。

5.八月十五"接月亮"

八月十五也属于一个节气,大人、小孩当天都会休息。家长吴建新负责开支,当天吴家会购买许多食物,如月饼、桃子果饼、石榴、花生、核桃等,然后去"接月亮",将桌子或板凳放在院坝里。当家人会安排某一个孩子把东西放在桌子上敬月亮,迎接到月亮之后,家人们才可以吃这些食物,不能在敬月亮之前单独先食用。

(二)红白喜事习俗

1.婚嫁习俗

(1)娶亲

①娶亲娘子与押礼先生

娶亲的规矩非常烦琐。吴家娶媳妇之前的一个月,家长吴建新就开始规划,家中若需要什么东西便着手去借或购买。提前找到抬花轿、吹唢呐的人,找到合适的娶亲娘子,让他们在娶亲的前一天下午到吴家来。娶亲娘子不能随便找,需要考虑其与新郎官、新娘的八字是否符合,经过先生推算以后,必须要找某一命的人去负责娶亲,如必须找火命人、水命人或土命人,哪怕是自己家里的哥哥嫂嫂都在家,如果不属于那一命的人,便必须另找他人当娶亲娘子。吴映国娶媳妇时便是找旁人担任娶亲娘子。第二天早上吃完早饭后,一大早负责娶亲的人就全都到女方家去了,娶亲时不需要太多人,自己的父母不能去,需要找一个父母的弟兄担任亲家,吴映国结婚时找了吴建学代表父亲吴建新前去担任亲家,女方在送亲时也要派一个亲家。此外还有一个押礼先生负责看管所有从吴家带到女方家的礼物,到女方家时需要把新娘结婚当天穿戴的衣裳、冠英、头上戴的装饰品都携带上,看准时间去给新娘穿衣裳、梳头发,新娘必须等到算命先生推测的时间到了才能离床,新娘出阁时还会用讪脸帕[①]把脸蒙起来。此外,还要区分上马梳头、下马梳头,上马梳头就是新郎官亲自去接新娘,如果是下马梳头,新郎官则不去。吴映国结婚时属于上马梳头,是自己亲自前去接亲,将新娘接到家里后再给新娘梳头发。吴家某些未去新娘家而留在家里的人便负责料理家中事宜,安排人在厨房做饭、打扫卫生、准备宴席。

②请客

吴家娶媳妇时需要宴请关系最亲密的亲戚,吴建新之子吴映国结婚时宴请了姑娘姊妹即姑姑与姨娘、曾祖母的娘家即唐国英的娘家、奶奶的娘家即吴张氏的娘家、母亲的娘家即白焕英的娘家,还邀请了舅舅一家。除此之外,首先需邀请的便是吴家同户族的亲戚,即旁支的房份们,吴万祥的儿子们当时虽入赘到其他家族中更名改姓,但依旧需要宴请。其次便是继拜的干亲也需要宴请,再次便是宴请一众朋友。总之,吴家必须亲自去邀请亲戚朋友,否则亲戚朋友会埋怨吴家,认为吴家嫌弃他们家贫穷。但吴家不需要特意邀请周围的邻居,他们会主动来吴家帮忙。

③拜堂与闹洞房

吴家夫妻拜堂时在院坝里放一个草席,新娘站在右侧,新郎官站在左侧,先拜天地,然后拜坐在上半位的父母,再拜中堂,即夫妻对拜。夫妻还要拿一个斗,两人分别各攥着斗的一头,一起进屋。进入房间后再将讪脸帕揭下来,由嫂子或者妹妹帮忙倒酒,夫妻共饮交杯酒。

---

① 讪脸帕:新娘出嫁时用于遮脸的方巾,意为红盖头。

之后新娘便将衣服换下来，夫妻一起去给每桌的客人们敬酒，"认亲戚，认长辈"，给高辈敬酒。此外，还会闹洞房，烧几个馍馍，将馍馍放在新娘的陪嫁柜子、箱子里，然后由新媳妇将馍馍一把撒出来，大家互相打闹，抢来抢去，特别是姑父、妹夫以及兄弟媳妇会说一些逗乐的话语，场面非常热闹。

④擀面端茶

吴建奎、吴映国结婚时，新媳妇李成秀和廖林秀的娘家人参加完婚礼，姨娘们会和新娘互相打跳一阵儿。新媳妇娘家人走后，无论新媳妇是否会做饭，吴家人便给新媳妇将围裙拴上，让她赶紧到厨房做饭。总之，新媳妇嫁进门第二天就要去煮饭，会做饭也得煮，不会做饭也得煮。新媳妇会被婆家人指挥去擀面，老人婆会观察新媳妇到底会不会擀面。此外，第二天一大早，新媳妇必须首先给公公与老人婆端早饭、端茶水，还要和家中长辈打招呼，也需和小叔子打招呼。早上小叔子吴映忠负责给新媳妇李成秀端洗脸水，新媳妇则需给小叔子吴映忠一些洗脸钱。

⑤新媳妇回门

新媳妇一般在婚礼三天后回门，即归宁，娘家在三天之后会举办一场回门酒，即吃一顿和气饭，让女儿、女婿认识一下亲戚、朋友。如果娘家与婆家距离近，新婚夫妇一般在回门当天便返回婆家，如果娘家与婆家距离远，相隔几十里路，则新婚夫妇会在娘家停留，玩耍四五天左右。李成秀回门时，丈夫吴映国陪同她一起回娘家，请人用背篼将粮食酒菜等背回娘家，李成秀的娘家办回门酒时宴请了几桌在婚礼上帮过忙的客人，包括亲戚、朋友、邻居，因为李成秀娘家距离吴家相对较近，因此两人当天便返回了吴家。大户人家由于家庭条件好，回门时会坐轿子、骑骡马，还会抬滑竿，男方还会给女方家背挑一些食物。

（2）嫁女儿

嫁女儿时首先需要准备好陪嫁的物品，出嫁女儿要摆一张桌子，将礼物都放置在桌子上。吴建新的幺妹，即吴家"三女子"出嫁时，男方给吴家送了布匹、衣裳，吴家则给她陪嫁了一个柜子、几套衣裳，亲戚们添香时也赠送了几套衣裳。此外，嫁女儿时还会送亲，除了出嫁女儿的父母不去，出嫁女儿的兄弟、嫂嫂、姑姑、姑父、侄儿子、亲房都会去送亲，吴建新和白焕英等都一起前去为幺妹送亲。1949年以前当地有哭嫁的习俗，幺妹出嫁的时候，其母吴张氏会哭，幺妹会一直哭，哭着诉说与家人的种种过往，从而表达自己内心的不舍，哥哥嫂嫂也会抱着她哭泣，同时还会找旁人哭，总之从前一天哭到第二天送出门。吴家会提前估算好时间，到达规定时间后才允许新郎官进入幺妹的房间接新娘，作为哥哥的吴建新背妹妹，吴建新还会给幺妹拿三块或五块上轿礼钱，到男方家时还需要给扶新娘的孩子或二婚娘子下轿礼钱，但一般男方家会提前将婚礼所需的背扶礼钱给吴家。一般女方家比男方家早一天待客，吴家嫁女儿时于正式婚礼前一天在吴家待客，在娘家待一晚上，第二天早上再把幺妹抬到男方家，婆亲当天再由男方家待客。

2.葬礼习俗

（1）戴孝、守灵与哭灵

吴家老人唐国英去世时，由于当时家庭贫穷，家里办不起丧礼，因此没有举办专门的丧礼。唐国英去世时，吴家给她穿了十一件衣服，五条裤子，家里没有设置灵堂，但是吴家人会为其戴孝，作为儿媳的吴张氏以及作为孙儿的吴建新等三兄弟都为唐国英戴孝，即头戴一个白毛巾。此外,吴家的大人、小孩都会为唐国英守灵,甚至嫁出去的几个姑娘也会回来守灵,如果实在熬不了夜也可以去睡一会儿,吴张氏便让其他家人都去睡觉,留下她一个人守灵即可,家长吴建新偶尔也会陪她一起守灵。唐国英去世时身旁既无儿子又无女儿,吴张氏作为唐国英的儿媳妇,相当于女儿,因此吴张氏为其守灵的时间最多。此外,当时还会哭灵,主要就是诉冤,诉说唐国英生前对待家人的好与坏,唐国英生前对曾长孙吴映国非常好,有什么好吃的、好喝的,比如点心、水果,都会给曾孙吴映国留一些,因此唐国英去世时,作为曾孙的吴映国哭得很伤心。

唐国英去世后,吴家找阴阳先生来审地,审一下唐国英应该什么时候埋葬、埋葬在哪个方位更好。吴家答应了唐国英娘家人的要求,直到唐家人赶到吴家后再埋葬唐国英,他们先在吴家休息了一晚上,第二天早上再一起把老人送上山,将其埋在吴家的祖坟。只要把各种事情都安排好,唐国英娘家人便不会找吴家的麻烦。而当地其他富裕家庭办丧礼会"念落气经禅",在送老人上山的过程中还会大鼓大鸣。

（2）"娃儿夭折"

吴建新之妻白焕英共生育七个孩子,其中有五个孩子未能活下来,有的孩子三岁夭折,也有的孩子一岁就生病而死。吴建新的二弟媳唐映秀所生之子在落地之时便夭折了。在孩子死亡后,吴家会找个先生来看一下,拜托先生来打扫家里。吴家认为夭折的孩子属于不正常的人,对于刚生下来就死的孩子,便直接将孩子放在簸箕中扔出去;如果是年龄为一岁左右的孩子,吴家就用烂的片片或者裤子把孩子包裹好扔出去;如果是年龄为三岁左右的孩子,吴家会用木板子钉成箱子,把孩子装进去。吴家会把这些夭折的孩子扔得远远的,不能埋在吴家附近,一般把他们埋在很远的乱葬岗旁,把他们随便埋葬一下,埋深一点,"千人过,万人踏,牛马也要过,埋在那些地方让他们永远不能翻身",有些野猫、野狗会把他们叼走,让他们在死后也不能变成人。

（3）"死得蹊跷"

吴家当时没有非正常死亡的,其他家庭出现的非正常死亡情形有很多种。例如某些家庭有人跳河或者自杀死亡,家人会加五炉火把他们火化烧掉。吴家附近有一家人,家中一个孩子去世后,本来觉得扔在崖边没多大影响,结果没过多长时间,家里另外一个孩子又因病去世,家人觉得死得蹊跷,用席子把孩子卷起来,就拿去河边用火烧,吴家还帮他们用火烧过。当地有一些跳河的人,埋葬时大人会给他们装订一个箱子。还有一些媳妇是由于两口子吵架或者被婆家人虐待,最后因心情郁结而死亡,这时媳妇的娘家人会到婆家找麻烦,打人命官司。吴建新的二媳妇唐映秀本来是生完小孩后因病去世,但是唐映秀的娘家人认为二弟媳"死得蹊跷",或许是因为吴家没有找先生给二弟媳看病,因此不允许吴家将唐映秀轻易埋葬,于是找吴家打人命官司。无论是大人或者小孩非正常死亡,家里都需要请会手艺的阴阳先生来治理他们,既要打锣又要敲鼓,还需要送花坛。

（三）年节习俗单元

1952年之前,吴家未分家,属于单家独户的一家,过年时吴家所有人必须在一起吃团圆饭,不会到别人家过年。吴家在新中国成立以后刚分家的几年,还是会在一起过年,但不会一起过节。一般情况下,过年、过节的时候吴家人基本上都是在自己家里过,吴家嫁出去的女儿在大年三十夜不会回娘家过年,但初二之后走人户时她们可以带着丈夫、孩子回吴家玩。亲戚不会在吴家过年,吴家在过年时也不会到亲戚家去,俗话说"讨口子也有个三十夜,到别人家去过什么年?"即使家里特别穷,一般三十夜人们都会在自己家里过,连讨口子在三十夜都会在自己家过日子,而不会出门要饭。等到过了大年初一,从正月初二开始吴家就可以走亲串户。

过节时,如果家长吴建新正在出门做生意途中,则不一定能赶回家和吴家人一起过节,只能在外面喝点酒、吃点肉。吴建学的干爹家离吴家很近,吴建学有时会到自己的干爹家过节,但是其余的吴家人会在一起吃团圆饭。一般很少有人会来吴家过节,即使白焕英的母亲平时经常居住在吴家玩,但是在过节时,她一般也会选择回到自己的家中度过。

1952 年刚分家后的几年,在过年时,吴家的两个亲兄弟家会一起吃团圆饭,二弟吴建学入赘的家和吴家不在同一个乡,因此不会和吴家人一起吃团圆饭。此外,吴家同族的几个入赘到别人家的兄弟离吴家很近,也会和吴家人在一起吃团圆饭,一般是吃轮流饭,三十夜在我家吃,正月初一在你家吃。过年时,与吴家关系密切的干亲家有时也会来吴家一起吃团圆饭,但朋友们不会和吴家一起吃年夜饭。

四、家户信仰

1949 年以前,吴家人没有特定的宗教信仰,虽然吴家在正月初一时会去火神庙、娘娘庙等庙会烧香,但也不算是特别的虔诚。吴家人不会在家里遇到困难时专门到庙里去许愿、还愿。不过为了保佑长子吴映国平安长大,家长吴建新曾做主把长子祭拜给一个庙会的老爷,在十二岁时去托过白。

(一)供奉与祭拜家神

1949 年以前,吴家所供家神包括灶神、门神,吴家人将门神粘贴在门上,灶神摆在灶台上。吴家的孩子们长大后,一般都是由当家人教孩子们拜神的仪式,吴家会给神烧香蜡、烧纸、磕头,但不会给门神和灶神供奉任何酒、肉、菜等贡品。吴家买不起鞭炮,因此不会放鞭炮。刚开始是吴建新、吴建学两兄弟祭拜,等到孩子们长到约七岁时,吴建新便指挥么弟吴建奎、长子吴映国等人祭拜,女孩则不会前去祭拜。吴家供奉家神是因为这是祖先流传下来的传统,当时每家都流行供奉这些神明,主要为了保佑全家一帆风顺。具体而言,供门神是用于看门;供灶神是用来在灶上看猫、看狗,以防猫狗偷吃食物。吴家认为祭祀家神有一定的作用,"把神敬好了,可以保护家里的安全"。

吴家一般都是在过年时拜神,平时遇到特殊的事情,比如家里有人生病时,先请端工道士来吴家,会给家神烧点纸钱,结婚时不会拜神。无论天干雨淋,吴家觉得顺其自然就行了,不会去祭拜神灵,也不相信这些。吴家拜神时都是拜自己家的神,不会祭拜别人家的神。吴家拜家神的时候,主要都是由家长吴建新来主持祭拜仪式,吴建新不在家时,则主要是内当家吴张氏帮忙出主意,比如需要怎么烧纸、烧香等,但她不能祭拜。一般在小孩长到七岁左右,家长吴建新便开始教小孩子学习祭拜神明的规矩:怎样烧香、怎样点蜡、怎样磕头。吴建新会教家里所有的男孩,包括吴建奎、吴映国、吴映忠,但不会教妹妹如何拜家神。在祭拜家神时首先必须把手、脸洗干净,把香蜡点燃,再烧纸,之后再作揖磕头,一般作三个揖、磕三个头。

(二)祭拜先祖

1.敬祖上坟,重视孝道

对于吴家祖先是谁、从哪里来、怎样在蛤蟆场安家立业等内容,吴家的家庭成员都知晓,是听唐国英、吴张氏讲述而知。吴家先祖刚来到蛤蟆场时，吴家没有土地，吴家第一代们是埋葬在唐国英娘家的土地之上，因为对方是吴家亲戚，便划出一块地给吴家用于建坟。后来吴家虽然有了属于自己家的祖坟，每年还是会专门去给吴家第一代老人们上坟。吴家每年在三十夜都会到坟地祭拜祖先，清明节时也会前去坟地给祖先烧纸，平时还会在家供奉先祖，吴家的祖先们在吴家人心目中的地位很高。对于祭拜祖先一事，吴家认为必须要去，如果不去，家长吴建新会说："你连先祖都不认了，你从哪里来？你给先祖烧一下香，不会长高，也不会变矮！"此外吴家给祖先烧纸也有先后顺序，一般是按照代际顺序来烧纸。

吴家在逃难之前有家谱，但逃难到蛤蟆场后，由于与过去的吴家脱离联系，而且到蛤蟆场以后的几代吴家人都不识字，便没有续写家谱。

吴家第一代祖先及其妻子都属于少亡，去世后埋在唐国英的娘家。从吴家第二代开始的几代人才埋在吴家的祖坟，祖坟占地面积约半亩，吴家曾修缮过祖坟的土墙。在埋葬时，吴家没有遵循代际顺序来埋葬，但也有一定的规则，即去世时属于正常死亡的人埋在一起，而属于少亡的人也埋在一起。吴家财和吴家发两兄弟埋在一起，唐国英去世后也埋在他们旁边，而吴万福和吴张氏两夫妻生前关系不太好，吴张氏不愿意在死后与丈夫吴万福埋在一起，因此将吴万福埋在一边，而吴张氏死后埋在另一边。吴家族间有一个人属于少亡，才三十多岁，此外唐映秀也属于少亡，两个少亡的便另外埋在一处，但所有人埋葬的距离都不远，都埋在吴家的祖坟地。由于土地太小，吴家准备新修筑一个祖坟，但后来土地被国家占用，白焕英去世后便因为特殊原因没有埋在吴家土地上，而是埋在了别人家土地上。吴家修建有些坟沿是与本家族有关系的农户共同出钱，有些坟沿是吴家人单独出钱。

吴家十分重视孝道，一代又一代相互传承。吴建新的二爸吴万祥在妻子去世后，将家产卖光，扔下儿女独自逃跑到外地，客死他乡。吴家人认为他不孝顺，没有派人去把他找回来收埋。吴家对于祖先们的孝与对在世老人唐国英、吴张氏的孝是紧密结合在一起的。因为老人们对后代们很好，无论吴家的大人还是孩子，都会孝敬、关心唐国英与吴张氏，若不孝敬她们就等于不孝敬祖宗。

2.怀念逝者，保佑生者

祭拜祖先是一种习俗，吴家人祭拜祖先首先是为了表达对家庭逝去之人的怀念，其次是为了祈求祖先们保佑吴家在世的家人一直平安健康、没病没痛、轻轻松松。吴家主要是在过年和清明节时祭拜祖先。过年时吴家人一般是大年三十一大早起来，就拿个提兜，装一块刀菜、一壶酒，带上香、纸、蜡，到祖先坟前烧纸、烧香，给祖先斟一杯或两杯酒，告诉祖先，"今天给你带的酒，带的肉，你喝点酒，吃点肉，再给你烧点纸，保佑一家老小都轻轻松松，做什么成什么，做庄稼一帆风顺"，等到烧完纸，再给祖宗们磕几个头。由于吴家的祖先们不是埋葬在同一处，而是分散在两块坟地，因此吴家人一般选择先去给埋葬远处的老祖先烧纸，回家吃了午饭后再去祖坟给其他祖先烧纸。此外，在清明节时，吴家则只是给祖先烧纸，不会带酒肉前去。

3.男性祭祖

家长吴建新在祭祀祖先的活动中占支配地位，最初的几年是吴建新去祭拜，后来小孩长大后，便由家长吴建新先带孩子们去几次，让孩子辨认一下每一个坟位埋葬的是哪一位祖先，知道应该怎样点香蜡、怎样磕头，再后来便由吴建新安排么弟吴建奎和长子吴映国一同前去祭拜。只要吴建新作出安排,即便吴建奎和吴映国非常害怕坟林附近的狗,也无论两人是否发自内心愿意去祭祖,都必须去祭拜祖先。吴家的妇女们都不会上坟祭拜祖先,吴家的女儿在出嫁前和出嫁后也不会去祭拜祖先,只有男性会去祭拜祖先。

(三)上庙及做会

1.娘娘庙与火神庙

吴家附近的蛤蟆场街上有娘娘庙、火神庙等庙宇,这些庙宇是由乡里有钱的大户人家所修建,庙里没有和尚、道士,一般由大户人家雇的常年伙计去打扫卫生并适当维修。全乡的所有人都可以去庙里烧香,不必特意告知大户人家。去娘娘庙主要是参拜观音娘娘、送子娘娘,而去火神庙则是参拜火神。

2.七月筹备土地会,十一举办牛王会

1949 年以前,吴家与关系密切的几家人一起修葺了一个石窟,在山坡上供奉了一个土地老爷,土地庙距吴家约半个小时的路程。几家人还会在七月份筹备土地会。在土地会当天,几家人会一起前去土地庙,希望土地老爷保佑种庄稼的农民,粮食不要受风吹、不要被动物偷吃。吴家人除了天干雨淋时会去给土地老爷烧纸,平时一般不会去土地庙,这几家人以外的其他外人不会前来参拜。此外,吴家还参加过牛王会,"十月一,牛王会",这一会社也是吴家与交好的几家人一起联合举办的,主要活动就是在牛圈门口念经。

总体而言,吴家的拜神活动一般是由家中的男性参加,无论是去祭拜乡里的娘娘庙、火神庙,还是参加土地会、牛王会,吴家一般是由家长吴建新参加,代表整个吴家前去祭拜,吴家的女性一般不会前去上庙。吴建新一般是选择在大年初一的早晨独自一人前往庙宇祭祀,不会与邻居结伴。等到吴建奎和吴映国长大懂事以后,吴建新便不去上庙了,改由吴建奎和吴映国两人在大年初一结伴去上庙烧香。上庙时将香、蜡、纸装在篮子里带上,一般庙里会有一个大香炉,吴家人不仅在庙里面烧香、烧纸、点蜡,还会给神磕头,不会带酒、肉等贡品。吴家去土地庙祭祀,也主要是烧香、烧纸,一般也不会携带酒、肉等贡品前往,但是去土地庙许愿时要带一只公鸡前往,不能带母鸡去敬神,希望土地老爷保佑吴家种庄稼一切平安。当庄稼收获后,要去给土地老爷烧香,把公鸡拿去土地庙宰掉,将公鸡的血洒在土地庙的院坝里,还会给土地老爷搭盖头①,给土地老爷铺几层鸡毛。

五、家户娱乐

(一)结交朋友

吴家所有的家庭成员都有自己的朋友。男性结交男性朋友,吴建新、吴建学找男性当朋友,无论年龄稍微大一点,还是年龄稍微小点,都可以当朋友。女性结交女性朋友,一般不会交男性朋友,吴张氏找老太婆当朋友,白焕英则找中年妇女当朋友,总之,一般找和自己年龄差不多的女性当朋友。吴家的女性一般和别人讨论如何做茶、做饭、扎花秀朵,互相之间你教我,我教你,双方关系越来越好,你相信我,我相信你。小孩之间常在一起玩耍、打跳,吴建奎、吴映国在山上看牛时,几个孩子一般经常在一起看牛、下河捕鱼,便成了朋友。

吴家属于中户,因此吴家人结交的朋友大部分来自中户,一般不会与大户成员交朋友,

---

① 搭盖头:即搭建棚子进行遮盖。

也不会和太穷的小户成员交朋友。吴家人与邻居交朋友的情况最多，一般彼此对各自的性格都比较了解，于是互相商量交个朋友。同时，吴家人既与本保的人交朋友，也有远方的朋友，远方的人(外县、外省的人)来到吴家，吴家人会给他们煮点东西吃、烧点开水喝，双方比较投缘，他们觉得吴家人心地善良，双方便成了朋友。如果吴家之后到他们家里去，他们也会热情相待。交朋友一般是由于对方人品好，双方互相信任，无论发生什么事情，朋友之间会互相开导、帮助。吴家无论老人、中年人、小孩，只要认为别人和自己投缘，都可以交朋友。吴家家庭成员结交朋友时一般不需要得到当家人的同意，只要自己与朋友双方同意即可。家长吴建新结交朋友，也不必与家中其他人商量，当吴建新的朋友来到吴家玩时，吴建新会告诉家人这是某某人，家人便会热情地给吴建新的朋友找烟、端酒，为其准备饭菜。吴家的孩子们在外面与其他小孩玩，家长唯愿孩子们关系好，但是如果吴建奎、吴映国和其他小孩发生争吵甚至打架，回家后告诉吴建新，吴建新便会告诉孩子们不要再和那些孩子玩，而让自家孩子找附近的其他孩子玩。

吴家家庭成员的朋友如果在吴家留宿，必须事先与家长吴建新或者内当家吴张氏、白焕英之中的其中一人商量。朋友来吴家住的情况相对较少，一般没有朋友会来吴家常住。而小孩的朋友们当时年龄还小，一般来吴家玩一会儿便返回自己家中，没有人会来吴家留宿。交朋友没有什么特定的仪式，吴建新一般称呼朋友的父亲为"表叔"，称呼朋友的母亲为"表婶"，吴建新的朋友们也是这样称呼自己的父母的。

农忙时，朋友间不会互相串门，在农闲时，吴家人与朋友之间会互相串门户，吴家人到朋友家串门，朋友也会来吴家串门户。上午朋友来吴家玩半天，到晌午快吃饭时，无论是大人还是孩子的朋友，吴家人一般都会招呼他们在吴家吃饭。吴家有红白喜事时，会邀请朋友来参加，关系好的朋友还会提前到吴家帮忙，有一部分关系特别好的朋友，除了会给吴家送礼金，还会给吴家送麦子、酒等礼物。吴家操办红喜事时，不仅临近的朋友会前来，关系特别密切的朋友也会来，虽然距离远，只要吴家邀请，他们仍然会来参加，尤其是结婚与办满月酒时必须邀请朋友。吴家操办白事时，远方的朋友当时知道后便会立马赶来，如果事后才知道，之后也会来吴家补送人情。

吴家人结交的朋友以农民居多，因为吴家人以务农为主，与其他农民之间的私交很多，经常在一起干活。你找我干活，或者我找你干活，投缘的人便结为朋友，若不是特别投缘，便只称得上是一般的邻居。吴建新和白焕英长期做生意，因此做生意的朋友也比较多。就家庭条件而言，吴家认识的朋友家庭条件也和吴家相差无几。吴家作为中农，结交的朋友也大多是中农，主要都是以种地为生。吴家人没有结交当官的朋友，也没有结识家庭特别富裕的大户，有一些朋友家相对富裕，有一些朋友家一分钱都没有。对于家庭困难的朋友，吴家也可以给他们提供帮助，借粮食或者银钱给他们，比如借五块或三块钱给朋友，允许朋友隔一段时间再来归还，但"有借有还，再借不难"，吴家不会无条件地给朋友拿钱。吴家不允许与"高档人"(即大户成员)交朋友，大户成员也不会愿意和吴家人交朋友，吴家也不允许与"麻疯癞子"等生大病的人交朋友。同时，吴家人非常痛恨奸狡巨滑的人，更不会允许家人与奸狡巨滑之人交朋友，吴家人一般是与忠诚老实的人交朋友。

(二)打长牌，推十点半

1949 年以前，蛤蟆场打牌的类型主要包括打长牌、推十点半、掷骰子等，也有人打麻将。

当地人普遍认为打牌是一件不太好的事情，尤其是长期种庄稼的人认为打牌一事不好，看到那些打牌的人感觉特别痛恨。虽然吴家没有关于防止家人赌牌的家法、家规、家训，但家中老人一般会尽量制止这种行为。

吴家只有家长吴建新偶尔会打牌。吴建新一般是出门到外地做生意时，偶尔与外地的生意人打牌，与自己年龄相当的人、和吴家家庭条件相差无几的中户家庭成员一起打牌。吴家没有老人打牌，但其他家庭有老人去打牌。打牌不会按照年龄段来划分，各种年龄段的人可以混合在一起打牌，各凭本事。老年人不仅会与老年人打牌，也会与年轻人一起打牌。1949年以前当地打牌的基本上是男性，只有非常少的女性会去打牌。吴建新一般是在外出做生意时在住宿的旅店打牌，饭食也是由旅店提供，自己给饭钱即可，吃一碗饭给一碗饭的钱，吃两碗饭便给两碗饭的钱，没有人会包饭。几个做生意的人约着打牌，只是当作无聊时的娱乐消遣而已，打发一下时间，并不是为了通过打牌来维持生活。

吴家中不仅内当家吴张氏、白焕英不喜欢家长吴建新打牌，家中其他成员也十分痛恨吴建新打牌，总之，全家人都对吴建新打牌一事有意见，大人、孩子都不拥护他，对他不满意。家里做生意好不容易赚一点钱，结果被他全部输出去，家里面又要重新想办法给他筹集本钱。尤其是有一次吴建新外出时把所有钱输光，欲购买原材料做生意却没钱付款，只能先赊账。吴建新回家以后，其母吴张氏把吴建新狠狠地骂了一顿，说道："打牌把做生意的钱输掉，难道还想把吴家的田地房屋也输掉，把自己的老婆孩子也输掉？"其妻白焕英还因此事与吴建新吵架、打架，二弟吴建学也稍微说了他一两句，但没有因此而提出分家。家人们劝吴建新以后不要再去打牌，于是他要等很长一段时间才偶尔打一次牌。一般情况下，只要吴建新没有喝醉酒，就没人约他去打牌，当吴建新喝醉酒后，其他人惦记着吴建新兜里的钱，便约他一起打牌。吴建新白天要做生意，要去买卖东西，一般是晚上吃完饭、喝点酒，才有人约他打牌。由于吴建新是在外出做生意途中打牌，因此打牌时间不区分农忙与农闲。有些大户人家的人因为赌博把自己家的田地房屋卖掉，他的母亲教育他，他会对自己的母亲说："你再说我，我把你也去卖掉！"

（三）串门聊天

1.吴家人前去串门

1949年以前，吴家在农忙期间，当亲戚家有三灾八难、伤风咳嗽时，吴家便会在吃完晚饭以后到亲戚家串门，玩一会儿。农闲时白天会去亲戚、朋友、邻居家串门，今天你来我家玩，明天我到你家玩。吴家人不论男女老少都可以出去串门，与谁关系好就去谁家串门，无论男性、女性，都是去自己的好朋友家串门。吴家的男性去男性朋友家串门，女性去女性朋友家串门，某些亲戚家距吴家近，吴家人有时候也会去亲戚家串门，亲戚也会经常来吴家串门。但某些距离吴家太远的亲戚，距离吴家有几里之远，吴家人平时则不会前去串门。串门时，吴家人如果在别人家玩得时间比较久，比到吃饭时间，别人家在煮饭时看到吴建新还在串门玩，就留吴建新继续在他们家里玩，让吴建新吃完饭再回去。反之，别人来吴家串门也同样是如此。

吴家人在串门时有一些不成文的规定，过年过节时，吴家到别人家串门会带一些礼物，带一壶酒、几个馍馍，有时候带一些挂面。无论何时，吴家人串门之前都必须把手、脸、脚清洗干净，穿着整整齐齐的衣服，干干净净的鞋子。女孩一般不能披头散发，需要把头发辫一下或者盘起来,把自己收拾得精精神神。当别人结婚时,不能穿白色的衣服去串门,而需要穿着花花绿绿的衣服,如蓝色、青色、粉色的衣服前去。当别人家里办白事时,则没有规定的衣物颜色,除了亲房本族必须披麻戴孝外,其他人随便穿着什么颜色的衣服去都可以。此外,到别人家串门时,要有礼貌、有规矩,小孩不能在别人的大人前面走来走去,凡事要让着别人家的长辈,比如别人家的老人或者当家人坐在堂屋或者街沿上,不能从他们的面前走过,而要从他们的身后走过。此外,不能在大人前面拿这拿那,否则别人家的大人会认为没礼貌。在别人家吃饭时,一般大人坐上半位,作为客人一般坐两侧。在别人家的主人未动筷子之前,作为客人不能先吃喝,否则别人也会认为这种行为很没礼貌。无论到谁家玩,客人一般不能主动吃食物,别人家的主人一直劝个不停时客人才能吃。本来自己的饭量是三碗,但是要假装自己平时只吃一碗,在别家主人劝自己多吃一点以后,才能再吃一碗。

吴家平时一般不会全家人同时出去串门,会留一两个人在家里守门。今天你去串门,明天他去串门,吴家一般是留吴张氏在家里看门,有些时候家里的媳妇们——白焕英、唐映秀都想出去串门,两个人便都可以去串门,留老人婆吴张氏在家守门就行。两个媳妇去串门的主要目的是想去看谁家的手活好,谁做鞋做得好,发现别人做衣裳做得好就夸赞几句,并且让别人传授一下做手活的手艺。两人串门时若发现别人的手活做得不太好,便告诉别人应该怎样做,还会留在别人家吃完饭才回家。

2.他人来吴家串门

与吴家人情谊好的亲戚以及朋友们也会来吴家串门,有些刚与吴家接触的人偶尔也会来吴家玩,但这种人不会在吴家待太久,坐一会儿就离开了。邻居、朋友一般来吴家串门,与谁关系最好便找谁聊天。亲戚来到吴家,如果是成年人,就先找当家人聊天,其他人则去烧开水、煮饭,例如白焕英之母来吴家玩,就先找白焕英聊天。如果是亲戚家的小孩就和吴家的小孩们一起玩,比如白焕英的侄儿在没有大人的带领下,会在来赶集时顺便来吴家玩。吴家人非常欢迎亲戚、朋友到吴家串门,唯愿家里人多,唯愿有人来吴家玩。家里有烟就要给他们找烟吃,如果有酒就给他们倒酒喝,还会留他们在吴家吃饭。尤其是吴张氏,看见远来近道的人,都非常欢迎他们来吴家玩,还会留他们在吴家吃喝。但实质上一般朋友、邻居最多来吴家串门半天就回家去了,但某些亲戚年龄大,平时没什么事,来吴家玩三至五天都可以。吴家觉得来串门的所有人都是客人,朋友、邻居勉强算是客人,而亲戚属于贵客。在这之中,相隔几年才来吴家串一次门的客人,则显得更为贵重。

3.闲聊内容

人们串门时有什么就说什么,想起来什么就说什么,一般都是谈论家务事,比如你家的家庭情况如何,他家的家庭情况如何,谈论一些种庄稼的事情,怎样种庄稼,讨论怎样将家庭境况改善得更好,怎样过日子。老人们在一起聊天,主要是分别讲述一些自己曾经历过的事情。中年人之间聊天就是讲一下如何做生意和种庄稼,譬如家里当年收获多少粮食,之后应该如何将生意和庄稼做得更好,怎样薅草,怎样管理庄稼。吴家没有耳山,没有田,就只有山坡地,七月就谈一下家里收获了多少荞子、豌豆,下半年大概会收获多少背篼苞谷、黄豆、小豆,作为农民,互相之间谈论最多的便是如何种庄稼。其次,便是讲一下有什么赚钱的出路,家里饲养多少牛、马、猪等牲畜。小孩就是聊一下明天一起去哪里看牛、洗澡、捉鱼。吴家人串门时或者他人来吴家串门时,主要是聊一些家务事,讲一下家里的磨难、艰难苦楚,不喜欢聊别人家的闲事,偶尔会讲一下村上最近发生的事情,会聊一下李家坝保某某人整了谁,劝他人少和那个人打交道。此外老人们有时候也会聊一下中华民国二十四年(1935 年)当地过老红军①时发生的事情。

(四)龙背山脱白

1949 年以前,当地每年的六月六会到某个山上的庙里去朝拜。但吴家只有长子吴映国在 12 岁那年(即 1947 年)被白焕英带往龙背山的庙脱白,因为长子吴映国从小生病特别严重,因此家长吴建新将长子祭拜给龙背山的祖师爷,去脱白以后就可以无病无痛。

(五)元宵舞龙灯

李家坝保在过年时会舞狮子、舞龙灯,初九出灯。舞龙灯是由吴家与其他几家关系好的家庭一起成立的龙灯会,舞狮子一般是某个财主家组织的。全保甚至全乡的人都可前来观看舞龙灯与舞狮子。其中,大年十五时最热闹,吴家所有人都可以去观看舞龙灯与舞狮子,但为了家里留一个人看守家门,吴家人一般会轮流去观看。有时是经过吴家当家人同意之后去看,如果当家人不同意,吴家人便悄悄地去观看,只要不干坏事就行。吴家人担任龙灯会会首的那年,正月十五舞龙灯时,家中人则是有能力干什么就去帮忙干什么,有些家庭条件好的家户还会给龙灯会的会首和举龙脚杆、敲锣打鼓的人摆酒席,招待大家喝酒吃肉。

(六)大户念经禅,乡长开"普孝"

有些大户人家为自己的父母念经禅,请端工、道士在道场念七七四十九天,还会在街上跑马、射箭、打锣,乡里的所有人都可以前去观看、玩耍。因为念经禅持续时间很长,吴家家长吴建新偶尔会带着家中的小孩吴建奎、吴映国去观看,吴家中其他愿意去的人都可以轮流去看热闹,看他们打锣、念经,看孝子哭泣,但吴家不会跟随他们一起念经。蛤蟆乡乡长李自由的老父亲去世时,开"普孝",乡长家给所有前去之人发放一根白帕子或三尺长的腰带,让大家为其父戴孝。

---

① 1935 年,徐向前率领的红四方面军在长征途中,去甘肃会师时途经青川县蛤蟆乡。

第五章　家户治理制度

　　吴建新作为长子成为吴家当家人，掌管家中内外事务。在面临旱涝等天灾时，家长吴建新想尽一切办法解决，并主动向亲友、邻居借用钱粮以保护家人。在此过程中，吴家逐渐形成了新媳妇做饭、吴建新与吴张氏等当家人先动筷、长辈坐上半位等一系列吴氏家规。在买地印约、修房翎屋、交税与抓壮丁等问题的处理上，吴家多次与保、甲、县、乡等多层面打交道，并尽量与其维持良好的关系。

一、家长当家

（一）长子成为当家人

　　自从吴家第二代的吴万福与哥哥吴万祥分家后，吴万福便成了家中的家长，主宰着家中的大小事务，为家里买田置地、修房翎屋。但中华民国二十四年，即1935年蛤蟆场过老红军那年，吴万福由于外出逃难时感染疾病，不久后便因病去世，家中仅剩妻子吴张氏以及三子一女。而吴张氏只是一个妇道人家，吴建新作为家中的长子，很早就结婚成人，而且为人也十分能干，"先出林的什么都懂"，很早就开始跟随父亲吴万福在外做生意，即背盐背篾，家中的内外事宜都处理得井井有条。此外，由于吴家人本来就少，且某些兄弟姊妹年龄还小，兄弟们也不愿意提出分家。因此，吴建新便名正言顺地成了整个吴家的家长，虽然吴张氏在家里还是会发挥一定的支配作用，但家中的重担主要落在了吴建新头上。

　　在蛤蟆场，家长被称为"当家人"，当家人在家中负责主事，家中内外大小事宜全部都交由他进行管理，当地也将其称之为"外当家"。家里需要购买物品时主要由外当家负责置办，家中有什么人情世故、走人户时都由外当家负责安排以及开支。在对外关系中，家长吴建新代表吴家整个家庭，能够以吴家整个家庭的名义向外人借钱、借粮食。交税纳粮时，甲长会亲自到吴家来收钱，吴建新是吴家的户代表和主要责任人，因此甲长唐映坤一般直接来吴家找到吴建新收款粮。在吴家内部，家里无论发生什么事情，包括今天干什么、到哪里去、需要多少钱等都必须告诉作为一家之长的吴建新。如果当家人当时不在家，家庭成员在事后也必须告知吴建新。在家中具体管事的人被称为"内当家"，吴家的内当家是吴张氏和白焕英。在吴家，男性担任家长，女性担任内当家。外人往往称吴家家长吴建新为当家人，他人来到吴家时，首先会问，"你们当家人在家吗？让你们的当家人出来一下"，而吴家人一般称自己家的外当家和内当家为"大人"，除家中的最老一辈唐国英以外，其他没有当家的家庭成员统称为"小人"。

　　吴家人对吴家的家长吴建新非常信任，吴建新无论说什么话，说一是一，说二是二。吴家家庭成员都很尊重家长吴建新，凡事都要问一下吴建新是否可行，家人们对吴建新当家表示满意,除了能选他当家以外,吴家不能选择别人当家。确定吴建新为吴家的家长之后,不需要在家里的门牌上张贴吴建新的名字。他人来到吴家后,看到吴张氏便会问,"老太婆,是你在当家还是你儿子在当家?"吴张氏便回答是儿子吴建新在当家。吴家人去别人家走人户写礼时都必须署家长吴建新的名字。

其他家庭中也有女性当家长:一种情况是父母都已逝去,家中没有儿子只有女儿,这时女性可以当家长;另一种情况是家中丈夫去世而儿女尚小,无论这个女性是否能干,都必须担任家长。还有一种情况便是取决于家庭自身环境,家中丈夫完全没有能力,一事无成,什么都不懂,说话不算话,"看牛娃儿把牛卖不了"。相反,如果家中的妻子非常能干,这也懂,那也知道,能够把所有家庭事宜都妥善处理,这个妻子便可以担任家长,在家当家做主,凡事必须经过妻子开口才行,妻子说一是一,说二是二。

(二)家长的权力

1.母亲吴张氏授权

吴家认为家长的权力是一代接连一代传承下来的,家长吴建新的权力是母亲吴张氏抑或是祖辈所赋予的,吴张氏告诉大家:"吴万福去世,自己年龄也大了,没本事了,这个家就交给儿子吴建新当,什么事情都交给吴建新安排。"整个吴家的家庭成员都承认吴建新的权力,全家人都拥护家长吴建新,同意由吴建新来领头。

吴家家长的管理范围包括整个吴家方方面面的事务。在家内,甚至吴家人上街去买一根针、一把线等小事都必须告诉吴建新,让他拿一点儿钱出来。吴建新会管理吴家所有家庭成员,凡是和吴家在同一口锅吃饭的人,吴建新都有权进行管理,对于嫁出去的姊妹,只要今天嫁出去,就属于别人家的人,吴建新就无权再管理姊妹们。

1952年吴建新与吴建奎两兄弟分家以后,就变成了两家人,吴建新是一户,么弟是另外一家人,吴建新再也无权管理么弟家里的事情。两兄弟于上午分家,下午吴建新便无法再管理弟弟家,只可以偶尔帮忙指点。

当吴家遇到伙牛伙马、嫁女儿、娶媳妇等大事时,家长吴建新会与吴家其他成员进行商议,讨论应该怎么办,大家一起出主意,看哪一个主意更好,但最终决定权还是掌握在家长吴建新手中。平时吴家没有召开过专门的家庭会议,晚上全家人一起吃饭或者烤火时大家一起聊天,吴建新就会和家中成员们谈论一下最近家里有什么事情,其功能相当于家庭会议。

2.财产管理权

（1）掌管银钱

吴家的收入主要来自种地、出租土地,同时通过卖盐、卖酒、卖凉粉、给外地人提供住宿,以及卖猪、卖蚕丝、卖桐油等来赚取一些零花钱。吴家所有的粮食、现金收入主要都是由家长吴建新掌管,即使内当家吴张氏、白焕英因为做生意而掌握一部分家庭收入,但也都是为了吴家全家人公用——为家庭走人户使用或者为家里购买一些小零小碎的物品,而不是为家庭中某一个人私有,吴家没有一个人平时会积攒私房钱。

吴家买田置地、买房屋、伙牛伙马的单据等贵重物品主要都是由内当家吴张氏管理,吴张氏将它们统一放在一个匣子里保存,匣子会用钥匙锁起来,再放置于柜子之中。但吴家的家长吴建新一定会掌管家中绝大部分的银钱。衣物等不贵重物品一般是每个家庭成员自己管理,成家以后的人便有一个柜子来放置衣物,小孩的衣物要么和父母的衣服一起放在柜子里,要么挂在墙壁上,或者放在枕头旁边。

平时吴家的几个当家人不会主动给家庭成员分配零花钱,一般是家庭成员需要上街赶集购买花生、核桃、包子时,才会向当家人们索要零花钱。家庭成员既可以向家长吴建新索要零花钱,也可以向内当家吴张氏或白焕英索要零花钱。一般情况下,只要家庭有成员需要花钱时,吴家的当家人都会给他们分配零花钱,不过给每个家庭成员分配的零花钱数量并不一样,因为家庭成员各自需要的数量不同。

（2）支配房屋与土地

吴家在出租房屋、出租土地、租入土地的过程中都会撰写租约,租约是双方家长出面签订。编写各种租约的时候,落款人署家长吴建新的名字,若写其他家庭成员的名字则没有意义,别人不会予以承认。有时候写租约还需要找中间人前来作证。

吴家无论是出租自家的土地还是租入他人家的土地来耕作,家长吴建新都会与全家人共同商量。无论男女都可以参与讨论,商量租入土地或租出土地一事对吴家来说是否划算,吴建新会询问家庭成员是否愿意去耕作别人的土地,经过全家老小一致同意后吴家才会租入该土地。吴家种粮食是全家人一起耕作,收粮食是全家人一同收割,收到的粮食统一供全家人一起食用,每天吃擀面、吃豆花、吃馍馍或是吃肉等主要是由内当家白焕英来具体安排,家长吴建新一般不会决定具体每顿的伙食内容。吴家没有粮仓,家里的粮食平时主要是存放在柜子里,每个房间放一点儿,由当家人统一管理,不需要派人看管。总体而言,吴家自家的粮食勉强够用,只在少数时节不够用。1949年以前,收获的粮食特别宝贵,因此吴家从来不会去售卖粮食,吴家人也没有人会悄悄偷粮食去卖掉,但是别人家里有些人会将粮食偷来卖给吴家。

（3）决定聘礼与彩礼

娶媳妇、嫁女儿时聘礼与彩礼的数量都是由当家人吴建新来决定,其他人只可提出建议。吴建新的媳妇白焕英嫁进吴家之后带来的嫁妆归白焕英所有,白焕英和吴建新两夫妻都可以对其进行使用和管理,作为老人婆的吴张氏不会支配儿媳白焕英的嫁妆。此外,吴建新和吴建奎两兄弟分家时也不能分媳妇们的嫁妆,因为这是媳妇娘家陪嫁带来的,没有权力分配。但是妇女的嫁妆可以让自己的儿子继承,白焕英结婚时带来的嫁妆便可以由吴映国与吴映忠两个儿子继承。

3.制衣分配权

缝制新衣时吴家都是去蛤蟆乡场镇街上购买布匹,场镇街上没有宽布,都是窄布,窄布也是外省、外县,比如巴中或者甘肃、陕西的人运来的。蛤蟆场不产棉花,吴家也没有种植棉花,同时集市上也很少有人会出售棉花,因此吴家给家里人缝制棉袄需要棉花时,便拜托邻居去成都或者广元时帮忙购买一点棉花回来。家长吴建新将布匹买回家后,会给所有人都制作一套衣物,大部分的衣物是由白焕英、吴张氏、唐映秀三位妇女来缝制。她们三个手活好,扎花秀朵都行,但是不太会剪裁衣服,需要找旁人来吴家帮忙剪裁好以后,再由她们三人来缝制。家长吴建新的衣物是由妻子白焕英来制作;作为母亲的白焕英还要给两个儿子缝制衣物;吴建学的衣物是由其妻子来制作;老人唐国英的衣物是由儿媳吴张氏来做;小孩吴建奎的衣服是由母亲吴张氏来制作;而吴张氏的衣服是由儿媳白焕英、唐映秀来制作,两位儿媳给吴张氏缝衣服和鞋子,如果两个儿媳妇没空,便找出嫁的女儿给她制作衣物。

4.劳动分配权

在吴家,家里所有的农业生产活动主要由作为庄稼能手的吴张氏安排,平时上坡干活最多的便是她。在农忙时,吴家无论男女,包括小孩,所有能够上坡干活的人都可以去干活,即使长期做生意的吴建新、白焕英也会停下手中的买卖上坡干活,有本事做什么便做什么。

在农闲时,吴建新主要负责做生意赚钱,白焕英主要做生意或在家从事家务劳动,吴建新的幺妹在出嫁前也主要是长期在家做家务,负责喂猪、喂鸡、打扫卫生等。吴家一般是指定几个人上坡干活,当吴建奎等孩子们还小时,吴家一般是派作为男性的二弟吴建学和作为女性的吴张氏上坡干活,孩子们则负责看牛、给牛喂草。当吴建奎、吴映国长到十二岁时,吴家的男性一般是吴建奎、吴映国上坡干活,女性主要是吴张氏上坡干活。吴张氏主要依据每个人的劳力状况安排每个人在上坡上干轻活还是重活。男性吴建学耕地的时间最多,等到吴建学作为上门女婿入赘到别人家以后,便主要是吴建奎、吴映国耕地。吴家的男女都可以背粪,但是每个人背的数量不同,男性背粪数量更多,女性背粪数量更少而已,小孩则用一个小背篼去背。点苞谷、挖窝窝等主要由女性完成,小孩则主要是翁窝窝、抓粪。

老人是否干活主要取决于老人的身体状况,吴家的老人唐国英当时已经七十岁,没有能力上坡干活,但是有时还是会在家里帮忙煮茶煮饭、洗锅抹灶,而其他家庭有些七十岁以上的老人依然会上坡干活。吴张氏五十多岁,但身体很好,除了不能耕地以外,其他什么类型的农活都能干,包括上坡挖窝窝、翁窝窝等。吴映国的幺妹到了八岁左右就开始学厨房里这一套,煮茶、煮饭、喂猪,除非家中农业活动特别繁忙时幺妹才会上坡帮忙。小孩吴建奎、吴映国大约九岁时没本事读书便去看牛,到了十岁左右就背个背篼去地里除杂草。

5.婚丧嫁娶管理权

在吴家,无论是二弟吴建学入赘到别人家还是三妹出嫁,抑或是长子吴映国、幺弟吴建奎娶媳妇,主要是听从家长吴建新的安排,此时内当家吴张氏的意见也非常重要,吴建新基本上都会听取。总体来说,家长吴建新对儿媳妇比较满意。在孩子还小时,吴家的祭祀活动主要由家长吴建新作为家庭代表进行祭祀,上庙时也是由家长吴建新代表整个吴家前去烧香,祭拜土地老爷也是由吴建新前去,等到孩子们长大后,吴建新便派小孩吴建奎和吴映国代表吴家去给祖先上坟以及上庙烧香。

6.家长权力的限制

家长吴建新作为长兄,会对弟弟们与儿子们一视同仁、平等对待。如果家长对家庭成员不一视同仁,偏心某些人,一个大家庭便会产生矛盾,不是发生言语争吵,便是发生肢体冲突。吴家的家长吴建新比较能干,而其他家庭如果家长的能力不强,做这也不行、做那也不行便不能当家,家庭成员们会重新选择一个能力较强的人来担任家长。家长吴建新向别人借钱以后会告诉其他家庭成员,让吴家所有人都知晓吴建新借了谁的钱以及所借数量,不会出现私自向外界借债长期不还的现象。

家长吴建新所做之事若在情理之中,大家都会承认吴建新的权力。而一旦吴建新做出一些不被大家认可的事情,大家都对他不满意,尤其是内当家吴张氏和白焕英会出面指责他。由于吴建新是"大人",其他家庭成员只能轻言细语地稍微数落他几句,或私下在背后悄悄地议论几句,最终大家依然对吴建新的权力表示认可。

当家长吴建新打牌把做生意的钱输光时,吴家所有成员都对他不满意,会责怪他。尤其是作为母亲的吴张氏,把吴建新狠狠教育了一番,让他以后不要再打牌。吴张氏会出面向他人借钱,为吴建新重新筹集做生意的本钱,只要吴建新之后改过自新,尽量不要犯同样的错误,家庭成员们还是对家长吴建新表示一如既往的信任。

(三)家长的责任与义务

家长吴建新能说会道且为人能干,什么都会,把家庭管理得井然有序。吴建新作为吴家的长兄,不仅孝顺母亲吴张氏,也爱护妻子白焕英,还关心照顾自己的儿女与兄弟姊妹儿的女。因此家中的所有成员都认为吴建新是好家长,都拥护他。一个家庭只能有一个家长,虽然吴家有内当家和外当家之分,但是内当家吴张氏、白焕英最终还是要服从外当家吴建新。作为一个家长,吴建新必须管理家中所有大小事宜,什么事情都要经过吴建新的手,尤其必须经过吴建新的口,有些事情吴建新不必亲自动手去做,但是必须经过他的口。家里快没有粮食时,一般是吴建新出面去借;家人没有衣服穿,也是吴建新买布回家给家人制作衣服;需要从别人家借钱,主要也是由吴建新代表吴家去借。因为吴建新是一家之主,无论家中缺少什么,主要都是吴建新来计划安排。家长吴建新除需要管理吴家成员的吃穿住行之外,还要管理家庭的收支,因此他会尽量想办法保持家庭收支平衡。家长吴建新还要保证家庭和谐相处,使整个家庭和和气气、团结在一起,尽量少发生一些内部矛盾,不能分散,不要"你是你的心,我是我的心"。

(四)更替当家人

1952年吴家第二次分家以后,即吴建奎与吴建新两兄弟分家后,家长吴建新当时年纪大了,由于生病身体不太好,妻子白焕英也因病去世,吴建新没有能力再管理整个吴家,什么事情都不想管理,不愿意再继续担任吴家家长,而选择让自己的长子吴映国接替自己成为新的家长,让吴映国掌管吴家内外事务。吴家的家长更替移交的权力包括:吴建新将家里的钥匙、地契、房契全部交由新当家人吴映国保管。家里的人情往来都改由吴映国出面,家内的红白喜事也由吴映国来安排。家里有了新的当家人吴映国之后,亲戚、朋友、邻居都称呼吴映国为新当家,而称呼吴建新为老当家。亲戚、朋友、邻居都知道吴建新当时生病了,吴建新主要由于身体原因无法再继续当家,才把所有权力移交给吴映国。

二、家户决策

1949年以前,家内家外的大小事宜是由吴家家长吴建新说了算,吴家的大事,包括家庭开支、出租房屋与土地、娶媳妇与嫁女儿等各种红白喜事、与他人家伙牛伙马、家里向别人借用或家里借出钱粮与耕牛、为家人置办衣物等重要的事情都必须由家长吴建新做主,而吴家每顿饭吃什么、平时使用物品等小事的安排可以不必由家长吴建新做主,主要由内当家吴张氏和白焕英负责具体安排。

因为家长吴建新一直往返于蛤蟆场和三堆之间做生意,在吴建新外出到三堆做生意不在家的两三天里,外人无论是有重要的事情需要找吴家,还是有重要的话需要告诉吴家,都可以事先告诉内当家吴张氏、白焕英,可以由两位内当家主事,她们二人可代表吴家去走人户,署上吴建新的名字。如果家里急需钱,也可以由两位内当家出面去借钱,等到吴建新出门几天回家以后,她们再将事情转告给吴建新。但是租地与伙牛伙马等大事,必须是吴建新在家时才能处理。

吴家家长一般是在夏季吃饭或者冬季烤火时和家人们共同商议事情，不会召开专门的家庭会议。当家人们提出来大家讨论一下，其他成员们可以提出建议。家庭共同协商的事情繁多，包括家庭借粮、借钱、租地、伙牛伙马等各种各样的事情。

一般情况下，对于家长吴建新所做决定，家庭成员都会服从。如果这一决定合理，大家便都会听取，如果这一决定不合理，家人之间便会进行商量调解。比如在吴建新准备为吴家借用他人的钱粮之前，家人就会集体讨论，认为没必要借别人太多钱，能少借钱就少借一点儿，借得多就还得多，借得少就还得少。本来吴建新准备借十块，大家商量后只借五块也行。一般来说家庭成员不能不按吴建新的话照办，除了有些时候家长吴建新说的话实在不对时，家庭成员可能会不听。有些时候，家里的事情是家长吴建新一人独自做出的决策，未与吴家成员们商议，但只要这一决策正确，是为了整个大家庭考虑，对整个吴家有利，吴家的家庭成员们便会服从。

三、家户保护

（一）对外庇护家人

吴家人在生产、生活中偶尔会与别人家发生一些小矛盾，例如争嘴盘舌的小事，家长不会出面调解，除非家人和别人吵闹不休甚至打架，家长才会亲自出面调解。吴家人每次遇到危难或困难都会找家人帮忙，例如吴映国在外面遇到困难，便会找吴家的内外当家人沟通，家人们每次都会出面帮忙。无论吴家人和他人争嘴吵架，还是吴家的任何一个成员被外人欺负，吴家人都会坚定不移地站在自家人一方，坚决维护自家成员，尤其是在家人在外受到欺负后，家人会找旁人争嘴、吵闹。比如有人欺负小孩吴映国，吴家的大人、孩子都会维护吴映国。如果吴家的内外当家人被外人欺负，吴家的成员们也会极力维护自己家的当家人们。

如果吴家的家庭成员尤其是小孩犯错，家长吴建新会带上孩子前去给别人赔礼道歉，说一声对不起。如果吴家人没错，家长也会出面找他们，把渊源辩明，搞清楚到底是谁犯错在先，是谁先动口或动手，两方家长互相协商后，对方最后也会向吴家人赔礼道歉。如果发生纠纷时家长吴建新不在家，内当家吴张氏和白焕英也可出面调解。如果吴家家庭成员犯错，尤其是小孩犯错，当家人就轻言细语地说几句，如果小孩这时回嘴[1]，当家人便会用棍棒把孩子打一顿。有些时候吴建新的长子吴映国犯错，这时作为奶奶的吴张氏已经知道，但是其母白焕英和其父吴建新尚不知道，吴张氏为防止白焕英将吴映国责骂一顿，便会帮助吴映国隐瞒此事，不会将这件事告诉家长吴建新。

吴家认为"家丑不可外扬"，有什么不好的事情自家人知道就行，谁出现问题或者家庭有什么纠纷，自家人调解、劝导就行，不能轻易把事情闹大，尽量大事说小、小事说了，不会告诉外人。就算吴家与别人家发生天大的纠纷，两家协商就行，不要让旁人知道。如果让别人知道，别人就会议论这个家庭如何如何，这样弄得吴家也颜面尽失。

（二）情感支撑

当吴家的家庭成员在外面受了委屈、被他人欺负时，会回家向家人诉说。无论大人、孩子受了欺负，都会告诉家人，我今天在外面，谁打我、骂我、欺负了我。比如家长吴建新在外受了

---

[1] 回嘴：顶嘴。

欺负,会首先告诉自己的妻子白焕英,还会告诉自己的母亲吴张氏,晚上吃饭时还会告诉其他家人。吴映国在外受到欺负,回家后会首先告诉自己的父母吴建新与白焕英,一般吴家的其他人也会在旁边聆听,或者等其他人回家后,家长会告诉其他人今天某个孩子在外面受到了欺负。向家庭成员诉说以后,吴家人也会安慰家人,如果家人被欺负得比较严重,家人还会去找对方,质问对方:"你今天为什么欺负我家的某人?"如果家人受到比较轻微的欺负,当时就算了,日后当家人们见到对方也会数落别人几句。当吴家出嫁的女儿在婆家受到小委屈或者是不公正待遇,回娘家时也会向吴家人诉说,所谓"亲不管家",一般姊妹们都是受一点小委屈,吴家人稍微劝导一下即可。

吴建新出门做生意时,每隔三四天便会外出两三天,经常会想家,想念吴家的家人。吴家嫁出去的女儿们在婆家受气后,也会很想念吴家人,回娘家时也会向自己的母亲吴张氏倾诉。有些时候吴家嫁出去的女儿在婆家受到欺负,今天受了委屈,明天就回到吴家和吴家人诉说在婆家如何如何,吴建新、白焕英也会劝导、安慰她们。

(三)防备天灾

1949年以前,有一年天降大雨,吴家除了家里的一部分麦子已经被收割回家以外,家里的其他粮食被水淹没,有些粮食被水冲走了,粮食产量减少,吴家便想方设法把没有被水冲走的麦子和洋芋从泥浆里掏出来,拿回家用清水洗干净以后再晒干。此外,当时洪水还将吴家的后墙(即土院墙)全部冲垮,导致吴家有一个房间的一半被泥土包围,连吴家的堂屋也被雨水打湿了,吴家只能又重新维修后墙、打扫房间。此外,在某一个年份,吴家遭遇了非常严重的风灾,大风将家里种的苞谷全部吹倒,而且根本没有办法挽救幼苗。因为苞谷是吴家主产的粮食,受到自然灾害后,当年吴家的粮食大量减产,吴家此前也未预留过口粮,因此粮食完全不够家人食用。

无论是防备洪灾还是天灾,吴家不会去求神、拜神,既不会去土地庙祭拜,也不会祭拜家神。因为问题已然出现了,吴家人认为此时再去企求神的保佑也已不具有任何意义。对此,吴家人采取的态度主要是将整个家庭集结起来,尽快想办法解决困难。一方面,家长吴建新会求助于与吴家关系特别密切的亲戚家,如请求白焕英的娘家帮助吴家,送给吴家一些粮食。此外,吴建新赶快去向朋友们借粮食,尤其是找附近的邻居、家中储备粮比较多的中户朋友进行协商,借用粮食以后,吴家会想办法还给他们粮食或银钱。吴家一般是这个月向这家人借几十斤粮食,下个月向另外一家人借几十斤粮食,当借到一些粮食后,也是统筹安排,计划着吃。如果家里当时有银钱,吴家会暂缓其他家庭开支,而将资金用于购买粮食,尽量保证吴家的每个人都有粮食可食用。另一方面,吴家人通过尽量多种点瓜果小菜以弥补暂时的粮食空缺。总之,发生自然灾害后,吴家人统一听从家长吴建新的安排,家人们不会只考虑自己个人,而是为了使整个家庭变得更加团结,一起想办法渡过难关。无论防备怎样的自然灾害,吴家家长都不会去寻求国家、村庄、财主的救济,他们也不愿意救济吴家。

(四)土匪抢劫

1949年以前,蛤蟆乡下辖的几个保里光明正大地进行抢劫的土匪较少,没有土匪来抢劫过吴家,但是有土匪曾抢劫过其他家庭。一般土匪是因为抽鸦片将钱花光导致自己没钱花、没饭吃,便组织一拨人带上刀枪,到比较有钱、有田地房屋、有粮食的家庭进行抢劫,土匪不会抢无钱无粮的家庭。土匪到别人家里抢劫时,首先会把他们家的所有人眼睛蒙起来,有些时候土匪会询问他们家把钱粮存放在哪里,然后由土匪们自己去拿,如果这个家庭不给粮便要杀要剐。土匪将他们全家人都捆绑起来,如果有家人大叫,土匪就用布将他们的嘴巴捂严实,此外,土匪们有时还会抽打他们。对于土匪抢劫一事,一般也没有人会进行干涉。即便告诉保长或甲长,保甲长也不会干涉,保甲长会回答说是因为别人没有钱、没有饭吃,只能抢劫。此外,蛤蟆乡时常有小偷进行偷抢打摸,光天白日下经常顺手牵羊,小偷一般溜得很快,根本抓不到。

(五)帮助乞丐与穷人

吴家的经济条件在村庄里属于中等水平。由于吴家的房屋位于大路旁,经常有叫花子来吴家乞讨。如果当时吴家还未将饭煮熟,会舀一勺或半勺粮食给叫花子,内当家吴张氏、白焕英喜欢给他们施舍,即使吴家没有粮食可食用,也会找别人借一些粮食给乞丐吃。如果吴家的当家人都不在家,吴家其他成员也有权做主给他们施舍一些饭食或粮食,之后告诉当家人即可。吴家帮助乞丐一方面是因为吴家人认为这些乞丐很可怜,另一方面则是由于吴家素日喜欢行善积德。

如果吴家还存有一至两个月的余粮,偶尔会有一些附近的穷人来向吴家借粮食,并告诉吴家人某期某日再把粮食还给吴家。吴家知道并相信他们还得起,也会借给他们,没遇到过借粮食不归还的人。吴家觉得附近廖子湾的一家穷人非常可怜,会主动帮助这家人。有时候他们家里没有粮食吃,吴建新会主动给他们背粮食去,吴家宁愿自己家少吃一点、节约一点,也会帮助他们。但这是一种临时性、有偿性的帮助,等到他们家有钱以后或者收成好时,还是会及时吴家归还钱粮。

四、隐性家规

(一)默认家规及主要内容

吴家存在一些默认的家规,而且规矩非常复杂。这些规矩是吴家祖辈以来自然而然形成的,有一些家规是一代又一代传承下来的。吴家的长辈会告诉家人们平时应该怎样做,教孩子学礼仪,教家人如何知人待客,如何称呼他人。吴家长辈也会告诉家人们:客人来吴家以后,吴家当家人应该坐在哪里,客人们应该坐在哪里,吴家其他家庭成员们应该坐在哪里;吃菜、斟酒时,应当先给谁夹菜,先给谁斟酒。一般当家人会经常提醒家庭成员,谁坐上半位,如何称呼某某人,先给某某人斟酒,先给某某人找烟,顺序是从上到下、从左到右。还有一些默认的家规是吴家人通过家人言传身教而习得,看到家人怎样做自己就怎样做,最后自己在生活中慢慢总结经验。对于这些默认的规矩,无论是家长吴建新,还是吴家家庭成员,都需要遵守,总之吴家全体成员会尽量自觉地遵守这些默认家规。有些规矩是家长吴建新和内当家吴张氏、白焕英要求家人这样做,一般家长让家庭成员如何做,家人们也会尽量听话照办,这样做出来的事情一般都是正确的。如果不按这些规矩做事,便会产生一定的差错,当家人们也会因此而责骂家庭成员。

1.做饭规矩

吴家"三女子"尚未出嫁时,吴家平时主要是吴张氏和白焕英做饭,偶尔是吴家"三女子"煮饭。她出嫁以后,吴家平时大多是家长之妻白焕英做饭。在吴映国、吴建奎结婚以后,大清早起来的早饭是由新媳妇李成秀、廖林秀烹饪。如果新媳妇李成秀、廖林秀当天上坡干活,家里的午饭仍是由白焕英做,白焕英做生意不在家便是由老人吴张氏做饭。如果新媳妇不上坡干活,午饭便是由新媳妇做,下午新媳妇干完活回家比较早,便由新媳妇们做晚饭,家里谁做饭就由谁负责烧锅。总之,新媳妇如果一整天都待在家,那么吴家的一天三顿饭都由新媳妇做饭、烧锅。一般清早天还没亮新媳妇便起床,生火、热水、做饭,将饭做好以后,新媳妇会首先告知家里的内外当家人们,让当家人们吃饭。新媳妇李成秀、廖林秀嫁到吴家后,兼具内当家与老人婆双重身份的吴张氏与白焕英安排几次谁做饭以后,新媳妇便已经知晓自己的任务,之后便不用每次再行安排。

吴家家长吴建新一般不会具体安排做什么饭菜,主要由吴家内当家吴张氏、白焕英来决定,比如她们有时会告诉新媳妇,今天早上泡一点儿黄豆,推一点儿豆浆,点豆花吃。其他家庭成员也可以一起商量并提出建议,今天想吃干饭,想喝什么汤,吃什么炒菜,全家人便统一吃同样的饭菜。总之,吴家不会专门针对某一个或某两个人的要求而专门为单人煮不同的饭菜。由此可以看出,吴家内当家和其他家庭成员提出来每顿饭做什么饭菜的效果是不一样的。吴家做饭需要的蔬菜基本上是由吴家自家所种,自家种的蔬菜尚且吃不完,除过年以外很少会从外购买。

2.吃饭规矩

(1)盛饭规矩

吴家吃饭时,若儿媳妇在家,便由儿媳妇给老人盛饭,白焕英为唐国英和吴张氏盛饭。小孩有能力盛饭就自己盛饭,没能力盛饭就由煮饭的人或者自己的母亲给小孩盛。包括吴建新、二弟吴建学在内的吴家男性吃饭时,一般由白焕英为其盛饭,有些时候吴映国也会为自己的父亲吴建新盛饭。及至二弟娶亲以后,便是他的妻子给他盛饭。此外,盛饭的人负责给相应的人端饭。

吴家在盛饭时有一定的先后顺序,即先给长辈盛。农闲时吃第一碗饭是别人给他们盛饭并且给他们端饭,第二碗饭便是自己去盛。农忙时吴家人一般将一盆饭放在桌子上,基本上都是自己去盛。吴家人夹菜,是做饭的人和小孩统一将菜全部端到桌子上,不会规定每个人必须吃什么菜,而是自己喜欢吃什么菜便夹什么菜,既有肥肉也有瘦肉,自己愿意吃什么便夹什么。有时候长辈们会给孩子们盛菜,有时候孩子们也会给长辈们盛菜,若孩子年龄太小时没有能力夹菜,当母亲的会给孩子夹菜。

(2)"大人先动筷"

吴家平时吃饭动筷子有一定的规则。如果长辈吴张氏或家长吴建新在场,一般由他们先动筷子,其他家人才能动筷子。但也存在一定的特殊情况,当吴家人吆喝开饭了,如果家长吴建新或内当家吴张氏还没来,称自己还要耽搁一下,让大家先吃,那么其他家庭成员可以不等他们上桌吃饭,先动筷子吃饭。吴家来客人时,吃饭时会先把客人招呼到桌子上,由家长吴建新和内当家白焕英陪同,一般客人动筷子以后,吴家人才能动筷子。过年时,一般要把长辈唐国英与吴张氏、家长吴建新请到桌子上,给他们把酒斟好,也是由长辈先动筷子。农忙时,大家都忙着干农活,这时吴家人吃饭动筷子没有太多规矩,一般可以不分先后顺序,早点吃完饭便早点上坡干活。

(3)饭菜种类与饭量

平时吴家每个家庭成员所食饭菜种类都一样,下地干活与不下地干活的人所食用的饭菜一样,即使身为孕妇也和大家食用的饭菜一样,可以为老人将饭菜烹饪得更软和一点,但是饭食种类也与其他人相同。在吴家,只有病人以及产妇在坐月子的一小段时期内可以吃得更好一点,吴家会为其单独煮一些饭菜。吴家在农忙时忙着种地,所食饭菜会差一些,凑合着吃,只要吃饱就行,没时间去好好做饭。农闲时没事干,妇女们便煮一些好吃的,如煮一点儿肉来吃。如果吴家当天有剩饭,便留着下一顿饭吃。吃饭时,吴家不会强制规定每个人的饭食数量,因为每个人的饭量不同,能吃多少自己就舀多少,但必须把自己碗里的饭菜吃完,不能剩下饭食。由于种粮食很辛苦,如果每个人吃不完碗里的饭菜,将其浪费掉会非常可惜。

（4）农忙或农闲

农忙时节,如果吴家种地的山坡离家太远,距家一里或两里路,白焕英会吆喝一声,让一个在坡上干活的人自己回家拿饭,给其他干活的人送饭。如果种地的山坡离吴家比较近,便不需要送饭,而是他们自己回家吃饭。有时候家人一大清早便上坡薅草,过十一点回家吃早饭,过一会儿妇女们将午饭煮熟以后,又一起吃午饭。有时候上坡干活的人中午吃不饱饭,回家后不会专门加餐,家里有蒸馍馍,便吃几个馍馍,烧点黄瓜汤或豆腐汤喝,家里如果有黄酒就喝点黄酒。

吴家吃完饭以后,一般谁平时在家煮饭就由负责来刷碗洗锅。当新媳妇李成秀、廖林秀嫁进吴家后,农忙时家里是由新媳妇做早饭,吃完早饭便上坡干活,那么就由留在家里的白焕英洗碗。有时如果是白焕英做中午饭,新媳妇便会说,白焕英做饭太辛苦了,新媳妇会主动洗碗。农忙时如果有客人来吴家,白焕英需要陪同客人时,则也是由新媳妇洗碗。农闲时,一天三顿都是由新媳妇做饭、洗碗。总而言之,吴家的男性从来不会做饭、洗碗。

吴家农忙时会与他人换工,当别人来吴家帮忙干活时,吴家会给他们包一天三顿伙食,给他们煮肉、煮鸡蛋吃,这种情况下大多时候是由白焕英做饭。等到新媳妇们入门后,则由新媳妇煮早饭和晚饭。换工时新媳妇会和大家一起上山干活,由白焕英煮午饭。如果土地太远,则由吴家人把饭送到山坡上给大家吃。如果土地比较近,则所有帮忙的人会一起来吴家吃饭,来的人太多,就另外搭一张桌子,让帮忙干活的人上桌吃饭,当家人们陪同客人们吃饭,这时吴家的小孩一般不上桌吃饭。

3.座位规矩

（1）吃饭及烤火座位

吴家平时没有日常使用的桌椅,只在祖先堂里摆放了一张桌子,配备四个长板凳,只在自家平时吃饭或者客人来吃饭时才会使用。吴家全家人,包括大人、老人、孩子、妇女都可以上桌吃饭。吴家吃饭的座位也有一定的讲究,吴家中谁的辈分最高,谁就可以坐上半位,孩子可以和高辈坐在一起,比如孙儿辈的吴映国可以和奶奶辈的吴张氏坐上半位,吴家的低辈或者平辈坐横席。当吴张氏坐上半位时,作为儿子的吴建新便坐横席,有些时候吴张氏不想上桌吃饭,那么家长吴建新和内当家白焕英便可以坐上半位。但是吴家负责做饭的人将饭做好以后,将菜全部端到桌子上,一般不上桌吃饭,将饭菜舀到碗里,抬一个小凳子放在院坝里或者街沿上,坐在小凳子上吃。夏季太热时,吴家人有时候全都不想上桌吃饭,于是将饭菜盛在碗里,哪里凉快就坐在哪里吃。冬季在堂屋烤火时,大人、孩子都可以烤火,烤火时一般没有座位之分,大家抬一个木凳或者草墩儿坐,一般会优先让老年人唐国英和吴张氏坐,给老人选一个不会被柴火的烟熏到的地方坐,其他人便围在老年人周围一起坐。

（2）日常来客座位

吴家来客人时，就给客人抬几个小凳子，夏季让客人在街沿或者院坝里坐，冬季就让客人坐在火炉旁烤火。吴家平时不会在客人一来时便将其请到吃饭所使用的长板凳上坐，而是等到吃饭时，在堂屋把桌子、凳子搭好，再把客人请上桌落座。桌子紧邻着神龛的一边为上半位，即正对屋门的位置或正对来菜的方向为上座，离门最近的一边也就是上座的对面即为下半位，左右两边则为横席。吴家人如何安排客人的座位，这取决于客人的身份，如果客人比较尊贵，比如吴家的儿女亲家两人一起来到吴家，便都可以坐上半位，主人便坐下席陪客。如果亲家一人来吴家，便由吴家的当家人陪她们坐上半位，对方的亲家母来则由吴家的亲家母陪坐，对方的亲家公来则由吴家的亲家公陪坐。无论是什么类型的客人，吴家都会请客人们先落座，主人后落座。

当吴家本家的亲戚来吴家做客时，既要根据辈分高低又要根据年龄大小来安排座位。当一个孩子来吴家做客时，如果他辈分很高，还是会安排他坐上座。当吴家的客人中同时有姥姥的娘家、母亲的娘家、姐妹的婆家、自己的儿女亲家等亲戚时，则先安排奶奶的娘家亲戚们坐上座，其次是母亲的娘家、姐妹的婆家，最后安排自己家的儿女亲家。总之，最先安排长辈们的亲戚落座。一般而言，一张桌子只能坐八个人，如果有十二个人，一张桌子容纳不下这么多人，就在旁边另外搭一张桌子坐。当吴家的客人主要是街坊邻居时，安排座位会综合考虑多种因素，首先将与吴家关系密切的邻居安排在上座，也要按辈分与年龄大小排座次，吴家的房份邻居（即表叔）可以坐上半位。其实邻居的辈分一般和吴家差不多，更多是按照年龄大小安排座位，让年龄大的人先坐，与吴家关系一般的邻居则只能坐两边的横席，目的是让这些关系一般的邻居来充当陪客。

（3）宴请客人座位

当吴家举行大型宴请活动，如结婚办喜酒等红白喜事时，有时会邀请保甲长，但保甲长是否愿意来参加则取决于他们自己。吴家操办红白喜事时，座次主要由吴家请来的知客具体安排，会首先预留出一两张桌子作为主桌，因为吴家没有户族，因此没有本户族的高辈，于是先让唐国英、吴张氏等姥姥家的亲戚，几个媳妇的娘家亲戚，舅爷爷、舅舅等亲戚，姑娘姊妹的婆家等人作为主客坐在主桌。总之，客人辈分越高便越优先安排在主桌，而坐在主桌上的高辈、低辈们具体应该坐在哪一个方位也是由知客安排。如果贵客太多，主桌坐不下，就安排在主桌旁边的桌子。如果保甲长愿意参加宴席，便让保甲长作为陪客来陪吴家的这些主客，或者吴家的老人吴张氏也会担任陪客。吴家将新房修好后，会宴请曾来吴家帮忙的亲戚、朋友、邻居等来吴家吃饭，木匠、石匠、泥瓦匠等五大匠的掌门来吴家可以坐上座，匠人的徒弟则不能坐上座，如果同席中有保甲长，这些掌门会请保甲长等当官的坐上座，但保甲长会请这些有技术的掌门坐上半位，因此坐上半位的还是匠人掌门。

换工时，有人来吴家帮忙干活，吃饭时也要给他们摆席桌，但这不是真正意义上的酒席宴请。席桌的数量主要取决于每次来了多少个人帮忙，人多时摆的席桌就多，人少时摆的席桌就少。一般大家可以不论辈分高低随便坐，如果没有足够的桌子，也可以将饭菜端在手里吃。"做活场前无大小，酒席前头捋班辈"，只有举办正式的酒席时大家才会按照辈分高低来落座。

4.请示规矩

（1）家户生产中的请示

①农业请示吴张氏

吴家土地的经营管理主要是由内当家吴张氏说了算。在吴家，吴张氏全权负责农业生产事宜。吴家全年的农业生产与种植计划，什么时候种粮食，怎样种粮食，种哪些粮食，什么时候收粮食，应该如何耕地、犁地，如何挖窝窝、背粪、抓粪、播种，怎样除草、薅草等各项生产环节，以及生产过程中吴家内部如何进行男女长幼的分工、农具的使用协调等一系列事宜主要由内当家吴张氏具体安排。此外，吴张氏会根据家人的劳力状况来进行安排，能干什么便安排做什么，做什么事情便携带相应的农具，吴张氏若安排家人耕地便带一个草锄，如果安排家人犁地则带一个挖锄。吴建奎、吴映奎主要负责放牛、放马、放羊，家里由谁来喂牛、喂马、喂猪、喂鸡等不需要请示当家人，家里谁有空谁就去给牲畜喂食，但耕牛与马的使用则需要请示当家人，由内当家吴张氏来安排细节，牛、马的借用活动需请示家长吴建新。在农业生产时需要和别人家进行换工，主要由吴张氏来安排，但需要适当地与家长吴建新商量。

②副业请示家长

对于吴家副业的选择与经营活动，主要由家长吴建新和内当家白焕英做主，吴建新主要负责买卖食盐、买卖木耳。此外，吴建新偶尔会安排家人去捡桐子或喂蚕，由吴建新雇人来家将蚕茧煮成蚕丝后，他便负责去三堆卖桐油和蚕丝。家里每年卖猪也是由吴建新负责与市场卖肉的商贩协商一致后贩卖出去。而白焕英主要是负责用玉米烤酒，买荞子与豌豆回家制作凉粉，逢场天在蛤蟆场的集市售卖酒和凉粉。

吴家老人唐国英年岁已高，已七十多岁，已无能力从事劳动，不负责管家，平时主要待在家里休养，不直接参与任何生产经营活动。因此，家庭成员的一切农业与副业活动都不需要请示老年人唐国英。

（2）生活琐事的请示

吴家每顿饭吃什么饭菜主要由内当家白焕英安排，不需要请示家长吴建新。家里制作两季衣服，但什么时候购买什么样式的布匹回家做衣服主要是由吴建新来决定，将布匹买回家后具体由谁做则是由吴张氏和白焕英来商量与安排。购买盆子、毛巾、锅碗等生活用品则需要告知或请示家长吴建新，如果内当家白焕英利用手中的资金购买了生活用品，事后也必须告知吴建新。此外，家中的小孩吴建奎、吴映国的上学事宜都是由家长吴建新决定。

（3）对外交往中的请示

吴家家庭成员的外出活动，比如吴家人想上街赶集，需要请示家里的几个内外当家人。如果吴家的家庭成员有一个能说服当家人的理由，当家人一般会允许家庭成员们上街赶集。如果家庭成员不能说服当家人，当家人会说："你没什么事去上街干什么呢？"若当家人不允许家庭成员上街，家庭成员便不能私自上街。过年时吴家人上街去看舞龙灯、舞狮子必须请示家长，大年初一时吴家由谁到庙宇烧香也主要由吴建新来安排。吴家人去走亲戚、到朋友家串门等都必须请示内外当家人，再由当家人安排成员们具体携带什么类型的礼物。而吴家人和他人结交朋友时一般不需要请示当家人，但吴家人向他人借粮、借款等大事则必须向家长吴建新请示。

在吴家，无论请示家长吴建新，还是请示内当家吴张氏与白焕英，无论大事小事的请示，都属于简单的口头请示汇报,在一起吃饭、喝酒、聊天或冬季一起烤火时顺便说一下即可。出租田地、房屋等大事由当家人提出来,全体家庭成员一起商量一下就行,吴家从来没有为此而单独召开过任何家庭会议。自1952年吴建新与吴建奎兄弟分家后,吴家的一般事宜都不会再向长辈吴张氏请示,只有家里有修房翎屋、婚丧嫁娶等大事时才会向吴张氏请示。

5.请客规矩

(1)修房翎屋需请客

吴家购买田地房屋时,会宴请中人、代笔先生饮酒吃饭。吴家与他人伙牛、伙马时会宴请伙家与中人喝酒吃饭。但这两种宴请仅属于一般的小型宴请,不属于操办红白喜事时的大型宴请,此事可以告知亲戚一声,不需要专门宴请亲戚、朋友、邻居。吴家修房翎屋时,会宴请所有的帮工,包括亲戚、朋友、来帮过忙的邻居、各种匠人。吴家借用别家的农具或牲畜不需要请客,同样,别人借用吴家的农具或牲畜也无需请客。

(2)红白喜事必须请

吴建新的长子吴映国出生后,吴家为其操办满月酒时,曾宴请过他人。吴家定亲时不需要请客,但结婚则需要大范围宴请。吴家给家中老人祝寿时也需要大规模宴请,如果不给老人祝寿,等姑娘姊妹回吴家,一起吃一顿饭也可。家中有白事发生,即家里有老人去世或者给老人烧百期时需要宴请。吴家办红白喜事时必须邀请姥姥娘家的亲戚、媳妇们娘家的亲戚、姑娘姊妹的婆家、儿女亲家、家中的干亲家,还需要邀请朋友、街坊邻居,除此之外,看得起吴家的人便可以来吴家吃酒,吴家不会专门去邀请。宴请他人时不需要下请帖,一般只需在口头上说一声即可。吴家操办婚嫁等红事时,如果是邀请关系特别要好的亲戚,尤其是邀请家中几个妇女的娘家人,吴家人就打一壶酒带上,但是吴家人只会去亲戚的主人家,顺便让这些亲戚邀请一下他们的亲房本族亲戚。吴家的孩子只读过一两年书,期间没有请过老师吃饭。吴家与他人发生争执时一般请亲戚来调解,亲戚帮两家调解成功后,吴家需要邀请他人吃顿饭,但不属于大型的宴请。

(3)宴请贵客

过去在蛤蟆场有"贵客"的概念,贵客即与吴家关系最好的亲戚朋友,包括姥姥的娘家、母亲的娘家、姑娘姊妹亲戚[①]、儿女亲家、户族间的亲戚、来自远方的最好的朋友。吴家在生产生活中举行宴请活动时,不会特意去邀请保甲长,如果吴家人遇到保甲长,就顺便告知他们一声,吴家在什么时候会办什么事情,让他们在吴家办酒席来吴家玩,但是保甲长最终是否愿意来则取决于他们自身。无论是吴家修房翎屋,还是红白喜事的宴请活动,都必须邀请姥姥的娘家、母亲的娘家、姐妹的婆家、自己的儿女亲家、户族间的亲戚,尤其是吴家人邀请姥姥的娘家、母亲的娘家、姐妹的婆家等贵客时,必须亲自登门邀请,带一壶酒即可,邀请儿女亲家和户族间的亲戚时可以只打个招呼,不用特意上门去邀请。吴家一般是让贵客陪同贵客、亲戚陪同亲戚。吴家招待贵客的饭菜与其他人一样,等到贵客离开吴家时,吴家还会给他们送一些自己家做的馍馍。吴家在请关系好的街坊邻居、朋友出席吴家的宴席时不需要登门邀请,在路头路尾、场街四口遇见时说一声即可。同时,吴家的所有宴请活动,无论邀请谁都不需要下请帖,均属于口头邀请。

---

①姑娘姊妹亲戚:主要指外嫁女的姑家亲。

（4）宴席

在吴家的宴请活动中，只要是同一批宴席，虽然是宴请不同的群体，无论邀请的是亲戚、朋友，还是邻居，饭菜的数量与质量都一样，没有差别。虽有主桌专门提供给家里最亲的亲戚，包括家里几个妇女的娘家亲戚，但是主桌的饭菜与其他桌的饭菜全部相同。当地一般待客的酒席属于十大碗，还有一种菜名为"十三花"，即十碗加三品。吴家办红白喜事的宴席都是十大碗，由于吴家人不会做厨，因此一般都是请别人来吴家担任主厨，即请一个做饭做得很好的人来专门掌勺，其他人都是帮忙打下手，有多少人就准备多少桌宴席，先找厨师作出规划，自己家按厨师的方案置办好酒、肉、菜、蛋，主厨等到宴席当天才进入吴家厨房。1949年以前，白焕英的父亲比较擅长做厨，此外吴建新的妹夫也很擅长做厨，吴家便请他们二人来掌勺做菜。

在吴家的红白喜事等宴请活动中，因为吴家的堂屋至多只能摆放两张桌子，所以大部分情况下还是会在自己家的院坝里摆放桌子。由于吴家属于单家独户，附近的邻居距离吴家太远，所以不会借邻居家的房间和院子使用。但是吴家会去借附近街坊邻居家的桌椅板凳、锅碗瓢盆来使用，基本上是到蛤蟆场镇的街上去借，谁家有多余的碗、盘子、勺子，谁家有多余的桌子板凳，吴家的家长吴建新就向谁家的家长借。如果他人家的用品在宴请活动中发生损坏，吴家便会给别人进行赔偿。由于亲戚家住得相对比较远，借用和归还起来都显得比较费力，因此吴家一般不会借用亲戚家的这些用品。吴家的宴请活动会饮酒，而且酒的种类有多种，包括黄酒、麦子酒、白酒，一般吴家人会先给奶奶的娘家、母亲的娘家、姐妹的婆家等斟酒喝。

（5）主客陪主桌，每桌选陪客

宴请时吴家会请专门的知客来安排客人，一般亲戚会提前来吴家帮忙或者玩耍。知客还没到吴家时，主要是由内当家吴张氏和白焕英安排。宴席的当天，知客到吴家后，便由知客来安排客人。知客一般会安排主客坐头席，即第一轮宴席，女性亲戚坐堂屋里的桌子，而男性亲戚一般坐在院坝里最中间的桌子。

吴家红白喜事的宴请活动，几乎每一桌都会安排陪客。陪亲戚时，吴家主要是让吴家户族间的亲戚去陪同，让吴万祥的入赘到别人家的几个儿子们去陪同，或者找吴家出嫁的姑娘姊妹的丈夫去陪同，也会找吴家的干亲家们去陪同。总之，一般是由高辈陪高辈，实在没有足够多的高辈，再让平辈们去陪同。当客人中有男有女时，由男主人陪男客，女主人陪女客。

吴家选陪客时有一定的条件要求，需要找能说会道和擅于饮酒之人充当陪客，尤其是擅饮酒这一点十分重要，因为有些来客喜欢饮酒，吴家就必须找擅长饮酒的人来充当陪客。吴家的陪客都需要给客人夹菜倒酒、端茶倒水，但陪客们只负责给自己所在的那一桌客人敬酒、找烟，而不需要给在场的每桌客人都敬酒，如果客人不喝白酒就倒黄酒，吴家人会嘱咐陪客一定要帮忙"把客人陪好了"。作为陪客，要劝客人吃饭、喝酒，能喝酒的客人就多喝酒，对于能吃菜的客人，陪客就多给客人夹一些菜。总之，客人们喝酒要喝好，吃饭菜要吃饱，才算作"陪好了客人"。

（6）开席与散席

①开席

吴家在宴请时，比如娶媳妇时，会提前估算好时间，把新媳妇接到家里。在院坝里夫妻双

663

方把堂拜完,把新媳妇送到房间以后大家就可以开席了。一般会提前把筷子放在桌子上,陪客便会说,"某人,快来,我们先斟酒,我们挑菜",一般大家会一边吃饭一边喝酒,这时负责端茶的人便会一直不停上菜。总之,每一桌的陪客说开始吃饭就吃饭,开始喝酒就喝酒。一般桌上已经放了两三盘菜,这时就可以开始吃菜了。因此,每一桌的开席时间不一样,有些桌会先吃,有些桌会后吃。

开席前吴家主要是邀请知客来发言致辞。吴家办红事时,知客会说一些关于红事的话语,办白事时知客会说一些关于白事的话语,祝寿时说一些祝寿的话语,办满月酒则说一些祝福满月酒的话语,总之就是说一些祝大家发财、发福的话语。知客是代表吴家全家人发言,所以吴家一般会请一个能说会道的人充当知客。由于吴家的主人很少会在宴席上给客人们斟酒,因此在客人们刚开始吃饭时,吴家的主人会出来说几句,"各位亲戚、街坊邻居,我们家里事情多,你们大家破费了,每桌的亲戚、朋友、邻居,你们吃点菜、喝点酒"。总之,吴家人会和客人们打声招呼。

②散席

快散席时,每一桌上的陪客会问,"你们把饭吃好了吗?都把饭吃好了我们就下席了"。如果全桌共有八个人,其中六个人已经吃完饭,还有两个人仍在吃饭,这六个人便会等待其他两个人也吃完饭才一起下席。或者会问,"有没有涮碗杯,喝点黄酒或者开水",然后全桌人才会统一下桌。总之,下席时每一桌的人必须一起下桌。等到每一轮的所有桌子上的客人都下席以后,比如五张或者十张桌子上的客人都吃完饭下桌,便标志着那一轮席散席。几轮宴席之后,所有的客人全部下桌就意味着当天的宴席散席。

6.房屋以及进出居室的规矩

(1)修房及房屋使用

吴家在修房翎屋之前,会请先生前来看风水。找阴阳先生看期、审地,看房屋应该向山还是向河,前山后山的运势如何,是否稳当。一般当家人知道谁会这门手艺,就去请谁来帮吴家看,请风水先生有时会给米或者银钱,一般给一块二角作为礼钱。吴家的房屋整体(即正房)是坐西向东,面向河流。吴家有一个土院坝,收粮食时主要在院坝里进行,门前有一条大路从吴家的院坝前经过。房屋共有七间,包括一间堂屋,即一丈二的径深,不到一丈的开间,里面有一个神龛,摆放一张桌子、四个凳子用于吃饭。再加上转角房,共有三个睡房。其中,与堂屋相连的睡房没有用密条与堂屋严格地分开,房中安置了一个床铺,平时吴建奎和吴映国可以在其中勉强睡一下,来吴家住宿的人也会安置在这个房间休息。在冬季时吴家人还会在这个房间烤火,吴家商量事情的时候一般在平时吃饭的堂屋和冬季用来烤火的这间房间,平时家里收粮食、掰苞谷后也是放在这个房间。其余两间住房分别由吴张氏、吴建学与唐映秀夫妇使用,吴建新的幺妹出嫁前同母亲吴张氏睡在同一个房间。转角旁还有一个虚脚楼,方位属于坐北向南,下层用于饲养牛马,上层住人,家长吴建新与白焕英夫妇便睡在虚脚楼上,虚脚楼后方是吴家的磨坊棚子。房屋的另外一侧还搭建了一个石板厨房,厨房前半部分用于做饭,后半部分则搭了一张床让唐国英居住,吴映国在五岁以前同父母吴建新与白焕英居住,五岁开始便和唐国英睡在灶房。此外,厨房旁边还有一个紧邻山边、坐东向西的石板厕所。平时吴家如果有亲戚、朋友等客人来住,吴家有时候会专门腾出一个房间,而白焕英的母亲到吴家玩时,吴建新便会把床腾让给自己的丈母娘,自己重新找一个地方铺一个床位。

吴家的房子都属于烂房子,用密条编好隔起来就算是一个房间。吴家过去买不起木头来修建房屋,所住的茅草房是用从吴张氏的娘家拆的旧房屋材料修成的,在下雨时屋内还经常漏雨,因此并无条件单独给当家人吴建新安排一个好房间居住。正因为吴家的房子不够住,才会在楼上楼下都住人,每个房间也小,安置一个床铺以后,在室内想另外放置一个大柜子都显得十分困难。但是吴家当时在本保属于单家独户,即使全家人挤着睡,在楼上楼下甚至街沿上都安置一个床铺,也不愿到别人家居住。当吴家有家庭成员结婚需要用新房时,主要是由家长吴建新安排。长子吴映国比么弟吴建奎先结婚,结婚时所用的房间是以前吴建学夫妇住的房间,二弟媳去世、二弟入赘到别人家后,房间便空了出来,用作长子吴映国的新房。而么弟吴建奎结婚时没有房间,则是由其母吴张氏自愿将房间腾出来,吴张氏搬到二楼的木板上铺了一张床居住。那时候结婚后的新房内,就只有一张床、一床席子、一个柜子。

(2)睡觉时间

吴家在冬季烤火至十点钟左右才睡觉,小孩和青年人睡得早,老人唐国英和吴张氏一般睡得比较晚。无论农忙还是农闲,在吴家总是吴张氏睡得最晚,起来得最早。农忙时,吴张氏听到鸡鸣声便起床了,而农闲时,吴张氏会等到天快亮时再起床,起床以后先忙活一阵儿,再到每个房间去叫儿子、媳妇以及家中的孩子们起床。吴建新和白焕英由于忙着做生意,一般起床的时间也比较早。

(3)房屋进出

在吴家,无论是谁的房间,清早起床后便都把门打开,而不会把门锁着。吴家人无论老小,想进哪一个房间都可以随便进去,需要拿东西时不会遭到阻拦。如果想进入房间时,发现房间的使用者在里面,先在门口告知一声需要干什么再进;如果房间的使用者不在,便无须特意告诉房间的使用者,因此在吴家不存在私人空间。结婚后,儿子、儿媳,如吴建新、白焕英能进老人婆吴张氏的房间。而长子吴映国结婚后,公公吴建新与老人婆白焕英可以进入儿媳李成秀的房间。嫂子可以进入小叔子、小姑子的房间,小叔子与小姑子也能进入嫂子的房间。对于家长吴建新的房间,吴家人也都可以随意进入。

7.制衣洗衣的规矩

(1)缝补衣物

吴家的衣服全部由家中妇女来制作,主要是由吴张氏、白焕英缝制。老人唐国英的衣服主要是由自己的儿媳妇吴张氏或孙媳妇白焕英缝制,而吴张氏的衣服要么是让儿媳白焕英、唐映秀缝制,要么是找已出嫁的女儿缝制。已婚男子的衣服是由妻子缝制,比如吴建新的衣服是由妻子白焕英缝制。未婚男子的衣服是由自己的母亲缝制,婚后则主要由妻子缝制。吴映国、吴映忠在结婚前的衣服是由母亲白焕英缝制。由于妻子的手活不太好,吴映国婚后的衣服主要还是母亲白焕英缝制。吴建新的么妹未出嫁前,小时候的衣服是由母亲吴张氏缝制,长大以后开始学手活以后,便是自己为自己缝制衣物。

(2)洗衣物

与平时相比吴家在冬季天冷时洗衣服的人不会发生太大变动,只不过天气转凉后通常一个月或者两个月才洗一次衣物。洗外衣与贴身衣服的人也相同,影响洗衣人员变动的主要因素是年龄大小和是否成家。吴家以前洗衣服一般是各洗各的,不会让媳妇把全家人的衣服全部洗完。有时候媳妇有空时，看到长辈的衣服脏了，会让长辈们把衣服脱下来，拿去洗干净。有时长辈也会直接拿几件衣物给媳妇，指挥媳妇去河边洗。

家里老人唐国英有能力洗衣服时，就是自己洗衣服，当没能力洗时，则由其儿媳妇吴张氏来洗。而内当家吴张氏与白焕英的衣服一般是自己洗，而外当家，即吴家家长吴建新的衣服是妻子白焕英洗。儿子未成家之前，衣服是由自己的母亲来洗，儿子成家之后的衣服便是由妻子来洗。1949年，吴映国、吴映奎结婚后的衣服由妻子来洗。吴建新的幺妹在出嫁前没能力洗衣服时是母亲吴张氏洗，有能力洗衣服后就是自己洗。

吴家住在河边，无论冬季还是夏季，洗衣服主要都是去河里洗，偶尔也会在家里洗。冬季有时候先去河边洗，之后回家烧点儿热水再把衣服涮一下，由于皂角不太好挖到，主要都是去挖苦果①来洗衣服，因为用苦果洗衣服会冒出许多白浆，能够把衣服洗得更白。洗衣服时，夏季洗衣服比较仔细，先用水将衣服泡起来，再用棒槌多捶打几下，然后再用手搓一会儿，最后再拧干就行。冬季由于河水太冰，洗衣服时用棒槌打几下迅速拧干就行。洗衣服用的棒槌是找木匠制作的，拿一个木棒，把两头做得不一样，做得一头大、一头小。因为家里的木脚奎②比较大，而洗脸奎太小，因此吴家洗衣服主要是用木脚奎来洗。由于大多数时间是在河坝里洗衣服，吴家洗衣服的脏水也主要是直接倒在河里随河水流走，而在家里洗衣服后，则是哪里便利就将水倒在哪里，有时候将水倒在尿桶里，然后统一倒至厕所，有时候直接将水倒在院坝里，因为院坝是土院坝，若经常倒水，会导致院坝形似一个烂泥田。

如果吴家有人将衣服洗坏，就有其他人说，"你慢慢地洗嘛，轻轻地打几下就好了，你硬要使劲地捶打，结果就打烂了，你现在把衣服打烂了就要在衣服上补一个疤了"。衣服被洗坏之后，吴家的女性们，包括吴张氏、白焕英等人，都可以缝补衣物。

（3）收衣物

吴家由谁洗衣服，洗完衣服就由谁来晾晒衣服，因为吴家大部分时间在河坝里③洗，因此洗完以后就顺便晾在河坝周围。如果将衣服拿回家晾，就在院坝里的向阳处用两根竹竿搭个叉叉④，将衣物晾在竹竿之上，贴身衣物也是晾在竹竿上，无论男女，衣物都晾在竹竿上面，及至收衣服时再进行区分。在吴家，收衣物不会指定让某个人去收，一般下午谁有时间谁就去收衣物，如果女性在煮饭没空，就让其他成员把衣物收回来。男性统一收男性的衣物，女性统一收女性的衣物，属于谁的衣物就放置到谁的房间里。

（二）家庭禁忌

1.农耕忌雾

1949年以前，吴家在农业生产方面有一些忌讳。吴家主要是听说端阳节薅草有虫蛇，因此端阳节那天不去薅草，吴家除了派一个人去"扯艾蒿"以外，其他人都在家休息。此外，吴家无论是大人还是孩子，对于忌雾一事遵守得非常严格，包括忌春雾和秋雾，春季忌雾是为了忌雨水，而秋季忌雾是为了忌病痛。一年大概要忌九个雾，忌雾时不许看牛马，也不能挑水，也不能上坡动土地。此外，有些家庭犁地之前还要看到底属于红道日子还是黑道日子，"红道

---

① 苦果：一个长藤，形似一个白萝卜，用来洗衣物的用品。

② 木脚奎：洗脚的木盆子。

③ 河坝里：河边。

④ 搭个叉叉：作为支撑。

日子种粮食就不能成,黑道日子种粮食能成"。但是吴家不会相信红道日子或黑道日子,"蒙头大干,什么都不忌讳,做什么便成什么"。

2.生活禁忌

(1)婚礼禁忌

吴家在婚姻上有一定的忌讳,结婚时需要找先生看期,还要看夫妻双方的生辰八字合不合。当规定的时间到达后,新娘才能穿衣服、梳头、离床,新郎在规定的时间才能进门接新娘,新娘在规定的时间才能出阁上花轿,而新娘也必须在规定的时间才能进入夫家的门。此外,拜堂的时间也有一定规定。吴映国结婚时,先生所看的期是新娘在天亮的时候必须穿衣服。把新娘娶进门后的第三天夫妻双方必须回门①,等到把新娘娶进门以后,在穿衣吃饭上面便没有忌讳。在新媳妇对长辈的称呼方面,应该怎样称呼,吴家的新媳妇就必须那样称呼,该喊老人婆、妈妈、爸爸就喊,不能随意称呼。总之,应该怎样称呼高辈、怎样称呼平辈、怎样称呼低辈等,吴家人都会告诉新媳妇。

(2)孝子勿剃头

吴家在丧葬上有一些忌讳,老人去世后,家人需要戴孝三年。为了纪念老人,孝子在老人去世一百天内不能剃头。当时有这一风俗,所以必须听②,但是剃头的忌讳仅限于老人的下一代人,如吴张氏去世时,只是吴建新等几个兄弟不能剃头,不包括吴家所有的后代。

(3)初一禁扫地、泼水

吴家在过年时,大年三十吃完团圆饭后就会把房前房后、房左房右、檐沟前后全部打扫得干干净净,晚上打扫完卫生之后便开始洗澡。大年初一时不能扫地,扫地会将财运扫走,不能向地上洒水,洒水会将财运泼走。本来家庭财运好,如果扫地、泼水,就将财运扫掉了、泼走了。初一时不仅不能洗澡,端水时也要小心翼翼,不能将水漾出来,洗脸时、洗锅时也不能漾水,如果把水漾到地上,也会把财运给漾掉。

五、奖励惩罚

(一)对家庭成员的激励

1.家长奖励

如果吴家家庭成员在生产、生活上表现较好,家长吴建新会代表整个吴家对个人给予相应奖励。吴建新会说,"今天你们哪个娃儿③把活干了,我就给你们一块钱或者两块钱,你们上街去买吃买喝"。无论是吴家的大人还是孩子,只要认真干活儿,家长对此感到很高兴、很满意,就会适当地进行奖励,这样家庭成员们干起活来也会更加有劲头。而对于表现不好、没有完成任务的家庭成员,还会被家长吴建新数落几句。

2.零花钱奖励居多

一般情况下,只要吴家成员表现好,家长吴建新就会多给他分配一点儿零花钱。平时为了激励大家,吴建新会说,"放勤快一点,我们的生活就会好一点"。因此,为了生活得更好,吴

---

① 回门:回娘家。

② 听:遵守。

③ 娃儿:孩子。

家的家庭成员们干活时就会更勤快。吴家家长会奖励孩子,当家长指挥孩子快点去把某样东西拿来时,这个孩子如果做得好,就会被奖励一点儿零花钱。有时候吴建新看到成年人平时干活比较认真,如果该成年人要上街赶集,吴建新会说,"你们这几天做得累了,辛苦了,我给你多拿一点儿钱花"。吴家的老人婆看到儿媳妇表现好也可以奖励儿媳妇。总之,在吴家,谁表现好、谁先进,长辈就奖励谁,而如果家庭成员偷懒、不勤俭,当家人便恨他,且会责骂他。

吴家的年轻人、小孩非常孝顺老人,给老年人洗脸洗得干干净净、穿戴得整整齐齐,买好吃好喝的回家,宁愿自己不吃,也要先给老年人唐国英、吴张氏吃。此时老年人会非常高兴,夸奖他说:"这个孩子真孝敬,还给我买吃的、喝的!"吴家的家长吴建新以及内当家白焕英也会夸奖他,其他亲戚、邻居听到或看到后也会对此表示称赞:"这个孩子真孝敬老年人啊!"

(二)对家庭成员的惩罚

1.父母惩罚儿女

在吴家,除了家长吴建新以外,内当家吴张氏、白焕英也拥有处罚家庭成员的权力。儿子吴映国、吴映忠做错事情时,作为家长和父亲的吴建新一般会说几句重话,有时候会打他们二人。比如家长吴建新安排儿子们做一件事情,如果儿子做得不像样,拿东西、背东西、借东西时稍微出了一点差错,没有严格按照吴建新所说的来办,吴建新便会数落儿子几句。如果吴建新说儿子时,儿子摆出一副不爱听的态度,吴建新便会用木棒敲打儿子几下。而作为奶奶的吴张氏以及作为母亲的白焕英有时看不惯①,则会出面干涉,会数落吴建新几句。如果亲戚看到吴建新在打孩子,会说:"打孩子可以,你不要太过分!"如果儿子只是和他人争嘴盘舌,白焕英不会惩罚孩子,但是儿子做了错事,有些时候白焕英也会打骂孩子。当家中的幺弟吴建奎犯错时,作为长兄的吴建新一般不会打骂幺弟,作为母亲的吴张氏才会打骂儿子吴建奎。总之,在吴家,一般主要是由父母教育自己的儿女。

2.老人婆惩罚儿媳妇

在吴家,丈夫可以惩罚妻子,当妻子做得不对时,丈夫会数落妻子几句。当媳妇做错事情时,一般是由老人婆惩罚媳妇。当李成秀做错一点儿事情时,作为老人婆的白焕英就经常会教育甚至责骂儿媳李成秀,让儿媳不要吃这顿饭了,而吴映国不会在母亲白焕英面前为妻子李成秀求情。如果白焕英的态度过于严厉,一直喋喋不休,老一辈的吴张氏有时会帮孙媳妇李成秀说几句话。当亲戚邻居来吴家玩时无意看到了此事,偶尔也会劝导白焕英不要经常数落自己的儿媳妇。

总之,吴家家庭内部的惩罚只针对家庭成员,不能对吴家以外的人进行惩罚,一般只可教育自己家的人,外人如果没插话,便无理由去惩罚外人。吴家家庭成员害怕被惩罚,惧怕家长吴建新,有时事件比较轻,家长会把家庭成员责怪一番,有时候事态比较严重,家长甚至会打家庭成员几下。但是成员们对家长做出的惩罚不一定会心服口服,家长自己认为惩罚得正确,但有时候被惩罚的人会认为家长惩罚得不正确。如果拿东西时拿错了或拿迟了,家长便会轻微数落甚至严厉责骂成员几句,成员们有时候会默默地忍受,但偶尔会小声回几句嘴,这时家长会不高兴,甚至会用棒打家庭成员。有时候成员们会迅速溜走,但是如果成员们下次再犯错,家长会加倍地多打几下。吴家惩罚家人的形式主要是打骂、责骂、呵斥、警告,有时

---

① 看不惯:看不下去。

成员们犯错了,当家人会说:"我把你的筷子拿走,不准你吃饭!"但一般只是停留在口头层面而已,最终不会真正实行。一般吴家具体的惩罚方式由家中的家长吴建新、内当家吴张氏与白焕英来决定。

六、家户纵向关系

(一)吴家与牛王会、龙灯会

1949年以前,吴家曾参加过龙灯会与牛王会,都是以家户为单位参加。当时蛤蟆场有一个传说,"不耍龙灯便会火烧房子",吴家便与其他三至四家关系密切的家庭一起筹备了一个龙灯会,三年轮一次,吴家连续担任三年会首,再轮到下一家举办三年。舞龙灯之前,几个家庭会在一起开会商量,家长吴建新出面参加,商量从什么时候开始筹备龙灯会所需的资金以及舞龙灯需要的材料。对于牛王会,吴家是与附近喂养牛马的六家人一起举办,今年你做会,明年我做会,轮流担任会首。谁当会首,就在谁家举办牛王会,每家必须派一个主要当家人,当天大家还会请端工到牲畜圈门口念牛王经。念完经之后,会首便安排大家在自己家一起吃一顿小型宴席。

(二)家户与保甲

1.李家坝保的基本情况

1949年以前,土地实行属人管理,财主购买土地以后,该块土地便由财主所居住地域进行管理。蛤蟆乡的人如果购买外乡、外县甚至外省的土地,该土地则交由蛤蟆乡管理;反之,如果外乡、外省的人购买蛤蟆乡的土地,该土地则由交由外乡管理,因此当时蛤蟆乡的范围很大。李自由任蛤蟆乡乡长,蛤蟆乡有八九个保,包括李家坝保、观音保、青平保、洞水保、田坝保、翁家坝保、里坪保。翁家坝原来称为"雍家坝",是雍家的地盘,后来由于白家的人迁居于此,白家的人越来越多,便改名为翁家坝,由白玉坤任翁家坝保长。田家坝的人全部姓唐,里坪保的人大多姓周。李家坝保的家庭几乎都姓李,因此命名为"李家坝保",李家坝保的管辖区域也非常大,有八百户甚至上千户人。李克简任保长,一个保有九个甲,相当于现在的几个村。吴家所在的李家坝保蛤蟆甲属于第九甲,甲长为唐映坤,一个甲拥有上百户人,包括蛤蟆场、唐家山、大常树。蛤蟆甲并不是按照姓氏来划分甲,蛤蟆甲属于杂姓,主要是为了方便管理,从而按照地域对甲进行划分,邻近的地块被划分到同一个甲。保长不是由村民选举产生,而是直接由乡政府任命,主要取决于保长本人是否有本事、有出息,保长手下还有"兄弟伙"为其背枪。而甲长则是由保长任命,但甲长手下则没有人背枪。

2.保甲长的职能范围

1949年以前,李家坝保没有保公所,保长李克简平时在自己家里办公,如果有事需要找保长,直接到保长家里去找他。平时记账都是由保甲长自己记,没有请过乡丁。所有家庭都会登记在保甲册上面,蛤蟆甲甲长唐映坤会登记吴家有多少人口,包括多少男性,多少女性,家里增加或减少人口时会登记,家里生了孩子或者娶了新媳妇也会进行登记。派粮、派款时甲长会来吴家找吴家家长收钱,收齐之后再交给保长李克简,保长再转交给乡长李自由。如果某些家庭没交钱,甲长收不齐税,保长就会下命令,加翻涨利息,本来只需交五块钱,就会增加到八块或者十块钱。拉壮丁主要实行摊派原则,乡政府首先将壮丁名额摊派给每个保,告诉保长需要拉多少壮丁,保长又告诉甲长,"你们这个甲要拉多少人壮丁去当兵"。一般没有人自愿去当兵,保甲长看到青壮年就马上将其抓走,然后告诉乡长李自由:"我给你抓了一个壮丁。"

吴家的亲戚也不一定与吴家处于同一个保,吴建新之妻白焕英的娘家在翁家坝保,二弟吴建学入赘到观音保,二妹嫁到天皇乡,而大妹和幺妹的夫家都在李家坝保,儿媳妇娘家也属于李家坝保,属于第八甲。当平时其他保甲的亲戚、朋友来吴家做客时,或者吴家操办红白喜事时,有其他保甲的亲戚朋友前来,都不需要特意告知李家坝保保长以及蛤蟆甲的甲长。

偶尔有小偷偷窃吴家的东西,如果吴家是在蛤蟆场做生意时被偷,且被偷的数量较多,可以向蛤蟆场的幺大官司报案;如果是到吴家来偷,即使向李家坝保保长李克简以及蛤蟆甲的甲长唐映坤报案,保甲长一般也不会管。当土匪来家里抢劫,如果不报案,保甲长一般不会管,除非向李家坝保保长李克简以及蛤蟆甲的甲长唐映坤报案,一般的家庭报案,比如吴家这种平民老百姓,保甲长不会理会此事。保甲长会声称是由于家里有金银财宝和粮食,土匪家没有,他才会来抢。除非是与保长李克简和甲长唐映坤等当官的关系密切的家庭报案,保甲长才会出面管理。

3.为保甲长出劳力

保甲长家修房子时吴家曾为其出过劳力。比如保长李克简修房子时,全保的几百户人都要去帮忙。吴家也曾出过劳力,但每家所出的劳力数量不一样,而且是分期、分批次地去帮忙。吴家主要是给保长家抬木头,某些家庭负责给保长家打屋脊,木匠就负责给保长制作家具。去保长家出劳力时,都是属于免费劳动力,有时候保长会管饭,有时候不管饭,早上、下午回自己家吃饭,中午饭一般是自己把馍馍捎上。保长知道吴家人有劳力,有时候保长李克简会主动和吴家家长吴建新说,"明天你们家某人来给我抬一天木头"。有时候不需要保长找到吴家当家人,吴家人为了不得罪保甲长,也会自愿去给保长帮忙干活,否则以后保甲长会向吴家征收更多税收。吴家一般主要安排自己家有劳力的吴建学前去给保甲长帮忙。

(三)家户与县乡

1.土地与房屋印约

中华民国初期所设的骑板团练所有办公处,1935年设骑板观联保仍沿用该办公所。1939年改置骑马乡后,仍然有自己的办公场所,即乡公所,在一个庙宇中,里面有三间房间,乡长管火①,将所有的事情抓完②,此外乡长还请了文书和背枪的狗腿子。由于吴家有个远房亲戚(即唐国英的同姓族人)是青川县的老团长,因此吴家一般有事都去找老团长帮忙。吴家买卖土地无须到保长李克简处过户,而是直接越过保甲长到乡级机构,买田地印约时需要到骑板团练所、县政府盖章。买田地、房屋时会找一个或两个中间人作证,本来卖家提出三千,中人说,"你这个值不了三千,只值两千或一千五",经过买家与卖家协商以后,中人就问:"你们两方还有无走转③?"便再相互让一点儿价格。然后便可以写文书,把买地、卖地、中人的名字写上去,之后便去印约。印约时需要去县乡盖章,卖方无须前去,只需买方去。但是买卖房屋一般无需印约,只有买卖土地才需要印约。还有一次吴建新被拉壮丁时,也去找过

---

① 管火:管事。
② 抓完:全部管理。
③ 走转:让步。

乡长李自由,乡长说:"要想放出吴家的人,就要交钱,给多少万。"其他小事或者吴家办红白喜事不会去找乡长。

2.打官司

吴家因为购买田土一事曾到县上打过官司,姓强的本来将土地卖给吴家,当时卖地时曾制作了地契,上面署着买卖双方的名字以及中人的名字,还摁了私章,即把拇指印盖在上面,土地从此便归属于吴家。结果姓强的后来不承认,因为他是个独人[①],没有老婆孩子,想赖吴家一笔钱,说他没有将土地出售给吴家,要告吴家,与吴家打官司。但是吴家本来就已经付给他一次钱,不可能再给他一次钱。于是吴家便把这件事告诉骑板团练所,但是所长回答说管不下来,让吴家到县上去解决此事。发生此事时骑板团练所归属于平武县,最后吴家把地契带上前往平武县政府。由于吴家人证、物证俱在,县政府最终判吴家赢得了官司。

吴建学之妻唐映秀去世时,唐家人来吴家居住了几天,声称要和吴家打人命官司。吴家便去找保长李克简、老团长亲戚等几人前来帮忙说理,没有找乡长李自由,老团长是县一级的团长,因为老团长也姓唐,他便告诉对方的唐家人,"吴家中唐国英是我们唐家某某人,大家都是一家人,何必呢?再敢来吴家找事便如何如何"。这件事情才摆平[②],后来他们便再也没有到吴家找过麻烦。

七、村庄公共事务

(一)村务会议

1949 年以前,李家坝保开会仅召集李家坝保有权有势的高级人物开会,从来没有通知过普通老百姓开会,因此吴家没有参加过任何村务会议。自从 1949 年新中国成立,吴家的男女老少都可以去参加村务会议。

(二)征税与派款

李家坝保没有开展过征税会议。对于吴家每年应该上交多少款粮,甲长唐映坤直接到吴家来找家长吴建新,开一张单子,念一下应该交多少钱,吴建新把税收交给甲长即可。此外,保甲长会给吴家派粮派款,收保甲费,摊派多少钱就必须交多少。

(三)搭桥

李家坝保没有组织过全保一起修桥、修路、修庙。如果附近的人,尤其是同一个甲的人需要搭桥过河,便联合几家人,通知这几个家庭的家长,一起从河里挑选一些石头搭几个石步子或者每家人从自家的地里捡几根木棒来搭桥,大家都能因此而受益。如果吴家家长吴建新有空,便由家长前去出力搭桥;如果家长没空,便安排家中其他成员去搭桥,吴家出劳力即可,不会出钱。搭桥一事不会特意告诉李家坝保保长李克简,但是吴家也只会为自家附近搭桥,吴家人不会去帮忙搭建距离自己家远、自家人不会经过的桥。吴家需要过路时,也只是自己家拿一把锄头把路挖一下即可。

(四)淘井

吴家与周围的几户人家需使用水时,基本上都是直接去河里取水。当时蛤蟆场镇街上有

---

① 独人:孤家寡人。
② 摆平:处理好。

一个水井,是几百年以前流传下来的,没有人专门进行管理。当涨洪水导致水井变浑浊时,几家吃井水的人就联合起来去淘一下井。

(五)旱涝灾害

李家坝保发生过一些旱涝灾害,当发生灾害时,一般是各个家户进行自我管理。遇到涝灾就去维修排水沟;当天干时就一同去抗旱,去闹长江、闹鱼取水,看是否会下雨。但仅是自家人联合起来抵御旱涝灾害,而村庄从来没有组织起来共同抵御自然灾害。

(六)看耗[①]

李家坝保从来没有组织过全保人集体去看庄稼,即使村里出现粮食被偷盗的现象,村庄层面也不会管理。吴家的粮食当时从来没有被人偷盗过,但保里的其他家户中发生过庄稼被偷的现象, 几家人便在粮食收获之前联合起来看庄稼。某些家户偶尔还会在晚上去山上看耗,一般是看野生动物,如野猪、川猪等,担心这些野生动物在夜里偷吃庄稼。吴家曾在夜晚到山上帮别人去看过野生动物,相当于邻居之间换工,对方不需要向吴家支付银钱。

八、国家事务

(一)完皇粮国税

蛤蟆场在1949年以前是以每家每户为单位纳税。税收数量是按照家庭所拥有的亩数来计算,根据购买了多少斗租子的土地来衡量,一升租子或一斗租子应该交多少税。每年分两季缴税,二月或三月征收一次,九月或十月征收一次,都是交钱款。吴家所缴税收主要是土地税,一次大约交几万块钱。首先由蛤蟆甲甲长唐映坤把土地税计算出来,然后甲长会提前通知吴家家长吴建新,把单子交到吴建新手里,并告诉他吴家在那一季应交的土地税数额。吴家收到纳税通知后,家长吴建新就在吃晚饭时和家庭成员说清楚,缴的是什么税,缴纳多少钱。一般吴家整个家庭会提前进行筹备,缴税日期到来时,甲长便到吴家来找家长吴建新收税。如果当时吴建新外出做生意不在家,甲长也可以找内当家吴张氏或者白焕英收钱。

有时吴家的现金数量暂时不足以缴税时,会向朋友邻居借钱缴税,家里赚到钱后再去还给朋友、邻居。如果吴家那段时期实在没钱,向朋友借不到钱,家长便会向甲长求情。每当看到甲长,吴建新就给他找烟端酒,白焕英再给甲长做一碗凉粉吃,拜托甲长让吴家稍微延期一段时间缴税。甲长知道吴家做生意,资金的流动性强,因此一般会同意吴家延期缴税。由于缴税时也可以分为多次上缴,吴家没有因此出售过粮食。在没有将税收缴齐之前,吴家在蛤蟆场镇街上做生意时, 保甲长经常会催家长吴建新尽快缴税, 及至吴家把税收如数上缴以后,甲长会开一个清单证明吴家已经将税缴齐。总体而言,吴家没有找人代缴税收,也从来没有出现过抗税的情况。其他家庭如果缴不起税收,乡村会向他们罚款,当情节非常严重时,乡政府甚至会把他抓起来想办法处置。吴家第一代逃跑到蛤蟆场,正是因为当时缴不起国税。

(二)抓次子当壮丁

在蛤蟆乡抓壮丁时,保长一般遇见谁就抓谁。吴家的吴建学曾被抓过壮丁,因为吴家的长子吴建新在当家,保甲长知道次子吴建学能力稍弱一点,于是保甲长把吴建学抓走,欲把吴建学拉去国民党当兵。但是吴建新后来拿钱、礼物前去求情,向乡长李自由交了约五万元

[①] 看耗:看野生动物,以防止其偷吃粮食。

钱,最终把二弟吴建学给买回来了。

(三)摊猪头费与壮丁费

吴家摊派过猪头费,由于家中每年都会饲养几头猪,因此每年过年宰猪这段时间需要交猪头费。宰一头猪便称一下其重量为多少斤,最终按照所饲养猪的斤头①来摊派费用。此外,吴家还摊派过壮丁费,一旦上交壮丁费后便可以不在吴家拉壮丁。

(四)乡长任命保长,保长任命甲长

1949年以前的李家坝保保长李克简是由骑马乡乡长李自由任命产生的,一般情况下乡长知道本乡中哪一家人有能力、有本事、有事业心,就直接委托谁担任保长。然后保长李克简又指定各个甲的甲长,保长直接告诉乡长李自由,某人适合当甲长。一般不会让老百姓开会来选举甲长,吴家从来没有参与选举本保的保长与本甲的甲长。

---

① 斤头:斤数。

调查小记

　　经过一段时间的寻找与思索，最终我将此次暑期家户调查的老人确定为曾经在寒假进行过合作化口述史调查的访谈对象。选择该老人一方面是由于通过试调研，我认为这位老人家里基本符合家户调查关于人口、年龄、身体等条件的要求，另一方面是因为该老人虽然已八十几岁的高龄，但是这位老人十分健谈，经常给我讲述各种故事，用老人常谈及的某句话来描述："有人来找我聊天，我感到非常开心！如果你不来找我，我还要专门出门去找人聊天呢！"此外，这位老人是一位十分有耐心、有毅力的老人，即使是炎炎夏日，但是他对我总是笑脸相迎、笑脸相送。即使在七八天的采访之后，老人的女儿打电话称想要接老人去县城玩耍一段时间，但是老人考虑到答应我的事情还未结束，因此果断拒绝了自己女儿，继续留在村里接受我的采访，但权衡考虑到各个方面以后，我最后还是与老人一同回到县城继续完成采访。因此，在长时间的相处下来，我与老人之间不仅是简单的采访者与被采访者关系，我们更像是一对老朋友，诉说着很久以前的种种过往，进行着心与心的沟通与交流，一个愿意诉说，一个愿意倾听。

　　通过大半个月的家户调查与长达半年的家户整理，我对1949年以前的家户在横向与纵向多个层面有了一定程度的了解，老人的诉说让我进一步理解吴家的家户性与家户制度：由外地逃难到蛤蟆场，白手起家，以农业为本，以副业为辅，当家人作为一家之长，统筹管理家中的各种事宜，大事小事主要由家长做主，内当家从中进行辅助，同一口锅吃饭的便视为自家人，除此之外，便视为外人。除几名当家人以外，吴家人也总是齐心协力，将家庭利益置于首位，将个人利益放之其次，每个人都为整个家户的发展作出努力，使得吴家不断地发展、兴旺，虽然其间也曾经历了一定的艰难与曲折，因为分家，因为生老病死，婚丧嫁娶导致家庭曾出现了一定的衰落，但是最终还是逐渐崛起，成了当地名副其实的中等家户，拥有十几亩地、多处房产。

　　此外，在进行家户资料的整理过程中，我有一个非常大的疑惑，即对当时的县乡区划以及当时实施的保甲制度一无所知，不明白保甲是什么层级的单位，也不知道保甲与村究竟是何关系，保甲长之外是否还存在着村长，这也是我所发现的家户制度调查过程中的最大问题。如果对家户所处的外部环境一无所知，也就无法深入理解家户的各种内在性质。因此在查阅各种资料、阅读了一定的参考书目之后，为了彻底搞清楚这个问题，我又对老人进行了一次回访，对相关问题进行了细致的询问，老人也又一次为我耐心地进行了解答，这也使得我在家户报告的写作过程中感到更加如鱼得水、游刃有余。

　　但是在报告的写作中，还出现了一定的问题，那便是由于我自身的参考书目阅读量太少，导致写作报告时的理论知识储备不足，报告内容更多是一些口水话，深度不足，因此在之后的时间,我也会抓紧时间尽可能多地阅读一些书目,一边阅读,一边完善自己的报告,相信自己最终能够撰写出一篇让自己相对满意的家户报告。

附录 调查图片

调研员与受访者曹道芬合照

曹氏宗祠 于庚寅年(2010年)在旧址处重建

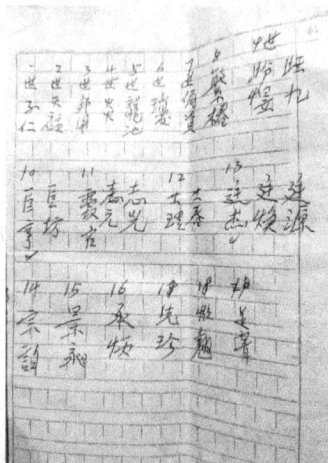

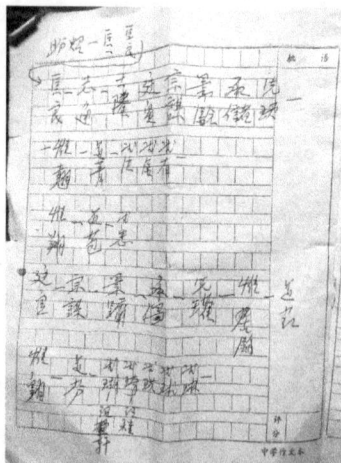

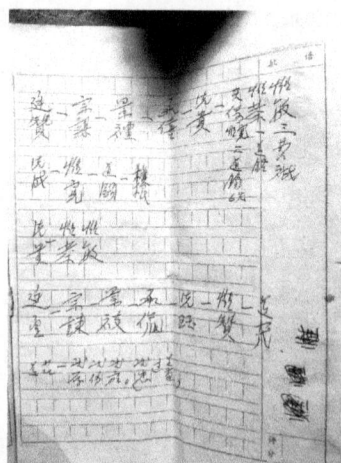

曹道芬自行整理家户世系繁衍文本

2010 年重建曹氏宗祠志

曹家承接雨水的瓷缸，年代久远

受访者王克杰

王家在中华民国 30
年（1941 年）买王克和八
分地时的文书

受访者何子文

何家房屋现照

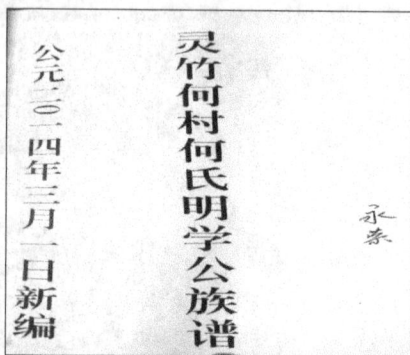

灵竹何村何氏明学公族谱

永荣

公元二〇一四年三月一日新编

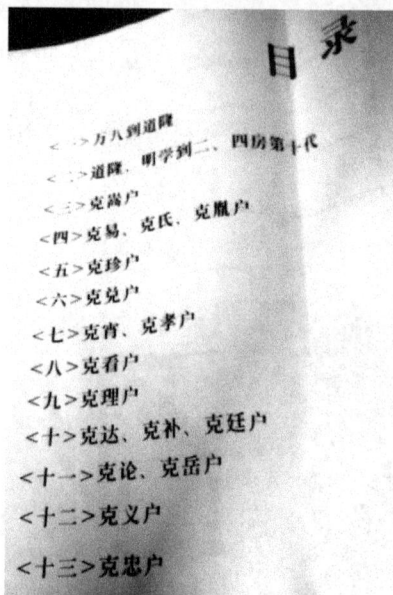

何氏族谱

678

先祖所葬在地

一、道隆公葬在书埠造子山，道隆婆葬在何村肖顶山联牧场。

二、明学公葬在六房山子山上头，明学婆葬在六房山子山下头。

三、喜香公葬在六房那立元宝地，喜香婆两个合葬在禁可水泡地，喜远公不知在何处。

四、四房喜远婆葬在六房金线挂铜锣。

五、四房锡宽公，婆葬在中团月六山。

六、文华公葬在中团歌山，文华婆不明确在何山。

七、文相公葬在六房山子山与明学婆合葬，文相婆葬在书埠造子山下头。

八、四房不知何名葬在造子山道隆公面前右角处。

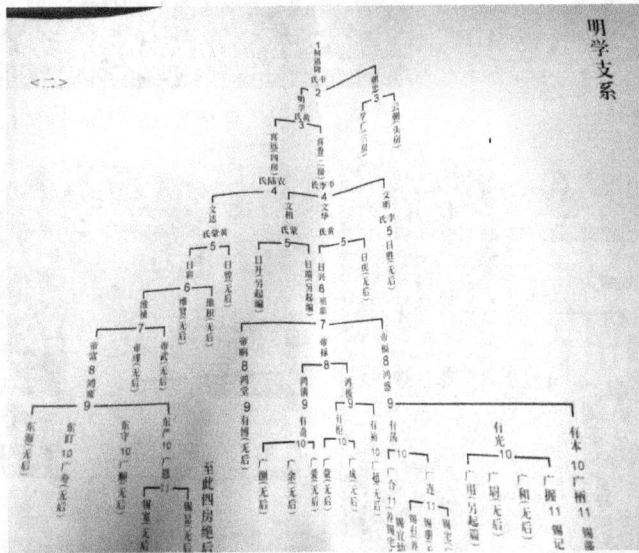

明学支系（二）

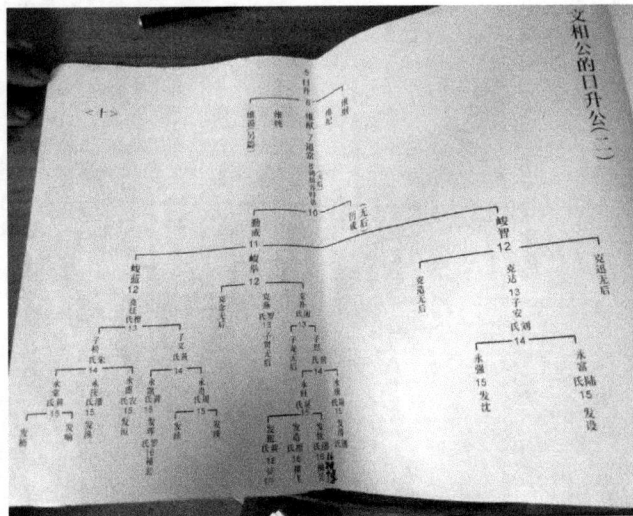

文相公的日升公（三）（十）

何氏族谱

受访者吴映国

调研员与受访者吴映国合照

受访者房屋照片

受访者房屋照片

后 记

在徐勇教授和邓大才教授的主持下,作为华中师范大学中国农村研究院的"世纪工程"之一——"家户制度调查"顺利启动。"家户制度调查"以家户制度为核心,以家户关系为重点,对1949年以前的传统典型家户进行全面深入的调查,其内容涵盖家户的由来与特性、家户经济制度、家户社会制度、家户文化制度、家户治理制度等诸多方面。调查者通过对传统时期典型家户的当事人进行系统访谈,搜集了大量翔实、第一手的文献资料、访谈资料、录音资料和图片资料,并在此基础上完成家户制度调查报告。本卷从调查员所撰写的家户调查报告中择优选择六篇编辑而成,力求以平实客观的文风、原汁原味的笔触还原传统时期典型家户的运行与变迁。

2017年1月,"家户制度调查"开始试调查,同年7月,"家户制度调查"项目全面启动。两批共二百余位调查员分赴全国各地,实地采访仍然健在的传统典型家户的亲历者;大量搜集有关典型家户的各类家谱、族谱、账本等文字文本材料;走进乡镇、县市政府档案部门搜集查找典型家户相关资料;整理和撰写家户调查报告……正是调查员们前期深入的调查,中期不厌其烦的整理,后期认真仔细的写作,使本卷能收录到质量极高的调查报告。在此,感谢各位调查员们认真负责的态度、吃苦耐劳的精神以及对学术孜孜不倦的追求。

本卷的问世首先要感谢接受调查员访谈的王克杰、何子文、曹道芬、张发友、王学礼、吴映国等诸位老人。

同时还要感谢为家户制度调查员提供帮助和便利的淄博市、永淳县、吉安市、清镇市、烟台市、广元市等六个市县朋友们。感谢王克杰老人对调研员郭皎皎在选择调研对象和调研过程中给予的帮助、关心和支持;感谢石塘镇潘六村村委书记施文敬、妇女主任韦玉彩,何村村民黄秀娟,村民何子文对调查员潘雪芝选择合适的受访对象并得以顺利完成访谈的支持、关心和帮助;感谢斋楼村书记欧阳世荣、斋楼村妇女主任王惠兰对调研员欧阳倩在选点和调研中给予的帮助、关心和支持,感谢曹道芬老人对调研员无话不谈的无私情怀;感谢迎燕村村民张发友、张发友儿子张德富、儿媳李忠琴对调研员黄希鑫在调研中给予的帮助、关心和支持;感谢辛庄西南村的王学礼老人对调研员王顺平在选点和调研中给予的帮助、关心和支持;感谢骑马乡纪委书记杨伯琼、卫计办主任勾春国,光明村文书白培泽对调查员刘娜在选点和调研过程中所给予的关心与帮助。这些提供支持和帮助者有各市、县的领导干部,也有调查员的亲友,正是在他们的支持和帮助下,我们的调查员才得以顺利完成调查并撰写出高质量的调查报告。

本卷得以顺利付梓,最为重要也是最要感谢的是徐勇教授和邓大才教授的倾力贡献。他们前瞻性、创造性地提出了"家户制度调查"这一重大调查领域,并持续推动着家户调查工作的进展。为了打造这一"学术三峡工程",徐勇教授和邓大才教授不辞辛苦、孜孜以求,为本卷内容的构思、写作、编排、出版倾注了极大的心血。从调查前的理论指导到调查提纲的设计修改,从调查培训到调研指导,从报告撰写再到报告定稿出版,两位老师全力支持、全程参与、全心投入。正是有两位老师的心血倾注,才使得本卷得以保质保量迅速完成。

本卷是《中国农村调查(总第30卷·家户类第2卷)》,分别收录了6位调查员的家户调查报告:一是郭皎皎的《合家共计:农工并行的自主经营之路》计13.6万字;二是潘雪芝的《内聚外引:少子贫户的生存策略》计13.5万字;三是欧阳倩的《内嵌外引:主农兼商之户的自强与存续》计13.1万字;四是黄希鑫的《内聚共生:租佃小户的存续之道》计12.2万字;五是王顺平的《家大业小:以农为生的家户传承》计14.3万字;六是刘娜的《农商共济:白手起家的中户崛起与存续》计16万字。感谢华中师范大学中国农村研究院黄振华老师对家户报告出版的指导和协助,同时感谢黄老师及张航、朱露、何婷对家户报告审核的倾力付出,正是他们卓有成效的工作,保证了调查报告的前期质量和水准。此外,还要感谢天津人民出版社林雨、安洁、王琤等对著作出版的大力支持与辛勤劳动。本卷的统稿、编辑与校对工作由朱露负责,内容核实与修改工作由各位报告的撰写者负责,在此表示感谢。

由于编者的水平有限,错漏之处难以避免,敬请专家、学者及读者批评指正,我们将在今后的编辑中不断改进和完善。

编者谨记